D1734746

# Wirtschaftsgesetze
8. aktualisierte Auflage

# Wirtschaftsgesetze

Handelsgesetzbuch

Aktiengesetz

Gesetz betreffend die Gesellschaften mit beschränkter Haftung

Gesetz über die Kapitalerhöhung aus Gesellschaftsmitteln und über
die Verschmelzung von Gesellschaften mit beschränkter Haftung

Gesetz betreffend die Erwerbs- und Wirtschaftsgenossenschaften

Gesetz über die Auflösung und Löschung von Gesellschaften
und Genossenschaften

Gesetz über die Rechnungslegung von bestimmten Unternehmen
und Konzernen (Publizitätsgesetz)

Gesetz über das Kreditwesen

Gesetz über die Beaufsichtigung der Versicherungsunternehmen

Gesetz über die Mitbestimmung der Arbeitnehmer

Umwandlungsgesetz

Wirtschaftsprüferordnung mit Prüfungsordnungen

Steuerberatungsgesetz

Anhang

Aktiengesetz (alt)

D-Markbilanzgesetz


8. aktualisierte Auflage
Gesetzgebungsstand 1. Januar 1991

IDW-VERLAG GmbH
Düsseldorf 1990

Die Gesetzestexte sind auf dem Gesetzgebungsstand vom 1. Januar 1991. Die seitlichen Balkenstriche kennzeichnen die Neuerungen, die sich seit der Vorauflage (Gesetzgebungsstand 1. Mai 1990) ergeben haben.

Paragraphenüberschriften in Klammern sind nicht amtlich.

CIP-Titelaufnahme der Deutschen Bibliothek

**Wirtschaftsgesetze.** – 8., aktualisierte Aufl.,
Gesetzgebungsstand 1. Januar 1991. – Düsseldorf : IDW-Verl., 1991
  Enth. u. a.: Handelsgesetzbuch. Aktiengesetz
  Bis 7. Aufl. u. d. T.: Wirtschaftsgesetze nach Änderung durch das
  Bilanzrichtlinien-Gesetz
  ISBN 3-8021-0483-8
NE: 1. enth. Werk; 2. enth. Werk

ISBN 3-8021-0483-8

Gesamtherstellung: Bercker Graphischer Betrieb GmbH, Kevelaer

# Inhaltsverzeichnis

# 1. Handelsgesetzbuch

## (ohne Seehandel)

### Vom 10. Mai 1897 (RGBl. S. 219)

#### (BGBl. III 4100–1)
zuletzt geändert durch Gesetz vom 30. 11. 1990 (BGBl. I S. 2570)

## Gesetzesübersicht

---

* Eingefügt durch das Bankbilanzrichtlinie-Gesetz; zur Anwendung s. Art. 30 und 31 EGHGB.

# Erstes Buch. Handelsstand

## Erster Abschnitt. Kaufleute

### § 1 [Kaufmann kraft Art des Geschäfts; Grundhandelsgeschäfte]

(1) Kaufmann im Sinne dieses Gesetzbuchs ist, wer ein Handelsgewerbe betreibt.

(2) Als Handelsgewerbe gilt jeder Gewerbebetrieb, der eine der nachstehend bezeichneten Arten von Geschäften zum Gegenstand hat:
1. die Anschaffung und Weiterveräußerung von beweglichen Sachen (Waren) oder Wertpapieren, ohne Unterschied, ob die Waren unverändert oder nach einer Bearbeitung oder Verarbeitung weiter veräußert werden;
2. die Übernahme der Bearbeitung oder Verarbeitung von Waren für andere, sofern das Gewerbe nicht handwerksmäßig betrieben wird;
3. die Übernahme von Versicherungen gegen Prämie;
4. die Bankier- und Geldwechslergeschäfte;
5. die Übernahme der Beförderung von Gütern oder Reisenden zur See, die Geschäfte der Frachtführer oder der zur Beförderung von Personen zu Lande oder auf Binnengewässern bestimmten Anstalten sowie die Geschäfte der Schleppschiffahrtsunternehmer;
6. die Geschäfte der Kommissionäre, der Spediteure oder der Lagerhalter;
7. die Geschäfte der Handelsvertreter oder der Handelsmakler;
8. die Verlagsgeschäfte sowie die sonstigen Geschäfte des Buch- oder Kunsthandels;
9. die Geschäfte der Druckereien, sofern das Gewerbe nicht handwerksmäßig betrieben wird.

### § 2 [Kaufmann kraft Eintragung]

[1]Ein handwerkliches oder ein sonstiges gewerbliches Unternehmen, dessen Gewerbebetrieb nicht schon nach § 1 Abs. 2 als Handelsgewerbe gilt, das jedoch nach Art und Umfang einen in kaufmännischer Weise eingerichteten Geschäftsbetrieb erfordert, gilt als Handelsgewerbe im Sinne dieses Gesetzbuchs, sofern die Firma des Unternehmens in das Handelsregister eingetragen worden ist. [2]Der Unternehmer ist verpflichtet, die Eintragung nach den für die Eintragung kaufmännischer Firmen geltenden Vorschriften herbeizuführen.

### § 3 [Land- und Forstwirtschaft]

(1) Auf den Betrieb der Land- und Forstwirtschaft finden die Vorschriften des § 1 keine Anwendung.

(2) [1]Für ein land- oder forstwirtschaftliches Unternehmen gilt § 2 mit der Maßgabe, daß der Unternehmer berechtigt, aber nicht verpflichtet ist, die Eintragung in das Handelsregister herbeizuführen. [2]Ist die Eintragung erfolgt, so findet eine Löschung der Firma nur nach den allgemeinen Vorschriften statt, welche für die Löschung kaufmännischer Firmen gelten.

(3) Ist mit dem Betrieb der Land- oder Forstwirtschaft ein Unternehmen verbunden, das nur ein Nebengewerbe des land- oder forstwirtschaftlichen Unternehmens darstellt, so finden auf das im Nebengewerbe betriebene Unternehmen die Vorschriften der Absätze 1 und 2 entsprechende Anwendung.

## § 4 [Minderkaufleute]

(1) Die Vorschriften über die Firmen, die Handelsbücher und die Prokura finden keine Anwendung auf Personen, deren Gewerbebetrieb nach Art oder Umfang einen in kaufmännischer Weise eingerichteten Geschäftsbetrieb nicht erfordert.

(2) Durch eine Vereinigung zum Betrieb eines Gewerbes, auf welches die bezeichneten Vorschriften keine Anwendung finden, kann eine offene Handelsgesellschaft oder eine Kommanditgesellschaft nicht begründet werden.

## § 5 [Rechtsschein durch Eintragung]

Ist eine Firma im Handelsregister eingetragen, so kann gegenüber demjenigen, welcher sich auf die Eintragung beruft, nicht geltend gemacht werden, daß das unter der Firma betriebene Gewerbe kein Handelsgewerbe sei oder daß es zu den in § 4 Abs. 1 bezeichneten Betrieben gehöre.

## § 6 [Handelsgesellschaften; Formkaufleute]

(1) Die in betreff der Kaufleute gegebenen Vorschriften finden auch auf die Handelsgesellschaften Anwendung.

(2) Die Rechte und Pflichten eines Vereins, dem das Gesetz ohne Rücksicht auf den Gegenstand des Unternehmens die Eigenschaft eines Kaufmanns beilegt, werden durch die Vorschriften des § 4 Abs. 1 nicht berührt.

## § 7 [Kaufmannseigenschaft und öffentliches Recht]

Durch die Vorschriften des öffentlichen Rechtes, nach welchen die Befugnis zum Gewerbebetrieb ausgeschlossen oder von gewissen Voraussetzungen abhängig gemacht ist, wird die Anwendung der die Kaufleute betreffenden Vorschriften dieses Gesetzbuchs nicht berührt.

## Zweiter Abschnitt. Handelsregister

## § 8 [Registerbehörde]

Das Handelsregister wird von den Gerichten geführt.

## § 8a [Bild- und Datenträger]

(1) ¹Die zum Handelsregister eingereichten Schriftstücke können nach näherer Anordnung der Landesjustizverwaltung zur Ersetzung der Urschrift auch als Wiedergabe auf einem Bildträger oder auf anderen Datenträgern aufbewahrt werden, wenn sichergestellt ist, daß die Wiedergabe oder die Daten innerhalb angemessener Zeit lesbar gemacht werden können. ²Bei der Herstellung der Bild- oder Datenträger ist ein schriftlicher Nachweis über ihre inhaltliche Übereinstimmung mit der Urschrift anzufertigen.

(2) Das Gericht kann nach näherer Anordnung der Landesjustizverwaltung gestatten, daß die zum Handelsregister einzureichenden Jahresabschlüsse und Konzernabschlüsse und die dazugehörigen Unterlagen in der in Absatz 1 Satz 1 bezeichneten Form eingereicht werden.

## § 9 [Öffentlichkeit des Handelsregisters]

(1) Die Einsicht des Handelsregisters sowie der zum Handelsregister eingereichten Schriftstücke ist jedem gestattet.

(2) ¹Von den Eintragungen und den zum Handelsregister eingereichten Schriftstücken kann eine Abschrift gefordert werden. Werden die Schriftstük-

ke nach § 8a Abs. 1 aufbewahrt, so kann eine Abschrift nur von der Wiedergabe gefordert werden. [2]Die Abschrift ist von der Geschäftsstelle zu beglaubigen, sofern nicht auf die Beglaubigung verzichtet wird.

(3) [1]Der Nachweis, wer der Inhaber einer in das Handelsregister eingetragenen Firma eines Einzelkaufmanns ist, kann Behörden gegenüber durch ein Zeugnis des Gerichts über die Eintragung geführt werden. [2]Das gleiche gilt von dem Nachweis der Befugnis zur Vertretung eines Einzelkaufmanns oder einer Handelsgesellschaft.

(4) Das Gericht hat auf Verlangen eine Bescheinigung darüber zu erteilen, daß bezüglich des Gegenstandes einer Eintragung weitere Eintragungen nicht vorhanden sind oder daß eine bestimmte Eintragung nicht erfolgt ist.

### § 10 [Bekanntmachung der Eintragung]

(1) [1]Das Gericht hat die Eintragungen in das Handelsregister durch den Bundesanzeiger und durch mindestens ein anderes Blatt bekanntzumachen. [2]Soweit nicht das Gesetz ein anderes vorschreibt, werden die Eintragungen ihrem ganzen Inhalte nach veröffentlicht.

(2) Mit dem Ablaufe des Tages, an welchem das letzte der die Bekanntmachung enthaltenen Blätter erschienen ist, gilt die Bekanntmachung als erfolgt.

### § 11 [Bezeichnung der Bekanntmachungsblätter]

(1) Das Gericht hat jährlich im Dezember die Blätter zu bezeichnen, in denen während des nächsten Jahres die in § 10 vorgesehenen Veröffentlichungen erfolgen sollen.

(2) Wird das Handelsregister bei einem Gerichte von mehreren Richtern geführt und einigen sich diese über die Bezeichnung der Blätter nicht, so wird die Bestimmung von dem im Rechtszug vorgeordneten Landgerichte getroffen; ist bei diesem Landgericht eine Kammer für Handelssachen gebildet, so tritt diese an die Stelle der Zivilkammer.

### § 12 [Anmeldung; Zeichnung]

(1) Die Anmeldungen zur Eintragung in das Handelsregister sowie die zur Aufbewahrung bei dem Gerichte bestimmten Zeichnungen von Unterschriften sind in öffentlich beglaubigter Form einzureichen.

(2) [1]Die gleiche Form ist für eine Vollmacht zur Anmeldung erforderlich. [2]Rechtsnachfolger eines Beteiligten haben die Rechtsnachfolge soweit tunlich durch öffentliche Urkunden nachzuweisen.

### § 13 [Zweigniederlassung; Errichtung und Aufhebung]

(1) [1]Die Errichtung einer Zweigniederlassung ist von einem Einzelkaufmann oder einer juristischen Person beim Gericht der Hauptniederlassung, von einer Handelsgesellschaft beim Gericht des Sitzes der Gesellschaft zur Eintragung in das Handelsregister des Gerichts der Zweigniederlassung anzumelden. [2]Das Gericht der Hauptniederlassung oder des Sitzes hat die Anmeldung unverzüglich mit einer beglaubigten Abschrift seiner Eintragungen, soweit sie nicht ausschließlich die Verhältnisse anderer Niederlassungen betreffen, an das Gericht der Zweigniederlassung weiterzugeben.

(2) Die gesetzlich vorgeschriebenen Unterschriften sind zur Aufbewahrung beim Gericht der Zweigniederlassung zu zeichnen; für die Unterschriften der Prokuristen gilt dies nur, soweit die Prokura nicht ausschließlich auf den Betrieb einer anderen Niederlassung beschränkt ist.

(3) ¹Das Gericht der Zweigniederlassung hat zu prüfen, ob die Zweigniederlassung errichtet und § 30 beachtet ist. ²Ist dies der Fall, so hat es die Zweigniederlassung einzutragen und dabei die ihm mitgeteilten Tatsachen nicht zu prüfen, soweit sie im Handelsregister der Hauptniederlassung oder des Sitzes eingetragen sind. ³Die Eintragung hat auch den Ort der Zweigniederlassung zu enthalten; ist der Firma für die Zweigniederlassung ein Zusatz beigefügt, so ist auch dieser einzutragen.

(4) ¹Die Eintragung der Zweigniederlassung ist von Amts wegen dem Gericht der Hauptniederlassung oder des Sitzes mitzuteilen und in dessen Register zu vermerken; ist der Firma für die Zweigniederlassung ein Zusatz beigefügt, so ist auch dieser zu vermerken. ²Der Vermerk wird nicht veröffentlicht.

(5) Die vorstehenden Vorschriften gelten sinngemäß für die Aufhebung einer Zweigniederlassung.

## § 13a [Registerverfahren bei Zweigniederlassungen]

(1) Ist eine Zweigniederlassung in das Handelsregister eingetragen, so sind alle Anmeldungen, die die Hauptniederlassung oder die Niederlassung am Sitz der Gesellschaft oder die eingetragenen Zweigniederlassungen betreffen, beim Gericht der Hauptniederlassung oder des Sitzes zu bewirken; es sind so viel Stücke einzureichen, wie Niederlassungen bestehen.

(2) Das Gericht der Hauptniederlassung oder des Sitzes hat in der Bekanntmachung seiner Eintragung im Bundesanzeiger anzugeben, daß die gleiche Eintragung für die Zweigniederlassungen bei den namentlich zu bezeichnenden Gerichten erfolgen wird; ist der Firma für eine Zweigniederlassung ein Zusatz beigefügt, so ist auch dieser anzugeben.

(3) ¹Das Gericht der Hauptniederlassung oder des Sitzes hat sodann seine Eintragung unter der Angabe der Nummer des Bundesanzeigers, in der sie bekanntgemacht ist, von Amts wegen den Gerichten der Zweigniederlassungen mitzuteilen; der Mitteilung ist ein Stück der Anmeldung beizufügen. ²Die Gerichte der Zweigniederlassungen haben die Eintragung ohne Nachprüfung in ihr Handelsregister zu übernehmen. ³In der Bekanntmachung der Eintragung im Register der Zweigniederlassung ist anzugeben, daß die Eintragung im Handelsregister des Gerichts der Hauptniederlassung oder des Sitzes erfolgt und in welcher Nummer des Bundesanzeigers sie bekanntgemacht ist. ⁴Im Bundesanzeiger wird die Eintragung im Handelsregister der Zweigniederlassung nicht bekanntgemacht.

(4) ¹Betrifft die Anmeldung ausschließlich die Verhältnisse einzelner Niederlassungen, so sind außer dem für das Gericht der Hauptniederlassung oder des Sitzes bestimmten Stück nur so viel Stücke einzureichen, wie Zweigniederlassungen betroffen sind. ²Das Gericht der Hauptniederlassung oder des Sitzes teilt seine Eintragung nur den Gerichten der Zweigniederlassungen mit, deren Verhältnisse sie betrifft. ³Die Eintragung im Register der Hauptniederlassung oder des Sitzes wird nur im Bundesanzeiger bekanntgemacht.

(5) Absätze 1, 3 und 4 gelten sinngemäß für die Einreichung von Schriftstücken und die Zeichnung von Unterschriften.

## § 13b [Inländische Zweigniederlassungen ausländischer Unternehmen]

(1) Befindet sich die Hauptniederlassung eines Einzelkaufmanns oder einer juristischen Person oder der Sitz einer Handelsgesellschaft im Ausland, so haben alle eine inländische Zweigniederlassung betreffenden Anmeldungen, Zeichnungen, Einreichungen und Eintragungen bei dem Gericht zu erfolgen, in dessen Bezirk die Zweigniederlassung besteht.

(2) Die Eintragung der Errichtung der Zweigniederlassung hat auch den Ort der Zweigniederlassung zu enthalten; ist der Firma für die Zweigniederlassung ein Zusatz beigefügt, so ist auch dieser einzutragen.

(3) Im übrigen gelten für die Anmeldungen, Zeichnungen, Einreichungen, Eintragungen und Bekanntmachungen, soweit nicht das ausländische Recht Abweichungen nötig macht, sinngemäß die Vorschriften für Hauptniederlassungen oder Niederlassungen am Sitz der Gesellschaft.

## § 13c [Sitzverlegung]

(1) Wird die Hauptniederlassung eines Einzelkaufmanns oder einer juristischen Person oder der Sitz einer Handelsgesellschaft im Inland verlegt, so ist die Verlegung beim Gericht der bisherigen Hauptniederlassung oder des bisherigen Sitzes anzumelden.

(2) [1]Wird die Hauptniederlassung oder der Sitz aus dem Bezirk des Gerichts der bisherigen Hauptniederlassung oder des bisherigen Sitzes verlegt, so hat dieses unverzüglich von Amts wegen die Verlegung dem Gericht der neuen Hauptniederlassung oder des neuen Sitzes mitzuteilen. [2]Der Mitteilung sind die Eintragungen für die bisherige Hauptniederlassung oder den bisherigen Sitz sowie die bei dem bisher zuständigen Gericht aufbewahrten Urkunden beizufügen. [3]Das Gericht der neuen Hauptniederlassung oder des neuen Sitzes hat zu prüfen, ob die Hauptniederlassung oder der Sitz ordnungsgemäß verlegt und § 30 beachtet ist. [4]Ist dies der Fall, so hat es die Verlegung einzutragen und dabei die ihm mitgeteilten Eintragungen ohne weitere Nachprüfung in sein Handelsregister zu übernehmen. [5]Die Eintragung ist dem Gericht der bisherigen Hauptniederlassung oder des bisherigen Sitzes mitzuteilen. [6]Dieses hat die erforderlichen Eintragungen von Amts wegen vorzunehmen.

(3) [1]Wird die Hauptniederlassung oder der Sitz an einen anderen Ort innerhalb des Bezirks des Gerichts der bisherigen Hauptniederlassung oder des bisherigen Sitzes verlegt, so hat das Gericht zu prüfen, ob die Hauptniederlassung oder der Sitz ordnungsgemäß verlegt und § 30 beachtet ist. [2]Ist dies der Fall, so hat es die Verlegung einzutragen.

## § 14 [Ordnungsstrafen]

[1]Wer seiner Pflicht zur Anmeldung, zur Zeichnung der Unterschrift oder zur Einreichung von Schriftstücken zum Handelsregister nicht nachkommt, ist hierzu von dem Registergericht durch Festsetzung von Zwangsgeld anzuhalten. [2]Das einzelne Zwangsgeld darf den Betrag von zehntausend Deutsche Mark nicht übersteigen.

## § 15 [Publizitätswirkungen]

(1) Solange eine in das Handelsregister einzutragende Tatsache nicht eingetragen und bekanntgemacht ist, kann sie von demjenigen, in dessen Angelegenheiten sie einzutragen war, einem Dritten nicht entgegengesetzt werden, es sei denn, daß sie diesem bekannt war.

(2) [1]Ist die Tatsache eingetragen und bekanntgemacht worden, so muß ein Dritter sie gegen sich gelten lassen. [2]Dies gilt nicht bei Rechtshandlungen, die innerhalb von fünfzehn Tagen nach der Bekanntmachung vorgenommen werden, sofern der Dritte beweist, daß er die Tatsache weder kannte noch kennen mußte.

(3) Ist eine einzutragende Tatsache unrichtig bekanntgemacht, so kann sich ein Dritter demjenigen gegenüber, in dessen Angelegenheiten die Tatsache

einzutragen war, auf die bekanntgemachte Tatsache berufen, es sei denn, daß er die Unrichtigkeit kannte.

(4) Für den Geschäftsverkehr mit einer in das Handelsregister eingetragenen Zweigniederlassung ist im Sinne dieser Vorschriften die Eintragung und Bekanntmachung durch das Gericht der Zweigniederlassung entscheidend.

### § 16 [Registergericht und Prozeßgericht]

(1) [1]Ist durch eine rechtskräftige oder vollstreckbare Entscheidung des Prozeßgerichts die Verpflichtung zur Mitwirkung bei einer Anmeldung zum Handelsregister oder ein Rechtsverhältnis, bezüglich dessen eine Eintragung zu erfolgen hat, gegen einen von mehreren bei der Vornahme der Anmeldung Beteiligten festgestellt, so genügt zur Eintragung die Anmeldung der übrigen Beteiligten. [2]Wird die Entscheidung, aufgrund deren die Eintragung erfolgt ist, aufgehoben, so ist dies auf Antrag eines der Beteiligten in das Handelsregister einzutragen.

(2) Ist durch eine rechtskräftige oder vollstreckbare Entscheidung des Prozeßgerichts die Vornahme einer Eintragung für unzulässig erklärt, so darf die Eintragung nicht gegen den Widerspruch desjenigen erfolgen, welcher die Entscheidung erwirkt hat.

## Dritter Abschnitt. Handelsfirma

### § 17 [Begriff der Firma]

(1) Die Firma eines Kaufmanns ist der Name, unter dem er im Handel seine Geschäfte betreibt und die Unterschrift abgibt.

(2) Ein Kaufmann kann unter seiner Firma klagen und verklagt werden.

### § 18 [Einzelfirma; Firmenzusätze]

(1) Ein Kaufmann, der sein Geschäft ohne Gesellschafter oder nur mit einem stillen Gesellschafter betreibt, hat seinen Familiennamen mit mindestens einem ausgeschriebenen Vornamen als Firma zu führen.

(2) [1]Der Firma darf kein Zusatz beigefügt werden, der ein Gesellschaftsverhältnis andeutet oder sonst geeignet ist, eine Täuschung über die Art oder den Umfang des Geschäfts oder die Verhältnisse des Geschäftsinhabers herbeizuführen. [2]Zusätze, die zur Unterscheidung der Person oder des Geschäfts dienen, sind gestattet.

### § 19 [Firma der Personengesellschaft]

(1) Die Firma einer offenen Handelsgesellschaft hat den Namen wenigstens eines der Gesellschafter mit einem das Vorhandensein einer Gesellschaft andeutenden Zusatz oder die Namen aller Gesellschafter zu enthalten.

(2) Die Firma einer Kommanditgesellschaft hat den Namen wenigstens eines persönlich haftenden Gesellschafters mit einem das Vorhandensein einer Gesellschaft andeutenden Zusatzes zu enthalten.

(3) Die Beifügung von Vornamen ist nicht erforderlich.

(4) Die Namen anderer Personen als der persönlich haftenden Gesellschafter dürfen in die Firma einer offenen Handelsgesellschaft oder einer Kommanditgesellschaft nicht aufgenommen werden.

(5) [1]Ist kein persönlich haftender Gesellschafter eine natürliche Person, so muß die Firma, auch wenn sie nach den §§ 21, 22, 24 oder nach anderen ge-

setzlichen Vorschriften fortgeführt wird, eine Bezeichnung enthalten, welche die Haftungsbeschränkung kennzeichnet. [2]Dies gilt nicht, wenn zu den persönlich haftenden Gesellschaftern eine andere offene Handelsgesellschaft oder Kommanditgesellschaft gehört, bei der ein persönlich haftender Gesellschafter eine natürliche Person ist.

## § 20 *(aufgehoben)*

## § 21 [Firmenfortführung bei Namensänderung]

Wird ohne eine Änderung der Person der Name des Geschäftsinhabers oder der in der Firma enthaltene Name eines Gesellschafters geändert, so kann die bisherige Firma fortgeführt werden.

## § 22 [Firmenfortführung bei Erwerb des Geschäfts]

(1) Wer ein bestehendes Handelsgeschäft unter Lebenden oder von Todes wegen erwirbt, darf für das Geschäft die bisherige Firma mit oder ohne Beifügung eines das Nachfolgeverhältnis andeutenden Zusatzes fortführen, wenn der bisherige Geschäftsinhaber oder dessen Erben in die Fortführung der Firma ausdrücklich willigen.

(2) Wird ein Handelsgeschäft aufgrund eines Nießbrauchs, eines Pachtvertrags oder eines ähnlichen Verhältnisses übernommen, so finden diese Vorschriften entsprechende Anwendung.

## § 23 [Untrennbarkeit von Firma und Geschäft]

Die Firma kann nicht ohne das Handelsgeschäft, für welches sie geführt wird, veräußert werden.

## § 24 [Firmenfortführung bei Ein- und Austritt von Gesellschaftern]

(1) Wird jemand in ein bestehendes Handelsgeschäft als Gesellschafter aufgenommen oder tritt ein neuer Gesellschafter in eine Handelsgesellschaft ein oder scheidet aus einer solchen ein Gesellschafter aus, so kann ungeachtet dieser Veränderung die bisherige Firma fortgeführt werden.

(2) Bei dem Ausscheiden eines Gesellschafters, dessen Name in der Firma enthalten ist, bedarf es zur Fortführung der Firma der ausdrücklichen Einwilligung des Gesellschafters oder seiner Erben.

## § 25 [Haftung bei Erwerb des Geschäfts]

(1) [1]Wer ein unter Lebenden erworbenes Handelsgeschäft unter der bisherigen Firma mit oder ohne Beifügung eines das Nachfolgeverhältnis andeutenden Zusatzes fortführt, haftet für alle im Betriebe des Geschäfts begründeten Verbindlichkeiten des früheren Inhabers. [2]Die in dem Betriebe begründeten Forderungen gelten den Schuldnern gegenüber als auf den Erwerber übergegangen, falls der bisherige Inhaber oder seine Erben in die Fortführung der Firma gewilligt haben.

(2) Eine abweichende Vereinbarung ist einem Dritten gegenüber nur wirksam, wenn sie in das Handelsregister eingetragen und bekanntgemacht oder von dem Erwerber oder dem Veräußerer dem Dritten mitgeteilt worden ist.

(3) Wird die Firma nicht fortgeführt, so haftet der Erwerber eines Handelsgeschäfts für die früheren Geschäftsverbindlichkeiten nur, wenn ein besonderer Verpflichtungsgrund vorliegt, insbesondere wenn die Übernahme der Verbindlichkeiten in handelsüblicher Weise von dem Erwerber bekanntgemacht worden ist.

### § 26 [Verjährung der Ansprüche gegen den Geschäftsveräußerer]

(1) Ist der Erwerber des Handelsgeschäfts aufgrund der Fortführung der Firma oder aufgrund der in § 25 Abs. 3 bezeichneten Bekanntmachung für die früheren Geschäftsverbindlichkeiten haftbar, so verjähren die Ansprüche der Gläubiger gegen den früheren Inhaber mit dem Ablaufe von fünf Jahren, falls nicht nach den allgemeinen Vorschriften die Verjährung schon früher eintritt.

(2) ¹Die Verjährung beginnt im Falle des § 25 Abs. 1 mit dem Ende des Tages, an welchem der neue Inhaber der Firma in das Handelsregister des Gerichts der Hauptniederlassung eingetragen worden ist, im Falle des § 25 Abs. 3 mit dem Ende des Tages, an welchem die Kundmachung der Übernahme stattgefunden hat. ²Konnte der Gläubiger die Leistung erst in einem späteren Zeitpunkte verlangen, so beginnt die Verjährung mit diesem Zeitpunkte.

### § 27 [Haftung des Erben eines Geschäfts]

(1) Wird ein zu einem Nachlasse gehörendes Handelsgeschäft von dem Erben fortgeführt, so finden auf die Haftung des Erben für die früheren Geschäftsverbindlichkeiten die Vorschriften des § 25 entsprechende Anwendung.

(2) ¹Die unbeschränkte Haftung nach § 25 Abs. 1 tritt nicht ein, wenn die Fortführung des Geschäfts vor dem Ablaufe von drei Monaten nach dem Zeitpunkt, in welchem der Erbe von dem Anfalle der Erbschaft Kenntnis erlangt hat, eingestellt wird. ²Auf den Lauf der Frist finden die für die Verjährung geltenden Vorschriften des § 206 des Bürgerlichen Gesetzbuchs entsprechende Anwendung. ³Ist bei dem Ablaufe der drei Monate das Recht zur Ausschlagung der Erbschaft noch nicht verloren, so endigt die Frist nicht vor dem Ablaufe der Ausschlagungsfrist.

### § 28 [Haftung bei Eintritt in das Geschäft eines Einzelkaufmanns]

(1) ¹Tritt jemand als persönlich haftender Gesellschafter oder als Kommanditist in das Geschäft eines Einzelkaufmanns ein, so haftet die Gesellschaft, auch wenn sie die frühere Firma nicht fortführt, für alle im Betriebe des Geschäfts entstandenen Verbindlichkeiten des früheren Geschäftsinhabers. ²Die in dem Betriebe begründeten Forderungen gelten den Schuldnern gegenüber als auf die Gesellschaft übergegangen.

(2) Eine abweichende Vereinbarung ist einem Dritten gegenüber nur wirksam, wenn sie in das Handelsregister eingetragen und bekanntgemacht oder von einem Gesellschafter dem Dritten mitgeteilt worden ist.

### § 29 [Anmeldepflicht]

Jeder Kaufmann ist verpflichtet, seine Firma und den Ort seiner Handelsniederlassung bei dem Gericht, in dessen Bezirke sich die Niederlassung befindet, zur Eintragung in das Handelsregister anzumelden; er hat seine Firma zur Aufbewahrung bei dem Gerichte zu zeichnen.

### § 30 [Ausschließlichkeit der Firma]

(1) Jede neue Firma muß sich von allen an demselben Ort oder in derselben Gemeinde bereits bestehenden und in das Handelsregister oder in das Genossenschaftsregister eingetragenen Firmen deutlich unterscheiden.

(2) Hat ein Kaufmann mit einem bereits eingetragenen Kaufmanne die gleichen Vornamen und den gleichen Familiennamen und will auch er sich dieser Namen als seiner Firma bedienen, so muß er der Firma einen Zusatz beifügen, durch den sie sich von der bereits eingetragenen Firma deutlich unterscheidet.

(3) Besteht an dem Orte oder in der Gemeinde, wo eine Zweigniederlassung errichtet wird, bereits eine gleiche eingetragene Firma, so muß der Firma für die Zweigniederlassung ein der Vorschrift des Absatzes 2 entsprechender Zusatz beigefügt werden.

(4) Durch die Landesregierungen kann bestimmt werden, daß benachbarte Orte oder Gemeinden als ein Ort oder als eine Gemeinde im Sinne dieser Vorschriften anzusehen sind.

## § 31 [Anmeldung von Veränderungen; Erlöschen der Firma]

(1) Eine Änderung der Firma oder ihrer Inhaber sowie die Verlegung der Niederlassung an einen anderen Ort ist nach den Vorschriften des § 29 zur Eintragung in das Handelsregister anzumelden.

(2) [1]Das gleiche gilt, wenn die Firma erlischt. [2]Kann die Anmeldung des Erlöschens einer eingetragenen Firma durch die hierzu Verpflichteten nicht auf dem in § 14 bezeichneten Wege herbeigeführt werden, so hat das Gericht das Erlöschen von Amts wegen einzutragen.

## § 32 [Eintragung der Konkurseröffnung]

[1]Wird über das Vermögen eines Kaufmanns der Konkurs eröffnet, so ist dies von Amts wegen in das Handelsregister einzutragen. [2]Das gleiche gilt von der Aufhebung des Eröffnungsbeschlusses sowie von der Einstellung und Aufhebung des Konkurses. [3]Eine öffentliche Bekanntmachung der Eintragungen findet nicht statt. [4]Die Vorschriften des § 15 bleiben außer Anwendung.

## § 33 [Anmeldung und Eintragung juristischer Personen]

(1) Eine juristische Person, deren Eintragung in das Handelsregister mit Rücksicht auf den Gegenstand oder auf die Art und den Umfang ihres Gewerbebetriebes zu erfolgen hat, ist von sämtlichen Mitgliedern des Vorstandes zur Eintragung anzumelden.

(2) [1]Der Anmeldung sind die Satzung der juristischen Person und die Urkunden über die Bestellung des Vorstandes in Urschrift oder in öffentlich beglaubigter Abschrift beizufügen. [2]Bei der Eintragung sind die Firma und der Sitz der juristischen Person, der Gegenstand des Unternehmens und die Mitglieder des Vorstandes anzugeben. [3]Besondere Bestimmungen der Satzung über die Befugnis des Vorstandes zur Vertretung der juristischen Person oder über die Zeitdauer des Unternehmens sind gleichfalls einzutragen.

(3) Die Errichtung einer Zweigniederlassung ist durch den Vorstand unter Beifügung einer öffentlich beglaubigten Abschrift der Satzung anzumelden.

## § 34 [Vereinbarungen bei juristischen Personen]

(1) Jede Änderung der nach § 33 *Abs. 3*\* einzutragenden Tatsachen oder der Satzung, die Auflösung der juristischen Person, falls sie nicht die Folge der Eröffnung des Konkurses ist, sowie die Personen der Liquidatoren und die besonderen Bestimmungen über ihre Vertretungsbefugnis sind zur Eintragung in das Handelsregister anzumelden.

(2) Bei der Eintragung einer Änderung der Satzung genügt, soweit nicht die Änderung die in § 33 *Abs 3*\* bezeichneten Angaben betrifft, die Bezugnahme auf die bei dem Gericht eingereichten Urkunden über die Änderung.

(3) Die Anmeldung hat durch den Vorstand oder, sofern die Eintragung

---

\* Jetzt: § 33 Abs. 2 Satz 2 und 3.

erst nach der Anmeldung der ersten Liquidatoren geschehen soll, durch die Liquidatoren zu erfolgen.

(4) Die Eintragung gerichtlich bestellter Vorstandsmitglieder oder Liquidatoren geschieht von Amts wegen.

(5) Im Falle des Konkurses finden die Vorschriften des § 32 Anwendung.

## § 35 [Unterschriftszeichnung bei juristischen Personen]

Die Mitglieder des Vorstandes und die Liquidatoren einer juristischen Person haben ihre Unterschrift zur Aufbewahrung bei dem Gerichte zu zeichnen.

## § 36 [Unternehmen öffentlicher Körperschaften]

[1]Ein Unternehmen des Reichs, eines Bundesstaats oder eines inländischen Kommunalverbandes braucht nicht in das Handelsregister eingetragen zu werden. [2]Erfolgt die Anmeldung, so ist die Eintragung auf die Angabe der Firma sowie des Sitzes und des Gegenstandes des Unternehmens zu beschränken.

## § 37 [Unbefugter Gebrauch einer Firma]

(1) Wer eine nach den Vorschriften dieses Abschnitts ihm nicht zustehende Firma gebraucht, ist von dem Registergerichte zur Unterlassung des Gebrauchs der Firma durch Festsetzung von Ordnungsgeld anzuhalten.

(2) [1]Wer in seinen Rechten dadurch verletzt wird, daß ein anderer eine Firma unbefugt gebraucht, kann von diesem die Unterlassung des Gebrauchs der Firma verlangen. [2]Ein nach sonstigen Vorschriften begründeter Anspruch auf Schadensersatz bleibt unberührt.

### Vierter Abschnitt. Handelsbücher

**§§ 38 bis 47 b** *(aufgehoben)*

### Fünfter Abschnitt. Prokura und Handlungsvollmacht

## § 48 [Erteilung der Prokura]

(1) Die Prokura kann nur von dem Inhaber des Handelsgeschäfts oder seinem gesetzlichen Vertreter und nur mittels ausdrücklicher Erklärung erteilt werden.

(2) Die Erteilung kann an mehrere Personen gemeinschaftlich erfolgen (Gesamtprokura).

## § 49 [Umfang der Prokura]

(1) Die Prokura ermächtigt zu allen Arten von gerichtlichen und außergerichtlichen Geschäften und Rechtshandlungen, die der Betrieb eines Handelsgewerbes mit sich bringt.

(2) Zur Veräußerung und Belastung von Grundstücken ist der Prokurist nur ermächtigt, wenn ihm diese Befugnis besonders erteilt ist.

## § 50 [Beschränkung der Prokura]

(1) Eine Beschränkung des Umfanges der Prokura ist Dritten gegenüber unwirksam.

(2) Dies gilt insbesondere von der Beschränkung, daß die Prokura nur für gewisse Geschäfte oder gewisse Arten von Geschäften oder nur unter gewissen Umständen oder für eine gewisse Zeit oder an einzelnen Orten ausgeübt werden soll.

(3) ¹Eine Beschränkung der Prokura auf den Betrieb einer von mehreren Niederlassungen des Geschäftsinhabers ist Dritten gegenüber nur wirksam, wenn die Niederlassungen unter verschiedenen Firmen betrieben werden. ²Eine Verschiedenheit der Firmen im Sinne dieser Vorschrift wird auch dadurch begründet, daß für eine Zweigniederlassung der Firma ein Zusatz beigefügt wird, der sie als Firma der Zweigniederlassung bezeichnet.

### § 51 [Zeichnung des Prokuristen]

Der Prokurist hat in der Weise zu zeichnen, daß er der Firma seinen Namen mit einem die Prokura andeutenden Zusatze beifügt.

### § 52 [Widerruf, Übertragung, Tod des Geschäftsinhabers]

(1) Die Prokura ist ohne Rücksicht auf das der Erteilung zugrunde liegende Rechtsverhältnis jederzeit widerruflich, unbeschadet des Anspruchs auf die vertragsmäßige Vergütung.

(2) Die Prokura ist nicht übertragbar.

(3) Die Prokura erlischt nicht durch den Tod des Inhabers des Handelsgeschäfts.

### § 53 [Anmeldung der Prokura]

(1) ¹Die Erteilung der Prokura ist von dem Inhaber des Handelsgeschäfts zur Eintragung in das Handelsregister anzumelden. ²Ist die Prokura als Gesamtprokura erteilt, so muß auch dies zur Eintragung angemeldet werden.

(2) Der Prokurist hat die Firma nebst seiner Namensunterschrift zur Aufbewahrung bei dem Gerichte zu zeichnen.

(3) Das Erlöschen der Prokura ist in gleicher Weise wie die Erteilung zur Eintragung anzumelden.

### § 54 [Handlungsvollmacht]

(1) Ist jemand ohne Erteilung der Prokura zum Betrieb eines Handelsgewerbes oder zur Vornahme einer bestimmten zu einem Handelsgewerbe gehörigen Art von Geschäften oder zur Vornahme einzelner zu einem Handelsgewerbe gehöriger Geschäfte ermächtigt, so erstreckt sich die Vollmacht (Handlungsvollmacht) auf alle Geschäfte und Rechtshandlungen, die der Betrieb eines derartigen Handelsgewerbes oder die Vornahme derartiger Geschäfte gewöhnlich mit sich bringt.

(2) Zur Veräußerung oder Belastung von Grundstücken, zur Eingehung von Wechselverbindlichkeiten, zur Aufnahme von Darlehen und zur Prozeßführung ist der Handlungsbevollmächtigte nur ermächtigt, wenn ihm eine solche Befugnis besonders erteilt ist.

(3) Sonstige Beschränkungen der Handlungsvollmacht braucht ein Dritter nur dann gegen sich gelten zu lassen, wenn er sie kannte oder kennen mußte.

### § 55 [Handelsvertreter mit Abschlußvollmacht]

(1) Die Vorschriften des § 54 finden auch Anwendung auf Handlungsbevollmächtigte, die Handelsvertreter sind oder die als Handlungsgehilfen damit betraut sind, außerhalb des Betriebes des Prinzipals Geschäfte in dessen Namen abzuschließen.

(2) Die ihnen erteilte Vollmacht zum Abschluß von Geschäften bevollmächtigt sie nicht, abgeschlossene Verträge zu ändern, insbesondere Zahlungsfristen zu gewähren.

(3) Zur Annahme von Zahlungen sind sie nur berechtigt, wenn sie dazu bevollmächtigt sind.

(4) Sie gelten als ermächtigt, die Anzeige von Mängeln einer Ware, die Erklärung, daß eine Ware zur Verfügung gestellt werde, sowie ähnliche Erklärungen, durch die ein Dritter seine Rechte aus mangelhafter Leistung geltend macht oder sie vorbehält, entgegenzunehmen; sie können die dem Unternehmer (Prinzipal) zustehenden Rechte auf Sicherung des Beweises geltend machen.

### § 56 [Vollmacht von Ladenangestellten]

Wer in einem Laden oder in einem offenen Warenlager angestellt ist, gilt als ermächtigt zu Verkäufen und Empfangnahmen, die in einem derartigen Laden oder Warenlager gewöhnlich geschehen.

### § 57 [Zeichnung des Handlungsbevollmächtigten]

Der Handlungsbevollmächtigte hat sich bei der Zeichnung jedes eine Prokura andeutenden Zusatzes zu enthalten; er hat mit einem das Vollmachtsverhältnis ausdrückenden Zusatze zu zeichnen.

### § 58 [Übertragung der Handlungsvollmacht]

Der Handlungsbevollmächtigte kann ohne Zustimmung des Inhabers des Handelsgeschäfts seine Handlungsvollmacht auf einen anderen nicht übertragen.

## Sechster Abschnitt. Handlungsgehilfen und Handlungslehrlinge

### § 59 [Begriff des Handlungsgehilfen; Vergütung und Pflichten]

[1]Wer in einem Handelsgewerbe zur Leistung kaufmännischer Dienste gegen Entgelt angestellt ist (Handlungsgehilfe), hat, soweit nicht besondere Vereinbarungen über die Art und den Umfang seiner Dienstleistungen oder über die ihm zukommende Vergütung getroffen sind, die dem Ortsgebrauch entsprechenden Dienste zu leisten sowie die dem Ortsgebrauch entsprechende Vergütung zu beanspruchen. [2]In Ermangelung eines Ortsgebrauchs gelten die den Umständen nach angemessenen Leistungen als vereinbart.

### § 60 [Gesetzliches Wettbewerbsverbot]

(1) Der Handlungsgehilfe darf ohne Einwilligung des Prinzipals weder ein Handelsgewerbe betreiben noch in dem Handelszweige des Prinzipals für eigene oder fremde Rechnung Geschäfte machen.

(2) Die Einwilligung zum Betrieb eines Handelsgewerbes gilt als erteilt, wenn dem Prinzipal bei der Anstellung des Gehilfen bekannt ist, daß er das Gewerbe betreibt, und der Prinzipal die Aufgabe des Betriebs nicht ausdrücklich vereinbart.

### § 61 [Verletzung des Wettbewerbsverbots]

(1) Verletzt der Handlungsgehilfe die ihm nach § 60 obliegende Verpflichtung, so kann der Prinzipal Schadensersatz fordern; er kann statt dessen verlangen, daß der Handlungsgehilfe die für eigene Rechnung gemachten Geschäfte als für Rechnung des Prinzipals eingegangen gelten lasse und die aus Geschäften für fremde Rechnung bezogene Vergütung herausgebe oder seinen Anspruch auf die Vergütung abtrete.

(2) Die Ansprüche verjähren in drei Monaten von dem Zeitpunkt an, in welchem der Prinzipal Kenntnis von dem Abschlusse des Geschäfts erlangt; sie verjähren ohne Rücksicht auf diese Kenntnis in fünf Jahren von dem Abschlusse des Geschäfts an.

## § 62 [Fürsorgepflicht des Prinzipals]

(1) Der Prinzipal ist verpflichtet, die Geschäftsräume und die für den Geschäftsbetrieb bestimmten Vorrichtungen und Gerätschaften so einzurichten und zu unterhalten, auch den Geschäftsbetrieb und die Arbeitszeit so zu regeln, daß der Handlungsgehilfe gegen eine Gefährdung seiner Gesundheit, soweit die Natur des Betriebs es gestattet, geschützt und die Aufrechterhaltung der guten Sitten und des Anstandes gesichert ist.

(2) Ist der Handlungsgehilfe in die häusliche Gemeinschaft aufgenommen, so hat der Prinzipal in Ansehung des Wohn- und Schlafraums, der Verpflegung sowie der Arbeits- und Erholungszeit diejenigen Einrichtungen und Anordnungen zu treffen, welche mit Rücksicht auf die Gesundheit, die Sittlichkeit und die Religion des Handlungsgehilfen erforderlich sind.*

(3) Erfüllt der Prinzipal die ihm in Ansehung des Lebens und der Gesundheit des Handlungsgehilfen obliegenden Verpflichtungen nicht, so finden auf seine Verpflichtung zum Schadensersatze die für unerlaubte Handlungen geltenden Vorschriften der §§ 842 bis 846 des Bürgerlichen Gesetzbuchs entsprechende Anwendung.*

(4) Die dem Prinzipal hiernach obliegenden Verpflichtungen können nicht im voraus durch Vertrag aufgehoben oder beschränkt werden.*

## § 63* [Lohnfortzahlung bei Dienstverhinderung]

(1) ¹Wird der Handlungsgehilfe durch unverschuldetes Unglück an der Leistung der Dienste verhindert, so behält er seinen Anspruch auf Gehalt und Unterhalt, jedoch nicht über die Dauer von sechs Wochen hinaus. ²Eine nicht rechtswidrige Sterilisation und ein nicht rechtswidriger Abbruch der Schwangerschaft durch einen Arzt gelten als unverschuldete Verhinderung an der Dienstleistung. ³Der Handlungsgehilfe behält diesen Anspruch auch dann, wenn der Arbeitgeber das Dienstverhältnis aus Anlaß dieser Verhinderung kündigt. ⁴Das gleiche gilt, wenn der Handlungsgehilfe das Dienstverhältnis aus einem vom Arbeitgeber zu vertretenden Grunde kündigt, der den Handlungsgehilfen zur Kündigung aus wichtigem Grund ohne Einhaltung einer Kündigungsfrist berechtigt. ⁵Der Anspruch kann nicht durch Vertrag ausgeschlossen oder beschränkt werden.

(2) ¹Der Handlungsgehilfe ist nicht verpflichtet, sich den Betrag anrechnen zu lassen, der ihm für die Zeit der Verhinderung aus einer Kranken- oder Unfallversicherung zukommt.² Eine Vereinbarung, welche dieser Vorschrift zuwiderläuft, ist nichtig.

## § 64* [Gehaltszahlung]

¹Die Zahlung des dem Handlungsgehilfen zukommenden Gehalts hat am Schlusse jedes Monats zu erfolgen. ²Eine Vereinbarung, nach der die Zahlung des Gehalts später erfolgen soll, ist nichtig.

---

* § 62 Abs. 2 bis 4, §§ 63, 64 sind gem. Anlage I zum Einigungsvertragsgesetz vom 23. 9. 1990 (BGBl. II S. 885, 959) in dem in Artikel 3 des Einigungsvertrages genannten Gebiet nicht anzuwenden.

## § 65 [Provision]

Ist bedungen, daß der Handlungsgehilfe für Geschäfte, die von ihm geschlossen oder vermittelt werden, Provision erhalten solle, so sind die für die Handelsvertreter geltenden Vorschriften des § 87 Abs. 1 und 3 sowie der §§ 87 a bis 87 c anzuwenden.

## §§ 66–72 *(aufgehoben)*

## § 73* [Zeugnis]

[1]Bei der Beendigung des Dienstverhältnisses kann der Handlungsgehilfe ein schriftliches Zeugnis über die Art und Dauer der Beschäftigung fordern. [2]Das Zeugnis ist auf Verlangen des Handlungsgehilfen auch auf die Führung und die Leistungen auszudehnen.

## § 74 [Vertragliches Wettbewerbsverbot]

(1) Eine Vereinbarung zwischen dem Prinzipal und dem Handlungsgehilfen, die den Gehilfen für die Zeit nach Beendigung des Dienstverhältnisses in seiner gewerblichen Tätigkeit beschränkt (Wettbewerbsverbot), bedarf der Schriftform und der Aushändigung einer vom Prinzipal unterzeichneten, die vereinbarten Bestimmungen enthaltenden Urkunde an den Gehilfen.

(2) Das Wettbewerbsverbot ist nur verbindlich, wenn sich der Prinzipal verpflichtet, für die Dauer des Verbots eine Entschädigung zu zahlen, die für jedes Jahr des Verbots mindestens die Hälfte der von dem Handlungsgehilfen zuletzt bezogenen vertragsmäßigen Leistungen erreicht.

## § 74 a [Unverbindliche und nichtige Wettbewerbsverbote]

(1) [1]Das Wettbewerbsverbot ist insoweit unverbindlich, als es nicht zum Schutze eines berechtigten geschäftlichen Interesses des Prinzipals dient. [2]Es ist ferner unverbindlich, soweit es unter Berücksichtigung der gewährten Entschädigung nach Ort, Zeit oder Gegenstand eine unbillige Erschwerung des Fortkommens des Gehilfen enthält. [3]Das Verbot kann nicht auf einen Zeitraum von mehr als zwei Jahren von der Beendigung des Dienstverhältnisses an erstreckt werden.

(2) [1]Das Verbot ist nichtig, wenn die dem Gehilfen zustehenden jährlichen vertragsmäßigen Leistungen den Betrag von fünfzehnhundert Deutsche Mark nicht übersteigen. [2]Das gleiche gilt, wenn der Gehilfe zur Zeit des Abschlusses minderjährig ist oder wenn sich der Prinzipal die Erfüllung auf Ehrenwort oder unter ähnlichen Versicherungen versprechen läßt. [3]Nichtig ist auch die Vereinbarung, durch die ein Dritter an Stelle des Gehilfen die Verpflichtung übernimmt, daß sich der Gehilfe nach der Beendigung des Dienstverhältnisses in seiner gewerblichen Tätigkeit beschränken werde.

(3) Unberührt bleiben die Vorschriften des § 138 des Bürgerlichen Gesetzbuchs über die Nichtigkeit von Rechtsgeschäften, die gegen die guten Sitten verstoßen.

---

* § 73 ist gem. Anlage I zum Einigungsvertragsgesetz vom 23. 9. 1990 (BGBl. II S. 885, 959) in dem in Artikel 3 des Einigungsvertrages genannten Gebiet nicht anzuwenden.

## § 74 b [Entschädigung]

(1) Die nach § 74 Abs. 2 dem Handlungsgehilfen zu gewährende Entschädigung ist am Schlusse jedes Monats zu zahlen.

(2) ¹Soweit die dem Gehilfen zustehenden vertragsmäßigen Leistungen in einer Provision oder in anderen wechselnden Bezügen bestehen, sind sie bei der Berechnung der Entschädigung nach dem Durchschnitt der letzten drei Jahre in Ansatz zu bringen. ²Hat die für die Bezüge bei der Beendigung des Dienstverhältnisses maßgebende Vertragsbestimmung noch nicht drei Jahre bestanden, so erfolgt der Ansatz nach dem Durchschnitt des Zeitraums, für den die Bestimmung in Kraft war.

(3) Soweit Bezüge zum Ersatze besonderer Auslagen dienen sollen, die infolge der Dienstleistung entstehen, bleiben sie außer Ansatz.

## § 74 c [Anrechnung anderweitigen Erwerbs]

(1) ¹Der Handlungsgehilfe muß sich auf die fällige Entschädigung anrechnen lassen, was er während des Zeitraums, für den die Entschädigung gezahlt wird, durch anderweite Verwertung seiner Arbeitskraft erwirbt oder zu erwerben böswillig unterläßt, soweit die Entschädigung unter Hinzurechnung dieses Betrags den Betrag der zuletzt von ihm bezogenen vertragsmäßigen Leistungen um mehr als ein Zehntel übersteigen würde. ²Ist der Gehilfe durch das Wettbewerbsverbot gezwungen worden, seinen Wohnsitz zu verlegen, so tritt an die Stelle des Betrags von einem Zehntel der Betrag von einem Viertel. ³Für die Dauer der Verbüßung einer Freiheitsstrafe kann der Gehilfe eine Entschädigung nicht verlangen.

(2) Der Gehilfe ist verpflichtet, dem Prinzipal auf Erfordern über die Höhe seines Erwerbes Auskunft zu erteilen.

## § 75 [Wettbewerbsverbot nach Kündigung]

(1) Löst der Gehilfe das Dienstverhältnis gemäß den Vorschriften der *§§ 70 und 71** wegen vertragswidrigen Verhaltens des Prinzipals auf, so wird das Wettbewerbsverbot unwirksam, wenn der Gehilfe vor Ablauf eines Monats nach der Kündigung schriftlich erklärt, daß er sich an die Vereinbarung nicht gebunden erachte.

(2) ¹In gleicher Weise wird das Wettbewerbsverbot unwirksam, wenn der Prinzipal das Dienstverhältnis kündigt, es sei denn, daß für die Kündigung ein erheblicher Anlaß in der Person des Gehilfen vorliegt oder daß sich der Prinzipal bei der Kündigung bereit erklärt, während der Dauer der Beschränkung dem Gehilfen die vollen zuletzt von ihm bezogenen vertragsmäßigen Leistungen zu gewähren. ²Im letzteren Falle finden die Vorschriften des § 74 b entsprechende Anwendung.

(3) *Löst der Prinzipal das Dienstverhältnis gemäß den Vorschriften der §§ 70 und 72 wegen vertragswidrigen Verhaltens des Gehilfen auf, so hat der Gehilfe keinen Anspruch auf die Entschädigung.***

---

* §§ 70 und 71 aufgehoben; vgl. jetzt § 626 BGB.
** Nach dem Urteil des Bundesarbeitsgerichts vom 23. 2. 1977 (NJW 1977, 1357) ist § 75 Abs. 3 HGB wegen Verstoß gegen Art. 3 GG nichtig; die Vorschrift ist gem. Anlage I zum Einigungsvertragsgesetz vom 23. 9. 1990 (BGBl. II S. 885, 959) in dem in Artikel 3 des Einigungsvertrages genannten Gebiet nicht anzuwenden.

### § 75a [Verzicht auf das Wettbewerbsverbot]

Der Prinzipal kann vor der Beendigung des Dienstverhältnisses durch schriftliche Erklärung auf das Wettbewerbsverbot mit der Wirkung verzichten, daß er mit dem Ablauf eines Jahres seit der Erklärung von der Verpflichtung zur Zahlung der Entschädigung frei wird.

### § 75b [Ausnahmen von der Entschädigungspflicht]

¹*Ist der Gehilfe für eine Tätigkeit außerhalb Europas angenommen, so ist die Verbindlichkeit des Wettbewerbsverbots nicht davon abhängig, daß sich der Prinzipal zur Zahlung der in § 74 Abs. 2 vorgesehenen Entschädigung verpflichtet.*\* ²Das gleiche gilt, wenn die dem Gehilfen zustehenden vertragsmäßigen Leistungen den Betrag *von achttausend Deutsche Mark* für das Jahr übersteigen; auf die Berechnung des Betrags der Leistungen finden die Vorschriften des § 74b Abs. 2 und 3 entsprechende Anwendung.\*\*

### § 75c [Vertragsstrafe]

(1) ¹Hat der Handlungsgehilfe für den Fall, daß er die in der Vereinbarung übernommene Verpflichtung nicht erfüllt, eine Strafe versprochen, so kann der Prinzipal Ansprüche nur nach Maßgabe der Vorschriften des § 340 des Bürgerlichen Gesetzbuchs geltend machen. ²Die Vorschriften des Bürgerlichen Gesetzbuchs über die Herabsetzung einer unverhältnismäßig hohen Vertragsstrafe bleiben unberührt.

(2) Ist die Verbindlichkeit der Vereinbarung nicht davon abhängig, daß sich der Prinzipal zur Zahlung einer Entschädigung an den Gehilfen verpflichtet, so kann der Prinzipal, wenn sich der Gehilfe einer Vertragsstrafe der in Absatz 1 bezeichneten Art unterworfen hat, nur die verwirkte Strafe verlangen; der Anspruch auf Erfüllung oder auf Ersatz eines weiteren Schadens ist ausgeschlossen.

### § 75d [Unabdingbarkeit]

¹Auf eine Vereinbarung, durch die von den Vorschriften der §§ 74 bis 75c zum Nachteil des Handlungsgehilfen abgewichen wird; kann sich der Prinzipal nicht berufen. ²Das gilt auch von Vereinbarungen, die bezwecken, die gesetzlichen Vorschriften über das Mindestmaß der Entschädigung durch Verrechnungen oder auf sonstige Weise zu umgehen.

### § 75e *(aufgehoben)*

### § 75f [Geheimes Wettbewerbsverbot]

¹Im Falle einer Vereinbarung, durch die sich ein Prinzipal einem anderen Prinzipal gegenüber verpflichtet, einen Handlungsgehilfen, der bei diesem im Dienst ist oder gewesen ist, nicht oder nur unter bestimmten Voraussetzungen anzustellen, steht beiden Teilen der Rücktritt frei. ²Aus der Vereinbarung findet weder Klage noch Einrede statt.

---

\* Nach dem Urteil des Bundesarbeitsgerichts vom 16. 10. 1980 (NJW 1981, 1174) ist § 75b Satz 1 wegen Verstoß gegen Art. 12 Abs. 1 GG nichtig.
\*\* § 75b Satz 2 ist gem. Anlage I zum Einigungsvertragsgesetz vom 23. 9. 1990 (BGBl. II S. 885, 959) in dem in Artikel 3 des Einigungsvertrages genannten Gebiet nicht anzuwenden.

### § 75 g [Handlungsgehilfen im Außendienst]

[1]§ 55 Abs. 4 gilt auch für einen Handlungsgehilfen, der damit betraut ist, außerhalb des Betriebs des Prinzipals für diesen Geschäfte zu vermitteln. [2]Eine Beschränkung dieser Rechte braucht ein Dritter gegen sich nur gelten zu lassen, wenn er sie kannte oder kennen mußte.

### § 75 h [Vertragsabschluß ohne Vollmacht]

(1) Hat ein Handlungsgehilfe, der nur mit der Vermittlung von Geschäften außerhalb des Betriebes des Prinzipals betraut ist, ein Geschäft im Namen des Prinzipals abgeschlossen, und war dem Dritten der Mangel der Vertretungsmacht nicht bekannt, so gilt das Geschäft als von dem Prinzipal genehmigt, wenn dieser dem Dritten gegenüber nicht unverzüglich das Geschäft ablehnt, nachdem er von dem Handlungsgehilfen oder dem Dritten über Abschluß und wesentlichen Inhalt benachrichtigt worden ist.

(2) Das gleiche gilt, wenn ein Handlungsgehilfe, der mit dem Abschluß von Geschäften betraut ist, ein Geschäft im Namen des Prinzipals abgeschlossen hat, zu dessen Abschluß er nicht bevollmächtigt ist.

### §§ 76–82 *(aufgehoben)*

### § 82 a* [Volontäre]

Auf Wettbewerbsverbote gegenüber Personen, die, ohne als Lehrlinge angenommen zu sein, zum Zwecke ihrer Ausbildung unentgeltlich mit kaufmännischen Diensten beschäftigt werden (Volontäre), finden die für Handlungsgehilfen geltenden Vorschriften insoweit Anwendung, als sie nicht auf das dem Gehilfen zustehende Entgelt Bezug nehmen.

### § 83* [Andere Arbeitnehmer]

Hinsichtlich der Personen, welche in dem Betrieb eines Handelsgewerbes andere als kaufmännische Dienste leisten, bewendet es bei den für das Arbeitsverhältnis dieser Personen geltenden Vorschriften.

### Siebenter Abschnitt. Handelsvertreter*

### § 84 [Begriff des Handelsvertreters]

(1) [1]Handelsvertreter ist, wer als selbständiger Gewerbetreibender ständig damit betraut ist, für einen anderen Unternehmer (Unternehmer) Geschäfte zu vermitteln oder in dessen Namen abzuschließen. [2]Selbständig ist, wer im wesentlichen frei seine Tätigkeit gestalten und seine Arbeitszeit bestimmen kann.

(2) Wer, ohne selbständig im Sinne des Absatzes 1 zu sein, ständig damit betraut ist, für einen Unternehmer Geschäfte zu vermitteln oder in dessen Namen abzuschließen, gilt als Angestellter.

(3) Der Unternehmer kann auch ein Handelsvertreter sein.

### § 85 [Beurkundung des Vertrages]

[1]Jeder Teil kann verlangen, daß der Inhalt des Vertrages sowie spätere Vereinbarungen zu dem Vertrag in eine vom anderen Teil unterzeichnete Urkunde aufgenommen werden. [2]Dieser Anspruch kann nicht ausgeschlossen werden.

---

* §§ 82a, 83 sind gem. Anlage I zum Einigungsvertragsgesetz vom 23. 9. 1990 (BGBl. II S. 885, 959) in dem in Artikel 3 des **Einigungsvertrages** genannten Gebiet nicht anzuwenden.

### § 86 [Pflichten des Handelsvertreters]

(1) Der Handelsvertreter hat sich um die Vermittlung oder den Abschluß von Geschäften zu bemühen; er hat hierbei das Interesse des Unternehmers wahrzunehmen.

(2) Er hat dem Unternehmer die erforderlichen Nachrichten zu geben, namentlich ihm von jeder Geschäftsvermittlung und von jedem Geschäftsabschluß unverzüglich Mitteilung zu machen.

(3) Er hat seine Pflichten mit der Sorgfalt eines ordentlichen Kaufmanns wahrzunehmen.

*(4) Von den Absätzen 1 und 2 abweichende Vereinbarungen sind unwirksam\*.*

### § 86a [Pflichten des Unternehmers]

(1) Der Unternehmer hat dem Handelsvertreter die zur Ausübung seiner Tätigkeit erforderlichen Unterlagen, wie Muster, Zeichnungen, Preislisten, Werbedrucksachen, Geschäftsbedingungen, zur Verfügung zu stellen.

(2) ¹Der Unternehmer hat dem Handelsvertreter die erforderlichen Nachrichten zu geben. *²Er hat ihm unverzüglich die Annahme oder Ablehnung eines vom Handelsvertreter vermittelten oder ohne Vertretungsmacht abgeschlossenen Geschäfts und die Nichtausführung eines von ihm vermittelten oder abgeschlossenen Geschäfts mitzuteilen. ³Er hat ihn unverzüglich zu unterrichten, wenn er Geschäfte voraussichtlich nur in erheblich geringerem Umfange abschließen kann oder will, als der Handelsvertreter unter gewöhnlichen Umständen erwarten konnte\*.*

*(3) Von den Absätzen 1 und 2 abweichende Vereinbarungen sind unwirksam\*.*

### § 86b [Delkredereprovision]

(1) ¹Verpflichtet sich ein Handelsvertreter, für die Erfüllung der Verbindlichkeit aus einem Geschäft einzustehen, so kann er eine besondere Vergütung (Delkredereprovision) beanspruchen; der Anspruch kann im voraus nicht ausgeschlossen werden. ²Die Verpflichtung kann nur für ein bestimmtes Geschäft oder für solche Geschäfte mit bestimmten Dritten übernommen werden, die der Handelsvertreter vermittelt oder abschließt. ³Die Übernahme bedarf der Schriftform.

(2) Der Anspruch auf die Delkredereprovision entsteht mit dem Abschluß des Geschäfts.

(3) ¹Absatz 1 gilt nicht, wenn der Unternehmer oder der Dritte seine Niederlassung oder beim Fehlen einer solchen seinen Wohnsitz im Ausland hat. ²Er gilt ferner nicht für Geschäfte, zu deren Abschluß und Ausführung der Handelsvertreter unbeschränkt bevollmächtigt ist.

### § 87 [Voraussetzungen des Provisionsanspruchs]

(1) ¹Der Handelsvertreter hat Anspruch auf Provision für alle während des Vertragsverhältnisses abgeschlossenen Geschäfte, die auf seine Tätigkeit zurückzuführen sind oder mit Dritten abgeschlossen werden, die er als Kunden für Geschäfte der gleichen Art geworben hat. ²Ein Anspruch auf Provision besteht für ihn nicht, wenn *und soweit\** die Provision nach Absatz 3 dem ausgeschiedenen Handelsvertreter zusteht.

(2) ¹Ist dem Handelsvertreter ein bestimmter Bezirk oder ein bestimmter Kundenkreis zugewiesen, so hat er Anspruch auf Provision auch für die Ge-

---

\* Vgl. die Übergangsvorschrift Art. 29 EGHGB.

schäfte, die ohne seine Mitwirkung mit Personen seines Bezirkes oder seines Kundenkreises während des Vertragsverhältnisses abgeschlossen sind. ²Dies gilt nicht, wenn *und soweit** die Provision nach Absatz 3 dem ausgeschiedenen Handelsvertreter zusteht.

*(3) ¹Für ein Geschäft, das erst nach Beendigung des Vertragsverhältnisses abgeschlossen ist, hat der Handelsvertreter Anspruch auf Provision nur, wenn*

*1. er das Geschäft vermittelt hat oder es eingeleitet und so vorbereitet hat, daß der Abschluß überwiegend auf seine Tätigkeit zurückzuführen ist, und das Geschäft innerhalb einer angemessenen Frist nach Beendigung des Vertragsverhältnisses abgeschlossen worden ist oder*

*2. vor Beendigung des Vertragsverhältnisses das Angebot des Dritten zum Abschluß eines Geschäfts, für das der Handelsvertreter nach Absatz 1 Satz 1 oder Absatz 2 Satz 1 Anspruch auf Provision hat, dem Handelsvertreter oder dem Unternehmer zugegangen ist.*

*²Der Anspruch auf Provision nach Satz 1 steht dem nachfolgenden Handelsvertreter anteilig zu, wenn wegen besonderer Umstände eine Teilung der Provision der Billigkeit entspricht**.*

(4) Neben dem Anspruch auf Provision für abgeschlossene Geschäfte hat der Handelsvertreter Anspruch auf Inkassoprovision für die von ihm auftragsgemäß eingezogenen Beträge.

## § 87 a [Fälligkeit des Provisionsanspruchs]

(1) ¹Der Handelsvertreter hat Anspruch auf Provision, sobald und soweit der Unternehmer das Geschäft ausgeführt hat. ²Eine abweichende Vereinbarung kann getroffen werden, jedoch hat der Handelsvertreter mit der Ausführung des Geschäfts durch den Unternehmer Anspruch auf einen angemessenen Vorschuß, der spätestens am letzten Tag des folgenden Monats fällig ist. ³Unabhängig von einer Vereinbarung hat jedoch der Handelsvertreter Anspruch auf Provision, sobald und soweit der Dritte das Geschäft ausgeführt hat. ⁴*(aufgehoben)**

(2) Steht fest, daß der Dritte nicht leistet, so entfällt der Anspruch auf Provision; bereits empfangene Beträge sind zurückzugewähren.

(3) ¹Der Handelsvertreter hat auch dann einen Anspruch auf Provision, wenn feststeht, daß der Unternehmer das Geschäft ganz oder teilweise nicht oder nicht so ausführt, wie es abgeschlossen worden ist. ²*Der Anspruch entfällt im Falle der Nichtausführung, wenn und soweit diese auf Umständen beruht, die vom Unternehmer nicht zu vertreten sind**.*

(4) Der Anspruch auf Provision wird am letzten Tag des Monats fällig, in dem nach § 87 c Abs. 1 über den Anspruch abzurechnen ist.

*(5) Von Absatz 2 erster Halbsatz, Absätzen 3 und 4 abweichende, für den Handelsvertreter nachteilige Vereinbarungen sind unwirksam**.*

## § 87 b [Provisionshöhe]

(1) Ist die Höhe der Provision nicht bestimmt, so ist der übliche Satz als vereinbart anzusehen.

(2) ¹Die Provision ist von dem Entgelt zu berechnen, das der Dritte oder der Unternehmer zu leisten hat. ²Nachlässe bei Barzahlung sind nicht abzuziehen; dasselbe gilt für Nebenkosten, namentlich für Fracht, Verpackung, Zoll,

---

* Vgl. die Übergangsvorschrift Art. 29 EGHGB.

Steuern, es sei denn, daß die Nebenkosten dem Dritten besonders in Rechnung gestellt sind. ³Die Umsatzsteuer, die lediglich aufgrund der steuerrechtlichen Vorschriften in der Rechnung gesondert ausgewiesen ist, gilt nicht als besonders in Rechnung gestellt.

(3) ¹Bei Gebrauchsüberlassungs- und Nutzungsverträgen von bestimmter Dauer ist die Provision vom Entgelt für die Vertragsdauer zu berechnen. ²Bei unbestimmter Dauer ist die Provision vom Entgelt bis zu dem Zeitpunkt zu berechnen, zu dem erstmals von dem Dritten gekündigt werden kann; der Handelsvertreter hat Anspruch auf weitere entsprechend berechnete Provisionen, wenn der Vertrag fortbesteht.

### § 87 c [Provisionsabrechnung]

(1) ¹Der Unternehmer hat über die Provision, auf die der Handelsvertreter Anspruch hat, monatlich abzurechnen; der Abrechnungszeitraum kann auf höchstens drei Monate erstreckt werden. ²Die Abrechnung hat unverzüglich, spätestens bis zum Ende des nächsten Monats zu erfolgen.

(2) Der Handelsvertreter kann bei der Abrechnung einen Buchauszug über alle Geschäfte verlangen, für die ihm nach § 87 Provision gebührt.

(3) Der Handelsvertreter kann außerdem Mitteilung über alle Umstände verlangen, die für den Provisionsanspruch, seine Fälligkeit und seine Berechnung wesentlich sind.

(4) Wird der Buchauszug verweigert oder bestehen begründete Zweifel an der Richtigkeit oder Vollständigkeit der Abrechnung oder des Buchauszuges, so kann der Handelsvertreter verlangen, daß nach Wahl des Unternehmers entweder ihm oder einem von ihm zu bestimmenden Wirtschaftsprüfer oder vereidigten Buchsachverständigen Einsicht in die Geschäftsbücher oder die sonstigen Urkunden so weit gewährt wird, wie dies zur Feststellung der Richtigkeit oder Vollständigkeit der Abrechnung oder des Buchauszuges erforderlich ist.

(5) Diese Rechte des Handelsvertreters können nicht ausgeschlossen oder beschränkt werden.

### § 87 d [Ersatz der Aufwendungen]

Der Handelsvertreter kann den Ersatz seiner im regelmäßigen Geschäftsbetrieb entstanden Aufwendungen nur verlangen, wenn dies handelsüblich ist.

### § 88 [Verjährung der Ansprüche]

Die Ansprüche aus dem Vertragsverhältnis verjähren in vier Jahren, beginnend mit dem Schluß des Jahres, in dem sie fällig geworden sind.

### § 88 a [Zurückbehaltungsrecht des Handelsvertreters]

(1) Der Handelsvertreter kann nicht im voraus auf gesetzliche Zurückbehaltungsrechte verzichten.

(2) Nach Beendigung des Vertragsverhältnisses hat der Handelsvertreter ein nach allgemeinen Vorschriften bestehendes Zurückbehaltungsrecht an ihm zur Verfügung gestellten Unterlagen (§ 86 a Abs. 1) nur wegen seiner fälligen Ansprüche auf Provision und Ersatz von Aufwendungen.

### § 89 [Ordentliche Kündigung]

*(1) ¹Ist das Vertragsverhältnis auf unbestimmte Zeit eingegangen, so kann es im ersten Jahr der Vertragsdauer mit einer Frist von einem Monat, im zweiten*

*Jahr mit einer Frist von zwei Monaten und im dritten bis fünften Jahr mit einer Frist von drei Monaten gekündigt werden. ²Nach einer Vertragsdauer von fünf Jahren kann das Vertragsverhältnis mit einer Frist von sechs Monaten gekündigt werden. ³Die Kündigung ist nur für den Schluß eines Kalendermonats zulässig, sofern keine abweichende Vereinbarung getroffen ist.*

*(2) ¹Die Kündigungsfristen nach Absatz 1 Satz 1 und 2 können durch Vereinbarung verlängert werden; die Frist darf für den Unternehmer nicht kürzer sein als für den Handelsvertreter. ²Bei Vereinbarung einer kürzeren Frist für den Unternehmer gilt die für den Handelsvertreter vereinbarte Frist.*

*(3) ¹Ein für eine bestimmte Zeit eingegangenes Vertragsverhältnis, das nach Ablauf der vereinbarten Laufzeit von beiden Teilen fortgesetzt wird, gilt als auf unbestimmte Zeit verlängert. ²Für die Bestimmung der Kündigungsfristen nach Absatz 1 Satz 1 und 2 ist die Gesamtdauer des Vertragsverhältnisses maßgeblich\*.*

## § 89 a [Außerordentliche Kündigung]

(1) ¹Das Vertragsverhältnis kann von jedem Teil aus wichtigem Grunde ohne Einhaltung einer Kündigungsfrist gekündigt werden. ²Dieses Recht kann nicht ausgeschlossen oder beschränkt werden.

(2) Wird die Kündigung durch ein Verhalten veranlaßt, das der andere Teil zu vertreten hat, so ist dieser zum Ersatz des durch die Aufhebung des Vertragsverhältnisses entstehenden Schadens verpflichtet.

## § 89 b [Ausgleichsanspruch des Handelsvertreters]

(1) ¹Der Handelsvertreter kann von dem Unternehmer nach Beendigung des Vertragsverhältnisses einen angemessenen Ausgleich verlangen, wenn und soweit
1. der Unternehmer aus der Geschäftsverbindung mit neuen Kunden, die Handelsvertreter geworben hat, auch nach Beendigung des Vertragsverhältnisses erhebliche Vorteile hat,
2. der Handelsvertreter infolge der Beendigung des Vertragsverhältnisses Ansprüche auf Provision verliert, die er bei Fortsetzung desselben aus bereits abgeschlossenen oder künftig zustande kommenden Geschäften mit den von ihm geworbenen Kunden hätte, und
3. die Zahlung eines Ausgleichs unter Berücksichtigung aller Umstände der Billigkeit entspricht.
²Der Werbung eines neuen Kunden steht es gleich, wenn der Handelsvertreter die Geschäftsverbindung mit einem Kunden so wesentlich erweitert hat, daß dies wirtschaftlich der Werbung eines neuen Kunden entspricht.

(2) Der Ausgleich beträgt höchstens eine nach dem Durchschnitt der letzten fünf Jahre der Tätigkeit des Handelsvertreters berechnete Jahresprovision oder sonstige Jahresvergütung; bei kürzerer Dauer des Vertragsverhältnisses ist der Durchschnitt während der Dauer der Tätigkeit maßgebend.

*(3) Der Anspruch besteht nicht, wenn*
*1. der Handelsvertreter das Vertragsverhältnis gekündigt hat, es sei denn, daß ein Verhalten des Unternehmers hierzu begründeten Anlaß gegeben hat oder dem Handelsvertreter eine Fortsetzung seiner Tätigkeit wegen seines Alters oder wegen Krankheit nicht zugemutet werden kann, oder*

---

\* Vgl. die Übergangsvorschrift Art. 29 EGHGB.

2. *der Unternehmer das Vertragsverhältnis gekündigt hat und für die Kündigung ein wichtiger Grund wegen schuldhaften Verhaltens des Handelsvertreters vorlag oder*

3. *auf Grund einer Vereinbarung zwischen dem Unternehmer und dem Handelsvertreter ein Dritter anstelle des Handelsvertreters in das Vertragsverhältnis eintritt; die Vereinbarung kann nicht vor Beendigung des Vertragsverhältnisses getroffen werden\*.*

(4) ¹Der Anspruch kann im voraus nicht ausgeschlossen werden. ²*Er ist innerhalb eines Jahres nach Beendigung des Vertragsverhältnisses geltend zu machen\*.*

*(5) ¹Die Absätze 1, 3 und 4 gelten für Versicherungsvertreter mit der Maßgabe, daß an die Stelle der Geschäftsverbindung mit neuen Kunden, die der Handelsvertreter geworben hat, die Vermittlung neuer Versicherungsverträge durch den Versicherungsvertreter tritt und der Vermittlung eines Versicherungsvertrages es gleichsteht, wenn der Versicherungsvertreter einen bestehenden Versicherungsvertrag so wesentlich erweitert hat, daß dies wirtschaftlich der Vermittlung eines neuen Versicherungsvertrages entspricht. ²Der Ausgleich des Versicherungsvertreters beträgt abweichend von Absatz 2 höchstens drei Jahresprovisionen oder Jahresvergütungen. ³Die Vorschriften der Sätze 1 und 2 gelten sinngemäß für Bausparkassenvertreter\*.*

### § 90 [Verschwiegenheitspflicht]

Der Handelsvertreter darf Geschäfts- und Betriebsgeheimnisse, die ihm anvertraut oder als solche durch seine Tätigkeit für den Unternehmer bekanntgeworden sind, auch nach Beendigung des Vertragsverhältnisses nicht verwerten oder anderen mitteilen, soweit dies nach den gesamten Umständen der Berufsauffassung eines ordentlichen Kaufmanns widersprechen würde.

### § 90 a [Wettbewerbsabreden]

(1) ¹Eine Vereinbarung, die den Handelsvertreter nach Beendigung des Vertragsverhältnisses in seiner gewerblichen Tätigkeit beschränkt (Wettbewerbsabrede), bedarf der Schriftform und der Aushändigung einer vom Unternehmer unterzeichneten, die vereinbarten Bestimmungen enthaltenden Urkunde an den Handelsvertreter. ²Die Abrede kann nur für längstens zwei Jahre von der Beendigung des Vertragsverhältnisses an getroffen werden; *sie darf sich nur auf den dem Handelsvertreter zugewiesenen Bezirk oder Kundenkreis und nur auf die Gegenstände erstrecken, hinsichtlich deren sich der Handelsvertreter um die Vermittlung oder den Abschluß von Geschäften für den Unternehmer zu bemühen hat\*.* ³Der Unternehmer ist verpflichtet, dem Handelsvertreter für die Dauer der Wettbewerbsbeschränkung eine angemessene Entschädigung zu zahlen.

(2) ¹Der Unternehmer kann bis zum Ende des Vertragsverhältnisses schriftlich auf die Wettbewerbsbeschränkung mit der Wirkung verzichten, daß er mit dem Ablauf von sechs Monaten seit der Erklärung von der Verpflichtung zur Zahlung der Entschädigung frei wird. ²Kündigt der Unternehmer das Vertragsverhältnis aus wichtigem Grund wegen schuldhaften Verhaltens des Handelsvertreters, so hat dieser keinen Anspruch auf Entschädigung.

(3) Kündigt der Handelsvertreter das Vertragsverhältnis aus wichtigem Grund wegen schuldhaften Verhaltens des Unternehmers, so kann er sich

---

\* Vgl. die Übergangsvorschrift Art. 29 EGHGB.

durch schriftliche Erklärung binnen einem Monat nach der Kündigung von der Wettbewerbsabrede lossagen.

(4) Abweichende für den Handelsvertreter nachteilige Vereinbarungen können nicht getroffen werden.

## § 91 [Vollmacht des Handelsvertreters]

(1) § 55 gilt auch für einen Handelsvertreter, der zum Abschluß von Geschäften von einem Unternehmer bevollmächtigt ist, der nicht Kaufmann ist.

(2) ¹Ein Handelsvertreter gilt, auch wenn ihm keine Vollmacht zum Abschluß von Geschäften erteilt ist, als ermächtigt, die Anzeige von Mängeln einer Ware, die Erklärung, daß eine Ware zur Verfügung gestellt werde, sowie ähnliche Erklärungen, durch die ein Dritter seine Rechte aus mangelhafter Leistung geltend macht oder sich vorbehält, entgegenzunehmen; er kann die dem Unternehmer zustehenden Rechte auf Sicherung des Beweises geltend machen. ²Eine Beschränkung dieser Rechte braucht ein Dritter gegen sich nur gelten zu lassen, wenn er sie kannte oder kennen mußte.

## § 91 a [Vertragsabschluß ohne Vollmacht]

(1) Hat ein Handelsvertreter, der nur mit der Vermittlung von Geschäften betraut ist, ein Geschäft im Namen des Unternehmers abgeschlossen, und war dem Dritten der Mangel an Vertretungsmacht nicht bekannt, so gilt das Geschäft als von dem Unternehmer genehmigt, wenn dieser nicht unverzüglich, nachdem er von dem Handelsvertreter oder dem Dritten über Abschluß und wesentlichen Inhalt benachrichtigt worden ist, dem Dritten gegenüber das Geschäft ablehnt.

(2) Das gleiche gilt, wenn ein Handelsvertreter, der mit dem Abschluß von Geschäften betraut ist, ein Geschäft im Namen des Unternehmers abgeschlossen hat, zu dessen Abschluß er nicht bevollmächtigt ist.

## § 92 [Versicherungsvertreter; Bausparkassenvertreter]

(1) Versicherungsvertreter ist, wer als Handelsvertreter damit betraut ist, Versicherungsverträge zu vermitteln oder abzuschließen.

(2) Für das Vertragsverhältnis zwischen dem Versicherungsvertreter und dem Versicherer gelten die Vorschriften für das Vertragsverhältnis zwischen dem Handelsvertreter und dem Unternehmer vorbehaltlich der Absätze 3 und 4.

(3) ¹In Abweichung von § 87 Abs. 1 Satz 1 hat ein Versicherungsvertreter Anspruch auf Provision nur für Geschäfte, die auf seine Tätigkeit zurückzuführen sind. ²§ 87 Abs. 2 gilt nicht für Versicherungsvertreter.

(4) Der Versicherungsvertreter hat Anspruch auf Provision (§ 87 a Abs. 1), sobald der Versicherungsnehmer die Prämie gezahlt hat, aus der sich die Provision nach dem Vertragsverhältnis berechnet.

(5) Die Vorschriften der Absätze 1 bis 4 gelten sinngemäß für Bausparkassenvertreter.

## § 92 a [Mindestbedingungen bei „Einfirmen-Vertretern"]

(1) ¹Für das Vertragsverhältnis eines Handelsvertreters, der vertraglich nicht für weitere Unternehmer tätig werden darf oder dem dies nach Art und

Umfang der von ihm verlangten Tätigkeit nicht möglich ist, kann der Bundesminister der Justiz im Einvernehmen mit den Bundesministern für Wirtschaft und für Arbeit nach Anhörung von Verbänden der Handelsvertreter und der Unternehmer durch Rechtsverordnung, die nicht der Zustimmung des Bundesrates bedarf, die untere Grenze der vertraglichen Leistungen des Unternehmers festsetzen, um die notwendigen sozialen und wirtschaftlichen Bedürfnisse dieser Handelsvertreter oder einer bestimmten Gruppe von ihnen sicherzustellen. [2]Die festgesetzten Leistungen können vertraglich nicht ausgeschlossen oder beschränkt werden.

(2) [1]Absatz 1 gilt auch für das Vertragsverhältnis eines Versicherungsvertreters, der aufgrund eines Vertrages oder mehrerer Verträge damit betraut ist, Geschäfte für mehrere Versicherer zu vermitteln oder abzuschließen, die zu einem Versicherungskonzern oder zu einer zwischen ihnen bestehenden Organisationsgemeinschaft gehören, sofern die Beendigung des Vertragsverhältnisses mit einem dieser Versicherer im Zweifel auch die Beendigung des Vertragsverhältnisses mit den anderen Versicherern zur Folge haben würde. [2]In diesem Falle kann durch Rechtsverordnung, die nicht der Zustimmung des Bundesrates bedarf, außerdem bestimmt werden, ob die festgesetzten Leistungen von allen Versicherern als Gesamtschuldnern oder anteilig oder nur von einem der Versicherer geschuldet werden und wie der Ausgleich unter ihnen zu erfolgen hat.

### § 92 b [Handelsvertreter im Nebenberuf]

(1) [1]Auf einen Handelsvertreter im Nebenberuf sind §§ 89 und 89 b nicht anzuwenden. [2]Ist das Vertragsverhältnis auf unbestimmte Zeit eingegangen, so kann es mit einer Frist von einem Monat für den Schluß eines Kalendermonats gekündigt werden; wird eine andere Kündigungsfrist vereinbart, so muß sie für beide Teile gleich sein. [3]Der Anspruch auf einen angemessenen Vorschuß nach § 87 a Abs. 1 Satz 2 kann ausgeschlossen werden.

(2) Auf Absatz 1 kann sich nur der Unternehmer berufen, der den Handelsvertreter ausdrücklich als Handelsvertreter im Nebenberuf mit der Vermittlung oder dem Abschluß von Geschäften betraut hat.

(3) Ob ein Handelsvertreter nur als Handelsvertreter im Nebenberuf tätig ist, bestimmt sich nach der Verkehrsauffassung.

(4) Die Vorschriften der Absätze 1 bis 3 gelten sinngemäß für Versicherungsvertreter und für Bausparkassenvertreter.

### § 92 c [Auslandsvertreter; Schiffahrtsvertreter]

*(1) Hat der Handelsvertreter seine Tätigkeit für den Unternehmer nach dem Vertrag nicht innerhalb des Gebietes der Europäischen Gemeinschaft auszuüben, so kann hinsichtlich aller Vorschriften dieses Abschnittes etwas anderes vereinbart werden\*.*

(2) Das gleiche gilt, wenn der Handelsvertreter mit der Vermittlung oder dem Abschluß von Geschäften betraut wird, die die Befrachtung, Abfertigung oder Ausrüstung von Schiffen oder die Buchung von Passagen auf Schiffen zum Gegenstand haben.

---

\* Vgl. die Übergangsvorschrift Art. 29 EGHGB.

## Achter Abschnitt. Handelsmakler

### § 93 [Begriff des Handelsmaklers]

(1) Wer gewerbsmäßig für andere Personen, ohne von ihnen aufgrund eines Vertragsverhältnisses ständig damit betraut zu sein, die Vermittlung von Verträgen über Anschaffung oder Veräußerung von Waren oder Wertpapieren, über Versicherungen, Güterbeförderungen, Schiffsmiete oder sonstige Gegenstände des Handelsverkehrs übernimmt, hat die Rechte und Pflichten eines Handelsmaklers.

(2) Auf die Vermittlung anderer als der bezeichneten Geschäfte, insbesondere auf die Vermittlung von Geschäften über unbewegliche Sachen, finden, auch wenn die Vermittlung durch einen Handelsmakler erfolgt, die Vorschriften dieses Abschnitts keine Anwendung.

### § 94 [Schlußnote]

(1) Der Handelsmakler hat, sofern nicht die Parteien ihm dies erlassen oder der Ortsgebrauch mit Rücksicht auf die Gattung der Ware davon entbindet, unverzüglich nach dem Abschlusse des Geschäfts jeder Partei eine von ihm unterzeichnete Schlußnote zuzustellen, welche die Parteien, den Gegenstand und die Bedingungen des Geschäfts, insbesondere bei Verkäufen von Waren oder Wertpapieren deren Gattung und Menge sowie den Preis und die Zeit der Lieferung, enthält.

(2) Bei Geschäften, die nicht sofort erfüllt werden sollen, ist die Schlußnote den Parteien zu ihrer Unterschrift zuzustellen und jeder Partei die von der anderen unterschriebene Schlußnote zu übersenden.

(3) Verweigert eine Partei die Annahme oder Unterschrift der Schlußnote, so hat der Handelsmakler davon der anderen Partei unverzüglich Anzeige zu machen.

### § 95 [Vorbehalt der Aufgabe]

(1) Nimmt eine Partei eine Schlußnote an, in der sich der Handelsmakler die Bezeichnung der anderen Partei vorbehalten hat, so ist sie an das Geschäft mit der Partei, welche ihr nachträglich bezeichnet wird, gebunden, es sei denn, daß gegen diese begründete Einwendungen zu erheben sind.

(2) Die Bezeichnung der anderen Partei hat innerhalb der ortsüblichen Frist, in Ermangelung einer solchen innerhalb einer den Umständen nach angemessenen Frist zu erfolgen.

(3) [1]Unterbleibt die Bezeichnung oder sind gegen die bezeichnete Person oder Firma begründete Einwendungen zu erheben, so ist die Partei befugt, den Handelsmakler auf die Erfüllung des Geschäfts in Anspruch zu nehmen. [2]Der Anspruch ist ausgeschlossen, wenn sich die Partei auf die Aufforderung des Handelsmaklers nicht unverzüglich darüber erklärt, ob sie Erfüllung verlange.

### § 96 [Aufbewahrung von Proben]

[1]Der Handelsmakler hat, sofern nicht die Parteien ihm dies erlassen oder der Ortsgebrauch mit Rücksicht auf die Gattung der Ware davon entbindet, von jeder durch seine Vermittlung nach Probe verkauften Ware die Probe, falls sie ihm übergeben ist, so lange aufzubewahren, bis die Ware ohne Einwendung gegen ihre Beschaffenheit angenommen oder das Geschäft in anderer Weise erledigt wird. [2]Er hat die Probe durch ein Zeichen kenntlich zu machen.

### § 97 [Zahlungsempfang]

Der Handelsmakler gilt nicht als ermächtigt, eine Zahlung oder eine andere im Vertrag bedungene Leistung in Empfang zu nehmen.

### § 98 [Haftung]

Der Handelsmakler haftet jeder der beiden Parteien für den durch sein Verschulden entstehenden Schaden.

### § 99 [Maklerlohn]

Ist unter den Parteien nichts darüber vereinbart, wer den Maklerlohn bezahlen soll, so ist er in Ermangelung eines abweichenden Ortsgebrauchs von jeder Partei zur Hälfte zu entrichten.

### § 100 [Tagebuch]

(1) [1]Der Handelsmakler ist verpflichtet, ein Tagebuch zu führen und in dieses alle abgeschlossenen Geschäfte täglich einzutragen. [2]Die Eintragungen sind nach der Zeitfolge zu bewirken; sie haben die in § 94 Abs. 1 bezeichneten Angaben zu enthalten. [3]Das Eingetragene ist von dem Handelsmakler täglich zu unterzeichnen.

(2) Die Vorschriften der §§ 239 und 257 über die Einrichtung und Aufbewahrung der Handelsbücher finden auf das Tagebuch des Handelsmaklers Anwendung.

### § 101 [Tagebuchauszüge]

Der Handelsmakler ist verpflichtet, den Parteien jederzeit auf Verlangen Auszüge aus dem Tagebuche zu geben, die von ihm unterzeichnet sind und alles enthalten, was von ihm in Ansehung des vermittelten Geschäfts eingetragen ist.

### § 102 [Vorlegung des Tagebuchs]

Im Laufe eines Rechtsstreits kann das Gericht auch ohne Antrag einer Partei die Vorlegung des Tagebuchs anordnen, um es mit der Schlußnote, den Auszügen oder anderen Beweismitteln zu vergleichen.

### § 103 [Ordnungswidrigkeit]

(1) Ordnungswidrig handelt, wer als Handelsmakler
1. vorsätzlich oder fahrlässig ein Tagebuch über die abgeschlossenen Geschäfte zu führen unterläßt oder das Tagebuch in einer Weise führt, die dem § 100 Abs. 1 widerspricht oder
2. ein solches Tagebuch vor Ablauf der gesetzlichen Aufbewahrungsfrist vernichtet.

(2) Die Ordnungswidrigkeit kann mit einer Geldbuße bis zu zehntausend Deutsche Mark geahndet werden.

### § 104 [Krämermakler]

[1]Auf Personen, welche die Vermittlung von Warengeschäften im Kleinverkehre besorgen, finden die Vorschriften über Schlußnoten und Tagebücher keine Anwendung. [2]Auf Personen, welche die Vermittlung von Versicherungs- oder Bausparverträgen übernehmen, sind die Vorschriften über Tagebücher nicht anzuwenden.

# Zweites Buch. Handelsgesellschaften und stille Gesellschaften

## Erster Abschnitt. Offene Handelsgesellschaft

### Erster Titel. Errichtung der Gesellschaft

### § 105 [Begriff der OHG]

(1) Eine Gesellschaft, deren Zweck auf den Betrieb eines Handelsgewerbes unter gemeinschaftlicher Firma gerichtet ist, ist eine offene Handelsgesellschaft, wenn bei keinem der Gesellschafter die Haftung gegenüber den Gesellschaftsgläubigern beschränkt ist.

(2) Auf die offene Handelsgesellschaft finden, soweit nicht in diesem Abschnitt ein anderes vorgeschrieben ist, die Vorschriften des Bürgerlichen Gesetzbuchs über die Gesellschaft Anwendung.

### § 106 [Anmeldung]

(1) Die Gesellschaft ist bei dem Gericht, in dessen Bezirke sie ihren Sitz hat, zur Eintragung in das Handelsregister anzumelden.

(2) Die Anmeldung hat zu enthalten:
1. den Namen, Vornamen, Stand und Wohnort jedes Gesellschafters;
2. die Firma der Gesellschaft und den Ort, wo sie ihren Sitz hat;
3. den Zeitpunkt, mit welchem die Gesellschaft begonnen hat.

### § 107 [Anmeldung von Änderungen]

Wird die Firma einer Gesellschaft geändert oder der Sitz der Gesellschaft an einen anderen Ort verlegt oder tritt ein neuer Gesellschafter in die Gesellschaft ein, so ist dies ebenfalls zur Eintragung in das Handelsregister anzumelden.

### § 108 [Anmeldungsverpflichtete]

(1) Die Anmeldungen sind von sämtlichen Gesellschaftern zu bewirken.

(2) Die Gesellschafter, welche die Gesellschaft vertreten sollen, haben die Firma nebst ihrer Namensunterschrift zur Aufbewahrung bei dem Gerichte zu zeichnen.

## Zweiter Titel. Rechtsverhältnis der Gesellschafter untereinander

### § 109 [Gesellschaftsvertrag]

Das Rechtsverhältnis der Gesellschafter untereinander richtet sich zunächst nach dem Gesellschaftsvertrage; die Vorschriften der §§ 110 bis 122 finden nur insoweit Anwendung, als nicht durch den Gesellschaftsvertrag ein anderes bestimmt ist.

### § 110 [Aufwendungen und Verluste]

(1) Macht der Gesellschafter in den Gesellschaftsangelegenheiten Aufwendungen, die er den Umständen nach für erforderlich halten darf, oder erleidet er unmittelbar durch seine Geschäftsführung oder aus Gefahren, die mit ihr untrennbar verbunden sind, Verluste, so ist ihm die Gesellschaft zum Ersatze verpflichtet.

(2) Aufgewendetes Geld hat die Gesellschaft von der Zeit der Aufwendung an zu verzinsen.

### § 111 [Zinspflicht]

(1) Ein Gesellschafter, der seine Geldeinlage nicht zur rechten Zeit einzahlt oder eingenommenes Gesellschaftsgeld nicht zur rechten Zeit an die Gesellschaftskasse abliefert oder unbefugt Geld aus der Gesellschaftskasse für sich entnimmt, hat Zinsen von dem Tage an zu entrichten, an welchem die Zahlung oder die Ablieferung hätte geschehen sollen oder die Herausnahme des Geldes erfolgt ist.

(2) Die Geltendmachung eines weiteren Schadens ist nicht ausgeschlossen.

### § 112 [Gesetzliches Wettbewerbsverbot]

(1) Ein Gesellschafter darf ohne Einwilligung der anderen Gesellschafter weder in dem Handelszweige der Gesellschaft Geschäfte machen noch an einer anderen gleichartigen Handelsgesellschaft als persönlich haftender Gesellschafter teilnehmen.

(2) Die Einwilligung zur Teilnahme an einer anderen Gesellschaft gilt als erteilt, wenn den übrigen Gesellschaftern bei Eingehung der Gesellschaft bekannt ist, daß der Gesellschafter an einer anderen Gesellschaft als persönlich haftender Gesellschafter teilnimmt, und gleichwohl die Aufgabe dieser Beteiligung nicht ausdrücklich bedungen wird.

### § 113 [Verletzung des Wettbewerbsverbots]

(1) Verletzt ein Gesellschafter die ihm nach § 112 obliegende Verpflichtung, so kann die Gesellschaft Schadensersatz fordern; sie kann statt dessen von dem Gesellschafter verlangen, daß er die für eigene Rechnung gemachten Geschäfte als für Rechnung der Gesellschaft eingegangen gelten lasse und die aus Geschäften für fremde Rechnung bezogene Vergütung herausgebe oder seinen Anspruch auf die Vergütung abtrete.

(2) Über die Geltendmachung dieser Ansprüche beschließen die übrigen Gesellschafter.

(3) Die Ansprüche verjähren in drei Monaten von dem Zeitpunkt an, in welchem die übrigen Gesellschafter von dem Abschlusse des Geschäfts oder von der Teilnahme des Gesellschafters an der anderen Gesellschaft Kenntnis erlangen; sie verjähren ohne Rücksicht auf diese Kenntnis in fünf Jahren von ihrer Entstehung an.

(4) Das Recht der Gesellschafter, die Auflösung der Gesellschaft zu verlangen, wird durch diese Vorschriften nicht berührt.

### § 114 [Geschäftsführung]

(1) Zur Führung der Geschäfte der Gesellschaft sind alle Gesellschafter berechtigt und verpflichtet.

(2) Ist im Gesellschaftsvertrage die Geschäftsführung einem Gesellschafter oder mehreren Gesellschaftern übertragen, so sind die übrigen Gesellschafter von der Geschäftsführung ausgeschlossen.

### § 115 [Mehrere Geschäftsführer]

(1) Steht die Geschäftsführung allen oder mehreren Gesellschaftern zu, so ist jeder von ihnen allein zu handeln berechtigt; widerspricht jedoch ein anderer geschäftsführender Gesellschafter der Vornahme einer Handlung, so muß diese unterbleiben.

(2) Ist im Gesellschaftsvertrage bestimmt, daß die Gesellschafter, denen die

Geschäftsführung zusteht, nur zusammen handeln können, so bedarf es für jedes Geschäft der Zustimmung aller geschäftsführenden Gesellschafter, es sei denn, daß Gefahr im Verzug ist.

### § 116 [Umfang der Geschäftsführungsbefugnis]

(1) Die Befugnis zur Geschäftsführung erstreckt sich auf alle Handlungen, die der gewöhnliche Betrieb des Handelsgewerbes der Gesellschaft mit sich bringt.

(2) Zur Vornahme von Handlungen, die darüber hinausgehen, ist ein Beschluß sämtlicher Gesellschafter erforderlich.

(3) ¹Zur Bestellung eines Prokuristen bedarf es der Zustimmung aller geschäftsführenden Gesellschafter, es sei denn, daß Gefahr im Verzug ist. ²Der Widerruf der Prokura kann von jedem der zur Erteilung oder zur Mitwirkung bei der Erteilung befugten Gesellschafter erfolgen.

### § 117 [Entziehung der Geschäftsführungsbefugnis]

Die Befugnis zur Geschäftsführung kann einem Gesellschafter auf Antrag der übrigen Gesellschafter durch gerichtliche Entscheidung entzogen werden, wenn ein wichtiger Grund vorliegt; ein solcher Grund ist insbesondere grobe Pflichtverletzung oder Unfähigkeit zur ordnungsmäßigen Geschäftsführung.

### § 118 [Kontrollrechte]

(1) Ein Gesellschafter kann, auch wenn er von der Geschäftsführung ausgeschlossen ist, sich von den Angelegenheiten der Gesellschaft persönlich unterrichten, die Handelsbücher und die Papiere der Gesellschaft einsehen und sich aus ihnen eine Bilanz und einen Jahresabschluß anfertigen.

(2) Eine dieses Recht ausschließende oder beschränkende Vereinbarung steht der Geltendmachung des Rechtes nicht entgegen, wenn Grund zu der Annahme unredlicher Geschäftsführung besteht.

### § 119 [Gesellschafterbeschlüsse]

(1) Für die von den Gesellschaftern zu fassenden Beschlüsse bedarf es der Zustimmung aller zur Mitwirkung bei der Beschlußfassung berufenen Gesellschafter.

(2) Hat nach dem Gesellschaftsvertrage die Mehrheit der Stimmen zu entscheiden, so ist die Mehrheit im Zweifel nach der Zahl der Gesellschafter zu berechnen.

### § 120 [Gewinn- und Verlustermittlung]

(1) Am Schlusse jedes Geschäftsjahrs wird aufgrund der Bilanz der Gewinn oder der Verlust des Jahres ermittelt und für jeden Gesellschafter sein Anteil daran berechnet.

(2) Der einem Gesellschafter zukommende Gewinn wird dem Kapitalanteile des Gesellschafters zugeschrieben; der auf einen Gesellschafter entfallende Verlust sowie das während des Geschäftsjahrs auf den Kapitalanteil entnommene Geld wird davon abgeschrieben.

### § 121 [Gewinn- und Verlustverteilung]

(1) ¹Von dem Jahresgewinne gebührt jedem Gesellschafter zunächst ein Anteil in Höhe von vier vom Hundert seines Kapitalanteils. ²Reicht der Jahresgewinn hierzu nicht aus, so bestimmen sich die Anteile nach einem entsprechend niedrigeren Satze.

(2) ¹Bei der Berechnung des nach Absatz 1 einem Gesellschafter zukommenden Gewinnanteils werden Leistungen, die der Gesellschafter im Laufe des Geschäftsjahrs als Einlage gemacht hat, nach dem Verhältnisse der seit der Leistung abgelaufenen Zeit berücksichtigt. ²Hat der Gesellschafter im Laufe des Geschäftsjahrs Geld auf seinen Kapitalanteil entnommen, so werden die entnommenen Beträge nach dem Verhältnisse der bis zur Entnahme abgelaufenen Zeit berücksichtigt.

(3) Derjenige Teil des Jahresgewinns, welcher die nach den Absätzen 1 und 2 zu berechnenden Gewinnanteile übersteigt, sowie der Verlust eines Geschäftsjahrs wird unter die Gesellschafter nach Köpfen verteilt.

## § 122 [Entnahmen]

(1) Jeder Gesellschafter ist berechtigt, aus der Gesellschaftskasse Geld bis zum Betrage von vier vom Hundert seines für das letzte Geschäftsjahr festgestellten Kapitalanteils zu seinen Lasten zu erheben und, soweit es nicht zum offenbaren Schaden der Gesellschaft gereicht, auch die Auszahlung seines den bezeichneten Betrag übersteigenden Anteils am Gewinne des letzten Jahres zu verlangen.

(2) Im übrigen ist ein Gesellschafter nicht befugt, ohne Einwilligung der anderen Gesellschafter seinen Kapitalanteil zu vermindern.

## Dritter Titel. Rechtsverhältnis der Gesellschafter zu Dritten

### § 123 [Wirksamkeit nach außen]

(1) Die Wirksamkeit der offenen Handelsgesellschaft tritt im Verhältnisse zu Dritten mit dem Zeitpunkt ein, in welchem die Gesellschaft in das Handelsregister eingetragen wird.

(2) Beginnt die Gesellschaft ihre Geschäfte schon vor der Eintragung, so tritt die Wirksamkeit mit dem Zeitpunkte des Geschäftsbeginns ein, soweit nicht aus § 2 sich ein anderes ergibt.

(3) Eine Vereinbarung, daß die Gesellschaft erst mit einem späteren Zeitpunkt ihren Anfang nehmen soll, ist Dritten gegenüber unwirksam.

### § 124 [Rechtliche Selbständigkeit der OHG]

(1) Die offene Handelsgesellschaft kann unter ihrer Firma Rechte erwerben und Verbindlichkeiten eingehen, Eigentum und andere dingliche Rechte an Grundstücken erwerben, vor Gericht klagen und verklagt werden.

(2) Zur Zwangsvollstreckung in das Gesellschaftsvermögen ist ein gegen die Gesellschaft gerichteter vollstreckbarer Schuldtitel erforderlich.

### § 125 [Vertretungsbefugnis]

(1) Zur Vertretung der Gesellschaft ist jeder Gesellschafter ermächtigt, wenn er nicht durch den Gesellschaftsvertrag von der Vertretung ausgeschlossen ist.

(2) ¹Im Gesellschaftsvertrage kann bestimmt werden, daß alle oder mehrere Gesellschafter nur in Gemeinschaft zur Vertretung der Gesellschaft ermächtigt sein sollen (Gesamtvertretung). ²Die zur Gesamtvertretung berechtigten Gesellschafter können einzelne von ihnen zur Vornahme bestimmter Geschäfte oder bestimmter Arten von Geschäften ermächtigen. ³Ist der Gesellschaft gegenüber eine Willenserklärung abzugeben, so genügt die Abgabe gegenüber einem der zur Mitwirkung bei der Vertretung befugten Gesellschafter.

(3) ¹Im Gesellschaftsvertrage kann bestimmt werden, daß die Gesellschafter, wenn nicht mehrere zusammen handeln, nur in Gemeinschaft mit einem Prokuristen zur Vertretung der Gesellschaft ermächtigt sein sollen. ²Die Vorschriften des Absatzes 2 Satz 2 und 3 finden in diesem Falle entsprechende Anwendung.

(4) Der Ausschluß eines Gesellschafters von der Vertretung, die Anordnung einer Gesamtvertretung oder eine gemäß Absatz 3 Satz 1 getroffene Bestimmung sowie jede Änderung in der Vertretungsmacht eines Gesellschafters ist von sämtlichen Gesellschaftern zur Eintragung in das Handelsregister anzumelden.

## § 125 a [Angaben auf Geschäftsbriefen]

(1) ¹Bei einer Gesellschaft, bei der kein Gesellschafter eine natürliche Person ist, müssen auf allen Geschäftsbriefen, die an einen bestimmten Empfänger gerichtet werden, die Rechtsform und der Sitz der Gesellschaft, das Registergericht des Sitzes der Gesellschaft und die Nummer, unter der die Gesellschaft in das Handelsregister eingetragen ist, sowie die Firmen der Gesellschafter angegeben werden. ²Ferner sind auf den Geschäftsbriefen der Gesellschaft für die Gesellschafter die nach § 35 a des Gesetzes betreffend die Gesellschaften mit beschränkter Haftung oder § 80 des Aktiengesetzes für Geschäftsbriefe vorgeschriebenen Angaben zu machen. ³Diese Angaben sind nicht erforderlich, wenn zu den Gesellschaftern der Gesellschaft eine offene Handelsgesellschaft oder Kommanditgesellschaft gehört, bei der ein persönlich haftender Gesellschafter eine natürliche Person ist.

(2) Für Vordrucke und Bestellscheine ist § 35 a Abs. 2 und 3 des Gesetzes betreffend die Gesellschaften mit beschränkter Haftung, für Zwangsgelder gegen die organschaftlichen Vertreter der zur Vertretung der Gesellschaft ermächtigten Gesellschafter und die Liquidatoren ist § 79 Abs. 1 des Gesetzes betreffend die Gesellschaften mit beschränkter Haftung sinngemäß anzuwenden.

## § 126 [Umfang der Vertretungsmacht]

(1) Die Vertretungsmacht der Gesellschafter erstreckt sich auf alle gerichtlichen und außergerichtlichen Geschäfte und Rechtshandlungen einschließlich der Veräußerung und Belastung von Grundstücken sowie der Erteilung und des Widerrufs einer Prokura.

(2) Eine Beschränkung des Umfanges der Vertretungsmacht ist Dritten gegenüber unwirksam; dies gilt insbesondere von der Beschränkung, daß sich die Vertretung nur auf gewisse Geschäfte oder Arten von Geschäften erstrecken oder daß sie nur unter gewissen Umständen oder für eine gewisse Zeit oder an einzelnen Orten stattfinden soll.

(3) In betreff der Beschränkung auf den Betrieb einer von mehreren Niederlassungen der Gesellschaft finden die Vorschriften des § 50 Abs. 3 entsprechende Anwendung.

## § 127 [Entziehung der Vertretungsmacht]

Die Vertretungsmacht kann einem Gesellschafter auf Antrag der übrigen Gesellschafter durch gerichtliche Entscheidung entzogen werden, wenn ein wichtiger Grund vorliegt; ein solcher Grund ist insbesondere grobe Pflichtverletzung oder Unfähigkeit zur ordnungsgemäßen Vertretung der Gesellschaft.

### § 128 [Persönliche Haftung der Gesellschafter]

[1]Die Gesellschafter haften für die Verbindlichkeiten der Gesellschaft den Gläubigern als Gesamtschuldner persönlich. [2]Eine entgegenstehende Vereinbarung ist Dritten gegenüber unwirksam.

### § 129 [Einwendungen des Gesellschafters]

(1) Wird ein Gesellschafter wegen einer Verbindlichkeit der Gesellschaft in Anspruch genommen, so kann er Einwendungen, die nicht in seiner Person begründet sind, nur insoweit geltend machen, als sie von der Gesellschaft erhoben werden können.

(2) Der Gesellschafter kann die Befriedigung des Gläubigers verweigern, solange der Gesellschaft das Recht zusteht, das ihrer Verbindlichkeit zugrunde liegende Rechtsgeschäft anzufechten.

(3) Die gleiche Befugnis hat der Gesellschafter, solange sich der Gläubiger durch Aufrechnung gegen eine fällige Forderung der Gesellschaft befriedigen kann.

(4) Aus einem gegen die Gesellschaft gerichteten vollstreckbaren Schuldtitel findet die Zwangsvollstreckung gegen die Gesellschafter nicht statt.

### § 129 a [Rückgewähr von Gesellschafterdarlehen]

[1]Bei einer offenen Handelsgesellschaft, bei der kein Gesellschafter eine natürliche Person ist, gelten die §§ 32 a und 32 b des Gesetzes betreffend die Gesellschaften mit beschränkter Haftung sinngemäß mit der Maßgabe, daß an die Stelle der Gesellschafter der Gesellschaft mit beschränkter Haftung die Gesellschafter oder Mitglieder der Gesellschafter der offenen Handelsgesellschaft treten. [2]Dies gilt nicht, wenn zu den Gesellschaftern der offenen Handelsgesellschaft eine andere offene Handelsgesellschaft oder Kommanditgesellschaft gehört, bei der ein persönlich haftender Gesellschafter eine natürliche Person ist.

### § 130 [Haftung des eintretenden Gesellschafters]

(1) Wer in eine bestehende Gesellschaft eintritt, haftet gleich den anderen Gesellschaftern nach Maßgabe der §§ 128 und 129 für die vor seinem Eintritt begründeten Verbindlichkeiten der Gesellschaft, ohne Unterschied, ob die Firma eine Änderung erleidet oder nicht.

(2) Eine entgegenstehende Vereinbarung ist Dritten gegenüber unwirksam.

### § 130 a [Zahlungsunfähigkeit oder Überschuldung der Gesellschaft]

(1) [1]Wird eine Gesellschaft, bei der kein Gesellschafter eine natürliche Person ist, zahlungsunfähig oder deckt das Vermögen der Gesellschaft nicht mehr die Schulden, so ist die Eröffnung des Konkursverfahrens oder des gerichtlichen Vergleichsverfahrens zu beantragen; dies gilt nicht, wenn zu den Gesellschaftern der offenen Handelsgesellschaft eine andere offene Handelsgesellschaft oder Kommanditgesellschaft gehört, bei der ein persönlich haftender Gesellschafter eine natürliche Person ist. [2]Antragspflichtig sind die organschaftlichen Vertreter der zur Vertretung der Gesellschaft ermächtigten Gesellschafter und die Liquidatoren. [3]Der Antrag ist ohne schuldhaftes Zögern, spätestens aber drei Wochen nach Eintritt der Zahlungsunfähigkeit oder der Überschuldung der Gesellschaft zu stellen. [4]Der Antrag ist nicht schuldhaft verzögert, wenn die Antragspflichtigen die Eröffnung des gerichtlichen Vergleichsverfahrens mit der Sorgfalt eines ordentlichen und gewissenhaften Geschäftsleiters betreiben.

(2) ¹Nachdem die Zahlungsunfähigkeit der Gesellschaft eingetreten ist oder sich ihre Überschuldung ergeben hat, dürfen die organschaftlichen Vertreter der zur Vertretung der Gesellschaft ermächtigten Gesellschafter und die Liquidatoren für die Gesellschaft keine Zahlungen leisten. ²Dies gilt nicht von Zahlungen, die auch nach diesem Zeitpunkt mit der Sorgfalt eines ordentlichen und gewissenhaften Geschäftsleiters vereinbar sind.

(3) ¹Wird entgegen Absatz 1 die Eröffnung des Konkursverfahrens oder des gerichtlichen Vergleichsverfahrens nicht oder nicht rechtzeitig beantragt oder werden entgegen Absatz 2 Zahlungen geleistet, nachdem die Zahlungsunfähigkeit der Gesellschaft eingetreten ist oder sich ihre Überschuldung ergeben hat, so sind die organschaftlichen Vertreter der zur Vertretung der Gesellschaft ermächtigten Gesellschafter und die Liquidatoren der Gesellschaft gegenüber zum Ersatz des daraus entstehenden Schadens als Gesamtschuldner verpflichtet. ²Ist dabei streitig, ob sie die Sorgfalt eines ordentlichen und gewissenhaften Geschäftsleiters angewandt haben, so trifft sie die Beweislast. ³Die Ersatzpflicht kann durch Vereinbarung mit den Gesellschaftern weder eingeschränkt noch ausgeschlossen werden. ⁴Soweit der Ersatz zur Befriedigung der Gläubiger der Gesellschaft erforderlich ist, wird die Ersatzpflicht weder durch einen Verzicht oder Vergleich der Gesellschaft noch dadurch aufgehoben, daß die Handlung auf einem Beschluß der Gesellschafter beruht. ⁵Ein Zwangsvergleich oder ein im Vergleichsverfahren geschlossener Vergleich wirkt für und gegen die Forderung der Gesellschaft. ⁶Die Ansprüche aus diesen Vorschriften verjähren in fünf Jahren.

(4) Diese Vorschriften gelten sinngemäß, wenn die in den Absätzen 1 bis 3 genannten organschaftlichen Vertreter ihrerseits Gesellschaften sind, bei denen kein Gesellschafter eine natürliche Person ist, oder sich die Verbindung von Gesellschaften in dieser Art fortsetzt.

## § 130 b [Strafvorschriften]

(1) Mit Freiheitsstrafe bis zu drei Jahren oder mit Geldstrafe wird bestraft, wer es entgegen § 130 a Abs. 1 oder 4 unterläßt, als organschaftlicher Vertreter oder Liquidator bei Zahlungsunfähigkeit oder Überschuldung der Gesellschaft die Eröffnung des Konkursverfahrens oder des gerichtlichen Vergleichsverfahrens zu beantragen.

(2) Handelt der Täter fahrlässig, so ist die Strafe Freiheitsstrafe bis zu einem Jahr oder Geldstrafe.

## Vierter Titel. Auflösung der Gesellschaft und Ausscheiden von Gesellschaftern

### § 131 [Auflösungsgründe]

Die offene Handelsgesellschaft wird aufgelöst:
1. durch den Ablauf der Zeit, für welche sie eingegangen ist;
2. durch Beschluß der Gesellschafter;
3. durch die Eröffnung des Konkurses über das Vermögen der Gesellschaft;
4. durch den Tod eines Gesellschafters, sofern nicht aus dem Gesellschaftsvertrage sich ein anderes ergibt;
5. durch die Eröffnung des Konkurses über das Vermögen eines Gesellschafters;
6. durch Kündigung und durch gerichtliche Entscheidung.

## § 132 [Kündigungsfrist]

Die Kündigung eines Gesellschafters kann, wenn die Gesellschaft für unbestimmte Zeit eingegangen ist, nur für den Schluß eines Geschäftsjahrs erfolgen; sie muß mindestens sechs Monate vor diesem Zeitpunkt stattfinden.

## § 133 [Auflösungsklage]

(1) Auf Antrag eines Gesellschafters kann die Auflösung der Gesellschaft vor dem Ablaufe der für ihre Dauer bestimmten Zeit oder bei einer für unbestimmte Zeit eingegangenen Gesellschaft ohne Kündigung durch gerichtliche Entscheidung ausgesprochen werden, wenn ein wichtiger Grund vorliegt.

(2) Ein solcher Grund ist insbesondere vorhanden, wenn ein anderer Gesellschafter eine ihm nach dem Gesellschaftsvertrag obliegende wesentliche Verpflichtung vorsätzlich oder aus grober Fahrlässigkeit verletzt oder wenn die Erfüllung einer solchen Verpflichtung unmöglich wird.

(3) Eine Vereinbarung, durch welche das Recht des Gesellschafters, die Auflösung der Gesellschaft zu verlangen, ausgeschlossen oder diesen Vorschriften zuwider beschränkt wird, ist nichtig.

## § 134 [Gesellschaft für unbestimmte Zeit]

Eine Gesellschaft, die für die Lebenszeit eines Gesellschafters eingegangen ist oder nach dem Ablaufe der für ihre Dauer bestimmten Zeit stillschweigend fortgesetzt wird, steht im Sinne der Vorschriften der §§ 132 und 133 einer für unbestimmte Zeit eingegangenen Gesellschaft gleich.

## § 135 [Kündigung durch Gesellschaftergläubiger]

Hat ein Privatgläubiger eines Gesellschafters, nachdem innerhalb der letzten sechs Monate eine Zwangsvollstreckung in das bewegliche Vermögen des Gesellschafters ohne Erfolg versucht ist, aufgrund eines nicht bloß vorläufig vollstreckbaren Schuldtitels die Pfändung und Überweisung des Anspruchs auf dasjenige erwirkt, was dem Gesellschafter bei der Auseinandersetzung zukommt, so kann er die Gesellschaft ohne Rücksicht darauf, ob sie für bestimmte oder unbestimmte Zeit eingegangen ist, sechs Monate vor dem Ende des Geschäftsjahrs für diesen Zeitpunkt kündigen.

## § 136 [Fortdauer der Geschäftsführungsbefugnis]

Wird die Gesellschaft in anderer Weise als durch Kündigung aufgelöst, so gilt die Befugnis eines Gesellschafters zur Geschäftsführung zu seinen Gunsten gleichwohl als fortbestehend, bis er von der Auflösung Kenntnis erlangt oder die Auflösung kennen muß.

## § 137 [Tod oder Konkurs eines Gesellschafters]

(1) [1]Wird die Gesellschaft durch den Tod eines Gesellschafters aufgelöst, so hat der Erbe des verstorbenen Gesellschafters den übrigen Gesellschaftern den Tod unverzüglich anzuzeigen und bei Gefahr im Verzuge die von seinem Erblasser zu besorgenden Geschäfte fortzuführen, bis die übrigen Gesellschafter in Gemeinschaft mit ihm anderweit Fürsorge treffen können. [2]Die übrigen Gesellschafter sind in gleicher Weise zur einstweiligen Fortführung der von ihnen zu besorgenden Geschäfte verpflichtet. [3]Die Gesellschaft gilt insoweit als fortbestehend.

(2) Die Vorschriften des Absatzes 1 Satz 2 und 3 finden auch im Falle der Auflösung der Gesellschaft durch die Eröffnung des Konkurses über das Vermögen eines Gesellschafters Anwendung.

## § 138 [Fortsetzung der Gesellschaft nach Ausscheiden eines Gesellschafters]

Ist im Gesellschaftsvertrage bestimmt, daß, wenn ein Gesellschafter kündigt oder stirbt oder wenn der Konkurs über sein Vermögen eröffnet wird, die Gesellschaft unter den übrigen Gesellschaftern fortbestehen soll, so scheidet mit dem Zeitpunkt, in welchem mangels einer solchen Bestimmung die Gesellschaft aufgelöst werden würde, der Gesellschafter, in dessen Person das Ereignis eintritt, aus der Gesellschaft aus.

## § 139 [Fortsetzung mit Gesellschaftererben]

(1) Ist im Gesellschaftsvertrage bestimmt, daß im Falle des Todes eines Gesellschafters die Gesellschaft mit dessen Erben fortgesetzt werden soll, so kann jeder Erbe sein Verbleiben in der Gesellschaft davon abhängig machen, daß ihm unter Belassung des bisherigen Gewinnanteils die Stellung eines Kommanditisten eingeräumt und der auf ihn fallende Teil der Einlage des Erblassers als seine Kommanditeinlage anerkannt wird.

(2) Nehmen die übrigen Gesellschafter einen dahingehenden Antrag des Erben nicht an, so ist dieser befugt, ohne Einhaltung einer Kündigungsfrist sein Ausscheiden aus der Gesellschaft zu erklären.

(3) [1]Die bezeichneten Rechte können von dem Erben nur innerhalb einer Frist von drei Monaten nach dem Zeitpunkt, in welchem er von dem Anfalle der Erbschaft Kenntnis erlangt hat, geltend gemacht werden. [2]Auf dem Lauf der Frist finden die für die Verjährung geltenden Vorschriften des § 206 des Bürgerlichen Gesetzbuchs entsprechende Anwendung. [3]Ist bei dem Ablaufe der drei Monate das Recht zur Ausschlagung der Erbschaft noch nicht verloren, so endigt die Frist nicht vor dem Ablaufe der Ausschlagungsfrist.

(4) Scheidet innerhalb der Frist des Absatzes 3 der Erbe aus der Gesellschaft aus oder wird innerhalb der Frist die Gesellschaft aufgelöst oder dem Erben die Stellung eines Kommanditisten eingeräumt, so haftet er für die bis dahin entstandenen Gesellschaftsschulden nur nach Maßgabe der die Haftung des Erben für die Nachlaßverbindlichkeiten betreffenden Vorschriften des bürgerlichen Rechtes.

(5) Der Gesellschaftsvertrag kann die Anwendung der Vorschriften der Absätze 1 bis 4 nicht ausschließen; es kann jedoch für den Fall, daß der Erbe sein Verbleiben in der Gesellschaft von der Einräumung der Stellung eines Kommanditisten abhängig macht, sein Gewinnanteil anders als der des Erblassers bestimmt werden.

## § 140 [Ausschließungsklage]

(1) Tritt in der Person eines Gesellschafters ein Umstand ein, der nach § 133 für die übrigen Gesellschafter das Recht begründet, die Auflösung der Gesellschaft zu verlangen, so kann vom Gericht anstatt der Auflösung die Ausschließung dieses Gesellschafters aus der Gesellschaft ausgesprochen werden, sofern die übrigen Gesellschafter dies beantragen.

(2) Für die Auseinandersetzung zwischen der Gesellschaft und dem ausgeschlossenen Gesellschafter ist die Vermögenslage der Gesellschaft in dem Zeitpunkte maßgebend, in welchem die Klage auf Ausschließung erhoben ist.

## § 141 [Fortsetzung bei Gläubigerkündigung oder Konkurs]

(1) [1]Macht ein Privatgläubiger eines Gesellschafters von dem ihm nach § 135 zustehenden Rechte Gebrauch, so können die übrigen Gesellschafter aufgrund eines von ihnen gefaßten Beschlusses dem Gläubiger erklären, daß die Gesellschaft unter ihnen fortbestehen solle. [2]In diesem Falle scheidet der betreffende Gesellschafter mit dem Ende des Geschäftsjahrs aus der Gesellschaft aus.

(2) Diese Vorschriften finden im Falle der Eröffnung des Konkurses über das Vermögen eines Gesellschafters mit der Maßgabe Anwendung, daß die Erklärung gegenüber dem Konkursverwalter zu erfolgen hat und daß der Gemeinschuldner mit dem Zeitpunkte der Eröffnung des Konkurses als aus der Gesellschaft ausgeschieden gilt.

## § 142 [Geschäftsübernahme durch einen Gesellschafter]

(1) Sind nur zwei Gesellschafter vorhanden, so kann, wenn in der Person des einen von ihnen die Voraussetzungen vorliegen, unter welchen bei einer größeren Zahl von Gesellschaftern seine Ausschließung aus der Gesellschaft zulässig sein würde, der andere Gesellschafter auf seinen Antrag vom Gerichte für berechtigt erklärt werden, das Geschäft ohne Liquidation mit Aktiven und Passiven zu übernehmen.

(2) Macht bei einer aus zwei Gesellschaftern bestehenden Gesellschaft ein Privatgläubiger des einen Gesellschafters von der ihm nach § 135 zustehenden Befugnis Gebrauch oder wird über das Vermögen des einen Gesellschafters der Konkurs eröffnet, so ist der andere Gesellschafter berechtigt, das Geschäft in der bezeichneten Weise zu übernehmen.

(3) Auf die Auseinandersetzung finden die für den Fall des Ausscheidens eines Gesellschafters aus der Gesellschaft geltenden Vorschriften entsprechende Anwendung.

## § 143 [Eintragung von Auflösung und Ausscheiden]

(1) Die Auflösung der Gesellschaft ist, wenn sie nicht infolge der Eröffnung des Konkurses über das Vermögen der Gesellschaft eintritt, von sämtlichen Gesellschaftern zur Eintragung in das Handelsregister anzumelden.

(2) Das gleiche gilt von dem Ausscheiden eines Gesellschafters aus der Gesellschaft.

(3) Ist anzunehmen, daß der Tod eines Gesellschafters die Auflösung oder das Ausscheiden zur Folge gehabt hat, so kann, auch ohne daß die Erben bei der Anmeldung mitwirken, die Eintragung erfolgen, soweit einer solchen Mitwirkung besondere Hindernisse entgegenstehen.

## § 144 [Fortsetzung nach Gesellschaftskonkurs]

(1) Ist die Gesellschaft durch die Eröffnung des Konkurses über ihr Vermögen aufgelöst, der Konkurs aber nach Abschluß eines Zwangsvergleichs aufgehoben oder auf Antrag des Gemeinschuldners eingestellt, so können die Gesellschafter die Fortsetzung der Gesellschaft beschließen.

(2) Die Fortsetzung ist von sämtlichen Gesellschaftern zur Eintragung in das Handelsregister anzumelden.

## Fünfter Titel. Liquidation der Gesellschaft

### § 145 [Notwendigkeit der Liquidation]

(1) Nach der Auflösung der Gesellschaft findet die Liquidation statt, sofern nicht eine andere Art der Auseinandersetzung von den Gesellschaftern vereinbart oder über das Vermögen der Gesellschaft der Konkurs eröffnet ist.

(2) Ist die Gesellschaft durch Kündigung des Gläubigers eines Gesellschafters oder durch die Eröffnung des Konkurses über das Vermögen eines Gesellschafters aufgelöst, so kann die Liquidation nur mit Zustimmung des Gläubigers oder des Konkursverwalters unterbleiben.

### § 146 [Liquidatoren]

(1) [1]Die Liquidation erfolgt, sofern sie nicht durch Beschluß der Gesellschafter oder durch den Gesellschaftsvertrag einzelnen Gesellschaftern oder anderen Personen übertragen ist, durch sämtliche Gesellschafter als Liquidatoren. [2]Mehrere Erben eines Gesellschafters haben einen gemeinsamen Vertreter zu bestellen.

(2) [1]Auf Antrag eines Beteiligten kann aus wichtigen Gründen die Ernennung von Liquidatoren durch das Gericht erfolgen, in dessen Bezirke die Gesellschaft ihren Sitz hat; das Gericht kann in einem solchen Falle Personen zu Liquidatoren ernennen, die nicht zu den Gesellschaftern gehören. [2]Als Beteiligter gilt außer den Gesellschaftern im Falle des § 135 auch der Gläubiger, durch den die Kündigung erfolgt ist.

(3) Ist über das Vermögen eines Gesellschafters der Konkurs eröffnet, so tritt der Konkursverwalter an die Stelle des Gesellschafters.

### § 147 [Abberufung von Liquidatoren]

Die Abberufung von Liquidatoren geschieht durch einstimmigen Beschluß der nach § 146 Abs. 2 und 3 Beteiligten; sie kann auf Antrag eines Beteiligten aus wichtigen Gründen auch durch das Gericht erfolgen.

### § 148 [Anmeldung der Liquidatoren]

(1) [1]Die Liquidatoren sind von sämtlichen Gesellschaftern zur Eintragung in das Handelsregister anzumelden. [2]Das gleiche gilt von jeder Änderung in den Personen der Liquidatoren oder in ihrer Vertretungsmacht. [3]Im Falle des Todes eines Gesellschafters kann, wenn anzunehmen ist, daß die Anmeldung den Tatsachen entspricht, die Eintragung erfolgen, auch ohne daß die Erben bei der Anmeldung mitwirken, soweit einer solchen Mitwirkung besondere Hindernisse entgegenstehen.

(2) Die Eintragung gerichtlich bestellter Liquidatoren sowie die Eintragung der gerichtlichen Abberufung von Liquidatoren geschieht von Amts wegen.

(3) Die Liquidatoren haben die Firma nebst ihrer Namensunterschrift zur Aufbewahrung bei dem Gerichte zu zeichnen.

### § 149 [Aufgaben der Liquidatoren]

[1]Die Liquidatoren haben die laufenden Geschäfte zu beendigen, die Forderungen einzuziehen, das übrige Vermögen in Geld umzusetzen und die Gläubiger zu befriedigen; zur Beendigung schwebender Geschäfte können sie auch neue Geschäfte eingehen. [2]Die Liquidatoren vertreten innerhalb ihres Geschäftskreises die Gesellschaft gerichtlich und außergerichtlich.

## § 150 [Mehrere Liquidatoren]

(1) Sind mehrere Liquidatoren vorhanden, so können sie die zur Liquidation gehörenden Handlungen nur in Gemeinschaft vornehmen, sofern nicht bestimmt ist, daß sie einzeln handeln können; eine solche Bestimmung ist in das Handelsregister einzutragen.

(2) ¹Durch die Vorschrift des Absatzes 1 wird nicht ausgeschlossen, daß die Liquidatoren einzelne von ihnen zur Vornahme bestimmter Geschäfte oder bestimmter Arten von Geschäften ermächtigen. ²Ist der Gesellschaft gegenüber eine Willenserklärung abzugeben, so findet die Vorschrift des § 125 Abs. 2 Satz 3 entsprechende Anwendung.

## § 151 [Unbeschränkbarkeit]

Eine Beschränkung des Umfanges der Befugnisse der Liquidatoren ist Dritten gegenüber unwirksam.

## § 152 [Anordnungsbefugnis der Beteiligten]

Gegenüber den nach § 146 Abs. 2 und 3 Beteiligten haben die Liquidatoren, auch wenn sie vom Gerichte bestellt sind, den Anordnungen Folge zu leisten, welche die Beteiligten in betreff der Geschäftsführung einstimmig beschließen.

## § 153 [Unterschrift der Liquidatoren]

Die Liquidatoren haben ihre Unterschrift in der Weise abzugeben, daß sie der bisherigen, als Liquidationsfirma zu bezeichnenden Firma ihren Namen beifügen.

## § 154 [Bilanz]

Die Liquidatoren haben bei dem Beginne sowie bei der Beendigung der Liquidation eine Bilanz aufzustellen.

## § 155 [Verteilung des verbleibenden Vermögens]

(1) Das nach Berichtigung der Schulden verbleibende Vermögen der Gesellschaft ist von den Liquidatoren nach dem Verhältnisse der Kapitalanteile, wie sie sich aufgrund der Schlußbilanz ergeben, unter die Gesellschafter zu verteilen.

(2) ¹Das während der Liquidation entbehrliche Geld wird vorläufig verteilt. ²Zur Deckung noch nicht fälliger oder streitiger Verbindlichkeiten sowie zur Sicherung der den Gesellschaftern bei der Schlußverteilung zukommenden Beträge ist das Erforderliche zurückzubehalten. ³Die Vorschriften des § 122 Abs. 1 finden während der Liquidation keine Anwendung.

(3) Entsteht über die Verteilung des Gesellschaftsvermögens Streit unter den Gesellschaftern, so haben die Liquidatoren die Verteilung bis zur Entscheidung des Streites auszusetzen.

## § 156 [Rechtsverhältnisse der Gesellschafter]

Bis zur Beendigung der Liquidation kommen in bezug auf das Rechtsverhältnis der bisherigen Gesellschafter untereinander sowie der Gesellschaft zu Dritten die Vorschriften des zweiten und dritten Titels zur Anwendung, soweit sich nicht aus dem gegenwärtigen Titel oder aus dem Zwecke der Liquidation ein anderes ergibt.

## § 157 [Löschung der Firma; Geschäftsbücher]

(1) Nach der Beendigung der Liquidation ist das Erlöschen der Firma von den Liquidatoren zur Eintragung in das Handelsregister anzumelden.

(2) ¹Die Bücher und Papiere der aufgelösten Gesellschaft werden einem der Gesellschafter oder einem Dritten in Verwahrung gegeben. ²Der Gesellschafter oder der Dritte wird in Ermangelung einer Verständigung durch das Gericht bestimmt, in dessen Bezirke die Gesellschaft ihren Sitz hat.

(3) Die Gesellschafter und deren Erben behalten das Recht auf Einsicht und Benutzung der Bücher und Papiere.

## § 158 [Andere Auseinandersetzungsart]

Vereinbaren die Gesellschafter statt der Liquidation eine andere Art der Auseinandersetzung, so finden, solange noch ungeteiltes Gesellschaftsvermögens vorhanden ist, im Verhältnisse zu Dritten die für die Liquidation geltenden Vorschriften entsprechende Anwendung.

## Sechster Titel. Verjährung

### § 159 [Verjährungsfrist]

(1) Die Ansprüche gegen einen Gesellschafter aus Verbindlichkeiten der Gesellschaft verjähren in fünf Jahren nach der Auflösung der Gesellschaft oder nach dem Ausscheiden des Gesellschafters, sofern nicht der Anspruch gegen die Gesellschaft einer kürzeren Verjährung unterliegt.

(2) Die Verjährung beginnt mit dem Ende des Tages, an welchem die Auflösung der Gesellschaft oder das Ausscheiden des Gesellschafters in das Handelsregister des für den Sitz der Gesellschaft zuständigen Gerichts eingetragen wird.

(3) Wird der Anspruch des Gläubigers gegen die Gesellschaft erst nach der Eintragung fällig, so beginnt die Verjährung mit dem Zeitpunkte der Fälligkeit.

### § 160 [Unterbrechung der Verjährung]

Die Unterbrechung der Verjährung gegenüber der aufgelösten Gesellschaft wirkt auch gegenüber den Gesellschaftern, welche der Gesellschaft zur Zeit der Auflösung angehört haben.

## Zweiter Abschnitt. Kommanditgesellschaft

### § 161 [Begriff der KG]

(1) Eine Gesellschaft, deren Zweck auf den Betrieb eines Handelsgewerbes unter gemeinschaftlicher Firma gerichtet ist, ist eine Kommanditgesellschaft, wenn bei einem oder bei einigen von den Gesellschaftern die Haftung gegenüber den Gesellschaftsgläubigern auf den Betrag einer bestimmten Vermögenseinlage beschränkt ist (Kommanditisten), während bei dem anderen Teile der Gesellschafter eine Beschränkung der Haftung nicht stattfindet (persönlich haftende Gesellschafter).

(2) Soweit nicht in diesem Abschnitt ein anderes vorgeschrieben ist, finden auf die Kommanditgesellschaft die für die offene Handelsgesellschaft geltenden Vorschriften Anwendung.

## § 162 [Anmeldung]

(1) Die Anmeldung der Gesellschaft hat außer den in § 106 Abs. 2 vorgesehenen Angaben die Bezeichnung der Kommanditisten und den Betrag der Einlage eines jeden von ihnen zu enthalten.

(2) Bei der Bekanntmachung der Eintragung ist nur die Zahl der Kommanditisten anzugeben; der Name, der Stand und der Wohnort der Kommanditisten sowie der Betrag ihrer Einlagen werden nicht bekanntgemacht.

(3) Diese Vorschriften finden im Falle des Eintritts eines Kommanditisten in eine bestehende Handelsgesellschaft und im Falle des Ausscheidens eines Kommanditisten aus einer Kommanditgesellschaft entsprechende Anwendung.

## § 163 [Innenverhältnis]

Für das Verhältnis der Gesellschafter untereinander gelten in Ermangelung abweichender Bestimmungen des Gesellschaftsvertrags die besonderen Vorschriften der §§ 164 bis 169.

## § 164 [Geschäftsführung]

[1]Die Kommanditisten sind von der Führung der Geschäfte der Gesellschaft ausgeschlossen; sie können einer Handlung der persönlich haftenden Gesellschafter nicht widersprechen, es sei denn, daß die Handlung über den gewöhnlichen Betrieb des Handelsgewerbes der Gesellschaft hinausgeht. [2]Die Vorschriften des § 116 Abs. 3 bleiben unberührt.

## § 165 [Wettbewerbsverbot]

Die §§ 112 und 113 finden auf die Kommanditisten keine Anwendung.

## § 166 [Kontrollrechte]

(1) Der Kommanditist ist berechtigt, die abschriftliche Mitteilung des Jahresabschlusses zu verlangen und dessen Richtigkeit unter Einsicht der Bücher und Papiere zu prüfen.

(2) Die in § 118 dem von der Geschäftsführung ausgeschlossenen Gesellschafter eingeräumten weiteren Rechte stehen dem Kommanditisten nicht zu.

(3) Auf Antrag eines Kommanditisten kann das Gericht, wenn wichtige Gründe vorliegen, die Mitteilung einer Bilanz und eines Jahresabschlusses oder sonstiger Aufklärungen sowie die Vorlegung der Bücher und Papiere jederzeit anordnen.

## § 167 [Gewinn und Verlust]

(1) Die Vorschriften des § 120 über die Berechnung des Gewinns oder Verlustes gelten auch für den Kommanditisten.

(2) Jedoch wird der einem Kommanditisten zukommende Gewinn seinem Kapitalanteil nur so lange zugeschrieben, als dieser den Betrag der bedungenen Einlage nicht erreicht.

(3) An dem Verluste nimmt der Kommanditist nur bis zum Betrage seines Kapitalanteils und seiner noch rückständigen Einlage teil.

## § 168 [Gewinn- und Verlustverteilung]

(1) Die Anteile der Gesellschafter am Gewinne bestimmen sich, soweit der Gewinn den Betrag von vier vom Hundert der Kapitalanteile nicht übersteigt, nach den Vorschriften des § 121 Abs. 1 und 2.

(2) In Ansehung des Gewinns, welcher diesen Betrag übersteigt, sowie in Ansehung des Verlustes gilt, soweit nicht ein anderes vereinbart ist, ein den Umständen nach angemessenes Verhältnis der Anteile als bedungen.

### § 169 [Entnahmen]

(1) [1]§ 122 findet auf den Kommanditisten keine Anwendung. [2]Dieser hat nur Anspruch auf Auszahlung des ihm zukommenden Gewinns; er kann auch die Auszahlung des Gewinns nicht fordern, solange sein Kapitalanteil durch Verlust unter den auf die bedungene Einlage geleisteten Betrag herabgemindert ist oder durch die Auszahlung unter diesen Betrag herabgemindert werden würde.

(2) Der Kommanditist ist nicht verpflichtet, den bezogenen Gewinn wegen späterer Verluste zurückzuzahlen.

### § 170 [Vertretung]

Der Kommanditist ist zur Vertretung der Gesellschaft nicht ermächtigt.

### § 171 [Haftung des Kommanditisten]

(1) Der Kommanditist haftet den Gläubigern der Gesellschaft bis zur Höhe seiner Einlage unmittelbar; die Haftung ist ausgeschlossen, soweit die Einlage geleistet ist.

(2) Ist über das Vermögen der Gesellschaft der Konkurs eröffnet, so wird während der Dauer des Verfahrens das den Gesellschaftsgläubigern nach Absatz 1 zustehende Recht durch den Konkursverwalter ausgeübt.

### § 172 [Wirkung der Eintragung; Umfang]

(1) Im Verhältnisse zu den Gläubigern der Gesellschaft wird nach der Eintragung in das Handelsregister die Einlage eines Kommanditisten durch den in der Eintragung angegebenen Betrag bestimmt.

(2) Auf eine nicht eingetragene Erhöhung der aus dem Handelsregister ersichtlichen Einlage können sich die Gläubiger nur berufen, wenn die Erhöhung in handelsüblicher Weise kundgemacht oder ihnen in anderer Weise von der Gesellschaft mitgeteilt worden ist.

(3) Eine Vereinbarung der Gesellschafter, durch die einem Kommanditisten die Einlage erlassen oder gestundet wird, ist den Gläubigern gegenüber unwirksam.

(4) [1]Soweit die Einlage eines Kommanditisten zurückbezahlt wird, gilt sie den Gläubigern gegenüber als nicht geleistet. [2]Das gleiche gilt, soweit ein Kommanditist Gewinnanteile entnimmt, während sein Kapitalanteil durch Verlust unter den Betrag der geleisteten Einlage herabgemindert ist, oder soweit durch die Entnahme der Kapitalanteil unter den bezeichneten Betrag herabgemindert wird.

(5) Was ein Kommanditist aufgrund einer in gutem Glauben errichteten Bilanz in gutem Glauben als Gewinn bezieht, ist er in keinem Falle zurückzuzahlen verpflichtet.

(6) [1]Gegenüber den Gläubigern einer Gesellschaft, bei der kein persönlich haftender Gesellschafter eine natürliche Person ist, gilt die Einlage eines Kommanditisten als nicht geleistet, soweit sie in Anteilen an den persönlich haftenden Gesellschaftern bewirkt ist. [2]Dies gilt nicht, wenn zu den persönlich haftenden Gesellschaftern eine offene Handelsgesellschaft oder Kommanditgesellschaft gehört, bei der ein persönlich haftender Gesellschafter eine natürliche Person ist.

## § 172 a [Rückgewähr von Gesellschafterdarlehen]

[1]Bei einer Kommanditgesellschaft, bei der kein persönlich haftender Gesellschafter eine natürliche Person ist, gelten die §§ 32 a, 32 b des Gesetzes betreffend die Gesellschaften mit beschränkter Haftung sinngemäß mit der Maßgabe, daß an die Stelle der Gesellschafter der Gesellschaft mit beschränkter Haftung die Gesellschafter oder Mitglieder der persönlich haftenden Gesellschafter der Kommanditgesellschaft sowie die Kommanditisten treten. [2]Dies gilt nicht, wenn zu den persönlich haftenden Gesellschaftern eine offene Handelsgesellschaft oder Kommanditgesellschaft gehört, bei der ein persönlich haftender Gesellschafter eine natürliche Person ist.

## § 173 [Haftung des eintretenden Kommanditisten]

(1) Wer in eine bestehende Handelsgesellschaft als Kommanditist eintritt, haftet nach Maßgabe der §§ 171 und 172 für die vor seinem Eintritte begründeten Verbindlichkeiten der Gesellschaft, ohne Unterschied, ob die Firma eine Änderung erleidet oder nicht.

(2) Eine entgegenstehende Vereinbarung ist Dritten gegenüber unwirksam.

## § 174 [Herabsetzung der Einlage]

Eine Herabsetzung der Einlage eines Kommanditisten ist, solange sie nicht in das Handelsregister des Gerichts, in dessen Bezirke die Gesellschaft ihren Sitz hat, eingetragen ist, den Gläubigern gegenüber unwirksam; Gläubiger, deren Forderungen zur Zeit der Eintragung begründet waren, brauchen die Herabsetzung nicht gegen sich gelten zu lassen.

## § 175 [Anmeldung der Einlagenänderung]

[1]Die Erhöhung sowie die Herabsetzung einer Einlage ist durch die sämtlichen Gesellschafter zur Eintragung in das Handelsregister anzumelden. [2]Die Bekanntmachung der Eintragung erfolgt gemäß § 162 Abs. 2. [3]Auf die Eintragung in das Handelsregister des Sitzes der Gesellschaft finden die Vorschriften des § 14 keine Anwendung.

## § 176 [Haftung vor Eintragung]

(1) [1]Hat die Gesellschaft ihre Geschäfte begonnen, bevor sie in das Handelsregister des Gerichts, in dessen Bezirke sie ihren Sitz hat, eingetragen ist, so haftet jeder Kommanditist, der dem Geschäftsbeginne zugestimmt hat, für die bis zur Eintragung begründeten Verbindlichkeiten der Gesellschaft gleich einem persönlich haftenden Gesellschafter, es sei denn, daß seine Beteiligung als Kommanditist dem Gläubiger bekannt war. [2]Diese Vorschrift kommt nicht zur Anwendung, soweit sich aus § 2 ein anderes ergibt.

(2) Tritt ein Kommanditist in eine bestehende Handelsgesellschaft ein, so findet die Vorschrift des Absatzes 1 Satz 1 für die in der Zeit zwischen seinem Eintritt und dessen Eintragung in das Handelsregister begründeten Verbindlichkeiten der Gesellschaft entsprechende Anwendung.

## § 177 [Tod des Kommanditisten]

Der Tod eines Kommanditisten hat die Auflösung der Gesellschaft nicht zur Folge.

## § 177 a [Angaben auf Geschäftsbriefen; Zahlungsunfähigkeit oder Überschuldung der KG]

[1]Die §§ 125 a, 130 a und 130 b gelten auch für die Gesellschaft, bei der ein Kommanditist eine natürliche Person ist, § 130 a jedoch mit der Maßgabe, daß anstelle des Absatzes 1 Satz 1 zweiter Halbsatz der § 172 Abs. 6 Satz 2 anzuwenden ist. [2]Der in § 125 a für die Gesellschafter vorgeschriebenen Angaben bedarf es nur für die persönlich haftenden Gesellschafter der Gesellschaft.

## Dritter Abschnitt. Stille Gesellschaft

### § 230 [Begriff der stillen Gesellschaft]

(1) Wer sich als stiller Gesellschafter an dem Handelsgewerbe, das ein anderer betreibt, mit einer Vermögenseinlage beteiligt, hat die Einlage so zu leisten, daß sie in das Vermögen des Inhabers des Handelsgeschäfts übergeht.

(2) Der Inhaber wird aus den in dem Betriebe geschlossenen Geschäften allein berechtigt und verpflichtet.

### § 231 [Gewinn- und Verlustverteilung]

(1) Ist der Anteil des stillen Gesellschafters am Gewinn und Verluste nicht bestimmt, so gilt ein den Umständen nach angemessener Anteil als bedungen.

(2) Im Gesellschaftsvertrage kann bestimmt werden, daß der stille Gesellschafter nicht am Verluste beteiligt sein soll; seine Beteiligung am Gewinne kann nicht ausgeschlossen werden.

### § 232 [Gewinn- und Verlustrechnung]

(1) Am Schlusse jedes Geschäftsjahrs wird der Gewinn und Verlust berechnet und der auf den stillen Gesellschafter fallende Gewinn ihm ausbezahlt.

(2) [1]Der stille Gesellschafter nimmt an dem Verluste nur bis zum Betrage seiner eingezahlten oder rückständigen Einlage teil. [2]Er ist nicht verpflichtet, den bezogenen Gewinn wegen späterer Verluste zurückzuzahlen; jedoch wird, solange seine Einlage durch Verlust vermindert ist, der jährliche Gewinn zur Deckung des Verlustes verwendet.

(3) Der Gewinn, welcher von dem stillen Gesellschafter nicht erhoben wird, vermehrt dessen Einlage nicht, sofern nicht ein anderes vereinbart ist.

### § 233 [Kontrollrechte]

(1) Der stille Gesellschafter ist berechtigt, die abschriftliche Mitteilung des Jahresabschlusses zu verlangen und dessen Richtigkeit unter Einsicht der Bücher und Papiere zu prüfen.

(2) Die in § 716 des Bürgerlichen Gesetzbuchs dem von der Geschäftsführung ausgeschlossenen Gesellschafter eingeräumten weiteren Rechte stehen dem stillen Gesellschafter nicht zu.

(3) Auf Antrag des stillen Gesellschafters kann das Gericht, wenn wichtige Gründe vorliegen, die Mitteilung einer Bilanz und eines Jahresabschlusses oder sonstiger Aufklärungen sowie die Vorlegung der Bücher und Papiere jederzeit anordnen.

### § 234 [Auflösung der Gesellschaft]

(1) [1]Auf die Kündigung der Gesellschaft durch einen der Gesellschafter oder durch einen Gläubiger des stillen Gesellschafters finden die Vorschriften

der §§ 132, 134 und 135 entsprechende Anwendung. ²Die Vorschriften des § 723 des Bürgerlichen Gesetzbuchs über das Recht, die Gesellschaft aus wichtigen Gründen ohne Einhaltung einer Frist zu kündigen, bleiben unberührt.

(2) Durch den Tod des stillen Gesellschafters wird die Gesellschaft nicht aufgelöst.

## § 235 [Auseinandersetzung]

(1) Nach der Auflösung der Gesellschaft hat sich der Inhaber des Handelsgeschäfts mit dem stillen Gesellschafter auseinanderzusetzen und dessen Guthaben in Geld zu berichtigen.

(2) ¹Die zur Zeit der Auflösung schwebenden Geschäfte werden von dem Inhaber des Handelsgeschäfts abgewickelt. ²Der stille Gesellschafter nimmt teil an dem Gewinn und Verluste, der sich aus diesen Geschäften ergibt.

(3) Er kann am Schlusse jedes Geschäftsjahrs Rechenschaft über die inzwischen beendigten Geschäfte, Auszahlung des ihm gebührenden Betrags und Auskunft über den Stand der noch schwebenden Geschäfte verlangen.

## § 236 [Konkurs]

(1) Wird über das Vermögen des Inhabers des Handelsgeschäfts der Konkurs eröffnet, so kann der stille Gesellschafter wegen der Einlage, soweit sie den Betrag des auf ihn fallenden Anteils am Verlust übersteigt, seine Forderung als Konkursgläubiger geltend machen.

(2) Ist die Einlage rückständig, so hat sie der stille Gesellschafter bis zu dem Betrage, welcher zur Deckung seines Anteils am Verlust erforderlich ist, zur Konkursmasse einzuzahlen.

## § 237 [Anfechtung]

(1) ¹Ist aufgrund einer in dem letzten Jahre vor der Eröffnung des Konkurses zwischen dem Inhaber des Handelsgeschäfts und dem stillen Gesellschafter getroffenen Vereinbarung diesem die Einlage ganz oder teilweise zurückgewährt oder sein Anteil an dem entstandenen Verluste ganz oder teilweise erlassen worden, so kann die Rückgewähr oder der Erlaß von dem Konkursverwalter angefochten werden. ²Es begründet keinen Unterschied, ob die Rückgewähr oder der Erlaß unter Auflösung der Gesellschaft stattgefunden hat oder nicht.

(2) Die Anfechtung ist ausgeschlossen, wenn der Konkurs in Umständen seinen Grund hat, die erst nach der Vereinbarung der Rückgewähr oder des Erlasses eingetreten sind.

(3) Die Vorschriften der Konkursordnung über die Geltendmachung der Anfechtung und deren Wirkung finden Anwendung.

# Drittes Buch. Handelsbücher

## Erster Abschnitt. Vorschriften für alle Kaufleute

### Erster Unterabschnitt. Buchführung. Inventar

## § 238 Buchführungspflicht

(1) ¹Jeder Kaufmann ist verpflichtet, Bücher zu führen und in diesen seine Handelsgeschäfte und die Lage seines Vermögens nach den Grundsätzen ord-

nungsmäßiger Buchführung ersichtlich zu machen. [2]Die Buchführung muß so beschaffen sein, daß sie einem sachverständigen Dritten innerhalb angemessener Zeit einen Überblick über die Geschäftsvorfälle und über die Lage des Unternehmens vermitteln kann. [3]Die Geschäftsvorfälle müssen sich in ihrer Entstehung und Abwicklung verfolgen lassen.

(2) Der Kaufmann ist verpflichtet, eine mit der Urschrift übereinstimmende Wiedergabe der abgesandten Handelsbriefe (Kopie, Abdruck, Abschrift oder sonstige Wiedergabe des Wortlauts auf einem Schrift-, Bild- oder anderen Datenträger) zurückzubehalten.

## § 239 Führung der Handelsbücher

(1) [1]Bei der Führung der Handelsbücher und bei den sonst erforderlichen Aufzeichnungen hat sich der Kaufmann einer lebenden Sprache zu bedienen. [2]Werden Abkürzungen, Ziffern, Buchstaben oder Symbole verwendet, muß im Einzelfall deren Bedeutung eindeutig festliegen.

(2) Die Eintragungen in Büchern und die sonst erforderlichen Aufzeichnungen müssen vollständig, richtig, zeitgerecht und geordnet vorgenommen werden.

(3) [1]Eine Eintragung oder eine Aufzeichnung darf nicht in einer Weise verändert werden, daß der ursprüngliche Inhalt nicht mehr feststellbar ist. [2]Auch solche Veränderungen dürfen nicht vorgenommen werden, deren Beschaffenheit es ungewiß läßt, ob sie ursprünglich oder erst später gemacht worden sind.

(4) [1]Die Handelsbücher und die sonst erforderlichen Aufzeichnungen können auch in der geordneten Ablage von Belegen bestehen oder auf Datenträgern geführt werden, soweit diese Formen der Buchführung einschließlich des dabei angewandten Verfahrens den Grundsätzen ordnungsmäßiger Buchführung entsprechen. [2]Bei der Führung der Handelsbücher und der sonst erforderlichen Aufzeichnungen auf Datenträgern muß insbesondere sichergestellt sein, daß die Daten während der Dauer der Aufbewahrungsfrist verfügbar sind und jederzeit innerhalb angemessener Frist lesbar gemacht werden können. [3]Absätze 1 bis 3 gelten sinngemäß.

## § 240 Inventar

(1) Jeder Kaufmann hat zu Beginn seines Handelsgewerbes seine Grundstücke, seine Forderungen und Schulden, den Betrag seines baren Geldes sowie seine sonstigen Vermögensgegenstände genau zu verzeichnen und dabei den Wert der einzelnen Vermögensgegenstände und Schulden anzugeben.

(2) [1]Er hat demnächst für den Schluß eines jeden Geschäftsjahrs ein solches Inventar aufzustellen. [2]Die Dauer des Geschäftsjahrs darf zwölf Monate nicht überschreiten. [3]Die Aufstellung des Inventars ist innerhalb der einem ordnungsmäßigen Geschäftsgang entsprechenden Zeit zu bewirken.

(3) [1]Vermögensgegenstände des Sachanlagevermögens sowie Roh-, Hilfs- und Betriebsstoffe können, wenn sie regelmäßig ersetzt werden und ihr Gesamtwert für das Unternehmen von nachrangiger Bedeutung ist, mit einer gleichbleibenden Menge und einem gleichbleibenden Wert angesetzt werden, sofern ihr Bestand in seiner Größe, seinem Wert und seiner Zusammensetzung nur geringen Veränderungen unterliegt. [2]Jedoch ist in der Regel alle drei Jahre eine körperliche Bestandsaufnahme durchzuführen.

(4) Gleichartige Vermögensgegenstände des Vorratsvermögens sowie andere gleichartige oder annähernd gleichwertige bewegliche Vermögensgegen-

stände können jeweils zu einer Gruppe zusammengefaßt und mit dem gewogenen Durchschnittswert angesetzt werden.

## § 241 Inventurvereinfachungsverfahren

(1) [1]Bei der Aufstellung des Inventars darf der Bestand der Vermögensgegenstände nach Art, Menge und Wert auch mit Hilfe anerkannter mathematisch-statistischer Methoden aufgrund von Stichproben ermittelt werden. [2]Das Verfahren muß den Grundsätzen ordnungsmäßiger Buchführung entsprechen. [3]Der Aussagewert des auf diese Weise aufgestellten Inventars muß dem Aussagewert eines aufgrund einer körperlichen Bestandsaufnahme aufgestellten Inventars gleichkommen.

(2) Bei der Aufstellung des Inventars für den Schluß eines Geschäftsjahrs bedarf es einer körperlichen Bestandsaufnahme der Vermögensgegenstände für diesen Zeitpunkt nicht, soweit durch Anwendung eines den Grundsätzen ordnungsmäßiger Buchführung entsprechenden anderen Verfahrens gesichert ist, daß der Bestand der Vermögensgegenstände nach Art, Menge und Wert auch ohne die körperliche Bestandsaufnahme für diesen Zeitpunkt festgestellt werden kann.

(3) In dem Inventar für den Schluß eines Geschäftsjahrs brauchen Vermögensgegenstände nicht verzeichnet zu werden, wenn
1. der Kaufmann ihren Bestand aufgrund einer körperlichen Bestandsaufnahme oder aufgrund eines nach Absatz 2 zulässigen anderen Verfahrens nach Art, Menge und Wert in einem besonderen Inventar verzeichnet hat, das für einen Tag innerhalb der letzten drei Monate vor oder der ersten beiden Monate nach dem Schluß des Geschäftsjahrs aufgestellt ist, und
2. aufgrund des besonderen Inventars durch Anwendung eines den Grundsätzen ordnungsmäßiger Buchführung entsprechenden Fortschreibungs- oder Rückrechnungsverfahrens gesichert ist, daß der am Schluß des Geschäftsjahrs vorhandene Bestand der Vermögensgegenstände für diesen Zeitpunkt ordnungsgemäß bewertet werden kann.

### Zweiter Unterabschnitt. Eröffnungsbilanz. Jahresabschluß

### Erster Titel. Allgemeine Vorschriften

## § 242 Pflicht zur Aufstellung

(1) [1]Der Kaufmann hat zu Beginn seines Handelsgewerbes und für den Schluß eines jeden Geschäftsjahrs einen das Verhältnis seines Vermögens und seiner Schulden darstellenden Abschluß (Eröffnungsbilanz, Bilanz) aufzustellen. [2]Auf die Eröffnungsbilanz sind die für den Jahresabschluß geltenden Vorschriften entsprechend anzuwenden, soweit sie sich auf die Bilanz beziehen.

(2) Er hat für den Schluß eines jeden Geschäftsjahrs eine Gegenüberstellung der Aufwendungen und Erträge des Geschäftsjahrs (Gewinn- und Verlustrechnung) aufzustellen.

(3) Die Bilanz und die Gewinn- und Verlustrechnung bilden den Jahresabschluß.

## § 243 Aufstellungsgrundsatz

(1) Der Jahresabschluß ist nach den Grundsätzen ordnungsmäßiger Buchführung aufzustellen.

(2) Er muß klar und übersichtlich sein.

(3) Der Jahresabschluß ist innerhalb der einem ordnungsmäßigen Geschäftsgang entsprechenden Zeit aufzustellen.

## § 244 Sprache. Währungseinheit

Der Jahresabschluß ist in deutscher Sprache und in Deutscher Mark aufzustellen.

## § 245 Unterzeichnung

[1]Der Jahresabschluß ist vom Kaufmann unter Angabe des Datums zu unterzeichnen. [2]Sind mehrere persönlich haftende Gesellschafter vorhanden, so haben sie alle zu unterzeichnen.

## Zweiter Titel. Ansatzvorschriften

## § 246 Vollständigkeit. Verrechnungsverbot

(1) [1]Der Jahresabschluß hat sämtliche Vermögensgegenstände, Schulden, Rechnungsabgrenzungsposten, Aufwendungen und Erträge zu enthalten, soweit gesetzlich nichts anderes bestimmt ist. [2]Vermögensgegenstände, die unter Eigentumsvorbehalt erworben oder an Dritte für eigene oder fremde Verbindlichkeiten verpfändet oder in anderer Weise als Sicherheit übertragen worden sind, sind in die Bilanz des Sicherungsgebers aufzunehmen. [3]In die Bilanz des Sicherungsnehmers sind sie nur aufzunehmen, wenn es sich um Bareinlagen handelt.*

(2) Posten der Aktivseite dürfen nicht mit Posten der Passivseite, Aufwendungen nicht mit Erträgen, Grundstücksrechte nicht mit Grundstückslasten verrechnet werden.

## § 247 Inhalt der Bilanz

(1) In der Bilanz sind das Anlage- und das Umlaufvermögen, das Eigenkapital, die Schulden sowie die Rechnungsabgrenzungsposten gesondert auszuweisen und hinreichend aufzugliedern.

(2) Beim Anlagevermögen sind nur die Gegenstände auszuweisen, die bestimmt sind, dauernd dem Geschäftsbetrieb zu dienen.

(3) [1]Passivposten, die für Zwecke der Steuern vom Einkommen und vom Ertrag zulässig sind, dürfen in der Bilanz gebildet werden. [2]Sie sind als Sonderposten mit Rücklageanteil auszuweisen und nach Maßgabe des Steuerrechts aufzulösen. [3]Einer Rückstellung bedarf es insoweit nicht.

## § 248 Bilanzierungsverbote

(1) Aufwendungen für die Gründung des Unternehmens und für die Beschaffung des Eigenkapitals dürfen in die Bilanz nicht als Aktivposten aufgenommen werden.

(2) Für immaterielle Vermögensgegenstände des Anlagevermögens, die nicht entgeltlich erworben wurden, darf ein Aktivposten nicht angesetzt werden.

## § 249 Rückstellungen

(1) [1]Rückstellungen sind für ungewisse Verbindlichkeiten und für drohende Verluste aus schwebenden Geschäften zu bilden. [2]Ferner sind Rückstellungen zu bilden für

---

* § 246 Abs. 1 Satz 2 und 3 eingefügt durch das Bankbilanzrichtlinie-Gesetz; zur Anwendung s. Art. 30 und 31 EGHGB.

1. im Geschäftsjahr unterlassene Aufwendungen für Instandhaltung, die im folgenden Geschäftsjahr innerhalb von drei Monaten, oder für Abraumbeseitigung, die im folgenden Geschäftsjahr nachgeholt werden,
2. Gewährleistungen, die ohne rechtliche Verpflichtung erbracht werden. [3]Rückstellungen dürfen für unterlassene Aufwendungen für Instandhaltung auch gebildet werden, wenn die Instandhaltung nach Ablauf der Frist nach Satz 2 Nr. 1 innerhalb des Geschäftsjahrs nachgeholt wird.

(2) Rückstellungen dürfen außerdem für ihrer Eigenart nach genau umschriebene, dem Geschäftsjahr oder einem früheren Geschäftsjahr zuzuordnende Aufwendungen gebildet werden, die am Abschlußstichtag wahrscheinlich oder sicher, aber hinsichtlich ihrer Höhe oder des Zeitpunkts ihres Eintritts unbestimmt sind.

(3) [1]Für andere als die in den Absätzen 1 und 2 bezeichneten Zwecke dürfen Rückstellungen nicht gebildet werden. [2]Rückstellungen dürfen nur aufgelöst werden, soweit der Grund hierfür entfallen ist.

## § 250 Rechnungsabgrenzungsposten

(1) [1]Als Rechnungsabgrenzungsposten sind auf der Aktivseite Ausgaben vor dem Abschlußstichtag auszuweisen, soweit sie Aufwand für eine bestimmte Zeit nach diesem Tag darstellen. [2]Ferner dürfen ausgewiesen werden
1. als Aufwand berücksichtigte Zölle und Verbrauchsteuern, soweit sie auf am Abschlußstichtag auszuweisende Vermögensgegenstände des Vorratsvermögens entfallen,
2. als Aufwand berücksichtigte Umsatzsteuer auf am Abschlußstichtag auszuweisende oder von den Vorräten offen abgesetzte Anzahlungen.

(2) Auf der Passivseite sind als Rechnungsabgrenzungsposten Einnahmen vor dem Abschlußstichtag auszuweisen, soweit sie Ertrag für eine bestimmte Zeit nach diesem Tag darstellen.

(3) [1]Ist der Rückzahlungsbetrag einer Verbindlichkeit höher als der Ausgabebetrag, so darf der Unterschiedsbetrag in den Rechnungsabgrenzungsposten auf der Aktivseite aufgenommen werden. [2]Der Unterschiedsbetrag ist durch planmäßige jährliche Abschreibungen zu tilgen, die auf die gesamte Laufzeit der Verbindlichkeit verteilt werden können.

## § 251 Haftungsverhältnisse

[1]Unter der Bilanz sind, sofern sie nicht auf der Passivseite auszuweisen sind, Verbindlichkeiten aus der Begebung und Übertragung von Wechseln, aus Bürgschaften, Wechsel- und Scheckbürgschaften und aus Gewährleistungsverträgen sowie Haftungsverhältnisse aus der Bestellung von Sicherheiten für fremde Verbindlichkeiten zu vermerken; sie dürfen in einem Betrag angegeben werden. [2]Haftungsverhältnisse sind auch anzugeben, wenn ihnen gleichwertige Rückgriffsforderungen gegenüberstehen.

## Dritter Titel. Bewertungsvorschriften

## § 252 Allgemeine Bewertungsgrundsätze

(1) Bei der Bewertung der im Jahresabschluß ausgewiesenen Vermögensgegenstände und Schulden gilt insbesondere folgendes:

1. Die Wertansätze in der Eröffnungsbilanz des Geschäftsjahrs müssen mit denen der Schlußbilanz des vorhergehenden Geschäftsjahrs übereinstimmen.
2. Bei der Bewertung ist von der Fortführung der Unternehmenstätigkeit auszugehen, sofern dem nicht tatsächliche oder rechtliche Gegebenheiten entgegenstehen.
3. Die Vermögensgegenstände und Schulden sind zum Abschlußstichtag einzeln zu bewerten.
4. Es ist vorsichtig zu bewerten, namentlich sind alle vorhersehbaren Risiken und Verluste, die bis zum Abschlußstichtag entstanden sind, zu berücksichtigen, selbst wenn diese erst zwischen dem Abschlußstichtag und dem Tag der Aufstellung des Jahresabschlusses bekanntgeworden sind; Gewinne sind nur zu berücksichtigen, wenn sie am Abschlußstichtag realisiert sind.
5. Aufwendungen und Erträge des Geschäftsjahrs sind unabhängig von den Zeitpunkten der entsprechenden Zahlungen im Jahresabschluß zu berücksichtigen.
6. Die auf den vorhergehenden Jahresabschluß angewandten Bewertungsmethoden sollen beibehalten werden.

(2) Von den Grundsätzen des Absatzes 1 darf nur in begründeten Ausnahmefällen abgewichen werden.

## § 253 Wertansätze der Vermögensgegenstände und Schulden

(1) [1]Vermögensgegenstände sind höchstens mit den Anschaffungs- oder Herstellungskosten, vermindert um Abschreibungen nach den Absätzen 2 und 3 anzusetzen. [2]Verbindlichkeiten sind zu ihrem Rückzahlungsbetrag, Rentenverpflichtungen, für die eine Gegenleistung nicht mehr zu erwarten ist, zu ihrem Barwert und Rückstellungen nur in Höhe des Betrags anzusetzen, der nach vernünftiger kaufmännischer Beurteilung notwendig ist.

(2) [1]Bei Vermögensgegenständen des Anlagevermögens, deren Nutzung zeitlich begrenzt ist, sind die Anschaffungs- oder Herstellungskosten um planmäßige Abschreibungen zu vermindern. [2]Der Plan muß die Anschaffungs- oder Herstellungskosten auf die Geschäftsjahre verteilen, in denen der Vermögensgegenstand voraussichtlich genutzt werden kann. [3]Ohne Rücksicht darauf, ob ihre Nutzung zeitlich begrenzt ist, können bei Vermögensgegenständen des Anlagevermögens außerplanmäßige Abschreibungen vorgenommen werden, um die Vermögensgegenstände mit dem niedrigeren Wert anzusetzen, der ihnen am Abschlußstichtag beizulegen ist; sie sind vorzunehmen bei einer voraussichtlich dauernden Wertminderung.

(3) [1]Bei Vermögensgegenständen des Umlaufvermögens sind Abschreibungen vorzunehmen, um diese mit einem niedrigeren Wert anzusetzen, der sich aus einem Börsen- oder Marktpreis am Abschlußstichtag ergibt. [2]Ist ein Börsen- oder Marktpreis nicht festzustellen und übersteigen die Anschaffungs- oder Herstellungskosten den Wert, der den Vermögensgegenständen am Abschlußstichtag beizulegen ist, so ist auf diesen Wert abzuschreiben. [3]Außerdem dürfen Abschreibungen vorgenommen werden, soweit diese nach vernünftiger kaufmännischer Beurteilung notwendig sind, um zu verhindern, daß in der nächsten Zukunft der Wertansatz dieser Vermögensgegenstände aufgrund von Wertschwankungen geändert werden muß.

(4) Abschreibungen sind außerdem im Rahmen vernünftiger kaufmännischer Beurteilung zulässig.

(5) Ein niedriger Wertansatz nach Absatz 2 Satz 3, Absatz 3 oder 4 darf beibehalten werden, auch wenn die Gründe dafür nicht mehr bestehen.

## § 254 Steuerrechtliche Abschreibungen

[1]Abschreibungen können auch vorgenommen werden, um Vermögensgegenstände des Anlage- oder Umlaufvermögens mit dem niedrigeren Wert anzusetzen, der auf einer nur steuerrechtlich zulässigen Abschreibung beruht. [2]§ 253 Abs. 5 ist entsprechend anzuwenden.

## § 255 Anschaffungs- und Herstellungskosten

(1) [1]Anschaffungskosten sind die Aufwendungen, die geleistet werden, um einen Vermögensgegenstand zu erwerben und ihn in einen betriebsbereiten Zustand zu versetzen, soweit sie dem Vermögensgegenstand einzeln zugeordnet werden können. [2]Zu den Anschaffungskosten gehören auch die Nebenkosten sowie die nachträglichen Anschaffungskosten. [3]Anschaffungspreisminderungen sind abzusetzen.

(2) [1]Herstellungskosten sind die Aufwendungen, die durch den Verbrauch von Gütern und die Inanspruchnahme von Diensten für die Herstellung eines Vermögensgegenstands, seine Erweiterung oder für eine über seinen ursprünglichen Zustand hinausgehende wesentliche Verbesserung entstehen. [2]Dazu gehören die Materialkosten, die Fertigungskosten und die Sonderkosten der Fertigung. [3]Bei der Berechnung der Herstellungskosten dürfen auch angemessene Teile der notwendigen Materialgemeinkosten, der notwendigen Fertigungsgemeinkosten und des Wertverzehrs des Anlagevermögens, soweit er durch die Fertigung veranlaßt ist, eingerechnet werden. [4]Kosten der allgemeinen Verwaltung sowie Aufwendungen für soziale Einrichtungen des Betriebs, für freiwillige soziale Leistungen und für betriebliche Altersversorgung brauchen nicht eingerechnet zu werden. [5]Aufwendungen im Sinne der Sätze 3 und 4 dürfen nur insoweit berücksichtigt werden, als sie auf den Zeitraum der Herstellung entfallen. [6]Vertriebskosten dürfen nicht in die Herstellungskosten einbezogen werden.

(3) [1]Zinsen für Fremdkapital gehören nicht zu den Herstellungskosten. [2]Zinsen für Fremdkapital, das zur Finanzierung der Herstellung eines Vermögensgegenstands verwendet wird, dürfen angesetzt werden, soweit sie auf den Zeitraum der Herstellung entfallen; in diesem Falle gelten sie als Herstellungskosten des Vermögensgegenstands.

(4) [1]Als Geschäfts- oder Firmenwert darf der Unterschiedsbetrag angesetzt werden, um den die für die Übernahme eines Unternehmens bewirkte Gegenleistung den Wert der einzelnen Vermögensgegenstände des Unternehmens abzüglich der Schulden im Zeitpunkt der Übernahme übersteigt. [2]Der Betrag ist in jedem folgenden Geschäftsjahr zu mindestens einem Viertel durch Abschreibungen zu tilgen. [3]Die Abschreibung des Geschäfts- oder Firmenwerts kann aber auch planmäßig auf die Geschäftsjahre verteilt werden, in denen er voraussichtlich genutzt wird.

## § 256 Bewertungsvereinfachungsverfahren

[1]Soweit es den Grundsätzen ordnungsmäßiger Buchführung entspricht, kann für den Wertansatz gleichartiger Vermögensgegenstände des Vorratsvermögens unterstellt werden, daß die zuerst oder daß die zuletzt angeschafften oder hergestellten Vermögensgegenstände zuerst oder in einer sonstigen bestimmten Folge verbraucht oder veräußert worden sind. [2]§ 240 Abs. 3 und 4 ist auch auf den Jahresabschluß anwendbar.

## Dritter Unterabschnitt. Aufbewahrung und Vorlage

## § 257 Aufbewahrung von Unterlagen. Aufbewahrungsfristen

(1) Jeder Kaufmann ist verpflichtet, die folgenden Unterlagen geordnet aufzubewahren:
1. Handelsbücher, Inventare, Eröffnungsbilanzen, Jahresabschlüsse, Lageberichte, Konzernabschlüsse, Konzernlageberichte sowie die zu ihrem Verständnis erforderlichen Arbeitsanweisungen und sonstigen Organisationsunterlagen,
2. die empfangenen Handelsbriefe,
3. Wiedergaben der abgesandten Handelsbriefe,
4. Belege für Buchungen in den von ihm nach § 238 Abs. 1 zu führenden Büchern (Buchungsbelege).

(2) Handelsbriefe sind nur Schriftstücke, die ein Handelsgeschäft betreffen.

(3) [1]Mit Ausnahme der Eröffnungsbilanzen, Jahresabschlüsse und der Konzernabschlüsse können die in Absatz 1 aufgeführten Unterlagen auch als Wiedergabe auf einem Bildträger oder auf anderen Datenträgern aufbewahrt werden, wenn dies den Grundsätzen ordnungsmäßiger Buchführung entspricht und sichergestellt ist, daß die Wiedergabe oder die Daten
1. mit den empfangenen Handelsbriefen und den Buchungsbelegen bildlich und mit den anderen Unterlagen inhaltlich übereinstimmen, wenn sie lesbar gemacht werden,
2. während der Dauer der Aufbewahrungsfrist verfügbar sind und jederzeit innerhalb angemessener Frist lesbar gemacht werden können.
[2]Sind Unterlagen aufgrund des § 239 Abs. 4 Satz 1 auf Datenträgern hergestellt worden, können statt des Datenträgers die Daten auch ausgedruckt aufbewahrt werden; die ausgedruckten Unterlagen können auch nach Satz 1 aufbewahrt werden.

(4) Die in Absatz 1 Nr. 1 aufgeführten Unterlagen sind zehn Jahre und die sonstigen in Absatz 1 aufgeführten Unterlagen sechs Jahre aufzubewahren.

(5) Die Aufbewahrungsfrist beginnt mit dem Schluß des Kalenderjahrs, in dem die letzte Eintragung in das Handelsbuch gemacht, das Inventar aufgestellt, die Eröffnungsbilanz oder der Jahresabschluß festgestellt, der Konzernabschluß aufgestellt, der Handelsbrief empfangen oder abgesandt worden oder der Buchungsbeleg entstanden ist.

## § 258 Vorlegung im Rechtsstreit

(1) Im Laufe eines Rechtsstreits kann das Gericht auf Antrag oder von Amts wegen die Vorlegung der Handelsbücher einer Partei anordnen.

(2) Die Vorschriften der Zivilprozeßordnung über die Verpflichtung des Prozeßgegners zur Vorlegung von Urkunden bleiben unberührt.

## § 259 Auszug bei Vorlegung im Rechtsstreit

[1]Werden in einem Rechtsstreit Handelsbücher vorgelegt, so ist von ihrem Inhalt, soweit er den Streitpunkt betrifft, unter Zuziehung der Parteien Einsicht zu nehmen und geeignetenfalls ein Auszug zu fertigen. [2]Der übrige Inhalt der Bücher ist dem Gericht insoweit offenzulegen, als es zur Prüfung ihrer ordnungsmäßigen Führung notwendig ist.

## § 260 Vorlegung bei Auseinandersetzungen

Bei Vermögensauseinandersetzungen, insbesondere in Erbschafts-, Gütergemeinschafts- und Gesellschaftsteilungssachen, kann das Gericht die Vorlegung der Handelsbücher zur Kenntnisnahme von ihrem ganzen Inhalt anordnen.

## § 261 Vorlegung von Unterlagen auf Bild- oder Datenträgern

Wer aufzubewahrende Unterlagen nur in der Form einer Wiedergabe auf einem Bildträger oder auf anderen Datenträgern vorlegen kann, ist verpflichtet, auf seine Kosten diejenigen Hilfsmittel zur Verfügung zu stellen, die erforderlich sind, um die Unterlagen lesbar zu machen; soweit erforderlich, hat er die Unterlagen auf seine Kosten auszudrucken oder ohne Hilfsmittel lesbare Reproduktionen beizubringen.

### Vierter Unterabschnitt. Sollkaufleute. Landesrecht

## § 262 Anwendung auf Sollkaufleute

Für Unternehmer, die nach § 2 verpflichtet sind, die Eintragung ihres Unternehmens in das Handelsregister herbeizuführen, gelten die Vorschriften dieses Abschnitts schon von dem Zeitpunkt an, in dem diese Verpflichtung entstanden ist.

## § 263 Vorbehalt landesrechtlicher Vorschriften

Unberührt bleiben bei Unternehmen ohne eigene Rechtspersönlichkeit einer Gemeinde, eines Gemeindeverbands oder eines Zweckverbands landesrechtliche Vorschriften, die von den Vorschriften dieses Abschnitts abweichen.

### Zweiter Abschnitt. Ergänzende Vorschriften für Kapitalgesellschaften (Aktiengesellschaften, Kommanditgesellschaften auf Aktien und Gesellschaften mit beschränkter Haftung)

### Erster Unterabschnitt. Jahresabschluß der Kapitalgesellschaft und Lagebericht

### Erster Titel. Allgemeine Vorschriften

## § 264 Pflicht zur Aufstellung

(1) [1]Die gesetzlichen Vertreter einer Kapitalgesellschaft haben den Jahresabschluß (§ 242) um einen Anhang zu erweitern, der mit der Bilanz und der Gewinn- und Verlustrechnung eine Einheit bildet, sowie einen Lagebericht aufzustellen. [2]Der Jahresabschluß und der Lagebericht sind von den gesetzlichen Vertretern in den ersten drei Monaten des Geschäftsjahrs für das vergangene Geschäftsjahr aufzustellen. [3]Kleine Kapitalgesellschaften (§ 267 Abs. 1) dürfen den Jahresabschluß und den Lagebericht auch später aufstellen, wenn dies einem ordnungsgemäßen Geschäftsgang entspricht; diese Unterlagen sind jedoch innerhalb der ersten sechs Monate des Geschäftsjahrs aufzustellen.

(2) [1]Der Jahresabschluß der Kapitalgesellschaft hat unter Beachtung der Grundsätze ordnungsmäßiger Buchführung ein den tatsächlichen Verhältnissen entsprechendes Bild der Vermögens-, Finanz- und Ertragslage der Kapitalgesellschaft zu vermitteln. [2]Führen besondere Umstände dazu, daß der Jah-

resabschluß ein den tatsächlichen Verhältnissen entsprechendes Bild im Sinne des Satzes 1 nicht vermittelt, so sind im Anhang zusätzliche Angaben zu machen.

### § 265 Allgemeine Grundsätze für die Gliederung

(1) ¹Die Form der Darstellung, insbesondere die Gliederung der aufeinanderfolgenden Bilanzen und Gewinn- und Verlustrechnungen, ist beizubehalten, soweit nicht in Ausnahmefällen wegen besonderer Umstände Abweichungen erforderlich sind. ²Die Abweichungen sind im Anhang anzugeben und zu begründen.

(2) ¹In der Bilanz sowie in der Gewinn- und Verlustrechnung ist zu jedem Posten der entsprechende Betrag des vorhergehenden Geschäftsjahrs anzugeben. ²Sind die Beträge nicht vergleichbar, so ist dies im Anhang anzugeben und zu erläutern. ³Wird der Vorjahresbetrag angepaßt, so ist auch dies im Anhang anzugeben und zu erläutern.

(3) ¹Fällt ein Vermögensgegenstand oder eine Schuld unter mehrere Posten der Bilanz, so ist die Mitzugehörigkeit zu anderen Posten bei dem Posten, unter dem der Ausweis erfolgt ist, zu vermerken oder im Anhang anzugeben, wenn dies zur Aufstellung eines klaren und übersichtlichen Jahresabschlusses erforderlich ist. ²Eigene Anteile dürfen unabhängig von ihrer Zweckbestimmung nur unter dem dafür vorgesehenen Posten im Umlaufvermögen ausgewiesen werden.

(4) ¹Sind mehrere Geschäftszweige vorhanden und bedingt dies die Gliederung des Jahresabschlusses nach verschiedenen Gliederungsvorschriften, so ist der Jahresabschluß nach der für einen Geschäftszweig vorgeschriebenen Gliederung aufzustellen und nach der für die anderen Geschäftszweige vorgeschriebenen Gliederung zu ergänzen. ²Die Ergänzung ist im Anhang anzugeben und zu begründen.

(5) ¹Eine weitere Untergliederung der Posten ist zulässig; dabei ist jedoch die vorgeschriebene Gliederung zu beachten. ²Neue Posten dürfen hinzugefügt werden, wenn ihr Inhalt nicht von einem vorgeschriebenen Posten gedeckt wird.

(6) Gliederung und Bezeichnung der mit arabischen Zahlen versehenen Posten der Bilanz und der Gewinn- und Verlustrechnung sind zu ändern, wenn dies wegen Besonderheiten der Kapitalgesellschaft zur Aufstellung eines klaren und übersichtlichen Jahresabschlusses erforderlich ist.

(7) Die mit arabischen Zahlen versehenen Posten der Bilanz und der Gewinn- und Verlustrechnung können, wenn nicht besondere Formblätter vorgeschrieben sind, zusammengefaßt ausgewiesen werden, wenn

1. sie einen Betrag enthalten, der für die Vermittlung eines den tatsächlichen Verhältnissen entsprechenden Bildes im Sinne des § 264 Abs. 2 nicht erheblich ist,
   oder

2. dadurch die Klarheit der Darstellung vergrößert wird; in diesem Falle müssen die zusammengefaßten Posten jedoch im Anhang gesondert ausgewiesen werden.

(8) Ein Posten der Bilanz oder der Gewinn- und Verlustrechnung, der keinen Betrag ausweist, braucht nicht aufgeführt zu werden, es sei denn, daß im vorhergehenden Geschäftsjahr unter diesem Posten ein Betrag ausgewiesen wurde.

## Zweiter Titel. Bilanz

## § 266  Gliederung der Bilanz

(1) [1]Die Bilanz ist in Kontoform aufzustellen. [2]Dabei haben große und mittelgroße Kapitalgesellschaften (§ 267 Abs. 3, 2) auf der Aktivseite die in Absatz 2 und auf der Passivseite die in Absatz 3 bezeichneten Posten gesondert und in der vorgeschriebenen Reihenfolge auszuweisen. [3]Kleine Kapitalgesellschaften (§ 267 Abs. 1) brauchen nur eine verkürzte Bilanz aufzustellen, in die nur die in den Absätzen 2 und 3 mit Buchstaben und römischen Zahlen bezeichneten Posten gesondert und in der vorgeschriebenen Reihenfolge aufgenommen werden.

(2) Aktivseite

A. Anlagevermögen:

I. Immaterielle Vermögensgegenstände:
1. Konzessionen, gewerbliche Schutzrechte und ähnliche Rechte und Werte sowie Lizenzen an solchen Rechten und Werten;
2. Geschäfts- oder Firmenwert;
3. geleistete Anzahlungen;

II. Sachanlagen:
1. Grundstücke, grundstücksgleiche Rechte und Bauten einschließlich der Bauten auf fremden Grundstücken;
2. technische Anlagen und Maschinen;
3. andere Anlagen, Betriebs- und Geschäftsausstattung;
4. geleistete Anzahlungen und Anlagen im Bau;

III. Finanzanlagen:
1. Anteile an verbundenen Unternehmen;
2. Ausleihungen an verbundene Unternehmen;
3. Beteiligungen;
4. Ausleihungen an Unternehmen, mit denen ein Beteiligungsverhältnis besteht;
5. Wertpapiere des Anlagevermögens;
6. sonstige Ausleihungen.

B. Umlaufvermögen:

I. Vorräte:
1. Roh-, Hilfs- und Betriebsstoffe;
2. unfertige Erzeugnisse, unfertige Leistungen;
3. fertige Erzeugnisse und Waren;
4. geleistete Anzahlungen;

II. Forderungen und sonstige Vermögensgegenstände:
1. Forderungen aus Lieferungen und Leistungen;
2. Forderungen gegen verbundene Unternehmen;
3. Forderungen gegen Unternehmen, mit denen ein Beteiligungsverhältnis besteht;
4. sonstige Vermögensgegenstände;

III. Wertpapiere:
1. Anteile an verbundenen Unternehmen;
2. eigene Anteile;
3. sonstige Wertpapiere;

IV. Schecks, Kassenbestand, Bundesbank- und Postgiroguthaben, Guthaben bei Kreditinstituten.

C. Rechnungsabgrenzungsposten:

(3) Passivseite

A. Eigenkapital:

   I. Gezeichnetes Kapital;

  II. Kapitalrücklage;

 III. Gewinnrücklagen:
     1. gesetzliche Rücklage;
     2. Rücklage für eigene Anteile;
     3. satzungsmäßige Rücklagen;
     4. andere Gewinnrücklagen;

 IV. Gewinnvortrag/Verlustvortrag;

  V. Jahresüberschuß/Jahresfehlbetrag.

B. Rückstellungen:
  1. Rückstellungen für Pensionen und ähnliche Verpflichtungen;
  2. Steuerrückstellungen;
  3. sonstige Rückstellungen.

C. Verbindlichkeiten:
  1. Anleihen,
    davon konvertibel;
  2. Verbindlichkeiten gegenüber Kreditinstituten;
  3. erhaltene Anzahlungen auf Bestellungen;
  4. Verbindlichkeiten aus Lieferungen und Leistungen;
  5. Verbindlichkeiten aus der Annahme gezogener Wechsel und der Ausstellung eigener Wechsel;
  6. Verbindlichkeiten gegenüber verbundenen Unternehmen;
  7. Verbindlichkeiten gegenüber Unternehmen, mit denen ein Beteiligungsverhältnis besteht;
  8. sonstige Verbindlichkeiten,
    davon aus Steuern,
    davon im Rahmen der sozialen Sicherheit.

D. Rechnungsabgrenzungsposten.

### § 267 Umschreibung der Größenklassen

(1) Kleine Kapitalgesellschaften sind solche, die mindestens zwei der drei nachstehenden Merkmale nicht überschreiten:

1. Drei Millionen neunhunderttausend Deutsche Mark Bilanzsumme nach Abzug eines auf der Aktivseite ausgewiesenen Fehlbetrags (§ 268 Abs. 3).
2. Acht Millionen Deutsche Mark Umsatzerlöse in den zwölf Monaten vor dem Abschlußstichtag.
3. Im Jahresdurchschnitt fünfzig Arbeitnehmer.

(2) Mittelgroße Kapitalgesellschaften sind solche, die mindestens zwei der drei in Absatz 1 bezeichneten Merkmale überschreiten und jeweils mindestens zwei der drei nachstehenden Merkmale nicht überschreiten:

1. Fünfzehn Millionen fünfhunderttausend Deutsche Mark Bilanzsumme nach Abzug eines auf der Aktivseite ausgewiesenen Fehlbetrags (§ 268 Abs. 3).
2. Zweiunddreißig Millionen Deutsche Mark Umsatzerlöse in den zwölf Monaten vor dem Abschlußstichtag.
3. Im Jahresdurchschnitt zweihundertfünfzig Arbeitnehmer.

(3) ¹Große Kapitalgesellschaften sind solche, die mindestens zwei der drei in Absatz 2 bezeichneten Merkmale überschreiten. ²Eine Kapitalgesellschaft gilt stets als große, wenn Aktien oder andere von ihr ausgegebene Wertpapiere an einer Börse in einem Mitgliedstaat der Europäischen Wirtschaftsgemeinschaft zum amtlichen Handel oder zum geregeltem Markt zugelassen oder in den geregelten Freiverkehr einbezogen sind oder die Zulassung zum amtlichen Handel oder zum geregeltem Markt beantragt ist.

(4) ¹Die Rechtsfolgen der Merkmale nach den Absätzen 1 bis 3 Satz 1 treten nur ein, wenn sie an den Abschlußstichtagen von zwei aufeinanderfolgenden Geschäftsjahren über- oder unterschritten werden. ²Im Falle der Verschmelzung, Umwandlung oder Neugründung treten die Rechtsfolgen schon ein, wenn die Voraussetzungen des Absatzes 1, 2 oder 3 am ersten Abschlußstichtag nach der Verschmelzung, Umwandlung oder Neugründung vorliegen.

(5) Als durchschnittliche Zahl der Arbeitnehmer gilt der vierte Teil der Summe aus den Zahlen der jeweils am 31. März, 30. Juni, 30. September und 31. Dezember beschäftigten Arbeitnehmer einschließlich der im Ausland beschäftigten Arbeitnehmer, jedoch ohne die zu ihrer Berufsausbildung Beschäftigten.

(6) Informations- und Auskunftsrechte der Arbeitnehmervertretungen nach anderen Gesetzen bleiben unberührt.

### § 268 Vorschriften zu einzelnen Posten der Bilanz. Bilanzvermerke

(1) ¹Die Bilanz darf auch unter Berücksichtigung der vollständigen oder teilweisen Verwendung des Jahresergebnisses aufgestellt werden. ²Wird die Bilanz unter Berücksichtigung der teilweisen Verwendung des Jahresergebnisses aufgestellt, so tritt an die Stelle der Posten „Jahresüberschuß/Jahresfehlbetrag" und „Gewinnvortrag/Verlustvortrag" der Posten „Bilanzgewinn/Bilanzverlust"; ein vorhandener Gewinn- oder Verlustvortrag ist in den Posten „Bilanzgewinn/Bilanzverlust" einzubeziehen und in der Bilanz oder im Anhang gesondert anzugeben.

(2) ¹In der Bilanz oder im Anhang ist die Entwicklung der einzelnen Posten des Anlagevermögens und des Postens „Aufwendungen für die Ingangsetzung und Erweiterung des Geschäftsbetriebs" darzustellen. ²Dabei sind, ausgehend von den gesamten Anschaffungs- und Herstellungskosten, die Zugänge, Abgänge, Umbuchungen und Zuschreibungen des Geschäftsjahrs sowie die Abschreibungen in ihrer gesamten Höhe gesondert aufzuführen. ³Die Abschreibungen des Geschäftsjahrs sind entweder in der Bilanz bei dem betreffenden Posten zu vermerken oder im Anhang in einer der Gliederung des Anlagevermögens entsprechenden Aufgliederung anzugeben.

(3) Ist das Eigenkapital durch Verluste aufgebraucht und ergibt sich ein Überschuß der Passivposten über die Aktivposten, so ist dieser Betrag am Schluß der Bilanz auf der Aktivseite gesondert unter der Bezeichnung „Nicht durch Eigenkapital gedeckter Fehlbetrag" auszuweisen.

(4) ¹Der Betrag der Forderungen mit einer Restlaufzeit von mehr als einem Jahr ist bei jedem gesondert ausgewiesenen Posten zu vermerken. ²Werden unter dem Posten „sonstige Vermögensgegenstände" Beträge für Vermögensgegenstände ausgewiesen, die erst nach dem Abschlußstichtag rechtlich entstehen, so müssen Beträge, die einen größeren Umfang haben, im Anhang erläutert werden.

(5) ¹Der Betrag der Verbindlichkeiten mit einer Restlaufzeit bis zu einem Jahr ist bei jedem gesondert ausgewiesenen Posten zu vermerken. ²Erhaltene

Anzahlungen auf Bestellungen sind, soweit Anzahlungen auf Vorräte nicht von dem Posten „Vorräte" offen abgesetzt werden, unter den Verbindlichkeiten gesondert auszuweisen. [3]Sind unter dem Posten „Verbindlichkeiten" Beträge für Verbindlichkeiten ausgewiesen, die erst nach dem Abschlußstichtag rechtlich entstehen, so müssen Beträge, die einen größeren Umfang haben, im Anhang erläutert werden.

(6) Ein nach § 250 Abs. 3 in den Rechnungsabgrenzungsposten auf der Aktivseite aufgenommener Unterschiedsbetrag ist in der Bilanz gesondert auszuweisen oder im Anhang anzugeben.

(7) Die in § 251 bezeichneten Haftungsverhältnisse sind jeweils gesondert unter der Bilanz oder im Anhang unter Angabe der gewährten Pfandrechte und sonstigen Sicherheiten anzugeben; bestehen solche Verpflichtungen gegenüber verbundenen Unternehmen, so sind sie gesondert anzugeben.

## § 269 Aufwendungen für die Ingangsetzung und Erweiterung des Geschäftsbetriebs

[1]Die Aufwendungen für die Ingangsetzung des Geschäftsbetriebs und dessen Erweiterung dürfen, soweit sie nicht bilanzierungsfähig sind, als Bilanzierungshilfe aktiviert werden; der Posten ist in der Bilanz unter der Bezeichnung „Aufwendungen für die Ingangsetzung und Erweiterung des Geschäftsbetriebs" vor dem Anlagevermögen auszuweisen und im Anhang zu erläutern. [2]Werden solche Aufwendungen in der Bilanz ausgewiesen, so dürfen Gewinne nur ausgeschüttet werden, wenn die nach der Ausschüttung verbleibenden jederzeit auflösbaren Gewinnrücklagen zuzüglich eines Gewinnvortrags und abzüglich eines Verlustvortrags dem angesetzten Betrag mindestens entsprechen.

## § 270 Bildung bestimmter Posten

(1) [1]Einstellungen in die Kapitalrücklage und deren Auflösung sind bereits bei der Aufstellung der Bilanz vorzunehmen. [2]Satz 1 ist auf Einstellungen in den Sonderposten mit Rücklageanteil und dessen Auflösung anzuwenden.

(2) Wird die Bilanz unter Berücksichtigung der vollständigen oder teilweisen Verwendung des Jahresergebnisses aufgestellt, so sind Entnahmen aus Gewinnrücklagen sowie Einstellungen in Gewinnrücklagen, die nach Gesetz, Gesellschaftsvertrag oder Satzung vorzunehmen sind oder aufgrund solcher Vorschriften beschlossen worden sind, bereits bei der Aufstellung der Bilanz zu berücksichtigen.

## § 271 Beteiligungen. Verbundene Unternehmen

(1) [1]Beteiligungen sind Anteile an anderen Unternehmen, die bestimmt sind, dem eigenen Geschäftsbetrieb durch Herstellung einer dauernden Verbindung zu jenen Unternehmen zu dienen. [2]Dabei ist es unerheblich, ob die Anteile in Wertpapieren verbrieft sind oder nicht. [3]Als Beteiligung gelten im Zweifel Anteile an einer Kapitalgesellschaft, deren Nennbeträge insgesamt den fünften Teil des Nennkapitals dieser Gesellschaft überschreiten. [4]Auf die Berechnung ist § 16 Abs. 2 und 4 des Aktiengesetzes entsprechend anzuwenden. [5]Die Mitgliedschaft in einer eingetragenen Genossenschaft gilt nicht als Beteiligung im Sinne dieses Buches.

(2) Verbundene Unternehmen im Sinne dieses Buches sind solche Unternehmen, die als Mutter- oder Tochterunternehmen (§ 290) in den Konzernabschluß eines Mutterunternehmens nach den Vorschriften über die Vollkonsolidierung einzubeziehen sind, das als oberstes Mutterunternehmen den am wei-

testgehenden Konzernabschluß nach dem Zweiten Unterabschnitt aufzustellen hat, auch wenn die Aufstellung unterbleibt, oder das einen befreienden Konzernabschluß nach § 291 oder nach einer nach § 292 erlassenen Rechtsverordnung aufstellt oder aufstellen könnte; Tochterunternehmen, die nach § 295 oder § 296 nicht einbezogen werden, sind ebenfalls verbundene Unternehmen.

## § 272 Eigenkapital

(1) ¹Gezeichnetes Kapital ist das Kapital, auf das die Haftung der Gesellschafter für die Verbindlichkeiten der Kapitalgesellschaft gegenüber den Gläubigern beschränkt ist. ²Die ausstehenden Einlagen auf das gezeichnete Kapital sind auf der Aktivseite vor dem Anlagevermögen gesondert auszuweisen und entsprechend zu bezeichnen; die davon eingeforderten Einlagen sind zu vermerken. ³Die nicht eingeforderten ausstehenden Einlagen dürfen auch von dem Posten „Gezeichnetes Kapital" offen abgesetzt werden; in diesem Falle ist der verbleibende Betrag als Posten „Eingefordertes Kapital" in der Hauptspalte der Passivseite auszuweisen und ist außerdem der eingeforderte, aber noch nicht eingezahlte Betrag unter den Forderungen gesondert auszuweisen und entsprechend zu bezeichnen.

(2) Als Kapitalrücklage sind auszuweisen
1. der Betrag, der bei der Ausgabe von Anteilen einschließlich von Bezugsanteilen über den Nennbetrag hinaus erzielt wird;
2. der Betrag, der bei der Ausgabe von Schuldverschreibungen für Wandlungsrechte und Optionsrechte zum Erwerb von Anteilen erzielt wird;
3. der Betrag von Zuzahlungen, die Gesellschafter gegen Gewährung eines Vorzugs für ihre Anteile leisten;
4. der Betrag von anderen Zuzahlungen, die Gesellschafter in das Eigenkapital leisten.

(3) ¹Als Gewinnrücklagen dürfen nur Beträge ausgewiesen werden, die im Geschäftsjahr oder in einem früheren Geschäftsjahr aus dem Ergebnis gebildet worden sind. ²Dazu gehören aus dem Ergebnis zu bildende gesetzliche oder auf Gesellschaftsvertrag oder Satzung beruhende Rücklagen und andere Gewinnrücklagen.

(4) ¹In eine Rücklage für eigene Anteile ist ein Betrag einzustellen, der dem auf der Aktivseite der Bilanz für die eigenen Anteile anzusetzenden Betrag entspricht. ²Die Rücklage darf nur aufgelöst werden, soweit die eigenen Anteile ausgegeben, veräußert oder eingezogen werden oder soweit nach § 253 Abs. 3 auf der Aktivseite ein niedrigerer Betrag angesetzt wird. ³Die Rücklage, die bereits bei der Aufstellung der Bilanz vorzunehmen ist, darf aus vorhandenen Gewinnrücklagen gebildet werden, soweit diese frei verfügbar sind. ⁴Die Rücklage nach Satz 1 ist auch für Anteile eines herrschenden oder eines mit Mehrheit beteiligten Unternehmens zu bilden.

## § 273 Sonderposten mit Rücklageanteil

¹Der Sonderposten mit Rücklageanteil (§ 247 Abs. 3) darf nur insoweit gebildet werden, als das Steuerrecht die Anerkennung des Wertansatzes bei der steuerrechtlichen Gewinnermittlung davon abhängig macht, daß der Sonderposten in der Bilanz gebildet wird. ²Er ist auf der Passivseite vor den Rückstellungen auszuweisen; die Vorschriften, nach denen er gebildet worden ist, sind in der Bilanz oder im Anhang anzugeben.

## § 274 Steuerabgrenzung

(1) [1]Ist der dem Geschäftsjahr und früheren Geschäftsjahren zuzurechnende Steueraufwand zu niedrig, weil der nach den steuerrechtlichen Vorschriften zu versteuernde Gewinn niedriger als das handelsrechtliche Ergebnis ist, und gleicht sich der zu niedrige Steueraufwand des Geschäftsjahrs und früherer Geschäftsjahre in späteren Geschäftsjahren voraussichtlich aus, so ist in Höhe der voraussichtlichen Steuerbelastung nachfolgender Geschäftsjahre eine Rückstellung nach § 249 Abs. 1 Satz 1 zu bilden und in der Bilanz oder im Anhang gesondert anzugeben. [2]Die Rückstellung ist aufzulösen, sobald die höhere Steuerbelastung eintritt oder mit ihr voraussichtlich nicht mehr zu rechnen ist.

(2) [1]Ist der dem Geschäftsjahr und früheren Geschäftsjahren zuzurechnende Steueraufwand zu hoch, weil der nach den steuerrechtlichen Vorschriften zu versteuernde Gewinn höher als das handelsrechtliche Ergebnis ist, und gleicht sich der zu hohe Steueraufwand des Geschäftsjahrs und früherer Geschäftsjahre in späteren Geschäftsjahren voraussichtlich aus, so darf in Höhe der voraussichtlichen Steuerentlastung nachfolgender Geschäftsjahre ein Abgrenzungsposten als Bilanzierungshilfe auf der Aktivseite der Bilanz gebildet werden. [2]Dieser Posten ist unter entsprechender Bezeichnung gesondert auszuweisen und im Anhang zu erläutern. [3]Wird ein solcher Posten ausgewiesen, so dürfen Gewinne nur ausgeschüttet werden, wenn die nach der Ausschüttung verbleibenden jederzeit auflösbaren Gewinnrücklagen zuzüglich eines Gewinnvortrags und abzüglich eines Verlustvortrags dem angesetzten Betrag mindestens entsprechen. [4]Der Betrag ist aufzulösen, sobald die Steuerentlastung eintritt oder mit ihr voraussichtlich nicht mehr zu rechnen ist.

## Dritter Titel. Gewinn- und Verlustrechnung

## § 275 Gliederung

(1) [1]Die Gewinn- und Verlustrechnung ist in Staffelform nach dem Gesamtkostenverfahren oder dem Umsatzkostenverfahren aufzustellen. [2]Dabei sind die in Absatz 2 oder 3 bezeichneten Posten in der angegebenen Reihenfolge gesondert auszuweisen.

(2) Bei Anwendung des Gesamtkostenverfahrens sind auszuweisen:
1. Umsatzerlöse
2. Erhöhung oder Verminderung des Bestands an fertigen und unfertigen Erzeugnissen
3. andere aktivierte Eigenleistungen
4. sonstige betriebliche Erträge
5. Materialaufwand:
   a) Aufwendungen für Roh-, Hilfs- und Betriebsstoffe und für bezogene Waren
   b) Aufwendungen für bezogene Leistungen
6. Personalaufwand:
   a) Löhne und Gehälter
   b) soziale Abgaben und Aufwendungen für Altersversorgung und für Unterstützung,
   davon für Altersversorgung
7. Abschreibungen:
   a) auf immaterielle Vermögensgegenstände des Anlagevermögens und Sachanlagen sowie auf aktivierte Aufwendungen für die Ingangsetzung und Erweiterung des Geschäftsbetriebs

    b) auf Vermögensgegenstände des Umlaufvermögens, soweit diese die in der Kapitalgesellschaft üblichen Abschreibungen überschreiten

8. sonstige betriebliche Aufwendungen
9. Erträge aus Beteiligungen,
   davon aus verbundenen Unternehmen
10. Erträge aus anderen Wertpapieren und Ausleihungen des Finanzanlagevermögens,
    davon aus verbundenen Unternehmen
11. sonstige Zinsen und ähnliche Erträge,
    davon aus verbundenen Unternehmen
12. Abschreibungen auf Finanzanlagen und auf Wertpapiere des Umlaufvermögens
13. Zinsen und ähnliche Aufwendungen,
    davon an verbundene Unternehmen
14. Ergebnis der gewöhnlichen Geschäftstätigkeit
15. außerordentliche Erträge
16. außerordentliche Aufwendungen
17. außerordentliches Ergebnis
18. Steuern vom Einkommen und vom Ertrag
19. sonstige Steuern
20. Jahresüberschuß/Jahresfehlbetrag.

   (3) Bei Anwendung des Umsatzkostenverfahrens sind auszuweisen:

1. Umsatzerlöse
2. Herstellungskosten der zur Erzielung der Umsatzerlöse erbrachten Leistungen
3. Bruttoergebnis vom Umsatz
4. Vertriebskosten
5. allgemeine Verwaltungskosten
6. sonstige betriebliche Erträge
7. sonstige betriebliche Aufwendungen
8. Erträge aus Beteiligungen,
   davon aus verbundenen Unternehmen
9. Erträge aus anderen Wertpapieren und Ausleihungen des Finanzanlagevermögens,
    davon aus verbundenen Unternehmen
10. sonstige Zinsen und ähnliche Erträge,
    davon aus verbundenen Unternehmen
11. Abschreibungen auf Finanzanlagen und auf Wertpapiere des Umlaufvermögens
12. Zinsen und ähnliche Aufwendungen
    davon an verbundene Unternehmen
13. Ergebnis der gewöhnlichen Geschäftstätigkeit
14. außerordentliche Erträge
15. außerordentliche Aufwendungen
16. außerordentliches Ergebnis
17. Steuern vom Einkommen und vom Ertrag
18. sonstige Steuern
19. Jahresüberschuß/Jahresfehlbetrag.

   (4) Veränderungen der Kapital- und Gewinnrücklagen dürfen in der Gewinn- und Verlustrechnung erst nach dem Posten „Jahresüberschuß/Jahresfehlbetrag" ausgewiesen werden.

### § 276 Größenabhängige Erleichterungen

Kleine und mittelgroße Kapitalgesellschaften (§ 267 Abs. 1, 2) dürfen die Posten § 275 Abs. 2 Nr. 1 bis 5 oder Abs. 3 Nr. 1 bis 3 und 6 zu einem Posten unter der Bezeichnung „Rohergebnis" zusammenfassen.

### § 277 Vorschriften zu einzelnen Posten der Gewinn- und Verlustrechnung

(1) Als Umsatzerlöse sind die Erlöse aus dem Verkauf und der Vermietung oder Verpachtung von für die gewöhnliche Geschäftstätigkeit der Kapitalgesellschaft typischen Erzeugnissen und Waren sowie aus von für die gewöhnliche Geschäftstätigkeit der Kapitalgesellschaft typischen Dienstleistungen nach Abzug von Erlösschmälerungen und der Umsatzsteuer auszuweisen.

(2) Als Bestandsveränderungen sind sowohl Änderungen der Menge als auch solche des Wertes zu berücksichtigen; Abschreibungen jedoch nur, soweit diese die in der Kapitalgesellschaft sonst üblichen Abschreibungen nicht überschreiten.

(3) [1]Außerplanmäßige Abschreibungen nach § 253 Abs. 2 Satz 3 sowie Abschreibungen nach § 253 Abs. 3 Satz 3 sind jeweils gesondert auszuweisen oder im Anhang anzugeben. [2]Erträge und Aufwendungen aus Verlustübernahme und auf Grund einer Gewinngemeinschaft, eines Gewinnabführungs- oder eines Teilgewinnabführungsvertrags erhaltene oder abgeführte Gewinne sind jeweils gesondert unter entsprechender Bezeichnung auszuweisen.

(4) [1]Unter den Posten „außerordentliche Erträge" und „außerordentliche Aufwendungen" sind Erträge und Aufwendungen auszuweisen, die außerhalb der gewöhnlichen Geschäftstätigkeit der Kapitalgesellschaft anfallen. [2]Die Posten sind hinsichtlich ihres Betrags und ihrer Art im Anhang zu erläutern, soweit die ausgewiesenen Beträge für die Beurteilung der Ertragslage nicht von untergeordneter Bedeutung sind. [3]Satz 2 gilt auch für Erträge und Aufwendungen, die einem anderen Geschäftsjahr zuzurechnen sind.

### § 278 Steuern

[1]Die Steuern vom Einkommen und vom Ertrag sind auf der Grundlage des Beschlusses über die Verwendung des Ergebnisses zu berechnen; liegt ein solcher Beschluß im Zeitpunkt der Feststellung des Jahresabschlusses nicht vor, so ist vom Vorschlag über die Verwendung des Ergebnisses auszugehen. [2]Weicht der Beschluß über die Verwendung des Ergebnisses vom Vorschlag ab, so braucht der Jahresabschluß nicht geändert zu werden.

## Vierter Titel. Bewertungsvorschriften

### § 279 Nichtanwendung von Vorschriften. Abschreibungen

(1) [1]§ 253 Abs. 4 ist nicht anzuwenden. [2]§ 253 Abs. 2 Satz 3 darf, wenn es sich nicht um eine voraussichtlich dauernde Wertminderung handelt, nur auf Vermögensgegenstände, die Finanzanlagen sind, angewendet werden.

(2) Abschreibungen nach § 254 dürfen nur insoweit vorgenommen werden, als das Steuerrecht ihre Anerkennung bei der steuerrechtlichen Gewinnermittlung davon abhängig macht, daß sie sich aus der Bilanz ergeben.

### § 280 Wertaufholungsgebot

(1) ¹Wird bei einem Vermögensgegenstand eine Abschreibung nach § 253 Abs. 2 Satz 3 oder Abs. 3 oder § 254 Satz 1 vorgenommen und stellt sich in einem späteren Geschäftsjahr heraus, daß die Gründe dafür nicht mehr bestehen, so ist der Betrag dieser Abschreibung im Umfang der Werterhöhung unter Berücksichtigung der Abschreibungen, die inzwischen vorzunehmen gewesen wären, zuzuschreiben. ²§ 253 Abs. 5, § 254 Satz 2 sind insoweit nicht anzuwenden.

(2) Von der Zuschreibung nach Absatz 1 kann abgesehen werden, wenn der niedrigere Wertansatz bei der steuerrechtlichen Gewinnermittlung beibehalten werden kann und wenn Voraussetzung für die Beibehaltung ist, daß der niedrigere Wertansatz auch in der Bilanz beibehalten wird.

(3) Im Anhang ist der Betrag der im Geschäftsjahr aus steuerrechtlichen Gründen unterlassenen Zuschreibungen anzugeben und hinreichend zu begründen.

### § 281 Berücksichtigung steuerrechtlicher Vorschriften

(1) ¹Die nach § 254 zulässigen Abschreibungen dürfen auch in der Weise vorgenommen werden, daß der Unterschiedsbetrag zwischen der nach § 253 in Verbindung mit § 279 und der nach § 254 zulässigen Bewertung in den Sonderposten mit Rücklageanteil eingestellt wird. ²In der Bilanz oder im Anhang sind die Vorschriften anzugeben, nach denen die Wertberichtigung gebildet worden ist. ³Unbeschadet steuerrechtlicher Vorschriften über die Auflösung ist die Wertberichtigung insoweit aufzulösen, als die Vermögensgegenstände, für die sie gebildet worden ist, aus dem Vermögen ausscheiden oder die steuerrechtliche Wertberichtigung durch handelsrechtliche Abschreibungen ersetzt wird.

(2) ¹Im Anhang ist der Betrag der im Geschäftsjahr allein nach steuerrechtlichen Vorschriften vorgenommenen Abschreibungen, getrennt nach Anlage- und Umlaufvermögen, anzugeben, soweit er sich nicht aus der Bilanz oder der Gewinn- und Verlustrechnung ergibt, und hinreichend zu begründen. ²Erträge aus der Auflösung des Sonderpostens mit Rücklageanteil sind in dem Posten „sonstige betriebliche Erträge", Einstellungen in den Sonderposten mit Rücklageanteil sind in dem Posten „sonstige betriebliche Aufwendungen" der Gewinn- und Verlustrechnung gesondert auszuweisen oder im Anhang anzugeben.

### § 282 Abschreibung der Aufwendungen für die Ingangsetzung und Erweiterung des Geschäftsbetriebs

Für die Ingangsetzung und Erweiterung des Geschäftsbetriebs ausgewiesene Beträge sind in jedem folgenden Geschäftsjahr zu mindestens einem Viertel durch Abschreibungen zu tilgen.

### § 283 Wertansatz des Eigenkapitals

Das gezeichnete Kapital ist zum Nennbetrag anzusetzen.

## Fünfter Titel. Anhang

### § 284 Erläuterung der Bilanz und der Gewinn- und Verlustrechnung

(1) In den Anhang sind diejenigen Angaben aufzunehmen, die zu den einzelnen Posten der Bilanz oder der Gewinn- und Verlustrechnung vorgeschrie-

ben oder die im Anhang zu machen sind, weil sie in Ausübung eines Wahlrechts nicht in die Bilanz oder in die Gewinn- und Verlustrechnung aufgenommen wurden.

(2) Im Anhang müssen

1. die auf die Posten der Bilanz und der Gewinn- und Verlustrechnung angewandten Bilanzierungs- und Bewertungsmethoden angegeben werden;

2. die Grundlagen für die Umrechnung in Deutsche Mark angegeben werden, soweit der Jahresabschluß Posten enthält, denen Beträge zugrunde liegen, die auf fremde Währung lauten oder ursprünglich auf fremde Währung lauteten;

3. Abweichungen von Bilanzierungs- und Bewertungsmethoden angegeben und begründet werden; deren Einfluß auf die Vermögens-, Finanz- und Ertragslage ist gesondert darzustellen;

4. bei Anwendung einer Bewertungsmethode nach § 240 Abs. 4, § 256 Satz 1 die Unterschiedsbeträge pauschal für die jeweilige Gruppe ausgewiesen werden, wenn die Bewertung im Vergleich zu einer Bewertung auf der Grundlage des letzten vor dem Abschlußstichtag bekannten Börsenkurses oder Marktpreises einen erheblichen Unterschied aufweist;

5. Angaben über die Einbeziehung von Zinsen für Fremdkapital in die Herstellungskosten gemacht werden.

## § 285 Sonstige Pflichtangaben

Ferner sind im Anhang anzugeben:

1. zu den in der Bilanz ausgewiesenen Verbindlichkeiten
   a) der Gesamtbetrag der Verbindlichkeiten mit einer Restlaufzeit von mehr als fünf Jahren,
   b) der Gesamtbetrag der Verbindlichkeiten, die durch Pfandrechte oder ähnliche Rechte gesichert sind, unter Angabe von Art und Form der Sicherheiten;

2. die Aufgliederung der in Nummer 1 verlangten Angaben für jeden Posten der Verbindlichkeiten nach dem vorgeschriebenen Gliederungsschema, sofern sich diese Angaben nicht aus der Bilanz ergeben;

3. der Gesamtbetrag der sonstigen finanziellen Verpflichtungen, die nicht in der Bilanz erscheinen und auch nicht nach § 251 anzugeben sind, sofern diese Angabe für die Beurteilung der Finanzlage von Bedeutung ist; davon sind Verpflichtungen gegenüber verbundenen Unternehmen gesondert anzugeben;

4. die Aufgliederung der Umsatzerlöse nach Tätigkeitsbereichen sowie nach geographisch bestimmten Märkten, soweit sich, unter Berücksichtigung der Organisation des Verkaufs von für die gewöhnliche Geschäftstätigkeit der Kapitalgesellschaft typischen Erzeugnissen und der für die gewöhnliche Geschäftstätigkeit der Kapitalgesellschaft typischen Dienstleistungen, die Tätigkeitsbereiche und geographisch bestimmten Märkte untereinander erheblich unterscheiden;

5. das Ausmaß, in dem das Jahresergebnis dadurch beeinflußt wurde, daß bei Vermögensgegenständen im Geschäftsjahr oder in früheren Geschäftsjahren Abschreibungen nach §§ 254, 280 Abs. 2 aufgrund steuerrechtlicher Vorschriften vorgenommen oder beibehalten wurden oder ein Sonderposten nach § 273 gebildet wurde; ferner das Ausmaß erheblicher künftiger Belastungen, die sich aus einer solchen Bewertung ergeben;

6. in welchem Umfang die Steuern vom Einkommen und vom Ertrag das Ergebnis der gewöhnlichen Geschäftstätigkeit und das außerordentliche Ergebnis belasten;

7. die durchschnittliche Zahl der während des Geschäftsjahrs beschäftigten Arbeitnehmer getrennt nach Gruppen;

8. bei Anwendung des Umsatzkostenverfahrens (§ 275 Abs. 3)

   a) der Materialaufwand des Geschäftsjahrs, gegliedert nach § 275 Abs. 2 Nr. 5,

   b) der Personalaufwand des Geschäftsjahrs, gegliedert nach § 275 Abs. 2 Nr. 6;

9. für die Mitglieder des Geschäftsführungsorgans, eines Aufsichtsrats, eines Beirats oder einer ähnlichen Einrichtung jeweils für jede Personengruppe

   a) die für die Tätigkeit im Geschäftsjahr gewährten Gesamtbezüge (Gehälter, Gewinnbeteiligungen, Aufwandsentschädigungen, Versicherungsentgelte, Provisionen und Nebenleistungen jeder Art). In die Gesamtbezüge sind auch Bezüge einzurechnen, die nicht ausgezahlt, sondern in Ansprüche anderer Art umgewandelt oder zur Erhöhung anderer Ansprüche verwendet werden. Außer den Bezügen für das Geschäftsjahr sind die weiteren Bezüge anzugeben, die im Geschäftsjahr gewährt, bisher aber in keinem Jahresabschluß angegeben worden sind;

   b) die Gesamtbezüge (Abfindungen, Ruhegehälter, Hinterbliebenenbezüge und Leistungen verwandter Art) der früheren Mitglieder der bezeichneten Organe und ihrer Hinterbliebenen. Buchstabe a Satz 2 und 3 ist entsprechend anzuwenden. Ferner ist der Betrag der für diese Personengruppe gebildeten Rückstellungen für laufende Pensionen und Anwartschaften auf Pensionen und der Betrag der für diese Verpflichtungen nicht gebildeten Rückstellungen anzugeben;

   c) die gewährten Vorschüsse und Kredite unter Angabe der Zinssätze, der wesentlichen Bedingungen und der gegebenenfalls im Geschäftsjahr zurückgezahlten Beträge sowie die zugunsten dieser Personen eingegangenen Haftungsverhältnisse;

10. alle Mitglieder des Geschäftsführungsorgans und eines Aufsichtsrats, auch wenn sie im Geschäftsjahr oder später ausgeschieden sind, mit dem Familiennamen und mindestens einem ausgeschriebenen Vornamen. Der Vorsitzende eines Aufsichtsrats, seine Stellvertreter und ein etwaiger Vorsitzender des Geschäftsführungsorgans sind als solche zu bezeichnen;

11. Name und Sitz anderer Unternehmen, von denen die Kapitalgesellschaft oder eine für Rechnung der Kapitalgesellschaft handelnde Person mindestens den fünften Teil der Anteile besitzt; außerdem sind die Höhe des Anteils am Kapital, das Eigenkapital und das Ergebnis des letzten Geschäftsjahrs dieser Unternehmen anzugeben, für das ein Jahresabschluß vorliegt; auf die Berechnung der Anteile ist § 16 Abs. 2 und 4 des Aktiengesetzes entsprechend anzuwenden;

12. Rückstellungen, die in der Bilanz unter dem Posten „sonstige Rückstellungen" nicht gesondert ausgewiesen werden, sind zu erläutern, wenn sie einen nicht unerheblichen Umfang haben;

13. bei Anwendung des § 255 Abs. 4 Satz 3 die Gründe für die planmäßige Abschreibung des Geschäfts- oder Firmenwerts;

14. Name und Sitz des Mutterunternehmens der Kapitalgesellschaft, das den Konzernabschluß für den größten Kreis von Unternehmen aufstellt, und ihres Mutterunternehmens, das den Konzernabschluß für den kleinsten Kreis von Unternehmen aufstellt, sowie im Falle der Offenlegung der von diesen Mutterunternehmen aufgestellten Konzernabschlüsse der Ort, wo diese erhältlich sind.

### § 286 Unterlassen von Angaben

(1) Die Berichterstattung hat insoweit zu unterbleiben, als es für das Wohl der Bundesrepublik Deutschland oder eines ihrer Länder erforderlich ist.

(2) Die Aufgliederung der Umsatzerlöse nach § 285 Nr. 4 kann unterbleiben, soweit die Aufgliederung nach vernünftiger kaufmännischer Beurteilung geeignet ist, der Kapitalgesellschaft oder einem Unternehmen, von dem die Kapitalgesellschaft mindestens den fünften Teil der Anteile besitzt, einen erheblichen Nachteil zuzufügen.

(3) [1]Die Angaben nach § 285 Nr. 11 können unterbleiben, soweit sie
1. für die Darstellung der Vermögens-, Finanz- und Ertragslage der Kapitalgesellschaft nach § 264 Abs. 2 von untergeordneter Bedeutung sind oder
2. nach vernünftiger kaufmännischer Beurteilung geeignet sind, der Kapitalgesellschaft oder dem anderen Unternehmen einen erheblichen Nachteil zuzufügen.
[2]Die Angabe des Eigenkapitals und des Jahresergebnisses kann unterbleiben, wenn das Unternehmen, über das zu berichten ist, seinen Jahresabschluß nicht offenzulegen hat und die berichtende Kapitalgesellschaft weniger als die Hälfte der Anteile besitzt. [3]Die Anwendung der Ausnahmeregelung nach Satz 1 Nr. 2 ist im Anhang anzugeben.

### § 287 Aufstellung des Anteilsbesitzes

[1]Die in § 285 Nr. 11 verlangten Angaben dürfen statt im Anhang auch in einer Aufstellung des Anteilsbesitzes gesondert gemacht werden. [2]Die Aufstellung ist Bestandteil des Anhangs. [3]Auf die besondere Aufstellung des Anteilsbesitzes und den Ort ihrer Hinterlegung ist im Anhang hinzuweisen.

### § 288 Größenabhängige Erleichterungen

[1]Kleine Kapitalgesellschaften im Sinne des § 267 Abs. 1 brauchen die Angaben nach § 285 Nr. 2 bis 5, 7, 8 Buchstabe a, Nr. 9 Buchstabe a und b und Nr. 12 nicht zu machen. [2]Mittelgroße Kapitalgesellschaften im Sinne des § 267 Abs. 2 brauchen die Angaben nach § 285 Nr. 4 nicht zu machen.

## Sechster Titel. Lagebericht

### § 289

(1) Im Lagebericht sind zumindest der Geschäftsverlauf und die Lage der Kapitalgesellschaft so darzustellen, daß ein den tatsächlichen Verhältnissen entsprechendes Bild vermittelt wird.

(2) Der Lagebericht soll auch eingehen auf:
1. Vorgänge von besonderer Bedeutung, die nach dem Schluß des Geschäftsjahrs eingetreten sind;
2. die voraussichtliche Entwicklung der Kapitalgesellschaft;
3. den Bereich Forschung und Entwicklung.

## Zweiter Unterabschnitt. Konzernabschluß und Konzernlagebericht

## Erster Titel. Anwendungsbereich

### § 290 Pflicht zur Aufstellung

(1) Stehen in einem Konzern die Unternehmen unter der einheitlichen Leitung einer Kapitalgesellschaft (Mutterunternehmen) mit Sitz im Inland und

gehört dem Mutterunternehmen eine Beteiligung nach § 271 Abs. 1 an dem oder den anderen unter der einheitlichen Leitung stehenden Unternehmen (Tochterunternehmen), so haben die gesetzlichen Vertreter des Mutterunternehmens in den ersten fünf Monaten des Konzerngeschäftsjahrs für das vergangene Konzerngeschäftsjahr einen Konzernabschluß und einen Konzernlagebericht aufzustellen.

(2) Eine Kapitalgesellschaft mit Sitz im Inland ist stets zur Aufstellung eines Konzernabschlusses und eines Konzernlageberichts verpflichtet (Mutterunternehmen), wenn ihr bei einem Unternehmen (Tochterunternehmen)

1. die Mehrheit der Stimmrechte der Gesellschafter zusteht,
2. das Recht zusteht, die Mehrheit der Mitglieder des Verwaltungs-, Leitungs- oder Aufsichtsorgans zu bestellen oder abzuberufen, und sie gleichzeitig Gesellschafter ist oder
3. das Recht zusteht, einen beherrschenden Einfluß auf Grund eines mit diesem Unternehmen geschlossenen Beherrschungsvertrags oder auf Grund einer Satzungsbestimmung dieses Unternehmens auszuüben.

(3) [1]Als Rechte, die einem Mutterunternehmen nach Absatz 2 zustehen, gelten auch die einem Tochterunternehmen zustehenden Rechte und die den für Rechnung des Mutterunternehmens oder von Tochterunternehmen handelnden Personen zustehenden Rechte. [2]Den einem Mutterunternehmen an einem anderen Unternehmen zustehenden Rechten werden die Rechte hinzugerechnet, über die es oder ein Tochterunternehmen auf Grund einer Vereinbarung mit anderen Gesellschaftern dieses Unternehmens verfügen kann. [3]Abzuziehen sind Rechte, die

1. mit Anteilen verbunden sind, die von dem Mutterunternehmen oder von Tochterunternehmen für Rechnung einer anderen Person gehalten werden, oder
2. mit Anteilen verbunden sind, die als Sicherheit gehalten werden, sofern diese Rechte nach Weisung des Sicherungsgebers oder, wenn ein Kreditinstitut die Anteile als Sicherheit für ein Darlehen hält, im Interesse des Sicherungsgebers ausgeübt werden.

(4) [1]Welcher Teil der Stimmrechte einem Unternehmen zusteht, bestimmt sich für die Berechnung der Mehrheit nach Absatz 2 Nr. 1 nach dem Verhältnis der Zahl der Stimmrechte, die es aus den ihm gehörenden Anteilen ausüben kann, zur Gesamtzahl aller Stimmrechte. [2]Von der Gesamtzahl aller Stimmrechte sind die Stimmrechte aus eigenen Anteilen abzuziehen, die dem Tochterunternehmen selbst, einem seiner Tochterunternehmen oder einer anderen Person für Rechnung dieser Unternehmen gehören.

### § 291 Befreiende Konzernabschlüsse und Konzernlageberichte

(1) [1]Ein Mutterunternehmen, das zugleich Tochterunternehmen eines Mutterunternehmens mit Sitz in einem Mitgliedstaat der Europäischen Wirtschaftsgemeinschaft ist, braucht einen Konzernabschluß und einen Konzernlagebericht nicht aufzustellen, wenn ein den Anforderungen des Absatzes 2 entsprechender Konzernabschluß und Konzernlagebericht seines Mutterunternehmens einschließlich des Bestätigungsvermerks oder des Vermerks über dessen Versagung nach den für den entfallenden Konzernabschluß und Konzernlagebericht maßgeblichen Vorschriften in deutscher Sprache offengelegt wird. [2]Ein befreiender Konzernabschluß und ein befreiender Konzernlagebericht können von jedem Unternehmen unabhängig von seiner Rechtsform und Größe aufgestellt werden, wenn das Unternehmen als Kapitalgesellschaft mit

Sitz in einem Mitgliedstaat der Europäischen Wirtschaftsgemeinschaft zur Aufstellung eines Konzernabschlusses unter Einbeziehung des zu befreienden Mutterunternehmens und seiner Tochterunternehmen verpflichtet wäre.

(2) Der Konzernabschluß und Konzernlagebericht eines Mutterunternehmens mit Sitz in einem Mitgliedstaat der Europäischen Wirtschaftsgemeinschaft haben befreiende Wirkung, wenn

1. das zu befreiende Mutterunternehmen und seine Tochterunternehmen in den befreienden Konzernabschluß unbeschadet der §§ 295, 296 einbezogen worden sind,

2. der befreiende Konzernabschluß und der befreiende Konzernlagebericht dem für das den befreienden Konzernabschluß aufstellende Mutterunternehmen maßgeblichen und mit den Anforderungen der Richtlinie 83/349/EWG des Rates vom 13. Juni 1983 über den konsolidierten Abschluß (ABl. EG Nr. L 193 S. 1) übereinstimmenden Recht entsprechen und nach diesem Recht von einem in Übereinstimmung mit den Vorschriften der Richtlinie 84/253/EWG des Rates vom 10. April 1984 über die Zulassung der mit der Pflichtprüfung der Rechnungslegungsunterlagen beauftragten Personen (ABl. EG Nr. L 126 S. 20) zugelassenen Abschlußprüfer geprüft worden sind und

3. der Anhang des Jahresabschlusses des zu befreienden Unternehmens folgende Angaben enthält:
   a) Name und Sitz des Mutterunternehmens, das den befreienden Konzernabschluß und Konzernlagebericht aufstellt, und
   b) einen Hinweis auf die Befreiung von der Verpflichtung, einen Konzernabschluß und einen Konzernlagebericht aufzustellen.

(3) [1]Die Befreiung nach Absatz 1 kann trotz Vorliegens der Voraussetzungen nach Absatz 2 von einem Mutterunternehmen nicht in Anspruch genommen werden, wenn Gesellschafter, denen bei Aktiengesellschaften und Kommanditgesellschaften auf Aktien mindestens zehn vom Hundert und bei Gesellschaften mit beschränkter Haftung mindestens zwanzig vom Hundert der Anteile an dem zu befreienden Mutterunternehmen gehören, spätestens sechs Monate vor dem Ablauf des Konzerngeschäftsjahrs die Aufstellung eines Konzernabschlusses und eines Konzernlageberichts beantragt haben. [2]Gehören dem Mutterunternehmen mindestens neunzig vom Hundert der Anteile an dem zu befreienden Mutterunternehmen, so kann Absatz 1 nur angewendet werden, wenn die anderen Gesellschafter der Befreiung zugestimmt haben.

## § 292 Rechtsverordnungsermächtigung für befreiende Konzernabschlüsse und Konzernlageberichte

(1) [1]Der Bundesminister der Justiz wird ermächtigt, im Einvernehmen mit dem Bundesminister der Finanzen und dem Bundesminister für Wirtschaft durch Rechtsverordnung, die nicht der Zustimmung des Bundesrates bedarf, zu bestimmen, daß § 291 auf Konzernabschlüsse und Konzernlageberichte von Mutterunternehmen mit Sitz in einem Staat, der nicht Mitglied der Europäischen Wirtschaftsgemeinschaft ist, mit der Maßgabe angewendet werden darf, daß der befreiende Konzernabschluß und der befreiende Konzernlagebericht nach dem mit den Anforderungen der Richtlinien 83/349/EWG übereinstimmenden Recht eines Mitgliedstaates der Europäischen Wirtschaftsgemeinschaft aufgestellt worden oder einem nach diesem Recht eines Mitgliedstaates der Europäischen Wirtschaftsgemeinschaft aufgestellten Konzernabschluß und Konzernlagebericht gleichwertig sein müssen. [2]Das Recht eines anderen Mitglied-

staates der Europäischen Wirtschaftsgemeinschaft kann einem befreienden Konzernabschluß und einem befreienden Konzernlagebericht jedoch nur zugrunde gelegt oder für die Herstellung der Gleichwertigkeit herangezogen werden, wenn diese Unterlagen in dem anderen Mitgliedstaat anstelle eines sonst nach dem Recht dieses Mitgliedstaates vorgeschriebenen Konzernabschlusses und Konzernlageberichts offengelegt werden. [3]Die Anwendung dieser Vorschrift kann in der Rechtsverordnung nach Satz 1 davon abhängig gemacht werden, daß die nach diesem Unterabschnitt aufgestellten Konzernabschlüsse und Konzernlageberichte in dem Staat, in dem das Mutterunternehmen seinen Sitz hat, als gleichwertig mit den dort für Unternehmen mit entsprechender Rechtsform und entsprechendem Geschäftszweig vorgeschriebenen Konzernabschlüssen und Konzernlageberichten angesehen werden.

(2) Ist ein nach Absatz 1 zugelassener Konzernabschluß nicht von einem in Übereinstimmung mit den Vorschriften der Richtlinie 84/253/EWG zugelassenen Abschlußprüfer geprüft worden, so kommt ihm befreiende Wirkung nur zu, wenn der Abschlußprüfer eine den Anforderungen dieser Richtlinie gleichwertige Befähigung hat und der Konzernabschluß in einer den Anforderungen des Dritten Unterabschnitts entsprechenden Weise geprüft worden ist.

(3) [1]In einer Rechtsverordnung nach Absatz 1 kann außerdem bestimmt werden, welche Voraussetzungen Konzernabschlüsse und Konzernlageberichte von Mutterunternehmen mit Sitz in einem Staat, der nicht Mitglied der Europäischen Wirtschaftsgemeinschaft ist, im einzelnen erfüllen müssen, um nach Absatz 1 gleichwertig zu sein, und wie die Befähigung von Abschlußprüfern beschaffen sein muß, um nach Absatz 2 gleichwertig zu sein. [2]In der Rechtsverordnung können zusätzliche Angaben und Erläuterungen zum Konzernabschluß vorgeschrieben werden, soweit diese erforderlich sind, um die Gleichwertigkeit dieser Konzernabschlüsse und Konzernlageberichte mit solchen nach diesem Unterabschnitt oder dem Recht eines anderen Mitgliedstaates der Europäischen Wirtschaftsgemeinschaft herzustellen.

(4) [1]Die Rechtsverordnung ist vor Verkündung dem Bundestag zuzuleiten. [2]Sie kann durch Beschluß des Bundestages geändert oder abgelehnt werden. [3]Der Beschluß des Bundestages wird dem Bundesminister der Justiz zugeleitet. [4]Der Bundesminister der Justiz ist bei der Verkündung der Rechtsverordnung an den Beschluß gebunden. [5]Hat sich der Bundestag nach Ablauf von drei Sitzungswochen seit Eingang einer Rechtsverordnung nicht mit ihr befaßt, so wird die unveränderte Rechtsverordnung dem Bundesminister der Justiz zur Verkündung zurückgeleitet. [6]Der Bundestag befaßt sich mit der Rechtsverordnung auf Antrag von so vielen Mitgliedern des Bundestages, wie zur Bildung einer Fraktion erforderlich sind.

## § 293 Größenabhängige Befreiungen

(1) [1]Ein Mutterunternehmen ist von der Pflicht, einen Konzernabschluß und einen Konzernlagebericht aufzustellen, befreit, wenn
1. am Abschlußstichtag seines Jahresabschlusses und am vorhergehenden Abschlußstichtag mindestens zwei der drei nachstehenden Merkmale zutreffen:
   a) die Bilanzsummen in den Bilanzen des Mutterunternehmens und der Tochterunternehmen, die in den Konzernabschluß einzubeziehen wären, übersteigen insgesamt nach Abzug von in den Bilanzen auf der Aktivseite ausgewiesenen Fehlbeträgen nicht sechsundvierzig Millionen achthunderttausend Deutsche Mark.
   b) Die Umsatzerlöse des Mutterunternehmens und der Tochterunterneh-

men, die in den Konzernabschluß einzubeziehen wären, übersteigen in den zwölf Monaten vor dem Abschlußstichtag insgesamt nicht sechsundneunzig Millionen Deutsche Mark.

c) Das Mutterunternehmen und die Tochterunternehmen, die in den Konzernabschluß einzubeziehen wären, haben in den zwölf Monaten vor dem Abschlußstichtag im Jahresdurchschnitt nicht mehr als fünfhundert Arbeitnehmer beschäftigt;
oder

2. am Abschlußstichtag eines von ihm aufzustellenden Konzernabschlusses und am vorhergehenden Abschlußstichtag mindestens zwei der drei nachstehenden Merkmale zutreffen:

a) Die Bilanzsumme übersteigt nach Abzug eines auf der Aktivseite ausgewiesenen Fehlbetrags nicht neunundreißig Millionen Deutsche Mark.

b) Die Umsatzerlöse in den zwölf Monaten vor dem Abschlußstichtag übersteigen nicht achtzig Millionen Deutsche Mark.

c) Das Mutterunternehmen und die in den Konzernabschluß einbezogenen Tochterunternehmen haben in den zwölf Monaten vor dem Abschlußstichtag im Jahresdurchschnitt nicht mehr als fünfhundert Arbeitnehmer beschäftigt.

[2]Auf die Ermittlung der durchschnittlichen Zahl der Arbeitnehmer ist § 267 Abs. 5 anzuwenden.

*(2\*) Ein Kreditinstitut ist abweichend von Absatz 1 von der Pflicht, einen Konzernabschluß und einen Konzernlagebericht aufzustellen, befreit, wenn*

*1. am Abschlußstichtag seines Jahresabschlusses und am vorhergehenden Abschlußstichtag die Bilanzsummen in seiner Bilanz und in den Bilanzen der Tochterunternehmen, die in den Konzernabschluß einzubeziehen wären, zuzüglich der den Kreditnehmern abgerechneten eigenen Ziehungen im Umlauf, der Indossamentsverbindlichkeiten aus weitergegebenen Wechseln und der Verbindlichkeiten aus Bürgschaften, Wechsel- und Scheckbürgschaften sowie aus Gewährleistungsverträgen aller Unternehmen insgesamt nicht einhundertzweiunddreißig Millionen Deutsche Mark übersteigen oder*

*2. am Abschlußstichtag eines von ihm aufzustellenden Konzernabschlusses und am vorhergehenden Abschlußstichtag die Konzernbilanzsumme zuzüglich der den Kreditnehmern abgerechneten eigenen Ziehungen im Umlauf, der Indossamentsverbindlichkeiten aus weitergegebenen Wechseln und der Verbindlichkeiten aus Bürgschaften, Wechsel- und Scheckbürgschaften sowie aus Gewährleistungsverträgen nicht einhundertzehn Millionen Deutsche Mark übersteigt.*

(3) [1]Ein Versicherungsunternehmen ist abweichend von Absatz 1 von der Pflicht, einen Konzernabschluß und einen Konzernlagebericht aufzustellen, befreit, wenn

1. die Bruttobeiträge aus seinem gesamten Versicherungsgeschäft und dem der Tochterunternehmen, die in den Konzernabschluß einzubeziehen wären, jeweils in den zwölf Monaten vor dem Abschlußstichtag und dem vorhergehenden Abschlußstichtag nicht dreiundvierzig Millionen zweihunderttausend Deutsche Mark übersteigen oder

2. die Bruttobeiträge aus dem gesamten Versicherungsgeschäft in einem von ihm aufzustellenden Konzernabschluß jeweils in den zwölf Monaten vor

---

\* Aufgehoben durch das Bankbilanzrichtlinie-Gesetz; zur Anwendung des Bankbilanzrichtlinie-Gesetzes s. Art. 30 und 31 EGHGB.

dem Abschlußstichtag und dem vorhergehenden Abschlußstichtag nicht sechsunddreißig Millionen Deutsche Mark übersteigen. [2]Bruttobeiträge aus dem gesamten Versicherungsgeschäft sind die Beiträge aus dem Erst- und Rückversicherungsgeschäft einschließlich der in Rückdeckung gegebenen Anteile.

(4) Außer in den Fällen der Absätze 1 bis 3 ist ein Mutterunternehmen von der Pflicht zur Aufstellung des Konzernabschlusses und des Konzernlageberichts befreit, wenn die Voraussetzungen der Absätze 1, 2 oder 3 nur am Abschlußstichtag oder nur am vorhergehenden Abschlußstichtag erfüllt sind und das Mutterunternehmen am vorhergehenden Abschlußstichtag von der Pflicht zur Aufstellung des Konzernabschlusses und des Konzernlageberichts befreit war.

(5) Die Absätze 1 bis 4 sind nicht anzuwenden, wenn am Abschlußstichtag Aktien oder andere von dem Mutterunternehmen oder einem in den Konzernabschluß des Mutterunternehmens einbezogenen Tochterunternehmen ausgegebene Wertpapiere an einer Börse in einem Mitgliedstaat der Europäischen Wirtschaftsgemeinschaft zum amtlichen Handel zugelassen oder in den geregelten Freiverkehr einbezogen sind oder die Zulassung zum amtlichen Handel beantragt ist.

## Zweiter Titel. Konsolidierungskreis

### § 294 Einzubeziehende Unternehmen. Vorlage- und Auskunftspflichten

(1) In den Konzernabschluß sind das Mutterunternehmen und alle Tochterunternehmen ohne Rücksicht auf den Sitz der Tochterunternehmen einzubeziehen, sofern die Einbeziehung nicht nach den §§ 295, 296 unterbleibt.

(2) [1]Hat sich die Zusammensetzung der in den Konzernabschluß einbezogenen Unternehmen im Laufe des Geschäftsjahrs wesentlich geändert, so sind in den Konzernabschluß Angaben aufzunehmen, die es ermöglichen, die aufeinanderfolgenden Konzernabschlüsse sinnvoll zu vergleichen. [2]Dieser Verpflichtung kann auch dadurch entsprochen werden, daß die entsprechenden Beträge des vorhergehenden Konzernabschlusses an die Änderung angepaßt werden.

(3) [1]Die Tochterunternehmen haben dem Mutterunternehmen ihre Jahresabschlüsse, Lageberichte, Konzernabschlüsse, Konzernlageberichte und, wenn eine Prüfung des Jahresabschlusses oder des Konzernabschlusses stattgefunden hat, die Prüfungsberichte sowie, wenn ein Zwischenabschluß aufzustellen ist, einen auf den Stichtag des Konzernabschlusses aufgestellten Abschluß unverzüglich einzureichen. [2]Das Mutterunternehmen kann von jedem Tochterunternehmen alle Aufklärungen und Nachweise verlangen, welche die Aufstellung des Konzernabschlusses und des Konzernlageberichts erfordert.

### § 295 Verbot der Einbeziehung

(1) Ein Tochterunternehmen darf in den Konzernabschluß nicht einbezogen werden, wenn sich seine Tätigkeit von der Tätigkeit der anderen einbezogenen Unternehmen derart unterscheidet, daß die Einbeziehung in den Konzernabschluß mit der Verpflichtung, ein den tatsächlichen Verhältnissen entsprechendes Bild der Vermögens-, Finanz- und Ertragslage des Konzerns zu vermitteln, unvereinbar ist; § 311 über die Einbeziehung von assoziierten Unternehmen bleibt unberührt.

(2) Absatz 1 ist nicht allein deshalb anzuwenden, weil die in den Konzernabschluß einbezogenen Unternehmen teils Industrie-, teils Handels- und teils

Dienstleistungsunternehmen sind oder weil diese Unternehmen unterschiedliche Erzeugnisse herstellen, mit unterschiedlichen Erzeugnissen Handel treiben oder Dienstleistungen unterschiedlicher Art erbringen.

(3) ¹Die Anwendung des Absatzes 1 ist im Konzernanhang anzugeben und zu begründen. ²Wird der Jahresabschluß oder der Konzernabschluß eines nach Absatz 1 nicht einbezogenen Unternehmens im Geltungsbereich dieses Gesetzes nicht offengelegt, so ist er gemeinsam mit dem Konzernabschluß zum Handelsregister einzureichen.

## § 296 Verzicht auf die Einbeziehung

(1) Ein Tochterunternehmen braucht in den Konzernabschluß nicht einbezogen zu werden, wenn

1. erhebliche und andauernde Beschränkungen die Ausübung der Rechte des Mutterunternehmens in bezug auf das Vermögen oder die Geschäftsführung dieses Unternehmens nachhaltig beeinträchtigen,
2. die für die Aufstellung des Konzernabschlusses erforderlichen Angaben nicht ohne unverhältnismäßig hohe Kosten oder Verzögerungen zu erhalten sind, oder
3. die Anteile des Tochterunternehmens ausschließlich zum Zwecke ihrer Weiterveräußerung gehalten werden.

(2) ¹Ein Tochterunternehmen braucht in den Konzernabschluß nicht einbezogen zu werden, wenn es für die Verpflichtung, ein den tatsächlichen Verhältnissen entsprechendes Bild der Vermögens-, Finanz- und Ertragslage des Konzerns zu vermitteln, von untergeordneter Bedeutung ist. ²Entsprechen mehrere Tochterunternehmen der Voraussetzung des Satzes 1, so sind diese Unternehmen in den Konzernabschluß einzubeziehen, wenn sie zusammen nicht von untergeordneter Bedeutung sind.

(3) Die Anwendung der Absätze 1 und 2 ist im Konzernanhang zu begründen.

## Dritter Titel. Inhalt und Form des Konzernabschlusses

## § 297 Inhalt

(1) Der Konzernabschluß besteht aus der Konzernbilanz, der Konzern- Gewinn- und Verlustrechnung und dem Konzernanhang, die eine Einheit bilden.

(2) ¹Der Konzernabschluß ist klar und übersichtlich aufzustellen. ²Er hat unter Beachtung der Grundsätze ordnungsmäßiger Buchführung ein den tatsächlichen Verhältnissen entsprechendes Bild der Vermögens-, Finanz- und Ertragslage des Konzerns zu vermitteln. ³Führen besondere Umstände dazu, daß der Konzernabschluß ein den tatsächlichen Verhältnissen entsprechendes Bild im Sinne des Satzes 2 nicht vermittelt, so sind im Konzernanhang zusätzliche Angaben zu machen.

(3) ¹Im Konzernabschluß ist die Vermögens-, Finanz- und Ertragslage der einbezogenen Unternehmen so darzustellen, als ob diese Unternehmen insgesamt ein einziges Unternehmen wären. ²Die auf den vorhergehenden Konzernabschluß angewandten Konsolidierungsmethoden sollen beibehalten werden. ³Abweichungen von Satz 2 sind in Ausnahmefällen zulässig. ⁴Sie sind im Konzernanhang anzugeben und zu begründen. ⁵Ihr Einfluß auf die Vermögens-, Finanz- und Ertragslage des Konzerns ist anzugeben.

### § 298 Anzuwendende Vorschriften. Erleichterungen

(1) Auf den Konzernabschluß sind, soweit seine Eigenart keine Abweichung bedingt oder in den folgenden Vorschriften nichts anderes bestimmt ist, die §§ 244 bis 256, §§ 265, 266, 268 bis 275, §§ 277 bis 283 über den Jahresabschluß und die für die Rechtsform und den Geschäftszweig der in den Konzernabschluß einbezogenen Unternehmen mit Sitz im Geltungsbereich dieses Gesetzes geltenden Vorschriften, soweit sie für große Kapitalgesellschaften gelten, entsprechend anzuwenden.

(2) In der Gliederung der Konzernbilanz dürfen die Vorräte in einem Posten zusammengefaßt werden, wenn deren Aufgliederung wegen besonderer Umstände mit einem unverhältnismäßigen Aufwand verbunden wäre.

(3) [1]Der Konzernanhang und der Anhang des Jahresabschlusses des Mutterunternehmens dürfen zusammengefaßt werden. [2]In diesem Falle müssen der Konzernabschluß und der Jahresabschluß des Mutterunternehmens gemeinsam offengelegt werden. [3]Bei Anwendung des Satzes 1 dürfen auch die Prüfungsberichte und die Bestätigungsvermerke jeweils zusammengefaßt werden.

### § 299 Stichtag für die Aufstellung

(1) Der Konzernabschluß ist auf den Stichtag des Jahresabschlusses des Mutterunternehmens oder auf den hiervon abweichenden Stichtag der Jahresabschlüsse der bedeutendsten oder der Mehrzahl der in den Konzernabschluß einbezogenen Unternehmen aufzustellen; die Abweichung vom Abschlußstichtag des Mutterunternehmens ist im Konzernanhang anzugeben und zu begründen.

(2) [1]Die Jahresabschlüsse der in den Konzernabschluß einbezogenen Unternehmen sollen auf den Stichtag des Konzernabschlusses aufgestellt werden. [2]Liegt der Abschlußstichtag eines Unternehmens um mehr als drei Monate vor dem Stichtag des Konzernabschlusses, so ist dieses Unternehmen aufgrund eines auf den Stichtag und den Zeitraum des Konzernabschlusses aufgestellten Zwischenabschlusses in den Konzernabschluß einzubeziehen.

(3) Wird bei abweichenden Abschlußstichtagen ein Unternehmen nicht auf der Grundlage eines auf den Stichtag und den Zeitraum des Konzernabschlusses aufgestellten Zwischenabschlusses in den Konzernabschluß einbezogen, so sind Vorgänge von besonderer Bedeutung für die Vermögens-, Finanz- und Ertragslage eines in den Konzernabschluß einbezogenen Unternehmens, die zwischen dem Abschlußstichtag dieses Unternehmens und dem Abschlußstichtag des Konzernabschlusses eingetreten sind, in der Konzernbilanz und der Konzern-Gewinn- und Verlustrechnung zu berücksichtigen oder im Konzernanhang anzugeben.

### Vierter Titel. Vollkonsolidierung

### § 300 Konsolidierungsgrundsätze. Vollständigkeitsgebot

(1) [1]In dem Konzernabschluß ist der Jahresabschluß des Mutterunternehmens mit den Jahresabschlüssen der Tochterunternehmen zusammenzufassen. [2]An die Stelle der dem Mutterunternehmen gehörenden Anteile an den einbezogenen Tochterunternehmen treten die Vermögensgegenstände, Schulden, Rechnungsabgrenzungsposten, Bilanzierungshilfen und Sonderposten der Tochterunternehmen, soweit sie nach dem Recht des Mutterunternehmens bilanzierungsfähig sind und die Eigenart des Konzernabschlusses keine Abweichungen bedingt oder in den folgenden Vorschriften nichts anderes bestimmt ist.

(2) ¹Die Vermögensgegenstände, Schulden und Rechnungsabgrenzungsposten sowie die Erträge und Aufwendungen der in den Konzernabschluß einbezogenen Unternehmen sind unabhängig von ihrer Berücksichtigung in den Jahresabschlüssen dieser Unternehmen vollständig aufzunehmen, soweit nach dem Recht des Mutterunternehmens nicht ein Bilanzierungsverbot oder ein Bilanzierungswahlrecht besteht. ²Nach dem Recht des Mutterunternehmens zulässige Bilanzierungswahlrechte dürfen im Konzernabschluß unabhängig von ihrer Ausübung in den Jahresabschlüssen der in den Konzernabschluß einbezogenen Unternehmen ausgeübt werden.

### § 301 Kapitalkonsolidierung

(1) ¹Der Wertansatz der dem Mutterunternehmen gehörenden Anteile an einem in den Konzernabschluß einbezogenen Tochterunternehmen wird mit dem auf diese Anteile entfallenden Betrag des Eigenkapitals des Tochterunternehmens verrechnet. ²Das Eigenkapital ist anzusetzen
1. entweder mit dem Betrag, der dem Buchwert der in den Konzernabschluß aufzunehmenden Vermögensgegenstände, Schulden, Rechnungsabgrenzungsposten, Bilanzierungshilfen und Sonderposten, gegebenenfalls nach Anpassung der Wertansätze nach § 308 Abs. 2, entspricht, oder
2. mit dem Betrag, der dem Wert der in den Konzernabschluß aufzunehmenden Vermögensgegenstände, Schulden, Rechnungsabgrenzungsposten, Bilanzierungshilfen und Sonderposten entspricht, der diesen an dem für die Verrechnung nach Absatz 2 gewählten Zeitpunkt beizulegen ist.
³Bei Ansatz mit dem Buchwert nach Satz 2 Nr. 1 ist ein sich ergebender Unterschiedsbetrag den Wertansätzen von in der Konzernbilanz anzusetzenden Vermögensgegenständen und Schulden des jeweiligen Tochterunternehmens insoweit zuzuschreiben oder mit diesen zu verrechnen, als deren Wert höher oder niedriger ist als der bisherige Wertansatz. ⁴Bei Ansatz mit den Werten nach Satz 2 Nr. 2 darf das anteilige Eigenkapital nicht mit einem Betrag angesetzt werden, der die Anschaffungskosten des Mutterunternehmens für die Anteile an dem einbezogenen Tochterunternehmen überschreitet. ⁵Die angewandte Methode ist im Konzernanhang anzugeben.

(2) ¹Die Verrechnung nach Absatz 1 wird auf der Grundlage der Wertansätze zum Zeitpunkt des Erwerbs der Anteile oder der erstmaligen Einbeziehung des Tochterunternehmens in den Konzernabschluß oder, beim Erwerb der Anteile zu verschiedenen Zeitpunkten, zu dem Zeitpunkt, zu dem das Unternehmen Tochterunternehmen geworden ist, durchgeführt. ²Der gewählte Zeitpunkt ist im Konzernanhang anzugeben.

(3) ¹Ein bei der Verrechnung nach Absatz 1 Satz 2 Nr. 2 entstehender oder ein nach Zuschreibung oder Verrechnung nach Absatz 1 Satz 3 verbleibender Unterschiedsbetrag ist in der Konzernbilanz, wenn er auf der Aktivseite entsteht, als Geschäfts- oder Firmenwert und, wenn er auf der Passivseite entsteht, als Unterschiedsbetrag aus der Kapitalkonsolidierung auszuweisen. ²Der Posten und wesentliche Änderungen gegenüber dem Vorjahr sind im Anhang zu erläutern. ³Werden Unterschiedsbeträge der Aktivseite mit solchen der Passivseite verrechnet, so sind die verrechneten Beträge im Anhang anzugeben.

(4) ¹Absatz 1 ist nicht auf Anteile an dem Mutterunternehmen anzuwenden, die dem Mutterunternehmen oder einem in den Konzernabschluß einbezogenen Tochterunternehmen gehören. ²Solche Anteile sind in der Konzernbilanz als eigene Anteile im Umlaufvermögen gesondert auszuweisen.

## § 302 Kapitalkonsolidierung bei Interessenzusammenführung

(1) Ein Mutterunternehmen darf die in § 301 Abs. 1 vorgeschriebene Verrechnung der Anteile unter den folgenden Voraussetzungen auf das gezeichnete Kapital des Tochterunternehmens beschränken:

1. die zu verrechnenden Anteile betragen mindestens neunzig vom Hundert des Nennbetrags oder, falls ein Nennbetrag nicht vorhanden ist, des rechnerischen Wertes der Anteile des Tochterunternehmens, die nicht eigene Anteile sind,

2. die Anteile sind aufgrund einer Vereinbarung erworben worden, die die Ausgabe von Anteilen eines in den Konzernabschluß einbezogenen Unternehmens vorsieht, und

3. eine in der Vereinbarung vorgesehene Barzahlung übersteigt nicht zehn vom Hundert des Nennbetrags oder, falls ein Nennbetrag nicht vorhanden ist, des rechnerischen Wertes der ausgegebenen Anteile.

(2) Ein sich nach Absatz 1 ergebender Unterschiedsbetrag ist, wenn er auf der Aktivseite entsteht, mit den Rücklagen zu verrechnen oder, wenn er auf der Passivseite entsteht, den Rücklagen hinzuzurechnen.

(3) Die Anwendung der Methode nach Absatz 1 und die sich daraus ergebenden Veränderungen der Rücklagen sowie Name und Sitz des Unternehmens sind im Konzernanhang anzugeben.

## § 303 Schuldenkonsolidierung

(1) Ausleihungen und andere Forderungen, Rückstellungen und Verbindlichkeiten zwischen den in den Konzernabschluß einbezogenen Unternehmen sowie entsprechende Rechnungsabgrenzungsposten sind wegzulassen.

(2) Absatz 1 braucht nicht angewendet zu werden, wenn die wegzulassenden Beträge für die Vermittlung eines den tatsächlichen Verhältnissen entsprechenden Bildes der Vermögens-, Finanz- und Ertragslage des Konzerns nur von untergeordneter Bedeutung sind.

## § 304 Behandlung der Zwischenergebnisse

(1) In den Konzernabschluß zu übernehmende Vermögensgegenstände, die ganz oder teilweise auf Lieferungen oder Leistungen zwischen in den Konzernabschluß einbezogenen Unternehmen beruhen, sind in der Konzernbilanz mit einem Betrag anzusetzen, zu dem sie in der auf den Stichtag des Konzernabschlusses aufgestellten Jahresbilanz dieses Unternehmens angesetzt werden könnten, wenn die in den Konzernabschluß einbezogenen Unternehmen auch rechtlich ein einziges Unternehmen bilden würden.

(2) [1]Absatz 1 braucht nicht angewendet zu werden, wenn die Lieferung oder Leistung zu üblichen Marktbedingungen vorgenommen worden ist und die Ermittlung des nach Absatz 1 vorgeschriebenen Wertansatzes einen unverhältnismäßig hohen Aufwand erfordern würde. [2]Die Anwendung des Satzes 1 ist im Konzernanhang anzugeben und, wenn der Einfluß auf die Vermögens-, Finanz- und Ertragslage des Konzerns wesentlich ist, zu erläutern.

(3) Absatz 1 braucht außerdem nicht angewendet zu werden, wenn die Behandlung der Zwischenergebnisse nach Absatz 1 für die Vermittlung eines den tatsächlichen Verhältnissen entsprechenden Bildes der Vermögens-, Finanz- und Ertragslage des Konzerns nur von untergeordneter Bedeutung ist.

## § 305 Aufwands- und Ertragskonsolidierung

(1) In der Konzern-Gewinn- und Verlustrechnung sind

1. bei den Umsatzerlösen die Erlöse aus Lieferungen und Leistungen zwischen den in den Konzernabschluß einbezogenen Unternehmen mit den auf sie entfallenden Aufwendungen zu verrechnen, soweit sie nicht als Erhöhung des Bestands an fertigen und unfertigen Erzeugnissen oder als andere aktivierte Eigenleistungen auszuweisen sind,

2. andere Erträge aus Lieferungen und Leistungen zwischen den in den Konzernabschluß einbezogenen Unternehmen mit den auf sie entfallenden Aufwendungen zu verrechnen, soweit sie nicht als andere aktivierte Eigenleistungen auszuweisen sind.

(2) Aufwendungen und Erträge brauchen nach Absatz 1 nicht weggelassen zu werden, wenn die wegzulassenden Beträge für die Vermittlung eines den tatsächlichen Verhältnissen entsprechenden Bildes der Vermögens-, Finanz- und Ertragslage des Konzerns nur von untergeordneter Bedeutung sind.

## § 306 Steuerabgrenzung

[1]Ist das im Konzernabschluß ausgewiesene Jahresergebnis aufgrund von Maßnahmen, die nach den Vorschriften dieses Titels durchgeführt worden sind, niedriger oder höher als die Summe der Einzelergebnisse der in den Konzernabschluß einbezogenen Unternehmen, so ist der sich für das Geschäftsjahr und frühere Geschäftsjahre ergebende Steueraufwand, wenn er im Verhältnis zum Jahresergebnis zu hoch ist, durch Bildung eines Abgrenzungspostens auf der Aktivseite oder, wenn er im Verhältnis zum Jahresergebnis zu niedrig ist, durch Bildung einer Rückstellung nach § 249 Abs. 1 Satz 1 anzupassen, soweit sich der zu hohe oder der zu niedrige Steueraufwand in späteren Geschäftsjahren voraussichtlich ausgleicht. [2]Der Posten ist in der Konzernbilanz oder im Konzernanhang gesondert anzugeben. [3]Er darf mit den Posten nach § 274 zusammengefaßt werden.

## § 307 Anteile anderer Gesellschafter

(1) [1]In der Konzernbilanz ist für nicht dem Mutterunternehmen gehörende Anteile an in den Konzernabschluß einbezogenen Tochterunternehmen ein Ausgleichsposten für die Anteile der anderen Gesellschafter in Höhe ihres Anteils am Eigenkapital unter entsprechender Bezeichnung innerhalb des Eigenkapitals gesondert auszuweisen. [2]In den Ausgleichsposten sind auch die Beträge einzubeziehen, die bei Anwendung der Kapitalkonsolidierungsmethode nach § 301 Abs. 1 Satz 2 Nr. 2 dem Anteil der anderen Gesellschafter am Eigenkapital entsprechen.

(2) In der Konzern-Gewinn- und Verlustrechnung ist der im Jahresergebnis enthaltene, anderen Gesellschaftern zustehende Gewinn und der auf sie entfallende Verlust nach dem Posten „Jahresüberschuß/Jahresfehlbetrag" unter entsprechender Bezeichnung gesondert auszuweisen.

## Fünfter Titel. Bewertungsvorschriften

## § 308 Einheitliche Bewertung

(1) [1]Die in den Konzernabschluß nach § 300 Abs. 2 übernommenen Vermögensgegenstände und Schulden der in den Konzernabschluß einbezogenen Unternehmen sind nach den auf den Jahresabschluß des Mutterunternehmens anwendbaren Bewertungsmethoden einheitlich zu bewerten. [2]Nach dem Recht

des Mutterunternehmens zulässige Bewertungswahlrechte können im Konzernabschluß unabhängig von ihrer Ausübung in den Jahresabschlüssen der in den Konzernabschluß einbezogenen Unternehmen ausgeübt werden. ³Abweichungen von den auf den Jahresabschluß des Mutterunternehmens angewandten Bewertungsmethoden sind im Konzernanhang anzugeben und zu begründen.

(2) ¹Sind in den Konzernabschluß aufzunehmende Vermögensgegenstände oder Schulden des Mutterunternehmens oder der Tochterunternehmen in den Jahresabschlüssen dieser Unternehmen nach Methoden bewertet worden, die sich von denen unterscheiden, die auf den Konzernabschluß anzuwenden sind oder die von den gesetzlichen Vertretern des Mutterunternehmens in Ausübung von Bewertungswahlrechten auf den Konzernabschluß angewendet werden, so sind die abweichend bewerteten Vermögensgegenstände oder Schulden nach den auf den Konzernabschluß angewandten Bewertungsmethoden neu zu bewerten und mit den neuen Wertansätzen in den Konzernabschluß zu übernehmen. ²Wertansätze, die auf der Anwendung von für Kreditinstitute oder Versicherungsunternehmen wegen der Besonderheiten des Geschäftszweigs geltenden Vorschriften beruhen, dürfen beibehalten werden; auf die Anwendung dieser Ausnahme ist im Konzernanhang hinzuweisen. ³Eine einheitliche Bewertung nach Satz 1 braucht nicht vorgenommen zu werden, wenn ihre Auswirkungen für die Vermittlung eines den tatsächlichen Verhältnissen entsprechenden Bildes der Vermögens-, Finanz- und Ertragslage des Konzerns nur von untergeordneter Bedeutung sind. ⁴Darüber hinaus sind Abweichungen in Ausnahmefällen zulässig; sie sind im Konzernanhang anzugeben und zu begründen.

(3) ¹Wurden in den Konzernabschluß zu übernehmende Vermögensgegenstände oder Schulden im Jahresabschluß eines in den Konzernabschluß einbezogenen Unternehmens mit einem nur nach Steuerrecht zulässigen Wert angesetzt, weil dieser Wertansatz sonst nicht bei der steuerrechtlichen Gewinnermittlung berücksichtigt werden würde, oder ist aus diesem Grunde auf der Passivseite ein Sonderposten gebildet worden, so dürfen diese Wertansätze unverändert in den Konzernabschluß übernommen werden. ²Der Betrag der im Geschäftsjahr nach Satz 1 in den Jahresabschlüssen vorgenommenen Abschreibungen, Wertberichtigungen und Einstellungen in Sonderposten sowie der Betrag der unterlassenen Zuschreibungen sind im Konzernanhang anzugeben; die Maßnahmen sind zu begründen.

## § 309 Behandlung des Unterschiedsbetrags

(1) ¹Ein nach § 301 Abs. 3 auszuweisender Geschäfts- oder Firmenwert ist in jedem folgenden Geschäftsjahr zu mindestens einem Viertel durch Abschreibungen zu tilgen. ²Die Abschreibung des Geschäfts- oder Firmenwerts kann aber auch planmäßig auf die Geschäftsjahre verteilt werden, in denen er voraussichtlich genutzt werden kann. ³Der Geschäfts- oder Firmenwert darf auch offen mit den Rücklagen verrechnet werden.

(2) Ein nach § 301 Abs. 3 auf der Passivseite auszuweisender Unterschiedsbetrag darf ergebniswirksam nur aufgelöst werden, soweit
1. eine zum Zeitpunkt des Erwerbs der Anteile oder der erstmaligen Konsolidierung erwartete ungünstige Entwicklung der künftigen Ertragslage des Unternehmens eingetreten ist oder zu diesem Zeitpunkt erwartete Aufwendungen zu berücksichtigen sind oder
2. am Abschlußstichtag feststeht, daß er einem realisierten Gewinn entspricht.

## Sechster Titel. Anteilmäßige Konsolidierung

**§ 310**

(1) Führt ein in einen Konzernabschluß einbezogenes Mutter- oder Tochterunternehmen ein anderes Unternehmen gemeinsam mit einem oder mehreren nicht in den Konzernabschluß einbezogenen Unternehmen, so darf das andere Unternehmen in den Konzernabschluß entsprechend den Anteilen am Kapital einbezogen werden, die dem Mutterunternehmen gehören.

(2) Auf die anteilmäßige Konsolidierung sind die §§ 297 bis 301, §§ 303 bis 306, 308, 309 entsprechend anzuwenden.

## Siebenter Titel. Assoziierte Unternehmen

### § 311 Definition. Befreiung

(1) [1]Wird von einem in den Konzernabschluß einbezogenen Unternehmen ein maßgeblicher Einfluß auf die Geschäfts- und Finanzpolitik eines nicht einbezogenen Unternehmens, an dem das Unternehmen nach § 271 Abs. 1 beteiligt ist, ausgeübt (assoziiertes Unternehmen), so ist diese Beteiligung in der Konzernbilanz unter einem besonderen Posten mit entsprechender Bezeichnung auszuweisen. [2]Ein maßgeblicher Einfluß wird vermutet, wenn ein Unternehmen bei einem anderen Unternehmen mindestens den fünften Teil der Stimmrechte der Gesellschafter innehat.

(2) Auf eine Beteiligung an einem assoziierten Unternehmen brauchen Absatz 1 und § 312 nicht angewendet zu werden, wenn die Beteiligung für die Vermittlung eines den tatsächlichen Verhältnissen entsprechenden Bildes der Vermögens-, Finanz- und Ertragslage des Konzerns von untergeordneter Bedeutung ist.

### § 312 Wertansatz der Beteiligung und Behandlung des Unterschiedsbetrags

(1) [1]Eine Beteiligung an einem assoziierten Unternehmen ist in der Konzernbilanz
1. entweder mit dem Buchwert oder
2. mit dem Betrag, der dem anteiligen Eigenkapital des assoziierten Unternehmens entspricht,

anzusetzen. [2]Bei Ansatz mit dem Buchwert nach Satz 1 Nr. 1 ist der Unterschiedsbetrag zwischen diesem Wert und dem anteiligen Eigenkapital des assoziierten Unternehmens bei erstmaliger Anwendung in der Konzernbilanz zu vermerken oder im Konzernanhang anzugeben. [3]Bei Ansatz mit dem anteiligen Eigenkapital nach Satz 1 Nr. 2 ist das Eigenkapital mit dem Betrag anzusetzen, der sich ergibt, wenn die Vermögensgegenstände, Schulden, Rechnungsabgrenzungsposten, Bilanzierungshilfen und Sonderposten des assoziierten Unternehmens mit dem Wert angesetzt werden, der ihnen in dem nach Absatz 3 gewählten Zeitpunkt beizulegen ist, jedoch darf dieser Betrag die Anschaffungskosten für die Anteile an dem assoziierten Unternehmen nicht überschreiten; der Unterschiedsbetrag zwischen diesem Wertansatz und dem Buchwert der Beteiligung ist bei erstmaliger Anwendung in der Konzernbilanz gesondert auszuweisen oder im Konzernanhang anzugeben. [4]Die angewandte Methode ist im Konzernanhang anzugeben.

(2) [1]Der Unterschiedsbetrag nach Absatz 1 Satz 2 ist den Wertansätzen von Vermögensgegenständen und Schulden des assoziierten Unternehmens inso-

weit zuzuordnen, als deren Wert höher oder niedriger ist als der bisherige Wertansatz. ²Der nach Satz 1 zugeordnete oder der sich nach Absatz 1 Satz 1 Nr. 2 ergebende Betrag ist entsprechend der Behandlung der Wertansätze dieser Vermögensgegenstände und Schulden im Jahresabschluß des assoziierten Unternehmens im Konzernabschluß fortzuführen, abzuschreiben oder aufzulösen. ³Auf einen nach Zuordnung nach Satz 1 verbleibenden Unterschiedsbetrag und einen Unterschiedsbetrag nach Absatz 1 Satz 3 zweiter Halbsatz ist § 309 entsprechend anzuwenden.

(3) ¹Der Wertansatz der Beteiligung und die Unterschiedsbeträge werden auf der Grundlage der Wertansätze zum Zeitpunkt des Erwerbs der Anteile oder der erstmaligen Einbeziehung des assoziierten Unternehmens in den Konzernabschluß oder beim Erwerb der Anteile zu verschiedenen Zeitpunkten zu dem Zeitpunkt, zu dem das Unternehmen assoziiertes Unternehmen geworden ist, ermittelt. ²Der gewählte Zeitpunkt ist im Konzernanhang anzugeben.

(4) ¹Der nach Absatz 1 ermittelte Wertansatz einer Beteiligung ist in den Folgejahren um den Betrag der Eigenkapitalveränderungen, die den dem Mutterunternehmen gehörenden Anteilen am Kapital des assoziierten Unternehmens entsprechen, zu erhöhen oder zu vermindern; auf die Beteiligung entfallende Gewinnausschüttungen sind abzusetzen. ²In der Konzern-Gewinn- und Verlustrechnung ist das auf assoziierte Beteiligungen entfallende Ergebnis unter einem gesonderten Posten auszuweisen.

(5) ¹Wendet das assoziierte Unternehmen in seinem Jahresabschluß vom Konzernabschluß abweichende Bewertungsmethoden an, so können abweichend bewertete Vermögensgegenstände oder Schulden für die Zwecke der Absätze 1 bis 4 nach den auf den Konzernabschluß angewandten Bewertungsmethoden bewertet werden. ²Wird die Bewertung nicht angepaßt, so ist dies im Konzernanhang anzugeben. ³§ 304 über die Behandlung der Zwischenergebnisse ist entsprechend anzuwenden, soweit die für die Beurteilung maßgeblichen Sachverhalte bekannt oder zugänglich sind. ⁴Die Zwischenergebnisse dürfen auch anteilig entsprechend den dem Mutterunternehmen gehörenden Anteilen am Kapital des assoziierten Unternehmens weggelassen werden.

(6) ¹Es ist jeweils der letzte Jahresabschluß des assoziierten Unternehmens zugrunde zu legen. ²Stellt das assoziierte Unternehmen einen Konzernabschluß auf, so ist von diesem und nicht vom Jahresabschluß des assoziierten Unternehmens auszugehen.

## Achter Titel. Konzernanhang
## § 313 Erläuterung der Konzernbilanz und der Konzern-Gewinn- und Verlustrechnung. Angaben zum Beteiligungsbesitz

(1) ¹In den Konzernanhang sind diejenigen Angaben aufzunehmen, die zu einzelnen Posten der Konzernbilanz oder der Konzern-Gewinn- und Verlustrechnung vorgeschrieben sind oder die im Konzernanhang zu machen sind, weil sie in Ausübung eines Wahlrechts nicht in die Konzernbilanz oder in die Konzern-Gewinn- und Verlustrechnung aufgenommen wurden. ²Im Konzernanhang müssen

1. die auf die Posten der Konzernbilanz und der Konzern-Gewinn- und Verlustrechnung angewandten Bilanzierungs- und Bewertungsmethoden angegeben werden;

2. die Grundlagen für die Umrechnung in Deutsche Mark angegeben werden,

sofern der Konzernabschluß Posten enthält, denen Beträge zugrunde liegen, die auf fremde Währung lauten oder ursprünglich auf fremde Währung lauteten;

3. Abweichungen von Bilanzierungs-, Bewertungs- und Konsolidierungsmethoden angegeben und begründet werden; deren Einfluß auf die Vermögens-, Finanz- und Ertragslage des Konzerns ist gesondert darzustellen.

(2) Im Konzernanhang sind außerdem anzugeben:

1. Name und Sitz der in den Konzernabschluß einbezogenen Unternehmen, der Anteil am Kapital der Tochterunternehmen, der dem Mutterunternehmen und den in den Konzernabschluß einbezogenen Tochterunternehmen gehört oder von einer für Rechnung dieser Unternehmen handelnden Person gehalten wird, sowie der zur Einbeziehung in den Konzernabschluß verpflichtende Sachverhalt, sofern die Einbeziehung nicht auf einer der Kapitalbeteiligung entsprechenden Mehrheit der Stimmrechte beruht. Diese Angaben sind auch für Tochterunternehmen zu machen, die nach den §§ 295, 296 nicht einbezogen worden sind;

2. Name und Sitz der assoziierten Unternehmen, der Anteil am Kapital der assoziierten Unternehmen, der dem Mutterunternehmen und den in den Konzernabschluß einbezogenen Tochterunternehmen gehört oder von einer für Rechnung dieser Unternehmen handelnden Person gehalten wird. Die Anwendung des § 311 Abs. 2 ist jeweils anzugeben und zu begründen;

3. Name und Sitz der Unternehmen, die nach § 310 nur anteilmäßig in den Konzernabschluß einbezogen worden sind, der Tatbestand, aus dem sich die Anwendung dieser Vorschrift ergibt, sowie der Anteil am Kapital dieser Unternehmen, der dem Mutterunternehmen und den in den Konzernabschluß einbezogenen Tochterunternehmen gehört oder von einer für Rechnung dieser Unternehmen handelnden Person gehalten wird;

4. Name und Sitz anderer als der unter den Nummern 1 bis 3 bezeichneten Unternehmen, bei denen das Mutterunternehmen, ein Tochterunternehmen oder eine für Rechnung eines dieser Unternehmen handelnde Person mindestens den fünften Teil der Anteile besitzt, unter Angabe des Anteils am Kapital sowie der Höhe des Eigenkapitals und des Ergebnisses des letzten Geschäftsjahrs, für das ein Abschluß aufgestellt worden ist. Diese Angaben brauchen nicht gemacht zu werden, wenn sie für die Vermittlung eines den tatsächlichen Verhältnissen entsprechenden Bildes der Vermögens-, Finanz- und Ertragslage des Konzerns von untergeordneter Bedeutung sind. Das Eigenkapital und das Ergebnis brauchen nicht angegeben zu werden, wenn das in Anteilsbesitz stehende Unternehmen seinen Jahresabschluß nicht offenzulegen hat und das Mutterunternehmen, das Tochterunternehmen oder die Person weniger als die Hälfte der Anteile an diesem Unternehmen besitzt.

(3) [1]Die in Absatz 2 verlangten Angaben brauchen insoweit nicht gemacht zu werden, als nach vernünftiger kaufmännischer Beurteilung damit gerechnet werden muß, daß durch die Angaben dem Mutterunternehmen, einem Tochterunternehmen oder einem anderen in Absatz 2 bezeichneten Unternehmen erhebliche Nachteile entstehen können. [2]Die Anwendung der Ausnahmeregelung ist im Konzernanhang anzugeben.

(4) [1]Die in Absatz 2 verlangten Angaben dürfen statt im Anhang auch in einer Aufstellung des Anteilsbesitzes gesondert gemacht werden. [2]Die Aufstellung ist Bestandteil des Anhangs. [3]Auf die besondere Aufstellung des Anteilsbesitzes und den Ort ihrer Hinterlegung ist im Anhang hinzuweisen.

## § 314 Sonstige Pflichtangaben

(1) Im Konzernanhang sind ferner anzugeben:

1. der Gesamtbetrag der in der Konzernbilanz ausgewiesenen Verbindlichkeiten mit einer Restlaufzeit von mehr als fünf Jahren sowie der Gesamtbetrag der in der Konzernbilanz ausgewiesenen Verbindlichkeiten, die von in den Konzernabschluß einbezogenen Unternehmen durch Pfandrechte oder ähnliche Rechte gesichert sind, unter Angabe von Art und Form der Sicherheiten;

2. der Gesamtbetrag der sonstigen finanziellen Verpflichtungen, die nicht in der Konzernbilanz erscheinen oder nicht nach § 298 Abs. 1 in Verbindung mit § 251 anzugeben sind, sofern diese Angabe für die Beurteilung der Finanzlage des Konzerns von Bedeutung ist; davon und von den Haftungsverhältnissen nach § 251 sind Verpflichtungen gegenüber Tochterunternehmen, die nicht in den Konzernabschluß einbezogen werden, jeweils gesondert anzugeben;

3. die Aufgliederung der Umsatzerlöse nach Tätigkeitsbereichen sowie nach geographisch bestimmten Märkten, soweit sich, unter Berücksichtigung der Organisation des Verkaufs von für die gewöhnliche Geschäftstätigkeit des Konzerns typischen Erzeugnissen und der für die gewöhnliche Geschäftstätigkeit des Konzerns typischen Dienstleistungen, die Tätigkeitsbereiche und geographisch bestimmten Märkte untereinander erheblich unterscheiden;

4. die durchschnittliche Zahl der Arbeitnehmer der in den Konzernabschluß einbezogenen Unternehmen während des Geschäftsjahrs, getrennt nach Gruppen, sowie der in dem Geschäftsjahr verursachte Personalaufwand, sofern er nicht gesondert in der Konzern-Gewinn- und Verlustrechnung ausgewiesen ist; die durchschnittliche Zahl der Arbeitnehmer von nach § 310 nur anteilmäßig einbezogenen Unternehmen ist gesondert anzugeben;

5. das Ausmaß, in dem das Jahresergebnis des Konzerns dadurch beeinflußt wurde, daß bei Vermögensgegenständen im Geschäftsjahr oder in früheren Geschäftsjahren Abschreibungen nach den §§ 254, 280 Abs. 2 oder in entsprechender Anwendung aufgrund steuerrechtlicher Vorschriften vorgenommen oder beibehalten wurden oder ein Sonderposten nach § 273 oder in entsprechender Anwendung gebildet wurde; ferner das Ausmaß erheblicher künftiger Belastungen, die sich für den Konzern aus einer solchen Bewertung ergeben;

6. für die Mitglieder des Geschäftsführungsorgans, eines Aufsichtsrats, eines Beirats oder einer ähnlichen Einrichtung des Mutterunternehmens, jeweils für jede Personengruppe:

   a) die für die Wahrnehmung ihrer Aufgaben im Mutterunternehmen und den Tochterunternehmen im Geschäftsjahr gewährten Gesamtbezüge (Gehälter, Gewinnbeteiligungen, Aufwandsentschädigungen, Versicherungsentgelte, Provisionen und Nebenleistungen jeder Art). In die Gesamtbezüge sind auch Bezüge einzurechnen, die nicht ausgezahlt, sondern in Ansprüche anderer Art umgewandelt oder zur Erhöhung anderer Ansprüche verwendet werden. Außer den Bezügen für das Geschäftsjahr sind die weiteren Bezüge anzugeben, die im Geschäftsjahr gewährt, bisher aber in keinem Konzernabschluß angegeben worden sind;

   b) die für die Wahrnehmung ihrer Aufgaben im Mutterunternehmen und den Tochterunternehmen gewährten Gesamtbezüge (Abfindungen, Ruhegehälter, Hinterbliebenenbezüge und Leistungen verwandter Art) der früheren Mitglieder der bezeichneten Organe und ihrer Hinterbliebenen;

Buchstabe a Satz 2 und 3 ist entsprechend anzuwenden. Ferner ist der Betrag der für diese Personengruppe gebildeten Rückstellungen für laufende Pensionen und Anwartschaften auf Pensionen und der Betrag der für diese Verpflichtungen nicht gebildeten Rückstellungen anzugeben;

c) die vom Mutterunternehmen und den Tochterunternehmen gewährten Vorschüsse und Kredite unter Angabe der Zinssätze, der wesentlichen Bedingungen und der gegebenenfalls im Geschäftsjahr zurückgezahlten Beträge sowie die zugunsten dieser Personengruppen eingegangenen Haftungsverhältnisse;

7. der Bestand an Anteilen an dem Mutterunternehmen, die das Mutterunternehmen oder ein Tochterunternehmen oder ein anderer für Rechnung eines in den Konzernabschluß einbezogenen Unternehmens erworben oder als Pfand genommen hat; dabei sind die Zahl und der Nennbetrag dieser Anteile sowie deren Anteil am Kapital anzugeben.

(2) ¹Die Umsatzerlöse brauchen nicht nach Absatz 1 Nr. 3 aufgegliedert zu werden, soweit nach vernünftiger kaufmännischer Beurteilung damit gerechnet werden muß, daß durch die Aufgliederung einem in den Konzernabschluß einbezogenen Unternehmen erhebliche Nachteile entstehen. ²Die Anwendung der Ausnahme ist im Konzernanhang anzugeben.

## Neunter Titel. Konzernlagebericht

### § 315

(1) Im Konzernlagebericht sind zumindest der Geschäftsverlauf und die Lage des Konzerns so darzustellen, daß ein den tatsächlichen Verhältnissen entsprechendes Bild vermittelt wird.

(2) Der Konzernlagebericht soll auch eingehen auf:
1. Vorgänge von besonderer Bedeutung, die nach dem Schluß des Konzerngeschäftsjahrs eingetreten sind;
2. die voraussichtliche Entwicklung des Konzerns;
3. den Bereich Forschung und Entwicklung des Konzerns.

(3) § 298 Abs. 3 über die Zusammenfassung von Konzernanhang und Anhang ist entsprechend anzuwenden.

## Dritter Unterabschnitt. Prüfung

### § 316 Pflicht zur Prüfung

(1) ¹Der Jahresabschluß und der Lagebericht von Kapitalgesellschaften, die nicht kleine im Sinne des § 267 Abs. 1 sind, sind durch einen Abschlußprüfer zu prüfen. ²Hat keine Prüfung stattgefunden, so kann der Jahresabschluß nicht festgestellt werden.

(2) Der Konzernabschluß und der Konzernlagebericht von Kapitalgesellschaften sind durch einen Abschlußprüfer zu prüfen.

(3) ¹Werden der Jahresabschluß, der Konzernabschluß, der Lagebericht oder der Konzernlagebericht nach Vorlage des Prüfungsberichts geändert, so hat der Abschlußprüfer diese Unterlagen erneut zu prüfen, soweit es die Änderung erfordert. ²Über das Ergebnis der Prüfung ist zu berichten; der Bestätigungsvermerk ist entsprechend zu ergänzen.

### § 317 Gegenstand und Umfang der Prüfung

(1) ¹In die Prüfung des Jahresabschlusses ist die Buchführung einzubeziehen. ²Die Prüfung des Jahresabschlusses und des Konzernabschlusses hat sich darauf zu erstrecken, ob die gesetzlichen Vorschriften und sie ergänzende Bestimmungen des Gesellschaftsvertrags oder der Satzung beachtet sind. ³Der Lagebericht und der Konzernlagebericht sind darauf zu prüfen, ob der Lagebericht mit dem Jahresabschluß und der Konzernlagebericht mit dem Konzernabschluß in Einklang stehen und ob die sonstigen Angaben im Lagebericht nicht eine falsche Vorstellung von der Lage des Unternehmens und im Konzernlagebericht von der Lage des Konzerns erwecken.

(2) ¹Der Abschlußprüfer des Konzernabschlusses hat auch die im Konzernabschluß zusammengefaßten Jahresabschlüsse darauf zu prüfen, ob sie den Grundsätzen ordnungsmäßiger Buchführung entsprechen und ob die für die Übernahme in den Konzernabschluß maßgeblichen Vorschriften beachtet sind. ²Dies gilt nicht für Jahresabschlüsse, die aufgrund gesetzlicher Vorschriften nach diesem Unterabschnitt oder die ohne gesetzliche Verpflichtung nach den Grundsätzen dieses Unterabschnitts geprüft worden sind. ³Satz 2 ist entsprechend auf die Jahresabschlüsse von in den Konzernabschluß einbezogenen Tochterunternehmen mit Sitz im Ausland anzuwenden; sind diese Jahresabschlüsse nicht von einem in Übereinstimmung mit den Vorschriften der Richtlinie 84/253/EWG zugelassenen Abschlußprüfer geprüft worden, so gilt dies jedoch nur, wenn der Abschlußprüfer eine den Anforderungen dieser Richtlinie gleichwertige Befähigung hat und der Jahresabschluß in einer den Anforderungen dieses Unterabschnitts entsprechenden Weise geprüft worden ist.

### § 318 Bestellung und Abberufung des Abschlußprüfers

(1) ¹Der Abschlußprüfer des Jahresabschlusses wird von den Gesellschaftern gewählt; den Abschlußprüfer des Konzernabschlusses wählen die Gesellschafter des Mutterunternehmens. ²Bei Gesellschaften mit beschränkter Haftung kann der Gesellschaftsvertrag etwas anderes bestimmen. ³Der Abschlußprüfer soll jeweils vor Ablauf des Geschäftsjahrs gewählt werden, auf das sich seine Prüfungstätigkeit erstreckt. ⁴Die gesetzlichen Vertreter haben unverzüglich nach der Wahl den Prüfungsauftrag zu erteilen. ⁵Der Prüfungsauftrag kann nur widerrufen werden, wenn nach Absatz 3 ein anderer Prüfer bestellt worden ist.

(2) ¹Als Abschlußprüfer des Konzernabschlusses gilt, wenn kein anderer Prüfer bestellt wird, der Prüfer als bestellt, der für die Prüfung des in den Konzernabschluß einbezogenen Jahresabschlusses des Mutterunternehmens bestellt worden ist. ²Erfolgt die Einbeziehung aufgrund eines Zwischenabschlusses, so gilt, wenn kein anderer Prüfer bestellt wird, der Prüfer als bestellt, der für die Prüfung des letzten vor dem Konzernabschlußstichtag aufgestellten Jahresabschlusses des Mutterunternehmens bestellt worden ist.

(3) ¹Auf Antrag der gesetzlichen Vertreter, des Aufsichtsrats oder von Gesellschaftern, bei Aktiengesellschaften und Kommanditgesellschaften auf Aktien jedoch nur, wenn die Anteile dieser Gesellschafter zusammen den zehnten Teil des Grundkapitals oder den Nennbetrag von zwei Millionen Deutsche Mark erreichen, hat das Gericht nach Anhörung der Beteiligten und des gewählten Prüfers einen anderen Abschlußprüfer zu bestellen, wenn dies aus einem in der Person des gewählten Prüfers liegenden Grund geboten erscheint, insbesondere wenn Besorgnis der Befangenheit besteht. ²Der Antrag

ist binnen zwei Wochen seit dem Tage der Wahl des Abschlußprüfers zu stellen; Aktionäre können den Antrag nur stellen, wenn sie gegen die Wahl des Abschlußprüfers bei der Beschlußfassung Widerspruch erklärt haben. ³Stellen Aktionäre den Antrag, so haben sie glaubhaft zu machen, daß sie seit mindestens drei Monaten vor dem Tag der Hauptversammlung Inhaber der Aktien sind. ⁴Zur Glaubhaftmachung genügt eine eidesstattliche Versicherung vor einem Notar. ⁵Unterliegt die Gesellschaft einer staatlichen Aufsicht, so kann auch die Aufsichtsbehörde den Antrag stellen. ⁶Gegen die Entscheidung ist die sofortige Beschwerde zulässig.

(4) ¹Ist der Abschlußprüfer bis zum Ablauf des Geschäftsjahrs nicht gewählt worden, so hat das Gericht auf Antrag der gesetzlichen Vertreter, des Aufsichtsrats oder eines Gesellschafters den Abschlußprüfer zu bestellen. ²Gleiches gilt, wenn ein gewählter Abschlußprüfer die Annahme des Prüfungsauftrags abgelehnt hat, weggefallen ist oder am rechtzeitigen Abschluß der Prüfung verhindert ist und ein anderer Abschlußprüfer nicht gewählt worden ist. ³Die gesetzlichen Vertreter sind verpflichtet, den Antrag zu stellen. ⁴Gegen die Entscheidung des Gerichts findet die sofortige Beschwerde statt; die Bestellung des Abschlußprüfers ist unanfechtbar.

(5) ¹Der vom Gericht bestellte Abschlußprüfer hat Anspruch auf Ersatz angemessener barer Auslagen und auf Vergütung für seine Tätigkeit. ²Die Auslagen und die Vergütung setzt das Gericht fest. ³Gegen die Entscheidung ist die sofortige Beschwerde zulässig. ⁴Die weitere Beschwerde ist ausgeschlossen. ⁵Aus der rechtskräftigen Entscheidung findet die Zwangsvollstreckung nach der Zivilprozeßordnung statt.

(6) ¹Ein von dem Abschlußprüfer angenommener Prüfungsauftrag kann von dem Abschlußprüfer nur aus wichtigem Grund gekündigt werden. ²Als wichtiger Grund ist es nicht anzusehen, wenn Meinungsverschiedenheiten über den Inhalt des Bestätigungsvermerks, seine Einschränkung oder Versagung bestehen. ³Die Kündigung ist schriftlich zu begründen. ⁴Der Abschlußprüfer hat über das Ergebnis seiner bisherigen Prüfung zu berichten; § 321 ist entsprechend anzuwenden.

(7) ¹Kündigt der Abschlußprüfer den Prüfungsauftrag nach Absatz 6, so haben die gesetzlichen Vertreter die Kündigung dem Aufsichtsrat, der nächsten Hauptversammlung oder bei Gesellschaften mit beschränkter Haftung den Gesellschaftern mitzuteilen. ²Den Bericht des bisherigen Abschlußprüfers haben die gesetzlichen Vertreter unverzüglich dem Aufsichtsrat vorzulegen. ³Jedes Aufsichtsratsmitglied hat das Recht, von dem Bericht Kenntnis zu nehmen. ⁴Der Bericht ist auch jedem Aufsichtsratsmitglied auf Verlangen auszuhändigen, soweit der Aufsichtsrat nichts anderes beschlossen hat.

## § 319 Auswahl der Abschlußprüfer

(1) ¹Abschlußprüfer können Wirtschaftsprüfer und Wirtschaftsprüfungsgesellschaften sein. ²Abschlußprüfer von Jahresabschlüssen und Lageberichten mittelgroßer Gesellschaften mit beschränkter Haftung (§ 267 Abs. 2) können auch vereidigte Buchprüfer und Buchprüfungsgesellschaften sein.

(2) Ein Wirtschaftsprüfer oder vereidigter Buchprüfer darf nicht Abschlußprüfer sein, wenn er oder eine Person, mit der er seinen Beruf gemeinsam ausübt,
1. Anteile an der zu prüfenden Kapitalgesellschaft besitzt;
2. gesetzlicher Vertreter oder Mitglied des Aufsichtsrats oder Arbeitnehmer der zu prüfenden Kapitalgesellschaft ist oder in den letzten drei Jahren vor seiner Bestellung war;

3. gesetzlicher Vertreter oder Mitglied des Aufsichtsrats einer juristischen Person, Gesellschafter einer Personengesellschaft oder Inhaber eines Unternehmens ist, sofern die juristische Person, die Personengesellschaft oder das Einzelunternehmen mit der zu prüfenden Kapitalgesellschaft verbunden ist oder von dieser mehr als zwanzig vom Hundert der Anteile besitzt;

4. Arbeitnehmer eines Unternehmens ist, das mit der zu prüfenden Kapitalgesellschaft verbunden ist oder an dieser mehr als zwanzig vom Hundert der Anteile besitzt, oder Arbeitnehmer einer natürlichen Person ist, die an der zu prüfenden Kapitalgesellschaft mehr als zwanzig vom Hundert der Anteile besitzt;

5. bei der Führung der Bücher oder der Aufstellung des zu prüfenden Jahresabschlusses der Kapitalgesellschaft über die Prüfungstätigkeit hinaus mitgewirkt hat;

6. gesetzlicher Vertreter, Arbeitnehmer, Mitglied des Aufsichtsrats oder Gesellschafter einer juristischen oder natürlichen Person oder einer Personengesellschaft oder Inhaber eines Unternehmens ist, sofern die juristische oder natürliche Person, die Personengesellschaft oder einer ihrer Gesellschafter oder das Einzelunternehmen nach Nummer 5 nicht Abschlußprüfer der zu prüfenden Kapitalgesellschaft sein darf;

7. bei der Prüfung eine Person beschäftigt, die nach den Nummern 1 bis 6 nicht Abschlußprüfer sein darf;

8. in den letzten fünf Jahren jeweils mehr als die Hälfte der Gesamteinnahmen aus seiner beruflichen Tätigkeit aus der Prüfung und Beratung der zu prüfenden Kapitalgesellschaft und von Unternehmen, an denen die zu prüfende Kapitalgesellschaft mehr als zwanzig vom Hundert der Anteile besitzt, bezogen hat und dies auch im laufenden Geschäftsjahr zu erwarten ist; zur Vermeidung von Härtefällen kann die Wirtschaftsprüferkammer befristete Ausnahmegenehmigungen erteilen.

(3) Eine Wirtschaftsprüfungsgesellschaft oder Buchprüfungsgesellschaft darf nicht Abschlußprüfer sein, wenn

1. sie Anteile an der zu prüfenden Kapitalgesellschaft besitzt oder mit dieser verbunden ist oder wenn ein mit ihr verbundenes Unternehmen an der zu prüfenden Kapitalgesellschaft mehr als zwanzig vom Hundert der Anteile besitzt oder mit dieser verbunden ist;

2. sie nach Absatz 2 Nr. 6 als Gesellschafter einer juristischen Person oder einer Personengesellschaft oder nach Absatz 2 Nr. 5, 7 oder 8 nicht Abschlußprüfer sein darf;

3. bei einer Wirtschaftsprüfungsgesellschaft oder Buchprüfungsgesellschaft, die juristische Person ist, ein gesetzlicher Vertreter oder ein Gesellschafter, der fünfzig vom Hundert oder mehr der den Gesellschaftern zustehenden Stimmrechte besitzt, oder bei anderen Wirtschaftsprüfungsgesellschaften oder Buchprüfungsgesellschaften ein Gesellschafter nach Absatz 2 Nr. 1 bis 4 nicht Abschlußprüfer sein darf;

4. einer ihrer gesetzlichen Vertreter oder einer ihrer Gesellschafter nach Absatz 2 Nr. 5 oder 6 nicht Abschlußprüfer sein darf oder

5. eines ihrer Aufsichtsratsmitglieder nach Absatz 2 Nr. 2 oder 5 nicht Abschlußprüfer sein darf.

(4) Die Absätze 2 und 3 sind auf den Abschlußprüfer des Konzernabschlusses entsprechend anzuwenden.

## § 320 Vorlagepflicht. Auskunftsrecht

(1) [1]Die gesetzlichen Vertreter der Kapitalgesellschaft haben dem Abschlußprüfer den Jahresabschluß und den Lagebericht unverzüglich nach der Aufstellung vorzulegen. [2]Sie haben ihm zu gestatten, die Bücher und Schriften der Kapitalgesellschaft sowie die Vermögensgegenstände und Schulden, namentlich die Kasse und die Bestände an Wertpapieren und Waren, zu prüfen.

(2) [1]Der Abschlußprüfer kann von den gesetzlichen Vertretern alle Aufklärungen und Nachweise verlangen, die für eine sorgfältige Prüfung notwendig sind. [2]Soweit es die Vorbereitung der Abschlußprüfung erfordert, hat der Abschlußprüfer die Rechte nach Absatz 1 Satz 2 und nach Satz 1 auch schon vor Aufstellung des Jahresabschlusses. [3]Soweit es für eine sorgfältige Prüfung notwendig ist, hat der Abschlußprüfer die Rechte nach den Sätzen 1 und 2 auch gegenüber Mutter- und Tochterunternehmen.

(3) [1]Die gesetzlichen Vertreter einer Kapitalgesellschaft, die einen Konzernabschluß aufzustellen hat, haben dem Abschlußprüfer des Konzernabschlusses den Konzernabschluß, den Konzernlagebericht, die Jahresabschlüsse, Lageberichte und, wenn eine Prüfung stattgefunden hat, die Prüfungsberichte des Mutterunternehmens und der Tochterunternehmen vorzulegen. [2]Der Abschlußprüfer hat die Rechte nach Absatz 1 Satz 2 und nach Absatz 2 bei dem Mutterunternehmen und den Tochterunternehmen, die Rechte nach Absatz 2 auch gegenüber den Abschlußprüfern des Mutterunternehmens und der Tochterunternehmen.

## § 321 Prüfungsbericht

(1) [1]Der Abschlußprüfer hat über das Ergebnis der Prüfung schriftlich zu berichten. [2]Im Bericht ist besonders festzustellen, ob die Buchführung, der Jahresabschluß, der Lagebericht, der Konzernabschluß und der Konzernlagebericht den gesetzlichen Vorschriften entsprechen und die gesetzlichen Vertreter die verlangten Aufklärungen und Nachweise erbracht haben. [3]Die Posten des Jahresabschlusses sind aufzugliedern und ausreichend zu erläutern. [4]Nachteilige Veränderungen der Vermögens-, Finanz- und Ertragslage gegenüber dem Vorjahr und Verluste, die das Jahresergebnis nicht unwesentlich beeinflußt haben, sind aufzuführen und ausreichend zu erläutern.

(2) Stellt der Abschlußprüfer bei Wahrnehmung seiner Aufgaben Tatsachen fest, die den Bestand eines geprüften Unternehmens gefährden oder seine Entwicklung wesentlich beeinträchtigen können oder die schwerwiegende Verstöße der gesetzlichen Vertreter gegen Gesetz, Gesellschaftsvertrag oder Satzung erkennen lassen, so hat er auch darüber zu berichten.

(3) Der Abschlußprüfer hat den Bericht zu unterzeichnen und den gesetzlichen Vertretern vorzulegen.

## § 322 Bestätigungsvermerk

(1) Sind nach dem abschließenden Ergebnis der Prüfung keine Einwendungen zu erheben, so hat der Abschlußprüfer dies durch folgenden Vermerk zum Jahresabschluß und zum Konzernabschluß zu bestätigen:
„Die Buchführung und der Jahresabschluß entsprechen/Der Konzernabschluß entspricht nach meiner/unserer pflichtgemäßen Prüfung den gesetzlichen Vorschriften. Der Jahresabschluß/Konzernabschluß vermittelt unter Beachtung der Grundsätze ordnungsmäßiger Buchführung ein den tatsächlichen Verhältnissen entsprechendes Bild der Vermögens-, Finanz- und Ertragslage der Kapitalgesellschaft/des Konzerns. Der Lagebericht/Konzernlagebericht steht im Einklang mit dem Jahresabschluß/Konzernabschluß.“

(2) ¹Der Bestätigungsvermerk ist in geeigneter Weise zu ergänzen, wenn zusätzliche Bemerkungen erforderlich erscheinen, um einen falschen Eindruck über den Inhalt der Prüfung und die Tragweite des Bestätigungsvermerks zu vermeiden. ²Auf die Übereinstimmung mit dem Gesellschaftsvertrag oder der Satzung ist hinzuweisen, wenn diese in zulässiger Weise ergänzende Vorschriften über den Jahresabschluß oder den Konzernabschluß enthalten.

(3) ¹Sind Einwendungen zu erheben, so hat der Abschlußprüfer den Bestätigungsvermerk einzuschränken oder zu versagen. ²Die Versagung ist durch einen Vermerk zum Jahresabschluß oder zum Konzernabschluß zu erklären. ³Die Einschränkung und die Versagung sind zu begründen. ⁴Einschränkungen sind so darzustellen, daß deren Tragweite deutlich erkennbar wird. ⁵Ergänzungen des Bestätigungsvermerks nach Absatz 2 sind nicht als Einschränkungen anzusehen.

(4) ¹Der Abschlußprüfer hat den Bestätigungsvermerk oder den Vermerk über seine Versagung unter Angabe von Ort und Tag zu unterzeichnen. ²Der Bestätigungsvermerk oder der Vermerk über seine Versagung ist auch in den Prüfungsbericht aufzunehmen.

## § 323 Verantwortlichkeit des Abschlußprüfers

(1) ¹Der Abschlußprüfer, seine Gehilfen und die bei der Prüfung mitwirkenden gesetzlichen Vertreter einer Prüfungsgesellschaft sind zur gewissenhaften und unparteiischen Prüfung und zur Verschwiegenheit verpflichtet. ²Sie dürfen nicht unbefugt Geschäfts- und Betriebsgeheimnisse verwerten, die sie bei ihrer Tätigkeit erfahren haben. ³Wer vorsätzlich oder fahrlässig seine Pflichten verletzt, ist der Kapitalgesellschaft und, wenn ein verbundenes Unternehmen geschädigt worden ist, auch diesem zum Ersatz des daraus entstehenden Schadens verpflichtet. ⁴Mehrere Personen haften als Gesamtschuldner.

(2) ¹Die Ersatzpflicht von Personen, die fahrlässig gehandelt haben, beschränkt sich auf fünfhunderttausend Deutsche Mark für eine Prüfung. ²Dies gilt auch, wenn an der Prüfung mehrere Personen beteiligt gewesen oder mehrere zum Ersatz verpflichtende Handlungen begangen worden sind, und ohne Rücksicht darauf, ob andere Beteiligte vorsätzlich gehandelt haben.

(3) Die Verpflichtung zur Verschwiegenheit besteht, wenn eine Prüfungsgesellschaft Abschlußprüfer ist, auch gegenüber dem Aufsichtsrat und den Mitgliedern des Aufsichtsrats der Prüfungsgesellschaft.

(4) Die Ersatzpflicht nach diesen Vorschriften kann durch Vertrag weder ausgeschlossen noch beschränkt werden.

(5) Die Ansprüche aus diesen Vorschriften verjähren in fünf Jahren.

## § 324 Meinungsverschiedenheiten zwischen Kapitalgesellschaft und Abschlußprüfer

(1) Bei Meinungsverschiedenheiten zwischen dem Abschlußprüfer und der Kapitalgesellschaft über die Auslegung und Anwendung der gesetzlichen Vorschriften sowie von Bestimmungen des Gesellschaftsvertrags oder der Satzung über den Jahresabschluß, Lagebericht, Konzernabschluß oder Konzernlagebericht entscheidet auf Antrag des Abschlußprüfers oder der gesetzlichen Vertreter der Kapitalgesellschaft ausschließlich das Landgericht.

(2) ¹Auf das Verfahren ist das Gesetz über die Angelegenheiten der freiwilligen Gerichtsbarkeit anzuwenden. ²Das Landgericht entscheidet durch einen mit Gründen versehenen Beschluß. ³Die Entscheidung wird erst mit der

Rechtskraft wirksam. [4]Gegen die Entscheidung findet die sofortige Beschwerde statt, wenn das Landgericht sie in der Entscheidung zugelassen hat. [5]Es soll sie nur zulassen, wenn dadurch die Klärung einer Rechtsfrage von grundsätzlicher Bedeutung zu erwarten ist. [6]Die Beschwerde kann nur durch Einreichung einer von einem Rechtsanwalt unterzeichneten Beschwerdeschrift eingelegt werden. [7]Über sie entscheidet das Oberlandesgericht; § 28 Abs. 2 und 3 des Gesetzes über die Angelegenheiten der freiwilligen Gerichtsbarkeit ist entsprechend anzuwenden. [8]Die weitere Beschwerde ist ausgeschlossen. [9]Die Landesregierung kann durch Rechtsverordnung die Entscheidung über die Beschwerde für die Bezirke mehrerer Oberlandesgerichte einem der Oberlandesgerichte oder dem Obersten Landesgericht übertragen, wenn dies der Sicherung einer einheitlichen Rechtsprechung dient. [10]Die Landesregierung kann die Ermächtigung durch Rechtsverordnung auf die Landesjustizverwaltung übertragen.

(3) [1]Für die Kosten des Verfahrens gilt die Kostenordnung. [2]Für das Verfahren des ersten Rechtszugs wird das Doppelte der vollen Gebühr erhoben. [3]Für den zweiten Rechtszug wird die gleiche Gebühr erhoben; dies gilt auch dann, wenn die Beschwerde Erfolg hat. [4]Wird der Antrag oder die Beschwerde zurückgenommen, bevor es zu einer Entscheidung kommt, so ermäßigt sich die Gebühr auf die Hälfte. [5]Der Geschäftswert ist von Amts wegen festzusetzen. [6]Er bestimmt sich nach § 30 Abs. 2 der Kostenordnung. [7]Der Abschlußprüfer ist zur Leistung eines Kostenvorschusses nicht verpflichtet. [8]Schuldner der Kosten ist die Kapitalgesellschaft. [9]Die Kosten können jedoch ganz oder zum Teil dem Abschlußprüfer auferlegt werden, wenn dies der Billigkeit entspricht.

## Vierter Unterabschnitt. Offenlegung
## (Einreichung zu einem Register, Bekanntmachung im Bundesanzeiger).
## Veröffentlichung und Vervielfältigung.
## Prüfung durch das Registergericht

## § 325 Offenlegung

(1) [1]Die gesetzlichen Vertreter von Kapitalgesellschaften haben den Jahresabschluß unverzüglich nach seiner Vorlage an die Gesellschafter, jedoch spätestens vor Ablauf des neunten Monats des dem Abschlußstichtag nachfolgenden Geschäftsjahrs, mit dem Bestätigungsvermerk oder dem Vermerk über dessen Versagung zum Handelsregister des Sitzes der Kapitalgesellschaft einzureichen; gleichzeitig sind der Lagebericht, der Bericht des Aufsichtsrats und, soweit sich der Vorschlag für die Verwendung des Ergebnisses und der Beschluß über seine Verwendung aus dem eingereichten Jahresabschluß nicht ergeben, der Vorschlag für die Verwendung des Ergebnisses und der Beschluß über seine Verwendung unter Angabe des Jahresüberschusses oder Jahresfehlbetrags einzureichen. [2]Die gesetzlichen Vertreter haben unverzüglich nach der Einreichung der in Satz 1 bezeichneten Unterlagen im Bundesanzeiger bekanntzumachen, bei welchem Handelsregister und unter welcher Nummer diese Unterlagen eingereicht worden sind. [3]Werden zur Wahrung der Frist nach Satz 1 der Jahresabschluß und der Lagebericht ohne die anderen Unterlagen eingereicht, so sind der Bericht und der Vorschlag nach ihrem Vorliegen, die Beschlüsse nach der Beschlußfassung und der Vermerk nach der Erteilung unverzüglich einzureichen; wird der Jahresabschluß bei nachträglicher Prüfung oder Feststellung geändert, so ist auch die Änderung nach Satz 1 einzureichen.

(2) ¹Absatz 1 ist auf große Kapitalgesellschaften (§ 267 Abs. 3) mit der Maßgabe anzuwenden, daß die in Absatz 1 bezeichneten Unterlagen zunächst im Bundesanzeiger bekanntzumachen sind und die Bekanntmachung unter Beifügung der bezeichneten Unterlagen zum Handelsregister des Sitzes der Kapitalgesellschaft einzureichen ist; die Bekanntmachung nach Absatz 1 Satz 2 entfällt. ²Die Aufstellung des Anteilsbesitzes (§ 287) braucht nicht im Bundesanzeiger bekannt gemacht zu werden.

(3) ¹Die gesetzlichen Vertreter einer Kapitalgesellschaft, die einen Konzernabschluß aufzustellen hat, haben den Konzernabschluß unverzüglich nach seiner Vorlage an die Gesellschafter, jedoch spätestens vor Ablauf des neunten Monats des dem Konzernabschlußstichtag nachfolgenden Geschäftsjahrs, mit dem Bestätigungsvermerk oder dem Vermerk über dessen Versagung und den Konzernlagebericht im Bundesanzeiger bekanntzumachen und die Bekanntmachung unter Beifügung der bezeichneten Unterlagen zum Handelsregister des Sitzes der Kapitalgesellschaft einzureichen. ²Die Aufstellung des Anteilsbesitzes (§ 313 Abs. 4) braucht nicht im Bundesanzeiger bekannt gemacht zu werden. ³Absatz 1 Satz 3 ist entsprechend anzuwenden.

(4) Bei Anwendung der Absätze 2 und 3 ist für die Wahrung der Fristen nach Absatz 1 Satz 1 und Absatz 3 Satz 1 der Zeitpunkt der Einreichung der Unterlagen beim Bundesanzeiger maßgebend.

(5) Auf Gesetz, Gesellschaftsvertrag oder Satzung beruhende Pflichten der Gesellschaft, den Jahresabschluß, Lagebericht, Konzernabschluß oder Konzernlagebericht in anderer Weise bekanntzumachen, einzureichen oder Personen zugänglich zu machen, bleiben unberührt.

## § 326 Größenabhängige Erleichterungen für kleine Kapitalgesellschaften bei der Offenlegung

¹Auf kleine Kapitalgesellschaften (§ 267 Abs. 1) ist § 325 Abs. 1 mit der Maßgabe anzuwenden, daß die gesetzlichen Vertreter nur die Bilanz und den Anhang spätestens vor Ablauf des zwölften Monats des dem Bilanzstichtag nachfolgenden Geschäftsjahrs einzureichen haben. ²Soweit sich das Jahresergebnis, der Vorschlag für die Verwendung des Ergebnisses, der Beschluß über seine Verwendung aus der eingereichten Bilanz oder dem eingereichten Anhang nicht ergeben, sind auch der Vorschlag für die Verwendung des Ergebnisses und der Beschluß über seine Verwendung unter Angabe des Jahresergebnisses einzureichen. ³Der Anhang braucht die die Gewinn- und Verlustrechnung betreffenden Angaben nicht zu enthalten.

## § 327 Größenabhängige Erleichterungen für mittelgroße Kapitalgesellschaften bei der Offenlegung

¹Auf mittelgroße Kapitalgesellschaften (§ 267 Abs. 2) ist § 325 Abs. 1 mit der Maßgabe anzuwenden, daß die gesetzlichen Vertreter
1. die Bilanz nur in der für kleine Kapitalgesellschaften nach § 266 Abs. 1 Satz 3 vorgeschriebenen Form zum Handelsregister einreichen müssen. ²In der Bilanz oder im Anhang sind jedoch die folgenden Posten des § 266 Abs. 2 und 3 zusätzlich gesondert anzugeben:
Auf der Aktivseite
A I 2     Geschäfts- oder Firmenwert;
A II 1   Grundstücke, grundstücksgleiche Rechte und Bauten einschließlich der Bauten auf fremden Grundstücken;
A II 2   technische Anlagen und Maschinen;

A II 3 andere Anlagen, Betriebs- und Geschäftsausstattung;
A II 4 geleistete Anzahlungen und Anlagen im Bau;
A III 1 Anteile an verbundenen Unternehmen;
A III 2 Ausleihungen an verbundene Unternehmen;
A III 3 Beteiligungen;
A III 4 Ausleihungen an Unternehmen, mit denen ein Beteiligungsverhältnis besteht;
B II 2 Forderungen gegen verbundene Unternehmen;
B II 3 Forderungen gegen Unternehmen, mit denen ein Beteiligungsverhältnis besteht;
B III 1 Anteile an verbundenen Unternehmen;
B III 2 eigene Anteile.
Auf der Passivseite
C 1 Anleihen,
davon konvertibel;
C 2 Verbindlichkeiten gegenüber Kreditinstituten;
C 6 Verbindlichkeiten gegenüber verbundenen Unternehmen;
C 7 Verbindlichkeiten gegenüber Unternehmen, mit denen ein Beteiligungsverhältnis besteht;
2. den Anhang ohne die Angaben nach § 285 Nr. 2, 5 und 8 Buchstabe a, Nr. 12 zum Handelsregister einreichen dürfen.

## § 328 Form und Inhalt der Unterlagen bei der Offenlegung, Veröffentlichung und Vervielfältigung

(1) Bei der vollständigen oder teilweisen Offenlegung des Jahresabschlusses und des Konzernabschlusses und bei der Veröffentlichung oder Vervielfältigung in anderer Form aufgrund des Gesellschaftsvertrags oder der Satzung sind die folgenden Vorschriften einzuhalten:
1. ¹Der Jahresabschluß und der Konzernabschluß sind so wiederzugeben, daß sie den für ihre Aufstellung maßgeblichen Vorschriften entsprechen, soweit nicht Erleichterungen nach §§ 326, 327 in Anspruch genommen werden; sie haben in diesem Rahmen vollständig und richtig zu sein. ²Das Datum der Feststellung ist anzugeben, sofern der Jahresabschluß festgestellt worden ist. ³Wurde der Jahresabschluß oder der Konzernabschluß aufgrund gesetzlicher Vorschriften durch einen Abschlußprüfer geprüft, so ist jeweils der vollständige Wortlaut des Bestätigungsvermerks oder des Vermerks über dessen Versagung wiederzugeben; wird der Jahresabschluß wegen der Inanspruchnahme von Erleichterungen nur teilweise offengelegt und bezieht sich der Bestätigungsvermerk auf den vollständigen Jahresabschluß, so ist hierauf hinzuweisen.
2. Werden der Jahresabschluß oder der Konzernabschluß zur Wahrung der gesetzlich vorgeschriebenen Fristen über die Offenlegung vor der Prüfung oder Feststellung, sofern diese gesetzlich vorgeschrieben sind, oder nicht gleichzeitig mit beizufügenden Unterlagen offengelegt, so ist hierauf bei der Offenlegung hinzuweisen.

(2) ¹Werden der Jahresabschluß oder der Konzernabschluß in Veröffentlichungen und Vervielfältigungen, die nicht durch Gesetz, Gesellschaftsvertrag oder Satzung vorgeschrieben sind, nicht in der nach Absatz 1 vorgeschriebenen Form wiedergegeben, so ist jeweils in einer Überschrift darauf hinzuweisen, daß es sich nicht um eine der gesetzlichen Form entsprechende Veröffentlichung handelt. ²Ein Bestätigungsvermerk darf nicht beigefügt werden. ³Ist jedoch aufgrund gesetzlicher Vorschriften eine Prüfung durch einen Abschluß-

prüfer erfolgt, so ist anzugeben, ob der Abschlußprüfer den in gesetzlicher Form erstellten Jahresabschluß oder den Konzernabschluß bestätigt hat oder ob er die Bestätigung eingeschränkt oder versagt hat. [4]Ferner ist anzugeben, bei welchem Handelsregister und in welcher Nummer des Bundesanzeigers die Offenlegung erfolgt ist oder daß die Offenlegung noch nicht erfolgt ist.

(3) [1]Absatz 1 Nr. 1 ist auf den Lagebericht, den Konzernlagebericht, den Vorschlag für die Verwendung des Ergebnisses und den Beschluß über seine Verwendung sowie auf die Aufstellung des Anteilsbesitzes entsprechend anzuwenden. [2]Werden die in Satz 1 bezeichneten Unterlagen nicht gleichzeitig mit dem Jahresabschluß oder dem Konzernabschluß offengelegt, so ist bei ihrer nachträglichen Offenlegung jeweils anzugeben, auf welchen Abschluß sie sich beziehen und wo dieser offengelegt worden ist; dies gilt auch für die nachträgliche Offenlegung des Bestätigungsvermerks oder des Vermerks über seine Versagung.

## § 329  Prüfungspflicht des Registergerichts

(1) Das Gericht prüft, ob die vollständig oder teilweise zum Handelsregister einzureichenden Unterlagen vollzählig sind und, sofern vorgeschrieben, bekanntgemacht worden sind.

(2) [1]Gibt die Prüfung nach Absatz 1 Anlaß zu der Annahme, daß von der Größe der Kapitalgesellschaft abhängige Erleichterungen nicht hätten in Anspruch genommen werden dürfen, so kann das Gericht zu seiner Unterrichtung von der Kapitalgesellschaft innerhalb einer angemessenen Frist die Mitteilung der Umsatzerlöse (§ 277 Abs. 1) und der durchschnittlichen Zahl der Arbeitnehmer (§ 267 Abs. 5) verlangen. [2]Unterläßt die Kapitalgesellschaft die fristgemäße Mitteilung, so gelten die Erleichterungen als zu Unrecht in Anspruch genommen.

## Fünfter Unterabschnitt. Verordnungsermächtigung für Formblätter und andere Vorschriften

### § 330

(1) [1]Der Bundesminister der Justiz wird ermächtigt, im Einvernehmen mit dem Bundesminister der Finanzen und dem Bundesminister für Wirtschaft durch Rechtsverordnung, die nicht der Zustimmung des Bundesrates bedarf, für Kapitalgesellschaften Formblätter vorzuschreiben oder andere Vorschriften für die Gliederung des Jahresabschlusses oder des Konzernabschlusses oder den Inhalt des Anhangs, des Konzernanhangs, des Lageberichts oder des Konzernlageberichts zu erlassen, wenn der Geschäftszweig eine von den §§ 266, 275 abweichende Gliederung des Jahresabschlusses oder des Konzernabschlusses oder von den Vorschriften des Ersten Abschnitts und des Ersten und Zweiten Unterabschnitts des Zweiten Abschnitts abweichende Regelungen erfordert. [2]Die sich aus den abweichenden Vorschriften ergebenden Anforderungen an die in Satz 1 bezeichneten Unterlagen sollen den Anforderungen gleichwertig sein, die sich für große Kapitalgesellschaften (§ 267 Abs. 3) aus den Vorschriften des Ersten Abschnitts und des Ersten und Zweiten Unterabschnitts des Zweiten Abschnitts sowie den für den Geschäftszweig geltenden Vorschriften ergeben. [3]Über das geltende Recht hinausgehende Anforderungen dürfen nur gestellt werden, soweit sie auf Rechtsakten des Rates der Europäischen Gemeinschaften beruhen.

(2) [1]Absatz 1 ist auf Kreditinstitute im Sinne des § 1 Abs. 1 des Gesetzes

über das Kreditwesen, soweit sie nach dessen § 2 Abs. 1 oder 4 von der Anwendung nicht ausgenommen sind, nach Maßgabe der Sätze 3 und 4 ungeachtet ihrer Rechtsform anzuwenden. [2]Satz 1 ist auch auf Zweigstellen von Unternehmen mit Sitz in einem Staat anzuwenden, der nicht Mitglied der Europäischen Wirtschaftsgemeinschaft ist, sofern die Zweigstelle nach § 53 Abs. 1 des Gesetzes über das Kreditwesen als Kreditinstitut gilt. [3]Die Rechtsverordnung bedarf nicht der Zustimmung des Bundesrates; sie ist im Einvernehmen mit dem Bundesminister der Finanzen und im Benehmen mit der Deutschen Bundesbank zu erlassen. [4]In die Rechtsverordnung nach Satz 1 können auch nähere Bestimmungen über die Aufstellung des Jahresabschlusses und des Konzernabschlusses im Rahmen der vorgeschriebenen Formblätter für die Gliederung des Jahresabschlusses und des Konzernabschlusses aufgenommen werden, soweit dies zur Erfüllung der Aufgaben des Bundesaufsichtsamts für das Kreditwesen oder der Deutschen Bundesbank erforderlich ist, insbesondere um einheitliche Unterlagen zur Beurteilung der von den Kreditinstituten durchgeführten Bankgeschäfte zu erhalten.*

## Sechster Unterabschnitt. Straf- und Bußgeldvorschriften. Zwangsgelder

### § 331 Unrichtige Darstellung

Mit Freiheitsstrafe bis zu drei Jahren oder mit Geldstrafe wird bestraft, wer
1. als Mitglied des vertretungsberechtigten Organs oder des Aufsichtsrats einer Kapitalgesellschaft die Verhältnisse der Kapitalgesellschaft in der Eröffnungsbilanz, im Jahresabschluß oder im Lagebericht unrichtig wiedergibt oder verschleiert,
2. als Mitglied des vertretungsberechtigten Organs oder des Aufsichtsrats einer Kapitalgesellschaft die Verhältnisse des Konzerns im Konzernabschluß oder im Konzernlagebericht unrichtig wiedergibt oder verschleiert,
3. als Mitglied des vertretungsberechtigten Organs einer Kapitalgesellschaft zum Zwecke der Befreiung nach § 291 oder einer nach § 292 erlassenen Rechtsverordnung einen Konzernabschluß oder Konzernlagebericht, in dem die Verhältnisse des Konzerns unrichtig wiedergegeben oder verschleiert worden sind, vorsätzlich oder leichtfertig offenlegt oder
4. als Mitglied des vertretungsberechtigten Organs einer Kapitalgesellschaft oder als Mitglied des vertretungsberechtigten Organs oder als vertretungsberechtigter Gesellschafter eines ihrer Tochterunternehmen (§ 290 Abs. 1, 2) in Aufklärungen oder Nachweisen, die nach § 320 einem Abschlußprüfer der Kapitalgesellschaft, eines verbundenen Unternehmens oder des Konzerns zu geben sind, unrichtige Angaben macht oder die Verhältnisse der Kapitalgesellschaft, eines Tochterunternehmens oder des Konzerns unrichtig wiedergibt oder verschleiert.

### § 332 Verletzung der Berichtspflicht

(1) Mit Freiheitsstrafe bis zu drei Jahren oder mit Geldstrafe wird bestraft, wer als Abschlußprüfer oder Gehilfe eines Abschlußprüfers über das Ergebnis der Prüfung eines Jahresabschlusses, eines Lageberichts, eines Konzernabschlusses oder eines Konzernlageberichts einer Kapitalgesellschaft unrichtig berichtet, im Prüfungsbericht (§ 321) erhebliche Umstände verschweigt oder einen inhaltlich unrichtigen Bestätigungsvermerk (§ 322) erteilt.

---

* § 330 Abs. 2 eingefügt durch das Bankbilanzrichtlinie-Gesetz; zur Anwendung s. Art. 30 und 31 EGHGB.

(2) Handelt der Täter gegen Entgelt oder in der Absicht, sich oder einen anderen zu bereichern oder einen anderen zu schädigen, so ist die Strafe Freiheitsstrafe bis zu fünf Jahren oder Geldstrafe.

## § 333 Verletzung der Geheimhaltungspflicht

(1) Mit Freiheitsstrafe bis zu einem Jahr oder mit Geldstrafe wird bestraft, wer ein Geheimnis der Kapitalgesellschaft, eines Tochterunternehmens (§ 290 Abs. 1, 2), eines gemeinsam geführten Unternehmens (§ 310) oder eines assoziierten Unternehmens (§ 311), namentlich ein Betriebs- oder Geschäftsgeheimnis, das ihm in seiner Eigenschaft als Abschlußprüfer oder Gehilfe eines Abschlußprüfers bei Prüfung des Jahresabschlusses oder des Konzernabschlusses bekannt geworden ist, unbefugt offenbart.

(2) ¹Handelt der Täter gegen Entgelt oder in der Absicht, sich oder einen anderen zu bereichern oder einen anderen zu schädigen, so ist die Strafe Freiheitsstrafe bis zu zwei Jahren oder Geldstrafe. ²Ebenso wird bestraft, wer ein Geheimnis der in Absatz 1 bezeichneten Art, namentlich ein Betriebs- oder Geschäftsgeheimnis, das ihm unter den Voraussetzungen des Absatzes 1 bekannt geworden ist, unbefugt verwertet.

(3) Die Tat wird nur auf Antrag der Kapitalgesellschaft verfolgt.

## § 334 Bußgeldvorschriften

(1) Ordnungswidrig handelt, wer als Mitglied des vertretungsberechtigten Organs oder des Aufsichtsrats einer Kapitalgesellschaft
1. bei der Aufstellung oder Feststellung des Jahresabschlusses einer Vorschrift
   a) des § 243 Abs. 1 oder 2, der §§ 244, 245, 246, 247, 248, 249 Abs. 1 Satz 1 oder Abs. 3, des § 250 Abs. 1 Satz 1 oder Abs. 2, des § 251 oder des § 264 Abs. 2 über Form oder Inhalt,
   b) des § 253 Abs. 1 Satz 1 in Verbindung mit § 255 Abs. 1 oder 2 Satz 1, 2 oder 6, des § 253 Abs. 1 Satz 2 oder Abs. 2 Satz 1, 2 oder 3, dieser in Verbindung mit § 279 Abs. 1 Satz 2, des § 253 Abs. 3 Satz 1 oder 2, des § 280 Abs. 1, des § 282 oder des § 283 über die Bewertung,
   c) des § 265 Abs. 2, 3, 4 oder 6, der §§ 266, 268 Abs. 2, 3, 4, 5, 6 oder 7, der §§ 272, 273, 274 Abs. 1, des § 275 oder des § 277 über die Gliederung oder
   d) des § 280 Abs. 3, des § 281 Abs. 1 Satz 2 oder 3 oder Abs. 2 Satz 1, des § 284 oder des § 285 über die in der Bilanz oder im Anhang zu machenden Angaben,
2. bei der Aufstellung des Konzernabschlusses einer Vorschrift
   a) des § 294 Abs. 1 über den Konsolidierungskreis,
   b) des § 297 Abs. 2 oder 3 oder des § 298 Abs. 1 in Verbindung mit den §§ 244, 245, 246, 247, 248, 249 Abs. 1 Satz 1 oder Abs. 3, dem § 250 Abs. 1 Satz 1 oder Abs. 2 oder dem § 251 über Inhalt oder Form,
   c) des § 300 über die Konsolidierungsgrundsätze oder das Vollständigkeitsgebot,
   d) des § 308 Abs. 1 Satz 1 in Verbindung mit den in Nummer 1 Buchstabe b bezeichneten Vorschriften oder des § 308 Abs. 2 über die Bewertung,
   e) des § 311 Abs. 1 Satz 1 in Verbindung mit § 312 über die Behandlung assoziierter Unternehmen oder
   f) des § 308 Abs. 1 Satz 3, des § 313 oder des § 314 über die im Anhang zu machenden Angaben,
3. bei der Aufstellung des Lageberichts einer Vorschrift des § 289 Abs. 1 über den Inhalt des Lageberichts,

4. bei der Aufstellung des Konzernlageberichts einer Vorschrift des § 315 Abs. 1 über den Inhalt des Konzernlageberichts,
5. bei der Offenlegung, Veröffentlichung oder Vervielfältigung einer Vorschrift des § 328 über Form oder Inhalt oder
6. einer aufgrund des § 330 Absatz 1 Satz 1 erlassenen Rechtsverordnung, soweit sie für einen bestimmten Tatbestand auf diese Bußgeldvorschrift verweist,

zuwiderhandelt.

(2) Ordnungswidrig handelt auch, wer zu einem Jahresabschluß oder einem Konzernabschluß, der aufgrund gesetzlicher Vorschriften zu prüfen ist, einen Vermerk nach § 322 erteilt, obwohl nach § 319 Abs. 2 er oder nach § 319 Abs. 3 die Wirtschaftsprüfungsgesellschaft oder Buchprüfungsgesellschaft, für die er tätig wird, nicht Abschlußprüfer sein darf.

(3) Die Ordnungswidrigkeit kann mit einer Geldbuße bis zu fünfzigtausend Deutsche Mark geahndet werden.

(4) Die Absätze 1 bis 3 sind auf Kreditinstitute im Sinne des § 340 nicht anzuwenden.*

### § 335 Festsetzung von Zwangsgeld

[1]Mitglieder des vertretungsberechtigten Organs einer Kapitalgesellschaft, die
1. § 242 Abs. 1 und 2, § 264 Abs. 1 über die Pflicht zur Aufstellung eines Jahresabschlusses und eines Lageberichts,
2. § 290 Abs. 1 und 2 über die Pflicht zur Aufstellung eines Konzernabschlusses und eines Konzernlageberichts,
3. § 318 Abs. 1 Satz 4 über die Pflicht zur unverzüglichen Erteilung des Prüfungsauftrags,
4. § 318 Abs. 4 Satz 3 über die Pflicht, den Antrag auf gerichtliche Bestellung des Abschlußprüfers zu stellen,
5. § 320 über die Pflichten gegenüber dem Abschlußprüfer oder
6. § 325 über die Pflicht zur Offenlegung des Jahresabschlusses, des Lageberichts, des Konzernabschlusses, des Konzernlageberichts und anderer Unterlagen der Rechnungslegung
nicht befolgen, sind hierzu vom Registergericht durch Festsetzung von Zwangsgeld nach § 132 Abs. 1 des Gesetzes über die Angelegenheiten der freiwilligen Gerichtsbarkeit anzuhalten. [2]Das Registergericht schreitet jedoch nur ein, wenn ein Gesellschafter, Gläubiger oder der Gesamtbetriebsrat oder, wenn ein solcher nicht besteht, der Betriebsrat der Kapitalgesellschaft dies beantragt; § 14 ist insoweit nicht anzuwenden. [3]Bestehen die Pflichen hinsichtlich eines Konzernabschlusses und eines Konzernlageberichts, so können den Antrag nach Satz 2 auch die Gesellschafter und Gläubiger eines Tochterunternehmens sowie der Konzernbetriebsrat stellen. [4]Die Antragsberechtigung ist glaubhaft zu machen. [5]Ein späterer Wegfall der Antragsberechtigung ist unschädlich. [6]Der Antrag kann nicht zurückgenommen werden. [7]Das Gericht kann von der wiederholten Androhung und Festsetzung eines Zwangsgeldes absehen. [8]Das einzelne Zwangsgeld darf den Betrag von zehntausend Deutsche Mark nicht übersteigen.

---

* § 333 Abs. 4 eingefügt durch das Bankbilanzrichtlinie-Gesetz; zur Anwendung s. Art. 30 und 31 EGHGB.

**Dritter Abschnitt. Ergänzende Vorschriften für eingetragene Genossenschaften**

### § 336 Pflicht zur Aufstellung von Jahresabschluß und Lagebericht

(1) [1]Der Vorstand einer Genossenschaft hat den Jahresabschluß (§ 242) um einen Anhang zu erweitern, der mit der Bilanz und der Gewinn- und Verlustrechnung eine Einheit bildet, sowie einen Lagebericht aufzustellen. [2]Der Jahresabschluß und der Lagebericht sind in den ersten fünf Monaten des Geschäftsjahrs für das vergangene Geschäftsjahr aufzustellen.

(2) [1]Auf den Jahresabschluß und den Lagebericht sind, soweit in den folgenden Vorschriften nichts anderes bestimmt ist, § 264 Abs. 2, §§ 265 bis 289 über den Jahresabschluß und den Lagebericht entsprechend anzuwenden; § 277 Abs. 3 Satz 1, §§ 279, 280, 281 Abs. 2 Satz 1, § 285 Nr. 5, 6 brauchen jedoch nicht angewendet zu werden. [2]Sonstige Vorschriften, die durch den Geschäftszweig bedingt sind, bleiben unberührt.

(3) § 330 Abs. 1 über den Erlaß von Rechtsverordnungen ist entsprechend anzuwenden.

### § 337 Vorschriften zur Bilanz

(1) [1]An Stelle des gezeichneten Kapitals ist der Betrag der Geschäftsguthaben der Genossen auszuweisen. [2]Dabei ist der Betrag der Geschäftsguthaben der mit Ablauf des Geschäftsjahrs ausgeschiedenen Genossen gesondert anzugeben. [3]Werden rückständige fällige Einzahlungen auf Geschäftsanteile in der Bilanz als Geschäftsguthaben ausgewiesen, so ist der entsprechende Betrag auf der Aktivseite unter der Bezeichnung „Rückständige fällige Einzahlungen auf Geschäftsanteile" einzustellen. [4]Werden rückständige fällige Einzahlungen nicht als Geschäftsguthaben ausgewiesen, so ist der Betrag bei dem Posten „Geschäftsguthaben" zu vermerken. [5]In beiden Fällen ist der Betrag mit dem Nennwert anzusetzen.

(2) An Stelle der Gewinnrücklagen sind die Ergebnisrücklagen auszuweisen und wie folgt aufzugliedern:
1. Gesetzliche Rücklage;
2. andere Ergebnisrücklagen; die Ergebnisrücklage nach § 73 Abs. 3 des Gesetzes betreffend die Erwerbs- und Wirtschaftsgenossenschaften und die Beträge, die aus dieser Ergebnisrücklage an ausgeschiedene Genossen auszuzahlen sind, müssen vermerkt werden.

(3) Bei den Ergebnisrücklagen sind gesondert aufzuführen:
1. Die Beträge, welche die Generalversammlung aus dem Bilanzgewinn des Vorjahrs eingestellt hat;
2. die Beträge, die aus dem Jahresüberschuß des Geschäftsjahrs eingestellt werden;
3. die Beträge, die für das Geschäftsjahr entnommen werden.

### § 338 Vorschriften zum Anhang

(1) [1]Im Anhang sind auch Angaben zu machen über die Zahl der im Laufe des Geschäftsjahrs eingetretenen oder ausgeschiedenen sowie die Zahl der am Schluß des Geschäftsjahrs der Genossenschaft angehörenden Genossen. [2]Ferner sind der Gesamtbetrag, um welchen in diesem Jahr die Geschäftsguthaben

sowie die Haftsummen der Genossen sich vermehrt oder vermindert haben, und der Betrag der Haftsummen anzugeben, für welche am Jahresschluß alle Genossen zusammen aufzukommen haben.

(2) Im Anhang sind ferner anzugeben:

1. Name und Anschrift des zuständigen Prüfungsverbandes, dem die Genossenschaft angehört;

2. alle Mitglieder des Vorstands und des Aufsichtsrats, auch wenn sie im Geschäftsjahr oder später ausgeschieden sind, mit dem Familiennamen und mindestens einem ausgeschriebenen Vornamen; ein etwaiger Vorsitzender des Aufsichtsrats ist als solcher zu bezeichnen.

(3) [1]An Stelle der in § 285 Nr. 9 vorgeschriebenen Angaben über die an Mitglieder von Organen geleisteten Bezüge, Vorschüsse und Kredite sind lediglich die Forderungen anzugeben, die der Genossenschaft gegen Mitglieder des Vorstands oder Aufsichtsrats zustehen. [2]Die Beträge dieser Forderungen können für jedes Organ in einer Summe zusammengefaßt werden.

## § 339 Offenlegung

(1) [1]Der Vorstand hat unverzüglich nach der Generalversammlung über den Jahresabschluß den festgestellten Jahresabschluß, den Lagebericht und den Bericht des Aufsichtsrats zum Genossenschaftsregister des Sitzes der Genossenschaft einzureichen. [2]Ist die Erteilung eines Bestätigungsvermerks nach § 58 Abs. 2 des Gesetzes betreffend die Erwerbs- und Wirtschaftsgenossenschaften vorgeschrieben, so ist dieser mit dem Jahresabschluß einzureichen; hat der Prüfungsverband die Bestätigung des Jahresabschlusses versagt, so muß dies auf dem eingereichten Jahresabschluß vermerkt und der Vermerk vom Prüfungsverband unterschrieben sein. [3]Ist die Prüfung des Jahresabschlusses im Zeitpunkt der Einreichung der Unterlagen nach Satz 1 nicht abgeschlossen, so ist der Bestätigungsvermerk oder der Vermerk über seine Versagung unverzüglich nach Abschluß der Prüfung einzureichen. [4]Wird der Jahresabschluß oder der Lagebericht nach der Einreichung geändert, so ist auch die geänderte Fassung einzureichen.

(2) [1]Der Vorstand einer Genossenschaft, die die Größenmerkmale des § 267 Abs. 3 erfüllt, hat ferner unverzüglich nach der Generalversammlung über den Jahresabschluß den festgestellten Jahresabschluß mit dem Bestätigungsvermerk in den für die Bekanntmachungen der Genossenschaft bestimmten Blättern bekanntzumachen und die Bekanntmachung zu dem Genossenschaftsregister des Sitzes der Genossenschaft einzureichen. [2]Ist die Prüfung des Jahresabschlusses im Zeitpunkt der Generalversammlung nicht abgeschlossen, so hat die Bekanntmachung nach Satz 1 unverzüglich nach dem Abschluß der Prüfung zu erfolgen.

(3) Die §§ 326 bis 329 über die größenabhängigen Erleichterungen bei der Offenlegung, über Form und Inhalt der Unterlagen bei der Offenlegung, Veröffentlichung und Vervielfältigung sowie über die Prüfungspflicht des Registergerichts sind entsprechend anzuwenden.

**Vierter Abschnitt. Ergänzende Vorschriften für Kreditinstitute\***

**Erster Titel. Anwendungsbereich**

### § 340 [Anwendung]

(1) [1]Dieser Abschnitt ist auf Kreditinstitute im Sinne des § 1 Abs. 1 des Gesetzes über das Kreditwesen anzuwenden, soweit sie nach dessen § 2 Abs. 1 oder 4 von der Anwendung nicht ausgenommen sind, sowie auf Zweigstellen von Unternehmen mit Sitz in einem Staat, der nicht Mitglied der Europäischen Wirtschaftsgemeinschaft ist, sofern die Zweigstelle nach § 53 Abs. 1 des Gesetzes über das Kreditwesen als Kreditinstitut gilt. [2]§ 3401 Abs. 2 bis 4 ist außerdem auf Zweigstellen von Unternehmen mit Sitz in einem anderen Mitgliedstaat der Europäischen Wirtschaftsgemeinschaft anzuwenden, sofern die Zweigstelle nach § 53 Abs. 1 des Gesetzes über das Kreditwesen als Kreditinstitut gilt. [3]Zusätzliche Anforderungen auf Grund von Vorschriften, die wegen der Rechtsform oder für Zweigstellen bestehen, bleiben unberührt.

(2) Dieser Abschnitt ist auf Unternehmen der in § 2 Abs. 1 Nr. 5 und 8 des Gesetzes über das Kreditwesen bezeichneten Art insoweit ergänzend anzuwenden, als sie Bankgeschäfte betreiben, die nicht zu den ihnen eigentümlichen Geschäften gehören.

(3) Dieser Abschnitt ist auf Wohnungsunternehmen mit Spareinrichtung nicht anzuwenden.

**Zweiter Titel. Jahresabschluß, Lagebericht**

### § 340 a Anzuwendende Vorschriften

(1) Kreditinstitute, auch wenn sie nicht in der Rechtsform einer Kapitalgesellschaft betrieben werden, haben auf ihren Jahresabschluß die für große Kapitalgesellschaften geltenden Vorschriften des Ersten Unterabschnitts des Zweiten Abschnitts anzuwenden, soweit in den Vorschriften dieses Abschnitts nichts anderes bestimmt ist; Kreditinstitute haben außerdem einen Lagebericht nach § 289 aufzustellen.

(2) [1]§ 265 Abs. 6 und 7, §§ 267, 268 Abs. 4 Satz 1, Abs. 5 Satz 1 und 2, §§ 276, 277 Abs. 1, 2, 3 Satz 1, § 279 Abs. 1 Satz 2, § 284 Abs. 2 Nr. 4, § 285 Nr. 8 und 12, § 288 sind nicht anzuwenden. [2]An Stelle von § 247 Abs. 1, §§ 251, 266, 268 Abs. 2 und 7, §§ 275, 285 Nr. 1, 2, 4 und 9 Buchstabe c sind die durch Rechtsverordnung erlassenen Formblätter und anderen Vorschriften anzuwenden. [3]§ 246 Abs. 2 ist nicht anzuwenden, soweit abweichende Vorschriften bestehen.

### § 340 b Pensionsgeschäfte

(1) Pensionsgeschäfte sind Verträge, durch die ein Kreditinstitut oder der Kunde eines Kreditinstituts (Pensionsgeber) ihm gehörende Vermögensgegenstände einem anderen Kreditinstitut oder einem seiner Kunden (Pensionsnehmer) gegen Zahlung eines Betrages überträgt und in denen gleichzeitig vereinbart wird, daß die Vermögensgegenstände später gegen Entrichtung des empfangenen oder eines im voraus vereinbarten anderen Betrags an den Pensionsgeber zurückübertragen werden müssen oder können.

---

\* Eingefügt durch das Bankbilanzrichtlinie-Gesetz; zur Anwendung s. Art. 30 und 31 EGHGB.

(2) Übernimmt der Pensionsnehmer die Verpflichtung, die Vermögensgegenstände zu einem bestimmten oder vom Pensionsgeber zu bestimmenden Zeitpunkt zurückzuübertragen, so handelt es sich um ein echtes Pensionsgeschäft.

(3) Ist der Pensionsnehmer lediglich berechtigt, die Vermögensgegenstände zu einem vorher bestimmten oder von ihm noch zu bestimmenden Zeitpunkt zurückzuübertragen, so handelt es sich um ein unechtes Pensionsgeschäft.

(4) [1]Im Falle von echten Pensionsgeschäften sind die übertragenen Vermögensgegenstände in der Bilanz des Pensionsgebers weiterhin auszuweisen. [2]Der Pensionsgeber hat in Höhe des für die Übertragung erhaltenen Betrags eine Verbindlichkeit gegenüber dem Pensionsnehmer auszuweisen. [3]Ist für die Rückübertragung ein höherer oder ein niedrigerer Betrag vereinbart, so ist der Unterschiedsbetrag über die Laufzeit des Pensionsgeschäfts zu verteilen. [4]Außerdem hat der Pensionsgeber den Buchwert der in Pension gegebenen Vermögensgegenstände im Anhang anzugeben. [5]Der Pensionsnehmer darf die ihm in Pension gegebenen Vermögensgegenstände nicht in seiner Bilanz ausweisen; er hat in Höhe des für die Übertragung gezahlten Betrags eine Forderung an den Pensionsgeber in seiner Bilanz auszuweisen. [6]Ist für die Rückübertragung ein höherer oder ein niedrigerer Betrag vereinbart, so ist der Unterschiedsbetrag über die Laufzeit des Pensionsgeschäfts zu verteilen.

(5) [1]Im Falle von unechten Pensionsgeschäften sind die Vermögensgegenstände nicht in der Bilanz des Pensionsgebers, sondern in der Bilanz des Pensionsnehmers auszuweisen. [2]Der Pensionsgeber hat unter der Bilanz den für den Fall der Rückübertragung vereinbarten Betrag anzugeben.

(6) Devisentermingeschäfte, Börsentermingeschäfte und ähnliche Geschäfte sowie die Ausgabe eigener Schuldverschreibungen auf abgekürzte Zeit gelten nicht als Pensionsgeschäfte im Sinne dieser Vorschrift.

## § 340c Vorschriften zur Gewinn- und Verlustrechnung

(1) [1]Als Ertrag oder Aufwand aus Finanzgeschäften ist der Unterschiedsbetrag der Erträge und Aufwendungen aus Geschäften mit Wertpapieren des Handelsbestands, Finanzinstrumenten, Devisen und Edelmetallen sowie der Erträge aus Zuschreibungen und der Aufwendungen aus Abschreibungen bei diesen Vermögensgegenständen auszuweisen. [2]In die Verrechnung sind außerdem die Aufwendungen für die Bildung von Rückstellungen für drohende Verluste aus den in Satz 1 bezeichneten Geschäften und die Erträge aus der Auflösung dieser Rückstellungen einzubeziehen.

(2) [1]Die Aufwendungen aus Abschreibungen auf Beteiligungen, Anteile an verbundenen Unternehmen und wie Anlagevermögen behandelte Wertpapiere dürfen mit den Erträgen aus Zuschreibungen zu solchen Vermögensgegenständen verrechnet und in einem Aufwand- oder Ertragsposten ausgewiesen werden. [2]In die Verrechnung nach Satz 1 dürfen auch die Aufwendungen und Erträge aus Geschäften mit solchen Vermögensgegenständen einbezogen werden.

## § 340d Fristengliederung

*Die Forderungen und Verbindlichkeiten sind im Anhang nach der Fristigkeit zu gliedern. Für die Gliederung nach der Fristigkeit ist die Restlaufzeit am Bilanzstichtag maßgebend.**

---

* § 340d tritt gem. Art. 14 Abs. 2 Bankbilanzrichtlinie-Gesetz (BGBl. I 1990 S. 2570) am 1. 1. 1998 in Kraft.

## Dritter Titel. Bewertungsvorschriften

## § 340 e Bewertung von Vermögensgegenständen

(1) [1]Kreditinstitute haben Beteiligungen einschließlich der Anteile an verbundenen Unternehmen, Konzessionen, gewerbliche Schutzrechte und ähnliche Rechte und Werte sowie Lizenzen an solchen Rechten und Werten, Grundstücke, grundstücksgleiche Rechte und Bauten einschließlich der Bauten auf fremden Grundstücken, technische Anlagen und Maschinen, andere Anlagen, Betriebs- und Geschäftsausstattung sowie Anlagen im Bau nach den für das Anlagevermögen geltenden Vorschriften zu bewerten, es sei denn, daß sie nicht dazu bestimmt sind, dauernd dem Geschäftsbetrieb zu dienen; in diesem Falle sind sie nach Satz 2 zu bewerten. [2]Andere Vermögensgegenstände, insbesondere Forderungen und Wertpapiere, sind nach den für das Umlaufvermögen geltenden Vorschriften zu bewerten, es sei denn, daß sie dazu bestimmt werden, dauernd dem Geschäftsbetrieb zu dienen; in diesem Falle sind sie nach Satz 1 zu bewerten. [3]§ 253 Abs. 2 Satz 3 darf auf die in Satz 1 bezeichneten Vermögensgegenstände mit Ausnahme der Beteiligungen und der Anteile an verbundenen Unternehmen nur angewendet werden, wenn es sich um eine voraussichtlich dauernde Wertminderung handelt.

(2) [1]Abweichend von § 253 Abs. 1 Satz 1 dürfen Hypothekendarlehen und andere Forderungen mit ihrem Nennbetrag angesetzt werden, soweit der Unterschiedsbetrag zwischen dem Nennbetrag und dem Auszahlungsbetrag oder den Anschaffungskosten Zinscharakter hat. [2]Ist der Nennbetrag höher als der Auszahlungsbetrag oder die Anschaffungskosten, so ist der Unterschiedsbetrag in den Rechnungsabgrenzungsposten auf der Passivseite aufzunehmen; er ist planmäßig aufzulösen und in seiner jeweiligen Höhe in der Bilanz oder im Anhang gesondert anzugeben. [3]Ist der Nennbetrag niedriger als der Auszahlungsbetrag oder die Anschaffungskosten, so darf der Unterschiedsbetrag in den Rechnungsabgrenzungsposten auf der Aktivseite aufgenommen werden; er ist planmäßig aufzulösen und in seiner jeweiligen Höhe in der Bilanz oder im Anhang gesondert anzugeben.

## § 340 f Vorsorge für allgemeine Bankrisiken

(1) [1]Kreditinstitute dürfen Forderungen an Kreditinstitute und Kunden, Schuldverschreibungen und andere festverzinsliche Wertpapiere sowie Aktien und andere nicht festverzinsliche Wertpapiere, die weder wie Anlagevermögen behandelt werden noch Teil des Handelsbestands sind, mit einem niedrigeren als dem nach § 253 Abs. 1 Satz 1, Abs. 3 vorgeschriebenen oder zugelassenen Wert ansetzen, soweit dies nach vernünftiger kaufmännischer Beurteilung zur Sicherung gegen die besonderen Risiken des Geschäftszweigs der Kreditinstitute notwendig ist. [2]Der Betrag der auf diese Weise gebildeten Vorsorgereserven darf vier vom Hundert des Gesamtbetrags der in Satz 1 bezeichneten Vermögensgegenstände, der sich bei deren Bewertung nach § 253 Abs. 1 Satz 1, Abs. 3 ergibt, nicht übersteigen.

(2) [1]Ein niedrigerer Wertansatz nach Absatz 1 darf beibehalten werden; § 280 ist auf die in Absatz 1 bezeichneten Vermögensgegenstände nicht anzuwenden. [2]In der Bilanz oder im Anhang brauchen die in § 281 Abs. 1 Satz 2, Abs. 2 verlangten Angaben und Aufgliederungen nicht gemacht zu werden, soweit Satz 1 angewendet wird.

(3) Aufwendungen und Erträge aus der Anwendung von Absatz 1 und aus Geschäften mit in Absatz 1 bezeichneten Wertpapieren und Aufwendungen

aus Abschreibungen sowie Erträge aus Zuschreibungen zu diesen Wertpapieren dürfen mit den Aufwendungen und Abschreibungen auf Forderungen, Zuführungen zu Rückstellungen für Eventualverbindlichkeiten und für Kreditrisiken sowie mit den Erträgen aus Zuschreibungen zu Forderungen oder aus deren Eingang nach teilweiser oder vollständiger Abschreibung und aus Auflösungen von Rückstellungen für Eventualverbindlichkeiten und für Kreditrisiken verrechnet und in der Gewinn- und Verlustrechnung ein einem Aufwand- oder Ertragsposten ausgewiesen werden.

(4) Angaben über die Bildung und Auflösung von Vorsorgereserven nach Absatz 1 sowie über vorgenommene Verrechnungen nach Absatz 3 brauchen im Jahresabschluß, Lagebericht, Konzernabschluß und Konzernlagebericht nicht gemacht zu werden.

## § 340 g Sonderposten für allgemeine Bankrisiken

(1) Kreditinstitute dürfen auf der Passivseite ihrer Bilanz zur Sicherung gegen allgemeine Bankrisiken einen Sonderposten „Fonds für allgemeine Bankrisiken" bilden, soweit dies nach vernünftiger kaufmännischer Beurteilung wegen der besonderen Risiken des Geschäftszweigs der Kreditinstitute notwendig ist.

(2) Die Zuführungen zum Sonderposten oder die Erträge aus der Auflösung des Sonderpostens sind in der Gewinn- und Verlustrechnung gesondert auszuweisen.

### Vierter Titel. Währungsumrechnung

## § 340 h [Währungsumrechnung]

(1) [1]Auf ausländische Währung lautende Vermögensgegenstände, die wie Anlagevermögen behandelt werden, sind, soweit sie weder durch Verbindlichkeiten noch durch Termingeschäfte in derselben Währung besonders gedeckt sind, mit ihrem Anschaffungskurs in Deutsche Mark umzurechnen. [2]Andere auf ausländische Währung lautende Vermögensgegenstände und Schulden sowie am Bilanzstichtag nicht abgewickelte Kassageschäfte sind mit dem Kassakurs am Bilanzstichtag in Deutsche Mark umzurechnen. [3]Nicht abgewickelte Termingeschäfte sind zum Terminkurs am Bilanzstichtag umzurechnen.

(2) [1]Aufwendungen, die sich aus der Währungsumrechnung ergeben, sind in der Gewinn- und Verlustrechnung zu berücksichtigen. [2]Erträge, die sich aus der Währungsumrechnung ergeben, sind in der Gewinn- und Verlustrechnung zu berücksichtigen, soweit die Vermögensgegenstände, Schulden oder Termingeschäfte durch Vermögensgegenstände, Schulden oder andere Termingeschäfte in derselben Währung besonders gedeckt sind. [3]Liegt keine besondere Deckung vor, aber eine Deckung in derselben Währung, so dürfen Erträge nach Satz 2 berücksichtigt werden, soweit sie einen nur vorübergehend wirksamen Aufwand aus der Deckung dienenden Geschäften ausgleichen. [4]In allen anderen Fällen dürfen Erträge aus der Währungsumrechnung nicht berücksichtigt werden; sie dürfen auch mit Aufwendungen nach Satz 1 nicht verrechnet werden.

## Fünfter Titel. Konzernabschluß, Konzernlagebericht

### § 340 i Pflicht zur Aufstellung

(1) [1]Kreditinstitute, auch wenn sie nicht in der Rechtsform einer Kapitalgesellschaft betrieben werden, haben unabhängig von ihrer Größe einen Konzernabschluß und einen Konzernlagebericht nach den Vorschriften des Zweiten Unterabschnitts des Zweiten Abschnitts über den Konzernabschluß und Konzernlagebericht aufzustellen, soweit in den Vorschriften dieses Abschnitts nichts anderes bestimmt ist. [2]Zusätzliche Anforderungen auf Grund von Vorschriften, die wegen der Rechtsform bestehen, bleiben unberührt.

(2) [1]Auf den Konzernabschluß sind, soweit seine Eigenart keine Abweichung bedingt, die §§ 340 a bis 340 g über den Jahresabschluß und die für die Rechtsform und den Geschäftszweig der in den Konzernabschluß einbezogenen Unternehmen mit Sitz im Geltungsbereich dieses Gesetzes geltenden Vorschriften entsprechend anzuwenden, soweit sie für große Kapitalgesellschaften gelten. [2]Die §§ 293, 298 Abs. 1 und 2, § 314 Abs. 1 Nr. 1, 3, 6 Buchstabe c sind nicht anzuwenden.

(3) Als Kreditinstitute im Sinne dieses Titels gelten auch Mutterunternehmen, deren einziger Zweck darin besteht, Beteiligungen an Tochterunternehmen zu erwerben sowie die Verwaltung und Verwertung dieser Beteiligungen wahrzunehmen, sofern diese Tochterunternehmen ausschließlich oder überwiegend Kreditinstitute sind.

### § 340 j Einzubeziehende Unternehmen

(1) Eine unterschiedliche Tätigkeit im Sinne des § 295 Abs. 1 liegt nicht vor, wenn das Tochterunternehmen eines Kreditinstituts eine Tätigkeit ausübt, die eine unmittelbare Verlängerung der Banktätigkeit oder eine Hilfstätigkeit für das Mutterunternehmen darstellt.

(2) Bezieht ein Kreditinstitut ein Tochterunternehmen, das Kreditinstitut ist, nach § 296 Abs. 1 Nr. 3 in seinen Konzernabschluß nicht ein und ist der vorübergehende Besitz von Aktien oder Anteilen dieses Unternehmens auf eine finanzielle Stützungsaktion zur Sanierung oder Rettung des genannten Unternehmens zurückzuführen, so hat es den Jahresabschluß dieses Unternehmens seinem Konzernabschluß beizufügen und im Konzernanhang zusätzliche Angaben über die Art und die Bedingungen der finanziellen Stützungsaktion zu machen.

## Sechster Titel. Prüfung

### § 340 k [Prüfung]

(1) [1]Kreditinstitute haben unabhängig von ihrer Größe ihren Jahresabschluß und Lagebericht sowie ihren Konzernabschluß und Konzernlagebericht unbeschadet der Vorschriften der §§ 28 bis 30 des Gesetzes über das Kreditwesen nach den Vorschriften des Dritten Unterabschnitts des Zweiten Abschnitts über die Prüfung prüfen zu lassen; § 319 Abs. 1 Satz 2 ist nicht anzuwenden. [2]Die Prüfung ist spätestens vor Ablauf des fünften Monats des dem Abschlußstichtag nachfolgenden Geschäftsjahrs vorzunehmen. [3]Der Jahresabschluß ist nach der Prüfung unverzüglich festzustellen.

(2) [1]Ist das Kreditinstitut eine Genossenschaft oder ein rechtsfähiger wirtschaftlicher Verein, so ist die Prüfung abweichend von § 319 Abs. 1 Satz 1 von dem Prüfungsverband durchzuführen, dem das Kreditinstitut als Mitglied an-

gehört, sofern mehr als die Hälfte der Mitglieder des Vorstands dieses Prüfungsverbands Wirtschaftsprüfer sind. ²Hat der Prüfungsverband nur zwei Vorstandsmitglieder, so muß einer von ihnen Wirtschaftsprüfer sein. ³§ 319 Abs. 2 und 3 ist entsprechend anzuwenden; § 319 Abs. 3 Nr. 5 ist nicht anzuwenden, sofern sichergestellt ist, daß der Abschlußprüfer die Prüfung unabhängig von den Weisungen durch das Aufsichtsorgan des Prüfungsverbands durchführen kann. ⁴Ist das Mutterunternehmen eine Genossenschaft, so ist der Prüfungsverband, dem die Genossenschaft angehört, unter den Voraussetzungen der Sätze 1 bis 3 auch Abschlußprüfer des Konzernabschlusses und des Konzernlageberichts.

(3) ¹Ist das Kreditinstitut eine Sparkasse, so dürfen die nach Absatz 1 vorgeschriebenen Prüfungen abweichend von § 319 Abs. 1 Satz 1 von der Prüfungsstelle eines Sparkassen- und Giroverbands durchgeführt werden. ²Die Prüfung darf von der Prüfungsstelle jedoch nur durchgeführt werden, wenn der Leiter der Prüfungsstelle die Voraussetzungen des § 319 erfüllt. ³Außerdem muß sichergestellt sein, daß der Abschlußprüfer die Prüfung unabhängig von den Weisungen der Organe des Sparkassen- und Giroverbands durchführen kann.

## Siebenter Titel. Offenlegung

### § 340 l [Offenlegung]

(1) ¹Kreditinstitute haben den Jahresabschluß und den Lagebericht sowie den Konzernabschluß und den Konzernlagebericht und die anderen in § 325 bezeichneten Unterlagen nach § 325 Abs. 2 bis 5, §§ 328, 329 Abs. 1 offenzulegen. ²Kreditinstitute, die nicht Zweigstellen sind, haben die in Satz 1 bezeichneten Unterlagen außerdem in jedem anderen Mitgliedstaat der Europäischen Wirtschaftsgemeinschaft offenzulegen, in dem sie eine Zweigstelle errichtet haben. ³Die Offenlegung (Einreichung zu einem Register, Bekanntmachung in einem Amtsblatt) richtet sich nach dem Recht des jeweiligen Mitgliedstaats.

(2) ¹Zweigstellen im Geltungsbereich dieses Gesetzes von Unternehmen mit Sitz in einem anderen Staat haben die in Absatz 1 Satz 1 bezeichneten Unterlagen ihrer Hauptniederlassung, die nach deren Recht aufgestellt und geprüft worden sind, nach § 325 Abs. 2 bis 5, §§ 328, 329 Abs. 1 offenzulegen. ²Zweigstellen im Geltungsbereich dieses Gesetzes von Unternehmen mit Sitz in einem Staat, der nicht Mitglied der Europäischen Wirtschaftsgemeinschaft ist, brauchen auf ihre eigene Geschäftstätigkeit bezogene gesonderte Rechnungslegungsunterlagen nach Absatz 1 Satz 1 nicht offenzulegen, sofern die nach Satz 1 offenzulegenden Unterlagen nach einem an die Richtlinie 86/635/EWG angepaßten Recht aufgestellt und geprüft worden oder den nach einem dieser Rechte aufgestellten Unterlagen gleichwertig sind. ³Sind die Unterlagen nicht in deutscher Sprache erstellt, so ist jeweils eine Übersetzung in deutscher Sprache beizufügen.

(3) ¹Ist das Kreditinstitut eine Genossenschaft, so tritt an die Stelle des Handelsregisters das Genossenschaftsregister. ²§ 339 ist auf Kreditinstitute, die Genossenschaften sind, nicht anzuwenden.

(4) ¹Kreditinstitute, deren Bilanzsumme am Bilanzstichtag 300 Millionen Deutsche Mark nicht übersteigt, dürfen an Stelle von § 325 Abs. 2 auf die Offenlegung § 325 Abs. 1 anwenden. ²Satz 1 ist auf Zweigstellen im Sinne des Absatzes 2 mit der Maßgabe anzuwenden, daß bei der Offenlegung von Unterlagen der Hauptniederlassung die zum Bilanzstichtag in Deutsche Mark um-

gerechnete Bilanzsumme des Kreditinstituts mit Sitz in einem anderen Staat maßgeblich ist.

## Achter Titel. Straf- und Bußgeldvorschriften, Zwangsgelder

### § 340 m Strafvorschriften

[1]Die Strafvorschriften der §§ 331 bis 333 sind auch auf nicht in der Rechtsform einer Kapitalgesellschaft betriebene Kreditinstitute anzuwenden. [2]§ 331 ist darüber hinaus auch anzuwenden auf die Verletzung von Pflichten durch den Geschäftsleiter (§ 1 Abs. 2 Satz 1 des Gesetzes über das Kreditwesen) eines nicht in der Rechtsform einer Kapitalgesellschaft betriebenen Kreditinstituts, durch den Inhaber eines in der Rechtsform des Einzelkaufmanns betriebenen Kreditinstituts oder durch den Geschäftsleiter im Sinne des § 53 Abs. 2 Nr. 1 des Gesetzes über das Kreditwesen.

### § 340 n Bußgeldvorschriften

(1) Ordnungswidrig handelt, wer als Geschäftsleiter im Sinne des § 1 Abs. 2 Satz 1 oder des § 53 Abs. 2 Nr. 1 des Gesetzes über das Kreditwesen oder als Inhaber eines in der Rechtsform des Einzelkaufmanns betriebenen Kreditinstituts oder als Mitglied des Aufsichtsrats
1. bei der Aufstellung oder Feststellung des Jahresabschlusses einer Vorschrift
   a) des § 243 Abs. 1 oder 2, der §§ 244, 245, 246 Abs. 1 oder 2, dieser in Verbindung mit § 340a Abs. 2 Satz 3, des § 247 Abs. 2 oder 3, der §§ 248, 249 Abs. 1 Satz 1 oder Abs. 3, des § 250 Abs. 1 Satz 1 oder Abs. 2, des § 264 Abs. 2, des § 340b Abs. 4 oder 5 oder des § 340c Abs. 1 über Form oder Inhalt,
   b) des § 253 Abs. 1 Satz 1 in Verbindung mit § 255 Abs. 1 oder 2 Satz 1, 2 oder 6, des § 253 Abs. 1 Satz 2 oder Abs. 2 Satz 1, 2 oder 3, dieser in Verbindung mit § 340e Abs. 1 Satz 3, des § 253 Abs. 3 Satz 1 oder 2, des § 280 Abs. 1 in Verbindung mit § 340f Abs. 2, der §§ 282, 283, des § 340e Abs. 1, des § 340f Abs. 1 Satz 2 oder des § 340g Abs. 2 über die Bewertung,
   c) des § 265 Abs. 2, 3 oder 4, des § 268 Abs. 3 oder 6, der §§ 272, 273, 274 Abs. 1 oder des § 277 Abs. 3 Satz 2 oder Abs. 4 über die Gliederung,
   d) des § 280 Abs. 3, des § 281 Abs. 1 Satz 2, dieser in Verbindung mit § 340f Abs. 2 Satz 2, oder des § 281 Abs. 1 Satz 3 oder Abs. 2 Satz 1, dieser in Verbindung mit § 340f Abs. 2 Satz 2, des § 284 Abs. 1, 2 Nr. 1, 3 oder 5 oder des § 285 Nr. 3, 5 bis 7, 9 Buchstabe a oder b, Nr. 10, 11, 13 oder 14 über die in der Bilanz oder im Anhang zu machenden Angaben oder
2. bei der Aufstellung des Konzernabschlusses einer Vorschrift
   a) des § 294 Abs. 1 über den Konsolidierungskreis,
   b) des § 297 Abs. 2 oder 3 oder des § 340i Abs. 2 Satz 1 in Verbindung mit einer der in Nummer 1 Buchstabe a bezeichneten Vorschriften über Form oder Inhalt,
   c) des § 300 über die Konsolidierungsgrundsätze oder das Vollständigkeitsgebot,
   d) des § 308 Abs. 1 Satz 1 in Verbindung mit den in Nummer 1 Buchstabe b bezeichneten Vorschriften oder des § 308 Abs. 2 über die Bewertung,
   e) des § 311 Abs. 1 Satz 1 in Verbindung mit § 312 über die Behandlung assoziierter Unternehmen oder
   f) des § 308 Abs. 1 Satz 3, des § 313 oder des § 314 über die im Anhang zu machenden Angaben,

3. bei der Aufstellung des Lageberichts einer Vorschrift des § 289 Abs. 1 über den Inhalt des Lageberichts,
4. bei der Aufstellung des Konzernlageberichts einer Vorschrift des § 315 Abs. 1 über den Inhalt des Konzernlageberichts,
5. bei der Offenlegung, Veröffentlichung oder Vervielfältigung einer Vorschrift des § 328 über Form oder Inhalt oder
6. einer auf Grund des § 330 Abs. 2 in Verbindung mit Abs. 1 Satz 1 erlassenen Rechtsverordnung, soweit sie für einen bestimmten Tatbestand auf diese Bußgeldvorschrift verweist,

zuwiderhandelt.

(2) Ordnungswidrig handelt auch, wer zu einem Jahresabschluß oder einem Konzernabschluß, der auf Grund gesetzlicher Vorschriften zu prüfen ist, einen Vermerk nach § 322 erteilt, obwohl nach § 319 Abs. 2 er, nach § 319 Abs. 3 die Wirtschaftsprüfungsgesellschaft oder nach § 340 k Abs. 2 oder 3 der Prüfungsverband, für die oder für den er tätig wird, nicht Abschlußprüfer sein darf.

(3) Die Ordnungswidrigkeit kann mit einer Geldbuße bis zu fünfzigtausend Deutsche Mark geahndet werden.

### § 340 o Festsetzung von Zwangsgeld

[1]Personen, die
1. als Geschäftsleiter im Sinne des § 1 Abs. 2 Satz 1 des Gesetzes über das Kreditwesen eines Kreditinstituts, das nicht Kapitalgesellschaft ist, oder als Inhaber eines in der Rechtsform des Einzelkaufmanns betriebenen Kreditinstituts
   a) eine der in § 335 Satz 1 Nr. 1, 3 bis 6 bezeichneten Vorschriften oder
   b) § 340 i Abs. 1 Satz 1 oder
2. als Geschäftsleiter von Zweigstellen im Sinne des § 53 Abs. 1 des Gesetzes über das Kreditwesen § 340 l Abs. 1 oder 2 über die Offenlegung der Rechnungslegungsunterlagen
nicht befolgen, sind hierzu vom Registergericht durch Festsetzung von Zwangsgeld nach § 132 Abs. 1 des Gesetzes über die Angelegenheiten der freiwilligen Gerichtsbarkeit anzuhalten. [2]§ 335 Satz 2 bis 8 ist anzuwenden.

## Viertes Buch. Handelsgeschäfte

### Erster Abschnitt. Allgemeine Vorschriften

### § 343 [Begriff des Handelsgeschäfts]

(1) Handelsgeschäfte sind alle Geschäfte eines Kaufmanns, die zum Betriebe seines Handelsgewerbes gehören.

(2) Die in § 1 Abs. 2 bezeichneten Geschäfte sind auch dann Handelsgeschäfte, wenn sie von einem Kaufmann im Betriebe seines gewöhnlich auf andere Geschäfte gerichteten Handelsgewerbes geschlossen werden.

### § 344 [Vermutung für Handelsgeschäfte]

(1) Die von einem Kaufmann vorgenommenen Rechtsgeschäfte gelten im Zweifel als zum Betriebe seines Handelsgewerbes gehörig.

(2) Die von einem Kaufmanne gezeichneten Schuldscheine gelten als im Betriebe seines Handelsgewerbes gezeichnet, sofern nicht aus der Urkunde sich das Gegenteil ergibt.

## § 345 [Einseitige Handelsgeschäfte]

Auf ein Rechtsgeschäft, das für einen der beiden Teile ein Handelsgeschäft ist, kommen die Vorschriften über Handelsgeschäfte für beide Teile gleichmäßig zur Anwendung, soweit nicht aus diesen Vorschriften sich ein anderes ergibt.

## § 346 [Handelsbräuche]

Unter Kaufleuten ist in Ansehung der Bedeutung und Wirkung von Handlungen und Unterlassungen auf die im Handelsverkehre geltenden Gewohnheiten und Gebräuche Rücksicht zu nehmen.

## § 347 [Kaufmännische Sorgfaltspflicht]

(1) Wer aus einem Geschäfte, das auf seiner Seite ein Handelsgeschäft ist, einem anderen zur Sorgfalt verpflichtet ist, hat für die Sorgfalt eines ordentlichen Kaufmanns einzustehen.

(2) Unberührt bleiben die Vorschriften des Bürgerlichen Gesetzbuchs, nach welchen der Schuldner in bestimmten Fällen nur grobe Fahrlässigkeit zu vertreten oder nur für diejenige Sorgfalt einzustehen hat, welche er in eigenen Angelegenheiten anzuwenden pflegt.

## § 348 [Vertragsstrafe]

Eine Vertragsstrafe, die von einem Kaufmann im Betriebe seines Handelsgewerbes versprochen ist, kann nicht aufgrund der Vorschriften des § 343 des Bürgerlichen Gesetzbuchs herabgesetzt werden.

## § 349 [Bürgschaft]

[1]Dem Bürgen steht, wenn die Bürgschaft für ihn ein Handelsgeschäft ist, die Einrede der Vorausklage nicht zu. [2]Das gleiche gilt unter der bezeichneten Voraussetzung für denjenigen, welcher aus einem Kreditauftrag als Bürge haftet.

## § 350 [Formfreiheit]

Auf eine Bürgschaft, ein Schuldversprechen oder ein Schuldanerkenntnis finden, sofern die Bürgschaft auf der Seite des Bürgen, das Versprechen oder das Anerkenntnis auf der Seite des Schuldners ein Handelsgeschäft ist, die Formvorschriften des § 766 Satz 1, des § 780 und des § 781 Satz 1 des Bürgerlichen Gesetzbuchs keine Anwendung.

## § 351 [Minderkaufleute]

Die Vorschriften der §§ 348 bis 350 finden auf die in § 4 bezeichneten Gewerbetreibenden keine Anwendung.

## § 352 [Zinsen]

(1) [1]Die Höhe der gesetzlichen Zinsen, mit Einschluß der Verzugszinsen, ist bei beiderseitigen Handelsgeschäften fünf vom Hundert für das Jahr. [2]Das gleiche gilt, wenn für eine Schuld aus einem solchen Handelsgeschäfte Zinsen ohne Bestimmung des Zinsfußes versprochen sind.

(2) Ist in diesem Gesetzbuche die Verpflichtung zur Zahlung von Zinsen ohne Bestimmung der Höhe ausgesprochen, so sind darunter Zinsen zu fünf vom Hundert für das Jahr zu verstehen.

## § 353 [Fälligkeitszinsen]

[1]Kaufleute untereinander sind berechtigt, für ihre Forderungen aus beiderseitigen Handelsgeschäften vom Tage der Fälligkeit an Zinsen zu fordern. [2]Zinsen von Zinsen können aufgrund dieser Vorschrift nicht gefordert werden.

## § 354 [Vergütungsanspruch des Kaufmanns]

(1) Wer in Ausübung seines Handelsgewerbes einem anderen Geschäfte besorgt oder Dienste leistet, kann dafür auch ohne Verabredung Provision und, wenn es sich um Aufbewahrung handelt, Lagergeld nach den an dem Orte üblichen Sätzen fordern.

(2) Für Darlehen, Vorschüsse, Auslagen und andere Verwendungen kann er vom Tage der Leistung an Zinsen berechnen.

## § 355 [Kontokorrent]

(1) Steht jemand mit einem Kaufmanne derart in Geschäftsverbindung, daß die aus der Verbindung entspringenden beiderseitigen Ansprüche und Leistungen nebst Zinsen in Rechnung gestellt und in regelmäßigen Zeitabschnitten durch Verrechnung und Feststellung des für den einen oder anderen Teil sich ergebenden Überschusses ausgeglichen werden (laufende Rechnung, Kontokorrent), so kann derjenige, welchem bei dem Rechnungsabschluß ein Überschuß gebührt, von dem Tage des Abschlusses an Zinsen von dem Überschusse verlangen, auch soweit in der Rechnung Zinsen enthalten sind.

(2) Der Rechnungsabschluß geschieht jährlich einmal, sofern nicht ein anderes bestimmt ist.

(3) Die laufende Rechnung kann im Zweifel auch während der Dauer einer Rechnungsperiode jederzeit mit der Wirkung gekündigt werden, daß derjenige, welchem nach der Rechnung ein Überschuß gebührt, dessen Zahlung beanspruchen kann.

## § 356 [Sicherheiten beim Kontokorrent]

(1) Wird eine Forderung, die durch Pfand, Bürgschaft oder in anderer Weise gesichert ist, in die laufende Rechnung aufgenommen, so wird der Gläubiger durch die Anerkennung des Rechnungsabschlusses nicht gehindert, aus der Sicherheit insoweit Befriedigung zu suchen, als sein Guthaben aus der laufenden Rechnung und die Forderung sich decken.

(2) Haftet ein Dritter für eine in die laufende Rechnung aufgenommene Forderung als Gesamtschuldner, so findet auf die Geltendmachung der Forderung gegen ihn die Vorschrift des Absatzes 1 entsprechende Anwendung.

## § 357 [Pfändung des Saldoguthabens]

[1]Hat der Gläubiger eines Beteiligten die Pfändung und Überweisung des Anspruchs auf dasjenige erwirkt, was seinem Schuldner als Überschuß aus der laufenden Rechnung zukommt, so können dem Gläubiger gegenüber Schuldposten, die nach der Pfändung durch neue Geschäfte entstehen, nicht in Rechnung gestellt werden. [2]Geschäfte, die aufgrund eines schon vor der Pfändung bestehenden Rechtes oder einer schon vor diesem Zeitpunkte bestehenden Verpflichtung des Drittschuldners vorgenommen werden, gelten nicht als neue Geschäfte im Sinne dieser Vorschrift.

## § 358 [Leistungszeit]

Bei Handelsgeschäften kann die Leistung nur während der gewöhnlichen Geschäftszeit bewirkt und gefordert werden.

## § 359 [Zeitpunkt der Leistung]

(1) Ist als Zeit der Leistung das Frühjahr oder der Herbst oder ein in ähnlicher Weise bestimmter Zeitpunkt vereinbart, so entscheidet im Zweifel der Handelsgebrauch des Ortes der Leistung.

(2) Ist eine Frist von acht Tagen vereinbart, so sind hierunter im Zweifel volle acht Tage zu verstehen.

## § 360 [Gattungsschuld]

Wird eine nur der Gattung nach bestimmte Ware geschuldet, so ist Handelsgut mittlerer Art und Güte zu leisten.

## § 361 [Rechnungseinheiten]

Maß, Gewicht, Währung, Zeitrechnung und Entfernungen, die an dem Orte gelten, wo der Vertrag erfüllt werden soll, sind im Zweifel als die vertragsmäßgen zu betrachten.

## § 362 [Schweigen als Annahme]

(1) [1]Geht einem Kaufmanne, dessen Gewerbebetrieb die Besorgung von Geschäften für andere mit sich bringt, ein Antrag über die Besorgung solcher Geschäfte von jemand zu, mit dem er in Geschäftsverbindung steht, so ist er verpflichtet, unverzüglich zu antworten; sein Schweigen gilt als Annahme des Antrags. [2]Das gleiche gilt, wenn einem Kaufmann ein Antrag über die Besorgung von Geschäften von jemand zugeht, dem gegenüber er sich zur Besorgung solcher Geschäfte erboten hat.

(2) Auch wenn der Kaufmann den Antrag ablehnt, hat er die mitgesendeten Waren auf Kosten des Antragstellers, soweit er für diese Kosten gedeckt ist und soweit es ohne Nachteil für ihn geschehen kann, einstweilen vor Schaden zu bewahren.

## § 363 [Orderpapiere]

(1) [1]Anweisungen, die auf einen Kaufmann über die Leistung von Geld, Wertpapieren oder anderen vertretbaren Sachen ausgestellt sind, ohne daß darin die Leistung von einer Gegenleistung abhängig gemacht ist, können durch Indossament übertragen werden, wenn sie an Order lauten. [2]Dasselbe gilt von Verpflichtungsscheinen, die von einem Kaufmann über Gegenstände der bezeichneten Art an Order ausgestellt sind, ohne daß darin die Leistung von einer Gegenleistung abhängig gemacht ist.

(2) Ferner können Konnossemente der Verfrachter, Ladescheine der Frachtführer, Lagerscheine der staatlich zur Ausstellung solcher Urkunden ermächtigten Anstalten sowie Transportversicherungspolicen durch Indossament übertragen werden, wenn sie an Order lauten.

## § 364 [Indossament]

(1) Durch das Indossament gehen alle Rechte aus dem indossierten Papier auf den Indossatar über.

(2) Dem legitimierten Besitzer der Urkunde kann der Schuldner nur solche Einwendungen entgegensetzen, welche die Gültigkeit seiner Erklärung in der

Urkunde betreffen oder sich aus dem Inhalte der Urkunde ergeben oder ihm unmittelbar gegen den Besitzer zustehen.

(3) Der Schuldner ist nur gegen Aushändigung der quittierten Urkunde zur Leistung verpflichtet.

## § 365 [Form des Indossaments; Kraftloserklärung]

(1) In betreff der Form des Indossaments, in betreff der Legitimation des Besitzers und der Prüfung der Legitimation sowie in betreff der Verpflichtung des Besitzers zur Herausgabe, finden die Vorschriften der *Artikel 11 bis 13, 36, 74 der Wechselordnung\** entsprechende Anwendung.

(2) ¹Ist die Urkunde vernichtet oder abhanden gekommen, so unterliegt sie der Kraftloserklärung im Wege des Aufgebotsverfahrens. ²Ist das Aufgebotsverfahren eingeleitet, so kann der Berechtigte, wenn er bis zur Kraftloserklärung Sicherheit bestellt, Leistung nach Maßgabe der Urkunde von dem Schuldner verlangen.

## § 366 [Gutglaubensschutz]

(1) Veräußert oder verpfändet ein Kaufmann im Betriebe seines Handelsgewerbes eine ihm nicht gehörige bewegliche Sache, so finden die Vorschriften des Bürgerlichen Gesetzbuchs zugunsten derjenigen, welche Rechte von einem Nichtberechtigten herleiten, auch dann Anwendung, wenn der gute Glaube des Erwerbers die Befugnis des Veräußerers oder Verpfänders, über die Sache für den Eigentümer zu verfügen, betrifft.

(2) Ist die Sache mit dem Rechte eines Dritten belastet, so finden die Vorschriften des Bürgerlichen Gesetzbuchs zugunsten derjenigen, welche Rechte von einem Nichtberechtigten herleiten, auch dann Anwendung, wenn der gute Glaube die Befugnis des Veräußerers oder Verpfänders, ohne Vorbehalt des Rechtes über die Sache zu verfügen, betrifft.

(3) Das gesetzliche Pfandrecht des Kommissionärs, des Spediteurs, des Lagerhalters und des Frachtführers steht hinsichtlich des Schutzes des guten Glaubens einem gemäß Absatz 1 durch Vertrag erworbenen Pfandrechte gleich.

## § 367 [Guter Glaube bei Inhaberpapieren]

(1) ¹Wird ein Inhaberpapier, das dem Eigentümer gestohlen worden, verlorengegangen oder sonst abhanden gekommen ist, an einen Kaufmann, der Bankier- oder Geldwechslergeschäfte betreibt, veräußert oder verpfändet, so gilt dessen guter Glaube als ausgeschlossen, wenn zur Zeit der Veräußerung oder Verpfändung der Verlust des Papiers im Bundesanzeiger bekanntgemacht und seit dem Ablauf des Jahres, in dem die Veröffentlichung erfolgt ist, nicht mehr als ein Jahr verstrichen war. ²Inhaberpapieren stehen an Order lautende Anleiheschuldverschreibungen sowie Namensaktien, Zwischenscheine und Reichsbankanteilscheine gleich, falls sie mit einem Blankoindossament versehen sind.

(2) Der gute Glaube des Erwerbers wird durch die Veröffentlichung im Bundesanzeiger nicht ausgeschlossen, wenn der Erwerber die Veröffentlichung infolge besonderer Umstände nicht kannte und seine Unkenntnis nicht auf grober Fahrlässigkeit beruht.

---

\* Jetzt Art. 13, 14 Abs. 2, 16 und 40 Abs. 3 Satz 2 des Wechselgesetzes.

(3) Auf Zins-, Renten- und Gewinnanteilscheine, die nicht später als in dem nächsten auf die Veräußerung oder Verpfändung folgenden Einlösungstermin fällig werden, auf unverzinsliche Inhaberpapiere, die auf Sicht zahlbar sind, und auf Banknoten sind diese Vorschriften nicht anzuwenden.

## § 368 [Pfandverkauf]

(1) Bei dem Verkauf eines Pfandes tritt, wenn die Verpfändung auf der Seite des Pfandgläubigers und des Verpfänders ein Handelsgeschäft ist, an die Stelle der in § 1234 des Bürgerlichen Gesetzbuchs bestimmten Frist von einem Monat eine solche von einer Woche.

(2) Diese Vorschrift findet auf das gesetzliche Pfandrecht des Kommissionärs, des Spediteurs, des Lagerhalters und des Frachtführers entsprechende Anwendung, auf das Pfandrecht des Spediteurs und des Frachtführers auch dann, wenn nur auf ihrer Seite der Speditions- oder Frachtvertrag ein Handelsgeschäft ist.

## § 369 [Zurückbehaltungsrecht]

(1) [1]Ein Kaufmann hat wegen der fälligen Forderungen, welche ihm gegen einen anderen Kaufmann aus den zwischen ihnen geschlossenen beiderseitigen Handelsgeschäften zustehen, ein Zurückbehaltungsrecht an den beweglichen Sachen und Wertpapieren des Schuldners, welche mit dessen Willen aufgrund von Handelsgeschäften in seinen Besitz gelangt sind, sofern er sie noch im Besitze hat, insbesondere mittels Konnossements, Ladescheins oder Lagerscheins darüber verfügen kann. [2]Das Zurückbehaltungsrecht ist auch dann begründet, wenn das Eigentum an dem Gegenstande von dem Schuldner auf den Gläubiger übergegangen oder von einem Dritten für den Schuldner auf den Gläubiger übertragen, aber auf den Schuldner zurückzuübertragen ist.

(2) Einem Dritten gegenüber besteht das Zurückbehaltungsrecht insoweit, als dem Dritten die Einwendungen gegen den Anspruch des Schuldners auf Herausgabe des Gegenstands entgegengesetzt werden können.

(3) Das Zurückbehaltungsrecht ist ausgeschlossen, wenn die Zurückbehaltung des Gegenstands der von dem Schuldner vor oder bei der Übergabe erteilten Anweisung oder der von dem Gläubiger übernommenen Verpflichtung, in einer bestimmten Weise mit dem Gegenstande zu verfahren, widerstreitet.

(4) [1]Der Schuldner kann die Ausübung des Zurückbehaltungsrechts durch Sicherheitsleistung abwenden. [2]Die Sicherheitsleistung durch Bürgen ist ausgeschlossen.

## § 370 [Erweitertes Zurückbehaltungsrecht]

(1) Das Zurückbehaltungsrecht kann auch wegen nicht fälliger Forderungen geltend gemacht werden:
1. wenn über das Vermögen des Schuldners der Konkurs eröffnet ist oder der Schuldner seine Zahlungen eingestellt hat;
2. wenn eine Zwangsvollstreckung in das Vermögen des Schuldners ohne Erfolg versucht ist.

(2) Der Geltendmachung des Zurückbehaltungsrechts steht die Anweisung des Schuldners oder die Übernahme der Verpflichtung, in einer bestimmten Weise mit dem Gegenstande zu verfahren, nicht entgegen, sofern die in Absatz 1 Nr. 1 und 2 bezeichneten Tatsachen erst nach der Übergabe des Gegenstandes oder nach der Übernahme der Verpflichtung dem Gläubiger bekannt werden.

## § 371 [Befriedigungsrecht]

(1) [1]Der Gläubiger ist kraft des Zurückbehaltungsrechts befugt, sich aus dem zurückbehaltenen Gegenstande für seine Forderung zu befriedigen. [2]Steht einem Dritten ein Recht an dem Gegenstande zu, gegen welches das Zurückbehaltungsrecht nach § 369 Abs. 2 geltend gemacht werden kann, so hat der Gläubiger in Ansehung der Befriedigung aus dem Gegenstande den Vorrang.

(2) [1]Die Befriedigung erfolgt nach den für das Pfandrecht geltenden Vorschriften des Bürgerlichen Gesetzbuchs. [2]An die Stelle der in § 1234 des Bürgerlichen Gesetzbuchs bestimmten Frist von einem Monate tritt eine solche von einer Woche.

(3) [1]Sofern die Befriedigung nicht im Wege der Zwangsvollstreckung stattfindet, ist sie erst zulässig, nachdem der Gläubiger einen vollstreckbaren Titel für sein Recht auf Befriedigung gegen den Eigentümer oder, wenn der Gegenstand ihm selbst gehört, gegen den Schuldner erlangt hat; in dem letzteren Falle finden die dem Eigentümer betreffenden Vorschriften des Bürgerlichen Gesetzbuchs über die Befriedigung auf den Schuldner entsprechende Anwendung. [2]In Ermangelung des vollstreckbaren Titels ist der Verkauf des Gegenstandes nicht rechtmäßig.

(4) Die Klage auf Gestattung der Befriedigung kann bei dem Gericht, in dessen Bezirke der Gläubiger seinen allgemeinen Gerichtsstand oder den Gerichtsstand der Niederlassung hat, erhoben werden.

## § 372 [Vermutung der Fortdauer des Schuldnereigentums]

(1) In Ansehung der Befriedigung aus dem zurückbehaltenen Gegenstande gilt zugunsten des Gläubigers der Schuldner, sofern er bei dem Besitzerwerbe des Gläubigers der Eigentümer des Gegenstandes war, auch weiter als Eigentümer, sofern nicht der Gläubiger weiß, daß der Schuldner nicht mehr Eigentümer ist.

(2) Erwirbt ein Dritter nach dem Besitzerwerbe des Gläubigers von dem Schuldner das Eigentum, so muß er ein rechtskräftiges Urteil, das in einem zwischen dem Gläubiger und dem Schuldner wegen Gestattung der Befriedigung geführten Rechtsstreit ergangen ist, gegen sich gelten lassen, sofern nicht der Gläubiger bei dem Eintritte der Rechtshängigkeit gewußt hat, daß der Schuldner nicht mehr Eigentümer war.

## Zweiter Abschnitt. Handelskauf

## § 373 [Annahmeverzug des Käufers]

(1) Ist der Käufer mit der Annahme der Ware im Verzuge, so kann der Verkäufer die Ware auf Gefahr und Kosten des Käufers in einem öffentlichen Lagerhaus oder sonst in sicherer Weise hinterlegen.

(2) [1]Er ist ferner befugt, nach vorgängiger Androhung die Ware öffentlich versteigern zu lassen; er kann, wenn die Ware einen Börsen- oder Marktpreis hat, nach vorgängiger Androhung den Verkauf auch aus freier Hand durch einen zu solchen Verkäufen öffentlich ermächtigten Handelsmakler oder durch eine zur öffentlichen Versteigerung befugte Person zum laufenden Preise bewirken. [2]Ist die Ware dem Verderb ausgesetzt und Gefahr im Verzuge, so bedarf es der vorgängigen Androhung nicht; dasselbe gilt, wenn die Androhung aus anderen Gründen untunlich ist.

(3) Der Selbsthilfeverkauf erfolgt für Rechnung des säumigen Käufers.

(4) Der Verkäufer und der Käufer können bei der öffentlichen Versteigerung mitbieten.

(5) ¹Im Falle der öffentlichen Versteigerung hat der Verkäufer den Käufer von der Zeit und dem Orte der Versteigerung vorher zu benachrichtigen; von dem vollzogenen Verkaufe hat er bei jeder Art des Verkaufs dem Käufer unverzüglich Nachricht zu geben. ²Im Falle der Unterlassung ist er zum Schadensersatze verpflichtet. ³Die Benachrichtigungen dürfen unterbleiben, wenn sie untunlich sind.

## § 374 [Annahmeverzug nach BGB]

Durch die Vorschriften des § 373 werden die Befugnisse nicht berührt, welche dem Verkäufer nach dem Bürgerlichen Gesetzbuche zustehen, wenn der Käufer im Verzuge der Annahme ist.

## § 375 [Bestimmungskauf]

(1) Ist bei dem Kaufe einer beweglichen Sache dem Käufer die nähere Bestimmung über Form, Maß oder ähnliche Verhältnisse vorbehalten, so ist der Käufer verpflichtet, die vorbehaltene Bestimmung zu treffen.

(2) ¹Ist der Käufer mit der Erfüllung dieser Verpflichtung im Verzuge, so kann der Verkäufer die Bestimmung statt des Käufers vornehmen oder gemäß § 326 des Bürgerlichen Gesetzbuchs Schadensersatz wegen Nichterfüllung fordern oder vom Vertrage zurücktreten. ²Im ersteren Falle hat der Verkäufer die von ihm getroffene Bestimmung dem Käufer mitzuteilen und ihm zugleich eine angemessene Frist zur Vornahme einer anderweitigen Bestimmung zu setzen. ³Wird eine solche innerhalb der Frist von dem Käufer nicht vorgenommen, so ist die von dem Verkäufer getroffene Bestimmung maßgebend.

## § 376 [Fixgeschäft]

(1) ¹Ist bedungen, daß die Leistung des einen Teiles genau zu einer festbestimmten Zeit oder innerhalb einer festbestimmten Frist bewirkt werden soll, so kann der andere Teil, wenn die Leistung nicht zu der bestimmten Zeit oder nicht innerhalb der bestimmten Frist erfolgt, von dem Vertrage zurücktreten oder, falls der Schuldner im Verzug ist, statt der Erfüllung Schadensersatz wegen Nichterfüllung verlangen. ²Erfüllung kann er nur beanspruchen, wenn er sofort nach dem Ablaufe der Zeit oder der Frist dem Gegner anzeigt, daß er auf Erfüllung bestehe.

(2) Wird Schadensersatz wegen Nichterfüllung verlangt und hat die Ware einen Börsen- oder Marktpreis, so kann der Unterschied des Kaufpreises und des Börsen- oder Marktpreises zur Zeit und am Orte der geschuldeten Leistung gefordert werden.

(3) ¹Das Ergebnis eines anderweit vorgenommenen Verkaufs oder Kaufes kann, falls die Ware einen Börsen- oder Marktpreis hat, dem Ersatzanspruche nur zugrunde gelegt werden, wenn der Verkauf oder Kauf sofort nach dem Ablaufe der bedungenen Leistungszeit oder Leistungsfrist bewirkt ist. ²Der Verkauf oder Kauf muß, wenn er nicht in öffentlicher Versteigerung geschieht, durch einen zu solchen Verkäufen oder Käufen öffentlich ermächtigten Handelsmakler oder eine zur öffentlichen Versteigerung befugte Person zum laufenden Preise erfolgen.

(4) ¹Auf den Verkauf mittels öffentlicher Versteigerung findet die Vorschrift des § 373 Abs. 4 Anwendung. ²Von dem Verkauf oder Kaufe hat der Gläubi-

ger den Schuldner unverzüglich zu benachrichtigen; im Falle der Unterlassung ist er zum Schadensersatze verpflichtet.

## § 377 [Mängelrüge]

(1) Ist der Kauf für beide Teile ein Handelsgeschäft, so hat der Käufer die Ware unverzüglich nach der Ablieferung durch den Verkäufer, soweit dies nach ordnungsmäßigem Geschäftsgange tunlich ist, zu untersuchen und, wenn sich ein Mangel zeigt, dem Verkäufer unverzüglich Anzeige zu machen.

(2) Unterläßt der Käufer die Anzeige, so gilt die Ware als genehmigt, es sei denn, daß es sich um einen Mangel handelt, der bei der Untersuchung nicht erkennbar war.

(3) Zeigt sich später ein solcher Mangel, so muß die Anzeige unverzüglich nach der Entdeckung gemacht werden; anderenfalls gilt die Ware auch in Ansehung dieses Mangels als genehmigt.

(4) Zur Erhaltung der Rechte des Käufers genügt die rechtzeitige Absendung der Anzeige.

(5) Hat der Verkäufer den Mangel arglistig verschwiegen, so kann er sich auf diese Vorschriften nicht berufen.

## § 378 [Art- und Mengenmängel]

Die Vorschriften des § 377 finden auch dann Anwendung, wenn eine andere als die bedungene Ware oder eine andere als die bedungene Menge von Waren geliefert ist, sofern die gelieferte Ware nicht offensichtlich von der Bestellung so erheblich abweicht, daß der Verkäufer die Genehmigung des Käufers als ausgeschlossen betrachten mußte.

## § 379 [Distanzkauf]

(1) Ist der Kauf für beide Teile ein Handelsgeschäft, so ist der Käufer, wenn er die ihm von einem anderen Orte übersendete Ware beanstandet, verpflichtet, für ihre einstweilige Aufbewahrung zu sorgen.

(2) Er kann die Ware, wenn sie dem Verderb ausgesetzt und Gefahr im Verzug ist, unter Beobachtung der Vorschriften des § 373 verkaufen lassen.

## § 380 [Taragewicht; Refaktie]

(1) Ist der Kaufpreis nach dem Gewichte der Ware zu berechnen, so kommt das Gewicht der Verpackung (Taragewicht) in Abzug, wenn nicht aus dem Vertrag oder dem Handelsgebrauche des Ortes, an welchem der Verkäufer zu erfüllen hat, sich ein anderes ergibt.

(2) Ob und in welcher Höhe das Taragewicht nach einem bestimmten Ansatz oder Verhältnisse statt nach genauer Ausmittelung abzuziehen ist, sowie, ob und wieviel als Gutgewicht zugunsten des Käufers zu berechnen ist oder als Vergütung für schadhafte oder unbrauchbare Teile (Refaktie) gefordert werden kann, bestimmt sich nach dem Vertrag oder dem Handelsgebrauche des Ortes, an welchem der Verkäufer zu erfüllen hat.

## § 381 [Wertpapierkauf]

(1) Die in diesem Abschnitte für den Kauf von Waren getroffenen Vorschriften gelten auch für den Kauf von Wertpapieren.

(2) Sie finden auch Anwendung, wenn aus einem von dem Unternehmer zu beschaffenden Stoffe eine nicht vertretbare bewegliche Sache herzustellen ist.

## § 382 [Viehmängel]

Die Vorschriften der §§ 481 bis 492 des Bürgerlichen Gesetzbuchs über die Gewährleistung bei Viehmängeln werden durch die Vorschriften dieses Abschnitts nicht berührt.

## Dritter Abschnitt. Kommissionsgeschäft

### § 383 [Begriff des Kommissionärs]

Kommissionär ist, wer es gewerbsmäßig übernimmt, Waren oder Wertpapiere für Rechnung eines anderen (des Kommittenten) in eigenem Namen zu kaufen oder zu verkaufen.

### § 384 [Pflichten des Kommissionärs]

(1) Der Kommissionär ist verpflichtet, das übernommene Geschäft mit der Sorgfalt eines ordentlichen Kaufmanns auszuführen; er hat hierbei das Interesse des Kommittenten wahrzunehmen und dessen Weisungen zu befolgen.

(2) Er hat dem Kommittenten die erforderlichen Nachrichten zu geben, insbesondere von der Ausführung der Kommission unverzüglich Anzeige zu machen; er ist verpflichtet, dem Kommittenten über das Geschäft Rechenschaft abzulegen und ihm dasjenige herauszugeben, was er aus der Geschäftsbesorgung erlangt hat.

(3) Der Kommissionär haftet dem Kommittenten für die Erfüllung des Geschäfts, wenn er ihm nicht zugleich mit der Anzeige von der Ausführung der Kommission den Dritten namhaft macht, mit dem er das Geschäft abgeschlossen hat.

### § 385 [Verstoß gegen Weisungen des Kommittenten]

(1) Handelt der Kommissionär nicht gemäß den Weisungen des Kommittenten, so ist er diesem zum Ersatze des Schadens verpflichtet; der Kommittent braucht das Geschäft nicht für seine Rechnung gelten zu lassen.

(2) Die Vorschriften des § 665 des Bürgerlichen Gesetzbuchs bleiben unberührt.

### § 386 [Preisbegrenzung]

(1) Hat der Kommissionär unter dem ihm gesetzten Preise verkauft oder hat er den ihm für den Einkauf gesetzten Preis überschritten, so muß der Kommittent, falls er das Geschäft als nicht für seine Rechnung abgeschlossen zurückweisen will, dies unverzüglich auf die Anzeige von der Ausführung des Geschäfts erklären; anderenfalls gilt die Abweichung von der Preisbestimmung als genehmigt.

(2) [1]Erbietet sich der Kommissionär zugleich mit der Anzeige von der Ausführung des Geschäfts zur Deckung des Preisunterschieds, so ist der Kommittent zur Zurückweisung nicht berechtigt. [2]Der Anspruch des Kommittenten auf den Ersatz eines den Preisunterschied übersteigenden Schadens bleibt unberührt.

### § 387 [Vorteilhafter Abschluß]

(1) Schließt der Kommissionär zu vorteilhafteren Bedingungen ab, als sie ihm von dem Kommittenten gesetzt worden sind, so kommt dies dem Kommittenten zustatten.

(2) Dies gilt insbesondere, wenn der Preis, für welchen der Kommissionär

verkauft, den von dem Kommittenten bestimmten niedrigeren Preis übersteigt oder wenn der Preis, für welchen er einkauft, den von dem Kommittenten bestimmten höchsten Preis nicht erreicht.

## § 388 [Mangelhaftes Kommissionsgut; Notverkauf]

(1) Befindet sich das Gut, welches dem Kommissionär zugesendet ist, bei der Ablieferung in einem beschädigten oder mangelhaften Zustande, der äußerlich erkennbar ist, so hat der Kommissionär die Rechte gegen den Frachtführer oder Schiffer zu wahren, für den Beweis des Zustandes zu sorgen und dem Kommittenten unverzüglich Nachricht zu geben; im Falle der Unterlassung ist er zum Schadensersatze verpflichtet.

(2) Ist das Gut dem Verderb ausgesetzt oder treten später Veränderungen an dem Gute ein, die dessen Entwertung befürchten lassen, und ist keine Zeit vorhanden, die Verfügung des Kommittenten einzuholen, oder ist der Kommittent in der Erteilung der Verfügung säumig, so kann der Kommissionär den Verkauf des Gutes nach Maßgabe der Vorschriften des § 373 bewirken.

## § 389 [Säumnis des Kommittenten]

Unterläßt der Kommittent über das Gut zu verfügen, obwohl er dazu nach Lage der Sache verpflichtet ist, so hat der Kommissionär die nach § 373 dem Verkäufer zustehenden Rechte.

## § 390 [Haftung für Verlust und Beschädigung]

(1) Der Kommissionär ist für den Verlust und die Beschädigung des in seiner Verwahrung befindlichen Gutes verantwortlich, es sei denn, daß der Verlust oder die Beschädigung auf Umständen beruht, die durch die Sorgfalt eines ordentlichen Kaufmanns nicht abgewendet werden konnten.

(2) Der Kommissionär ist wegen der Unterlassung der Versicherung des Gutes nur verantwortlich, wenn er von dem Kommittenten angewiesen war, die Versicherung zu bewirken.

## § 391 [Mängelrüge bei Einkaufskommission]

[1]Ist eine Einkaufskommission erteilt, die für beide Teile ein Handelsgeschäft ist, so finden in bezug auf die Verpflichtung des Kommittenten, das Gut zu untersuchen und dem Kommissionär von den entdeckten Mängeln Anzeige zu machen, sowie in bezug auf die Sorge für die Aufbewahrung des beanstandeten Gutes und auf den Verkauf bei drohendem Verderbe die für den Käufer geltenden Vorschriften der §§ 377 bis 379 entsprechende Anwendung. [2]Der Anspruch des Kommittenten auf Abtretung der Rechte, die dem Kommissionär gegen den Dritten zustehen, von welchem er das Gut für Rechnung des Kommittenten gekauft hat, wird durch eine verspätete Anzeige des Mangels nicht berührt.

## § 392 [Forderungen aus dem Kommissionsgeschäft]

(1) Forderungen aus einem Geschäfte, das der Kommissionär abgeschlossen hat, kann der Kommittent dem Schuldner gegenüber erst nach der Abtretung geltend machen.

(2) Jedoch gelten solche Forderungen, auch wenn sie nicht abgetreten sind, im Verhältnisse zwischen dem Kommittenten und dem Kommissionär oder dessen Gläubigern als Forderungen des Kommittenten.

## § 393 [Vorschuß; Kredit]

(1) Wird von dem Kommissionär ohne Zustimmung des Kommittenten einem Dritten ein Vorschuß geleistet oder Kredit gewährt, so handelt der Kommissionär auf eigene Gefahr.

(2) Insoweit jedoch der Handelsgebrauch am Orte des Geschäfts die Stundung des Kaufpreises mit sich bringt, ist in Ermangelung einer anderen Bestimmung des Kommittenten auch der Kommissionär dazu berechtigt.

(3) [1]Verkauft der Kommissionär unbefugt auf Kredit, so ist er verpflichtet, dem Kommittenten sofort als Schuldner des Kaufpreises die Zahlung zu leisten. [2]Wäre beim Verkaufe gegen bar der Preis geringer gewesen, so hat der Kommissionär nur den geringeren Preis und, wenn dieser niedriger ist als der ihm gesetzte Preis, auch den Unterschied nach § 386 zu vergüten.

## § 394 [Delkrederehaftung]

(1) Der Kommissionär hat für die Erfüllung der Verbindlichkeit des Dritten, mit dem er das Geschäft für Rechnung des Kommittenten abschließt, einzustehen, wenn dies von ihm übernommen oder am Orte seiner Niederlassung Handelsgebrauch ist.

(2) [1]Der Kommissionär, der für den Dritten einzustehen hat, ist dem Kommittenten für die Erfüllung im Zeitpunkte des Verfalls unmittelbar insoweit verhaftet, als die Erfüllung aus dem Vertragsverhältnisse gefordert werden kann. [2]Er kann eine besondere Vergütung (Delkredereprovision) beanspruchen.

## § 395 [Wechselankauf]

Ein Kommissionär, der den Ankauf eines Wechsels übernimmt, ist verpflichtet, den Wechsel, wenn er ihn indossiert, in üblicher Weise und ohne Vorbehalt zu indossieren.

## § 396 [Provision; Aufwendungsersatz]

(1) [1]Der Kommissionär kann die Provision fordern, wenn das Geschäft zur Ausführung gekommen ist. [2]Ist das Geschäft nicht zur Ausführung gekommen, so hat er gleichwohl den Anspruch auf die Auslieferungsprovision, sofern eine solche ortsgebräuchlich ist; auch kann er die Provision verlangen, wenn die Ausführung des von ihm abgeschlossenen Geschäfts nur aus einem in der Person des Kommittenten liegenden Grunde unterblieben ist.

(2) Zu dem von dem Kommittenten für Aufwendungen des Kommissionärs nach den §§ 670 und 675 des Bürgerlichen Gesetzbuchs zu leistenden Ersatze gehört auch die Vergütung für die Benutzung der Lagerräume und der Beförderungsmittel des Kommissionärs.

## § 397 [Pfandrecht]

Der Kommissionär hat an dem Kommissionsgute, sofern er es im Besitze hat, insbesondere mittels Konnossements, Ladescheins oder Lagerscheins darüber verfügen kann, ein Pfandrecht wegen der auf das Gut verwendeten Kosten, der Provision, der auf das Gut gegebenen Vorschüsse und Darlehen, der mit Rücksicht auf das Gut gezeichneten Wechsel oder in anderer Weise eingegangenen Verbindlichkeiten sowie wegen aller Forderungen aus laufender Rechnung in Kommissionsgeschäften.

## § 398 [Befriedigung aus dem Kommissionsgut]

Der Kommissionär kann sich, auch wenn er Eigentümer des Kommissionsguts ist, für die in § 397 bezeichneten Ansprüche nach Maßgabe der für das Pfandrecht geltenden Vorschriften aus dem Gute befriedigen.

## § 399 [Befriedigung aus den Forderungen]

Aus den Forderungen, welche durch das für Rechnung des Kommittenten geschlossene Geschäft begründet sind, kann sich der Kommissionär für die in § 397 bezeichneten Ansprüche vor dem Kommittenten und dessen Gläubigern befriedigen.

## § 400 [Selbsteintritt des Kommissionärs]

(1) Die Kommission zum Einkauf oder zum Verkaufe von Waren, die einen Börsen- oder Marktpreis haben, sowie von Wertpapieren, bei denen ein Börsen- oder Marktpreis amtlich festgestellt wird, kann, wenn der Kommittent nicht ein anderes bestimmt hat, von dem Kommissionär dadurch ausgeführt werden, daß er das Gut, welches er einkaufen soll, selbst als Verkäufer liefert oder das Gut, welches er verkaufen soll, selbst als Käufer übernimmt.

(2) [1]Im Falle einer solchen Ausführung der Kommission beschränkt sich die Pflicht des Kommissionärs, Rechenschaft über die Abschließung des Kaufes oder Verkaufs abzulegen, auf den Nachweis, daß bei dem berechneten Preise der zur Zeit der Ausführung der Kommission bestehende Börsen- oder Marktpreis eingehalten ist. [2]Als Zeit der Ausführung gilt der Zeitpunkt, in welchem der Kommissionär die Anzeige von der Ausführung zur Absendung an den Kommittenten abgegeben hat.

(3) Ist bei einer Kommission, die während der Börsen- oder Marktzeit auszuführen war, die Ausführungsanzeige erst nach dem Schlusse der Börse oder des Marktes zur Absendung abgegeben, so darf der berechnete Preis für den Kommittenten nicht ungünstiger sein als der Preis, der am Schlusse der Börse oder des Marktes bestand.

(4) Bei einer Kommission, die zu einem bestimmten Kurse (erster Kurs, Mittelkurs, letzter Kurs) ausgeführt werden soll, ist der Kommissionär ohne Rücksicht auf den Zeitpunkt der Absendung der Ausführungsanzeige berechtigt und verpflichtet, diesen Kurs dem Kommittenten in Rechnung zu stellen.

(5) Bei Wertpapieren und Waren, für welche der Börsen- oder Marktpreis amtlich festgestellt wird, kann der Kommissionär im Falle der Ausführung der Kommission durch Selbsteintritt dem Kommittenten keinen ungünstigeren Preis als den amtlich festgestellten in Rechnung stellen.

## § 401 [Recht auf günstigen Preis]

(1) Auch im Falle der Ausführung der Kommission durch Selbsteintritt hat der Kommissionär, wenn er bei Anwendung pflichtmäßiger Sorgfalt die Kommission zu einem günstigeren als dem nach § 400 sich ergebenden Preise ausführen konnte, dem Kommittenten den günstigeren Preis zu berechnen.

(2) Hat der Kommissionär vor der Absendung der Ausführungsanzeige aus Anlaß der erteilten Kommission an der Börse oder am Markte ein Geschäft mit einem Dritten abgeschlossen, so darf er dem Kommittenten keinen ungünstigeren als den hierbei vereinbarten Preis berechnen.

## § 402 [Unabdingbarkeit]

Die Vorschriften des § 400 Abs. 2 bis 5 und des § 401 können nicht durch Vertrag zum Nachteile des Kommittenten abgeändert werden.

## § 403 [Provision bei Selbsteintritt]

Der Kommissionär, der das Gut selbst als Verkäufer liefert oder als Käufer übernimmt, ist zu der gewöhnlichen Provision berechtigt und kann die bei Kommissionsgeschäften sonst regelmäßig vorkommenden Kosten berechnen.

## § 404 [Pfandrecht]

Die Vorschriften der §§ 397 und 398 finden auch im Falle der Ausführung der Kommission durch Selbsteintritt Anwendung.

## § 405 [Erklärung des Selbsteintritts]

(1) Zeigt der Kommissionär die Ausführung der Kommission an, ohne ausdrücklich zu bemerken, daß er selbst eintreten wolle, so gilt dies als Erklärung, daß die Ausführung durch Abschluß des Geschäfts mit einem Dritten für Rechnung des Kommittenten erfolgt sei.

(2) Eine Vereinbarung zwischen dem Kommittenten und dem Kommissionär, daß die Erklärung darüber, ob die Kommission durch Selbsteintritt oder durch Abschluß mit einem Dritten ausgeführt sei, später als am Tage der Ausführungsanzeige abgegeben werden dürfe, ist nichtig.

(3) Widerruft der Kommittent die Kommission und geht der Widerruf dem Kommissonär zu, bevor die Ausführungsanzeige zur Absendung abgegeben ist, so steht dem Kommissionär das Recht des Selbsteintritts nicht mehr zu.

## § 406 [Erweiterte Anwendung der Kommissionsvorschriften]

(1) [1]Die Vorschriften dieses Abschnitts kommen auch zur Anwendung, wenn ein Kommissionär im Betriebe seines Handelsgewerbes ein Geschäft anderer als der in § 383 bezeichneten Art für Rechnung eines anderen in eigenem Namen zu schließen übernimmt. [2]Das gleiche gilt, wenn ein Kaufmann, der nicht Kommissionär ist, im Betriebe seines Handelsgewerbes ein Geschäft in der bezeichneten Weise zu schließen übernimmt.

(2) Als Einkaufs- und Verkaufskommission im Sinne dieses Abschnitts gilt auch eine Kommission, welche die Lieferung einer nicht vertretbaren beweglichen Sache, die aus einem von dem Unternehmer zu beschaffenden Stoffe herzustellen ist, zum Gegenstand hat.

## Vierter Abschnitt. Speditionsgeschäft

## § 407 [Begriff des Spediteurs]

(1) Spediteur ist, wer es gewerbsmäßig übernimmt, Güterversendungen durch Frachtführer oder durch Verfrachter von Seeschiffen für Rechnung eines anderen (des Versenders) in eigenem Namen zu besorgen.

(2) Auf die Rechte und Pflichten des Spediteurs finden, soweit dieser Abschnitt keine Vorschriften enthält, die für den Kommissionär geltenden Vorschriften, insbesondere die Vorschriften der §§ 388 bis 390 über die Empfangnahme, die Aufbewahrung und die Versicherung des Gutes, Anwendung.

### § 408 [Pflichten des Spediteurs]

(1) Der Spediteur hat die Versendung, insbesondere die Wahl der Frachtführer, Verfrachter und Zwischenspediteure, mit der Sorgfalt eines ordentlichen Kaufmanns auszuführen; er hat hierbei das Interesse des Versenders wahrzunehmen und dessen Weisungen zu befolgen.

(2) Der Spediteur ist nicht berechtigt, dem Versender eine höhere als die mit dem Frachtführer oder dem Verfrachter bedungene Fracht zu berechnen.

### § 409 [Provision]

Der Spediteur hat die Provision zu fordern, wenn das Gut dem Frachtführer oder dem Verfrachter zur Beförderung übergeben ist.

### § 410 [Pfandrecht]

Der Spediteur hat wegen der Fracht, der Provision, der Auslagen und Verwendungen sowie wegen der auf das Gut gegebenen Vorschüsse ein Pfandrecht an dem Gute, sofern er es noch im Besitze hat, insbesondere mittels Konnossements, Ladescheins oder Lagerscheins darüber verfügen kann.

### § 411 [Zwischenspediteur]

(1) Bedient sich der Spediteur eines Zwischenspediteurs, so hat dieser zugleich die seinem Vormanne zustehenden Rechte, insbesondere dessen Pfandrecht, auszuüben.

(2) [1]Soweit der Vormann wegen seiner Forderung von dem Nachmanne befriedigt wird, geht die Forderung und das Pfandrecht des Vormanns auf den Nachmann über. [2]Dasselbe gilt von der Forderung und dem Pfandrechte des Frachtführers, soweit der Zwischenspediteur ihn befriedigt.

### § 412 [Selbsteintritt des Spediteurs]

(1) Der Spediteur ist, wenn nicht ein anderes bestimmt ist, befugt, die Beförderung des Gutes selbst auszuführen.

(2) Macht er von dieser Befugnis Gebrauch, so hat er zugleich die Rechte und Pflichten eines Frachtführers oder Verfrachters; er kann die Provision, die bei Speditionsgeschäften sonst regelmäßig vorkommenden Kosten sowie die gewöhnliche Fracht verlangen.

### § 413 [Beförderung zu festen Kosten; Sammelladung]

(1) [1]Hat sich der Spediteur mit dem Versender über einen bestimmten Satz der Beförderungskosten geeinigt, so hat er ausschließlich die Rechte und Pflichten eines Frachtführers. [2]Er kann in einem solchen Falle Provision nur verlangen, wenn es besonders vereinbart ist.

(2) [1]Bewirkt der Spediteur die Versendung des Gutes zusammen mit den Gütern anderer Versender aufgrund eines für seine Rechnung über eine Sammelladung geschlossenen Frachtvertrags, so finden die Vorschriften des Absatzes 1 Anwendung, auch wenn eine Einigung über einen bestimmten Satz der Beförderungskosten nicht stattgefunden hat. [2]Der Spediteur kann in diesem Falle eine den Umständen nach angemessene Fracht, höchstens aber die für die Beförderung des einzelnen Gutes gewöhnliche Fracht verlangen.

### § 414 [Verjährung]

(1) [1]Die Ansprüche gegen den Spediteur wegen Verlustes, Minderung, Beschädigung oder verspäteter Ablieferung des Gutes verjähren in einem Jahre. [2]Die Verjährungsfrist kann durch Vertrag verlängert werden.

(2) Die Verjährung beginnt im Falle der Beschädigung oder Minderung mit dem Ablaufe des Tages, an welchem die Ablieferung stattgefunden hat, im Falle des Verlustes oder der verspäteten Ablieferung mit dem Ablaufe des Tages, an welchem die Ablieferung hätte bewirkt sein müssen.

(3) [1]Die in Absatz 1 bezeichneten Ansprüche können nach der Vollendung der Verjährung nur aufgerechnet werden, wenn vorher der Verlust, die Minderung, die Beschädigung oder die verspätete Ablieferung dem Spediteur angezeigt oder die Anzeige an ihn abgesendet worden ist. [2]Der Anzeige an den Spediteur steht es gleich, wenn gerichtliche Beweisaufnahme zur Sicherung des Beweises beantragt oder in einem zwischen dem Versender und dem Empfänger oder einem späteren Erwerber des Gutes wegen des Verlustes, der Minderung, der Beschädigung oder der verspäteten Ablieferung anhängigen Rechtsstreite dem Spediteur der Streit verkündet wird.

(4) Diese Vorschriften finden keine Anwendung, wenn der Spediteur den Verlust, die Minderung, die Beschädigung oder die verspätete Ablieferung des Gutes vorsätzlich herbeigeführt hat.

### § 415 [Gelegenheitsspediteur]

Die Vorschriften dieses Abschnitts kommen auch zur Anwendung, wenn ein Kaufmann, der nicht Spediteur ist, im Betriebe seines Handelsgewerbes eine Güterversendung durch Frachtführer oder Verfrachter für Rechnung eines anderen in eigenem Namen zu besorgen übernimmt.

## Fünfter Abschnitt. Lagergeschäft

### § 416 [Begriff des Lagerhalters]

Lagerhalter ist, wer gewerbsmäßig die Lagerung und Aufbewahrung von Gütern übernimmt.

### § 417 [Rechte und Pflichten]

(1) Auf die Rechte und Pflichten des Lagerhalters in Ansehung der Empfangnahme, Aufbewahrung und Versicherung des Gutes finden die für den Kommissionär geltenden Vorschriften der §§ 388 bis 390 Anwendung.

(2) [1]Treten Veränderungen an dem Gute ein, welche dessen Entwertung befürchten lassen, so hat der Lagerhalter den Einlagerer hiervon unverzüglich zu benachrichtigen. [2]Versäumt er dies, so hat er den daraus entstehenden Schaden zu ersetzen.

### § 418 [Besichtigung des Gutes]

Der Lagerhalter hat dem Einlagerer die Besichtigung des Gutes, die Entnahme von Proben und die zur Erhaltung des Gutes notwendigen Handlungen während der Geschäftsstunden zu gestatten.

### § 419 [Sammellagerung]

(1) Im Falle der Lagerung vertretbarer Sachen ist der Lagerhalter zu ihrer Vermischung mit anderen Sachen von gleicher Art und Güte nur befugt, wenn ihm dies ausdrücklich gestattet ist.

(2) Der Lagerhalter erwirbt auch in diesem Falle nicht das Eigentum des Gutes; aus dem durch die Vermischung entstandenen Gesamtvorrate kann er jedem Einlagerer den ihm gebührenden Anteil ausliefern, ohne daß er hierzu der Genehmigung der übrigen Beteiligten bedarf.

(3) Ist das Gut in der Art hinterlegt, daß das Eigentum auf den Lagerhalter übergehen und dieser verpflichtet sein soll, Sachen von gleicher Art, Güte und Menge zurückzugewähren, so finden die Vorschriften dieses Abschnitts keine Anwendung.

### § 420 [Lagerkosten]

(1) Der Lagerhalter hat Anspruch auf das bedungene oder ortsübliche Lagergeld sowie auf Erstattung der Auslagen für Fracht und Zölle und der sonst für das Gut gemachten Aufwendungen, soweit er sie den Umständen nach für erforderlich halten durfte.

(2) [1]Von den hiernach dem Lagerhalter zukommenden Beträgen (Lagerkosten) sind die baren Auslagen sofort zu erstatten. [2]Die sonstigen Lagerkosten sind nach dem Ablaufe von je drei Monaten seit der Einlieferung oder, wenn das Gut in der Zwischenzeit zurückgenommen wird, bei der Rücknahme zu erstatten; wird das Gut teilweise zurückgenommen, so ist nur ein entsprechender Teil zu berichtigen, es sei denn, daß das auf dem Lager verbleibende Gut zur Sicherung des Lagerhalters nicht ausreicht.

### § 421 [Pfandrecht]

Der Lagerhalter hat wegen der Lagerkosten ein Pfandrecht an dem Gute, solange er es im Besitze hat, insbesondere mittels Konnossements, Ladescheins oder Lagerscheins darüber verfügen kann.

### § 422 [Rücknahme des Gutes]

(1) [1]Der Lagerhalter kann nicht verlangen, daß der Einlagerer das Gut vor dem Ablaufe der bedungenen Lagerzeit und, falls eine solche nicht bedungen ist, daß er es vor dem Ablaufe von drei Monaten nach der Einlieferung zurücknehme. [2]Ist eine Lagerzeit nicht bedungen oder behält der Lagerhalter nach dem Ablaufe der bedungenen Lagerzeit das Gut auf dem Lager, so kann er die Rücknahme nur nach vorgängiger Kündigung unter Einhaltung einer Kündigungsfrist von einem Monate verlangen.

(2) Der Lagerhalter ist berechtigt, die Rücknahme des Gutes vor dem Ablaufe der Lagerzeit und ohne Einhaltung einer Kündigungsfrist zu verlangen, wenn ein wichtiger Grund vorliegt.

### § 423 [Verjährung]

[1]Auf die Verjährung der Ansprüche gegen den Lagerhalter wegen Verlustes, Minderung, Beschädigung oder verspäteter Ablieferung des Gutes finden die Vorschriften des § 414 entsprechende Anwendung. [2]Im Falle des gänzlichen Verlustes beginnt die Verjährung mit dem Ablaufe des Tages, an welchem der Lagerhalter dem Einlagerer Anzeige von dem Verluste macht.

### § 424 [Lagerschein]

Ist von dem Lagerhalter ein Lagerschein ausgestellt, der durch Indossament übertragen werden kann, so hat, wenn das Gut von dem Lagerhalter übernommen ist, die Übergabe des Lagerscheins an denjenigen, welcher durch den Schein zur Empfangnahme des Gutes legitimiert wird, für den Erwerb von Rechten an dem Gute dieselben Wirkungen wie die Übergabe des Gutes.

## Sechster Abschnitt. Frachtgeschäft

### § 425 [Begriff des Frachtführers]

Frachtführer ist, wer es gewerbsmäßig übernimmt, die Beförderung von Gütern zu Lande oder auf Flüssen oder sonstigen Binnengewässern auszuführen.

### § 426 [Frachtbrief]

(1) Der Frachtführer kann die Ausstellung eines Frachtbriefs verlangen.

(2) Der Frachtbrief soll enthalten:

1. den Ort und den Tag der Ausstellung;
2. den Namen und den Wohnort des Frachtführers;
3. den Namen dessen, an welchen das Gut abgeliefert werden soll (des Empfängers);
4. den Ort der Ablieferung;
5. die Bezeichnung des Gutes nach Beschaffenheit, Menge und Merkzeichen;
6. die Bezeichnung der für eine zoll- oder steueramtliche Behandlung oder polizeiliche Prüfung nötigen Begleitpapiere;
7. die Bestimmung über die Fracht sowie im Falle ihrer Vorausbezahlung einen Vermerk über die Vorausbezahlung;
8. die besonderen Vereinbarungen, welche die Beteiligten über andere Punkte, namentlich über die Zeit, innerhalb welcher die Beförderung bewirkt werden soll, über die Entschädigung wegen verspäteter Ablieferung und über die auf dem Gute haftenden Nachnahmen, getroffen haben;
9. die Unterschrift des Absenders; eine im Wege der mechanischen Vervielfältigung hergestellte Unterschrift ist genügend.

(3) Der Absender haftet dem Frachtführer für die Richtigkeit und die Vollständigkeit der in den Frachtbrief aufgenommenen Angaben.

### § 427 [Begleitpapiere]

[1]Der Absender ist verpflichtet, dem Frachtführer die Begleitpapiere zu übergeben, welche zur Erfüllung der Zoll-, Steuer- oder Polizeivorschriften vor der Ablieferung an den Empfänger erforderlich sind. [2]Er haftet dem Frachtführer, sofern nicht diesem ein Verschulden zur Last fällt, für alle Folgen, die aus dem Mangel, der Unzulänglichkeit oder der Unrichtigkeit der Papiere entstehen.

### § 428 [Beförderungsfrist]

(1) [1]Ist über die Zeit, binnen welcher der Frachtführer die Beförderung bewirken soll, nichts bedungen, so bestimmt sich die Frist, innerhalb deren er die Reise anzutreten und zu vollenden hat, nach dem Ortsgebrauche. [2]Besteht ein Ortsgebrauch nicht, so ist die Beförderung binnen einer den Umständen nach angemessenen Frist zu bewirken.

(2) [1]Wird der Antritt oder die Fortsetzung der Reise ohne Verschulden des Absenders zeitweilig verhindert, so kann der Absender von dem Vertrage zurücktreten; er hat jedoch den Frachtführer, wenn diesem kein Verschulden zur Last fällt, für die Vorbereitung der Reise, die Wiederausladung und den zurückgelegten Teil der Reise zu entschädigen. [2]Über die Höhe der Entschädigung entscheidet der Ortsgebrauch; besteht ein Ortsgebrauch nicht, so ist eine den Umständen nach angemessene Entschädigung zu gewähren.

### § 429 [Haftung des Frachtführers]

(1) Der Frachtführer haftet für den Schaden, der durch Verlust oder Beschädigung des Gutes in der Zeit von der Annahme bis zur Ablieferung oder durch Versäumung der Lieferzeit entsteht, es sei denn, daß der Verlust, die Beschädigung oder die Verspätung auf Umständen beruht, die durch die Sorgfalt eines ordentlichen Frachtführers nicht abgewendet werden konnten.

(2) Für den Verlust oder die Beschädigung von Kostbarkeiten, Kunstgegenständen, Geld und Wertpapieren haftet der Frachtführer nur, wenn ihm diese Beschaffenheit oder der Wert des Gutes bei der Übergabe zur Beförderung angegeben worden ist.

### § 430 [Schadensersatz]

(1) Muß aufgrund des Frachtvertrags von dem Frachtführer für gänzlichen oder teilweisen Verlust des Gutes Ersatz geleistet werden, so ist der gemeine Handelswert und in dessen Ermangelung der gemeine Wert zu ersetzen, welchen Gut derselben Art und Beschaffenheit am Orte der Ablieferung in dem Zeitpunkte hatte, in welchem die Ablieferung zu bewirken war; hiervon kommt in Abzug, was infolge des Verlustes an Zöllen und sonstigen Kosten sowie an Fracht erspart ist.

(2) Im Falle der Beschädigung ist der Unterschied zwischen dem Verkaufswerte des Gutes im beschädigten Zustand und dem gemeinen Handelswert oder dem gemeinen Werte zu ersetzen, welchen das Gut ohne die Beschädigung am Orte und zur Zeit der Ablieferung gehabt haben würde; hiervon kommt in Abzug, was infolge der Beschädigung an Zöllen und sonstigen Kosten erspart ist.

(3) Ist der Schaden durch Vorsatz oder grobe Fahrlässigkeit des Frachtführers herbeigeführt, so kann Ersatz des vollen Schadens gefordert werden.

### § 431 [Haftung für Erfüllungsgehilfen]

Der Frachtführer hat ein Verschulden seiner Leute und ein Verschulden anderer Personen, deren er sich bei der Ausführung der Beförderung bedient, in gleichem Umfange zu vertreten wie eigenes Verschulden.

### § 432 [Unterfrachtführer]

(1) Übergibt der Frachtführer zur Ausführung der von ihm übernommenen Beförderung das Gut einem anderen Frachtführer, so haftet er für die Ausführung der Beförderung bis zur Ablieferung des Gutes an den Empfänger.

(2) Der nachfolgende Frachtführer tritt dadurch, daß er das Gut mit dem ursprünglichen Frachtbrief annimmt, diesem gemäß in den Frachtvertrag ein und übernimmt die selbständige Verpflichtung, die Beförderung nach dem Inhalte des Frachtbriefs auszuführen.

(3) ¹Hat aufgrund dieser Vorschriften einer der beteiligten Frachtführer Schadensersatz geleistet, so steht ihm der Rückgriff gegen denjenigen zu, welcher den Schaden verschuldet hat. ²Kann dieser nicht ermittelt werden, so haben die beteiligten Frachtführer den Schaden nach dem Verhältnis ihrer Anteile an der Fracht gemeinsam zu tragen, soweit nicht festgestellt wird, daß der Schaden nicht auf ihrer Beförderungsstrecke entstanden ist.

### § 433 [Anweisungen des Absenders]

(1) ¹Der Absender kann den Frachtführer anweisen, das Gut anzuhalten, zurückzugeben oder an einen anderen als den im Frachtbriefe bezeichneten

Empfänger auszuliefern. ²Die Mehrkosten, die durch eine solche Verfügung entstehen, sind dem Frachtführer zu erstatten.

(2) ¹Das Verfügungsrecht des Absenders erlischt, wenn nach der Ankunft des Gutes am Orte der Ablieferung der Frachtbrief dem Empfänger übergeben oder von dem Empfänger Klage gemäß § 435 gegen den Frachtführer erhoben wird. ²Der Frachtführer hat in einem solchen Falle nur die Anweisungen des Empfängers zu beachten; verletzt er diese Verpflichtung, so ist er dem Empfänger für das Gut verhaftet.

## § 434 [Rechte des Empfängers]

¹Der Empfänger ist vor der Ankunft des Gutes am Orte der Ablieferung dem Frachtführer gegenüber berechtigt, alle zur Sicherstellung des Gutes erforderlichen Maßregeln zu ergreifen und dem Frachtführer die zu diesem Zwecke notwendigen Anweisungen zu erteilen. ²Die Auslieferung des Gutes kann er vor dessen Ankunft am Orte der Ablieferung nur fordern, wenn der Absender den Frachtführer dazu ermächtigt hat.

## § 435 [Rechte des Empfängers nach Ankunft des Gutes]

¹Nach der Ankunft des Gutes am Orte der Ablieferung ist der Empfänger berechtigt, die durch den Frachtvertrag begründeten Rechte gegen Erfüllung der sich daraus ergebenden Verpflichtungen in eigenem Namen gegen den Frachtführer geltend zu machen, ohne Unterschied, ob er hierbei in eigenem oder in fremdem Interesse handelt. ²Er ist insbesondere berechtigt, von dem Frachtführer die Übergabe des Frachtbriefs und die Auslieferung des Gutes zu verlangen. ³Dieses Recht erlischt, wenn der Absender dem Frachtführer eine nach § 433 noch zulässige entgegenstehende Anweisung erteilt.

## § 436 [Zahlungspflicht]

Durch Annahme des Gutes und des Frachtbriefs wird der Empfänger verpflichtet, dem Frachtführer nach Maßgabe des Frachtbriefs Zahlung zu leisten.

## § 437 [Ablieferungshindernisse]

(1) Ist der Empfänger des Gutes nicht zu ermitteln oder verweigert er die Annahme oder ergibt sich ein sonstiges Ablieferungshindernis, so hat der Frachtführer den Absender unverzüglich hiervon in Kenntnis zu setzen und dessen Anweisung einzuholen.

(2) ¹Ist dies den Umständen nach nicht tunlich oder der Absender mit der Erteilung der Anweisung säumig oder die Anweisung nicht ausführbar, so ist der Frachtführer befugt, das Gut in einem öffentlichen Lagerhaus oder sonst in sicherer Weise zu hinterlegen. ²Er kann, falls das Gut dem Verderben ausgesetzt und Gefahr im Verzug ist, das Gut auch gemäß § 373 Abs. 2 bis 4 verkaufen lassen.

(3) Von der Hinterlegung und dem Verkaufe des Gutes hat der Frachtführer den Absender und den Empfänger unverzüglich zu benachrichtigen, es sei denn, daß dies untunlich ist; im Falle der Unterlassung ist er zum Schadensersatze verpflichtet.

## § 438 [Erlöschen der Frachtführerhaftung]

(1) Ist die Fracht nebst den sonst auf dem Gute haftenden Forderungen bezahlt und das Gut angenommen, so sind alle Ansprüche gegen den Frachtführer aus dem Frachtvertrag erloschen.

(2) Diese Vorschrift findet keine Anwendung, soweit die Beschädigung oder Minderung des Gutes vor dessen Annahme durch amtlich bestellte Sachverständige festgestellt ist.

(3) [1]Wegen einer Beschädigung oder Minderung des Gutes, die bei der Annahme äußerlich nicht erkennbar ist, kann der Frachtführer auch nach der Annahme des Gutes und der Bezahlung der Fracht in Anspruch genommen werden, wenn der Mangel in der Zeit zwischen der Übernahme des Gutes durch den Frachtführer und der Ablieferung entstanden ist und die Feststellung des Mangels durch amtlich bestellte Sachverständige unverzüglich nach der Entdeckung und spätestens binnen einer Woche nach der Annahme beantragt wird. [2]Ist dem Frachtführer der Mangel unverzüglich nach der Entdeckung und binnen der bezeichneten Frist angezeigt, so genügt es, wenn die Feststellung unverzüglich nach dem Zeitpunkte beantragt wird, bis zu welchem der Eingang einer Antwort des Frachtführers unter regelmäßigen Umständen erwartet werden darf.

(4) Die Kosten einer von dem Empfangsberechtigten beantragten Feststellung sind von dem Frachtführer zu tragen, wenn ein Verlust oder eine Beschädigung ermittelt wird, für welche der Frachtführer Ersatz leisten muß.

(5) Der Frachtführer kann sich auf diese Vorschriften nicht berufen, wenn er den Schaden durch Vorsatz oder grobe Fahrlässigkeit herbeigeführt hat.

## § 439 [Verjährung]

[1]Auf die Verjährung der Ansprüche gegen den Frachtführer wegen Verlustes, Minderung, Beschädigung oder verspäteter Ablieferung des Gutes finden die Vorschriften des § 414 entsprechende Anwendung. [2]Dies gilt nicht für die in § 432 Abs. 3 bezeichneten Ansprüche.

## § 440 [Pfandrecht]

(1) Der Frachtführer hat wegen aller durch den Frachtvertrag begründeten Forderungen, insbesondere der Fracht- und Liegegelder, der Zollgelder und anderer Auslagen, sowie wegen der auf das Gut geleisteten Vorschüsse ein Pfandrecht an dem Gute.

(2) Das Pfandrecht besteht, solange der Frachtführer das Gut noch im Besitze hat, insbesondere mittels Konnossements, Ladescheins oder Lagerscheins darüber verfügen kann.

(3) Auch nach der Ablieferung dauert das Pfandrecht fort, sofern der Frachtführer es binnen drei Tagen nach der Ablieferung gerichtlich geltend macht und das Gut noch im Besitze des Empfängers ist.

(4) [1]Die in § 1234 Abs. 1 des Bürgerlichen Gesetzbuchs bezeichnete Androhung des Pfandverkaufs sowie die in den §§ 1237 und 1241 des Bürgerlichen Gesetzbuchs vorgesehenen Benachrichtigungen sind an den Empfänger zu richten. [2]Ist dieser nicht zu ermitteln oder verweigert er die Annahme des Gutes, so hat die Androhung und Benachrichtigung gegenüber dem Absender zu erfolgen.

## § 441 [Rechte und Pflichten des letzten Frachtführers]

(1) [1]Der letzte Frachtführer hat, falls nicht im Frachtbrief ein anderes bestimmt ist, bei der Ablieferung auch die Forderungen der Vormänner sowie die auf dem Gute haftenden Nachnahmen einzuziehen und die Rechte der Vormänner, insbesondere auch das Pfandrecht, auszuüben. [2]Das Pfandrecht der Vormänner besteht so lange als das Pfandrecht des letzten Frachtführers.

(2) Wird der vorhergehende Frachtführer von dem nachfolgenden befriedigt, so gehen seine Forderung und sein Pfandrecht auf den letzten über.

(3) In gleicher Art gehen die Forderungen und das Pfandrecht des Spediteurs auf den nachfolgenden Spediteur und den nachfolgenden Frachtführer über.

### § 442 [Haftung des letzten Frachtführers]

[1]Der Frachtführer, welcher das Gut ohne Bezahlung abliefert und das Pfandrecht nicht binnen drei Tagen nach der Ablieferung gerichtlich geltend macht, ist den Vormännern verantwortlich. [2]Er wird, ebenso wie die vorhergehenden Frachtführer und Spediteure, des Rückgriffs gegen die Vormänner verlustig. [3]Der Anspruch gegen den Empfänger bleibt in Kraft.

### § 443 [Rangordnung der Pfandrechte]

(1) Bestehen an demselben Gute mehrere nach den §§ 397, 410, 421 und 440 begründete Pfandrechte, so geht unter denjenigen Pfandrechten, welche durch die Versendung oder durch die Beförderung des Gutes entstanden sind, das später entstandene dem früher entstandenen vor.

(2) Diese Pfandrechte haben sämtlich den Vorrang vor dem nicht aus der Versendung entstandenen Pfandrechte des Kommissionärs und des Lagerhalters sowie vor dem Pfandrechte des Spediteurs und des Frachtführers für Vorschüsse.

### § 444 [Ladeschein]

Über die Verpflichtung zur Auslieferung des Gutes kann von dem Frachtführer ein Ladeschein ausgestellt werden.

### § 445 [Inhalt des Ladescheins]

(1) Der Ladeschein soll enthalten:
1. den Ort und den Tag der Ausstellung;
2. den Namen und den Wohnort des Frachtführers;
3. den Namen des Absenders;
4. den Namen desjenigen, an welchen oder an dessen Ort das Gut abgeliefert werden soll; als solcher gilt der Abssender, wenn der Ladeschein nur an Order gestellt ist;
5. den Ort der Ablieferung;
6. die Bezeichnung des Gutes nach Beschaffenheit, Menge und Merkzeichen;
7. die Bestimmung über die Fracht und über die auf dem Gute haftenden Nachnahmen sowie im Falle der Vorausbezahlung der Fracht einen Vermerk über die Vorausbezahlung.

(2) Der Ladeschein muß von dem Frachtführer unterzeichnet sein.

(3) Der Absender hat dem Frachtführer auf Verlangen eine von ihm unterschriebene Abschrift des Ladescheins auszuhändigen.

### § 446 [Bedeutung des Ladescheins]

(1) Der Ladeschein entscheidet für das Rechtsverhältnis zwischen dem Frachtführer und dem Empfänger des Gutes; die nicht in den Ladeschein aufgenommenen Bestimmungen des Frachtvertrags sind dem Empfänger gegenüber unwirksam, sofern nicht der Ladeschein ausdrücklich auf sie Bezug nimmt.

(2) Für das Rechtsverhältnis zwischen dem Frachtführer und dem Absender bleiben die Bestimmungen des Frachtvertrags maßgebend.

### § 447 [Legitimation durch Ladeschein]

(1) Zum Empfange des Gutes legitimiert ist derjenige, an welchen das Gut nach dem Ladeschein abgeliefert werden soll oder auf welchen der Ladeschein, wenn er an Order lautet, durch Indossament übertragen ist.

(2) Der zum Empfange Legitimierte hat schon vor der Ankunft des Gutes am Ablieferungsorte die Rechte, welche dem Absender in Ansehung der Verfügung über das Gut zustehen, wenn ein Ladeschein nicht ausgestellt ist.

(3) Der Frachtführer darf einer Anweisung des Absenders, das Gut anzuhalten, zurückzugeben oder an einen anderen als den durch den Ladeschein legitimierten Empfänger auszuliefern, nur Folge leisten, wenn ihm der Ladeschein zurückgegeben wird; verletzt er diese Verpflichtung, so ist er dem rechtmäßigen Besitzer des Ladescheins für das Gut verhaftet.

### § 448 [Rückgabe des Ladescheins]

Der Frachtführer ist zur Ablieferung des Gutes nur gegen Rückgabe des Ladescheins, auf dem die Ablieferung des Gutes bescheinigt ist, verpflichtet.

### § 449 [Unterfrachtführer und Ladeschein]

Im Falle des § 432 Abs. 1 wird der nachfolgende Frachtführer, der das Gut aufgrund des Ladescheins übernimmt, nach Maßgabe des Scheines verpflichtet.

### § 450 [Dingliche Wirkung der Übergabe]

Die Übergabe des Landescheins an denjenigen, welcher durch den Schein zur Empfangnahme des Gutes legitimiert wird, hat, wenn das Gut von dem Frachtführer übernommen ist, für den Erwerb von Rechten an dem Gute dieselben Wirkungen wie die Übergabe des Gutes.

### § 451 [Gelegenheitsfrachtführer]

Die Vorschriften der §§ 426 bis 450 kommen auch zur Anwendung, wenn ein Kaufmann, der nicht Frachtführer ist, im Betriebe seines Handelsgewerbes eine Beförderung von Gütern zu Lande oder auf Flüssen oder sonstigen Binnengewässern auszuführen übernimmt.

### § 452 [Beförderung durch die Post]

[1]Auf die Beförderung von Gütern durch die Postverwaltungen des Reichs und der Bundesstaaten finden die Vorschriften dieses Abschnitts keine Anwendung. [2]Die bezeichneten Postverwaltungen gelten nicht als Kaufleute im Sinne dieses Gesetzbuchs.

## Siebenter Abschnitt. Beförderung von Gütern und Personen auf den Eisenbahnen des öffentlichen Verkehrs

### § 453 [Beförderungszwang]

(1) Eine Eisenbahn des öffentlichen Verkehrs ist zur Beförderung von Gütern von und nach allen Bahnhöfen und Güternebenstellen innerhalb des Deutschen Reichs verpflichtet, wenn

1. der Absender sich den geltenden Beförderungsbedingungen und den sonstigen allgemeinen Anordnungen der Eisenbahn unterwirft,
2. die Beförderung nicht nach gesetzlicher Vorschrift oder aus Gründen der öffentlichen Ordnung verboten ist,
3. die Güter nach der Eisenbahn-Verkehrsordnung oder den aufgrund der Verkehrsordnung erlassenen Vorschriften und, soweit diese keinen Anhalt gewähren, nach der Anlage und dem Betrieb der beteiligten Bahnen sich zur Beförderung eignen,

4. die Beförderung mit den regelmäßigen Beförderungsmitteln möglich ist,

5. die Beförderung nicht durch Umstände verhindert wird, die die Eisenbahn nicht abzuwenden und denen sie auch nicht abzuhelfen vermochte.

(2) ¹Die Eisenbahn ist nur insoweit verpflichtet, Güter zur Beförderung anzunehmen, als die Beförderung alsbald erfolgen kann. ²Inwieweit sie verpflichtet ist, Güter, deren Beförderung nicht alsbald erfolgen kann, in einstweilige Verwahrung zu nehmen, bestimmt die Eisenbahn-Verkehrsordnung.

(3) Die Beförderung der Güter, die nach der Eisenbahn-Verkehrsordnung gleichzubehandeln sind, findet in der Reihenfolge statt, in der sie zur Beförderung angenommen worden sind, sofern nicht zwingende Gründe des Eisenbahnbetriebs oder das öffentliche Wohl eine Ausnahme rechtfertigen.

(4) Eine vorsätzliche oder fahrlässige Zuwiderhandlung gegen diese Vorschriften begründet den Anspruch auf Ersatz des daraus entstehenden Schadens.

## § 454 [Haftung der Eisenbahn]

Die Eisenbahn haftet für den Schaden, der durch Verlust oder Beschädigung des Gutes in der Zeit von der Annahme zur Beförderung bis zur Ablieferung entsteht, es sei denn, daß der Schaden durch ein Verschulden oder eine nicht von der Eisenbahn verschuldete Anweisung des Verfügungsberechtigten, durch höhere Gewalt, durch Mängel der Verpackung, oder durch besondere Mängel des Gutes, namentlich durch inneren Verderb, Schwinden, gewöhnlichen Rinnverlust verursacht ist.

## § 455 [Versäumung der Lieferfrist]

Die Eisenbahn haftet für den Schaden, der durch Versäumung der Lieferfrist entsteht, es sei denn, daß die Verspätung von einem Ereignis herrührt, das sie weder herbeigeführt hat noch abzuwenden vermochte.

## § 456 [Haftung für Erfüllungsgehilfen]

Die Eisenbahn haftet für ihre Bediensteten und andere Personen, deren sie sich bei der Ausführung der von ihr übernommenen Beförderung bedient.

## § 457 [Pfandrecht]

§§ 440 bis 443 finden entsprechende Anwendung.

## § 458 [Eisenbahn-Verkehrsordnung]

(1) Der Reichsverkehrsminister wird ermächtigt, die übrigen Bestimmungen über die Beförderung von Gütern auf den Eisenbahnen in der Eisenbahn-Verkehrsordnung zu treffen.*

(2) ¹Hierin können im Einvernehmen mit dem Reichsminister der Justiz Bestimmungen getroffen werden, die die Haftpflicht der Eisenbahn abweichend von den §§ 454, 455 regeln. ²Durch solche Bestimmungen darf jedoch die Haftung der Eisenbahn für Verschulden nicht ausgeschlossen werden.

## § 459 [Reisegepäck]

Zu den Gütern im Sinne dieser Vorschrift gehört auch das Reisegepäck.

## § 460 [Personenbeförderung]

Die Vorschriften über die Beförderung von Personen auf den Eisenbahnen trifft der Reichsverkehrsminister in der Eisenbahn-Verkehrsordnung.*

---

* Vgl. Eisenbahn-Verkehrsordnung vom 8. 9. 1938 (RGBl. II 683).

## 1a. Auszug aus dem Einführungsgesetz zum Handelsgesetzbuch

**Vom 10. Mai 1897 (RGBl. S. 437)**

**BGBl. III 4101–1**

zuletzt geändert durch Gesetz vom 30. 11. 1990 (BGBl. I S. 2570)

**Zweiter Abschnitt**

**Übergangsvorschriften zum Bilanzrichtlinien-Gesetz**

### Artikel 23

(1) ¹Die vom Inkrafttreten der Artikel 1 bis 10 des Bilanzrichtlinien-Gesetzes vom 19. 12. 1985 (BGBl. I S. 2355) an geltende Fassung der Vorschriften über den Jahresabschluß und den Lagebericht sowie über die Pflicht zur Offenlegung dieser und der dazu gehörenden Unterlagen ist erstmals auf das nach dem 31. Dezember 1986 beginnende Geschäftsjahr anzuwenden. ²Die neuen Vorschriften können auch auf ein früheres Geschäftsjahr angewendet werden, jedoch nur insgesamt.

(2) ¹Die vom Inkrafttreten der Artikel 1 bis 10 des Bilanzrichtlinien-Gesetzes an geltende Fassung der Vorschriften über den Konzernabschluß und den Konzernlagebericht sowie über die Pflicht zur Offenlegung dieser und der dazu gehörenden Unterlagen ist erstmals auf das nach dem 31. Dezember 1989 beginnende Geschäftsjahr anzuwenden. ²Die neuen Vorschriften können auch auf ein früheres Geschäftsjahr angewendet werden, jedoch nur insgesamt. ³Mutterunternehmen, die bereits bei Inkrafttreten des Bilanzrichtlinien-Gesetzes zur Konzernrechnungslegung verpflichtet sind, brauchen bei früherer Anwendung der neuen Vorschriften Tochterunternehmen mit Sitz im Ausland nicht einzubeziehen und einheitliche Bewertungsmethoden im Sinne des § 308 sowie die §§ 311, 312 des Handelsgesetzbuchs über assoziierte Unternehmen nicht anzuwenden.

(3) ¹Die vom Inkrafttreten der Artikel 1 bis 10 des Bilanzrichtlinien-Gesetzes an geltende Fassung der Vorschriften über die Pflicht zur Prüfung des Jahresabschlusses und des Lageberichts ist auf Unternehmen, die bei Inkrafttreten des Bilanzrichtlinien-Gesetzes ihren Jahresabschluß nicht aufgrund bundesgesetzlicher Vorschriften prüfen lassen müssen, erstmals für das nach dem 31. Dezember 1986 beginnende Geschäftsjahr anzuwenden. ²Die vom Inkrafttreten der Artikel 1 bis 10 des Bilanzrichtlinien-Gesetzes an geltende Fassung der Vorschriften über die Pflicht zur Prüfung des Konzernabschlusses und des Konzernlageberichts ist auf Unternehmen, die bei Inkrafttreten des Bilanzrichtlinien-Gesetzes nicht zur Konzernrechnungslegung verpflichtet sind, erstmals für das nach dem 31. Dezember 1989 beginnende Geschäftsjahr anzuwenden. ³Der Bestätigungsvermerk nach § 322 Abs. 1 des Handelsgesetzbuchs ist erstmals auf Jahresabschlüsse, Konzernabschlüsse und Teilkonzernabschlüsse sowie auf Lageberichte, Konzernlageberichte und Teilkonzernlageberichte anzuwenden, die nach den am 1. Januar 1986 in Kraft tretenden Vorschriften aufgestellt worden sind.

(4) § 319 Abs. 2 Nr. 8 des Handelsgesetzbuchs ist erstmals auf das sechste nach dem Inkrafttreten des Bilanzrichtlinien-Gesetzes beginnende Geschäftsjahr anzuwenden.

(5) ¹Sind die neuen Vorschriften nach den Absätzen 1 bis 3 auf ein früheres Geschäftsjahr nicht anzuwenden und werden sie nicht freiwillig angewendet,

so ist für das Geschäftsjahr die am 31. Dezember 1985 geltende Fassung der geänderten oder aufgehobenen Vorschriften anzuwenden. [2]Satz 1 ist auf Gesellschaften mit beschränkter Haftung hinsichtlich der Anwendung des Gesetzes über die Rechnungslegung von bestimmten Unternehmen und Konzernen entsprechend anzuwenden.

### Artikel 24

(1) [1]Waren Vermögensgegenstände des Anlagevermögens im Jahresabschluß für das am 31. Dezember 1986 endende oder laufende Geschäftsjahr mit einem niedrigeren Wert angesetzt, als er nach § 240 Abs. 3 und 4, §§ 252, 253 Abs. 1, 2 und 4, §§ 254, 255, 279 und 280 Abs. 1 und 2 des Handelsgesetzbuchs zulässig ist, so darf der niedrigere Wertansatz beibehalten werden. [2]§ 253 Abs. 2 des Handelsgesetzbuchs ist in diesem Falle mit der Maßgabe anzuwenden, daß der niedrigere Wertansatz um planmäßige Abschreibungen entsprechend der voraussichtlichen Restnutzungsdauer zu vermindern ist.

(2) Waren Vermögensgegenstände des Umlaufvermögens im Jahresabschluß für das am 31. Dezember 1986 endende oder laufende Geschäftsjahr mit einem niedrigeren Wert angesetzt als er nach §§ 252, 253 Abs. 1, 3 und 4, §§ 254, 255 Abs. 1 und 2, §§ 256, 279 Abs. 1 Satz 1, Abs. 2, § 280 Abs. 1 und 2 des Handelsgesetzbuchs zulässig ist, so darf der niedrigere Wertansatz insoweit beibehalten werden, als

1. er aus den Gründen des § 253 Abs. 3, §§ 254, 279 Abs. 2, § 280 Abs. 2 des Handelsgesetzbuchs angesetzt worden ist oder

2. es sich um einen niedrigeren Wertansatz im Sinne des § 253 Abs. 4 des Handelsgesetzbuchs handelt.

(3) [1]Soweit ein niedriger Wertansatz nach den Absätzen 1 und 2 nicht beibehalten werden darf oder nicht beibehalten wird, so kann bei der Aufstellung des Jahresabschlusses für das nach dem 31. Dezember 1986 beginnende Geschäftsjahr oder bei Anwendung auf ein früheres Geschäftsjahr nach Artikel 23 in dem früheren Jahresabschluß der Unterschiedsbetrag zwischen dem im letzten vorausgehenden Jahresabschluß angesetzten Wert und dem nach den Vorschriften des Dritten Buchs des Handelsgesetzbuchs anzusetzenden Wert in Gewinnrücklagen eingestellt oder für die Nachholung von Rückstellungen verwendet werden; dieser Betrag ist nicht Bestandteil des Ergebnisses. [2]Satz 1 ist entsprechend auf Beträge anzuwenden, die sich ergeben, wenn Rückstellungen oder Sonderposten mit Rücklageanteil wegen Unvereinbarkeit mit § 247 Abs. 3, §§ 249, 253 Abs. 1 Satz 2, § 273 des Handelsgesetzbuchs aufgelöst werden.

(4) Waren Schulden im Jahresabschluß für das am 31. Dezember 1986 endende oder laufende Geschäftsjahr mit einem niedrigeren Wert angesetzt, als er nach §§ 249, 253 Abs. 1 Satz 2 des Handelsgesetzbuchs vorgeschrieben oder zulässig ist, so kann bei der Aufstellung des Jahresabschlusses für das nach dem 31. Dezember 1986 beginnende Geschäftsjahr oder bei Anwendung auf ein früheres Geschäftsjahr nach Artikel 23 in dem früheren Geschäftsjahr der für die Nachholung erforderliche Betrag den Rücklagen entnommen werden, soweit diese nicht durch Gesetz, Gesellschaftsvertrag oder Satzung für andere Zwecke gebunden sind; dieser Betrag ist nicht Bestandteil des Ergebnisses oder des Bilanzgewinns.

(5) [1]Ändern sich bei der erstmaligen Anwendung der durch die Artikel 1 bis 10 des Bilanzrichtlinien-Gesetzes geänderten Vorschriften die bisherige Form der Darstellung oder die bisher angewandten Bewertungsmethoden, so sind § 252 Abs. 1 Nr. 6, § 265 Abs. 1, § 284 Abs. 2 Nr. 3 des Handelsgesetzbuchs bei

der erstmaligen Aufstellung eines Jahresabschlusses nach den geänderten Vorschriften nicht anzuwenden. [2]Außerdem brauchen die Vorjahreszahlen bei der erstmaligen Anwendung nicht angegeben zu werden.

(6) [1]Sind bei der erstmaligen Anwendung des § 268 Abs. 2 des Handelsgesetzbuchs über die Darstellung der Entwicklung des Anlagevermögens die Anschaffungs- oder Herstellungskosten eines Vermögensgegenstands des Anlagevermögens nicht ohne unverhältnismäßige Kosten oder Verzögerungen feststellbar, so dürfen die Buchwerte dieser Vermögensgegenstände aus dem Jahresabschluß des vorhergehenden Geschäftsjahrs als ursprüngliche Anschaffungs- oder Herstellungskosten übernommen und fortgeführt werden. [2]Satz 1 darf entsprechend auf die Darstellung des Postens „Aufwendungen für die Ingangsetzung und Erweiterung des Geschäftsbetriebs" angewendet werden. [3]Kapitalgesellschaften müssen die Anwendung der Sätze 1 und 2 im Anhang angeben.

## Artikel 25

(1) Auf die Prüfung des Jahresabschlusses

1. von Aktiengesellschaften und Gesellschaften mit beschränkter Haftung, bei denen die Mehrheit der Anteile und die Mehrheit der Stimmrechte Genossenschaften oder zur Prüfung von Genossenschaften zugelassenen Prüfungsverbänden zusteht, oder

2. von Unternehmen, die am 31. Dezember 1989 als gemeinnützige Wohnungsunternehmen oder als Organe der staatlichen Wohnungspolitik anerkannt waren und die nicht eingetragene Genossenschaften sind,

ist § 319 Abs. 1 des Handelsgesetzbuchs mit der Maßgabe anzuwenden, daß diese Gesellschaften oder Unternehmen sich auch von dem Prüfungsverband prüfen lassen dürfen, dem sie als Mitglied angehören, sofern mehr als die Hälfte der geschäftsführenden Mitglieder des Vorstands dieses Prüfungsverbands Wirtschaftsprüfer sind. Hat der Prüfungsverband nur zwei Vorstandsmitglieder, so muß einer von ihnen Wirtschaftsprüfer sein. § 319 Abs. 2 und 3 des Handelsgesetzbuchs ist entsprechend anzuwenden.

(2) Bei der Prüfung des Jahresabschlusses der in Absatz 1 bezeichneten Gesellschaften oder Unternehmen durch einen Prüfungsverband darf der gesetzlich vorgeschriebene Bestätigungsvermerk nur von Wirtschaftsprüfern unterzeichnet werden. Die im Prüfungsverband tätigen Wirtschaftsprüfer haben ihre Prüfungstätigkeit unabhängig, gewissenhaft, verschwiegen und eigenverantwortlich auszuüben. Sie haben sich insbesondere bei der Erstattung von Prüfungsberichten unparteiisch zu verhalten. Weisungen dürfen ihnen hinsichtlich ihrer Prüfungstätigkeit von Personen, die nicht Wirtschaftsprüfer sind, nicht erteilt werden. Die Zahl der im Verband tätigen Wirtschaftsprüfer muß so bemessen sein, daß die den Bestätigungsvermerk unterschreibenden Wirtschaftsprüfer die Prüfung verantwortlich durchführen können.

(3) Ist ein am 31. Dezember 1989 als gemeinnütziges Wohnungsunternehmen oder als Organ der staatlichen Wohnungspolitik anerkanntes Unternehmen als Aktiengesellschaft, Kommanditgesellschaft auf Aktien oder als Gesellschaft mit beschränkter Haftung zur Aufstellung eines Konzernabschlusses und eines Konzernlageberichts nach dem Zweiten Unterabschnitt des Zweiten Abschnitts des Dritten Buchs des Handelsgesetzbuchs verpflichtet, so ist der Prüfungsverband, dem das Unternehmen angehört, auch Abschlußprüfer des Konzernabschlusses.

## Artikel 26

(1) ¹Abschlußprüfer nach § 319 Abs. 1 Satz 1 des Handelsgesetzbuchs kann auch eine nach § 131f Abs. 2 der Wirtschaftsprüferordnung bestellte Person sein. ²Abschlußprüfer nach § 319 Abs. 1 Satz 2 des Handelsgesetzbuchs kann auch eine nach § 131b Abs. 2 der Wirtschaftsprüferordnung bestellte Person sein. ³Für die Durchführung der Prüfung von Jahresabschlüssen und Lageberichten haben diese Personen die Rechte und Pflichten von Abschlußprüfern.

(2) Für die Anwendung des § 319 Abs. 2 und 3 des Handelsgesetzbuchs bleibt eine Mitgliedschaft im Aufsichtsrat des zu prüfenden Unternehmens außer Betracht, wenn sie spätestens mit der Beendigung der ersten Versammlung der Aktionäre oder Gesellschafter der zu prüfenden Gesellschaft, die nach Inkrafttreten des Bilanzrichtlinien-Gesetzes stattfindet, endet.

## Artikel 27

(1) ¹Hat ein Mutterunternehmen ein Tochterunternehmen schon vor der erstmaligen Anwendung des § 301 des Handelsgesetzbuchs in seinen Konzernabschluß aufgrund gesetzlicher Verpflichtung oder freiwillig nach einer den Grundsätzen ordnungsmäßiger Buchführung entsprechenden Methode einbezogen, so braucht es diese Vorschrift auf dieses Tochterunternehmen nicht anzuwenden. ²Auf einen noch vorhandenen Unterschiedsbetrag aus der früheren Kapitalkonsolidierung ist § 309 des Handelsgesetzbuchs anzuwenden, soweit das Mutterunternehmen den Unterschiedsbetrag nicht in entsprechender Anwendung des § 301 Abs. 1 Satz 3 des Handelsgesetzbuchs den in den Konzernabschluß übernommenen Vermögensgegenständen und Schulden des Tochterunternehmens zuschreibt oder mit diesen verrechnet.

(2) Ist ein Mutterunternehmen verpflichtet, § 301 des Handelsgesetzbuchs auf ein schon bisher in seinen Konzernabschluß einbezogenes Tochterunternehmen anzuwenden oder wendet es diese Vorschrift freiwillig an, so kann als Zeitpunkt für die Verrechnung auch der Zeitpunkt der erstmaligen Anwendung dieser Vorschrift gewählt werden.

(3) Die Absätze 1 und 2 sind entsprechend auf die Behandlung von Beteiligungen an assoziierten Unternehmen nach §§ 311, 312 des Handelsgesetzbuchs anzuwenden.

(4) Ergibt sich bei der erstmaligen Anwendung der §§ 303, 304, 306 oder 308 des Handelsgesetzbuchs eine Erhöhung oder Verminderung des Ergebnisses, so kann der Unterschiedsbetrag in die Gewinnrücklagen eingestellt oder mit diesen offen verrechnet werden; dieser Betrag ist nicht Bestandteil des Jahresergebnisses.

## Artikel 28

(1) ¹Für eine laufende Pension oder eine Anwartschaft auf eine Pension auf Grund einer unmittelbaren Zusage braucht eine Rückstellung nach § 249 Abs. 1 Satz 1 des Handelsgesetzbuchs nicht gebildet zu werden, wenn der Pensionsberechtigte seinen Rechtsanspruch vor dem 1. Januar 1987 erworben hat oder sich ein vor diesem Zeitpunkt erworbener Rechtsanspruch nach dem 31. Dezember 1986 erhöht. ²Für eine mittelbare Verpflichtung aus einer Zusage für eine laufende Pension oder eine Anwartschaft auf eine Pension sowie für eine ähnliche unmittelbare oder mittelbare Verpflichtung braucht eine Rückstellung in keinem Fall gebildet zu werden.

(2) Bei Anwendung des Absatzes 1 müssen Kapitalgesellschaften die in der Bilanz nicht ausgewiesenen Rückstellungen für laufende Pensionen, Anwart-

schaften auf Pensionen und ähnliche Verpflichtungen jeweils im Anhang und im Konzernanhang in einem Betrag angeben.

### Dritter Abschnitt
### Übergangsvorschrift zum Gesetz
### zur Durchführung der EG-Richtlinie
### zur Koordinierung des Rechts
### der Handelsvertreter
### vom 23. Oktober 1989 (BGBl. I S. 1910)

#### Artikel 29*

Auf Handelsvertretervertragsverhältnisse, die vor dem 1. Januar 1990 begründet sind und an diesem Tag noch bestehen, sind die §§ 86, 86a, 87, 87a, 89, 89b, 90a und 92c des Handelsgesetzbuchs in der am 31. Dezember 1989 geltenden Fassung bis zum Ablauf des Jahres 1993 weiterhin anzuwenden.

### Vierter Abschnitt.
### Übergangsvorschriften zum Bankbilanzrichtlinie-Gesetz

#### Artikel 30

(1) Die vom Inkrafttreten der Artikel 1 bis 10 des Bankbilanzrichtlinie-Gesetzes vom 30. November 1990 (BGBl. I S. 2570) an geltende Fassung der Vorschriften über den Jahresabschluß, den Lagebericht und deren Prüfung sowie über die Pflicht zur Offenlegung dieser und der dazu gehörenden Unterlagen ist erstmals auf das nach dem 31. Dezember 1992 beginnende Geschäftsjahr anzuwenden.

(2) ¹Die vom Inkrafttreten der Artikel 1 bis 10 des Bankbilanzrichtlinie-Gesetzes an geltende Fassung der Vorschriften über den Konzernabschluß, den Konzernlagebericht und deren Prüfung sowie über die Pflicht zur Offenlegung dieser und der dazu gehörenden Unterlagen ist erstmals auf das nach dem 31. Dezember 1992 beginnende Geschäftsjahr anzuwenden; dies gilt für Kreditinstitute auch für die erstmalige Anwendung der in Artikel 23 Abs. 2 Satz 1 bezeichneten Vorschriften. ²Die neuen Vorschriften einschließlich derjenigen über den Jahresabschluß können auf den Konzernabschluß eines früheren Geschäftsjahrs angewendet werden, jedoch nur insgesamt; Artikel 23 Abs. 2 Satz 3 ist entsprechend anzuwenden.

(3) Auf Geschäftsjahre, die vor dem 1. Januar 1993 beginnen, sind die Vorschriften über den Jahresabschluß, den Lagebericht und deren Prüfung sowie über die Pflicht zur Offenlegung dieser und der dazu gehörenden Unterlagen in der am 1. Januar 1986 geltenden Fassung und die Vorschriften der Verordnung über Formblätter für die Gliederung des Jahresabschlusses von Kredit-

---

* Gem. Anlage I zum Einigungsvertragsgesetz vom 23. 9. 1990 (BGBl. II S. 885, 959) ist Artikel 29 EGHGB in dem in Artikel 3 des Einigungsvertrages genannten Gebiet nicht anzuwenden. Auf Handelsvertretervertragsverhältnisse, die vor dem 1. Juli 1990 nach den Vorschriften des Gesetzes über internationale Wirtschaftsverträge begründet wurden, findet dieses Gesetz in der bis zum 30. Juni 1990 gültigen Fassung vom 5. Februar 1976 (GBl. I Nr. 5 S. 61) bis zum Ablauf des Jahres 1993 weiter Anwendung.

instituten in der Fassung der Bekanntmachung vom 14. September 1987 (BGBl. I S. 2169) anzuwenden.

(4) ¹Auf Geschäftsjahre, die vor dem 1. Januar 1993 beginnen, sind die Vorschriften über den Konzernabschluß, den Konzernlagebericht und deren Prüfung sowie über die Pflicht zur Offenlegung dieser und der dazu gehörenden Unterlagen in der am 31. Dezember 1985 geltenden Fassung anzuwenden, sofern die neuen Vorschriften nicht freiwillig angewendet werden. ²Werden nach Artikel 23 Abs. 2 die Vorschriften in der am 1. Januar 1986 geltenden Fassung freiwillig angewendet, so gilt Satz 1 mit der Maßgabe, daß diese Vorschriften anzuwenden sind. ³Sind auf den Konzernabschluß Vorschriften über den Jahresabschluß anzuwenden, ist Absatz 3 entsprechend anzuwenden.

## Artikel 31

(1) ¹Waren wie Anlagevermögen behandelte Vermögensgegenstände im Jahresabschluß für das am 31. Dezember 1992 endende oder laufende Geschäftsjahr mit einem niedrigeren Wert angesetzt, als er nach § 240 Abs. 3 und 4, §§ 252, 253 Abs. 1 und 2, §§ 254, 255, 279, 280 Abs. 1 und 2 sowie § 340 e des Handelsgesetzbuchs zulässig ist, so darf der niedrigere Wertansatz beibehalten werden. ²§ 253 Abs. 2 des Handelsgesetzbuchs ist in diesem Falle mit der Maßgabe anzuwenden, daß der niedrigere Wertansatz um planmäßige Abschreibungen entsprechend der voraussichtlichen Restnutzungsdauer zu vermindern ist.

(2) ¹Waren nicht wie Anlagevermögen behandelte Vermögensgegenstände im Jahresabschluß für das am 31. Dezember 1992 endende oder laufende Geschäftsjahr mit einem niedrigeren Wert angesetzt, als er nach §§ 252, 253 Abs. 1 und 3, §§ 254, 255 Abs. 1 und 2, §§ 256, 279 Abs. 1 Satz 1, Abs. 2, § 280 Abs. 1 und 2 sowie § 340f Abs. 1 Satz 1 des Handelsgesetzbuchs zulässig ist, so darf der niedrigere Wertansatz insoweit beibehalten werden, als
1. er aus den Gründen des § 253 Abs. 3, §§ 254, 279 Abs. 2, § 280 Abs. 2 des Handelsgesetzbuchs angesetzt worden ist oder
2. es sich um einen niedrigeren Wertansatz im Sinne des § 340f Abs. 1 Satz 1 des Handelsgesetzbuchs handelt.
²Nach § 26a Abs. 1 des Gesetzes über das Kreditwesen gebildete Vorsorgen können fortgeführt werden.

(3) ¹Soweit ein niedrigerer Wertansatz nach den Absätzen 1 und 2 nicht beibehalten werden darf oder nicht beibehalten wird, kann bei der Aufstellung des Jahresabschlusses für das nach dem 31. Dezember 1992 beginnende Geschäftsjahr der Unterschiedsbetrag zwischen dem im letzten vorausgehenden Jahresabschluß angesetzten Wert und dem nach den Vorschriften des Dritten Buchs des Handelsgesetzbuchs anzusetzenden Wert in Gewinnrücklagen eingestellt oder für die Nachholung von Rückstellungen oder die Bildung des Sonderpostens für Bankrisiken verwendet werden; dieser Betrag ist nicht Bestandteil des Ergebnisses. ²Satz 1 ist entsprechend auf Beträge anzuwenden, die sich ergeben, wenn Rückstellungen oder Sonderposten mit Rücklageanteil wegen Unvereinbarkeit mit § 247 Abs. 3, §§ 249, 253 Abs. 1 Satz 2, § 273 des Handelsgesetzbuchs aufgelöst werden.

(4) Waren Schulden oder der Sonderposten für allgemeine Bankrisiken im Jahresabschluß für das am 31. Dezember 1992 endende oder laufende Geschäftsjahr mit einem niedrigeren Wert angesetzt, als er nach §§ 249, 253 Abs. 1 Satz 2 oder § 340g des Handelsgesetzbuchs vorgeschrieben oder zulässig ist, so kann bei der Aufstellung des Jahresabschlusses für das nach dem

31. Dezember 1992 beginnende Geschäftsjahr der für die Nachholung erforderliche Betrag den Rücklagen entnommen werden, soweit diese nicht durch Gesetz, Gesellschaftsvertrag oder Satzung für andere Zwecke gebunden sind; dieser Betrag ist nicht Bestandteil des Ergebnisses oder des Bilanzgewinns.

(5) ¹Ändern sich bei der erstmaligen Anwendung der durch die Artikel 1 bis 10 des Bankbilanzrichtlinie-Gesetzes geänderten Vorschriften die bisherige Form der Darstellung oder die bisher angewandten Bewertungsmethoden, so sind § 252 Abs. 1 Nr. 6, § 265 Abs. 1, § 284 Abs. 2 Nr. 3 des Handelsgesetzbuchs bei der erstmaligen Aufstellung eines Jahresabschlusses oder Konzernabschlusses nach den geänderten Vorschriften auf diese Änderungen nicht anzuwenden. ²Außerdem brauchen die Vorjahreszahlen bei der erstmaligen Anwendung nicht angegeben zu werden.

(6) ¹Sind bei der erstmaligen Anwendung des § 340a in Verbindung mit § 268 Abs. 2 des Handelsgesetzbuchs über die Darstellung der Entwicklung der wie Anlagevermögen behandelten Vermögensgegenstände die Anschaffungs- oder Herstellungskosten eines Vermögensgegenstands nicht ohne unverhältnismäßige Kosten oder Verzögerungen feststellbar, so dürfen die Buchwerte dieser Vermögensgegenstände aus dem Jahresabschluß des vorhergehenden Geschäftsjahrs als ursprüngliche Anschaffungs- oder Herstellungskosten übernommen und fortgeführt werden. ²Satz 1 darf entsprechend auf die Darstellung des Postens „Aufwendungen für die Ingangsetzung und Erweiterung des Geschäftsbetriebs" angewendet werden. ³Die Anwendung der Sätze 1 und 2 ist im Anhang anzugeben.

# 2. Aktiengesetz

## Vom 6. September 1965 (BGBl. I S. 1089)

### (BGBl. III 4121–1)

zuletzt geändert durch Gesetz vom 30. 11. 1990 (BGBl. I S. 2570)

# Gesetzesübersicht

## Erstes Buch. Aktiengesellschaft

## Erster Teil. Allgemeine Vorschriften

### § 1 Wesen der Aktiengesellschaft

(1) [1]Die Aktiengesellschaft ist eine Gesellschaft mit eigener Rechtspersönlichkeit. [2]Für die Verbindlichkeiten der Gesellschaft haftet den Gläubigern nur das Gesellschaftsvermögen.

(2) Die Aktiengesellschaft hat ein in Aktien zerlegtes Grundkapital.

### § 2 Gründerzahl

An der Feststellung des Gesellschaftsvertrags (der Satzung) müssen sich mindestens fünf Personen beteiligen, welche die Aktien gegen Einlagen übernehmen.

## § 3 Die Aktiengesellschaft als Handelsgesellschaft

Die Aktiengesellschaft gilt als Handelsgesellschaft, auch wenn der Gegenstand des Unternehmens nicht im Betrieb eines Handelsgewerbes besteht.

## § 4 Firma

(1) [1]Die Firma der Aktiengesellschaft ist in der Regel dem Gegenstand des Unternehmens zu entnehmen. [2]Sie muß die Bezeichnung „Aktiengesellschaft" enthalten.

(2) Führt die Aktiengesellschaft die Firma eines auf sie übergegangenen Handelsgeschäfts fort (§ 22 des Handelsgesetzbuchs), so muß sie die Bezeichnung „Aktiengesellschaft" in die Firma aufnehmen.

## § 5 Sitz

(1) Sitz der Gesellschaft ist der Ort, den die Satzung bestimmt.

(2) Die Satzung hat als Sitz in der Regel den Ort, wo die Gesellschaft einen Betrieb hat, oder den Ort zu bestimmen, wo sich die Geschäftsleitung befindet oder die Verwaltung geführt wird.

## § 6 Grundkapital

Das Grundkapital und die Aktien müssen auf einen Nennbetrag in Deutscher Mark lauten.

## § 7 Mindestnennbetrag des Grundkapitals

Der Mindestnennbetrag des Grundkapitals ist einhunderttausend Deutsche Mark.

## § 8 Mindestnennbetrag der Aktien

(1) [1]Der Mindestnennbetrag der Aktien ist fünfzig Deutsche Mark. [2]Aktien über einen geringeren Nennbetrag sind nichtig. [3]Für den Schaden aus der Ausgabe sind die Ausgeber den Inhabern als Gesamtschuldner verantwortlich.

(2) Höhere Aktiennennbeträge müssen auf volle hundert Deutsche Mark lauten.

(3) Die Aktien sind unteilbar.

(4) Diese Vorschriften gelten auch für Anteilscheine, die den Aktionären vor der Ausgabe der Aktien erteilt werden (Zwischenscheine).

## § 9 Ausgabebetrag der Aktien

(1) Für einen geringeren Betrag als den Nennbetrag dürfen Aktien nicht ausgegeben werden.

(2) Für einen höheren Betrag ist die Ausgabe zulässig.

## § 10 Aktien und Zwischenscheine

(1) Die Aktien können auf den Inhaber oder auf Namen lauten.

(2) [1]Sie müssen auf Namen lauten, wenn sie vor der vollen Leistung des Nennbetrags oder des höheren Ausgabebetrags ausgegeben werden. [2]Der Betrag der Teilleistungen ist in der Aktie anzugeben.

(3) Zwischenscheine müssen auf Namen lauten.

(4) [1]Zwischenscheine auf den Inhaber sind nichtig. [2]Für den Schaden aus der Ausgabe sind die Ausgeber den Inhabern als Gesamtschuldner verantwortlich.

## § 11  Aktien besonderer Gattung

[1]Die Aktien können verschiedene Rechte gewähren, namentlich bei der Verteilung des Gewinns und des Gesellschaftsvermögens. [2]Aktien mit gleichen Rechten bilden eine Gattung.

## § 12  Stimmrecht. Keine Mehrstimmrechte

(1) [1]Jede Aktie gewährt das Stimmrecht. [2]Vorzugsaktien können nach den Vorschriften dieses Gesetzes als Aktien ohne Stimmrecht ausgegeben werden.

(2) [1]Mehrstimmrechte sind unzulässig. [2]Die für Wirtschaft zuständige oberste Behörde des Landes, in dem die Gesellschaft ihren Sitz hat, kann Ausnahmen zulassen, soweit es zur Wahrung überwiegender gesamtwirtschaftlicher Belange erforderlich ist.

## § 13  Unterzeichnung der Aktien

[1]Zur Unterzeichnung von Aktien und Zwischenscheinen genügt eine vervielfältigte Unterschrift. [2]Die Gültigkeit der Unterzeichnung kann von der Beachtung einer besonderen Form abhängig gemacht werden. [3]Die Formvorschrift muß in der Urkunde enthalten sein.

## § 14  Zuständigkeit

Gericht im Sinne dieses Gesetzes ist, wenn nichts anderes bestimmt ist, das Gericht des Sitzes der Gesellschaft.

## § 15  Verbundene Unternehmen

Verbundene Unternehmen sind rechtlich selbständige Unternehmen, die im Verhältnis zueinander in Mehrheitsbesitz stehende Unternehmen und mit Mehrheit beteiligte Unternehmen (§ 16), abhängige und herrschende Unternehmen (§ 17), Konzernunternehmen (§ 18), wechselseitig beteiligte Unternehmen (§ 19) oder Vertragsteile eines Unternehmensvertrags (§§ 291, 292) sind.

## § 16  In Mehrheitsbesitz stehende Unternehmen und mit Mehrheit beteiligte Unternehmen

(1) Gehört die Mehrheit der Anteile eines rechtlich selbständigen Unternehmens einem anderen Unternehmen oder steht einem anderen Unternehmen die Mehrheit der Stimmrechte zu (Mehrheitsbeteiligung), so ist das Unternehmen ein in Mehrheitsbesitz stehendes Unternehmen, das andere Unternehmen ein an ihm mit Mehrheit beteiligtes Unternehmen.

(2) [1]Welcher Teil der Anteile einem Unternehmen gehört, bestimmt sich bei Kapitalgesellschaften nach dem Verhältnis des Gesamtnennbetrags der ihm gehörenden Anteile zum Nennkapital, bei bergrechtlichen Gewerkschaften nach der Zahl der Kuxe. [2]Eigene Anteile sind bei Kapitalgesellschaften vom Nennkapital, bei bergrechtlichen Gewerkschaften von der Zahl der Kuxe abzusetzen. [3]Eigenen Anteilen des Unternehmens stehen Anteile gleich, die einem anderen für Rechnung des Unternehmens gehören.

(3) [1]Welcher Teil der Stimmrechte einem Unternehmen zusteht, bestimmt sich nach dem Verhältnis der Zahl der Stimmrechte, die es aus den ihm gehörenden Anteilen ausüben kann, zur Gesamtzahl aller Stimmrechte. [2]Von der Gesamtzahl aller Stimmrechte sind die Stimmrechte aus eigenen Anteilen sowie aus Anteilen, die nach Absatz 2 Satz 3 eigenen Anteilen gleichstehen, abzusetzen.

(4) Als Anteile, die einem Unternehmen gehören, gelten auch die Anteile, die einem von ihm abhängigen Unternehmen oder einem anderen für Rechnung des Unternehmens oder eines von diesem abhängigen Unternehmens gehören und, wenn der Inhaber des Unternehmens ein Einzelkaufmann ist, auch die Anteile, die sonstiges Vermögen des Inhabers sind.

## § 17 Abhängige und herrschende Unternehmen

(1) Abhängige Unternehmen sind rechtlich selbständige Unternehmen, auf die ein anderes Unternehmen (herrschendes Unternehmen) unmittelbar oder mittelbar einen beherrschenden Einfluß ausüben kann.

(2) Von einem in Mehrheitsbesitz stehenden Unternehmen wird vermutet, daß es von dem an ihm mit Mehrheit beteiligten Unternehmen abhängig ist.

## § 18 Konzern und Konzernunternehmen

(1) [1]Sind ein herrschendes und ein oder mehrere abhängige Unternehmen unter der einheitlichen Leitung des herrschenden Unternehmens zusammengefaßt, so bilden sie einen Konzern; die einzelnen Unternehmen sind Konzernunternehmen. [2]Unternehmen, zwischen denen ein Beherrschungsvertrag (§ 291) besteht oder von denen das eine in das andere eingegliedert ist (§ 319), sind als unter einheitlicher Leitung zusammengefaßt anzusehen. [3]Von einem abhängigen Unternehmen wird vermutet, daß es mit dem herrschenden Unternehmen einen Konzern bildet.

(2) Sind rechtlich selbständige Unternehmen, ohne daß das eine Unternehmen von dem anderen abhängig ist, unter einheitlicher Leitung zusammengefaßt, so bilden sie auch einen Konzern; die einzelnen Unternehmen sind Konzernunternehmen.

## § 19 Wechselseitig beteiligte Unternehmen

(1) [1]Wechselseitig beteiligte Unternehmen sind Unternehmen mit Sitz im Inland in der Rechtsform einer Kapitalgesellschaft oder bergrechtlichen Gewerkschaft, die dadurch verbunden sind, daß jedem Unternehmen mehr als der vierte Teil der Anteile des anderen Unternehmens gehört. [2]Für die Feststellung, ob einem Unternehmen mehr als der vierte Teil der Anteile des anderen Unternehmens gehört, gilt § 16 Abs. 2 Satz 1, Abs. 4.

(2) Gehört einem wechselseitig beteiligten Unternehmen an dem anderen Unternehmen eine Mehrheitsbeteiligung oder kann das eine auf das andere Unternehmen unmittelbar oder mittelbar einen beherrschenden Einfluß ausüben, so ist das eine als herrschendes, das andere als abhängiges Unternehmen anzusehen.

(3) Gehört jedem der wechselseitig beteiligten Unternehmen an dem anderen Unternehmen eine Mehrheitsbeteiligung oder kann jedes auf das andere unmittelbar oder mittelbar einen beherrschenden Einfluß ausüben, so gelten beide Unternehmen als herrschend und als abhängig.

(4) § 328 ist auf Unternehmen, die nach Absatz 2 oder 3 herrschende oder abhängige Unternehmen sind, nicht anzuwenden.

## § 20 Mitteilungspflichten

(1) [1]Sobald einem Unternehmen mehr als der vierte Teil der Aktien einer Aktiengesellschaft mit Sitz im Inland gehört, hat es dies der Gesellschaft unverzüglich schriftlich mitzuteilen. [2]Für die Feststellung, ob dem Unternehmen mehr als der vierte Teil der Aktien gehört, gilt § 16 Abs. 2 Satz 1, Abs. 4.

(2) Für die Mitteilungspflicht nach Absatz 1 rechnen zu den Aktien, die dem Unternehmen gehören, auch Aktien,

1. deren Übereignung das Unternehmen, ein von ihm abhängiges Unternehmen oder ein anderer für Rechnung des Unternehmens oder eines von diesem abhängigen Unternehmens verlangen kann;

2. zu deren Abnahme das Unternehmen, ein von ihm abhängiges Unternehmen oder ein anderer für Rechnung des Unternehmens oder eines von diesem abhängigen Unternehmens verpflichtet ist.

(3) Ist das Unternehmen eine Kapitalgesellschaft oder bergrechtliche Gewerkschaft, so hat es, sobald ihm ohne Hinzurechnung der Aktien nach Absatz 2 mehr als der vierte Teil der Aktien gehört, auch dies der Gesellschaft unverzüglich schriftlich mitzuteilen.

(4) Sobald dem Unternehmen eine Mehrheitsbeteiligung (§ 16 Abs. 1) gehört, hat es auch dies der Gesellschaft unverzüglich schriftlich mitzuteilen.

(5) Besteht die Beteiligung in der nach Absatz 1, 3 oder 4 mitteilungspflichtigen Höhe nicht mehr, so ist dies der Gesellschaft unverzüglich schriftlich mitzuteilen.

(6) [1]Die Gesellschaft hat das Bestehen einer Beteiligung, die ihr nach Absatz 1 oder 4 mitgeteilt worden ist, unverzüglich in den Gesellschaftsblättern bekanntzumachen; dabei ist das Unternehmen anzugeben, dem die Beteiligung gehört. [2]Wird der Gesellschaft mitgeteilt, daß die Beteiligung in der nach Absatz 1 oder 4 mitteilungspflichtigen Höhe nicht mehr besteht, so ist auch dies unverzüglich in den Gesellschaftsblättern bekanntzumachen.

(7) Rechte aus Aktien, die einem nach Absatz 1 oder 4 mitteilungspflichtigen Unternehmen gehören, können für die Zeit, für die das Unternehmen die Mitteilung nicht gemacht hat, durch das Unternehmen, ein von ihm abhängiges Unternehmen oder einen anderen für Rechnung des Unternehmens oder eines von diesem abhängigen Unternehmens nicht ausgeübt werden.

## § 21 Mitteilungspflichten der Gesellschaft

(1) [1]Sobald der Gesellschaft mehr als der vierte Teil der Anteile einer anderen Kapitalgesellschaft oder bergrechtlichen Gewerkschaft mit Sitz im Inland gehört, hat sie dies dem Unternehmen, an dem die Beteiligung besteht, unverzüglich schriftlich mitzuteilen. [2]Für die Feststellung, ob der Gesellschaft mehr als der vierte Teil der Anteile gehört, gilt § 16 Abs. 2 Satz 1, Abs. 4 sinngemäß.

(2) Sobald der Gesellschaft eine Mehrheitsbeteiligung (§ 16 Abs. 1) an einem anderen Unternehmen gehört, hat sie dies dem Unternehmen, an dem die Mehrheitsbeteiligung besteht, unverzüglich schriftlich mitzuteilen.

(3) Besteht die Beteiligung in der nach Absatz 1 oder 2 mitteilungspflichtigen Höhe nicht mehr, hat die Gesellschaft dies dem anderen Unternehmen unverzüglich schriftlich mitzuteilen.

(4) Rechte aus Anteilen, die einer nach Absatz 1 oder 2 mitteilungspflichtigen Gesellschaft gehören, können für die Zeit, für die sie die Mitteilung nicht gemacht hat, nicht ausgeübt werden.

## § 22 Nachweis mitgeteilter Beteiligungen

Ein Unternehmen, dem eine Mitteilung nach § 20 Abs. 1, 3 oder 4, § 21 Abs. 1 oder 2 gemacht worden ist, kann jederzeit verlangen, daß ihm das Bestehen der Beteiligung nachgewiesen wird.

## Zweiter Teil. Gründung der Gesellschaft

### § 23 Feststellung der Satzung

(1) ¹Die Satzung muß durch notarielle Beurkundung festgestellt werden. ²Bevollmächtigte bedürfen einer notariell beglaubigten Vollmacht.

(2) In der Urkunde sind anzugeben
1. die Gründer;
2. der Nennbetrag, der Ausgabebetrag und, wenn mehrere Gattungen bestehen, die Gattung der Aktien, die jeder Gründer übernimmt;
3. der eingezahlte Betrag des Grundkapitals.

(3) Die Satzung muß bestimmen
1. die Firma und den Sitz der Gesellschaft;
2. den Gegenstand des Unternehmens; namentlich ist bei Industrie- und Handelsunternehmen die Art der Erzeugnisse und Waren, die hergestellt und gehandelt werden sollen, näher anzugeben;
3. die Höhe des Grundkapitals;
4. die Nennbeträge der Aktien und die Zahl der Aktien jeden Nennbetrags sowie, wenn mehrere Gattungen bestehen, die Gattung der Aktien und die Zahl der Aktien jeder Gattung;
5. ob die Aktien auf den Inhaber oder auf den Namen ausgestellt werden;
6. die Zahl der Mitglieder des Vorstands oder die Regeln, nach denen diese Zahl festgelegt wird.

(4) Die Satzung muß ferner Bestimmungen über die Form der Bekanntmachungen der Gesellschaft enthalten.

(5) ¹Die Satzung kann von den Vorschriften dieses Gesetzes nur abweichen, wenn es ausdrücklich zugelassen ist. ²Ergänzende Bestimmungen der Satzung sind zulässig, es sei denn, daß dieses Gesetz eine abschließende Regelung enthält.

### § 24 Umwandlung von Aktien

Die Satzung kann bestimmen, daß auf Verlangen eines Aktionärs seine Inhaberaktie in eine Namensaktie oder seine Namensaktie in eine Inhaberaktie umzuwandeln ist.

### § 25 Bekanntmachungen der Gesellschaft

¹Bestimmt das Gesetz oder die Satzung, daß eine Bekanntmachung der Gesellschaft durch die Gesellschaftsblätter erfolgen soll, so ist sie in den Bundesanzeiger einzurücken. ²Daneben kann die Satzung andere Blätter als Gesellschaftsblätter bezeichnen.

### § 26 Sondervorteile. Gründungsaufwand

(1) Jeder einem einzelnen Aktionär oder einem Dritten eingeräumte besondere Vorteil muß in der Satzung unter Bezeichnung des Berechtigten festgesetzt werden.

(2) Der Gesamtaufwand, der zu Lasten der Gesellschaft an Aktionäre oder an andere Personen als Entschädigung oder als Belohnung für die Gründung oder ihre Vorbereitung gewährt wird, ist in der Satzung gesondert festzusetzen.

(3) ¹Ohne diese Festsetzung sind die Verträge und die Rechtshandlungen zu ihrer Ausführung der Gesellschaft gegenüber unwirksam. ²Nach der Eintragung der Gesellschaft in das Handelsregister kann die Unwirksamkeit nicht durch Satzungsänderung geheilt werden.

(4) Die Festsetzungen können erst geändert werden, wenn die Gesellschaft fünf Jahre im Handelsregister eingetragen ist.

(5) Die Satzungsbestimmungen über die Festsetzungen können durch Satzungsänderung erst beseitigt werden, wenn die Gesellschaft dreißig Jahre im Handelsregister eingetragen ist und wenn die Rechtsverhältnisse, die den Festsetzungen zugrunde liegen, seit mindestens fünf Jahren abgewickelt sind.

## § 27 Sacheinlagen. Sachübernahmen

(1) ¹Sollen Aktionäre Einlagen machen, die nicht durch Einzahlung des Nennbetrags oder des höheren Ausgabebetrags der Aktien zu leisten sind (Sacheinlagen), oder soll die Gesellschaft vorhandene oder herzustellende Anlagen oder andere Vermögensgegenstände übernehmen (Sachübernahmen), so müssen in der Satzung festgesetzt werden der Gegenstand der Sacheinlage oder der Sachübernahme, die Person, von der die Gesellschaft den Gegenstand erwirbt, und der Nennbetrag der bei der Sacheinlage zu gewährenden Aktien oder die bei der Sachübernahme zu gewährende Vergütung. ²Soll die Gesellschaft einen Vermögensgegenstand übernehmen, für den eine Vergütung gewährt wird, die auf die Einlage eines Aktionärs angerechnet werden soll, so gilt dies als Sacheinlage.

(2) Sacheinlagen oder Sachübernahmen können nur Vermögensgegenstände sein, deren wirtschaftlicher Wert feststellbar ist; Verpflichtungen zu Dienstleistungen können nicht Sacheinlagen oder Sachübernahmen sein.

(3) ¹Ohne eine Festsetzung nach Absatz 1 sind Verträge über Sacheinlagen und Sachübernahmen und die Rechtshandlungen zu ihrer Ausführung der Gesellschaft gegenüber unwirksam. ²Ist die Gesellschaft eingetragen, so wird die Gültigkeit der Satzung durch diese Unwirksamkeit nicht berührt. ³Ist die Vereinbarung einer Sacheinlage unwirksam, so ist der Aktionär verpflichtet, den Nennbetrag oder den höheren Ausgabebetrag der Aktien einzuzahlen.

(4) Nach Eintragung der Gesellschaft in das Handelsregister kann die Unwirksamkeit nicht durch Satzungsänderung geheilt werden.

(5) Für die Änderung rechtswirksam getroffener Festsetzungen gilt § 26 Abs. 4, für die Beseitigung der Satzungsbestimmungen § 26 Abs. 5.

## § 28 Gründer

Die Aktionäre, die die Satzung festgestellt haben, sind die Gründer der Gesellschaft.

## § 29 Errichtung der Gesellschaft

Mit der Übernahme aller Aktien durch die Gründer ist die Gesellschaft errichtet.

## § 30 Bestellung des Aufsichtsrats, des Vorstands und des Abschlußprüfers

(1) ¹Die Gründer haben den ersten Aufsichtsrat der Gesellschaft und den Abschlußprüfer für das erste Voll- oder Rumpfgeschäftsjahr zu bestellen. ²Die Bestellung bedarf notarieller Beurkundung.

(2) Auf die Zusammensetzung und die Bestellung des ersten Aufsichtsrats sind die Vorschriften über die Bestellung von Aufsichtsratsmitgliedern der Arbeitnehmer nicht anzuwenden.

(3) ¹Die Mitglieder des ersten Aufsichtsrats können nicht für längere Zeit

als bis zur Beendigung der Hauptversammlung bestellt werden, die über die Entlastung für das erste Voll- oder Rumpfgeschäftsjahr beschließt. [2]Der Vorstand hat rechtzeitig vor Ablauf der Amtszeit des ersten Aufsichtsrats bekanntzumachen, nach welchen gesetzlichen Vorschriften der nächste Aufsichtsrat nach seiner Ansicht zusammenzusetzen ist; §§ 96 bis 99 sind anzuwenden.

(4) Der Aufsichtsrat bestellt den ersten Vorstand.

### § 31 Bestellung des Aufsichtsrats bei Sachgründung

(1) [1]Ist in der Satzung als Gegenstand einer Sacheinlage oder Sachübernahme die Einbringung oder Übernahme eines Unternehmens oder eines Teils eines Unternehmens festgesetzt worden, so haben die Gründer nur so viele Aufsichtsratsmitglieder zu bestellen, wie nach den gesetzlichen Vorschriften, die nach ihrer Ansicht nach der Einbringung oder Übernahme für die Zusammensetzung des Aufsichtsrats maßgebend sind, von der Hauptversammlung ohne Bindung an Wahlvorschläge zu wählen sind. [2]Sie haben jedoch, wenn dies nur zwei Aufsichtsratsmitglieder sind, drei Aufsichtsratsmitglieder zu bestellen.

(2) Der nach Absatz 1 Satz 1 bestellte Aufsichtsrat ist, soweit die Satzung nichts anderes bestimmt, beschlußfähig, wenn die Hälfte, mindestens jedoch drei seiner Miglieder an der Beschlußfassung teilnehmen.

(3) [1]Unverzüglich nach der Einbringung oder Übernahme des Unternehmens oder des Unternehmensteils hat der Vorstand bekanntzumachen, nach welchen gesetzlichen Vorschriften nach seiner Ansicht der Aufsichtsrat zusammengesetzt sein muß. [2]§§ 97 bis 99 gelten sinngemäß. [3]Das Amt der bisherigen Aufsichtsratsmitglieder erlischt nur, wenn der Aufsichtsrat nach anderen als den von den Gründern für maßgebend gehaltenen Vorschriften zusammenzusetzen ist oder wenn die Gründer drei Aufsichtsratsmitglieder bestellt haben, der Aufsichtsrat aber auch aus Aufsichtsratsmitgliedern der Arbeitnehmer zu bestehen hat.

(4) Absatz 3 gilt nicht, wenn das Unternehmen oder der Unternehmensteil erst nach der Bekanntmachung des Vorstands nach § 30 Abs. 3 Satz 2 eingebracht oder übernommen wird.

(5) § 30 Abs. 3 Satz 1 gilt auch für die nach Absatz 3 bestellten Aufsichtsratsmitglieder.

### § 32 Gründungsbericht

(1) Die Gründer haben einen schriftlichen Bericht über den Hergang der Gründung zu erstatten (Gründungsbericht).

(2) [1]Im Gründungsbericht sind die wesentlichen Umstände darzulegen, von denen die Angemessenheit der Leistungen für Sacheinlagen oder Sachübernahmen abhängt. [2]Dabei sind anzugeben
1. die vorausgegangenen Rechtsgeschäfte, die auf den Erwerb durch die Gesellschaft hingezielt haben;
2. die Anschaffungs- und Herstellungskosten aus den letzten beiden Jahren;
3. beim Übergang eines Unternehmens auf die Gesellschaft die Betriebserträge aus den letzten beiden Geschäftsjahren.

(3) Im Gründungsbericht ist ferner anzugeben, ob und in welchem Umfang bei der Gründung für Rechnung eines Mitglieds des Vorstands oder des Aufsichtsrats Aktien übernommen worden sind und ob und in welcher Weise ein Mitglied des Vorstands oder des Aufsichtsrats sich einen besonderen Vorteil oder für die Gründung oder ihre Vorbereitung eine Entschädigung oder Belohnung ausbedungen hat.

### § 33 Gründungsprüfung, Allgemeines

(1) Die Mitglieder des Vorstands und des Aufsichtsrats haben den Hergang der Gründung zu prüfen.

(2) Außerdem hat eine Prüfung durch einen oder mehrere Prüfer (Gründungsprüfer) stattzufinden, wenn
1. ein Mitglied des Vorstands oder des Aufsichtsrats zu den Gründern gehört oder
2. bei der Gründung für Rechnung eines Mitglieds des Vorstands oder des Aufsichtsrats Aktien übernommen worden sind oder
3. ein Mitglied des Vorstands oder des Aufsichtsrats sich einen besonderen Vorteil oder für die Gründung oder ihre Vorbereitung eine Entschädigung oder Belohnung ausbedungen hat oder
4. eine Gründung mit Sacheinlagen oder Sachübernahmen vorliegt.

(3) [1]Die Gründungsprüfer bestellt das Gericht nach Anhörung der Industrie- und Handelskammer. [2]Gegen die Entscheidung ist die sofortige Beschwerde zulässig.

(4) Als Gründungsprüfer sollen, wenn die Prüfung keine anderen Kenntnisse fordert, nur bestellt werden
1. Personen, die in der Buchführung ausreichend vorgebildet und erfahren sind;
2. Prüfungsgesellschaften, von deren gesetzlichen Vertretern mindestens einer in der Buchführung ausreichend vorgebildet und erfahren ist.

(5) [1]Als Gründungsprüfer darf nicht bestellt werden, wer nach § 143 Abs. 2 nicht Sonderprüfer sein kann. [2]Gleiches gilt für Personen und Prüfungsgesellschaften, auf deren Geschäftsführung die Gründer oder Personen, für deren Rechnung die Gründer Aktien übernommen haben, maßgebenden Einfluß haben.

### § 34 Umfang der Gründungsprüfung

(1) Die Prüfung durch die Mitglieder des Vorstands und des Aufsichtsrats sowie die Prüfung durch die Gründungsprüfer haben sich namentlich darauf zu erstrecken,
1. ob die Angaben der Gründer über die Übernahme der Aktien, über die Einlagen auf das Grundkapital und über die Festsetzungen nach §§ 26 und 27 richtig und vollständig sind;
2. ob der Wert der Sacheinlagen oder Sachübernahmen den Nennbetrag der dafür zu gewährenden Aktien oder den Wert der dafür zu gewährenden Leistungen erreicht.

(2) [1]Über jede Prüfung ist unter Darlegung dieser Umstände schriftlich zu berichten. [2]In dem Bericht ist der Gegenstand jeder Sacheinlage oder Sachübernahme zu beschreiben sowie anzugeben, welche Bewertungsmethoden bei der Ermittlung des Wertes angewandt worden sind.

(3) [1]Je ein Stück des Berichts der Gründungsprüfer ist dem Gericht, dem Vorstand und der Industrie- und Handelskammer einzureichen. [2]Jedermann kann den Bericht bei dem Gericht und bei der Industrie- und Handelskammer einsehen.

### § 35 Meinungsverschiedenheiten zwischen Gründern und Gründungsprüfern, Vergütung und Auslagen der Gründungsprüfer

(1) Die Gründungsprüfer können von den Gründern alle Aufklärungen und Nachweise verlangen, die für eine sorgfältige Prüfung notwendig sind.

(2) ¹Bei Meinungsverschiedenheiten zwischen den Gründern und den Gründungsprüfern über den Umfang der Aufklärungen und Nachweise, die von den Gründern zu gewähren sind, entscheidet das Gericht. ²Die Entscheidung ist unanfechtbar. ³Solange sich die Gründer weigern, der Entscheidung nachzukommen, wird der Prüfungsbericht nicht erstattet.

(3) ¹Die Gründungsprüfer haben Anspruch auf Ersatz angemessener barer Auslagen und auf Vergütung für ihre Tätigkeit. ²Die Auslagen und die Vergütung setzt das Gericht fest. ³Gegen die Entscheidung ist die sofortige Beschwerde zulässig. ⁴Die weitere Beschwerde ist ausgeschlossen. ⁵Aus der rechtskräftigen Entscheidung findet die Zwangsvollstreckung nach der Zivilprozeßordnung statt.

## § 36 Anmeldung der Gesellschaft

(1) Die Gesellschaft ist bei dem Gericht von allen Gründern und Mitgliedern des Vorstands und des Aufsichtsrats zur Eintragung in das Handelsregister anzumelden.

(2) Die Anmeldung darf erst erfolgen, wenn auf jede Aktie, soweit nicht Sacheinlagen vereinbart sind, der eingeforderte Betrag ordnungsgemäß eingezahlt worden ist (§ 54 Abs. 3) und, soweit er nicht bereits zur Bezahlung der bei der Gründung angefallenen Steuern und Gebühren verwandt wurde, endgültig zur freien Verfügung des Vorstands steht.

## § 36a Leistung der Einlagen

(1) Bei Bareinlagen muß der eingeforderte Betrag (§ 36 Abs. 2) mindestens ein Viertel des Nennbetrags und bei Ausgabe der Aktien für einen höheren als den Nennbetrag auch den Mehrbetrag umfassen.

(2) ¹Sacheinlagen sind vollständig zu leisten. ²Besteht die Sacheinlage in der Verpflichtung, einen Vermögensgegenstand auf die Gesellschaft zu übertragen, so muß diese Leistung innerhalb von fünf Jahren nach der Eintragung der Gesellschaft in das Handelsregister zu bewirken sein. ³Der Wert muß dem Nennbetrag und bei Ausgabe der Aktien für einen höheren als den Nennbetrag auch dem Mehrbetrag entsprechen.

## § 37 Inhalt der Anmeldung

(1) ¹In der Anmeldung ist zu erklären, daß die Voraussetzungen des § 36 Abs. 2 und des § 36a erfüllt sind; dabei sind der Betrag, zu dem die Aktien ausgegeben werden, und der darauf eingezahlte Betrag anzugeben. ²Es ist nachzuweisen, daß der eingezahlte Betrag endgültig zur freien Verfügung des Vorstands steht. ³Ist der Betrag durch Gutschrift auf ein Konto der Gesellschaft oder des Vorstands bei der Deutschen Bundesbank oder einem Kreditinstitut (§ 54 Abs. 3) eingezahlt worden, so ist der Nachweis durch eine schriftliche Bestätigung des Instituts zu führen. ⁴Für die Richtigkeit der Bestätigung ist das Institut der Gesellschaft verantwortlich. ⁵Sind von dem eingezahlten Betrag Steuern und Gebühren bezahlt worden, so ist dies nach Art und Höhe der Beträge nachzuweisen.

(2) ¹In der Anmeldung haben die Vorstandsmitglieder zu versichern, daß keine Umstände vorliegen, die ihrer Bestellung nach § 76 Abs. 3 Satz *2 und 3\** entgegenstehen, und daß sie über ihre unbeschränkte Auskunftspflicht gegenüber dem Gericht belehrt worden sind. ²Die Belehrung nach § 51 Abs. 2 des

---

\* Ab 1. Jan. 1992: Satz 3 und 4.

Gesetzes über das Zentralregister und das Erziehungsregister in der Fassung der Bekanntmachung vom 22. Juli 1976 (BGBl. I S. 2005) kann auch durch einen Notar vorgenommen werden.

(3) In der Anmeldung ist ferner anzugeben, welche Vertretungsbefugnis die Vorstandsmitglieder haben.

(4) Der Anmeldung sind beizufügen

1. die Satzung und die Urkunden, in denen die Satzung festgestellt worden ist und die Aktien von den Gründern übernommen worden sind;
2. im Fall der §§ 26 und 27 die Verträge, die den Festsetzungen zugrunde liegen oder zu ihrer Ausführung geschlossen worden sind, und eine Berechnung des der Gesellschaft zur Last fallenden Gründungsaufwands; in der Berechnung sind die Vergütungen nach Art und Höhe und die Empfänger einzeln anzuführen;
3. die Urkunden über die Bestellung des Vorstands und des Aufsichtsrats;
4. der Gründungsbericht und die Prüfungsberichte der Mitglieder des Vorstands und des Aufsichtsrats sowie der Gründungsprüfer nebst ihren urkundlichen Unterlagen; ferner die Bescheinigung, daß der Bericht der Gründungsprüfer der Industrie- und Handelskammer eingereicht worden ist;
5. wenn der Gegenstand des Unternehmens oder eine andere Satzungsbestimmung der staatlichen Genehmigung bedarf, die Genehmigungsurkunde.

(5) Die Vorstandsmitglieder haben ihre Namensunterschrift zur Aufbewahrung beim Gericht zu zeichnen.

(6) Die eingereichten Schriftstücke werden beim Gericht in Urschrift, Ausfertigung oder öffentlich beglaubigter Abschrift aufbewahrt.

## § 38 Prüfung durch das Gericht

(1) [1]Das Gericht hat zu prüfen, ob die Gesellschaft ordnungsgemäß errichtet und angemeldet ist. [2]Ist dies nicht der Fall, so hat es die Eintragung abzulehnen.

(2) [1]Das Gericht kann die Eintragung auch ablehnen, wenn die Gründungsprüfer erklären oder es offensichtlich ist, daß der Gründungsbericht oder der Prüfungsbericht der Mitglieder des Vorstands und des Aufsichtsrats unrichtig oder unvollständig ist oder den gesetzlichen Vorschriften nicht entspricht. [2]Gleiches gilt, wenn die Gründungsprüfer erklären oder das Gericht der Auffassung ist, daß der Wert der Sacheinlagen oder Sachübernahmen nicht unwesentlich hinter dem Nennbetrag der dafür zu gewährenden Aktien oder dem Wert der dafür zu gewährenden Leistungen zurückbleibt.

## § 39 Inhalt der Eintragung

(1) [1]Bei der Eintragung der Gesellschaft sind die Firma und der Sitz der Gesellschaft, der Gegenstand des Unternehmens, die Höhe des Grundkapitals, der Tag der Feststellung der Satzung und die Vorstandsmitglieder anzugeben. [2]Ferner ist einzutragen, welche Vertretungsbefugnis die Vorstandsmitglieder haben.

(2) Enthält die Satzung Bestimmungen über die Dauer der Gesellschaft oder über das genehmigte Kapital, so sind auch diese Bestimmungen einzutragen.

## § 40 Bekanntmachung der Eintragung

(1) In die Bekanntmachung der Eintragung sind außer deren Inhalt aufzunehmen

1. die Festsetzungen nach § 23 Abs. 3 und 4, §§ 24, 25 Satz 2, §§ 26 und 27 sowie Bestimmungen der Satzung über die Zusammensetzung des Vorstands;
2. der Ausgabebetrag der Aktien;
3. Name, Beruf und Wohnort der Gründer;
4. Name, Beruf und Wohnort der Mitglieder des ersten Aufsichtsrats.

(2) Zugleich ist bekanntzumachen, daß die mit der Anmeldung eingereichten Schriftstücke, namentlich die Prüfungsberichte der Mitglieder des Vorstands und des Aufsichtsrats sowie der Gründungsprüfer, bei dem Gericht,
der Prüfungsbericht der Gründungsprüfer auch bei der Industrie- und Handelskammer eingesehen werden können.

### § 41 Handeln im Namen der Gesellschaft vor der Eintragung. Verbotene Aktienausgabe

(1) [1]Vor der Eintragung in das Handelsregister besteht die Aktiengesellschaft als solche nicht. [2]Wer vor der Eintragung der Gesellschaft in ihrem Namen handelt, haftet persönlich; handeln mehrere, so haften sie als Gesamtschuldner.

(2) Übernimmt die Gesellschaft eine vor ihrer Eintragung in ihrem Namen eingegangene Verpflichtung durch Vertrag mit dem Schuldner in der Weise, daß sie
an die Stelle des bisherigen Schuldners tritt, so bedarf es zur Wirksamkeit der
Schuldübernahme der Zustimmung des Gläubigers nicht, wenn die Schuldübernahme binnen drei Monaten nach der Eintragung der Gesellschaft vereinbart und
dem Gläubiger von der Gesellschaft oder dem Schuldner mitgeteilt wird.

(3) Verpflichtungen aus nicht in der Satzung festgesetzten Verträgen über
Sondervorteile, Gründungsaufwand, Sacheinlagen oder Sachübernahmen
kann die Gesellschaft nicht übernehmen.

(4) [1]Vor der Eintragung der Gesellschaft können Anteilsrechte nicht übertragen, Aktien oder Zwischenscheine nicht ausgegeben werden. [2]Die vorher ausgegebenen Aktien oder Zwischenscheine sind nichtig. [3]Für den Schaden aus der
Ausgabe sind die Ausgeber den Inhabern als Gesamtschuldner verantwortlich.

### § 42 Errichtung einer Zweigniederlassung

(1) [1]Die Errichtung einer Zweigniederlassung hat der Vorstand beim Gericht des Sitzes der Gesellschaft zur Eintragung in das Handelsregister des Gerichts der Zweigniederlassung anzumelden; der Anmeldung ist eine öffentlich
beglaubigte Abschrift der Satzung beizufügen. [2]Das Gericht des Sitzes hat die
Anmeldung unverzüglich mit einer beglaubigten Abschrift seiner Eintragungen, soweit sie nicht ausschließlich die Verhältnisse anderer Zweigniederlassungen betreffen, an das Gericht der Zweigniederlassung weiterzugeben.

(2) Die Vorstandsmitglieder sowie die Prokuristen, deren Prokura nicht
ausschließlich auf den Betrieb einer anderen Niederlassung beschränkt ist, haben ihre Namensunterschrift, die Prokuristen auch die Firma, zur Aufbewahrung beim Gericht der Zweigniederlassung zu zeichnen.

(3) [1]Das Gericht der Zweigniederlassung hat zu prüfen, ob die Zweigniederlassung errichtet und § 30 des Handelsgesetzbuchs beachtet ist. [2]Ist dies
der Fall, so hat es die Zweigniederlassung einzutragen und dabei die ihm mitgeteilten Tatsachen nicht zu prüfen, soweit sie im Handelsregister des Sitzes
eingetragen sind. [3]Die Eintragung hat die Angaben nach § 39 und den Ort der
Zweigniederlassung zu enthalten; ist der Firma für die Zweigniederlassung
ein Zusatz beigefügt, so ist auch dieser einzutragen.

(4) [1]In die Bekanntmachung der Eintragung sind außer deren Inhalt die in § 23 Abs. 3 und 4, §§ 24, 25 Satz 2 vorgesehenen Bestimmungen sowie Bestimmungen der Satzung über die Zusammensetzung des Vorstands aufzunehmen. [2]Wird die Errichtung einer Zweigniederlassung in das Handelsregister des Gerichts der Zweigniederlassung in den ersten zwei Jahren eingetragen, nach dem die Gesellschaft in das Handelsregister ihres Sitzes eingetragen worden ist, so sind in der Bekanntmachung der Eintragung alle Angaben nach § 40 zu veröffentlichen; in diesem Fall hat das Gericht des Sitzes bei der Weitergabe der Anmeldung ein Stück der für den Sitz der Gesellschaft ergangenen gerichtlichen Bekanntmachung beizufügen.

(5) [1]Die Eintragung der Zweigniederlassung ist von Amts wegen dem Gericht des Sitzes mitzuteilen und in dessen Register zu vermerken; ist der Firma für die Zweigniederlassung ein Zusatz beigefügt, so ist auch dieser zu vermerken. [2]Der Vermerk wird nicht veröffentlicht.

(6) Die vorstehenden Vorschriften gelten sinngemäß für die Aufhebung einer Zweigniederlassung.

## § 43 Behandlung bestehender Zweigniederlassungen

(1) Ist eine Zweigniederlassung in das Handelsregister eingetragen, so sind alle Anmeldungen, welche die Niederlassung am Sitz der Gesellschaft oder eine eingetragene Zweigniederlassung betreffen, beim Gericht des Sitzes zu bewirken; es sind so viel Stücke einzureichen, wie Niederlassungen bestehen.

(2) Das Gericht des Sitzes hat in der Bekanntmachung seiner Eintragung im Bundesanzeiger anzugeben, daß die gleiche Eintragung für die Zweigniederlassungen bei den namentlich zu bezeichnenden Gerichten der Zweigniederlassungen erfolgen wird; ist der Firma für eine Zweigniederlassung ein Zusatz beigefügt, so ist auch dieser anzugeben.

(3) [1]Das Gericht des Sitzes hat sodann seine Eintragung unter Angabe der Nummer des Bundesanzeigers, in der sie bekanntgemacht ist, von Amts wegen den Gerichten der Zweigniederlassungen mitzuteilen; der Mitteilung ist ein Stück der Anmeldung beizufügen. [2]Die Gerichte der Zweigniederlassungen haben die Eintragung ohne Nachprüfung in ihr Handelsregister zu übernehmen. [3]In der Bekanntmachung der Eintragung im Register der Zweigniederlassung ist anzugeben, daß die Eintragung im Handelsregister des Gerichts des Sitzes erfolgt und in welcher Nummer des Bundesanzeigers sie bekanntgemacht ist. [4]Im Bundesanzeiger wird die Eintragung im Handelsregister der Zweigniederlassung nicht bekanntgemacht.

(4) [1]Betrifft die Anmeldung ausschließlich die Verhältnisse einzelner Zweigniederlassungen, so sind außer dem für das Gericht des Sitzes bestimmten Stück nur so viel Stücke einzureichen, wie Zweigniederlassungen betroffen sind. [2]Das Gericht des Sitzes teilt seine Eintragung nur den Gerichten der Zweigniederlassungen mit, deren Verhältnisse sie betrifft. [3]Die Eintragung im Register des Sitzes wird in diesem Fall nur im Bundesanzeiger bekanntgemacht.

(5) Die Absätze 1, 3 und 4 gelten sinngemäß für die Einreichung von Schriftstücken und die Zeichnung von Namensunterschriften.

## § 44 Zweigniederlassungen von Gesellschaften mit ausländischem Sitz

(1) [1]Befindet sich der Sitz der Gesellschaft im Ausland, so ist die Gesellschaft zur Eintragung in das Handelsregister des Gerichts, in dessen Bezirk sie eine Zweigniederlassung besitzt, durch alle Vorstandsmitglieder anzumelden.

²Der Anmeldung ist die Satzung in öffentlich beglaubigter Abschrift beizufügen. ³§ 37 Abs. 1 und 3 ist nicht anzuwenden.

(2) ¹Bei der Anmeldung ist das Bestehen der Aktiengesellschaft als solcher und, wenn der Gegenstand des Unternehmens oder die Zulassung zum Gewerbebetrieb im Inland der staatlichen Genehmigung bedarf, auch diese nachzuweisen. ²Soweit nicht das ausländische Recht eine Abweichung nötig macht, sind in die Anmeldung die in § 23 Abs. 3 und 4, §§ 24, 25 Satz 2 vorgesehenen Bestimmungen, Bestimmungen der Satzung über die Zusammensetzung des Vorstands und, wenn die Anmeldung in den ersten zwei Jahren nach der Eintragung der Gesellschaft in das Handelsregister ihres Sitzes erfolgt, auch die weiteren Angaben nach § 40 Abs. 1 aufzunehmen. ³Der Anmeldung ist die für den Sitz der Gesellschaft ergangene gerichtliche Bekanntmachung beizufügen.

(3) Die Eintragung hat die Angaben nach § 39 und den Ort der Zweigniederlassung zu enthalten; ist der Firma für die Zweigniederlassung ein Zusatz beigefügt, so ist auch dieser einzutragen.

(4) In die Bekanntmachung der Eintragung sind außer deren Inhalt auch die Angaben nach § 40 Abs. 1 aufzunehmen, soweit sie nach den vorstehenden Vorschriften in die Anmeldung aufzunehmen sind.

(5) Im übrigen gelten für die Anmeldungen, Zeichnungen und Eintragungen, soweit nicht das ausländische Recht Abweichungen nötig macht, sinngemäß die Vorschriften für Niederlassungen am Sitz der Gesellschaft.

## § 45 Sitzverlegung

(1) Wird der Sitz der Gesellschaft im Inland verlegt, so ist die Verlegung beim Gericht des bisherigen Sitzes anzumelden.

(2) ¹Wird der Sitz aus dem Bezirk des Gerichts des bisherigen Sitzes verlegt, so hat dieses unverzüglich von Amts wegen die Verlegung dem Gericht des neuen Sitzes mitzuteilen. ²Der Mitteilung sind die Eintragungen für den bisherigen Sitz sowie die bei dem bisher zuständigen Gericht aufbewahrten Urkunden beizufügen. ³Das Gericht des neuen Sitzes hat zu prüfen, ob die Verlegung ordnungsgemäß beschlossen und § 30 des Handelsgesetzbuchs beachtet ist. ⁴Ist dies der Fall, so hat es die Sitzverlegung einzutragen und hierbei die ihm mitgeteilten Eintragungen ohne weitere Nachprüfung in sein Handelsregister zu übernehmen. ⁵Mit der Eintragung wird die Sitzverlegung wirksam. ⁶Die Eintragung ist dem Gericht des bisherigen Sitzes mitzuteilen. ⁷Dieses hat die erforderlichen Löschungen von Amts wegen vorzunehmen.

(3) Wird in den ersten zwei Jahren nach der Eintragung der Gesellschaft in das Handelsregister des ursprünglichen Sitzes eine Sitzverlegung aus dem Bezirk des Gerichts des bisherigen Sitzes eingetragen, so sind in der Bekanntmachung der Eintragung alle Angaben nach § 40 Abs. 1 zu veröffentlichen.

(4) ¹Wird der Sitz an einen anderen Ort innerhalb des Bezirks des Gerichts des bisherigen Sitzes verlegt, so hat das Gericht zu prüfen, ob die Sitzverlegung ordnungsgemäß beschlossen und § 30 des Handelsgesetzbuchs beachtet ist. ²Ist dies der Fall, so hat es die Sitzverlegung einzutragen. ³Mit der Eintragung wird die Sitzverlegung wirksam.

## § 46 Verantwortlichkeit der Gründer

(1) ¹Die Gründer sind der Gesellschaft als Gesamtschuldner verantwortlich für die Richtigkeit und Vollständigkeit der Angaben, die zum Zwecke der Gründung der Gesellschaft über Übernahme der Aktien, Einzahlung auf die

Aktien, Verwendung eingezahlter Beträge, Sondervorteile, Gründungsaufwand, Sacheinlagen und Sachübernahmen gemacht worden sind. ²Sie sind ferner dafür verantwortlich, daß eine zur Annahme von Einzahlungen auf das Grundkapital bestimmte Stelle (§ 54 Abs. 3) hierzu geeignet ist und daß die eingezahlten Beträge zur freien Verfügung des Vorstands stehen. ³Sie haben, unbeschadet der Verpflichtung zum Ersatz des sonst entstehenden Schadens, fehlende Einzahlungen zu leisten und eine Vergütung, die nicht unter den Gründungsaufwand aufgenommen ist, zu ersetzen.

(2) Wird die Gesellschaft von Gründern durch Einlagen, Sachübernahmen oder Gründungsaufwand vorsätzlich oder aus grober Fahrlässigkeit geschädigt, so sind ihr alle Gründer als Gesamtschuldner zum Ersatz verpflichtet.

(3) Von diesen Verpflichtungen ist ein Gründer befreit, wenn er die die Ersatzpflicht begründenden Tatsachen weder kannte noch bei Anwendung der Sorgfalt eines ordentlichen Geschäftsmannes kennen mußte.

(4) Entsteht der Gesellschaft ein Ausfall, weil ein Aktionär zahlungsunfähig oder unfähig ist, eine Sacheinlage zu leisten, so sind ihr zum Ersatz als Gesamtschuldner die Gründer verpflichtet, welche die Beteiligung des Aktionärs in Kenntnis seiner Zahlungsunfähigkeit oder Leistungsunfähigkeit angenommen haben.

(5) ¹Neben den Gründern sind in gleicher Weise Personen verantwortlich, für deren Rechnung die Gründer Aktien übernommen haben. ²Sie können sich auf ihre eigene Unkenntnis nicht wegen solcher Umstände berufen, die ein für ihre Rechnung handelnder Gründer kannte oder kennen mußte.

## § 47 Verantwortlichkeit anderer Personen neben den Gründern

Neben den Gründern und den Personen, für deren Rechnung die Gründer Aktien übernommen haben, ist als Gesamtschuldner der Gesellschaft zum Schadenersatz verpflichtet

1. wer bei Empfang einer Vergütung, die entgegen den Vorschriften nicht in den Gründungsaufwand aufgenommen ist, wußte oder nach den Umständen annehmen mußte, daß die Verheimlichung beabsichtigt oder erfolgt war, oder wer zur Verheimlichung wissentlich mitgewirkt hat;

2. wer im Fall einer vorsätzlichen oder grobfahrlässigen Schädigung der Gesellschaft durch Einlagen oder Sachübernahmen an der Schädigung wissentlich mitgewirkt hat;

3. wer vor Eintragung der Gesellschaft in das Handelsregister oder in den ersten zwei Jahren nach der Eintragung die Aktien öffentlich ankündigt, um sie in den Verkehr einzuführen, wenn er die Unrichtigkeit oder Unvollständigkeit der Angaben, die zum Zwecke der Gründung der Gesellschaft gemacht worden sind (§ 46 Abs. 1), oder die Schädigung der Gesellschaft durch Einlagen oder Sachübernahmen kannte oder bei Anwendung der Sorgfalt eines ordentlichen Geschäftsmannes kennen mußte.

## § 48 Verantwortlichkeit des Vorstands und des Aufsichtsrats

¹Mitglieder des Vorstands und des Aufsichtsrats, die bei der Gründung ihre Pflichten verletzen, sind der Gesellschaft zum Ersatz des daraus entstehenden Schadens als Gesamtschuldner verpflichtet; sie sind namentlich dafür verantwortlich, daß eine zur Annahme von Einzahlungen auf die Aktien bestimmte Stelle (§ 54 Abs. 3) hierzu geeignet ist, und daß die eingezahlten Beträge zur freien Verfügung des Vorstands stehen. ²Für die Sorgfaltspflicht und Verantwortlichkeit der Mitglieder des Vorstands und des Aufsichtsrats bei der Gründung gelten im übrigen §§ 93 und 116 mit Ausnahme von § 93 Abs. 4 Satz 3 und 4 und Abs. 6.

### § 49  Verantwortlichkeit der Gründungsprüfer

§ 323 Abs. 1 bis 4 des Handelsgesetzbuchs über die Verantwortlichkeit des Abschlußprüfers gilt sinngemäß.

### § 50  Verzicht und Vergleich

[1]Die Gesellschaft kann auf Ersatzansprüche gegen die Gründer, die neben diesen haftenden Personen und gegen die Mitglieder des Vorstands und des Aufsichtsrats (§§ 46 bis 48) erst drei Jahre nach der Eintragung der Gesellschaft in das Handelsregister und nur dann verzichten oder sich über sie vergleichen, wenn die Hauptversammlung zustimmt und nicht eine Minderheit, deren Anteile zusammen den zehnten Teil des Grundkapitals erreichen, zur Niederschrift Widerspruch erhebt. [2]Die zeitliche Beschränkung gilt nicht, wenn der Ersatzpflichtige zahlungsunfähig ist und sich zur Abwendung oder Beseitigung des Konkursverfahrens mit seinen Gläubigern vergleicht.

### § 51  Verjährung der Ersatzansprüche

[1]Ersatzansprüche der Gesellschaft nach den §§ 46 bis 49 verjähren in fünf Jahren. [2]Die Verjährung beginnt mit der Eintragung der Gesellschaft in das Handelsregister oder, wenn die zum Ersatz verpflichtende Handlung später begangen worden ist, mit der Vornahme der Handlung.

### § 52  Nachgründung

(1) [1]Verträge der Gesellschaft, nach denen sie vorhandene oder herzustellende Anlagen oder andere Vermögensgegenstände für eine den zehnten Teil des Grundkapitals übersteigende Vergütung erwerben soll, und die in den ersten zwei Jahren seit der Eintragung der Gesellschaft in das Handelsregister geschlossen werden, werden nur mit Zustimmung der Hauptversammlung und durch Eintragung in das Handelsregister wirksam. [2]Ohne die Zustimmung der Hauptversammlung oder die Eintragung im Handelsregister sind auch die Rechtshandlungen zu ihrer Ausführung unwirksam.

(2) [1]Ein Vertrag nach Absatz 1 bedarf der schriftlichen Form, soweit nicht eine andere Form vorgeschrieben ist. [2]Er ist von der Einberufung der Hauptversammlung an, die über die Zustimmung beschließen soll, in dem Geschäftsraum der Gesellschaft zur Einsicht der Aktionäre auszulegen. [3]Auf Verlangen ist jedem Aktionär unverzüglich eine Abschrift zu erteilen. [4]In der Hauptversammlung ist der Vertrag auszulegen. [5]Der Vorstand hat ihn zu Beginn der Verhandlung zu erläutern. [6]Der Niederschrift ist er als Anlage beizufügen.

(3) [1]Vor der Beschlußfassung der Hauptversammlung hat der Aufsichtsrat den Vertrag zu prüfen und einen schriftlichen Bericht zu erstatten (Nachgründungsbericht). [2]Für den Nachgründungsbericht gilt sinngemäß § 32 Abs. 2 und 3 über den Gründungsbericht.

(4) [1]Außerdem hat vor der Beschlußfassung eine Prüfung durch einen oder mehrere Gründungsprüfer stattzufinden. [2]§ 33 Abs. 3 bis 5, §§ 34, 35 über die Gründungsprüfung gelten sinngemäß.

(5) [1]Der Beschluß der Hauptversammlung bedarf einer Mehrheit, die mindestens drei Viertel des bei der Beschlußfassung vertretenen Grundkapitals umfaßt. [2]Wird der Vertrag im ersten Jahre nach der Eintragung der Gesellschaft in das Handelsregister geschlossen, so müssen außerdem die Anteile der zustimmenden Mehrheit mindestens ein Viertel des gesamten Grundkapitals erreichen. [3]Die Satzung kann an Stelle dieser Mehrheiten größere Kapitalmehrheiten und weitere Erfordernisse bestimmen.

(6) [1]Nach Zustimmung der Hauptversammlung hat der Vorstand den Vertrag zur Eintragung in das Handelsregister anzumelden. [2]Der Anmeldung ist der Vertrag in Urschrift, Ausfertigung oder öffentlich beglaubigter Abschrift mit dem Nachgründungsbericht und dem Bericht der Gründungsprüfer mit den urkundlichen Unterlagen beizufügen.

(7) Bestehen gegen die Eintragung Bedenken, weil die Gründungsprüfer erklären oder weil es offensichtlich ist, daß der Nachgründungsbericht unrichtig oder unvollständig ist oder den gesetzlichen Vorschriften nicht entspricht oder daß die für die zu erwerbenden Vermögensgegenstände gewährte Vergütung unangemessen hoch ist, so kann das Gericht die Eintragung ablehnen.

(8) [1]Bei der Eintragung genügt die Bezugnahme auf die eingereichten Urkunden. [2]In die Bekanntmachung der Eintragung sind aufzunehmen der Tag des Vertragsabschlusses und der Zustimmung der Hauptversammlung sowie der zu erwerbende Vermögensgegenstand, die Person, von der die Gesellschaft ihn erwirbt, und die zu gewährende Vergütung.

(9) Vorstehende Vorschriften gelten nicht, wenn der Erwerb der Vermögensgegenstände den Gegenstand des Unternehmens bildet oder wenn sie in der Zwangsvollstreckung erworben werden.

(10) Ein Vertrag nach Absatz 1 ist, gleichviel ob er vor oder nach Ablauf von zwei Jahren seit der Eintragung der Gesellschaft in das Handelsregister geschlossen ist, nicht deshalb unwirksam, weil ein Vertrag der Gründer über denselben Gegenstand nach § 27 Abs. 3 der Gesellschaft gegenüber unwirksam ist.

## § 53 Ersatzansprüche bei der Nachgründung

[1]Für die Nachgründung gelten die §§ 46, 47, 49 bis 51 über die Ersatzansprüche der Gesellschaft sinngemäß. [2]An die Stelle der Gründer treten die Mitglieder des Vorstands und des Aufsichtsrats. [3] Sie haben die Sorgfalt eines ordentlichen und gewissenhaften Geschäftsleiters anzuwenden. [4]Soweit Fristen mit der Eintragung der Gesellschaft in das Handelsregister beginnen, tritt an deren Stelle die Eintragung des Vertrags über die Nachgründung.

# Dritter Teil. Rechtsverhältnisse der Gesellschaft und der Gesellschafter

## § 53 a Gleichbehandlung der Aktionäre

Aktionäre sind unter gleichen Voraussetzungen gleich zu behandeln.

## § 54 Hauptverpflichtung der Aktionäre

(1) Die Verpflichtung der Aktionäre zur Leistung der Einlagen wird durch den Nennbetrag oder den höheren Ausgabebetrag der Aktien begrenzt.

(2) Soweit nicht in der Satzung Sacheinlagen festgesetzt sind, haben die Aktionäre den Nennbetrag oder den höheren Ausgabebetrag der Aktien einzuzahlen.

(3) [1]Der vor der Anmeldung der Gesellschaft eingeforderte Betrag kann nur in gesetzlichen Zahlungsmitteln, in von der Deutschen Bundesbank bestätigten Schecks, durch Gutschrift auf ein Konto im Inland bei der Deutschen Bundesbank oder einem Kreditinstitut oder auf ein Postscheckkonto der Gesellschaft oder des Vorstands zu seiner freien Verfügung eingezahlt werden. [2]Forderungen des Vorstands aus diesen Einzahlungen gelten als Forderungen der Gesellschaft.

## § 55 Nebenverpflichtungen der Aktionäre

(1) [1]Ist die Übertragung der Aktien an die Zustimmung der Gesellschaft gebunden, so kann die Satzung Aktionären die Verpflichtung auferlegen, neben den Einlagen auf das Grundkapital wiederkehrende, nicht in Geld bestehende Leistungen zu erbringen. [2]Dabei hat sie zu bestimmen, ob die Leistungen entgeltlich oder unentgeltlich zu erbringen sind. [3]Die Verpflichtung und der Umfang der Leistungen sind in den Aktien und Zwischenscheinen anzugeben.

(2) Die Satzung kann Vertragsstrafen für den Fall festsetzen, daß die Verpflichtung nicht oder nicht gehörig erfüllt wird.

## § 56 Keine Zeichnung eigener Aktien; Aktienübernahme für Rechnung der Gesellschaft oder durch ein abhängiges oder in Mehrheitsbesitz stehendes Unternehmen

(1) Die Gesellschaft darf keine eigenen Aktien zeichnen.

(2) [1]Ein abhängiges Unternehmen darf keine Aktien der herrschenden Gesellschaft, ein in Mehrheitsbesitz stehendes Unternehmen keine Aktien der an ihm mit Mehrheit beteiligten Gesellschaft als Gründer oder Zeichner oder in Ausübung eines bei einer bedingten Kapitalerhöhung eingeräumten Umtausch- oder Bezugsrechts übernehmen. [2]Ein Verstoß gegen diese Vorschrift macht die Übernahme nicht unwirksam.

(3) [1]Wer als Gründer oder Zeichner oder in Ausübung eines bei einer bedingten Kapitalerhöhung eingeräumten Umtausch- oder Bezugsrechts eine Aktie für Rechnung der Gesellschaft oder eines abhängigen oder in Mehrheitsbesitz stehenden Unternehmens übernommen hat, kann sich nicht darauf berufen, daß er die Aktie nicht für eigene Rechnung übernommen hat. [2]Er haftet ohne Rücksicht auf Vereinbarungen mit der Gesellschaft oder dem abhängigen oder in Mehrheitsbesitz stehenden Unternehmen auf die volle Einlage. [3]Bevor er die Aktie für eigene Rechnung übernommen hat, stehen ihm keine Rechte aus der Aktie zu.

(4) [1]Werden bei einer Kapitalerhöhung Aktien unter Verletzung der Absätze 1 oder 2 gezeichnet, so haftet auch jedes Vorstandsmitglied der Gesellschaft auf die volle Einlage. [2]Dies gilt nicht, wenn das Vorstandsmitglied beweist, daß es kein Verschulden trifft.

## § 57 Keine Rückgewähr, keine Verzinsung der Einlagen

(1) [1]Den Aktionären dürfen die Einlagen nicht zurückgewährt werden. [2]Als Rückgewähr von Einlagen gilt nicht die Zahlung des Erwerbspreises beim zulässigen Erwerb eigener Aktien.

(2) Den Aktionären dürfen Zinsen weder zugesagt noch ausgezahlt werden.

(3) (*aufgehoben*)

## § 58 Verwendung des Jahresüberschusses

(1) [1]Die Satzung kann nur für den Fall, daß die Hauptversammlung den Jahresabschluß feststellt, bestimmen, daß Beträge aus dem Jahresüberschuß in andere Gewinnrücklagen einzustellen sind. [2]Aufgrund einer solchen Satzungsbestimmung kann höchstens die Hälfte des Jahresüberschusses in andere Gewinnrücklagen eingestellt werden. [3]Dabei sind Beträge, die in die gesetzliche Rücklage einzustellen sind, und ein Verlustvortrag vorab vom Jahresüberschuß abzuziehen.

(2) [1]Stellen Vorstand und Aufsichtsrat den Jahresabschluß fest, so können

sie einen Teil des Jahresüberschusses, höchstens jedoch die Hälfte, in andere Gewinnrücklagen einstellen. ²Die Satzung kann Vorstand und Aufsichtsrat zur Einstellung eines größeren Teils als der Hälfte des Jahresüberschusses ermächtigen. ³Aufgrund einer solchen Satzungsbestimmung dürfen Vorstand und Aufsichtsrat keine Beträge in andere Gewinnrücklagen einstellen, wenn die anderen Gewinnrücklagen die Hälfte des Grundkapitals übersteigen oder soweit sie nach der Einstellung die Hälfte übersteigen würden. ⁴Absatz 1 Satz 3 gilt sinngemäß.

(2a) ¹Unbeschadet der Absätze 1 und 2 können Vorstand und Aufsichtsrat den Eigenkapitalanteil von Wertaufholungen bei Vermögensgegenständen des Anlage- und Umlaufvermögens und von bei der steuerrechtlichen Gewinnermittlung gebildeten Passivposten, die nicht im Sonderposten mit Rücklageanteil ausgewiesen werden dürfen, in andere Gewinnrücklagen einstellen. ²Der Betrag dieser Rücklagen ist entweder in der Bilanz gesondert auszuweisen oder im Anhang anzugeben.

(3) ¹Die Hauptversammlung kann im Beschluß über die Verwendung des Bilanzgewinns weitere Beträge in Gewinnrücklagen einstellen oder als Gewinn vortragen. ²Sie kann ferner, wenn die Satzung sie hierzu ermächtigt, auch eine andere Verwendung als nach Satz 1 oder als die Verteilung unter die Aktionäre beschließen.

(4) Die Aktionäre haben Anspruch auf den Bilanzgewinn, soweit er nicht nach Gesetz oder Satzung, durch Hauptversammlungsbeschluß nach Absatz 3 oder als zusätzlicher Aufwand aufgrund des Gewinnverwendungsbeschlusses von der Verteilung unter die Aktionäre ausgeschlossen ist.

(5) Vor Auflösung der Gesellschaft darf unter die Aktionäre nur der Bilanzgewinn verteilt werden.

## § 59 Abschlagszahlung auf den Bilanzgewinn

(1) Die Satzung kann den Vorstand ermächtigen, nach Ablauf des Geschäftsjahrs auf den voraussichtlichen Bilanzgewinn einen Abschlag an die Aktionäre zu zahlen.

(2) ¹Der Vorstand darf einen Abschlag nur zahlen, wenn ein vorläufiger Abschluß für das vergangene Geschäftsjahr einen Jahresüberschuß ergibt. ²Als Abschlag darf höchstens die Hälfte des Betrags gezahlt werden, der von dem Jahresüberschuß nach Abzug der Beträge verbleibt die nach Gesetz oder Satzung in Gewinnrücklagen einzustellen sind. ³Außerdem darf der Abschlag nicht die Hälfte des vorjährigen Bilanzgewinns übersteigen.

(3) Die Zahlung eines Abschlags bedarf der Zustimmung des Aufsichtsrats.

## § 60 Gewinnverteilung

(1) Die Anteile der Aktionäre am Gewinn bestimmen sich nach dem Verhältnis der Aktiennennbeträge.

(2) ¹Sind die Einlagen auf das Grundkapital nicht auf alle Aktien in demselben Verhältnis geleistet, so erhalten die Aktionäre aus dem verteilbaren Gewinn vorweg einen Betrag von vier vom Hundert der geleisteten Einlagen. ²Reicht der Gewinn dazu nicht aus, so bestimmt sich der Betrag nach einem entsprechend niedrigeren Satz. ³Einlagen, die im Laufe des Geschäftsjahrs geleistet wurden, werden nach dem Verhältnis der Zeit berücksichtigt, die seit der Leistung verstrichen ist.

(3) Die Satzung kann eine andere Art der Gewinnverteilung bestimmen.

## § 61 Vergütung von Nebenleistungen

Für wiederkehrende Leistungen, zu denen Aktionäre nach der Satzung neben den Einlagen auf das Grundkapital verpflichtet sind, darf eine den Wert der Leistungen nicht übersteigende Vergütung ohne Rücksicht darauf gezahlt werden, ob ein Bilanzgewinn ausgewiesen wird.

## § 62 Haftung der Aktionäre beim Empfang verbotener Leistungen

(1) ¹Die Aktionäre haben der Gesellschaft Leistungen, die sie entgegen den Vorschriften dieses Gesetzes von ihr empfangen haben, zurückzugewähren. ²Haben sie Beträge als Gewinnanteile bezogen, so besteht die Verpflichtung nur, wenn sie wußten oder infolge von Fahrlässigkeit nicht wußten, daß sie zum Bezuge nicht berechtigt waren.

(2) ¹Der Anspruch der Gesellschaft kann auch von den Gläubigern der Gesellschaft geltend gemacht werden, soweit sie von dieser keine Befriedigung erlangen können. ²Ist über das Vermögen der Gesellschaft das Konkursverfahren eröffnet, so übt während dessen Dauer der Konkursverwalter das Recht der Gesellschaftsgläubiger gegen die Aktionäre aus.

(3) Die Ansprüche nach diesen Vorschriften verjähren in fünf Jahren seit dem Empfang der Leistung.

## § 63 Folgen nicht rechtzeitiger Einzahlung

(1) ¹Die Aktionäre haben die Einlagen nach Aufforderung durch den Vorstand einzuzahlen. ²Die Aufforderung ist, wenn die Satzung nichts anderes bestimmt, in den Gesellschaftsblättern bekanntzumachen.

(2) ¹Aktionäre, die den eingeforderten Betrag nicht rechtzeitig einzahlen, haben ihn vom Eintritt der Fälligkeit an mit fünf vom Hundert für das Jahr zu verzinsen. ²Die Geltendmachung eines weiteren Schadens ist nicht ausgeschlossen.

(3) Für den Fall nicht rechtzeitiger Einzahlung kann die Satzung Vertragsstrafen festsetzen.

## § 64 Ausschluß säumiger Aktionäre

(1) Aktionären, die den eingeforderten Betrag nicht rechtzeitig einzahlen, kann eine Nachfrist mit der Androhung gesetzt werden, daß sie nach Fristablauf ihrer Aktien und der geleisteten Einzahlungen für verlustig erklärt werden.

(2) ¹Die Nachfrist muß dreimal in den Gesellschaftsblättern bekanntgemacht werden. ²Die erste Bekanntmachung muß mindestens drei Monate, die letzte mindestens einen Monat vor Fristablauf ergehen. ³Zwischen den einzelnen Bekanntmachungen muß ein Zeitraum von mindestens drei Wochen liegen. ⁴Ist die Übertragung der Aktien an die Zustimmung der Gesellschaft gebunden, so genügt an Stelle der öffentlichen Bekanntmachungen die einmalige Einzelaufforderung an die säumigen Aktionäre; dabei muß eine Nachfrist gewährt werden, die mindestens einen Monat seit dem Empfang der Aufforderung beträgt.

(3) ¹Aktionäre, die den eingeforderten Betrag trotzdem nicht zahlen, werden durch Bekanntmachung in den Gesellschaftsblättern ihrer Aktien und der geleisteten Einzahlungen zugunsten der Gesellschaft für verlustig erklärt. ²In der Bekanntmachung sind die für verlustig erklärten Aktien mit ihren Unterscheidungsmerkmalen anzugeben.

(4) [1]An Stelle der alten Urkunden werden neue ausgegeben; diese haben außer den geleisteten Teilzahlungen den rückständigen Betrag anzugeben. [2]Für den Ausfall der Gesellschaft an diesem Betrag oder an den später eingeforderten Beträgen haftet ihr der ausgeschlossene Aktionär.

## § 65 Zahlungspflicht der Vormänner

(1) [1]Jeder im Aktienbuch verzeichnete Vormann des ausgeschlossenen Aktionärs ist der Gesellschaft zur Zahlung des rückständigen Betrags verpflichtet, soweit dieser von seinen Nachmännern nicht zu erlangen ist. [2]Von der Zahlungsaufforderung an einen früheren Aktionär hat die Gesellschaft seinen unmittelbaren Vormann zu benachrichtigen. [3]Daß die Zahlung nicht zu erlangen ist, wird vermutet, wenn sie nicht innerhalb eines Monats seit der Zahlungsaufforderung und der Benachrichtigung des Vormanns eingegangen ist. [4]Gegen Zahlung des rückständigen Betrags wird die neue Urkunde ausgehändigt.

(2) [1]Jeder Vormann ist nur zur Zahlung der Beträge verpflichtet, die binnen zwei Jahren eingefordert werden. [2]Die Frist beginnt mit dem Tage, an dem die Übertragung der Aktie zum Aktienbuch der Gesellschaft angemeldet wird.

(3) [1]Ist die Zahlung des rückständigen Betrags von Vormännern nicht zu erlangen, so hat die Gesellschaft die Aktie unverzüglich zum amtlichen Börsenpreis durch Vermittlung eines Kursmaklers und beim Fehlen eines Börsenpreises durch öffentliche Versteigerung zu verkaufen. [2]Ist von der Versteigerung am Sitz der Gesellschaft kein angemessener Erfolg zu erwarten, so ist die Aktie an einem geeigneten Ort zu verkaufen. [3]Zeit, Ort und Gegenstand der Versteigerung sind öffentlich bekanntzumachen. [4]Der ausgeschlossene Aktionär und seine Vormänner sind besonders zu benachrichtigen; die Benachrichtigung kann unterbleiben, wenn sie untunlich ist. [5]Bekanntmachung und Benachrichtigung müssen mindestens zwei Wochen vor der Versteigerung ergehen.

## § 66 Keine Befreiung der Aktionäre von ihren Leistungspflichten

(1) [1]Die Aktionäre und ihre Vormänner können von ihren Leistungspflichten nach den §§ 54 und 65 nicht befreit werden. [2]Gegen eine Forderung der Gesellschaft nach den §§ 54 und 65 ist die Aufrechnung nicht zulässig.

(2) Absatz 1 gilt entsprechend für die Verpflichtung zur Rückgewähr von Leistungen, die entgegen den Vorschriften dieses Gesetzes empfangen sind, für die Ausfallhaftung des ausgeschlossenen Aktionärs sowie für die Schadenersatzpflicht des Aktionärs wegen nicht gehöriger Leistung einer Sacheinlage.

(3) Durch eine ordentliche Kapitalherabsetzung oder durch eine Kapitalherabsetzung durch Einziehung von Aktien können die Aktionäre von der Verpflichtung zur Leistung von Einlagen befreit werden, durch eine ordentliche Kapitalherabsetzung jedoch höchstens in Höhe des Betrags, um den das Grundkapital herabgesetzt worden ist.

## § 67 Eintragung im Aktienbuch

(1) Namensaktien sind unter Bezeichnung des Inhabers nach Namen, Wohnort und Beruf in das Aktienbuch der Gesellschaft einzutragen.

(2) Im Verhältnis zur Gesellschaft gilt als Aktionär nur, wer als solcher im Aktienbuch eingetragen ist.

(3) [1]Ist jemand nach Ansicht der Gesellschaft zu Unrecht als Aktionär in das Aktienbuch eingetragen worden, so kann die Gesellschaft die Eintragung

nur löschen, wenn sie vorher die Beteiligten von der beabsichtigten Löschung benachrichtigt und ihnen eine angemessene Frist zur Geltendmachung eines Widerspruchs gesetzt hat. [2]Widerspricht ein Beteiligter innerhalb der Frist, so hat die Löschung zu unterbleiben.

(4) Diese Vorschriften gelten sinngemäß für Zwischenscheine.

(5) Jedem Aktionär ist auf Verlangen Einsicht in das Aktienbuch zu gewähren.

## § 68 Übertragung von Namensaktien. Umschreibung im Aktienbuch

(1) [1]Namensaktien können durch Indossament übertragen werden. [2]Für die Form des Indossaments, den Rechtsausweis des Inhabers und seine Verpflichtung zur Herausgabe gelten sinngemäß Artikel 12, 13 und 16 des Wechselgesetzes.

(2) [1]Die Satzung kann die Übertragung an die Zustimmung der Gesellschaft binden. [2]Die Zustimmung erteilt der Vorstand. [3]Die Satzung kann jedoch bestimmen, daß der Aufsichtsrat oder die Hauptversammlung über die Erteilung der Zustimmung beschließt. [4]Die Satzung kann die Gründe bestimmen, aus denen die Zustimmung verweigert werden darf.

(3) [1]Geht die Namensaktie auf einen anderen über, so ist dies bei der Gesellschaft anzumelden. [2]Die Aktie ist vorzulegen und der Übergang nachzuweisen. [3]Die Gesellschaft vermerkt den Übergang im Aktienbuch.

(4) Die Gesellschaft ist verpflichtet, die Ordnungsmäßigkeit der Reihe der Indossamente und der Abtretungserklärungen, aber nicht die Unterschriften zu prüfen.

(5) Diese Vorschriften gelten sinngemäß für Zwischenscheine.

## § 69 Rechtsgemeinschaft an einer Aktie

(1) Steht eine Aktie mehreren Berechtigten zu, so können sie die Rechte aus der Aktie nur durch einen gemeinschaftlichen Vertreter ausüben.

(2) Für die Leistungen auf die Aktie haften sie als Gesamtschuldner.

(3) [1]Hat die Gesellschaft eine Willenserklärung dem Aktionär gegenüber abzugeben, so genügt, wenn die Berechtigten der Gesellschaft keinen gemeinschaftlichen Vertreter benannt haben, die Abgabe der Erklärung gegenüber einem Berechtigten. [2]Bei mehreren Erben eines Aktionärs gilt dies nur für Willenserklärungen, die nach Ablauf eines Monats seit dem Anfall der Erbschaft abgegeben werden.

## § 70 Berechnung der Aktienbesitzzeit

[1]Ist die Ausübung von Rechten aus der Aktie davon abhängig, daß der Aktionär während eines bestimmten Zeitraums Inhaber der Aktie gewesen ist, so steht dem Eigentum ein Anspruch auf Übereignung gegen ein Kreditinstitut gleich. [2]Die Eigentumszeit eines Rechtsvorgängers wird dem Aktionär zugerechnet, wenn er die Aktie unentgeltlich, von seinem Treuhänder, als Gesamtrechtsnachfolger, bei Auseinandersetzung einer Gemeinschaft oder bei einer Bestandsübertragung nach § 14 des Versicherungsaufsichtsgesetzes oder § 14 des Gesetzes über Bausparkassen erworben hat.

## § 71 Erwerb eigener Aktien

(1) Die Gesellschaft darf eigene Aktien nur erwerben,

1. wenn der Erwerb notwendig ist, um einen schweren, unmittelbar bevorstehenden Schaden von der Gesellschaft abzuwenden,

2. wenn die Aktien den Arbeitnehmern der Gesellschaft oder eines mit ihr verbundenen Unternehmens zum Erwerb angeboten werden sollen,
3. wenn der Erwerb geschieht, um Aktionäre nach § 305 Abs. 2 oder § 320 Abs. 5 abzufinden,
4. wenn der Erwerb unentgeltlich geschieht oder ein Kreditinstitut mit dem Erwerb eine Einkaufskommission ausführt,
5. durch Gesamtrechtsnachfolge oder
6. aufgrund eines Beschlusses der Hauptversammlung zur Einziehung nach den Vorschriften über die Herabsetzung des Grundkapitals.

(2) [1]Der Gesamtnennbetrag der zu den Zwecken nach Absatz 1 Nr. 1 bis 3 erworbenen Aktien darf zusammen mit dem Betrag anderer Aktien der Gesellschaft, welche die Gesellschaft bereits erworben hat und noch besitzt, zehn vom Hundert des Grundkapitals nicht übersteigen. [2]Dieser Erwerb ist ferner nur zulässig, wenn die Gesellschaft die nach § 272 Abs. 4 des Handelsgesetzbuchs vorgeschriebene Rücklage für eigene Aktien bilden kann, ohne das Grundkapital oder eine nach Gesetz oder Satzung zu bildende Rücklage zu mindern, die nicht zu Zahlungen an die Aktionäre verwandt werden darf. [3]In den Fällen des Absatzes 1 Nr. 1, 2 und 4 ist der Erwerb nur zulässig, wenn auf die Aktien der Nennbetrag oder der höhere Ausgabebetrag voll geleistet ist.

(3) [1]Im Falle des Absatzes 1 Nr. 1 hat der Vorstand die nächste Hauptversammlung über die Gründe und den Zweck des Erwerbs, über die Zahl und den Nennbetrag der erworbenen Aktien, über deren Anteil am Grundkapital sowie über den Gegenwert der Aktien zu unterrichten. [2]Im Falle des Absatzes 1 Nr. 2 sind die Aktien innerhalb eines Jahres nach ihrem Erwerb an die Arbeitnehmer auszugeben.

(4) [1]Ein Verstoß gegen die Absätze 1 oder 2 macht den Erwerb eigener Aktien nicht unwirksam. [2]Ein schuldrechtliches Geschäft über den Erwerb eigener Aktien ist jedoch nichtig, soweit der Erwerb gegen die Absätze 1 oder 2 verstößt.

## § 71 a Umgehungsgeschäfte

(1) [1]Ein Rechtsgeschäft, daß die Gewährung eines Vorschusses oder eines Darlehens oder die Leistung einer Sicherheit durch die Gesellschaft an einen anderen zum Zweck des Erwerbs von Aktien dieser Gesellschaft zum Gegenstand hat, ist nichtig. [2]Dies gilt nicht für Rechtsgeschäfte im Rahmen der laufenden Geschäfte von Kreditinstituten sowie für die Gewährung eines Vorschusses oder eines Darlehens oder für die Leistung einer Sicherheit zum Zweck des Erwerbs von Aktien durch Arbeitnehmer der Gesellschaft oder eines mit ihr verbundenen Unternehmens; auch in diesen Fällen ist das Rechtsgeschäft jedoch nichtig, wenn bei einem Erwerb der Aktien durch die Gesellschaft diese die nach § 272 Abs. 4 des Handelsgesetzbuchs vorgeschriebene Rücklage für eigene Aktien nicht bilden könnte, ohne das Grundkapital oder eine nach Gesetz oder Satzung zu bildende Rücklage zu mindern, die nicht zu Zahlungen an die Aktionäre verwandt werden darf.

(2) Nichtig ist ferner ein Rechtsgeschäft zwischen der Gesellschaft und einem anderen, nach dem dieser berechtigt oder verpflichtet sein soll, Aktien der Gesellschaft für Rechnung der Gesellschaft oder eines abhängigen oder eines in ihrem Mehrheitsbesitz stehenden Unternehmens zu erwerben, soweit der Erwerb durch die Gesellschaft gegen § 71 Abs. 1 oder 2 verstoßen würde.

### § 71 b  Rechte aus eigenen Aktien

Aus eigenen Aktien stehen der Gesellschaft keine Rechte zu.

### § 71 c  Veräußerung und Einziehung eigener Aktien

(1) Hat die Gesellschaft eigene Aktien unter Verstoß gegen § 71 Abs. 1 oder 2 erworben, so müssen sie innerhalb eines Jahres nach ihrem Erwerb veräußert werden.

(2) Übersteigt der Gesamtnennbetrag der Aktien, welche die Gesellschaft nach § 71 Abs. 1 in zulässiger Weise erworben hat und noch besitzt, zehn vom Hundert des Grundkapitals, so muß der Teil der Aktien, der diesen Satz übersteigt, innerhalb von drei Jahren nach dem Erwerb der Aktien veräußert werden.

(3) Sind eigene Aktien innerhalb der in den Absätzen 1 und 2 vorgesehenen Fristen nicht veräußert worden, so sind sie nach § 237 einzuziehen.

### § 71 d  Erwerb eigener Aktien durch Dritte

[1]Ein im eigenen Namen, jedoch für Rechnung der Gesellschaft handelnder Dritter darf Aktien der Gesellschaft nur erwerben oder besitzen, soweit dies der Gesellschaft nach § 71 Abs. 1 Nr. 1 bis 5 und Abs. 2 gestattet wäre. [2]Gleiches gilt für den Erwerb oder den Besitz von Aktien der Gesellschaft durch ein abhängiges oder ein im Mehrheitsbesitz der Gesellschaft stehendes Unternehmen sowie für den Erwerb oder den Besitz durch einen Dritten, der im eigenen Namen, jedoch für Rechnung eines abhängigen oder eines im Mehrheitsbesitz der Gesellschaft stehenden Unternehmens handelt. [3]Bei der Berechnung des Gesamtnennbetrags nach § 71 Abs. 2 Satz 1 und § 71c Abs. 2 gelten diese Aktien als Aktien der Gesellschaft. [4]Im übrigen gelten § 71 Abs. 3 und 4, §§ 71a bis 71c sinngemäß. [5]Der Dritte oder das Unternehmen hat der Gesellschaft auf ihr Verlangen das Eigentum an den Aktien zu verschaffen. [6]Die Gesellschaft hat den Gegenwert der Aktien zu erstatten.

### § 71 e  Inpfandnahme eigener Aktien

(1) [1]Dem Erwerb eigener Aktien nach § 71 Abs. 1 und 2, § 71d steht es gleich, wenn eigene Aktien als Pfand genommen werden. [2]Jedoch darf ein Kreditinstitut im Rahmen der laufenden Geschäfte eigene Aktien bis zu dem in § 71 Abs. 2 Satz 1 bestimmten Gesamtnennbetrag als Pfand nehmen. [3]§ 71a gilt sinngemäß.

(2) [1]Ein Verstoß gegen Absatz 1 macht die Inpfandnahme eigener Aktien unwirksam, wenn auf sie der Nennbetrag oder der höhere Ausgabebetrag noch nicht voll geleistet ist. [2]Ein schuldrechtliches Geschäft über die Inpfandnahme eigener Aktien ist nichtig, soweit der Erwerb gegen Absatz 1 verstößt.

### § 72  Kraftloserklärung von Aktien im Aufgebotsverfahren

(1) [1]Ist eine Aktie oder ein Zwischenschein abhanden gekommen oder vernichtet, so kann die Urkunde im Aufgebotsverfahren nach der Zivilprozeßordnung für kraftlos erklärt werden. [2]§ 799 Abs. 2 und § 800 des Bürgerlichen Gesetzbuchs gelten sinngemäß.

(2) Sind Gewinnanteilscheine auf den Inhaber ausgegeben, so erlischt mit der Kraftloserklärung der Aktie oder des Zwischenscheins auch der Anspruch aus den noch nicht fälligen Gewinnanteilscheinen.

(3) Die Kraftloserklärung einer Aktie nach §§ 73 oder 226 steht der Kraftloserklärung der Urkunde nach Absatz 1 nicht entgegen.

## § 73 Kraftloserklärung von Aktien durch die Gesellschaft

(1) [1]Ist der Inhalt von Aktienurkunden durch eine Veränderung der rechtlichen Verhältnisse unrichtig geworden, so kann die Gesellschaft die Aktien, die trotz Aufforderung nicht zur Berichtigung oder zum Umtausch bei ihr eingereicht sind, mit Genehmigung des Gerichts für kraftlos erklären. [2]Beruht die Unrichtigkeit auf einer Änderung des Nennbetrags der Aktien, so können sie nur dann für kraftlos erklärt werden, wenn der Nennbetrag zur Herabsetzung des Grundkapitals herabgesetzt ist. [3]Namensaktien können nicht deshalb für kraftlos erklärt werden, weil die Bezeichnung des Aktionärs unrichtig geworden ist. [4] Gegen die Entscheidung des Gerichts ist die sofortige Beschwerde zulässig; eine Anfechtung der Entscheidung, durch die die Genehmigung erteilt wird, ist ausgeschlossen.

(2) [1]Die Aufforderung, die Aktien einzureichen, hat die Kraftloserklärung anzudrohen und auf die Genehmigung des Gerichts hinzuweisen. [2]Die Kraftloserklärung kann nur erfolgen, wenn die Aufforderung in der in § 64 Abs. 2 für die Nachfrist vorgeschriebenen Weise bekanntgemacht worden ist. [3]Die Kraftloserklärung geschieht durch Bekanntmachung in den Gesellschaftsblättern. [4]In der Bekanntmachung sind die für kraftlos erklärten Aktien so zu bezeichnen, daß sich aus der Bekanntmachung ohne weiteres ergibt, ob eine Aktie für kraftlos erklärt ist.

(3) [1]An Stelle der für kraftlos erklärten Aktien sind neue Aktien auszugeben und dem Berechtigten auszuhändigen oder, wenn ein Recht zur Hinterlegung besteht, zu hinterlegen. [2]Die Aushändigung oder Hinterlegung ist dem Gericht anzuzeigen.

(4) Soweit zur Herabsetzung des Grundkapitals Aktien zusammengelegt werden, gilt § 226.

## § 74 Neue Urkunden an Stelle beschädigter oder verunstalteter Aktien oder Zwischenscheine

[1]Ist eine Aktie oder ein Zwischenschein so beschädigt oder verunstaltet, daß die Urkunde zum Umlauf nicht mehr geeignet ist, so kann der Berechtigte, wenn der wesentliche Inhalt und die Unterscheidungsmerkmale der Urkunde noch sicher zu erkennen sind, von der Gesellschaft die Erteilung einer neuen Urkunde gegen Aushändigung der alten verlangen. [2]Die Kosten hat er zu tragen und vorzuschießen.

## § 75 Neue Gewinnanteilscheine

Neue Gewinnanteilscheine dürfen an den Inhaber des Erneuerungsscheins nicht ausgegeben werden, wenn der Besitzer der Aktie oder des Zwischenscheins der Ausgabe widerspricht; sie sind dem Besitzer der Aktie oder des Zwischenscheins auszuhändigen, wenn er die Haupturkunde vorlegt.

# Vierter Teil. Verfassung der Aktiengesellschaft

## Erster Abschnitt. Vorstand

## § 76 Leitung der Aktiengesellschaft

(1) Der Vorstand hat unter eigener Verantwortung die Gesellschaft zu leiten.

(2) [1]Der Vorstand kann aus einer oder mehreren Personen bestehen. [2]Bei Gesellschaften mit einem Grundkapital von mehr als drei Millionen Deutsche Mark hat er aus mindestens zwei Personen zu bestehen, es sei denn, die Satzung bestimmt, daß er aus einer Person besteht. [3]Die Vorschriften über die Bestellung eines Arbeitsdirektors bleiben unberührt.

(3) [1]Mitglied des Vorstands kann nur eine natürliche, unbeschränkt geschäftsfähige Person sein. [2]*Ein Betreuter, der bei der Besorgung seiner Vermögensangelegenheiten ganz oder teilweise einem Einwilligungsvorbehalt (§ 1903 des Bürgerlichen Gesetzbuchs) unterliegt, kann nicht Mitglied des Vorstands sein.* [3]Wer wegen einer Straftat nach den §§ 283 bis 283d des Strafgesetzbuchs verurteilt worden ist, kann auf die Dauer von fünf Jahren seit der Rechtskraft des Urteils nicht Mitglied des Vorstands sein; in die Frist wird die Zeit nicht eingerechnet, in welcher der Täter auf behördliche Anordnung in einer Anstalt verwahrt worden ist. [4]Wem durch gerichtliches Urteil oder durch vollziehbare Entscheidung einer Verwaltungsbehörde die Ausübung eines Berufs, Berufszweiges, Gewerbes oder Gewerbezweiges untersagt worden ist, kann für die Zeit, für welche das Verbot wirksam ist, bei einer Gesellschaft, deren Unternehmensgegenstand ganz oder teilweise mit dem Gegenstand des Verbots übereinstimmt, nicht Mitglied des Vorstands sein.

### § 77 Geschäftsführung

(1) [1]Besteht der Vorstand aus mehreren Personen, so sind sämtliche Vorstandsmitglieder nur gemeinschaftlich zur Geschäftsführung befugt. [2]Die Satzung oder die Geschäftsordnung des Vorstands kann Abweichendes bestimmen; es kann jedoch nicht bestimmt werden, daß ein oder mehrere Vorstandsmitglieder Meinungsverschiedenheiten im Vorstand gegen die Mehrheit seiner Mitglieder entscheiden.

(2) [1]Der Vorstand kann sich eine Geschäftsordnung geben, wenn nicht die Satzung den Erlaß der Geschäftsordnung dem Aufsichtsrat übertragen hat oder der Aufsichtsrat eine Geschäftsordnung für den Vorstand erläßt. [2]Die Satzung kann Einzelfragen der Geschäftsordnung bindend regeln. [3]Beschlüsse des Vorstands über die Geschäftsordnung müssen einstimmig gefaßt werden.

### § 78 Vertretung

(1) Der Vorstand vertritt die Gesellschaft gerichtlich und außergerichtlich.

(2) [1]Besteht der Vorstand aus mehreren Personen, so sind, wenn die Satzung nichts anderes bestimmt, sämtliche Vorstandsmitglieder nur gemeinschaftlich zur Vertretung der Gesellschaft befugt. [2]Ist eine Willenserklärung gegenüber der Gesellschaft abzugeben, so genügt die Abgabe gegenüber einem Vorstandsmitglied.

(3) [1]Die Satzung kann auch bestimmen, daß einzelne Vorstandsmitglieder allein oder in Gemeinschaft mit einem Prokuristen zur Vertretung der Gesellschaft befugt sind. [2]Dasselbe kann der Aufsichtsrat bestimmen, wenn die Satzung ihn hierzu ermächtigt hat. [3]Absatz 2 Satz 2 gilt in diesen Fällen sinngemäß.

(4) [1]Zur Gesamtvertretung befugte Vorstandsmitglieder können einzelne von ihnen zur Vornahme bestimmter Geschäfte oder bestimmter Arten von Geschäften ermächtigen. [2]Dies gilt sinngemäß, wenn ein einzelnes Vorstandsmitglied in Gemeinschaft mit einem Prokuristen zur Vertretung der Gesellschaft befugt ist.

---

* § 76 Abs. 3 Satz 2 tritt am 1. Jan. 1992 in Kraft.

## § 79 Zeichnung durch Vorstandsmitglieder

Vorstandsmitglieder zeichnen für die Gesellschaft, indem sie der Firma der Gesellschaft oder der Benennung des Vorstands ihre Namensunterschrift hinzufügen.

## § 80 Angaben auf Geschäftsbriefen

(1) [1]Auf allen Geschäftsbriefen, die an einen bestimmten Empfänger gerichtet werden, müssen die Rechtsform und der Sitz der Gesellschaft, das Registergericht des Sitzes der Gesellschaft und die Nummer, unter der die Gesellschaft in das Handelsregister eingetragen ist, sowie alle Vorstandsmitglieder und der Vorsitzende des Aufsichtsrats mit dem Familiennamen und mindestens einem ausgeschriebenen Vornamen angegeben werden. [2]Der Vorsitzende des Vorstands ist als solcher zu bezeichnen. [3]Werden Angaben über das Kapital der Gesellschaft gemacht, so müssen in jedem Falle das Grundkapital sowie, wenn auf die Aktien der Nennbetrag oder der höhere Ausgabebetrag nicht vollständig eingezahlt ist, der Gesamtbetrag der ausstehenden Einlagen angegeben werden.

(2) Der Angaben nach Absatz 1 Satz 1 und 2 bedarf es nicht bei Mitteilungen oder Berichten, die im Rahmen einer bestehenden Geschäftsverbindung ergehen und für die üblicherweise Vordrucke verwendet werden, in denen lediglich die im Einzelfall erforderlichen besonderen Angaben eingefügt zu werden brauchen.

(3) [1]Bestellscheine gelten als Geschäftsbriefe im Sinne des Absatzes 1. [2]Absatz 2 ist auf sie nicht anzuwenden.

## § 81 Änderung des Vorstands und der Vertretungsbefugnis seiner Mitglieder

(1) Jede Änderung des Vorstands oder der Vertretungsbefugnis eines Vorstandsmitglieds hat der Vorstand zur Eintragung in das Handelsregister anzumelden.

(2) Der Anmeldung sind die Urkunden über die Änderung in Urschrift oder öffentlich beglaubigter Abschrift für das Gericht des Sitzes der Gesellschaft beizufügen.

(3) [1]Die neuen Vorstandsmitglieder haben in der Anmeldung zu versichern, daß keine Umstände vorliegen, die ihrer Bestellung nach § 76 Abs. 3 *Satz 2 und 3\** entgegenstehen, und daß sie über ihre unbeschränkte Auskunftspflicht gegenüber dem Gericht belehrt worden sind. [2]§ 37 Abs. 2 Satz 2 ist anzuwenden.

(4) Die neuen Vorstandsmitglieder haben ihre Namensunterschrift zur Aufbewahrung beim Gericht zu zeichnen.

## § 82 Beschränkungen der Vertretungs- und Geschäftsführungsbefugnis

(1) Die Vertretungsbefugnis des Vorstands kann nicht beschränkt werden.

(2) Im Verhältnis der Vorstandsmitglieder zur Gesellschaft sind diese verpflichtet, die Beschränkungen einzuhalten, die im Rahmen der Vorschriften über die Aktiengesellschaft die Satzung, der Aufsichtsrat, die Hauptversammlung und die Geschäftsordnungen des Vorstands und des Aufsichtsrats für die Geschäftsführungsbefugnis getroffen haben.

---

\* Ab 1. Jan. 1992: Satz 3 und 4.

### § 83 Vorbereitung und Ausführung von Hauptversammlungs-beschlüssen

(1) [1]Der Vorstand ist auf Verlangen der Hauptversammlung verpflichtet, Maßnahmen, die in die Zuständigkeit der Hauptversammlung fallen, vorzubereiten. [2]Das gleiche gilt für die Vorbereitung und den Abschluß von Verträgen, die nur mit Zustimmung der Hauptversammlung wirksam werden. [3]Der Beschluß der Hauptversammlung bedarf der Mehrheiten, die für die Maßnahmen oder für die Zustimmung zu dem Vertrag erforderlich sind.

(2) Der Vorstand ist verpflichtet, die von der Hauptversammlung im Rahmen ihrer Zuständigkeit beschlossenen Maßnahmen auszuführen.

### § 84 Bestellung und Abberufung des Vorstands

(1) [1]Vorstandsmitglieder bestellt der Aufsichtsrat auf höchstens fünf Jahre. [2]Eine wiederholte Bestellung oder Verlängerung der Amtszeit, jeweils für höchstens fünf Jahre, ist zulässig. [3]Sie bedarf eines erneuten Aufsichtsratsbeschlusses, der frühestens ein Jahr vor Ablauf der bisherigen Amtszeit gefaßt werden kann. [4]Nur bei einer Bestellung auf weniger als fünf Jahre kann eine Verlängerung der Amtszeit ohne neuen Aufsichtsratsbeschluß vorgesehen werden, sofern dadurch die gesamte Amtszeit nicht mehr als fünf Jahre beträgt. [5]Dies gilt sinngemäß für den Anstellungsvertrag; er kann jedoch vorsehen, daß er für den Fall einer Verlängerung der Amtszeit bis zu deren Ablauf weitergilt.

(2) Werden mehrere Personen zu Vorstandsmitgliedern bestellt, so kann der Aufsichtsrat ein Mitglied zum Vorsitzenden des Vorstands ernennen.

(3) [1]Der Aufsichtsrat kann die Bestellung zum Vorstandsmitglied und die Ernennung zum Vorsitzenden des Vorstands widerrufen, wenn ein wichtiger Grund vorliegt. [2]Ein solcher Grund ist namentlich grobe Pflichtverletzung, Unfähigkeit zur ordnungsmäßigen Geschäftsführung oder Vertrauensentzug durch die Hauptversammlung, es sei denn, daß das Vertrauen aus offenbar unsachlichen Gründen entzogen worden ist. [3]Dies gilt auch für den vom ersten Aufsichtsrat bestellten Vorstand. [4]Der Widerruf ist wirksam, bis seine Unwirksamkeit rechtskräftig festgestellt ist. [5]Für die Ansprüche aus dem Anstellungsvertrag gelten die allgemeinen Vorschriften.

(4) Die Vorschriften des Gesetzes über die Mitbestimmung der Arbeitnehmer in den Aufsichtsräten und Vorständen der Unternehmen des Bergbaus und der Eisen und Stahl erzeugenden Industrie vom 21. Mai 1951 (Bundesgesetzbl. I S. 347) – Montan-Mitbestimmungsgesetz – über die besonderen Mehrheitserfordernisse für einen Aufsichtsratsbeschluß über die Bestellung eines Arbeitsdirektors oder den Widerruf seiner Bestellung bleiben unberührt.

### § 85 Bestellung durch das Gericht

(1) [1]Fehlt ein erforderliches Vorstandsmitglied, so hat in dringenden Fällen das Gericht auf Antrag eines Beteiligten das Mitglied zu bestellen. [2]Gegen die Entscheidung ist die sofortige Beschwerde zulässig.

(2) Das Amt des gerichtlich bestellten Vorstandsmitglieds erlischt in jedem Fall, sobald der Mangel behoben ist.

(3) [1]Das gerichtlich bestellte Vorstandsmitglied hat Anspruch auf Ersatz angemessener barer Auslagen und auf Vergütung für seine Tätigkeit. [2]Einigen sich das gerichtlich bestellte Vorstandsmitglied und die Gesellschaft nicht, so setzt das Gericht die Auslagen und die Vergütung fest. [3]Gegen die Entschei-

dung ist die sofortige Beschwerde zulässig. [4]Die weitere Beschwerde ist ausgeschlossen. [5]Aus der rechtskräftigen Entscheidung findet die Zwangsvollstreckung nach der Zivilprozeßordnung statt.

## § 86 Gewinnbeteiligung der Vorstandsmitglieder

(1) [1]Den Vorstandsmitgliedern kann für ihre Tätigkeit eine Beteiligung am Gewinn gewährt werden. [2]Sie soll in der Regel in einem Anteil am Jahresgewinn der Gesellschaft bestehen.

(2) [1]Wird den Vorstandsmitgliedern ein Anteil am Jahresgewinn der Gesellschaft gewährt, so berechnet sich der Anteil nach dem Jahresüberschuß, vermindert um einen Verlustvortrag aus dem Vorjahr und um die Beträge, die nach Gesetz oder Satzung aus dem Jahresüberschuß in Gewinnrücklagen einzustellen sind. [2]Entgegenstehende Festsetzungen sind nichtig.

## § 87 Grundsätze für die Bezüge der Vorstandsmitglieder

(1) [1]Der Aufsichtsrat hat bei der Festsetzung der Gesamtbezüge des einzelnen Vorstandsmitglieds (Gehalt, Gewinnbeteiligungen, Aufwandsentschädigungen, Versicherungsentgelte, Provisionen und Nebenleistungen jeder Art) dafür zu sorgen, daß die Gesamtbezüge in einem angemessenen Verhältnis zu den Aufgaben des Vorstandsmitglieds und zur Lage der Gesellschaft stehen. [2]Dies gilt sinngemäß für Ruhegehalt. Hinterbliebenenbezüge und Leistungen verwandter Art.

(2) [1]Tritt nach der Festsetzung eine so wesentliche Verschlechterung in den Verhältnissen der Gesellschaft ein, daß die Weitergewährung der in Absatz 1 Satz 1 aufgeführten Bezüge eine schwere Unbilligkeit für die Gesellschaft sein würde, so ist der Aufsichtsrat, im Fall des § 85 Abs. 3 das Gericht auf Antrag des Aufsichtsrats, zu einer angemessenen Herabsetzung berechtigt. [2]Durch eine Herabsetzung wird der Anstellungsvertrag im überigen nicht berührt. [3]Das Vorstandsmitglied kann jedoch seinen Anstellungsvertrag für den Schluß des nächsten Kalendervierteljahrs mit einer Kündigungsfrist von sechs Wochen kündigen.

(3) [1]Wird über das Vermögen der Gesellschaft das Konkursverfahren eröffnet und kündigt der Konkursverwalter den Anstellungsvertrag eines Vorstandsmitglieds, so kann es Ersatz für den Schaden, der ihm durch die Aufhebung des Dienstverhältnisses entsteht, nur für zwei Jahre seit dem Ablauf des Dienstverhältnisses verlangen. [2]Gleiches gilt, wenn über die Gesellschaft das gerichtliche Vergleichsverfahren eröffnet wird und die Gesellschaft den Anstellungsvertrag kündigt.

## § 88 Wettbewerbsverbot

(1) [1]Die Vorstandsmitglieder dürfen ohne Einwilligung des Aufsichtsrats weder ein Handelsgewerbe betreiben noch im Geschäftszweig der Gesellschaft für eigene oder fremde Rechnung Geschäfte machen. [2]Sie dürfen ohne Einwilligung auch nicht Mitglied des Vorstands oder Geschäftsführer oder persönlich haftender Gesellschafter einer anderen Handelsgesellschaft sein. [3]Die Einwilligung des Aufsichtsrats kann nur für bestimmte Handelsgewerbe oder Handelsgesellschaften oder für bestimme Arten von Geschäften erteilt werden.

(2) [1]Verstößt ein Vorstandsmitglied gegen dieses Verbot, so kann die Gesellschaft Schadenersatz fordern. [2]Sie kann statt dessen von dem Mitglied verlangen, daß es die für eigene Rechnung gemachten Geschäfte als für Rech-

nung der Gesellschaft eingegangen gelten läßt und die aus Geschäften für fremde Rechnung bezogene Vergütung herausgibt oder seinen Anspruch auf die Vergütung abtritt.

(3) ¹Die Ansprüche der Gesellschaft verjähren in drei Monaten seit dem Zeitpunkt, in dem die übrigen Vorstandsmitglieder und die Aufsichtsratsmitglieder von der zum Schadenersatz verpflichtenden Handlung Kenntnis erlangen. ²Sie verjähren ohne Rücksicht auf diese Kenntnis in fünf Jahren seit ihrer Entstehung.

## § 89 Kreditgewährung an Vorstandsmitglieder

(1) ¹Die Gesellschaft darf ihren Vorstandsmitgliedern Kredit nur aufgrund eines Beschlusses des Aufsichtsrats gewähren. ²Der Beschluß kann nur für bestimmte Kreditgeschäfte oder Arten von Kreditgeschäften und nicht für länger als drei Monate im voraus gefaßt werden. ³Er hat die Verzinsung und Rückzahlung des Kredits zu regeln. ⁴Der Gewährung eines Kredits steht die Gestattung einer Entnahme gleich, die über die dem Vorstandsmitglied zustehenden Bezüge hinausgeht, namentlich auch die Gestattung der Entnahme von Vorschüssen auf Bezüge. ⁵Dies gilt nicht für Kredite, die ein Monatsgehalt nicht übersteigen.

(2) ¹Die Gesellschaft darf ihren Prokuristen und zum gesamten Geschäftsbetrieb ermächtigten Handlungsbevollmächtigten Kredit nur mit Einwilligung des Aufsichtsrats gewähren. ²Eine herrschende Gesellschaft darf Kredite an gesetzliche Vertreter, Prokuristen oder zum gesamten Geschäftsbetieb ermächtigte Handlungsbevollmächtigte eines abhängigen Unternehmens nur mit Einwilligung ihres Aufsichtsrats, eine abhängige Gesellschaft darf Kredite an gesetzliche Vertreter, Prokuristen oder zum gesamten Geschäftsbetrieb ermächtigte Handlungsbevollmächtigte des herrschenden Unternehmens nur mit Einwilligung des Aufsichtsrats des herrschenden Unternehmens gewähren. ³Absatz 1 Satz 2 bis 5 gilt sinngemäß.

(3) ¹Absatz 2 gilt auch für Kredite an den Ehegatten oder an ein minderjähriges Kind eines Vorstandsmitglieds, eines anderen gesetzlichen Vertreters, eines Prokuristen oder eines zum gesamten Geschäftsbetieb ermächtigten Handlungsbevollmächtigten. ²Er gilt ferner für Kredite an einen Dritten, der für Rechnung dieser Personen oder für Rechnung eines Vorstandsmitglieds, eines anderen gesetzlichen Vertreters, eines Prokuristen oder eines zum gesamten Geschäftsbetrieb ermächtigten Handlungsbevollmächtigten handelt.

(4) ¹Ist ein Vorstandsmitglied, ein Prokurist oder ein zum gesamten Geschäftsbetrieb ermächtigter Handlungsbevollmächtigter zugleich gesetzlicher Vertreter oder Mitglied des Aufsichtsrats einer anderen juristischen Person oder Gesellschafter einer Personenhandelsgesellschaft, so darf die Gesellschaft der juristischen Person oder der Personenhandelsgesellschaft Kredit nur mit Einwilligung des Aufsichtsrats gewähren; Absatz 1 Satz 2 und 3 gilt sinngemäß. ²Dies gilt nicht, wenn die juristische Person oder die Personenhandelsgesellschaft mit der Gesellschaft verbunden ist oder wenn der Kredit für die Bezahlung von Waren gewährt wird, welche die Gesellschaft der juristischen Person oder der Personenhandelsgesellschaft liefert.

(5) Wird entgegen den Absätzen 1 bis 4 Kredit gewährt, so ist der Kredit ohne Rücksicht auf entgegenstehende Vereinbarungen sofort zurückzugewähren, wenn nicht der Aufsichtsrat nachträglich zustimmt.

(6) Ist die Gesellschaft ein Kreditinstitut, so gelten an Stelle der Absätze 1 bis 5 die Vorschriften des Gesetzes über das Kreditwesen.

## § 90 Berichte an den Aufsichtsrat

(1) [1]Der Vorstand hat dem Aufsichtsrat zu berichten über
1. die beabsichtigte Geschäftspolitik und andere grundsätzliche Fragen der künftigen Geschäftsführung;
2. die Rentabilität der Gesellschaft, insbesondere die Rentabilität des Eigenkapitals;
3. den Gang der Geschäfte, insbesondere den Umsatz, und die Lage der Gesellschaft;
4. Geschäfte, die für die Rentabilität oder Liquidität der Gesellschaft von erheblicher Bedeutung sein können.

[2]Außerdem ist dem Vorsitzenden des Aufsichtsrats aus sonstigen wichtigen Anlässen zu berichten; als wichtiger Anlaß ist auch ein dem Vorstand bekanntgewordener geschäftlicher Vorgang bei einem verbundenen Unternehmen anzusehen, der auf die Lage der Gesellschaft von erheblichem Einfluß sein kann.

(2) Die Berichte nach Absatz 1 Satz 1 Nr. 1 bis 4 sind wie folgt zu erstatten:
1. die Berichte nach Nummer 1 mindestens einmal jährlich, wenn nicht Änderungen der Lage oder neue Fragen eine unverzügliche Berichterstattung gebieten;
2. die Berichte nach Nummer 2 in der Sitzung des Aufsichtsrats, in der über den Jahresabschluß verhandelt wird;
3. die Berichte nach Nummer 3 regelmäßig, mindestens vierteljährlich;
4. die Berichte nach Nummer 4 möglichst so rechtzeitig, daß der Aufsichtsrat vor Vornahme der Geschäfte Gelegenheit hat, zu ihnen Stellung zu nehmen.

(3) [1]Der Aufsichtsrat kann vom Vorstand jederzeit einen Bericht verlangen über Angelegenheiten der Gesellschaft, über ihre rechtlichen und geschäftlichen Beziehungen zu verbundenen Unternehmen sowie über geschäftliche Vorgänge bei diesen Unternehmen, die auf die Lage der Gesellschaft von erheblichem Einfluß sein können. [2]Auch ein einzelnes Mitglied kann einen Bericht, jedoch nur an den Aufsichtsrat, verlangen; lehnt der Vorstand die Berichterstattung ab, so kann der Bericht nur verlangt werden, wenn ein anderes Aufsichtsratsmitglied das Verlangen unterstützt.

(4) Die Berichte haben den Grundsätzen einer gewissenhaften und getreuen Rechenschaft zu entsprechen.

(5) [1]Jedes Aufsichtsratsmitglied hat das Recht, von den Berichten Kenntnis zu nehmen. [2]Soweit die Berichte schriftlich erstattet worden sind, sind sie auch jedem Aufsichtsratsmitglied auf Verlangen auszuhändigen, soweit der Aufsichtsrat nichts anderes beschlossen hat. [3]Der Vorsitzende des Aufsichtsrats hat die Aufsichtsratsmitglieder über die Berichte nach Absatz 1 Satz 2 spätestens in der nächsten Aufsichtsratssitzung zu unterrichten.

## § 91 Buchführung

Der Vorstand hat dafür zu sorgen, daß die erforderlichen Handelsbücher geführt werden.

## § 92 Vorstandspflichten bei Verlust, Überschuldung oder Zahlungsunfähigkeit

(1) Ergibt sich bei Aufstellung der Jahresbilanz oder einer Zwischenbilanz oder ist bei pflichtmäßigem Ermessen anzunehmen, daß ein Verlust in Höhe der Hälfte des Grundkapitals besteht, so hat der Vorstand unverzüglich die Hauptversammlung einzuberufen und ihr dies anzuzeigen.

(2) ¹Wird die Gesellschaft zahlungsunfähig, so hat der Vorstand ohne schuldhaftes Zögern, spätestens aber drei Wochen nach Eintritt der Zahlungsunfähigkeit, die Eröffnung des Konkursverfahrens oder des gerichtlichen Vergleichsverfahrens zu beantragen. ²Dies gilt sinngemäß, wenn das Vermögen der Gesellschaft nicht mehr die Schulden deckt. ³Der Antrag ist nicht schuldhaft verzögert, wenn der Vorstand die Eröffnung des gerichtlichen Vergleichsverfahrens mit der Sorgfalt eines ordentlichen und gewissenhaften Geschäftsleiters betreibt.

(3) ¹Nachdem die Zahlungsunfähigkeit der Gesellschaft eingetreten ist oder sich ihre Überschuldung ergeben hat, darf der Vorstand keine Zahlungen leisten. ²Dies gilt nicht von Zahlungen, die auch nach diesem Zeitpunkt mit der Sorgfalt eines ordentlichen und gewissenhaften Geschäftsleiters vereinbar sind.

## § 93 Sorgfaltspflicht und Verantwortlichkeit der Vorstandsmitglieder

(1) ¹Die Vorstandsmitglieder haben bei ihrer Geschäftsführung die Sorgfalt eines ordentlichen und gewissenhaften Geschäftsleiters anzuwenden. ²Über vertrauliche Angaben und Geheimnisse der Gesellschaft, namentlich Betriebs- oder Geschäftsgeheimnisse, die ihnen durch ihre Tätigkeit im Vorstand bekanntgeworden sind, haben sie Stillschweigen zu bewahren.

(2) ¹Vorstandsmitglieder, die ihre Pflichten verletzen, sind der Gesellschaft zum Ersatz des daraus entstehenden Schadens als Gesamtschuldner verpflichtet. ²Ist streitig, ob sie die Sorgfalt eines ordentlichen und gewissenhaften Geschäftsleiters angewandt haben, so trifft sie die Beweislast.

(3) Die Vorstandsmitglieder sind namentlich zum Ersatz verpflichtet, wenn entgegen diesem Gesetz
1. Einlagen an die Aktionäre zurückgewährt werden,
2. den Aktionären Zinsen oder Gewinnanteile gezahlt werden,
3. eigene Aktien der Gesellschaft oder einer anderen Gesellschaft gezeichnet, erworben, als Pfand genommen oder eingezogen werden,
4. Aktien vor der vollen Leistung des Nennbetrags oder des höheren Ausgabebetrags ausgegeben werden,
5. Gesellschaftsvermögen verteilt wird,
6. Zahlungen geleistet werden, nachdem die Zahlungsunfähigkeit der Gesellschaft eingetreten ist oder sich ihre Überschuldung ergeben hat,
7. Vergütungen an Aufsichtsratsmitglieder gewährt werden,
8. Kredit gewährt wird,
9. bei der bedingten Kapitalerhöhung außerhalb des festgesetzen Zwecks oder vor der vollen Leistung des Gegenwerts Bezugsaktien ausgegeben werden.

(4) ¹Der Gesellschaft gegenüber tritt die Ersatzpflicht nicht ein, wenn die Handlung auf einem gesetzmäßigen Beschluß der Hauptversammlung beruht. ²Dadurch, daß der Aufsichtsrat die Handlung gebilligt hat, wird die Ersatzpflicht nicht ausgeschlossen. ³Die Gesellschaft kann erst drei Jahre nach der Entstehung des Anspruchs und nur dann auf Ersatzansprüche verzichten oder sich über sie vergleichen, wenn die Hauptversammlung zustimmt und nicht eine Minderheit, deren Anteile zusammen den zehnten Teil des Grundkapitals erreichen, zur Niederschrift Widerspruch erhebt. ⁴Die zeitliche Beschränkung gilt nicht, wenn der Ersatzpflichtige zahlungsunfähig ist und sich zur Abwendung oder Beseitigung des Konkursverfahrens mit seinen Gläubigern vergleicht.

(5) ¹Der Ersatzanspruch der Gesellschaft kann auch von den Gläubigern der Gesellschaft geltend gemacht werden, soweit sie von dieser keine Befriedi-

gung erlangen können. [2]Dies gilt jedoch in anderen Fällen als denen des Absatzes 3 nur dann, wenn die Vorstandsmitglieder die Sorgfalt eines ordentlichen und gewissenhaften Geschäftsleiters gröblich verletzt haben; Absatz 2 Satz 2 gilt sinngemäß. [3]Den Gläubigern gegenüber wird die Ersatzpflicht weder durch einen Verzicht oder Vergleich der Gesellschaft noch dadurch aufgehoben, daß die Handlung auf einen Beschluß der Hauptversammlung beruht. [4]Ist über das Vermögen der Gesellschaft das Konkursverfahren eröffnet, so übt während dessen Dauer der Konkursverwalter das Recht der Gläubiger gegen die Vorstandsmitglieder aus.

(6) Die Ansprüche aus diesen Vorschriften verjähren in fünf Jahren.

## § 94 Stellvertreter von Vorstandsmitgliedern

Die Vorschriften für die Vorstandsmitglieder gelten auch für ihre Stellvertreter.

## Zweiter Abschnitt. Aufsichtsrat

## § 95 Zahl der Aufsichtsratsmitglieder

[1]Der Aufsichtsrat besteht aus drei Mitgliedern. [2]Die Satzung kann eine bestimmte höhere Zahl festsetzen. [3]Die Zahl muß durch drei teilbar sein. [4]Die Höchstzahl der Aufsichtsratsmitglieder beträgt bei Gesellschaften mit einem Grundkapital

| | | |
|---|---|---|
| bis zu | 3 000 000 Deutsche Mark | neun, |
| von mehr als | 3 000 000 Deutsche Mark | fünfzehn, |
| von mehr als | 20 000 000 Deutsche Mark | einundzwanzig. |

[5]Durch die vorstehenden Vorschriften werden hiervon abweichende Vorschriften des Gesetzes über die Mitbestimmung der Arbeitnehmer vom 4. Mai 1976 (Bundesgesetzbl. I S. 1153), des Montan-Mitbestimmungsgesetzes und des Gesetzes zur Ergänzung des Gesetzes über die Mitbestimmung der Arbeitnehmer in den Aufsichtsräten und Vorständen der Unternehmen des Bergbaus und der Eisen und Stahl erzeugenden Industrie vom 7. August 1956 (Bundesgesetzbl. I S. 707) – Mitbestimmungsergänzungsgesetz – nicht berührt.

## § 96 Zusammensetzung des Aufsichtsrats

(1) Der Aufsichtsrat setzt sich zusammen
bei Gesellschaften, für die das Mitbestimmungsgesetz gilt, aus Aufsichtsratsmitgliedern der Aktionäre und der Arbeitnehmer,
bei Gesellschaften, für die das Montan-Mitbestimmungsgesetz gilt, aus Aufsichtsratsmitgliedern der Aktionäre und der Arbeitnehmer und aus weiteren Mitgliedern,
bei Gesellschaften, für die die §§ 5 bis 13 des Mitbestimmungsergänzungsgesetzes gelten, aus Aufsichtsratsmitgliedern der Aktionäre und der Arbeitnehmer und aus einem weiteren Mitglied,
bei Gesellschaften, für die § 76 Abs. 1 des Betriebsverfassungsgesetzes 1952 gilt, aus Aufsichtsratsmitgliedern der Aktionäre und der Arbeitnehmer,
bei den übrigen Gesellschaften nur aus Aufsichtsratsmitgliedern der Aktionäre.

(2) Nach anderen als den zuletzt angewandten gesetzlichen Vorschriften kann der Aufsichtsrat nur zusammengesetzt werden, wenn nach § 97 oder nach § 98 die in der Bekanntmachung des Vorstands oder in der gerichtlichen Entscheidung angegebenen gesetzlichen Vorschriften anzuwenden sind.

## § 97 Bekanntmachung über die Zusammensetzung des Aufsichtsrats

(1) [1]Ist der Vorstand der Ansicht, daß der Aufsichtsrat nicht nach den für ihn maßgebenden gesetzlichen Vorschriften zusammengesetzt ist, so hat er dies unverzüglich in den Gesellschaftsblättern und gleichzeitig durch Aushang in sämtlichen Betrieben der Gesellschaft und ihrer Konzernunternehmen bekanntzumachen. [2]In der Bekanntmachung sind die nach Ansicht des Vorstands maßgebenden gesetzlichen Vorschriften anzugeben. [3]Es ist darauf hinzuweisen, daß der Aufsichtsrat nach diesen Vorschriften zusammengesetzt wird, wenn nicht Antragsberechtigte nach § 98 Abs. 2 innerhalb eines Monats nach der Bekanntmachung im Bundesanzeiger das nach § 98 Abs. 1 zuständige Gericht anrufen.

(2) [1]Wird das nach § 98 Abs. 1 zuständige Gericht nicht innerhalb eines Monats nach der Bekanntmachung im Bundesanzeiger angerufen, so ist der neue Aufsichtsrat nach den in der Bekanntmachung des Vorstands angegebenen gesetzlichen Vorschriften zusammenzusetzen. [2]Die Bestimmungen der Satzung über die Zusammensetzung des Aufsichtsrats, über die Zahl der Aufsichtsratsmitglieder sowie über die Wahl, Abberufung und Entsendung von Aufsichtsratsmitgliedern treten mit der Beendigung der ersten Hauptversammlung, die nach Ablauf der Anrufungsfrist einberufen wird, spätestens sechs Monate nach Ablauf dieser Frist insoweit außer Kraft, als sie den nunmehr anzuwendenden gesetzlichen Vorschriften widersprechen. [3]Mit demselben Zeitpunkt erlischt das Amt der bisherigen Aufsichtsratsmitglieder. [4]Eine Hauptversammlung, die innerhalb der Frist von sechs Monaten stattfindet, kann an Stelle der außer Kraft tretenden Satzungsbestimmungen mit einfacher Stimmenmehrheit neue Satzungsbestimmungen beschließen.

(3) Solange ein gerichtliches Verfahren nach §§ 98, 99 anhängig ist, kann eine Bekanntmachung über die Zusammensetzung des Aufsichtsrats nicht erfolgen.

## § 98 Gerichtliche Entscheidung über die Zusammensetzung des Aufsichtsrats

(1) [1]Ist streitig oder ungewiß, nach welchen gesetzlichen Vorschriften der Aufsichtsrat zusammenzusetzen ist, so entscheidet darüber auf Antrag ausschließlich das Landgericht (Zivilkammer), in dessen Bezirk die Gesellschaft ihren Sitz hat. [2]Die Landesregierung kann die Entscheidung durch Rechtsverordnung für die Bezirke mehrerer Landgerichte einem der Landgerichte übertragen, wenn dies der Sicherung einer einheitlichen Rechtsprechung dient. [3]Die Landesregierung kann die Ermächtigung auf die Landesjustizverwaltung übertragen.

(2) [1]Antragsberechtigt sind

1. der Vorstand,
2. jedes Aufsichtsratsmitglied,
3. jeder Aktionär,
4. der Gesamtbetriebsrat der Gesellschaft oder, wenn in der Gesellschaft nur ein Betriebsrat besteht, der Betriebsrat,
5. der Gesamtbetriebsrat eines anderen Unternehmens, dessen Arbeitnehmer nach den gesetzlichen Vorschriften, deren Anwendung streitig oder ungewiß ist, selbst oder durch Delegierte an der Wahl von Aufsichtsratsmitgliedern der Gesellschaft teilnehmen, oder, wenn in dem anderen Unternehmen nur ein Betriebsrat besteht, der Betriebsrat,
6. mindestens ein Zehntel oder einhundert der Arbeitnehmer, die nach den ge-

setzlichen Vorschriften, deren Anwendung streitig oder ungewiß ist, selbst oder durch Delegierte an der Wahl von Aufsichtsratsmitgliedern der Gesellschaft teilnehmen,

7. Spitzenorganisationen der Gewerkschaften, die nach den gesetzlichen Vorschriften, deren Anwendung streitig oder ungewiß ist, ein Vorschlagsrecht hätten,

8. Gewerkschaften, die nach den gesetzlichen Vorschriften, deren Anwendung streitig oder ungewiß ist, ein Vorschlagsrecht hätten.

[2]Ist die Anwendung des Mitbestimmungsgesetzes oder die Anwendung von Vorschriften des Mitbestimmungsgesetzes streitig oder ungewiß, so sind außer den nach Satz 1 Antragsberechtigten auch je ein Zehntel der wahlberechtigten Arbeiter, der wahlberechtigten in § 3 Abs. 3 Nr. 1 des Mitbestimmungsgesetzes bezeichneten Angestellten oder der wahlberechtigten leitenden Angestellten im Sinne des Mitbestimmungsgesetzes antragsberechtigt.

(3) Die Absätze 1 und 2 gelten sinngemäß, wenn streitig ist, ob der Abschlußprüfer das nach § 3 oder § 16 des Mitbestimmungsergänzungsgesetzes maßgebliche Umsatzverhältnis richtig ermittelt hat.

(4) [1]Entspricht die Zusammensetzung des Aufsichtsrats nicht der gerichtlichen Entscheidung, so ist der neue Aufsichtsrat nach den in der Entscheidung angegebenen gesetzlichen Vorschriften zusammenzusetzen. [2]§ 97 Abs. 2 gilt sinngemäß mit der Maßgabe, daß die Frist von sechs Monaten mit dem Eintritt der Rechtskraft beginnt.

## § 99 Verfahren

(1) Auf das Verfahren ist das Gesetz über die Angelegenheiten der freiwilligen Gerichtsbarkeit anzuwenden, soweit in den Absätzen 2 bis 5 nichts anderes bestimmt ist.

(2) [1]Das Landgericht hat den Antrag in den Gesellschaftsblättern bekanntzumachen. [2]Der Vorstand und jedes Aufsichtsratsmitglied sowie die nach § 98 Abs. 2 antragsberechtigten Betriebsräte, Spitzenorganisationen und Gewerkschaften sind zu hören.

(3) [1]Das Landgericht entscheidet durch einen mit Gründen versehenen Beschluß. [2]Gegen die Entscheidung findet die sofortige Beschwerde statt. [3]Sie kann nur auf eine Verletzung des Gesetzes gestützt werden; die §§ 550, 551, 561, 563 der Zivilprozeßordnung gelten sinngemäß. [4]Die Beschwerde kann nur durch Einreichung einer von einem Rechtsanwalt unterzeichneten Beschwerdeschrift eingelegt werden. [5]Über sie entscheidet das Oberlandesgericht. [6]§ 28 Abs. 2 und 3 des Gesetzes über die Angelegenheiten der freiwilligen Gerichtsbarkeit gilt entsprechend. [7]Die weitere Beschwerde ist ausgeschlossen. [8]Die Landesregierung kann durch Rechtsverordnung die Entscheidung über die Beschwerde für die Bezirke mehrerer Oberlandesgerichte einem der Oberlandesgerichte oder dem Obersten Landesgericht übertragen, wenn dies der Sicherung einer einheitlichen Rechtsprechung dient. [9]Die Landesregierung kann die Ermächtigung auf die Landesjustizverwaltung übertragen.

(4) [1]Das Gericht hat seine Entscheidung dem Antragsteller und der Gesellschaft zuzustellen. [2]Es hat sie ferner ohne Gründe in den Gesellschaftsblättern bekanntzumachen. [3]Die Beschwerde steht jedem nach § 98 Abs. 2 Antragsberechtigten zu. [4]Die Beschwerdefrist beginnt mit der Bekanntmachung der Entscheidung im Bundesanzeiger, für den Antragsteller und die Gesellschaft jedoch nicht vor der Zustellung der Entscheidung.

(5) [1]Die Entscheidung wird erst mit der Rechtskraft wirksam. [2]Sie wirkt für

und gegen alle. [3]Der Vorstand hat die rechtskräftige Entscheidung unverzüglich zum Handelsregister einzureichen.

(6) [1]Für die Kosten des Verfahrens gilt die Kostenordnung. [2]Für das Verfahren des ersten Rechtszugs wird das Vierfache der vollen Gebühr erhoben. [3]Für den zweiten Rechtszug wird die gleiche Gebühr erhoben; dies gilt auch dann, wenn die Beschwerde Erfolg hat. [4]Wird der Antrag oder die Beschwerde zurückgenommen, bevor es zu einer Entscheidung kommt, so ermäßigt sich die Gebühr auf die Hälfte. [5]Der Geschäftswert ist von Amts wegen festzusetzen. [6]Er bestimmt sich nach § 30 Abs. 2 der Kostenordnung mit der Maßgabe, daß der Wert regelmäßig auf einhunderttausend Deutsche Mark anzunehmen ist. [7]Kostenvorschüsse werden nicht erhoben. [8]Schuldner der Kosten ist die Gesellschaft. [9]Die Kosten können jedoch ganz oder zum Teil dem Antragsteller auferlegt werden, wenn dies der Billigkeit entspricht. [10]Kosten der Beteiligten werden nicht erstattet.

## § 100 Persönliche Voraussetzungen für Aufsichtsratmitglieder

(1) [1]Mitglied des Aufsichtsrats kann nur eine natürliche, unbeschränkt geschäftsfähige Person sein. *[2]Ein Betreuter, der bei der Besorgung seiner Vermögensangelegenheiten ganz oder teilweise einem Einwilligungsvorbehalt (§ 1903 des Bürgerlichen Gesetzbuchs) unterliegt, kann nicht Mitglied des Aufsichtsrats sein.** *

(2) [1]Mitglied des Aufsichtsrats kann nicht sein, wer
1. bereits in zehn Handelsgesellschaften oder bergrechtlichen Gewerkschaften, die gesetzlich einen Aufsichtsrat zu bilden haben, Aufsichtsratmitglied ist,
2. gesetzlicher Vertreter eines von der Gesellschaft abhängigen Unternehmens ist, oder
3. gesetzlicher Vertreter einer anderen Kapitalgesellschaft oder bergrechtlichen Gewerkschaft ist, deren Aufsichtsrat ein Vorstandsmitglied der Gesellschaft angehört.

[2]Auf die Höchstzahl nach Satz 1 Nr. 1 sind bis zu fünf Aufsichtsratsitze nicht anzurechnen, die ein gesetzlicher Vertreter (beim Einzelkaufmann der Inhaber) des herrschenden Unternehmens eines Konzerns in zum Konzern gehörenden Handelsgesellschaften und bergrechtlichen Gewerkschaften, die gesetzlich einen Aufsichtsrat zu bilden haben, inne hat.

(3) Die anderen persönlichen Voraussetzungen der Aufsichtsratmitglieder der Arbeitnehmer sowie der weiteren Mitglieder bestimmen sich nach dem Mitbestimmungsgesetz, dem Montan-Mitbestimmungsgesetz, dem Mitbestimmungsergänzungsgesetz und dem Betriebsverfassungsgesetz 1952.

(4) Die Satzung kann persönliche Voraussetzungen nur für Aufsichtsratmitglieder fordern, die von der Hauptversammlung ohne Bindung an Wahlvorschläge gewählt oder aufgrund der Satzung in den Aufsichtsrat entsandt werden.

## § 101 Bestellung der Aufsichtsratmitglieder

(1) [1]Die Mitglieder des Aufsichtsrats werden von der Hauptversammlung gewählt, soweit sie nicht in den Aufsichtsrat zu entsenden oder als Aufsichtsratmitglieder der Arbeitnehmer nach dem Mitbestimmungsgesetz, dem Mitbestimmungsergänzungsgesetz oder dem Betriebsverfassungsgesetz 1952 zu

---

* § 100 Abs. 1 Satz 2 tritt am 1. Jan. 1992 in Kraft.

wählen sind. [2]An Wahlvorschläge ist die Hauptversammlung nur gemäß §§ 6 und 8 des Montan-Mitbestimmungsgesetzes gebunden.

(2) [1]Ein Recht, Mitglieder in den Aufsichtsrat zu entsenden, kann nur durch die Satzung und nur für bestimmte Aktionäre oder für die jeweiligen Inhaber bestimmter Aktien begründet werden. [2]Inhabern bestimmter Aktien kann das Entsendungsrecht nur eingeräumt werden, wenn die Aktien auf Namen lauten und ihre Übertragung an die Zustimmung der Gesellschaft gebunden ist. [3]Die Aktien der Entsendungsberechtigten gelten nicht als eine besondere Gattung. [4]Die Entsendungsrechte können insgesamt höchstens für ein Drittel der sich aus dem Gesetz oder der Satzung ergebenden Zahl der Aufsichtsratsmitglieder der Aktionäre eingeräumt werden. [5]§ 4 Abs. 1 des Gesetzes über die Überführung der Anteilsrechte an der Volkswagenwerk Gesellschaft mit beschränkter Haftung in private Hand vom 21. Juli 1960 (Bundesgesetzbl. I S. 585), zuletzt geändert durch das Zweite Gesetz zur Änderung des Gesetzes über die Überführung der Anteilsrechte an der Volkswagenwerk Gesellschaft mit beschränkter Haftung in private Hand vom 31. Juli 1970 (Bundesgesetzbl. I S. 1149), bleibt unberührt.

(3) [1]Stellvertreter von Aufsichtsratsmitgliedern können nicht bestellt werden. [2]Jedoch kann für jedes Aufsichtsratsmitglied mit Ausnahme des weiteren Mitglieds, das nach dem Montan-Mitbestimmungsgesetz oder dem Mitbestimmungsergänzungsgesetz auf Vorschlag der übrigen Aufsichtsratsmitglieder gewählt wird, ein Ersatzmitglied bestellt werden, das Mitglied des Aufsichtsrats wird, wenn das Aufsichtsratsmitglied vor Ablauf seiner Amtszeit wegfällt. [3]Das Ersatzmitglied kann nur gleichzeitig mit dem Aufsichtsratsmitglied bestellt werden. [4]Auf seine Bestellung sowie die Nichtigkeit und Anfechtung seiner Bestellung sind die für das Aufsichtsratsmitglied geltenden Vorschriften anzuwenden.

## § 102 Amtszeit der Aufsichtsratsmitglieder

(1) [1]Aufsichtsratsmitglieder können nicht für längere Zeit als bis zur Beendigung der Hauptversammlung bestellt werden, die über die Entlastung für das vierte Geschäftsjahr nach dem Beginn der Amtszeit beschließt. [2]Das Geschäftsjahr, in dem die Amtszeit beginnt, wird nicht mitgerechnet.

(2) Das Amt des Ersatzmitglieds erlischt spätestens mit Ablauf der Amtszeit des weggefallenen Aufsichtsratsmitglieds.

## § 103 Abberufung der Aufsichtsratsmitglieder

(1) [1]Aufsichtsratsmitglieder, die von der Hauptversammlung ohne Bindung an einen Wahlvorschlag gewählt worden sind, können von ihr vor Ablauf der Amtszeit abberufen werden. [2]Der Beschluß bedarf einer Mehrheit, die mindestens drei Viertel der abgegebenen Stimmen umfaßt. [3]Die Satzung kann eine andere Mehrheit und weitere Erfordernisse bestimmen.

(2) [1]Ein Aufsichtsratsmitglied, das aufgrund der Satzung in den Aufsichtsrat entsandt ist, kann von dem Entsendungsberechtigten jederzeit abberufen und durch ein anderes ersetzt werden. [2]Sind die in der Satzung bestimmten Voraussetzungen des Entsendungsrechts weggefallen, so kann die Hauptversammlung das entsandte Mitglied mit einfacher Stimmenmehrheit abberufen.

(3) [1]Das Gericht hat auf Antrag des Aufsichtsrats ein Aufsichtsratsmitglied abzuberufen, wenn in dessen Person ein wichtiger Grund vorliegt. [2]Der Aufsichtsrat beschließt über die Antragstellung mit einfacher Mehrheit. [3]Ist das Aufsichtsratsmitglied aufgrund der Satzung in den Aufsichtsrat entsandt worden, so können

auch Aktionäre, deren Anteile zusammen den zehnten Teil des Grundkapitals oder den Nennbetrag von zwei Millionen Deutsche Mark erreichen, den Antrag stellen. [4]Gegen die Entscheidung ist die sofortige Beschwerde zulässig.

(4) Für die Abberufung der Aufsichtsratsmitglieder, die weder von der Hauptversammlung ohne Bindung an einen Wahlvorschlag gewählt worden sind noch aufgrund der Satzung in den Aufsichtsrat entsandt sind, gelten außer Absatz 3 das Mitbestimmungsgesetz, das Montan-Mitbestimmungsgesetz, das Mitbestimmungsergänzungsgesetz und das Betriebsverfassungsgesetz 1952.

(5) Für die Abberufung eines Ersatzmitglieds gelten die Vorschriften über die Abberufung des Aufsichtsratsmitglieds, für das es bestellt ist.

## § 104 Bestellung durch das Gericht

(1) [1]Gehört dem Aufsichtsrat die zur Beschlußfähigkeit nötige Zahl von Mitgliedern nicht an, so hat ihn das Gericht auf Antrag des Vorstands, eines Aufsichtsratsmitglieds oder eines Aktionärs auf diese Zahl zu ergänzen. [2]Der Vorstand ist verpflichtet, den Antrag unverzüglich zu stellen, es sei denn, daß die rechtzeitige Ergänzung vor der nächsten Aufsichtsratssitzung zu erwarten ist. [3]Hat der Aufsichtsrat auch aus Aufsichtsratsmitgliedern der Arbeitnehmer zu bestehen, so können auch den Antrag stellen

1. der Gesamtbetriebsrat der Gesellschaft oder, wenn in der Gesellschaft nur ein Betriebsrat besteht, der Betriebsrat, sowie, wenn die Gesellschaft herrschendes Unternehmen eines Konzerns ist, der Konzernbetriebsrat,
2. der Gesamtbetriebsrat eines anderen Unternehmens, dessen Arbeitnehmer selbst oder durch Delegierte an der Wahl teilnehmen, oder, wenn in dem anderen Unternehmen nur ein Betriebsrat besteht, der Betriebsrat,
3. mindestens ein Zehntel oder einhundert der Arbeitnehmer, die selbst oder durch Delegierte an der Wahl teilnehmen,
4. Spitzenorganisationen der Gewerkschaften, die das Recht haben, Aufsichtsratsmitglieder der Arbeitnehmer vorzuschlagen,
5. Gewerkschaften, die das Recht haben, Aufsichtsratsmitglieder der Arbeitnehmer vorzuschlagen.

[4]Hat der Aufsichtsrat nach dem Mitbestimmungsgesetz auch aus Aufsichtsratsmitgliedern der Arbeitnehmer zu bestehen, so sind außer den nach Satz 3 Antragsberechtigten auch je ein Zehntel der wahlberechtigten Arbeiter, der wahlberechtigten in § 3 Abs. 3 Nr. 1 des Mitbestimmungsgesetzes bezeichneten Angestellten oder der wahlberechtigten leitenden Angestellten im Sinne des Mitbestimmungsgesetzes antragsberechtigt. [5]Gegen die Entscheidung ist die sofortige Beschwerde zulässig.

(2) [1]Gehören dem Aufsichtsrat länger als drei Monate weniger Mitglieder als die durch Gesetz oder Satzung festgesetzte Zahl an, so hat ihn das Gericht auf Antrag auf diese Zahl zu ergänzen. [2]In dringenden Fällen hat das Gericht auf Antrag den Aufsichtsrat auch vor Ablauf der Frist zu ergänzen. [3]Das Antragsrecht bestimmt sich nach Absatz 1. [4]Gegen die Entscheidung ist die sofortige Beschwerde zulässig.

(3) Absatz 2 ist auf einen Aufsichtsrat, in dem die Arbeitnehmer ein Mitbestimmungsrecht nach dem Mitbestimmungsgesetz, dem Montan-Mitbestimmungsgesetz oder dem Mitbestimmungsergänzungsgesetz haben, mit der Maßgabe anzuwenden,
1. daß das Gericht den Aufsichtsrat hinsichtlich des weiteren Mitglieds, das nach dem Montan-Mitbestimmungsgesetz oder dem Mitbestimmungsergän-

zungsgesetz auf Vorschlag der übrigen Aufsichtsratsmitglieder gewählt wird, nicht ergänzen kann,

2. daß es stets ein dringender Fall ist, wenn dem Aufsichtsrat, abgesehen von dem in Nummer 1 genannten weiteren Mitglied, nicht alle Mitglieder angehören, aus denen er nach Gesetz oder Satzung zu bestehen hat.

(4) [1]Hat der Aufsichtsrat auch aus Aufsichtsratsmitgliedern der Arbeitnehmer zu bestehen, so hat das Gericht ihn so zu ergänzen, daß das für seine Zusammensetzung maßgebende zahlenmäßige Verhältnis hergestellt wird. [2]Wenn der Aufsichtsrat zur Herstellung seiner Beschlußfähigkeit ergänzt wird, gilt dies nur, soweit die zur Beschlußfähigkeit nötige Zahl der Aufsichtsratsmitglieder die Wahrung dieses Verhältnisses möglich macht. [3]Ist ein Aufsichtsratsmitglied zu ersetzen, das nach Gesetz oder Satzung in persönlicher Hinsicht besonderen Voraussetzungen entsprechen muß, so muß auch das vom Gericht bestellte Aufsichtsratsmitglied diesen Voraussetzungen entsprechen. [4]Ist ein Aufsichtsratsmitglied zu ersetzen, bei dessen Wahl eine Spitzenorganisation der Gewerkschaften, eine Gewerkschaft oder die Betriebsräte ein Vorschlagsrecht hätten, so soll das Gericht Vorschläge dieser Stellen berücksichtigen, soweit nicht überwiegende Belange der Gesellschaft oder der Allgemeinheit der Bestellung des Vorgeschlagenen entgegenstehen; das gleiche gilt, wenn das Aufsichtsratsmitglied durch Delegierte zu wählen wäre, für gemeinsame Vorschläge der Betriebsräte der Unternehmen, in denen Delegierte zu wählen sind.

(5) Das Amt des gerichtlich bestellten Aufsichtsratsmitglieds erlischt in jedem Fall, sobald der Mangel behoben ist.

(6) [1]Das gerichtliche Aufsichtsratsmitglied hat Anspruch auf Ersatz angemessener barer Auslagen und, wenn den Aufsichtsratsmitgliedern der Gesellschaft eine Vergütung gewährt wird, auf Vergütung für seine Tätigkeit. [2]Auf Antrag des Aufsichtsratsmitglieds setzt das Gericht die Auslagen und die Vergütung fest. [3]Gegen die Entscheidung ist die sofortige Beschwerde zulässig. [4]Die weitere Beschwerde ist ausgeschlossen. [5]Aus der rechtskräftigen Entscheidung findet die Zwangsvollstreckung nach der Zivilprozeßordnung statt.

## § 105 Unvereinbarkeit der Zugehörigkeit zum Vorstand und zum Aufsichtsrat

(1) Ein Aufsichtsratsmitglied kann nicht zugleich Vorstandsmitglied, dauernd Stellvertreter von Vorstandsmitgliedern, Prokurist oder zum gesamten Geschäftsbetrieb ermächtigter Handlungsbevollmächtigter der Gesellschaft sein.

(2) [1]Nur für einen im voraus begrenzten Zeitraum, höchstens für ein Jahr, kann der Aufsichtsrat einzelne seiner Mitglieder zu Stellvertretern von fehlenden oder behinderten Vorstandsmitgliedern bestellen. [2]Eine wiederholte Bestellung oder Verlängerung der Amtszeit ist zulässig, wenn dadurch die Amtszeit insgesamt ein Jahr nicht übersteigt. [3]Während ihrer Amtszeit als Stellvertreter von Vorstandsmitgliedern können die Aufsichtsratsmitglieder keine Tätigkeit als Aufsichtsratsmitglied ausüben. [4]Das Wettbewerbsverbot des § 88 gilt für sie nicht.

## § 106 Bekanntmachung der Änderungen im Aufsichtsrat

Der Vorstand hat jeden Wechsel der Aufsichtsratsmitglieder unverzüglich in den Gesellschaftsblättern bekanntzumachen und die Bekanntmachung zum Handelsregister einzureichen.

## § 107 Innere Ordnung des Aufsichtsrats

(1) [1]Der Aufsichtsrat hat nach näherer Bestimmung der Satzung aus seiner Mitte einen Vorsitzenden und mindestens einen Stellvertreter zu wählen. [2]Der Vorstand hat zum Handelsregister anzumelden, wer gewählt ist. [3]Der Stellvertreter hat nur dann die Rechte und Pflichten des Vorsitzenden, wenn dieser behindert ist.

(2) [1]Über die Sitzungen des Aufsichtsrats ist eine Niederschrift anzufertigen, die der Vorsitzende zu unterzeichnen hat. [2]In der Niederschrift sind der Ort und der Tag der Sitzung, die Teilnehmer, die Gegenstände der Tagesordnung, der wesentliche Inhalt der Verhandlungen und die Beschlüsse des Aufsichtsrats anzugeben. [3]Ein Verstoß gegen Satz 1 oder Satz 2 macht einen Beschluß nicht unwirksam. [4]Jedem Mitglied des Aufsichtsrats ist auf Verlangen eine Abschrift der Sitzungsniederschrift auszuhändigen.

(3) [1]Der Aufsichtsrat kann aus seiner Mitte einen oder mehrere Ausschüsse bestellen, namentlich, um seine Verhandlungen und Beschlüsse vorzubereiten oder die Ausführung seiner Beschlüsse zu überwachen. [2]Die Aufgaben nach Absatz 1 Satz 1, § 59 Abs. 3, § 77 Abs. 2 Satz 1, § 84 Abs. 1 Satz 1 und 3, Abs. 2 und Abs. 3 Satz 1, § 111 Abs. 3, §§ 171, 314 Abs. 2 und 3 sowie Beschlüsse, daß bestimmte Arten von Geschäften nur mit Zustimmung des Aufsichtsrats vorgenommen werden dürfen, können einem Ausschuß nicht an Stelle des Aufsichtsrats zur Beschlußfassung überwiesen werden.

## § 108 Beschlußfassung des Aufsichtsrats

(1) Der Aufsichtsrat entscheidet durch Beschluß.

(2) [1]Die Beschlußfähigkeit des Aufsichtsrats kann, soweit sie nicht gesetzlich geregelt ist, durch die Satzung bestimmt werden. [2]Ist sie weder gesetzlich noch durch die Satzung geregelt, so ist der Aufsichtsrat nur beschlußfähig, wenn mindestens die Hälfte der Mitglieder, aus denen er nach Gesetz oder Satzung insgesamt zu bestehen hat, an der Beschlußfassung teilnimmt. [3]In jedem Fall müssen mindestens drei Mitglieder an der Beschlußfassung teilnehmen. [4]Der Beschlußfähigkeit steht nicht entgegen, daß dem Aufsichtsrat weniger Mitglieder als die durch Gesetz oder Satzung festgesetzte Zahl angehören, auch wenn das für seine Zusammensetzung maßgebende zahlenmäßige Verhältnis nicht gewahrt ist.

(3) [1]Abwesende Aufsichtsratsmitglieder können dadurch an der Beschlußfassung des Aufsichtsrats und seiner Ausschüsse teilnehmen, daß sie schriftliche Stimmabgaben überreichen lassen. [2]Die schriftlichen Stimmabgaben können durch andere Aufsichtsratsmitglieder überreicht werden. [3]Sie können auch durch Personen, die nicht dem Aufsichtsrat angehören, übergeben werden, wenn diese nach § 109 Abs. 3 zur Teilnahme an der Sitzung berechtigt sind.

(4) Schriftliche, telegrafische oder fernmündliche Beschlußfassungen des Aufsichtsrats oder eines Ausschusses sind nur zulässig, wenn kein Mitglied diesem Verfahren widerspricht.

## § 109 Teilnahme an Sitzungen des Aufsichtsrats und seiner Ausschüsse

(1) [1]An Sitzungen des Aufsichtsrats und seiner Ausschüsse sollen Personen, die weder dem Aufsichtsrat noch dem Vorstand angehören, nicht teilnehmen. [2]Sachverständige und Auskunftspersonen können zur Beratung über einzelne Gegenstände zugezogen werden.

(2) Aufsichtsratsmitglieder, die dem Ausschuß nicht angehören, können an den Ausschußsitzungen teilnehmen, wenn der Vorsitzende des Aufsichtsrats nichts anderes bestimmt.

(3) Die Satzung kann zulassen, daß an den Sitzungen des Aufsichtsrats und seiner Ausschüsse Personen, die dem Aufsichtsrat nicht angehören, an Stelle von verhinderten Aufsichtsratsmitgliedern teilnehmen können, wenn diese sie hierzu schriftlich ermächtigt haben.

(4) Abweichende gesetzliche Vorschriften bleiben unberührt.

## § 110 Einberufung des Aufsichtsrats

(1) [1]Jedes Aufsichtsratsmitglied oder der Vorstand kann unter Angabe des Zwecks und der Gründe verlangen, daß der Vorsitzende des Aufsichtsrats unverzüglich den Aufsichtsrat einberuft. [2]Die Sitzung muß binnen zwei Wochen nach der Einberufung stattfinden.

(2) Wird einem Verlangen, das von mindestens zwei Aufsichtsratsmitgliedern oder vom Vorstand geäußert ist, nicht entsprochen, so können die Antragsteller unter Mitteilung des Sachverhalts selbst den Aufsichtsrat einberufen.

(3) Der Aufsichtsrat soll in der Regel einmal im Kalendervierteljahr, er muß einmal im Kalenderhalbjahr einberufen werden.

## § 111 Aufgaben und Rechte des Aufsichtsrats

(1) Der Aufsichtsrat hat die Geschäftsführung zu überwachen.

(2) [1]Der Aufsichtsrat kann die Bücher und Schriften der Gesellschaft sowie die Vermögensgegenstände, namentlich die Gesellschaftskasse und die Bestände an Wertpapieren und Waren, einsehen und prüfen. [2]Er kann damit auch einzelne Mitglieder oder für bestimmte Aufgaben besondere Sachverständige beauftragen.

(3) [1]Der Aufsichtsrat hat eine Hauptversammlung einzuberufen, wenn das Wohl der Gesellschaft es fordert. [2]Für den Beschluß genügt die einfache Mehrheit.

(4) [1]Maßnahmen der Geschäftsführung können dem Aufsichtsrat nicht übertragen werden. [2]Die Satzung oder der Aufsichtsrat kann jedoch bestimmen, daß bestimmte Arten von Geschäften nur mit seiner Zustimmung vorgenommen werden dürfen. [3]Verweigert der Aufsichtsrat seine Zustimmung, so kann der Vorstand verlangen, daß die Hauptversammlung über die Zustimmung beschließt. [4]Der Beschluß, durch den die Hauptversammlung zustimmt, bedarf einer Mehrheit, die mindestens drei Viertel der abgegebenen Stimmen umfaßt. [5]Die Satzung kann weder eine andere Mehrheit noch weitere Erfordernisse bestimmen.

(5) Die Aufsichtsratsmitglieder können ihre Aufgaben nicht durch andere wahrnehmen lassen.

## § 112 Vertretung der Gesellschaft gegenüber Vorstandsmitgliedern

Vorstandsmitgliedern gegenüber vertritt der Aufsichtsrat die Gesellschaft gerichtlich und außergerichtlich.

## § 113 Vergütung der Aufsichtsratsmitglieder

(1) [1]Den Aufsichtsratsmitgliedern kann für ihre Tätigkeit eine Vergütung gewährt werden. [2]Sie kann in der Satzung festgesetzt oder von der Hauptver-

sammlung bewilligt werden. ³Sie soll in einem angemessenen Verhältnis zu den Aufgaben der Aufsichtsratsmitglieder und zur Lage der Gesellschaft stehen. ⁴Ist die Vergütung in der Satzung festgesetzt, so kann die Hauptversammlung eine Satzungsänderung, durch welche die Vergütung herabgesetzt wird, mit einfacher Stimmenmehrheit beschließen.

(2) ¹Den Mitgliedern des ersten Aufsichtsrats kann nur die Hauptversammlung eine Vergütung für ihre Tätigkeit bewilligen. ²Der Beschluß kann erst in der Hauptversammlung gefaßt werden, die über die Entlastung der Mitglieder des ersten Aufsichtsrats beschließt.

(3) ¹Wird den Aufsichtsratsmitgliedern ein Anteil am Jahresgewinn der Gesellschaft gewährt, so berechnet sich der Anteil nach dem Bilanzgewinn, vermindert um einen Betrag von mindestens vier vom Hundert der auf den Nennbetrag der Aktien geleisteten Einlagen. ²Entgegenstehende Festsetzungen sind nichtig.

### § 114 Verträge mit Aufsichtsratsmitgliedern

(1) Verpflichtet sich ein Aufsichtsratsmitglied außerhalb seiner Tätigkeit im Aufsichtsrat durch einen Dienstvertrag, durch den ein Arbeitsverhältnis nicht begründet wird, oder durch einen Werkvertrag gegenüber der Gesellschaft zu einer Tätigkeit höherer Art, so hängt die Wirksamkeit des Vertrags von der Zustimmung des Aufsichtsrats ab.

(2) ¹Gewährt die Gesellschaft aufgrund eines solchen Vertrags dem Aufsichtsratsmitglied eine Vergütung, ohne daß der Aufsichtsrat dem Vertrag zugestimmt hat, so hat das Aufsichtsratsmitglied die Vergütung zurückzugewähren, es sei denn, daß der Aufsichtsrat den Vertrag genehmigt. ²Ein Anspruch des Aufsichtsratsmitglieds gegen die Gesellschaft auf Herausgabe der durch die geleistete Tätigkeit erlangten Bereicherung bleibt unberührt; der Anspruch kann jedoch nicht gegen den Rückgewähranspruch aufgerechnet werden.

### § 115 Kreditgewährung an Aufsichtsratsmitglieder

(1) ¹Die Gesellschaft darf ihren Aufsichtsratsmitgliedern Kredit nur mit Einwilligung des Aufsichtsrats gewähren. ²Eine herrschende Gesellschaft darf Kredite an Aufsichtsratsmitglieder eines abhängigen Unternehmens nur mit Einwilligung ihres Aufsichtsrats, eine abhängige Gesellschaft darf Kredite an Aufsichtsratsmitglieder des herrschenden Unternehmens nur mit Einwilligung des Aufsichtsrats des herrschenden Unternehmens gewähren. ³Die Einwilligung kann nur für bestimmte Kreditgeschäfte oder Arten von Kreditgeschäften und nicht für länger als drei Monate im voraus erteilt werden. ⁴Der Beschluß über die Einwilligung hat die Verzinsung und Rückzahlung des Kredits zu regeln. ⁵Betreibt das Aufsichtsratsmitglied ein Handelsgewerbe als Einzelkaufmann, so ist die Einwilligung nicht erforderlich, wenn der Kredit für die Bezahlung von Waren gewährt wird, welche die Gesellschaft seinem Handelsgeschäft liefert.

(2) Absatz 1 gilt auch für Kredite an den Ehegatten oder an ein minderjähriges Kind eines Aufsichtsratsmitglieds und für Kredite an einen Dritten, der für Rechnung dieser Personen oder für Rechnung eines Aufsichtsratsmitglieds handelt.

(3) ¹Ist ein Aufsichtsratsmitglied zugleich gesetzlicher Vertreter einer anderen juristischen Person oder Gesellschafter einer Personenhandelsgesellschaft, so darf die Gesellschaft der juristischen Person oder der Personenhandelsgesellschaft Kredit nur mit Einwilligung des Aufsichtsrats gewähren; Absatz 1

Satz 3 und 4 gilt sinngemäß. ²Dies gilt nicht, wenn die juristische Person oder die Personenhandelsgesellschaft mit der Gesellschaft verbunden ist oder wenn der Kredit für die Bezahlung von Waren gewährt wird, welche die Gesellschaft der juristischen Person oder der Personenhandelsgesellschaft liefert.

(4) Wird entgegen den Absätzen 1 bis 3 Kredit gewährt, so ist der Kredit ohne Rücksicht auf entgegenstehende Vereinbarungen sofort zurückzugewähren, wenn nicht der Aufsichtsrat nachträglich zustimmt.

(5) Ist die Gesellschaft ein Kreditinstitut, so gelten an Stelle der Absätze 1 bis 4 die Vorschriften des Gesetzes über das Kreditwesen.

## § 116 Sorgfaltspflicht und Verantwortlichkeit der Aufsichtsratsmitglieder

Für die Sorgfaltspflicht und Verantwortlichkeit der Aufsichtsratsmitglieder gilt § 93 über die Sorgfaltspflicht und Verantwortlichkeit der Vorstandsmitglieder sinngemäß.

## Dritter Abschnitt. Benutzung des Einflusses auf die Gesellschaft

## § 117 Schadenersatzpflicht

(1) ¹Wer vorsätzlich unter Benutzung seines Einflusses auf die Gesellschaft ein Mitglied des Vorstands oder des Aufsichtsrats, einen Prokuristen oder einen Handlungsbevollmächtigten dazu bestimmt, zum Schaden der Gesellschaft oder ihrer Aktionäre zu handeln, ist der Gesellschaft zum Ersatz des ihr daraus entstehenden Schadens verpflichtet. ²Er ist auch den Aktionären zum Ersatz des ihnen daraus entstehenden Schadens verpflichtet, soweit sie, abgesehen von einem Schaden, der ihnen durch Schädigung der Gesellschaft zugefügt worden ist, geschädigt worden sind.

(2) ¹Neben ihm haften als Gesamtschuldner die Mitglieder des Vorstands und des Aufsichtsrats, wenn sie unter Verletzung ihrer Pflichten gehandelt haben. ²Ist streitig, ob sie der Sorgfalt eines ordentlichen und gewissenhaften Geschäftsleiters angewandt haben, so trifft sie die Beweislast. ³Der Gesellschaft und auch den Aktionären gegenüber tritt die Ersatzpflicht der Mitglieder des Vorstands und des Aufsichtsrats nicht ein, wenn die Handlung auf einem gesetzmäßigen Beschluß der Hauptversammlung beruht. ⁴Dadurch, daß der Aufsichtsrat die Handlung gebilligt hat, wird die Ersatzpflicht nicht ausgeschlossen.

(3) Neben ihm haftet ferner als Gesamtschuldner, wer durch die schädigende Handlung einen Vorteil erlangt hat, sofern er die Beeinflussung vorsätzlich veranlaßt hat.

(4) Für die Aufhebung der Ersatzpflicht gegenüber der Gesellschaft gilt sinngemäß § 93 Abs. 4 Satz 3 und 4.

(5) ¹Der Ersatzanspruch der Gesellschaft kann auch von den Gläubigern der Gesellschaft geltend gemacht werden, soweit sie von dieser keine Befriedigung erlangen können. ²Den Gläubigern gegenüber wird die Ersatzpflicht weder durch einen Verzicht oder Vergleich der Gesellschaft noch dadurch aufgehoben, daß die Handlung auf einem Beschluß der Hauptversammlung beruht. ³Ist über das Vermögen der Gesellschaft das Konkursverfahren eröffnet, so übt während dessen Dauer der Konkursverwalter das Recht der Gläubiger aus.

(6) Die Ansprüche aus diesen Vorschriften verjähren in fünf Jahren.

(7) Diese Vorschriften gelten nicht, wenn das Mitglied des Vorstands oder des Aufsichtsrats, der Prokurist oder der Handlungsbevollmächtigte durch Ausübung

1. des Stimmrechts in der Hauptversammlung,
2. der Leitungsmacht aufgrund eines Beherrschungsvertrags oder
3. der Leitungsmacht einer Hauptgesellschaft (§ 319), in die die Gesellschaft eingegliedert ist,

zu der schädigenden Handlung bestimmt worden ist.

### Vierter Abschnitt. Hauptversammlung

### Erster Unterabschnitt. Rechte der Hauptversammlung

### § 118 Allgemeines

(1) Die Aktionäre üben ihre Rechte in den Angelegenheiten der Gesellschaft in der Hauptversammlung aus, soweit das Gesetz nichts anderes bestimmt.

(2) Die Mitglieder des Vorstands und des Aufsichtsrats sollen an der Hauptversammlung teilnehmen.

### § 119 Rechte der Hauptversammlung

(1) Die Hauptversammlung beschließt in den im Gesetz und in der Satzung ausdrücklich bestimmten Fällen, namentlich über

1. die Bestellung der Mitglieder des Aufsichtsrats, soweit sie nicht in den Aufsichtsrat zu entsenden oder als Aufsichtsratsmitglieder der Arbeitnehmer nach dem Mitbestimmungsgesetz, dem Mitbestimmungsergänzungsgesetz oder dem Betriebsverfassungsgesetz 1952 zu wählen sind;
2. die Verwendung des Bilanzgewinns;
3. die Entlastung der Mitglieder des Vorstands und des Aufsichtsrats;
4. die Bestellung des Abschlußprüfers;
5. Satzungsänderungen;
6. Maßnahmen der Kapitalbeschaffung und der Kapitalherabsetzung;
7. die Bestellung von Prüfern zur Prüfung von Vorgängen bei der Gründung oder der Geschäftsführung;
8. die Auflösung der Gesellschaft.

(2) Über Fragen der Geschäftsführung kann die Hauptversammlung nur entscheiden, wenn der Vorstand es verlangt.

### § 120 Entlastung

(1) [1]Die Hauptversammlung beschließt alljährlich in den ersten acht Monaten des Geschäftsjahrs über die Entlastung der Mitglieder des Vorstands und über die Entlastung der Mitglieder des Aufsichtsrats. [2]Über die Entlastung eines einzelnen Mitglieds ist gesondert abzustimmen, wenn die Hauptversammlung es beschließt oder eine Minderheit es verlangt, deren Anteile zusammen den zehnten Teil des Grundkapitals oder den Nennbetrag von zwei Millionen Deutsche Mark erreichen.

(2) [1]Durch die Entlastung billigt die Hauptversammlung die Verwaltung der Gesellschaft durch die Mitglieder des Vorstands und des Aufsichtsrats. [2]Die Entlastung enthält keinen Verzicht auf Ersatzansprüche.

(3) [1]Die Verhandlung über die Entlastung soll mit der Verhandlung über die Verwendung des Bilanzgewinns verbunden werden. [2]Der Vorstand hat den

Jahresabschluß, den Lagebericht und den Bericht des Aufsichtsrats der Hauptversammlung vorzulegen. [3]Für die Auslegung dieser Vorlagen und für die Erteilung von Abschriften gilt § 175 Abs. 2 sinngemäß.

## Zweiter Unterabschnitt. Einberufung der Hauptversammlung

### § 121 Allgemeines

(1) Die Hauptversammlung ist in den durch Gesetz oder Satzung bestimmten Fällen sowie dann einzuberufen, wenn das Wohl der Gesellschaft es fordert.

(2) [1]Die Hauptversammlung wird durch den Vorstand einberufen, der darüber mit einfacher Mehrheit beschließt. [2]Personen, die in das Handelsregister als Vorstand eingetragen sind, gelten als befugt. [3]Das auf Gesetz oder Satzung beruhende Recht anderer Personen, die Hauptversammlung einzuberufen, bleibt unberührt.

(3) [1]Die Einberufung ist in den Gesellschaftsblättern bekanntzumachen. [2]Sie muß die Firma, den Sitz der Gesellschaft, Zeit und Ort der Hauptversammlung und die Bedingungen angeben, von denen die Teilnahme an der Hauptversammlung und die Ausübung des Stimmrechts abhängen.

(4) [1]Wenn die Satzung nichts anderes bestimmt, soll die Hauptversammlung am Sitz der Gesellschaft stattfinden. [2]Sind die Aktien der Gesellschaft an einer deutschen Börse zum amtlichen Handel zugelassen, so kann, wenn die Satzung nichts anderes bestimmt, die Hauptversammlung auch am Sitz der Börse stattfinden.

### § 122 Einberufung auf Verlangen einer Minderheit

(1) [1]Die Hauptversammlung ist einzuberufen, wenn Aktionäre, deren Anteile zusammen den zwanzigsten Teil des Grundkapitals erreichen, die Einberufung schriftlich unter Angabe des Zwecks und der Gründe verlangen; das Verlangen ist an den Vorstand zu richten. [2]Die Satzung kann das Recht, die Einberufung der Hauptversammlung zu verlangen, an den Besitz eines geringeren Anteils am Grundkapital knüpfen.

(2) In gleicher Weise können Aktionäre, deren Anteile zusammen den zwanzigsten Teil des Grundkapitals oder den Nennbetrag von einer Million Deutsche Mark erreichen, verlangen, daß Gegenstände zur Beschlußfassung einer Hauptversammlung bekanntgemacht werden.

(3) [1]Wird dem Verlangen nicht entsprochen, so kann das Gericht die Aktionäre, die das Verlangen gestellt haben, ermächtigen, die Hauptversammlung einzuberufen oder den Gegenstand bekanntzumachen. [2]Zugleich kann das Gericht den Vorsitzenden der Versammlung bestimmen. [3]Auf die Ermächtigung muß bei der Einberufung oder Bekanntmachung hingewiesen werden. [4]Gegen die Entscheidung ist die sofortige Beschwerde zulässig.

(4) Die Gesellschaft trägt die Kosten der Hauptversammlung und im Fall des Absatzes 3 auch die Gerichtskosten, wenn das Gericht dem Antrag stattgegeben hat.

### § 123 Einberufungsfrist

(1) Die Hauptversammlung ist mindestens einen Monat vor dem Tage der Versammlung einzuberufen.

(2) [1]Die Satzung kann die Teilnahme an der Hauptversammlung oder die

Ausübung des Stimmrechts davon abhängig machen, daß die Aktien bis zu einem bestimmten Zeitpunkt vor der Versammlung hinterlegt werden, ferner davon, daß sich die Aktionäre vor der Versammlung anmelden. [2]Sieht die Satzung eine solche Bestimmung vor, so tritt für die Berechnung der Einberufungsfrist an die Stelle des Tages der Versammlung der Tag, bis zu dessen Ablauf die Aktien zu hinterlegen sind oder sich die Aktionäre vor der Versammlung anmelden müssen.

(3) [1]Hängt nach der Satzung die Teilnahme an der Hauptversammlung oder die Ausübung des Stimmrechts davon ab, daß die Aktien bis zu einem bestimmten Zeitpunkt vor der Versammlung hinterlegt werden, so genügt es, wenn sie nicht später als am zehnten Tage vor der Versammlung hinterlegt werden. [2]Die Hinterlegung bei einem Notar oder bei einer Wertpapiersammelbank ist ausreichend.

(4) Hängt nach der Satzung die Teilnahme an der Hauptversammlung oder die Ausübung des Stimmrechts davon ab, daß sich die Aktionäre vor der Versammlung anmelden, so genügt es, wenn sie sich nicht später als am dritten Tage vor der Versammlung anmelden.

### § 124 Bekanntmachung der Tagesordnung

(1) [1]Die Tagesordnung der Hauptversammlung ist bei der Einberufung in den Gesellschaftsblättern bekanntzumachen. [2]Hat die Minderheit nach der Einberufung der Hauptversammlung die Bekanntmachung von Gegenständen zur Beschlußfassung der Hauptversammlung verlangt, so genügt es, wenn diese Gegenstände binnen zehn Tagen nach der Einberufung der Hauptversammlung bekanntgemacht werden.

(2) [1]Steht die Wahl von Aufsichtsratsmitgliedern auf der Tagesordnung, so ist in der Bekanntmachung anzugeben, nach welchen gesetzlichen Vorschriften sich der Aufsichtsrat zusammensetzt, und ob die Hauptversammlung an Wahlvorschläge gebunden ist. [2]Soll die Hauptversammlung über eine Satzungsänderung oder über einen Vertrag beschließen, der nur mit Zustimmung der Hauptversammlung wirksam wird, so ist auch der Wortlaut der vorgeschlagenen Satzungsänderung oder der wesentliche Inhalt des Vertrags bekanntzumachen.

(3) [1]Zu jedem Gegenstand der Tagesordnung, über den die Hauptversammlung beschließen soll, haben der Vorstand und der Aufsichtsrat, zur Wahl von Aufsichtsratsmitgliedern und Prüfern nur der Aufsichtsrat, in der Bekanntmachung der Tagesordnung Vorschläge zur Beschlußfassung zu machen. [2]Dies gilt nicht, wenn die Hauptversammlung bei der Wahl von Aufsichtsratsmitgliedern nach § 6 des Montan-Mitbestimmungsgesetzes an Wahlvorschläge gebunden ist, oder wenn der Gegenstand der Beschlußfassung auf Verlangen einer Minderheit auf die Tagesordnung gesetzt worden ist. [3]Der Vorschlag zur Wahl von Aufsichtsratsmitgliedern oder Prüfern hat deren Namen, Beruf und Wohnort anzugeben. [4]Hat der Aufsichtsrat auch aus Aufsichtsratsmitgliedern der Arbeitnehmer zu bestehen, so bedürfen Beschlüsse des Aufsichtsrats über Vorschläge zur Wahl von Aufsichtsratsmitgliedern nur der Mehrheit der Stimmen der Aufsichtsratsmitglieder der Aktionäre; § 8 des Montan-Mitbestimmungsgesetzes bleibt unberührt.

(4) [1]Über Gegenstände der Tagesordnung, die nicht ordnungsgemäß bekanntgemacht sind, dürfen keine Beschlüsse gefaßt werden. [2]Zur Beschlußfassung über den in der Versammlung gestellten Antrag auf Einberufung einer Hauptversammlung, zu Anträgen, die zu Gegenständen der Tagesordnung ge-

stellt werden, und zu Verhandlungen ohne Beschlußfassung bedarf es keiner Bekanntmachung.

## § 125 Mitteilungen für die Aktionäre und an Aufsichtsratsmitglieder

(1) Der Vorstand hat binnen zwölf Tagen nach der Bekanntmachung der Einberufung der Hauptversammlung im Bundesanzeiger den Kreditinstituten und den Vereinigungen von Aktionären, die in der letzten Hauptversammlung Stimmrechte für Aktionäre ausgeübt oder die die Mitteilung verlangt haben, die Einberufung der Hauptversammlung, die Bekanntmachung der Tagesordnung und etwaige Anträge und Wahlvorschläge von Aktionären einschließlich des Namens des Aktionärs, der Begründung und einer etwaigen Stellungnahme der Verwaltung mitzuteilen.

(2) Die gleiche Mitteilung hat der Vorstand den Aktionären zu übersenden, die
1. eine Aktie bei der Gesellschaft hinterlegt haben,
2. es nach der Bekanntmachung der Einberufung der Hauptversammlung im Bundesanzeiger verlangen oder
3. als Aktionär im Aktienbuch der Gesellschaft eingetragen sind und deren Stimmrechte in der letzten Hauptversammlung nicht durch ein Kreditinstitut ausgeübt worden sind.

(3) Jedes Aufsichtsratsmitglied kann verlangen, daß ihm der Vorstand die gleichen Mitteilungen übersendet.

(4) Jeder Aktionär, der eine Aktie bei der Gesellschaft hinterlegt oder als Aktionär im Aktienbuch der Gesellschaft eingetragen ist, und jedes Aufsichtsratsmitglied kann verlangen, daß der Vorstand ihm die in der Hauptversammlung gefaßten Beschlüsse schriftlich mitteilt.

## § 126 Anträge von Aktionären

(1) Anträge von Aktionären brauchen nach § 125 nur mitgeteilt zu werden, wenn der Aktionär binnen einer Woche nach der Bekanntmachung der Einberufung der Hauptversammlung im Bundesanzeiger der Gesellschaft einen Gegenantrag mit Begründung übersandt und dabei mitgeteilt hat, er wolle in der Versammlung einem Vorschlag des Vorstands und des Aufsichtsrats widersprechen und die anderen Aktionäre veranlassen, für seinen Gegenantrag zu stimmen.

(2) [1]Ein Gegenantrag und dessen Begründung brauchen nicht mitgeteilt zu werden,
1. soweit sich der Vorstand durch die Mitteilung strafbar machen würde.
2. wenn der Gegenantrag zu einem gesetz- oder satzungswidrigen Beschluß der Hauptversammlung führen würde,
3. wenn die Begründung in wesentlichen Punkten offensichtlich falsche oder irreführende Angaben oder wenn sie Beleidigungen enthält,
4. wenn ein auf denselben Sachverhalt gestützter Gegenantrag des Aktionärs bereits zu einer Hauptversammlung der Gesellschaft nach § 125 mitgeteilt worden ist,
5. wenn derselbe Gegenantrag des Aktionärs mit wesentlich gleicher Begründung in den letzten fünf Jahren bereits zu mindestens zwei Hauptversammlungen der Gesellschaft nach § 125 mitgeteilt worden ist und in der Hauptversammlung weniger als der zwanzigste Teil des vertretenen Grundkapitals für ihn gestimmt hat,
6. wenn der Aktionär zu erkennen gibt, daß er an der Hauptversammlung nicht teilnehmen und sich nicht vertreten lassen wird, oder

7. wenn der Aktionär in den letzten zwei Jahren in zwei Hauptversammlungen einen von ihm mitgeteilten Gegenantrag nicht gestellt hat oder nicht hat stellen lassen.

[2]Die Begründung braucht nicht mitgeteilt zu werden, wenn sie insgesamt mehr als einhundert Worte beträgt.

(3) Stellen mehrere Aktionäre zu demselben Gegenstand der Beschlußfassung Gegenanträge, so kann der Vorstand die Gegenanträge und ihre Begründungen zusammenfassen.

## § 127 Wahlvorschläge von Aktionären

[1]Für den Vorschlag eines Aktionärs zur Wahl von Aufsichtsratsmitgliedern oder von Abschlußprüfern gilt § 126 sinngemäß. [2]Der Wahlvorschlag braucht nicht begründet zu werden. [3]Der Vorstand braucht den Wahlvorschlag auch dann nicht mitzuteilen, wenn der Vorschlag nicht die Angaben nach § 124 Abs. 3 Satz 3 enthält.

## § 128 Weitergabe der Mitteilungen durch Kreditinstitute und Vereinigungen von Aktionären

(1) Verwahrt ein Kreditinstitut für Aktionäre Aktien der Gesellschaft, so hat es die Mitteilungen nach § 125 Abs. 1 unverzüglich an sie weiterzugeben.

(2) [1]Beabsichtigt das Kreditinstitut, in der Hauptversammlung das Stimmrecht für Aktionäre auszuüben oder ausüben zu lassen, so hat es dem Aktionär außerdem eigene Vorschläge für die Ausübung des Stimmrechts zu den einzelnen Gegenständen der Tagesordnung mitzuteilen. [2]Bei den Vorschlägen hat sich das Kreditinstitut vom Interesse des Aktionärs leiten zu lassen. [3]Das Kreditinstitut hat den Aktionär ferner um Erteilung von Weisungen für die Ausübung des Stimmrechts zu bitten und darauf hinzuweisen, daß es, wenn der Aktionär nicht rechtzeitig eine andere Weisung erteilt, das Stimmrecht entsprechend seinen nach Satz 1 mitgeteilten Vorschlägen ausüben werde. [4]Das Kreditinstitut hat der Bitte um Erteilung von Weisungen ein Formblatt beizufügen, durch dessen Ausfüllung der Aktionär Weisungen für die Ausübung des Stimmrechts zu den einzelnen Gegenständen der Tagesordnung erteilen kann. [5]Gehört ein Vorstandsmitglied des Kreditinstituts dem Aufsichtsrat der Gesellschaft oder ein Vorstandsmitglied der Gesellschaft dem Aufsichtsrat des Kreditinstituts an, so hat das Kreditinstitut auch dies mitzuteilen.

(3) Soweit ein Aktionär nach Einberufung der Hauptversammlung dem Kreditinstitut zu den einzelnen Gegenständen der Tagesordnung schriftlich Weisungen für die Ausübung des Stimmrechts erteilt hat, braucht das Kreditinstitut keine eigenen Vorschläge nach Absatz 2 mitzuteilen und den Aktionär nicht um Erteilung von Weisungen zu bitten.

(4) Die Verpflichtung des Kreditinstituts zum Ersatz eines aus der Verletzung der Absätze 1 und 2 entstehenden Schadens kann im voraus weder ausgeschlossen noch beschränkt werden.

(5) [1]Gehören einer Vereinigung von Aktionären Aktionäre der Gesellschaft als Mitglieder an, so hat die Vereinigung die Mitteilungen nach § 125 Abs. 1 an diese Mitglieder auf deren Verlangen unverzüglich weiterzugeben. [2]Im übrigen gelten die Absätze 2 bis 4 für Vereinigungen von Aktionären entsprechend.

(6) [1]Der Bundesminister der Justiz wird ermächtigt, im Einvernehmen mit dem Bundesminister für Wirtschaft durch Rechtsverordnung

1. ein Formblatt für die Erteilung von Weisungen durch den Aktionär vorzu-schreiben, das die Kreditinstitute und die Vereinigungen von Aktionären ih-rer Bitte um Weisungen nach Absatz 2 Satz 3 beizufügen haben,
2. vorzuschreiben, daß die Gesellschaft den Kreditinstituten und den Vereini-gungen von Aktionären die Aufwendungen für die Vervielfältigung der Mit-teilungen und für ihre Übersendung an die Aktionäre oder an ihre Mitglie-der zu ersetzen hat. ²Zur Abgeltung der Aufwendungen kann für jedes Schreiben nach Absatz 1 ein Pauschbetrag festgesetzt werden.
³Die Rechtsverordnung bedarf nicht der Zustimmung des Bundesrats.

## Dritter Unterabschnitt. Verhandlungsniederschrift. Auskunftsrecht

### § 129 Verzeichnis der Teilnehmer

(1) In der Hauptversammlung ist ein Verzeichnis der erschienenen oder ver-tretenen Aktionäre und der Vertreter von Aktionären mit Angabe ihres Na-mens und Wohnorts sowie des Betrags der von jedem vertretenen Aktien unter Angabe ihrer Gattung aufzustellen.

(2) ¹Sind einem Kreditinstitut oder einer in § 135 Abs. 9 bezeichneten Per-son Vollmachten zur Ausübung des Stimmrechts erteilt worden und übt der Bevollmächtigte das Stimmrecht im Namen dessen, den es angeht, aus, so sind der Betrag und die Gattung der Aktien, für die ihm Vollmachten erteilt wor-den sind, zur Aufnahme in das Verzeichnis gesondert anzugeben. ²Die Namen der Aktionäre, welche Vollmachten erteilt haben, brauchen nicht angegeben zu werden.

(3) ¹Wer von einem Aktionär ermächtigt ist, im eigenen Namen das Stimm-recht für Aktien auszuüben, die ihm nicht gehören, hat den Betrag und die Gattung dieser Aktien zur Aufnahme in das Verzeichnis gesondert anzugeben. ²Dies gilt auch für Namensaktien, als deren Aktionär der Ermächtigte im Ak-tienbuch eingetragen ist.

(4) ¹Das Verzeichnis ist vor der ersten Abstimmung zur Einsicht für alle Teilnehmer auszulegen. ²Es ist vom Vorsitzenden zu unterzeichnen.

### § 130 Niederschrift

(1) ¹Jeder Beschluß der Hauptversammlung ist durch eine über die Ver-handlung notariell aufgenommene Niederschrift zu beurkunden. ²Gleiches gilt für jedes Verlangen einer Minderheit nach § 120 Abs. 1 Satz 2, §§ 137 und 147 Abs. 1.

(2) In der Niederschrift sind der Ort und der Tag der Verhandlung, der Na-me des Notars sowie die Art und das Ergebnis der Abstimmung und die Fest-stellung des Vorsitzenden über die Beschlußfassung anzugeben.

(3) ¹Das Verzeichnis der Teilnehmer an der Versammlung sowie die Belege über die Einberufung sind der Niederschrift als Anlagen beizufügen. ²Die Be-lege über die Einberufung brauchen nicht beigefügt zu werden, wenn sie unter Angabe ihres Inhalts in der Niederschrift aufgeführt werden.

(4) ¹Die Niederschrift ist von dem Notar zu unterschreiben. ²Die Zuziehung von Zeugen ist nicht nötig.

(5) Unverzüglich nach der Versammlung hat der Vorstand eine öffentlich beglaubigte Abschrift der Niederschrift und ihrer Anlagen zum Handelsregi-ster einzureichen.

## § 131 Auskunftsrecht des Aktionärs

(1) ¹Jedem Aktionär ist auf Verlangen in der Hauptversammlung vom Vorstand Auskunft über Angelegenheiten der Gesellschaft zu geben, soweit sie zur sachgemäßen Beurteilung des Gegenstands der Tagesordnung erforderlich ist. ²Die Auskunftspflicht erstreckt sich auch auf die rechtlichen und geschäftlichen Beziehungen der Gesellschaft zu einem verbundenen Unternehmen. ³Macht eine Gesellschaft von den Erleichterungen nach § 266 Abs. 1 Satz 3, § 276 oder § 288 des Handelsgesetzbuchs Gebrauch, so kann jeder Aktionär verlangen, daß ihm in der Hauptversammlung über den Jahresabschluß der Jahresabschluß in der Form vorgelegt wird, die er ohne Anwendung dieser Vorschriften hätte.

(2) Die Auskunft hat den Grundsätzen einer gewissenhaften und getreuen Rechenschaft zu entsprechen.

(3) ¹Der Vorstand darf die Auskunft verweigern,
1. soweit die Erteilung der Auskunft nach vernünftiger kaufmännischer Beurteilung geeignet ist, der Gesellschaft oder einem verbundenen Unternehmen einen nicht unerheblichen Nachteil zuzufügen;
2. soweit sie sich auf steuerliche Wertansätze oder die Höhe einzelner Steuern bezieht;
3. über den Unterschied zwischen dem Wert, mit dem Gegenstände in der Jahresbilanz angesetzt worden sind, und einem höheren Wert dieser Gegenstände, es sei denn, daß die Hauptversammlung den Jahresabschluß feststellt;
4. über die Bilanzierungs- und Bewertungsmethoden, soweit die Angabe dieser Methoden im Anhang ausreicht, um ein den tatsächlichen Verhältnissen entsprechendes Bild der Vermögens-, Finanz- und Ertragslage der Gesellschaft im Sinne des § 264 Abs. 2 des Handelsgesetzbuchs zu vermitteln; dies gilt nicht, wenn die Hauptversammlung den Jahresabschluß feststellt;
5. soweit sich der Vorstand durch die Erteilung der Auskunft strafbar machen würde;
6. soweit bei einem Kreditinstitut Angaben über angewandte Bilanzierungs- und Bewertungsmethoden sowie vorgenommene Verrechnungen im Jahresabschluß, Lagebericht, Konzernabschluß oder Konzernlagebericht nicht gemacht zu werden brauchen.\*
²Aus anderen Gründen darf die Auskunft nicht verweigert werden.

(4) ¹Ist einem Aktionär wegen seiner Eigenschaft als Aktionär eine Auskunft außerhalb der Hauptversammlung gegeben worden, so ist sie jedem anderen Aktionär auf dessen Verlangen in der Hauptversammlung zu geben, auch wenn sie zur sachgemäßen Beurteilung des Gegenstands der Tagesordnung nicht erforderlich ist. ²Der Vorstand darf die Auskunft nicht nach Absatz 3 Satz 1 Nr. 1 bis 4 verweigern. ³Sätze 1 und 2 gelten nicht, wenn ein Tochterunternehmen (§ 290 Abs. 1, 2 des Handelsgesetzbuchs), ein Gemeinschaftsunternehmen (§ 310 Abs. 1 des Handelsgesetzbuchs) oder ein assoziiertes Unternehmen (§ 311 Abs. 1 des Handelsgesetzbuchs) die Auskunft einem Mutterunternehmen (§ 290 Abs. 1, 2 des Handelsgesetzbuchs) zum Zwecke der Einbeziehung der Gesellschaft in den Konzernabschluß des Mutterunternehmens erteilt und die Auskunft für diesen Zweck benötigt wird.\*

(5) Wird einem Aktionär eine Auskunft verweigert, so kann er verlangen, daß seine Frage und der Grund, aus dem die Auskunft verweigert worden ist, in die Niederschrift über die Verhandlung aufgenommen werden.

---

\* § 131 Abs. 3 Satz 1 Nr. 5, Abs. 4 Satz 3 eingefügt durch das Bankbilanzrichtlinie-Gesetz; zur Anwendung s. Art. 30 und 31 EGHGB.

### § 132 Gerichtliche Entscheidung über das Auskunftsrecht

(1) [1]Ob der Vorstand die Auskunft zu geben hat, entscheidet auf Antrag ausschließlich das Landgericht, in dessen Bezirk die Gesellschaft ihren Sitz hat. [2]Ist bei dem Landgericht eine Kammer für Handelssachen gebildet, so entscheidet diese an Stelle der Zivilkammer. [3]Die Landesregierung kann die Entscheidung durch Rechtsverordnung für die Bezirke mehrerer Landgerichte einem der Landgerichte übertragen, wenn dies der Sicherung einer einheitlichen Rechtsprechung dient. [4]Die Landesregierung kann die Ermächtigung auf die Landesjustizverwaltung übertragen.

(2) [1]Antragsberechtigt ist jeder Aktionär, dem die verlangte Auskunft nicht gegeben worden ist, und, wenn über den Gegenstand der Tagesordnung, auf den sich die Auskunft bezog, Beschluß gefaßt worden ist, jeder in der Hauptversammlung erschienene Aktionär, der in der Hauptversammlung Widerspruch zur Niederschrift erklärt hat. [2]Der Antrag ist binnen zwei Wochen nach der Hauptversammlung zu stellen, in der die Auskunft abgelehnt worden ist.

(3) [1]§ 99 Abs. 1, Abs. 3 Satz 1, 2, 4 bis 9 und Abs. 5 Satz 1 und 3 gilt sinngemäß. [2]Die sofortige Beschwerde findet nur statt, wenn das Landgericht sie in der Entscheidung für zulässig erklärt. [3]Es soll sie nur zulassen, wenn dadurch die Klärung einer Rechtsfrage von grundsätzlicher Bedeutung zu erwarten ist.

(4) [1]Wird dem Antrag stattgegeben, so ist die Auskunft auch außerhalb der Hauptversammlung zu geben. [2]Aus der Entscheidung findet die Zwangsvollstreckung nach den Vorschriften der Zivilprozeßordnung statt.

(5) [1]Für die Kosten des Verfahrens gilt die Kostenordnung. [2]Für das Verfahren des ersten Rechtszugs wird das Doppelte der vollen Gebühr erhoben. [3]Für den zweiten Rechtszug wird die gleiche Gebühr erhoben; dies gilt auch dann, wenn die Beschwerde Erfolg hat. [4]Wird der Antrag oder die Beschwerde zurückgenommen, bevor es zu einer Entscheidung oder einer vom Gericht vermittelten Einigung kommt, so ermäßigt sich die Gebühr auf die Hälfte. [5]Der Geschäftswert ist von Amts wegen festzusetzen. [6]Er bestimmt sich nach § 30 Abs. 2 der Kostenordnung mit der Maßgabe, daß der Wert regelmäßig auf zehntausend Deutsche Mark anzunehmen ist. [7]Das mit dem Verfahren befaßte Gericht bestimmt nach billigem Ermessen, welchem Beteiligten die Kosten des Verfahrens aufzuerlegen sind.

## Vierter Unterabschnitt. Stimmrecht

### § 133 Grundsatz der einfachen Stimmenmehrheit

(1) Die Beschlüsse der Hauptversammlung bedürfen der Mehrheit der abgegebenen Stimmen (einfache Stimmenmehrheit), soweit nicht Gesetz oder Satzung eine größere Mehrheit oder weitere Erfordernisse bestimmen.

(2) Für Wahlen kann die Satzung andere Bestimmungen treffen.

### § 134 Stimmrecht

(1) [1]Das Stimmrecht wird nach Aktiennennbeträgen ausgeübt. [2]Für den Fall, daß einem Aktionär mehrere Aktien gehören, kann die Satzung das Stimmrecht durch Festsetzung eines Höchstbetrags oder von Abstufungen beschränken. [3]Die Satzung kann außerdem bestimmen, daß zu den Aktien, die dem Aktionär gehören, auch die Aktien rechnen, die einem anderen für seine Rechnung gehören. [4]Für den Fall, daß der Aktionär ein Unternehmen ist,

kann sie ferner bestimmen, daß zu den Aktien, die ihm gehören, auch die Aktien rechnen, die einem von ihm abhängigen oder ihn beherrschenden oder einem mit ihm konzernverbundenen Unternehmen oder für Rechnung solcher Unternehmen einem Dritten gehören. [5]Die Beschränkungen können nicht für einzelne Aktionäre angeordnet werden. [6]Bei der Berechnung einer nach Gesetz oder Satzung erforderlichen Kapitalmehrheit bleiben die Beschränkungen außer Betracht.

(2) [1]Das Stimmrecht beginnt mit der vollständigen Leistung der Einlage. [2]Die Satzung kann bestimmen, daß das Stimmrecht beginnt, wenn auf die Aktie die gesetzliche oder höhere satzungsmäßige Mindesteinlage geleistet ist. [3]In diesem Fall gewährt die Leistung der Mindesteinlage eine Stimme; bei höheren Einlagen richtet sich das Stimmenverhältnis nach der Höhe der geleisteten Einlagen. [4]Bestimmt die Satzung nicht, daß das Stimmrecht vor der vollständigen Leistung der Einlage beginnt, und ist noch auf keine Aktie die Einlage vollständig geleistet, so richtet sich das Stimmenverhältnis nach der Höhe der geleisteten Einlagen; dabei gewährt die Leistung der Mindesteinlage eine Stimme. [5]Bruchteile von Stimmen werden in diesen Fällen nur berücksichtigt, soweit sie für den stimmberechtigten Aktionär volle Stimmen ergeben. [6]Die Satzung kann Bestimmungen nach diesem Absatz nicht für einzelne Aktionäre oder für einzelne Aktiengattungen treffen.

(3) [1]Das Stimmrecht kann durch einen Bevollmächtigten ausgeübt werden. [2]Für die Vollmacht ist die schriftliche Form erforderlich und genügend. [3]Die Vollmachtsurkunde ist der Gesellschaft vorzulegen und bleibt in ihrer Verwahrung.

(4) Die Form der Ausübung des Stimmrechts richtet sich nach der Satzung.

## § 135 Ausübung des Stimmrechts durch Kreditinstitute und geschäftsmäßig Handelnde

(1) [1]Ein Kreditinstitut darf das Stimmrecht für Inhaberaktien, die ihm nicht gehören, nur ausüben oder ausüben lassen, wenn es schriftlich bevollmächtigt ist. [2]In der eigenen Hauptversammlung darf das bevollmächtigte Kreditinstitut das Stimmrecht aufgrund der Vollmacht nur ausüben, soweit der Aktionär eine ausdrückliche Weisung zu den einzelnen Gegenständen der Tagesordnung erteilt hat.

(2) [1]Die Vollmacht darf nur einem bestimmten Kreditinstitut und nur für längstens fünfzehn Monate erteilt werden. [2]Sie ist jederzeit widerruflich. [3]Die Vollmachtsurkunde muß bei der Erteilung der Vollmacht vollständig ausgefüllt sein und darf keine anderen Erklärungen enthalten. [4]Sie soll das Datum der Ausstellung enthalten. [5]Die Frist in Satz 1 beginnt spätestens mit dem Tage der Ausstellung.

(3) [1]Das bevollmächtigte Kreditinstitut darf Personen, die nicht seine Angestellten sind, nur unterbevollmächtigen, wenn die Vollmacht eine Unterbevollmächtigung ausdrücklich gestattet und das bevollmächtigte Kreditinstitut am Ort der Hauptversammlung keine Niederlassung hat. [2]Gleiches gilt für eine Übertragung der Vollmacht durch das bevollmächtigte Kreditinstitut.

(4) [1]Aufgrund der Vollmacht kann das Kreditinstitut das Stimmrecht unter Benennung des Aktionärs in dessen Namen ausüben. [2]Wenn es die Vollmacht bestimmt, kann das Kreditinstitut das Stimmrecht auch im Namen dessen, den es angeht, ausüben. [3]Übt das Kreditinstitut das Stimmrecht unter Benennung des Aktionärs in dessen Namen aus, ist die Vollmachtsurkunde der Gesell-

schaft vorzulegen und von dieser zu verwahren. [4]Übt es das Stimmrecht im Namen dessen, den es angeht, aus, genügt zum Nachweis seiner Stimmberechtigung gegenüber der Gesellschaft die Erfüllung der in der Satzung für die Ausübung des Stimmrechts vorgesehenen Erfordernisse; enthält die Satzung darüber keine Bestimmungen, genügt die Vorlegung der Aktien oder einer Bescheinigung über die Hinterlegung der Aktien bei einem Notar oder einer Wertpapiersammelbank.

(5) Hat der Aktionär dem Kreditinstitut keine Weisung für die Ausübung des Stimmrechts erteilt, so hat das Kredititinstitut das Stimmrecht entsprechend seinen eigenen, den Aktionären nach § 128 Abs. 2 mitgeteilten Vorschlägen auszuüben, es sei denn, daß das Kreditinstitut den Umständen nach annehmen darf, daß der Aktionär bei Kenntnis der Sachlage die abweichende Ausübung des Stimmrechts billigen würde.

(6) Die Wirksamkeit der Stimmabgabe wird durch einen Verstoß gegen Absatz 1 Satz 2, Absätze 2, 3 und 5 nicht beeinträchtigt.

(7) [1]Ein Kreditinstitut darf das Stimmrecht für Namensaktien, die ihm nicht gehören, als deren Aktionär es aber im Aktienbuch eingetragen ist, nur aufgrund einer schriftlichen Ermächtigung, wenn es nicht als deren Aktionär eingetragen ist, nur unter Benennung des Aktionärs in dessen Namen aufgrund einer schriftlichen Vollmacht ausüben. [2]Auf die Ermächtigung oder Vollmacht sind Absatz 1 Satz 2, Absätze 2, 3 und 5, auf die Vollmacht außerdem Absatz 4 Satz 3 anzuwenden. [3]Im übrigen gilt Absatz 6.

(8) Ist das Kreditinstitut bei der Ausübung des Stimmrechts von einer Weisung des Aktionärs oder, wenn der Aktionär keine Weisung erteilt hat, von seinem eigenen, dem Aktionär nach § 128 Abs. 2 mitgeteilten Vorschlag abgewichen, so hat es dies dem Aktionär mitzuteilen und die Gründe anzugeben.

(9) [1]Die Absätze 1 bis 8 gelten sinngemäß für die Ausübung des Stimmrechts durch
1. Vereinigungen von Aktionären,
2. Geschäftsleiter und Angestellte eines Kreditinstituts, wenn die ihnen nicht gehörenden Aktien dem Kreditinstitut zur Verwahrung anvertraut sind,
3. Personen, die sich geschäftsmäßig gegenüber Aktionären zur Ausübung des Stimmrechts in der Hauptversammlung erbieten.
[2]Dies gilt nicht, wenn derjenige, der das Stimmrecht ausüben will, gesetzlicher Vertreter oder Ehegatte des Aktionärs oder mit ihm bis zum vierten Grade verwandt oder verschwägert ist.

(10) [1]Ein Kreditinstitut ist verpflichtet, den Auftrag eines Aktionärs zur Ausübung des Stimmrechts in einer Hauptversammlung anzunehmen, wenn es für den Aktionär Aktien der Gesellschaft verwahrt und sich gegenüber Aktionären der Gesellschaft zur Ausübung des Stimmrechts in derselben Hauptversammlung erboten hat. [2]Die Verpflichtung besteht nicht, wenn das Kreditinstitut am Ort der Hauptversammlung keine Niederlassung hat und der Aktionär die Übertragung der Vollmacht auf oder die Unterbevollmächtigung von Personen, die nicht Angestellte des Kreditinstituts sind, nicht gestattet hat.

(11) Die Verpflichtung des Kreditinstituts zum Ersatz eines aus der Verletzung der Absätze 1 bis 3, 5, 7, 8 oder 10 entstandenen Schadens kann im voraus weder ausgeschlossen noch beschränkt werden.

### § 136 Ausschluß des Stimmrechts

(1) [1]Niemand kann für sich oder für einen anderen das Stimmrecht ausüben, wenn darüber Beschluß gefaßt wird, ob er zu entlasten oder von einer Verbindlichkeit zu befreien ist oder ob die Gesellschaft gegen ihn einen Anspruch geltend machen soll. [2]Für Aktien, aus denen der Aktionär nach Satz 1 das Stimmrecht nicht ausüben kann, kann das Stimmrecht auch nicht durch einen anderen ausgeübt werden.

(2) [1]Ein Vertrag, durch den sich ein Aktionär verpflichtet, nach Weisung der Gesellschaft, des Vorstands oder des Aufsichtsrats der Gesellschaft oder nach Weisung eines abhängigen Unternehmens das Stimmrecht auszuüben, ist nichtig. [2]Ebenso ist ein Vertrag nichtig, durch den sich ein Aktionär verpflichtet, für die jeweiligen Vorschläge des Vorstands oder des Aufsichtsrats der Gesellschaft zu stimmen.

### § 137 Abstimmung für Wahlvorschläge von Aktionären

Hat ein Aktionär einen Vorschlag zur Wahl von Aufsichtsratsmitgliedern nach § 127 gemacht und beantragt er in der Hauptversammlung die Wahl des von ihm vorgeschlagenen, so ist über seinen Antrag vor dem Vorschlag des Aufsichtsrats zu beschließen, wenn es eine Minderheit der Aktionäre verlangt, deren Anteile zusammen den zehnten Teil des vertretenen Grundkapitals erreichen.

## Fünfter Unterabschnitt. Sonderbeschluß

### § 138 Gesonderte Versammlung. Gesonderte Abstimmung

[1]In diesem Gesetz oder in der Satzung vorgeschriebene Sonderbeschlüsse gewisser Aktionäre sind entweder in einer gesonderten Versammlung dieser Aktionäre oder in einer gesonderten Abstimmung zu fassen, soweit das Gesetz nichts anderes bestimmt. [2]Für die Einberufung der gesonderten Versammlung und die Teilnahme an ihr sowie für das Auskunftsrecht gelten die Bestimmungen über die Hauptversammlung, für die Sonderbeschlüsse die Bestimmungen über Hauptversammlungsbeschlüsse sinngemäß. [3]Verlangen Aktionäre, die an der Abstimmung über den Sonderbeschluß teilnehmen können, die Einberufung einer gesonderten Versammlung oder die Bekanntmachung eines Gegenstands zur gesonderten Abstimmung, so genügt es, wenn ihre Anteile, mit denen sie an der Abstimmung über den Sonderbeschluß teilnehmen können, zusammen den zehnten Teil der Anteile erreichen, aus denen bei der Abstimmung über den Sonderbeschluß das Stimmrecht ausgeübt werden kann.

## Sechster Unterabschnitt. Vorzugsaktien ohne Stimmrecht

### § 139 Wesen

(1) Für Aktien, die mit einem nachzuzahlenden Vorzug bei der Verteilung des Gewinns ausgestattet sind, kann das Stimmrecht ausgeschlossen werden (Vorzugsaktien ohne Stimmrecht).

(2) Vorzugsaktien ohne Stimmrecht dürfen nur bis zu einem Gesamtnennbetrag in Höhe des Gesamtnennbetrags der anderen Aktien ausgegeben werden.

## § 140 Rechte der Vorzugsaktionäre

(1) Die Vorzugsaktien ohne Stimmrecht gewähren mit Ausnahme des Stimmrechts die jedem Aktionär aus der Aktie zustehenden Rechte.

(2) [1]Wird der Vorzugsbetrag in einem Jahr nicht oder nicht vollständig gezahlt und der Rückstand im nächsten Jahr nicht neben dem vollen Vorzug dieses Jahres nachgezahlt, so haben die Vorzugsaktionäre das Stimmrecht, bis die Rückstände nachgezahlt sind. [2]In diesem Fall sind die Vorzugsaktien auch bei der Berechnung einer nach Gesetz oder Satzung erforderlichen Kapitalmehrheit zu berücksichtigen.

(3) Soweit die Satzung nichts anderes bestimmt, entsteht dadurch, daß der Vorzugsbetrag in einem Jahr nicht oder nicht vollständig gezahlt wird, noch kein durch spätere Beschlüsse über die Gewinnverteilung bedingter Anspruch auf den rückständigen Vorzugsbetrag.

## § 141 Aufhebung oder Beschränkung des Vorzugs

(1) Ein Beschluß, durch den der Vorzug aufgehoben oder beschränkt wird, bedarf zu seiner Wirksamkeit der Zustimmung der Vorzugsaktionäre.

(2) [1]Ein Beschluß über die Ausgabe von Vorzugsaktien, die bei der Verteilung des Gewinns oder des Gesellschaftsvermögens den Vorzugsaktien ohne Stimmrecht vorgehen oder gleichstehen, bedarf gleichfalls der Zustimmung der Vorzugsaktionäre. [2]Der Zustimmung bedarf es nicht, wenn die Ausgabe bei Einräumung des Vorzugs oder, falls das Stimmrecht später ausgeschlossen wurde, bei der Ausschließung ausdrücklich vorbehalten worden war und das Bezugsrecht der Vorzugsaktionäre nicht ausgeschlossen wird.

(3) [1]Über die Zustimmung haben die Vorzugsaktionäre in einer gesonderten Versammlung einen Sonderbeschluß zu fassen. [2]Er bedarf einer Mehrheit, die mindestens drei Viertel der abgegebenen Stimmen umfaßt. [3]Die Satzung kann weder eine andere Mehrheit noch weitere Erfordernisse bestimmen. [4]Wird in dem Beschluß über die Ausgabe von Vorzugsaktien, die bei der Verteilung des Gewinns oder des Gesellschaftsvermögens den Vorzugsaktien ohne Stimmrecht vorgehen oder gleichstehen, das Bezugsrecht der Vorzugsaktionäre auf den Bezug solcher Aktien ganz oder zum Teil ausgeschlossen, so gilt für den Sonderbeschluß § 186 Abs. 3 bis 5 sinngemäß.

(4) Ist der Vorzug aufgehoben, so gewähren die Aktien das Stimmrecht.

## Siebenter Unterabschnitt. Sonderprüfung.
## Geltendmachung von Ersatzansprüchen

## § 142 Bestellung der Sonderprüfer

(1) [1]Zur Prüfung von Vorgängen bei der Gründung oder der Geschäftsführung, namentlich auch bei Maßnahmen der Kapitalbeschaffung und Kapitalherabsetzung, kann die Hauptversammlung mit einfacher Stimmenmehrheit Prüfer (Sonderprüfer) bestellen. [2]Bei der Beschlußfassung kann ein Mitglied des Vorstands oder des Aufsichtsrats weder für sich noch für einen anderen mitstimmen, wenn die Prüfung sich auf Vorgänge erstrecken soll, die mit der Entlastung eines Mitglieds des Vorstands oder des Aufsichtsrats oder der Einleitung eines Rechtsstreits zwischen der Gesellschaft und einem Mitglied des Vorstands oder des Aufsichtsrats zusammenhängen. [3]Für ein Mitglied des Vorstands oder des Aufsichtsrats, das nach Satz 2 nicht mitstimmen kann, kann das Stimmrecht auch nicht durch einen anderen ausgeübt werden.

(2) [1]Lehnt die Hauptversammlung einen Antrag auf Bestellung von Sonderprüfern zur Prüfung eines Vorgangs bei der Gründung oder eines nicht über fünf Jahre zurückliegenden Vorgangs bei der Geschäftsführung ab, so hat das Gericht auf Antrag von Aktionären, deren Anteile zusammen den zehnten Teil des Grundkapitals oder den Nennbetrag von zwei Millionen Deutsche Mark erreichen, Sonderprüfer zu bestellen, wenn Tatsachen vorliegen, die den Verdacht rechtfertigen, daß bei dem Vorgang Unredlichkeiten oder grobe Verletzungen des Gesetzes oder der Satzung vorgekommen sind. [2]Die Antragsteller haben die Aktien bis zur Entscheidung über den Antrag zu hinterlegen und glaubhaft zu machen, daß sie seit mindestens drei Monaten vor dem Tage der Hauptversammlung Inhaber der Aktien sind. [3]Zur Glaubhaftmachung genügt eine eidesstattliche Versicherung vor einem Notar.

(3) Die Absätze 1 und 2 gelten nicht für Vorgänge, die Gegenstand einer Sonderprüfung nach § 258 sein können.

(4) [1]Hat die Hauptversammlung Sonderprüfer bestellt, so hat das Gericht auf Antrag von Aktionären, deren Anteile zusammen den zehnten Teil des Grundkapitals oder den Nennbetrag von zwei Millionen Deutsche Mark erreichen, einen anderen Sonderprüfer zu bestellen, wenn dies aus einem in der Person des bestellten Sonderprüfers liegenden Grund geboten erscheint, insbesondere, wenn der bestellte Sonderprüfer nicht die für den Gegenstand der Sonderprüfung erforderlichen Kenntnisse hat, oder wenn Besorgnis der Befangenheit oder Bedenken gegen seine Zuverlässigkeit bestehen. [4]Der Antrag ist binnen zwei Wochen seit dem Tage der Hauptversammlung zu stellen.

(5) [1]Das Gericht hat außer den Beteiligten auch den Aufsichtsrat und im Fall des Absatzes 4 den von der Hauptversammlung bestellten Sonderprüfer zu hören. [2]Gegen die Entscheidung ist die sofortige Beschwerde zulässig.

(6) [1]Die vom Gericht bestellten Sonderprüfer haben Anspruch auf Ersatz angemessener barer Auslagen und auf Vergütung für ihre Tätigkeit. [2]Die Auslagen und die Vergütung setzt das Gericht fest. [3]Gegen die Entscheidung ist die sofortige Beschwerde zulässig. [4]Die weitere Beschwerde ist ausgeschlossen. [5]Aus der rechtskräftigen Entscheidung findet die Zwangsvollstreckung nach der Zivilprozeßordnung statt.

## § 143 Auswahl der Sonderprüfer

(1) Als Sonderprüfer sollen, wenn der Gegenstand der Sonderprüfung keine anderen Kenntnisse fordert, nur bestellt werden
1. Personen, die in der Buchführung ausreichend vorgebildet und erfahren sind;
2 Prüfungsgesellschaften, von deren gesetzlichen Vertretern mindestens einer in der Buchführung ausreichend vorgebildet und erfahren ist.

(2) [1]Sonderprüfer darf nicht sein, wer nach § 319 Abs. 2 des Handelsgesetzbuchs nicht Abschlußprüfer sein darf oder während der Zeit, in der sich der zu prüfende Vorgang ereignet hat, hätte sein dürfen. [2]Eine Prüfungsgesellschaft darf nicht Sonderprüfer sein, wenn sie nach § 319 Abs. 3 des Handelsgesetzbuchs nicht Abschlußprüfer sein darf oder während der Zeit, in der sich der zu prüfende Vorgang ereignet hat, hätte sein dürfen.

## § 144 Verantwortlichkeit der Sonderprüfer

§ 323 des Handelsgesetzbuchs über die Verantwortlichkeit des Abschlußprüfers gilt sinngemäß.

## § 145 Rechte der Sonderprüfer. Prüfungsbericht

(1) Der Vorstand hat den Sonderprüfern zu gestatten, die Bücher und Schriften der Gesellschaft sowie die Vermögensgegenstände, namentlich die Gesellschaftskasse und die Bestände an Wertpapieren und Waren, zu prüfen.

(2) Die Sonderprüfer können von den Mitgliedern des Vorstands und des Aufsichtsrats alle Aufklärungen und Nachweise verlangen, welche die sorgfältige Prüfung der Vorgänge notwendig macht.

(3) Die Sonderprüfer haben die Rechte nach Absatz 2 auch gegenüber einem Konzernunternehmen sowie gegenüber einem abhängigen oder herrschenden Unternehmen.

(4) [1]Die Sonderprüfer haben über das Ergebnis der Prüfung schriftlich zu berichten. [2]Auch Tatsachen, deren Bekanntwerden geeignet ist, der Gesellschaft oder einem verbundenen Unternehmen einen nicht unerheblichen Nachteil zuzufügen, müssen in den Prüfungsbericht aufgenommen werden, wenn ihre Kenntnis zur Beurteilung des zu prüfenden Vorgangs durch die Hauptversammlung erforderlich ist. [3]Die Sonderprüfer haben den Bericht zu unterzeichnen und unverzüglich dem Vorstand und zum Handelsregister des Sitzes der Gesellschaft einzureichen. [4]Auf Verlangen hat der Vorstand jedem Aktionär eine Abschrift des Prüfungsberichts zu erteilen. [5]Der Vorstand hat den Bericht dem Aufsichtsrat vorzulegen und bei der Einberufung der nächsten Hauptversammlung als Gegenstand der Tagesordnung bekanntzumachen.

## § 146 Kosten

Bestellt das Gericht Sonderprüfer, so trägt die Gesellschaft unbeschadet eines ihr nach den Vorschriften des bürgerlichen Rechts zustehenden Ersatzanspruchs die Gerichtskosten und die Kosten der Prüfung.

## § 147 Geltendmachung von Ersatzansprüchen

(1) [1]Die Ersatzansprüche der Gesellschaft aus der Gründung gegen die nach den §§ 46 bis 48, 53 verpflichteten Personen oder aus der Geschäftsführung gegen die Mitglieder des Vorstands und des Aufsichtsrats oder aus § 117 müssen geltend gemacht werden, wenn es die Hauptversammlung mit einfacher Stimmenmehrheit beschließt oder es eine Minderheit verlangt, deren Anteile zusammen den zehnten Teil des Grundkapitals erreichen. [2]Das Verlangen der Minderheit ist nur zu berücksichtigen, wenn glaubhaft gemacht wird, daß die Aktionäre, die die Minderheit bilden, seit mindestens drei Monaten vor dem Tage der Hauptversammlung Inhaber der Aktien sind. [3]Zur Glaubhaftmachung genügt eine eidesstattliche Versicherung vor einem Notar.

(2) Der Ersatzanspruch soll binnen sechs Monaten seit dem Tage der Hauptversammlung geltend gemacht werden.

(3) [1]Zur Geltendmachung des Ersatzanspruchs kann die Hauptversammlung besondere Vertreter bestellen. [2]Hat die Hauptversammlung die Geltendmachung des Ersatzanspruchs beschlossen oder eine Minderheit sie verlangt, so hat das Gericht (§ 14) auf Antrag von Aktionären, deren Anteile zusammen den zehnten Teil des Grundkapitals oder den Nennbetrag von zwei Millionen Deutsche Mark erreichen, als Vertreter der Gesellschaft zur Geltendmachung des Ersatzanspruchs andere als die nach §§ 78, 112 oder nach Satz 1 zur Vertretung der Gesellschaft berufenen Personen zu bestellen, wenn ihm dies für eine gehörige Geltendmachung zweckmäßig erscheint. [3]Gibt das Gericht dem Antrag statt, so trägt die Gesellschaft die Gerichtskosten. [4]Gegen die Entscheidung ist die sofortige Beschwerde zulässig. [5]Die gerichtlich bestellten Vertreter

können von der Gesellschaft den Ersatz angemessener barer Auslagen und eine Vergütung für ihre Tätigkeit verlangen. [6]Die Auslagen und die Vergütung setzt das Gericht fest. [7]Gegen die Entscheidung ist die sofortige Beschwerde zulässig. [8]Die weitere Beschwerde ist ausgeschlossen. [9]Aus der rechtskräftigen Entscheidung findet die Zwangsvollstreckung nach der Zivilprozeßordnung statt.

(4) [1]Hat eine Minderheit die Geltendmachung des Ersatzanspruchs verlangt und hat die Gesellschaft, weil sie im Rechtsstreit ganz oder teilweise unterlegen ist, Kosten des Rechtsstreits zu tragen, so ist die Minderheit der Gesellschaft zur Erstattung dieser Kosten verpflichtet. [2]Ist die Gesellschaft ganz unterlegen, so ist die Minderheit der Gesellschaft auch zur Erstattung der Gerichtskosten, die der Gesellschaft durch die Bestellung besonderer Vertreter nach Absatz 3 Satz 3 entstanden sind, sowie der baren Auslagen und der Vergütung der besonderen Vertreter verpflichtet.

# Fünfter Teil. Rechnungslegung. Gewinnverwendung*

## Erster Abschnitt. Jahresabschluß und Lagebericht

### §§ 148, 149 *(aufgehoben)*

### § 150 Gesetzliche Rücklage. Kapitalrücklage

(1) In der Bilanz des nach den §§ 242, 264 des Handelsgesetzbuchs aufzustellenden Jahresabschlusses ist eine gesetzliche Rücklage zu bilden.

(2) In diese ist der zwanzigste Teil des um einen Verlustvortrag aus dem Vorjahr geminderten Jahresüberschusses einzustellen, bis die gesetzliche Rücklage und die Kapitalrücklagen nach § 272 Abs. 2 Nr. 1 bis 3 des Handelsgesetzbuchs zusammen den zehnten oder den in der Satzung bestimmten höheren Teil des Grundkapitals erreichen.

(3) Übersteigen die gesetzliche Rücklage und die Kapitalrücklagen nach § 272 Abs. 2 Nr. 1 bis 3 des Handelsgesetzbuchs zusammen nicht den zehnten oder den in der Satzung bestimmten höheren Teil des Grundkapitals, so dürfen sie nur verwandt werden
1. zum Ausgleich eines Jahresfehlbetrags, soweit er nicht durch einen Gewinnvortrag aus dem Vorjahr gedeckt ist und nicht durch Auflösung anderer Gewinnrücklagen ausgeglichen werden kann;
2. Zum Ausgleich eines Verlustvortrags aus dem Vorjahr, soweit er nicht durch einen Jahresüberschuß gedeckt ist und nicht durch Auflösung anderer Gewinnrücklagen ausgeglichen werden kann.

(4) [1]Übersteigen die gesetzliche Rücklage und die Kapitalrücklagen nach § 272 Abs. 2 Nr. 1 bis 3 des Handelsgesetzbuchs zusammen den zehnten oder den in der Satzung bestimmten höheren Teil des Grundkapitals, so darf der übersteigende Betrag verwandt werden
1. zum Ausgleich eines Jahresfehlbetrags, soweit er nicht durch einen Gewinnvortrag aus dem Vorjahr gedeckt ist;
2. zum Ausgleich eines Verlustvortrags aus dem Vorjahr, soweit er nicht durch einen Jahresüberschuß gedeckt ist;
3. zur Kapitalerhöhung aus Gesellschaftsmitteln nach den §§ 207 bis 220.

---

* Die Vorschriften des Aktiengesetzes über die Rechnungslegung und Gewinnverwendung vor Änderung durch das Bilanzrichtlinien-Gesetz sind im Anhang abgedruckt.

[2]Die Verwendung nach den Nummern 1 und 2 ist nicht zulässig, wenn gleichzeitig Gewinnrücklagen zur Gewinnausschüttung aufgelöst werden.

## §§ 150a, 151 *(aufgehoben)*

## § 152 Vorschriften zur Bilanz

(1) [1]Das Grundkapital ist in der Bilanz als gezeichnetes Kapital auszuweisen. [2]Dabei sind die Gesamtnennbeträge der Aktien jeder Gattung gesondert anzugeben. [3]Bedingtes Kapital ist mit dem Nennbetrag zu vermerken. [4]Bestehen Mehrstimmrechtsaktien, so sind beim gezeichneten Kapital die Gesamtstimmenzahl der Mehrstimmrechtsaktien und die der übrigen Aktien zu vermerken.

(2) Zu dem Posten „Kapitalrücklage" sind in der Bilanz oder im Anhang gesondert anzugeben
1. der Betrag, der während des Geschäftsjahrs eingestellt wurde;
2. der Betrag, der für das Geschäftsjahr entnommen wird.

(3) Zu den einzelnen Posten der Gewinnrücklagen sind in der Bilanz oder im Anhang jeweils gesondert anzugeben
1. die Beträge, die die Hauptversammlung aus dem Bilanzgewinn des Vorjahrs eingestellt hat;
2. die Beträge, die aus dem Jahresüberschuß des Geschäftsjahrs eingestellt werden;
3. die Beträge, die für das Geschäftsjahr entnommen werden.

## §§ 153 bis 157 *(aufgehoben)*

## § 158 Vorschriften zur Gewinn- und Verlustrechnung

(1) [1]Die Gewinn- und Verlustrechnung ist nach dem Posten „Jahresüberschuß/Jahresfehlbetrag" in Fortführung der Numerierung um die folgenden Posten zu ergänzen:
1. Gewinnvortrag/Verlustvortrag aus dem Vorjahr
2. Entnahmen aus der Kapitalrücklage
3. Entnahmen aus Gewinnrücklagen
   a) aus der gesetzlichen Rücklage
   b) aus der Rücklage für eigene Aktien
   c) aus satzungsmäßigen Rücklagen
   d) aus anderen Gewinnrücklagen
4. Einstellungen in Gewinnrücklagen
   a) in die gesetzliche Rücklage
   b) in die Rücklage für eigene Aktien
   c) in satzungsmäßige Rücklagen
   d) in andere Gewinnrücklagen
5. Bilanzgewinn/Bilanzverlust.
[2]Die Angaben nach Satz 1 können auch im Anhang gemacht werden.

(2) [1]Von dem Ertrag aus einem Gewinnabführungs- oder Teilgewinnabführungsvertrag ist ein vertraglich zu leistender Ausgleich für außenstehende Gesellschafter abzusetzen; übersteigt dieser den Ertrag, so ist der übersteigende Betrag unter den Aufwendungen aus Verlustübernahme auszuweisen. [2]Andere Beträge dürfen nicht abgesetzt werden.

**§ 159** *(aufgehoben)*

**§ 160 Vorschriften zum Anhang**

(1) In jedem Anhang sind auch Angaben zu machen über

1. den Bestand und den Zugang an Aktien, die ein Aktionär für Rechnung der Gesellschaft oder eines abhängigen oder eines im Mehrheitsbesitz der Gesellschaft stehenden Unternehmens oder ein abhängiges oder im Mehrheitsbesitz der Gesellscaft stehendes Unternehmen als Gründer oder Zeichner oder in Ausübung eines bei einer bedingten Kapitalerhöhung eingeräumten Umtausch- oder Bezugsrechts übernommen hat; sind solche Aktien im Geschäftsjahr verwertet worden, so ist auch über die Verwertung unter Angabe des Erlöses und die Verwendung des Erlöses zu berichten;

2. den Bestand an eigenen Aktien der Gesellschaft, die sie, ein abhängiges oder im Mehrheitsbesitz der Gesellschaft stehendes Unternehmen oder ein anderer für Rechnung der Gesellschaft oder eines abhängigen oder eines im Mehrheitsbesitz der Gesellschaft stehenden Unternehmens erworben oder als Pfand genommen hat; dabei sind die Zahl und der Nennbetrag dieser Aktien sowie deren Anteil am Grundkapital, für erworbene Aktien ferner der Zeitpunkt des Erwerbs und die Gründe für den Erwerb anzugeben. Sind solche Aktien im Geschäftsjahr erworben oder veräußert worden, so ist auch über den Erwerb oder die Veräußerung unter Angabe der Zahl und des Nennbetrags dieser Aktien, des Anteils am Grundkapital und des Erwerbs- oder Veräußerungspreises, sowie über die Verwendung des Erlöses zu berichten;

3. die Zahl und den Nennbetrag der Aktien jeder Gattung, sofern sich diese Angaben nicht aus der Bilanz ergeben; davon sind Aktien, die bei einer bedingten Kapitalerhöhung oder einem genehmigten Kapital im Geschäftsjahr gezeichnet wurden, jeweils gesondert anzugeben;

4. das genehmigte Kapital;

5. die Zahl der Wandelschuldverschreibungen und vergleichbaren Wertpapiere unter Angabe der Rechte, die sie verbriefen;

6. Genußrechte, Rechte aus Besserungsscheinen und ähnliche Rechte unter Angabe der Art und Zahl der jeweiligen Rechte sowie der im Geschäftsjahr neu entstandenen Rechte;

7. das Bestehen einer wechselseitigen Beteiligung unter Angabe des Unternehmens;

8. das Bestehen einer Beteiligung an der Gesellschaft, die ihr nach § 20 Abs. 1 oder 4 mitgeteilt worden ist; dabei ist anzugeben, wem die Beteiligung gehört und ob sie den vierten Teil aller Aktien der Gesellschaft übersteigt oder eine Mehrheitsbeteiligung (§ 16 Abs. 1) ist.

(2) Die Berichterstattung hat insoweit zu unterbleiben, als es für das Wohl der Bundesrepublik Deutschland oder eines ihrer Länder erforderlich ist.

**§ 161** *(aufgehoben)*

**Zweiter Abschnitt. Prüfung des Jahresabschlusses.**

**Erster Unterabschnitt. Prüfung durch Abschlußprüfer**

**§§ 162 bis 169** *(aufgehoben)*

## Zweiter Unterabschnitt. Prüfung durch den Aufsichtsrat

### § 170 Vorlage an den Aufsichtsrat

(1) ¹Der Vorstand hat den Jahresabschluß und den Lagebericht unverzüglich nach ihrer Aufstellung dem Aufsichtsrat vorzulegen. ²Ist der Jahresabschluß durch einen Abschlußprüfer zu prüfen, so sind diese Unterlagen zusammen mit dem Prüfungsbericht des Abschlußprüfers unverzüglich nach dem Eingang des Prüfungsberichts dem Aufsichtsrat vorzulegen.

(2) ¹Zugleich hat der Vorstand dem Aufsichtsrat den Vorschlag vorzulegen, den er der Hauptversammlung für die Verwendung des Bilanzgewinns machen will. ²Der Vorschlag ist, sofern er keine abweichende Gliederung bedingt, wie folgt zu gliedern:

1. Verteilung an die Aktionäre ...............
2. Einstellung in Gewinnrücklagen ...............
3. Gewinnvortrag ...............
4. Bilanzgewinn ...............

(3) ¹Jedes Aufsichtsratsmitglied hat das Recht, von den Vorlagen Kenntnis zu nehmen. ²Die Vorlagen sind auch jedem Aufsichtsratsmitglied auf Verlangen auszuhändigen, soweit der Aufsichtsrat nichts anderes beschlossen hat.

### § 171 Prüfung durch den Aufsichtsrat

(1) ¹Der Aufsichtsrat hat den Jahresabschluß, den Lagebericht und den Vorschlag für die Verwendung des Bilanzgewinns zu prüfen. ²Ist der Jahresabschluß durch einen Abschlußprüfer zu prüfen, so hat der Abschlußprüfer auf Verlangen des Aufsichtsrats an dessen Verhandlungen über diese Vorlagen teilzunehmen.

(2) ¹Der Aufsichtsrat hat über das Ergebnis der Prüfung schriftlich an die Hauptversammlung zu berichten. ²In dem Bericht hat der Aufsichtsrat auch mitzuteilen, in welcher Art und in welchem Umfang er die Geschäftsführung der Gesellschaft während des Geschäftsjahrs geprüft hat. ³Ist der Jahresabschluß durch einen Abschlußprüfer zu prüfen, so hat der Aufsichtsrat ferner zu dem Ergebnis der Prüfung des Jahresabschlusses durch den Abschlußprüfer Stellung zu nehmen. ⁴Am Schluß des Berichts hat der Aufsichtsrat zu erklären, ob nach dem abschließenden Ergebnis seiner Prüfung Einwendungen zu erheben sind und ob er den vom Vorstand aufgestellten Jahresabschluß billigt.

(3) ¹Der Aufsichtsrat hat seinen Bericht innerhalb eines Monats, nachdem ihm die Vorlagen zugegangen sind, dem Vorstand zuzuleiten. ²Wird der Bericht dem Vorstand nicht innerhalb der Frist zugeleitet, hat der Vorstand dem Aufsichtsrat unverzüglich eine weitere Frist von nicht mehr als einem Monat zu setzen. ³Wird der Bericht dem Vorstand nicht vor Ablauf der weiteren Frist zugeleitet, gilt der Jahresabschluß als vom Aufsichtsrat nicht gebilligt.

## Dritter Abschnitt. Feststellung des Jahresabschlusses. Gewinnverwendung

### Erster Unterabschnitt. Feststellung des Jahresabschlusses

### § 172 Feststellung durch Vorstand und Aufsichtsrat

¹Billigt der Aufsichtsrat den Jahresabschluß, so ist dieser festgestellt, sofern nicht Vorstand und Aufsichtsrat beschließen, die Feststellung des Jahresabschlusses der Hauptversammlung zu überlassen. ²Die Beschlüsse des Vorstands und des Aufsichtsrats sind in den Bericht des Aufsichtsrats an die Hauptversammlung aufzunehmen.

## § 173 Feststellung durch die Hauptversammlung

(1) Haben Vorstand und Aufsichtsrat beschlossen, die Feststellung des Jahresabschlusses der Hauptversammlung zu überlassen, oder hat der Aufsichtsrat den Jahresabschluß nicht gebilligt, so stellt die Hauptversammlung den Jahresabschluß fest.

(2) ¹Auf den Jahresabschluß sind bei der Feststellung die für seine Aufstellung geltenden Vorschriften anzuwenden. ²Die Hauptversammlung darf bei der Feststellung des Jahresabschlusses nur die Beträge in Gewinnrücklagen einstellen, die nach Gesetz oder Satzung einzustellen sind.

(3) ¹Ändert die Hauptversammlung einen von einem Abschlußprüfer auf Grund gesetzlicher Verpflichtung geprüften Jahresabschluß, so werden vor der erneuten Prüfung nach § 316 Abs. 3 des Handelsgesetzbuchs von der Hauptversammlung gefaßte Beschlüsse über die Feststellung des Jahresabschlusses und die Gewinnverwendung erst wirksam, wenn auf Grund der erneuten Prüfung ein hinsichtlich der Änderungen uneingeschränkter Bestätigungsvermerk erteilt worden ist. ²Sie werden nichtig, wenn nicht binnen zwei Wochen seit der Beschlußfassung ein hinsichtlich der Änderungen uneingeschränkter Bestätigungsvermerk erteilt wird.

### Zweiter Unterabschnitt. Gewinnverwendung

## § 174

(1) ¹Die Hauptversammlung beschließt über die Verwendung des Bilanzgewinns. ²Sie ist hierbei an den festgestellten Jahresabschluß gebunden.

(2) In dem Beschluß ist die Verwendung des Bilanzgewinns im einzelnen darzulegen, namentlich sind anzugeben
1. der Bilanzgewinn;
2. der an die Aktionäre auszuschüttende Betrag;
3. die in Gewinnrücklagen einzustellenden Beträge;
4. ein Gewinnvortrag;
5. der zusätzliche Aufwand aufgrund des Beschlusses.

(3) Der Beschluß führt nicht zu einer Änderung des festgestellten Jahresabschlusses.

### Dritter Unterabschnitt. Ordentliche Hauptversammlung

## § 175 Einberufung

(1) ¹Unverzüglich nach Eingang des Berichts des Aufsichtsrats hat der Vorstand die Hauptversammlung zur Entgegennahme des festgestellten Jahresabschlusses und des Lageberichts sowie zur Beschlußfassung über die Verwendung eines Bilanzgewinns einzuberufen. ²Die Hauptversammlung hat in den ersten acht Monaten des Geschäftsjahrs stattzufinden.

(2) ¹Der Jahresabschluß, der Lagebericht, der Bericht des Aufsichtsrats und der Vorschlag des Vorstands für die Verwendung des Bilanzgewinns sind von der Einberufung an in dem Geschäftsraum der Gesellschaft zur Einsicht der Aktionäre auszulegen. ²Auf Verlangen ist jedem Aktionär unverzüglich eine Abschrift der Vorlagen zu erteilen.

(3) ¹Hat die Hauptversammlung den Jahresabschluß festzustellen, so gelten für die Einberufung der Hauptversammlung zur Feststellung des Jahresabschlusses und für die Auslegung der Vorlagen und die Erteilung von Abschriften die Absätze 1 und 2 sinngemäß. ²Die Verhandlungen über die Feststellung

des Jahresabschlusses und über die Verwendung des Bilanzgewinns sollen verbunden werden.

(4) Mit der Einberufung der Hauptversammlung zur Entgegennahme des festgestellten Jahresabschlusses oder, wenn die Hauptversammlung den Jahresabschluß festzustellen hat, der Hauptversammlung zur Feststellung des Jahresabschlusses sind Vorstand und Aufsichtsrat an die in dem Bericht des Aufsichtsrats enthaltenen Erklärungen über den Jahresabschluß (§§ 172, 173 Abs. 1) gebunden.

### § 176 Vorlagen. Anwesenheit des Abschlußprüfers

(1) ¹Der Vorstand hat der Hauptversammlung die in § 175 Abs. 2 angegebenen Vorlagen vorzulegen. ²Zu Beginn der Verhandlung soll der Vorstand seine Vorlagen, der Vorsitzende des Aufsichtsrats den Bericht des Aufsichtsrats erläutern. ³Der Vorstand soll dabei auch zu einem Jahresfehlbetrag oder einem Verlust Stellung nehmen, der das Jahresergebnis wesentlich beeinträchtigt hat. ⁴Satz 3 ist auf Kreditinstitute nicht anzuwenden.*

(2) ¹Ist der Jahresabschluß von einem Abschlußprüfer zu prüfen, so hat der Abschlußprüfer an den Verhandlungen über die Feststellung des Jahresabschlusses teilzunehmen. ²Der Abschlußprüfer ist nicht verpflichtet, einem Aktionär Auskunft zu erteilen.

## Vierter Abschnitt. Bekanntmachung des Jahresabschlusses

### §§ 177, 178 *(aufgehoben)*

# Sechster Teil. Satzungsänderung.
# Maßnahmen der Kapitalbeschaffung und Kapitalherabsetzung

## Erster Abschnitt. Satzungsänderung

### § 179 Beschluß der Hauptversammlung

(1) ¹Jede Satzungsänderung bedarf eines Beschlusses der Hauptversammlung. ²Die Befugnis zu Änderungen, die nur die Fassung betreffen, kann die Hauptversammlung dem Aufsichtsrat übertragen.

(2) ¹Der Beschluß der Hauptversammlung bedarf einer Mehrheit, die mindestens drei Viertel des bei der Beschlußfassung vertretenen Grundkapitals umfaßt. ²Die Satzung kann eine andere Kapitalmehrheit, für eine Änderung des Gegenstands des Unternehmens jedoch nur eine größere Kapitalmehrheit bestimmen. ³Sie kann weitere Erfordernisse aufstellen.

(3) ¹Soll das bisherige Verhältnis mehrerer Gattungen von Aktien zum Nachteil einer Gattung geändert werden, so bedarf der Beschluß der Hauptversammlung zu seiner Wirksamkeit der Zustimmung der benachteiligten Aktionäre. ²Über die Zustimmung haben die benachteiligten Aktionäre einen Sonderbeschluß zu fassen. ³Für diesen gilt Absatz 2.

---

* § 176 Abs. 1 Satz 4 eingefügt durch das Bankbilanzrichtlinie-Gesetz; zur Anwendung s. Art. 30 und 31 EGHGB.

## § 180 Zustimmung der betroffenen Aktionäre

(1) Ein Beschluß, der Aktionären Nebenverpflichtungen auferlegt, bedarf zu seiner Wirksamkeit der Zustimmung aller betroffenen Aktionäre.

(2) Gleiches gilt für einen Beschluß, durch den die Übertragung von Namensaktien oder Zwischenscheinen an die Zustimmung der Gesellschaft gebunden wird.

## § 181 Eintragung der Satzungsänderung

(1) ¹Der Vorstand hat die Satzungsänderung zur Eintragung in das Handelsregister anzumelden. ²Der Anmeldung ist der vollständige Wortlaut der Satzung beizufügen; er muß mit der Bescheinigung eines Notars versehen sein, daß die geänderten Bestimmungen der Satzung mit dem Beschluß über die Satzungsänderung und die unveränderten Bestimmungen mit dem zuletzt zum Handelsregister eingereichten vollständigen Wortlaut der Satzung übereinstimmen. ³Bedarf die Satzungsänderung staatlicher Genehmigung, so ist der Anmeldung die Genehmigungsurkunde beizufügen.

(2) ¹Soweit nicht die Änderung Angaben nach § 39 betrifft, genügt bei der Eintragung die Bezugnahme auf die beim Gericht eingereichten Urkunden. ²Betrifft eine Änderung Bestimmungen, die ihrem Inhalt nach bekanntzumachen sind, so ist auch die Änderung ihrem Inhalt nach bekanntzumachen.

(3) Die Änderung wird erst wirksam, wenn sie in das Handelsregister des Sitzes der Gesellschaft eingetragen worden ist.

## Zweiter Abschnitt. Maßnahmen der Kapitalbeschaffung

## Erster Unterabschnitt. Kapitalerhöhung gegen Einlagen

## § 182 Voraussetzungen

(1) ¹Eine Erhöhung des Grundkapitals gegen Einlagen kann nur mit einer Mehrheit beschlossen werden, die mindestens drei Viertel des bei der Beschlußfassung vertretenen Grundkapitals umfaßt. ²Die Satzung kann eine andere Kapitalmehrheit, für die Ausgabe von Vorzugsaktien ohne Stimmrecht jedoch nur eine größere Kapitalmehrheit bestimmen. ³Sie kann weitere Erfordernisse aufstellen. ⁴Die Kapitalerhöhung kann nur durch Ausgabe neuer Aktien ausgeführt werden.

(2) ¹Sind mehrere Gattungen von Aktien vorhanden, so bedarf der Beschluß der Hauptversammlung zu seiner Wirksamkeit der Zustimmung der Aktionäre jeder Gattung. ²Über die Zustimmung haben die Aktionäre jeder Gattung einen Sonderbeschluß zu fassen. ³Für diesen gilt Absatz 1.

(3) Sollen die neuen Aktien für einen höheren Betrag als den Nennbetrag ausgegeben werden, so ist der Mindestbetrag, unter dem sie nicht ausgegeben werden sollen, im Beschluß über die Erhöhung des Grundkapitals festzusetzen.

(4) ¹Das Grundkapital soll nicht erhöht werden, solange ausstehende Einlagen auf das bisherige Grundkapital noch erlangt werden können. ²Für Versicherungsgesellschaften kann die Satzung etwas anderes bestimmen. ³Stehen Einlagen in verhältnismäßig unerheblichem Umfang aus, so hindert dies die Erhöhung des Grundkapitals nicht.

### § 183 Kapitalerhöhung mit Sacheinlagen

(1) ¹Wird eine Sacheinlage (§ 27 Abs. 1 und 2) gemacht, so müssen ihr Gegenstand, die Person, von der die Gesellschaft den Gegenstand erwirbt, und der Nennbetrag der bei der Sacheinlage zu gewährenden Aktien im Beschluß über die Erhöhung des Grundkapitals festgesetzt werden. ²Der Beschluß darf nur gefaßt werden, wenn die Einbringung von Sacheinlagen und die Festsetzungen nach Satz 1 ausdrücklich und ordnungsgemäß (§ 124 Abs. 1) bekanntgemacht worden sind.

(2) ¹Ohne diese Festsetzung sind Verträge über Sacheinlagen und die Rechtshandlungen zu ihrer Ausführung der Gesellschaft gegenüber unwirksam. ²Ist die Durchführung der Erhöhung des Grundkapitals eingetragen, so wird die Gültigkeit der Kapitalerhöhung durch diese Unwirksamkeit nicht berührt. ³Der Aktionär ist verpflichtet, den Nennbetrag oder den höheren Ausgabebetrag der Aktien einzuzahlen. ⁴Die Unwirksamkeit kann durch Satzungsänderung nicht geheilt werden, nachdem die Durchführung der Erhöhung des Grundkapitals in das Handelsregister eingetragen worden ist.

(3) ¹Bei der Kapitalerhöhung mit Sacheinlagen hat eine Prüfung durch einen oder mehrere Prüfer stattzufinden. ²§ 33 Abs. 3 bis 5, § 34 Abs. 2 und 3, § 35 gelten sinngemäß. ³Das Gericht kann die Eintragung ablehnen, wenn der Wert der Sacheinlage nicht unwesentlich hinter dem Nennbetrag der dafür zu gewährenden Aktien zurückbleibt.

### § 184 Anmeldung des Beschlusses

(1) ¹Der Vorstand und der Vorsitzende des Aufsichtsrats haben den Beschluß über die Erhöhung des Grundkapitals zur Eintragung in das Handelsregister anzumelden. ²Der Bericht über die Prüfung von Sacheinlagen (§ 183 Abs. 3) ist der Anmeldung beizufügen.

(2) In der Anmeldung ist anzugeben, welche Einlagen auf das bisherige Grundkapital noch nicht geleistet sind und warum sie nicht erlangt werden können.

(3) *(aufgehoben)*

### § 185 Zeichnung der neuen Aktien

(1) ¹Die Zeichnung der neuen Aktien geschieht durch schriftliche Erklärung (Zeichnungsschein), aus der die Beteiligung nach der Zahl, dem Nennbetrag und, wenn mehrere Gattungen ausgegeben werden, der Gattung der Aktien hervorgehen muß. ²Der Zeichnungsschein soll doppelt ausgestellt werden. ³Er hat zu enthalten

1. den Tag, an dem die Erhöhung des Grundkapitals beschlossen worden ist;
2. den Ausgabebetrag der Aktien, den Betrag der festgesetzten Einzahlungen sowie den Umfang von Nebenverpflichtungen;
3. die bei einer Kapitalerhöhung mit Sacheinlagen vorgesehenen Festsetzungen und, wenn mehrere Gattungen ausgegeben werden, den Gesamtnennbetrag einer jeden Aktiengattung;
4. den Zeitpunkt, an dem die Zeichnung unverbindlich wird, wenn nicht bis dahin die Durchführung der Erhöhung des Grundkapitals eingetragen ist.

(2) Zeichnungsscheine, die diese Angaben nicht vollständig oder die außer dem Vorbehalt in Absatz 1 Nr. 4 Beschränkungen der Verpflichtung des Zeichners enthalten, sind nichtig.

(3) Ist die Durchführung der Erhöhung des Grundkapitals eingetragen, so

kann sich der Zeichner auf die Nichtigkeit oder Unverbindlichkeit des Zeichnungsscheins nicht berufen, wenn er aufgrund des Zeichnungsscheins als Aktionär Rechte ausgeübt oder Verpflichtungen erfüllt hat.

(4) Jede nicht im Zeichnungsschein enthaltene Beschränkung ist der Gesellschaft gegenüber unwirksam.

## § 186 Bezugsrecht

(1) [1]Jedem Aktionär muß auf sein Verlangen ein seinem Anteil an dem bisherigen Grundkapital entsprechender Teil der neuen Aktien zugeteilt werden. [2]Für die Ausübung des Bezugsrechts ist eine Frist von mindestens zwei Wochen zu bestimmen.

(2) Der Vorstand hat den Ausgabebetrag und zugleich eine nach Absatz 1 bestimmte Frist in den Gesellschaftsblättern bekanntzumachen.

(3) [1]Das Bezugsrecht kann ganz oder zum Teil nur im Beschluß über die Erhöhung des Grundkapitals ausgeschlossen werden. [2]In diesem Fall bedarf der Beschluß neben den in Gesetz oder Satzung für die Kapitalerhöhung aufgestellten Erfordernissen einer Mehrheit, die mindestens drei Viertel des bei der Beschlußfassung vertretenen Grundkapitals umfaßt. [3]Die Satzung kann eine größere Kapitalmehrheit und weitere Erfordernisse bestimmen.

(4) [1]Ein Beschluß, durch den das Bezugsrecht ganz oder zum Teil ausgeschlossen wird, darf nur gefaßt werden, wenn die Ausschließung ausdrücklich und ordnungsgemäß (§ 124 Abs. 1) bekanntgemacht worden ist. [2]Der Vorstand hat der Hauptversammlung einen schriftlichen Bericht über den Grund für den teilweisen oder vollständigen Ausschluß des Bezugsrechts vorzulegen; in dem Bericht ist der vorgeschlagene Ausgabebetrag zu begründen.

(5) [1]Als Ausschluß des Bezugsrechts ist es nicht anzusehen, wenn nach dem Beschluß die neuen Aktien von einem Kreditinstitut mit der Verpflichtung übernommen werden sollen, sie den Aktionären zum Bezug anzubieten. [2]Der Vorstand hat das Bezugsangebot des Kreditinstituts unter Angabe des für die Aktien zu leistenden Entgelts und einer für die Annahme des Angebots gesetzten Frist in den Gesellschaftsblättern bekanntzumachen; gleiches gilt, wenn die neuen Aktien von einem anderen als einem Kreditinstitut mit der Verpflichtung übernommen werden sollen, sie den Aktionären zum Bezug anzubieten.

## § 187 Zusicherung von Rechten auf den Bezug neuer Aktien

(1) Rechte auf den Bezug neuer Aktien können nur unter Vorbehalt des Bezugsrechts der Aktionäre zugesichert werden.

(2) Zusicherungen vor dem Beschluß über die Erhöhung des Grundkapitals sind der Gesellschaft gegenüber unwirksam.

## § 188 Anmeldung und Eintragung der Durchführung

(1) Der Vorstand und der Vorsitzende des Aufsichtsrats haben die Durchführung der Erhöhung des Grundkapitals zur Eintragung in das Handelsregister anzumelden.

(2) [1]Für die Anmeldung gelten sinngemäß § 36 Abs. 2, § 36a und § 37 Abs. 1. [2]Durch Gutschrift auf ein Konto des Vorstands kann die Einzahlung nicht geleistet werden.

(3) Der Anmeldung sind für das Gericht des Sitzes der Gesellschaft beizufügen
1. die Zweitschriften der Zeichnungsscheine und ein vom Vorstand unterschrie-

benes Verzeichnis der Zeichner, das die auf jeden entfallenden Aktien und die auf sie geleisteten Einzahlungen angibt;

2. bei einer Kapitalerhöhung mit Sacheinlagen die Verträge, die den Festsetzungen nach § 183 zugrunde liegen oder zu ihrer Ausführung geschlossen worden sind, sowie die Bescheinigung, daß der Bericht der Prüfer der Industrie- und Handelskammer eingereicht worden ist;

3. eine Berechnung der Kosten, die für die Gesellschaft durch die Ausgabe der neuen Aktien entstehen werden;

4. wenn die Erhöhung des Grundkapitals der staatlichen Genehmigung bedarf, die Genehmigungsurkunde.

(4) Anmeldung und Eintragung der Durchführung der Erhöhung des Grundkapitals können mit Anmeldung und Eintragung des Beschlusses über die Erhöhung verbunden werden.

(5) Die eingereichten Schriftstücke werden beim Gericht in Urschrift, Ausfertigung oder öffentlich beglaubigter Abschrift aufbewahrt.

### § 189  Wirksamwerden der Kapitalerhöhung

Mit der Eintragung der Durchführung der Erhöhung des Grundkapitals ist das Grundkapital erhöht.

### § 190  Bekanntmachung

[1]In die Bekanntmachung der Eintragung (§ 188) sind außer deren Inhalt der Ausgabebetrag der Aktien, die bei einer Kapitalerhöhung mit Sacheinlagen vorgesehenen Festsetzungen und ein Hinweis auf den Bericht über die Prüfung von Sacheinlagen (§ 183 Abs. 3) aufzunehmen. [2]Bei der Bekanntmachung dieser Festsetzungen genügt die Bezugnahme auf die beim Gericht eingereichten Urkunden.

### § 191  Verbotene Ausgabe von Aktien und Zwischenscheinen

[1]Vor der Eintragung der Durchführung der Erhöhung des Grundkapitals können die neuen Anteilsrechte nicht übertragen, neue Aktien und Zwischenscheine nicht ausgegeben werden. [2]Die vorher ausgegebenen neuen Aktien und Zwischenscheine sind nichtig. [3]Für den Schaden aus der Ausgabe sind die Ausgeber den Inhabern als Gesamtschuldner verantwortlich.

## Zweiter Unterabschnitt. Bedingte Kapitalerhöhung

### § 192  Voraussetzungen

(1) Die Hauptversammlung kann eine Erhöhung des Grundkapitals beschließen, die nur so weit durchgeführt werden soll, wie von einem Umtausch- oder Bezugsrecht Gebrauch gemacht wird, das die Gesellschaft auf die neuen Aktien (Bezugsaktien) einräumt (bedingte Kapitalerhöhung).

(2) Die bedingte Kapitalerhöhung soll nur zu folgenden Zwecken beschlossen werden:

1. zur Gewährung von Umtausch- oder Bezugsrechten an Gläubiger von Wandelschuldverschreibungen;

2. zur Vorbereitung des Zusammenschlusses mehrerer Unternehmen;

3. zur Gewährung von Bezugsrechten an Arbeitnehmer der Gesellschaft zum Bezug neuer Aktien gegen Einlage von Geldforderungen, die den Arbeitnehmern aus einer ihnen von der Gesellschaft eingeräumten Gewinnbeteiligung zustehen.

(3) Der Nennbetrag des bedingten Kapitals darf die Hälfte des Grundkapitals, das zur Zeit der Beschlußfassung über die bedingte Kapitalerhöhung vorhanden ist, nicht übersteigen.

(4) Ein Beschluß der Hauptversammlung, der dem Beschluß über die bedingte Kapitalerhöhung entgegensteht, ist nichtig.

(5) Die folgenden Vorschriften über das Bezugsrecht gelten sinngemäß für das Umtauschrecht.

## § 193 Erfordernisse des Beschlusses

(1) [1]Der Beschluß über die bedingte Kapitalerhöhung bedarf einer Mehrheit, die mindestens drei Viertel des bei der Beschlußfassung vertretenen Grundkapitals umfaßt. [2]Die Satzung kann eine größere Kapitalmehrheit und weitere Erfordernisse bestimmen. [3]§ 182 Abs. 2 und § 187 Abs. 2 gelten.

(2) Im Beschluß müssen auch festgestellt werden
1. der Zweck der bedingten Kapitalerhöhung;
2. der Kreis der Bezugsberechtigten;
3. der Ausgabebetrag oder die Grundlagen, nach denen dieser Betrag errechnet wird.

## § 194 Bedingte Kapitalerhöhung mit Sacheinlagen

(1) [1]Wird eine Sacheinlage gemacht, so müssen ihr Gegenstand, die Person, von der die Gesellschaft den Gegenstand erwirbt, und der Nennbetrag der bei der Sacheinlage zu gewährenden Aktien im Beschluß über die bedingte Kapitalerhöhung festgesetzt werden. [2]Als Sacheinlage gilt nicht die Hingabe von Schuldverschreibungen im Umtausch gegen Bezugsaktien. [3]Der Beschluß darf nur gefaßt werden, wenn die Einbringung von Sacheinlagen ausdrücklich und ordnungsgemäß (§ 124 Abs. 1) bekanntgemacht worden ist.

(2) [1]Ohne diese Festsetzung sind Verträge über Sacheinlagen und die Rechtshandlungen zu ihrer Ausführung der Gesellschaft gegenüber unwirksam. [2]Sind die Bezugsaktien ausgegeben, so wird die Gültigkeit der bedingten Kapitalerhöhung durch diese Unwirksamkeit nicht berührt. [3]Der Aktionär ist verpflichtet, den Nennbetrag oder den höheren Ausgabebetrag der Bezugsaktien einzuzahlen. [4]Die Unwirksamkeit kann durch Satzungsänderung nicht geheilt werden, nachdem die Bezugsaktien ausgegeben worden sind.

(3) Die Absätze 1 und 2 gelten nicht für die Einlage von Geldforderungen, die Arbeitnehmern der Gesellschaft aus einer ihnen von der Gesellschaft eingeräumten Gewinnbeteiligung zustehen.

(4) [1]Bei der Kapitalerhöhung mit Sacheinlagen hat eine Prüfung durch einen oder mehrere Prüfer stattzufinden. [2]§ 33 Abs. 3 bis 5, § 34 Abs. 2 und 3, § 35 gelten sinngemäß. [3]Das Gericht kann die Eintragung ablehnen, wenn der Wert der Sacheinlage nicht unwesentlich hinter dem Nennbetrag der dafür zu gewährenden Aktien zurückbleibt.

## § 195 Anmeldung des Beschlusses

(1) Der Vorstand und der Vorsitzende des Aufsichtsrats haben den Beschluß über die bedingte Kapitalerhöhung zur Eintragung in das Handelsregister anzumelden.

(2) Der Anmeldung sind für das Gericht des Sitzes der Gesellschaft beizufügen
1. bei einer bedingten Kapitalerhöhung mit Sacheinlagen die Verträge, die den

Festsetzungen nach § 194 zugrunde liegen oder zu ihrer Ausführung geschlossen worden sind, und der Bericht über die Prüfung von Sacheinlagen (§ 194 Abs. 4);

2. eine Berechnung der Kosten, die für die Gesellschaft durch die Ausgabe der Bezugsaktien entstehen werden;

3. wenn die Kapitalerhöhung der staatlichen Genehmigung bedarf, die Genehmigungsurkunde.

(3) Die eingereichten Schriftstücke werden beim Gericht in Urschrift, Ausfertigung oder öffentlich beglaubigter Abschrift aufbewahrt.

## § 196 Bekanntmachung der Eintragung

[1]In die Bekanntmachung der Eintragung des Beschlusses über die bedingte Kapitalerhöhung sind außer deren Inhalt die Feststellungen nach § 193 Abs. 2, die nach § 194 bei der Einbringung von Sacheinlagen vorgesehenen Festsetzungen und ein Hinweis auf den Bericht über die Prüfung von Sacheinlagen (§ 194 Abs. 4) aufzunehmen. [2]Für die Festsetzungen nach § 194 genügt die Bezugnahme auf die beim Gericht eingereichten Urkunden.

## § 197 Verbotene Aktienausgabe

[1]Vor der Eintragung des Beschlusses über die bedingte Kapitalerhöhung können die Bezugsaktien nicht ausgegeben werden. [2]Ein Anspruch des Bezugsberechtigten entsteht vor diesem Zeitpunkt nicht. [3]Die vorher ausgegebenen Bezugsaktien sind nichtig. [4]Für den Schaden aus der Ausgabe sind die Ausgeber den Inhabern als Gesamtschuldner verantwortlich.

## § 198 Bezugserklärung

(1) [1]Das Bezugsrecht wird durch schriftliche Erklärung ausgeübt. [2]Die Erklärung (Bezugserklärung) soll doppelt ausgestellt werden. [3]Sie hat die Beteiligung nach der Zahl, dem Nennbetrag und, wenn mehrere Gattungen ausgegeben werden, der Gattung der Aktien, die Feststellungen nach § 193 Abs. 2, die nach § 194 bei der Einbringung von Sacheinlagen vorgesehenen Festsetzungen sowie den Tag anzugeben, an dem der Beschluß über die bedingte Kapitalerhöhung gefaßt worden ist.

(2) [1]Die Bezugserklärung hat die gleiche Wirkung wie eine Zeichnungserklärung. [2]Bezugserklärungen, deren Inhalt nicht dem Absatz 1 entspricht oder die Beschränkungen der Verpflichtung des Erklärenden enthalten, sind nichtig.

(3) Werden Bezugsaktien ungeachtet der Nichtigkeit einer Bezugserklärung ausgegeben, so kann sich der Erklärende auf die Nichtigkeit nicht berufen, wenn er aufgrund der Bezugserklärung als Aktionär Rechte ausgeübt oder Verpflichtungen erfüllt hat.

(4) Jede nicht in der Bezugserklärung enthaltene Beschränkung ist der Gesellschaft gegenüber unwirksam.

## § 199 Ausgabe der Bezugsaktien

(1) Der Vorstand darf die Bezugsaktien nur in Erfüllung des im Beschluß über die bedingte Kapitalerhöhung festgesetzten Zwecks und nicht vor der vollen Leistung des Gegenwerts ausgeben, der sich aus dem Beschluß ergibt.

(2) [1]Der Vorstand darf Bezugsaktien gegen Wandelschuldverschreibungen nur ausgeben, wenn der Unterschied zwischen dem Ausgabebetrag der zum Umtausch eingereichten Schuldverschreibungen und dem höheren Nennbetrag der für sie zu gewährenden Bezugsaktien aus einer anderen Gewinnrücklage,

soweit sie zu diesem Zweck verwandt werden kann, oder durch Zuzahlung des Umtauschberechtigten gedeckt ist. [2]Dies gilt nicht, wenn der Gesamtbetrag, zu dem die Schuldverschreibungen ausgegeben sind, den Gesamtnennbetrag der Bezugsaktien erreicht oder übersteigt.

## § 200 Wirksamwerden der bedingten Kapitalerhöhung

Mit der Ausgabe der Bezugsaktien ist das Grundkapital erhöht.

## § 201 Anmeldung der Ausgabe von Bezugsaktien

(1) Der Vorstand hat innerhalb eines Monats nach Ablauf des Geschäftsjahrs zur Eintragung in das Handelsregister anzumelden, in welchem Umfang im abgelaufenen Geschäftsjahr Bezugsaktien ausgegeben worden sind.

(2) [1]Der Anmeldung sind für das Gericht des Sitzes der Gesellschaft die Zweitschriften der Bezugserklärungen und ein vom Vorstand unterschriebenes Verzeichnis der Personen, die das Bezugsrecht ausgeübt haben, beizufügen. [2]Das Verzeichnis hat die auf jeden Aktionär entfallenden Aktien und die auf sie gemachten Einlagen anzugeben.

(3) In der Anmeldung hat der Vorstand zu erklären, daß die Bezugsaktien nur in Erfüllung des im Beschluß über die bedingte Kapitalerhöhung festgesetzten Zwecks und nicht vor der vollen Leistung des Gegenwerts ausgegeben worden sind, der sich aus dem Beschluß ergibt.

(4) Die eingereichten Schriftstücke werden beim Gericht in Urschrift, Ausfertigung oder öffentlich beglaubigter Abschrift aufbewahrt.

## Dritter Unterabschnitt. Genehmigtes Kapital

## § 202 Voraussetzung

(1) Die Satzung kann den Vorstand für höchstens fünf Jahre nach Eintragung der Gesellschaft ermächtigen, das Grundkapital bis zu einem bestimmten Nennbetrag (genehmigtes Kapital) durch Ausgabe neuer Aktien gegen Einlagen zu erhöhen.

(2) [1]Die Ermächtigung kann auch durch Satzungsänderung für höchstens fünf Jahre nach Eintragung der Satzungsänderung erteilt werden. [2]Der Beschluß der Hauptversammlung bedarf einer Mehrheit, die mindestens drei Viertel des bei der Beschlußfassung vertretenen Grundkapitals umfaßt. [3]Die Satzung kann eine größere Kapitalmehrheit und weitere Erfordernisse bestimmen. [4]§ 182 Abs. 2 gilt.

(3) [1]Der Nennbetrag des genehmigten Kapitals darf die Hälfte des Grundkapitals, das zur Zeit der Ermächtigung vorhanden ist, nicht übersteigen. [2]Die neuen Aktien sollen nur mit Zustimmung des Aufsichtsrats ausgegeben werden.

(4) Die Satzung kann auch vorsehen, daß die neuen Aktien an Arbeitnehmer der Gesellschaft ausgegeben werden.

## § 203 Ausgabe der neuen Aktien

(1) [1]Für die Ausgabe der neuen Aktien gelten sinngemäß, soweit sich aus den folgenden Vorschriften nichts anderes ergibt, §§ 185 bis 191 über die Kapitalerhöhung gegen Einlagen. [2]An die Stelle des Beschlusses über die Erhöhung des Grundkapitals tritt die Ermächtigung der Satzung zur Ausgabe neuer Aktien.

(2) [1]Die Ermächtigung kann vorsehen, daß der Vorstand über den Aus-

schluß des Bezugsrechts entscheidet. [2]Wird eine Ermächtigung, die dies vorsieht, durch Satzungsänderung erteilt, so gilt § 186 Abs. 4 sinngemäß.

(3) [1]Die neuen Aktien sollen nicht ausgegeben werden, solange ausstehende Einlagen auf das bisherige Grundkapital noch erlangt werden können. [2]Für Versicherungsgesellschaften kann die Satzung etwas anderes bestimmen. [3]Stehen Einlagen in verhältnismäßig unerheblichem Umfang aus, so hindert dies die Ausgabe der neuen Aktien nicht. [4]In der ersten Anmeldung der Durchführung der Erhöhung des Grundkapitals ist anzugeben, welche Einlagen auf das bisherige Grundkapital noch nicht geleistet sind und warum sie nicht erlangt werden können.

(4) Absatz 3 Satz 1 und 4 gilt nicht, wenn die Aktien an Arbeitnehmer der Gesellschaft ausgegeben werden.

## § 204 Bedingungen der Aktienausgabe

(1) [1]Über den Inhalt der Aktienrechte und die Bedingungen der Aktienausgabe entscheidet der Vorstand, soweit die Ermächtigung keine Bestimmungen enthält. [2]Die Entscheidung des Vorstands bedarf der Zustimmung des Aufsichtsrats; gleiches gilt für die Entscheidung des Vorstands nach § 203 Abs. 2 über den Ausschluß des Bezugsrechts.

(2) Sind Vorzugsaktien ohne Stimmrecht vorhanden, so können Vorzugsaktien, die bei der Verteilung des Gewinns oder des Gesellschaftsvermögens ihnen vorgehen oder gleichstehen, nur ausgegeben werden, wenn die Ermächtigung es vorsieht.

(3) [1]Weist ein Jahresabschluß, der mit einem uneingeschränkten Bestätigungsvermerk versehen ist, einen Jahresüberschuß aus, so können Aktien an Arbeitnehmer der Gesellschaft auch in der Weise ausgegeben werden, daß die auf sie zu leistende Einlage aus dem Teil des Jahresüberschusses gedeckt wird, den nach § 58 Abs. 2 Vorstand und Aufsichtsrat in andere Gewinnrücklagen einstellen können. [2]Für die Ausgabe der neuen Aktien gelten die Vorschriften über eine Kapitalerhöhung gegen Bareinlagen, ausgenommen § 188 Abs. 2. [3]Der Anmeldung der Durchführung der Erhöhung des Grundkapitals ist außerdem der festgestellte Jahresabschluß mit Bestätigungsvermerk beizufügen. [4]Die Anmeldenden haben ferner die Erklärung nach § 210 Abs. 1 Satz 2 abzugeben.

## § 205 Ausgabe gegen Sacheinlagen

(1) Gegen Sacheinlagen dürfen Aktien nur ausgegeben werden, wenn die Ermächtigung es vorsieht.

(2) [1]Der Gegenstand der Sacheinlage, die Person, von der die Gesellschaft den Gegenstand erwirbt, und der Nennbetrag der bei der Sacheinlage zu gewährenden Aktien sind, wenn sie nicht in der Ermächtigung festgesetzt sind, vom Vorstand festzusetzen und in den Zeichnungsschein aufzunehmen. [2]Der Vorstand soll die Entscheidung nur mit Zustimmung des Aufsichtsrats treffen.

(3) [1]Bei Ausgabe der Aktien gegen Sacheinlagen hat eine Prüfung durch einen oder mehrere Prüfer stattzufinden. [2]§ 33 Abs. 3 bis 5, § 34 Abs. 2 und 3, § 35 gelten sinngemäß. [3]Das Gericht kann die Eintragung ablehnen, wenn der Wert der Sacheinlage nicht unwesentlich hinter dem Nennbetrag der dafür zu gewährenden Aktien zurückbleibt.

(4) [1]Ohne die vorgeschriebene Festsetzung sind Verträge über Sacheinlagen und die Rechtshandlungen zu ihrer Ausführung der Gesellschaft gegenüber unwirksam. [2]Gleiches gilt, wenn die Festsetzung des Vorstands nicht in den Zeich-

nungsschein aufgenommen ist. [3]Ist die Durchführung der Erhöhung des Grundkapitals eingetragen, so wird die Gültigkeit der Kapitalerhöhung durch diese Unwirksamkeit nicht berührt. [4]Der Aktionär ist verpflichtet, den Nennbetrag oder den höheren Ausgabebetrag der Aktien einzuzahlen. [5]Die Unwirksamkeit kann durch Satzungsänderung nicht geheilt werden, nachdem die Durchführung der Erhöhung des Grundkapitals in das Handelsregister eingetragen worden ist.

(5) Die Absätze 2 und 3 gelten nicht für die Einlage von Geldforderungen, die Arbeitnehmern der Gesellschaft aus einer ihnen von der Gesellschaft eingeräumten Gewinnbeteiligung zustehen.

## § 206 Verträge über Sacheinlagen vor Eintragung der Gesellschaft

[1]Sind vor Eintragung der Gesellschaft Verträge geschlossen worden, nach denen auf das genehmigte Kapital eine Sacheinlage zu leisten ist, so muß die Satzung die Festsetzungen enthalten, die für eine Ausgabe gegen Sacheinlagen vorgeschrieben sind. [2]Dabei gelten sinngemäß § 27 Abs. 3, 5, §§ 32 bis 35, § 37 Abs. 4 Nr. 2, 4 und 5, § 38 Abs. 2, § 49 über die Gründung der Gesellschaft. [3]An die Stelle der Gründer tritt der Vorstand und an die Stelle der Anmeldung und Eintragung der Gesellschaft die Anmeldung und Eintragung der Durchführung der Erhöhung des Grundkapitals.

## Vierter Unterabschnitt. Kapitalerhöhung aus Gesellschaftsmitteln

## § 207 Voraussetzungen

(1) Die Hauptversammlung kann eine Erhöhung des Grundkapitals durch Umwandlung der Kapitalrücklage und von Gewinnrücklagen in Grundkapital beschließen.

(2) Für den Beschluß und für die Anmeldung des Beschlusses gelten § 182 Abs. 1 Satz 1, 2 und 4, § 184 Abs. 1 sinngemäß.

(3) Die Erhöhung kann erst beschlossen werden, nachdem der Jahresabschluß für das letzte vor der Beschlußfassung über die Kapitalerhöhung abgelaufene Geschäftsjahr (letzter Jahresabschluß) festgestellt ist.

(4) Dem Beschluß ist eine Bilanz zugrunde zu legen.

## § 208 Umwandlungsfähigkeit von Kapital- und Gewinnrücklagen

(1) [1]Die Kapitalrücklage und die Gewinnrücklagen, die in Grundkapital umgewandelt werden sollen, müssen in der letzten Jahresbilanz und, wenn dem Beschluß eine andere Bilanz zugrunde gelegt wird, auch in dieser Bilanz unter „Kapitalrücklage" oder „Gewinnrücklagen" oder im letzten Beschluß über die Verwendung des Jahresüberschusses oder des Bilanzgewinns als Zuführung zu diesen Rücklagen ausgewiesen sein. [2]Vorbehaltlich des Absatzes 2 können andere Gewinnrücklagen und deren Zuführungen in voller Höhe, die Kapitalrücklage und die gesetzliche Rücklage sowie deren Zuführungen nur, soweit sie zusammen den zehnten oder den in der Satzung bestimmten höheren Teil des bisherigen Grundkapitals übersteigen, in Grundkapital umgewandelt werden.

(2) [1]Die Kapitalrücklage und die Gewinnrücklagen sowie deren Zuführungen können nicht umgewandelt werden, soweit in der zugrunde gelegten Bilanz ein Verlust einschließlich eines Verlustvortrags ausgewiesen ist. [2]Gewinnrücklagen und deren Zuführungen, die für einen bestimmten Zweck bestimmt sind, dürfen nur umgewandelt werden, soweit dies mit ihrer Zweckbestimmung vereinbar ist.

## § 209 Zugrunde gelegte Bilanz

(1) Dem Beschluß kann die letzte Jahresbilanz zugrunde gelegt werden, wenn die Jahresbilanz geprüft und die festgestellte Jahresbilanz mit dem uneingeschränkten Bestätigungsvermerk des Abschlußprüfers versehen ist und wenn ihr Stichtag höchstens acht Monate vor der Anmeldung des Beschlusses zur Eintragung in das Handelsregister liegt.

(2) ¹Wird dem Beschluß nicht die letzte Jahresbilanz zugrunde gelegt, so muß die Bilanz den §§ 150, 152 dieses Gesetzes, §§ 242 bis 256, 264 bis 274, 279 bis 283 des Handelsgesetzbuchs entsprechen. ²Der Stichtag der Bilanz darf höchstens acht Monate vor der Anmeldung des Beschlusses zur Eintragung in das Handelsregister liegen.

(3) ¹Die Bilanz muß durch einen Abschlußprüfer darauf geprüft werden, ob sie den §§ 150, 152 dieses Gesetzes, §§ 242 bis 256, 264 bis 274, 279 bis 283 des Handelsgesetzbuchs entspricht. ²Sie muß mit einem uneingeschränkten Bestätigungsvermerk versehen sein.

(4) ¹Wenn die Hauptversammlung keinen anderen Prüfer wählt, gilt der Prüfer als gewählt, der für die Prüfung des letzten Jahresabschlusses von der Hauptversammlung gewählt oder vom Gericht bestellt worden ist. ²Soweit sich aus der Besonderheit des Prüfungsauftrags nichts anderes ergibt, sind auf die Prüfung § 318 Abs. 1 Satz 3, § 319 Abs. 1 bis 3, § 320 Abs. 1, 2, §§ 321, 322 Abs. 4 und § 323 des Handelsgesetzbuchs entsprechend anzuwenden.

(5) ¹Bei Versicherungsgesellschaften wird der Prüfer vom Aufsichtsrat bestimmt; Absatz 4 Satz 1 gilt sinngemäß. ²Soweit sich aus der Besonderheit des Prüfungsauftrags nichts anderes ergibt, sind auf die Prüfung §§ 57 bis 59 des Versicherungsaufsichtsgesetzes anzuwenden.

(6) Im Fall der Absätze 2 bis 5 gilt für die Auslegung der Bilanz und für die Erteilung von Abschriften § 175 Abs. 2 sinngemäß.

## § 210 Anmeldung und Eintragung des Beschlusses

(1) ¹Der Anmeldung des Beschlusses zur Eintragung in das Handelsregister ist für das Gericht des Sitzes der Gesellschaft die der Kapitalerhöhung zugrunde gelegte Bilanz mit Bestätigungsvermerk, im Fall des § 209 Abs. 2 bis 6 außerdem die letzte Jahresbilanz, sofern sie noch nicht eingereicht ist, beizufügen. ²Die Anmeldenden haben dem Gericht gegenüber zu erklären, daß nach ihrer Kenntnis seit dem Stichtag der zugrunde gelegten Bilanz bis zum Tag der Anmeldung keine Vermögensminderung eingetreten ist, die der Kapitalerhöhung entgegenstünde, wenn sie am Tag der Anmeldung beschlossen worden wäre.

(2) Das Gericht darf den Beschluß nur eintragen, wenn die der Kapitalerhöhung zugrunde gelegte Bilanz auf einen höchstens acht Monate vor der Anmeldung liegenden Stichtag aufgestellt und eine Erklärung nach Absatz 1 Satz 2 abgegeben worden ist.

(3) Das Gericht braucht nicht zu prüfen, ob die Bilanzen den gesetzlichen Vorschriften entsprechen.

(4) Bei der Eintragung des Beschlusses ist anzugeben, daß es sich um eine Kapitalerhöhung aus Gesellschaftsmitteln handelt.

(5) Die eingereichten Schriftstücke werden beim Gericht in Urschrift, Ausfertigung oder öffentlich beglaubigter Abschrift aufbewahrt.

## § 211 Wirksamwerden der Kapitalerhöhung

(1) Mit der Eintragung des Beschlusses über die Erhöhung des Grundkapitals ist das Grundkapital erhöht.

(2) Die neuen Aktien gelten als voll eingezahlt.

## § 212 Aus der Kapitalerhöhung Berechtigte

¹Die neuen Aktien stehen den Aktionären im Verhältnis ihrer Anteile am bisherigen Grundkapital zu. ²Ein entgegenstehender Beschluß der Hauptversammlung ist nichtig.

## § 213 Teilrechte

(1) Führt die Kapitalerhöhung dazu, daß auf einen Anteil am bisherigen Grundkapital nur ein Teil einer neuen Aktie entfällt, so ist dieses Teilrecht selbständig veräußerlich und vererblich.

(2) Die Rechte aus einer neuen Aktie einschließlich des Anspruchs auf Ausstellung einer Aktienurkunde können nur ausgeübt werden, wenn Teilrechte, die zusammen eine volle Aktie ergeben, in einer Hand vereinigt sind oder wenn sich mehrere Berechtigte, deren Teilrechte zusammen eine volle Aktie ergeben, zur Ausübung der Rechte zusammenschließen.

## § 214 Aufforderung an die Aktionäre

(1) ¹Nach der Eintragung des Beschlusses über die Erhöhung des Grundkapitals hat der Vorstand unverzüglich die Aktionäre aufzufordern, die neuen Aktien abzuholen. ²Die Aufforderung ist in den Gesellschaftsblättern bekanntzumachen. ³In der Bekanntmachung ist anzugeben,
1. um welchen Betrag das Grundkapital erhöht worden ist,
2. in welchem Verhältnis auf die alten Aktien neue Aktien entfallen.
⁴In der Bekanntmachung ist ferner darauf hinzuweisen, daß die Gesellschaft berechtigt ist, Aktien, die nicht innerhalb eines Jahres seit der Bekanntmachung der Aufforderung abgeholt werden, nach dreimaliger Androhung für Rechnung der Beteiligten zu verkaufen.

(2) ¹Nach Ablauf eines Jahres seit der Bekanntmachung der Aufforderung hat die Gesellschaft den Verkauf der nicht abgeholten Aktien anzudrohen. ²Die Androhung ist dreimal in Abständen von mindestens einem Monat in den Gesellschaftsblättern bekanntzumachen. ³Die letzte Bekanntmachung muß vor dem Ablauf von achtzehn Monaten seit der Bekanntmachung der Aufforderung ergehen.

(3) ¹Nach Ablauf eines Jahres seit der letzten Bekanntmachung der Androhung hat die Gesellschaft die nicht abgeholten Aktien für Rechnung der Beteiligten zum amtlichen Börsenpreis durch Vermittlung eines Kursmaklers und beim Fehlen eines Börsenpreises durch öffentliche Versteigerung zu verkaufen. ²§ 226 Abs. 3 Satz 2 bis 6 gilt sinngemäß.

(4) ¹Die Absätze 1 bis 3 gelten sinngemäß für Gesellschaften, die keine Aktienurkunden ausgegeben haben. ²Die Gesellschaften haben die Aktionäre aufzufordern, sich die neuen Aktien zuteilen zu lassen.

## § 215 Eigene Aktien. Teileingezahlte Aktien

(1) Eigene Aktien nehmen an der Erhöhung des Grundkapitals teil.

(2) ¹Teileingezahlte Aktien nehmen entsprechend ihrem Nennbetrag an der Erhöhung des Grundkapitals teil. ²Bei ihnen kann die Kapitalerhöhung nur durch Erhöhung des Nennbetrags der Aktien ausgeführt werden. ³Sind neben

teileingezahlten Aktien volleingezahlte Aktien vorhanden, so kann bei diesen die Kapitalerhöhung durch Erhöhung des Nennbetrags der Aktien und durch Ausgabe neuer Aktien ausgeführt werden; der Beschluß über die Erhöhung des Grundkapitals muß die Art der Erhöhung angeben. [4]Soweit die Kapitalerhöhung durch Erhöhung des Nennbetrags der Aktien ausgeführt wird, ist sie so zu bemessen, daß durch sie auf keine Aktie Beträge entfallen, die durch eine Erhöhung des Nennbetrags der Aktien nicht gedeckt werden können.

## § 216 Wahrung der Rechte der Aktionäre und Dritter

(1) [1]Das Verhältnis der mit den Aktien verbundenen Rechte zueinander wird durch die Kapitalerhöhung nicht berührt. [2]Die Ausgabe neuer Mehrstimmrechtsaktien und die Erhöhung des Stimmrechts von Mehrstimmrechtsaktien aufgrund des Satzes 1 bedürfen keiner Zulassung nach § 12 Abs. 2 Satz 2.

(2) [1]Soweit sich einzelne Rechte teileingezahlter Aktien, insbesondere die Beteiligung am Gewinn oder das Stimmrecht, nach der auf die Aktie geleisteten Einlage bestimmen, stehen diese Rechte den Aktionären bis zur Leistung der noch ausstehenden Einlagen nur nach der Höhe der geleisteten Einlage, erhöht um den auf den Nennbetrag des Grundkapitals berechneten Hundertsatz der Erhöhung des Grundkapitals zu. [2]Werden weitere Einzahlungen geleistet, so erweitern sich diese Rechte entsprechend. [3]Im Fall des § 271 Abs. 3 gelten die Erhöhungsbeträge als voll eingezahlt.

(3) [1]Der wirtschaftliche Inhalt vertraglicher Beziehungen der Gesellschaft zu Dritten, die von der Gewinnausschüttung der Gesellschaft, dem Nennbetrag oder Wert ihrer Aktien oder ihres Grundkapitals oder sonst von den bisherigen Kapital- oder Gewinnverhältnissen abhängen, wird durch die Kapitalerhöhung nicht berührt. [2]Gleiches gilt für Nebenverpflichtungen der Aktionäre.

## § 217 Beginn der Gewinnbeteiligung

(1) Die neuen Aktien nehmen, wenn nichts anderes bestimmt ist, am Gewinn des ganzen Geschäftsjahrs teil, in dem die Erhöhung des Grundkapitals beschlossen worden ist.

(2) [1]Im Beschluß über die Erhöhung des Grundkapitals kann bestimmt werden, daß die neuen Aktien bereits am Gewinn des letzten vor der Beschlußfassung über die Kapitalerhöhung abgelaufenen Geschäftsjahrs teilnehmen. [2]In diesem Fall ist die Erhöhung des Grundkapitals zu beschließen, bevor über die Verwendung des Bilanzgewinns des letzten vor der Beschlußfassung abgelaufenen Geschäftsjahrs Beschluß gefaßt ist. [3]Der Beschluß über die Verwendung des Bilanzgewinns des letzten vor der Beschlußfassung über die Kapitalerhöhung abgelaufenen Geschäftsjahrs wird erst wirksam, wenn das Grundkapital erhöht ist. [4]Der Beschluß über die Erhöhung des Grundkapitals und der Beschluß über die Verwendung des Bilanzgewinns des letzten vor der Beschlußfassung über die Kapitalerhöhung abgelaufenen Geschäftsjahrs sind nichtig, wenn der Beschluß über die Kapitalerhöhung nicht binnen drei Monaten nach der Beschlußfassung in das Handelsregister eingetragen worden ist. [5]Der Lauf der Frist ist gehemmt, solange eine Anfechtungs- oder Nichtigkeitsklage rechtshängig ist oder eine zur Kapitalerhöhung beantragte staatliche Genehmigung noch nicht erteilt ist.

## § 218 Bedingtes Kapital

[1]Bedingtes Kapital erhöht sich im gleichen Verhältnis wie das Grundkapital. [2]Ist das bedingte Kapital zur Gewährung von Umtauschrechten an Gläubi-

ger von Wandelschuldverschreibungen beschlossen worden, so ist zur Dek-
kung des Unterschieds zwischen dem Ausgabebetrag der Schuldverschreibungen und dem höheren Gesamtnennbetrag der für sie zu gewährenden Bezugsaktien eine Sonderrücklage zu bilden, soweit nicht Zuzahlungen der Umtauschberechtigten vereinbart sind.

### § 219 Verbotene Ausgabe von Aktien und Zwischenscheinen

Vor der Eintragung des Beschlusses über die Erhöhung des Grundkapitals
in das Handelsregister dürfen neue Aktien und Zwischenscheine nicht ausgegeben werden.

### § 220 Wertansätze

[1]Als Anschaffungskosten der vor der Erhöhung des Grundkapitals erwor-
nen Aktien und der auf sie entfallenen neuen Aktien gelten die Beträge, die
sich für die einzelnen Aktien ergeben, wenn die Anschaffungskosten der vor
der Erhöhung des Grundkapitals erworbenen Aktien auf diese und auf die auf
sie entfallenen neuen Aktien nach dem Verhältnis der Nennbeträge verteilt
werden. [2]Der Zuwachs an Aktien ist nicht als Zugang auszuweisen.

### Fünfter Unterabschnitt. Wandelschuldverschreibungen.
### Gewinnschuldverschreibungen

### § 221

(1) [1]Schuldverschreibungen, bei denen den Gläubigern ein Umtausch- oder
Bezugsrecht auf Aktien eingeräumt wird (Wandelschuldverschreibungen), und
Schuldverschreibungen, bei denen die Rechte der Gläubiger mit Gewinnantei-
len von Aktionären in Verbindung gebracht werden (Gewinnschuldverschreibungen), dürfen nur aufgrund eines Beschlusses der Hauptversammlung ausgegeben werden. [2]Der Beschluß bedarf einer Mehrheit, die mindestens drei
Viertel des bei der Beschlußfassung vertretenen Grundkapitals umfaßt. [3]Die
Satzung kann eine andere Kapitalmehrheit und weitere Erfordernisse bestimmen. [4]§ 182 Abs. 2 gilt.

(2) [1]Eine Ermächtigung des Vorstandes zur Ausgabe von Wandelschuldverschreibungen kann höchstens für fünf Jahre erteilt werden. [2]Der Vorstand und
der Vorsitzende des Aufsichtsrats haben den Beschluß über die Ausgabe der
Wandelschuldverschreibungen sowie eine Erklärung über deren Ausgabe
beim Handelsregister zu hinterlegen. [3]Ein Hinweis auf den Beschluß und die
Erklärung ist in den Gesellschaftsblättern bekanntzumachen.

(3) Absatz 1 gilt sinngemäß für die Gewährung von Genußrechten.

(4) [1]Auf Wandelschuldverschreibungen, Gewinnschuldverschreibungen
und Genußrechte haben die Aktionäre ein Bezugsrecht. [2]§ 186 gilt sinngemäß.

### Dritter Abschnitt. Maßnahmen der Kapitalherabsetzung
### Erster Unterabschnitt. Ordentliche Kapitalherabsetzung

### § 222 Voraussetzungen

(1) [1]Eine Herabsetzung des Grundkapitals kann nur mit einer Mehrheit beschlossen werden, die mindestens drei Viertel des bei der Beschlußfassung
vertretenen Grundkapitals umfaßt. [2]Die Satzung kann eine größere Kapitalmehrheit und weitere Erfordernisse bestimmen.

(2) ¹Sind mehrere Gattungen von Aktien vorhanden, so bedarf der Beschluß der Hauptversammlung zu seiner Wirksamkeit der Zustimmung der Aktionäre jeder Gattung. ²Über die Zustimmung haben die Aktionäre jeder Gattung einen Sonderbeschluß zu fassen. ³Für diesen gilt Absatz 1.

(3) In dem Beschluß ist festzusetzen, zu welchem Zweck die Herabsetzung stattfindet, namentlich ob Teile des Grundkapitals zurückgezahlt werden sollen.

(4) ¹Das Grundkapital kann herabgesetzt werden
1. durch Herabsetzung des Nennbetrags der Aktien;
2. durch Zusammenlegung der Aktien; diese ist nur zulässig, soweit der Mindestnennbetrag für Aktien nicht innegehalten werden kann.
²Der Beschluß muß die Art der Herabsetzung angeben.

## § 223 Anmeldung des Beschlusses

Der Vorstand und der Vorsitzende des Aufsichtsrats haben den Beschluß über die Herabsetzung des Grundkapitals zur Eintragung in das Handelsregister anzumelden.

## § 224 Wirksamwerden der Kapitalherabsetzung

Mit der Eintragung des Beschlusses über die Herabsetzung des Grundkapitals ist das Grundkapital herabgesetzt.

## § 225 Gläubigerschutz

(1) ¹Den Gläubigern, deren Forderungen begründet worden sind, bevor die Eintragung des Beschlusses bekanntgemacht worden ist, ist, wenn sie sich binnen sechs Monaten nach der Bekanntmachung zu diesem Zweck melden, Sicherheit zu leisten, soweit sie nicht Befriedigung verlangen können. ²Die Gläubiger sind in der Bekanntmachung der Eintragung auf dieses Recht hinzuweisen. ³Das Recht, Sicherheitsleistung zu verlangen, steht Gläubigern nicht zu, die im Fall des Konkurses ein Recht auf vorzugsweise Befriedigung aus einer Deckungsmasse haben, die nach gesetzlicher Vorschrift zu ihrem Schutz errichtet und staatlich überwacht ist.

(2) ¹Zahlungen an die Aktionäre dürfen aufgrund der Herabsetzung des Grundkapitals erst geleistet werden, nachdem seit der Bekanntmachung der Eintragung sechs Monate verstrichen sind und nachdem den Gläubigern, die sich rechtzeitig gemeldet haben, Befriedigung oder Sicherheit gewährt worden ist. ²Auch eine Befreiung der Aktionäre von der Verpflichtung zur Leistung von Einlagen wird nicht vor dem bezeichneten Zeitpunkt und nicht vor Befriedigung oder Sicherstellung der Gläubiger wirksam, die sich rechtzeitig gemeldet haben.

(3) Das Recht der Gläubiger, Sicherheitsleistung zu verlangen, ist unabhängig davon, ob Zahlungen an die Aktionäre aufgrund der Herabsetzung des Grundkapitals geleistet werden.

## § 226 Kraftloserklärung von Aktien

(1) ¹Sollen zur Durchführung der Herabsetzung des Grundkapitals Aktien durch Umtausch, Abstempelung oder durch ein ähnliches Verfahren zusammengelegt werden, so kann die Gesellschaft die Aktien für kraftlos erklären, die trotz Aufforderung nicht bei ihr eingereicht worden sind. ²Gleiches gilt für eingereichte Aktien, welche die zum Ersatz durch neue Aktien nötige Zahl nicht erreichen und der Gesellschaft nicht zur Verwertung für Rechnung der Beteiligten zur Verfügung gestellt sind.

(2) ¹Die Aufforderung, die Aktien einzureichen, hat die Kraftloserklärung anzudrohen. ²Die Kraftloserklärung kann nur erfolgen, wenn die Aufforderung in der in § 64 Abs. 2 für die Nachfrist vorgeschriebenen Weise bekanntgemacht worden ist. ³Die Kraftloserklärung geschieht durch Bekanntmachung in den Gesellschaftsblättern. ⁴In der Bekanntmachung sind die für kraftlos erklärten Aktien so zu bezeichnen, daß sich aus der Bekanntmachung ohne weiteres ergibt, ob eine Aktie für kraftlos erklärt ist.

(3) ¹Die neuen Aktien, die an Stelle der für kraftlos erklärten Aktien auszugeben sind, hat die Gesellschaft unverzüglich für Rechnung der Beteiligten zum amtlichen Börsenpreis durch Vermittlung eines Kursmaklers und beim Fehlen eines Börsenpreises durch öffentliche Versteigerung zu verkaufen. ²Ist von der Versteigerung am Sitz der Gesellschaft kein angemessener Erfolg zu erwarten, so sind die Aktien an einem geeigneten Ort zu verkaufen. ³Zeit, Ort und Gegenstand der Versteigerung sind öffentlich bekanntzumachen. ⁴Die Beteiligten sind besonders zu benachrichtigen; die Benachrichtigung kann unterbleiben, wenn sie untunlich ist. ⁵Bekanntmachung und Benachrichtigung müssen mindestens zwei Wochen vor der Versteigerung ergehen. ⁶Der Erlös ist den Beteiligten auszuzahlen oder, wenn ein Recht zur Hinterlegung besteht, zu hinterlegen.

## § 227 Anmeldung der Durchführung

(1) Der Vorstand hat die Durchführung der Herabsetzung des Grundkapitals zur Eintragung in das Handelsregister anzumelden.

(2) Anmeldung und Eintragung der Durchführung der Herabsetzung des Grundkapitals können mit Anmeldung und Eintragung des Beschlusses über die Herabsetzung verbunden werden.

## § 228 Herabsetzung unter den Mindestnennbetrag

(1) Das Grundkapital kann unter den in § 7 bestimmten Mindestnennbetrag herabgesetzt werden, wenn dieser durch eine Kapitalerhöhung wieder erreicht wird, die zugleich mit der Kapitalherabsetzung beschlossen ist und bei der Sacheinlagen nicht festgesetzt sind.

(2) ¹Die Beschlüsse sind nichtig, wenn sie und die Durchführung der Erhöhung nicht binnen sechs Monaten nach der Beschlußfassung in das Handelsregister eingetragen worden sind. ²Der Lauf der Frist ist gehemmt, solange eine Anfechtungs- oder Nichtigkeitsklage rechtshängig ist oder eine zur Kapitalherabsetzung oder Kapitalerhöhung beantragte staatliche Genehmigung noch nicht erteilt ist. ³Die Beschlüsse und die Durchführung der Erhöhung des Grundkapitals sollen nur zusammen in das Handelsregister eingetragen werden.

## Zweiter Unterabschnitt. Vereinfachte Kapitalherabsetzung

## § 229 Voraussetzungen

(1) ¹Eine Herabsetzung des Grundkapitals, die dazu dienen soll, Wertminderungen auszugleichen, sonstige Verluste zu decken oder Beträge in die Kapitalrücklage einzustellen, kann in vereinfachter Form vorgenommen werden. ²Im Beschluß ist festzusetzen, daß die Herabsetzung zu diesen Zwecken stattfindet.

(2) ¹Die vereinfachte Kapitalherabsetzung ist nur zulässig, nachdem der Teil der gesetzlichen Rücklage und der Kapitalrücklage, um den diese zusam-

men über zehn vom Hundert des nach der Herabsetzung verbleibenden Grundkapitals hinausgehen, sowie die Gewinnrücklagen vorweg aufgelöst sind. [2]Sie ist nicht zulässig, solange ein Gewinnvortrag vorhanden ist.

(3) § 222 Abs. 1, 2 und 4, §§ 223, 224, 226 bis 228 über die ordentliche Kapitalherabsetzung gelten sinngemäß.

## § 230 Verbot von Zahlungen an die Aktionäre

[1]Die Beträge, die aus der Auflösung der Kapital- oder Gewinnrücklagen und aus der Kapitalherabsetzung gewonnen werden, dürfen nicht zu Zahlungen an die Aktionäre und nicht dazu verwandt werden, die Aktionäre von der Verpflichtung zur Leistung von Einlagen zu befreien. [2]Sie dürfen nur verwandt werden, um Wertminderungen auszugleichen, sonstige Verluste zu decken und Beträge in die Kapitalrücklage oder in die gesetzliche Rücklage einzustellen. [3]Auch eine Verwendung zu einem dieser Zwecke ist nur zulässig, soweit sie im Beschluß als Zweck der Herabsetzung angegeben ist.

## § 231 Beschränkte Einstellung in die Kapitalrücklage und in die gesetzliche Rücklage

[1]Die Einstellung der Beträge, die aus der Auflösung von anderen Gewinnrücklagen gewonnen werden, in die gesetzliche Rücklage und der Beträge, die aus der Kapitalherabsetzung gewonnen werden, in die Kapitalrücklage ist nur zulässig, soweit die Kapitalrücklage und die gesetzliche Rücklage zusammen zehn vom Hundert des Grundkapitals nicht übersteigen. [2]Als Grundkapital gilt dabei der Nennbetrag, der sich durch die Herabsetzung ergibt, mindestens aber der in § 7 bestimmte Mindestnennbetrag. [3]Bei der Bemessung der zulässigen Höhe bleiben Beträge, die in der Zeit nach der Beschlußfassung über die Kapitalherabsetzung in die Kapitalrücklage einzustellen sind, auch dann außer Betracht, wenn ihre Zahlung auf einem Beschluß beruht, der zugleich mit dem Beschluß über die Kapitalherabsetzung gefaßt wird.

## § 232 Einstellung von Beträgen in die Kapitalrücklage bei zu hoch angenommenen Verlusten

Ergibt sich bei Aufstellung der Jahresbilanz für das Geschäftsjahr, in dem der Beschluß über die Kapitalherabsetzung gefaßt wurde, oder für eines der beiden folgenden Geschäftsjahre, daß Wertminderungen und sonstige Verluste in der bei der Beschlußfassung angenommenen Höhe tatsächlich nicht eingetreten oder ausgeglichen waren, so ist der Unterschiedsbetrag in die Kapitalrücklage einzustellen.

## § 233 Gewinnausschüttung. Gläubigerschutz

(1) [1]Gewinn darf nicht ausgeschüttet werden, bevor die gesetzliche Rücklage und die Kapitalrücklage zusammen zehn vom Hundert des Grundkapitals erreicht haben. [2]Als Grundkapital gilt dabei der Nennbetrag, der sich durch die Herabsetzung ergibt, mindestens aber der in § 7 bestimmte Mindestnennbetrag.

(2) [1]Die Zahlung eines Gewinnanteils von mehr als vier vom Hundert ist erst für ein Geschäftsjahr zulässig, das später als zwei Jahre nach der Beschlußfassung über die Kapitalherabsetzung beginnt. [2]Dies gilt nicht, wenn die Gläubiger, deren Forderungen vor der Bekanntmachung der Eintragung des Beschlusses begründet worden waren, befriedigt oder sichergestellt sind, soweit sie sich binnen sechs Monaten nach der Bekanntmachung des Jahres-

abschlusses, aufgrund dessen die Gewinnverteilung beschlossen ist, zu diesem Zweck gemeldet haben. [3]Einer Sicherstellung der Gläubiger bedarf es nicht, die im Fall des Konkurses ein Recht auf vorzugsweise Befriedigung aus einer Deckungsmasse haben, die nach gesetzlicher Vorschrift zu ihrem Schutz errichtet und staatlich überwacht ist. [4]Die Gläubiger sind in der Bekanntmachung nach § 325 Abs. 1 Satz 2 oder Abs. 2 Satz 1 des Handelsgesetzbuchs auf die Befriedigung oder Sicherstellung hinzuweisen.

(3) Die Beträge, die aus der Auflösung von Kapital- und Gewinnrücklagen und aus der Kapitalherabsetzung gewonnen sind, dürfen auch nach diesen Vorschriften nicht als Gewinn ausgeschüttet werden.

## § 234 Rückwirkung der Kapitalherabsetzung

(1) Im Jahresabschluß für das letzte vor der Beschlußfassung über die Kapitalherabsetzung abgelaufene Geschäftsjahr können das gezeichnete Kapital sowie die Kapital- und Gewinnrücklagen in der Höhe ausgewiesen werden, in der sie nach der Kapitalherabsetzung bestehen sollen.

(2) [1]In diesem Fall beschließt die Hauptversammlung über die Feststellung des Jahresabschlusses. [2]Der Beschluß soll zugleich mit dem Beschluß über die Kapitalherabsetzung gefaßt werden.

(3) [1]Die Beschlüsse sind nichtig, wenn der Beschluß über die Kapitalherabsetzung nicht binnen drei Monaten nach der Beschlußfassung in das Handelsregister eingetragen worden ist. [2]Der Lauf der Frist ist gehemmt, solange eine Anfechtungs- oder Nichtigkeitsklage rechtshängig ist oder eine zur Kapitalherabsetzung beantragte staatliche Genehmigung noch nicht erteilt ist.

## § 235 Rückwirkung einer gleichzeitigen Kapitalerhöhung

(1) [1]Wird im Fall des § 234 zugleich mit der Kapitalherabsetzung eine Erhöhung des Grundkapitals beschlossen, so kann auch die Kapitalerhöhung in dem Jahresabschluß als vollzogen berücksichtigt werden. [2]Die Beschlußfassung ist nur zulässig, wenn die neuen Aktien gezeichnet, keine Sacheinlagen festgesetzt sind und wenn auf jede Aktie die Einzahlung geleistet ist, die nach § 188 Abs. 2 zur Zeit der Anmeldung der Durchführung der Kapitalerhöhung bewirkt sein muß. [3]Die Zeichnung und die Einzahlung sind dem Notar nachzuweisen, der den Beschluß über die Erhöhung des Grundkapitals beurkundet.

(2) [1]Sämtliche Beschlüsse sind nichtig, wenn die Beschlüsse über die Kapitalherabsetzung und die Kapitalerhöhung und die Durchführung der Erhöhung nicht binnen drei Monaten nach der Beschlußfassung in das Handelsregister eingetragen worden sind. [2]Der Lauf der Frist ist gehemmt, solange eine Anfechtungs- oder Nichtigkeitsklage rechtshängig ist oder eine zur Kapitalherabsetzung oder Kapitalerhöhung beantragte staatliche Genehmigung noch nicht erteilt ist. [3]Die Beschlüsse und die Durchführung der Erhöhung des Grundkapitals sollen nur zusammen in das Handelsregister eingetragen werden.

## § 236 Offenlegung

Die Offenlegung des Jahresabschlusses nach § 325 des Handelsgesetzbuchs darf im Fall des § 234 erst nach Eintragung des Beschlusses über die Kapitalherabsetzung, im Fall des § 235 erst ergehen, nachdem die Beschlüsse über die Kapitalherabsetzung und Kapitalerhöhung und die Durchführung der Kapitalerhöhung eingetragen worden sind.

**Dritter Unterabschnitt. Kapitalherabsetzung durch Einziehung von Aktien**

## § 237 Voraussetzungen

(1) [1]Aktien können zwangsweise oder nach Erwerb durch die Gesellschaft eingezogen werden. [2]Eine Zwangseinziehung ist nur zulässig, wenn sie in der ursprünglichen Satzung oder durch eine Satzungsänderung vor Übernahme oder Zeichnung der Aktien angeordnet oder gestattet war.

(2) [1]Bei der Einziehung sind die Vorschriften über die ordentliche Kapitalherabsetzung zu befolgen. [2]In der Satzung oder in dem Beschluß der Hauptversammlung sind die Voraussetzungen für eine Zwangseinziehung und die Einzelheiten ihrer Durchführung festzulegen. [3]Für die Zahlung des Entgelts, das Aktionären bei einer Zwangseinziehung oder bei einem Erwerb von Aktien zum Zwecke der Einziehung gewährt wird, und für die Befreiung dieser Aktionäre von der Verpflichtung zur Leistung von Einlagen gilt § 225 Abs. 2 sinngemäß.

(3) Die Vorschriften über die ordentliche Kapitalherabsetzung brauchen nicht befolgt zu werden, wenn Aktien, auf die der Nennbetrag oder der höhere Ausgabebetrag voll geleistet ist,

1. der Gesellschaft unentgeltlich zur Verfügung gestellt oder
2. zu Lasten des Bilanzgewinns oder einer anderen Gewinnrücklage, soweit sie zu diesem Zweck verwandt werden können, eingezogen werden.

(4) [1]Auch in den Fällen des Absatzes 3 kann die Kapitalherabsetzung durch Einziehung nur von der Hauptversammlung beschlossen werden. [2]Für den Beschluß genügt die einfache Stimmenmehrheit. [3]Die Satzung kann eine größere Mehrheit und weitere Erfordernisse bestimmen. [4]Im Beschluß ist der Zweck der Kapitalherabsetzung festzusetzen. [5]Der Vorstand und der Vorsitzende des Aufsichtsrats haben den Beschluß zur Eintragung in das Handelsregister anzumelden.

(5) In den Fällen des Absatzes 3 ist in die Kapitalrücklage ein Betrag einzustellen, der dem Gesamtnennbetrag der eingezogenen Aktien gleichkommt.

(6) [1]Soweit es sich um eine durch die Satzung angeordnete Zwangseinziehung handelt, bedarf es eines Beschlusses der Hauptversammlung nicht. [2]In diesem Fall tritt für die Anwendung der Vorschriften über die ordentliche Kapitalherabsetzung an die Stelle des Hauptversammlungsbeschlusses die Entscheidung des Vorstands über die Einziehung.

## § 238 Wirksamwerden der Kapitalherabsetzung

[1]Mit der Eintragung des Beschlusses oder, wenn die Einziehung nachfolgt, mit der Einziehung ist das Grundkapital um den Gesamtnennbetrag der eingezogenen Aktien herabgesetzt. [2]Handelt es sich um eine durch die Satzung angeordnete Zwangseinziehung, so ist, wenn die Hauptversammlung nicht über die Kapitalherabsetzung beschließt, das Grundkapital mit der Zwangseinziehung herabgesetzt. [3]Zur Einziehung bedarf es einer Handlung der Gesellschaft, die auf Vernichtung der Rechte aus bestimmten Aktien gerichtet ist.

## § 239 Anmeldung der Durchführung

(1) [1]Der Vorstand hat die Durchführung der Herabsetzung des Grundkapitals zur Eintragung in das Handelsregister anzumelden. [2]Dies gilt auch dann, wenn es sich um eine durch die Satzung angeordnete Zwangseinziehung handelt.

(2) Anmeldung und Eintragung der Durchführung der Herabsetzung können mit Anmeldung und Eintragung des Beschlusses über die Herabsetzung verbunden werden.

### Vierter Unterabschnitt. Ausweis der Kapitalherabsetzung

### § 240

[1]Der aus der Kapitalherabsetzung gewonnene Betrag ist in der Gewinn- und Verlustrechnung als „Ertrag aus der Kapitalherabsetzung" gesondert, und zwar hinter dem Posten „Entnahmen aus Gewinnrücklagen", auszuweisen. [2]Eine Einstellung in die Kapitalrücklage nach § 229 Abs. 1 und § 232 ist als „Einstellung in die Kapitalrücklage nach den Vorschriften über die vereinfachte Kapitalherabsetzung" gesondert auszuweisen. [3]Im Anhang ist zu erläutern, ob und in welcher Höhe die aus der Kapitalherabsetzung und aus der Auflösung von Gewinnrücklagen gewonnenen Beträge
1. zum Ausgleich von Wertminderungen,
2. zur Deckung von sonstigen Verlusten oder
3. zur Einstellung in die Kapitalrücklage
verwandt werden.

# Siebenter Teil. Nichtigkeit von Hauptversammlungsbeschlüssen und des festgestellten Jahresabschlusses. Sonderprüfung wegen unzulässiger Unterbewertung

## Erster Abschnitt. Nichtigkeit von Hauptversammlungsbeschlüssen

### Erster Unterabschnitt. Allgemeines

### § 241 Nichtigkeitsgründe

Ein Beschluß der Hauptversammlung ist außer in den Fällen des § 192 Abs. 4, §§ 212, 217 Abs. 2, § 228 Abs. 2, § 234 Abs. 3 und § 235 Abs. 2 nur dann nichtig, wenn er
1. in einer Hauptversammlung gefaßt worden ist, die nicht nach § 121 Abs. 2 und 3 einberufen war, es sei denn, daß alle Aktionäre erschienen oder vertreten waren,
2. nicht nach § 130 Abs. 1, 2 und 4 beurkundet ist,
3. mit dem Wesen der Aktiengesellschaft nicht zu vereinbaren ist oder durch seinen Inhalt Vorschriften verletzt, die ausschließlich oder überwiegend zum Schutze der Gläubiger der Gesellschaft oder sonst im öffentlichen Interesse gegeben sind,
4. durch seinen Inhalt gegen die guten Sitten verstößt,
5. auf Anfechtungsklage durch Urteil rechtskräftig für nichtig erklärt worden ist,
6. nach § 144 Abs. 2 des Gesetzes über die Angelegenheiten der freiwilligen Gerichtsbarkeit aufgrund rechtskräftiger Entscheidung als nichtig gelöscht worden ist.

### § 242 Heilung der Nichtigkeit

(1) Die Nichtigkeit eines Hauptversammlungsbeschlusses, der entgegen § 130 Abs. 1, 2 und 4 nicht oder nicht gehörig beurkundet worden ist, kann nicht mehr geltend gemacht werden, wenn der Beschluß in das Handelsregister eingetragen worden ist.

(2) ¹Ist ein Hauptversammlungsbeschluß nach § 241 Nr. 1, 3 oder 4 nichtig, so kann die Nichtigkeit nicht mehr geltend gemacht werden, wenn der Beschluß in das Handelsregister eingetragen worden ist und seitdem drei Jahre verstrichen sind. ²Ist bei Ablauf der Frist eine Klage auf Feststellung der Nichtigkeit des Hauptversammlungsbeschlusses rechtshängig, so verlängert sich die Frist, bis über die Klage rechtskräftig entschieden ist oder sie sich auf andere Weise endgültig erledigt hat. ³Eine Löschung des Beschlusses von Amts wegen nach § 144 Abs. 2 des Gesetzes über die Angelegenheiten der freiwilligen Gerichtsbarkeit wird durch den Zeitablauf nicht ausgeschlossen.

(3) Absatz 2 gilt entsprechend, wenn in den Fällen des § 217 Abs. 2, § 228 Abs. 2, § 234 Abs. 3 und § 235 Abs. 2 die erforderlichen Eintragungen nicht fristgemäß vorgenommen worden sind.

### § 243 Anfechtungsgründe

(1) Ein Beschluß der Hauptversammlung kann wegen Verletzung des Gesetzes oder der Satzung durch Klage angefochten werden.

(2) ¹Die Anfechtung kann auch darauf gestützt werden, daß ein Aktionär mit der Ausübung des Stimmrechts für sich oder einen Dritten Sondervorteile zum Schaden der Gesellschaft oder der anderen Aktionäre zu erlangen suchte und der Beschluß geeignet ist, diesem Zweck zu dienen. ²Dies gilt nicht, wenn der Beschluß den anderen Aktionären einen angemessenen Ausgleich für ihren Schaden gewährt.

(3) Auf eine Verletzung des § 128 kann die Anfechtung nicht gestützt werden.

(4) Für eine Anfechtung, die auf die Verweigerung einer Auskunft gestützt wird, ist es unerheblich, daß die Hauptversammlung oder Aktionäre erklärt haben oder erklären, die Verweigerung der Auskunft habe ihre Beschlußfassung nicht beeinflußt.

### § 244 Bestätigung anfechtbarer Hauptversammlungsbeschlüsse

¹Die Anfechtung kann nicht mehr geltend gemacht werden, wenn die Hauptversammlung den anfechtbaren Beschluß durch einen neuen Beschluß bestätigt hat und dieser Beschluß innerhalb der Anfechtungsfrist nicht angefochten oder die Anfechtung rechtskräftig zurückgewiesen worden ist. ²Hat der Kläger ein rechtliches Interesse, daß der anfechtbare Beschluß für die Zeit bis zum Bestätigungsbeschluß für nichtig erklärt wird, so kann er die Anfechtung weiterhin mit dem Ziel geltend machen, dan anfechtbaren Beschluß für diese Zeit für nichtig zu erklären.

### § 245 Anfechtungsbefugnis

Zur Anfechtung ist befugt
1. jeder in der Hauptversammlung erschienene Aktionär, wenn er gegen den Beschluß Widerspruch zur Niederschrift erklärt hat;
2. jeder in der Hauptversammlung nicht erschienene Aktionär, wenn er zu der Hauptversammlung zu Unrecht nicht zugelassen worden ist oder die Versammlung nicht ordnungsgemäß einberufen oder der Gegenstand der Beschlußfassung nicht ordnungsgemäß bekanntgemacht worden ist;
3. im Fall des § 243 Abs. 2 jeder Aktionär;
4. der Vorstand;
5. jedes Mitglied des Vorstands und des Aufsichtsrats, wenn durch die Ausführung des Beschlusses Mitglieder des Vorstands oder des Aufsichtsrats ei-

ne strafbare Handlung oder eine Ordnungswidrigkeit begehen oder wenn sie ersatzpflichtig werden würden.

## § 246 Anfechtungsklage

(1) Die Klage muß innerhalb eines Monats nach der Beschlußfassung erhoben werden.

(2) ¹Die Klage ist gegen die Gesellschaft zu richten. ²Die Gesellschaft wird durch Vorstand und Aufsichtsrat vertreten. ³Klagt der Vorstand oder ein Vorstandsmitglied, wird die Gesellschaft durch den Aufsichtsrat, klagt ein Aufsichtsratsmitglied, wird sie durch den Vorstand vertreten.

(3) ¹Zuständig für die Klage ist ausschließlich das Landgericht, in dessen Bezirk die Gesellschaft ihren Sitz hat. ²Die mündliche Verhandlung findet nicht vor Ablauf der Monatsfrist des Absatzes 1 statt. ³Mehrere Anfechtungsprozesse sind zur gleichzeitigen Verhandlung und Entscheidung zu verbinden.

(4) Der Vorstand hat die Erhebung der Klage und den Termin zur mündlichen Verhandlung unverzüglich in den Gesellschaftsblättern bekanntzumachen.

## § 247 Streitwert

(1) ¹Den Streitwert bestimmt das Prozeßgericht unter Berücksichtigung aller Umstände des einzelnen Falles, insbesondere der Bedeutung der Sache für die Parteien, nach billigem Ermessen. ²Er darf jedoch ein Zehntel des Grundkapitals oder, wenn dieses Zehntel mehr als eine Million Deutsche Mark beträgt, eine Million Deutsche Mark nur insoweit übersteigen, als die Bedeutung der Sache für den Kläger höher zu bewerten ist.

(2) ¹Macht eine Partei glaubhaft, daß die Belastung mit den Prozeßkosten nach dem gemäß Absatz 1 bestimmten Streitwert ihre wirtschaftliche Lage erheblich gefährden würde, so kann das Prozeßgericht auf ihren Antrag anordnen, daß ihre Verpflichtung zur Zahlung von Gerichtskosten sich nach einem ihrer Wirtschaftslage angepaßten Teil des Streitwerts bemißt. ²Die Anordnung hat zur Folge, daß die begünstigte Partei die Gebühren ihres Rechtsanwalts ebenfalls nur nach diesem Teil des Streitwerts zu entrichten hat. ³Soweit ihr Kosten des Rechtsstreits auferlegt werden oder soweit sie diese übernimmt, hat sie die vom Gegner entrichteten Gerichtsgebühren und die Gebühren seines Rechtsanwalts nur nach dem Teil des Streitwerts zu erstatten. ⁴Soweit die außergerichtlichen Kosten dem Gegner auferlegt oder von ihm übernommen werden, kann der Rechtsanwalt der begünstigten Partei seine Gebühren von dem Gegner nach dem für diesen geltenden Streitwert beitreiben.

(3) ¹Der Antrag nach Absatz 2 kann vor der Geschäftsstelle des Prozeßgerichts zur Niederschrift erklärt werden. ²Er ist vor der Verhandlung zur Hauptsache anzubringen. ³Später ist er nur zulässig, wenn der angenommene oder festgesetzte Streitwert durch das Prozeßgericht heraufgesetzt wird. ⁴Vor der Entscheidung über den Antrag ist der Gegner zu hören.

## § 248 Urteilswirkung

(1) ¹Soweit der Beschluß durch rechtskräftiges Urteil für nichtig erklärt ist, wirkt das Urteil für und gegen alle Aktionäre sowie die Mitglieder des Vorstands und des Aufsichtsrats, auch wenn sie nicht Partei sind. ²Der Vorstand hat das Urteil unverzüglich zum Handelsregister einzureichen. ³War der Beschluß in das Handelsregister eingetragen, so ist auch das Urteil einzutragen. ⁴Die Eintragung des Urteils ist in gleicher Weise wie die des Beschlusses bekanntzumachen.

(2) Hatte der Beschluß eine Satzungsänderung zum Inhalt, so ist mit dem Urteil der vollständige Wortlaut der Satzung, wie er sich unter Berücksichtigung des Urteils und aller bisherigen Satzungsänderungen ergibt, mit der Bescheinigung eines Notars über diese Tatsache zum Handelsregister einzureichen.

## § 249 Nichtigkeitsklage

(1) [1]Erhebt ein Aktionär, der Vorstand oder ein Mitglied des Vorstands oder des Aufsichtsrats Klage auf Feststellung der Nichtigkeit eines Hauptversammlungsbeschlusses gegen die Gesellschaft, so gelten § 246 Abs. 2, Abs. 3 Satz 1, Abs. 4, §§ 247 und 248 sinngemäß. [2]Es ist nicht ausgeschlossen, die Nichtigkeit auf andere Weise als durch Erhebung der Klage geltend zu machen.

(2) [1]Mehrere Nichtigkeitsprozesse sind zur gleichzeitigen Verhandlung und Entscheidung zu verbinden. [2]Nichtigkeits- und Anfechtungsprozesse können verbunden werden.

### Zweiter Unterabschnitt. Nichtigkeit bestimmter Hauptversammlungsbeschlüsse

## § 250 Nichtigkeit der Wahl von Aufsichtsratsmitgliedern

(1) Die Wahl eines Aufsichtsratsmitglieds durch die Hauptversammlung ist außer im Falle des § 241 Nr. 1, 2 und 5 nur dann nichtig, wenn
1. der Aufsichtsrat unter Verstoß gegen § 96 Abs. 2, § 97 Abs. 2 Satz 1 oder § 98 Abs. 4 zusammengesetzt wird;
2. die Hauptversammlung, obwohl sie an Wahlvorschläge gebunden ist (§§ 6 und 8 des Montan-Mitbestimmungsgesetzes), eine nicht vorgeschlagene Person wählt;
3. durch die Wahl die gesetzliche Höchstzahl der Aufsichtsratsmitglieder überschritten wird (§ 95);
4. die gewählte Person nach § 100 Abs. 1 und 2 bei Beginn ihrer Amtszeit nicht Aufsichtsratsmitglied sein kann.

(2) Für die Klage auf Feststellung, daß die Wahl eines Aufsichtsratsmitglieds nichtig ist, sind parteifähig
1. der Gesamtbetriebsrat der Gesellschaft oder, wenn in der Gesellschaft nur ein Betriebsrat besteht, der Betriebsrat, sowie, wenn die Gesellschaft herrschendes Unternehmen eines Konzerns ist, der Konzernbetriebsrat,
2. der Gesamtbetriebsrat eines anderen Unternehmens, dessen Arbeitnehmer selbst oder durch Delegierte an der Wahl von Aufsichtsratsmitgliedern der Gesellschaft teilnehmen, oder, wenn in dem anderen Unternehmen nur ein Betriebsrat besteht, der Betriebsrat,
3. jede in der Gesellschaft oder in einem Unternehmen, dessen Arbeitnehmer selbst oder durch Delegierte an der Wahl von Aufsichtsratsmitgliedern der Gesellschaft teilnehmen, vertretene Gewerkschaft sowie deren Spitzenorganisation.

(3) [1]Erhebt ein Aktionär, der Vorstand, ein Mitglied des Vorstands oder des Aufsichtsrats oder eine in Absatz 2 bezeichnete Organisation oder Vertretung der Arbeitnehmer gegen die Gesellschaft Klage auf Feststellung, daß die Wahl eines Aufsichtsratsmitglieds nichtig ist, so gelten § 246 Abs. 2, Abs. 3 Satz 1, Abs. 4, §§ 247, 248 Abs. 1 Satz 2 und § 249 Abs. 2 sinngemäß. [2]Es ist nicht ausgeschlossen, die Nichtigkeit auf andere Weise als durch Erhebung der Klage geltend zu machen.

## § 251 Anfechtung der Wahl von Aufsichtsratsmitgliedern

(1) [1]Die Wahl eines Aufsichtsratsmitglieds durch die Hauptversammlung kann wegen Verletzung des Gesetzes oder der Satzung durch Klage angefochten werden. [2]Ist die Hauptversammlung an Wahlvorschläge gebunden, so kann die Anfechtung auch darauf gestützt werden, daß der Wahlvorschlag gesetzwidrig zustande gekommen ist. [3]§ 243 Abs. 4 und § 244 gelten.

(2) [1]Für die Anfechtungsbefugnis gilt § 245 Nr. 1, 2 und 4. [2]Die Wahl eines Aufsichtsratsmitglieds, das nach dem Montan-Mitbestimmungsgesetz auf Vorschlag der Betriebsräte gewählt worden ist, kann auch von jedem Betriebsrat eines Betriebs der Gesellschaft, jeder in den Betrieben der Gesellschaft vertretenen Gewerkschaft oder deren Spitzenorganisation angefochten werden. [3]Die Wahl eines weiteren Mitglieds, das nach dem Montan-Mitbestimmungsgesetz oder dem Mitbestimmungsergänzungsgesetz auf Vorschlag der übrigen Aufsichtsratsmitglieder gewählt worden ist, kann auch von jedem Aufsichtsratsmitglied angefochten werden.

(3) Für das Anfechtungsverfahren gelten §§ 246, 247 und 248 Abs. 1 Satz 2.

## § 252 Urteilswirkung

(1) Erhebt ein Aktionär, der Vorstand, ein Mitglied des Vorstands oder des Aufsichtsrats oder eine in § 250 Abs. 2 bezeichnete Organisation oder Vertretung der Arbeitnehmer gegen die Gesellschaft Klage auf Feststellung, daß die Wahl eines Aufsichtsratsmitglieds durch die Hauptversammlung nichtig ist, so wirkt ein Urteil, das die Nichtigkeit der Wahl rechtskräftig feststellt, für und gegen alle Aktionäre und Arbeitnehmer der Gesellschaft, alle Arbeitnehmer von anderen Unternehmen, deren Arbeitnehmer selbst oder durch Delegierte an der Wahl von Aufsichtsratsmitgliedern der Gesellschaft teilnehmen, die Mitglieder des Vorstands und des Aufsichtsrats sowie die in § 250 Abs. 2 bezeichneten Organisationen und Vertretungen der Arbeitnehmer, auch wenn sie nicht Partei sind.

(2) [1]Wird die Wahl eines Aufsichtsratsmitglieds durch die Hauptversammlung durch rechtskräftiges Urteil für nichtig erklärt, so wirkt das Urteil für und gegen alle Aktionäre sowie die Mitglieder des Vorstands und Aufsichtsrats, auch wenn sie nicht Partei sind. [2]Im Fall des § 251 Abs. 2 Satz 2 wirkt das Urteil auch für und gegen die nach dieser Vorschrift anfechtungsberechtigten Betriebsräte, Gewerkschaften und Spitzenorganisationen, auch wenn sie nicht Partei sind.

## § 253 Nichtigkeit des Beschlusses über die Verwendung des Bilanzgewinns

(1) [1]Der Beschluß über die Verwendung des Bilanzgewinns ist außer in den Fällen des § 173 Abs. 3, des § 217 Abs. 2 und des § 241 nur dann nichtig, wenn die Feststellung des Jahresabschlusses, auf dem er beruht, nichtig ist. [2]Die Nichtigkeit des Beschlusses aus diesem Grunde kann nicht mehr geltend gemacht werden, wenn die Nichtigkeit der Feststellung des Jahresabschlusses nicht mehr geltend gemacht werden kann.

(2) Für die Klage auf Feststellung der Nichtigkeit gegen die Gesellschaft gilt § 249.

## § 254 Anfechtung des Beschlusses über die Verwendung des Bilanzgewinns

(1) Der Beschluß über die Verwendung des Bilanzgewinns kann außer nach § 243 auch angefochten werden, wenn die Hauptversammlung aus dem Bilanzgewinn Beträge in Gewinnrücklagen einstellt oder als Gewinn vorträgt, die nicht nach Gesetz oder Satzung von der Verteilung unter die Aktionäre ausgeschlossen sind, obwohl die Einstellung oder der Gewinnvortrag bei vernünftiger kaufmännischer Beurteilung nicht notwendig ist, um die Lebens- und Widerstandsfähigkeit der Gesellschaft für einen hinsichtlich der wirtschaftlichen und finanziellen Notwendigkeiten übersehbaren Zeitraum zu sichern und dadurch unter die Aktionäre kein Gewinn in Höhe von mindestens vier vom Hundert des Grundkapitals abzüglich von noch nicht eingeforderten Einlagen verteilt werden kann.

(2) ¹Für die Anfechtung gelten §§ 244 bis 248. ²Die Anfechtungsfrist beginnt auch dann mit der Beschlußfassung, wenn der Jahresabschluß nach § 316 Abs. 3 des Handelsgesetzbuchs erneut zu prüfen ist. ³Zu einer Anfechtung nach Absatz 1 sind Aktionäre nur befugt, wenn ihre Anteile zusammen den zwanzigsten Teil des Grundkapitals oder den Nennbetrag von einer Million Deutsche Mark erreichen.

## § 255 Anfechtung der Kapitalerhöhung gegen Einlagen

(1) Der Beschluß über eine Kapitalerhöhung gegen Einlagen kann nach § 243 angefochten werden.

(2) ¹Die Anfechtung kann, wenn das Bezugsrecht der Aktionäre ganz oder zum Teil ausgeschlossen worden ist, auch darauf gestützt werden, daß der sich aus dem Erhöhungsbeschluß ergebende Ausgabebetrag oder der Mindestbetrag, unter dem die neuen Aktien nicht ausgegeben werden sollen, unangemessen niedrig ist. ²Dies gilt nicht, wenn die neuen Aktien von einem Dritten mit der Verpflichtung übernommen werden sollen, sie den Aktionären zum Bezug anzubieten.

(3) Für die Anfechtung gelten §§ 244 bis 248.

## Zweiter Abschnitt. Nichtigkeit des festgestellten Jahresabschlusses

## § 256 Nichtigkeit

(1) Ein festgestellter Jahresabschluß ist außer in den Fällen des § 173 Abs. 3, § 234 Abs. 3 und § 235 Abs. 2 nichtig, wenn
1. er durch seinen Inhalt Vorschriften verletzt, die ausschließlich oder überwiegend zum Schutze der Gläubiger der Gesellschaft gegeben sind,
2. er im Falle einer gesetzlichen Prüfungspflicht nicht nach § 316 Abs. 1 und 3 des Handelsgesetzbuchs geprüft worden ist,
3. er im Falle einer gesetzlichen Prüfungspflicht von Personen geprüft worden ist, die nicht zum Abschlußprüfer bestellt sind oder nach § 319 Abs. 1 des Handelsgesetzbuchs oder nach Artikel 25 des Einführungsgesetzes zum Handelsgesetzbuche nicht Abschlußprüfer sind,
4. bei seiner Feststellung die Bestimmungen des Gesetzes oder der Satzung über die Einstellung von Beträgen in Kapital- oder Gewinnrücklagen oder über die Entnahme von Beträgen aus Kapital- oder Gewinnrücklagen verletzt worden sind.

(2) Ein von Vorstand und Aufsichtsrat festgestellter Jahresabschluß ist außer nach Absatz 1 nur nichtig, wenn der Vorstand oder der Aufsichtsrat bei seiner Feststellung nicht ordnungsgemäß mitgewirkt hat.

(3) Ein von der Hauptversammlung festgestellter Jahresabschluß ist außer nach Absatz 1 nur nichtig, wenn die Feststellung
1. in einer Hauptversammlung beschlossen worden ist, die nicht nach § 121 Abs. 2 und 3 einberufen war, es sei denn, daß alle Aktionäre erschienen oder vertreten waren,
2. nicht nach § 130 Abs. 1, 2 und 4 beurkundet ist,
3. auf Anfechtungsklage durch Urteil rechtskräftig für nichtig erklärt worden ist.

(4) ¹Wegen Verstoßes gegen die Vorschriften über die Gliederung des Jahresabschlusses sowie wegen der Nichtbeachtung von Formblättern, nach denen der Jahresabschluß zu gliedern ist, ist der Jahresabschluß nur nichtig, wenn seine Klarheit und Übersichtlichkeit dadurch wesentlich beeinträchtigt sind.

(5) ¹Wegen Verstoßes gegen die Bewertungsvorschriften ist der Jahresabschluß nur nichtig, wenn
1. Posten überbewertet oder
2. Posten unterbewertet sind und dadurch die Vermögens- und Ertragslage der Gesellschaft vorsätzlich unrichtig wiedergegeben oder verschleiert wird.

²Überbewertet sind Aktivposten, wenn sie mit einem höheren Wert, Passivposten, wenn sie mit einem niedrigeren Betrag angesetzt sind, als nach §§ 253 bis 256 des Handelsgesetzbuchs in Verbindung mit §§ 279 bis 283 des Handelsgesetzbuchs zulässig ist. ³Unterbewertet sind Aktivposten, wenn sie mit einem niedrigeren Wert, Passivposten, wenn sie mit einem höheren Betrag angesetzt sind, als nach §§ 253 bis 256 des Handelsgesetzbuchs in Verbindung mit §§ 279 bis 283 des Handelsgesetzbuchs zulässig ist. ⁴Bei Kreditinstituten liegt ein Verstoß gegen die Bewertungsvorschriften nicht vor, soweit die Abweichung nach den für Kreditinstitute geltenden Vorschriften, insbesondere den §§ 340e bis 340g des Handelsgesetzbuchs, zulässig ist.*

(6) ¹Die Nichtigkeit nach Absatz 1 Nr. 1, 3 und 4, Absatz 2, Absatz 3 Nr. 1 und 2, Absatz 4 und 5 kann nicht mehr geltend gemacht werden, wenn seit der Bekanntmachung nach § 325 Abs. 1 Satz 2 oder Abs. 2 Satz 1 des Handelsgesetzbuchs im Bundesanzeiger in den Fällen des Absatzes 1 Nr. 3 und 4, des Absatzes 2 und des Absatzes 3 Nr. 1 und 2 sechs Monate, in den anderen Fällen drei Jahre verstrichen sind. ²Ist bei Ablauf der Frist eine Klage auf Feststellung der Nichtigkeit des Jahresabschlusses rechtshängig, so verlängert sich die Frist, bis über die Klage rechtskräftig entschieden ist oder sie sich auf andere Weise endgültig erledigt hat.

(7) Für die Klage auf Feststellung der Nichtigkeit gegen die Gesellschaft gilt § 249 sinngemäß.

## § 257 Anfechtung der Feststellung des Jahresabschlusses durch die Hauptversammlung

(1) ¹Die Feststellung des Jahresabschlusses durch die Hauptversammlung kann nach § 243 angefochten werden. ²Die Anfechtung kann jedoch nicht darauf gestützt werden, daß der Inhalt des Jahresabschlusses gegen Gesetz oder Satzung verstößt.

(2) ¹Für die Anfechtung gelten die §§ 244 bis 248. ²Die Anfechtungsfrist beginnt auch dann mit der Beschlußfassung, wenn der Jahresabschluß nach § 316 Abs. 3 des Handelsgesetzbuchs erneut zu prüfen ist.

---

* § 256 Abs. 5 Satz 4 eingefügt durch das Bankbilanzrichtlinie-Gesetz; zur Anwendung s. Art. 30 und 31 EGHGB.

## Dritter Abschnitt. Sonderprüfung wegen unzulässiger Unterbewertung

### § 258 Bestellung der Sonderprüfer

(1) ¹Besteht Anlaß für die Annahme, daß
1. in einem festgestellten Jahresabschluß bestimmte Posten nicht unwesentlich unterbewertet sind (§ 256 Abs. 5 Satz 3) oder
2. der Anhang die vorgeschriebenen Angaben nicht oder nicht vollständig enthält und der Vorstand in der Hauptversammlung die fehlenden Angaben, obwohl nach ihnen gefragt worden ist, nicht gemacht hat und die Aufnahme der Frage in die Niederschrift verlangt worden ist,

so hat das Gericht auf Antrag Sonderprüfer zu bestellen. ²Die Sonderprüfer haben die bemängelten Posten darauf zu prüfen, ob sie nicht unwesentlich unterbewertet sind. Sie haben den Anhang darauf zu prüfen, ob die vorgeschriebenen Angaben nicht oder nicht vollständig gemacht worden sind und der Vorstand in der Hauptversammlung die fehlenden Angaben, obwohl nach ihnen gefragt worden ist, nicht gemacht hat und die Aufnahme der Frage in die Niederschrift verlangt worden ist.

(1a) Bei Kreditinstituten kann ein Sonderprüfer nach Absatz 1 nicht bestellt werden, soweit die Unterbewertung oder die fehlenden Angaben im Anhang auf der Anwendung des § 340 f des Handelsgesetzbuchs beruhen.*

(2) ¹Der Antrag muß innerhalb eines Monats nach der Hauptversammlung über den Jahresabschluß gestellt werden. ²Dies gilt auch, wenn der Jahresabschluß nach § 316 Abs. 3 des Handelsgesetzbuchs erneut zu prüfen ist. ³Er kann nur von Aktionären gestellt werden, deren Anteile zusammen den zwanzigsten Teil des Grundkapitals oder den Nennbetrag von einer Million Deutsche Mark erreichen. ⁴Die Antragsteller haben die Aktien bis zur Entscheidung über den Antrag zu hinterlegen und glaubhaft zu machen, daß sie seit mindestens drei Monaten vor dem Tage der Hauptversammlung Inhaber der Aktien sind. ⁵Zur Glaubhaftmachung genügt eine eidesstattliche Versicherung vor einem Notar.

(3) ¹Vor der Bestellung hat das Gericht den Vorstand, den Aufsichtsrat und den Abschlußprüfer zu hören. ²Gegen die Entscheidung ist die sofortige Beschwerde zulässig.

(4) ¹Sonderprüfer nach Absatz 1 können nur Wirtschaftsprüfer und Wirtschaftsprüfungsgesellschaften sein. ²Für die Auswahl gilt § 319 Abs. 2 und 3 des Handelsgesetzbuchs sinngemäß. ³Der Abschlußprüfer der Gesellschaft und Personen, die in den letzten drei Jahren vor der Bestellung Abschlußprüfer der Gesellschaft waren, können nicht Sonderprüfer nach Absatz 1 sein.

(5) ¹§ 142 Abs. 6 über den Ersatz angemessener barer Auslagen und die Vergütung gerichtlich bestellter Sonderprüfer, § 145 Abs. 1 bis 3 über die Rechte der Sonderprüfer, § 146 über die Kosten der Sonderprüfung und § 323 des Handelsgesetzbuchs über die Verantwortlichkeit des Abschlußprüfers gelten sinngemäß. ²Die Sonderprüfer nach Absatz 1 haben die Rechte nach § 145 Abs. 2 auch gegenüber dem Abschlußprüfer der Gesellschaft.

### § 259 Prüfungsbericht. Abschließende Feststellungen

(1) ¹Die Sonderprüfer haben über das Ergebnis der Prüfung schriftlich zu berichten. ²Stellen die Sonderprüfer bei Wahrnehmung ihrer Aufgaben fest, daß Posten überbewertet sind (§ 256 Abs. 5 Satz 2), oder daß gegen die Vor-

---

* § 258 Abs. 1a eingefügt durch das Bankbilanzrichtlinie-Gesetz; zur Anwendung s. Art. 30 und 31 EGHGB.

schriften über die Gliederung des Jahresabschlusses verstoßen ist oder Formblätter nicht beachtet sind, so haben sie auch darüber zu berichten. [3]Für den Bericht gilt § 145 Abs. 4 sinngemäß.

(2) [1]Sind nach dem Ergebnis der Prüfung die bemängelten Posten nicht unwesentlich unterbewertet (§ 256 Abs. 5 Satz 3), so haben die Sonderprüfer am Schluß ihres Berichts in einer abschließenden Feststellung zu erklären,

1. zu welchem Wert die einzelnen Aktivposten mindestens und mit welchem Betrag die einzelnen Passivposten höchstens anzusetzen waren;

2. um welchen Betrag der Jahresüberschuß sich beim Ansatz dieser Werte oder Beträge erhöht oder der Jahresfehlbetrag sich ermäßigt hätte.

[2]Die Sonderprüfer haben ihrer Beurteilung die Verhältnisse am Stichtag des Jahresabschlusses zugrunde zu legen. [3]Sie haben für den Ansatz der Werte und Beträge nach Nummer 1 diejenige Bewertungs- und Abschreibungsmethode zugrunde zu legen, nach der die Gesellschaft die zu bewertenden Gegenstände oder vergleichbare Gegenstände zuletzt in zulässiger Weise bewertet hat.

(3) Sind nach dem Ergebnis der Prüfung die bemängelten Posten nicht oder nur unwesentlich unterbewertet (§ 256 Abs. 5 Satz 3), so haben die Sonderprüfer am Schluß ihres Berichts in einer abschließenden Feststellung zu erklären, daß nach ihrer pflichtmäßigen Prüfung und Beurteilung die bemängelten Posten nicht unzulässig unterbewertet sind.

(4) [1]Hat nach dem Ergebnis der Prüfung der Anhang die vorgeschriebenen Angaben nicht oder nicht vollständig enthalten und der Vorstand in der Hauptversammlung die fehlenden Angaben, obwohl nach ihnen gefragt worden ist, nicht gemacht und ist die Aufnahme der Frage in die Niederschrift verlangt worden, so haben die Sonderprüfer am Schluß ihres Berichts in einer abschließenden Feststellung die fehlenden Angaben zu machen. [2]Ist die Angabe von Abweichungen von Bewertungs- oder Abschreibungsmethoden unterlassen worden, so ist in der abschließenden Feststellung auch der Betrag anzugeben, um den der Jahresüberschuß oder Jahresfehlbetrag ohne die Abweichung, deren Angabe unterlassen wurde, höher oder niedriger gewesen wäre. [3]Sind nach dem Ergebnis der Prüfung keine Angaben nach Satz 1 unterlassen worden, so haben die Sonderprüfer in einer abschließenden Feststellung zu erklären, daß nach ihrer pflichtmäßigen Prüfung und Beurteilung im Anhang keine der vorgeschriebenen Angaben unterlassen worden ist.

(5) Der Vorstand hat die abschließenden Feststellungen der Sonderprüfer nach den Absätzen 2 bis 4 unverzüglich in den Gesellschaftsblättern bekanntzumachen.

## § 260 Gerichtliche Entscheidung über die abschließenden Feststellungen der Sonderprüfer

(1) [1]Gegen abschließende Feststellungen der Sonderprüfer nach § 259 Abs. 2 und 3 können die Gesellschaft oder Aktionäre, deren Anteile zusammen den zwanzigsten Teil des Grundkapitals oder den Nennbetrag von einer Million Deutsche Mark erreichen, innerhalb eines Monats nach der Veröffentlichung im Bundesanzeiger den Antrag auf Entscheidung durch das nach § 132 Abs. 1 zuständige Gericht stellen. [2]§ 258 Abs. 2 Satz 4 und 5 gilt sinngemäß. [3]Der Antrag muß auf Feststellung des Betrags gerichtet sein, mit dem die im Antrag zu bezeichnenden Aktivposten mindestens oder die im Antrag zu bezeichnenden Passivposten höchstens anzusetzen waren. [4]Der Antrag der Gesellschaft kann auch auf Feststellung gerichtet sein, daß der Jahresab-

schluß die in der abschließenden Feststellung der Sonderprüfer festgestellten Unterbewertungen nicht enthielt.

(2) ¹Über den Antrag entscheidet das Gericht unter Würdigung aller Umstände nach freier Überzeugung. ²§ 259 Abs. 2 Satz 2 und 3 ist anzuwenden. ³Soweit die volle Aufklärung aller maßgebenden Umstände mit erheblichen Schwierigkeiten verbunden ist, hat das Gericht die anzusetzenden Werte oder Beträge zu schätzen.

(3) ¹§ 99 Abs. 1, Abs. 2 Satz 1, Abs. 3 und 5 gilt sinngemäß. ²Das Gericht hat seine Entscheidung der Gesellschaft und, wenn Aktionäre den Antrag nach Absatz 1 gestellt haben, auch diesen zuzustellen. ³Es hat sie ferner ohne Gründe in den Gesellschaftsblättern bekanntzumachen. ⁴Die Beschwerde steht der Gesellschaft und Aktionären zu, deren Anteile zusammen den zwanzigsten Teil des Grundkapitals oder den Nennbetrag von einer Million Deutsche Mark erreichen. ⁵§ 258 Abs. 2 Satz 4 und 5 gilt sinngemäß. ⁶Die Beschwerdefrist beginnt mit der Bekanntmachung der Entscheidung im Bundesanzeiger, jedoch für die Gesellschaft und, wenn Aktionäre den Antrag nach Absatz 1 gestellt haben, auch für diese nicht vor der Zustellung der Entscheidung.

(4) ¹Für die Kosten des Verfahrens gilt die Kostenordnung. ²Für das Verfahren des ersten Rechtszugs wird das Doppelte der vollen Gebühr erhoben. ³Für den zweiten Rechtszug wird die gleiche Gebühr erhoben; dies gilt auch dann, wenn die Beschwerde Erfolg hat. ⁴Wird der Antrag oder die Beschwerde zurückgenommen, bevor es zu einer Entscheidung kommt, so ermäßigt sich die Gebühr auf die Hälfte. ⁵Der Geschäftswert ist von Amts wegen festzusetzen. ⁶Die Kosten sind, wenn dem Antrag stattgegeben wird, der Gesellschaft, sonst dem Antragsteller aufzuerlegen. ⁷§ 247 gilt sinngemäß.

## § 261 Entscheidung über den Ertrag aufgrund höherer Bewertung

(1) ¹Haben die Sonderprüfer in ihrer abschließenden Feststellung erklärt, daß Posten unterbewertet sind, und ist gegen diese Feststellung nicht innerhalb der in § 260 Abs. 1 bestimmten Frist der Antrag auf gerichtliche Entscheidung gestellt worden, so sind die Posten in dem ersten Jahresabschluß, der nach Ablauf dieser Frist aufgestellt wird, mit den von den Sonderprüfern festgestellten Werten oder Beträgen anzusetzen. ²Dies gilt nicht , soweit aufgrund veränderter Verhältnisse, namentlich bei Gegenständen, die der Abnutzung unterliegen, aufgrund der Abnutzung, ach §§ 253 bis 256 des Handelsgesetzbuchs in Verbindung mit §§ 279 bis 283 des Handelsgesetzbuchs oder nach den Grundsätzen ordnungsmäßiger Buchführung für Aktivposten ein niedrigerer Wert oder für Passivposten ein höherer Betrag anzusetzen ist. ³In diesem Fall sind im Anhang die Gründe anzugeben und in einer Sonderrechnung die Entwicklung des von den Sonderprüfern festgestellten Wertes oder Betrags auf den nach Satz 2 angesetzten Wert oder Betrag darzustellen. ⁴Sind die Gegenstände nicht mehr vorhanden, so ist darüber und über die Verwendung des Ertrags aus dem Abgang der Gegenstände im Anhang zu berichten. ⁵Bei den einzelnen Posten der Jahresbilanz sind die Unterschiedsbeträge zu vermerken, um die aufgrund von Satz 1 und 2 Aktivposten zu einem höheren Wert oder Passivposten mit einem niedrigeren Betrag angesetzt worden sind. ⁶Die Summe der Unterschiedsbeträge ist auf der aßsiveite der Bilanz und in der Gewinn- und Verlustrechnung als „Ertrag aufgrund höherer Bewertung gemäß dem Ergebnis der Sonderprüfung" gesondert auszuweisen.

(2) ¹Hat das gemäß § 260 angerufene Gericht festgestellt, daß Posten unterbewertet sind, so gilt für den Ansatz der Posten in dem ersten Jahresabschluß,

der nach Rechtskraft der gerichtlichen Entscheidung aufgestellt wird, Absatz 1 sinngemäß. [2]Die Summe der Unterschiedsbeträge ist als „Ertrag aufgrund höherer Bewertung gemäß gerichtlicher Entscheidung" gesondert auszuweisen.

(3) [1]Der Ertrag aus höherer Bewertung nach Absätzen 1 und 2 rechnet für die Anwendung der §§ 58 und 86 Abs. 2 nicht zum Jahresüberschuß. [2]Über die Verwendung des Ertrags abzüglich der auf ihn zu entrichtenden Steuern entscheidet die Hauptversammlung, soweit nicht in dem Jahresabschluß ein Bilanzverlust ausgewiesen wird, der nicht durch Kapital- oder Gewinnrücklagen gedeckt ist.

# Achter Teil. Auflösung und Nichtigerklärung der Gesellschaft

## Erster Abschnitt. Auflösung

### Erster Unterabschnitt. Auflösungsgründe und Anmeldung

### § 262 Auflösungsgründe

(1) Die Aktiengesellschaft wird aufgelöst
1. durch Ablauf der in der Satzung bestimmten Zeit;
2. durch Beschluß der Hauptversammlung; dieser bedarf einer Mehrheit, die mindestens drei Viertel des bei der Beschlußfassung vertretenen Grundkapitals umfaßt; die Satzung kann eine größere Kapitalmehrheit und weitere Erfordernisse bestimmen;
3. durch die Eröffnung des Konkursverfahrens über das Vermögen der Gesellschaft;
4. mit der Rechtskraft des Beschlusses, durch den die Eröffnung des Konkursverfahrens mangels einer den Kosten des Verfahrens entsprechenden Konkursmasse abgelehnt wird;
5. mit der Rechtskraft einer Verfügung des Registergerichts, durch welche nach § 144a des Gesetzes über die Angelegenheiten der freiwilligen Gerichtsbarkeit ein Mangel der Satzung festgestellt worden ist.

(2) Dieser Abschnitt gilt auch, wenn die Aktiengesellschaft aus anderen Gründen aufgelöst wird.

### § 263 Anmeldung und Eintragung der Auflösung

[1]Der Vorstand hat die Auflösung der Gesellschaft zur Eintragung in das Handelsregister anzumelden. [2]Dies gilt nicht in den Fällen der Eröffnung und der Ablehnung der Eröffnung des Konkursverfahrens (§ 262 Abs. 1 Nr. 3 und 4) sowie im Falle der gerichtlichen Feststellung eines Mangels der Satzung (§ 262 Abs. 1 Nr. 5). [3]In diesen Fällen hat das Gericht die Auflösung und ihren Grund von Amts wegen einzutragen.

### Zweiter Unterabschnitt. Abwicklung

### § 264 Notwendigkeit der Abwicklung

(1) Nach der Auflösung der Gesellschaft findet die Abwicklung statt, wenn nicht über das Vermögen der Gesellschaft das Konkursverfahren eröffnet worden ist.

(2) Soweit sich aus diesem Unterabschnitt oder aus dem Zweck der Abwicklung nichts anderes ergibt, sind auf die Gesellschaft bis zum Schluß der

Abwicklung die Vorschriften weiterhin anzuwenden, die für nicht aufgelöste Gesellschaften gelten.

## § 265 Abwickler

(1) Die Abwicklung besorgen die Vorstandsmitglieder als Abwickler.

(2) ¹Die Satzung oder ein Beschluß der Hauptversammlung kann andere Personen als Abwickler bestellen. ²Für die Auswahl der Abwickler gilt § 76 Abs. 3 Satz 2 und 3* sinngemäß. ³Auch eine juristische Person kann Abwickler sein.

(3) ¹Auf Antrag des Aufsichtsrats oder einer Minderheit von Aktionären, deren Anteile zusammen den zwanzigsten Teil des Grundkapitals oder den Nennbetrag von einer Million Deutsche Mark erreichen, hat das Gericht bei Vorliegen eines wichtigen Grundes die Abwickler zu bestellen und abzuberufen. ²Die Aktionäre haben glaubhaft zu machen, daß sie seit mindestens drei Monaten Inhaber der Aktien sind. ³Zur Glaubhaftmachung genügt eine eidesstattliche Versicherung vor einem Gericht oer Notar. ⁴Gegen die Entscheidung ist die sofortige Beschwerde zulässig.

(4) ¹Die gerichtlich bestellten Abwickler haben Anspruch auf Ersatz angemessener barer Auslagen und auf Vergütung für ihre Tätigkeit. ²Einigen sich der gerichtlich bestellte Abwickler und die Gesellschaft nicht, so setzt das Gericht die Auslagen und die Vergütung fest. ³Gegen die Entscheidung ist die sofortige Beschwerde zulässig. ⁴Die weitere Beschwerde ist ausgeschlossen. ⁵Aus der rechtskräftigen Entscheidung findet die Zwangsvollstreckung nach der Zivilprozeßordnung statt.

(5) ¹Abwickler, die nicht vom Gericht bestellt sind, kann die Hauptversammlung jederzeit abberufen. ²Für die Ansprüche aus dem Anstellungsvertrag gelten die allgemeinen Vorschriften.

(6) Die Absätze 2 bis 5 gelten nicht für den Arbeitsdirektor, soweit sich seine Bestellung und Abberufung nach den Vorschriften des Montan-Mitbestimmungsgesetzes bestimmen.

## § 266 Anmeldung der Abwickler

(1) Die ersten Abwickler sowie ihre Vertretungsbefugnis hat der Vorstand, jeden Wechsel der Abwickler und jede Änderung ihrer Vertretungsbefugnis haben die Abwickler zur Eintragung in das Handelsregister anzumelden.

(2) Der Anmeldung sind die Urkunden über die Bestellung oder Abberufung sowie über die Vertretungsbefugnis in Urschrift oder öffentlich beglaubigter Abschrift für das Gericht des Sitzes der Gesellschaft beizufügen.

(3) ¹In der Anmeldung haben die Abwickler zu versichern, daß keine Umstände vorliegen, die ihrer Bestellung nach § 265 Abs. 2 Satz 2 entgegenstehen, und daß sie über ihre unbeschränkte Aufkunftspflicht gegenüber dem Gericht belehrt worden sind. ²§ 37 Abs. 2 Satz 2 ist anzuwenden.

(4) Die Bestellung oder Abberufung von Abwicklern durch das Gericht wird von Amts wegen eingetragen.

(5) Die Abwickler haben ihre Namensunterschrift zur Aufbewahrung beim Gericht zu zeichnen, wenn sie dies nicht schon als Vorstandsmigliedern getan haben.

---

* Ab 1. Jan. 1992: Satz 3 und 4.

## § 267 Aufruf der Gläubiger

[1]Die Abwickler haben unter Hinweis auf die Auflösung der Gesellschaft die Gläubiger der Gesellschaft aufzufordern, ihre Ansprüche anzumelden. [2]Die Aufforderung ist dreimal in den Gesellschaftsblättern bekanntzumachen.

## § 268 Pflichten der Abwickler

(1) [1]Die Abwickler haben die laufenden Geschäfte zu beenden, die Forderungen einzuziehen, das übrige Vermögen in Geld umzusetzen und die Gläubiger zu befriedigen. [2]Soweit es die Abwicklung erfordert, dürfen sie auch neue Geschäfte eingehen.

(2) [1]Im übrigen haben die Abwickler innerhalb ihres Geschäftskreises die Rechte und Pflichten des Vorstands. [2]Sie unterliegen wie dieser der Überwachung durch den Aufsichtsrat.

(3) Das Wettbewerbsverbot des § 88 gilt für sie nicht.

(4) [1]Auf allen Geschäftsbriefen, die an einen bestimmten Empfänger gerichtet werden, müssen die Rechtsform und der Sitz der Gesellschaft, die Tatsache, daß die Gesellschaft sich in Abwicklung befindet, das Registergericht des Sitzes der Gesellschaft und die Nummer, unter der die Gesellschaft in das Handelsregister eingetragen ist, sowie alle Abwickler und der Vorsitzende des Aufsichtsrats mit dem Familiennamen und mindestens einem ausgeschriebenen Vornamen angegeben werden. [2]Werden Angaben über das Kapital der Gesellschaft gemacht, so müssen in jedem Falle das Grundkapital sowie, wenn auf die Aktien der Nennbetrag oder der höhere Ausgabebetrag nicht vollständig eingezahlt ist, der Gesamtbetrag der ausstehenden Einlagen angegeben werden. [3]Der Angaben nach Satz 1 bedarf es nicht bei Mitteilungen oder Berichten, die im Rahmen einer bestehenden Geschäftsverbindung ergehen und für die üblicherweise Vordrucke verwendet werden, in denen lediglich die im Einzelfall erforderlichen besonderen Angaben eingefügt zu werden brauchen. [4]Bestellscheine gelten als Geschäftsbriefe im Sinne des Satzes 1; Satz 3 ist auf sie nicht anzuwenden.

## § 269 Vertretung durch die Abwickler

(1) Die Abwickler vertreten die Gesellschaft gerichtlich und außergerichtlich.

(2) [1]Sind mehrere Abwickler bestellt, so sind, wenn die Satzung oder die sonst zuständige Stelle nichts anderes bestimmt, sämtliche Abwickler nur gemeinschaftlich zur Vertretung der Gesellschaft befugt. [2]Ist eine Willenserklärung gegenüber der Gesellschaft abzugeben, so genügt die Abgabe gegenüber einem Abwickler.

(3) [1]Die Satzung oder die sonst zuständige Stelle kann auch bestimmen, daß einzelne Abwickler allein oder in Gemeinschaft mit einem Prokuristen zur Vertretung der Gesellschaft befugt sind. [2]Dasselbe kann der Aufsichtsrat bestimmen, wenn die Satzung oder ein Beschluß der Hauptversammlung ihn hierzu ermächtigt hat. [3]Absatz 2 Satz 2 gilt in diesen Fällen sinngemäß.

(4) [1]Zur Gesamtvertretung befugte Abwickler können einzelne von ihnen zur Vornahme bestimmter Geschäfte oder bestimmter Arten von Geschäften ermächtigen. [2]Dies gilt sinngemäß, wenn ein einzelner Abwickler in Gemeinschaft mit einem Prokuristen zur Vertretung der Gesellschaft befugt ist.

(5) Die Vertretungsbefugnis der Abwickler kann nicht beschränkt werden.

(6) Abwickler zeichnen für die Gesellschaft, indem sie der Firma einen die Abwicklung andeutenden Zusatz und ihre Namensunterschrift hinzufügen.

## § 270 Eröffnungsbilanz. Jahresabschluß und Lagebericht

(1) Die Abwickler haben für den Beginn der Abwicklung eine Bilanz (Eröffnungsbilanz) und einen die Eröffnungsbilanz erläuternden Bericht sowie für den Schluß eines jeden Jahres einen Jahresabschluß und einen Lagebericht aufzustellen.

(2) ¹Die Hauptversammlung beschließt über die Feststellung der Eröffnungsbilanz und des Jahresabschlusses sowie über die Entlastung der Abwickler und der Mitglieder des Aufsichtsrats. ²Auf die Eröffnungsbilanz und den erläuternden Bericht sind die Vorschriften über den Jahresabschluß entsprechend anzuwenden. ³Vermögensgegenstände des Anlagevermögens sind jedoch wie Umlaufvermögen zu bewerten, soweit ihre Veräußerung innerhalb eines übersehbaren Zeitraums beabsichtigt ist oder diese Vermögensgegenstände nicht mehr dem Geschäftsbetrieb dienen; dies gilt auch für den Jahresabschluß.

(3) ¹Das Gericht kann von der Prüfung des Jahresabschlusses und des Lageberichts durch einen Abschlußprüfer befreien, wenn die Verhältnisse der Gesellschaft so überschaubar sind, daß eine Prüfung im Interesse der Gläubiger und Aktionäre nicht geboten erscheint. ²Gegen die Entscheidung ist die sofortige Beschwerde zulässig.

## § 271 Verteilung des Vermögens

(1) Das nach der Berichtigung der Verbindlichkeiten verbleibende Vermögen der Gesellschaft wird unter die Aktionäre verteilt.

(2) Das Vermögen ist nach dem Verhältnis der Aktiennennbeträge zu verteilen, wenn nicht Aktien mit verschiedenen Rechten bei der Verteilung des Gesellschaftsvermögens vorhanden sind.

(3) ¹Sind die Einlagen auf das Grundkapital nicht auf alle Aktien in demselben Verhältnis geleistet, so werden die geleisteten Einlagen erstattet und ein Überschuß nach dem Verhältnis der Aktiennennbeträge verteilt. ²Reicht das Vermögen zur Erstattung der Einlagen nicht aus, so haben die Aktionäre den Verlust nach dem Verhältnis der Aktiennennbeträge zu tragen; die noch ausstehenden Einlagen sind, soweit nötig, einzuziehen.

## § 272 Gläubigerschutz

(1) Das Vermögen darf nur verteilt werden, wenn ein Jahr seit dem Tage verstrichen ist, an dem der Aufruf der Gläubiger zum drittenmal bekanntgemacht worden ist.

(2) Meldet sich ein bekannter Gläubiger nicht, so ist der geschuldete Betrag für ihn zu hinterlegen, wenn ein Recht zur Hinterlegung besteht.

(3) Kann eine Verbindlichkeit zur Zeit nicht berichtigt werden oder ist sie streitig, so darf das Vermögen nur verteilt werden, wenn dem Gläubiger Sicherheit geleistet ist.

## § 273 Schluß der Abwicklung

(1) ¹Ist die Abwicklung beendet und die Schlußrechnung gelegt, so haben die Abwickler den Schluß der Abwicklung zur Eintragung in das Handelsregister anzumelden. Die Gesellschaft ist zu löschen.

(2) Die Bücher und Schriften der Gesellschaft sind an einem vom Gericht bestimmten sicheren Ort zur Aufbewahrung auf zehn Jahre zu hinterlegen.

(3) Das Gericht kann den Aktionären und den Gläubigern die Einsicht der Bücher und Schriften gestatten.

(4) ¹Stellt sich nachträglich heraus, daß weitere Abwicklungsmaßnahmen nötig sind, so hat auf Antrag eines Beteiligten das Gericht die bisherigen Abwickler neu zu bestellen oder andere Abwickler zu berufen. ²§ 265 Abs. 4 gilt.

(5) Gegen die Entscheidungen nach den Absätzen 2, 3 und 4 Satz 1 ist die sofortige Beschwerde zulässig.

## § 274 Fortsetzung einer aufgelösten Gesellschaft

(1) ¹Ist eine Aktiengesellschaft durch Zeitablauf oder durch Beschluß der Hauptversammlung aufgelöst worden, so kann die Hauptversammlung, solange noch nicht mit der Verteilung des Vermögens unter die Aktionäre begonnen ist, die Fortsetzung der Gesellschaft beschließen. ²Der Beschluß bedarf einer Mehrheit, die mindestens drei Viertel des bei der Beschlußfassung vertretenen Grundkapitals umfaßt. ³Die Satzung kann eine größere Kapitalmehrheit und weitere Erfordernisse bestimmen.

(2) Gleiches gilt, wenn die Gesellschaft
1. durch die Eröffnung des Konkursverfahrens aufgelöst, das Konkursverfahren aber auf Antrag der Gesellschaft eingestellt oder nach rechtskräftiger Bestätigung eines Zwangsvergleichs aufgehoben worden ist;
2. durch die gerichtliche Feststellung eines Mangels der Satzung nach § 262 Abs. 1 Nr. 5 aufgelöst worden ist, eine den Mangel behebende Satzungsänderung aber spätestens zugleich mit der Fortsetzung der Gesellschaft beschlossen wird.

(3) ¹Die Abwickler haben die Fortsetzung der Gesellschaft zur Eintragung in das Handelsregister anzumelden. ²Sie haben bei der Anmeldung nachzuweisen, daß noch nicht mit der Verteilung des Vermögens der Gesellschaft unter die Aktionäre begonnen ist.

(4) ¹Der Fortsetzungsbeschluß wird erst wirksam, wenn er in das Handelsregister des Sitzes der Gesellschaft eingetragen worden ist. ²Im Falle des Absatzes 2 Nr. 2 hat der Fortsetzungsbeschluß keine Wirkung, solange er und der Beschluß über die Satzungsänderung nicht in das Handelsregister des Sitzes der Gesellschaft eingetragen worden sind; die beiden Beschlüsse sollen nur zusammen in das Handelsregister eingetragen werden.

## Zweiter Abschnitt. Nichtigerklärung der Gesellschaft

## § 275 Klage auf Nichtigerklärung

(1) ¹Enthält die Satzung keine Bestimmungen über die Höhe des Grundkapitals oder über den Gegenstand des Unternehmens oder sind die Bestimmungen der Satzung über den Gegenstand des Unternehmens nichtig, so kann jeder Aktionär und jedes Mitglied des Vorstands und des Aufsichtsrats darauf klagen, daß die Gesellschaft für nichtig erklärt werde. ²Auf andere Gründe kann die Klage nicht gestützt werden.

(2) Kann der Mangel nach § 276 geheilt werden, so kann die Klage erst erhoben werden, nachdem ein Klageberechtigter die Gesellschaft aufgefordert hat, den Mangel zu beseitigen, und sie binnen drei Monaten dieser Aufforderung nicht nachgekommen ist.

(3) ¹Die Klage muß binnen drei Jahren nach Eintragung der Gesellschaft erhoben werden. ²Eine Löschung der Gesellschaft von Amts wegen nach § 144 Abs. 1 des Gesetzes über die Angelegenheiten der freiwilligen Gerichtsbarkeit wird durch den Zeitablauf nicht ausgeschlossen.

(4) ¹Für die Klage gelten § 246 Abs. 2 bis 4, §§ 247, 248 Abs. 1 Satz 1, § 249 Abs. 2 sinngemäß. ²Der Vorstand hat eine beglaubigte Abschrift der Klage und das rechtskräftige Urteil zum Handelsregister einzureichen. ³Die Nichtigkeit der Gesellschaft aufgrund rechtskräftigen Urteils ist einzutragen.

### § 276 Heilung von Mängeln

Ein Mangel, der die Bestimmungen über den Gegenstand des Unternehmens betrifft, kann unter Beachtung der Bestimmungen des Gesetzes und der Satzung über Satzungsänderungen geheilt werden.

### § 277 Wirkung der Eintragung der Nichtigkeit

(1) Ist die Nichtigkeit einer Gesellschaft aufgrund rechtskräftigen Urteils oder einer Entscheidung des Registergerichts in das Handelsregister eingetragen, so findet die Abwicklung nach den Vorschriften über die Abwicklung bei Auflösung statt.

(2) Die Wirksamkeit der im Namen der Gesellschaft vorgenommenen Rechtsgeschäfte wird durch die Nichtigkeit nicht berührt.

(3) Die Gesellschafter haben die Einlagen zu leisten, soweit es zur Erfüllung der eingegangenen Verbindlichkeit nötig ist.

## Zweites Buch. Kommanditgesellschaft auf Aktien

### § 278 Wesen der Kommanditgesellschaft auf Aktien

(1) Die Kommanditgesellschaft auf Aktien ist eine Gesellschaft mit eigener Rechtspersönlichkeit, bei der mindestens ein Gesellschafter den Gesellschaftsgläubigern unbeschränkt haftet (persönlich haftender Gesellschafter) und die übrigen an dem in Aktien zerlegten Grundkapital beteiligt sind, ohne persönlich für die Verbindlichkeiten der Gesellschaft zu haften (Kommanditaktionäre).

(2) Das Rechtsverhältnis der persönlich haftenden Gesellschafter untereinander und gegenüber der Gesamtheit der Kommanditaktionäre sowie gegenüber Dritten, namentlich die Befugnis der persönlich haftenden Gesellschafter zur Geschäftsführung und zur Vertretung der Gesellschaft, bestimmt sich nach den Vorschriften des Handelsgesetzbuchs über die Kommanditgesellschaft.

(3) Im übrigen gelten für die Kommanditgesellschaft auf Aktien, soweit sich aus den folgenden Vorschriften oder aus dem Fehlen eines Vorstands nichts anderes ergibt, die Vorschriften des Ersten Buchs über die Aktiengesellschaft sinngemäß.

### § 279 Firma

(1) ¹Die Firma der Kommanditgesellschaft auf Aktien ist in der Regel dem Gegenstand des Unternehmens zu entnehmen. ²Sie muß die Bezeichnung „Kommanditgesellschaft auf Aktien" enthalten.

(2) Führt die Kommanditgesellschaft auf Aktien die Firma eines auf sie übergegangenen Hanelsgeschäfts fort (§ 22 des Handelsgesetzbuchs), so muß sie die Bezeichnung „Kommanditgesellschaft auf Aktien" in die Firma aufnehmen.

### § 280 Feststellung der Satzung. Gründer

(1) ¹Die Satzung muß von mindestens fünf Personen durch notarielle Beurkundung festgestellt werden. ²In der Urkunde sind der Nennbetrag, der Ausgabebetrag und, wenn mehrere Gattungen bestehen, die Gattung der Aktien

anzugeben, die jeder Beteiligte übernimmt. ³Bevollmächtigte bedürfen einer notariell beglaubigten Vollmacht.

(2) ¹Alle persönlich haftenden Gesellschafter müssen sich bei der Feststellung der Satzung beteiligen. ²Außer ihnen müssen die Personen mitwirken, die als Kommanditaktionäre Aktien gegen Einlagen übernehmen.

(3) Die Gesellschafter, die die Satzung festgestellt haben, sind die Gründer der Gesellschaft.

## § 281 Inhalt der Satzung

(1) Die Satzung muß außer den Festsetzungen nach § 23 Abs. 3 und 4 den Namen, Vornamen, Beruf und Wohnort jedes persönlich haftenden Gesellschafters enthalten.

(2) Vermögenseinlagen der persönlich haftenden Gesellschafter müssen, wenn sie nicht auf das Grundkapital geleistet werden, nach Höhe und Art in der Satzung festgesetzt werden.

(3) *(aufgehoben)*

## § 282 Eintragung der persönlich haftenden Gesellschafter

¹Bei der Eintragung der Gesellschaft in das Handelsregister sind statt der Vorstandsmitglieder die persönlich haftenden Gesellschafter anzugeben. ²Ferner ist einzutragen, welche Vertretungsbefugnis die persönlich haftenden Gesellschafter haben.

## § 283 Persönlich haftende Gesellschafter

Für die persönlich haftenden Gesellschafter gelten sinngemäß die für den Vorstand der Aktiengesellschaft geltenden Vorschriften über

1. die Anmeldungen, Einreichungen, Erklärungen und Nachweise zum Handelsregister sowie über Bekanntmachungen;
2. die Gründungsprüfung;
3. die Sorgfaltspflicht und Verantwortlichkeit;
4. die Pflichten gegenüber dem Aufsichtsrat;
5. die Zulässigkeit einer Kreditgewährung;
6. die Einberufung der Hauptversammlung;
7. die Sonderprüfung;
8. die Geltendmachung von Ersatzansprüchen wegen der Geschäftsführung;
9. die Aufstellung und Vorlegung des Jahresabschlusses, des Lageberichts und des Vorschlags für die Verwendung des Bilanzgewinns;
10. die Prüfung des Jahresabschlusses;
11. die Rechnungslegung im Konzern;
12. die Ausgabe von Aktien bei bedingter Kapitalerhöhung, bei genehmigtem Kapital und bei Kapitalerhöhung aus Gesellschaftsmitteln;
13. die Nichtigkeit und Anfechtung von Hauptversammlungsbeschlüssen;
14. den Antrag auf Eröffnung des Konkursverfahrens oder des gerichtlichen Vergleichsverfahrens.

## § 284 Wettbewerbsverbot

(1) ¹Ein persönlich haftender Gesellschafter darf ohne ausdrückliche Einwilligung der übrigen persönlich haftenden Gesellschafter und des Aufsichtsrats weder im Geschäftszweig der Gesellschaft für eigene oder fremde Rechnung Geschäfte machen noch Mitglied des Vorstands oder Geschäftsführer oder persönlich haftender Gesellschafter einer anderen gleichartigen Handels-

gesellschaft sein. [2]Die Einwilligung kann nur für bestimmte Arten von Geschäften oder für bestimmte Handelsgesellschaften erteilt werden.

(2) [1]Verstößt ein persönlich haftender Gesellschafter gegen dieses Verbot, so kann die Gesellschaft Schadenersatz fordern. [2]Sie kann statt dessen von dem Gesellschafter verlangen, daß er die für eigene Rechnung gemachten Geschäfte als für Rechnung der Gesellschaft eingegangen gelten läßt und die aus Geschäften für fremde Rechnung bezogene Vergütung herausgibt oder seinen Anspruch auf die Vergütung abtritt.

(3) [1]Die Ansprüche der Gesellschaft verjähren in drei Monaten seit dem Zeitpunkt, in dem die übrigen persönlich haftenden Gesellschafter und die Aufsichtsratsmitglieder von der zum Schadenersatz verpflichtenden Handlung Kenntnis erlangen. [2]Sie verjähren ohne Rücksicht auf diese Kenntnis in fünf Jahren seit ihrer Entstehung.

## § 285 Hauptversammlung

(1) [1]In der Hauptversammlung haben die persönlich haftenden Gesellschafter nur ein Stimmrecht für ihre Aktien. [2]Sie können das Stimmrecht weder für sich noch für einen anderen ausüben bei Beschlußfassungen über
1. die Wahl und Abberufung des Aufsichtsrats;
2. die Entlastung der persönlich haftenden Gesellschafter und der Mitglieder des Aufsichtsrats;
3. die Bestellung von Sonderprüfern;
4. die Geltendmachung von Ersatzansprüchen;
5. den Verzicht auf Ersatzansprüche;
6. die Wahl von Abschlußprüfern.
[3]Bei diesen Beschlußfassungen kann ihr Stimmrecht auch nicht durch einen anderen ausgeübt werden.

(2) [1]Die Beschlüsse der Hauptversammlung bedürfen der Zustimmung der persönlich haftenden Gesellschafter, soweit sie Angelegenheiten betreffen, für die bei einer Kommanditgesellschaft das Einverständnis der persönlich haftenden Gesellschafter und der Kommanditisten erforderlich ist. [2]Die Ausübung der Befugnisse die der Hauptversammlung oder einer Minderheit von Kommanditaktionären bei der Bestellung von Prüfern und der Geltendmachung von Ansprüchen der Gesellschaft aus der Gründung oder der Geschäftsführung zustehen, bedarf nicht der Zustimmung der persönlich haftenden Gesellschafter.

(3) [1]Beschlüsse der Hauptversammlung, die der Zustimmung der persönlich haftenden Gesellschafter bedürfen, sind zum Handelsregister erst einzureichen, wenn die Zustimmung vorliegt. [2]Bei Beschlüssen, die in das Handelsregister einzutragen sind, ist die Zustimmung in der Verhandlungsniederschrift oder in einem Anhang zur Niederschrift zu beurkunden.

## § 286 Jahresabschluß. agebericht

(1) [1]Die Hauptversammlung beschließt über die Feststellung des Jahresabschlusses. [2]Der Beschluß bedarf der Zustimmung der persönlich haftenden Gesellschafter.

(2) [1]In der Jahresbilanz sind die Kapitalanteile der persönlich haftenden Gesellschafter nach dem Posten Gezeichnetes Kapital" gesondert auszuweisen. [2]Der auf den Kapitalanteil eines persönlich haftenden Gesellschafters für das Geschäftsjahr entfallende Verlust ist von dem Kapitalanteil abzuschreiben. [3]Soweit der Verlust den Kapitalanteil bersteigt, ist er auf der Aktivseite

unter der Bezeichnung „Einzahlungsverpflichtungen persönlich haftender Gesellschafter" unter den Forderungen gesondert auszuweisen, soweit eine Zahlungsverpflichtung besteht; besteht keine Zahlungsverpflichtung, so ist der Betrag als „Nicht durch Vermögenseinlagen gedeckter Verlustanteil persönlich haftender Gesellschafter" zu bezeichnen und gemäß § 268 Abs. 3 des Handelsgesetzbuchs auszuweisen. [4]Unter § 89 fallende Kredite, die die Gesellschaft persönlich haftenden Gesellschaftern, deren Ehegatten oder minderjährigen Kindern oder Dritten, die für Rechnung dieser Personen handeln, gewährt hat, sind auf der Aktivseite bei den entsprechenden Posten unter der Bezeichnung „davon an persönlich haftende Gesellschafter und deren Angehörige" zu vermerken.

(3) In der Gewinn- und Verlustrechnung braucht der auf die Kapitalanteile der persönlich haftenden Gesellschafter entfallende Gewinn oder Verlust nicht gesondert ausgewiesen zu werden.

(4) § 285 Nr. 9 Buchstaben a und b des Handelsgesetzbuchs gilt für die persönlich haftenden Gesellschafter mit der Maßgabe, daß der auf den Kapitalanteil eines persönlich haftenden Gesellschafters entfallende Gewinn nicht angegeben zu werden braucht.

## § 287 Aufsichtsrat

(1) Die Beschlüsse der Kommanditaktionäre führt der Aufsichtsrat aus, wenn die Satzung nichts anderes bestimmt.

(2) [1]In Rechtsstreitigkeiten, die die Gesamtheit der Kommanditaktionäre gegen die persönlich haftenden Gesellschafter oder diese gegen die Gesamtheit der Kommanditaktionäre führen, vertritt der Aufsichtsrat die Kommanditaktionäre, wenn die Hauptversammlung keine besonderen Vertreter gewählt hat. [2]Für die Kosten des Rechtsstreits, die den Kommanditaktionären zur Last fallen, haftet die Gesellschaft unbeschadet ihres Rückgriffs gegen die Kommanditaktionäre.

(3) Persönlich haftende Gesellschafter können nicht Aufsichtsratsmitglieder sein.

## § 288 Entnahmen der persönlich haftenden Gesellschafter. Kreditgewährung

(1) [1]Entfällt auf einen persönlich haftenden Gesellschafter ein Verlust, der seinen Kapitalanteil übersteigt, so darf er keinen Gewinn auf seinen Kapitalanteil entnehmen. [2]Er darf ferner keinen solchen Gewinnanteil und kein Geld auf seinen Kapitalanteil entnehmen, solange die Summe aus Bilanzverlust, Einzahlungsverpflichtungen, Verlustanteilen persönlich haftender Gesellschafter und Forderungen aus Krediten an persönliche haftende Gesellschafter und deren Angehörige die Summe aus Gewinnvortrag, Kapital- und Gewinnrücklagen sowie Kapialanteilen der persönlich haftenden Gesellschafter übersteigt.

(2) [1]Solange die Voraussetzung von Absatz 1 Satz 2 vorliegt, darf die Gesellschaft keinen unter § 286 Abs. 2 Satz 4 fallenden Kredit gewähren. [2]Ein trotzdem gewährter Kredit ist ohne Rücksicht auf entgegenstehende Vereinbarungen sofort zurückzugewähren.

(3) [1]Ansprüche persönlich haftender Gesellschafter auf nicht vom Gewinn abhängige Tätigkeitsvergütungen werden durch diese Vorschriften nicht berührt. [2]Für eine Herabsetzung solcher Vergütungen gilt § 87 Abs. 2 Satz 1 sinngemäß.

### § 289 Auflösung

(1) Die Gründe für die Auflösung der Kommanditgesellschaft auf Aktien und das Ausscheiden eines von mehreren persönlich haftenden Gesellschaftern aus der Gesellschaft richten sich, soweit in den Absätzen 2 bis 6 nichts anderes bestimmt ist, nach den Vorschriften des Handelsgesetzbuchs über die Kommanditgesellschaft.

(2) Die Kommanditgesellschaft auf Aktien wird auch aufgelöst

1. mit der Rechtskraft des Beschlusses, durch den die Eröffnung des Konkursverfahrens mangels einer den Kosten des Verfahrens entsprechenden Konkursmasse abgelehnt wird;

2. mit der Rechtskraft einer Verfügung des Registergerichts, durch welche nach § 144a des Gesetzes über die Angelegenheiten der freiwilligen Gerichtsbarkeit ein Mangel der Satzung festgestellt worden ist.

(3) ¹Durch die Eröffnung des Konkursverfahrens über das Vermögen eines Kommanditaktionärs wird die Gesellschaft nicht aufgelöst. ²Die Gläubiger eines Kommanditaktionärs sind nicht berechtigt, die Gesellschaft zu kündigen.

(4) ¹Für die Kündigung der Gesellschaft durch die Kommanditaktionäre und für ihre Zustimmung zur Auflösung der Gesellschaft ist ein Beschluß der Hauptversammlung nötig. ²Gleiches gilt für den Antrag auf Auflösung der Gesellschaft durch gerichtliche Entscheidung. ³Der Beschluß bedarf einer Mehrheit, die mindestens drei Viertel des bei der Beschlußfassung vertretenen Grundkapitals umfaßt. ⁴Die Satzung kann eine größere Kapitalmehrheit und weitere Erfordernisse bestimmen.

(5) Persönlich haftende Gesellschafter können außer durch Ausschließung nur ausscheiden, wenn es die Satzung für zulässig erklärt.

(6) ¹Die Auflösung der Gesellschaft und das Ausscheiden eines persönlich haftenden Gesellschafters ist von allen persönlich haftenden Gesellschaftern zur Eintragung in das Handelsregister anzumelden. ²§ 143 Abs. 3 des Handelsgesetzbuchs gilt sinngemäß.

### § 290 Abwicklung

(1) Die Abwicklung besorgen alle persönlich haftenden Gesellschafter und eine oder mehrere von der Hauptversammlung gewählte Personen als Abwickler, wenn die Satzung nichts anderes bestimmt.

(2) Die Bestellung oder Abberufung von Abwicklern durch das Gericht kann auch jeder persönlich haftende Gesellschafter beantragen.

## Drittes Buch. Verbundene Unternehmen

### Erster Teil. Unternehmensverträge

### Erster Abschnitt. Arten von Unternehmensverträgen

### § 291 Beherrschungsvertrag. Gewinnabführungsvertrag

(1) ¹Unternehmensverträge sind Verträge, durch die eine Aktiengesellschaft oder Kommanditgesellschaft auf Aktien die Leitung ihrer Gesellschaft einem anderen Unternehmen unterstellt (Beherrschungsvertrag) oder sich verpflichtet, ihren ganzen Gewinn an ein anderes Unternehmen abzuführen (Gewinnabführungsvertrag). ²Als Vertrag über die Abführung des ganzen Gewinns gilt auch ein Vertrag, durch den eine Aktiengesellschaft oder Kommanditgesellschaft auf Aktien es übernimmt, ihr Unternehmen für Rechnung eines anderen Unternehmens zu führen.

(2) Stellen sich Unternehmen, die voneinander nicht abhängig sind, durch Vertrag unter einheitliche Leitung, ohne daß dadurch eines von ihnen von einem anderen vertragschließenden Unternehmen abhängig wird, so ist dieser Vertrag kein Beherrschungsvertrag.

(3) Leistungen der Gesellschaft aufgrund eines Beherrschungs- oder eines Gewinnabführungsvertrags gelten nicht als Verstoß gegen die §§ 57, 58 und 60.

## § 292 Andere Unternehmensverträge

(1) Unternehmensverträge sind ferner Verträge, durch die eine Aktiengesellschaft oder Kommanditgesellschaft auf Aktien
1. sich verpflichtet, ihren Gewinn oder den Gewinn einzelner ihrer Betriebe ganz oder zum Teil mit dem Gewinn anderer Unternehmen oder einzelner Betriebe anderer Unternehmen zur Aufteilung eines gemeinschaftlichen Gewinns zusammenzulegen (Gewinngemeinschaft),
2. sich verpflichtet, einen Teil ihres Gewinns oder den Gewinn einzelner ihrer Betriebe ganz oder zum Teil an einen anderen abzuführen (Teilgewinnabführungsvertrag),
3. den Betrieb ihres Unternehmens einem anderen verpachtet oder sonst überläßt (Betriebspachtvertrag, Betriebsüberlassungsvertrag).

(2) Ein Vertrag über eine Gewinnbeteiligung mit Mitgliedern von Vorstand und Aufsichtsrat oder mit einzelnen Arbeitnehmern der Gesellschaft sowie eine Abrede über eine Gewinnbeteiligung im Rahmen von Verträgen des laufenden Geschäftsverkehrs oder Lizenzverträgen ist kein Teilgewinnabführungsvertrag.

(3) ¹Ein Betriebspacht- oder Betriebsüberlassungsvertrag und der Beschluß, durch den die Hauptversammlung dem Vertrag zugestimmt hat, sind nicht deshalb nichtig, weil der Vertrag gegen die §§ 57, 58 und 60 verstößt. ²Satz 1 schließt die Anfechtung des Beschlusses wegen dieses Verstoßes nicht aus.

# Zweiter Abschnitt. Abschluß, Änderung und Beendigung von Unternehmensverträgen

## § 293 Zustimmung der Hauptversammlung

(1) ¹Ein Unternehmensvertrag wird nur mit Zustimmung der Hauptversammlung wirksam. ²Der Beschluß bedarf einer Mehrheit, die mindestens drei Viertel des bei der Beschlußfassung vertretenen Grundkapitals umfaßt. ³Die Satzung kann eine größere Kapitalmehrheit und weitere Erfordernisse bestimmen. ⁴Auf den Beschluß sind die Bestimmungen des Gesetzes und der Satzung über Satzungsänderungen nicht anzuwenden.

(2) ¹Ein Beherrschungs- oder ein Gewinnabführungsvertrag wird, wenn der andere Vertragsteil eine Aktiengesellschaft oder Kommanditgesellschaft auf Aktien ist, nur wirksam, wenn auch die Hauptversammlung dieser Gesellschaft zustimmt. ²Für den Beschluß gilt Absatz 1 Satz 2 bis 4 sinngemäß.

(3) ¹Der Vertrag bedarf der schriftlichen Form. ²Er ist von der Einberufung der Hauptversammlung an, die über die Zustimmung beschließen soll, in dem Geschäftsraum der Gesellschaft zur Einsicht der Aktionäre auszulegen. ³Auf Verlangen ist jedem Aktionär unverzüglich eine Abschrift zu erteilen. ⁴In der Hauptversammlung ist der Vertrag auszulegen. ⁵Der Vorstand hat ihn zu Beginn der Verhandlung zu erläutern. ⁶Der Niederschrift ist er als Anlage beizufügen.

(4) Jedem Aktionär ist auf Verlangen in der Hauptversammlung, die über die Zustimmung zu einem Beherrschungs- oder einem Gewinnabführungsvertrag beschließt, Auskunft auch über alle für den Vertragsschluß wesentlichen Angelegenheiten des Unternehmens zu geben, mit dem der Vertrag geschlossen werden soll.

## § 294 Eintragung. Wirksamwerden

(1) [1]Der Vorstand der Gesellschaft hat das Bestehen und die Art des Unternehmensvertrags sowie den Namen des anderen Vertragsteils, bei Teilgewinnabführungsverträgen außerdem die Vereinbarung über die Höhe des abzuführenden Gewinns, zur Eintragung in das Handelsregister anzumelden. [2]Der Anmeldung sind der Vertrag sowie, wenn er nur mit Zustimmung der Hauptversammlung des anderen Vertragsteils wirksam wird, die Niederschrift dieses Beschlusses und ihre Anlagen in Urschrift, Ausfertigung oder öffentlich beglaubigter Abschrift beizufügen.

(2) Der Vertrag wird erst wirksam, wenn sein Bestehen in das Handelsregister des Sitzes der Gesellschaft eingetragen worden ist.

## § 295 Änderung

(1) [1]Ein Unternehmensvertrag kann nur mit Zustimmung der Hauptversammlung geändert werden. [2]§§ 293, 294 gelten sinngemäß.

(2) [1]Die Zustimmung der Hauptversammlung der Gesellschaft zu einer Änderung der Bestimmungen des Vertrags, die zur Leistung eines Ausgleichs an die außenstehenden Aktionäre der Gesellschaft oder zum Erwerb ihrer Aktien verpflichten, bedarf, um wirksam zu werden, eines Sonderbeschlusses der außenstehenden Aktionäre. [2]Für den Sonderbeschluß gilt § 293 Abs. 1 Satz 2 und 3. [3]Jedem außenstehenden Aktionär ist auf Verlangen in der Versammlung, die über die Zustimmung beschließt, Auskunft auch über alle für die Änderung wesentlichen Angelegenheiten des anderen Vertragsteils zu geben.

## § 296 Aufhebung

(1) [1]Ein Unternehmensvertrag kann nur zum Ende des Geschäftsjahrs oder des sonst vertraglich bestimmten Abrechnungszeitraums aufgehoben werden. [2]Eine rückwirkende Aufhebung ist unzulässig. [3]Die Aufhebung bedarf der schriftlichen Form.

(2) [1]Ein Vertrag, der zur Leistung eines Ausgleichs an die außenstehenden Aktionäre oder zum Erwerb ihrer Aktien verpflichtet, kann nur aufgehoben werden, wenn die außenstehenden Aktionäre durch Sonderbeschluß zustimmen. [2]Für den Sonderbeschluß gilt § 293 Abs. 1 Satz 2 und 3, § 295 Abs. 2 Satz 3 sinngemäß.

## § 297 Kündigung

(1) [1]Ein Unternehmensvertrag kann aus wichtigem Grunde ohne Einhaltung einer Kündigungsfrist gekündigt werden. [2]Ein wichtiger Grund liegt namentlich vor, wenn der andere Vertragsteil voraussichtlich nicht in der Lage sein wird, seine aufgrund des Vertrags bestehenden Verpflichtungen zu erfüllen.

(2) [1]Der Vorstand der Gesellschaft kann einen Vertrag, der zur Leistung eines Ausgleichs an die außenstehenden Aktionäre der Gesellschaft oder zum Erwerb ihrer Aktien verpflichtet, ohne wichtigen Grund nur kündigen, wenn die außenstehenden Aktionäre durch Sonderbeschluß zustimmen. [2]Für den Sonderbeschluß gilt § 293 Abs. 1 Satz 2 und 3, § 295 Abs. 2 Satz 3 sinngemäß.

(3) Die Kündigung bedarf der schriftlichen Form.

## § 298 Anmeldung und Eintragung

Der Vorstand der Gesellschaft hat die Beendigung eines Unternehmensvertrags, den Grund und den Zeitpunkt der Beendigung unverzüglich zur Eintragung in das Handelsregister anzumelden.

## § 299 Ausschluß von Weisungen

Aufgrund eines Unternehmensvertrags kann der Gesellschaft nicht die Weisung erteilt werden, den Vertrag zu ändern, aufrechtzuerhalten oder zu beendigen.

## Dritter Abschnitt. Sicherung der Gesellschaft und der Gläubiger

## § 300 Gesetzliche Rücklage

In die gesetzliche Rücklage sind an Stelle des in § 150 Abs. 2 bestimmten Betrags einzustellen,

1. wenn ein Gewinnabführungsvertrag besteht, aus dem ohne die Gewinnabführung entstehenden, um einen Verlustvortrag aus dem Vorjahr geminderten Jahresüberschuß der Betrag, der erforderlich ist, um die gesetzliche Rücklage unter Hinzurechnung einer apitalrücklage innerhalb der ersten fünf Geschäftsjahre, die während des Bestehens des Vertrags oder nach Durchführung einer Kapitalerhöhung beginnen, gleichmäßig auf den zehnten oder den in der Satzung bestimmten höheren Teil des Grundkapitals aufzufüllen, mindestens aber der in Nummer 2 bestimmte Betrag;
2. wenn ein Teilgewinnabführungsvertrag besteht, der Betrag, der nach § 150 Abs. 2 aus dem ohne die ewinnabführung entstehenden, um einen Verlustvortrag aus dem Vorjahr geminderten Jahresüberschuß in die gesetzliche Rücklage einzustellen wäre;
3. wenn ein Beherrschungsvertrag besteht, ohne daß die Gesellschaft auch zur Abführung ihres ganzen Gewinns verpflichtet ist, der zur Auffüllung der gesetzlichen Rücklage nach Nummer 1 erforderliche Betrag, mindestens aber der in § 150 Abs. 2 oder, wenn ie Gesellschaft verpflichtet ist, ihren Gewinn zum Teil abzuführen, der in Nummer 2 bestimmte Betrag.

## § 301 Höchstbetrag der Gewinnabführung

[1]Eine Gesellschaft kann, gleichgültig welche Vereinbarungen über die Berechnung des abzuführenden Gewinns getroffen worden sind, als ihren Gewinn höchstens den ohne die Gewinnabführung entstehenden Jahresüberschuß, vermindert um einen Verlustvortrag aus dem Vorjahr und um den Betrag, der nach § 300 in die gesetzliche Rücklage einzustellen ist, abführen. [2]Sind während der Dauer des ertrags Beträge in andere Gewinnrücklagen eingestellt worden, so können diese Beträge den anderen Gewinnrücklagen entnommen und als Gewinn abgeführt werden.

## § 302 Verlustübernahme

(1) Besteht ein Beherrschungs- oder ein Gewinnabführungsvertrag, so hat der andere Vertragsteil jeden während der Vertragsdauer sonst entstehenden Jahresfehlbetrag auszugleichen, soweit dieser nicht dadurch ausgeglichen wird, daß den anderen ewinnrücklagen Beträge entnommen werden, die während der Vertragsdauer in sie eingestellt worden sind.

(2) Hat eine abhängige Gesellschaft den Betrieb ihres Unternehmens dem

herrschenden Unternehmen verpachtet oder sonst überlassen, so hat das herrschende Unternehmen jeden während der Vertragsdauer sonst entstehenden Jahresfehlbetrag auszugleichen, soweit die vereinbarte Gegenleistung das angemessene Entgelt nicht erreicht.

(3) ¹Die Gesellschaft kann auf den Anspruch auf Ausgleich erst drei Jahre nach dem Tage, an dem die Eintragung der Beendigung des Vertrags in das Handelsregister nach § 10 des Handelsgesetzbuchs als bekanntgemacht gilt, verzichten oder sich über ihn vergleichen. ²Dies gilt nicht, wenn der Ausgleichspflichtige zahlungsunfähig ist und sich zur Abwendung oder Beseitigung des Konkursverfahrens mit seinen Gläubigern vergleicht. ³Der Verzicht oder Vergleich wird nur wirksam, wenn die außenstehenden Aktionäre durch Sonderbeschluß zustimmen und nicht eine Minderheit, deren Anteile zusammen den zehnten Teil des bei der Beschlußfassung vertretenen Grundkapitals erreichen, zur Niederschrift Widerspruch erhebt.

## § 303 Gläubigerschutz

(1) ¹Endet ein Beherrschungs- oder ein Gewinnabführungsvertrag, so hat der andere Vertragteil den Gläubigern der Gesellschaft, deren Forderungen begründet worden sind, bevor die Eintragung der Beendigung des Vertrags in das Handelsregister nach § 10 des Handelsgesetzbuchs als bekanntgemacht gilt, Sicherheit zu leisten, wenn sie sich binnen sechs Monaten nach der Bekanntmachung der Eintragung zu diesem Zweck bei ihm melden. ²Die Gläubiger sind in der Bekanntmachung der Eintragung auf dieses Recht hinzuweisen.

(2) Das Recht, Sicherheitsleistung zu verlangen, steht Gläubigern nicht zu, die im Fall des Konkurses ein Recht auf vorzugsweise Befriedigung aus einer Deckungsmasse haben, die nach gesetzlicher Vorschrift zu ihrem Schutz errichtet und staatlich überwacht ist.

(3) ¹Statt Sicherheit zu leisten, kann der andere Vertragteil sich für die Forderung verbürgen. ²§ 349 des Handelsgesetzbuchs über den Ausschluß der Einrede der Vorausklage ist nicht anzuwenden.

## Vierter Abschnitt. Sicherung der außenstehenden Aktionäre bei Beherrschungs- und Gewinnabführungsverträgen

## § 304 Angemessener Ausgleich

(1) ¹Ein Gewinnabführungsvertrag muß einen angemessenen Ausgleich für die außenstehenden Aktionäre durch eine auf die Aktiennennbeträge bezogene wiederkehrende Geldleistung (Ausgleichszahlung) vorsehen. ²Ein Beherrschungsvertrag muß, wenn die Gesellschaft nicht auch zur Abführung ihres ganzen Gewinns verpflichtet ist, den außenstehenden Aktionären als angemessenen Ausgleich einen bestimmten jährlichen Gewinnanteil nach der für die Ausgleichszahlung bestimmten Höhe garantieren. ³Von der Bestimmung eines angemessenen Ausgleichs kann nur abgesehen werden, wenn die Gesellschaft im Zeitpunkt der Beschlußfassung ihrer Hauptversammlung über den Vertrag keinen außenstehenden Aktionär hat.

(2) ¹Als Ausgleichszahlung ist mindestens die jährliche Zahlung des Betrags zuzusichern, der nach der bisherigen Ertragslage der Gesellschaft und ihren künftigen Ertragsaussichten unter Berücksichtigung angemessener Abschreibungen und Wertberichtigungen, jedoch ohne Bildung anderer Gewinnrücklagen, voraussichtlich als durchschnittlicher Gewinnanteil auf die einzelne Ak-

tie verteilt werden könnte. ²Ist der andere Vertragsteil eine Aktiengesellschaft oder Kommanditgesellschaft auf Aktien, so kann als Ausgleichszahlung auch die Zahlung des Betrags zugesichert werden, der auf Aktien der anderen Gesellschaft mit mindestens dem entsprechenden Nennbetrag jeweils als Gewinnanteil entfällt. ³Der entsprechende Nennbetrag bestimmt sich nach dem Verhältnis, in dem bei einer Verschmelzung auf eine Aktie der Gesellschaft Aktien der anderen Gesellschaft zu gewähren wären.

(3) ¹Ein Vertrag, der entgegen Absatz 1 überhaupt keinen Ausgleich vorsieht, ist nichtig. ²Die Anfechtung des Beschlusses, durch den die Hauptversammlung der Gesellschaft dem Vertrag oder einer unter § 295 Abs. 2 fallenden Änderung des Vertrags zugestimmt hat, kann nicht auf § 243 Abs. 2 oder darauf gestützt werden, daß der im Vertrag bestimmte Ausgleich nicht angemessen ist. ³Ist der im Vertrag bestimmte Ausgleich nicht angemessen, so hat das in § 306 bestimmte Gericht auf Antrag den vertraglich geschuldeten Ausgleich zu bestimmen, wobei es, wenn der Vertrag einen nach Absatz 2 Satz 2 berechneten Ausgleich vorsieht, den Ausgleich nach dieser Vorschrift zu bestimmen hat.

(4) ¹Antragsberechtigt ist jeder außenstehende Aktionär. ²Der Antrag kann nur binnen zwei Monaten seit dem Tage gestellt werden, an dem die Eintragung des Bestehens oder einer unter § 295 Abs. 2 fallenden Änderung des Vertrags im Handelsregister nach § 10 des Handelsgesetzbuchs als bekanntgemacht gilt.

(5) Bestimmt das Gericht den Ausgleich, so kann der andere Vertragsteil den Vertrag binnen zwei Monaten nach Rechtskraft der Entscheidung ohne Einhaltung einer Kündigungsfrist kündigen.

## § 305 Abfindung

(1) Außer der Verpflichtung zum Ausgleich nach § 304 muß ein Beherrschungs- oder ein Gewinnabführungsvertrag die Verpflichtung des anderen Vertragsteils enthalten, auf Verlangen eines außenstehenden Aktionärs dessen Aktien gegen eine im Vertrag bestimmte angemessene Abfindung zu erwerben.

(2) Als Abfindung muß der Vertrag,
1. wenn der andere Vertragsteil eine nicht abhängige und nicht in Mehrheitsbesitz stehende Aktiengesellschaft oder Kommanditgesellschaft auf Aktien mit Sitz im Inland ist, die Gewährung eigener Aktien dieser Gesellschaft,
2. wenn der andere Vertragsteil eine abhängige oder in Mehrheitsbesitz stehende Aktiengesellschaft oder Kommanditgesellschaft auf Aktien und das herrschende Unternehmen eine Aktiengesellschaft oder Kommanditgesellschaft auf Aktien mit Sitz im Inland ist, entweder die Gewährung von Aktien der herrschenden oder mit Mehrheit beteiligten Gesellschaft oder eine Barabfindung,
3. in allen anderen Fällen eine Barabfindung
vorsehen.

(3) ¹Werden als Abfindung Aktien einer anderen Gesellschaft gewährt, so ist die Abfindung als angemessen anzusehen, wenn die Aktien in dem Verhältnis gewährt werden, in dem bei einer Verschmelzung auf eine Aktie der Gesellschaft Aktien der anderen Gesellschaft zu gewähren wären, wobei Spitzenbeträge durch bare Zuzahlungen ausgeglichen werden können. ²Die angemessene Barabfindung muß die Vermögens- und Ertragslage der Gesellschaft im Zeitpunkt der Beschlußfassung ihrer Hauptversammlung über den Vertrag berücksichtigen.

(4) [1]Die Verpflichtung zum Erwerb der Aktien kann befristet werden. [2]Die Frist endet frühestens zwei Monate nach dem Tage, an dem die Eintragung des Bestehens des Vertrags im Handelsregister nach § 10 des Handelsgesetzbuchs als bekanntgemacht gilt. [3]Ist ein Antrag auf Bestimmung des Ausgleichs oder der Abfindung durch das in § 306 bestimmte Gericht gestellt worden, so endet die Frist frühestens zwei Monate nach dem Tage, an dem die Entscheidung über den zuletzt beschiedenen Antrag im Bundesanzeiger bekanntgemacht worden ist.

(5) [1]Die Anfechtung des Beschlusses, durch den die Hauptversammlung der Gesellschaft dem Vertrag oder einer unter § 295 Abs. 2 fallenden Änderung des Vertrags zugestimmt hat, kann nicht darauf gestützt werden, daß der Vertrag keine angemessene Abfindung vorsieht. [2]Sieht der Vertrag überhaupt keine oder eine den Absätzen 1 bis 3 nicht entsprechende Abfindung vor, so hat das in § 306 bestimmte Gericht auf Antrag die vertraglich zu gewährende Abfindung zu bestimmen. [3]Dabei hat es in den Fällen des Absatzes 2 Nr. 2, wenn der Vertrag die Gewährung von Aktien der herrschenden oder mit Mehrheit beteiligten Gesellschaft vorsieht, das Verhältnis, in dem diese Aktien zu gewähren sind, wenn der Vertrag nicht die Gewährung von Aktien der herrschenden oder mit Mehrheit beteiligten Gesellschaft vorsieht, die angemessene Barabfindung zu bestimmen. [4]§ 304 Abs. 4 und 5 gilt sinngemäß.

## § 306 Verfahren

(1) [1]Zuständig ist das Landgericht, in dessen Bezirk die Gesellschaft, deren außenstehende Aktionäre antragsberechtigt sind, ihren Sitz hat. [2]§ 132 Abs. 1 Satz 2 bis 4 ist anzuwenden.

(2) § 99 Abs. 1, Abs. 3 Satz 1, 2, 4 bis 9, Abs. 5 gilt sinngemäß.

(3) [1]Das Landgericht hat den Antrag in den Gesellschaftsblättern der Gesellschaft, deren außenstehende Aktionäre antragsberechtigt sind, bekanntzumachen. [2]Außenstehende Aktionäre können noch binnen einer Frist von zwei Monaten nach dieser Bekanntmachung eigene Anträge stellen. [3]Auf dieses Recht ist in der Bekanntmachung hinzuweisen.

(4) [1]Das Landgericht hat die Vertragsteile des Unternehmensvertrags zu hören. [2]Es hat den außenstehenden Aktionären, die nicht Antragsteller nach § 304 Abs. 4 oder § 305 Abs. 5 sind oder eigene Anträge nach Absatz 3 Satz 2 gestellt haben, zur Wahrung ihrer Rechte einen gemeinsamen Vertreter zu bestellen, der die Stellung eines gesetzlichen Vertreters hat. [3]Werden die Festsetzung des angemessenen Ausgleichs und die Festsetzung der angemessenen Abfindung beantragt, so hat es für jeden Antrag einen gemeinsamen Vertreter zu bestellen. [4]Die Bestellung kann unterbleiben, wenn die Wahrung der Rechte dieser außenstehenden Aktionäre auf andere Weise sichergestellt ist. [5]Die Bestellung des gemeinsamen Vertreters hat das Landgericht in den Gesellschaftsblättern bekanntzumachen. [6]Der Vertreter kann von der Gesellschaft den Ersatz angemessener barer Auslagen und eine Vergütung für seine Tätigkeit verlangen. [7]Die Auslagen und die Vergütung setzt das Landgericht fest. [8]Es kann der Gesellschaft auf Verlangen des Vertreters die Zahlung von Vorschüssen aufgeben. [9]Aus der Festsetzung findet die Zwangsvollstreckung nach der Zivilprozeßordnung statt.

(5) Das Landgericht hat seine Entscheidung den Vertragsteilen des Unternehmensvertrags sowie den Antragstellern nach § 304 Abs. 4, § 305 Abs. 5, den außenstehenden Aktionären, die eigene Anträge nach Absatz 3 Satz 2 gestellt haben, und, wenn ein gemeinsamer Vertreter bestellt ist, diesem zuzustellen.

(6) Der Vorstand der Gesellschaft hat die rechtskräftige Entscheidung ohne Gründe in den Gesellschaftsblättern bekanntzumachen.

(7) ¹Für die Kosten des Verfahrens gilt die Kostenordnung. ²Für das Verfahren des ersten Rechtszugs wird das Doppelte der vollen Gebühr erhoben. ³Für den zweiten Rechtszug wird die gleiche Gebühr erhoben; dies gilt auch dann, wenn die Beschwerde Erfolg hat. ⁴Wird der Antrag oder die Beschwerde zurückgenommen, bevor es zu einer Entscheidung kommt, so ermäßigt sich die Gebühr auf die Hälfte. ⁵Der Geschäftswert ist von Amts wegen festzusetzen. ⁶Er bestimmt sich nach § 30 Abs. 1 der Kostenordnung. ⁷Kostenvorschüsse werden nicht erhoben. ⁸Schuldner der Kosten sind die Vertragsteile des Unternehmensvertrags. ⁹Die Kosten können jedoch ganz oder zum Teil einem anderen Beteiligten auferlegt werden, wenn dies der Billigkeit entspricht.

### § 307 Vertragsbeendigung zur Sicherung außenstehender Aktionäre

Hat die Gesellschaft im Zeitpunkt der Beschlußfassung ihrer Hauptversammlung über einen Beherrschungs- oder Gewinnabführungsvertrag keinen außenstehenden Aktionär, so endet der Vertrag spätestens zum Ende des Geschäftsjahrs, in dem ein außenstehender Aktionär beteiligt ist.

## Zweiter Teil. Leitungsmacht und Verantwortlichkeit bei Abhängigkeit von Unternehmen

### Erster Abschnitt. Leitungsmacht und Verantwortlichkeit bei Bestehen eines Beherrschungsvertrags

### § 308 Leitungsmacht

(1) ¹Besteht ein Beherrschungsvertrag, so ist das herrschende Unternehmen berechtigt, dem Vorstand der Gesellschaft hinsichtlich der Leitung der Gesellschaft Weisungen zu erteilen. ²Bestimmt der Vertrag nichts anderes, so können auch Weisungen erteilt werden, die für die Gesellschaft nachteilig sind, wenn sie den Belangen des herrschenden Unternehmens oder der mit ihm und der Gesellschaft konzernverbundenen Unternehmen dienen.

(2) ¹Der Vorstand ist verpflichtet, die Weisungen des herrschenden Unternehmens zu befolgen. ²Er ist nicht berechtigt, die Befolgung einer Weisung zu verweigern, weil sie nach seiner Ansicht nicht den Belangen des herrschenden Unternehmens oder der mit ihm und der Gesellschaft konzernverbundenen Unternehmen dient, es sei denn, daß sie offensichtlich nicht diesen Belangen dient.

(3) ¹Wird der Vorstand angewiesen, ein Geschäft vorzunehmen, das nur mit Zustimmung des Aufsichtsrats der Gesellschaft vorgenommen werden darf, und wird diese Zustimmung nicht innerhalb einer angemessenen Frist erteilt, so hat der Vorstand dies dem herrschenden Unternehmen mitzuteilen. ²Wiederholt das herrschende Unternehmen nach dieser Mitteilung die Weisung, so ist die Zustimmung des Aufsichtsrats nicht mehr erforderlich; die Weisung darf, wenn das herrschende Unternehmen einen Aufsichtsrat hat, nur mit dessen Zustimmung wiederholt werden.

### § 309 Verantwortlichkeit der gesetzlichen Vertreter des herrschenden Unternehmens

(1) Besteht ein Beherrschungsvertrag, so haben die gesetzlichen Vertreter (beim Einzelkaufmann der Inhaber) des herrschenden Unternehmens gegen-

über der Gesellschaft bei der Erteilung von Weisungen an diese die Sorgfalt eines ordentlichen und gewissenhaften Geschäftsleiters anzuwenden.

(2) ¹Verletzen sie ihre Pflichten, so sind sie der Gesellschaft zum Ersatz des daraus entstehenden Schadens als Gesamtschuldner verpflichtet. ²Ist streitig, ob sie die Sorgfalt eines ordentlichen und gewissenhaften Geschäftsleiters angewandt haben, so trifft sie die Beweislast.

(3) ¹Die Gesellschaft kann erst drei Jahre nach der Entstehung des Anspruchs und nur dann auf Ersatzansprüche verzichten oder sich über sie vergleichen, wenn die außenstehenden Aktionäre durch Sonderbeschluß zustimmen und nicht eine Minderheit, deren Anteile zusammen den zehnten Teil des bei der Beschlußfasssng vertretenen Grundkapitals erreichen, zur Niederschrift Widerspruch erhebt. ²Die zeitliche Beschränkung gilt nicht, wenn der Ersatzpflichtige zahlungsunfähig ist und sich zur Abwendung oder Beseitigung des Konkursverfahrens mit seinen Gläubigern vergleicht.

(4) ¹Der Ersatzanspruch der Gesellschaft kann auch von jedem Aktionär geltend gemacht werden. ²Der Aktionär kann jedoch nur Leistung an die Gesellschaft fordern. ³Der Ersatzanspruch kann ferner von den Gläubigern der Gesellschaft geltend gemacht werden, soweit sie von dieser keine Befriedigung erlangen können. ⁴Den Gläubigern gegenüber wird die Ersatzpflicht durch einen Verzicht oder Vergleich der Gesellschaft nicht ausgeschlossen. ⁵Ist über das Vermögen der Gesellschaft das Konkursverfahren eröffnet, so übt während dessen Dauer der Konkursverwalter das Recht der Aktionäre und Gläubiger, den Ersatzanspruch der Gesellschaft geltend zu machen, aus.

(5) Die Ansprüche aus diesen Vorschriften verjähren in fünf Jahren.

## § 310 Verantwortlichkeit der Verwaltungsmitglieder der Gesellschaft

(1) ¹Die Mitglieder des Vorstands und des Aufsichtsrats der Gesellschaft haften neben dem Ersatzpflichtigen nach § 309 als Gesamtschuldner, wenn sie unter Verletzung ihrer Pflichten gehandelt haben. ²Ist streitig, ob sie die Sorgfalt eines ordentlichen und gewissenhaften Geschäftsleiters angewandt haben, so trifft sie die Beweislast.

(2) Dadurch, daß der Aufsichtsrat die Handlung gebilligt hat, wird die Ersatzpflicht nicht ausgeschlossen.

(3) Eine Ersatzpflicht der Verwaltungsmitglieder der Gesellschaft besteht nicht, wenn die schädigende Handlung auf einer Weisung beruht, die nach § 308 Abs. 2 zu befolgen war.

(4) § 309 Abs. 3 bis 5 ist anzuwenden.

## Zweiter Abschnitt. Verantwortlichkeit bei Fehlen eines Beherrschungsvertrags

## § 311 Schranken des Einflusses

(1) Besteht kein Beherrschungsvertrag, so darf ein herrschendes Unternehmen seinen Einfluß nicht dazu benutzen, eine abhängige Aktiengesellschaft oder Kommanditgesellschaft auf Aktien zu veranlassen, ein für sie nachteiliges Rechtsgeschäft vorzunehmen oder Maßnahmen zu ihrem Nachteil zu treffen oder zu unterlassen, es sei denn, daß die Nachteile ausgeglichen werden.

(2) ¹Ist der Ausgleich nicht während des Geschäftsjahrs tatsächlich erfolgt, so muß spätestens am Ende des Geschäftsjahrs, in dem der abhängigen Gesellschaft der Nachteil zugefügt worden ist, bestimmt werden, wann und

durch welche Vorteile der Nachteil ausgeglichen werden soll. ²Auf die zum Ausgleich bestimmten Vorteile ist der abhängigen Gesellschaft ein Rechtsanspruch zu gewähren.

## § 312 Bericht des Vorstands über Beziehungen zu verbundenen Unternehmen

(1) ¹Besteht kein Beherrschungsvertrag, so hat der Vorstand einer abhängigen Gesellschaft in den ersten drei Monaten des Geschäftsjahrs einen Bericht über die Beziehungen der Gesellschaft zu verbundenen Unternehmen aufzustellen. ²In dem Bericht sind alle Rechtsgeschäfte, welche die Gesellschaft im vergangenen Geschäftsjahr mit dem herrschenden Unternehmen oder einem mit ihm verbundenen Unternehmen oder auf Veranlassung oder im Interesse dieser Unternehmen vorgenommen hat, und alle anderen Maßnahmen, die sie auf Veranlassung oder im Interesse dieser Unternehmen im vergangenen Geschäftsjahr getroffen oder unterlassen hat, aufzuführen. ³Bei den Rechtsgeschäften sind Leistung und Gegenleistung, bei den Maßnahmen die Gründe der Maßnahme und deren Vorteile und Nachteile für die Gesellschaft anzugeben. ⁴Bei einem Ausgleich von Nachteilen ist im einzelnen anzugeben, wie der Ausgleich während des Geschäftsjahrs tatsächlich erfolgt ist, oder auf welche Vorteile der Gesellschaft ein Rechtsanspruch gewährt worden ist.

(2) Der Bericht hat den Grundsätzen einer gewissenhaften und getreuen Rechenschaft zu entsprechen.

(3) ¹Am Schluß des Berichts hat der Vorstand zu erklären, ob die Gesellschaft nach den Umständen, die ihm in dem Zeitpunkt bekannt waren, in dem das Rechtsgeschäft vorgenommen oder die Maßnahme getroffen oder unterlassen wurde, bei jedem Rechtsgeschäft eine angemessene Gegenleistung erhielt und dadurch, daß die Maßnahme getroffen oder unterlassen wurde, nicht benachteiligt wurde. ²Wurde die Gesellschaft benachteiligt, so hat er außerdem zu erklären, ob die Nachteile ausgeglichen worden sind. ³Die Erklärung ist auch in den Lagebericht aufzunehmen.

## § 313 Prüfung durch den Abschlußprüfer

(1) ¹Ist der Jahresabschluß durch einen Abschlußprüfer zu prüfen, so ist gleichzeitig mit dem Jahresabschluß und dem Lagebericht auch der Bericht über die Beziehungen zu verbundenen Unternehmen dem Abschlußprüfer vorzulegen. ²Er hat zu prüfen, ob
1. die tatsächlichen Angaben des Berichts richtig sind,
2. bei den im Bericht aufgeführten Rechtsgeschäften nach den Umständen, die im Zeitpunkt ihrer Vornahme bekannt waren, die Leistung der Gesellschaft nicht unangemessen hoch war; soweit sie dies war, ob die Nachteile ausgeglichen worden sind,
3. bei den im Bericht aufgeführten Maßnahmen keine Umstände für eine wesentlich andere Beurteilung als die durch den Vorstand sprechen.
³§ 320 Abs. 1 Satz 2 und Abs. 2 Satz 1 und 2 des Handelsgesetzbuchs gilt sinngemäß. ⁴Die Rechte nach dieser Vorschrift hat der Abschlußprüfer auch gegenüber einem Konzernunternehmen sowie gegenüber einem abhängigen oder herrschenden Unternehmen.

(2) ¹Der Abschlußprüfer hat über das Ergebnis der Prüfung schriftlich zu berichten. ²Stellt er bei der Prüfung des Jahresabschlusses, des Lageberichts und des Berichts über die Beziehungen zu verbundenen Unternehmen fest, daß dieser Bericht unvollständig ist, so hat er auch hierüber zu berichten. ³Den

Abschlußprüfer hat seinen Bericht zu unterzeichnen und dem Vorstand vorzulegen.

(3) ¹Sind nach dem abschließenden Ergebnis der Prüfung keine Einwendungen zu erheben, so hat der Abschlußprüfer dies durch folgenden Vermerk zum Bericht über die Beziehungen zu verbundenen Unternehmen zu bestätigen:

Nach meiner/unserer pflichtmäßigen Prüfung und Beurteilung bestätige ich/bestätigen wir, daß

1. die tatsächlichen Angaben des Berichts richtig sind,
2. bei den im Bericht aufgeführten Rechtsgeschäften die Leistung der Gesellschaft nicht unangemessen hoch war oder Nachteile ausgeglichen worden sind,
3. bei den im Bericht aufgeführten Maßnahmen keine Umstände für eine wesentlich andere Beurteilung als die durch den Vorstand sprechen.

²Führt der Bericht kein Rechtsgeschäft auf, so ist Nummer 2, führt er keine Maßnahme auf, so ist Nummer 3 des Vermerks fortzulassen. ³Hat der Abschlußprüfer bei keinem im Bericht aufgeführten Rechtsgeschäft festgestellt, daß die Leistung der Gesellschaft unangemessen hoch war, so ist Nummer 2 des Vermerks auf diese Bestätigung zu beschränken.

(4) ¹Sind Einwendungen zu erheben oder hat der Abschlußprüfer festgestellt, daß der Bericht über die Beziehungen zu verbundenen Unternehmen unvollständig ist, so hat er die Bestätigung einzuschränken oder zu versagen. ²Hat der Vorstand selbst erklärt, daß die Gesellschaft durch bestimmte Rechtsgeschäfte oder Maßnahmen benachteiligt worden ist, ohne daß die Nachteile ausgeglichen worden sind, so ist dies in dem Vermerk anzugeben und der Vermerk auf die übrigen Rechtsgeschäfte oder Maßnahmen zu beschränken.

(5) ¹Der Abschlußprüfer hat den Bestätigungsvermerk mit Angabe von Ort und Tag zu unterzeichnen. ²Der Bestätigungsvermerk ist auch in den Prüfungsbericht aufzunehmen.

## § 314 Prüfung durch den Aufsichtsrat

(1) ¹Der Vorstand hat den Bericht über die Beziehungen zu verbundenen Unternehmen und, wenn der Jahresabschluß durch einen Abschlußprüfer zu prüfen ist, den Prüfungsbericht des Abschlußprüfers zusammen mit den in § 170 angegebenen Vorlagen dem Aufsichtsrat vorzulegen. ²Jedes Aufsichtsratsmitglied hat das Recht, von den Berichten Kenntnis zu nehmen. ³Die Berichte sind auch jedem Aufsichtsratsmitglied auf Verlangen auszuhändigen, soweit der Aufsichtsrat nichts anderes beschlossen hat.

(2) ¹Der Aufsichtsrat hat den Bericht über die Beziehungen zu verbundenen Unternehmen zu prüfen und in seinem Bericht an die Hauptversammlung (§ 171 Abs. 2) über das Ergebnis der Prüfung zu berichten. ²Ist der Jahresabschluß durch einen Abschlußprüfer zu prüfen, so hat der Aufsichtsrat in diesem Bericht ferner zu dem Ergebnis der Prüfung des Berichts über die Beziehungen zu verbundenen Unternehmen durch den Abschlußprüfer Stellung zu nehmen. ³Ein von dem Abschlußprüfer erteilter Bestätigungsvermerk ist in den Bericht aufzunehmen, eine Versagung des Bestätigungsvermerks ausdrücklich mitzuteilen.

(3) Am Schluß des Berichts hat der Aufsichtsrat zu erklären, ob nach dem abschließenden Ergebnis seiner Prüfung Einwendungen gegen die Erklärung des Vorstands am Schluß des Berichts über die Beziehungen zu verbundenen Unternehmen zu erheben sind.

(4) Ist der Jahresabschluß durch einen Abschlußprüfer zu prüfen, so hat

der Abschlußprüfer auf Verlangen des Aufsichtsrats an dessen Verhandlung über den Bericht über die Beziehungen zu verbundenen Unternehmen teilzunehmen.

## § 315 Sonderprüfung

¹Auf Antrag eines Aktionärs hat das Gericht Sonderprüfer zur Prüfung der geschäftlichen Beziehungen der Gesellschaft zu dem herrschenden Unternehmen oder einem mit ihm verbundenen Unternehmen zu bestellen, wenn

1. der Abschlußprüfer den Bestätigungsvermerk zum Bericht über die Beziehungen zu verbundenen Unternehmen eingeschränkt oder versagt hat,
2. der Aufsichtsrat erklärt hat, daß Einwendungen gegen die Erklärung des Vorstands am Schluß des Berichts über die Beziehungen zu verbundenen Unternehmen zu erheben sind,
3. der Vorstand selbst erklärt hat, daß die Gesellschaft durch bestimmte Rechtsgeschäfte oder Maßnahmen benachteiligt worden ist, ohne daß die Nachteile ausgeglichen worden sind.

²Gegen die Entscheidung ist die sofortige Beschwerde zulässig. ³Hat die Hauptversammlung zur Prüfung derselben Vorgänge Sonderprüfer bestellt, so kann jeder Aktionär den Antrag nach § 142 Abs. 4 stellen.

## § 316 Kein Bericht über Beziehungen zu verbundenen Unternehmen bei Gewinnabführungsvertrag

§§ 312 bis 315 gelten nicht, wenn zwischen der abhängigen Gesellschaft und dem herrschenden Unternehmen ein Gewinnabführungsvertrag besteht.

## § 317 Verantwortlichkeit des herrschenden Unternehmens und seiner gesetzlichen Vertreter

(1) ¹Veranlaßt ein herrschendes Unternehmen eine abhängige Gesellschaft, mit der kein Beherrschungsvertrag besteht, ein für sie nachteiliges Rechtsgeschäft vorzunehmen oder zu ihrem Nachteil eine Maßnahme zu treffen oder zu unterlassen, ohne daß es den Nachteil bis zum Ende des Geschäftsjahrs tatsächlich ausgleicht oder der abhängigen Gesellschaft einen Rechtsanspruch auf einen zum Ausgleich bestimmten Vorteil gewährt, so ist es der Gesellschaft zum Ersatz der ihr daraus entstehenden Schadens verpflichtet. ²Es ist auch den Aktionären zum Ersatz des ihnen daraus entstehenden Schadens verpflichtet, soweit sie, abgesehen von einem Schaden, der ihnen durch Schädigung der Gesellschaft zugefügt worden ist, geschädigt worden sind.

(2) Die Ersatzpflicht tritt nicht ein, wenn auch ein ordentlicher und gewissenhafter Geschäftsleiter einer unabhängigen Gesellschaft das Rechtsgeschäft vorgenommen oder die Maßnahme getroffen oder unterlassen hätte.

(3) Neben dem herrschenden Unternehmen haften als Gesamtschuldner die gesetzlichen Vertreter des Unternehmens, die die Gesellschaft zu dem Rechtsgeschäft oder der Maßnahme veranlaßt haben.

(4) § 309 Abs. 3 bis 5 gilt sinngemäß.

## § 318 Verantwortlichkeit der Verwaltungsmitglieder der Gesellschaft

(1) ¹Die Mitglieder des Vorstands der Gesellschaft haften neben den nach § 317 Ersatzpflichtigen als Gesamtschuldner, wenn sie es unter Verletzung ihrer Pflichten unterlassen haben, das nachteilige Rechtsgeschäft oder die nachteilige Maßnahme in dem Bericht über die Beziehungen der Gesellschaft zu verbundenen Unternehmen aufzuführen oder anzugeben, daß die Gesellschaft

durch das Rechtsgeschäft oder die Maßnahme benachteiligt wurde und der Nachteil nicht ausgeglichen worden war. [2]Ist streitig, ob sie die Sorgfalt eines ordentlichen und gewissenhaften Geschäftsleiters angewandt haben, so trifft sie die Beweislast.

(2) Die Mitglieder des Aufsichtsrats der Gesellschaft haften neben den nach § 317 Ersatzpflichtigen als Gesamtschuldner, wenn sie hinsichtlich des nachteiligen Rechtsgeschäfts oder der nachteiligen Maßnahme ihre Pflicht, den Bericht über die Beziehungen zu verbundenen Unternehmen zu prüfen und über das Ergebnis der Prüfung an die Hauptversammlung zu berichten (§ 314), verletzt haben; Absatz 1 Satz 2 gilt sinngemäß.

(3) Der Gesellschaft und auch den Aktionären gegenüber tritt die Ersatzpflicht nicht ein, wenn die Handlung auf einem gesetzmäßigen Beschluß der Hauptversammlung beruht.

(4) § 309 Abs. 3 bis 5 gilt sinngemäß.

## Dritter Teil. Eingegliederte Gesellschaften

### § 319 Eingliederung

(1) [1]Die Hauptversammlung einer Aktiengesellschaft kann die Eingliederung der Gesellschaft in eine andere Aktiengesellschaft mit Sitz im Inland (Hauptgesellschaft) beschließen, wenn sich alle Aktien der Gesellschaft in der Hand der zukünftigen Hauptgesellschaft befinden. [2]Auf den Beschluß sind die Bestimmungen des Gesetzes und der Satzung über Satzungsänderungen nicht anzuwenden.

(2) [1]Der Beschluß über die Eingliederung wird nur wirksam, wenn die Hauptversammlung der zukünftigen Hauptgesellschaft zustimmt. [2]Der Beschluß über die Zustimmung bedarf einer Mehrheit, die mindestens drei Viertel des bei der Beschlußfassung vertretenen Grundkapitals umfaßt. [3]Die Satzung kann eine größere Kapitalmehrheit und weitere Erfordernisse bestimmen. [4]Absatz 1 Satz 2 ist anzuwenden. [5]Jedem Aktionär ist auf Verlangen in der Hauptversammlung, die über die Zustimmung beschließt, Auskunft auch über alle im Zusammenhang mit der Eingliederung wesentlichen Angelegenheiten der einzugliedernden Gesellschaft zu geben.

(3) [1]Der Vorstand der einzugliedernden Gesellschaft hat die Eingliederung und die Firma der Hauptgesellschaft zur Eintragung in das Handelsregister anzumelden. [2]Bei der Anmeldung hat der Vorstand zu erklären, daß die Hauptversammlungsbeschlüsse innerhalb der Anfechtungsfrist nicht angefochten worden sind oder daß die Anfechtung rechtskräftig zurückgewiesen worden ist. [3]Der Anmeldung sind die Niederschriften der Hauptversammlungsbeschlüsse und ihre Anlagen in Ausfertigung oder öffentlich beglaubigter Abschrift beizufügen.

(4) Mit der Eintragung der Eingliederung in das Handelsregister des Sitzes der Gesellschaft wird die Gesellschaft in die Hauptgesellschaft eingegliedert.

### § 320 Eingliederung durch Mehrheitsbeschluß

(1) [1]Die Hauptversammlung einer Aktiengesellschaft kann die Eingliederung der Gesellschaft in eine andere Aktiengesellschaft mit Sitz im Inland auch dann beschließen, wenn sich Aktien der Gesellschaft im Gesamtnennbetrag von fünfundneunzig vom Hundert des Grundkapitals in der Hand der zu-

künftigen Hauptgesellschaft befinden. ²Eigene Aktien und Aktien, die einem anderen für Rechnung der Gesellschaft gehören, sind vom Grundkapital abzusetzen. ³Für die Eingliederung gelten außer § 319 Abs. 1 Satz 2, Abs. 2 bis 4 die Absätze 2 bis 7.

(2) ¹Die Bekanntmachung der Eingliederung als Gegenstand der Tagesordnung ist nur ordnungsgemäß, wenn
1. sie die Firma und den Sitz der zukünftigen Hauptgesellschaft enthält,
2. ihr eine Erklärung der zukünftigen Hauptgesellschaft beigefügt ist, in der diese den ausscheidenden Aktionären als Abfindung für ihre Aktien eigene Aktien, im Falle des Absatzes 5 Satz 3 außerdem eine Barabfindung anbietet.
²Satz 1 Nr. 2 gilt auch für die Bekanntmachung der zukünftigen Hauptgesellschaft.

(3) Jedem Aktionär ist auf Verlangen in der Hauptversammlung, die über die Eingliederung beschließt, Auskunft auch über alle im Zusammenhang mit der Eingliederung wesentlichen Angelegenheiten der zukünftigen Hauptgesellschaft zu geben.

(4) ¹Mit der Eintragung der Eingliederung in das Handelsregister gehen alle Aktien, die sich nicht in der Hand der Hauptgesellschaft befinden, auf diese über. ²Sind über diese Aktien Aktienurkunden ausgegeben, so verbriefen sie bis zu ihrer Aushändigung an die Hauptgesellschaft nur den Anspruch auf Abfindung.

(5) ¹Die ausgeschiedenen Aktionäre haben Anspruch auf angemessene Abfindung. ²Als Abfindung sind ihnen eigene Aktien der Hauptgesellschaft zu gewähren. ³Ist die Hauptgesellschaft eine abhängige Gesellschaft, so sind den ausgeschiedenen Aktionären nach deren Wahl eigene Aktien der Hauptgesellschaft oder eine angemessene Barabfindung zu gewähren. ⁴Werden als Abfindung Aktien der Hauptgesellschaft gewährt, so ist die Abfindung als angemessen anzusehen, wenn die Aktien in dem Verhältnis gewährt werden, in dem bei einer Verschmelzung auf eine Aktie der Gesellschaft Aktien der Hauptgesellschaft zu gewähren wären, wobei Spitzenbeträge durch bare Zuzahlungen ausgeglichen werden können. ⁵Die angemessene Barabfindung muß die Vermögens- und Ertragslage der Gesellschaft im Zeitpunkt der Beschlußfassung ihrer Hauptversammlung über die Eingliederung berücksichtigen. ⁶Die Barabfindung sowie bare Zuzahlungen sind von der Bekanntmachung der Eintragung der Eingliederung an mit fünf vom Hundert jährlich zu verzinsen; die Geltendmachung eines weiteren Schadens ist nicht ausgeschlossen.

(6) ¹Die Anfechtung des Beschlusses, durch den die Hauptversammlung der eingegliederten Gesellschaft die Eingliederung der Gesellschaft beschlossen hat, kann nicht auf § 243 Abs. 2 oder darauf gestützt werden, daß die von der Hauptgesellschaft nach Absatz 2 Nr. 2 angebotene Abfindung nicht angemessen ist. ²Ist die angebotene Abfindung nicht angemessen, so hat das in § 306 bestimmte Gericht auf Antrag die angemessene Abfindung zu bestimmen. ³Das gleiche gilt, wenn die Hauptgesellschaft eine Abfindung nicht oder nicht ordnungsgemäß angeboten hat und eine hierauf gestützte Anfechtungsklage innerhalb der Anfechtungsfrist nicht erhoben oder zurückgenommen oder rechtskräftig abgewiesen worden ist.

(7) ¹Antragsberechtigt ist jeder ausgeschiedene Aktionär. ²Der Antrag kann nur binnen zwei Monaten nach dem Tage gestellt werden, an dem die Eintragung der Eingliederung in das Handelsregister nach § 10 des Handelsgesetzbuchs als bekanntgemacht gilt. ³Für das Verfahren gilt § 306 sinngemäß.

## § 321 Gläubigerschutz

(1) [1]Den Gläubigern der eingegliederten Gesellschaft, deren Forderungen begründet worden sind, bevor die Eintragung der Eingliederung in das Handelsregister bekanntgemacht worden ist, ist, wenn sie sich binnen sechs Monaten nach der Bekanntmachung zu diesem Zweck melden, Sicherheit zu leisten, soweit sie nicht Befriedigung verlangen können. [2]Die Gläubiger sind in der Bekanntmachung der Eintragung auf dieses Recht hinzuweisen.

(2) Das Recht, Sicherheitsleistung zu verlangen, steht Gläubigern nicht zu, die im Falle des Konkurses ein Recht auf vorzugsweise Befriedigung aus einer Deckungsmasse haben, die nach gesetzlicher Vorschrift zu ihrem Schutz errichtet und staatlich überwacht ist.

## § 322 Haftung der Hauptgesellschaft

(1) [1]Von der Eingliederung an haftet die Hauptgesellschaft für die vor diesem Zeitpunkt begründeten Verbindlichkeiten der eingegliederten Gesellschaft den Gläubigern dieser Gesellschaft als Gesamtschuldner. [2]Die gleiche Haftung trifft sie für alle Verbindlichkeiten der eingegliederten Gesellschaft, die nach der Eingliederung begründet werden. [3]Eine entgegenstehende Vereinbarung ist Dritten gegenüber unwirksam.

(2) Wird die Hauptgesellschaft wegen einer Verbindlichkeit der eingegliederten Gesellschaft in Anspruch genommen, so kann sie Einwendungen, die nicht in ihrer Person begründet sind, nur insoweit geltend machen, als sie von der eingegliederten Gesellschaft erhoben werden können.

(3) [1]Die Hauptgesellschaft kann die Befriedigung des Gläubigers verweigern, solange der eingegliederten Gesellschaft das Recht zusteht, das ihrer Verbindlichkeit zugrunde liegende Rechtsgeschäft anzufechten. [2]Die gleiche Befugnis hat die Hauptgesellschaft, solange sich der Gläubiger durch Aufrechnung gegen eine fällige Forderung der eingegliederten Gesellschaft befriedigen kann.

(4) Aus einem gegen die eingegliederte Gesellschaft gerichteten vollstreckbaren Schuldtitel findet die Zwangsvollstreckung gegen die Hauptgesellschaft nicht statt.

## § 323 Leitungsmacht der Hauptgesellschaft und Verantwortlichkeit der Vorstandsmitglieder

(1) [1]Die Hauptgesellschaft ist berechtigt, dem Vorstand der eingegliederten Gesellschaft hinsichtlich der Leitung der Gesellschaft Weisungen zu erteilen. [2]§ 308 Abs. 2 Satz 1, Abs. 3, §§ 309, 310 gelten sinngemäß. [3]§§ 311 bis 318 sind nicht anzuwenden.

(2) Leistungen der eingegliederten Gesellschaft an die Hauptgesellschaft gelten nicht als Verstoß gegen die §§ 57, 58 und 60.

## § 324 Gesetzliche Rücklage. Gewinnabführung. Verlustübernahme

(1) Die gesetzlichen Vorschriften über die Bildung einer gesetzlichen Rücklage, über ihre Verwendung und über die Einstellung von Beträgen in die gesetzliche Rücklage sind auf eingegliederte Gesellschaften nicht anzuwenden.

(2) [1]Auf einen Gewinnabführungsvertrag, eine Gewinngemeinschaft oder einen Teilgewinnabführungsvertrag zwischen der eingegliederten Gesellschaft und der Hauptgesellschaft sind die §§ 293 bis 296, 298 bis 303 nicht anzuwenden. [2]Der Vertrag, seine Änderung und seine Aufhebung bedürfen der schriftlichen Form. [3]Als Gewinn kann höchstens der ohne die Gewinnabführung

entstehende Bilanzgewinn abgeführt werden. [4]Der Vertrag endet spätestens zum Ende des Geschäftsjahrs, in dem die Eingliederung endet.

(3) Die Hauptgesellschaft ist verpflichtet, jeden bei der eingegliederten Gesellschaft sonst entstehenden Bilanzverlust auszugleichen, soweit dieser den Betrag der Kapitalrücklagen und der Gewinnrücklagen übersteigt.

## § 325 *(aufgehoben)*

## § 326 Auskunftsrecht der Aktionäre der Hauptgesellschaft

Jedem Aktionär der Hauptgesellschaft ist über Angelegenheiten der eingegliederten Gesellschaft ebenso Auskunft zu erteilen wie über Angelegenheiten der Hauptgesellschaft.

## § 327 Ende der Eingliederung

(1) Die Eingliederung endet
1. durch Beschluß der Hauptversammlung der eingegliederten Gesellschaft,
2. wenn die Hauptgesellschaft nicht mehr eine Aktiengesellschaft mit Sitz im Inland ist,
3. wenn sich nicht mehr alle Aktien der eingegliederten Gesellschaft in der Hand der Hauptgesellschaft befinden,
4. durch Auflösung der Hauptgesellschaft.

(2) Befinden sich nicht mehr alle Aktien der eingegliederten Gesellschaft in der Hand der Hauptgesellschaft, so hat die Hauptgesellschaft dies der eingegliederten Gesellschaft unverzüglich schriftlich mitzuteilen.

(3) Der Vorstand der bisher eingegliederten Gesellschaft hat das Ende der Eingliederung, seinen Grund und seinen Zeitpunkt unverzüglich zur Eintragung in das Handelsregister des Sitzes der Gesellschaft anzumelden.

(4) [1]Die Ansprüche gegen die frühere Hauptgesellschaft aus Verbindlichkeiten der bisher eingegliederten Gesellschaft verjähren in fünf Jahren seit dem Tage, an dem die Eintragung des Endes der Eingliederung in das Handelsregister nach § 10 des Handelsgesetzbuchs als bekanntgemacht gilt, sofern nicht der Anspruch gegen die bisher eingegliederte Gesellschaft einer kürzeren Verjährung unterliegt. [2]Wird der Anspruch des Gläubigers erst nach dem Tage, an dem die Eintragung des Endes der Eingliederung in das Handelsregister als bekanntgemacht gilt, fällig, so beginnt die Verjährung mit dem Zeitpunkt der Fälligkeit.

## Vierter Teil. Wechselseitig beteiligte Unternehmen

## § 328 Beschränkung der Rechte

(1) [1]Sind eine Aktiengesellschaft oder Kommanditgesellschaft auf Aktien und ein anderes Unternehmen wechselseitig beteiligte Unternehmen, so können, sobald dem einen Unternehmen das Bestehen der wechselseitigen Beteiligung bekannt geworden ist oder ihm das andere Unternehmen eine Mitteilung nach § 20 Abs. 3 oder § 21 Abs. 1 gemacht hat, Rechte aus den Anteilen, die ihm an dem anderen Unternehmen gehören, nur für höchstens den vierten Teil aller Anteile des anderen Unternehmens ausgeübt werden. [2]Dies gilt nicht für das Recht auf neue Aktien bei einer Kapitalerhöhung aus Gesellschaftsmitteln. [3]§ 16 Abs. 4 ist anzuwenden.

(2) Die Beschränkung des Absatzes 1 gilt nicht, wenn das Unternehmen seinerseits dem anderen Unternehmen eine Mitteilung nach § 20 Abs. 3 oder § 21

Abs. 1 gemacht hatte, bevor es von dem anderen Unternehmen eine solche Mitteilung erhalten hat und bevor ihm das Bestehen der wechselseitigen Beteiligung bekannt geworden ist.

(3) Sind eine Aktiengesellschaft oder Kommanditgesellschaft auf Aktien und ein anderes Unternehmen wechselseitig beteiligte Unternehmen, so haben die Unternehmen einander unverzüglich die Höhe ihrer Beteiligung und jede Änderung schriftlich mitzuteilen.

## Fünfter Teil. Rechnungslegung im Konzern*

### §§ 329 bis 336 *(aufgehoben)*

### § 337 Vorlage des Konzernabschlusses und des Konzernlageberichts

(1) [1]Unverzüglich nach Eingang des Prüfungsberichts des Abschlußprüfers hat der Vorstand des Mutterunternehmens den Konzernabschluß, den Konzernlagebericht und den Prüfungsbericht dem Aufsichtsrat des Mutterunternehmens zur Kenntnisnahme vorzulegen. [2]Jedes Aufsichtsratsmitglied hat das Recht, von den Vorlagen Kenntnis zu nehmen. [3]Die Vorlagen sind auch jedem Aufsichtsratsmitglied auf Verlangen auszuhändigen, soweit der Aufsichtsrat nichts anderes beschlossen hat.

(2) [1]Ist der Konzernabschluß auf den Stichtag des Jahresabschlusses des Mutterunternehmens aufgestellt worden, so sind der Konzernabschluß und der Konzernlagebericht der Hauptversammlung vorzulegen, die diesen Jahresabschluß entgegennimmt oder festzustellen hat. [2]Weicht der Stichtag des Konzernabschlusses vom Stichtag des Jahresabschlusses des Mutterunternehmens ab, so sind der Konzernabschluß und der Konzernlagebericht der Hauptversammlung vorzulegen, die den nächsten auf den Stichtag des Konzernabschlusses folgenden Jahresabschlusses entgegennimmt oder festzustellen hat.

(3) Auf die Auslegung des Konzernabschlusses und des Konzernlageberichts und die Erteilung von Abschriften ist § 175 Abs. 2, auf die Vorlage an die Hauptversammlung und die Berichterstattung des Vorstandes ist § 176 Abs. 1 entsprechend anzuwenden.

(4) Die Auskunftspflicht des Vorstands des Mutterunternehmens in der Hauptversammlung, der der Konzernabschluß und der Konzernlagebericht vorgelegt werden, erstreckt sich auch auf die Lage des Konzerns und der in den Konzernabschluß einbezogenen Unternehmen.

### § 338 *(aufgehoben)*

---

* Die Vorschriften des Aktiengesetzes über die Rechnungslegung im Konzern vor Änderung durch das Bilanzrichtlinien-Gesetz sind im Anhang abgedruckt.

# Viertes Buch. Verschmelzung. Vermögensübertragung. Umwandlung

## Erster Teil. Verschmelzung

### Erster Abschnitt. Verschmelzung von Aktiengesellschaften

### § 339 Wesen der Verschmelzung

(1) ¹Aktiengesellschaften können ohne Abwicklung vereinigt (verschmolzen) werden. ²Die Verschmelzung kann erfolgen

1. durch Übertragung des Vermögens einer Gesellschaft oder mehrerer Gesellschaften (übertragende Gesellschaften) als Ganzes auf eine andere Gesellschaft (übernehmende Gesellschaft) gegen Gewährung von Aktien dieser Gesellschaft (Verschmelzung durch Aufnahme);

2. durch Bildung einer neuen Aktiengesellschaft, auf die das Vermögen jeder der sich vereinigenden Gesellschaften als Ganzes gegen Gewährung von Aktien der neuen Gesellschaft übergeht (Verschmelzung durch Neubildung).

(2) Die Verschmelzung ist auch zulässig, wenn die übertragenden oder sich vereinigenden Gesellschaften aufgelöst sind und die Fortsetzung dieser Gesellschaften beschlossen werden könnte.

### Erster Unterabschnitt. Verschmelzung durch Aufnahme

### § 340 Vorbereitung der Verschmelzung

(1) Die Vorstände der an der Verschmelzung beteiligten Gesellschaften schließen einen Verschmelzungsvertrag oder stellen einen schriftlichen Entwurf auf.

(2) Der Vertrag oder dessen Entwurf muß mindestens folgende Angaben enthalten:

1. die Firma und den Sitz der an der Verschmelzung beteiligten Gesellschaften;

2. die Vereinbarung über die Übertragung des Vermögens jeder übertragenden Gesellschaft als Ganzes gegen Gewährung von Aktien der übernehmenden Gesellschaft;

3. das Umtauschverhältnis der Aktien und gegebenenfalls die Höhe der baren Zuzahlung;

4. die Einzelheiten für die Übertragung der Aktien der übernehmenden Gesellschaft;

5. den Zeitpunkt, von dem an diese Aktien einen Anspruch auf einen Anteil am Bilanzgewinn gewähren, sowie alle Besonderheiten in bezug auf diesen Anspruch;

6. den Zeitpunkt, von dem an die Handlungen der übertragenden Gesellschaften als für Rechnung der übernehmenden Gesellschaft vorgenommen gelten;

7. die Rechte, welche die übernehmende Gesellschaft einzelnen Aktionären sowie den Inhabern von Vorzugsaktien, Mehrstimmrechtsaktien, Schuldverschreibungen und Genußscheinen gewährt, oder die für diese Personen vorgesehenen Maßnahmen;

8. jeden besonderen Vorteil, der einem Mitglied des Vorstands oder des Aufsichtsrats der an der Verschmelzung beteiligten Gesellschaften oder einem Verschmelzungsprüfer gewährt wird.

### § 340 a  Verschmelzungsbericht

[1]Die Vorstände jeder der an der Verschmelzung beteiligten Gesellschaften haben einen ausführlichen schriftlichen Bericht zu erstatten, in dem der Verschmelzungsvertrag oder dessen Entwurf und inbesondere das Umtauschverhältnis der Aktien rechtlich und wirtschaftlich erläutert und begründet werden. [2]Auf besondere Schwierigkeiten bei der Bewertung der Unternehmen ist hinzuweisen.

### § 340 b  Prüfung der Verschmelzung

(1) Der Verschmelzungsvertrag oder dessen Entwurf ist für jede der an der Verschmelzung beteiligten Gesellschaften durch einen oder mehrere sachverständige Prüfer (Verschmelzungsprüfer) zu prüfen.

(2) [1]Die Verschmelzungsprüfer werden für jede der beteiligten Gesellschaften von deren Vorstand bestellt. [2]Die Prüfung durch einen oder mehrere Prüfer für alle beteiligten Gesellschaften reicht aus, wenn diese Prüfer auf gemeinsamen Antrag der Vorstände durch das Gericht bestellt werden. [3]Gegen die Entscheidung ist die sofortige Beschwerde zulässig. [4]Für den Ersatz von Auslagen und für die Vergütung der vom Gericht bestellten Prüfer gilt § 318 Abs. 5 des Handelsgesetzbuchs.

(3) [1]Die § 319 Abs. 1 bis 3, § 320 Abs. 1 Satz 2 und Abs. 2 Satz 1 und 2 des Handelsgesetzbuches über die Auswahl und das Auskunftsrecht des Abschlußprüfers gelten sinngemäß für die Verschmelzungsprüfer. [2]Das Auskunftsrecht besteht gegenüber allen an der Verschmelzung beteiligten Gesellschaften und gegenüber einem Konzernunternehmen sowie einem abhängigen und herrschenden Unternehmen.

(4) [1]Die Verschmelzungsprüfer haben über das Ergebnis der Prüfung schriftlich zu berichten. [2]Der Prüfungsbericht kann auch gemeinsam erstattet werden. [3]Er ist mit einer Erklärung darüber abzuschließen, ob das vorgeschlagene Umtauschverhältnis der Aktien angemessen ist. [4]Dabei ist anzugeben,
1. nach welchen Methoden das vorgeschlagene Umtauschverhältnis ermittelt worden ist;
2. aus welchen Gründen die Anwendung dieser Methoden angemessen ist;
3. welches Umtauschverhältnis sich bei der Anwendung verschiedener Methoden, sofern mehrere angewendet worden sind, jeweils ergeben würde; zugleich ist darzulegen, welches Gewicht den verschiedenen Methoden bei der Bestimmung des vorgeschlagenen Umtauschverhältnisses und der ihm zugrundeliegenden Werte beigemessen worden ist und welche besonderen Schwierigkeiten bei der Bewertung der Unternehmen aufgetreten sind.
[5]In den Bericht nach Satz 1 brauchen Tatsachen nicht aufgenommen zu werden, deren Bekanntwerden geeignet ist, einer der beteiligten Gesellschaften oder einem verbundenen Unternehmen einen nicht unerheblichen Nachteil zuzufügen.

(5) [1]Für die Verantwortlichkeit der Verschmelzungsprüfer, ihrer Gehilfen und der bei der Prüfung mitwirkenden gesetzlichen Vertreter einer Prüfungsgesellschaft gilt § 323 des Handelsgesetzbuchs sinngemäß. [2]Die Verantwortlichkeit besteht gegenüber den an der Verschmelzung beteiligten Gesellschaften und deren Aktionären.

### § 340 c  Beschlüsse der Hauptversammlungen

(1) Der Verschmelzungsvertrag wird nur wirksam, wenn die Hauptversammlung jeder Gesellschaft ihm zustimmt.

(2) ¹Der Beschluß bedarf einer Mehrheit, die mindestens drei Viertel des bei der Beschlußfassung vertretenen Grundkapitals umfaßt. ²Die Satzung kann eine größere Kapitalmehrheit und weitere Erfordernisse bestimmen.

(3) ¹Sind mehrere Gattungen von Aktien vorhanden, so bedarf der Beschluß der Hauptversammlung zu seiner Wirksamkeit der Zustimmung der Aktionäre jeder Gattung. ²Über die Zustimmung haben die Aktionäre jeder Gattung einen Sonderbeschluß zu fassen. ³Für diesen gilt Absatz 2.

## § 340 d  Vorbereitung und Durchführung der Hauptversammlung

(1) Der Verschmelzungsvertrag oder dessen Entwurf ist vor der Einberufung der Hauptversammlung, die über die Zustimmung beschließen soll, zum Handelsregister einzureichen.

(2) Von der Einberufung der Hauptversammlung an, die über die Zustimmung zum Verschmelzungsvertrag beschließen soll, sind in dem Geschäftsraum der Gesellschaft zur Einsicht der Aktionäre auszulegen
1. der Verschmelzungsvertrag oder dessen Entwurf;
2. die Jahresabschlüsse und die Lageberichte der an der Verschmelzung beteiligten Gesellschaften für die letzten drei Geschäftsjahre;
3. falls sich der letzte Jahresabschluß auf ein Geschäftsjahr bezieht, das mehr als sechs Monate vor dem Abschluß des Verschmelzungsvertrags oder der Aufstellung des Entwurfs abgelaufen ist, eine Bilanz auf einen Stichtag, der nicht vor dem ersten Tag des dritten Monats liegt, welcher dem Abschluß oder der Aufstellung vorausgeht (Zwischenbilanz);
4. die Berichte der Vorstände der an der Verschmelzung beteiligten Gesellschaften nach § 340 a;
5. die Prüfungsberichte nach § 340 b.

(3) ¹Die Zwischenbilanz (Absatz 2 Nr. 3) ist nach den Vorschriften aufzustellen, die auf die letzte Jahresbilanz der Gesellschaft angewendet worden sind. ²Eine körperliche Bestandsaufnahme ist nicht erforderlich. ³Die Wertansätze der letzten Jahresbilanz dürfen übernommen werden. ⁴Dabei sind jedoch Abschreibungen, Wertberichtigungen und Rückstellungen sowie wesentliche, aus den Büchern nicht ersichtliche Veränderungen der wirklichen Werte von Vermögensgegenständen bis zum Stichtag der Zwischenbilanz zu berücksichtigen.

(4) Auf Verlangen ist jedem Aktionäre unverzüglich und kostenlos eine Abschrift der in Absatz 2 bezeichneten Unterlagen zu erteilen.

(5) ¹In der Hauptversammlung jeder Gesellschaft sind die in Absatz 2 bezeichneten Unterlagen auszulegen. ²Der Vorstand hat den Verschmelzungsvertrag oder dessen Entwurf zu Beginn der Verhandlung mündlich zu erläutern. ³Der Niederschrift ist er als Anlage beizufügen.

(6) Jedem Aktionär ist auf Verlangen in der Hauptversammlung, die über die Verschmelzung beschließt, Auskunft auch über alle für die Verschmelzung wesentlichen Angelegenheiten der anderen beteiligten Gesellschaften zu geben.

## § 341  Verschmelzungsvertrag

(1) ¹Der Verschmelzungsvertrag bedarf der notariellen Beurkundung. ²§ 310 des Bürgerlichen Gesetzbuchs gilt für ihn nicht.

(2) ¹Soll die Wirkung des Verschmelzungsvertrags erst nach mehr als zehn Jahren eintreten, so kann jeder Teil den Vertrag nach zehn Jahren mit halbjäh-

riger Frist kündigen. [2]Gleiches gilt, wenn der Vertrag unter einer Bedingung geschlossen und diese binnen zehn Jahren nicht eingetreten ist. [3]Die Kündigung ist stets als nur zulässig für den Schluß des Geschäftsjahrs der Gesellschaft, der gegenüber die Kündigung erklärt wird.

## § 342 Anwendung der Vorschriften über die Nachgründung

[1]Wird der Verschmelzungsvertrag in den ersten zwei Jahren seit Eintragung der übernehmenden Gesellschaft in das Handelsregister geschlossen, so gilt § 52 Abs. 3, 4, 7 bis 9 über die Nachgründung sinngemäß. [2]Dies gilt nicht, wenn der Gesamtnennbetrag der zu gewährenden Aktien den zehnten Teil des Grundkapitals dieser Gesellschaft nicht übersteigt. [3]Wird zur Durchführung der Verschmelzung das Grundkapital erhöht, so ist der Berechnung das erhöhte Grundkapital zugrunde zu liegen.

## § 343 Erhöhung des Grundkapitals zur Durchführung der Verschmelzung

(1) [1]Erhöht die übernehmende Gesellschaft zur Durchführung der Verschmelzung das Grundkapital, so sind § 182 Abs. 4, § 184 Abs. 2, §§ 185, 186, 187 Abs. 1, § 188 Abs. 2 und 3 Nr. 1 nicht anzuwenden; eine Prüfung nach § 183 Abs. 3 findet nur statt, wenn das Gericht Zweifel hat, ob der Wert der Sacheinlage den Nennbetrag der dafür zu gewährenden Aktien erreicht. [2]Dies gilt auch dann, wenn das Grundkapital durch Ausgabe neuer Aktien aufgrund der Ermächtigung nach § 202 erhöht wird. [3]In diesem Fall ist außerdem § 203 Abs. 3 nicht anzuwenden.

(2) Der Anmeldung sind für das Gericht des Sitzes der Gesellschaft außer den Schriftstücken in § 188 Abs. 3 Nr. 2 bis 4 der Verschmelzungsvertrag und die Niederschriften der Verschmelzungsbeschlüsse in Ausfertigung oder öffentlich beglaubigter Abschrift beizufügen.

## § 344 Durchführung der Verschmelzung

(1) [1]Die übernehmende Gesellschaft darf zur Durchführung der Verschmelzung ihr Grundkapital nicht erhöhen, soweit sie Aktien der übertragenden Gesellschaften besitzt. [2]Gleiches gilt, soweit eine übertragende Gesellschaft eigene Aktien besitzt oder soweit eine übertragende Gesellschaft Aktien der übernehmenden Gesellschaft besitzt, auf die der Nennbetrag oder der höhere Ausgabebetrag nicht voll geleistet ist. [3]Die übernehmende Gesellschaft kann von der Erhöhung des Grundkapitals absehen, soweit sie eigene Aktien besitzt oder soweit eine übertragende Gesellschaft Aktien der übernehmenden Gesellschaft besitzt, auf die der Nennbetrag oder der höhere Ausgabebetrag voll geleistet ist. [4]Dem Besitz durch eine Gesellschaft steht der Besitz durch einen im eigenen Namen, jedoch für Rechnung dieser Gesellschaft handelnden Dritten gleich.

(2) Leistet die übernehmende Gesellschaft bare Zuzahlungen, so dürfen diese nicht den zehnten Teil des Gesamtnenntbetrags der gewährten Aktien der übernehmenden Gesellschaft übersteigen.

## § 345 Anmeldung der Verschmelzung

(1) [1]Der Vorstand jeder Gesellschaft hat die Verschmelzung zur Eintragung in das Handelsregister des Sitzes seiner Gesellschaft anzumelden. [2]Auch der Vorstand der übernehmenden Gesellschaft ist berechtigt, die Verschmelzung zur Eintragung in das Handelsregister des Sitzes der übertragenden Gesellschaft anzumelden.

(2) ¹Bei der Anmeldung hat der Vorstand zu klären, daß die Verschmelzungsbeschlüsse innerhalb der Anfechtungsfrist nicht angefochten worden sind oder daß die Anfechtung rechtskräftig zurückgewiesen worden ist. ²Der Anmeldung sind in Ausfertigung oder öffentlich beglaubigter Abschrift der Verschmelzungsvertrag, die Niederschriften der Verschmelzungsbeschlüsse sowie, wenn die Verschmelzung der staatlichen Genehmigung bedarf, die Genehmigungsurkunde beizufügen.

(3) ¹Der Anmeldung zum Handelsregister des Sitzes jeder der übertragenden Gesellschaften ist ferner eine Bilanz dieser Gesellschaft beizufügen (Schlußbilanz). ²Für diese Bilanz gelten die Vorschriften über die Jahresbilanz und über die Prüfung der Jahresbilanz sinngemäß. ³Sie braucht nicht bekanntgemacht zu werden. ⁴Das Registergericht darf die Verschmelzung nur eintragen, wenn die Bilanz auf einen höchstens acht Monate vor der Anmeldung liegenden Stichtag aufgestellt worden ist.

## § 346 Eintragung der Verschmelzung

(1) ¹Die Verschmelzung darf in das Handelsregister des Sitzes der übernehmenden Gesellschaft erst eingetragen werden, nachdem sie im Handelsregister des Sitzes der übertragenden Gesellschaften eingetragen worden ist. ²Wird zur Durchführung der Verschmelzung das Grundkapital der übernehmenden Gesellschaft erhöht, so darf die Verschmelzung nicht eingetragen werden, bevor die Durchführung der Erhöhung des Grundkapitals im Handelsregister eingetragen worden ist. ³Die Eintragung im Handelsregister des Sitzes jeder der übertragenden Gesellschaften ist mit dem Vermerk zu versehen, daß die Verschmelzung erst mit der Eintragung im Handelsregister des Sitzes der übernehmenden Gesellschaft wirksam wird.

(2) ¹Jede übertragende Gesellschaft hat einen Treuhänder für den Empfang der zu gewährenden Aktien und der baren Zuzahlungen zu bestellen. ²Die Verschmelzung darf erst eingetragen werden, wenn der Treuhänder dem Gericht angezeigt hat, daß er im Besitz der Aktien und der baren Zuzahlungen ist.

(3) ¹Mit der Eintragung der Verschmelzung in das Handelsregister des Sitzes der übernehmenden Gesellschaft geht das Vermögen der übertragenden Gesellschaften einschließlich der Verbindlichkeiten auf die übernehmende Gesellschaft über. ²Treffen dabei aus gegenseitigen Verträgen, die zur Zeit der Verschmelzung von keiner Seite vollständig erfüllt sind, Abnahme-, Lieferungs- oder ähnliche Verpflichtungen zusammen, die miteinander unvereinbar sind oder die beide zu erfüllen eine schwere Unbilligkeit für die übernehmende Gesellschaft bedeuten würde, so bestimmt sich der Umfang der Verpflichtungen nach Billigkeit unter Würdigung der vertraglichen Rechte aller Beteiligten.

(4) ¹Mit der Eintragung der Verschmelzung in das Handelsregister des Sitzes der übernehmenden Gesellschaft erlöschen die übertragenden Gesellschaften. ²Einer besonderen Löschung der übertragenden Gesellschaften bedarf es nicht. ³Mit der Eintragung der Verschmelzung werden die Aktionäre der übertragenden Gesellschaften Aktionäre der übernehmenden Gesellschaft; dies gilt jedoch nicht, soweit die übernehmende Gesellschaft oder ein Dritter, der im eigenen Namen, jedoch für Rechnung dieser Gesellschaft handelt, Aktien der übertragenden Gesellschaften besitzt oder soweit eine übertragende Gesellschaft eigene Aktien oder ein Dritter, der im eigenen Namen, jedoch für Rechnung dieser Gesellschaft handelt, Aktien dieser Gesellschaft besitzt.

(5) Der Mangel der notariellen Beurkundung des Verschmelzungsvertrags wird durch die Eintragung geheilt.

(6) [1]Das Gericht des Sitzes der übernehmenden Gesellschaft hat von Amts wegen dem Gericht des Sitzes jeder der übertragenden Gesellschaften den Tag der Eintragung der Verschmelzung mitzuteilen. [2]Nach Eingang der Mitteilung hat das Gericht des Sitzes jeder der übertragenden Gesellschaften von Amts wegen den Tag der Eintragung der Verschmelzung im Handelsregister des Sitzes der übernehmenden Gesellschaft im Handelsregister des Sitzes der übertragenden Gesellschaft zu vermerken und die bei ihm aufbewahrten Urkunden und anderen Schriftstücke dem Gericht des Sitzes der übernehmenden Gesellschaft zur Aufbewahrung zu übersenden.

(7) [1]Für den Umtausch der Aktien der übertragenden Gesellschaften gilt § 73, bei Zusammenlegung von Aktien § 226 über die Kraftloserklärung von Aktien sinngemäß. [2]Einer Genehmigung des Gerichts bedarf es nicht.

## § 347 Gläubigerschutz

(1) [1]Den Gläubigern der an der Verschmelzung beteiligten Gesellschaften ist, wenn sie sich binnen sechs Monaten nach der Bekanntmachung der Eintragung der Verschmelzung in das Handelsregister des Sitzes derjenigen Gesellschaft, deren Gläubiger sie sind, zu diesem Zweck melden, Sicherheit zu leisten, soweit sie nicht Befriedigung verlangen können. [2]Dieses Recht steht den Gläubigern der übernehmenden Gesellschaft jedoch nur zu, wenn sie nachweisen, daß durch die Verschmelzung die Erfüllung ihrer Forderung gefährdet wird. [3]Die Gläubiger sind in der Bekanntmachung der Eintragung auf dieses Recht hinzuweisen.

(2) Das Recht, Sicherheitsleistung zu verlangen, steht Gläubigern nicht zu, die im Fall des Konkurses ein Recht auf vorzugsweise Befriedigung aus einer Deckungsmasse haben, die nach gesetzlicher Vorschrift zu ihrem Schutz errichtet und staatlich überwacht ist.

## § 347a Schutz der Inhaber von Sonderrechten

Die übernehmende Gesellschaft hat den Inhabern von Wandelschuldverschreibungen, von Gewinnschuldverschreibungen und von Genußscheinen, die von den übertragenden Gesellschaften ausgegeben worden sind, Rechte zu gewähren, die denen in den übertragenden Gesellschaften gleichwertig sind.

## § 348 Wertansätze der übernehmenden Gesellschaft

(1) Die in der Schlußbilanz einer übertragenden Gesellschaft angesetzten Werte gelten für die Jahresbilanz der übernehmenden Gesellschaft als Anschaffungskosten im Sinne des § 253 Abs. 1 es Handelsgesetzbuchs.

(2) [1]Ist das Grundkapital der übernehmenden Gesellschaft zur Durchführung der Verschmelzung erhöht worden und übersteigt der Gesamtnenntbetrag oder der höhere Gesamtausgabebetrag der für die Veräußerung des Vermögens der übertragenden Gesellschaft gewährten Aktien zuzüglich barer Zuzahlungen die in den Schlußbilanzen angesetzten Werte der einzelnen Vermögensgegenstände, so darf der Unterschied unter die Posten des Anlagevermögens aufgenommen werden. [2]Der Betrag ist als Geschäfts- oder Firmenwert gesondert auszuweisen; § 255 Abs. 4 Satz 2, 3, § 285 Nr. 13 des Handelsgesetzbuchs sind anzuwenden.

### § 349 Schadenersatzpflicht der Verwaltungsträger der übertragenden Gesellschaften

(1) ¹Die Mitglieder des Vorstands und des Aufsichtsrats einer übertragenden Gesellschaft sind als Gesamtschuldner zum Ersatz des Schadens verpflichtet, den diese Gesellschaft, ihre Aktionäre und Gläubiger durch die Verschmelzung erleiden. ²Mitglieder, die bei der Prüfung der Vermögenslage der Gesellschaften und beim Abschluß des Verschmelzungsvertrags ihre Sorgfaltspflicht beobachtet haben, sind von der Ersatzpflicht befreit.

(2) ¹Für diese Ansprüche sowie weitere Ansprüche, die sich für und gegen eine übertragende Gesellschaft nach den allgemeinen Vorschriften aufgrund der Verschmelzung ergeben, gilt diese Gesellschaft als fortbestehend. ²Forderungen und Verbindlichkeiten vereinigen sich insoweit durch die Verschmelzung nicht.

(3) Die Ansprüche aus Absatz 1 verjähren in fünf Jahren seit dem Tage, an dem die Eintragung der Verschmelzung in das Handelsregister des Sitzes der übernehmenden Gesellschaft nach § 10 des Handelsgesetzbuchs als bekanntgemacht gilt.

### § 350 Durchführung des Schadenersatzanspruchs

(1) ¹Die Ansprüche nach § 349 Abs. 1 und 2 können nur durch einen besonderen Vertreter geltend gemacht werden. ²Das Gericht des Sitzes einer übertragenden Gesellschaft hat einen Vertreter auf Antrag eines Aktionärs oder eines Gläubigers dieser Gesellschaft zu bestellen. ³Antragsberechtigt sind nur Aktionäre, die ihre Aktien bereits gegen Aktien der übernehmenden Gesellschaft umgetauscht haben, und nur Gläubiger, die von der übernehmenden Gesellschaft keine Befriedigung erlangen können. ⁴Gegen die Entscheidung ist die sofortige Beschwerde zulässig.

(2) ¹Der Vertreter hat unter Hinweis auf den Zweck seiner Bestellung die Aktionäre und Gläubiger der betroffenen übertragenden Gesellschaft aufzufordern, die Ansprüche nach § 349 Abs. 1 und 2 innerhalb einer angemessenen Frist, die mindestens einen Monat betragen soll, anzumelden. ²Die Aufforderung ist in den Gesellschaftsblättern dieser Gesellschaft bekanntzumachen.

(3) ¹Den Betrag, der aus der Geltendmachung der Ansprüche einer übertragenden Gesellschaft erzielt wird, hat der Vertreter zur Befriedigung der Gläubiger dieser Gesellschaft zu verwenden, soweit der Gläubiger nicht durch die übernehmende Gesellschaft befriedigt oder sichergestellt sind. ²Der Rest wird unter die Aktionäre verteilt. ³Für die Verteilung gilt § 271 Abs. 2 und 3 sinngemäß. ⁴Gläubiger und Aktionäre, die sich nicht fristgemäß gemeldet haben, werden bei der Verteilung nicht berücksichtigt.

(4) ¹Der besondere Vertreter hat Anspruch auf Ersatz angemessener barer Auslagen und auf Vergütung für seine Tätigkeit. ²Die Auslagen und die Vergütung setzt das Gericht fest. ³Es bestimmt nach den gesamten Verhältnissen des einzelnen Falls nach freiem Ermessen, in welchem Umfange die Auslagen und die Vergütung von beteiligten Aktionären und Gläubigern zu tragen sind. ⁴Gegen die Entscheidung ist die sofortige Beschwerde zulässig; die weitere Beschwerde ist ausgeschlossen. ⁵Aus der rechtskräftigen Entscheidung findet die Zwangsvollstreckung nach der Zivilprozeßordnung statt.

# § 351 Schadenersatzpflicht der Verwaltungsträger der übernehmenden Gesellschaft

Die Verjährung der Ersatzansprüche, die sich nach §§ 93, 116, 117, 309, 310, 317 und 318 gegen die Mitglieder des Vorstands und des Aufsichtsrats der übernehmenden Gesellschaft aufgrund der Verschmelzung ergeben, beginnt mit dem Tage, an dem die Eintragung der Verschmelzung in das Handelsregister des Sitzes der übernehmenden Gesellschaft nach § 10 des Handelsgesetzbuchs als bekanntgemacht gilt.

# § 352 Nichtigkeit des Verschmelzungsbeschlusses einer übertragenden Gesellschaft

Nach Eintragung der Verschmelzung in das Handelsregister des Sitzes der übernehmenden Gesellschaft ist eine Klage auf Feststellung der Nichtigkeit des Verschmelzungsbeschlusses einer übertragenden Gesellschaft gegen die übernehmende Gesellschaft zu richten.

# § 352 a Wirksamkeit der Verschmelzung

Ist die Verschmelzung in das Handelsregister des Sitzes der übernehmenden Gesellschaft eingetragen, so lassen Mängel der Verschmelzung deren Wirksamkeit unberührt.

# § 352 b Aufnahme in besonderen Fällen

(1) ¹Befinden sich wenigstens neun Zehntel des Grundkapitals einer übertragenden Gesellschaft in der Hand der übernehmenden Gesellschaft, so ist die Zustimmung der Hauptversammlung der übernehmenden Gesellschaft (§ 340 c) zur Aufnahme dieser übertragenden Gesellschaft nicht erforderlich, es sei denn, daß Aktionäre der übernehmenden Gesellschaft, deren Anteile zusammen den zwanzigsten Teil des Grundkapitals dieser Gesellschaft erreichen, die Einberufung einer Hauptversammlung verlangen, in der über die Zustimmung zu der Verschmelzung beschlossen wird. ²Eigene Aktien der übertragenden Gesellschaft und Aktien, die einem anderen für Rechnung der Gesellschaft gehören, sind vom Grundkapital abzusetzen. ³Die Satzung kann das Recht, die Einberufung der Hauptversammlung zu verlangen, an den Besitz eines geringeren Anteils am Grundkapital knüpfen. ⁴Für die nach § 340 d Abs. 1 und 2 bei der übernehmenden Gesellschaft erforderlichen Maßnahmen ist der Zeitpunkt maßgebend, an dem die Hauptversammlung der übertragenden Gesellschaft einberufen wird.

(2) Befinden sich alle Aktien einer übertragenden Gesellschaft in der Hand der übernehmenden Gesellschaft, so sind die Angaben über den Umtausch der Aktien (§ 340 Abs. 2 Nr. 3 bis 5) sowie eine Prüfung der Verschmelzung (§§ 340 b, 340 d Abs. 2 Nr. 5) nicht erforderlich, soweit sie nur die Aufnahme dieser Gesellschaft betreffen.

# § 352 c Gerichtliche Nachprüfung des Umtauschverhältnisses

(1) ¹Die Anfechtung des Beschlusses, durch den die Hauptversammlung einer übertragenden Gesellschaft dem Verschmelzungsvertrag zugestimmt hat, kann nicht darauf gestützt werden, daß das Umtauschverhältnis der Aktien zu niedrig bemessen ist. ²Ist das Umtauschverhältnis zu niedrig bemessen, so hat das in § 306 bestimmte Gericht auf Antrag einen Ausgleich durch bare Zuzahlungen, die den zehnten Teil des Gesamtnennbetrags der gewährten Aktien übersteigen können, anzuordnen.

(2) [1]Antragsberechtigt ist jeder Aktionär einer übertragenden Gesellschaft, der gemäß § 245 Nr. 1 oder 2 zur Anfechtung des Verschmelzungsbeschlusses befugt wäre, dessen Anfechtungsrecht jedoch nach Absatz 1 Satz 1 ausgeschlossen ist. [2]Der Antrag kann nur binnen zwei Monaten nach dem Tage gestellt werden, an dem die Eintragung der Verschmelzung in das Handelsregister des Sitzes der übernehmenden Gesellschaft nach § 10 des Handelsgesetzbuchs als bekanntgemacht gilt. [3]Für das Verfahren gilt § 306 Abs. 1 bis 4 Satz 1, Abs. 5 bis 7 sinngemäß. [4]Aktionäre, die einen Antrag nicht gestellt haben, können aus der Entscheidung des Gerichts keine Rechte herleiten.

## Zweiter Unterabschnitt. Verschmelzung durch Neubildung

### § 353

(1) [1]Bei Verschmelzung von Aktiengesellschaften durch Bildung einer neuen Aktiengesellschaft gelten sinngemäß §§ 340 bis 341, 344 Abs. 2, § 345 Abs. 2 und 3, § 346 Abs. 2, 5 bis 7, § 347 Abs. 1 Satz 1 und 3, Abs. 2, §§ 347a bis 350, 352, 352c. [2]Jede der sich vereinigenden Gesellschaften gilt als übertragende und die neue Gesellschaft als übernehmende.

(2) Die Verschmelzung darf erst beschlossen werden, wenn jede der sich vereinigenden Gesellschaften bereits zwei Jahre im Handelsregister eingetragen ist.

(3) [1]Die Satzung der neuen Gesellschaft und die Bestellung ihrer Aufsichtsratsmitglieder bedürfen der Zustimmung der Hauptversammlungen der sich vereinigenden Gesellschaften. [2]§ 124 Abs. 2 Satz 2, Abs. 3 Satz 1 und 3, § 340c Abs. 2 und 3 gelten sinngemäß.

(4) [1]Für die Bildung der neuen Gesellschaft gelten die Gründungsvorschriften des § 23 Abs. 3 und 4 und der §§ 29, 30 Abs. 1 und 4, §§ 31, 39, 41 Abs. 1 sinngemäß. [2]Festsetzungen über Sondervorteile, Gründungsaufwand, Sacheinlagen und Sachübernahmen, die in den Satzungen der sich vereinigenden Gesellschaften enthalten waren, sind in der Satzung der neuen Gesellschaft zu übernehmen. [3]§ 26 Abs. 4 und 5 über die Änderung und Beseitigung dieser Festsetzungen bleibt unberührt.

(5) [1]Die Vorstände der sich vereinigenden Gesellschaften haben die neue Gesellschaft bei dem Gericht, in dessen Bezirk sie ihren Sitz hat, zur Eintragung in das Handelsregister anzumelden. [2]Mit der Eintragung der neuen Gesellschaft geht das Vermögen der sich vereinigenden Gesellschaften einschließlich der Verbindlichkeiten auf die neue Gesellschaft über. [3]Treffen dabei aus gegenseitigen Verträgen, die zur Zeit der Verschmelzung von keiner Seite vollständig erfüllt sind, Abnahme-, Lieferungs- oder ähnliche Verpflichtungen zusammen, die miteinander unvereinbar sind oder die beide zu erfüllen eine schwere Unbilligkeit für die übernehmende Gesellschaft bedeuten würde, so bestimmt sich der Umfang der Verpflichtungen nach Billigkeit unter Würdigung der vertraglichen Rechte aller Beteiligten.

(6) [1]Mit der Eintragung der neuen Gesellschaft erlöschen die sich vereinigenden Gesellschaften. [2]Einer besonderen Löschung der sich vereinigenden Gesellschaften bedarf es nicht. [3]Mit der Eintragung werden die Aktionäre der sich vereinigenden Gesellschaften Aktionäre der neuen Gesellschaft; dies gilt jedoch nicht, soweit eine der sich vereinigenden Gesellschaften eigene Aktien oder ein Dritter, der im eigenen Namen, jedoch für Rechnung dieser Gesellschaft handelt, Aktien dieser Gesellschaft besitzt.

(7) ¹In die Bekanntmachung der Eintragung der neuen Gesellschaft sind außer deren Inhalt aufzunehmen:

1. die Festsetzungen nach § 23 Abs. 3 Nr. 5 und Abs. 4, §§ 24, 25 Satz 2, § 26 sowie Bestimmungen der Satzung über die Zusammensetzung des Vorstands;
2. Name, Beruf und Wohnort der Mitglieder des ersten Aufsichtsrats;
3. die Bestimmungen des Verschmelzungsvertrags über die Zahl und, wenn mehrere Gattungen bestehen, die Gattung der Aktien, welche die neue Gesellschaft den Aktionären der sich vereinigenden Gesellschaften gewährt, und über die Art und den Zeitpunkt der Zuteilung dieser Aktien.

²Zugleich ist bekanntzumachen, daß die mit der Anmeldung eingereichten Schriftstücke bei dem Gericht eingesehen werden können.

(8) ¹Der Vorstand der neuen Gesellschaft hat die Verschmelzung zur Eintragung in die Handelsregister der sich vereinigenden Gesellschaften anzumelden. ²Die Verschmelzung darf erst eingetragen werden, wenn die neue Gesellschaft eingetragen worden ist.

(9) Ist die neue Gesellschaft in das Handelsregister eingetragen, so lassen Mängel der Verschmelzung deren Wirksamkeit unberührt.

## Zweiter Abschnitt. Verschmelzung von Kommanditgesellschaften auf Aktien sowie von Kommanditgesellschaften auf Aktien und Aktiengesellschaften

### § 354

(1) ¹Kommanditgesellschaften auf Aktien können miteinander verschmolzen werden. ²Ebenso können eine oder mehrere Kommanditgesellschaften auf Aktien mit einer Aktiengesellschaft oder eine oder mehrere Aktiengesellschaften mit einer Kommanditgesellschaft auf Aktien verschmolzen werden.

(2) ¹Für die Verschmelzung gelten die §§ 339 bis 353 sinngemäß. ²An die Stelle des Vorstands der Aktiengesellschaft treten die persönlich haftenden Gesellschafter der Kommanditgesellschaft auf Aktien.

## Dritter Abschnitt. Verschmelzung von Gesellschaften mit beschränkter Haftung mit einer Aktiengesellschaft oder einer Kommanditgesellschaft auf Aktien

### § 355 Verschmelzung von Gesellschaften mit beschränkter Haftung mit einer Aktiengesellschaft

(1) Eine oder mehrere Gesellschaften mit beschränkter Haftung können ohne Abwicklung mit einer Aktiengesellschaft durch Übertragung des Vermögens jeder der Gesellschaften als Ganzes auf die Aktiengesellschaft gegen Gewährung von Aktien dieser Gesellschaft verschmolzen werden.

(2) ¹Für die Verschmelzung gelten, soweit sich aus den Sätzen 2 und 3 und den Absätzen 3 und 4 nichts anderes ergibt, § 339 Abs. 2, §§ 340 bis 341, 343 bis 347a, 351 bis 353 sinngemäß. ²Die Einreichung des Verschmelzungsvertrags oder dessen Entwurfs zum Handelsregister (§ 340d Abs. 1) und die Auslegung der Unterlagen (§ 340d Abs. 2) sind für Gesellschaften mit beschränkter Haftung nicht erforderlich; die Bestellung eines Verschmelzungsprüfers (§ 340b) ist nur erforderlich, falls ein Gesellschafter sie verlangt. ³An die Stelle des Vorstands und der Hauptversammlung der übertragenden Aktiengesell-

schaft treten die Geschäftsführer und die Versammlung der Gesellschafter der Gesellschaft mit beschränkter Haftung.

(3) ¹Der Verschmelzungsbeschluß der Versammlung der Gesellschafter bedarf einer Mehrheit von drei Vierteln der abgegebenen Stimmen. ²Der Gesellschaftsvertrag kann eine größere Mehrheit und weitere Erfordernisse bestimmen. ³Der Beschluß muß notariell beurkundet werden.

(4) Die Verschmelzung darf erst beschlossen werden, wenn die Aktiengesellschaft bereits zwei Jahre im Handelsregister eingetragen ist.

(5) ¹Die Geschäftsführer und, wenn ein Aufsichtsrat bestellt ist, die Aufsichtsratsmitglieder der Gesellschaft mit beschränkter Haftung sind als Gesamtschuldner zum Ersatz des Schadens verpflichtet, den die Gesellschaft, ihre Mitglieder und Gläubiger durch die Verschmelzung erleiden. ²Geschäftsführer und Aufsichtsratsmitglieder, die bei der Prüfung der Vermögenslage der Gesellschaften und bei Abschluß des Verschmelzungsvertrags die Sorgfalt eines ordentlichen Geschäftsleiters angewandt haben, sind von der Ersatzpflicht befreit. ³§ 349 Abs. 2 und 3, § 350 gelten sinngemäß.

## § 356 Verschmelzung von Gesellschaften mit beschränkter Haftung mit einer Kommanditgesellschaft auf Aktien

(1) Eine oder mehrere Gesellschaften mit beschränkter Haftung können ohne Abwicklung mit einer Kommanditgesellschaft auf Aktien durch Übertragung des Vermögens jeder der Gesellschaften als Ganzes auf die Kommanditgesellschaft auf Aktien gegen Gewährung von Aktien dieser Gesellschaft verschmolzen werden.

(2) ¹Für die Verschmelzung gilt § 355 sinngemäß. ²An die Stelle des Vorstands der Aktiengesellschaft treten die persönlich haftenden Gesellschafter der Kommanditgesellschaft auf Aktien.

## Vierter Abschnitt. Verschmelzung von bergrechtlichen Gewerkschaften mit einer Aktiengesellschaft oder einer Kommanditgesellschaft auf Aktien

## § 357 Verschmelzung von bergrechtlichen Gewerkschaften mit einer Aktiengesellschaft

(1) Eine oder mehrere bergrechtliche Gewerkschaften mit eigener Rechtspersönlichkeit können ohne Abwicklung mit einer Aktiengesellschaft durch Übertragung des Vermögens jeder der Gewerkschaften als Ganzes auf die Aktiengesellschaft gegen Gewährung von Aktien dieser Gesellschaft verschmolzen werden.

(2) ¹Für die Verschmelzung gelten, soweit sich aus den folgenden Vorschriften nichts anderes ergibt, § 339 Abs. 2, §§ 340 bis 347a, 351 bis 352b, 353 sinngemäß. ²An die Stelle des Vorstands und der Hauptversammlung der übertragenden Aktiengesellschaft treten die gesetzlichen Vertreter der Gewerkschaft und die Gewerkenversammlung.

(3) ¹Für den Beschluß nach § 340c Abs. 1 bedarf es bei der übertragenden Gewerkschaft einer Mehrheit von mindestens drei Vierteln aller Kuxe. ²Die Satzung kann eine größere Mehrheit und weitere Erfordernisse bestimmen. ³Der Beschluß muß notariell beurkundet werden. ⁴Er bedarf zu seiner Wirksamkeit der Bestätigung durch die Bergbehörde, die nach dem Bergrecht für die Bestätigung der Satzung zuständig ist. ⁵Die Bergbehörde darf die Bestätigung nur versagen, wenn das öffentliche Interesse entgegensteht.

(4) Ist die Gewerkschaft nicht in das Handelsregister eingetragen, so wird auch die Verschmelzung nicht in das Handelsregister des Sitzes der Gewerkschaft eingetragen.

(5) ¹Die gesetzlichen Vertreter der Gewerkschaft und, wenn ein Aufsichtsrat bestellt ist, die Mitglieder des Aufsichtsrats der Gewerkschaft sind als Gesamtschuldner zum Ersatz des Schadens verpflichtet, den die Gewerkschaft, die Gewerken und die Gläubiger der Gewerkschaft durch die Verschmelzung erleiden. ²§ 349 Abs. 1 Satz 2, Abs. 2 und 3, § 350 gelten sinngemäß.

## § 358 Verschmelzung von bergrechtlichen Gewerkschaften mit einer Kommanditgesellschaft auf Aktien

(1) Eine oder mehrere bergrechtliche Gewerkschaften mit eigener Rechtspersönlichkeit können ohne Abwicklung mit einer Kommanditgesellschaft auf Aktien durch Übertragung des Vermögens jeder der Gewerkschaften als Ganzes auf die Kommanditgesellschaft auf Aktien gegen Gewährung von Aktien dieser Gesellschaft verschmolzen werden.

(2) ¹Für die Verschmelzung gilt § 357 sinngemäß. ²An die Stelle des Vorstands der Aktiengesellschaft treten die persönlich haftenden Gesellschafter der Konmanditgesellschaft auf Aktien.

### Fünfter Abschnitt. Verschmelzung von Gesellschaften verschiedener Rechtsformen

#### § 358 a

¹Die Verschmelzung durch Übertragung des Vermögens auf eine Aktiengesellschaft oder eine Kommanditgesellschaft auf Aktien oder die Verschmelzung durch Bildung einer neuen Aktiengesellschaft oder einer neuen Kommanditgesellschaft auf Aktien kann auch durch gleichzeitige Aufnahme oder unter gleichzeitiger Beteiligung einer oder mehrerer Aktiengesellschaften, Kommanditgesellschaften auf Aktien, Gesellschaften mit beschränkter Haftung und bergrechtlichen Gewerkschaften mit eigener Rechtspersönlichkeit vorgenommen werden. ²Die Vorschriften des Ersten bis Vierten Abschnitts gelten sinngemäß.

### Zweiter Teil. Vermögensübertragung

#### § 359 Vermögensübertragung auf die öffentliche Hand

(1) Eine Aktiengesellschaft oder Kommanditgesellschaft auf Aktien kann ihr Vermögen als Ganzes ohne Abwicklung auf den Bund, ein Land, einen Gemeindeverband oder eine Gemeinde übertragen.

(2) ¹Für die übertragende Gesellschaft gelten § 339 Abs. 2, § 340 Abs. 1, 2 Nr. 1 bis 3, 6 bis 8, §§ 340 a bis c, 340 d Abs. 1 bis 5, §§ 341, 345 Abs. 1 Satz 1, Abs. 2 und 3, § 346 Abs. 3 Satz 2, Abs. 4 Satz 2, Abs. 5, § 347 Abs. 1 Satz 1 und 3, Abs. 2, §§ 348 bis 350, 352 bis 352 c und bei der Übertragung des Vermögens einer Kommanditgesellschaft auf Aktien § 354 Abs. 2 Satz 2 sinngemäß. ²Für die sinngemäße Anwendung der §§ 349, 352 und 352 a tritt an die Stelle des Handelsregisters des Sitzes der übernehmenden Gesellschaft das Handelsregister des Sitzes der übertragenden Gesellschaft. ³Mit der Eintragung der Vermögensübertragung in das Handelsregister des Sitzes der übertragenden Gesellschaft erlischt diese; ihr Vermögen geht einschließlich der Verbindlichkeiten auf den Übernehmer über. ⁴An die Stelle des Umtauschverhältnisses der Aktien treten Art und Höhe der Gegenleistung.

### § 360 Vermögensübertragung auf einen Versicherungsverein auf Gegenseitigkeit

(1) Eine Aktiengesellschaft, die den Betrieb von Versicherungsgeschäften zum Gegenstand hat, kann ihr Vermögen als Ganzes ohne Abwicklung auf einen Versicherungsverein auf Gegenseitigkeit übertragen.

(2) ¹Für die Vermögensübertragung gelten, soweit sich aus den folgenden Vorschriften nichts anderes ergibt, § 339 Abs. 2, §§ 340 bis 341, 345, 346 Abs. 1, 3, 4 Satz 1 und 2, Abs. 5 und 6, §§ 347, 348 bis 352 c sinngemäß. ²An die Stelle des Umtauschverhältnisses der Aktien treten Art und Höhe des Entgelts.

(3) ¹Der Beschluß der obersten Vertretung des Versicherungsvereins auf Gegenseitigkeit bedarf einer Mehrheit, die mindestens drei Viertel der abgegebenen Stimmen umfaßt. ²Die Satzung kann eine größere Mehrheit und weitere Erfordernisse bestimmen.

(4) ¹Die übertragende Gesellschaft hat einen Treuhänder für den Empfang des Entgelts zu bestellen. ²Die Vermögensübertragung darf erst eingetragen werden, wenn der Treuhänder dem Gericht angezeigt hat, daß er im Besitz des Entgelts ist.

(5) Die Urkunden über die Genehmigung nach § 14 des Versicherungsaufsichtsgesetzes sind der Anmeldung der Vermögensübertragung zum Handelsregister beizufügen.

### § 361 Vermögensübertragung in anderer Weise

(1) ¹Ein Vertrag, durch den sich eine Aktiengesellschaft oder eine Kommanditgesellschaft auf Aktien zur Übertragung des ganzen Gesellschaftsvermögens verpflichtet, ohne daß die Übertragung unter die §§ 339 bis 360 fällt, wird nur mit Zustimmung der Hauptversammlung wirksam. ²Der Beschluß bedarf einer Mehrheit, die mindestens drei Viertel des bei der Beschlußfassung vertretenen Grundkapitals umfaßt. ³Die Satzung kann eine größere Kapitalmehrheit und weitere Erfordernisse bestimmen. ⁴Für den Vertrag gilt § 341 Abs. 1.

(2) ¹Der Vertrag ist von der Einberufung der Hauptversammlung an, die über die Zustimmung beschließen soll, in dem Geschäftsraum der Gesellschaft zur Einsicht der Aktionäre auszulegen. ²Auf Verlangen ist jedem Aktionär unverzüglich eine Abschrift zu erteilen. ³In der Hauptversammlung ist der Vertrag auszulegen. ⁴Der Vorstand hat ihn zu Beginn der Verhandlung zu erläutern. ⁵Der Niederschrift ist er als Anlage beizufügen.

(3) ¹Wird aus Anlaß der Übertragung des Gesellschaftsvermögens die Auflösung der Gesellschaft beschlossen, so gelten §§ 264 bis 273. ²Der Anmeldung der Auflösung der Gesellschaft ist der Vertrag in Ausfertigung oder öffentlich beglaubigter Abschrift beizufügen.

## Dritter Teil. Umwandlung

### Erster Abschnitt. Umwandlung einer Aktiengesellschaft in eine Kommanditgesellschaft auf Aktien

### § 362 Voraussetzungen

(1) Eine Aktiengesellschaft kann in eine Kommanditgesellschaft auf Aktien umgewandelt werden.

(2) ¹Zur Umwandlung bedarf es eines Beschlusses der Hauptversammlung und des Beitritts mindestens eines persönlich haftenden Gesellschafters. ²Der Beschluß bedarf einer Mehrheit, die mindestens drei Viertel des bei der Beschlußfassung vertretenen Grundkapitals umfaßt. ³Die Satzung kann eine größere Kapitalmehrheit und weitere Erfordernisse bestimmen. ⁴Im Beschluß sind die Firma und die weiteren zur Durchführung der Umwandlung nötigen Satzungsänderungen festzusetzen. ⁵Der Beitritt der persönlich haftenden Gesellschafter bedarf notarieller Beurkundung. ⁶Hierbei haben die persönlich haftenden Gesellschafter die Satzungsänderungen zu genehmigen.

(3) ¹Der Hauptversammlung, die über die Umwandlung beschließen soll, ist eine Bilanz vorzulegen, in der die Vermögensgegenstände und Verbindlichkeiten der Gesellschaft mit dem Wert angesetzt sind, der ihnen am Bilanzstichtag beizulegen ist. ²Die Bilanz ist auf den Stichtag aufzustellen, von dem ab die persönlich haftenden Gesellschafter am Gewinn oder Verlust der Gesellschaft teilnehmen sollen. ³Liegt dieser Stichtag nach der Beschlußfassung über die Umwandlung, so ist die Bilanz auf einen höchstens sechs Monate vor der Beschlußfassung über die Umwandlung liegenden Stichtag aufzustellen. ⁴§ 175 Abs. 2 gilt sinngemäß. ⁵Die Bilanz ist der Niederschrift als Anlage beizufügen.

(4) ¹Für die Umwandlung gelten die §§ 32 bis 35, 38, 46 bis 51 sinngemäß. ²An die Stelle der Gründer treten die persönlich haftenden Gesellschafter.

## § 363 Zusammensetzung des Aufsichtsrats der Kommanditgesellschaft auf Aktien

(1) ¹Der Vorstand der Aktiengesellschaft hat vor der Umwandlung bekanntzumachen, nach welchen gesetzlichen Vorschriften nach seiner Ansicht der Aufsichtsrat der Kommanditgesellschaft auf Aktien zusammengesetzt sein muß. ²Die Bekanntmachung soll mindestens zwei Monate vor der Beschlußfassung über die Umwandlung erfolgen. ³§ 97 Abs. 1, Abs. 2 Satz 1, §§ 98, 99 gelten sinngemäß.

(2) Wird das nach § 98 Abs. 1 zuständige Gericht fristgemäß angerufen oder ist keine Bekanntmachung erfolgt, muß der Aufsichtsrat der Kommanditgesellschaft auf Aktien bei der Umwandlung nach § 96 Abs. 1 dieses Gesetzes und § 76 Abs. 1 des Betriebsverfassungsgesetzes zusammengesetzt sein, es sei denn, daß der Aufsichtsrat der Aktiengesellschaft nur aus Aufsichtsratsmitgliedern der Aktionäre zusammengesetzt war.

(3) Der Umwandlung steht nicht entgegen, daß die Aufsichtsratsmitglieder der Arbeitnehmer noch nicht gewählt sind.

## § 364 Anmeldung der Umwandlung

¹Zugleich mit dem Umwandlungsbeschluß sind die persönlich haftenden Gesellschafter zur Eintragung in das Handelsregister anzumelden. ²Die Urkunden über ihren Beitritt sind für das Gericht des Sitzes der Gesellschaft in Ausfertigung oder öffentlich beglaubigter Abschrift beizufügen.

## § 365 Wirkung der Eintragung

¹Von der Eintragung der Umwandlung an besteht die Gesellschaft als Kommanditgesellschaft auf Aktien weiter. ²Die persönlich haftenden Gesellschafter haften den Gläubigern der Gesellschaft auch für die bereits bestehenden Verbindlichkeiten unbeschränkt.

## Zweiter Abschnitt. Umwandlung einer Kommanditgesellschaft auf Aktien in eine Aktiengesellschaft

### § 366 Voraussetzungen

(1) Eine Kommanditgesellschaft auf Aktien kann durch Beschluß der Hauptversammlung unter Zustimmung aller persönlich haftenden Gesellschafter in eine Aktiengesellschaft umgewandelt werden.

(2) Im Beschluß sind die Firma, die Zusammensetzung des Vorstands und die weiteren zur Durchführung der Umwandlung nötigen Satzungsänderungen festzusetzen.

(3) [1]Der Hauptversammlung, die über die Umwandlung beschließen soll, ist eine Bilanz vorzulegen. [2]Soll für die Auseinandersetzung mit den persönlich haftenden Gesellschaftern eine Bilanz maßgebend sein, die auf einen vor der Beschlußfassung über die Umwandlung liegenden Stichtag aufgestellt ist, so ist diese Bilanz vorzulegen, sonst eine Bilanz, die auf einen höchstens sechs Monate vor der Beschlußfassung über die Umwandlung liegenden Zeitpunkt und nach den Grundsätzen aufzustellen ist, die für die Auseinandersetzung mit den persönlich haftenden Gesellschaftern vorgesehen sind. [3]§ 175 Abs. 2 gilt sinngemäß. [4]Die Bilanz ist der Niederschrift als Anlage beizufügen.

(4) Für die Zusammensetzung des Aufsichtsrats der Aktiengesellschaft gilt § 363 sinngemäß.

### § 367 Anmeldung der Umwandlung

[1]Zugleich mit dem Umwandlungsbeschluß sind die Vorstandsmitglieder zur Eintragung in das Handelsregister anzumelden. [2]Die Urkunden über ihre Bestellung sind für das Gericht des Sitzes der Gesellschaft in Urschrift oder öffentlich beglaubigter Abschrift beizufügen.

### § 368 Wirkung der Eintragung

[1]Von der Eintragung der Umwandlung an besteht die Gesellschaft als Aktiengesellschaft weiter. [2]Die persönlich haftenden Gesellschafter scheiden aus der Gesellschaft aus. [3]Ihre Haftung für die bis zur Eintragung entstandenen Verbindlichkeiten der Gesellschaft bleibt unberührt.

## Dritter Abschnitt. Umwandlung einer Aktiengesellschaft in eine Gesellschaft mit beschränkter Haftung

### § 369 Voraussetzungen

(1) Eine Aktiengesellschaft kann durch Beschluß der Hauptversammlung in eine Gesellschaft mit beschränkter Haftung umgewandelt werden.

(2) [1]Dem Umwandlungsbeschluß müssen alle Aktionäre zustimmen. [2]Die Zustimmung eines Aktionärs, der in der Hauptversammlung nicht erschienen und nicht vertreten war, gilt als erteilt, wenn nicht der Aktionär binnen drei Monaten nach der Hauptversammlung der Gesellschaft schriftlich mitteilt, daß er die Zustimmung verweigert, und auf Verlangen der Gesellschaft nachweist, daß er von der Einberufung der Hauptversammlung an Inhaber der Aktie war. [3]Die Verweigerung der Zustimmung kann nur binnen drei Monaten nach der Hauptversammlung durch schriftliche Erklärung zurückgenommen werden.

(3) [1]Der Umwandlungsbeschluß bedarf abweichend von Absatz 2 nicht der

Zustimmung aller Aktionäre, wenn die Umwandlung mit einer Mehrheit beschlossen wird, die mindestens neun Zehntel des Grundkapitals umfaßt, und die Gesellschaft im Zeitpunkt der Beschlußfassung weniger als fünfzig Aktionäre hat; dabei sind Aktionäre, die in der Hauptversammlung nicht erschienen und nicht vertreten sind, nur zu berücksichtigen, wenn sie sich binnen drei Monaten nach der Hauptversammlung schriftlich bei der Gesellschaft melden und auf deren Verlangen nachweisen, daß sie von der Einberufung der Hauptversammlung an Inhaber der Aktie waren. ²Bei der Berechnung der Kapitalmehrheit sind eigene Aktien und Aktien, aus denen nach § 71 d Satz 4 in Verbindung mit § 71 b keine Rechte zustehen, vom Grundkapital abzusetzen. ³Die Satzung kann eine größere Kapitalmehrheit und weitere Erfordernisse bestimmen.

(4) Bei Gesellschaften, die nach Absatz 3 durch Mehrheitsbeschluß umgewandelt werden können, ist die Bekanntmachung der Umwandlung als Gegenstand der Tagesordnung nur ordnungsgemäß, wenn ihr eine Erklärung der Gesellschaft beigefügt ist, in der diese den Aktionären, die gegen die Umwandlung Widerspruch zur Niederschrift erklären, anbietet, ihre durch die Umwandlung entstehenden Geschäftsanteile gegen eine Barabfindung zu erwerben.

(5) Im Beschluß sind die Firma und die weiteren zur Durchführung der Umwandlung nötigen Satzungsänderungen festzusetzen.

(6) ¹Der Nennbetrag der Geschäftsanteile kann abweichend von dem Nennbetrag der Aktien festgesetzt werden. ²Er muß mindestens fünfzig Deutsche Mark betragen und durch zehn teilbar sein. ³Wird der Nennbetrag abweichend von dem Nennbetrag der Aktien festgesetzt, so muß der Festsetzung jeder Aktionär zustimmen, der sich nicht dem Gesamtnennbetrag seiner Aktien entsprechend beteiligen kann. ⁴Die Zustimmung muß notariell beurkundet werden. ⁵Die Zustimmung ist nicht erforderlich, soweit die abweichende Festsetzung durch Satz 2 bedingt ist.

## § 370 Zusammensetzung des Aufsichtsrats der Gesellschaft mit beschränkter Haftung

(1) ¹Der Vorstand der Aktiengesellschaft hat vor der Umwandlung bekanntzumachen, ob für die Gesellschaft mit beschränkter Haftung ein Aufsichtsrat gebildet werden soll und nach welchen gesetzlichen Vorschriften nach seiner Ansicht der Aufsichtsrat zusammengesetzt sein muß. ²Die Bekanntmachung soll mindestens zwei Monate vor der Beschlußfassung über die Umwandlung erfolgen. ³§ 97 Abs. 1, Abs. 2 Satz 1, §§ 98, 99 gelten sinngemäß.

(2) Wird das nach § 98 Abs. 1 zuständige Gericht fristgemäß angerufen oder ist keine Bekanntmachung erfolgt, muß bei der Umwandlung für die Gesellschaft mit beschränkter Haftung ein Aufsichtsrat gebildet werden und dieser nach den zuletzt auf den Aufsichtsrat der Aktiengesellschaft angewandten gesetzlichen Vorschriften zusammengesetzt sein, es sei denn, daß der Aufsichtsrat der Aktiengesellschaft nur aus Aufsichtsratsmitgliedern der Aktionäre zusammengesetzt war.

(3) Der Umwandlung steht nicht entgegen, daß die Aufsichtsratsmitglieder der Arbeitnehmer noch nicht gewählt sind.

## § 371 Anmeldung der Umwandlung

(1) ¹Zugleich mit dem Umwandlungsbeschluß sind die Geschäftsführer zur Eintragung in das Handelsregister anzumelden. ²Der Anmeldung muß eine

von dem Anmeldenden unterschriebene Liste der Gesellschafter beigefügt sein, aus der ihr Name, Vorname, Beruf und Wohnort sowie ihre Stammeinlagen zu ersehen sind. ³Soweit Aktionäre unbekannt sind, ist dies unter Bezeichnung der Aktienurkunde und des auf die Aktie entfallenden Geschäftsanteils anzugeben.

(2) ¹Bei der Anmeldung einer nach § 369 Abs. 2 beschlossenen Umwandlung hat der Vorstand zu erklären, ob der Gesellschaft eine Mitteilung nach § 369 Abs. 2 Satz 2 fristgemäß zugegangen ist. ²Ist der Gesellschaft eine solche Mitteilung zugegangen, so hat der Vorstand ferner zu erklären, ob die Mitteilung fristgemäß zurückgenommen worden ist. ³Ist die Mitteilung nicht fristgemäß zurückgenommen worden, so hat der Vorstand die Umstände darzulegen, aus denen sich ergeben soll, daß der Aktionär den von der Gesellschaft verlangten Besitznachweis nicht erbracht hat.

(3) ¹Bei der Anmeldung einer nach § 369 Abs. 3 beschlossenen Umwandlung hat der Vorstand zu erklären, wie viele Aktionäre in der Hauptversammlung erschienen oder vertreten waren und wie viele in der Hauptversammlung nicht erschienene und nicht vertretene Aktionäre sich fristgemäß gemeldet haben. ²Soweit erforderlich, hat der Vorstand die Umstände darzulegen, aus denen sich ergeben soll, daß ein Aktionär den von der Gesellschaft verlangten Besitznachweis nicht erbracht hat.

## § 372 Wirkung der Eintragung

¹Von der Eintragung der Umwandlung an besteht die Gesellschaft als Gesellschaft mit beschränkter Haftung weiter. ²Das Grundkapital ist zum Stammkapital, die Aktien sind zu Geschäftsanteilen geworden. ³Die an einer Aktie bestehenden Rechte Dritter bestehen an dem an die Stelle tretenden Geschäftsanteil weiter.

## § 373 Umtausch der Aktien

¹Für den Umtausch der Aktien gegen Geschäftsanteile gilt § 73 Abs. 1 und 2, bei Zusammenlegung von Aktien § 226 Abs. 1 und 2 über die Kraftloserklärung von Aktien sinngemäß. ²Einer Genehmigung des Gerichts bedarf es nicht.

## § 374 Gläubigerschutz

¹Den Gläubigern, deren Forderungen begründet worden sind, bevor die Eintragung der Umwandlung bekanntgemacht worden ist, ist, wenn sie sich binnen sechs Monaten nach der Bekanntmachung zu diesem Zweck melden, Sicherheit zu leisten, soweit sie nicht Befriedigung verlangen können. ²Die Gläubiger sind in der Bekanntmachung der Eintragung auf dieses Recht hinzuweisen.

## § 375 Widersprechende Gesellschafter

(1) ¹Jeder Aktionär, der gegen die Umwandlung Widerspruch zur Niederschrift erklärt hat, kann binnen einer Frist von zwei Monaten verlangen, daß die Gesellschaft seinen Geschäftsanteil gegen eine angemessene Barabfindung erwirbt; für die Höhe der Barabfindung gilt § 320 Abs. 5 Satz 5 sinngemäß. ²Die Frist beginnt mit dem Tage, an dem die Eintragung der Umwandlung in das Handelsregister nach § 10 des Handelsgesetzbuchs als bekanntgemacht gilt. ³Ist ein Antrag auf Bestimmung der Barabfindung durch das in § 306 bestimmte Gericht gestellt worden, so beginnt die Frist mit dem Tage, an dem die Entscheidung im Bundesanzeiger bekanntgemacht worden ist. ⁴Die Ko-

sten der Abtretung des Geschäftsanteils trägt die Gesellschaft. [5]§ 33 des Gesetzes betreffend die Gesellschaften mit beschränkter Haftung steht einem Erwerb von Geschäftsanteilen nach Satz 1 nicht entgegen.

(2) [1]Die Anfechtung des Umwandlungsbeschlusses kann nicht darauf gestützt werden, daß die von der Gesellschaft angebotene Barabfindung nicht angemessen ist. [2]Ist die angebotene Barabfindung nicht angemessen, so hat das in § 306 bestimmte Gericht auf Antrag die angemessene Barabfindung zu bestimmen. [3]Das gleiche gilt, wenn die Gesellschaft eine Barabfindung nicht oder nicht ordnungsgemäß angeboten hat und eine hierauf gestützte Anfechtungsklage innerhalb der Anfechtungsfrist nicht erhoben oder zurückgenommen oder rechtskräftig abgewiesen worden ist.

(3) [1]Antragsberechtigt ist jeder Aktionär, der gegen die Umwandlung Widerspruch zur Niederschrift erklärt hat. [2]Der Antrag kann nur binnen zwei Monaten nach dem Tage gestellt werden, an dem die Eintragung der Umwandlung in das Handelsregister nach § 10 des Handelsgesetzbuchs als bekanntgemacht gilt. [3]Ist gegen den Umwandlungsbeschluß eine Anfechtungsklage erhoben worden, so beginnt die Frist mit der rechtskräftigen Abweisung oder der Zurücknahme der Anfechtungsklage. [4]Für das Verfahren gilt § 306 sinngemäß mit der Maßgabe, daß an die Stelle der Vertragsteile die Gesellschaft und an die Stelle der außenstehenden Aktionäre die Aktionäre treten, die gegen die Umwandlung Widerspruch zur Niederschrift erklärt haben.

(4) [1]Durch Absatz 1 wird das Recht des Gesellschafters, seinen Geschäftsanteil anderweit zu veräußern, nicht berührt. [2]Satzungsmäßige Verfügungsbeschränkungen stehen einer Veräußerung innerhalb der in Absatz 1 bestimmten Frist nicht entgegen.

## Vierter Abschnitt. Umwandlung einer Gesellschaft mit beschränkter Haftung in eine Aktiengesellschaft

### § 376 Voraussetzungen

(1) Eine Gesellschaft mit beschränkter Haftung kann durch Beschluß der Gesellschafterversammlung in eine Aktiengesellschaft umgewandelt werden.

(2) [1]Die Vorschriften des Gesetzes betreffend die Gesellschaften mit beschränkter Haftung über Abänderungen des Gesellschaftsvertrags sind anzuwenden. [2]Ist die Abtretung der Geschäftsanteile von der Genehmigung einzelner Gesellschafter abhängig, so bedarf der Umwandlungsbeschluß zu seiner Wirksamkeit ihrer Zustimmung. [3]Sind Gesellschaftern außer der Leistung von Kapitaleinlagen noch andere Verpflichtungen gegenüber der Gesellschaft auferlegt und können diese wegen der einschränkenden Bestimmung des § 55 bei der Umwandlung nicht aufrechterhalten werden, so bedarf der Umwandlungsbeschluß zu seiner Wirksamkeit der Zustimmung dieser Gesellschafter.

(3) [1]Im Beschluß sind die Firma und die weiteren zur Durchführung der Umwandlung nötigen Abänderungen des Gesellschaftsvertrags festzusetzen. [2]Die Gesellschafter, die für die Umwandlung gestimmt haben, sind in der Niederschrift namentlich aufzuführen.

(4) [1]Wird der Nennbetrag der Aktien auf einen höheren Betrag als fünfzig Deutsche Mark und abweichend vom Nennbetrag der Geschäftsanteile festgesetzt, so muß der Festsetzung jeder Gesellschafter zustimmen, der sich nicht dem Gesamtnennbetrag seiner Geschäftsanteile entsprechend beteiligen kann. [2]Die Zustimmung muß notariell beurkundet werden. [3]§ 17 Abs. 6 des

Gesetzes betreffend die Gesellschaften mit beschränkter Haftung über die Unzulässigkeit einer Teilung von Geschäftsanteilen gilt insoweit nicht.

## § 377 Zusammensetzung des Aufsichtsrats der Aktiengesellschaft

(1) § 363 Abs. 1 und 3 gilt sinngemäß.

(2) ¹Wird das nach § 98 Abs. 1 zuständige Gericht fristgemäß angerufen oder ist keine Bekanntmachung erfolgt, und bestand der Aufsichtsrat der Gesellschaft mit beschränkter Haftung auch aus Aufsichtsratsmitgliedern der Arbeitnehmer, so muß der Aufsichtsrat der Aktiengesellschaft bei der Umwandlung nach den zuletzt auf den Aufsichtsrat der Gesellschaft mit beschränkter Haftung angewandten gesetzlichen Vorschriften zusammengesetzt sein. ²Bestand für die Gesellschaft mit beschränkter Haftung kein Aufsichtsrat oder ein Aufsichtsrat ohne Aufsichtsratsmitglieder der Arbeitnehmer, so kann der Aufsichtsrat der Aktiengesellschaft bei der Umwandlung nur aus Aufsichtsratsmitgliedern der Aktionäre zusammengesetzt werden.

## § 378 Gründungsprüfung und Verantwortlichkeit der Gesellschafter

(1) Für die Umwandlung gelten, soweit sich aus den folgenden Vorschriften nichts anderes ergibt, die §§ 26, 27, 32 bis 35, 38, 46 bis 53 sinngemäß; den Gründern stehen gleich die Gesellschafter, die für die Umwandlung gestimmt haben.

(2) Im Bericht nach § 32 sind der Geschäftsverlauf und die Lage der Gesellschaft mit beschränkter Haftung darzulegen.

(3) Die Prüfung durch einen oder mehrere Prüfer nach § 33 Abs. 2 hat in jedem Fall stattzufinden.

(4) Die Frist von zwei Jahren nach § 52 Abs. 1 wird von der Eintragung der Umwandlung in das Handelsregister gerechnet.

## § 379 Anmeldung der Umwandlung

¹Zugleich mit dem Umwandlungsbeschluß sind die Vorstandsmitglieder zur Eintragung in das Handelsregister anzumelden. ²Die Urkunden über ihre Bestellung sind für das Gericht des Sitzes der Gesellschaft in Urschrift oder öffentlich beglaubigter Abschrift beizufügen. ³Der Anmeldung sind ferner eine Liste mit Namen, Beruf und Wohnort der Mitglieder des Aufsichtsrats, die Prüfungsberichte der Mitglieder des Vorstands und des Aufsichtsrats sowie der Prüfer mit ihren urkundlichen Unterlagen, ferner die Bescheinigung beizufügen, daß der Bericht der Prüfer der Industrie- und Handelskammer eingereicht worden ist.

## § 380 Inhalt der Bekanntmachung der Eintragung

¹In die Bekanntmachung der Eintragung der Umwandlung sind außer deren Inhalt der Name, Beruf und Wohnort der Mitglieder des Aufsichtsrats aufzunehmen. ²§ 40 Abs. 2 gilt sinngemäß.

## § 381 Wirkung der Eintragung

¹Von der Eintragung der Umwandlung an besteht die Gesellschaft als Aktiengesellschaft weiter. ²Das Stammkapital ist zum Grundkapital, die Geschäftsanteile sind zu Aktien geworden. ³Die an einem Geschäftsanteil bestehenden Rechte Dritter bestehen an der an die Stelle tretenden Aktie weiter.

## § 382 Umtausch der Geschäftsanteile

¹Für den Umtausch der Geschäftsanteile gegen Aktien gilt § 73, bei Zusammenlegung von Geschäftsanteilen § 226 über die Kraftloserklärung von Aktien sinngemäß. ²Einer Genehmigung des Gerichts bedarf es nicht.

## § 383 Widersprechende Gesellschafter

(1) ¹Jeder Gesellschafter, der gegen die Umwandlung Widerspruch zur Niederschrift erklärt hat, kann seine Aktie der Gesellschaft zur Verfügung stellen. ²Der Vorstand kann den Aktionären hierfür eine Ausschlußfrist von mindestens drei Monaten setzen. ³Die Fristsetzung ist erst nach der Eintragung der Umwandlung zulässig. ⁴Sie ist einem bekannten Aktionär besonders mitzuteilen, sonst ist sie dreimal in den Gesellschaftsblättern bekanntzumachen.

(2) ¹Die Gesellschaft hat die ihr zu Verfügung gestellten Aktien unverzüglich für Rechnung des Aktionärs zum amtlichen Börsenpreis durch Vermittlung eines Kursmaklers und beim Fehlen eines Börsenpreises durch öffentliche Versteigerung zu verkaufen. ²§ 226 Abs. 3 Satz 2 bis 6 gilt sinngemäß.

(3) ¹Durch die Absätze 1 und 2 wird das Recht des Aktionärs, seine Aktien selbst zu veräußern, nicht berührt. ²Satzungsmäßige Verfügungsbeschränkungen stehen einer Veräußerung innerhalb der in Absatz 1 bestimmten Frist nicht entgegen.

## Fünfter Abschnitt. Umwandlung einer bergrechtlichen Gewerkschaft in eine Aktiengesellschaft

## § 384 Voraussetzungen

(1) Eine bergrechtliche Gewerkschaft mit eigener Rechtspersönlichkeit kann durch Beschluß der Gewerkenversammlung in eine Aktiengesellschaft umgewandelt werden.

(2) ¹Der Beschluß bedarf einer Mehrheit von mindestens drei Vierteln aller Kuxe. ²Die Satzung kann eine größere Mehrheit und weitere Erfordernisse bestimmen. ³Der Beschluß muß notariell beurkundet werden. ⁴Er bedarf zu seiner Wirksamkeit der Bestätigung durch die Bergbehörde, die für die Bestätigung der Satzung zuständig ist. ⁵Die Bergbehörde darf die Bestätigung nur versagen, wenn das öffentliche Interesse entgegensteht.

(3) ¹Im Beschluß ist die Firma festzusetzen. ²Außerdem sind in ihm die weiteren zur Durchführung der Umwandlung nötigen Maßnahmen zu treffen. ³Die Gewerken, die für die Umwandlung gestimmt haben, sind in der Niederschrift namentlich aufzuführen.

(4) ¹Der Nennbetrag des Grundkapitals darf das nach Abzug der Schulden verbleibende Vermögen der bergrechtlichen Gewerkschaft nicht übersteigen. ²Er muß mindestens einhunderttausend Deutsche Mark betragen.

(5) ¹Wird der Nennbetrag der Aktie auf einen höheren Betrag als fünfzig Deutsche Mark und abweichend von dem Betrag festgesetzt, der von dem festgesetzten Grundkapital auf einen Kux entfällt, so muß der Festsetzung jeder Gewerke zustimmen, der sich nicht dem auf seine Kuxe entfallenden Gesamtbetrag entsprechend beteiligen kann. ²Die Zustimmung muß notariell beurkundet werden.

(6) Für die Zusammensetzung des Aufsichtsrats der Aktiengesellschaft gilt § 377 sinngemäß.

### § 385 Wirkung der Eintragung

(1) [1]Von der Eintragung an besteht die Gewerkschaft als Aktiengesellschaft weiter. [2]Die Kuxe sind zu Aktien geworden. [3]Die an einem Kux bestehenden Rechte Dritter bestehen an der an die Stelle tretenden Aktie weiter.

(2) Im übrigen gelten die §§ 378 bis 380, 382 und 383 sinngemäß.

## Sechster Abschnitt. Umwandlung einer Körperschaft oder Anstalt des öffentlichen Rechts in eine Aktiengesellschaft

### § 385 a Voraussetzungen

(1) Eine Körperschaft oder Anstalt des öffentlichen Rechts kann in eine Aktiengesellschaft umgewandelt werden.

(2) [1]Die Umwandlung ist nur zulässig, wenn die Körperschaft oder Anstalt des öffentlichen Rechts rechtsfähig ist und das für sie maßgebende Bundes- oder Landesrecht eine Umwandlung vorsieht oder zuläßt. [2]Die Umwandlung von Versicherungsunternehmen bedarf der Genehmigung der Behörde, die die Fachaufsicht über das Unternehmen führt.

(3) Nach dem für die Körperschaft oder Anstalt des öffentlichen Rechts maßgebenden Bundes- oder Landesrecht richtet es sich, auf welche Weise die Satzung der Aktiengesellschaft festzustellen ist, welche Personen die Aktien erhalten und welche Personen als Gründer der Aktiengesellschaften gelten.

(4) Soweit sich aus den Vorschriften dieses Abschnittes nichts anderes ergibt, gelten für die Umwandlung die Vorschriften des Ersten und Zweiten Teils des Ersten Buchs mit Ausnahme der §§ 2, 28 und 29 sinngemäß.

### § 385 b Gründungsprüfung

(1) Im Bericht nach § 32 sind auch der Geschäftsverlauf und die Lage der Körperschaft oder der Anstalt des öffentlichen Rechts darzulegen.

(2) Die Prüfung durch einen oder mehrere Prüfer nach § 33 Abs. 2 hat in jedem Fall stattzufinden.

### § 385 c Wirksamwerden der Umwandlung

Von der Eintragung der Aktiengesellschaft in das Handelsregister an besteht die Körperschaft oder die Anstalt des öffentlichen Rechts als Aktiengesellschaft weiter.

## Siebenter Abschnitt. Umwandlung eines Versicherungsvereins auf Gegenseitigkeit in eine Aktiengesellschaft

### § 385 d Voraussetzungen

(1) [1]Ein Versicherungsverein auf Gegenseitigkeit, der kein kleinerer Verein im Sinne des § 53 des Versicherungsaufsichtsgesetzes ist, kann in eine Aktiengesellschaft umgewandelt werden. [2]Die Umwandlung ist nur zulässig, wenn auf jedes Mitglied des Vereins, das nach § 385 e Abs. 1 am Grundkapital zu beteiligen ist, mindestens ein Teilrecht im Nennbetrag von fünf Deutschen Mark entfällt.

(2) [1]Zur Umwandlung bedarf es eines Beschlusses der obersten Vertretung des Vereins. [2]Spätestens mit der Einberufung der Versammlung der obersten Vertretung hat der Vorstand allen Mitgliedern des Vereins die Tagesordnung und den Vorschlag für den Umwandlungsbeschluß schriftlich mitzuteilen. [3]In

der Mitteilung ist auf die Mehrheiten für die Beschlußfassung nach den Sätzen 4 bis 6 sowie auf die Möglichkeit der Erhebung eines Widerspruchs und die sich daraus ergebenden Rechte hinzuweisen. [4]Der Beschluß der obersten Vertretung bedarf einer Mehrheit von drei Vierteln der abgegebenen Stimmen. [5]Die Umwandlung kann nur mit einer Mehrheit von neun Zehnteln der abgegebenen Stimmen beschlossen werden, wenn spätestens bis zum Ablauf des dritten Tages vor der Versammlung der obersten Vertretung wenigstens hundert Mitglieder des Vereins durch eingeschriebenen Brief Widerspruch erhoben haben. [6]Die Satzung kann größere Mehrheiten und weitere Erfordernisse bestimmen.

(3) Im Beschluß sind die Firma, das Grundkapital, der Nennbetrag der Aktien und die weiteren zur Durchführung der Umwandlung nötigen Satzungsänderungen festzusetzen.

(4) [1]Der Nennbetrag des Grundkapitals darf das nach Abzug der Schulden verbleibende Vermögen des Vereins nicht übersteigen. [2]Er muß mindestens einhunderttausend Deutsche Mark betragen. [3]Das Grundkapital ist in der Höhe des Grundkapitals vergleichbarer Versicherungsunternehmen in der Rechtsform der Aktiengesellschaft festzusetzen. [4]Würde die Aufsichtsbehörde einer neu zu gründenden Versicherungsaktiengesellschaft die Erlaubnis zum Geschäftsbetrieb nur bei Festsetzung eines höheren Grundkapitals erteilen, so ist das Grundkapital auf diesen Betrag festzusetzen, soweit dies nach den Vermögensverhältnissen des Vereins möglich ist. [5]Ist es nach den Vermögensverhältnissen des Vereins nicht möglich, das Grundkapital auf den in Satz 2 bestimmten Betrag festzusetzen, ist das Grundkapital so zu bemessen, daß auf jedes Mitglied, das nach § 385e Abs. 1 am Grundkapital zu beteiligen ist, möglichst eine volle Aktie oder ein möglichst hohes Teilrecht entfällt.

(5) Die Aktien können auf einen höheren Nennbetrag als fünfzig Deutsche Mark nur gestellt werden, soweit volle Aktien mit dem höheren Nennbetrag auf die Mitglieder entfallen.

(6) Wird der Vorstand der Aktiengesellschaft in der Satzung ermächtigt, das Grundkapital bis zu einem bestimmten Nennbetrag durch Ausgabe neuer Aktien gegen Einlagen zu erhöhen, so darf die Ermächtigung nicht vorsehen, daß der Vorstand über den Ausschluß des Bezugsrechts entscheidet.

(7) [1]Der Beschluß bedarf der Genehmigung der Aufsichtsbehörde. [2]Die Genehmigung darf auch dann versagt werden, wenn die Vorschriften dieses Gesetzes über die Umwandlung nicht beachtet worden sind.

## § 385e Beteiligung der Vereinsmitglieder an der Aktiengesellschaft

(1) [1]Im Umwandlungsbeschluß ist zu bestimmen, daß die Mitglieder des Vereins die Aktionäre der Aktiengesellschaft werden. [2]Mitglieder, die dem Verein weniger als drei Jahre vor dem Tage der Beschlußfassung angehören, können von der Beteiligung ausgeschlossen werden.

(2) [1]Die Beteiligung darf, wenn nicht alle Mitglieder einen gleich hohen Anteil am Grundkapital erhalten, nur nach einem oder mehreren der folgenden Maßstäbe festgesetzt werden:
1. die Höhe der Versicherungssumme,
2. die Höhe der Beiträge,
3. die Höhe der Deckungsrückstellung in der Lebensversicherung,
4. der in der Satzung bestimmte Maßstab für die Verteilung des Überschusses,
5. ein in der Satzung bestimmter Maßstab für die Verteilung des Vermögens,
6. die Dauer der Mitgliedschaft.

[2]Soll die Beteiligung nur für einen Teil des Grundkapitals in gleich hohen Anteilen festgesetzt werden, so muß der gleich hohe Anteil ein Teilrecht im Nennbetrag von fünf Deutschen Mark sein.

### § 385f Zusammensetzung des Aufsichtsrats der Aktiengesellschaft

Für die Zusammensetzung des Aufsichtsrats der Aktiengesellschaft gilt § 377 sinngemäß.

### § 385g Gründungsprüfung. Anmeldung der Umwandlung und Inhalt der Bekanntmachung der Eintragung

[1]Für die Umwandlung gelten, soweit sich aus den folgenden Vorschriften nichts anderes ergibt, §§ 26, 27, 33, 34, 35 Abs. 2, §§ 38, 47 bis 53, 378 Abs. 3 und 4, für die Anmeldung der Umwandlung zur Eintragung in das Handelsregister und den Inhalt der Bekanntmachung der Eintragung §§ 379 und 380 sinngemäß. [2]In der Bekanntmachung der Eintragung ist anzugeben, nach welchen Maßstäben die Mitglieder des Vereins an der Aktiengesellschaft beteiligt werden.

### § 385h Wirkung der Eintragung

[1]Von der Eintragung der Umwandlung an besteht der Verein als Aktiengesellschaft weiter. [2]Die Mitglieder des Vereins sind nach Maßgabe des Umwandlungsbeschlusses Aktionäre geworden.

### § 385i Widersprechende Mitglieder

[1]Jedes Mitglied des Vereins, das der Umwandlung bis zum Verlauf des dritten Tages vor der Versammlung der obersten Vertretung durch eingeschriebenen Brief widersprochen hat, sowie jedes Mitglied der obersten Vertretung, das in der Versammlung der obersten Vertretung gegen die Umwandlung Widerspruch zur Niederschrift erklärt hat, kann der Gesellschaft seine Aktien oder ein auf das Mitglied entfallenes Teilrecht zur Verfügung stellen. [2]Für die Überlassung der Aktien und Teilrechte an die Gesellschaft sowie für die Verwertung der Aktien und Teilrechte gilt § 383 Abs. 1 Satz 2 bis 4, Abs. 2 und 3 sinngemäß.

### § 385k Teilrechte

(1) Führt die Umwandlung dazu, daß auf ein Mitglied ein Teil einer Aktie entfällt, so ist dieses Teilrecht selbständig veräußerlich und vererblich.

(2) Die Rechte aus einer Aktie einschließlich des Anspruchs auf Ausstellung einer Aktienurkunde können nur ausgeübt werden, wenn Teilrechte, die zusammen eine volle Aktie ergeben, in einer Hand vereinigt sind oder wenn mehrere Berechtigte, deren Teilrechte zusammen eine volle Aktie ergeben, sich zur Ausübung der Rechte zusammenschließen.

(3) Die Aktiengesellschaft soll die Zusammenführung von Teilrechten zu vollen Aktien vermitteln.

### § 385l Aufforderung an die Aktionäre

(1) [1]Nach der Eintragung der Umwandlung in das Handelsregister hat die Aktiengesellschaft unverzüglich jedem Aktionär den Inhalt der Bekanntmachung über die Eintragung der Umwandlung und die Zahl und den Nennbetrag der Aktien und des Teilrechts, die auf ihn entfallen sind, schriftlich mitzuteilen und ihn aufzufordern, die ihm zustehenden Aktien abzuholen. [2]In der Mitteilung ist darauf hinzuweisen, daß die Gesellschaft berechtigt ist, Aktien die nicht innerhalb von sechs Monaten seit der Bekanntmachung der Aufforderung in den Gesellschaftsblättern abgeholt werden, nach dreimaliger An

drohung für Rechnung der Beteiligten zu verkaufen. [3]In der Mitteilung soll auf die Vorschriften über Teilrechte in § 385 k hingewiesen werden.

(2) [1]Zugleich mit den Mitteilungen nach Absatz 1 hat die Gesellschaft die Aktionäre auch durch eine Bekanntmachung in den Gesellschaftsblättern aufzufordern, die ihnen zustehenden Aktien abzuholen. [2]Absatz 1 Satz 1 gilt sinngemäß. [3]Nach Ablauf von sechs Monaten seit der Bekanntmachung der Aufforderung hat die Gesellschaft den Verkauf der nicht abgeholten Aktien anzudrohen. [4]Die Androhung ist dreimal in Abständen von mindestens einem Monat in den Gesellschaftsblättern bekanntzumachen. [5]Die letzte Bekanntmachung muß vor dem Ablauf von einem Jahr seit der Bekanntmachung der Aufforderung nach Satz 1 ergehen.

(3) [1]Nach Ablauf von sechs Monaten seit der letzten Bekanntmachung der Androhung hat die Gesellschaft die nicht abgeholten Aktien für Rechnung der Beteiligten zum amtlichen Börsenpreis durch Vermittlung eines Kursmaklers und beim Fehlen eines Börsenpreises durch öffentliche Versteigerung zu verkaufen. [2]§ 226 Abs. 3 Satz 2 bis 6 gilt sinngemäß.

(4) [1]Solange nicht Aktien abgeholt oder nach Absatz 3 verkauft sind, deren Nennbeträge insgesamt mindestens sechs Zehntel des Grundkapitals erreichen, kann die Hauptversammlung der Gesellschaft Beschlüsse, die nach Gesetz oder Satzung einer Kapitalmehrheit bedürfen, nicht fassen. [2]Bis zum gleichen Zeitpunkt darf der Vorstand von einer Ermächtigung zu einer Erhöhung des Grundkapitals keinen Gebrauch machen. [3]Die Aufsichtsbehörde kann Ausnahmen von Satz 1 zulassen, wenn dies erforderlich ist, um zu verhindern, daß der Gesellschaft erhebliche Nachteile entstehen.

## Achter Abschnitt. Umwandlung einer Genossenschaft in eine Aktiengesellschaft

### § 385 m Voraussetzungen

(1) [1]Eine eingetragene Genossenschaft kann in eine Aktiengesellschaft umgewandelt werden. [2]Die Umwandlung ist nur zulässig, wenn auf jeden Genossen mindestens ein Teilrecht im Nennbetrag von fünf Deutschen Mark entfällt.

(2) [1]Zur Umwandlung bedarf es eines Beschlusses der Generalversammlung. [2]Spätestens mit der Einberufung der Generalversammlung hat der Vorstand allen Genossen die Tagesordnung und den Vorschlag für den Umwandlungsbeschluß schriftlich mitzuteilen. [3]In der Mitteilung ist auf die Mehrheiten für die Beschlußfassung nach den Sätzen 4, 5 und 7 sowie auf die Möglichkeit der Erhebung eines Widerspruchs und die sich daraus ergebenden Rechte hinzuweisen. [4]Der Beschluß der Generalversammlung bedarf einer Mehrheit von drei Vierteln der abgegebenen Stimmen. [5]Der Umwandlungsbeschluß kann nur mit einer Mehrheit von neun Zehnteln der abgegebenen Stimmen beschlossen werden, wenn spätestens bis zum Ablauf des dritten Tages vor der Generalversammlung wenigstens hundert Genossen, bei Genossenschaften mit weniger als tausend Genossen ein Zehntel der Genossen, durch eingeschriebenen Brief Widerspruch erhoben haben. [6]Der Beschluß muß *gerichtlich oder** notariell beurkundet werden. [7]Das Statut kann größere Mehrheiten und weitere Erfordernisse bestimmen.

(3) [1]Vor der Beschlußfassung ist der Prüfungsverband darüber zu hören, ob die Umwandlung mit den Belangen der Genossen und der Gläubiger der Ge-

---

* Aufgehoben durch das Beurkundungsgesetz vom 28.8. 1969 (BGBl. I S. 1513).

nossenschaft vereinbar ist, insbesondere ob bei der Festsetzung des Grundkapitals Absatz 4 Satz 3 beachtet ist. [2]Das Gutachten des Prüfungsverbandes ist in der Generalversammlung zu verlesen, in der die Umwandlung beschlossen werden soll. [3]Der Prüfungsverband ist berechtigt, an der Generalversammlung beratend teilzunehmen.

(4) [1]Im Beschluß sind die Firma, das Grundkapital, der Nennbetrag der Aktien und die weiteren zur Durchführung der Umwandlung nötigen Änderungen des Statuts festzusetzen. [2]Der Nennbetrag des Grundkapitals darf das nach Abzug der Schulden verbleibende Vermögen der Genossenschaft nicht übersteigen. [3]Er muß mindestens einhunderttausend Deutsche Mark betragen und ist so zu bemessen, daß auf jeden Genossen möglichst eine volle Aktie oder ein möglichst hohes Teilrecht entfällt.

(5) Soweit sich aus den folgenden Vorschriften nichts anderes ergibt, gelten für die Umwandlung im übrigen §§ 26, 27, 33, 34, 35 Abs. 2, §§ 38, 47 bis 53, 377, 378 Abs. 3 und 4, § 385 d Abs. 5 und 6, § 385 i sinngemäß.

### § 385 n Beteiligung der Genossen an der Aktiengesellschaft

[1]Im Umwandlungsbeschluß ist zu bestimmen, daß jeder Genosse in dem Verhältnis am Grundkapital beteiligt wird, in dem am Ende des letzten vor der Beschlußfassung abgelaufenen Geschäftsjahres sein Geschäftsguthaben zur Summe der Geschäftsguthaben der in der Genossenschaft verbleibenden Genossen gestanden hat. [2]Ergibt sich bei der Umwandlung, daß auf einen Genossen ein Teil einer Aktie entfällt, so gelten §§ 385 k und 385 l Abs. 1 bis 3 und Abs. 4 Satz 1 und 2 entsprechend.

### § 385 o Anmeldung der Umwandlung und Eintragung der Aktiengesellschaft

[1]Der Umwandlungsbeschluß ist durch den Vorstand der Genossenschaft zur Eintragung in das Genossenschaftsregister anzumelden. [2]Zugleich ist die Aktiengesellschaft von allen Mitgliedern ihres Vorstands und ihres Aufsichtsrats zur Eintragung in das Handelsregister anzumelden. [3]Im übrigen gelten §§ 379 und 380 sinngemäß.

### § 385 p Wirkung der Eintragung

(1) [1]Von der Eintragung der Umwandlung an besteht die Genossenschaft als Aktiengesellschaft weiter. [2]Die Genossen sind nach Maßgabe des Umwandlungsbeschlusses Aktionäre geworden. [3]Die an einem Geschäftsguthaben bestehenden Rechte Dritter bestehen an der an die Stelle tretenden Aktie weiter.

(2) Die Nichtigkeit des Umwandlungsbeschlusses kann nicht mehr geltend gemacht werden, wenn die Aktiengesellschaft in das Handelsregister eingetragen worden ist.

### § 385 q Gläubigerschutz

[1]Wird über das Vermögen der Aktiengesellschaft innerhalb von zwei Jahren nach dem Tage, an dem die Eintragung der Umwandlung in das Handelsregister nach § 10 des Handelsgesetzbuchs als bekannt gemacht gilt, das Konkursverfahren eröffnet, so ist jeder Genosse, der nach § 385 p Abs. 1 Aktionär geworden war im Rahmen des Statuts (§ 6 Nr. 3 des Gesetzes betreffend die Erwerbs- und Wirtschaftsgenossenschaften) zu Nachschüssen verpflichtet, auch wenn er seine Aktie veräußert hat. [2]Die §§ 105 bis 115 a, 116 und 117 des Gesetzes betreffend die Erwerbs- und Wirtschaftsgenossenschaften gelten sinngemäß.

## Neunter Abschnitt. Umwandlung einer Kommanditgesellschaft auf Aktien in eine Gesellschaft mit beschränkter Haftung

### § 386 Voraussetzungen

(1) Eine Kommanditgesellschaft auf Aktien kann durch Beschluß der Hauptversammlung unter Zustimmung aller persönlich haftenden Gesellschafter in eine Gesellschaft mit beschränkter Haftung umgewandelt werden.

(2) ¹Der Hauptversammlung, die über die Umwandlung beschließen soll, ist eine Bilanz vorzulegen. ²Soll für die Auseinandersetzung mit den persönlich haftenden Gesellschaftern eine Bilanz maßgebend sein, die auf einen vor der Beschlußfassung über die Umwandlung liegenden Stichtag aufgestellt ist, so ist diese Bilanz vorzulegen, sonst eine Bilanz, die auf einen höchstens sechs Monate vor der Beschlußfassung über die Umwandlung liegenden Zeitpunkt und nach den Grundsätzen aufzustellen ist, die für die Auseinandersetzung mit den persönlich haftenden Gesellschaftern vorgesehen sind. ³§ 175 Abs. 2 gilt sinngemäß. ⁴Die Bilanz ist der Niederschrift als Anlage beizufügen.

(3) Für die Zusammensetzung des Aufsichtsrats der Gesellschaft mit beschränkter Haftung gilt § 370 sinngemäß.

### § 387 Wirkung der Eintragung

(1) ¹Von der Eintragung der Umwandlung an besteht die Gesellschaft als Gesellschaft mit beschränkter Haftung weiter. ²Das Grundkapital ist zum Stammkapital, die Aktien sind zu Geschäftsanteilen geworden. ³Die an einer Aktie bestehenden Rechte Dritter bestehen an dem an die Stelle tretenden Geschäftsanteil weiter.

(2) ¹Die persönlich haftenden Gesellschafter scheiden aus der Gesellschaft aus. ²Ihre Haftung für die bis zur Eintragung entstandenen Verbindlichkeiten der Gesellschaft bleibt unberührt.

### § 388 Anwendbarkeit der Vorschriften über die Umwandlung in eine Aktiengesellschaft

Soweit sich aus den vorstehenden Vorschriften nichts anderes ergibt, sind die Vorschriften über die Umwandlung einer Aktiengesellschaft in eine Gesellschaft mit beschränkter Haftung anzuwenden.

## Zehnter Abschnitt. Umwandlung einer Gesellschaft mit beschränkter Haftung in eine Kommanditgesellschaft auf Aktien

### § 389 Voraussetzungen

(1) Eine Gesellschaft mit beschränkter Haftung kann in eine Kommanditgesellschaft auf Aktien umgewandelt werden.

(2) ¹Zur Umwandlung bedarf es eines Beschlusses der Gesellschafterversammlung und des Beitritts mindestens eines persönlich haftenden Gesellschafters. ²Der Beitritt muß notariell beurkundet werden. ³Hierbei haben die persönlich haftenden Gesellschafter die Satzungsänderungen zu genehmigen.

(3) ¹Der Gesellschafterversammlung, die über die Umwandlung beschließen soll, ist eine Bilanz vorzulegen, in der die Vermögensgegenstände und Verbindlichkeiten der Gesellschaft mit dem Wert angesetzt sind, der ihnen am Bilanzstichtag beizulegen ist. ²Die Bilanz ist auf den Stichtag aufzustellen, von dem ab die persönlich haftenden Gesellschafter am Gewinn oder Verlust der Gesellschaft teilnehmen sollen. ³Liegt dieser Stichtag nach der Beschlußfassung über die Umwand-

lung, so ist die Bilanz auf einen höchstens sechs Monate vor der Beschlußfassung über die Umwandlung liegenden Stichtag aufzustellen. [4]§ 175 Abs. 2 gilt sinngemäß. [5]Die Bilanz ist der Niederschrift als Anlage beizufügen.

(4) [1]Für die Umwandlung gelten sinngemäß die §§ 26, 27, 32 bis 35, 38, 46 bis 53. [2]An die Stelle der Gründer treten die Gesellschafter, die für die Umwandlung gestimmt haben, sowie die persönlich haftenden Gesellschafter. [3]Die Frist von zwei Jahren nach § 52 Abs. 1 wird von der Eintragung der Umwandlung in das Handelsregister gerechnet.

(5) Für die Zusammensetzung des Aufsichtsrats der Kommanditgesellschaft auf Aktien gilt § 363 sinngemäß.

## § 390 Anmeldung der Umwandlung

[1]Zugleich mit dem Umwandlungsbeschluß sind die persönlich haftenden Gesellschafter zur Eintragung in das Handelsregister anzumelden. [2]Die Urkunden über ihren Beitritt sind für das Gericht des Sitzes der Gesellschaft in Ausfertigung oder öffentlich beglaubigter Abschrift beizufügen.

## § 391 Wirkung der Eintragung

[1]Von der Eintragung der Umwandlung an besteht die Gesellschaft als Kommanditgesellschaft auf Aktien weiter. [2]Das Stammkapital ist zum Grundkapital, die Geschäftsanteile sind zu Aktien geworden. [3]Die an einem Geschäftsanteil bestehenden Rechte Dritter bestehen an der an die Stelle tretenden Aktie weiter. [4]Die persönlich haftenden Gesellschafter haften den Gläubigern der Gesellschaft auch für die bereits bestehenden Verbindlichkeiten unbeschränkt.

## § 392 Anwendbarkeit der Vorschriften über die Umwandlung in eine Aktiengesellschaft

Soweit sich aus den vorstehenden Vorschriften oder aus dem Fehlen eines Vorstands nichts anderes ergibt, sind die Vorschriften über die Umwandlung einer Gesellschaft mit beschränkter Haftung in eine Aktiengesellschaft sinngemäß anzuwenden.

# Elfter Abschnitt. Umwandlung einer bergrechtlichen Gewerkschaft in eine Kommanditgesellschaft auf Aktien

## § 393

(1) Eine bergrechtliche Gewerkschaft mit eigener Rechtspersönlichkeit kann in eine Kommanditgesellschaft auf Aktien umgewandelt werden.

(2) Für die Umwandlung gelten die §§ 389 bis 391 und, soweit sich aus ihnen oder aus dem Fehlen eines Vorstands nichts anderes ergibt, die Vorschriften über die Umwandlung einer bergrechtlichen Gewerkschaft in eine Aktiengesellschaft sinngemäß.

(3) Für die Zusammensetzung des Aufsichtsrats der Kommanditgesellschaft auf Aktien gilt § 363 sinngemäß.

# Fünftes Buch. Sonder-, Straf- und Schlußvorschriften

## Erster Teil. Sondervorschriften bei Beteiligung von Gebietskörperschaften

### § 394 Berichte der Aufsichtsratsmitglieder

[1]Aufsichtsratsmitglieder, die auf Veranlassung einer Gebietskörperschaft in den Aufsichtsrat gewählt oder entsandt worden sind, unterliegen hinsichtlich der Berichte, die sie der Gebietskörperschaft zu erstatten haben, keiner Verschwiegenheitspflicht. [2]Für vertrauliche Angaben und Geheimnisse der Gesellschaft, namentlich Betriebs- oder Geschäftsgeheimnisse, gilt dies nicht, wenn ihre Kenntnis für die Zwecke der Berichte nicht von Bedeutung ist.

### § 395 Verschwiegenheitspflicht

(1) Personen, die damit betraut sind, die Beteiligungen einer Gebietskörperschaft zu verwalten oder für eine Gebietskörperschaft die Gesellschaft, die Betätigung der Gebietskörperschaft als Aktionär oder die Tätigkeit der auf Veranlassung der Gebietskörperschaft gewählten oder entsandten Aufsichtsratsmitglieder zu prüfen, haben über vertrauliche Angaben und Geheimnisse der Gesellschaft, namentlich Betriebs- oder Geschäftsgeheimnisse, die ihnen aus Berichten nach § 394 bekanntgeworden sind, Stillschweigen zu bewahren; dies gilt nicht für Mitteilungen im dienstlichen Verkehr.

(2) Bei der Veröffentlichung von Prüfungsergebnissen dürfen vertrauliche Angaben und Geheimnisse der Gesellschaft, namentlich Betriebs- oder Geschäftsgeheimnisse, nicht veröffentlicht werden.

## Zweiter Teil. Gerichtliche Auflösung

### § 396 Voraussetzungen

(1) [1]Gefährdet eine Aktiengesellschaft oder Kommanditgesellschaft auf Aktien durch gesetzwidriges Verhalten ihrer Verwaltungsträger das Gemeinwohl und sorgen der Aufsichtsrat und die Hauptversammlung nicht für eine Abberufung der Verwaltungsträger, so kann die Gesellschaft auf Antrag der zuständigen obersten Landesbehörde des Landes, in dem die Gesellschaft ihren Sitz hat, durch Urteil aufgelöst werden. [2]Ausschließlich zuständig für die Klage ist das Landgericht, in dessen Bezirk die Gesellschaft ihren Sitz hat.

(2) [1]Nach der Auflösung findet die Abwicklung nach den §§ 264 bis 273 statt. [2]Den Antrag auf Abberufung oder Bestellung der Abwickler aus einem wichtigen Grund kann auch die in Absatz 1 Satz 1 bestimmte Behörde stellen.

### § 397 Anordnungen bei der Auflösung

Ist die Auflösungsklage erhoben, so kann das Gericht auf Antrag der in § 396 Abs. 1 Satz 1 bestimmten Behörde durch einstweilige Verfügung die nötigen Anordnungen treffen.

### § 398 Eintragung

[1]Die Entscheidungen des Gerichts sind dem Registergericht mitzuteilen. [2]Dieses trägt sie, soweit sie eintragungspflichtige Rechtsverhältnisse betreffen, in das Handelsregister ein.

## Dritter Teil. Straf- und Bußgeldvorschriften. Schlußvorschriften

### § 399 Falsche Angaben

(1) Mit Freiheitsstrafe bis zu drei Jahren oder mit Geldstrafe wird bestraft, wer

1. als Gründer oder als Mitglied des Vorstands oder des Aufsichtsrats zum Zweck der Eintragung der Gesellschaft über die Übernahme der Aktien, die Einzahlung auf Aktien, die Verwendung eingezahlter Beträge, den Ausgabebetrag der Aktien, über Sondervorteile, Gründungsaufwand, Sacheinlagen und Sachübernahmen,
2. als Gründer oder als Mitglied des Vorstands oder des Aufsichtsrats im Gründungsbericht, im Nachgründungsbericht oder im Prüfungsbericht,
3. in der öffentlichen Ankündigung nach § 47 Nr. 3,
4. als Mitglied des Vorstands oder des Aufsichtsrats zum Zweck der Eintragung einer Erhöhung des Grundkapitals (§§ 182 bis 206) über die Einbringung des bisherigen, die Zeichnung oder Einbringung des neuen Kapitals, den Ausgabebetrag der Aktien, die Ausgabe der Bezugsaktien oder über Sacheinlagen,
5. als Abwickler zum Zweck der Eintragung der Fortsetzung der Gesellschaft in dem nach § 274 Abs. 3 zu führenden Nachweis oder
6. als Mitglied des Vorstands in der nach § 37 Abs. 2 Satz 1 oder § 81 Abs. 3 Satz 1 abzugebenden Versicherung oder als Abwickler in der nach § 366 Abs. 3 Satz 1 abzugebenden Versicherung

falsche Angaben macht oder erhebliche Umstände verschweigt.

(2) Ebenso wird bestraft, wer als Mitglied des Vorstands oder des Aufsichtsrats zum Zweck der Eintragung einer Erhöhung des Grundkapitals die in § 210 Abs. 1 Satz 2 vorgeschriebene Erklärung oder als Mitglied des Vorstands zum Zweck der Eintragung einer Umwandlung der Gesellschaft in eine Gesellschaft mit beschränkter Haftung die in § 371 Abs. 2 Satz 1 oder 2 oder Abs. 3 Satz 1 vorgeschriebene Erklärung der Wahrheit zuwider abgibt.

### § 400 Unrichtige Darstellung

(1) Mit Freiheitsstrafe bis zu drei Jahren oder mit Geldstrafe wird bestraft, wer als Mitglied des Vorstands oder des Aufsichtsrats oder als Abwickler

1. die Verhältnisse der Gesellschaft einschließlich ihrer Beziehungen zu verbundenen Unternehmen in Darstellungen oder Übersichten über den Vermögensstand, in Vorträgen oder Auskünften in der Hauptversammlung unrichtig wiedergibt oder verschleiert, wenn die Tat nicht in § 331 Nr. 1 des Handelsgesetzbuchs mit Strafe bedroht ist oder
2. in Aufklärungen oder Nachweisen, die nach den Vorschriften dieses Gesetzes einem Prüfer der Gesellschaft oder eines verbundenen Unternehmens zu geben sind, falsche Angaben macht oder die Verhältnisse der Gesellschaft unrichtig wiedergibt oder verschleiert, wenn die Tat nicht in § 331 Nr. 4 des Handelsgesetzbuchs mit Strafe bedroht ist.

(2) Ebenso wird bestraft, wer als Gründer oder Aktionär in Aufklärungen oder Nachweisen, die nach den Vorschriften dieses Gesetzes einem Gründungsprüfer oder sonstigen Prüfer zu geben sind, falsche Angaben macht oder erhebliche Umstände verschweigt.

### § 401 Pflichtverletzung bei Verlust, Überschuldung oder Zahlungsunfähigkeit

(1) Mit Freiheitsstrafe bis zu drei Jahren oder mit Geldstrafe wird bestraft, wer es

1. als Mitglied des Vorstands entgegen § 92 Abs. 1 unterläßt, bei einem Verlust in Höhe der Hälfte des Grundkapitals die Hauptversammlung einzuberufen und ihr dies anzuzeigen, oder

2. als Mitglied des Vorstands entgegen § 92 Abs. 2 oder als Abwickler entgegen § 268 Abs. 2 Satz 1 unterläßt, bei Zahlungsunfähigkeit oder Überschuldung die Eröffnung des Konkursverfahrens oder des gerichtlichen Vergleichsverfahrens zu beantragen.

(2) Handelt der Täter fahrlässig, so ist die Strafe Freiheitsstrafe bis zu einem Jahr oder Geldstrafe.

### § 402 Falsche Ausstellung oder Verfälschung von Hinterlegungsbescheinigungen

(1) Wer über die Hinterlegung von Aktien oder Zwischenscheinen Bescheinigungen, die zum Nachweis des Stimmrechts in einer Hauptversammlung oder in einer gesonderten Versammlung dienen sollen, falsch ausstellt oder verfälscht, wird mit Freiheitsstrafe bis zu drei Jahren oder mit Geldstrafe bestraft, wenn die Tat nicht in anderen Vorschriften über Urkundenstraftaten mit schwererer Strafe bedroht ist.

(2) Ebenso wird bestraft, wer von einer falschen oder verfälschten Bescheinigung der in Absatz 1 bezeichneten Art zur Ausübung des Stimmrechts Gebrauch macht.

(3) Der Versuch ist strafbar.

### § 403 Verletzung der Berichtspflicht

(1) Mit Freiheitsstrafe bis zu drei Jahren oder mit Geldstrafe wird bestraft, wer als Prüfer oder als Gehilfe eines Prüfers über das Ergebnis der Prüfung falsch berichtet oder erhebliche Umstände im Bericht verschweigt.

(2) Handelt der Täter gegen Entgelt oder in der Absicht, sich oder einen anderen zu bereichern oder einen anderen zu schädigen, so ist die Strafe Freiheitsstrafe bis zu fünf Jahren oder Geldstrafe.

### § 404 Verletzung der Geheimhaltungspflicht

(1) Mit Freiheitsstrafe bis zu einem Jahr oder mit Geldstrafe wird bestraft, wer ein Geheimnis der Gesellschaft, namentlich ein Betriebs- oder Geschäftsgeheimnis, das ihm in seiner Eigenschaft als

1. Mitglied des Vorstands oder des Aufsichtsrats oder Abwickler,

2. Prüfer oder Gehilfe eines Prüfers

bekanntgeworden ist, unbefugt offenbart; im Falle der Nummer 2 jedoch nur, wenn die Tat nicht in § 333 des Handelsgesetzbuchs mit Strafe bedroht ist.

(2) ¹Handelt der Täter gegen Entgelt oder in der Absicht, sich oder einen anderen zu bereichern oder einen anderen zu schädigen, so ist die Strafe Freiheitsstrafe bis zu zwei Jahren oder Geldstrafe. ²Ebenso wird bestraft, wer ein Geheimnis der in Absatz 1 bezeichneten Art, namentlich ein Betriebs- oder Geschäftsgeheimnis, das ihm unter den Voraussetzungen des Absatzes 1 bekanntgeworden ist, unbefugt verwertet.

(3) ¹Die Tat wird nur auf Antrag der Gesellschaft verfolgt. ²Hat ein Mit-

glied des Vorstands oder ein Abwickler die Tat begangen, so ist der Aufsichtsrat, hat ein Mitglied des Aufsichtsrats die Tat begangen, so sind der Vorstand oder die Abwickler antragsberechtigt.

## § 405 Ordnungswidrigkeiten

(1) Ordnungswidrig handelt, wer als Mitglied des Vorstands oder des Aufsichtsrats oder als Abwickler

1. Namensaktien ausgibt, in denen der Betrag der Teilleistung nicht angegeben ist, oder Inhaberaktien ausgibt, bevor auf sie der Nennbetrag oder der höhere Ausgabebetrag voll geleistet ist,

2. Aktien über Zwischenscheine ausgibt, bevor die Gesellschaft oder im Fall einer Kapitalerhöhung die Durchführung der Erhöhung des Grundkapitals oder im Fall einer bedingten Kapitalerhöhung oder einer Kapitalerhöhung aus Gesellschaftsmitteln der Beschluß über die bedingte Kapitalerhöhung oder die Kapitalerhöhung aus Gesellschaftsmitteln eingetragen ist,

3. Aktien oder Zwischenscheine ausgibt, die auf einen geringeren als den nach § 8 zulässigen Mindestnennbetrag lauten, oder

4. a) entgegen § 71 Abs. 1 Nr. 1 bis 4 oder Abs. 2 eigene Aktien der Gesellschaft erwirbt oder, in Verbindung mit § 71e Abs. 1, als Pfand nimmt,

   b) zu veräußernde eigene Aktien (§ 71c Abs. 1 und 2) nicht anbietet oder

   c) die zur Vorbereitung der Beschlußfassung über die Einziehung eigener Aktien (§ 71c Abs. 3) erforderlichen Maßnahmen nicht trifft.

(2) Ordnungswidrig handelt auch, wer als Aktionär oder als Vertreter eines Aktionärs die nach § 129 in das Verzeichnis aufzunehmenden Angaben nicht oder nicht richtig macht.

(3) Ordnungswidrig handelt ferner, wer

1. Aktien eines anderen, zu dessen Vertretung er nicht befugt ist, ohne dessen Einwilligung zur Ausübung von Rechten in der Hauptversammlung oder in einer gesonderten Versammlung benutzt,

2. zur Ausübung von Rechten in der Hauptversammlung oder in einer gesonderten Versammlung Aktien eines anderen benutzt, die er sich zu diesem Zweck durch Gewähren oder Versprechen besonderer Vorteile verschafft hat,

3. Aktien zu dem in Nummer 2 bezeichneten Zweck gegen Gewähren oder Versprechen besonderer Vorteile einem anderen überläßt,

4. Aktien eines anderen, für die er oder der von ihm Vertretene das Stimmrecht nach § 135 nicht ausüben darf, zur Ausübung des Stimmrechts benutzt,

5. Aktien, die er oder der von ihm Vertretene das Stimmrecht nach § 20 Abs. 7, § 21 Abs. 4, §§ 71b, 71d Satz 4, § 134 Abs. 1, §§ 135, 136, 142 Abs. 1 Satz 2, § 285 Abs. 1 nicht ausüben darf, einem anderen zum Zweck der Ausübung des Stimmrechts überläßt oder solche ihm überlassene Aktien zur Ausübung des Stimmrechts benutzt,

6. besondere Vorteile als Gegenleistung dafür fordert, sich versprechen läßt oder annimmt, daß er bei einer Abstimmung in der Hauptversammlung oder in einer gesonderten Versammlung nicht oder in einem bestimmten Sinne stimme oder

7. besondere Vorteile als Gegenleistung dafür anbietet, verspricht oder gewährt, daß jemand bei einer Abstimmung in der Hauptversammlung oder in einer gesonderten Versammlung nicht oder in einem bestimmten Sinne stimme.

(4) Die Ordnungswidrigkeit kann mit einer Geldbuße bis zu fünfzigtausend Deutsche Mark geahndet werden.

## § 406 *(aufgehoben)*

## § 407 Zwangsgelder

(1) [1]Vorstandsmitglieder oder Abwickler, die § 52 Abs. 2 Satz 2 und 3, § 71 c, § 73 Abs. 3 Satz 2, §§ 80, 90, 104 Abs. 1, § 111 Abs. 2, § 145, §§ 170, 171 Abs. 3, §§ 175, 214 Abs. 1, § 246 Abs. 4, § 259 Abs. 5, § 268 Abs. 4, § 270 Abs. 1, § 273 Abs. 2, § 293 Abs. 3 Satz 2 und 3, § 306 Abs. 6, § 312 Abs. 1, § 313 Abs. 1, § 314 Abs. 1, § 340 d Abs. 2 und 4, § 361 Abs. 2 Satz 1 und 2 nicht befolgen, sind hierzu vom Registergericht durch Festsetzung von Zwangsgeld anzuhalten; § 14 des Handelsgesetzbuchs bleibt unberührt. [2]Das einzelne Zwangsgeld darf den Betrag von zehntausend Deutsche Mark nicht übersteigen.

(2) [1]Die Anmeldungen zum Handelsregister nach den §§ 36, 45, 52, 181 Abs. 1, §§ 184, 188, 195, 210, 223, 237 Abs. 4, §§ 274, 294 Abs. 1, § 319 Abs. 3, § 345 Abs. 1, § 353 Abs. 5, §§ 364, 367, 371, 379, 390 werden durch Festsetzung von Zwangsgeld nicht erzwungen. [2]Für die Einrichtung der der Zahl der Zweigniederlassungen entsprechenden Stückzahl der Anmeldungen verbleibt es bei § 14 des Handelsgesetzbuchs.

## § 408 Strafbarkeit persönlich haftender Gesellschafter einer Kommanditgesellschaft auf Aktien

[1]Die §§ 399 bis 407 gelten sinngemäß für die Kommanditgesellschaft auf Aktien. [2]Soweit sie Vorstandsmitglieder betreffen, gelten sie bei der Kommanditgesellschaft auf Aktien für die persönlich haftenden Gesellschafter.

## § 409 Geltung in Berlin

[1]Dieses Gesetz gilt nach Maßgabe des § 13 Abs. 1 des Dritten Überleitungsgesetzes vom 4. Januar 1952 (Bundesgesetzbl. I S. 1) auch im Land Berlin. [2]Rechtsverordnungen, die aufgrund dieses Gesetzes erlassen werden, gelten im Land Berlin nach § 14 des Dritten Überleitungsgesetzes.

## § 410 Inkrafttreten

Dieses Gesetz tritt am 1. Januar 1966 in Kraft.

§ 40 Zwangsgelds

(1) ...

# 2 a. Einführungsgesetz zum Aktiengesetz

**Vom 6. September 1965 (BGBl. I S. 1185)**
**(BGBl. III 4121-2)**

zuletzt geändert durch Gesetz vom 19. 12. 1985 (BGBl. I S. 2355)

## Erster Abschnitt. Übergangsvorschriften

### § 1 Grundkapital

¹§ 6 des Aktiengesetzes gilt nicht für Aktiengesellschaften, deren Grundkapital und Aktien beim Inkrafttreten des Aktiengesetzes nicht auf einen Nennbetrag in Deutscher Mark lauten, sowie für Aktiengesellschaften, die nach dem Inkrafttreten des Aktiengesetzes nach Maßgabe des § 2 des D-Markbilanzergänzungsgesetzes vom 28. Dezember 1950 (Bundesgesetzbl. S. 811) ihren Sitz in den Geltungsbereich des Aktiengesetzes verlegen. ²Die Währung, auf die ihr Grundkapital und ihre Aktien lauten müssen, bestimmt sich nach den für sie geltenden besonderen Vorschriften.

### § 2 Mindestnennbetrag des Grundkapitals

(1) ¹Aktiengesellschaften, deren Grundkapital infolge der Neufestsetzung nach dem für sie geltenden D-Markbilanzgesetz weniger als einhunderttausend Deutsche Mark beträgt, sind mit Ablauf des 16. Dezember 1981 aufgelöst, wenn der Vorstand nicht bis zu diesem Tage einen Beschluß über die Erhöhung des Grundkapitals auf mindestens einhunderttausend Deutsche Mark oder einen Beschluß über die Umwandlung der Gesellschaft nach den Vorschriften des Aktiengesetzes oder des Umwandlungsgesetzes zur Eintragung in das Handelsregister angemeldet hat. ²Ist der Beschluß über die Erhöhung des Grundkapitals oder über die Umwandlung angefochten, so tritt an die Stelle dieses Tages der drei Monate nach dem Tage der Rechtskraft der Entscheidung liegende Tag.

(2) ¹Ist eine Aktiengesellschaft nach Absatz 1 aufgelöst, so kann die Hauptversammlung nach § 274 des Aktiengesetzes die Fortsetzung der Gesellschaft beschließen. ²Der Fortsetzungsbeschluß darf im Falle des Absatzes 1 nur zusammen mit einem Beschluß über die Erhöhung des Grundkapitals auf mindestens einhunderttausend Deutsche Mark eingetragen werden.

### § 3 Mindestnennbetrag der Aktien

(1) Aktien dürfen nur noch nach § 8 des Aktiengesetzes ausgegeben werden.

(2) Ist ein Beschluß über eine Kapitalerhöhung aus Gesellschaftsmitteln vor dem Inkrafttreten des Aktiengesetzes in das Handelsregister eingetragen worden, so bleibt es bei §§ 6, 12 Abs. 2 des Gesetzes über die Kapitalerhöhung aus Gesellschaftsmitteln und über die Gewinn- und Verlustrechnung vom 23. Dezember 1959 (Bundesgesetzbl. I S. 789).

(3) ¹§ 8 des Aktiengesetzes gilt nicht für Aktien, die vor dem Inkrafttreten des Aktiengesetzes nach den bisher geltenden Vorschriften mit einem nach § 8 des Aktiengesetzes nicht zulässigen Nennbetrag ausgegeben worden sind. ²Bei Aktien mit einem nicht durch hundert teilbaren Nennbetrag kann eine Kapitalerhöhung aus Gesellschaftsmitteln auch durch Erhöhung des Nennbetrags dieser Aktien ausgeführt werden; dies gilt nicht für Aktien mit einem Nennbetrag von fünfzig Deutsche Mark.

(4) [1]Soweit eine Kapitalerhöhung aus Gesellschaftsmitteln durch Erhöhung des Nennbetrags ausgeführt werden kann, können Aktien mit einem nicht durch hundert teilbaren Nennbetrag, deren Nennbetrag erhöht wird, auf jeden durch zehn teilbaren Betrag gestellt werden; Aktien mit einem Nennbetrag von fünfzig Deutsche Mark können nur auf einen durch hundert teilbaren Betrag gestellt werden. [2]Der Nennbetrag darf jedoch nicht, wenn er unter fünfzig Deutsche Mark gestellt ist, über fünfzig Deutsche Mark, sonst nicht über den nächsten durch hundert teilbaren Betrag hinaus erhöht werden. [3]Satz 2 gilt nicht für teileingezahlte Aktien.

(5) Soweit Aktiengesellschaften Aktien mit Nennbeträgen unter fünfzig Deutsche Mark ausgegeben haben, gilt der Nennbetrag dieser Aktien als ihr Mindestnennbetrag im Sinne der Vorschriften über die Kapitalherabsetzung.

## § 4 Vereinigung von Aktien

(1) [1]Aktien, die nicht auf fünfzig Deutsche Mark oder auf einen durch hundert teilbaren Betrag lauten, können zu Aktien, die auf fünfzig Deutsche Mark oder auf einen durch hundert teilbaren Betrag lauten, vereinigt werden. [2]Die Vereinigung bedarf der Zustimmung der betroffenen Aktionäre. [3]§§ 73 und 226 des Aktiengesetzes sind nicht anzuwenden.

(2) [1]Die nach § 23 Abs. 3 Nr. 4 des Aktiengesetzes erforderlichen Bestimmungen der Satzung dürfen nicht geändert werden, ehe die betroffenen Aktionäre der Vereinigung ihrer Aktien zugestimmt haben und, falls Aktienurkunden oder Zwischenscheine ausgegeben sind, die Urkunden der Gesellschaft oder einer von ihr bezeichneten Stelle zum Umtausch eingereicht haben. [2]Über diese Satzungsänderung kann der Aufsichtsrat beschließen.

(3) Die Aktien höheren Nennbetrags sollen nicht ausgegeben werden, ehe die notwendige Satzungsänderung in das Handelsregister eingetragen ist.

## § 5 Mehrstimmrechte

(1) Mehrstimmrechte, die vor dem Inkrafttreten des Aktiengesetzes rechtmäßig geschaffen worden sind, bleiben aufrechterhalten.

(2) [1]Die Hauptversammlung kann beschließen, die Mehrstimmrechte zu beseitigen oder zu beschränken. [2]Der Beschluß bedarf einer Mehrheit, die mindestens drei Viertel des bei der Beschlußfassung vertretenen Grundkapitals umfaßt, aber nicht der Mehrheit der abgegebenen Stimmen. [3]Eines Sonderbeschlusses der Aktionäre mit Mehrstimmrechten bedarf es nicht. [4]Sind die Mehrstimmrechte einem Aktionär gewährt worden, weil er im Verhältnis zu den anderen Aktionären neben der Einlage auf das Grundkapital besondere Leistungen für die Gesellschaft erbracht hat oder erbringt, so hat ihm die Gesellschaft ein angemessenes Entgelt zu gewähren. [5]Der Anspruch ist binnen zwei Monaten gerichtlich geltend zu machen. [6]Die Frist beginnt mit dem Tage, an dem die Eintragung der Satzungsänderung in das Handelsregister nach § 10 des Handelsgesetzbuchs als bekanntgemacht gilt. [7]Ist gegen den Beschluß der Hauptversammlung eine Anfechtungsklage erhoben worden, so beginnt die Frist mit der rechtskräftigen Abweisung oder der Zurücknahme der Anfechtungsklage.

## § 6 Wechselseitig beteiligte Unternehmen

(1) Sind eine Aktiengesellschaft und ein anderes Unternehmen bereits beim Inkrafttreten des Aktiengesetzes wechselseitig beteiligte Unternehmen, ohne daß die Voraussetzungen des § 19 Abs. 2 oder 3 des Aktiengesetzes vorliegen,

und haben beide Unternehmen fristgemäß (§ 7) die Mitteilung nach § 20 Abs. 3 oder § 21 Abs. 1 des Aktiengesetzes gemacht, so gilt § 328 Abs. 1 und 2 des Aktiengesetzes für sie nicht.

(2) Solange die Unternehmen wechselseitig beteiligt sind und nicht die Voraussetzungen des § 19 Abs. 2 oder 3 des Aktiengesetzes vorliegen, gilt für die Ausübung der Rechte aus den Anteilen an dem anderen Unternehmen statt dessen folgendes:

1. Aus den Anteilen, die den Unternehmen beim Inkrafttreten des Aktiengesetzes gehört haben oder die auf diese Anteile bei einer Kapitalerhöhung aus Gesellschaftsmitteln entfallen, können alle Rechte ausgeübt werden.

2. Aus Anteilen, die bei einer Kapitalerhöhung gegen Einlagen auf Grund eines nach Nummer 1 bestehenden Bezugsrechts übernommen werden, können alle Rechte mit Ausnahme des Stimmrechts ausgeübt werden; das gleiche gilt für Anteile, die auf diese Anteile bei einer Kapitalerhöhung aus Gesellschaftsmitteln entfallen.

3. Aus anderen Anteilen können mit Ausnahme des Rechts auf neue Aktien bei einer Kapitalerhöhung aus Gesellschaftsmitteln keine Rechte ausgeübt werden.

(3) Hat nur eines der wechselseitig beteiligten Unternehmen fristgemäß (§ 7) die Mitteilung nach § 20 Abs. 3 oder § 21 Abs. 1 des Aktiengesetzes gemacht, so gilt § 328 Abs. 1 und 2 nicht für dieses Unternehmen.

## § 7 Mitteilungspflicht von Beteiligungen

[1]Die Mitteilungspflichten nach §§ 20, 21 und 328 Abs. 3 des Aktiengesetzes gelten auch für Beteiligungen, die beim Inkrafttreten des Aktiengesetzes bestehen. [2]Die Beteiligungen sind binnen eines Monats nach dem Inkrafttreten des Aktiengesetzes mitzuteilen.

## § 8 Gegenstand des Unternehmens

Entspricht bei Aktiengesellschaften, die beim Inkrafttreten des Aktiengesetzes in das Handelsregister eingetragen sind, die Satzungsbestimmung über den Gegenstand des Unternehmens nicht dem § 23 Abs. 3 Nr. 2 des Aktiengesetzes, so sind Änderungen der Satzung durch die Hauptversammlung nur einzutragen, wenn zugleich die Satzungsbestimmung über den Gegenstand des Unternehmens an § 23 Abs. 3 Nr. 2 des Aktiengesetzes angepaßt wird.

## § 9 Namensaktien

[1]Aktiengesellschaften, die vor dem Inkrafttreten des Aktiengesetzes Namensaktien ausgegeben haben und deren Satzung nichts darüber bestimmt, ob die Aktien als Inhaber- oder Namensaktien auszustellen sind, haben ihre Satzung dahin zu ergänzen, daß die Aktien Namensaktien sind. [2]Die Satzungsergänzung kann der Aufsichtsrat beschließen. [3]Andere Änderungen der Satzung sind in das Handelsregister erst einzutragen, wenn zuvor die Satzungsergänzung nach Satz 1 eingetragen worden ist.

## § 10 Nebenverpflichtungen der Aktionäre

[1]§ 55 Abs. 1 Satz 2 des Aktiengesetzes gilt nicht für Aktiengesellschaften, die bereits beim Inkrafttreten des Aktiengesetzes in ihrer Satzung Nebenverpflichtungen der Aktionäre vorgesehen haben. [2]Ändern jedoch solche Gesellschaften den Gegenstand des Unternehmens oder die Satzungsbestimmungen über die Nebenverpflichtungen, so sind diese Änderungen nur einzutragen, wenn zugleich bestimmt wird, ob die Leistungen entgeltlich oder unentgeltlich zu erbringen sind.

## § 11 Ausschluß säumiger Aktionäre

§ 64 Abs. 2 Satz 3 des Aktiengesetzes gilt nicht, wenn beim Inkrafttreten des Aktiengesetzes bereits die erste Bekanntmachung in den Gesellschaftsblättern ergangen ist und bei Einhaltung der Vorschrift die letzte Bekanntmachung nicht rechtzeitig ergehen könnte.

## § 12 Aufsichtsrat

(1) [1]Bestimmungen der Satzung über die Zahl der Aufsichtsratsmitglieder und über Stellvertreter von Aufsichtsratsmitgliedern treten, soweit sie mit den Vorschriften des Aktiengesetzes nicht vereinbar sind, mit Beendigung der Hauptversammlung außer Kraft, die über die Entlastung der Mitglieder des Aufsichtsrats für das am 31. Dezember 1965 endende oder laufende Geschäftsjahr abgehalten wird, spätestens mit Ablauf der in § 120 Abs. 1 des Aktiengesetzes für die Beschlußfassung über die Entlastung bestimmten Frist. [2]Eine Hauptversammlung, die innerhalb dieser Frist stattfindet, kann an Stelle der außer Kraft tretenden Satzungsbestimmungen mit einfacher Stimmenmehrheit neue Satzungsbestimmungen beschließen.

(2) Treten Satzungsbestimmungen nach Absatz 1 Satz 1 außer Kraft, erlischt das Amt der Aufsichtsratsmitglieder oder der Stellvertreter von Aufsichtsratsmitgliedern mit dem in Absatz 1 genannten Zeitpunkt.

(3) § 100 Abs. 2 des Aktiengesetzes gilt für Personen, die beim Inkrafttreten des Aktiengesetzes Aufsichtsratsmitglied sind, mit der Maßgabe, daß sie den Aufsichtsratssitz bis zum Ablauf der jeweilig laufenden Amtszeit innehaben dürfen.

## §§ 13 bis 15 *(gegenstandslos infolge Vollzugs)*

## §§ 16 bis 19 *(aufgehoben)*

## § 20 Streitwert

[1]In Rechtsstreitigkeiten, auf die § 247 des Aktiengesetzes anzuwenden ist, richtet sich der Streitwert nach dem bisherigen Recht, wenn der Rechtsstreit vor dem Inkrafttreten des Aktiengesetzes anhängig geworden ist. [2]Dies gilt nicht im Verfahren über eine Berufung oder eine Revision, wenn das Rechtsmittel nach dem Inkrafttreten des Aktiengesetzes eingelegt worden ist.

## § 21 Heilung der Nichtigkeit von Jahresabschlüssen

[1]§ 256 Abs. 6 des Aktiengesetzes über die Heilung der Nichtigkeit von Jahresabschlüssen gilt auch für Jahresabschlüsse, die vor dem Inkrafttreten des Aktiengesetzes festgestellt worden sind; jedoch bleibt es für die Heilung der Nichtigkeit nach § 256 Abs. 2 des Aktiengesetzes bei den bisherigen Vorschriften. [2]Die in § 256 Abs. 6 des Aktiengesetzes bestimmten Fristen beginnen für Jahresabschlüsse, die vor dem Inkrafttreten des Aktiengesetzes festgestellt worden sind, nicht vor dem Inkrafttreten des Aktiengesetzes.

## § 22 Unternehmensverträge

(1) [1]Für Unternehmensverträge (§§ 291, 292 des Aktiengesetzes), die vor dem Inkrafttreten des Aktiengesetzes geschlossen worden sind, gelten §§ 295 bis 303, 307 bis 310, 316 des Aktiengesetzes mit Wirkung vom Inkrafttreten des Aktiengesetzes. [2]Die in § 300 Nr. 1 des Aktiengesetzes bestimmte Frist für die Auffüllung der gesetzlichen Rücklage läuft vom Beginn des nach dem 31. Dezember 1965 beginnenden Geschäftsjahrs an. [3]§ 300 Nr. 1 und 3 des Ak-

tiengesetzes gilt jedoch nicht, wenn der andere Vertragsteil beim Inkrafttreten des Aktiengesetzes auf Grund der Satzung oder von Verträgen verpflichtet ist, seine Erträge für öffentliche Zwecke zu verwenden. [4]In die gesetzliche Rücklage ist im Falle des Satzes 3 spätestens bei Beendigung des Unternehmensvertrags oder der Verpflichtung nach Satz 3 der Betrag einzustellen, der nach § 300 des Aktiengesetzes in Verbindung mit Satz 2 in die gesetzliche Rücklage einzustellen gewesen wäre, wenn diese Vorschriften für die Gesellschaft gegolten hätten. [5]Reichen die während der Dauer des Vertrags in freie Rücklagen eingestellten Beträge hierzu nicht aus, hat der andere Vertragsteil den Fehlbetrag auszugleichen.*

(2) [1]Der Vorstand der Gesellschaft hat das Bestehen und die Art des Unternehmensvertrags sowie den Namen des anderen Vertragsteils unverzüglich nach dem Inkrafttreten des Aktiengesetzes zur Eintragung in das Handelsregister anzumelden. [2]Bei der Anmeldung ist das Datum des Beschlusses anzugeben, durch den die Hauptversammlung dem Vertrag zugestimmt hat. [3]Bei Teilgewinnabführungsverträgen ist außerdem die Vereinbarung über die Höhe des abzuführenden Gewinns anzumelden.

## §§ 23, 24 *(gegenstandslos infolge Vollzugs)*

## § 25 Deutsche Golddiskontbank

[1]Für die Rechtsverhältnisse der Deutschen Golddiskontbank bleibt es bei Artikel VI der Dritten Durchführungsverordnung zum Aktiengesetz vom 21. Dezember 1938 (Reichsgesetzbl. I S. 1839). [2]Soweit in diesen Vorschriften auf das Aktiengesetz vom 30. Januar 1937 verwiesen ist, treten an seine Stelle die entsprechenden Vorschriften des Aktiengesetzes.

## § 26 Kommanditgesellschaften auf Aktien

Die Vorschriften dieses Abschnitts gelten sinngemäß für Kommanditgesellschaften auf Aktien.

## § 26 a Ergänzung fortgeführter Firmen

[1]Führt eine Aktiengesellschaft gemäß § 22 Abs. 1 des Einführungsgesetzes zum Handelsgesetzbuch ihre Firma fort, ohne daß diese die Bezeichnung „Aktiengesellschaft" enthält, so muß die Gesellschaft bis zum 16. Juni 1980 diese Bezeichnung in ihre Firma aufnehmen. [2]Findet bis zu diesem Tage eine Hauptversammlung nicht statt und soll die Firma nur um die Bezeichnung „Aktiengesellschaft" ergänzt werden, so ist der Aufsichtsrat zu dieser Änderung befugt.

## § 26 b Änderung der Satzung

Eine Änderung der Satzung, die nach § 23 des Aktiengesetzes wegen der vom 1. Juli 1979 an geltenden Fassung erforderlich wird, ist bis zum 16. Juni 1980 zur Eintragung in das Handelsregister anzumelden.

---

* Gem. Anlage I zum Einigungsvertragsgesetz vom 23. 9. 1990 (BGBl. II S. 885, 960) gilt in dem in Artikel 3 des Einigungsvertrages genannten Gebiet folgendes: § 22 Abs. 1 ist für Aktiengesellschaften, die vor dem 1. Juli 1990 in das Handelsregister eingetragen wurden, mit der Maßgabe anzuwenden, daß das Datum „31. Dezember 1965" durch das Datum „30. Juni 1990" ersetzt wird. Für Aktiengesellschaften, die vor dem 1. Juli 1990 zur Eintragung in das Handelsregister angemeldet, aber noch nicht eingetragen worden sind, bleibt es bei den bisherigen Rechtsvorschriften über die Errichtung und Eintragung der Gesellschaft.

## § 26 c Übergangsfristen

[1]Die Vorschriften des Aktiengesetzes über Sacheinlagen und Sachübernahmen sowie über deren Prüfung in der vom 1. Juli 1979 an geltenden Fassung gelten nur für Gründungen und Kapitalerhöhungen, die nach dem 16. Juni 1980 zur Eintragung in das Handelsregister angemeldet werden. [2]Die Fristen, die in § 71 Abs. 3 Satz 2 und § 71 c des Aktiengesetzes in der vom 1. Juli 1979 an geltenden Fassung vorgesehen sind, beginnen nicht vor dem 16. Juni 1980. [3]Die nach § 150 a des Aktiengesetzes vorgeschriebene Rücklage für eigene Aktien braucht nicht vor dem 16. Juni 1980 gebildet zu werden.

## § 26 d Übergangsregelung für Verschmelzungen

Die Vorschriften des Aktiengesetzes über Verschmelzungen und Vermögensübertragungen in der vom 1. Januar 1983 an geltenden Fassung sind nicht auf Vorgänge anzuwenden, zu deren Vorbereitung bereits vor diesem Tage der Verschmelzungs- oder Übergangsvertrag beurkundet oder eine Haupt-, Gesellschafter- oder Gewerkenversammlung oder eine oberste Vertretung einberufen worden ist.

# Zweiter Abschnitt. Anwendung aktienrechtlicher Vorschriften auf Unternehmen mit anderer Rechtsform

## § 27 Entscheidung über die Zusammensetzung des Aufsichtsrats

§ 96 Abs. 2, §§ 97 bis 99 des Aktiengesetzes gelten sinngemäß für Gesellschaften mit beschränkter Haftung und bergrechtliche Gewerkschaften.

## § 28 Bergrechtliche Gewerkschaften in Konzernen

(1) Stehen in einem Konzern die Unternehmen unter der einheitlichen Leitung einer bergrechtlichen Gewerkschaft mit Sitz im Inland, so hat die bergrechtliche Gewerkschaft wie ein Mutterunternehmen (§ 290 Abs. 1 des Handelsgesetzbuchs) einen Konzernabschluß und einen Konzernlagebericht aufzustellen, durch einen Abschlußprüfer prüfen zu lassen und offenzulegen, wenn ein Tochterunternehmen, das nach § 290 Abs. 1, § 294 Abs. 1, §§ 295, 296 des Handelsgesetzbuchs in den Konzernabschluß einzubeziehen wäre, die Rechtsform einer Kapitalgesellschaft (Aktiengesellschaft, Kommanditgesellschaft auf Aktien und Gesellschaft mit beschränkter Haftung) hat.

(2) Ist die Konzernleitung nicht verpflichtet, einen Konzernabschluß und einen Konzernlagebericht aufzustellen, beherrscht sie aber über eine oder mehrere bergrechtliche Gewerkschaften mit Sitz im Inland andere Unternehmen in der Rechtsform einer Kapitalgesellschaft, so haben die bergrechtlichen Gewerkschaften, die der Konzernleitung am nächsten stehen, für ihren Konzernbereich (Teilkonzern) je einen Teilkonzernabschluß und einen Teilkonzernlagebericht aufzustellen, durch einen Abschlußprüfer prüfen zu lassen und offenzulegen.

(3) [1]Für die Aufstellung, Prüfung und Offenlegung des Konzernabschlusses und Konzernlageberichts oder des Teilkonzernabschlusses und Teilkonzernlageberichts gelten die Vorschriften § 290 Abs. 1, § 291, §§ 293 bis 315, 316 Abs. 3, §§ 317 bis 324, § 325 Abs. 3 bis 5, §§ 328, 329 des Handelsgesetzbuchs, § 337 des Aktiengesetzes, § 6 Abs. 3 Satz 1 und 4 des Gesetzes über die Rechnungslegung von bestimmten Unternehmen und Konzernen sinngemäß. [2]Die §§ 292, 330 des Handelsgesetzbuchs über den Erlaß von Rechtsverordnungen gelten auch für Konzernabschlüsse, Teilkonzernabschlüsse, Konzernlageberichte und Teilkonzernlageberichte nach Absatz 1 und 2.

(4) ¹Gesetzliche Vertreter oder Abwickler einer bergrechtlichen Gewerkschaft, die nach Absatz 1 oder 2 Rechnung zu legen hat, sind, wenn sie die Absätze 1 und 2 in Verbindung mit § 290 Abs. 1, § 320 Abs. 3, § 325 Abs. 3 des Handelsgesetzbuchs, § 337 Abs. 1 Satz 1 des Aktiengesetzes nicht befolgen, hierzu vom Registergericht durch Festsetzung von Zwangsgeld anzuhalten. ²Das einzelne Zwangsgeld darf den Betrag von zehntausend Deutsche Mark nicht übersteigen.

## Dritter Abschnitt. Aufhebung und Änderung von Gesetzen

### § 29 Aktiengesetz von 1937

(1) Das Aktiengesetz vom 30. Januar 1937 (Reichsgesetzbl. I S. 107), die drei Durchführungsverordnungen zum Aktiengesetz vom 29. September 1937 (Reichsgesetzbl. I S. 1026), vom 19. November 1937 (Reichsgesetzbl. I S. 1300) und vom 21. Dezember 1938 (Reichsgesetzbl. I S. 1839) sowie das Einführungsgesetz zum Aktiengesetz vom 30. Januar 1937 (Reichsgesetzbl. I S. 166) werden aufgehoben, soweit nicht einzelne Vorschriften nach diesem Gesetz weiter anzuwenden sind.

(2) Wo in anderen gesetzlichen Vorschriften auf die aufgehobenen Vorschriften oder auf die durch § 18 Abs. 1 des Einführungsgesetzes zum Aktiengesetz vom 30. Januar 1937 aufgehobenen Vorschriften des Handelsgesetzbuchs verwiesen ist, treten, soweit nichts anderes bestimmt ist, die entsprechenden Vorschriften des Aktiengesetzes an ihre Stelle.

### § 30 Drittes D-Markbilanzergänzungsgesetz

Artikel 5 des Dritten D-Markbilanzergänzungsgesetzes vom 21. Juni 1955 (Bundesgesetzbl. I S. 297) wird aufgehoben.

### §§ 31, 32 *(hier nicht abgedruckt)*

### § 33 Gesetz über die Kapitalerhöhung aus Gesellschaftsmitteln und über die Gewinn- und Verlustrechnung

(1) Die Vorschriften des Ersten Abschnitts des Gesetzes über die Kapitalerhöhung aus Gesellschaftsmitteln und über die Gewinn- und Verlustrechnung vom 23. Dezember 1959 (Bundesgesetzbl. I S. 789) sind auf Aktiengesellschaften und Kommanditgesellschaften auf Aktien nicht mehr anzuwenden.

(2) ¹Haben Kreditinstitute auf Grund einer Aufforderung nach § 11 Abs. 1 des Gesetzes über die Kapitalerhöhung aus Gesellschaftsmitteln und die Gewinn- und Verlustrechnung auf in ihre Sammelverwahrung genommene alte Aktien neue Aktien abgeholt und entfallen neue Aktien noch nach Ablauf eines Jahres seit der Bekanntmachung der Aufforderung zur Abholung oder, wenn diese Frist vor dem Inkrafttreten des Aktiengesetzes abgelaufen ist, noch beim Inkrafttreten des Aktiengesetzes auf Teilrechte, die nicht in einer Hand vereinigt sind und deren Berechtigte sich auch nicht zur Ausübung der Rechte zusammengeschlossen haben, so gelten diese neuen Aktien als nicht abgeholt. ²Sie sind der Gesellschaft nach Ablauf dieser Frist und, wenn die Frist beim Inkrafttreten des Aktiengesetzes bereits abgelaufen ist, unverzüglich zurückzugeben. ³Hat die Gesellschaft den Verkauf der nicht abgeholten Aktien noch nicht angedroht, so hat sie ihn unverzüglich nach der Rückgabe der Aktien anzudrohen. ⁴Für die Androhung gilt § 214 Abs. 2 Satz 2 und 3 des Aktiengesetzes. ⁵§ 214 Abs. 3 des Aktiengesetzes gilt sinngemäß; ist die Frist von einem

Jahr seit der letzten Bekanntmachung der Androhung beim Inkrafttreten des Aktiengesetzes bereits abgelaufen, so tritt an ihre Stelle eine Frist von drei Monaten seit dem Inkrafttreten des Aktiengesetzes.

(3) *(hier nicht abgedruckt)*

(4) Sind Aktien einer Gesellschaft an einer deutschen Börse zum amtlichen Handel zugelassen, so gilt die Zulassung auch für die neuen Aktien, die bei einer Kapitalerhöhung aus Gesellschaftsmitteln auf sie entfallen.

**§§ 34 bis 44** *(hier nicht abgedruckt)*

## Vierter Abschnitt. Schlußvorschriften

### § 45 Geltung in Berlin

Dieses Gesetz gilt nach Maßgabe des § 13 Abs. 1 des Dritten Überleitungsgesetzes vom 4. Januar 1952 (Bundesgesetzbl. I S. 1) auch im Land Berlin.

### § 46 Inkrafttreten

Dieses Gesetz tritt am 1. Januar 1966 in Kraft.

# 3. Gesetz betreffend die Gesellschaften mit beschränkter Haftung

**Vom 20. April 1892 (RGBl. S. 477)**

**in der Fassung der Bekanntmachung vom 20. Mai 1898 (RGBl. S. 846)**

**(BGBl. III 4123–1)**

zuletzt geändert durch Gesetz vom 12. 9. 1990 (BGBl. I S. 2002)

## Gesetzesübersicht

## Erster Abschnitt. Errichtung der Gesellschaft

### § 1 [Gesellschaftszweck]

Gesellschaften mit beschränkter Haftung können nach Maßgabe der Bestimmungen dieses Gesetzes zu jedem gesetzlich zulässigen Zweck durch eine oder mehrere Personen errichtet werden.

### § 2 [Form des Gesellschaftsvertrages]

(1) [1]Der Gesellschaftsvertrag bedarf notarieller Form. [2]Er ist von sämtlichen Gesellschaftern zu unterzeichnen.

(2) Die Unterzeichnung durch Bevollmächtigte ist nur aufgrund einer notariell errichteten oder beglaubigten Vollmacht zulässig.

### § 3 [Inhalt des Gesellschaftsvertrages]

(1) Der Gesellschaftsvertrag muß enthalten:
1. die Firma und den Sitz der Gesellschaft,
2. den Gegenstand des Unternehmens,
3. den Betrag des Stammkapitals,
4. den Betrag der von jedem Gesellschafter auf das Stammkapital zu leistenden Einlage (Stammeinlage).

(2) Soll das Unternehmen auf eine gewisse Zeit beschränkt sein oder sollen den Gesellschaftern außer der Leistung von Kapitaleinlagen noch andere Verpflichtungen gegenüber der Gesellschaft auferlegt werden, so bedüfen auch diese Bestimmungen der Aufnahme in den Gesellschaftsvertrag.

### § 4 [Firma]

(1) [1]Die Firma der Gesellschaft muß entweder von dem Gegenstand des Unternehmens entlehnt sein oder die Namen der Gesellschafter oder den Namen wenigstens eines derselben mit einem das Vorhandensein eines Gesellschaftsverhältnisses andeutenden Zusatz enthalten. [2]Die Namen anderer Personen als der Gesellschafter dürfen in die Firma nicht aufgenommen werden.

[3]Die Beibehaltung der Firma eines auf die Gesellschaft übergegangenen Geschäfts (Handelsgesetzbuch § 22) wird hierdurch nicht ausgeschlossen.

(2) Die Firma der Gesellschaft muß in allen Fällen die zusätzliche Bezeichnung „mit beschränkter Haftung" enthalten.

## § 5 [Stammkapital und Stammeinlagen]

(1) Das Stammkapital der Gesellschaft muß mindestens fünfzigtausend Deutsche Mark, die Stammeinlage jedes Gesellschafters muß mindestens fünfhundert Deutsche Mark betragen.

(2) Kein Gesellschafter kann bei Errichtung der Gesellschaft mehrere Stammeinlagen übernehmen.

(3) [1]Der Betrag der Stammeinlage kann für die einzelnen Gesellschafter verschieden bestimmt werden. [2]Er muß in Deutsche Mark durch hundert teilbar sein. [3]Der Gesamtbetrag der Stammeinlagen muß mit dem Stammkapital übereinstimmen.

(4) [1]Sollen Sacheinlagen geleistet werden, so müssen der Gegenstand der Sacheinlage und der Betrag der Stammeinlage, auf die sich die Sacheinlage bezieht, im Gesellschaftsvertrag festgesetzt werden. [2]Die Gesellschafter haben in einem Sachgründungsbericht die für die Angemessenheit der Leistungen für Sacheinlagen wesentlichen Umstände darzulegen und beim Übergang eines Unternehmens auf die Gesellschaft die Jahresergebnisse der beiden letzten Geschäftsjahre anzugeben.

## § 6 [Geschäftsführer]

(1) Die Gesellschaft muß einen oder mehrere Geschäftsführer haben.

(2) [1]Geschäftsführer kann nur eine natürliche, unbeschränkt geschäftsfähige Person sein. [2]*Ein Betreuter, der bei der Besorgung seiner Vermögensangelegenheiten ganz oder teilweise einem Einwilligungsvorbehalt (§ 1903 des Bürgerlichen Gesetzbuchs) unterliegt, kann nicht Geschäftsführer sein.** [3]Wer wegen einer Straftat nach den §§ 283 bis 283 d des Strafgesetzbuchs verurteilt worden ist, kann auf die Dauer von fünf Jahren seit der Rechtskraft des Urteils nicht Geschäftsführer sein; in die Frist wird die Zeit nicht eingerechnet, in welcher der Täter auf behördliche Anordnung in eine Anstalt verwahrt worden ist. [4]Wem durch gerichtliches Urteil oder durch vollziehbare Entscheidung einer Verwaltungsbehörde die Ausübung eines Berufs, Berufszweiges, Gewerbes oder Gewerbezweiges untersagt worden ist, kann für die Zeit, für welche das Verbot wirksam ist, bei einer Gesellschaft, deren Unternehmensgegenstand ganz oder teilweise mit dem Gegenstand des Verbots übereinstimmt, nicht Geschäftsführer sein.

(3) [1]Zu Geschäftsführern können Gesellschafter oder andere Personen bestellt werden. [2]Die Bestellung erfolgt entweder im Gesellschaftsvertrag oder nach Maßgabe der Bestimmungen des dritten Abschnitts.

(4) Ist im Gesellschaftsvertrag bestimmt, daß sämtliche Gesellschafter zur Geschäftsführung berechtigt sein sollen, so gelten nur die der Gesellschaft bei Festsetzung dieser Bestimmung angehörenden Personen als die bestellten Geschäftsführer.

---

\* § 6 Abs. 2 Satz 2 tritt am 1. Jan. 1992 in Kraft.

## § 7 [Anmeldung zum Handelsregister]

(1) Die Gesellschaft ist bei dem Gericht, in dessen Bezirk sie ihren Sitz hat, zur Eintragung in das Handelsregister anzumelden.

(2) [1]Die Anmeldung darf erst erfolgen, wenn auf jede Stammeinlage, soweit nicht Sacheinlagen vereinbart sind, ein Viertel eingezahlt ist. [2]Insgesamt muß auf das Stammkapital mindestens soviel eingezahlt sein, daß der Gesamtbetrag der eingezahlten Geldeinlagen zuzüglich des Gesamtbetrags der Stammeinlagen, für die Sacheinlagen zu leisten sind, fünfundzwanzigtausend Deutsche Mark erreicht. [3]Wird die Gesellschaft nur durch eine Person errichtet, so darf die Anmeldung erst erfolgen, wenn mindestens die nach den Sätzen 1 und 2 vorgeschriebenen Einzahlungen geleistet sind und der Gesellschafter für den übrigen Teil der Geldeinlage eine Sicherung bestellt hat.

(3) Die Sacheinlagen sind vor der Anmeldung der Gesellschaft zur Eintragung in das Handelsregister so an die Gesellschaft zu bewirken, daß sie endgültig zur freien Verfügung der Geschäftsführer stehen.

## § 8 [Anlagen zur Anmeldung]

(1) Der Anmeldung müssen beigefügt sein:
1. der Gesellschaftsvertrag und im Fall des § 2 Abs. 2 die Vollmachten der Vertreter, welche den Gesellschaftsvertrag unterzeichnet haben, oder eine beglaubigte Abschrift dieser Urkunden,
2. die Legitimation der Geschäftsführer, sofern dieselben nicht im Gesellschaftsvertrag bestellt sind,
3. eine von den Anmeldenden unterschriebene Liste der Gesellschafter, aus welcher Name, Vorname, Stand und Wohnort der letzteren sowie der Betrag der von einem jeden derselben übernommenen Stammeinlage ersichtlich ist,
4. im Fall des § 5 Abs. 4 die Verträge, die den Festsetzungen zugrunde liegen oder zu ihrer Ausführung geschlossen worden sind, und der Sachgründungsbericht,
5. wenn Sacheinlagen vereinbart sind, Unterlagen darüber, daß der Wert der Sacheinlagen den Betrag der dafür übernommenen Stammeinlagen erreicht,
6. in dem Fall, daß der Gegenstand des Unternehmens der staatlichen Genehmigung bedarf, die Genehmigungsurkunde.

(2) [1]In der Anmeldung ist die Versicherung abzugeben, daß die in § 7 Abs. 2 und 3 bezeichneten Leistungen auf die Stammeinlagen bewirkt sind und daß der Gegenstand der Leistungen sich endgültig in der freien Verfügung der Geschäftsführer befindet. [2]Wird die Gesellschaft nur durch eine Person errichtet und die Geldeinlage nicht voll eingezahlt, so ist auch zu versichern, daß die nach § 7 Abs. 2 Satz 3 erforderliche Sicherung bestellt ist.

(3) [1]In der Anmeldung haben die Geschäftsführer zu versichern, daß keine Umstände vorliegen, die ihrer Bestellung nach § 6 Abs. 2 Satz *2 und 3\** entgegenstehen, und daß sie über ihre unbeschränkte Auskunftspflicht gegenüber dem Gericht belehrt worden sind. [2]Die Belehrung nach § 51 Abs. 2 des Gesetzes über das Zentralregister und das Erziehungsregister in der Fassung der Bekanntmachung vom 22. Juli 1976 (BGBl. I S. 2005) kann auch durch einen Notar vorgenommen werden.

(4) In der Anmeldung ist ferner anzugeben, welche Vertretungsbefugnis die Geschäftsführer haben.

---

\* Ab 1. Jan. 1992: Satz 3 und 4.

(5) Die Geschäftsführer haben ihre Unterschrift zur Aufbewahrung bei dem Gericht zu zeichnen.

## § 9 [Differenzhaftung bei Sacheinlagen]

(1) Erreicht der Wert einer Sacheinlage im Zeitpunkt der Anmeldung der Gesellschaft zur Eintragung in das Handelsregister nicht den Betrag der dafür übernommenen Stammeinlage, hat der Gesellschafter in Höhe des Fehlbetrages eine Einlage in Geld zu leisten.

(2) Der Anspruch der Gesellschaft verjährt in fünf Jahren seit der Eintragung der Gesellschaft in das Handelsregister.

## § 9 a [Haftung für falsche Angaben]

(1) Werden zum Zweck der Errichtung der Gesellschaft falsche Angaben gemacht, so haben die Gesellschafter und Geschäftsführer der Gesellschaft als Gesamtschuldner fehlende Einzahlungen zu leisten, eine Vergütung, die nicht unter den Gründungsaufwand aufgenommen ist, zu ersetzen und für den sonst entstehenden Schaden Ersatz zu leisten.

(2) Wird die Gesellschaft von Gesellschaftern durch Einlagen oder Gründungsaufwand vorsätzlich oder aus grober Fahrlässigkeit geschädigt, so sind ihr alle Gesellschafter als Gesamtschuldner zum Ersatz verpflichtet.

(3) Von diesen Verpflichtungen ist ein Gesellschafter oder ein Geschäftsführer befreit, wenn er die die Ersatzpflicht begründenden Tatsachen weder kannte noch bei Anwendung der Sorgfalt eines ordentlichen Geschäftsmannes kennen mußte.

(4) [1]Neben den Gesellschaftern sind in gleicher Weise Personen verantwortlich, für deren Rechnung die Gesellschafter Stammeinlagen übernommen haben. [2]Sie können sich auf ihre eigene Unkenntnis nicht wegen solcher Umstände berufen, die ein für ihre Rechnung handelnder Gesellschafter kannte oder bei Anwendung der Sorgfalt eines ordentlichen Geschäftsmannes kennen mußte.

## § 9 b [Verzicht, Vergleich, Verjährung]

(1) [1]Ein Verzicht der Gesellschaft auf Ersatzansprüche nach § 9 a oder ein Vergleich der Gesellschaft über diese Ansprüche ist unwirksam, soweit der Ersatz zur Befriedigung der Gläubiger der Gesellschaft erforderlich ist. [2]Dies gilt nicht, wenn der Ersatzpflichtige zahlungsunfähig ist und sich zur Abwendung oder Beseitigung des Konkursverfahrens mit seinen Gläubigern vergleicht.

(2) [1]Ersatzansprüche der Gesellschaft nach § 9 a verjähren in fünf Jahren. [2]Die Verjährung beginnt mit der Eintragung der Gesellschaft in das Handelsregister oder, wenn die zum Ersatz verpflichtende Handlung später begangen worden ist, mit der Vornahme der Handlung.

## § 9 c [Prüfung durch das Gericht]

[1]Ist die Gesellschaft nicht ordnungsgemäß errichtet und angemeldet, so hat das Gericht die Eintragung abzulehnen. [2]Dies gilt auch, wenn Sacheinlagen überbewertet worden sind.

## § 10 [Eintragung der GmbH]

(1) [1]Bei der Eintragung in das Handelsregister sind die Firma und der Sitz der Gesellschaft, der Gegenstand des Unternehmens, die Höhe des Stammkapitals, der Tag des Abschlusses des Gesellschaftsvertrages und die Personen

der Geschäftsführer anzugeben. [2]Ferner ist einzutragen, welche Vertretungsbefugnis die Geschäftsführer haben.

(2) Enthält der Gesellschaftsvertrag eine Bestimmung über die Zeitdauer der Gesellschaft, so ist auch diese Bestimmung einzutragen.

(3) In die Veröffentlichung, durch welche die Eintragung bekanntgemacht wird, sind außer dem Inhalt der Eintragung die nach § 5 Abs. 4 Satz 1 getroffenen Festsetzungen und, sofern der Gesellschaftsvertrag besondere Bestimmungen über die Form enthält, in welcher öffentliche Bekanntmachung der Gesellschaft erlassen werden, auch diese Bestimmungen aufzunehmen.

## § 11 [Rechtslage vor der Eintragung]

(1) Vor der Eintragung in das Handelsregister des Sitzes der Gesellschaft besteht die Gesellschaft mit beschränkter Haftung als solche nicht.

(2) Ist vor der Eintragung im Namen der Gesellschaft gehandelt worden, so haften die Handelnden persönlich und solidarisch.

## § 12 [Zweigniederlassung]

(1) [1]Auf die Anmeldung der Errichtung einer Zweigniederlassung finden die Bestimmungen in § 8 Abs. 1 und 2 keine Anwendung. [2]Der Anmeldung ist eine Abschrift des Gesellschaftsvertrages und der Liste der Gesellschafter beizufügen. [3]Das Gericht des Sitzes hat vor Weitergabe der Anmeldung die bei ihm eingereichte Abschrift des Gesellschaftsvertrages und de Liste der Gesellschafter zu beglaubigen.

(2) [1]Die Eintragung hat die in § 10 Abs. 1 und 2 bezeichneten Angaben zu enthalten. [2]In die Veröffentlichung, durch welche die Eintragung bekanntgemacht wird, sind auch die in § 10 Abs. 3 bezeichneten Bestimmungen aufzunehmen, die nach § 5 Abs. 4 Satz 1 getroffenen Festsetzungen jedoch nur dann, wenn die Eintragung innerhalb der ersten zwei Jahre nach der Eintragung in das Handelsregister des Sitzes der Gesellschaft erfolgt.

# Zweiter Abschnitt. Rechtsverhältnisse der Gesellschaft und der Gesellschafter

## § 13 [Rechtsnatur der GmbH]

(1) Die Gesellschaft mit beschränkter Haftung als solche hat selbständig ihre Rechte und Pflichten; sie kann Eigentum und andere dingliche Rechte an Grundstücken erwerben, vor Gericht klagen und verklagt werden.

(2) Für die Verbindlichkeiten der Gesellschaft haftet den Gläubigern derselben nur das Gesellschaftsvermögen.

(3) Die Gesellschaft gilt als Handelsgesellschaft im Sinne des Handelsgesetzbuchs.

## § 14 [Geschäftsanteil]

Der Geschäftsanteil jedes Gesellschafters bestimmt sich nach dem Betrage der von ihm übernommenen Stammeinlage.

## § 15 [Übertragung des Geschäftsanteils]

(1) Die Geschäftsanteile sind veräußerlich und vererblich.

(2) Erwirbt ein Gesellschafter zu seinem ursprünglichen Geschäftsanteil weitere Geschäftsanteile, so behalten dieselben ihre Selbständigkeit.

(3) Zur Abtretung von Geschäftsanteilen durch Gesellschafter bedarf es eines in notarieller Form geschlossenen Vertrages.

(4) ¹Der notariellen Form bedarf auch eine Vereinbarung, durch welche die Verpflichtung eines Gesellschafters zur Abtretung eines Geschäftsanteils begründet wird. ²Eine ohne diese Form getroffene Vereinbarung wird jedoch durch den nach Maßgabe des vorigen Absatzes geschlossenen Abtretungsvertrags gültig.

(5) Durch den Gesellschaftsvertrag kann die Abtretung der Geschäftsanteile an weitere Voraussetzungen geknüpft, insbesondere von der Genehmigung der Gesellschaft abhängig gemacht werden.

## § 16 [Veräußerer und Erwerber gegenüber der GmbH]

(1) Der Gesellschaft gegenüber gilt im Fall der Veräußerung des Geschäftsanteils nur derjenige als Erwerber, dessen Erwerb unter Nachweis des Übergangs bei der Gesellschaft angemeldet ist.

(2) Die vor der Anmeldung von der Gesellschaft gegenüber dem Veräußerer oder von dem letzteren gegenüber der Gesellschaft in bezug auf das Gesellschaftsverhältnis vorgenommenen Rechtshandlungen muß der Erwerber gegen sich gelten lassen.

(3) Für die zur Zeit der Anmeldung auf den Geschäftsanteil rückständigen Leistungen ist der Erwerber neben dem Veräußerer verhaftet.

## § 17 [Veräußerung von Teilen eines Geschäftsanteils]

(1) Die Veräußerung von Teilen eines Geschäftsanteils kann nur mit Genehmigung der Gesellschaft stattfinden.

(2) Die Genehmigung bedarf der schriftlichen Form; sie muß die Person des Erwerbers und den Betrag bezeichnen, welcher von der Stammeinlage des ungeteilten Geschäftsanteils auf jeden der durch die Teilung entstehenden Geschäftsanteile entfällt.

(3) Im Gesellschaftsvertrag kann bestimmt werden, daß für die Veräußerung von Teilen eines Geschäftsanteils an andere Gesellschafter, sowie für die Teilung von Geschäftsanteilen verstorbener Gesellschafter unter deren Erben eine Genehmigung der Gesellschaft nicht erforderlich ist.

(4) Die Bestimmungen in § 5 Abs. 1 und 3 über den Betrag der Stammeinlagen finden bei der Teilung von Geschäftsanteilen entsprechende Anwendung.

(5) Eine gleichzeitige Übertragung mehrerer Teile von Geschäftsanteilen eines Gesellschafters an denselben Erwerber ist unzulässig.

(6) ¹Außer dem Fall der Veräußerung und Vererbung findet eine Teilung von Geschäftsanteilen nicht statt. ²Sie kann im Gesellschaftsvertrag auch für diese Fälle ausgeschlossen werden.

## § 18 [Mitberechtigung am Geschäftsanteil]

(1) Steht ein Geschäftsanteil mehreren Mitberechtigten ungeteilt zu, so können sie die Rechte aus demselben nur gemeinschaftlich ausüben.

(2) Für die auf den Geschäftsanteil zu bewirkenden Leistungen haften sie der Gesellschaft solidarisch.

(3) ¹Rechtshandlungen, welche die Gesellschaft gegenüber dem Inhaber des Anteils vorzunehmen hat, sind, sofern nicht ein gemeinsamer Vertreter der Mitberechtigten vorhanden ist, wirksam, wenn sie auch nur gegenüber einem Mitberechtigten vorgenommen werden. ²Gegenüber mehreren Erben eines

Gesellschafters findet diese Bestimmung nur in bezug auf Rechtshandlungen Anwendung, welche nach Ablauf eines Monats seit dem Anfall der Erbschaft vorgenommen werden.

## § 19 [Leistungen auf die Stammeinlage]

(1) Die Einzahlungen auf die Stammeinlagen sind nach dem Verhältnis der Geldeinlagen zu leisten.

(2) ¹Von der Verpflichtung zur Leistung der Einlagen können die Gesellschafter nicht befreit werden. ²Gegen den Anspruch der Gesellschaft ist die Aufrechnung nicht zulässig. ³An dem Gegenstand einer Sacheinlage kann wegen Forderungen, welche sich nicht auf den Gegenstand beziehen, kein Zurückbehaltungsrecht geltend gemacht werden.

(3) Durch eine Kapitalherabsetzung können die Gesellschafter von der Verpflichtung zur Leistung von Einlagen höchstens in Höhe des Betrags befreit werden, um den das Stammkapital herabgesetzt worden ist.

(4) ¹Vereinigen sich innerhalb von drei Jahren nach der Eintragung der Gesellschaft in das Handelsregister alle Geschäftsanteile in der Hand eines Gesellschafters oder daneben in der Hand der Gesellschaft, so hat der Gesellschafter innerhalb von drei Monaten seit der Vereinigung der Geschäftsanteile alle Geldeinlagen voll einzuzahlen oder der Gesellschaft für die Zahlung der noch ausstehenden Beträge eine Sicherung zu bestellen oder einen Teil der Geschäftsanteile an einen Dritten zu übertragen. ²Die Geschäftsführer haben die Vereinigung der Geschäftsanteile unverzüglich zum Handelsregister anzuzeigen.

(5) Eine Leistung auf die Stammeinlage, welche nicht in Geld besteht oder welche durch Aufrechnung einer für die Überlassung von Vermögensgegenständen zu gewährenden Vergütung bewirkt wird, befreit den Gesellschafter von seiner Verpflichtung nur, soweit sie in Ausführung einer nach § 5 Abs. 4 Satz 1 getroffenen Bestimmung erfolgt.

## § 20 [Verzugszinsen]

Ein Gesellschafter, welcher den auf die Stammeinlage eingeforderten Betrag nicht zur rechten Zeit einzahlt, ist zur Entrichtung von Verzugszinsen von Rechts wegen verpflichtet.

## § 21 [Ausschluß säumiger Gesellschafter]

(1) ¹Im Fall verzögerter Einzahlung kann an den säumigen Gesellschafter eine erneute Aufforderung zur Zahlung binnen einer zu bestimmenden Nachfrist unter Androhung seines Ausschlusses mit dem Geschäftsanteil, auf welchen die Zahlung zu erfolgen hat, erlassen werden. ²Die Aufforderung erfolgt mittels eingeschriebenen Briefes. ³Die Nachfrist muß mindestens einen Monat betragen.

(2) ¹Nach fruchtlosem Ablauf der Frist ist der säumige Gesellschafter seines Geschäftsanteils und der geleisteten Teilzahlungen zugunsten der Gesellschaft verlustig zu erklären. ²Die Erklärung erfolgt mittels eingeschriebenen Briefes.

(3) Wegen des Ausfalls, welchen die Gesellschaft an dem rückständigen Betrag oder den später auf den Geschäftsanteil eingeforderten Beträgen der Stammeinlage erleidet, bleibt ihr der ausgeschlossene Gesellschafter verhaftet.

## § 22 [Haftung der Rechtsvorgänger]

(1) Wegen des von dem ausgeschlossenen Gesellschafter nicht bezahlten Betrages der Stammeinlage ist der Gesellschaft der letzte und jeder frühere, bei der Gesellschaft angemeldete Rechtsvorgänger des Ausgeschlossenen verhaftet.

(2) Ein früherer Rechtsvorgänger haftet nur, soweit die Zahlung von dessen Rechtsnachfolger nicht zu erlangen ist; dies ist bis zum Beweis des Gegenteils anzunehmen, wenn der letztere die Zahlung nicht bis zum Ablauf eines Monats geleistet hat, nachdem an ihn die Zahlungsaufforderung und an den Rechtsvorgänger die Benachrichtigung von derselben erfolgt ist.

(3) [1]Die Haftpflicht des Rechtsvorgängers ist auf die innerhalb der Frist von fünf Jahren auf die Stammeinlage eingeforderten Einzahlungen beschränkt. [2]Die Frist beginnt mit dem Tage, an welchem der Übergang des Geschäftsanteils auf den Rechtsnachfolger ordnungsgemäß angemeldet ist.

(4) Der Rechtsvorgänger erwirbt gegen Zahlung des rückständigen Betrages den Geschäftsanteil des ausgeschlossenen Gesellschafters.

## § 23 [Versteigerung des Anteils]

[1]Ist die Zahlung des rückständigen Betrages von Rechtsvorgängern nicht zu erlangen, so kann die Gesellschaft den Geschäftsanteil im Wege öffentlicher Versteigerung verkaufen lassen. [2]Eine andere Art des Verkaufs ist nur mit Zustimmung des ausgeschlossenen Gesellschafters zulässig.

## § 24 [Gesamthaftung der Gesellschafter]

[1]Soweit eine Stammeinlage weder von den Zahlungspflichtigen eingezogen, noch durch Verkauf des Geschäftsanteils gedeckt werden kann, haben die übrigen Gesellschafter den Fehlbetrag nach Verhältnis ihrer Geschäftsanteile aufzubringen. [2]Beiträge, welche von einzelnen Gesellschaftern nicht zu erlangen sind, werden nach dem bezeichneten Verhältnis auf die übrigen verteilt.

## § 25 [Zwingendes Recht]

Von den in den §§ 21 bis 24 bezeichneten Rechtsfolgen können die Gesellschafter nicht befreit werden.

## § 26 [Nachschuß]

(1) Im Gesellschaftsvertrag kann bestimmt werden, daß die Gesellschafter über den Betrag der Stammeinlagen hinaus die Einforderung von weiteren Einzahlungen (Nachschüssen) beschließen können.

(2) Die Einzahlung der Nachschüsse hat nach Verhältnis der Geschäftsanteile zu erfolgen.

(3) Die Nachschußpflicht kann im Gesellschaftsvertrag auf einen bestimmten, nach Verhältnis der Geschäftsanteile festzusetzenden Betrag beschränkt werden.

## § 27 [Unbeschränkter Nachschuß]

(1) [1]Ist die Nachschußpflicht nicht auf einen bestimmten Betrag beschränkt, so hat jeder Gesellschafter, falls er die Stammeinlage vollständig eingezahlt hat, das Recht, sich von der Zahlung des auf den Geschäftsanteil eingeforderten Nachschusses dadurch zu befreien, daß er innerhalb eines Monats nach der Aufforderung zur Einzahlung den Geschäftsanteil der Gesellschaft zur Befriedigung aus demselben zur Verfügung stellt. [2]Ebenso kann die

Gesellschaft, wenn der Gesellschafter binnen der angegebenen Frist weder von der bezeichneten Befugnis Gebrauch macht, noch die Einzahlung leistet, demselben mittels eingeschriebenen Briefes erklären, daß sie den Geschäftsanteil als zur Verfügung gestellt betrachte.

(2) ¹Die Gesellschaft hat den Geschäftsanteil innerhalb eines Monats nach der Erklärung des Gesellschafters oder der Gesellschaft im Wege öffentlicher Versteigerung verkaufen zu lassen. ²Eine andere Art des Verkaufs ist nur mit Zustimmung des Gesellschafters zulässig. ³Ein nach Deckung der Verkaufskosten und des rückständigen Nachschusses verbleibender Überschuß gebührt dem Gesellschafter.

(3)¹ Ist die Befriedigung der Gesellschaft durch den Verkauf nicht zu erlangen, so fällt der Geschäftsanteil der Gesellschaft zu. ²Dieselbe ist befugt, den Anteil für eigene Rechnung zu veräußern.

(4) Im Gesellschaftsvertrag kann die Anwendung der vorstehenden Bestimmungen auf den Fall beschränkt werden, daß die auf den Geschäftsanteil eingeforderten Nachschüsse einen bestimmten Betrag überschreiten.

## § 28 [Beschränkter Nachschuß]

(1) ¹Ist die Nachschußpflicht auf einen bestimmten Betrag beschränkt, so finden, wenn im Gesellschaftsvertrag nicht ein anderes festgesetzt ist, im Fall verzögerter Einzahlung von Nachschüssen, die auf die Einzahlung der Stammeinlagen bezüglichen Vorschriften der §§ 21 bis 23 entsprechende Anwendung. ²Das gleiche gilt im Fall des § 27 Abs. 4 auch bei unbeschränkter Nachschußpflicht, soweit die Nachschüsse den im Gesellschaftsvertrag festgesetzten Betrag nicht überschreiten.

(2) Im Gesellschaftsvertrag kann bestimmt werden, daß die Einforderung von Nachschüssen, auf deren Zahlung die Vorschriften der §§ 21 bis 23 Anwendung finden, schon vor vollständiger Einforderung der Stammeinlagen zulässig ist.

## § 29 [Gewinnverteilung]

(1) ¹Die Gesellschafter haben Anspruch auf den Jahresüberschuß zuzüglich eines Gewinnvortrags und abzüglich eines Verlustvortrags, soweit der sich ergebende Betrag nicht nach Gesetz oder Gesellschaftsvertrag, durch Beschluß nach Absatz 2 oder als zusätzlicher Aufwand aufgrund des Beschlusses über die Verwendung des Ergebnisses von der Verteilung unter die Gesellschafter ausgeschlossen ist. ²Wird die Bilanz unter Berücksichtigung der teilweisen Ergebnisverwendung aufgestellt oder werden Rücklagen aufgelöst, so haben die Gesellschafter abweichend von Satz 1 Anspruch auf den Bilanzgewinn.

(2) Im Beschluß über die Verwendung des Ergebnisses können die Gesellschafter, wenn der Gesellschaftsvertrag nichts anderes bestimmt, Beträge in Gewinnrücklagen einstellen oder als Gewinn vortragen.

(3) ¹Die Verteilung erfolgt nach Verhältnis der Geschäftsanteile. ²Im Gesellschaftsvertrag kann ein anderer Maßstab der Verteilung festgesetzt werden.

(4) ¹Unbeschadet der Absätze 1 und 2 und abweichender Gewinnverteilungsabreden nach Absatz 3 Satz 2 können die Geschäftsführer mit Zustimmung des Aufsichtsrats oder der Gesellschafter den Eigenkapitalanteil von Wertaufholungen bei Vermögensgegenständen des Anlage- und Umlaufvermögens und von bei der steuerrechtlichen Gewinnermittlung gebildeten Pas-

sivposten, die nicht im Sonderposten mit Rücklageanteil ausgewiesen werden dürfen, in andere Gewinnrücklagen einstellen. [2]Der Betrag dieser Rücklagen ist entweder in der Bilanz gesondert auszuweisen oder im Anhang anzugeben.

## § 30 [Erhaltung des Stammkapitals]

(1) Das zur Erhaltung des Stammkapitals erforderliche Vermögen der Gesellschaft darf an die Gesellschafter nicht ausgezahlt werden.

(2) [1]Eingezahlte Nachschüsse können, soweit sie nicht zur Deckung eines Verlustes am Stammkapital erforderlich sind, an die Gesellschafter zurückgezahlt werden. [2]Die Zurückzahlung darf nicht vor Ablauf von drei Monaten erfolgen, nachdem der Rückzahlungsbeschluß durch die im Gesellschaftsvertrag für die Bekanntmachung der Gesellschaft bestimmten öffentlichen Blätter und in Ermangelung solcher durch die für die Bekanntmachungen aus dem Handelsregister bestimmten öffentlichen Blätter bekanntgemacht ist. [3]Im Fall des § 28 Abs. 2 ist die Zurückzahlung von Nachschüssen vor der Volleinzahlung des Stammkapitals unzulässig. [4]Zurückgezahlte Nachschüsse gelten als nicht eingezogen.

## § 31 [Erstattung bei Verstoß gegen § 30]

(1) Zahlungen, welche den Vorschriften des § 30 zuwider geleistet sind, müssen der Gesellschaft erstattet werden.

(2) War der Empfänger in gutem Glauben, so kann die Erstattung nur insoweit verlangt werden, als sie zur Befriedigung der Gesellschaftsgläubiger erforderlich ist.

(3) [1]Ist die Erstattung von dem Empfänger nicht zu erlangen, so haften für den zu erstattenden Betrag, soweit er zur Befriedigung der Gesellschaftsgläubiger erforderlich ist, die übrigen Gesellschafter nach Verhältnis ihrer Geschäftsanteile. [2]Beiträge, welche von einzelnen Gesellschaftern nicht zu erlangen sind, werden nach dem bezeichneten Verhältnis auf die übrigen verteilt.

(4) Zahlungen, welche aufgrund der vorstehenden Bestimmungen zu leisten sind, können den Verpflichteten nicht erlassen werden.

(5) [1]Die Ansprüche der Gesellschaft verjähren in fünf Jahren; die Verjährung beginnt mit dem Ablauf des Tages, an welchem die Zahlung, deren Erstattung beansprucht wird, geleistet ist. [2]Fällt dem Verpflichteten eine bösliche Handlungsweise zur Last, so findet die Bestimmung keine Anwendung.

(6) Für die in den Fällen des Absatzes 3 geleistete Erstattung einer Zahlung sind den Gesellschaftern die Geschäftsführer, welchen in betreff der geleisteten Zahlung ein Verschulden zur Last fällt, solidarisch zum Ersatz verpflichtet.

## § 32 [Rückzahlung von Gewinn]

Liegt die in § 31 Abs. 1 bezeichnete Voraussetzung nicht vor, so sind die Gesellschafter in keinem Fall verpflichtet, Beträge, welche sie in gutem Glauben als Gewinnanteile bezogen haben, zurückzuzahlen.

## § 32 a [Gesellschafterdarlehen]

(1) [1]Hat ein Gesellschafter der Gesellschaft in einem Zeitpunkt, in dem ihr die Gesellschafter als ordentliche Kaufleute Eigenkapital zugeführt hätten, statt dessen ein Darlehen gewährt, so kann er den Anspruch auf Rückgewähr des Darlehens im Konkurs über das Vermögen der Gesellschaft oder im Vergleichsverfahren zur Abwendung des Konkurses nicht geltend machen. [2]Ein

Zwangsvergleich oder ein im Vergleichsverfahren geschlossener Vergleich wirkt für und gegen die Forderung des Gesellschafters.

(2) Hat ein Dritter der Gesellschaft in einem Zeitpunkt, in dem ihr die Gesellschafter als ordentliche Kaufleute Eigenkapital zugeführt hätten, statt dessen ein Darlehen gewährt und hat ihm ein Gesellschafter für die Rückgewähr des Darlehens eine Sicherung bestellt oder hat er sich dafür verbürgt, so kann der Dritte im Konkursverfahren oder im Vergleichsverfahren zur Abwendung des Konkurses über das Vermögen der Gesellschaft nur für den Betrag verhältnismäßige Befriedigung verlangen, mit dem er bei der Inanspruchnahme der Sicherung oder des Bürgen ausgefallen ist.

(3) Diese Vorschriften gelten sinngemäß für andere Rechtshandlungen eines Gesellschafters oder eines Dritten, die der Darlehensgewährung nach Absatz 1 oder 2 wirtschaftlich entsprechen.

## § 32 b [Darlehensrückzahlung vor Konkurseröffnung]

[1]Hat die Gesellschaft im Fall des § 32 a Abs. 2, 3 das Darlehen im letzten Jahr vor der Konkurseröffnung zurückgezahlt, so hat der Gesellschafter, der die Sicherung bestellt hatte oder als Bürge haftete, der Gesellschaft den zurückgezahlten Betrag zu erstatten. [2]Die Verpflichtung besteht nur bis zur Höhe des Betrags, mit dem der Gesellschafter als Bürge haftete oder der dem Wert der von ihm bestellten Sicherung im Zeitpunkt der Rückzahlung des Darlehens entspricht. [3]Der Gesellschafter wird von der Verpflichtung frei, wenn er die Gegenstände, die dem Gläubiger als Sicherung gedient hatten, der Gesellschaft zu ihrer Befriedigung zur Verfügung stellt. [4]Diese Vorschriften gelten sinngemäß für andere Rechtshandlungen, die der Darlehensgewährung wirtschaftlich entsprechen.

## § 33 [Eigene Geschäftsanteile]

(1) Die Gesellschaft kann eigene Geschäftsanteile, auf welche die Einlagen noch nicht vollständig geleistet sind, nicht erwerben oder als Pfand nehmen.

(2) [1]Eigene Geschäftsanteile, auf welche die Einlagen vollständig geleistet sind, darf sie nur erwerben, sofern der Erwerb aus dem über den Betrag des Stammkapitals hinaus vorhandenen Vermögen geschehen und die Gesellschaft die nach § 272 Abs. 4 des Handelsgesetzbuchs vorgeschriebene Rücklage für eigene Anteile bilden kann, ohne das Stammkapital oder eine nach dem Gesellschaftsvertrag zu bildende Rücklage zu mindern, die nicht zu Zahlungen an die Gesellschafter verwandt werden darf. [2]Als Pfand nehmen darf sie solche Geschäftsanteile nur, soweit der Gesamtbetrag der durch Inpfandnahme eigener Geschäftsanteile gesicherten Forderungen oder, wenn der Wert der als Pfand genommenen Geschäftsanteile niedriger ist, dieser Betrag nicht höher ist als das über das Stammkapital hinaus vorhandene Vermögen. [3]Ein Verstoß gegen die Sätze 1 und 2 macht den Erwerb oder die Inpfandnahme der Geschäftsanteile nicht unwirksam; jedoch ist das schuldrechtliche Geschäft über einen verbotswidrigen Erwerb oder eine verbotswidrige Inpfandnahme nichtig.

## § 34 [Einziehung von Geschäftsanteilen]

(1) Die Einziehung (Amortisation) von Geschäftsanteilen darf nur erfolgen, soweit sie im Gesellschaftsvertrag zugelassen ist.

(2) Ohne die Zustimmung des Anteilsberechtigten findet die Einziehung nur statt, wenn die Voraussetzung derselben vor dem Zeitpunkt, in welchem

der Berechtigte den Geschäftsanteil erworben hat, im Gesellschaftsvertrag festgesetzt waren.

(3) Die Bestimmung in § 30 Abs. 1 bleibt unberührt.

# Dritter Abschnitt. Vertretung und Geschäftsführung

## § 35 [Vertretung]

(1) Die Gesellschaft wird durch die Geschäftsführer gerichtlich und außergerichtlich vertreten.

(2) [1]Dieselben haben in der durch den Gesellschaftsvertrag bestimmten Form ihre Willenserklärungen kundzugeben und für die Gesellschaft zu zeichnen. [2]Ist nichts darüber bestimmt, so muß die Erklärung und Zeichnung durch sämtliche Geschäftsführer erfolgen. [3]Ist der Gesellschaft gegenüber eine Willenserklärung abzugeben, so genügt es, wenn dieselbe an einen der Geschäftsführer erfolgt.

(3) Die Zeichnung geschieht in der Weise, daß die Zeichnenden zu der Firma der Gesellschaft ihre Namensunterschrift beifügen.

(4) Befinden sich alle Geschäftsanteile der Gesellschaft in der Hand eines Gesellschafters oder daneben in der Hand der Gesellschaft und ist er zugleich deren alleiniger Geschäftsführer, so ist auf seine Rechtsgeschäfte mit der Gesellschaft § 181 des Bürgerlichen Gesetzbuchs anzuwenden.

## § 35a [Notwendige Angaben auf Geschäftsbriefen]

(1) [1]Auf allen Geschäftsbriefen, die an einen bestimmten Empfänger gerichtet werden, müssen die Rechtsform und der Sitz der Gesellschaft, das Registergericht des Sitzes der Gesellschaft und die Nummer, unter der die Gesellschaft in das Handelsregister eingetragen ist, sowie alle Geschäftsführer und, sofern die Gesellschaft einen Aufsichtsrat gebildet und dieser einen Vorsitzenden hat, der Vorsitzende des Aufsichtsrats mit dem Familiennamen und mindestens einem ausgeschriebenen Vornamen angegeben werden. [2]Werden Angaben über das Kapital der Gesellschaft gemacht, so müssen in jedem Falle das Stammkapital sowie, wenn nicht alle in Geld zu leistenden Einlagen eingezahlt sind, der Gesamtbetrag der ausstehenden Einlagen angegeben werden.

(2) Der Angaben nach Absatz 1 Satz 1 bedarf es nicht bei Mitteilungen oder Berichten, die im Rahmen einer bestehenden Geschäftsverbindung ergehen und für die üblicherweise Vordrucke verwendet werden, in denen lediglich die im Einzelfall erforderlichen besonderen Angaben eingefügt zu werden brauchen.

(3) [1]Bestellscheine gelten als Geschäftsbriefe im Sinne des Absatzes 1. [2]Absatz 2 ist auf sie nicht anzuwenden.

## § 36 [Wirkung der Vertretung]

Die Gesellschaft wird durch die in ihrem Namen von den Geschäftsführern vorgenommenen Rechtsgeschäfte berechtigt und verpflichtet; es ist gleichgültig, ob das Geschäft ausdrücklich im Namen der Gesellschaft vorgenommen worden ist, oder ob die Umstände ergeben, daß es nach dem Willen der Beteiligten für die Gesellschaft vorgenommen werden sollte.

## § 37 [Beschränkung der Vertretungsbefugnis]

(1) Die Geschäftsführer sind der Gesellschaft gegenüber verpflichtet, die Beschränkungen einzuhalten, welche für den Umfang ihrer Befugnis, die Ge-

sellschaft zu vertreten, durch den Gesellschaftsvertrag oder, soweit dieser nicht ein anderes bestimmt, durch die Beschlüsse der Gesellschafter festgesetzt sind.

(2) [1]Gegen dritte Personen hat eine Beschränkung der Befugnis der Geschäftsführer, die Gesellschaft zu vertreten, keine rechtliche Wirkung. [2]Dies gilt insbesondere für den Fall, daß die Vertretung sich nur auf gewisse Geschäfte oder Arten von Geschäften erstrecken oder nur unter gewissen Umständen oder für eine gewisse Zeit oder an einzelnen Orten stattfinden soll, oder daß die Zustimmung der Gesellschafter oder eines Organs der Gesellschaft für einzelne Geschäfte erfordert ist.

## § 38 [Widerruflichkeit der Bestellung]

(1) Die Bestellung der Geschäftsführer ist zu jeder Zeit widerruflich, unbeschadet der Entschädigungsansprüche aus bestehenden Verträgen.

(2) [1]Im Gesellschaftsvertrag kann die Zulässigkeit des Widerrufs auf den Fall beschränkt werden, daß wichtige Gründe denselben notwendig machen. [2]Als solche Gründe sind insbesondere grobe Pflichtverletzung oder Unfähigkeit zur ordnungsmäßigen Geschäftsführung anzusehen.

## § 39 [Anmeldung der Geschäftsführer]

(1) Jede Änderung in den Personen der Geschäftsführer sowie die Beendigung der Vertretungsbefugnis eines Geschäftsführers ist zur Eintragung in das Handelsregister anzumelden.

(2) Der Anmeldung sind die Urkunden über die Bestellung der Geschäftsführer oder über die Beendigung der Vertretungsbefugnis in Urschrift oder öffentlich beglaubigter Abschrift für das Gericht des Sitzes der Gesellschaft beizufügen.

(3) [1]Die neuen Geschäftsführer haben in der Anmeldung zu versichern, daß keine Umstände vorliegen, die ihrer Bestellung nach § 6 Abs. 2 Satz *2 und 3** entgegenstehen und daß sie über ihre unbeschränkte Auskunftspflicht gegenüber dem Gericht belehrt worden sind. [2]§ 8 Abs. 3 Satz 2 ist anzuwenden.

(4) Die Geschäftsführer haben ihre Unterschrift zur Aufbewahrung bei dem Gericht zu zeichnen.

## § 40 [Gesellschafterliste]

[1]Die Geschäftsführer haben jährlich im gleichen Zeitpunkt, in dem der Jahresabschluß zum Handelsregister einzureichen ist, eine von ihnen unterschriebene Liste der Gesellschafter, aus welcher Name, Vorname, Stand und Wohnort der letzteren sowie ihre Stammeinlagen zu entnehmen sind, zum Handelsregister einzureichen. [2]Sind seit Einreichung der letzten Liste Veränderungen hinsichtlich der Person der Gesellschafter und des Umfangs ihrer Beteiligung nicht eingetreten, so genügt die Einreichung einer entsprechenden Erklärung.

## § 41 [Buchführungspflicht]

Die Geschäftsführer sind verpflichtet, für die ordnungsmäßige Buchführung der Gesellschaft zu sorgen.

---

* Ab 1. Jan. 1992: Satz 3 und 4.

### § 42 [Bilanzierungsgrundsätze]

(1) In der Bilanz des nach den §§ 242, 264 des Handelsgesetzbuchs aufzustellenden Jahresabschlusses ist das Stammkapital als gezeichnetes Kapital auszuweisen.

(2) ¹Das Recht der Gesellschaft zur Einziehung von Nachschüssen der Gesellschafter ist in der Bilanz insoweit zu aktivieren, als die Einziehung bereits beschlossen ist und den Gesellschaftern ein Recht, durch Verweisung auf den Geschäftsanteil sich von der Zahlung der Nachschüsse zu befreien, nicht zusteht. ²Der nachzuschießende Betrag ist auf der Aktivseite unter den Forderungen gesondert unter der Bezeichnung „Eingeforderte Nachschüsse" auszuweisen, soweit mit der Zahlung gerechnet werden kann. ³Ein dem Aktivposten entsprechender Betrag ist auf der Passivseite in dem Posten „Kapitalrücklage" gesondert auszuweisen.

(3) Ausleihungen, Forderungen und Verbindlichkeiten gegenüber Gesellschaftern sind in der Regel als solche jeweils gesondert auszuweisen oder im Anhang anzugeben; werden sie unter anderen Posten ausgewiesen, so muß diese Eigenschaft vermerkt werden.

### § 42 a [Feststellung des Jahresabschlusses]

(1) ¹Die Geschäftsführer haben den Jahresabschluß und den Lagebericht unverzüglich nach der Aufstellung den Gesellschaftern zum Zwecke der Feststellung des Jahresabschlusses vorzulegen. ²Ist der Jahresabschluß durch einen Abschlußprüfer zu prüfen, so haben die Geschäftsführer ihn zusammen mit dem Lagebericht und dem Prüfungsbericht des Abschlußprüfers unverzüglich nach Eingang des Prüfungsberichts vorzulegen. ³Hat die Gesellschaft einen Aufsichtsrat, so ist dessen Bericht über das Ergebnis seiner Prüfung ebenfalls unverzüglich vorzulegen.

(2) ¹Die Gesellschafter haben spätestens bis zum Ablauf der ersten acht Monate oder, wenn es sich um eine kleine Gesellschaft handelt (§ 267 Abs. 1 des Handelsgesetzbuchs), bis zum Ablauf der ersten elf Monate des Geschäftsjahrs über die Feststellung des Jahresabschlusses und über die Ergebnisverwendung zu beschließen. ²Der Gesellschaftsvertrag kann die Frist nicht verlängern. ³Auf den Jahresabschluß sind bei der Feststellung die für seine Aufstellung geltenden Vorschriften anzuwenden.

(3) Hat ein Abschlußprüfer den Jahresabschluß geprüft, so hat er auf Verlangen eines Gesellschafters an den Verhandlungen über die Feststellung des Jahresabschlusses teilzunehmen.

(4) Ist die Gesellschaft zur Aufstellung eines Konzernabschlusses und eines Konzernlageberichts verpflichtet, so ist Absatz 1 mit der Maßgabe anzuwenden, daß es der Feststellung des Konzernabschlusses nicht bedarf.

### § 43 [Verantwortlichkeit der Geschäftsführer]

(1) Die Geschäftsführer haben in den Angelegenheiten der Gesellschaft die Sorgfalt eines ordentlichen Geschäftsmannes anzuwenden.

(2) Geschäftsführer, welche ihre Obliegenheiten verletzen, haften der Gesellschaft solidarisch für den entstandenen Schaden.

(3) ¹Insbesondere sind sie zum Ersatz verpflichtet, wenn den Bestimmungen des § 30 zuwider Zahlungen aus dem zur Erhaltung des Stammkapitals erforderlichen Vermögen der Gesellschaft gemacht oder den Bestimmungen des § 33 zuwider eigene Geschäftsanteile der Gesellschaft erworben worden sind.

[2]Auf den Ersatzanspruch finden die Bestimmungen in § 9b Abs. 1 entsprechende Anwendung. [3]Soweit der Ersatz zur Befriedigung der Gläubiger der Gesellschaft erforderlich ist, wird die Verpflichtung der Geschäftsführer dadurch nicht aufgehoben, daß dieselben in Befolgung eines Beschlusses der Gesellschafter gehandelt haben.

(4) Die Ansprüche aufgrund der vorstehenden Bestimmungen verjähren in fünf Jahren.

## § 43a [Kreditgewährung an Geschäftsführer]

[1]Den Geschäftsführern, anderen gesetzlichen Vertretern, Prokuristen oder zum gesamten Geschäftsbetrieb ermächtigten Handlungsbevollmächtigten darf Kredit nicht aus dem zur Erhaltung des Stammkapitals erforderlichen Vermögen der Gesellschaft gewährt werden. [2]Ein entgegen Satz 1 gewährter Kredit ist ohne Rücksicht auf entgegenstehende Vereinbarungen sofort zurückzugewähren.

## § 44 [Stellvertreter von Geschäftsführern]

Die für die Geschäftsführer gegebenen Vorschriften gelten auch für Stellvertreter von Geschäftsführern.

## § 45 [Gesellschafterrechte]

(1) Die Rechte, welche den Gesellschaftern in den Angelegenheiten der Gesellschaft, insbesondere in bezug auf die Führung der Geschäfte zustehen, sowie die Ausübung derselben bestimmen sich, soweit nicht gesetzliche Vorschriften entgegenstehen, nach dem Gesellschaftsvertrag.

(2) In Ermangelung besonderer Bestimmungen des Gesellschaftsvertrages finden die Vorschriften der §§ 46 bis 51 Anwendung.

## § 46 [Aufgaben der Gesellschafter]

Der Bestimmung der Gesellschafter unterliegen:
1. die Feststellung des Jahresabschlusses und die Verwendung des Ergebnisses;
2. die Einforderung von Einzahlungen auf die Stammeinlagen;
3. die Rückzahlung von Nachschüssen;
4. die Teilung sowie die Einziehung von Geschäftsanteilen;
5. die Bestellung und die Abberufung von Geschäftsführern sowie die Entlastung derselben;
6. die Maßregeln zur Prüfung und Überwachung der Geschäftsführung;
7. die Bestellung von Prokuristen und von Handlungsbevollmächtigten zum gesamten Geschäftsbetrieb;
8. die Geltendmachung von Ersatzansprüchen, welche der Gesellschaft aus der Gründung oder Geschäftsführung gegen Geschäftsführer oder Gesellschafter zustehen, sowie die Vertretung der Gesellschaft in Prozessen, welche sie gegen die Geschäftsführer zu führen hat.

## § 47 [Beschlußfassung durch Gesellschafter]

(1) Die von den Gesellschaftern in den Angelegenheiten der Gesellschaft zu treffenden Bestimmungen erfolgen durch Beschlußfassung nach der Mehrheit der abgegebenen Stimmen.

(2) Jede hundert Deutsche Mark eines Geschäftsanteils gewähren eine Stimme.

(3) Vollmachten bedürfen zu ihrer Gültigkeit der schriftlichen Form.

(4) ¹Ein Gesellschafter, welcher durch die Beschlußfassung entlastet oder von einer Verbindlichkeit befreit werden soll, hat hierbei kein Stimmrecht und darf ein solches auch nicht für andere ausüben. ²Dasselbe gilt von einer Beschlußfassung, welche die Vornahme eines Rechtsgeschäfts oder die Einleitung oder Erledigung eines Rechtsstreites gegenüber einem Gesellschafter betrifft.

## § 48 [Gesellschafterversammlung]

(1) Die Beschlüsse der Gesellschafter werden in Versammlungen gefaßt.

(2) Der Abhaltung einer Versammlung bedarf es nicht, wenn sämtliche Gesellschafter schriftlich mit der zu treffenden Bestimmung oder mit der schriftlichen Abgabe der Stimmen sich einverstanden erklären.

(3) Befinden sich alle Geschäftsanteile der Gesellschaft in der Hand eines Gesellschafters oder daneben in der Hand der Gesellschaft, so hat er unverzüglich nach der Beschlußfassung eine Niederschrift aufzunehmen und zu unterschreiben.

## § 49 [Einberufung der Gesellschafterversammlung]

(1) Die Versammlung der Gesellschafter wird durch die Geschäftsführer berufen.

(2) Sie ist außer den ausdrücklich bestimmten Fällen zu berufen, wenn es im Interesse der Gesellschaft erforderlich erscheint.

(3) Insbesondere muß die Versammlung unverzüglich berufen werden, wenn aus der Jahresbilanz oder aus einer im Laufe des Geschäftjahres aufgestellten Bilanz sich ergibt, daß die Hälfte des Stammkapitals verloren ist.

## § 50 [Einberufung durch Minderheitsgesellschafter]

(1) Gesellschafter, deren Geschäftsanteile zusammen mindestens dem zehnten Teil des Stammkapitals entsprechen, sind berechtigt, unter Angabe des Zwecks und der Gründe die Berufung der Versammlung zu verlangen.

(2) In gleicher Weise haben die Gesellschafter das Recht zu verlangen, daß Gegenstände zur Beschlußfassung der Versammlung angekündigt werden.

(3) ¹Wird dem Verlangen nicht entsprochen oder sind Personen, an welche dasselbe zu richten wäre, nicht vorhanden, so können die in Absatz 1 bezeichneten Gesellschafter unter Mitteilung des Sachverhältnisses die Berufung oder Ankündigung selbst bewirken. ²Die Versammlung beschließt, ob die entstandenen Kosten von der Gesellschaft zu tragen sind.

## § 51 [Form der Einberufung]

(1) ¹Die Berufung der Versammlung erfolgt durch Einladung der Gesellschafter mittels eingeschriebener Briefe. ²Sie ist mit einer Frist von mindestens einer Woche zu bewirken.

(2) Der Zweck der Versammlung soll jederzeit bei der Berufung angekündigt werden.

(3) Ist die Versammlung nicht ordnungsmäßig berufen, so können Beschlüsse nur gefaßt werden, wenn sämtliche Gesellschafter anwesend sind.

(4) Das gleiche gilt in bezug auf Beschlüsse über Gegenstände, welche nicht wenigstens drei Tage vor der Versammlung in der für die Berufung vorgeschriebenen Weise angekündigt worden sind.

## § 51 a [Auskunfts- und Einsichtsrecht der Gesellschafter]

(1) Die Geschäftsführer haben jedem Gesellschafter auf Verlangen unverzüglich Auskunft über die Angelegenheiten der Gesellschaft zu geben und die Einsicht der Bücher und Schriften zu gestatten.

(2) [1]Die Geschäftsführer dürfen die Auskunft und die Einsicht verweigern, wenn zu besorgen ist, daß der Gesellschafter sie zu gesellschaftsfremden Zwecken verwenden und dadurch der Gesellschaft oder einem verbundenen Unternehmen einen nicht unerheblichen Nachteil zufügen wird. [2]Die Verweigerung bedarf eines Beschlusses der Gesellschafter.

(3) Von diesen Vorschriften kann im Gesellschaftsvertrag nicht abgewichen werden.

## § 51 b [Gerichtliche Entscheidung über das Auskunfts- und Einsichtsrecht]

[1]Für die gerichtliche Entscheidung über das Auskunfts- und Einsichtsrecht findet § 132 Abs. 1, 3 bis 5 des Aktiengesetzes entsprechende Anwendung. [2]Antragsberechtigt ist jeder Gesellschafter, dem die verlangte Auskunft nicht gegeben oder die verlangte Einsicht nicht gestattet worden ist.

## § 52 [Bestellung eines Aufsichtsrates]

(1) Ist nach dem Gesellschaftsvertrag ein Aufsichtsrat zu bestellen, so sind § 90 Abs. 3, 4, 5 Satz 1 und 2, § 95 Satz 1, § 100 Abs. 1 und 2 Nr. 2, § 101 Abs. 1 Satz 1, § 103 Abs. 1 Satz 1 und 2, §§ 105, 110 bis 114, 116 des Aktiengesetzes in Verbindung mit § 93 Abs. 1 und 2 des Aktiengesetzes, §§ 170, 171, 337 des Aktiengesetzes entsprechend anzuwenden, soweit nicht im Gesellschaftsvertrag ein anderes bestimmt ist.

(2) [1]Werden die Mitglieder des Aufsichtsrats vor der Eintragung der Gesellschaft in das Handelsregister bestellt, gelten § 37 Abs. 4 Nr. 3, § 40 Abs. 1 Nr. 4 des Aktiengesetzes entsprechend. [2]Jede spätere Bestellung sowie jeden Wechsel von Aufsichtsratsmitgliedern haben die Geschäftsführer unverzüglich durch den Bundesanzeiger und die im Gesellschaftsvertrag für die Bekanntmachungen der Gesellschaft bestimmten anderen öffentlichen Blätter bekanntzumachen und die Bekanntmachung zum Handelsregister einzureichen.

(3) Schadensersatzansprüche gegen die Mitglieder des Aufsichtsrats wegen Verletzung ihrer Obliegenheiten verjähren in fünf Jahren.

# Vierter Abschnitt. Abänderungen des Gesellschaftsvertrages

## § 53 [Form der Abänderung des Gesellschaftsvertrages]

(1) Eine Abänderung des Gesellschaftsvertrages kann nur durch Beschluß der Gesellschafter erfolgen.

(2) [1]Der Beschluß muß notariell beurkundet werden, derselbe bedarf einer Mehrheit von drei Vierteilen der abgegebenen Stimmen. [2]Der Gesellschaftsvertrag kann noch andere Erfordernisse aufstellen.

(3) Eine Vermehrung der den Gesellschaftern nach dem Gesellschaftsvertrag obliegenden Leistungen kann nur mit Zustimmung sämtlicher beteiligter Gesellschafter beschlossen werden.

## § 54 [Anmeldung und Eintragung]

(1) [1]Die Abänderung des Gesellschaftsvertrages ist zur Eintragung in das Handelsregister anzumelden. [2]Der Anmeldung ist der vollständige Wortlaut des Gesellschaftsvertrages beizufügen; er muß mit der Bescheinigung eines Notars versehen sein, daß die geänderten Bestimmungen des Gesellschaftsvertrags mit dem Beschluß über die Änderung des Gesellschaftsvertrags und die unveränderten Bestimmungen mit dem zuletzt zum Handelsregister eingereichten vollständigen Wortlaut des Gesellschaftsvertrags übereinstimmen.

(2) [1]Bei der Eintragung genügt, sofern nicht die Abänderung die in § 10 Abs. 1 und 2 bezeichneten Angaben betrifft, die Bezugnahme auf die bei dem Gericht eingereichten Urkunden über die Abänderung. [2]Die öffentliche Bekanntmachung findet in betreff aller Bestimmungen statt, auf welche sich die in § 10 Abs. 3 und in § 12 vorgeschriebenen Veröffentlichungen beziehen.

(3) Die Abänderung hat keine rechtliche Wirkung, bevor sie in das Handelsregister des Sitzes der Gesellschaft eingetragen ist.

## § 55 [Erhöhung des Stammkapitals]

(1) Wird eine Erhöhung des Stammkapitals beschlossen, so bedarf es zur Übernahme jeder auf das erhöhte Kapital zu leistenden Stammeinlage einer notariell aufgenommenen oder beglaubigten Erklärung des Übernehmers.

(2) [1]Zur Übernahme einer Stammeinlage können von der Gesellschaft die bisherigen Gesellschafter oder andere Personen, welche durch die Übernahme ihren Beitritt zu der Gesellschaft erklären, zugelassen werden. [2]Im letzteren Falle sind außer dem Betrage der Stammeinlage auch sonstige Leistungen, zu welchen der Beitretende nach dem Gesellschaftsvertrage verpflichtet sein soll, in der in Absatz 1 bezeichneten Urkunde ersichtlich zu machen.

(3) Wird von einem der Gesellschaft bereits angehörenden Gesellschafter eine Stammeinlage auf das erhöhte Kapital übernommen, so erwirbt derselbe einen weiteren Geschäftsanteil.

(4) Die Bestimmungen in § 5 Abs. 1 und 3 über den Betrag der Stammeinlagen sowie die Bestimmung in § 5 Abs. 2 über die Unzulässigkeit der Übernahme mehrerer Stammeinlagen finden auch hinsichtlich der auf das erhöhte Kapital zu leistenden Stammeinlagen Anwendung.

## § 56 [Erhöhung mit Sacheinlagen]

(1) [1]Sollen Sacheinlagen geleistet werden, so müssen ihr Gegenstand und der Betrag der Stammeinlage, auf die sich die Sacheinlage bezieht, im Beschluß über die Erhöhung des Stammkapitals festgesetzt werden. [2]Die Festsetzung ist in die in § 55 Abs. 1 bezeichnete Erklärung des Übernehmers aufzunehmen.

(2) Die §§ 9 und 19 Abs. 5 finden entsprechende Anwendung.

## § 56 a [Sicherungsbestellung]

Für die Leistungen der Einlagen auf das neue Stammkapital und die Bestellung einer Sicherung findet § 7 Abs. 2 Satz 1 und 3, Abs. 3 entsprechende Anwendung.

## § 57 [Anmeldung der Erhöhung]

(1) Die beschlossene Erhöhung des Stammkapitals ist zur Eintragung in das Handelsregister anzumelden, nachdem das erhöhte Kapital durch Übernahme von Stammeinlagen gedeckt ist.

(2) ¹In der Anmeldung ist die Versicherung abzugeben, daß die Einlagen auf das neue Stammkapital nach § 7 Abs. 2 Satz 1 und 3, Abs. 3 bewirkt sind und daß der Gegenstand der Leistungen sich endgültig in der freien Verfügung der Geschäftsführer befindet. ²Für die Anmeldung findet im übrigen § 8 Abs. 2 Satz 2 entsprechende Anwendung.

(3) Der Anmeldung sind beizufügen:

1. die in § 55 Abs. 1 bezeichneten Erklärungen oder eine beglaubigte Abschrift derselben;

2. eine von den Anmeldenden unterschriebene Liste der Personen, welche die neuen Stammeinlagen übernommen haben; aus der Liste muß der Betrag der von jedem übernommenen Einlage ersichtlich sein;

3. bei einer Kapitalerhöhung mit Sacheinlagen die Verträge, die den Festsetzungen nach § 56 zugrunde liegen oder zu ihrer Ausführung geschlossen worden sind.

(4) Für die Verantwortlichkeit der Geschäftsführer, welche die Kapitalerhöhung zur Eintragung in das Handelsregister angemeldet haben, finden § 9a Abs. 1 und 3, § 9b entsprechende Anwendung.

## § 57a [Ablehnung der Eintragung]

Für die Ablehnung der Eintragung durch das Gericht findet § 9c entsprechende Anwendung.

## § 57b [Bekanntmachung der Eintragung]

¹In die Bekanntmachung der Eintragung der Kapitalerhöhung sind außer deren Inhalt die bei einer Kapitalerhöhung mit Sacheinlagen vorgesehenen Festsetzungen aufzunehmen. ²Bei der Bekanntmachung dieser Festsetzungen genügt die Bezugnahme auf die beim Gericht eingereichten Urkunden.

## § 58 [Kapitalherabsetzung]

(1) Eine Herabsetzung des Stammkapitals kann nur unter Beobachtung der nachstehenden Bestimmungen erfolgen:

1. der Beschluß auf Herabsetzung des Stammkapitals muß von den Geschäftsführern zu drei verschiedenen Malen durch die in § 30 Abs. 2 bezeichneten Blätter bekanntgemacht werden; in diesen Bekanntmachungen sind zugleich die Gläubiger der Gesellschaft aufzufordern, sich bei derselben zu melden; die aus den Handelsbüchern der Gesellschaft ersichtlichen oder in anderer Weise bekannten Gläubiger sind durch besondere Mitteilung zur Anmeldung aufzufordern;

2. die Gläubiger, welche sich bei der Gesellschaft melden und der Herabsetzung nicht zustimmen, sind wegen der erhobenen Ansprüche zu befriedigen oder sicherzustellen;

3. die Anmeldung des Herabsetzungsbeschlusses zur Eintragung in das Handelsregister erfolgt nicht vor Ablauf eines Jahres seit dem Tage, an welchem die Aufforderung der Gläubiger in den öffentlichen Blättern zum dritten Mal stattgefunden hat;

4. mit der Anmeldung sind die Bekanntmachungen des Beschlusses einzureichen; zugleich haben die Geschäftsführer die Versicherung abzugeben, daß die Gläubiger, welche sich bei der Gesellschaft gemeldet und der Herabsetzung nicht zugestimmt haben, befriedigt oder sichergestellt sind.

(2) ¹Die Bestimmung in § 5 Abs. 1 über den Mindestbetrag des Stammkapitals bleibt unberührt. ²Erfolgt die Herabsetzung zum Zweck der Zurückzah-

lung von Stammeinlagen oder zum Zweck des Erlasses der auf diese geschuldeten Einzahlungen, so darf der verbleibende Betrag der Stammeinlagen nicht unter den in § 5 Abs. 1 und 3 bezeichneten Betrag herabgehen.

## § 59 [Zweigniederlassung]

[1]Die Versicherung nach § 57 Abs. 2 ist nur gegenüber dem Gericht des Sitzes der Gesellschaft abzugeben. [2]Die Urkunden nach § 57 Abs. 3 Nr. 1 und § 58 Abs. 1 Nr. 4 sind nur bei dem Gericht des Sitzes der Gesellschaft einzureichen.

## Fünfter Abschnitt. Auflösung und Nichtigkeit der Gesellschaft

### § 60 [Auflösungsgründe]

(1) Die Gesellschaft mit beschränkter Haftung wird aufgelöst:
1. durch Ablauf der im Gesellschaftsvertrag bestimmten Zeit;
2. durch Beschluß der Gesellschafter; derselbe bedarf, sofern im Gesellschaftsvertrag nicht ein anderes bestimmt ist, einer Mehrheit von drei Vierteilen der abgegebenen Stimmen;
3. durch gerichtliches Urteil oder durch Entscheidung des Verwaltungsgerichts oder der Verwaltungsbehörde in den Fällen der §§ 61 und 62;
4. durch die Eröffnung des Konkursverfahrens; wird das Verfahren nach Abschluß eines Zwangsvergleichs aufgehoben oder auf Antrag des Gemeinschuldners eingestellt, so können die Gesellschafter die Fortsetzung der Gesellschaft beschließen;
5. mit der Rechtskraft einer Verfügung des Registergerichts, durch welche nach den §§ 144 a, 144 b des Gesetzes über die Angelegenheiten der freiwilligen Gerichtsbarkeit ein Mangel des Gesellschaftsvertrags oder die Nichteinhaltung der Verpflichtungen nach § 19 Abs. 4 Satz 1 dieses Gesetzes festgestellt worden ist.

(2) Im Gesellschaftsvertrag können weitere Auflösungsgründe festgesetzt werden.

### § 61 [Auflösungsklage]

(1) Die Gesellschaft kann durch gerichtliches Urteil aufgelöst werden, wenn die Erreichung des Gesellschaftszweckes unmöglich wird, oder wenn andere, in den Verhältnissen der Gesellschaft liegende, wichtige Gründe für die Auflösung vorhanden sind.

(2) [1]Die Auflösungsklage ist gegen die Gesellschaft zu richten. [2]Sie kann nur von Gesellschaftern erhoben werden, deren Geschäftsanteile zusammen mindestens dem zehnten Teil des Stammkapitals entsprechen.

(3) Für die Klage ist das Landgericht ausschließlich zuständig, in dessen Bezirk die Gesellschaft ihren Sitz hat.

### § 62 [Auflösung bei Gefährdung des Gemeinwohls]

(1) Wenn eine Gesellschaft das Gemeinwohl dadurch gefährdet, daß die Gesellschafter gesetzwidrige Beschlüsse fassen oder gesetzwidrige Handlungen der Geschäftsführer wissentlich geschehen lassen, so kann sie aufgelöst werden, ohne daß deshalb ein Anspruch auf Entschädigung stattfindet.

(2) Das Verfahren und die Zuständigkeit der Behörden richtet sich nach den für streitige Verwaltungssachen landesgesetzlich geltenden Vorschriften.

## § 63 [Konkurs]

(1) Über das Vermögen der Gesellschaft findet das Konkursverfahren außer dem Fall der Zahlungsunfähigkeit auch in dem Fall der Überschuldung statt.

(2) Die auf das Konkursverfahren über das Vermögen einer Aktiengesellschaft bezüglichen Vorschriften in § 207 Abs. 2, § 208 der Konkursordnung finden auf die Gesellschaft mit beschränkter Haftung entsprechende Anwendung.

## § 64 [Konkursantragspflicht]

(1) ¹Wird die Gesellschaft zahlungsunfähig, so haben die Geschäftsführer ohne schuldhaftes Zögern, spätestens aber drei Wochen nach Eintritt der Zahlungsunfähigkeit, die Eröffnung des Konkursverfahrens oder die Eröffnung des gerichtlichen Vergleichsverfahrens zu beantragen. ²Dies gilt sinngemäß, wenn das Vermögen der Gesellschaft nicht mehr die Schulden deckt. ³Eine schuldhafte Verzögerung des Antrags liegt nicht vor, wenn die Geschäftsführer die Eröffnung des gerichtlichen Vergleichsverfahrens mit der Sorgfalt eines ordentlichen Geschäftsmanns betreiben.

(2) ¹Die Geschäftsführer sind der Gesellschaft zum Ersatz von Zahlungen verpflichtet, die nach Eintritt der Zahlungsunfähigkeit der Gesellschaft oder nach Feststellung ihrer Überschuldung geleistet werden. ²Dies gilt nicht von Zahlungen, die auch nach diesem Zeitpunkt mit der Sorgfalt eines ordentlichen Geschäftsmanns vereinbar sind. ³Auf den Ersatzanspruch finden die Bestimmungen in § 43 Abs. 3 und 4 entsprechende Anwendung.

## § 65 [Anmeldung der Auflösung; Bekanntmachung]

(1) ¹Die Auflösung der Gesellschaft ist zur Eintragung in das Handelsregister anzumelden. ²Dies gilt nicht in den Fällen des Konkursverfahrens und der gerichtlichen Feststellung eines Mangels des Gesellschaftsvertrags oder der Nichtinhaltung der Verpflichtungen nach § 19 Abs. 4 Satz 1. ³In diesen Fällen hat das Gericht die Auflösung und ihren Grund von Amts wegen einzutragen.

(2) ¹Die Auflösung ist von den Liquidatoren zu drei verschiedenen Malen durch die in § 30 Abs. 2 bezeichneten öffentlichen Blätter bekanntzumachen. ²Durch die Bekanntmachung sind zugleich die Gläubiger der Gesellschaft aufzufordern, sich bei derselben zu melden.

## § 66 [Liquidatoren]

(1) In den Fällen der Auflösung außer dem Fall des Konkursverfahrens erfolgt die Liquidation durch die Geschäftsführer, wenn nicht dieselbe durch den Gesellschaftsvertrag oder durch Beschluß der Gesellschafter anderen Personen übertragen wird.

(2) Auf Antrag von Gesellschaftern, deren Geschäftsanteile zusammen mindestens dem zehnten Teil des Stammkapitals entsprechen, kann aus wichtigen Gründen die Bestellung von Liquidatoren durch das Gericht (§ 7 Abs. 1) erfolgen.

(3) ¹Die Abberufung von Liquidatoren kann durch das Gericht unter derselben Voraussetzung wie die Bestellung stattfinden. ²Liquidatoren, welche nicht vom Gericht ernannt sind, können auch durch Beschluß der Gesellschafter vor Ablauf des Zeitraums, für welchen sie bestellt sind, abberufen werden.

(4) Für die Auswahl der Liquidatoren findet § 6 Abs. 2 Satz *2 und 3\** entsprechende Anwendung.

---

Ab 1. Jan. 1992: Satz 3 und 4.

### § 67 [Anmeldung der Liquidatoren]

(1) Die erstenLiquidatoren sowie ihre Vertretungsbefugnis sind durch die Geschäftsführer, jeder Wechsel der Liquidatoren und jede Änderung ihrer Vertretungsbefugnis sind durch die Liquidatoren zur Eintragung in das Handelsregister anzumelden.

(2) Der Anmeldung sind die Urkunden über die Bestellung der Liquidatoren oder über die Änderung in den Personen derselben in Urschrift oder öffentlich beglaubigter Abschrift für das Gericht des Sitzes der Gesellschaft beizufügen.

(3) ¹In der Anmeldung haben die Liquidatoren zu versichern, daß keine Umstände vorliegen, die ihrer Bestellung nach § 66 Abs. 4 entgegenstehen und daß sie über ihre unbeschränkte Auskunftspflicht gegenüber dem Gericht belehrt worden sind. ²§ 8 Abs. 3 Satz 2 ist anzuwenden.

(4) Die Eintragung der gerichtlichen Ernennung oder Abberufung der Liquidatoren geschieht von Amts wegen.

(5) Die Liquidatoren haben ihre Unterschrift zur Aufbewahrung bei dem Gericht zu zeichnen.

### § 68 [Vertretungsbefugnis der Liquidatoren; Zeichnung]

(1) ¹Die Liquidatoren haben in der bei ihrer Bestellung bestimmten Form ihre Willenserklärungen kundzugeben und für die Gesellschaft zu zeichnen. ²Ist nichts darüber bestimmt, so muß die Erklärung und Zeichnung durch sämtliche Liquidatoren erfolgen.

(2) Die Zeichnungen geschehen in der Weise, daß die Liquidatoren der bisherigen, nunmehr als Liquidationsfirma zu bezeichnenden Firma ihre Namensunterschrift beifügen.

### § 69 [Gesellschaft und Gesellschafter in der Liquidation]

(1) Bis zur Beendigung der Liquidation kommen ungeachtet der Auflösung der Gesellschaft in bezug auf die Rechtsverhältnisse derselben und der Gesellschafter die Vorschriften des zweiten und dritten Abschnitts zur Anwendung, soweit sich aus den Bestimmungen des gegenwärtigen Abschnitts und aus dem Wesen der Liquidation nicht ein anderes ergibt.

(2) Der Gerichtsstand, welchen die Gesellschaft zur Zeit ihrer Auflösung hatte, bleibt bis zur vollzogenen Verteilung des Vermögens bestehen.

### § 70 [Aufgaben der Liquidatoren]

¹Die Liquidatoren haben die laufenden Geschäfte zu beendigen, die Verpflichtungen der aufgelösten Gesellschaft zu erfüllen, die Forderungen derselben einzuziehen und das Vermögen der Gesellschaft in Geld umzusetzen; sie haben die Gesellschaft gerichtlich und außergerichtlich zu vertreten. ²Zur Beendigung schwebender Geschäfte können die Liquidatoren auch neue Geschäfte eingehen.

### § 71 [Bilanzierungspflicht; Rechte und Pflichten der Liquidatoren]

(1) Die Liquidatoren haben für den Beginn der Liquidation eine Bilanz (Eröffnungsbilanz) und einen die Eröffnungsbilanz erläuternden Bericht sowie für den Schluß eines jeden Jahres einen Jahresabschluß und einen Lagebericht aufzustellen.

(2) ¹Die Gesellschafter beschließen über die Feststellung der Eröffnungsb

lanz und des Jahresabschlusses sowie über die Entlastung der Liquidatoren. [2]Auf die Eröffnungsbilanz und den erläuternden Bericht sind die Vorschriften über den Jahresabschluß entsprechend anzuwenden. [3]Vermögensgegenstände des Anlagevermögens sind jedoch wie Umlaufvermögen zu bewerten, soweit ihre Veräußerung innerhalb eines übersehbaren Zeitraums beabsichtigt ist oder diese Vermögensgegenstände nicht mehr dem Geschäftsbetrieb dienen; dies gilt auch für den Jahresabschluß.

(3) Das Gericht kann von der Prüfung des Jahresabschlusses und des Lageberichts durch einen Abschlußprüfer befreien, wenn die Verhältnisse der Gesellschaft so überschaubar sind, daß eine Prüfung im Interesse der Gläubiger und der Gesellschafter nicht geboten erscheint. [2]Gegen die Entscheidung ist die sofortige Beschwerde zulässig.

(4) Im übrigen haben sie die aus §§ 36, 37, 41 Abs. 1, § 43 Abs. 1, 2 und 4, § 49 Abs. 1 und 2, § 64 sich ergebenden Rechte und Pflichten der Geschäftsführer.

(5) [1]Auf allen Geschäftsbriefen, die an einen bestimmten Empfänger gerichtet werden, müssen die Rechtsform und der Sitz der Gesellschaft, die Tatsache, daß die Gesellschaft sich in Liquidation befindet, das Registergericht des Sitzes der Gesellschaft und die Nummer, unter der die Gesellschaft in das Handelsregister eingetragen ist, sowie alle Liquidatoren und, sofern die Gesellschaft einen Aufsichtsrat gebildet und dieser einen Vorsitzenden hat, der Vorsitzende des Aufsichtsrats mit dem Familiennamen und mindestens einem ausgeschriebenen Vornamen angegeben werden. [2]Werden Angaben über das Kapital der Gesellschaft gemacht, so müssen in jedem Falle das Stammkapital sowie, wenn nicht alle in Geld zu leistenden Einlagen eingezahlt werden, der Gesamtbetrag der ausstehenden Einlagen angegeben werden. [3]Der Angaben nach Satz 1 bedarf es nicht bei Mitteilungen oder Berichten, die im Rahmen einer bestehenden Geschäftsverbindung ergehen und für die üblicherweise Vordrucke verwendet werden, in denen lediglich die im Einzelfall erforderlichen besonderen Angaben eingefügt zu werden brauchen. [4]Bestellscheine gelten als Geschäftsbriefe im Sinne des Satzes 1; Satz 3 ist auf sie nicht anzuwenden.

## § 72 [Verteilung des Vermögens]

[1]Das Vermögen der Gesellschaft wird unter die Gesellschafter nach Verhältnis ihrer Geschäftsanteile verteilt. [2]Durch den Gesellschaftsvertrag kann ein anderes Verhältnis für die Verteilung bestimmt werden.

## § 73 [Verteilung und Gläubigerschutz]

(1) Die Verteilung darf nicht vor Tilgung oder Sicherstellung der Schulden der Gesellschaft und nicht vor Ablauf eines Jahres seit dem Tage vorgenommen werden, an welchem die Aufforderung an die Gläubiger (§ 65 Abs. 2) in den öffentlichen Blättern zum dritten Male erfolgt ist.

(2) [1]Meldet sich ein bekannter Gläubiger nicht, so ist der geschuldete Betrag, wenn die Berechtigung zur Hinterlegung vorhanden ist, für den Gläubiger zu hinterlegen. [2]Ist die Berichtigung einer Verbindlichkeit zur Zeit nicht ausführbar oder ist eine Verbindlichkeit streitig, so darf die Verteilung des Vermögens nur erfolgen, wenn dem Gläubiger Sicherheit geleistet ist.

(3) [1]Liquidatoren, welche diesen Vorschriften zuwiderhandeln, sind zum Ersatz der verteilten Beträge solidarisch verpflichtet. [2]Auf den Ersatzanspruch finden die Bestimmungen in § 43 Abs. 3 und 4 entsprechende Anwendung.

### § 74 [Aufbewahrung von Büchern und Schriften]

(1) ¹Nach Beendigung der Liquidation sind die Bücher und Schriften der Gesellschaft für die Dauer von zehn Jahren einem der Gesellschafter oder einem Dritten in Verwahrung zu geben. ²Der Gesellschafter oder der Dritte wird in Ermangelung einer Bestimmung des Gesellschaftsvertrags oder eines Beschlusses der Gesellschafter durch das Gericht (§ 7 Abs. 1) bestimmt.

(2) ¹Die Gesellschafter und deren Rechtsnachfolger sind zur Einsicht der Bücher und Schriften berechtigt. ²Gläubiger der Gesellschaft können von dem Gericht (§ 7 Abs. 1) zur Einsicht ermächtigt werden.

### § 75 [Nichtigkeitsklage]

(1) Enthält der Gesellschaftsvertrag keine Bestimmungen über die Höhe des Stammkapitals oder über den Gegenstand des Unternehmens oder sind die Bestimmungen des Gesellschaftsvertrags über den Gegenstand des Unternehmens nichtig, so kann jeder Gesellschafter, jeder Geschäftsführer und, wenn ein Aufsichtsrat besteht ist, jedes Mitglied des Aufsichtsrats im Wege der Klage beantragen, daß die Gesellschaft für nichtig erklärt werde.

(2) Die Vorschriften der *§§ 272, 273 des Handelsgesetzbuchs*\* finden entsprechende Anwendung.

### § 76 [Heilung durch Gesellschafterbeschluß]

Ein Mangel, der die Bestimmungen über den Gegenstand des Unternehmens betrifft, kann durch einstimmigen Beschluß der Gesellschafter geheilt werden.

### § 77 [Eintragung der Nichtigkeit]

(1) Ist die Nichtigkeit einer Gesellschaft in das Handelsregister eingetragen, so finden zum Zwecke der Abwicklung ihrer Verhältnisse die für den Fall der Auflösung geltenden Vorschriften entsprechende Anwendung.

(2) Die Wirksamkeit der im Namen der Gesellschaft mit Dritten vorgenommenen Rechtsgeschäfte wird durch die Nichtigkeit nicht berührt.

(3) Die Gesellschafter haben die versprochenen Einzahlungen zu leisten, soweit es zur Erfüllung der eingegangenen Verbindlichkeiten erforderlich ist.

## Sechster Abschnitt. Schlußbestimmungen

### § 78 [Anmeldungspflichtige]

Die in diesem Gesetz vorgesehenen Anmeldungen zum Handelsregister sind durch die Geschäftsführer oder die Liquidatoren, die in § 7 Abs. 1, § 57 Abs. 1, § 58 Abs. 1 Nr. 3 vorgesehenen Anmeldungen sind durch sämtliche Geschäftsführer zu bewirken.

### § 79 [Ordnungsstrafen]

(1) ¹Geschäftsführer oder Liquidatoren, die §§ 35 a, 71 Abs. 5 nicht befolgen, sind hierzu vom Registergericht durch Festsetzung von Zwangsgeld anzuhalten; § 14 des Handelsgesetzbuchs bleibt unberührt. ²Das einzelne Zwangsgeld darf den Betrag von zehntausend Deutsche Mark nicht übersteigen.

(2) In Ansehung der in §§ 7, 54, 57 Abs. 1, § 58 Abs. 1 Nr. 3, § 80 Abs. 5 be-

---

\* Jetzt §§ 246 bis 248 AktG.

zeichneten Anmeldungen zum Handelsregister findet, soweit es sich um die Anmeldung zum Handelsregister des Sitzes der Gesellschaft handelt, eine Festsetzung von Zwangsgeld nach § 14 des Handelsgesetzbuchs nicht statt.

## §§ 80–81a (*aufgehoben*)

## § 82 [Falsche Angaben]

(1) Mit Freiheitsstrafe bis zu drei Jahren oder mit Geldstrafe wird bestraft, wer

1. als Gesellschafter oder als Geschäftsführer zum Zweck der Eintragung der Gesellschaft über die Übernahme der Stammeinlagen, die Leistung der Einlagen, die Verwendung eingezahlter Beträge, über Sondervorteile, Gründungsaufwand, Sacheinlagen und Sicherungen für nicht voll eingezahlte Geldeinlagen,
2. als Gesellschafter im Sachgründungsbericht,
3. als Geschäftsführer zum Zweck der Eintragung einer Erhöhung des Stammkapitals über die Zeichnung oder Einbringung des neuen Kapitals oder über Sacheinlagen oder
4. als Geschäftsführer in der nach § 8 Abs. 3 Satz 1 oder § 39 Abs. 3 Satz 1 abzugebenden Versicherung oder als Liquidator in der nach § 67 Abs. 3 Satz 1 abzugebenden Versicherung

falsche Angaben macht.

(2) Ebenso wird bestraft, wer

1. als Geschäftsführer zum Zweck der Herabsetzung des Stammkapitals über die Befriedigung oder Sicherstellung der Gläubiger eine unwahre Versicherung abgibt oder
2. als Geschäftsführer, Liquidator, Mitglied eines Aufsichtsrats oder ähnlichen Organs in einer öffentlichen Mitteilung die Vermögenslage der Gesellschaft unwahr darstellt oder verschleiert, wenn die Tat nicht in § 331 Nr. 1 des Handelsgesetzbuchs mit Strafe bedroht ist.

## § 83 (*aufgehoben*)

## § 84 [Unterlassen von Konkurs- oder Vergleichsantrag]

(1) Mit Freiheitsstrafe bis zu drei Jahren oder mit Geldstrafe wird bestraft, wer es

1. als Geschäftsführer unterläßt, den Gesellschaftern einen Verlust in Höhe der Hälfte des Stammkapitals anzuzeigen, oder
2. als Geschäftsführer entgegen § 64 Abs. 1 oder als Liquidator entgegen § 71 Abs. 2 unterläßt, bei Zahlungsunfähigkeit oder Überschuldung die Eröffnung des Konkursverfahrens oder des gerichtlichen Vergleichsverfahrens zu beantragen.

(2) Handelt der Täter fahrlässig, so ist die Strafe Freiheitsstrafe bis zu einem Jahr oder Geldstrafe.

## § 85 [Verletzung der Geheimhaltungspflicht]

(1) Mit Freiheitsstrafe bis zu einem Jahr oder mit Geldstrafe wird bestraft, wer ein Geheimnis der Gesellschaft, namentlich ein Betriebs- oder Geschäftsgeheimnis, das ihm in seiner Eigenschaft als Geschäftsführer, Mitglied des Aufsichtsrats oder Liquidator bekanntgeworden ist, unbefugt offenbart.

(2) ¹Handelt der Täter gegen Entgelt oder in der Absicht, sich oder einen anderen zu bereichern oder einen anderen zu schädigen, so ist die Strafe Frei-

heitsstrafe bis zu zwei Jahren oder Geldstrafe. [2]Ebenso wird bestraft, wer ein Geheimnis der in Absatz 1 bezeichneten Art, namentlich ein Betriebs- oder Geschäftsgeheimnis, das ihm unter den Voraussetzungen des Absatzes 1 bekanntgeworden ist, unbefugt verwertet.

(3) [1]Die Tat wird nur auf Antrag der Gesellschaft verfolgt. [2]Hat ein Geschäftsführer oder ein Liquidator die Tat begangen, so sind der Aufsichtsrat und, wenn kein Aufsichtsrat vorhanden ist, von den Gesellschaftern bestellte besondere Vertreter antragsberechtigt. [3]Hat ein Mitglied des Aufsichtsrats die Tat begangen, so sind die Geschäftsführer oder die Liquidatoren antragsberechtigt.

# 3 a. Auszug aus dem Gesetz zur Änderung des Gesetzes betreffend die Gesellschaften mit beschränkter Haftung und anderer handelsrechtlicher Vorschriften

**Vom 4. Juli 1980**

**(BGBl. I S. 836)**

zuletzt geändert durch das Bilanzrichtlinien-Gesetz vom 19. 12. 1985
(BGBl. I S. 2355)

**Artikel 12\***
**Übergangsvorschriften**

## § 1 Mindeststammkapital, Mindesteinlagen

(1) [1]Gesellschaften, deren Stammkapital weniger als fünfzigtausend Deutsche Mark beträgt, sind mit Ablauf des 31. Dezember 1985 aufgelöst, wenn die Geschäftsführer nicht bis zu diesem Tage einen Beschluß über die Erhöhung des Stammkapitals auf mindestens fünfzigtausend Deutsche Mark oder einen Beschluß über die Umwandlung der Gesellschaft nach den Vorschriften des Umwandlungsgesetzes zur Eintragung in das Handelsregister angemeldet haben. [2]Ist der Beschluß über die Erhöhung des Stammkapitals oder der Umwandlungsbeschluß vor dem 1. Januar 1986 angefochten worden, so tritt an die Stelle dieses Tages der sechs Monate nach dem Tag der Rechtskraft der Entscheidung liegende Tag. [3]Erfolgt die Erhöhung des Stammkapitals durch eine Kapitalerhöhung gegen Einlagen, so haben die Geschäftsführer bei der Anmeldung der Kapitalerhöhung zur Eintragung in das Handelsregister zu versichern, daß von den Geldeinlagen auf das Stammkapital mindestens soviel eingezahlt ist, daß der Gesamtbetrag aller bisher und neu eingezahlten Geldeinlagen zuzüglich des Gesamtbetrags der Stammeinlagen, für die Sacheinlagen zu leisten sind, fünfundzwanzigtausend Deutsche Mark erreicht.

(2) Gesellschaften mit einem Stammkapital von fünfzigtausend Deutsche Mark oder mehr, aber weniger als einhunderttausend Deutsche Mark sind mit Ablauf des 31. Dezember 1985 aufgelöst, wenn die Geschäftsführer nicht bis zu diesem Tag dem Registergericht gegenüber versichert haben, daß von den Geldeinlagen auf das Stammkapital mindestens soviel eingezahlt ist, daß der Gesamtbetrag der eingezahlten Geldeinlagen zuzüglich des Gesamtbetrags der Stammeinlagen, für die Sacheinlagen zu leisten sind, fünfundzwanzigtausend Deutsche Mark erreicht.

---

\* Gem. Anlage I zum Einigungsvertragsgesetz vom 23. 9. 1990 (BGBl. II S. 885, 960) gilt in dem in Artikel 3 des Einigungsvertrages genannten Gebiet folgendes: Artikel 12 ist für bereits bestehende oder bis zum 30. Juni 1990 zur Eintragung in das Handelsregister angemeldete, aber noch nicht eingetragene Gesellschaften mit beschränkter Haftung mit der Maßgabe anzuwenden, daß in § 1 Abs. 1 und 2 als Termin für die Kapitalerhöhung oder Umwandlung beziehungsweise Leistung weiterer Einlagen der 1. Juli 1995 festgesetzt wird. Dies gilt auch für Gesellschaften, die zwischen dem 1. Juli 1990 und dem Wirksamwerden des Beitritts auf der Grundlage des Gesetzes über die Änderung des Gesetzes vom 21. Juni 1990 über die Inkraftsetzung von Rechtsvorschriften der Bundesrepublik Deutschland in der Deutschen Demokratischen Republik vom 6. Juli 1990 (GBl. I Nr. 44 S. 713) zur Eintragung in das Handelsregister angemeldet worden sind, mit der Maßgabe, daß als Termin für die Kapitalerhöhung oder Umwandlung beziehungsweise Leistung weiterer Einlagen der 1. Juli 1992 festgesetzt wird.

(3) ¹Ist eine Gesellschaft nach den Absätzen 1 oder 2 aufgelöst, so können die Gesellschafter, solange noch nicht mit der Verteilung des Vermögens begonnen ist, die Fortsetzung der Gesellschaft beschließen. ²Der Fortsetzungsbeschluß wird erst wirksam, wenn er in das Handelsregister des Sitzes der Gesellschaft eingetragen worden ist. ³Im Fall des Absatzes 1 soll der Fortsetzungsbeschluß nur zusammen mit einem Beschluß über die Erhöhung des Stammkapitals auf mindestens fünfzigtausend Deutsche Mark in das Handelsregister eingetragen werden. ⁴Im Fall des Absatzes 2 soll der Fortsetzungsbeschluß in das Handelsregister nur eingetragen werden, wenn die Geschäftsführer dem Registergericht bei der Anmeldung versichern, daß von den Geldeinlagen auf das Stammkapital mindestens soviel eingezahlt ist, daß der Gesamtbetrag der eingezahlten Geldeinlagen zuzüglich des Gesamtbetrags der Geschäftsanteile, für die Sacheinlagen zu leisten sind, fünfundzwanzigtausend Deutsche Mark erreicht.

## § 5 Strafvorschrift

Mit Freiheitsstrafe bis zu drei Jahren oder mit Geldstrafe wird bestraft, wer als Geschäftsführer zum Zweck der Fortsetzung der Gesellschaft in den nach § 1 Abs. 1 Satz 3, Abs. 2 oder Abs. 3 Satz 4 abzugebenden Versicherungen falsche Angaben macht.

## § 7 Gewinnverwendung

(1) ¹Bei einer Gesellschaft mit beschränkter Haftung, die bei Inkrafttreten des Bilanzrichtlinien-Gesetzes vom 19. 12. 1985 (BGBl. I S. 2355) in das Handelsregister eingetragen ist, haben die Gesellschafter Anspruch auf den Jahresüberschuß zuzüglich eines Gewinnvortrags und abzüglich eines Verlustvortrags, soweit dieser Betrag nicht nach Gesetz oder Gesellschaftsvertrag von der Verteilung unter die Gesellschafter ausgeschlossen ist. ²Wird die Bilanz unter Berücksichtigung der teilweisen Ergebnisverwendung aufgestellt oder werden Rücklagen aufgelöst, so haben die Gesellschafter abweichend von Satz 1 Anspruch auf den Bilanzgewinn.

(2) ¹Haben die Gesellschafter nach Absatz 1 ganz oder teilweise Anspruch auf den Jahresüberschuß oder den Bilanzgewinn, so sind Änderungen des Gesellschaftsvertrags nur in das Handelsregister einzutragen, wenn zugleich eine Änderung des Gesellschaftsvertrags eingetragen wird, durch die dieser Anspruch, die gesetzliche Regelung des § 29 Abs. 2 des Gesetzes betreffend die Gesellschaften mit beschränkter Haftung oder eine davon abweichende Bestimmung in den Gesellschaftsvertrag aufgenommen wird. ²Die Aufnahme einer solchen Bestimmung in den Gesellschaftsvertrag kann bei der erstmaligen Änderung des Gesellschaftsvertrags nach dem Inkrafttreten des Bilanzrichtlinien-Gesetzes mit einfacher Mehrheit beschlossen werden.

(3) § 29 Abs. 1 und 2 des Gesetzes betreffend die Gesellschaften mit beschränkter Haftung ist für diese Gesellschaften erst anzuwenden, wenn die Änderung des Gesellschaftsvertrags nach Absatz 2 in das Handelsregister eingetragen worden ist.

# 3 b. Gesetz über die Kapitalerhöhung aus Gesellschaftsmitteln und über die Verschmelzung von Gesellschaften mit beschränkter Haftung

**Vom 23. Dezember 1959 (BGBl. I S. 789)**

**(BGBl. III 4120–2)**

zuletzt geändert durch das Bilanzrichtlinien-Gesetz vom 19. 12. 1985
(BGBl. I S. 2355)

## Gesetzesübersicht

## Erster Abschnitt. Kapitalerhöhung aus Gesellschaftsmitteln

### § 1 [Kapitalerhöhung durch Umwandlung von Rücklagen]

(1) Eine Gesellschaft mit beschränkter Haftung kann ihr Stammkapital durch Umwandlung von Rücklagen in Stammkapital erhöhen.

(2) Für den Beschluß über die Erhöhung des Stammkapitals und für die Anmeldung des Beschlusses gelten § 53 Abs. 1 und 2, § 54 Abs. 1 des Gesetzes betreffend die Gesellschaften mit beschränkter Haftung entsprechend.

(3) Die Erhöhung des Stammkapitals kann erst beschlossen werden, nachdem der Jahresabschluß für das letzte vor der Beschlußfassung über die Kapitalerhöhung abgelaufene Geschäftsjahr (letzter Jahresabschluß) festgestellt und über die Ergebnisverwendung Beschluß gefaßt worden ist.

(4) Dem Beschluß über die Erhöhung des Stammkapitals ist eine Bilanz zugrunde zu legen.

### § 2 [Voraussetzungen für die Umwandlung von Rücklagen]

(1) Die Kapital- und Gewinnrücklagen, die in Stammkapital umgewandelt werden sollen, müssen in der letzten Jahresbilanz und, wenn dem Beschluß eine andere Bilanz zugrunde gelegt wird, auch in dieser Bilanz unter „Kapitalrücklage" oder „Gewinnrücklagen" oder im letzten Beschluß über die Verwendung des Jahresergebnisses als Zuführung zu diesen Rücklagen ausgewiesen sein.

(2) Die Rücklagen können nicht umgewandelt werden, soweit in der zugrunde gelegten Bilanz ein Verlust, einschließlich eines Verlustvortrags, ausgewiesen ist.

(3) Andere Gewinnrücklagen, die einem bestimmten Zweck zu dienen bestimmt sind, dürfen nur umgewandelt werden, soweit dies mit ihrer Zweckbestimmung vereinbar ist.

## § 3 [Jahresbilanz als Grundlage des Erhöhungsbeschlusses]

(1) Dem Beschluß kann die letzte Jahresbilanz zugrunde gelegt werden, wenn die Jahresbilanz geprüft und die festgestellte Jahresbilanz mit dem uneingeschränkten Bestätigungsvermerk der Abschlußprüfer versehen ist und wenn ihr Stichtag höchstens sieben Monate vor der Anmeldung des Beschlusses zur Eintragung in das Handelsregister liegt.

(2) Bei Gesellschaften, die nicht große im Sinne des § 267 Abs. 3 des Handelsgesetzbuchs sind, kann die Prüfung auch durch vereidigte Buchprüfer erfolgen; die Abschlußprüfer müssen von der Versammlung der Gesellschafter gewählt sein.

## § 4 [Erhöhungssonderbilanz]

(1) [1]Wird dem Beschluß nicht die letzte Jahresbilanz zugrunde gelegt, so muß die Bilanz den Vorschriften über die Gliederung der Jahresbilanz und über die Wertansätze in der Jahresbilanz entsprechen. [2]Der Stichtag der Bilanz darf höchstens sieben Monate vor der Anmeldung des Beschlusses zur Eintragung in das Handelsregister liegen.

(2) [1]Die Bilanz ist, bevor über die Erhöhung des Stammkapitals Beschluß gefaßt wird, durch einen oder mehrere Prüfer darauf zu prüfen, ob sie dem Absatz 1 entspricht. [2]Sind nach dem abschließenden Ergebnis der Prüfung keine Einwendungen zu erheben, so haben die Prüfer dies durch einen Vermerk zu bestätigen. [3]Die Erhöhung des Stammkapitals kann nicht ohne diese Bestätigung der Prüfer beschlossen werden.

(3) [1]Die Prüfer werden von den Gesellschaftern gewählt; falls nicht andere Prüfer gewählt werden, gelten die Prüfer als gewählt, die für die Prüfung des letzten Jahresabschlusses von den Gesellschaftern gewählt oder vom Gericht bestellt worden sind. [2]Im übrigen sind, soweit sich aus der Besonderheit des Prüfungsauftrags nichts anderes ergibt, § 318 Abs. 1 Satz 2, § 319 Abs. 1 bis 3, § 320 Abs. 1 Satz 2, Abs. 2, §§ 321, 323 des Handelsgesetzbuchs anzuwenden. [3]Bei Gesellschaften, die nicht große im Sinne des § 267 Abs. 3 des Handelsgesetzbuchs sind, können auch vereidigte Buchprüfer zu Prüfern bestellt werden.

## § 5 [Vorherige Bekanntgabe an die Gesellschafter]

Die Bestimmungen des Gesellschaftsvertrags über die vorherige Bekanntgabe des Jahresabschlusses an die Gesellschafter sind in den Fällen des § 4 entsprechend anzuwenden.

## § 6 [Kapitalerhöhung durch Bildung neuer Geschäftsanteile]

(1) [1]Die Kapitalerhöhung kann vorbehaltlich des § 12 Abs. 2 durch Bildung neuer Geschäftsanteile und durch Erhöhung des Nennbetrags der Geschäftsanteile ausgeführt werden. [2]Die neuen Geschäftsanteile und die Geschäftsanteile, deren Nennbetrag erhöht wird, können auf jeden durch zehn teilbaren Betrag, müssen jedoch auf mindestens fünfzig Deutsche Mark gestellt werden.

(2) [1]Der Beschluß über die Erhöhung des Stammkapitals muß die Art der Erhöhung angeben. [2]Soweit die Kapitalerhöhung durch Erhöhung des Nennbetrags der Geschäftsanteile ausgeführt werden soll, ist sie so zu bemessen, daß durch sie auf keinen Geschäftsanteil, dessen Nennbetrag erhöht wird, Beträge entfallen, die durch die Erhöhung des Nennbetrags des Geschäftsanteils nicht gedeckt werden können.

## § 7 [Anmeldung und Eintragung des Beschlusses]

(1) ¹Der Anmeldung des Beschlusses über die Erhöhung des Stammkapitals zur Eintragung in das Handelsregister ist die der Kapitalerhöhung zugrunde gelegte, mit dem Bestätigungsvermerk der Prüfer versehene Bilanz, in den Fällen des § 4 außerdem die letzte Jahresbilanz, sofern sie noch nicht eingereicht ist, beizufügen. ²Die Anmeldenden haben dem Registergericht gegenüber zu erklären, daß nach ihrer Kenntnis seit dem Stichtag der zugrunde gelegten Bilanz bis zum Tag der Anmeldung keine Vermögensminderung eingetreten ist, die der Kapitalerhöhung entgegenstünde, wenn sie am Tag der Anmeldung beschlossen worden wäre.

(2) Das Registergericht darf den Beschluß nur eintragen, wenn die der Kapitalerhöhung zugrunde gelegte Bilanz für einen höchstens sieben Monate vor der Anmeldung liegenden Zeitpunkt aufgestellt und eine Erklärung nach Absatz 1 Satz 2 abgegeben worden ist.

(3) Zu der Prüfung, ob die Bilanzen den gesetzlichen Vorschriften entsprechen, ist das Gericht nicht verpflichtet.

(4) Bei der Eintragung des Beschlusses ist anzugeben, daß es sich um eine Kapitalerhöhung aus Gesellschaftsmitteln handelt.

(5) Die eingereichten Schriftstücke werden beim Gericht in Urschrift, Ausfertigung oder öffentlich beglaubigter Abschrift aufbewahrt.

## § 8 [Bedeutung der Eintragung]

(1) Mit der Eintragung des Beschlusses über die Erhöhung des Stammkapitals ist das Stammkapital erhöht.

(2) Die neuen Stammeinlagen gelten als vollständig eingezahlt.

## § 9 [Zuordnung der neuen Anteilsrechte]

¹Die neuen Geschäftsanteile stehen den Gesellschaftern im Verhältnis ihrer bisherigen Geschäftsanteile zu. ²Ein entgegenstehender Beschluß der Gesellschafter ist nichtig.

## § 10 [Teilrechte; Ausübung von Mitgliedschaftsrechten]

(1) Führt die Kapitalerhöhung dazu, daß auf einen Geschäftsanteil nur ein Teil eines neuen Geschäftsanteils entfällt, so ist dieses Teilrecht selbständig veräußerlich und vererblich.

(2) Die Rechte aus einem neuen Geschäftsanteil, einschließlich des Anspruchs auf Ausstellung einer Urkunde über den neuen Geschäftsanteil, können nur ausgeübt werden, wenn Teilrechte, die zusammen einen vollen Geschäftsanteil ergeben, in einer Hand vereinigt sind oder wenn sich mehrere Berechtigte, deren Teilrechte zusammen einen vollen Geschäftsanteil ergeben, zur Ausübung der Rechte (§ 18 des Gesetzes betreffend die Gesellschaften mit beschränkter Haftung) zusammenschließen.

## § 11 *(aufgehoben)*

## § 12 [Eigene und teileingezahlte Anteile]

(1) Eigene Geschäftsanteile nehmen an der Erhöhung des Stammkapitals teil.

(2) ¹Teileingezahlte Geschäftsanteile nehmen entsprechend ihrem Nennbetrag an der Erhöhung des Stammkapitals teil. ²Bei ihnen kann die Kapitaler-

höhung nur durch Erhöhung des Nennbetrags der Geschäftsanteile ausgeführt werden. ³Sind neben teileingezahlten Geschäftsanteilen vollständig eingezahlte Geschäftsanteile vorhanden, so kann bei diesen die Kapitalerhöhung durch Erhöhung des Nennbetrags der Geschäftsanteile und durch Bildung neuer Geschäftsanteile ausgeführt werden. ⁴Die Geschäftsanteile, deren Nennbetrag erhöht wird, können auf jeden durch fünf teilbaren Betrag gestellt werden.

## § 13 [Verhältnis der Mitgliedschaftsrechte; Drittbeziehungen]

(1) Das Verhältnis der mit den Geschäftsanteilen verbundenen Rechte zueinander wird durch die Kapitalerhöhung nicht berührt.

(2) ¹Soweit sich einzelne Rechte teileingezahlter Geschäftsanteile, insbesondere die Beteiligung am Gewinn oder das Stimmrecht, nach der je Geschäftsanteil geleisteten Einlage bestimmen, stehen diese Rechte den Gesellschaftern bis zur Leistung der noch ausstehenden Einlagen nur nach der Höhe der geleisteten Einlage, erhöht um den auf den Nennbetrag des Stammkapitals berechneten Hundertsatz der Erhöhung des Stammkapitals, zu. ²Werden weitere Einzahlungen geleistet, so erweitern sich diese Rechte entsprechend.

(3) Der wirtschaftliche Inhalt vertraglicher Beziehungen der Gesellschaft zu Dritten, die von der Gewinnausschüttung der Gesellschaft, dem Nennbetrag oder Wert ihrer Geschäftsanteile oder ihres Stammkapitals oder in sonstiger Weise von den bisherigen Kapital- oder Gewinnverhältnissen abhängen wird durch die Kapitalerhöhung nicht berührt.

## § 14 [Teilnahme am Gewinn]

(1) Die neuen Geschäftsanteile nehmen, wenn nichts anderes bestimmt ist, am Gewinn des ganzen Geschäftsjahrs teil, in dem die Erhöhung des Stammkapitals beschlossen worden ist.

(2) ¹Im Beschluß über die Erhöhung des Stammkapitals kann bestimmt werden, daß die neuen Geschäftsanteile bereits am Gewinn des letzten vor der Beschlußfassung über die Kapitalerhöhung abgelaufenen Geschäftsjahrs teilnehmen. ²In diesem Fall ist die Erhöhung des Stammkapitals abweichend von § 1 Abs. 3 zu beschließen, bevor über die Ergebnisverwendung für das letzte vor der Beschlußfassung abgelaufene Geschäftsjahr Beschluß gefaßt worden ist. ³Der Beschluß über die Ergebnisverwendung für das letzte vor der Beschlußfassung über die Kapitalerhöhung abgelaufene Geschäftsjahr wird erst wirksam, wenn das Stammkapital erhöht worden ist. ⁴Der Beschluß über die Erhöhung des Stammkapitals und der Beschluß über die Ergebnisverwendung für das letzte vor der Beschlußfassung über die Kapitalerhöhung abgelaufene Geschäftsjahr sind nichtig, wenn der Beschluß über die Kapitalerhöhung nicht binnen drei Monaten nach der Beschlußfassung in das Handelsregister eingetragen worden ist; der Lauf der Frist ist gehemmt, solange eine Anfechtungs- oder Nichtigkeitsklage rechtshängig ist oder eine zur Kapitalerhöhung beantragte staatliche Genehmigung noch nicht erteilt worden ist.

## § 15 *(aufgehoben)*

## § 16 [Bildung neuer Geschäftsanteile]

Vor der Eintragung des Beschlusses über die Erhöhung des Stammkapitals in das Handelsregister dürfen neue Geschäftsanteile nicht gebildet werden.

## § 17 [Verteilung der Anschaffungskosten]

[1]Als Anschaffungskosten der vor der Erhöhung des Stammkapitals erworbenen Geschäftsanteile und der auf sie entfallenden neuen Geschäftsanteile gelten die Beträge, die sich für die einzelnen Geschäftsanteile ergeben, wenn die Anschaffungskosten der vor der Erhöhung des Stammkapitals erworbenen Geschäftsanteile auf diese und auf die auf sie entfallenden neuen Geschäftsanteile nach dem Verhältnis der Nennbeträge verteilt werden. [2]Der Zuwachs an Geschäftsanteilen ist nicht als Zugang auszuweisen.

## § 18 *(aufgehoben)*

# Zweiter Abschnitt. Verschmelzung

## Erster Unterabschnitt. Verschmelzung von Gesellschaften mit beschränkter Haftung

## § 19 [Wesen der Verschmelzung]

(1) [1]Gesellschaften mit beschränkter Haftung können ohne Abwicklung vereinigt (verschmolzen) werden. [2]Die Verschmelzung kann erfolgen:

1. durch Übertragung des Vermögens der Gesellschaft (übertragende Gesellschaft) als Ganzes auf eine andere Gesellschaft (übernehmende Gesellschaft) gegen Gewährung von Geschäftsanteilen dieser Gesellschaft (Verschmelzung durch Aufnahme);

2. durch Bildung einer neuen Gesellschaft mit beschränkter Haftung, auf die das Vermögen jeder der sich vereinigenden Gesellschaften als Ganzes gegen Gewährung von Geschäftsanteilen der neuen Gesellschaft übergeht (Verschmelzung durch Neubildung).

(2) Die Verschmelzung ist auch zulässig, wenn die übertragende Gesellschaft oder eine der sich vereinigenden Gesellschaften aufgelöst ist und die Fortsetzung der Gesellschaft beschlossen werden könnte.

## § 20 [Verschmelzungsbeschlüsse]

(1) Der Verschmelzungsvertrag wird nur wirksam, wenn die Gesellschafter jeder Gesellschaft ihm durch Beschluß zustimmen.

(2) [1]Der Beschluß bedarf einer Mehrheit von drei Vierteln der abgegebenen Stimmen. [2]Der Gesellschaftsvertrag kann keine geringere Mehrheit bestimmen. [3]Sind auf die Geschäftsanteile der übernehmenden Gesellschaft nicht alle zu leistenden Einlagen in voller Höhe bewirkt, so müssen dem Beschluß der Gesellschafter der übertragenden Gesellschaft alle anwesenden Gesellschafter zustimmen; er bedarf zu seiner Wirksamkeit auch der Zustimmung der nicht erschienenen Gesellschafter.

(3) [1]Der Beschluß muß notariell beurkundet werden. [2]Der Verschmelzungsvertrag ist ihm als Anlage beizufügen.

(4) Auf Verlangen ist jedem Gesellschafter unverzüglich eine Abschrift des notariell beurkundeten Beschlusses und des Verschmelzungsvertrags zu erteilen.

(5) Die Geschäftsführer haben jedem Gesellschafter auf Verlangen Auskunft auch über alle für die Verschmelzung wesentlichen Angelegenheiten der Gesellschaft zu geben, mit welcher der Verschmelzungsvertrag geschlossen werden soll.

## § 21 [Verschmelzungsvertrag]

(1) Der Verschmelzungsvertrag hat für jeden Gesellschafter der übertragenden Gesellschaft den Nennbetrag des Geschäftsanteils zu bestimmen, den die übernehmende Gesellschaft ihm zu gewähren hat.

(2) Sollen die zu gewährenden Geschäftsanteile im Wege der Kapitalerhöhung geschaffen werden und mit anderen Rechten und Pflichten als sonstige Geschäftsanteile der übernehmenden Gesellschaft ausgestattet werden, so sind auch die Abweichungen im Verschmelzungsvertrag festzusetzen.

(3) Sollen Gesellschafter der übertragenden Gesellschaft schon vorhandene Geschäftsanteile der übernehmenden Gesellschaft erhalten, so müssen die Gesellschafter und die Nennbeträge der Geschäftsanteile, die sie erhalten sollen, besonders im Verschmelzungsvertrag bestimmt werden.

(4) [1]Der Verschmelzungsvertrag bedarf der notariellen Beurkundung. [2]§ 310 des Bürgerlichen Gesetzbuchs gilt für ihn nicht.

(5) [1]Soll die Wirkung des Verschmelzungsvertrags erst nach mehr als zehn Jahren eintreten, so können beide Teile den Vertrag nach zehn Jahren mit halbjähriger Frist kündigen. [2]Gleiches gilt, wenn der Vertrag unter einer Bedingung geschlossen und diese binnen zehn Jahren nicht eingetreten ist. [3]Die Kündigung ist stets nur zulässig für den Schluß des Geschäftsjahrs der Gesellschaft, der gegenüber die Kündigung erklärt wird.

## § 22 [Kapitalerhöhung zur Durchführung der Verschmelzung]

(1) [1]Erhöht die übernehmende Gesellschaft zur Durchführung der Verschmelzung das Stammkapital, so sind § 55 Abs. 1, §§ 56 a, 57 Abs. 2, Abs. 3 Nr. 1 des Gesetzes betreffend die Gesellschaften mit beschränkter Haftung nicht anzuwenden. [2]Auf die neuen Geschäftsanteile ist § 5 Abs. 1, 2. Halbsatz und Abs. 3 Satz 2 des Gesetzes betreffend die Gesellschaften mit beschränkter Haftung nicht anzuwenden; jedoch muß der Betrag jeder neuen Stammeinlage mindestens fünfzig Deutsche Mark betragen und durch zehn teilbar sein.

(2) Der Anmeldung sind für das Gericht des Sitzes der Gesellschaft außer den Schriftstücken in § 57 Abs. 3 Nr. 2 und 3 des Gesetzes betreffend die Gesellschaften mit beschränkter Haftung der Verschmelzungsvertrag und die Niederschrift der Verschmelzungsbeschlüsse in Ausfertigung oder öffentlich beglaubigter Abschrift beizufügen.

## § 23 [Durchführung der Verschmelzung]

(1) [1]Die übernehmende Gesellschaft darf zur Durchführung der Verschmelzung ihr Stammkapital nicht erhöhen, soweit ihr Geschäftsanteile der übertragenden Gesellschaft gehören. [2]Gleiches gilt, soweit die übertragende Gesellschaft eigene Geschäftsanteile innehat oder ihr Geschäftsanteile der übernehmenden Gesellschaft gehören, auf welche die Einlagen noch nicht vollständig geleistet sind. [3]Die übernehmende Gesellschaft kann von der Erhöhung des Stammkapitals absehen, soweit sie eigene Geschäftsanteile innehat oder der übertragenden Gesellschaft Geschäftsanteile der übernehmenden Gesellschaft gehören, auf welche die Einlagen vollständig geleistet sind.

(2) [1]Soweit eigene Geschäftsanteile der übernehmenden Gesellschaft oder der übertragenden Gesellschaft gehörende Geschäftsanteile der übernehmenden Gesellschaft zur Durchführung der Verschmelzung den Gesellschaftern der übertragenden Gesellschaft gewährt werden sollen, sind auf eine zu diesem Zweck erforderliche Teilung dieser Geschäftsanteile Bestimmungen des

Gesellschaftsvertrags, welche die Teilung ausschließen oder erschweren, sowie § 5 Abs. 1, 2. Halbsatz und Abs. 3 Satz 2 des Gesetzes betreffend die Gesellschaften mit beschränkter Haftung nicht anzuwenden. [2]Der Nennbetrag jedes Teils der Geschäftsanteile muß jedoch mindestens fünfzig Deutsche Mark betragen und durch zehn teilbar sein.

(3) Leistet die übernehmende Gesellschaft bare Zuzahlungen, so dürfen diese nicht den zehnten Teil des Gesamtnennbetrags der gewährten Geschäftsanteile der übernehmenden Gesellschaft übersteigen.

## § 24 [Anmeldung der Verschmelzung]

(1) Die Geschäftsführer jeder Gesellschaft haben die Verschmelzung zur Eintragung in das Handelsregister des Sitzes ihrer Gesellschaft anzumelden.

(2) [1]Bei der Anmeldung haben die Geschäftsführer zu erklären, daß die Verschmelzungsbeschlüsse innerhalb der Anfechtungsfrist nicht angefochten worden sind oder daß die Anfechtung rechtskräftig zurückgewiesen worden ist. [2]Im Fall des § 20 Abs. 2 Satz 3 haben die Geschäftsführer der übertragenden Gesellschaft auch zu erklären, daß alle Gesellschafter dieser Gesellschaft dem Verschmelzungsvertrag zugestimmt haben. [3]Der Anmeldung sind in Ausfertigung oder öffentlich beglaubigter Abschrift der Verschmelzungsvertrag, die Niederschriften der Verschmelzungsbeschlüsse sowie, wenn die Verschmelzung der staatlichen Genehmigung bedarf, die Genehmigungsurkunde beizufügen.

(3) [1]Der Anmeldung zum Handelsregister des Sitzes der übertragenden Gesellschaft ist ferner eine Bilanz der übertragenden Gesellschaft beizufügen (Schlußbilanz). [2]Für diese Bilanz gelten die Vorschriften über die Jahresbilanz und über die Prüfung der Jahresbilanz sinngemäß. [3]Das Registergericht darf die Verschmelzung nur eintragen, wenn die Bilanz auf einen höchstens acht Monate vor der Anmeldung liegenden Stichtag aufgestellt worden ist.

(4) Der Anmeldung zum Handelsregister des Sitzes der übernehmenden Gesellschaft ist außerdem eine von den Geschäftsführern unterschriebene berichtigte Gesellschafterliste beizufügen.

## § 25 [Eintragung]

(1) [1]Die Verschmelzung darf in das Handelsregister des Sitzes der übernehmenden Gesellschaft erst eingetragen werden, nachdem sie im Handelsregister des Sitzes der übertragenden Gesellschaft eingetragen worden ist. [2]Wird zur Durchführung der Verschmelzung das Stammkapital der übernehmenden Gesellschaft erhöht, so darf die Verschmelzung nicht eingetragen werden, bevor die Erhöhung des Stammkapitals im Handelsregister eingetragen worden ist.

(2) [1]Mit der Eintragung der Verschmelzung in das Handelsregister des Sitzes der übertragenden Gesellschaft geht das Vermögen dieser Gesellschaft einschließlich der Verbindlichkeiten auf die übernehmende Gesellschaft über. [2]Treffen dabei aus gegenseitigen Verträgen, die zur Zeit der Verschmelzung von keiner Seite vollständig erfüllt sind, Abnahme-, Lieferungs- oder ähnliche Verpflichtungen zusammen, die miteinander unvereinbar sind oder die beide zu erfüllen eine schwere Unbilligkeit für die übernehmende Gesellschaft bedeuten würde, so bestimmt sich der Umfang der Verpflichtungen nach Billigkeit unter Würdigung der vertraglichen Rechte aller Beteiligten.

(3) [1]Die übertragende Gesellschaft erlischt mit der Eintragung der Verschmelzungen in das Handelsregister ihres Sitzes. [2]Einer besonderen Löschung der übertragenden Gesellschaft bedarf es nicht. [3]Mit der Eintragung

der Verschmelzung werden die Gesellschafter der übertragenden Gesellschaft Gesellschafter der übernehmenden Gesellschaft.

(4) Der Mangel der notariellen Beurkundung des Verschmelzungsvertrags wird durch die Eintragung geheilt.

(5) Das Gericht des Sitzes der übertragenden Gesellschaft hat von Amts wegen die bei ihm aufbewahrten Urkunden und anderen Schriftstücke nach der Eintragung der Verschmelzung dem Gericht des Sitzes der übernehmenden Gesellschaft zur Aufbewahrung zu übersenden.

## § 26 [Gläubigerschutz]

(1) [1]Den Gläubigern der übertragenden Gesellschaft ist, wenn sie sich binnen sechs Monaten nach der Bekanntmachung der Eintragung der Verschmelzung in das Handelsregister des Sitzes der übertragenden Gesellschaft zu diesem Zweck melden, Sicherheit zu leisten, soweit sie nicht Befriedigung verlangen können. [2]Die Gläubiger sind in der Bekanntmachung der Eintragung auf dieses Recht hinzuweisen.

(2) Das Recht, Sicherheitsleistung zu verlangen, steht Gläubigern nicht zu, die im Fall des Konkurses ein Recht auf vorzugsweise Befriedigung aus einer Deckungsmasse haben, die nach gesetzlicher Vorschrift zu ihrem Schutz errichtet und staatlich überwacht ist.

## § 27 [Bilanzansätze bei der übernehmenden Gesellschaft]

(1) Die in der Schlußbilanz der übertragenden Gesellschaft angesetzten Werte gelten für die Jahresbilanzen der übernehmenden Gesellschaft als Anschaffungskosten im Sinne des § 253 Abs. 1 des Handelsgesetzbuchs.

(2) [1]Ist das Stammkapital der übernehmenden Gesellschaft zur Durchführung der Verschmelzung erhöht worden und übersteigt der Gesamtnennbetrag oder der höhere Gesamtausgabebetrag der für die Veräußerung des Vermögens der übertragenden Gesellschaft gewährten Geschäftsanteile zuzüglich barer Zuzahlungen die in der Schlußbilanz angesetzten Werte der einzelnen Vermögensgegenstände, so darf der Unterschied unter die Posten des Anlagevermögens aufgenommen werden. [2]Der Betrag ist gesondert auszuweisen und in nicht mehr als fünf Jahren durch Abschreibungen zu tilgen.

## § 28 [Haftung der Verwaltungsträger der übertragenden Gesellschaft]

(1) [1]Die Geschäftsführer und, wenn ein Aufsichtsrat vorhanden ist, die Mitglieder des Aufsichtsrats der übertragenden Gesellschaft sind als Gesamtschuldner zum Ersatz des Schadens verpflichtet, den diese Gesellschaft, ihre Gesellschafter und Gläubiger durch die Verschmelzung erleiden. [2]Geschäftsführer und Mitglieder des Aufsichtsrats, die bei der Prüfung der Vermögenslage der Gesellschaften und beim Abschluß des Verschmelzungsvertrags ihre Sorgfaltspflicht beachtet haben, sind von der Ersatzpflicht befreit.

(2) [1]Für diese Ansprüche sowie weitere Ansprüche, die sich für und gegen die übertragende Gesellschaft nach den allgemeinen Vorschriften aufgrund der Verschmelzung ergeben, gilt die übertragende Gesellschaft als fortbestehend. [2]Forderungen und Verbindlichkeiten vereinigen sich insoweit durch die Verschmelzung nicht.

(3) Die Ansprüche aus Absatz 1 verjähren in fünf Jahren seit dem Tage, an dem die Eintragung der Verschmelzung in das Handelsregister des Sitzes der übertragenden Gesellschaft nach § 10 des Handelsgesetzbuchs als bekanntgemacht gilt.

## § 29 [Geltendmachung des Schadensersatzanspruchs]

(1) ¹Die Ansprüche nach § 28 Abs. 1 und 2 können nur durch einen besonderen Vertreter geltend gemacht werden. ²Das Gericht des Sitzes der übertragenden Gesellschaft hat einen Vertreter auf Antrag eines Gesellschafters oder eines Gläubigers dieser Gesellschaft zu bestellen. ³Gläubiger sind nur antragsberechtigt, wenn sie von der übernehmenden Gesellschaft keine Befriedigung erlangen können. ⁴Gegen die Entscheidung ist die sofortige Beschwerde zulässig.

(2) ¹Der Vertreter hat unter Hinweis auf den Zweck seiner Bestellung die Gesellschafter und Gläubiger der übertragenden Gesellschaft aufzufordern, die Ansprüche nach § 28 Abs. 1 und 2 innerhalb einer angemessenen Frist, die mindestens einen Monat betragen soll, anzumelden. ²Die Aufforderung ist im Bundesanzeiger und, wenn der Gesellschaftsvertrag andere Blätter für die öffentlichen Bekanntmachungen der übertragenden Gesellschaft bestimmt hatte, auch in diesen Blättern bekanntzumachen.

(3) ¹Den Betrag, der aus der Geltendmachung der Ansprüche der übertragenden Gesellschaft erzielt wird, hat der Vertreter zur Befriedigung der Gläubiger der übertragenden Gesellschaft zu verwenden, soweit diese nicht durch die übernehmende Gesellschaft befriedigt oder sichergestellt sind. ²Der Rest wird unter die Gesellschafter verteilt. ³Für die Verteilung gilt § 72 des Gesetzes betreffend die Gesellschaften mit beschränkter Haftung sinngemäß. ⁴Gläubiger und Gesellschafter, die sich nicht fristgemäß gemeldet haben, werden bei der Verteilung nicht berücksichtigt.

(4) ¹Der besondere Vertreter hat Anspruch auf Ersatz angemessener barer Auslagen und auf Vergütung für seine Tätigkeit. ²Die Auslagen und die Vergütung setzt das Gericht fest. ³Es bestimmt nach den gesamten Verhältnissen des einzelnen Falls nach freiem Ermessen, in welchem Umfang die Auslagen und die Vergütung von beteiligten Gesellschaftern und Gläubigern zu tragen sind. ⁴Gegen die Entscheidung ist die sofortige Beschwerde zulässig; die weitere Beschwerde ist ausgeschlossen. ⁵Aus der rechtskräftigen Entscheidung findet die Zwangsvollstreckung nach der Zivilprozeßordnung statt.

## § 30 [Verjährung der Ersatzansprüche gegen Verwaltungsträger der übernehmenden Gesellschaft]

Die Verjährung der Ersatzansprüche, die sich nach § 43 des Gesetzes betreffend die Gesellschaften mit beschränkter Haftung und dem entsprechend anzuwendenden § 116 des Aktiengesetzes gegen die Geschäftsführer und die Mitglieder des Aufsichtsrats der übernehmenden Gesellschaft aufgrund der Verschmelzung ergeben, beginnt mit dem Tage, an dem die Eintragung der Verschmelzung in das Handelsregister des Sitzes der übertragenden Gesellschaft nach § 10 des Handelsgesetzbuchs als bekanntgemacht gilt.

## § 31 [Nichtigkeit des Verschmelzungsbeschlusses der übertragenden Gesellschaft]

Nach Eintragung der Verschmelzung in das Handelsregister des Sitzes der übertragenden Gesellschaft ist eine Klage auf Feststellung der Nichtigkeit des Verschmelzungsbeschlusses dieser Gesellschaft gegen die übernehmende Gesellschaft zu richten.

## § 31 a [Anfechtung wegen Umtauschverhältnis der Geschäftsanteile]

(1) ¹Die Anfechtung des Beschlusses, durch den die Gesellschafterversammlung der übertragenden Gesellschaft dem Verschmelzungsvertrag zuge-

stimmt hat, kann nicht darauf gestützt werden, daß das Umtauschverhältnis der Geschäftsanteile zu niedrig bemessen ist. [2]Ist das Umtauschverhältnis zu niedrig bemessen, so hat das in dem sinngemäß anzuwendenden § 306 des Aktiengesetzes bestimmte Gericht auf Antrag einen Ausgleich durch bare Zuzahlungen, die den zehnten Teil des Gesamtnennbetrags der gewährten Geschäftsanteile übersteigen können, anzuordnen.

(2) [1]Antragsberechtigt ist jeder Gesellschafter der übertragenden Gesellschaft, der zur Anfechtung des Verschmelzungsbeschlusses befugt wäre, dessen Anfechtungsrecht jedoch nach Absatz 1 Satz 1 ausgeschlossen ist. [2]Der Antrag kann nur binnen zwei Monaten nach dem Tage gestellt werden, an dem die Eintragung der Verschmelzung in das Handelsregister des Sitzes der übertragenden Gesellschaft nach § 10 des Handelsgesetzbuchs als bekanntgemacht gilt. [3]Für das Verfahren gilt § 306 Abs. 1 bis 4 Satz 1, Abs. 5 bis 7 des Aktiengesetzes sinngemäß. [4]Gesellschafter, die einen Antrag nicht gestellt haben, können aus der Entscheidung des Gerichts keine Rechte herleiten.

## § 32 [Verschmelzung durch Neubildung]

(1) [1]Bei Verschmelzung von Gesellschaften mit beschränkter Haftung durch Bildung einer neuen Gesellschaft mit beschränkter Haftung gelten sinngemäß die §§ 20, 21 Abs. 1, 4 und 5, § 24 Abs. 2 bis 4, § 25 Abs. 4 und 5, §§ 26 bis 29, 31, 31 a. [2]Jede der sich vereinigenden Gesellschaften gilt als übertragende und die neue Gesellschaft als übernehmende.

(2) [1]Der Gesellschaftsvertrag der neuen Gesellschaft wird nur wirksam, wenn ihm in jeder der sich vereinigenden Gesellschaften die Gesellschafter durch Beschluß zustimmen. [2]§ 20 Abs. 2 Satz 1, 2, Abs. 3, 4 gilt sinngemäß. [3]Für die Bestellung von Aufsichtsratsmitgliedern der neuen Gesellschaft, die von den Gesellschaftern der sich vereinigenden Gesellschaften zu wählen sind, gelten diese Vorschriften entsprechend.

(3) [1]Für die Bildung der neuen Gesellschaft gelten die Gründungsvorschriften des § 3 Abs. 1 und der §§ 6, 10 Abs. 1 und 2, § 11 des Gesetzes betreffend die Gesellschaften mit beschränkter Haftung sinngemäß. [2]Festsetzungen über Sondervorteile, Gründungsaufwand und Sacheinlagen, die in den Gesellschaftsverträgen der sich vereinigenden Gesellschaften enthalten waren, sind in den Gesellschaftsvertrag der neuen Gesellschaft zu übernehmen.

(4) [1]Die Geschäftsführer der sich vereinigenden Gesellschaften haben die neue Gesellschaft bei dem Gericht, in dessen Bezirk sie ihren Sitz hat, zur Eintragung in das Handelsregister anzumelden. [2]Mit der Eintragung der neuen Gesellschaft geht das Vermögen der sich vereinigenden Gesellschaften einschließlich der Verbindlichkeiten auf die neue Gesellschaft über. [3]Treffen dabei aus gegenseitigen Verträgen, die zur Zeit der Verschmelzung von keiner Seite vollständig erfüllt sind, Abnahme-, Lieferungs- oder ähnliche Verpflichtungen zusammen, die miteinander unvereinbar sind oder die beide zu erfüllen eine schwere Unbilligkeit für die übernehmende Gesellschaft bedeuten würde, so bestimmt sich der Umfang der Verpflichtungen nach Billigkeit unter Würdigung der vertraglichen Rechte aller Beteiligten.

(5) [1]Mit der Eintragung der neuen Gesellschaft erlöschen die sich vereinigenden Gesellschaften. [2]Einer besonderen Löschung der sich vereinigenden Gesellschaften bedarf es nicht. [3]Mit der Eintragung werden die Gesellschafter der sich vereinigenden Gesellschaften Gesellschafter der neuen Gesellschaft.

(6) In die Bekanntmachung der Eintragung der neuen Gesellschaft sind außer deren Inhalt aufzunehmen:

1. Name, Beruf und Wohnort der Mitglieder des ersten Aufsichtsrats, wenn der Gesellschaftsvertrag die Bildung eines Aufsichtsrats vorsieht oder die Gesellschaft als Kapitalanlagegesellschaft einen Aufsichtsrat zu bilden hat;
2. Bestimmungen des Gesellschaftsvertrags über die Form, in welcher Bekanntmachungen der Gesellschaft veröffentlicht werden.

(7) ¹Die Geschäftsführer der neuen Gesellschaft haben die Verschmelzung zur Eintragung in die Handelsregister der sich vereinigenden Gesellschaften anzumelden. ²Die Verschmelzung darf erst eingetragen werden, wenn die neue Gesellschaft eingetragen worden ist.

## Zweiter Unterabschnitt. Verschmelzung einer Aktiengesellschaft oder einer Kommanditgesellschaft auf Aktien mit einer Gesellschaft mit beschränkter Haftung

### § 33 [Verschmelzung einer AG mit einer GmbH]

(1) Eine Aktiengesellschaft kann mit einer Gesellschaft mit beschränkter Haftung durch Übertragung des Vermögens der Aktiengesellschaft als Ganzes auf die Gesellschaft mit beschränkter Haftung gegen Gewährung von Geschäftsanteilen dieser Gesellschaft verschmolzen werden.

(2) ¹Für die Verschmelzung gelten, soweit sich aus den Absätzen 3 und 4 nichts anderes ergibt, § 19 Abs. 2, §§ 20 bis 27, 30 und 31 sinngemäß. ²An die Stelle der Geschäftsführer und der Gesellschafter der übertragenden Gesellschaft mit beschränkter Haftung treten der Vorstand und die Hauptversammlung der Aktiengesellschaft. ³In der bei der Anmeldung der Verschmelzung einzureichenden berichtigten Liste der Gesellschafter sind unbekannte Aktionäre unter Bezeichnung der Aktienurkunde und des auf die Aktien entfallenden Geschäftsanteils anzugeben. ⁴Die Schlußbilanz der übertragenden Gesellschaft braucht nicht bekanntgemacht zu werden.

(3) Für den Verschmelzungsbeschluß der Hauptversammlung, die Pflicht der Geschäftsführer der Gesellschaft mit beschränkter Haftung über die Bekanntmachung der Zusammensetzung des Aufsichtsrats, den Umtausch der Aktien und die Rechte widersprechender Aktionäre gelten § 340d Abs. 2 Nr. 1, Abs. 4 bis 6, § 369 Abs. 2 bis 4, 6, §§ 370, 373, 375 des Aktiengesetzes sinngemäß.

(4) ¹Die Mitglieder des Vorstands und des Aufsichtsrats der Aktiengesellschaft sind als Gesamtschuldner zum Ersatz des Schadens verpflichtet, den die Gesellschaft, ihre Aktionäre und Gläubiger durch die Verschmelzung erleiden. ²Mitglieder des Vorstands und des Aufsichtsrats, die bei der Prüfung der Vermögenslage der Gesellschaften und bei Abschluß des Verschmelzungsvertrags die Sorgfalt eines ordentlichen Geschäftsleiters angewandt haben, sind von der Ersatzpflicht befreit. ³§ 28 Abs. 2 und 3, § 29 gelten sinngemäß.

### § 34 [Verschmelzung einer KGaA mit einer GmbH]

(1) Eine Kommanditgesellschaft auf Aktien kann mit einer Gesellschaft mit beschränkter Haftung durch Übertragung des Vermögens der Aktiengesellschaft als Ganzes auf die Gesellschafter mit beschränkter Haftung gegen Gewährung von Geschäftsanteilen dieser Gesellschaft verschmolzen werden.

(2) ¹Für die Verschmelzung gilt § 33 sinngemäß. ²An die Stelle des Vorstands der Aktiengesellschaft treten die persönlich haftenden Gesellschafter der Kommanditgesellschaft auf Aktien.

### Dritter Unterabschnitt. Verschmelzung einer bergrechtlichen Gewerkschaft mit einer Gesellschaft mit beschränkter Haftung

#### § 35

(1) Eine bergrechtliche Gewerkschaft mit eigener Rechtspersönlichkeit kann mit einer Gesellschaft mit beschränkter Haftung durch Übertragung des Vermögens der Gewerkschaft als Ganzes auf die Gesellschaft mit beschränkter Haftung gegen Gewährung von Geschäftsanteilen dieser Gesellschaft verschmolzen werden.

(2) ¹Für die Verschmelzung gelten, soweit sich aus den folgenden Vorschriften nichts anderes ergibt, § 19 Abs. 2, §§ 20 bis 26, 30, 31 sinngemäß. ²An die Stelle der Geschäftsführer und der Gesellschafter der übertragenden Gesellschaft mit beschränkter Haftung treten die gesetzlichen Vertreter der Gewerkschaft und die Gewerkenversammlung.

(3) ¹Für den Beschluß nach § 20 Abs. 1 bedarf es bei der übertragenden Gewerkschaft einer Mehrheit von mindestens drei Vierteln aller Kuxe. ²Die Satzung kann eine größere Mehrheit und weitere Erfordernisse bestimmen. ³Der Beschluß bedarf zu seiner Wirksamkeit der Bestätigung durch die nach Landesrecht zuständige Behörde. ⁴Die Behörde darf die Bestätigung nur versagen, wenn das öffentliche Interesse entgegensteht.

(4) ¹Ist die Gewerkschaft nicht in das Handelsregister eingetragen, so wird auch die Verschmelzung nicht in das Handelsregister des Sitzes der Gewerkschaft eingetragen. ²Die Rechtsfolgen der Eintragung treten in diesem Fall ein, wenn die Verschmelzung in das Handelsregister des Sitzes der übernehmenden Gesellschaft eingetragen ist.

(5) ¹Die gesetzlichen Vertreter der Gewerkschaft und, wenn ein Aufsichtsrat bestellt ist, die Mitglieder des Aufsichtsrats der Gewerkschaft sind als Gesamtschuldner zum Ersatz des Schadens verpflichtet, den die Gewerkschaft, die Gewerken und die Gläubiger der Gewerkschaft durch die Verschmelzung erleiden. ²§ 28 Abs. 1 Satz 2, Abs. 2 und 3, § 29 gelten sinngemäß.

### Dritter Abschnitt. Strafvorschrift. Übergangs- und Schlußvorschriften

#### § 36 [Strafvorschrift]

Wer als Geschäftsführer einer Gesellschaft mit beschränkter Haftung die in § 7 Abs. 1 Satz 2 vorgeschriebene Erklärung der Wahrheit zuwider abgibt, wird mit Freiheitsstrafe bis zu drei Jahren oder mit Geldstrafe bestraft.

#### § 37 [Zwangsgeld]

(1) ¹Geschäftsführer oder Liquidatoren, die § 20 Abs. 4 nicht befolgen, sind hierzu vom Registergericht durch Festsetzung von Zwangsgeld anzuhalten; § 14 des Handelsgesetzbuchs bleibt unberührt. ²Das einzelne Zwangsgeld darf den Betrag von zehntausend Deutsche Mark nicht übersteigen.

(2) In Ansehung der in § 24 Abs. 1 und § 32 Abs. 4 bezeichneten Anmeldungen zum Handelsregister findet, soweit es sich um die Anmeldung zum Handelsregister des Sitzes der Gesellschaft handelt, eine Festsetzung von Zwangsgeld nach § 14 des Handelsgesetzbuchs nicht statt.

## § 37a [Übergangsbestimmung]

Die Vorschriften dieses Gesetzes über Verschmelzungen in der vom 1. Januar 1983 an geltenden Fassung sind nicht auf Vorgänge anzuwenden, zu deren Vorbereitung bereits vor diesem Tage der Verschmelzungsvertrag beurkundet oder eine Gesellschafterversammlung einberufen worden ist.

## § 38 [Geltung in Berlin]

Dieses Gesetz gilt nach Maßgabe des § 13 Abs. 1 des Dritten Überleitungsgesetzes vom 4. Januar 1952 (Bundesgesetzbl. I S. 1) auch im Land Berlin.

## § 39 [Inkrafttreten]

Dieses Gesetz tritt am Tage nach seiner Verkündigung* in Kraft.

---

* Das Gesetz wurde am 30. 12. 1959 verkündet.

# 4. Gesetz betreffend die Erwerbs- und Wirtschaftsgenossenschaften

**Vom 1. Mai 1889 (RGBl. S. 55)**

**in der Fassung der Bekanntmachung vom 20. Mai 1898
(RGBl. S. 369, 810)**

**(BGBl. III 4125-1)**

zuletzt geändert durch Gesetz vom 30. 11. 1990 (BGBl. I S. 2570)

## Gesetzesübersicht

## Erster Abschnitt. Errichtung der Genossenschaft

### § 1 [Begriff und Arten der Genossenschaft]

(1) Gesellschaften von nicht geschlossener Mitgliederzahl, welche die Förderung des Erwerbes oder der Wirtschaft ihrer Mitglieder mittels gemeinschaftlichen Geschäftsbetriebes bezwecken (Genossenschaften), namentlich:
1. Vorschuß- und Kreditvereine,
2. Rohstoffvereine,
3. Vereine zum gemeinschaftlichen Verkauf landwirtschaftlicher oder gewerblicher Erzeugnisse (Absatzgenossenschaften, Magazinvereine),
4. Vereine zur Herstellung von Gegenständen und zum Verkauf derselben auf gemeinschaftliche Rechnung (Produktivgenossenschaften),
5. Vereine zum gemeinschaftlichen Einkauf von Lebens- und Wirtschaftsbedürfnissen im großen und Ablaß im kleinen (Konsumvereine),
6. Vereine zur Beschaffung von Gegenständen des landwirtschaftlichen oder gewerblichen Betriebes und zur Benutzung derselben auf gemeinschaftliche Rechnung,
7. Vereine zur Herstellung von Wohnungen,
erwerben die Rechte einer „eingetragenen Genossenschaft" nach Maßgabe dieses Gesetzes.

(2) Eine Beteiligung an Gesellschaften und sonstigen Personenvereinigungen einschließlich der Körperschaften des öffentlichen Rechts ist zulässig, wenn sie
1. der Förderung des Erwerbes oder der Wirtschaft der Mitglieder der Genossenschaft oder,

2. ohne den alleinigen oder überwiegenden Zweck der Genossenschaft zu bilden, gemeinnützigen Bestrebungen der Genossenschaft zu dienen bestimmt ist.

## § 2 [Haftung der Genossenschaft]

Für die Verbindlichkeiten der Genossenschaft haftet den Gläubigern nur das Vermögen der Genossenschaft.

## § 3 [Firma]

(1) ¹Die Firma der Genossenschaft muß vom Gegenstand des Unternehmens entlehnt sein. ²Der Name von Genossen oder anderen Personen darf in die Firma nicht aufgenommen werden.

(2) ¹Die Firma muß die Bezeichnung „eingetragene Genossenschaft" oder die Abkürzung „eG" enthalten. ²§ 30 des Handelsgesetzbuchs gilt entsprechend.

(3) Der Firma darf kein Zusatz beigefügt werden, der darauf hindeutet, ob und in welchem Umfang die Genossen zur Leistung von Nachschüssen verpflichtet sind.

## § 4 [Mindestzahl der Genossen]

Die Zahl der Genossen muß mindestens sieben betragen.

## § 5 [Form des Statuts]

Das Statut der Genossenschaft bedarf der schriftlichen Form.

## § 6 [Notwendiger Inhalt des Statuts]

Das Statut muß enthalten:
1. die Firma und den Sitz der Genossenschaft;
2. den Gegenstand des Unternehmens;
3. Bestimmungen darüber, ob die Genossen für den Fall, daß die Gläubiger im Konkurs der Genossenschaft nicht befriedigt werden, Nachschüsse zur Konkursmasse unbeschränkt, beschränkt auf eine bestimmte Summe (Haftsumme) oder überhaupt nicht zu leisten haben;
4. Bestimmungen über die Form für die Berufung der Generalversammlung der Genossen sowie für die Beurkundung ihrer Beschlüsse und über den Vorsitz in der Versammlung;
   die Berufung der Generalversammlung muß durch unmittelbare Benachrichtigung sämtlicher Genossen oder durch Bekanntmachung in einem öffentlichen Blatt erfolgen; das Gericht kann hiervon Ausnahmen zulassen. Die Bekanntmachung im Bundesanzeiger genügt nicht;
5. Bestimmungen über die Form, in welcher die von der Genossenschaft ausgehenden Bekanntmachungen erfolgen, sowie über die öffentlichen Blätter, in welche dieselben aufzunehmen sind.

## § 7 [Weiterer notwendiger Statuteninhalt]

Das Statut muß ferner bestimmen:
1. den Betrag, bis zu welchem sich die einzelnen Genossen mit Einlagen beteiligen können (Geschäftsanteil),
   sowie die Einzahlungen auf den Geschäftsanteil, zu welchen jeder Genosse verpflichtet ist; dieselben müssen bis zu einem Gesamtbetrage von mindestens einem Zehnteile des Geschäftsanteils nach Betrag und Zeit bestimmt sein;

2. die Bildung einer gesetzlichen Rücklage, welche zur Deckung eines aus der Bilanz sich ergebenden Verlustes zu dienen hat, sowie die Art dieser Bildung, insbesondere den Teil des Jahresüberschusses, welcher in diese Rücklage einzustellen ist, und den Mindestbetrag der letzteren, bis zu dessen Erreichung die Einstellung zu erfolgen hat.

## § 7 a [Beteiligung mit mehreren Geschäftsanteilen]

(1) [1]Das Statut kann bestimmen, daß sich ein Genosse mit mehr als einem Geschäftsanteil beteiligen darf. [2]Das Statut kann eine Höchstzahl festsetzen und weitere Voraussetzungen aufstellen.

(2) [1]Das Statut kann auch bestimmen, daß die Genossen sich mit mehreren Geschäftsanteilen zu beteiligen haben (Pflichtbeteiligung). [2]Die Pflichtbeteiligung muß für alle Genossen gleich sein oder sich nach dem Umfang der Inanspruchnahme von Einrichtungen oder anderen Leistungen der Genossenschaft durch die Genossen oder nach bestimmten wirtschaftlichen Merkmalen der Betriebe der Genossen richten.

## § 8 [Zusätzliche Bestimmungen des Statuts]

(1) Der Aufnahme in das Statut bedürfen Bestimmungen, nach welchen:
1. die Genossenschaft auf eine bestimmte Zeit beschränkt wird;
2. Erwerb und Fortdauer der Mitgliedschaft an den Wohnsitz innerhalb eines bestimmten Bezirks geknüpft wird;
3. das Geschäftsjahr, insbesondere das erste, auf ein mit dem Kalenderjahr nicht zusammenfallendes Jahr oder auf eine kürzere Dauer als auf ein Jahr bemessen wird;
4. über gewisse Gegenstände die Generalversammlung nicht schon durch einfache Stimmenmehrheit, sondern nur durch eine größere Stimmenmehrheit oder nach anderen Erfordernissen Beschluß fassen kann;
5. die Ausdehnung des Geschäftsbetriebes auf Personen, welche nicht Mitglieder der Genossenschaft sind, zugelassen wird.

(2) *(aufgehoben)*

(3) Als Ausdehnung des Geschäftsbetriebes gilt nicht der Abschluß von Geschäften mit Personen, welche bereits die Erklärung des Beitritts zur Genossenschaft unterzeichnet haben und von derselben zugelassen sind.

## § 9 [Vorstand und Aufsichtsrat]

(1) Die Genossenschaft muß einen Vorstand und einen Aufsichtsrat haben.

(2) [1]Die Mitglieder des Vorstandes und des Aufsichtsrats müssen Genossen sein. [2]Gehören der Genossenschaft einzelne eingetragene Genossenschaften als Mitglieder an oder besteht die Genossenschaft ausschließlich aus solchen, so können Mitglieder der letzteren in den Vorstand und den Aufsichtsrat berufen werden.

## § 10 [Eintragungen in das Genossenschaftsregister]

(1) Das Statut sowie die Mitglieder des Vorstandes sind in das Genossenschaftsregister bei dem Gericht einzutragen, in dessen Bezirk die Genossenschaft ihren Sitz hat.

(2) Das Genossenschaftsregister wird bei dem zur Führung des Handelsregisters zuständigen Gericht geführt.

## § 11 [Anmeldung zum Genossenschaftsregister]

(1) Die Anmeldung behufs der Eintragung liegt dem Vorstand ob.

(2) Der Anmeldung sind beizufügen:

1. das Statut, welches von den Genossen unterzeichnet sein muß, und eine Abschrift desselben;
2. eine Liste der Genossen;
3. eine Abschrift der Urkunden über die Bestellung des Vorstands und des Aufsichtsrats;
4. die Bescheinigung eines Prüfungsverbandes, daß die Genossenschaft zum Beitritt zugelassen ist, sowie eine gutachtliche Äußerung des Prüfungsverbandes, ob nach den persönlichen oder wirtschaftlichen Verhältnissen, insbesondere der Vermögenslage der Genossenschaft, eine Gefährdung der Belange der Genossen oder der Gläubiger der Genossenschaft zu besorgen ist.

(3) In der Anmeldung ist ferner anzugeben, welche Vertretungsbefugnis die Vorstandsmitglieder haben.

(4) Die Mitglieder des Vorstandes haben zugleich die Zeichnung ihrer Unterschrift in öffentlich beglaubigter Form einzureichen.

(5) [1]Die Abschrift des Statuts wird von dem Gericht beglaubigt und, mit der Bescheinigung der erfolgten Eintragung versehen, zurückgegeben. [2]Die übrigen Schriftstücke werden bei dem Gericht aufbewahrt.

## § 11a [Gründungsprüfung durch das Gericht]

(1) [1]Das Gericht hat zu prüfen, ob die Genossenschaft ordnungsmäßig errichtet und angemeldet ist. [2]Ist dies nicht der Fall, so hat es die Eintragung abzulehnen.

(2) Das Gericht hat die Eintragung auch abzulehnen, wenn nach den persönlichen oder wirtschaftlichen Verhältnissen, insbesondere der Vermögenslage der Genossenschaft, eine Gefährdung der Belange der Genossen oder der Gläubiger der Genossenschaft zu besorgen ist.

## § 12 [Veröffentlichung des Statuts]

(1) Das eingetragene Statut ist von dem Gericht im Auszug zu veröffentlichen.

(2) Die Veröffentlichung muß enthalten:

1. das Datum des Statuts,
2. die Firma und den Sitz der Genossenschaft,
3. den Gegenstand des Unternehmens,
4. die Mitglieder des Vorstands sowie deren Vertretungsbefugnis,
5. die Zeitdauer der Genossenschaft, falls diese auf eine bestimmte Zeit beschränkt ist.

## § 13 [Bedeutung der Eintragung]

Vor der Eintragung in das Genossenschaftsregister ihres Sitzes hat die Genossenschaft die Rechte einer eingetragenen Genossenschaft nicht.

## § 14 [Zweigniederlassung]

(1) [1]Die Errichtung einer Zweigniederlassung hat der Vorstand beim Gericht des Sitzes der Genossenschaft zur Eintragung in das Genossenschaftsregister des Gerichts der Zweigniederlassung anzumelden. [2]Der Anmeldung ist eine öffentlich beglaubigte Abschrift des Statuts beizufügen. [3]Das Gericht des

Sitzes hat die Anmeldung unverzüglich mit einer beglaubigten Abschrift seiner Eintragungen, soweit sie nicht ausschließlich die Verhältnisse anderer Zweigniederlassungen betreffen, an das Gericht der Zweigniederlassung weiterzugeben. [4]Eine Abschrift der Liste der Genossen ist nicht weiterzugeben.

(2) [1]Die Vorstandsmitglieder haben ihre Namensunterschrift zur Aufbewahrung beim Gericht der Zweigniederlassung dem Gericht des Sitzes in öffentlich beglaubigter Form einzureichen. [2]Gleiches gilt für Prokuristen, soweit die Prokura nicht ausschließlich auf den Betrieb einer anderen Niederlassung beschränkt ist.

(3) [1]Das Gericht der Zweigniederlassung hat zu prüfen, ob die Zweigniederlassung errichtet und § 30 des Handelsgesetzbuchs beachtet ist. [2]Ist dies der Fall, so hat es die Zweigniederlassung einzutragen und dabei die ihm mitgeteilten Tatsachen nicht zu prüfen, soweit sie im Genossenschaftsregister des Sitzes eingetragen sind. [3]Die Eintragung hat die Angaben nach § 12 und den Ort der Zweigniederlassung zu enthalten. [4]Ist der Firma für die Zweigniederlassung ein Zusatz beigefügt, so ist auch dieser einzutragen.

(4) [1]Die Eintragung der Zweigniederlassung ist von Amts wegen dem Gericht des Sitzes mitzuteilen und in dessen Genossenschaftsregister zu vermerken. [2]Ist der Firma für die Zweigniederlassung ein Zusatz beigefügt, so ist auch dieser zu vermerken.

(5) Die vorstehenden Vorschriften gelten sinngemäß für die Aufhebung einer Zweigniederlassung.

## § 14a [Gerichtliche Behandlung bestehender Zweigniederlassungen]

(1) [1]Ist eine Zweigniederlassung in das Genossenschaftsregister eingetragen, so sind alle Anmeldungen, die die Niederlassung am Sitz der Genossenschaft oder eine eingetragene Zweigniederlassung betreffen, beim Gericht des Sitzes zu bewirken. [2]Dabei sind so viele Stücke einzureichen, wie Niederlassungen bestehen.

(2) [1]Ist die Eintragung bekanntzumachen, so hat das Gericht des Sitzes in der Bekanntmachung anzugeben, daß die gleiche Eintragung für die Zweigniederlassungen bei den namentlich zu bezeichnenden Gerichten der Zweigniederlassungen erfolgen wird. [2]Ist der Firma für eine Zweigniederlassung ein Zusatz beigefügt, so ist auch dieser anzugeben.

(3) [1]Das Gericht des Sitzes hat seine Eintragung von Amts wegen den Gerichten der Zweigniederlassungen mitzuteilen. [2]Der Mitteilung ist ein Stück der Anmeldung beizufügen. [3]Ist die Eintragung bekanntgemacht worden, so hat das Gericht des Sitzes die Nummer des Bundesanzeigers, in der die Eintragung bekanntgemacht worden ist, den Gerichten der Zweigniederlassungen mitzuteilen. [4]Die Gerichte der Zweigniederlassungen haben die Eintragung ohne Nachprüfung in ihr Genossenschaftsregister zu übernehmen.

(4) [1]Betrifft die Anmeldung ausschließlich die Verhältnisse einzelner Zweigniederlassungen, so sind außer dem für das Gericht des Sitzes bestimmten Stück nur so viel Stücke einzureichen, wie Zweigniederlassungen betroffen sind. [2]Das Gericht des Sitzes teilt seine Eintragung nur den Gerichten der Zweigniederlassungen mit, deren Verhältnisse sie betrifft.

(5) [1]Die Absätze 2 bis 4 gelten sinngemäß auch für Eintragungen, die von Amts wegen erfolgen. [2]Die Absätze 1, 3 und 4 gelten ferner sinngemäß für die Einreichung von Schriftstücken und die Zeichnung von Namensunterschriften.

## § 15 [Beitritt zur Genossenschaft]

(1) Nach der Anmeldung des Statuts zum Genossenschaftsregister bedarf es zum Erwerb der Mitgliedschaft einer von dem Beitretenden zu unterzeichnenden, unbedingten Erklärung des Beitritts.

(2) [1]Der Vorstand hat die Erklärung im Fall der Zulassung des Beitretenden behufs Eintragung desselben in die Liste der Genossen dem Gericht (§ 10) einzureichen. [2]Die Eintragung ist unverzüglich vorzunehmen.

(3) Durch die Eintragung, welche aufgrund der Erklärung und deren Einreichung stattfindet, entsteht die Mitgliedschaft des Beitretenden.

(4) [1]Von der Eintragung hat das Gericht den Genossen und den Vorstand zu benachrichtigen; der Genosse kann auf die Benachrichtigung nicht verzichten. [2]Die Beitrittserklärung wird in Urschrift bei dem Gericht aufbewahrt. [3]Wird die Eintragung versagt, so hat das Gericht hiervon den Antragsteller unter Rückgabe der Beitrittserklärung und den Vorstand in Kenntnis zu setzen.

## § 15a [Beitrittserklärung]

[1]Die Beitrittserklärung muß die ausdrückliche Verpflichtung des Genossen enthalten, die nach Gesetz und Statut geschuldeten Einzahlungen auf den Geschäftsanteil zu leisten. [2]Bestimmt das Statut, daß die Genossen unbeschränkt oder beschränkt auf eine Haftsumme Nachschüsse zu leisten haben, so muß die Beitrittserklärung ferner die ausdrückliche Verpflichtung enthalten, die zur Befriedigung der Gläubiger erforderlichen Nachschüsse unbeschränkt oder bis zu der im Statut bestimmten Haftsumme zu zahlen.

## § 15b [Weitere Geschäftsanteile eines Genossen]

(1) [1]Zur Beteiligung mit weiteren Geschäftsanteilen bedarf es einer schriftlichen und unbedingten Beitrittserklärung. [2]Für den Inhalt gilt § 15a entsprechend.

(2) Die Beteiligung mit weiteren Geschäftsanteilen darf, außer bei einer Pflichtbeteiligung, nicht zugelassen werden, bevor alle Geschäftsanteile des Genossen, bis auf den zuletzt neu übernommenen, voll eingezahlt sind.

(3) [1]Für die Anmeldung und Eintragung der Beteiligung mit weiteren Geschäftsanteilen in die Liste der Genossen gilt § 15 Abs. 2 bis 4 entsprechend. [2]Bei Anmeldung der Beteiligung hat der Vorstand schriftlich zu versichern, daß alle Geschäftsanteile des Genossen, bis auf den zuletzt neu übernommenen, voll eingezahlt sind oder daß die weiteren Geschäftsanteile aufgrund einer Pflichtbeteiligung übernommen worden sind. [3]Die Beteiligung wird mit der Eintragung in die Liste der Genossen wirksam.

## § 16 [Abänderung des Statuts]

(1) Eine Abänderung des Statuts oder die Fortsetzung einer auf bestimmte Zeit beschränkten Genossenschaft kann nur durch die Generalversammlung beschlossen werden.

(2) [1]Für folgende Änderungen des Statuts bedarf es einer Mehrheit, die mindestens drei Viertel der abgegebenen Stimmen umfaßt:
1. Änderung des Gegenstandes des Unternehmens,
2. Erhöhung des Geschäftsanteils,
3. Einführung oder Erweiterung einer Pflichtbeteiligung mit mehreren Geschäftsanteilen,
4. Einführung oder Erweiterung der Verpflichtung der Genossen zur Leistung von Nachschüssen,

5. Verlängerung der Kündigungsfrist auf eine längere Frist als zwei Jahre,
6. Einführung oder Erweiterung der Beteiligung ausscheidender Genossen an der Ergebnisrücklage nach § 73 Abs. 3,
7. Einführung oder Erweiterung von Mehrstimmrechten,
8. Zerlegung von Geschäftsanteilen.
[2]Das Statut kann noch weitere Erfordernisse aufstellen.

(3) [1]Zu einer Änderung des Statuts, durch die eine Verpflichtung der Genossen zur Inanspruchnahme von Einrichtungen oder anderen Leistungen der Genossenschaft oder zur Leistung von Sachen oder Diensten eingeführt oder erweitert wird, bedarf es einer Mehrheit, die mindestens neun Zehntel der abgegebenen Stimmen umfaßt. [2]Das Statut kann noch weitere Erfordernisse aufstellen.

(4) Zu sonstigen Änderungen des Statuts bedarf es einer Mehrheit, die mindestens drei Viertel der abgegebenen Stimmen umfaßt, sofern nicht das Statut andere Erfordernisse aufstellt.

(5) [1]Auf die Anmeldung und Eintragung des Beschlusses finden die Vorschriften des § 11 mit der Maßgabe entsprechende Anwendung, daß der Anmeldung zwei Abschriften des Beschlusses beizufügen sind. [2]Die Veröffentlichung des Beschlusses findet nur insoweit statt, als derselbe eine der in § 12 Abs. 2 bezeichneten Bestimmungen zum Gegenstand hat.

(6) Der Beschluß hat keine rechtliche Wirkung, bevor er in das Genossenschaftsregister des Sitzes der Genossenschaft eingetragen ist.

# Zweiter Abschnitt. Rechtsverhältnisse der Genossenschaft und der Genossen

## § 17 [Rechtsstellung der eingetragenen Genossenschaft]

(1) Die eingetragene Genossenschaft als solche hat selbständig ihre Rechte und Pflichten; sie kann Eigentum und andere dingliche Rechte an Grundstükken erwerben, vor Gericht klagen und verklagt werden.

(2) Genossenschaften gelten als Kaufleute im Sinne des Handelsgesetzbuchs, soweit dieses Gesetz keine abweichenden Vorschriften enthält.

## § 18 [Rechtsverhältnis zwischen Genossenschaft und Genossen]

[1]Das Rechtsverhältnis der Genossenschaft und der Genossen richtet sich zunächst nach dem Statut. [2]Letzteres darf von den Bestimmungen dieses Gesetzes nur insoweit abweichen, als dies ausdrücklich für zulässig erklärt ist.

## § 19 [Verteilung von Gewinn und Verlust]

(1) [1]Der bei Feststellung des Jahresabschlusses für die Genossen sich ergebende Gewinn oder Verlust des Geschäftsjahres ist auf diese zu verteilen. [2]Die Verteilung geschieht für das erste Geschäftsjahr nach dem Verhältnis ihrer auf den Geschäftsanteil geleisteten Einzahlungen, für jedes folgende nach dem Verhältnis ihrer durch die Zuschreibung von Gewinn oder die Abschreibung von Verlust zum Schluß des vorhergegangenen Geschäftsjahres ermittelten Geschäftsguthaben. [3]Die Zuschreibung des Gewinns erfolgt so lange, als nicht der Geschäftsanteil erreicht ist.

(2) [1]Das Statut kann einen anderen Maßstab für die Verteilung von Gewinn und Verlust aufstellen, sowie Bestimmung darüber treffen, inwieweit der Gewinn vor Erreichung des Geschäftsanteils an die Genossen auszuzahlen ist.

[2]Bis zur Wiederergänzung eines durch Verlust verminderten Guthabens findet eine Auszahlung des Gewinns nicht statt.

## § 20 [Rücklagen]

Durch das Statut kann festgesetzt werden, daß der Gewinn nicht verteilt, sondern der gesetzlichen Rücklage und anderen Ergebnisrücklagen zugeschrieben wird.

## § 21 [Verzinsung des Geschäftsguthabens]

(1) Für das Geschäftsguthaben werden vorbehaltlich des § 21a Zinsen von bestimmter Höhe nicht vergütet, auch wenn der Genosse Einzahlungen in höheren als den geschuldeten Beträgen geleistet hat.

(2) Auch können Genossen, welche mehr als die geschuldeten Einzahlungen geleistet haben, im Fall eines Verlustes andere Genossen nicht aus dem Grunde in Anspruch nehmen, daß von letzteren nur diese Einzahlungen geleistet sind.

## § 21 a [Ausnahmen vom Verzinsungsverbot]

(1) [1]Das Statut kann bestimmen, daß die Geschäftsguthaben verzinst werden. [2]Bestimmt das Statut keinen festen Zinssatz, muß es einen Mindestzinssatz festsetzen. [3]Die Zinsen berechnen sich nach dem Stand der Geschäftsguthaben am Schluß des vorhergegangenen Geschäftsjahres. [4]Sie sind spätestens sechs Monate nach Schluß des Geschäftsjahres auszuzahlen, für das sie gewährt werden.

(2) Ist in der Bilanz der Genossenschaft für ein Geschäftsjahr ein Jahresfehlbetrag oder ein Verlustvortrag ausgewiesen, der ganz oder teilweise durch die Ergebnisrücklagen, einen Jahresüberschuß und einen Gewinnvortrag nicht gedeckt ist, so dürfen in Höhe des nicht gedeckten Betrags Zinsen für dieses Geschäftsjahr nicht gezahlt werden.

## § 22 [Herabsetzung des Geschäftsanteils]

(1) Werden der Geschäftsanteil oder die auf ihn zu leistenden Einzahlungen herabgesetzt oder die für die Einzahlungen festgesetzten Fristen verlängert, so ist der wesentliche Inhalt des Beschlusses der Generalversammlung durch das Gericht bei der Bekanntmachung der Eintragung in das Genossenschaftsregister anzugeben.

(2) [1]Den Gläubigern der Genossenschaft ist, wenn sie sich binnen sechs Monaten nach der Bekanntmachung bei der Genossenschaft zu diesem Zweck melden, Sicherheit zu leisten, soweit sie nicht Befriedigung verlangen können. [2]In der Bekanntmachung ist darauf hinzuweisen.

(3) Genossen, die zur Zeit der Eintragung des Beschlusses der Genossenschaft angehörten, können sich auf die Änderung erst berufen, wenn die Bekanntmachung erfolgt ist und die Gläubiger, die sich rechtzeitig gemeldet haben, wegen der erhobenen Ansprüche befriedigt oder sichergestellt sind.

(4) [1]Das Geschäftsguthaben eines Genossen darf, solange er nicht ausgeschieden ist, von der Genossenschaft nicht ausgezahlt oder im geschäftlichen Betrieb zum Pfand genommen, eine geschuldete Einzahlung darf nicht erlassen werden. [2]Die Genossenschaft darf den Genossen keinen Kredit zum Zweck der Leistung von Einzahlungen auf den Geschäftsanteil gewähren.

(5) Gegen eine geschuldete Einzahlung kann der Genosse nicht aufrechnen.

## § 22 a [Beschränkung der Nachschußpflicht]

(1) Wird die Verpflichtung der Genossen, Nachschüsse zur Konkursmasse zu leisten, auf eine Haftsumme beschränkt oder aufgehoben, so gilt § 22 Abs. 1 bis 3 sinngemäß.

(2) Die Einführung oder Erweiterung der Verpflichtung zur Leistung von Nachschüssen wirkt nicht gegenüber Genossen, die bei Wirksamwerden der Änderung des Statuts bereits aus der Genossenschaft ausgeschieden waren (§§ 75, 76 Abs. 4, § 115 b).

## § 22 b [Zerlegung des Geschäftsanteils]

(1) ¹Der Geschäftsanteil kann in mehrere Geschäftsanteile zerlegt werden. ²Die Zerlegung und eine ihr entsprechende Herabsetzung der Einzahlungen gelten nicht als Herabsetzung des Geschäftsanteils oder der Einzahlungen.

(2) ¹Mit der Eintragung des Beschlusses über die Zerlegung des Geschäftsanteils sind die Genossen mit der Zahl von Geschäftsanteilen beteiligt, die sich aus der Zerlegung ergibt. ²§ 15 b Abs. 3 ist nicht anzuwenden.

## § 23 [Haftung der Genossen]

(1) Für die Verbindlichkeiten der Genossenschaft haften die Genossen nach Maßgabe dieses Gesetzes.

(2) Wer in die Genossenschaft eintritt, haftet auch für die vor seinem Eintritt eingegangenen Verbindlichkeiten.

(3) Ein den vorstehenden Bestimmungen zuwiderlaufender Vertrag ist ohne rechtliche Wirkung.

# Dritter Abschnitt. Vertretung und Geschäftsführung

## § 24 [Vorstand]

(1) Die Genossenschaft wird durch den Vorstand gerichtlich und außergerichtlich vertreten.

(2) ¹Der Vorstand besteht aus zwei Mitgliedern und wird von der Generalversammlung gewählt. ²Durch das Statut kann eine höhere Mitgliederzahl sowie eine andere Art der Bestellung festgesetzt werden.

(3) ¹Die Mitglieder des Vorstandes können besoldet oder unbesoldet sein. ²Ihre Bestellung ist zu jeder Zeit widerruflich, unbeschadet der Entschädigungsansprüche aus bestehenden Verträgen.

## § 25 [Vertretung und Zeichnung]

(1) ¹Die Mitglieder des Vorstands sind nur gemeinschaftlich zur Vertretung der Genossenschaft befugt. ²Das Statut kann Abweichendes bestimmen. ³Ist eine Willenserklärung gegenüber der Genossenschaft abzugeben, so genügt die Abgabe gegenüber einem Vorstandsmitglied.

(2) ¹Das Statut kann auch bestimmen, daß einzelne Vorstandsmitglieder allein oder in Gemeinschaft mit einem Prokuristen zur Vertretung der Genossenschaft befugt sind. ²Absatz 1 Satz 3 gilt in diesen Fällen sinngemäß.

(3) ¹Zur Gesamtvertretung befugte Vorstandsmitglieder können einzelne von ihnen zur Vornahme bestimmter Geschäfte oder bestimmter Arten von Geschäften ermächtigen. ²Dies gilt sinngemäß, falls ein einzelnes Vorstandsmitglied in Gemeinschaft mit einem Prokuristen zur Vertretung der Genossenschaft befugt ist.

(4) Vorstandsmitglieder zeichnen für die Genossenschaft, indem sie der Firma der Genossenschaft oder der Benennung des Vorstands ihre Namensunterschrift beifügen.

## § 25 a [Angaben auf Geschäftsbriefen]

(1) Auf allen Geschäftsbriefen, die an einen bestimmten Empfänger gerichtet werden, müssen die Rechtsform und der Sitz der Genossenschaft, das Registergericht des Sitzes der Genossenschaft und die Nummer, unter der die Genossenschaft in das Genossenschaftsregister eingetragen ist, sowie alle Vorstandsmitglieder und, sofern der Aufsichtsrat einen Vorsitzenden hat, dieser mit dem Familiennamen und mindestens einem ausgeschriebenen Vornamen angegeben werden.

(2) Der Angaben nach Absatz 1 bedarf es nicht bei Mitteilungen oder Berichten, die im Rahmen einer bestehenden Geschäftsverbindung ergehen und für die üblicherweise Vordrucke verwendet werden, in denen lediglich die im Einzelfall erforderlichen besonderen Angaben eingefügt zu werden brauchen.

(3) ¹Bestellscheine gelten als Geschäftsbriefe im Sinne des Absatzes 1. ²Absatz 2 ist auf sie nicht anzuwenden.

## § 26 [Vertretung der Genossenschaft]

(1) Die Genossenschaft wird durch die von dem Vorstand in ihrem Namen geschlossenen Rechtsgeschäfte berechtigt und verpflichtet; es ist gleichgültig, ob das Geschäft ausdrücklich im Namen der Genossenschaft geschlossen worden ist, oder ob die Umstände ergeben, daß es nach dem Willen der Vertragschließenden für die Genossenschaft geschlossen werden sollte.

(2) Zur Legitimation des Vorstandes Behörden gegenüber genügt eine Bescheinigung des Gerichts (§ 10), daß die darin zu bezeichnenden Personen als Mitglieder des Vorstandes in das Genossenschaftsregister eingetragen sind.

## § 27 [Leitungsbefugnis des Vorstandes]

(1) ¹Der Vorstand hat die Genossenschaft unter eigener Verantwortung zu leiten. ²Er hat dabei die Beschränkungen zu beachten, die durch das Statut festgesetzt worden sind.

(2) ¹Gegen dritte Personen hat eine Beschränkung der Befugnis des Vorstandes, die Genossenschaft zu vertreten, keine rechtliche Wirkung. ²Dies gilt insbesondere für den Fall, daß die Vertretung sich nur auf gewisse Geschäfte oder Arten von Geschäften erstrecken oder nur unter gewissen Umständen oder für eine gewisse Zeit oder an einzelnen Orten stattfinden soll oder daß die Zustimmung der Generalversammlung, des Aufsichtsrats oder eines anderen Organs der Genossenschaft für einzelne Geschäfte erforderlich ist.

## § 28 [Änderung von Vorstand und Vertretungsbefugnis]

(1) ¹Jede Änderung des Vorstands oder der Vertretungsbefugnis eines Vorstandsmitglieds hat der Vorstand zur Eintragung in das Genossenschaftsregister anzumelden. ²Der Anmeldung sind die Urkunden über die Änderung in Urschrift oder Abschrift beizufügen. ³Die Eintragung ist vom Gericht bekanntzumachen.

(2) Die Vorstandsmitglieder haben die Zeichnung ihrer Unterschrift in öffentlich beglaubigter Form einzureichen.

## § 29 [Öffentlicher Glaube des Genossenschaftsregisters]

(1) Solange eine Änderung des Vorstands oder der Vertretungsbefugnis eines Vorstandsmitglieds nicht in das Genossenschaftsregister eingetragen und bekanntgemacht ist, kann sie von der Genossenschaft einem Dritten nicht entgegengesetzt werden, es sei denn, daß sie diesem bekannt war.

(2) ¹Ist die Änderung eingetragen und bekanntgemacht worden, so muß ein Dritter sie gegen sich gelten lassen. ²Dies gilt nicht bei Rechtshandlungen, die innerhalb von fünfzehn Tagen nach der Bekanntmachung vorgenommen werden, sofern der Dritte beweist, daß er die Änderung weder kannte noch kennen mußte.

(3) Ist die Änderung unrichtig bekanntgemacht, so kann sich ein Dritter auf die Bekanntmachung der Änderung berufen, es sei denn, daß er die Unrichtigkeit kannte.

(4) Für den Geschäftsverkehr mit einer in das Genossenschaftsregister eingetragenen Zweigniederlassung ist, soweit es nach diesen Vorschriften auf die Eintragung ankommt, die Eintragung im Genossenschaftsregister der Zweigniederlassung entscheidend.

## § 30 [Genossenverzeichnis]

Der Vorstand hat ein Verzeichnis der Genossen zu führen und dasselbe mit der Liste in Übereinstimmung zu halten.

## §§ 31, 32 *(aufgehoben)*

## § 33 [Buchführung und Jahresabschluß]

(1) ¹Der Vorstand hat dafür zu sorgen, daß die erforderlichen Bücher der Genossenschaft ordnungsgemäß geführt werden. ²Der Jahresabschluß und der Lagebericht sind unverzüglich nach ihrer Aufstellung dem Aufsichtsrat und mit dessen Bemerkungen der Generalversammlung vorzulegen.

(2) Mit einer Verletzung der Vorschriften über die Gliederung der Bilanz und der Gewinn- und Verlustrechnung sowie mit einer Nichtbeachtung von Formblättern kann, wenn hierdurch die Klarheit des Jahresabschlusses nur unwesentlich beeinträchtigt wird, eine Anfechtung nicht begründet werden.

(3) Ergibt sich bei Aufstellung der Jahresbilanz oder einer Zwischenbilanz oder ist bei pflichtgemäßem Ermessen anzunehmen, daß ein Verlust besteht, der durch die Hälfte des Gesamtbetrages der Geschäftsguthaben und die Rücklagen nicht gedeckt ist, so hat der Vorstand unverzüglich die Generalversammlung einzuberufen und ihr dies anzuzeigen.

## §§ 33a bis 33i *(aufgehoben)*

## § 34 [Sorgfaltspflichten und Haftung der Vorstandsmitglieder]

(1) ¹Die Vorstandsmitglieder haben bei ihrer Geschäftsführung die Sorgfalt eines ordentlichen und gewissenhaften Geschäftsleiters einer Genossenschaft anzuwenden. ²Über vertrauliche Angaben und Geheimnisse der Genossenschaft, namentlich Betriebs- oder Geschäftsgeheimnisse, die ihnen durch die Tätigkeit im Vorstand bekanntgeworden sind, haben sie Stillschweigen zu bewahren.

(2) ¹Vorstandsmitglieder, die ihre Pflichten verletzen, sind der Genossenschaft zum Ersatz des daraus entstehenden Schadens als Gesamtschuldner verpflichtet. ²Ist streitig, ob sie die Sorgfalt eines ordentlichen und gewissen-

haften Geschäftsleiters einer Genossenschaft angewandt haben, so trifft sie die Beweislast.

(3) Die Mitglieder des Vorstands sind namentlich zum Ersatz verpflichtet, wenn entgegen diesem Gesetz oder dem Statut
1. Geschäftsguthaben ausgezahlt werden,
2. den Genossen Zinsen oder Gewinnanteile gewährt werden,
3. Genossenschaftsvermögen verteilt wird,
4. Zahlungen geleistet werden, nachdem die Zahlungsunfähigkeit der Genossenschaft eingetreten ist oder sich eine Überschuldung ergeben hat, die für die Genossenschaft Konkursgrund nach § 98 Abs. 1 ist,
5. Kredit gewährt wird.

(4) [1]Der Genossenschaft gegenüber tritt die Ersatzpflicht nicht ein, wenn die Handlung auf einem gesetzmäßigen Beschluß der Generalversammlung beruht. [2]Dadurch, daß der Aufsichtsrat die Handlung gebilligt hat, wird die Ersatzpflicht nicht ausgeschlossen.

(5) [1]In den Fällen des Absatzes 3 kann der Ersatzanspruch auch von den Gläubigern der Genossenschaft geltend gemacht werden, soweit sie von dieser keine Befriedigung erlangen können. [2]Den Gläubigern gegenüber wird die Ersatzpflicht weder durch einen Verzicht oder Vergleich der Genossenschaft noch dadurch aufgehoben, daß die Handlung auf einem Beschluß der Generalversammlung beruht. [3]Ist über das Vermögen der Genossenschaft der Konkurs eröffnet, so übt während dessen Dauer der Konkursverwalter das Recht der Gläubiger gegen die Vorstandsmitglieder aus.

(6) Die Ansprüche aus diesen Vorschriften verjähren in fünf Jahren.

## § 35 [Stellvertretende Vorstandsmitglieder]

Die für Mitglieder des Vorstandes gegebenen Vorschriften gelten auch für Stellvertreter von Mitgliedern.

## § 36 [Aufsichtsrat]

(1) [1]Der Aufsichtsrat besteht, sofern nicht das Statut eine höhere Zahl festsetzt, aus drei von der Generalversammlung zu wählenden Mitgliedern. [2]Die zu einer Beschlußfassung erforderliche Zahl ist durch das Statut zu bestimmen.

(2) Die Mitglieder dürfen keine nach dem Geschäftsergebnis bemessene Vergütung (Tantieme) beziehen.

(3) [1]Die Bestellung zum Mitgliede des Aufsichtsrats kann auch vor Ablauf des Zeitraums, für welchen dasselbe gewählt ist, durch die Generalversammlung widerrufen werden. [2]Der Beschluß bedarf einer Mehrheit, die mindestens drei Viertel der abgegebenen Stimmen umfaßt.

## § 37 [Unvereinbarkeit von Vorstands- und Aufsichtsratsamt]

(1) [1]Die Mitglieder des Aufsichtsrats dürfen nicht zugleich Mitglieder des Vorstandes oder dauernd Stellvertreter derselben sein, auch nicht als Beamte die Geschäfte der Genossenschaft führen. [2]Nur für einen im voraus begrenzten Zeitraum kann der Aufsichtsrat einzelne seiner Mitglieder zu Stellvertretern von behinderten Mitgliedern des Vorstandes bestellen; während dieses Zeitraums und bis zur erteilten Entlastung des Vertreters darf der letztere eine Tätigkeit als Mitglied des Aufsichtsrats nicht ausüben.

(2) Scheiden aus dem Vorstand Mitglieder aus, so dürfen dieselben nicht vor erteilter Entlastung in den Aufsichtsrat gewählt werden.

## § 38 [Rechte und Pflichten des Aufsichtsrats]

(1) ¹Der Aufsichtsrat hat den Vorstand bei seiner Geschäftsführung in allen Zweigen der Verwaltung zu überwachen und zu dem Zweck sich von dem Gange der Angelegenheiten der Genossenschaft zu unterrichten. ²Er kann jederzeit über dieselben Berichterstattung von dem Vorstand verlangen und selbst oder durch einzelne von ihm zu bestimmende Mitglieder die Bücher und Schriften der Genossenschaft einsehen, sowie den Bestand der Genossenschaftskasse und die Bestände an Effekten, Handelspapieren und Waren untersuchen. ³Der Aufsichtsrat hat den Jahresabschluß, den Lagebericht und den Vorschlag für die Verwendung des Jahresüberschusses oder die Deckung des Jahresfehlbetrags zu prüfen; über das Ergebnis der Prüfung hat er der Generalversammlung vor der Feststellung des Jahresabschlusses zu berichten.

(2) Er hat eine Generalversammlung zu berufen, wenn dies im Interesse der Genossenschaft erforderlich ist.

(3) Weitere Obliegenheiten des Aufsichtsrats werden durch das Statut bestimmt.

(4) Die Mitglieder des Aufsichtsrats können die Ausübung ihrer Obliegenheiten nicht anderen Personen übertragen.

## § 39 [Vertretung durch den Aufsichtsrat]

(1) Der Aufsichtsrat ist ermächtigt, die Genossenschaft bei Abschließung von Verträgen mit dem Vorstande zu vertreten und gegen die Mitglieder desselben die Prozesse zu führen, welche die Generalversammlung beschließt.

(2) ¹Der Genehmigung des Aufsichtsrats bedarf jede Gewährung von Kredit an ein Mitglied des Vorstandes, soweit letztere nicht durch das Statut an noch andere Erfordernisse geknüpft oder ausgeschlossen ist. ²Das gleiche gilt von der Annahme eines Vorstandsmitgliedes als Bürgen für eine Kreditgewährung.

(3) In Prozessen gegen die Mitglieder des Aufsichtsrats wird die Genossenschaft durch Bevollmächtigte vertreten, welche in der Generalversammlung gewählt werden.

## § 40 [Einstweilige Amtsenthebung von Vorstandsmitgliedern]

Der Aufsichtsrat ist befugt, nach seinem Ermessen Mitglieder des Vorstandes vorläufig, bis zur Entscheidung der ohne Verzug zu berufenden Generalversammlung, von ihren Geschäften zu entheben und wegen einstweiliger Fortführung derselben das Erforderliche zu veranlassen.

## § 41 [Sorgfaltspflicht und Haftung der Aufsichtsratsmitglieder]

Für die Sorgfaltspflicht und Verantwortlichkeit der Aufsichtsratsmitglieder gilt § 34 über die Verantwortlichkeit der Vorstandsmitglieder sinngemäß.

## § 42 [Prokura und Handlungsvollmacht]

(1) ¹Die Genossenschaft kann Prokura nach Maßgabe der §§ 48 bis 53 des Handelsgesetzbuchs erteilen. ²An die Stelle der Eintragung in das Handelsregister tritt die Eintragung in das Genossenschaftsregister. ³§ 28 Abs. 1 Satz 3, § 29 gelten entsprechend.

(2) ¹Die Genossenschaft kann auch Handlungsvollmacht erteilen. ²§ 54 des Handelsgesetzbuchs ist anzuwenden.

## § 43 [Generalversammlung; Stimmrecht]

(1) Die Genossen üben ihre Rechte in den Angelegenheiten der Genossenschaft in der Generalversammlung aus, soweit das Gesetz nichts anderes bestimmt.

(2) [1]Die Generalversammlung beschließt mit der Mehrheit der abgegebenen Stimmen (einfache Stimmenmehrheit), soweit nicht Gesetz oder Statut eine größere Mehrheit oder weitere Erfordernisse bestimmen. [2]Für Wahlen kann das Statut eine abweichende Regelung treffen.

(3) [1]Jeder Genosse hat eine Stimme. [2]Das Statut kann die Gewährung von Mehrstimmrechten vorsehen. [3]Mehrstimmrechte sollen nur für Genossen begründet werden, die den Geschäftsbetrieb der Genossenschaft besonders fördern. [4]Die Voraussetzungen für die Gewährung von Mehrstimmrechten müssen im Statut festgesetzt werden. [5]Keinem Genossen können mehr als drei Stimmen gewährt werden. [6]Bei Beschlüssen, die nach dem Gesetz einer Mehrheit von drei Vierteln der abgegebenen Stimmen oder einer größeren Mehrheit bedürfen und für die das Statut eine geringere als die gesetzlich vorgeschriebene Mehrheit nicht bestimmen kann, sowie bei Beschlüssen über die Aufhebung oder Einschränkung der Bestimmungen des Statuts über Mehrstimmrechte hat ein Genosse, auch wenn ihm ein Mehrstimmrecht gewährt ist, nur eine Stimme. [7]Auf Genossenschaften, deren Mitglieder ausschließlich oder überwiegend eingetragene Genossenschaften sind, sind die Sätze 3 bis 6 nicht anzuwenden; das Statut dieser Genossenschaften kann das Stimmrecht der Genossen nach der Höhe ihrer Geschäftsguthaben oder einem anderen Maßstab abstufen. [8]Zur Aufhebung oder Änderung der Bestimmungen des Statuts über Mehrstimmrechte bedarf es nicht der Zustimmung der betroffenen Genossen.

(4) [1]Der Genosse soll sein Stimmrecht persönlich ausüben. [2]Das Stimmrecht geschäftsunfähiger oder in der Geschäftsfähigkeit beschränkter natürlicher Personen sowie das Stimmrecht von juristischen Personen wird durch ihre gesetzlichen Vertreter, das Stimmrecht von Personenhandelsgesellschaften durch zur Vertretung ermächtigte Gesellschafter ausgeübt.

(5) [1]Der Genosse oder sein gesetzlicher Vertreter können Stimmvollmacht erteilen. [2]Für die Vollmacht ist die schriftliche Form erforderlich. [3]Ein Bevollmächtigter kann nicht mehr als zwei Genossen vertreten. [4]Das Statut kann persönliche Voraussetzungen für Bevollmächtigte aufstellen, insbesondere die Bevollmächtigung von Personen ausschließen, die sich geschäftsmäßig zur Ausübung des Stimmrechts erbieten, oder die Vertretung durch Bevollmächtigte ganz ausschließen.

(6) Niemand kann für sich oder für einen anderen das Stimmrecht ausüben, wenn darüber Beschluß gefaßt wird, ob er oder der vertretene Genosse zu entlasten oder von einer Verbindlichkeit zu befreien ist oder ob die Genossenschaft gegen ihn oder den vertretenen Genossen einen Anspruch geltend machen soll.

## § 43 a [Vertreterversammlung]

(1) [1]Bei Genossenschaften mit mehr als dreitausend Mitgliedern besteht die Generalversammlung aus Vertretern der Genossen (Vertreterversammlung). [2]Für den Fall, daß die Mitgliederzahl mehr als eintausendfünfhundert beträgt, kann das Statut bestimmen, daß die Generalversammlung aus Vertretern der Genossen besteht.

(2) Als Vertreter kann jede natürliche, unbeschränkt geschäftsfähige Person, die Mitglied der Genossenschaft ist und nicht dem Vorstand oder Aufsichtsrat angehört, gewählt werden.

(3) [1]Die Vertreterversammlung besteht aus mindestens fünfzig Vertretern, die von den Genossen gewählt werden. [2]Die Vertreter können nicht durch Bevollmächtigte vertreten werden. [3]Mehrstimmrechte können ihnen nicht eingeräumt werden.

(4) [1]Die Vertreter werden in allgemeiner, unmittelbarer, gleicher und geheimer Wahl gewählt; Mehrstimmrechte bleiben unberührt. [2]Für die Vertretung von Genossen bei der Wahl gilt § 43 Abs. 4 und 5 entsprechend. [3]Kein Vertreter kann für längere Zeit als bis zur Beendigung der Vertreterversammlung gewählt werden, die über die Entlastung der Mitglieder des Vorstands und des Aufsichtsrats für das vierte Geschäftsjahr nach dem Beginn der Amtszeit beschließt. [4]Das Geschäftsjahr, in dem die Amtszeit beginnt, wird nicht mitgerechnet. [5]Die Satzung muß bestimmen,
1. auf wie viele Genossen ein Vertreter entfällt;
2. die Amtszeit der Vertreter.
[6]Nähere Bestimmungen über das Wahlverfahren einschließlich der Feststellung des Wahlergebnisses können in einer Wahlordnung getroffen werden, die vom Vorstand und Aufsichtsrat aufgrund übereinstimmender Beschlüsse erlassen wird. [7]Sie bedarf der Zustimmung der Generalversammlung. [8]Der Beschluß des Vorstands muß einstimmig gefaßt werden.

(5) [1]Für jeden Vertreter ist ein Ersatzmann zu wählen. [2]Fällt der Vertreter vor Ablauf der Amtszeit weg, so wird sein Ersatzmann Vertreter. [3]Der Ersatzmann kann nur gleichzeitig mit dem Vertreter gewählt werden. [4]Seine Amtszeit erlischt spätestens mit Ablauf der Amtszeit des weggefallenen Vertreters. [5]Auch für seine Wahl sind die für den Vertreter geltenden Vorschriften anzuwenden.

(6) [1]Eine Liste der gewählten Vertreter und der gewählten Ersatzmänner ist zwei Wochen lang in dem Geschäftsraum der Genossenschaft zur Einsicht der Genossen auszulegen. [2]Die Auslegung ist in einem öffentlichen Blatt bekanntzumachen. [3]Die Auslegungsfrist beginnt mit der Bekanntmachung. [4]Auf Verlangen ist jedem Genossen unverzüglich eine Abschrift der Liste zu erteilen.

## § 44 [Einberufung der Generalversammlung]

(1) Die Generalversammlung wird durch den Vorstand berufen, soweit nicht nach dem Statut oder diesem Gesetze auch andere Personen dazu befugt sind.

(2) Eine Generalversammlung ist außer den im Statut oder in diesem Gesetz ausdrücklich bestimmten Fällen zu berufen, wenn dies im Interesse der Genossenschaft erforderlich erscheint.

## § 45 [Minderheitenrechte]

(1) Die Generalversammlung muß ohne Verzug berufen werden, wenn der zehnte Teil oder der im Statut hierfür bezeichnete geringere Teil der Genossen in einer von ihnen unterschriebenen Eingabe unter Anführung des Zwecks und der Gründe die Berufung verlangt.

(2) In gleicher Weise sind die Genossen berechtigt zu verlangen, daß Gegenstände zur Beschlußfassung einer Generalversammlung angekündigt werden.

(3) ¹Wird dem Verlangen nicht entsprochen, so kann das Gericht (§ 10) die Genossen, welche das Verlangen gestellt haben, zur Berufung der Generalversammlung oder zur Ankündigung des Gegenstandes ermächtigen. ²Mit der Berufung oder Ankündigung ist die gerichtliche Ermächtigung bekanntzumachen.

## § 46 [Form und Frist der Einberufung]

(1) Die Berufung der Generalversammlung muß in der durch das Statut bestimmten Weise mit einer Frist von mindestens einer Woche erfolgen.

(2) ¹Der Zweck der Generalversammlung soll jederzeit bei der Berufung bekanntgemacht werden. ²Über Gegenstände, deren Verhandlung nicht in der durch das Statut oder durch § 45 Abs. 3 vorgesehenen Weise mindestens drei Tage vor der Generalversammlung angekündigt ist, können Beschlüsse nicht gefaßt werden; hiervon sind jedoch Beschlüsse über die Leitung der Versammlung, sowie über Anträge auf Berufung einer außerordentlichen Generalversammlung ausgenommen.

(3) Zur Stellung von Anträgen und zu Verhandlungen ohne Beschlußfassung bedarf es der Ankündigung nicht.

## § 47 [Niederschrift]

(1) ¹Über die Beschlüsse der Generalversammlung ist eine Niederschrift anzufertigen. ²Sie soll den Ort und den Tag der Versammlung, den Namen des Vorsitzenden sowie Art und Ergebnis der Abstimmung und die Feststellung des Vorsitzenden über die Beschlußfassung enthalten.

(2) ¹Die Niederschrift ist vom Vorsitzenden und den anwesenden Mitgliedern des Vorstands zu unterschreiben. ²Ihr sind die Belege über die Einberufung als Anlagen beizufügen.

(3) ¹Sieht das Statut die Gewährung von Mehrstimmrechten vor oder wird eine Änderung des Statuts beschlossen, die einen der in § 16 Abs. 2 Nr. 2 bis 5, Abs. 3 aufgeführten Gegenstände oder eine wesentliche Änderung des Gegenstandes des Unternehmens betrifft, so ist der Niederschrift außerdem ein Verzeichnis der erschienenen oder vertretenen Genossen und der Vertreter von Genossen beizufügen. ²Bei jedem erschienenen oder vertretenen Genossen ist dessen Stimmenzahl zu vermerken.

(4) ¹Jedem Genossen ist die Einsicht in die Niederschrift gestattet. ²Die Niederschrift ist von der Genossenschaft aufzubewahren.

## § 48 [Beschlußfassung über Jahresabschluß]

(1) ¹Die Generalversammlung stellt den Jahresabschluß fest. ²Sie beschließt über die Verwendung des Jahresüberschusses oder die Deckung eines Jahresfehlbetrags sowie über die Entlastung des Vorstands und des Aufsichtsrats. ³Die Generalversammlung hat in den ersten sechs Monaten des Geschäftsjahrs stattzufinden.

(2) ¹Auf den Jahresabschluß sind bei der Feststellung die für seine Aufstellung geltenden Vorschriften anzuwenden. ²Wird der Jahresabschluß bei der Feststellung geändert und ist die Prüfung nach § 53 bereits abgeschlossen, so werden vor der erneuten Prüfung gefaßte Beschlüsse über die Feststellung des Jahresabschlusses und über die Ergebnisverwendung erst wirksam, wenn aufgrund einer erneuten Prüfung ein hinsichtlich der Änderung uneingeschränkter Bestätigungsvermerk erteilt worden ist.

(3) ¹Der Jahresabschluß, der Lagebericht sowie der Bericht des Aufsichtsrats sollen mindestens eine Woche vor der Versammlung in dem Geschäfts-

raum der Genossenschaft oder an einer anderen durch den Vorstand bekannt-zumachenden geeigneten Stelle zur Einsicht der Genossen ausgelegt oder ihnen sonst zur Kenntnis gebracht werden. [2]Jeder Genosse ist berechtigt, auf seine Kosten eine Abschrift des Jahresabschlusses, des Lageberichts und des Berichts des Aufsichtsrats zu verlangen.

## § 49 [Kreditbeschränkungen]

Die Generalversammlung hat die Beschränkungen festzusetzen, die bei Gewährung von Kredit an denselben Schuldner eingehalten werden sollen.

## § 50 [Festsetzung von Einzahlungsverpflichtungen]

Soweit das Statut die Genossen zu Einzahlungen auf den Geschäftsanteil verpflichtet, ohne dieselben nach Betrag und Zeit festzusetzen, unterliegt ihre Festsetzung der Beschlußfassung durch die Generalversammlung.

## § 51 [Anfechtungsklage gegen Generalversammlungsbeschlüsse]

(1) [1]Ein Beschluß der Generalversammlung kann wegen Verletzung des Gesetzes oder des Statuts im Wege der Klage angefochten werden. [2]Die Klage muß binnen einem Monat erhoben werden.

(2) [1]Zur Anfechtung befugt ist jeder in der Generalversammlung erschienene Genosse, sofern er gegen den Beschluß Widerspruch zum Protokoll erklärt hat, und jeder nicht erschienene Genosse, sofern er zu der Generalversammlung unberechtigterweise nicht zugelassen worden ist oder sofern er die Anfechtung darauf gründet, daß die Berufung der Versammlung oder die Ankündigung des Gegenstandes der Beschlußfassung nicht gehörig erfolgt sei. [2]Außerdem ist der Vorstand und, wenn der Beschluß eine Maßregel zum Gegenstande hat, durch deren Ausführung sich die Mitglieder des Vorstandes und des Aufsichtsrats strafbar oder den Gläubigern der Genossenschaft haftbar machen würden, jedes Mitglied des Vorstandes und des Aufsichtsrats zur Anfechtung befugt.

(3) [1]Die Klage ist gegen die Genossenschaft zu richten. [2]Die Genossenschaft wird durch den Vorstand, sofern dieser nicht selbst klagt, und durch den Aufsichtsrat vertreten. [3]Zuständig für die Klage ist ausschließlich das Landgericht, in dessen Bezirke die Genossenschaft ihren Sitz hat. [4]Die mündliche Verhandlung erfolgt nicht vor Ablauf der im ersten Absatz bezeichneten Frist. [5]Mehrere Anfechtungsprozesse sind zur gleichzeitigen Verhandlung und Entscheidung zu verbinden.

(4) Die Erhebung der Klage sowie der Termin zur mündlichen Verhandlung sind ohne Verzug von dem Vorstande in den für die Bekanntmachungen der Genossenschaft bestimmten Blättern zu veröffentlichen.

(5) [1]Soweit durch ein Urteil rechtskräftig der Beschluß für nichtig erklärt ist, wirkt es auch gegenüber den Genossen, welche nicht Partei sind. [2]War der Beschluß in das Genossenschaftsregister eingetragen, so hat der Vorstand dem Gerichte (§ 10) das Urteil behufs der Eintragung einzureichen. [3]Die öffentliche Bekanntmachung der letzteren erfolgt, soweit der eingetragene Beschluß veröffentlicht war.

## § 52 [Haftung bei unbegründeter Anfechtung]

Für einen durch unbegründete Anfechtung des Beschlusses der Genossenschaft entstandenen Schaden haften ihr solidarisch die Kläger, welchen bei Erhebung der Klage eine bösliche Handlungsweise zur Last fällt.

## Vierter Abschnitt. Prüfung und Prüfungsverbände

### § 53 [Pflichtprüfung]

(1) ¹Zwecks Feststellung der wirtschaftlichen Verhältnisse und der Ordnungsmäßigkeit der Geschäftsführung sind die Einrichtungen, die Vermögenslage sowie die Geschäftsführung der Genossenschaft mindestens in jedem zweiten Geschäftsjahr zu prüfen. ²Bei Genossenschaften, deren Bilanzsumme zwei Millionen Deutsche Mark übersteigt, muß die Prüfung in jedem Geschäftsjahr stattfinden.

(2) ¹Im Rahmen der Prüfung nach Absatz 1 ist der Jahresabschluß unter Einbeziehung der Buchführung und des Lageberichts zu prüfen. ²§ 316 Abs. 3, § 317 Abs. 1 Satz 2 und 3 des Handelsgesetzbuchs sind entsprechend anzuwenden.

### § 54 [Pflichtmitgliedschaft]

Die Genossenschaft muß einem Verband angehören, dem das Prüfungsrecht verliehen ist (Prüfungsverband).

### § 54 a [Ausscheiden aus dem Prüfungsverband]

(1) ¹Scheidet eine Genossenschaft aus dem Verband aus, so hat der Verband das Gericht (§ 10) unverzüglich zu benachrichtigen. ²Das Gericht hat eine Frist zu bestimmen, innerhalb derer die Genossenschaft die Mitgliedschaft bei einem Verband zu erwerben hat.

(2) ¹Weist die Genossenschaft nicht innerhalb der gesetzten Frist dem Gericht nach, daß sie die Mitgliedschaft erworben hat, so hat das Gericht von Amts wegen nach Anhörung des Vorstandes die Auflösung der Genossenschaft auszusprechen. ²§ 80 Abs. 2 findet Anwendung.

### § 55 [Prüfung durch den Verband]

(1) ¹Die Genossenschaft wird durch den Verband geprüft, dem sie angehört. ²Der Verband bedient sich zum Prüfen der von ihm angestellten Prüfer. ³Diese sollen im genossenschaftlichen Prüfungswesen ausreichend vorgebildet und erfahren sein.

(2) Mitglieder des Vorstands und des Aufsichtsrats, Angestellte und Mitglieder der zu prüfenden Genossenschaft dürfen die Genossenschaft nicht prüfen.

(3) ¹Der Verband kann sich eines von ihm nicht angestellten Prüfers bedienen, wenn hierfür im Einzelfall ein wichtiger Grund vorliegt. ²Der Verband darf jedoch nur einen anderen Prüfungsverband, einen Wirtschaftsprüfer oder eine Wirtschaftsprüfungsgesellschaft mit der Prüfung beauftragen.

### § 56 [Ruhen des Prüfungsrechts]

(1) Das Prüfungsrecht des Verbandes ruht, wenn ein Mitglied seines Vorstands oder ein besonderer Vertreter des Verbandes (§ 30 des Bürgerlichen Gesetzbuchs) Mitglied des Vorstands oder des Aufsichtsrats, Liquidator oder Angestellter der zu prüfenden Genossenschaft ist oder in der Zeit, auf die sich die Prüfung erstreckt, oder in den vorangegangenen beiden Geschäftsjahren gewesen ist.

(2) ¹Ruht das Prüfungsrecht des Verbandes, so hat der Spitzenverband, dem der Verband angehört, auf Antrag des Vorstands der Genossenschaft einen anderen Prüfungsverband, einen Wirtschaftsprüfer oder eine Wirtschaftsprü-

fungsgesellschaft als Prüfer zu bestellen. ²Bestellt der Spitzenverband keinen Prüfer oder gehört der Verband keinem Spitzenverband an, so hat das Gericht (§ 10) auf Antrag des Vorstands der Genossenschaft einen Prüfer im Sinne des Satzes 1 zu bestellen. ³Der Vorstand ist verpflichtet, die Anträge unverzüglich zu stellen.

(3) ¹Die Rechte und Pflichten des nach Absatz 2 bestellten Prüfers bestimmen sich nach den für den Verband geltenden Vorschriften dieses Gesetzes. ²Der Prüfer hat dem Verband eine Abschrift seines Prüfungsberichts vorzulegen.

## § 57 [Prüfungsverfahren]

(1) ¹Der Vorstand der Genossenschaft hat dem Prüfer die Einsicht der Bücher und Schriften der Genossenschaft sowie die Untersuchung des Kassenbestandes und der Bestände an Wertpapieren und Waren zu gestatten; er hat ihm alle Aufklärungen und Nachweise zu geben, die der Prüfer für eine sorgfältige Prüfung benötigt. ²Das gilt auch, wenn es sich um die Vornahme einer vom Verband angeordneten außerordentlichen Prüfung handelt.

(2) ¹Der Verband hat dem Vorsitzenden des Aufsichtsrats der Genossenschaft den Beginn der Prüfung rechtzeitig anzuzeigen. ²Der Vorsitzende des Aufsichtsrats hat die übrigen Mitglieder des Aufsichtsrats von dem Beginn der Prüfung unverzüglich zu unterrichten und sie auf ihr Verlangen oder auf Verlangen des Prüfers zu der Prüfung zuzuziehen.

(3) Von wichtigen Feststellungen, nach denen dem Prüfer sofortige Maßnahmen des Aufsichtsrats erforderlich erscheinen, soll der Prüfer unverzüglich den Vorsitzenden des Aufsichtsrats in Kenntnis setzen.

(4) ¹In unmittelbarem Zusammenhang mit der Prüfung soll der Prüfer in einer gemeinsamen Sitzung des Vorstandes und des Aufsichtsrats der Genossenschaft über das voraussichtliche Ergebnis der Prüfung mündlich berichten. ²Er kann zu diesem Zwecke verlangen, daß der Vorstand oder der Vorsitzende des Aufsichtsrats zu einer solchen Sitzung einladen; wird seinem Verlangen nicht entsprochen, so kann er selbst Vorstand und Aufsichtsrat unter Mitteilung des Sachverhalts berufen.

## § 58 [Prüfungsbericht]

(1) ¹Der Verband hat über das Ergebnis der Prüfung schriftlich zu berichten. ²Auf den Prüfungsbericht ist, soweit er den Jahresabschluß und den Lagebericht betrifft, § 321 Abs. 1 des Handelsgesetzbuchs entsprechend anzuwenden.

(2) Auf die Prüfung von Genossenschaften, die die Größenmerkmale des § 267 Abs. 3 des Handelsgesetzbuchs erfüllen, ist § 322 des Handelsgesetzbuchs über den Bestätigungsvermerk entsprechend anzuwenden.

(3) ¹Der Prüfungsbericht ist vom Verband zu unterzeichnen und dem Vorstand der Genossenschaft unter gleichzeitiger Benachrichtigung des Vorsitzenden des Aufsichtsrats vorzulegen. ²Jedes Mitglied des Aufsichtsrats ist berechtigt, den Prüfungsbericht einzusehen.

(4) ¹Über das Ergebnis der Prüfung haben Vorstand und Aufsichtsrat der Genossenschaft in gemeinsamer Sitzung unverzüglich nach Eingang des Prüfungsberichts zu beraten. ²Verband und Prüfer sind berechtigt, an der Sitzung teilzunehmen; der Vorstand ist verpflichtet, den Verband von der Sitzung in Kenntnis zu setzen.

### § 59 [Prüfungsbescheinigung; Beschlußfassung der Generalversammlung]

(1) Der Vorstand hat eine Bescheinigung des Verbandes, daß die Prüfung stattgefunden hat, zum Genossenschaftsregister einzureichen und den Prüfungsbericht bei der Berufung der nächsten Generalversammlung als Gegenstand der Beschlußfassung anzukündigen.

(2) In der Generalversammlung hat sich der Aufsichtsrat über wesentliche Feststellungen oder Beanstandungen der Prüfung zu erklären.

(3) Der Verband ist berechtigt, an der Generalversammlung beratend teilzunehmen; auf seinen Antrag oder auf Beschluß der Generalversammlung ist der Bericht ganz oder in bestimmten Teilen zu verlesen.

### § 60 [Außerordentliche Generalversammlung]

(1) Gewinnt der Verband die Überzeugung, daß die Beschlußfassung über den Prüfungsbericht ungebührlich verzögert wird oder daß die Generalversammlung bei der Beschlußfassung unzulänglich über wesentliche Feststellungen oder Beanstandungen des Prüfungsberichts unterrichtet war, so ist er berechtigt, eine außerordentliche Generalversammlung der Genossenschaft auf deren Kosten zu berufen und zu bestimmen, über welche Gegenstände zwecks Beseitigung festgestellter Mängel verhandelt und beschlossen werden soll.

(2) In der von dem Verband einberufenen Generalversammlung führt eine vom Verband bestimmte Person den Vorsitz.

### § 61 [Vergütungsanspruch des Verbandes]

Der Verband hat gegen die Genossenschaft Anspruch auf Erstattung angemessener barer Auslagen und auf Vergütung für seine Leistung.

### § 62 [Pflichten und Haftung der Prüfungsorgane]

(1) [1]Verbände, Prüfer und Prüfungsgesellschaften sind zur gewissenhaften und unparteiischen Prüfung und zur Verschwiegenheit verpflichtet. [2]Sie dürfen Geschäfts- und Betriebsgeheimnisse, die sie bei der Wahrnehmung ihrer Obliegenheiten erfahren haben, nicht unbefugt verwerten. [3]Wer seine Obliegenheiten vorsätzlich oder fahrlässig verletzt, haftet der Genossenschaft für den daraus entstehenden Schaden. [4]Mehrere Personen haften als Gesamtschuldner.

(2) [1]Die Ersatzpflicht von Personen, die fahrlässig gehandelt haben, beschränkt sich auf zweihunderttausend Deutsche Mark für eine Prüfung. [2]Dies gilt auch, wenn an der Prüfung mehrere Personen beteiligt gewesen oder mehrere zum Ersatz verpflichtende Handlungen begangen worden sind, und ohne Rücksicht darauf, ob andere Beteiligte vorsätzlich gehandelt haben.

(3) [1]Von dem Inhalt der Prüfungsberichte kann der Verband den ihm angehörenden Genossenschaften und den zentralen Geschäftsanstalten des Genossenschaftswesens Kenntnis geben, wenn diese aufgrund einer bestehenden oder zu begründenden Geschäftsverbindung Interesse daran haben, über das Ergebnis der Prüfung unterrichtet zu werden. [2]Der Verband kann dem Spitzenverband, dem er angehört, Abschriften der Prüfungsberichte mitteilen; der Spitzenverband darf sie so verwerten, wie es die Erfüllung der ihm obliegenden Pflichten erfordert.

(4) [1]Die Verpflichtung zur Verschwiegenheit nach Absatz 1 Satz 1 besteht,

wenn eine Prüfungsgesellschaft die Prüfung vornimmt, auch gegenüber dem Aufsichtsrat und den Mitgliedern des Aufsichtsrats der Prüfungsgesellschaft. [2]Der Vorsitzende des Aufsichtsrats der Prüfungsgesellschaft und sein Stellvertreter dürfen jedoch die von der Prüfungsgesellschaft erstatteten Berichte einsehen, die hierbei erlangten Kenntnisse aber nur verwerten, soweit es die Erfüllung der Überwachungspflicht des Aufsichtsrats erfordert.

(5) Die Haftung nach diesen Vorschriften kann durch Vertrag weder ausgeschlossen noch beschränkt werden; das gleiche gilt von der Haftung des Verbandes für die Personen, deren er sich zur Vornahme der Prüfung bedient.

(6) [1]Die Ansprüche aus diesen Vorschriften verjähren in drei Jahren. [2]Die Verjährung beginnt mit dem Eingang des Prüfungsberichts bei der Genossenschaft.

## § 63 [Verleihung des Prüfungsrechts]

[1]Das Prüfungsrecht wird dem Verband durch die zuständige oberste Landesbehörde verliehen, in deren Gebiet der Verband seinen Sitz hat. [2]Erstreckt sich der Bezirk des Verbandes über das Gebiet eines Landes hinaus, so erfolgt die Verleihung im Benehmen mit den beteiligten Ländern.

## § 63 a [Voraussetzung für die Verleihung]

(1) Dem Antrag auf Verleihung des Prüfungsrechts darf nur stattgegeben werden, wenn der Verband die Gewähr für die Erfüllung der von ihm zu übernehmenden Aufgaben bietet.

(2) Der Antrag auf Verleihung des Prüfungsrechts kann insbesondere abgelehnt werden, wenn für die Prüfungstätigkeit des Verbandes kein Bedürfnis besteht.

(3) [1]Die für die Verleihung des Prüfungsrechts zuständige Behörde kann die Verleihung des Prüfungsrechts von der Erfüllung von Auflagen und insbesondere davon abhängig machen, daß der Verband sich gegen Schadensersatzansprüche aus der Prüfungstätigkeit in ausreichender Höhe versichert oder den Nachweis führt, daß eine andere ausreichende Sicherstellung erfolgt ist. [2]§ 63 Satz 2 findet entsprechende Anwendung.

## § 63 b [Rechtsform des Verbandes; Mitgliedschaft]

(1) Der Verband soll die Rechtsform des eingetragenen Vereins haben.

(2) [1]Mitglieder des Verbandes können nur eingetragene Genossenschaften und ohne Rücksicht auf ihre Rechtsform solche Unternehmungen sein, die sich ganz oder überwiegend in der Hand eingetragener Genossenschaften befinden oder dem Genossenschaftswesen dienen. [2]Ob diese Voraussetzungen vorliegen, entscheidet im Zweifelsfall die für die Verleihung des Prüfungsrechts zuständige oberste Landesbehörde (§ 63). [3]Sie kann Ausnahmen von der Vorschrift des Satzes 1 zulassen, wenn ein wichtiger Grund vorliegt.

(3) Unternehmungen, die nicht eingetragene Genossenschaften sind und anderen gesetzlichen Prüfungsvorschriften unterliegen, bleiben trotz ihrer Zugehörigkeit zum Verband diesen anderen Prüfungsvorschriften unterworfen und unterliegen nicht der Prüfung nach diesem Gesetz.

(4) [1]Der Verband muß unbeschadet der Vorschriften des Absatzes 3 die Prüfung seiner Mitglieder und kann auch sonst die gemeinsame Wahrneh-

mung ihrer Interessen, insbesondere die Unterhaltung gegenseitiger Geschäftsbeziehungen zum Zweck haben. [2]Andere Zwecke darf er nicht verfolgen.

(5) [1]Dem Vorstand des Prüfungsverbandes soll mindestens ein Wirtschaftsprüfer angehören. [2]Gehört dem Vorstand kein Wirtschaftsprüfer an, so muß der Prüfungsverband einen Wirtschaftsprüfer als seinen besonderen Vertreter (§ 30 des Bürgerlichen Gesetzbuchs) bestellen. [3]Die für die Verleihung des Prüfungsrechts zuständige Behörde kann den Prüfungsverband bei Vorliegen besonderer Umstände von der Einhaltung der Sätze 1 und 2 befreien, jedoch höchstens für die Dauer eines Jahres. [4]In Ausnahmefällen darf sie auch eine Befreiung auf längere Dauer gewähren, wenn und solange nach Art und Umfang des Geschäftsbetriebes der Mitglieder des Prüfungsverbandes eine Prüfung durch Wirtschaftsprüfer nicht erforderlich ist.

(6) Mitgliederversammlungen des Verbandes dürfen nur innerhalb des Verbandsbezirkes abgehalten werden.

## § 63c [Satzung des Verbandes]

(1) Die Satzung des Verbandes muß enthalten:
1. die Zwecke des Verbandes;
2. den Namen; er soll sich von dem Namen anderer bereits bestehender Verbände deutlich unterscheiden;
3. den Sitz
4. den Bezirk.

(2) Die Satzung soll ferner Bestimmungen enthalten über Auswahl und Befähigungsnachweis der anzustellenden Prüfer, über Art und Umfang der Prüfungen sowie über Berufung, Sitz, Aufgaben und Befugnisse des Vorstandes und über die sonstigen Organe des Verbandes.

(3) Änderungen der Satzung des Verbandes, die den Zweck oder den Bezirk (Absatz 1 Nr. 1 und 4) zum Gegenstand haben, bedürfen der Zustimmung der für die Verleihung des Prüfungsrechts zuständigen Behörde; § 63 Satz 2 und § 63a Abs. 2, 3 finden entsprechende Anwendung.

## § 63d [Registergericht]

Der Verband hat den Gerichten (§ 10), in deren Bezirk die Genossenschaften ihren Sitz haben, die Satzung mit einer beglaubigten Abschrift der Verleihungsurkunde sowie jährlich im Monat Januar ein Verzeichnis der dem Verbande angehörigen Genossenschaften einzureichen.

## § 63e [Verschmelzung von Prüfungsverbänden]

(1) [1]Ein Verband in der Rechtsform eines eingetragenen Vereins (aufgelöster Verband) kann sich mit einem anderen Verbande gleicher Rechtsform (übernehmender Verband) aufgrund von Beschlüssen der Mitgliederversammlungen beider Verbände verschmelzen. [2]Die Beschlüsse bedürfen unbeschadet weiterer Erschwerungen durch die Satzung einer Mehrheit von drei Vierteilen der erschienenen Mitglieder.

(2) Für den Verschmelzungsvertrag ist die schriftliche Form erforderlich; die Vorschriften der §§ 310, 311 und 313 des Bürgerlichen Gesetzbuchs finden auf ihn keine Anwendung.

## § 63f [Anmeldung und Eintragung der Verschmelzung]

(1) [1]Die Verschmelzung ist durch die Vorstände beider Verbände gemeinschaftlich ohne Verzug zur Eintragung in die Vereinsregister des Sitzes beider Verbände anzumelden. [2]Der Anmeldung ist der zwischen den Verbänden abgeschlossene Vertrag in Urschrift oder in öffentlich beglaubigter Abschrift beizufügen. [3]Die Verschmelzung darf nur eingetragen werden, wenn die Beobachtung der Vorschriften der Sätze 1, 2 und des § 63e nachgewiesen ist.

(2) Mit der Eintragung der Verschmelzung in das Vereinsregister des Sitzes des aufgelösten Verbandes gilt dieser Verband als aufgelöst und sein Vermögen einschließlich der Schulden als auf den übernehmenden Verband übergegangen.

(3) Die Vorstände beider Verbände haben gemeinschaftlich den für die Verleihung des Prüfungsrechts zuständigen obersten Landesbehörden (§ 63) die Eintragung unverzüglich mitzuteilen.

## § 63g [Liquidation; Haftung der Vorstandsmitglieder]

(1) [1]Eine Liquidation des aufgelösten Verbandes findet nicht statt. [2]Die Vorschriften des § 45 des Bürgerlichen Gesetzbuchs finden keine Anwendung.

(2) [1]Die Mitglieder des Vorstandes beider Verbände sind als Gesamtschuldner zum Ersatz des Schadens verpflichtet, den die Gläubiger des aufgelösten und des übernehmenden Verbandes durch die Verschmelzung erleiden. [2]Vorstandsmitglieder, die bei der Prüfung der Vermögenslage beider Verbände und bei dem Abschluß des Verschmelzungsvertrags die Sorgfalt eines ordentlichen Geschäftsmannes angewandt haben, sind von der Ersatzpflicht befreit.

## § 63h [Mitgliedschaft]

(1) [1]Mit der Eintragung der Verschmelzung in das Vereinsregister des Sitzes des aufgelösten Verbandes gelten die Mitglieder dieses Verbandes als Mitglieder des übernehmenden Verbandes mit den aus dieser Mitgliedschaft sich ergebenden Rechten und Pflichten. [2]Von der Eintragung hat der Vorstand unverzüglich die Mitglieder zu benachrichtigen.

(2) [1]Die Mitglieder des aufgelösten Verbandes haben das Recht, durch Kündigung ihren Austritt aus dem übernehmenden Verband zu erklären. [2]Auf das Recht zur Kündigung kann verzichtet werden. [3]Die Kündigung hat spätestens bis zum Ablauf von drei Monaten zu erfolgen; die Frist beginnt mit dem Tag, an dem die Nachricht von der Eintragung der Verschmelzung (Absatz 1 Satz 2) dem Mitglied zugeht. [4]Im Fall der Kündigung gilt die Mitgliedschaft bei dem übernehmenden Verband als nicht erworben.

## § 63i [Verschmelzung im Sonderfall]

(1) Ein Verband, dessen Rechtsfähigkeit auf staatlicher Verleihung beruht, kann sich mit einem Verband in der Rechtsform eines eingetragenen Vereins in der Weise verschmelzen, daß dieser Verband (übernehmender Verband) den anderen Verband (aufgelöster Verband) übernimmt.

(2) Im übrigen sind die §§ 63e bis 63h mit der Maßgabe anwendbar, daß in § 63f Abs. 2 und § 63h Abs. 1 an die Stelle der Eintragung der Verschmelzung in das Vereinsregister des Sitzes des aufgelösten Verbandes die Eintragung in das Vereinsregister des Sitzes des übernehmenden Verbandes tritt.

## § 64 [Beaufsichtigung der Prüfungsverbände]

Die zuständige oberste Landesbehörde, in deren Gebiet der Verband seinen Sitz hat, ist berechtigt, die Prüfungsverbände darauf prüfen zu lassen, ob sie die ihnen obliegenden Aufgaben erfüllen; sie kann sie durch Auflagen zur Erfüllung ihrer Aufgaben anhalten.

## § 64 a [Entziehung des Prüfungsrechts]

[1]Das Prüfungsrecht kann dem Verband entzogen werden, wenn der Verband nicht mehr die Gewähr für die Erüllung der von ihm übernommenen Aufgaben bietet, wenn er Auflagen der nach § 64 zuständigen Behörde nicht erfüllt oder wenn für seine Prüfungstätigkeit kein Bedürfnis mehr besteht. [2]Die Entziehung wird nach Anhörung des Verbandsvorstandes durch die für die Verleihung des Prüfungsrechts zuständige Behörde ausgesprochen. [3]§ 63 Satz 2 findet entsprechende Anwendung. [4]Von der Entziehung ist den im § 63 d bezeichneten Gerichten Mitteilung zu machen.

## § 64 b [Gerichtliche Bestellung eines Prüfungsverbandes]

[1]Gehört eine Genossenschaft keinem Prüfungsverband an, so kann das Gericht (§ 10) einen Prüfungsverband zur Wahrnehmung der im Gesetz den Prüfungsverbänden übertragenen Aufgaben bestellen. [2]Dabei sollen die fachliche Eigenart und der Sitz der Genossenschaft berücksichtigt werden.

## § 64 c [Aufgelöste Genossenschaften]

Auch aufgelöste Genossenschaften unterliegen den Vorschriften dieses Abschnitts.

# Fünfter Abschnitt. Ausscheiden einzelner Genossen

## § 65 [Kündigung der Mitgliedschaft]

(1) Jeder Genosse hat das Recht, mittels Aufkündigung seinen Austritt aus der Genossenschaft zu erklären.

(2) [1]Die Aufkündigung findet nur zum Schluß eines Geschäftsjahres statt. [2]Sie muß mindestens drei Monate vorher schriftlich erfolgen. [3]Durch das Statut kann eine längere, jedoch höchstens fünfjährige Kündigungsfrist festgesetzt werden. [4]Ist in dem Statut eine längere als eine zweijährige Kündigungsfrist festgesetzt worden, so kann jeder Genosse, der wenigstens ein volles Geschäftsjahr der Genossenschaft angehört hat, mit einer Frist von drei Monaten zum Schluß eines Geschäftsjahres, zu dem er nach dem Statut noch nicht kündigen kann, kündigen, wenn ihm nach seinen persönlichen oder wirtschaftlichen Verhältnissen nicht zugemutet werden kann, daß er bis zum Ablauf der im Statut festgesetzten Kündigungsfrist in der Genossenschaft verbleibt. [5]Satz 4 gilt nicht, wenn die Genossenschaft ausschließlich oder überwiegend aus eingetragenen Genossenschaften besteht.

(3) [1]Wird die Genossenschaft vor dem Zeitpunkt, zu dem der Austritt nach Absatz 2 erfolgt wäre, aufgelöst, so scheidet der Genosse nicht aus. [2]Die Auflösung der Genossenschaft steht dem Ausscheiden des Genossen nicht entgegen, wenn die Fortsetzung der Genossenschaft beschlossen wird. [3]In diesem Fall wird der Zeitraum, währenddessen die Genossenschaft aufgelöst war, bei der Berechnung der Kündigungsfrist mitgerechnet; jedoch scheidet der Genosse frühestens zum Schluß des Geschäftsjahres aus, in dem der Beschluß

über die Fortsetzung der Genossenschaft in das Genossenschaftsregister eingetragen ist.

(4) Ein den vorstehenden Bestimmungen zuwiderlaufendes Abkommen ist ohne rechtliche Wirkung.

## § 66 [Kündigung durch Gläubiger eines Genossen]

(1) Der Gläubiger eines Genossen, welcher, nachdem innerhalb der letzten sechs Monate eine Zwangsvollstreckung in das Vermögen des Genossen fruchtlos versucht ist, die Pfändung und Überweisung des demselben bei der Auseinandersetzung mit der Genossenschaft zukommenden Guthabens erwirkt hat, kann behufs seiner Befriedigung das Kündigungsrecht des Genossen an dessen Stelle ausüben, sofern der Schuldtitel nicht bloß vorläufig vollstreckbar ist.

(2) Der Aufkündigung muß eine beglaubigte Abschrift des Schuldtitels und der Urkunden über die fruchtlose Zwangsvollstreckung beigefügt sein.

## § 67 [Kündigung bei Aufgabe des Wohnsitzes]

(1) Ist durch das Statut die Mitgliedschaft an den Wohnsitz innerhalb eines bestimmten Bezirks geknüpft (§ 8 Nr. 2), so kann ein Genosse, welcher den Wohnsitz in dem Bezirk aufgibt, zum Schluß des Geschäftsjahres seinen Austritt schriftlich erklären.

(2) Imgleichen kann die Genossenschaft dem Genossen schriftlich erklären, daß er zum Schluß des Geschäftsjahres auszuscheiden habe.

(3) Über die Aufgabe des Wohnsitzes ist die Bescheinigung einer öffentlichen Behörde beizubringen.

## § 67 a [Außerordentliches Kündigungsrecht]

(1) [1]Wird eine Änderung des Statuts beschlossen, die einen der in § 16 Abs. 2 Nr. 2 bis 5, Abs. 3 aufgeführten Gegenstände oder eine wesentliche Änderung des Gegenstandes des Unternehmens betrifft, so kann kündigen:
1. jeder in der Generalversammlung erschienene Genosse, wenn er gegen den Beschluß Widerspruch zur Niederschrift erklärt hat oder wenn die Aufnahme seines Widerspruchs in die Niederschrift verweigert worden ist;
2. jeder in der Generalversammlung nicht erschienene Genosse, wenn er zu der Generalversammlung zu Unrecht nicht zugelassen worden ist oder die Versammlung nicht gehörig berufen oder der Gegenstand der Beschlußfassung nicht gehörig angekündigt worden ist.
[2]Hat eine Vertreterversammlung die Änderung des Statuts beschlossen, so kann jeder Genosse kündigen; für die Vertreter gilt Satz 1.

(2) [1]Die Kündigung hat durch schriftliche Erklärung zu geschehen. [2]Sie kann nur innerhalb eines Monats zum Schluß des Geschäftsjahres erklärt werden. [3]Die Frist beginnt in den Fällen des Absatzes 1 Nr. 1 mit der Beschlußfassung, in den Fällen des Absatzes 1 Nr. 2 mit der Erlangung der Kenntnis von der Beschlußfassung. [4]Ist der Zeitpunkt der Kenntniserlangung streitig, so hat die Genossenschaft die Beweislast. [5]Im Falle der Kündigung wirkt die Änderung des Statuts weder für noch gegen den Genossen.

(3) In den Fällen des § 16 Abs. 2 Nr. 2 und 3 gelten die Absätze 1 und 2 nur, wenn in dem Statut eine längere als eine zweijährige Kündigungsfrist festgesetzt worden ist; die Kündigung kann nur zu dem Zeitpunkt erklärt werden, zu dem sie bei einer zweijährigen Kündigungsfrist erklärt werden könnte.

### § 67 b [Kündigung einzelner Geschäftsanteile]

(1) Ein Genosse, der mit mehreren Geschäftsanteilen beteiligt ist, kann die Beteiligung mit einem oder mehreren seiner weiteren Geschäftsanteile zum Schluß eines Geschäftsjahres durch schriftliche Erklärung kündigen, soweit er nicht nach dem Statut oder einer Vereinbarung mit der Genossenschaft zur Beteiligung mit mehreren Geschäftsanteilen verpflichtet ist oder die Beteiligung mit mehreren Geschäftsanteilen Voraussetzung für eine von dem Genossen in Anspruch genommene Leistung der Genossenschaft war.

(2) [1]§ 65 Abs. 2 bis 4 gilt sinngemäß. [2]In die Liste der Genossen ist die Zahl der verbliebenen weiteren Geschäftsanteile sowie der Zeitpunkt einzutragen, von dem an der Genosse nur noch mit diesen Geschäftsanteilen beteiligt ist.

### § 68 [Ausschließung eines Genossen]

(1) [1]Ein Genosse kann wegen der Mitgliedschaft in einer anderen Genossenschaft, welche an demselben Ort ein gleichartiges Geschäft betreibt, zum Schluß des Geschäftsjahres aus der Genossenschaft ausgeschlossen werden. [2]Aus Vorschuß- und Kreditvereinen kann die Ausschließung wegen der Mitgliedschaft in einer anderen solchen Genossenschaft auch dann erfolgen, wenn die letztere ihr Geschäft nicht an demselben Ort betreibt.

(2) Durch das Statut können sonstige Gründe der Ausschließung festgesetzt werden.

(3) Der Beschluß, durch welchen der Genosse ausgeschlossen wird, ist diesem von dem Vorstand ohne Verzug mittels eingeschriebenen Briefes mitzuteilen.

(4) Von dem Zeitpunkt der Absendung desselben kann der Genosse nicht mehr an der Generalversammlung teilnehmen, auch nicht Mitglied des Vorstands oder des Aufsichtsrats sein.

### § 69 [Einreichung der Kündigung bei Gericht]

(1) [1]Der Vorstand ist verpflichtet, die Aufkündigung des Genossen oder des Gläubigers mindestens sechs Wochen vor dem Ende des Geschäftsjahres, zu dessen Schluß sie stattgefunden hat, dem Gericht (§ 10) zur Liste der Genossen einzureichen. [2]Er hat zugleich die schriftliche Versicherung abzugeben, daß die Aufkündigung rechtzeitig erfolgt ist. [3]Der Aufkündigung des Gläubigers sind die in § 66 Abs. 2 bezeichneten Urkunden sowie die beglaubigte Abschrift des Pfändungs- und Überweisungsbeschlusses beizufügen.

(2) [1]Imgleichen hat der Vorstand im Fall des § 67 mit der Bescheinigung die Erklärung des Genossen oder Abschrift der Erklärung der Genossenschaft sowie im Fall der Ausschließung Abschrift des Beschlusses dem Gericht einzureichen. [2]Die Einreichung ist bis zu dem im ersten Absatz bezeichneten Zeitpunkt und, wenn die Erklärung oder der Beschluß später erfolgt, ohne Verzug zu bewirken.

(3) In den Fällen des § 67 a ist die Kündigung des Genossen, wenn sie während der letzten sechs Wochen des Geschäftsjahres erfolgt ist, ohne Verzug dem Gericht einzureichen.

### § 70 [Eintragung des Ausscheidens]

(1) In die Liste ist die das Ausscheiden des Genossen begründende Tatsache und der aus den Urkunden hervorgehende Jahresschluß unverzüglich einzutragen.

(2) Infolge der Eintragung scheidet der Genosse mit dem in der Liste vermerkten Jahresschluß, wenn jedoch die Eintragung erst im Laufe eines späteren Geschäftsjahres bewirkt wird, mit dem Schluß des letzteren aus der Genossenschaft aus.

## § 71 [Vormerkung des Ausscheidens]

(1) Auf Antrag des Genossen, im Fall des § 66 auf Antrag des Gläubigers, hat das Gericht die Tatsache, aufgrund deren das Ausscheiden, und den Jahresschluß, zu welchem dasselbe beansprucht wird, ohne Verzug in der Liste vorzumerken.

(2) ¹Erkennt der Vorstand den Anspruch in beglaubigter Form an oder wird er zur Anerkennung rechtskräftig verurteilt, so ist dies bei Einreichung des Anerkenntnisses oder Urteils der Vormerkung hinzuzufügen. ²Infolgedessen gilt der Austritt oder die Ausschließung als am Tage der Vormerkung eingetragen.

## § 72 [Benachrichtigung der Eintragung]

(1) Von der Eintragung sowie der Vormerkung oder von deren Versagung hat das Gericht den Vorstand und den Genossen, im Fall des § 66 auch den Gläubiger, zu benachrichtigen; der Genosse kann auf die Benachrichtigung nicht verzichten.

(2) Die behufs der Eintragung oder der Vormerkung eingereichten Urkunden bleiben in der Verwahrung des Gerichts.

## § 73 [Auseinandersetzung mit ausgeschiedenen Genossen]

(1) Die Auseinandersetzung des Ausgeschiedenen mit der Genossenschaft bestimmt sich nach der Vermögenslage derselben und dem Bestand der Mitglieder zur Zeit seines Ausscheidens.

(2) ¹Die Auseinandersetzung erfolgt aufgrund der Bilanz. ²Das Geschäftsguthaben des Genossen ist binnen sechs Monaten nach dem Ausscheiden auszuzahlen; auf die Rücklagen und das sonstige Vermögen der Genossenschaft hat er vorbehaltlich des Absatzes 3 keinen Anspruch. ³Reicht das Vermögen einschließlich der Rücklagen und aller Geschäftsguthaben zur Deckung der Schulden nicht aus, so hat der Ausgeschiedene von dem Fehlbetrag den ihn treffenden Anteil an die Genossenschaft zu zahlen, wenn und soweit er im Falle des Konkurses Nachschüsse an sie zu leisten gehabt hätte; der Anteil wird in Ermangelung einer anderen Bestimmung des Statuts nach der Kopfzahl der Mitglieder berechnet.

(3) ¹Das Statut kann Genossen, die ihren Geschäftsanteil voll eingezahlt haben, für den Fall des Ausscheidens einen Anspruch auf Auszahlung eines Anteils an einer zu diesem Zweck aus dem Jahresüberschuß zu bildenden Ergebnisrücklage einräumen. ²Das Statut kann den Anspruch von einer Mindestdauer der Mitgliedschaft der Genossen abhängig machen sowie weitere Erfordernisse aufstellen und Beschränkungen des Anspruchs vorsehen. ³Für die Auszahlung des Anspruchs gilt Absatz 2 Satz 2 Halbsatz 1.

## § 74 [Verjährung des Auszahlungsanspruchs]

Der Anspruch des ausgeschiedenen Genossen auf Auszahlung des Geschäftsguthabens und eines Anteils an der Ergebnisrücklage nach § 73 Abs. 3 verjährt in zwei Jahren.

## § 75 [Auflösung der Genossenschaft nach Ausscheiden]

¹Wird die Genossenschaft binnen sechs Monaten nach dem Ausscheiden

des Genossen aufgelöst, so gilt dasselbe als nicht erfolgt. ²Wird die Fortsetzung der Genossenschaft beschlossen, so gilt das Ausscheiden als zum Schluß des Geschäftsjahres erfolgt, in dem der Beschluß über die Fortsetzung der Genossenschaft in das Genossenschaftsregister eingetragen ist.

## § 76 [Übertragung des Geschäftsguthabens]

(1) ¹Ein Genosse kann zu jeder Zeit, auch im Laufe des Geschäftsjahres, sein Geschäftsguthaben mittels schriftlicher Übereinkunft einem anderen übertragen und hierdurch aus der Genossenschaft ohne Auseinandersetzung mit ihr austreten, sofern der Erwerber an seiner Stelle Genosse wird oder sofern derselbe schon Genosse ist und dessen bisheriges Guthaben mit dem ihm zuzuschreibenden Betrag den Geschäftsanteil nicht übersteigt. ²Das Statut kann eine solche Übertragung ausschließen oder an weitere Voraussetzungen knüpfen.

(2) Der Vorstand hat die Übereinkunft dem Gericht (§ 10) ohne Verzug einzureichen und, falls der Erwerber schon Genosse ist, zugleich die schriftliche Versicherung abzugeben, daß dessen bisheriges Guthaben mit dem zuzuschreibenden Betrag den Geschäftsanteil nicht übersteigt.

(3) ¹Die Übertragung ist in die Liste bei dem veräußernden Genossen unverzüglich einzutragen. ²Als Zeitpunkt des Ausscheidens gilt der Tag der Eintragung. ³Dieselbe darf, falls der Erwerber noch nicht Genosse ist, nur zugleich mit der Eintragung des letzteren erfolgen. ⁴Die Vorschriften der §§ 15, 71 und 72 finden entsprechende Anwendung.

(4) Wird die Genossenschaft binnen sechs Monaten nach dem Ausscheiden des Genossen aufgelöst, so hat dieser im Fall der Eröffnung des Konkursverfahrens die Nachschüsse, zu deren Zahlung er verpflichtet gewesen sein würde, insoweit zu leisten, als zu derselben der Erwerber unvermögend ist.

(5) ¹Darf sich nach dem Statut ein Genosse mit mehr als einem Geschäftsanteil beteiligen, so gelten diese Vorschriften mit der Maßgabe, daß die Übertragung des Geschäftsguthabens auf einen anderen Genossen zulässig ist, sofern das Geschäftsguthaben des Erwerbers nach Zuschreibung des Geschäftsguthabens des Veräußerers den Gesamtbetrag der Geschäftsanteile, mit denen der Erwerber beteiligt ist oder sich beteiligt, nicht übersteigt. ²Die schriftliche Versicherung des Vorstands nach Absatz 2 ist darauf zu richten, daß das Geschäftsguthaben des Erwerbers nach Zuschreibung des Geschäftsguthabens des Veräußerers den Gesamtbetrag der Geschäftsanteile des Erwerbers nicht übersteigt.

## § 77 [Tod eines Genossen]

(1) ¹Mit dem Tode des Genossen geht die Mitgliedschaft auf den Erben über. ²Sie endet mit dem Schluß des Geschäftsjahres, in dem der Erbfall eingetreten ist. ³Mehrere Erben können das Stimmrecht in der Generalversammlung nur durch einen gemeinschaftlichen Vertreter ausüben.

(2) ¹Das Statut kann bestimmen, daß im Falle des Todes eines Genossen dessen Mitgliedschaft in der Genossenschaft durch dessen Erben fortgesetzt wird. ²Das Statut kann die Fortsetzung der Mitgliedschaft von persönlichen Voraussetzungen des Rechtsnachfolgers abhängig machen. ³Für den Fall der Beerbung des Erblassers durch mehrere Erben kann auch bestimmt werden, daß die Mitgliedschaft endet, wenn sie nicht innerhalb einer im Statut festgesetzten Frist einem Miterben allein überlassen worden ist.

(3) Der Vorstand hat eine Anzeige vom Tode des Genossen ohne Verzug dem Gericht (§ 10) zur Liste der Genossen einzureichen.

(4) [1]Bei Beendigung der Mitgliedschaft des Erben gelten § 70 Abs. 1, §§ 71 bis 75 entsprechend. [2]Die Fortsetzung der Mitgliedschaft durch einen oder mehrere Erben ist auf Anmeldung des Vorstands in der Liste der Genossen zu vermerken; § 15 Abs. 4, §§ 71, 72, 76 Abs. 4 gelten sinngemäß.

## § 77a [Auflösung oder Erlöschen einer juristischen Person oder Handelsgesellschaft]

[1]Wird eine juristische Person oder eine Handelsgesellschaft aufgelöst oder erlischt sie, so endet die Mitgliedschaft mit dem Abschluß des Geschäftsjahres, in dem die Auflösung oder das Erlöschen wirksam geworden ist. [2]Im Falle der Gesamtrechtsnachfolge wird die Mitgliedschaft bis zum Schluß des Geschäftsjahres durch den Gesamtrechtsnachfolger fortgesetzt.

# Sechster Abschnitt. Auflösung und Nichtigkeit der Genossenschaft

## § 78 [Auflösung durch Beschluß der Generalversammlung]

(1) [1]Die Genossenschaft kann durch Beschluß der Generalversammlung jederzeit aufgelöst werden; der Beschluß bedarf einer Mehrheit, die mindestens drei Viertel der abgegebenen Stimmen umfaßt. [2]Das Statut kann außer dieser Mehrheit noch andere Erfordernisse aufstellen.

(2) Die Auflösung ist durch den Vorstand ohne Verzug zur Eintragung in das Genossenschaftsregister anzumelden.

## § 79 [Auflösung durch Zeitablauf]

(1) In dem Falle, daß durch das Statut die Zeitdauer der Genossenschaft beschränkt ist, tritt die Auflösung derselben durch Ablauf der bestimmten Zeit ein.

(2) Die Vorschrift in § 78 Abs. 2 findet Anwendung.

## § 79a [Fortsetzung einer Genossenschaft nach Auflösung]

(1) [1]Ist eine Genossenschaft durch Beschluß der Generalversammlung oder durch Zeitablauf aufgelöst worden, so kann die Generalversammlung, solange noch nicht mit der Verteilung des nach Berichtigung der Schulden verbleibenden Vermögens der Genossenschaft unter die Genossen begonnen ist, die Fortsetzung der Genossenschaft beschließen; der Beschluß bedarf einer Mehrheit, die mindestens drei Viertel der abgegebenen Stimmen umfaßt. [2]Das Statut kann außer dieser Mehrheit noch andere Erfordernisse aufstellen. [3]Die Fortsetzung kann nicht beschlossen werden, wenn die Genossen nach § 87a Abs. 2 zu Zahlungen herangezogen worden sind.

(2) Vor der Beschlußfassung ist der Revisionsverband, dem die Genossenschaft angeschlossen ist, darüber zu hören, ob die Fortsetzung der Genossenschaft mit den Interessen der Genossen vereinbar ist.

(3) [1]Das Gutachten des Revisionsverbandes ist in jeder über die Fortsetzung der Genossenschaft beratenden Generalversammlung zu verlesen. [2]Dem Revisionsverband ist Gelegenheit zu geben, das Gutachten in der Generalversammlung zu vertreten.

(4) Ist die Fortsetzung der Genossenschaft nach dem Gutachten des Revi-

sionsverbandes mit den Interessen der Genossen nicht vereinbar, so bedarf der Beschluß unbeschadet weiterer Erschwerungen durch das Statut einer Mehrheit von drei Vierteln der Genossen in zwei mit einem Abstand von mindestens einem Monat aufeinanderfolgenden Generalversammlungen.

(5) [1]Die Fortsetzung der Genossenschaft ist durch den Vorstand ohne Verzug zur Eintragung in das Genossenschaftsregister anzumelden. [2]Der Vorstand hat bei der Anmeldung die Versicherung abzugeben, daß der Beschluß der Generalversammlung zu einer Zeit gefaßt ist, als noch nicht mit der Verteilung des nach der Berichtigung der Schulden verbleibenden Vermögens der Genossenschaft unter die Genossen begonnen war.

### § 80 [Auflösung bei Fehlen der Mindestzahl]

(1) Beträgt die Zahl der Genossen weniger als sieben, so hat das Gericht (§ 10) auf Antrag des Vorstandes und, wenn der Antrag nicht binnen sechs Monaten erfolgt, von Amts wegen nach Anhörung des Vorstandes die Auflösung der Genossenschaft auszusprechen.

(2) [1]Der Beschluß ist der Genossenschaft zuzustellen. [2]Gegen denselben steht ihr die sofortige Beschwerde nach Maßgabe der Zivilprozeßordnung zu. [3]Die Auflösung tritt mit der Rechtskraft des Beschlusses in Wirksamkeit.

### § 81 [Auflösung wegen gesetzwidriger Handlungen]

(1) Wenn eine Genossenschaft sich gesetzwidriger Handlungen oder Unterlassungen schuldig macht, durch welche das Gemeinwohl gefährdet wird, oder wenn sie andere als die in diesem Gesetz (§ 1) bezeichneten geschäftlichen Zwecke verfolgt, so kann sie aufgelöst werden, ohne daß deshalb ein Anspruch auf Entschädigung stattfindet.

(2) Das Verfahren und die Zuständigkeit der Behörden richtet sich nach den für streitige Verwaltungssachen … geltenden Vorschriften.

(3) Von der Auflösung hat die in erster Instanz entscheidende Behörde dem Gericht (§ 10) Mitteilung zu machen.

### § 82 [Eintragung und Bekanntmachung der Auflösung]

(1) Die Auflösung der Genossenschaft ist von dem Gericht ohne Verzug in das Genossenschaftsregister einzutragen.

(2) [1]Sie muß von den Liquidatoren durch die für die Bekanntmachungen der Genossenschaft bestimmten Blätter bekanntgemacht werden. [2]Durch die Bekanntmachung sind zugleich die Gläubiger aufzufordern, sich bei der Genossenschaft zu melden.

### § 83 [Liquidatoren]

(1) Die Liquidation erfolgt durch den Vorstand, wenn nicht dieselbe durch das Statut oder durch Beschluß der Generalversammlung anderen Personen übertragen wird.

(2) Auch eine juristische Person kann Liquidator sein.

(3) Auf Antrag des Aufsichtsrats oder mindestens des zehnten Teils der Genossen kann die Ernennung von Liquidatoren durch das Gericht (§ 10) erfolgen.

(4) [1]Die Abberufung der Liquidatoren kann durch das Gericht unter denselben Voraussetzungen wie die Bestellung erfolgen. [2]Liquidatoren, welche nicht vom Gericht ernannt sind, können auch durch die Generalversammlung vor Ablauf des Zeitraums, für welchen sie bestellt sind, abberufen werden.

### § 84 [Anmeldung der Liquidatoren]

(1) [1]Die ersten Liquidatoren sowie ihre Vertretungsbefugnis hat der Vorstand, jede Änderung in den Personen der Liquidatoren und jede Änderung ihrer Vertretungsbefugnis haben die Liquidatoren zur Eintragung in das Genossenschaftsregister anzumelden. [2]Der Anmeldung ist eine Abschrift der Urkunden über die Bestellung oder Abberufung sowie über die Vertretungsbefugnis beizufügen.

(2) Die Eintragung der gerichtlichen Ernennung oder Abberufung von Liquidatoren geschieht von Amts wegen.

(3) Die Liquidatoren haben die Zeichnung ihrer Unterschrift in öffentlich beglaubigter Form einzureichen.

### § 85 [Zeichnung der Liquidatoren]

(1) [1]Die Liquidatoren haben in der bei ihrer Bestellung bestimmten Form ihre Willenserklärungen kundzugeben und für die Genossenschaft zu zeichnen. [2]Ist nichts darüber bestimmt, so muß die Erklärung und Zeichnung durch sämtliche Liquidatoren erfolgen.

(2) Die Bestimmung ist mit der Bestellung der Liquidatoren zur Eintragung in das Genossenschaftsregister anzumelden.

(3) Die Zeichnungen geschehen derartig, daß die Liquidatoren der bisherigen, nunmehr als Liquidationsfirma zu bezeichnenden Firma ihre Namensunterschrift beifügen.

### § 86 [Öffentlicher Glaube des Genossenschaftsregisters]

Die Vorschriften in § 29 über das Verhältnis zu dritten Personen finden bezüglich der Liquidatoren Anwendung.

### § 87 [Rechtsverhältnisse bis zur Beendigung der Liquidation]

(1) Bis zur Beendigung der Liquidation kommen ungeachtet der Auflösung der Genossenschaft in bezug auf die Rechtsverhältnisse derselben und der Genossen die Vorschriften des zweiten und dritten Abschnitts dieses Gesetzes zur Anwendung, soweit sich aus den Bestimmungen des gegenwärtigen Abschnitts und aus dem Wesen der Liquidation nicht ein anderes ergibt.

(2) Der Gerichtsstand, welchen die Genossenschaft zur Zeit ihrer Auflösung hatte, bleibt bis zur vollzogenen Verteilung des Vermögens bestehen.

### § 87 a [Maßnahmen zur Konkursabwendung]

(1) [1]Ergibt sich bei Aufstellung der Liquidationseröffnungsbilanz, einer späteren Jahresbilanz oder einer Zwischenbilanz oder ist bei pflichtmäßigem Ermessen anzunehmen, daß das Vermögen auch unter Berücksichtigung fälliger, rückständiger Einzahlungen die Schulden nicht mehr deckt, so kann die Generalversammlung beschließen, daß die Genossen, die ihren Geschäftsanteil noch nicht voll eingezahlt haben, zu weiteren Einzahlungen auf den Geschäftsanteil verpflichtet sind, soweit dies zur Deckung des Fehlbetrages erforderlich ist. [2]Der Beschlußfassung der Generalversammlung stehen abweichende Bestimmungen des Statuts nicht entgegen.

(2) [1]Reichen die weiteren Einzahlungen auf den Geschäftsanteil zur Deckung des Fehlbetrags nicht aus, so kann die Generalversammlung beschließen, daß die Genossen nach dem Verhältnis ihrer Geschäftsanteile weitere Zahlungen zu leisten haben, soweit es zur Deckung des Fehlbetrages erforder-

lich ist. [2]Für Genossenschaften, bei denen die Genossen keine Nachschüsse zur Konkursmasse zu leisten haben, gilt dies nur, wenn das Statut es bestimmt. [3]Ein Genosse kann zu weiteren Zahlungen höchstens bis zu dem Betrag in Anspruch genommen werden, der dem Gesamtbetrag seiner Geschäftsanteile entspricht. [4]Absatz 1 Satz 2 gilt entsprechend. [5]Bei Feststellung des Verhältnisses der Geschäftsanteile und des Gesamtbetrages der Geschäftsanteile gelten als Geschäftsanteile eines Genossen auch die Geschäftsanteile, die er entgegen den Bestimmungen des Statuts über eine Pflichtbeteiligung noch nicht übernommen hat.

(3) [1]Die Beschlüsse bedürfen einer Mehrheit, die mindestens drei Viertel der abgegebenen Stimmen umfaßt. [2]Das Statut kann eine größere Mehrheit und weitere Erfordernisse bestimmen.

(4) Die Beschlüsse dürfen nicht gefaßt werden, wenn das Vermögen auch unter Berücksichtigung der weiteren Zahlungspflichten die Schulden nicht mehr deckt.

## § 87 b [Keine Anteilserhöhung nach Auflösung]

Nach Auflösung der Genossenschaft können weder der Geschäftsanteil noch die Haftsumme erhöht werden.

## § 88 [Aufgaben der Liquidatoren]

[1]Die Liquidatoren haben die laufenden Geschäfte zu beendigen, die Verpflichtungen der aufgelösten Genossenschaft zu erfüllen, die Forderungen derselben einzuziehen und das Vermögen der Genossenschaft in Geld umzusetzen; sie haben die Genossenschaft gerichtlich und außergerichtlich zu vertreten. [2]Zur Beendigung schwebender Geschäfte können die Liquidatoren auch neue Geschäfte eingehen.

## § 88 a [Abtretbarkeit von Einzahlungsansprüchen]

(1) Die Liquidatoren können den Anspruch der Genossenschaft auf rückständige Einzahlungen auf den Geschäftsanteil (§ 7 Nr. 1) und den Anspruch auf anteilige Fehlbeträge (§ 73 Abs. 2) mit Zustimmung des Prüfungsverbandes abtreten.

(2) Der Prüfungsverband soll nur zustimmen, wenn der Anspruch an eine genossenschaftliche Zentralkasse oder an eine der fortlaufenden Überwachung durch einen Prüfungsverband unterstehende Stelle abgetreten wird und schutzwürdige Belange der Genossen nicht entgegenstehen.

## § 89 [Rechte und Pflichten der Liquidatoren]

[1]Die Liquidatoren haben die aus den §§ 26, 27, § 33 Abs. 1 Satz 1, §§ 34, 44 bis 47, § 48 Abs. 3, §§ 51, 57 bis 59 sich ergebenden Rechte und Pflichten des Vorstandes und unterliegen gleich diesem der Überwachung des Aufsichtsrats. [2]Sie haben sofort bei Beginn der Liquidation und demnächst in jedem Jahr eine Bilanz aufzustellen. [3]Die erste Bilanz ist zu veröffentlichen; die Bekanntmachung ist zu dem Genossenschaftsregister einzureichen.

## § 90 [Vermögensverteilung; Sperrfrist]

(1) Eine Verteilung des Vermögens unter die Genossen darf nicht vor Tilgung oder Deckung der Schulden und nicht vor Ablauf eines Jahres seit dem Tage vollzogen werden, an welchem die Aufforderung der Gläubiger in den hierzu bestimmten Blättern (§ 82 Abs. 2) erfolgt ist.

(2) ¹Meldet sich ein bekannter Gläubiger nicht, so ist der geschuldete Betrag, wenn die Berechtigung zur Hinterlegung vorhanden ist, für den Gläubiger zu hinterlegen. ²Ist die Berichtigung einer Verbindlichkeit zur Zeit nicht ausführbar oder ist eine Verbindlichkeit streitig, so darf die Verteilung des Vermögens nur erfolgen, wenn dem Gläubiger Sicherheit geleistet ist.

## § 91 [Durchführung der Vermögensverteilung]

(1) ¹Die Verteilung des Vermögens unter die einzelnen Genossen erfolgt bis zum Gesamtbetrag ihrer aufgrund der ersten Liquidationsbilanz (§ 89) ermittelten Geschäftsguthaben nach dem Verhältnis der letzteren. ²Waren die Genossen nach § 87a Abs. 2 zu Zahlungen herangezogen worden, so sind zunächst diese Zahlungen nach dem Verhältnis der geleisteten Beträge zu erstatten. ³Bei Ermittlung der einzelnen Geschäftsguthaben bleiben für die Verteilung des Gewinns oder Verlustes, welcher sich für den Zeitraum zwischen dem letzten Jahresabschluß (§ 33) und der ersten Liquidationsbilanz ergeben hat, die seit dem letzten Jahresabschluß geleisteten Einzahlungen außer Betracht. ⁴Der Gewinn aus diesem Zeitraum ist dem Guthaben auch insoweit zuzuschreiben, als dadurch der Geschäftsanteil überschritten wird.

(2) Überschüsse, welche sich über den Gesamtbetrag dieser Guthaben hinaus ergeben, sind nach Köpfen zu verteilen.

(3) Durch das Statut kann die Verteilung des Vermögens ausgeschlossen oder ein anderes Verhältnis für die Verteilung bestimmt werden.

## § 92 [Verwendung von unverteilbarem Reinvermögen]

¹Ein bei der Auflösung der Genossenschaft verbleibendes unverteilbares Reinvermögen (§ 91 Abs. 3) fällt, sofern dasselbe nicht durch das Statut einer physischen oder juristischen Person zu einem bestimmten Verwendungszweck überwiesen ist, an diejenige Gemeinde, in der die Genossenschaft ihren Sitz hatte. ²Die Zinsen dieses Fonds sind zu gemeinnützigen Zwecken zu verwenden.

## § 93 [Aufbewahrung der Bücher und Schriften]

¹Nach Beendigung der Liquidation sind die Bücher und Schriften der aufgelösten Genossenschaft für die Dauer von zehn Jahren einem der gewesenen Genossen oder einem Dritten in Verwahrung zu geben. ²Der Genosse oder der Dritte wird in Ermangelung einer Bestimmung des Statuts oder eines Beschlusses der Generalversammlung durch das Gericht (§ 10) bestimmt. ³Dasselbe kann die Genossen und deren Rechtsnachfolger sowie die Gläubiger der Genossenschaft zur Einsicht der Bücher und Schriften ermächtigen.

## § 93a [Verschmelzung durch Übernahme]

(1) Genossenschaften gleicher Haftart können unter Ausschluß der Liquidation in der Weise vereinigt (verschmolzen) werden, daß das Vermögen der einen Genossenschaft (übertragende Genossenschaft) als Ganzes auf eine andere Genossenschaft (übernehmende Genossenschaft) übertragen wird.

(2) Die Verschmelzung ist auch zulässig, wenn die übertragende Genossenschaft aufgelöst ist, die Verteilung des Vermögens unter die Genossen aber noch nicht begonnen hat.

### § 93 b [Verschmelzungsbeschlüsse]

(1) [1]Die Verschmelzung muß von der Generalversammlung jeder Genossenschaft beschlossen werden. [2]Der Beschluß bedarf einer Mehrheit, die mindestens drei Viertel der abgegebenen Stimmen umfaßt.

(2) [1]Vor der Beschlußfassung der Generalversammlung ist der Prüfungsverband darüber zu hören, ob die Verschmelzung mit den Belangen der Genossen und der Gläubiger der Genossenschaft vereinbar ist. [2]Das Gutachten des Prüfungsverbandes ist in jeder Generalversammlung zu verlesen, in der über die Verschmelzung verhandelt wird. [3]Der Prüfungsverband ist berechtigt, an der Generalversammlung beratend teilzunehmen.

### § 93 c [Verschmelzungsvertrag]

Für den Verschmelzungsvertrag ist die schriftliche Form erforderlich und ausreichend.

### § 93 d [Anmeldung der Verschmelzung]

(1) Der Vorstand jeder Genossenschaft hat die Verschmelzung zur Eintragung in das Genossenschaftsregister des Sitzes seiner Genossenschaft anzumelden.

(2) Der Anmeldung sind der Verschmelzungsvertrag, das Gutachten des Prüfungsverbandes, die Verschmelzungsbeschlüsse in Urschrift oder öffentlich beglaubigter Abschrift sowie, wenn die Verschmelzung der staatlichen Genehmigung bedarf, die Genehmigungsurkunde beizufügen.

(3) [1]Der Anmeldung zum Genossenschaftsregister des Sitzes der übertragenden Genossenschaft ist ferner eine Bilanz der übertragenden Genossenschaft beizufügen, die für einen höchstens sechs Monate vor der Anmeldung liegenden Zeitpunkt aufgestellt worden ist (Schlußbilanz). [2]Für diese Bilanz gelten die Vorschriften über die Jahresbilanz sinngemäß; sie braucht nicht bekanntgemacht zu werden.

### § 93 e [Eintragung der Verschmelzung]

(1) [1]Mit der Eintragung der Verschmelzung in das Genossenschaftsregister des Sitzes der übertragenden Genossenschaft geht das Vermögen dieser Genossenschaft einschließlich der Schulden auf die übernehmende Genossenschaft über. [2]Soweit durch die Verschmelzung Grundbücher oder andere öffentliche Register unrichtig werden, sind sie auf Antrag des Vorstands der übernehmenden Genossenschaft zu berichtigen. [3]Zum Nachweis des Vermögensübergangs genügt eine vom Gericht des Sitzes der übertragenden Genossenschaft ausgestellte Bestätigung über die Verschmelzung.

(2) [1]Mit der Eintragung der Verschmelzung in das Genossenschaftsregister des Sitzes der übertragenden Genossenschaft erlischt diese. [2]Einer besonderen Löschung bedarf es nicht.

(3) Ist beim Abschluß des Verschmelzungsvertrages die schriftliche Form nicht gewahrt oder der Prüfungsverband nicht angehört worden, so werden diese Mängel durch die Eintragung geheilt.

(4) Das Gericht des Sitzes der übertragenden Genossenschaft hat von Amts wegen die bei ihm aufbewahrten Urkunden und sonstigen Schriftstücke nach der Eintragung der Verschmelzung dem Gericht des Sitzes der übernehmenden Genossenschaft zur Aufbewahrung zu übersenden.

## § 93f [Gläubigerschutz durch Sicherheitsleistung]

[1]Den Gläubigern der übertragenden Genossenschaft ist, wenn sie sich binnen sechs Monaten nach der Bekanntmachung der Eintragung der Verschmelzung in das Genossenschaftsregister des Sitzes der übertragenden Genossenschaft bei der übernehmenden Genossenschaft zu diesem Zweck melden, Sicherheit zu leisten, soweit sie nicht Befriedigung verlangen können. [2]In der Bekanntmachung ist darauf hinzuweisen.

## § 93g [Fortführung der Bilanzwerte]

Die in der Schlußbilanz der übertragenden Genossenschaft angesetzten Werte gelten für die Jahresbilanzen der übernehmenden Genossenschaft als Anschaffungskosten im Sinne des § 253 Abs. 1 des Handelsgesetzbuchs.

## § 93h [Erwerb der Mitgliedschaft bei der übernehmenden Genossenschaft]

(1) Mit der Eintragung der Verschmelzung in das Genossenschaftsregister des Sitzes der übertragenden Genossenschaft erwerben die Genossen dieser Genossenschaft die Mitgliedschaft bei der übernehmenden Genossenschaft mit allen Rechten und Pflichten.

(2) [1]Die Genossen der übertragenden Genossenschaft sind bei der übernehmenden Genossenschaft mit mindestens einem Geschäftsanteil beteiligt. [2]Läßt das Statut der übernehmenden Genossenschaft die Beteiligung mit mehreren Geschäftsanteilen zu oder verpflichtet es die Genossen zur Übernahme mehrerer Geschäftsanteile, so ist jeder Genosse der übertragenden Genossenschaft mit so vielen Geschäftsanteilen bei der übernehmenden Genossenschaft beteiligt, wie durch Anrechnung seines Geschäftsguthabens bei der übertragenden Genossenschaft als voll eingezahlt anzusehen sind; eine Verpflichtung zur Übernahme weiterer Geschäftsanteile bleibt unberührt.

(3) Übersteigt das Geschäftsguthaben, das der Genosse bei der übertragenden Genossenschaft hatte, den Gesamtbetrag der Geschäftsanteile, mit denen er bei der übernehmenden Genossenschaft beteiligt ist, so ist der übersteigende Betrag nach Ablauf von sechs Monaten seit der Bekanntmachung auszuzahlen; die Auszahlung darf jedoch nicht erfolgen, bevor die Gläubiger, die sich nach § 93f gemeldet haben, befriedigt oder sichergestellt sind.

(4) Für die Feststellung des Geschäftsguthabens, das der Genosse bei der übertragenden Genossenschaft gehabt hat, ist die Schlußbilanz maßgebend.

## § 93i [Eintragung; Benachrichtigung der Genossen]

(1) Der Vorstand der übernehmenden Genossenschaft hat die Genossen der übertragenden Genossenschaft nach der Eintragung der Verschmelzung in das Genossenschaftsregister des Sitzes der übertragenden Genossenschaft unverzüglich zur Eintragung in die Liste der Genossen der übernehmenden Genossenschaft anzumelden.

(2) [1]Das Gericht hat den Vorstand und die Genossen unverzüglich von der Eintragung zu benachrichtigen. [2]Die Genossen können auf die Benachrichtigung nicht verzichten.

(3) [1]Der Vorstand der übernehmenden Genossenschaft hat jedem Genossen der übertragenden Genossenschaft unverzüglich, spätestens binnen drei Monaten seit der Benachrichtigung durch das Gericht, schriftlich mitzuteilen:

1. den Betrag des Geschäftsguthabens bei der übernehmenden Genossenschaft;
2. den Betrag des Geschäftsanteils bei der übernehmenden Genossenschaft und die Zahl der Geschäftsanteile, mit denen der Genosse nach § 93 h Abs. 2 an der übernehmenden Genossenschaft beteiligt ist;
3. den Betrag der von dem Genossen nach Anrechnung seines Geschäftsguthabens noch zu leistenden Einzahlung oder den Betrag, der nach § 93 h Abs. 3 an den Genossen auszuzahlen ist;
4. bei Genossenschaften mit beschränkter Haftung den Betrag der Haftsumme der übernehmenden Genossenschaft.

[2]Die Genossen können auf die Mitteilung nicht verzichten.

## § 93 k [Kündigungsrecht der Genossen der übertragenden Genossenschaft]

(1) [1]Die durch die Verschmelzung erworbene Mitgliedschaft kann kündigen:
1. jeder in der Generalversammlung erschienene Genosse, wenn er gegen den Verschmelzungsbeschluß Widerspruch zu Protokoll erklärt hat;
2. jeder in der Generalversammlung nicht erschienene Genosse, wenn er zu der Generalversammlung zu Unrecht nicht zugelassen worden ist oder die Versammlung nicht gehörig berufen oder der Gegenstand der Beschlußfassung nicht gehörig angekündigt worden ist.

[2]Die Kündigung hat durch schriftliche Erklärung gegenüber der übernehmenden Genossenschaft zu geschehen.

(2) [1]Hat eine Vertreterversammlung die Verschmelzung beschlossen, so kann jeder Genosse kündigen. [2]Für die Vertreter gilt Absatz 1.

(3) Die Kündigung kann nur innerhalb eines Monats seit Zugang der Mitteilung des Vorstands (§ 93 i Abs. 3), längstens aber binnen sechs Monaten seit Absendung der Benachrichtigung durch das Gericht (§ 93 i Abs. 2) erklärt werden.

## § 93 l [Anmeldung und Eintragung der Kündigung]

(1) [1]Der Vorstand hat die Kündigung des Genossen dem Gericht zur Eintragung in die Liste der Genossen unverzüglich anzumelden. [2]Der Anmeldung sind das Kündigungsschreiben und die schriftliche Versicherung des Vorstands, daß die Kündigung rechtzeitig erfolgt ist, beizufügen.

(2) [1]Wird die Kündigung eingetragen, so gilt die Mitgliedschaft des Genossen der übertragenden Genossenschaft bei der übernehmenden Genossenschaft als nicht erworben. [2]Dies ist bei der Eintragung in der Liste der Genossen zu vermerken. [3]§ 71 gilt sinngemäß.

## § 93 m [Auseinandersetzung mit dem kündigenden Genossen]

(1) [1]Mit dem kündigenden Genossen hat die übernehmende Genossenschaft sich auseinanderzusetzen. [2]Maßgebend ist die Schlußbilanz der übertragenden Genossenschaft. [3]Der kündigende Genosse kann die Auszahlung seines Geschäftsguthabens verlangen; an den Rücklagen und dem sonstigen Vermögen der übertragenden Genossenschaft hat er vorbehaltlich des § 73 Abs. 3 keinen Anteil, auch wenn sie bei der Verschmelzung den Geschäftsguthaben der Genossen der übertragenden Genossenschaft zugerechnet werden. [4]Die Ansprüche sind binnen sechs Monaten seit der Kündigung zu befriedigen; die Auszahlung darf jedoch nicht erfolgen, bevor die Gläubiger, die sich nach

§ 93 f gemeldet haben, befriedigt oder sichergestellt sind, und nicht vor Ablauf von sechs Monaten seit der Bekanntmachung.

(2) ¹Reichen die Geschäftsguthaben und die in der Schlußbilanz ausgewiesenen Rücklagen zur Deckung eines in dieser Bilanz ausgewiesenen Verlustes nicht aus, so hat der kündigende Genosse den anteiligen Fehlbetrag an die übernehmende Genossenschaft zu zahlen, wenn und soweit er im Falle des Konkurses Nachschüsse an die übertragende Genossenschaft zu leisten gehabt hätte. ²Der anteilige Fehlbetrag wird, falls das Statut der übertragenden Genossenschaft nichts anderes bestimmt, nach der Kopfzahl der Genossen der übertragenden Genossenschaft errechnet.

(3) ¹Die Ansprüche verjähren binnen drei Jahren. ²Die Verjährung beginnt mit dem Schluß des Kalenderjahres, in dem die Ansprüche fällig geworden sind.

### § 93 n [Haftung des Vorstands und Aufsichtsrats der übertragenden Genossenschaft]

(1) ¹Die Mitglieder des Vorstands und des Aufsichtsrats der übertragenden Genossenschaft sind den Genossen und den Gläubigern dieser Genossenschaft als Gesamtschuldner zum Ersatz des Schadens verpflichtet, den sie durch die Verschmelzung erleiden. ²Mitglieder, die bei der Prüfung der Vermögenslage der Genossenschaften und beim Abschluß des Verschmelzungsvertrages ihre Sorgfaltspflicht beobachtet haben, sind von der Ersatzpflicht befreit.

(2) Zuständig für die Geltendmachung der Ersatzansprüche ist das Gericht, in dessen Bezirk die übertragende Genossenschaft ihren Sitz hatte.

(3) Die Ersatzansprüche verjähren in fünf Jahren seit Eintragung der Verschmelzung in das Genossenschaftsregister des Sitzes der übertragenden Genossenschaft.

### § 93 o [Haftung des Vorstands und Aufsichtsrats der übernehmenden Genossenschaft]

Schadensersatzansprüche, die sich nach §§ 34, 41 gegen die Mitglieder des Vorstands und des Aufsichtsrats der übernehmenden Genossenschaft aufgrund der Verschmelzung ergeben, verjähren in fünf Jahren seit der Eintragung der Verschmelzung in das Genossenschaftsregister des Sitzes der übertragenden Genossenschaft.

### § 93 p [Anfechtung des Verschmelzungsvertrages]

(1) Für die Anfechtung des Verschmelzungsvertrages nach den Vorschriften des bürgerlichen Rechts und die Geltendmachung der aufgrund der Anfechtung sich ergebenden Ansprüche gilt die übertragende Genossenschaft als fortbestehend.

(2) Die übertragende Genossenschaft kann den Verschmelzungsvertrag nur anfechten, wenn die Generalversammlung dies mit einer Mehrheit beschließt, die mindestens drei Viertel der abgegebenen Stimmen umfaßt.

### § 93 q [Anfechtung des Verschmelzungsbeschlusses]

Nach Eintragung der Verschmelzung in das Genossenschaftsregister des Sitzes der übertragenden Genossenschaft ist eine Anfechtung des Verschmelzungsbeschlusses dieser Genossenschaft gegen die übernehmende Genossenschaft zu richten.

### § 93 r [Konkurs der übernehmenden Genossenschaft]

(1) ¹Ist die Haftsumme bei der übernehmenden Genossenschaft geringer als sie bei der übertragenden Genossenschaft war, und können die Gläubiger, die sich nach § 93 f gemeldet haben, wegen ihrer Forderung Befriedigung oder Sicherstellung auch nicht aus den von den Genossen eingezogenen Nachschüssen erlangen, so haben zur Befriedigung dieser Gläubiger die Genossen, die Mitglieder der übertragenden Genossenschaft waren, weitere Nachschüsse bis zur Höhe der Haftsumme bei der übertragenden Genossenschaft zu leisten. ²Für die Einziehung dieser Nachschüsse gelten die §§ 105 bis 115 a.

(2) Absatz 1 ist nur anzuwenden, wenn das Konkursverfahren binnen achtzehn Monaten seit der Eintragung der Verschmelzung in das Genossenschaftsregister des Sitzes der übertragenden Genossenschaft eröffnet wird.

### § 93 s [Verschmelzung durch Neubildung]

(1) Genossenschaften gleicher Haftart können unter Ausschluß der Liquidation durch Bildung einer neuen Genossenschaft in der Weise vereinigt (verschmolzen) werden, daß das Vermögen der Genossenschaften (übertragende Genossenschaften) als Ganzes auf eine neue Genossenschaft (übernehmende Genossenschaft) übergeht (Verschmelzung durch Neubildung).

(2) Für die Errichtung der neuen Genossenschaft durch die sich vereinigenden Genossenschaften gelten die Vorschriften des Ersten Abschnitts mit folgenden Maßgaben:
1. Das Statut der neuen Genossenschaft ist durch sämtliche Mitglieder der Vorstände der sich vereinigenden Genossenschaften aufzustellen und zu unterzeichnen.
2. ¹Die Vorstände der sich vereinigenden Genossenschaften bestellen den ersten Aufsichtsrat der neuen Genossenschaft. ²Das gleiche gilt für die Bestellung des ersten Vorstands, sofern nicht durch das Statut der neuen Genossenschaft an die Stelle der Wahl durch die Generalversammlung eine andere Art der Bestellung des Vorstands festgesetzt ist.
3. Das Statut der neuen Genossenschaft sowie die Bestellung des ersten Vorstands und des ersten Aufsichtsrats bedürfen der Zustimmung der Generalversammlungen der sich vereinigenden Genossenschaften, die Bestellung des ersten Vorstands jedoch nur, wenn dieser von den Vorständen der sich vereinigenden Genossenschaften bestellt worden ist.

(3) ¹Die Vorstände der sich vereinigenden Genossenschaften haben die neue Genossenschaft bei dem Gericht, in dessen Bezirk sie ihren Sitz haben soll, zur Eintragung in das Genossenschaftsregister anzumelden. ²Mit der Eintragung der neuen Genossenschaft geht das Vermögen der sich vereinigenden Genossenschaften einschließlich der Verbindlichkeiten auf die neue Genossenschaft über. ³Die sich vereinigenden Genossenschaften erlöschen mit der Eintragung. ⁴Einer besonderen Löschung der sich vereinigenden Genossenschaften bedarf es nicht. ⁵Die Genossen der sich vereinigenden Genossenschaften erwerben mit der Eintragung die Mitgliedschaft bei der neuen Genossenschaft mit allen Rechten und Pflichten. ⁶Im übrigen gelten für die Verschmelzung durch Neubildung § 93 a Abs. 2, §§ 93 b bis 93 d, § 93 e Abs. 1 Satz 2 und 3, Abs. 3 und 4, §§ 93 f und 93 g, § 93 h Abs. 2 bis 4, §§ 93 i bis 93 n und §§ 93 p bis 93 r sinngemäß.

## § 94 [Nichtigkeitsklage]

Enthält das Statut nicht die für dasselbe wesentlichen Bestimmungen oder ist eine dieser Bestimmungen nichtig, so kann jeder Genosse und jedes Mitglied des Vorstandes und des Aufsichtsrats im Wege der Klage beantragen, daß die Genossenschaft für nichtig erklärt werde.

## § 95 [Nichtigkeitsgründe und ihre Heilung]

(1) Als wesentlich im Sinne des § 94 gelten die in den §§ 6, 7 und 119 bezeichneten Bestimmungen des Statuts mit Ausnahme derjenigen über die Beurkundung der Beschlüsse der Generalversammlung und den Vorsitz in dieser sowie über die Grundsätze für die Aufstellung und Prüfung des Jahresabschlusses.

(2) Ein Mangel, der eine hiernach wesentliche Bestimmung des Statuts betrifft, kann durch einen den Vorschriften dieses Gesetzes über Änderungen des Statuts entsprechenden Beschluß der Generalversammlung geheilt werden.

(3) Die Berufung der Generalversammlung erfolgt, wenn sich der Mangel auf die Bestimmungen über die Form der Berufung bezieht, durch Einrückung in diejenigen öffentlichen Blätter, welche für die Bekanntmachung der Eintragungen in das Genossenschaftsregister des Sitzes der Genossenschaft bestimmt sind.

(4) Betrifft bei einer Genossenschaft, bei der die Genossen beschränkt auf eine Haftsumme Nachschüsse zur Konkursmasse zu leisten haben, der Mangel die Bestimmungen über die Haftsumme, so darf durch die zur Heilung des Mangels beschlossenen Bestimmungen der Gesamtbetrag der von den einzelnen Genossen übernommenen Haftung nicht vermindert werden.

## § 96 [Verfahren bei Nichtigkeitsklage]

Das Verfahren über die Klage auf Nichtigkeitserklärung und die Wirkungen des Urteils bestimmen sich nach den Vorschriften des § 51 Abs. 3 bis 5 und des § 52.

## § 97 [Wirkungen der Nichtigkeit]

(1) Ist die Nichtigkeit einer Genossenschaft in das Genossenschaftsregister eingetragen, so finden zum Zweck der Abwicklung ihrer Verhältnisse die für den Fall der Auflösung geltenden Vorschriften entsprechende Anwendung.

(2) Die Wirksamkeit der im Namen der Genossenschaft mit Dritten vorgenommenen Rechtsgeschäfte wird durch die Nichtigkeit nicht berührt.

(3) Soweit die Genossen eine Haftung für die Verbindlichkeiten der Genossenschaft übernommen haben, sind sie verpflichtet, die zur Befriedigung der Gläubiger erforderlichen Beträge nach Maßgabe der Vorschriften des folgenden Abschnitts zu leisten.

# Siebenter Abschnitt. Konkursverfahren und Haftpflicht der Genossen

## § 98 [Konkursgründe]

(1) Das Konkursverfahren über das Vermögen einer Genossenschaft findet statt

1. im Falle der Zahlungsunfähigkeit;

2. bei einer Genossenschaft, bei der die Genossen Nachschüsse bis zu einer Haftsumme zu leisten haben, auch in Fällen, in denen das Vermögen die Schulden nicht mehr deckt (Überschuldung) und die Überschuldung ein Viertel des Gesamtbetrages der Haftsummen aller Genossen übersteigt;

3. bei einer Genossenschaft, bei der die Genossen keine Nachschüsse zu leisten haben, und bei einer aufgelösten Genossenschaft auch im Falle der Überschuldung.

(2) Nach Auflösung der Genossenschaft ist die Eröffnung des Verfahrens so lange zulässig, als die Verteilung des Vermögens nicht vollzogen ist.

## § 99 [Konkursantrag]

(1) ¹Wird die Genossenschaft zahlungsunfähig, so hat der Vorstand, bei einer aufgelösten Genossenschaft der Liquidator, ohne schuldhaftes Zögern, spätestens aber drei Wochen nach Eintritt der Zahlungsunfähigkeit, die Eröffnung des Konkursverfahrens oder die Eröffnung des gerichtlichen Vergleichsverfahrens zu beantragen. ²Dies gilt sinngemäß, wenn sich bei Aufstellung des Jahresabschlusses oder einer Zwischenbilanz ergibt oder bei pflichtmäßigem Ermessen anzunehmen ist, daß eine Überschuldung besteht, die für die Genossenschaft Konkursgrund nach § 98 Abs. 1 ist. ³Der Antrag ist nicht schuldhaft verzögert, wenn der Vorstand die Eröffnung des gerichtlichen Vergleichsverfahrens mit der Sorgfalt eines ordentlichen und gewissenhaften Geschäftsleiters einer Genossenschaft betreibt.

(2) ¹Der Vorstand darf keine Zahlung mehr leisten, sobald die Genossenschaft zahlungsunfähig geworden ist oder sich eine Überschuldung ergeben hat, die für die Genossenschaft Konkursgrund nach § 98 Abs. 1 ist. ²Dies gilt nicht für Zahlungen, die auch nach diesem Zeitpunkt mit der Sorgfalt eines ordentlichen und gewissenhaften Geschäftsleiters einer Genossenschaft vereinbar sind.

## § 100 [Antragsrecht der Vorstandsmitglieder]

(1) Zu dem Antrag auf Eröffnung des Verfahrens ist außer den Konkursgläubigern jedes Mitglied des Vorstandes berechtigt.

(2) ¹Wird der Antrag nicht von allen Mitgliedern gestellt, so ist derselbe zuzulassen, wenn die ihn begründenden Tatsachen (§ 98) glaubhaft gemacht werden. ²Das Gericht hat die übrigen Mitglieder nach Maßgabe der Konkursordnung § 105 Abs. 2, 3 zu hören.

(3) Der Eröffnungsantrag kann nicht aus dem Grunde abgewiesen werden, daß eine den Kosten des Verfahrens entsprechende Konkursmasse nicht vorhanden sei.

## § 101 [Auflösung durch Konkurseröffnung]

Durch die Eröffnung des Konkursverfahrens wird die Genossenschaft aufgelöst.

## § 102 [Eintragung der Konkurseröffnung]

¹Die Eröffnung des Konkursverfahrens ist unverzüglich in das Genossenschaftsregister einzutragen. ²Die Eintragung wird nicht bekanntgemacht.

## § 103 [Gläubigerausschuß]

¹Bei der Eröffnung des Verfahrens ist von dem Gericht ein Gläubigerausschuß zu bestellen. ²Die Gläubigerversammlung hat über die Beibehaltung der

bestellten oder die Wahl anderer Mitglieder zu beschließen. [3]Im übrigen kommen die Vorschriften in § 87 der Konkursordnung zur Anwendung.

## § 104 [Berufung der Generalversammlung]

Die Generalversammlung ist ohne Verzug zur Beschlußfassung darüber zu berufen (§§ 44 bis 46), ob die bisherigen Mitglieder des Vorstands und des Aufsichtsrats beizubehalten oder andere zu bestellen sind.

## § 105 [Nachschußpflicht]

(1) Soweit die Konkursgläubiger wegen ihrer bei der Schlußverteilung (Konkursordnung § 161) berücksichtigten Forderungen aus dem zur Zeit der Eröffnung des Konkursverfahrens vorhandenen Vermögen der Genossenschaft nicht befriedigt werden, sind die Genossen verpflichtet, Nachschüsse zur Konkursmasse zu leisten, es sei denn, daß das Statut die Nachschußpflicht ausschließt.

(2) Die Nachschüsse sind von den Genossen, wenn nicht das Statut ein anderes Beitragsverhältnis festsetzt, nach Köpfen zu leisten.

(3) Beiträge, zu deren Leistung einzelne Genossen unvermögend sind, werden auf die übrigen verteilt.

(4) [1]Zahlungen, welche Genossen über die von ihnen nach den vorstehenden Bestimmungen geschuldeten Beiträge hinaus leisten, sind ihnen, nachdem die Befriedigung der Gläubiger erfolgt ist, aus den Nachschüssen zu erstatten. [2]Das gleiche gilt für Zahlungen der Genossen aufgrund des § 87a Abs. 2 nach Erstattung der in Satz 1 bezeichneten Zahlungen.

(5) Gegen die Nachschüsse kann der Genosse eine Forderung an die Genossenschaft aufrechnen, sofern die Voraussetzungen vorliegen, unter welchen er als Konkursgläubiger Befriedigung wegen der Forderung aus den Nachschüssen zu beanspruchen hat.

## § 106 [Vorschußberechnung]

(1) Der Konkursverwalter hat sofort, nachdem die Bilanz auf der Geschäftsstelle niedergelegt ist (Konkursordnung § 124), zu berechnen, wieviel zur Deckung des in der Bilanz bezeichneten Fehlbetrages die Genossen vorschußweise beizutragen haben.

(2) [1]In der Berechnung (Vorschußberechnung) sind die sämtlichen Genossen namentlich zu bezeichnen und auf sie die Beiträge zu verteilen. [2]Die Höhe der Beiträge ist jedoch derart zu bemessen, daß durch ein vorauszusehendes Unvermögen einzelner Genossen zur Leistung von Beiträgen ein Ausfall an dem zu deckenden Gesamtbetrag nicht entsteht.

(3) [1]Die Berechnung ist dem Konkursgericht mit dem Antrag einzureichen, dieselbe für vollstreckbar zu erklären. [2]Wird das Genossenschaftsregister nicht bei dem Konkursgericht geführt, so ist dem Antrag eine beglaubigte Abschrift des Statuts und der Liste der Genossen beizufügen.

## § 107 [Erklärungstermin]

(1) [1]Zur Erklärung über die Berechnung bestimmt das Gericht einen Termin, welcher nicht über zwei Wochen hinaus anberaumt werden darf. [2]Derselbe ist öffentlich bekanntzumachen; die in der Berechnung aufgeführten Genossen sind besonders zu laden.

(2) [1]Die Berechnung ist spätestens drei Tage vor dem Termin auf der Ge-

schäftsstelle zur Einsicht der Beteiligten niederzulegen. [2]Hierauf ist in der Bekanntmachung und den Ladungen hinzuweisen.

### § 108 [Vollstreckbarkeitserklärung]

(1) In dem Termin sind Vorstand und Aufsichtsrat der Genossenschaft sowie der Konkursverwalter und der Gläubigerausschuß und, soweit Einwendungen erhoben werden, die sonst Beteiligten zu hören.

(2) [1]Das Gericht entscheidet über die erhobenen Einwendungen, berichtigt, soweit erforderlich, die Berechnung oder ordnet die Berichtigung an und erklärt die Berechnung für vollstreckbar. [2]Die Entscheidung ist in dem Termin oder in einem sofort anzuberaumenden Termin, welcher nicht über eine Woche hinaus angesetzt werden soll, zu verkünden. [3]Die Berechnung mit der sie für vollstreckbar erklärenden Entscheidung ist zur Einsicht der Beteiligten auf der Geschäftsstelle niederzulegen.

(3) Gegen die Entscheidung findet ein Rechtsmittel nicht statt.

### § 108a [Abtretbarkeit der Einzahlungs- und Nachschußansprüche]

(1) Der Konkursverwalter kann die Ansprüche der Genossenschaft auf rückständige Einzahlungen auf den Geschäftsanteil (§ 7 Nr. 1), auf anteilige Fehlbeträge (§ 73 Abs. 2) und auf Nachschüsse (§§ 106, 108) mit Genehmigung des Konkursgerichts abtreten.

(2) Die Genehmigung soll nur nach Anhörung des Prüfungsverbandes und nur dann erteilt werden, wenn der Anspruch an eine genossenschaftliche Zentralkasse oder an eine der fortlaufenden Überwachung durch einen Prüfungsverband unterstehende Stelle abgetreten wird.

### § 109 [Einziehung der Nachschüsse]

(1) Nachdem die Berechnung für vollstreckbar erklärt ist, hat der Konkursverwalter ohne Verzug die Beiträge von den Genossen einzuziehen.

(2) Die Zwangsvollstreckung gegen einen Genossen findet in Gemäßheit der Zivilprozeßordnung aufgrund einer vollstreckbaren Ausfertigung der Entscheidung und eines Auszuges aus der Berechnung statt.

(3) Für die in den Fällen der §§ 731, 767, 768 der Zivilprozeßordnung zu erhebenden Klagen ist das Amtsgericht, bei welchem das Konkursverfahren anhängig ist und, wenn der Streitgegenstand zur Zuständigkeit der Amtsgerichte nicht gehört, das Landgericht ausschließlich zuständig, zu dessen Bezirk der Bezirk des Konkursgerichts gehört.

### § 110 [Hinterlegung der Nachschüsse]

Die eingezogenen Beträge sind bei der von der Gläubigerversammlung bestimmten Stelle (Konkursordnung § 132) zu hinterlegen oder anzulegen.

### § 111 [Anfechtungsklage]

(1) [1]Jeder Genosse ist befugt, die für vollstreckbar erklärte Berechnung im Wege der Klage anzufechten. [2]Die Klage ist gegen den Konkursverwalter zu richten. [3]Sie findet nur binnen der Notfrist eines Monats seit Verkündung der Entscheidung und nur insoweit statt, als der Kläger den Anfechtungsgrund in dem Termin (§ 107) geltend gemacht hat oder ohne sein Verschulden geltend zu machen außerstande war.

(2) Das rechtskräftige Urteil wirkt für und gegen alle beitragspflichtigen Genossen.

## § 112 [Verfahren]

(1) ¹Die Klage ist ausschließlich bei dem Amtsgericht zu erheben, welches die Berechnung für vollstreckbar erklärt hat. ²Die mündliche Verhandlung erfolgt nicht vor Ablauf der bezeichneten Notfrist. ³Mehrere Anfechtungsprozesse sind zur gleichzeitigen Verhandlung und Entscheidung zu verbinden.

(2) ¹Übersteigt der Streitgegenstand eines Prozesses die sonst für die sachliche Zuständigkeit der Amtsgerichte geltende Summe, so hat das Gericht, sofern eine Partei in einem solchen Prozeß vor der Verhandlung zur Hauptsache darauf anträgt, durch Beschluß die sämtlichen Streitsachen an das Landgericht, in dessen Bezirk es seinen Sitz hat, zu verweisen. ²Gegen diesen Beschluß findet die sofortige Beschwerde statt. ³Die Notfrist beginnt mit der Verkündung des Beschlusses.

(3) ¹Ist der Beschluß rechtskräftig, so gelten die Streitsachen als bei dem Landgericht anhängig. ²Die im Verfahren vor dem Amtsgericht erwachsenen Kosten werden als Teil der bei dem Landgericht erwachsenen Kosten behandelt und gelten als Kosten einer Instanz.

(4) Die Vorschriften der Zivilprozeßordnung §§ 769, 770 über die Einstellung der Zwangsvollstreckung und die Aufhebung der Vollstreckungsmaßregeln finden entsprechende Anwendung.

## § 112a [Vergleich über Nachschüsse]

(1) ¹Der Konkursverwalter kann mit Zustimmung des Gläubigerausschusses über den von dem Genossen zu leistenden Nachschuß einen Vergleich abschließen. ²Der Vergleich bedarf zu seiner Wirksamkeit der Bestätigung durch das Konkursgericht.

(2) Der Vergleich wird hinfällig, wenn der Genosse mit seiner Erfüllung in Verzug gerät.

## § 113 [Zusatzberechnung]

(1) ¹Soweit infolge des Unvermögens einzelner Genossen zur Leistung von Beiträgen der zu deckende Gesamtbetrag nicht erreicht wird oder in Gemäßheit des auf eine Anfechtungsklage ergehenden Urteils oder aus andern Gründen die Berechnung abzuändern ist, hat der Konkursverwalter eine Zusatzberechnung aufzustellen. ²Die Vorschriften der §§ 106 bis 112a gelten auch für die Zusatzberechnung.

(2) Die Aufstellung einer Zusatzberechnung ist erforderlichenfalls zu wiederholen.

## § 114 [Nachschußberechnung]

(1) ¹Sobald mit dem Vollzug der Schlußverteilung (§ 161 der Konkursordnung) begonnen wird, hat der Konkursverwalter schriftlich festzustellen, ob und in welcher Höhe nach der Verteilung des Erlöses ein Fehlbetrag verbleibt und inwieweit er durch die bereits geleisteten Nachschüsse gedeckt ist. ²Die Feststellung ist auf der Geschäftsstelle des Gerichts niederzulegen.

(2) Verbleibt ein ungedeckter Fehlbetrag und können die Genossen zu weiteren Nachschüssen herangezogen werden, so hat der Konkursverwalter in Ergänzung oder Berichtigung der Vorschußberechnung und der zu ihr etwa ergangenen Zusätze zu berechnen, wieviel die Genossen nach § 105 an Nachschüssen zu leisten haben (Nachschußberechnung).

(3) Die Nachschußberechnung unterliegt den Vorschriften der §§ 106 bis

109, 111 bis 113, der Vorschrift des § 106 Abs. 2 mit der Maßgabe, daß auf Genossen, deren Unvermögen zur Leistung von Beiträgen sich herausgestellt hat, Beiträge nicht verteilt werden.

### § 115 [Nachtragsverteilung]

(1) [1]Der Verwalter hat, nachdem die Nachschußberechnung für vollstreckbar erklärt ist, unverzüglich den gemäß § 110 vorhandenen Bestand und, sooft von den noch einzuziehenden Beiträgen hinreichender Bestand eingegangen ist, diesen im Wege der Nachtragsverteilung (Konkursordnung § 166) unter die Gläubiger zu verteilen. [2]Soweit es keiner Nachschußberechnung bedarf, hat der Verwalter die Verteilung unverzüglich vorzunehmen, nachdem die Feststellung nach § 114 Abs. 1 auf der Geschäftsstelle des Gerichts niedergelegt ist.

(2) [1]Außer den Anteilen auf die in § 168 der Konkursordnung bezeichneten Forderungen sind zurückzubehalten die Anteile auf Forderungen, welche im Prüfungstermin von dem Vorstand ausdrücklich bestritten worden sind. [2]Dem Gläubiger bleibt überlassen, den Widerspruch des Vorstandes durch Klage zu beseitigen. [3]Soweit der Widerspruch rechtskräftig für begründet erklärt wird, werden die Anteile zur Verteilung unter die übrigen Gläubiger frei.

(3) Die zur Befriedigung der Gläubiger nicht erforderlichen Überschüsse hat der Konkursverwalter an die Genossen zurückzuzahlen.

### § 115 a [Abschlagsverteilung]

(1) Bei einem Konkurs, dessen Abwicklung voraussichtlich längere Zeit in Anspruch nehmen wird, kann der Konkursverwalter mit Genehmigung des Konkursgerichts sowie des etwa bestellten Gläubigerausschusses die eingezogenen Beträge (§ 110) schon vor dem in § 115 Abs. 1 bezeichneten Zeitpunkt im Wege der Abschlagsverteilung nach den Vorschriften der § 149 bis 160 der Konkursordnung an die Gläubiger verteilen, aber nur insoweit, als nach dem Verhältnis der Schulden zu dem Vermögen anzunehmen ist, daß eine Erstattung eingezogener Beträge an Genossen (§ 105 Abs. 4, § 115 Abs. 3) nicht in Frage kommt.

(2) Sollte sich dennoch nach Befriedigung der Gläubiger ein Überschuß aus der Konkursmasse ergeben, so sind die zuviel gezahlten Beträge den Genossen aus dem Überschuß zu erstatten.

### § 115 b [Beitragspflicht ausgeschiedener Genossen]

Sobald mit Sicherheit anzunehmen ist, daß die in § 105 Abs. 1 bezeichneten Konkursgläubiger auch nicht durch Einziehung der Nachschüsse von den Genossen Befriedigung oder Sicherstellung erlangen, sind die hierzu erforderlichen Beiträge von den innerhalb der letzten achtzehn Monate vor der Eröffnung des Konkursverfahrens ausgeschiedenen Genossen, welche nicht schon nach § 75 oder § 76 Abs. 4 der Nachschußpflicht unterliegen, nach Maßgabe des § 105 zur Konkursmasse zu leisten.

### § 115 c [Berechnung der Beitragspflicht]

(1) Der Konkursverwalter hat ohne Verzug eine Berechnung über die Beitragspflicht der Ausgeschiedenen aufzustellen.

(2) In der Berechnung sind dieselben namentlich zu bezeichnen und auf sie die Beiträge zu verteilen, soweit nicht das Unvermögen einzelner zur Leistung von Beiträgen vorauszusehen ist.

(3) Im übrigen finden die Vorschriften in § 106 Abs. 3, §§ 107 bis 109, 111 bis 113 und 115 entsprechende Anwendung.

## § 115d [Erstattung an die Ausgeschiedenen]

(1) Durch die Bestimmungen der §§ 115b, 115c wird die Einziehung der Nachschüsse von den in der Genossenschaft verbliebenen Genossen nicht berührt.

(2) Aus den Nachschüssen der letzteren sind den Ausgeschiedenen die von diesen geleisteten Beiträge zu erstatten, sobald die Befriedigung oder Sicherstellung der sämtlichen in § 105 Abs. 1 bezeichneten Konkursgläubiger bewirkt ist.

## § 115e [Zwangsvergleich]

(1) Der Abschluß eines Zwangsvergleichs (§ 173 der Konkursordnung) ist zulässig, sobald der allgemeine Prüfungstermin abgehalten und solange nicht das Nachschußverfahren beendet ist.

(2) Die Vorschriften der Konkursordnung über den Zwangsvergleich finden mit folgenden Abweichungen Anwendung:

1. Vor Abschluß des Zwangsvergleichs muß der Revisionsverband, dem die Genossenschaft angeschlossen ist, darüber gehört werden, ob der Zwangsvergleich mit den Interessen der Genossen vereinbar ist;
2. zum Abschluß des Zwangsvergleichs ist erforderlich, daß die Gläubiger, die Mitglieder der Genossenschaft sind, und die Gläubiger, die es nicht sind, gesondert mit den in § 182 der Konkursordnung festgesetzten Mehrheiten zustimmen;
3. der Zwangsvergleich kann wegen unredlichen oder leichtsinnigen Verhaltens des Vorstands (§ 187 der Konkursordnung) nur verworfen werden, wenn ein erheblicher Teil der Genossen das Verhalten des Vorstandes gekannt hat;
4. der Zwangsvergleich wird vom Konkursverwalter durchgeführt; die §§ 105 bis 115a, 141 finden Anwendung;
5. eine Zwangsvollstreckung aus dem rechtskräftig bestätigten Zwangsvergleich gegen eine Dritten, der neben der Genossenschaft ohne Vorbehalt der Einrede der Vorausklage Verpflichtungen übernommen hat (§ 194 der Konkursordnung), findet nur statt, wenn der Dritte die Verpflichtungserklärung in öffentlich beglaubigter Form gegenüber dem Gericht oder mündlich in dem Vergleichstermin abgegeben hat;
6. [1]der Zwangsvergleich wird hinfällig, wenn der Konkursverwalter dem Gericht anzeigt, daß der Vergleich nicht fristgemäß erfüllt ist; bezieht sich die Anzeige auf Abschlags- oder Ratenzahlungen, so entscheidet das Gericht nach freiem Ermessen, ob der Zwangsvergleich hinfällig wird. [2]Die Anzeige kann erst zwei Wochen nach Ablauf des im Vergleich bestimmten Zahlungstages erfolgen. [3]Wird der Zwangsvergleich hinfällig, so wird das Konkursverfahren ohne Rücksicht auf den Zwangsvergleich fortgesetzt;
7. das Konkursverfahren wird erst aufgehoben, wenn der Konkursverwalter dem Gericht anzeigt, daß der Zwangsvergleich erfüllt ist.

## § 116 [Einstellung des Verfahrens]

[1]Das Konkursverfahren ist auf Antrag des Vorstandes einzustellen, wenn er nach dem Ablauf der Anmeldefrist die Zustimmung aller Konkursgläubiger, die Forderungen angemeldet haben, beibringt und nachweist, daß andere Gläubiger nicht bekannt sind. [2]Inwieweit es der Zustimmung oder der Siche-

rung von Gläubigern bedarf, deren Forderungen angemeldet, aber nicht festgestellt sind, entscheidet das Konkursgericht nach freiem Ermessen.

### § 117 [Unterstützung des Konkursverwalters]

Der Vorstand ist verpflichtet, den Konkursverwalter bei den diesem in § 106 Abs. 1, § 109 Abs. 1, §§ 113, 114 zugewiesenen Obliegenheiten zu unterstützen.

### § 118 *(aufgehoben)*

## Achter Abschnitt. Haftsumme

### § 119 [Höhe der Haftsumme]

Bestimmt das Statut, daß die Genossen beschränkt auf eine Haftsumme Nachschüsse zur Konkursmasse zu leisten haben, so darf die Haftsumme im Statut nicht niedriger als der Geschäftsanteil festgesetzt werden.

### § 120 [Herabsetzung der Haftsumme]

Für die Herabsetzung der Haftsumme gilt § 22 Abs. 1 bis 3 sinngemäß.

### § 121 [Mehrere Geschäftsanteile]

[1]Ist ein Genosse mit mehr als einem Geschäftsanteil beteiligt, so erhöht sich die Haftsumme, wenn sie niedriger als der Gesamtbetrag der Geschäftsanteile ist, auf den Gesamtbetrag. [2]Das Statut kann einen noch höheren Betrag festsetzen. [3]Es kann auch bestimmen, daß durch die Beteiligung mit weiteren Geschäftsanteilen eine Erhöhung der Haftsumme nicht eintritt.

### §§ 122–145 *(aufgehoben)*

## Neunter Abschnitt. Straf- und Bußgeldvorschriften

### § 146 *(aufgehoben)*

### § 147 [Falsche Versicherungen und unwahre Darstellungen]

(1) Mit Freiheitsstrafe bis zu drei Jahren oder mit Geldstrafe wird bestraft, wer als Mitglied des Vorstands oder als Liquidator in einer schriftlichen Versicherung

1. nach § 69 Abs. 1 Satz 2 oder § 93 l Abs. 1 Satz 2 über eine Kündigung der Mitgliedschaft oder einzelner Geschäftsanteile,
2. nach § 15 b Abs. 3 Satz 2 über eine Beteiligung mit weiteren Geschäftsanteilen,
3. nach § 76 Abs. 2 oder Abs. 5 Satz 2 über die Höhe eines übertragenen Geschäftsguthabens oder
4. nach § 79 a Abs. 5 Satz 2 über den Beschluß zur Fortsetzung der Genossenschaft falsche Angaben macht oder erhebliche Umstände verschweigt.

(2) Ebenso wird bestraft, wer als Mitglied des Vorstands oder des Aufsichtsrats oder als Liquidator

1. die Verhältnisse der Genossenschaft in Darstellungen oder Übersichten über den Vermögensstand, die Mitglieder oder die Haftsummen, in Vorträgen oder Auskünften in der Generalversammlung unrichtig wiedergibt oder verschleiert, wenn die Tat nicht in § 340 m in Verbindung mit § 331 Nr. 1 des Handelsgesetzbuchs mit Strafe bedroht ist,

2. in Aufklärungen oder Nachweisen, die nach den Vorschriften dieses Gesetzes einem Prüfer der Genossenschaft zu geben sind, falsche Angaben macht oder die Verhältnisse der Genossenschaft unrichtig wiedergibt oder verschleiert, wenn die Tat nicht in Verbindung mit § 340 m in Verbindung mit § 331 Nr. 4 des Handelsgesetzbuchs mit Strafe bedroht ist.

## § 148 [Strafbare Unterlassungen]

(1) Mit Freiheitsstrafe bis zu drei Jahren oder mit Geldstrafe wird bestraft, wer es als Mitglied des Vorstandes oder als Liquidator unterläßt,
1. entgegen § 33 Abs. 3 bei einem Verlust, der durch die Hälfte des Gesamtbetrags der Geschäftsguthaben und der Rücklagen nicht gedeckt ist, die Generalversammlung einzuberufen und ihr dies anzuzeigen,
2. entgegen § 99 Abs. 1 bei Zahlungsunfähigkeit oder Überschuldung die Eröffnung des Konkursverfahrens oder des gerichtlichen Vergleichsverfahrens zu beantragen.

(2) Handelt der Täter fahrlässig, so ist die Strafe Freiheitsstrafe bis zu einem Jahr oder Geldstrafe.

## § 149 *(aufgehoben)*

## § 150 [Strafbarkeit des Prüfers]

(1) Mit Freiheitsstrafe bis zu drei Jahren oder mit Geldstrafe wird bestraft, wer als Prüfer oder als Gehilfe eines Prüfers über das Ergebnis der Prüfung falsch berichtet oder erhebliche Umstände im Bericht verschweigt.

(2) Handelt der Täter gegen Entgelt oder in der Absicht, sich oder einen anderen zu bereichern oder einen anderen zu schädigen, so ist die Strafe Freiheitsstrafe bis zu fünf Jahren oder Geldstrafe.

## § 151 [Verletzung der Geheimhaltungspflicht]

(1) Mit Freiheitsstrafe bis zu einem Jahr oder mit Geldstrafe wird bestraft, wer ein Geheimnis der Genossenschaft, namentlich ein Betriebs- oder Geschäftsgeheimnis, das ihm in seiner Eigenschaft als
1. Mitglied des Vorstands oder des Aufsichtsrats oder Liquidator oder
2. Prüfer oder Gehilfe eines Prüfers
bekanntgeworden ist, unbefugt offenbart, im Falle der Nummer 2, jedoch nur, wenn die Tat nicht in § 340 m in Verbindung mit § 333 des Handelsgesetzbuchs mit Strafe bedroht ist.

(2) [1]Handelt der Täter gegen Entgelt oder in der Absicht, sich oder einen anderen zu bereichern oder einen anderen zu schädigen, so ist die Strafe Freiheitsstrafe bis zu zwei Jahren oder Geldstrafe. [2]Ebenso wird bestraft, wer ein Geheimnis der in Absatz 1 bezeichneten Art, namentlich ein Betriebs- oder Geschäftsgeheimnis, das ihm unter den Voraussetzungen des Absatzes 1 bekanntgeworden ist, unbefugt verwertet.

(3) [1]Die Tat wird nur auf Antrag der Genossenschaft verfolgt. [2]Hat ein Mitglied des Vorstands oder ein Liquidator die Tat begangen, so ist der Aufsichtsrat, hat ein Mitglied des Aufsichtsrats die Tat begangen, so sind der Vorstand oder die Liquidatoren antragsberechtigt.

## § 152 [Ordnungswidrigkeiten]

(1) Ordnungswidrig handelt, wer

1. besondere Vorteile als Gegenleistung dafür fordert, sich versprechen läßt oder annimmt, daß er bei einer Abstimmung in der Generalversammlung oder der Vertreterversammlung oder bei der Wahl der Vertreter nicht oder in einem bestimmten Sinne stimme oder

2. besondere Vorteile als Gegenleistung dafür anbietet, verspricht oder gewährt, daß jemand bei einer Abstimmung in der Generalversammlung oder der Vertreterversammlung oder bei der Wahl der Vertreter nicht oder in einem bestimmten Sinne stimme.

(2) Die Ordnungswidrigkeit kann mit einer Geldbuße bis zu zwanzigtausend Deutsche Mark geahndet werden.

## §§ 153, 154 *(aufgehoben)*

# Zehnter Abschnitt. Schlußbestimmungen

## § 155 *(gegenstandslos)*

## § 156 [Genossenschaftsregister]

(1) [1]Die Vorschriften der §§ 8 a, 9 des Handelsgesetzbuchs finden auf das Genossenschaftsregister Anwendung. [2]Eine gerichtliche Bekanntmachung von Eintragungen findet nur gemäß den §§ 12, 16 Abs. 5, § 28 Abs. 1, Satz 3, § 42 Abs. 1 Satz 3, § 51 Abs. 5 sowie in den Fällen des § 22 Abs. 1, des § 22 a Abs. 1, des § 82 Abs. 1, des § 97 und der Verschmelzung und Umwandlung von Genossenschaften und nur durch den Bundesanzeiger statt. [3]Auf Antrag des Vorstandes kann das Gericht neben dem Bundesanzeiger noch andere Blätter für die Bekanntmachungen bestimmen; in diesem Fall hat das Gericht jährlich im Dezember die Blätter zu bezeichnen, in denen während des nächsten Jahres die Veröffentlichungen erfolgen sollen. [4]Wird das Genossenschaftsregister bei einem Gericht von mehreren Richtern geführt und einigen sich diese über die Bezeichnung der Blätter nicht, so wird die Bestimmung von dem im Rechtszug vorgeordneten Landgericht getroffen; ist bei diesem Landgericht eine Kammer für Handelssachen gebildet, so tritt diese an die Stelle der Zivilkammer.

(2) [1]Eintragungen, die im Genossenschaftsregister sowohl der Hauptniederlassung als auch der Zweigniederlassung erfolgen, sind durch das Gericht der Hauptniederlassung bekanntzumachen. [2]Eine Bekanntmachung durch das Gericht der Zweigniederlassung findet nur auf Antrag des Vorstandes statt.

(3) Soweit nicht ein anderes bestimmt ist, werden die Eintragungen ihrem ganzen Inhalt nach veröffentlicht.

(4) Die Bekanntmachung gilt mit dem Ablauf des Tages als erfolgt, an dem der Bundesanzeiger oder im Falle des Absatzes 1 Satz 3 das letzte der die Bekanntmachung enthaltenden Blätter erschienen ist.

## § 157 [Anmeldungen]

Die Anmeldungen zum Genossenschaftsregister sind durch sämtliche Mitglieder des Vorstandes oder sämtliche Liquidatoren in öffentlich beglaubigter Form einzureichen.

## §§ 158, 159 *(aufgehoben)*

## § 160 [Zwangsgeld]

(1) ¹Die Mitglieder des Vorstands sind von dem Gericht (§ 10) zur Befolgung der in §§ 14, 25a, 28, 30, 57 Abs. 1, § 59 Abs. 1, § 78 Abs. 2, § 79 Abs. 2 enthaltenen Vorschriften durch Festsetzung von Zwangsgeld anzuhalten. ²In gleicher Weise sind die Mitglieder des Vorstands und die Liquidatoren zur Befolgung der in § 33 Abs. 1 Satz 2, § 42 Abs. 1 in Verbindung mit § 53 des Handelsgesetzbuchs, §§ 47, 48 Abs. 3, § 51 Abs. 4 und 5, § 56 Abs. 2, §§ 84, 85 Abs. 2, § 89 dieses Gesetzes und in § 242 Abs. 1 und 2, § 336 Abs. 1, § 339 des Handelsgesetzbuchs enthaltenen Vorschriften sowie die Mitglieder des Vorstands und des Aufsichtsrats und die Liquidatoren dazu anzuhalten, dafür zu sorgen, daß die Genossenschaft nicht länger als drei Monate ohne oder ohne beschlußfähigen Aufsichtsrat ist.

(2) ¹Rücksichtlich des Verfahrens sind die Vorschriften maßgebend, welche zur Erzwingung der im Handelsgesetzbuch angeordneten Anmeldungen zum Handelsregister gelten. ²Auf die Erzwingung der Befolgung der in § 242 Abs. 1 und 2, § 336 Abs. 1, § 339 des Handelsgesetzbuchs enthaltenen Vorschriften ist § 335 Satz 2, 4 bis 7 des Handelsgesetzbuchs entsprechend anzuwenden.

## § 161 [Ausführungsbestimmungen]

(1) Die zur Ausführung der Vorschriften über das Genossenschaftsregister und die Anmeldungen zu demselben erforderlichen Bestimmungen werden von dem Bundesrat erlassen.

(2) Welche Behörden in jedem Bundesstaat unter der Bezeichnung Staatsbehörde (§ 47) und höhere Verwaltungsbehörde (§§ 63d*, 81) zu verstehen sind, wird von der Zentralbehörde des Bundesstaates bekanntgemacht.

## § 162

Am 31. Dezember 1989 als gemeinnützige Wohnungsunternehmen oder als Organe der staatlichen Wohnungspolitik anerkannte Unternehmen, die nicht eingetragene Genossenschaften sind, bleiben Mitglieder des Prüfungsverbands, dem sie zu diesem Zeitpunkt angehören. Die Unternehmen können bis zum 30. Juni 1990 gegenüber dem Prüfungsverband ihren Austritt zum 31. Dezember 1991 erklären; das Recht zur Kündigung nach der Satzung des Prüfungsverbands bleibt unberührt.

---

\* Nach Änderung des Genossenschaftsgesetzes vom 9. 10. 1973 ist der Verweis auf § 63d überholt.

# 5. Gesetz über die Auflösung und Löschung von Gesellschaften und Genossenschaften

**Vom 9. Oktober 1934 (RGBl. I S. 914)**

**(BGBl. III 4120–3)**

zuletzt geändert durch das Bilanzrichtlinien-Gesetz vom 19. 12. 1985
(BGBl. I S. 2355)

## § 1 [Auflösung mangels Masse]

(1) [1]Eine Aktiengesellschaft, Kommanditgesellschaft auf Aktien oder Gesellschaft mit beschränkter Haftung wird außer in den bisher bestimmten Fällen mit der Rechtskraft des Beschlusses aufgelöst, durch den ein Antrag auf Eröffnung des Konkursverfahrens mangels einer den Kosten des Verfahrens entsprechenden Konkursmasse abgewiesen wird. [2]Gegen den abweisenden Beschluß steht außer demjenigen, der den Eröffnungsantrag gestellt hat, auch dem Gemeinschuldner die sofortige Beschwerde zu.

(2) [1]Die Geschäftsstelle des Konkursgerichts hat dem für die Führung des Handelsregisters zuständigen Gericht eine beglaubigte Abschrift des den Eröffnungsantrag abweisenden Beschlusses mit einer Bescheinigung der Rechtskraft zu übersenden. [2]Die Auflösung ist von Amts wegen in das Handelsregister einzutragen.

## § 2 [Löschung bei Vermögenslosigkeit]

(1) [1]Eine Aktiengesellschaft, Kommanditgesellschaft auf Aktien oder eine Gesellschaft mit beschränker Haftung, die kein Vermögen besitzt, kann auf Antrag der amtlichen Berufsvertretung des Handelsstandes oder der Steuerbehörde oder von Amts wegen gelöscht werden. [2]Sie ist von Amts wegen zu löschen, wenn die Gesellschaft entgegen gesetzlicher Verpflichtung in drei aufeinanderfolgenden Jahren ihren Jahresabschluß und die mit ihm offenzulegenden Unterlagen ganz oder teilweise nicht bekanntgemacht und zum Handelsregister eingereicht hat, die Offenlegung auch nicht innerhalb von sechs Monaten bewirkt, nachdem das Gericht die Absicht der Löschung mitgeteilt hat, und ein Beteiligter innerhalb dieser Frist nicht glaubhaft gemacht hat, daß die Gesellschaft Vermögen besitzt. [3]Mit der Löschung gilt die Gesellschaft als aufgelöst. [4]Eine Liquidation findet nicht statt. [5]Vor der Löschung ist die amtliche Berufsvertretung zu hören.

(2) [1]Das Gericht hat die Absicht der Löschung den gesetzlichen Vertretern der Gesellschaft, soweit solche vorhanden sind und ihre Person und ihr inländischer Aufenthalt bekannt ist, nach den für die Zustellung von Amts wegen geltenten Vorschriften der Zivilprozeßordnung bekanntzumachen und ihnen zugleich eine angemessene Frist zur Geltendmachung des Widerspruchs zu bestimmen. [2]Das Gericht kann anordnen, auch wenn eine Pflicht zur Bekanntmachung und Fristbestimmung nach Satz 1 nicht besteht, daß die Bekanntmachung und die Bestimmung der Frist durch Einrückung in die Blätter, die für die Bekanntmachung der Eintragungen in das Handelsregister bestimmt sind, sowie durch Einrückung in weitere Blätter erfolgt; in diesem Falle ist jeder zur Erhebung des Widerspruchs berechtigt, der an der Unterlassung der Löschung ein berechtigtes Interesse hat. [3]Die Vorschriften des § 141 Absätze 3, 4 des Reichsgesetzes über die Angelegenheiten der freiwilligen Gerichtsbarkeit gelten entprechend.

(3) Stellt sich nach der Löschung das Vorhandensein von Vermögen heraus, das der Verteilung unterliegt, so findet die Liquidation statt; die Liquidatoren sind auf Antrag eines Beteiligten durch das Gericht zu ernennen.

## § 3 [Löschung von Genossenschaften]

Die Vorschriften des § 2 finden auf eingetragene Genossenschaften mit der Maßgabe entsprechende Anwendung, daß bei Genossenschaften, die einem Revisionsverband angeschlossen sind, im Falle des § 2 Abs. 1 dieser Revisionsverband an die Stelle der amtlichen Berufsvertretung tritt.

## § 4 [Durchführungsvorschriften]

Der Reichsminister der Justiz erläßt die zur Durchführung und Ergänzung dieses Gesetzes erforderlichen Rechts- oder Verwaltungsvorschriften.

# 6. Gesetz über die Rechnungslegung von bestimmten Unternehmen und Konzernen

## *(Publizitätsgesetz)*

**Vom 15. August 1969 (BGBl. I S. 1189, BGBl. 1970 I S. 1113)**

**(BGBl. III 4120–7)**
zuletzt geändert durch Gesetz vom 30. 11. 1990 (BGBl. I S. 2570)

## Erster Abschnitt. Rechnungslegung von Unternehmen

### § 1 Zur Rechnungslegung verpflichtete Unternehmen

(1) Ein Unternehmen hat nach diesem Abschnitt Rechnung zu legen, wenn für den Tag des Ablaufs eines Geschäftsjahrs (Abschlußstichtag) und für die zwei darauf folgenden Abschlußstichtage jeweils mindestens zwei der drei nachstehenden Merkmale zutreffen:
1. Die Bilanzsumme einer auf den Abschlußstichtag aufgestellten Jahresbilanz übersteigt einhundertfünfundzwanzig Millionen Deutsche Mark.
2. Die Umsatzerlöse des Unternehmens in den zwölf Monaten vor dem Abschlußstichtag übersteigen zweihundertfünfzig Millionen Deutsche Mark.
3. Das Unternehmen hat in den zwölf Monaten vor dem Abschlußstichtag durchschnittlich mehr als fünftausend Arbeitnehmer beschäftigt.

(2) [1]Bilanzsumme nach Absatz 1 Nr. 1 ist die Bilanzsumme einer gemäß § 5 Abs. 2 aufgestellten Jahresbilanz; bei Unternehmen, die in ihrer Jahresbilanz Beträge für von ihnen geschuldete Verbrauchsteuern oder Monopolabgaben unter Rückstellungen oder Verbindlichkeiten angesetzt haben, ist die Bilanzsumme um diese Beträge zu kürzen. [2]Trifft für den Abschlußstichtag das Merkmal nach Absatz 1 Nr. 2 oder das Merkmal nach Absatz 1 Nr. 3 zu, hat das Unternehmen zur Feststellung, ob auch das Merkmal nach Absatz 1 Nr. 1 zutrifft, eine Jahresbilanz nach § 5 Abs. 2 aufzustellen. [3]Für die Ermittlung der Umsatzerlöse nach Absatz 1 Nr. 2 gilt § 277 Abs. 1 des Handelsgesetzbuchs mit der Maßgabe, daß auch die in den Umsatzerlösen enthaltenen Verbrauchsteuern oder Monopolabgaben abzusetzen sind. [4]Umsatzerlöse in fremder Währung sind nach dem amtlichen Kurs in Deutsche Mark umzurechnen. [5]Durchschnittliche Zahl der Arbeitnehmer nach Absatz 1 Nr. 3 ist der zwölfte Teil der Summe aus den Zahlen der am Ende eines jeden Monats beschäftigten Arbeitnehmer einschließlich der zu ihrer Berufsausbildung Beschäftigten sowie der im Ausland beschäftigten Arbeitnehmer.

(3) *(aufgehoben)\**

---

\* § 1 Abs. 3 wurde durch das Bankbilanzrichtlinie-Gesetz aufgehoben; er hatte folgenden Wortlaut: [1]Ein Kreditinstitut hat abweichend von Absatz 1 nach diesem Abschnitt Rechnung zu legen, wenn die Bilanzsumme in den Jahresbilanzen für drei aufeinander folgende Abschlußstichtage zuzüglich der den Kreditnehmern abgerechneten eigenen Ziehungen im Umlauf, der Indossamentsverbindlichkeiten aus weitergegebenen Wechseln und der Verbindlichkeiten aus Bürgschaften, Wechsel- und Scheckbürgschaften sowie aus Gewährleistungsverträgen dreihundert Millionen Deutsche Mark übersteigt. [2]Absatz 2 Satz 1 gilt sinngemäß.
Zur Anwendung des Bankbilanzrichtlinie-Gesetzes s. Art. 30 und 31 EGHGB.

(4) ¹Ein Versicherungsunternehmen hat abweichend von Absatz 1 nach diesem Abschnitt Rechnung zu legen, wenn seine Einnahmen aus Versicherungsprämien jeweils in den zwölf Monaten vor drei aufeinander folgenden Abschlußstichtagen einhundert Millionen Deutsche Mark übersteigen. ²Einnahmen aus Versicherungsprämien sind die Einnahmen aus dem Erst- und Rückversicherungsgeschäft einschließlich der in Rückdeckung gegebenen Anteile.

(5) Mehrere Handelsgeschäfte eines Einzelkaufmanns sind, auch wenn sie nicht unter der gleichen Firma betrieben werden, nur ein Unternehmen im Sinne dieses Gesetzes.

## § 2 Beginn und Dauer der Pflicht zur Rechnungslegung

(1) ¹Das Unternehmen hat erstmals für den dritten der aufeinander folgenden Abschlußstichtage, für die mindestens zwei der drei Merkmale des § 1 Abs. 1 oder das Merkmal des § 1 Abs. 4 zutreffen, Rechnung zu legen. ²Es hat jedoch bereits für den ersten Abschlußstichtag Rechnung zu legen, für den mindestens zwei der drei Merkmale des § 1 Abs. 1 oder das Merkmal des § 1 Abs. 4 zutreffen, wenn auf das Unternehmen während des Geschäftsjahrs das Vermögen eines anderen Unternehmens durch Verschmelzung, Umwandlung oder in anderer Weise als Ganzes übergegangen ist und auf das andere Unternehmen an den beiden letzten Abschlußstichtagen mindestens zwei der drei Merkmale des § 1 Abs. 1 oder das Merkmal des § 1 Abs. 4 zutrafen; dies gilt auch, wenn das andere Unternehmen nicht nach diesem Abschnitt Rechnung zu legen brauchte. ³Ein Unternehmen braucht nicht mehr nach diesem Abschnitt Rechnung zu legen, wenn für drei aufeinander folgende Abschlußstichtage mindestens zwei der drei Merkmale des § 1 Abs. 1 oder das Merkmal des § 1 Abs. 4 nicht mehr zutreffen.

(2) ¹Die gesetzlichen Vertreter eines Unternehmens, auf das erstmals für einen Abschlußstichtag mindestens zwei der drei Merkmale des § 1 Abs. 1 oder die Merkmale des § 1 Abs. 3 oder 4 zutreffen, haben, wenn das Unternehmen oder die Firma in das Handelsregister eingetragen ist, unverzüglich zum Handelsregister die Erklärung einzureichen, daß für diesen Abschlußstichtag zwei der drei Merkmale des § 1 Abs. 1 oder die Merkmale des § 1 Abs. 3 oder 4 zutreffen. ²Eine entsprechende Erklärung haben die gesetzlichen Vertreter auch für jeden der beiden folgenden Abschlußstichtage unverzüglich zum Handelsregister einzureichen, wenn die Merkmale auch für diesen Abschlußstichtag zutreffen. ³Unterliegt das Unternehmen einer staatlichen Aufsicht, haben sie die Erklärungen nach Satz 1 und 2 unabhängig davon, ob die Erklärungen zum Handelsregister einzureichen sind, auch der Aufsichtsbehörde einzureichen.

(3) ¹Das Gericht hat zur Prüfung der Frage, ob ein Unternehmen nach diesem Abschnitt Rechnung zu legen hat, Prüfer zu bestellen, wenn Anlaß für die Annahme besteht, daß das Unternehmen zur Rechnungslegung nach diesem Abschnitt verpflichtet ist. ²Hat das Unternehmen einen Aufsichtsrat, ist vor der Bestellung außer den gesetzlichen Vertretern auch dieser zu hören. ³Gegen die Entscheidung ist die sofortige Beschwerde zulässig. ⁴Für die Auswahl der Prüfer, den Ersatz angemessener barer Auslagen und die Vergütung der Prüfer, die Verantwortlichkeit und die Rechte der Prüfer und die Kosten gelten § 142 Abs. 6, §§ 143, 145 Abs. 1 bis 3, § 146 des Aktiengesetzes und § 323 des Handelsgesetzbuchs sinngemäß; die Kosten trägt jedoch die Staatskasse, wenn eine Verpflichtung zur Rechnungslegung nach diesem Abschnitt nicht

besteht. [5]Die Prüfer haben über das Ergebnis der Prüfung schriftlich zu berichten und den Bericht zu unterzeichnen. [6]Sie haben ihn unverzüglich dem Gericht und den gesetzlichen Vertretern einzureichen; kommt der Bericht zu dem Ergebnis, daß das Unternehmen zur Rechnungslegung nach diesem Abschnitt verpflichtet ist und ist das Unternehmen oder die Firma in das Handelsregister eingetragen, ist der Bericht auch zum Handelsregister des Sitzes (der Hauptniederlassung) des Unternehmens einzureichen. [7]Unterliegt das Unternehmen einer staatlichen Aufsicht, so haben die gesetzlichen Vertreter den Bericht auch der Aufsichtsbehörde einzureichen. [8]Auf Verlangen haben die gesetzlichen Vertreter jedem Gesellschafter eine Abschrift des Berichts zu erteilen.

## § 3 Geltungsbereich

(1) Dieser Abschnitt ist nur anzuwenden auf Unternehmen in der Rechtsform
1. einer Personenhandelsgesellschaft oder des Einzelkaufmanns,
2. einer bergrechtlichen Gewerkschaft,
3. des Vereins, dessen Zweck auf einen wirtschaftlichen Geschäftsbetrieb gerichtet ist,
4. der rechtsfähigen Stiftung des bürgerlichen Rechts, wenn sie ein Gewerbe betreibt,
5. einer Körperschaft, Stiftung oder Anstalt des öffentlichen Rechts, die Kaufmann nach § 1 des Handelsgesetzbuchs sind oder als Kaufmann im Handelsregister eingetragen sind.*

(2) [1]Dieser Abschnitt gilt nicht für
1. Unternehmen in der Rechtsform der Genossenschaft oder des Versicherungsvereins auf Gegenseitigkeit,
1 a. Unternehmen mit eigene Rechtspersönlichkeit einer Gemeinde, eines Gemeindeverbandes oder eines Zweckverbandes,
2. Verwertungsgesellschaften nach dem Gesetz über die Wahrnehmung von Urheberrechten und verwandten Schutzrechten vom 9. September 1965 (BGBl. I S. 1294), zuletzt geändert durch Artikel 2 des Gesetzes vom 24. Juni 1985 (BGBl. I S. 1137),
3. Versicherungsunternehmen im Sinne des Absatzes 1 Nr. 5, die nach dem Versicherungsaufsichtsgesetz zur Rechnungslegung verpflichtet sind oder die keine privatrechtlichen Versicherungsverträge abschließen.
[2]Dieser Abschnitt ist ferner auf Kreditinstitute im Sinne des § 340 des Handelsgesetzbuchs und auf die in § 2 Abs. 1 Nr. 1, 2 und 4 des Gesetzes über das Kreditwesen genannten Personen nicht anzuwenden.**

(3) Dieser Abschnitt gilt nicht für Unternehmen in Abwicklung.

---

* Vor Änderung durch das Bankbilanzrichtlinie-Gesetz hatte § 3 Abs. 1 Nr. 5 folgenden Wortlaut:
  5. einer Körperschaft, Stiftung oder Anstalt des öffentlichen Rechts, die Kaufmann nach § 1 des Handelsgesetzbuchs sind oder als Kaufmann im Handelsregister eingetragen sind; auf Sparkassen, die einem Sparkassen- und Giroverband angehören, sind jedoch nur die §§ 1, 9 Abs. 1 anzuwenden.
  Zur Anwendung des Bankbilanzrichtlinie-Gesetzes s. Art. 30 und 31 EGHGB.
** Vor Änderung durch das Bankbilanzrichtlinie-Gesetz hatte § 3 Abs. 2 Satz 2 folgenden Wortlaut: Dieser Abschnitt gilt ferner nicht für die in § 2 Abs. 1 Nr. 1, 2 und 4 des Gesetzes über das Kreditwesen genannten Unternehmen.
  Zur Anwendung des Bankbilanzrichtline-Gesetzes s. Art. 30 und 31 EGHGB.

### § 4 Gesetzliche Vertreter, Aufsichtsrat, Feststellung, Gericht

(1) [1]Im Sinne dieses Gesetzes sind gesetzliche Vertreter eines Unternehmens

1. bei einer juristischen Person die Mitglieder des vertretungsberechtigten Organs,
2. bei einer Personenhandelsgesellschaft der oder die vertretungsberechtigten Gesellschafter.

[2]Die Vorschriften für die gesetzlichen Vertreter des Unternehmens gelten, wenn es sich um das Unternehmen eines Einzelkaufmanns handelt, sinngemäß für den Einzelkaufmann oder seinen gesetzlichen Vertreter.

(2) Die Vorschriften dieses Gesetzes für den Aufsichtsrat gelten sinngemäß für ein entsprechendes Überwachungsorgan.

(3) Als Feststellung des Jahresabschlusses ist die Billigung des Jahresabschlusses durch die zuständige Stelle, und wenn es sich um das Unternehmen eines Einzelkaufmanns handelt, die Billigung des Jahresabschlusses durch den Inhaber anzusehen.

(4) Gericht im Sinne dieses Gesetzes ist das Gericht des Sitzes (der Hauptniederlassung) des Unternehmens.

### § 5 Aufstellung von Jahresabschluß und Lagebericht

(1) [1]Die gesetzlichen Vertreter des Unternehmens haben den Jahresabschluß (§ 242 des Handelsgesetzbuchs) in den ersten drei Monaten des Geschäftsjahrs für das vergangene Geschäftsjahr aufzustellen. [2]Für den Inhalt des Jahresabschlusses, seine Gliederung und für die einzelnen Posten des Jahresabschlusses gelten §§ 265, 266, 268 bis 275, 277, 278, 281, 282 des Handelsgesetzbuchs sinngemäß. [3]Sonstige Vorschriften, die durch die Rechtsform oder den Geschäftszweig bedingt sind, bleiben unberührt.

(2) [1]Die gesetzlichen Vertreter eines Unternehmens, das nicht in der Rechtsform einer Personenhandelsgesellschaft oder des Einzelkaufmanns geführt wird, haben den Jahresabschluß um einen Anhang zu erweitern, der mit der Bilanz und der Gewinn- und Verlustrechnung eine Einheit bildet, sowie einen Lagebericht aufzustellen. [2]Für den Anhang gelten die §§ 284, 285 Nr. 1 bis 5, 7 bis 13, §§ 286, 287 des Handelsgesetzbuchs und für den Lagebericht § 289 des Handelsgesetzbuchs sinngemäß.

(3) § 330 des Handelsgesetzbuchs über den Erlaß von Rechtsverordnungen gilt auch für Unternehmen, auf die dieser Abschnitt nach § 3 Abs. 1 anzuwenden ist.

(4) Handelt es sich um das Unternehmen einer Personenhandelsgesellschaft oder eines Einzelkaufmanns, so dürfen das sonstige Vermögen des Einzelkaufmanns oder der Gesellschafter (Privatvermögen) nicht in die Bilanz und die auf das Privatvermögen entfallenden Aufwendungen und Erträge nicht in die Gewinn- und Verlustrechnung aufgenommen werden.

(5) [1]Personenhandelsgesellschaften und Einzelkaufleute können die Gewinn- und Verlustrechnung nach den für ihr Unternehmen geltenden Bestimmungen aufstellen. [2]Bei Anwendung einer Gliederung nach § 275 des Handelsgesetzbuchs dürfen die Steuern, die Personenhandelsgesellschaften und Einzelkaufleute als Steuerschuldner zu entrichten haben, unter den sonstigen Aufwendungen ausgewiesen werden. [3]Soll die Gewinn- und Verlustrechnung nicht nach § 9 offengelegt werden, sind außerdem in einer Anlage zur Bilanz folgende Angaben zu machen:

1. Die Umsatzerlöse im Sinne des § 277 Abs. 1 des Handelsgesetzbuchs,
2. die Erträge aus Beteiligungen,
3. die Löhne, Gehälter, sozialen Abgaben sowie Aufwendungen für Altersversorgung und Unterstützung,
4. die Bewertungs- und Abschreibungsmethoden einschließlich wesentlicher Änderungen,
5. die Zahl der Beschäftigten.

## § 6 Prüfung durch die Abschlußprüfer

(1) ¹Der Jahresabschluß und der Lagebericht sind durch einen Abschlußprüfer zu prüfen. ²Soweit in den Absätzen 2 bis 4 nichts anderes bestimmt ist, gelten § 316 Abs. 3, § 317 Abs. 1, § 318 Abs. 1, 3 bis 7, § 319 Abs. 1 bis 3, § 320 Abs. 1, 2, §§ 321 bis 324 des Handelsgesetzbuchs über die Prüfung des Jahresabschlusses sinngemäß.

(2) Handelt es sich um das Unternehmen einer Personengesellschaft oder eines Einzelkaufmanns, so hat sich die Prüfung auch darauf zu erstrecken, ob § 5 Abs. 4 beachtet worden ist.

(3) ¹Der Abschlußprüfer wird bei bergrechtlichen Gewerkschaften und bei Personenhandelsgesellschaften, soweit nicht das Gesetz, die Satzung oder der Gesellschaftsvertrag etwas anderes vorsehen, von den Gewerken oder den Gesellschaftern gewählt. ²Handelt es sich um das Unternehmen eines Einzelkaufmanns, so bestellt dieser den Abschlußprüfer. ³Bei anderen Unternehmen wird der Abschlußprüfer, sofern über seine Bestellung nichts anderes bestimmt ist, vom Aufsichtsrat gewählt; hat das Unternehmen keinen Aufsichtsrat, so bestellen die gesetzlichen Vertreter den Abschlußprüfer. ⁴Bei einer bergrechtlichen Gewerkschaft können den Antrag nach § 318 Abs. 3 Satz 1 des Handelsgesetzbuchs auch Gewerken stellen, deren Anteile zusammen den zehnten Teil der Kuxe erreichen; den Antrag nach § 318 Abs. 4 Satz 1 des Handelsgesetzbuchs kann auch jeder Gewerke stellen.

(4) *(aufgehoben).*

## § 7 Prüfung durch den Aufsichtsrat

¹Hat das Unternehmen einen Aufsichtsrat, so haben die gesetzlichen Vertreter unverzüglich nach Eingang des Prüfungsberichts der Abschlußprüfer den Jahresabschluß, den Lagebericht und den Prüfungsbericht der Abschlußprüfer dem Aufsichtsrat vorzulegen. ²Der Aufsichtsrat hat den Jahresabschluß und den Lagebericht zu prüfen; er hat über das Ergebnis seiner Prüfung schriftlich zu berichten. ³§ 170 Abs. 3, § 171 Abs. 1 Satz 2, Abs. 2 Satz 2 bis 4, Abs. 3 des Aktiengesetzes gelten sinngemäß.

## § 8 Feststellung des Jahresabschlusses

(1) ¹Bedarf es zur Feststellung des Jahresabschlusses der Entscheidung oder Mitwirkung einer anderen Stelle als der gesetzlichen Vertreter und des Aufsichtsrats, so haben die gesetzlichen Vertreter den Jahresabschluß, wenn das Unternehmen einen Aufsichtsrat hat, unverzüglich nach Eingang seines Prüfungsberichts (§ 7), wenn das Unternehmen keinen Aufsichtsrat hat, unverzüglich nach Eingang des Prüfungsberichts der Abschlußprüfer der zuständigen Stelle vorzulegen. ²Bedarf es zur Feststellung des Jahresabschlusses einer Versammlung der Gesellschafter, so ist die Versammlung unverzüglich nach dem Eingang des Prüfungsberichts des Aufsichtsrats oder der Abschlußprüfer einzuberufen; berufen die für die Einberufung zuständigen Stellen die Ver-

sammlung nicht unverzüglich ein, so haben die gesetzlichen Vertreter sie einzuberufen.

(2) Auf den Jahresabschluß sind bei der Feststellung die für seine Aufstellung geltenden Vorschriften anzuwenden.

(3) [1]Ändert die zuständige Stelle den von den gesetzlichen Vertretern aufgestellten Jahresabschluß, so haben die Abschlußprüfer ihn erneut zu prüfen, soweit es die Änderung fordert. [2]Ein bereits erteilter Bestätigungsvermerk ist unwirksam. [3]Eine vor der erneuten Prüfung getroffene Entscheidung über die Feststellung des Jahresabschlusses wird erst wirksam, wenn aufgrund der erneuten Prüfung ein hinsichtlich der Änderung uneingeschränkter Bestätigungsvermerk erteilt worden ist. [4]Sie wird nichtig, wenn nicht binnen zwei Wochen seit der Entscheidung ein hinsichtlich der Änderung uneingeschränkter Bestätigungsvermerk erteilt wird.

(4) Der festgestellte Jahresabschluß ist der Jahresabschluß im Sinne der für die Rechtsform des Unternehmens geltenden Vorschriften.

## § 9 Offenlegung des Jahresabschlusses und des Lageberichts, Prüfung durch das Registergericht

(1) [1]Die gesetzlichen Vertreter des Unternehmens haben den Jahresabschluß und die sonst in § 325 Abs. 1 des Handelsgesetzbuchs bezeichneten Unterlagen, soweit sie aufzustellen sind, in sinngemäßer Anwendung des § 325 Abs. 1, 2, 4, 5, § 328 des Handelsgesetzbuchs offenzulegen. [2]§ 329 Abs. 1 des Handelsgesetzbuchs über die Prüfungspflicht des Registergerichts gilt sinngemäß. [3]Ist das Unternehmen in das Handelsregister eingetragen, so erfolgt die Einreichung zum Handelsregister des Sitzes des Unternehmens. [4]Ist das Unternehmen nicht in das Handelsregister eingetragen, so sind die Unterlagen bei dem für den Sitz des Unternehmens zuständigen Registergericht einzureichen; die Vorschriften über die zum Handelsregister eingereichten Schriftstücke gelten für sie sinngemäß.

(2) Personenhandelsgesellschaften und Einzelkaufleute brauchen die Gewinn- und Verlustrechnung und den Beschluß über die Verwendung des Ergebnisses nicht offenzulegen, wenn sie in einer Anlage zur Bilanz die nach § 5 Abs. 5 Satz 3 erforderlichen Angaben aufnehmen.

(3) In der Bilanz von Personengesellschaften dürfen bei der Offenlegung die Kapitalanteile der Gesellschafter, die Rücklagen, ein Gewinnvortrag und ein Gewinn unter Abzug der nicht durch Vermögenseinlagen gedeckten Verlustanteile von Gesellschaftern, eines Verlustvortrags und eines Verlustes in einem Posten „Eigenkapital" ausgewiesen werden.

## § 10 Nichtigkeit des Jahresabschlusses

[1]Der Jahresabschluß ist nichtig, wenn er
1. nicht nach § 6 Abs. 1 Satz 1 und 2 dieses Gesetzes in Verbindung mit § 316 Abs. 3 des Handelsgesetzbuchs geprüft worden ist oder
2. von Personen geprüft worden ist, die nicht zum Abschlußprüfer bestellt sind oder nach § 6 Abs. 1 Satz 2 dieses Gesetzes in Verbindung mit § 319 Abs. 1 des Handelsgesetzbuchs nicht Abschlußprüfer sind.

[2]Die Nichtigkeit nach Nummer 2 kann nicht mehr geltend gemacht werden, wenn seit der Bekanntmachung des Jahresabschlusses im Bundesanzeiger sechs Monate verstrichen sind. [3]§ 256 Abs. 6 Satz 2 des Aktiengesetzes gilt sinngemäß.

## Zweiter Abschnitt. Rechnungslegung von Konzernen

### § 11  Zur Rechnungslegung verpflichtete Mutterunternehmen

(1) Stehen in einem Konzern die Unternehmen unter der einheitlichen Leitung eines Unternehmens mit Sitz (Hauptniederlassung) im Inland, so hat dieses Unternehmen (Mutterunternehmen) nach den folgenden Vorschriften Rechnung zu legen, wenn für drei aufeinanderfolgende Konzernabschlußstichtage jeweils mindestens zwei der drei folgenden Merkmale zutreffen:

1. Die Bilanzsumme einer auf den Konzernabschlußstichtag aufgestellten Konzernbilanz übersteigt einhundertfünfundzwanzig Millionen Deutsche Mark.

2. Die Umsatzerlöse einer auf den Konzernabschlußstichtag aufgestellten Konzern-Gewinn- und Verlustrechnung in den zwölf Monaten vor dem Abschlußstichtag übersteigen zweihundertfünfzig Millionen Deutsche Mark.

3. Die Konzernunternehmen mit Sitz im Inland haben in den zwölf Monaten vor dem Konzernabschlußstichtag insgesamt durchschnittlich mehr als fünftausend Arbeitnehmer beschäftigt.

(2) ¹Bilanzsumme nach Absatz 1 Nr. 1 ist die Bilanzsumme einer nach § 13 Abs. 2 aufgestellten Konzernbilanz; § 1 Abs. 2 Satz 2 bis 5 gilt sinngemäß. ²Braucht das Mutterunternehmen einen Jahresabschluß nicht aufzustellen, so ist der Abschlußstichtag des größten Unternehmens mit Sitz im Inland maßgebend.

(3) ¹Stehen in einem Konzern die Unternehmen unter der einheitlichen Leitung eines Unternehmens mit Sitz (Hauptniederlassung) im Ausland und beherrscht dieses Unternehmen über ein oder mehrere zum Konzern gehörende Unternehmen mit Sitz (Hauptniederlassung) im Inland andere Unternehmen, so haben die Unternehmen mit Sitz im Inland, die der Konzernleitung am nächsten stehen (Mutterunternehmen), für ihren Konzernbereich (Teilkonzern) nach diesem Abschnitt Rechnung zu legen, wenn für drei aufeinanderfolgende Abschlußstichtage des Mutterunternehmens mindestens zwei der drei Merkmale des Absatzes 1 für den Teilkonzern zutreffen. ²Absatz 2 gilt sinngemäß.

(4) ¹Sind die Konzernunternehmen Versicherungsunternehmen, so gilt das Größenmerkmal nach § 1 Abs. 4 sinngemäß. ²Sind die Konzernunternehmen zum Teil Versicherungsunternehmen, so ist das Größenmerkmal nach § 1 Abs. 4 entsprechend zu berücksichtigen.*

(5) ¹Dieser Abschnitt ist nicht anzuwenden, wenn das Mutterunternehmen eine Aktiengesellschaft, eine Kommanditgesellschaft auf Aktien, eine Gesellschaft mit beschränkter Haftung, ein Kreditinstitut im Sinne des § 1 Abs. 1 des Gesetzes über das Kreditwesen oder eine in § 2 Abs. 1 Nr. 1, 2 und 4 des Ge-

---

* Vor Änderung durch das Bankbilanzrichtlinie-Gesetz hatte § 11 Abs. 4 folgenden Wortlaut: ¹Sind die Konzernunternehmen Kreditinstitute oder Versicherungsunternehmen, so gelten die Größenmerkmale nach § 1 Abs. 3 und 4 sinngemäß. ²Sind die Konzernunternehmen zum Teil Kreditinstitute oder Versicherungsunternehmen, so sind die Größenmerkmale nach § 1 Abs. 3 und 4 entsprechend zu berücksichtigen.
Zur Anwendung des Bankbilanzrichtlinie-Gesetzes s. Art. 30 und 31 EGHGB.

setzes über das Kreditwesen genannte Person ist.* [2]Weiterhin sind Personenhandelsgesellschaften und Einzelkaufleute zur Aufstellung eines Konzernabschlusses nach diesem Abschnitt nicht verpflichtet, wenn sich ihr Gewerbebetrieb auf die Vermögensverwaltung beschränkt und sie nicht die Aufgaben der Konzernleitung wahrnehmen.

(6) § 291 des Handelsgesetzbuchs über befreiende Konzernabschlüsse und Konzernlageberichte gilt sinngemäß.

## § 12 Beginn und Dauer der Pflicht zur Konzernrechnungslegung

(1) Für den Beginn und die Dauer der Pflicht, nach diesem Abschnitt Rechnung zu legen, gilt § 2 Abs. 1 Satz 1 und 3 sinngemäß.

(2) [1]Die gesetzlichen Vertreter eines Mutterunternehmens, für dessen Abschlußstichtag erstmals mindestens zwei oder drei Merkmale des § 11 Abs. 1 oder die Merkmale des § 11 Abs. 4 zutreffen, haben, wenn das Unternehmen oder die Firma des Mutterunternehmens in das Handelsregister eingetragen ist, unverzüglich zum Handelsregister die Erklärung einzureichen, daß für diesen Abschlußstichtag zwei der drei Merkmale des § 11 Abs. 1 oder die Merkmale des § 11 Abs. 4 zutreffen; § 11 Abs. 2 Satz 2 gilt sinngemäß. [2]Eine entsprechende Erklärung haben die gesetzlichen Vertreter des Mutterunternehmens auch für jeden der beiden folgenden Abschlußstichtage unverzüglich zum Handelsregister einzureichen, wenn die Merkmale auch für diesen Abschlußstichtag zutreffen. [3]Unterliegt das Unternehmen einer staatlichen Aufsicht, so haben sie die Erklärungen nach Satz 1 und 2 unabhängig davon, ob sie zum Handelsregister einzureichen sind, auch der Aufsichtsbehörde einzureichen.

(3) [1]Das Gericht hat zur Prüfung der Frage, ob ein Mutterunternehmen nach diesem Abschnitt Rechnung zu legen hat, Prüfer zu bestellen, wenn Anlaß für die Annahme besteht, daß das Mutterunternehmen zur Rechnungslegung nach diesem Abschnitt verpflichtet ist. [2]Hat das Mutterunternehmen einen Aufsichtsrat, so ist vor der Bestellung außer den gesetzlichen Vertretern des Mutterunternehmens auch dieser zu hören. [3]§ 2 Abs. 3 Satz 3 bis 8 gilt sinngemäß.

## § 13 Aufstellung von Konzernabschluß und Konzernlagebericht

(1) Die gesetzlichen Vertreter des Mutterunternehmens haben in den ersten fünf Monaten des Konzerngeschäftsjahrs für das vergangene Konzerngeschäftsjahr einen Konzernabschluß sowie einen Konzernlagebericht oder einen Teilkonzernabschluß oder einen Konzernlagebericht aufzustellen.

(2) [1]Für den Konzernabschluß oder Teilkonzernabschluß gelten die §§ 294 bis 314 des Handelsgesetzbuchs sinngemäß; soweit eine abweichende Gliederung zulässig ist, kann diese auch für den Konzernabschluß oder den Teilkonzernabschluß verwendet werden. [2]Sonstige Vorschriften, die durch die Rechtsform oder den Geschäftszweig bedingt sind, bleiben unberührt. [3]Für den Konzernlagebericht oder den Teilkonzernlagebericht gilt § 315 des Handelsgesetzbuchs sinngemäß.

---

\* Vor Änderung durch das Bankbilanzrichtlinie-Gesetz hatte § 11 Abs. 5 Satz 1 folgenden Wortlaut: Dieser Abschnitt gilt nicht, wenn das Mutterunternehmen eine Aktiengesellschaft, Kommanditgesellschaft auf Aktien oder eine Gesellschaft mit beschränkter Haftung mit Sitz im Inland oder ein in § 2 Abs. 1 Nr. 1, 2 und 4 des Gesetzes über das Kreditwesen bezeichnetes Unternehmen ist.
Zur Anwendung des Bankbilanzrichtlinie-Gesetzes s. Art. 30 und 31 EGHGB.

(3) ¹Auf den Konzernabschluß oder den Teilkonzernabschluß brauchen § 279 Abs. 1, §§ 280, 314 Nr. 5, 6 des Handelsgesetzbuchs nicht angewendet zu werden. ²Ist das Mutterunternehmen eine Personengesellschaft oder ein Einzelkaufmann, so gilt § 5 Abs. 4, 5 für den Konzernabschluß sinngemäß. ³Bei Anwendung des Satzes 1 oder des § 5 Abs. 5 haben der Konzernabschluß oder der Teilkonzernabschluß befreiende Wirkung nach § 291 des Handelsgesetzbuchs oder einer nach Absatz 4 in Verbindung mit § 292 des Handelsgesetzbuchs erlassenen Rechtsverordnung nur, wenn das befreite Tochterunternehmen, das gleichzeitig Mutterunternehmen ist, diese Erleichterungen für seinen Konzernabschluß oder Teilkonzernabschluß hätte in Anspruch nehmen können.

(4) Die §§ 292, 330 des Handelsgesetzbuchs über den Erlaß von Rechtsverordnungen gelten auch für Konzernabschlüsse, Teilkonzernabschlüsse, Konzernlageberichte und Teilkonzernlageberichte nach diesem Abschnitt.

## § 14 Prüfung des Konzernabschlusses

(1) ¹Der Konzernabschluß oder Teilkonzernabschluß ist unter Einbeziehung des Konzernlageberichts oder des Teilkonzernlageberichts durch einen Abschlußprüfer zu prüfen. ²§ 316 Abs. 3, §§ 317 bis 324 des Handelsgesetzbuchs über die Prüfung sowie § 6 Abs. 2, 3 dieses Gesetzes gelten sinngemäß.

(2) ¹Ist das Mutterunternehmen eine Genossenschaft, so ist der Prüfungsverband, dem die Genossenschaft angehört, auch Abschlußprüfer des Konzernabschlusses.* ²Der von einem Prüfungsverband geprüfte Konzernabschluß oder Teilkonzernabschluß hat befreiende Wirkung nach § 291 des Handelsgesetzbuchs oder einer nach § 13 Abs. 4 dieses Gesetzes in Verbindung mit § 292 des Handelsgesetzbuchs erlassenen Rechtsverordnung nur, wenn das befreite Tochterunternehmen, das gleichzeitig Mutterunternehmen ist, seinen Konzernabschluß oder Teilkonzernabschluß von dieser Person hätte prüfen lassen können.

(3) ¹Hat das Mutterunternehmen einen Aufsichtsrat, so haben die gesetzlichen Vertreter den Konzernabschluß oder den Teilkonzernabschluß, den Konzernlagebericht oder den Teilkonzernlagebericht und den Prüfungsbericht des Abschlußprüfers des Konzernabschlusses unverzüglich nach Eingang des Prüfungsberichts dem Aufsichtsrat zur Kenntnisnahme vorzulegen. ²Jedes Aufsichtsratsmitglied hat das Recht, von den Vorlagen Kenntnis zu nehmen. ³Die Vorlagen sind auch jedem Aufsichtsratsmitglied auf Verlangen auszuhändigen, soweit der Aufsichtsrat nichts anderes beschlossen hat.

## § 15 Offenlegung des Konzernabschlusses

(1) ¹Die gesetzlichen Vertreter des Mutterunternehmens haben den Konzernabschluß oder Teilkonzernabschluß mit dem Bestätigungsvermerk oder dem Vermerk über dessen Versagung und den Konzernlagebericht oder Teilkonzernlagebericht in sinngemäßer Anwendung des § 325 Abs. 3 bis 5 des

---

\* § 14 Abs. 2 Satz 2 wurde durch das Bankbilanzrichtlinie-Gesetz aufgehoben. Vor Änderung durch das Bankbilanzrichtlinie-Gesetz hatte Abs. 2 Satz 2 und 3 folgenden Wortlaut: ... ²Ist das Mutterunternehmen eine Sparkasse, so ist die Prüfungsstelle des Sparkassen- und Giroverbandes, dem die Sparkasse angehört, auch Abschlußprüfer des Konzernabschlusses. ³Der von einem Prüfungsverband oder einer Prüfungsstelle geprüfte Konzernabschluß oder Teilkonzernabschluß hat ...
Zur Anwendung des Bankbilanzrichtlinie-Gesetzes s. Art. 30 und 31 EGHGB.

Handelsgesetzbuchs offenzulegen. ²Ist das Mutterunternehmen eine Genossenschaft, so tritt an die Stelle des Handelsregisters das Genossenschaftsregister. ³Ist das Mutterunternehmen nicht in das Handelsregister oder das Genossenschaftsregister eingetragen, gilt § 9 Abs., 1 Satz 4 sinngemäß.

(2) Für die Offenlegung, Veröffentlichung und Vervielfältigung des Konzernabschlusses, Teilkonzernabschlusses, Konzernlageberichts und des Teilkonzernlageberichts gilt § 328, für die Prüfungspflicht des Registergerichts § 329 des Handelsgesetzbuchs sinngemäß.

### § 16 *(aufgehoben)*

## Dritter Abschnitt. Straf-, Bußgeld- und Schlußvorschriften

### § 17 Unrichtige Darstellung

(1) Mit Freiheitsstrafe bis zu drei Jahren oder mit Geldstrafe wird bestraft, wer als gesetzlicher Vertreter (§ 4 Abs. 1 Satz 1) eines Unternehmens oder eines Mutterunternehmens, beim Einzelkaufmann als Inhaber oder dessen gesetzlicher Vertreter,

1. die Verhältnisse des Unternehmens im Jahresabschluß oder Lagebericht unrichtig wiedergibt oder verschleiert,

2. die Verhältnisse des Konzerns oder Teilkonzerns im Konzernabschluß, Konzernlagebericht, Teilkonzernabschluß oder Teilkonzernlagebericht unrichtig wiedergibt oder verschleiert,

3. zum Zwecke der Befreiung nach § 11 Abs. 6 in Verbindung mit § 291 des Handelsgesetzbuchs oder aufgrund einer nach § 13 Abs. 4 in Verbindung mit § 292 des Handelsgesetzbuchs erlassenen Rechtsverordnung einen Konzernabschluß, Konzernlagebericht, Teilkonzernabschluß oder Teilkonzernlagebericht, in dem die Verhältnisse des Konzerns oder Teilkonzerns unrichtig wiedergegeben oder verschleiert worden sind, vorsätzlich oder leichtfertig offenlegt oder

4. in Aufklärungen oder Nachweisen, die nach § 2 Abs. 3 Satz 4 in Verbindung mit § 145 Abs. 2 und 3 des Aktiengesetzes, § 6 Abs. 1 Satz 2 in Verbindung mit § 320 Abs. 1, 2 des Handelsgesetzbuchs, § 12 Abs. 3 Satz 3 in Verbindung mit § 2 Abs. 3 Satz 4 und § 145 Abs. 2 und 3 des Aktiengesetzes oder § 14 Abs. 1 Satz 2 in Verbindung mit § 320 Abs. 3 des Handelsgesetzbuchs einem Abschlußprüfer des Unternehmens, eines verbundenen Unternehmens, des Konzerns oder des Teilkonzerns zu geben sind, unrichtige Angaben macht oder die Verhältnisse des Unternehmens, eines Tochterunternehmens, des Konzerns oder des Teilkonzerns unrichtig wiedergibt oder verschleiert.

### § 18 Verletzung der Berichtspflicht

(1) Mit Freiheitsstrafe bis zu drei Jahren oder mit Geldstrafe wird bestraft, wer als Prüfer nach diesem Gesetz oder als Gehilfe eines solchen Prüfers über das Ergebnis der Prüfung falsch berichtet oder erhebliche Umstände im Bericht verschweigt.

(2) Handelt der Täter gegen Entgelt oder in der Absicht, sich oder einen anderen zu bereichern oder einen anderen zu schädigen, so ist die Strafe Freiheitsstrafe bis zu fünf Jahren oder Geldstrafe.

## § 19 Verletzung der Geheimhaltungspflicht

(1) Mit Freiheitsstrafe bis zu einem Jahr oder mit Geldstrafe wird bestraft, wer ein Geheimnis des Unternehmens (Konzernleitung, Teilkonzernleitung), namentlich ein Betriebs- oder Geschäftsgeheimnis, das ihm in seiner Eigenschaft als Prüfer nach diesem Gesetz oder als Gehilfe eines solchen Prüfers bekanntgeworden ist, unbefugt offenbart.

(2) Handelt der Täter gegen Entgelt oder in der Absicht, sich oder einen anderen zu bereichern oder einen anderen zu schädigen, so ist die Strafe Freiheitsstrafe bis zu zwei Jahren oder Geldstrafe. Ebenso wird bestraft, wer ein Geheimnis der in Absatz 1 bezeichneten Art, namentlich ein Betriebs- oder Geschäftsgeheimnis, das ihm unter den Voraussetzungen des Absatzes 1 bekanntgeworden ist, unbefugt verwertet.

(3) Die Tat wird nur auf Antrag des Unternehmens (Konzernleitung, Teilkonzernleitung) verfolgt.

## § 20 Bußgeldvorschriften

(1) Ordnungswidrig handelt, wer als gesetzlicher Vertreter (§ 4 Abs. 1 Satz 1) eines Unternehmens oder eines Mutterunternehmens, beim Einzelkaufmann als Inhaber oder dessen gesetzlicher Vertreter,
1. bei der Aufstellung oder Feststellung des Jahresabschlusses einer Vorschrift
   a) des § 243 Abs. 1 oder 2, der §§ 244, 245, 246, 247, 248, 249 Abs. 1 Satz 1 oder Abs. 3, des § 250 Abs. 1 Satz 1 oder Abs. 2 oder des § 251 des Handelsgesetzbuchs über Form oder Inhalt,
   b) des § 253 Abs. 1 Satz 1 in Verbindung mit § 255 Abs. 1 oder 2 Satz 1, 2 oder 6 oder des § 253 Abs. 2 oder Abs. 3 Satz 1 oder 2 des Handelsgesetzbuchs über die Bewertung,
   c) des § 5 Abs. 1 Satz 2 in Verbindung mit einer Vorschrift des § 282 des Handelsgesetzbuchs über die Bewertung,
   d) des § 5 Abs. 1 Satz 2 in Verbindung mit einer Vorschrift des § 265 Abs. 2, 3, 4 oder 6, der §§ 266, 268 Abs. 2, 3, 4, 5, 6 oder 7, der §§ 272, 273, 274 Abs. 1, des § 275 oder des § 277 des Handelsgesetzbuchs über die Gliederung oder
   e) des § 5 Abs. 1 Satz 2 oder Abs. 2 Satz 2 in Verbindung mit einer Vorschrift des § 281 Abs. 1 Satz 2 oder 3 oder Abs. 2 Satz 1, des § 284 oder des § 285 des Handelsgesetzbuchs über die in der Bilanz oder im Anhang zu machenden Angaben,
2. bei der Aufstellung des Konzernabschlusses oder Teilkonzernabschlusses einer Vorschrift des § 13 Abs. 2 Satz 1 in Verbindung mit einer Vorschrift
   a) des § 294 Abs. 1 des Handelsgesetzbuchs über den Konsolidierungskreis,
   b) des § 297 Abs. 2 oder 3 oder des § 298 Abs. 1 in Verbindung mit den §§ 244, 245, 246, 247, 248, 249 Abs. 1 Satz 1 oder Abs. 3, dem § 250 Abs. 1 Satz 1 oder Abs. 2 oder dem § 251 des Handelsgesetzbuchs über Inhalt oder Form des Konzernabschlusses,
   c) des § 300 des Handelsgesetzbuchs über die Konsolidierungsgrundsätze oder das Vollständigkeitsgebot,
   d) des § 308 Abs. 1 Satz 1 in Verbindung mit den in Nummer 1 Buchstabe b bezeichneten Vorschriften des Handelsgesetzbuchs oder des § 308 Abs. 2 des Handelsgesetzbuchs über die Bewertung,
   e) des § 311 Abs. 1 Satz 1 in Verbindung mit § 312 des Handelsgesetzbuchs über die Behandlung assoziierter Unternehmen oder

f) des § 308 Abs. 1 Satz 3, des § 313 oder des § 314 des Handelsgesetzbuchs über die im Anhang zu machenden Angaben,

3. bei der Aufstellung des Lageberichts der Vorschrift des § 5 Abs. 2 Satz 2 in Verbindung mit § 289 Abs. 1 des Handelsgesetzbuchs über den Inhalt des Lageberichts,

4. bei der Aufstellung des Konzernlageberichts oder des Teilkonzernlageberichts der Vorschrift des § 13 Abs. 2 Satz 3 in Verbindung mit § 315 Abs. 1 des Handelsgesetzbuchs über den Inhalt des Konzernlageberichts,

5. bei der Offenlegung, Veröffentlichung oder Vervielfältigung einer Vorschrift des § 9 Abs. 1 oder des § 15 Abs. 2, jeweils in Verbindung mit § 328 des Handelsgesetzbuchs über Form oder Inhalt, oder

6. einer aufgrund des § 5 Abs. 3 oder des § 13 Abs. 4, jeweils in Verbindung mit § 330 Satz 1 des Handelsgesetzbuchs, erlassenen Rechtsverordnung, soweit sie für einen bestimmten Tatbestand auf diese Bußgeldvorschrift verweist,

zuwiderhandelt.

(2) Ordnungswidrig handelt auch, wer entgegen § 2 Abs. 2 oder § 12 Abs. 2 die dort vorgeschriebene Erklärung dem Registergericht oder der Aufsichtsbehörde nicht oder nicht rechtzeitig einreicht.

(3) Die Ordnungswidrigkeit kann mit einer Geldbuße bis zu fünfzigtausend Deutsche Mark geahndet werden.

## § 21 Zwangsgelder

[1]Gesetzliche Vertreter (§ 4 Abs. 1 Satz 1) eines Unternehmens oder eines Mutterunternehmens, beim Einzelkaufmann der Inhaber oder dessen gesetzlicher Vertreter, die

1. § 2 Abs. 3 Satz 4, § 12 Abs. 3 Satz 3 in Verbindung mit § 145 Abs. 1 bis 3 des Aktiengesetzes über die Pflichten gegenüber Prüfern,

2. § 5 Abs. 1 und 2, § 13 Abs. 1 über die Pflicht zur Aufstellung des Jahresabschlusses, des Lageberichts, des Konzernabschlusses, des Konzernlageberichts, des Teilkonzernabschlusses oder des Teilkonzernlageberichts,

3. § 6 Abs. 1 Satz 2, § 14 Abs. 1 Satz 2 jeweils in Verbindung mit § 318 Abs. 1 Satz 4 des Handelsgesetzbuchs über die Pflicht zur unverzüglichen Erteilung des Prüfungsauftrags,

4. § 6 Abs. 1 Satz 2, § 14 Abs. 1 Satz 2 jeweils in Verbindung mit § 318 Abs. 4 Satz 3 des Handelsgesetzbuchs über die Pflicht, den Antrag auf gerichtliche Bestellung des Abschlußprüfers zu stellen,

5. § 6 Abs. 1 Satz 2, § 14 Abs. 1 Satz 2 jeweils in Verbindung mit § 320 des Handelsgesetzbuchs über die Pflichten gegenüber dem Abschlußprüfer,

6. § 7 Satz 1, § 14 Abs. 3 Satz 1 über die Vorlagen an den Aufsichtsrat,

7. § 7 Satz 3 in Verbindung mit § 170 Abs. 3 des Aktiengesetzes, § 14 Abs. 3 Satz 2 und 3 dieses Gesetzes über das Recht der Aufsichtsratsmitglieder auf Kenntnisnahme und Aushändigung der Vorlagen oder

8. § 9 Abs. 1, § 15 Abs. 1 hinsichtlich der Pflicht zur Bekanntmachung des Jahresabschlusses, des Lageberichts, des Konzernabschlusses, des Konzernlageberichts, des Teilkonzernabschlusses oder des Teilkonzernlageberichts im Bundesanzeiger

nicht befolgen, sind hierzu vom Registergericht durch Festsetzung von Zwangsgeld anzuhalten; § 14 des Handelsgesetzbuchs bleibt unberührt. [2]Das einzelne Zwangsgeld darf den Betrag von zehntausend Deutsche Mark nicht überschreiten.

## § 22 Änderung von Gesetzen *(aufgehoben)*

## § 23 Erstmalige Anwendung

(1) Nach dem Ersten Abschnitt dieses Gesetzes ist erstmals für das nach dem 31. Dezember 1970 beginnende Geschäftsjahr Rechnung zu legen, wenn für den Abschlußstichtag dieses Geschäftsjahrs und für die beiden vorausgegangenen Abschlußstichtage jeweils mindestens zwei der drei Merkmale des § 1 Abs. 1 oder die Merkmale des § 1 Abs. 3 oder 4 zutrafen; § 2 Abs. 1 Satz 2 gilt sinngemäß.

(2) Konzernabschlüsse und Konzerngeschäftsberichte sowie Teilkonzernabschlüsse und Teilkonzerngeschäftsberichte nach dem Zweiten Abschnitt dieses Gesetzes sind erstmals auf den Stichtag des Jahresabschlusses aufzustellen, der für das Geschäftsjahr aufgestellt wird, das nach dem 31. Dezember 1970 beginnt, wenn für den Stichtag dieses Jahresabschlusses und für die beiden vorausgegangenen Abschlußstichtage jeweils mindestens zwei der drei Merkmale des § 11 Abs. 1 oder die Merkmale des § 11 Abs. 4 zutrafen.

(3) Unternehmen, die für das in Absatz 1 genannte Geschäftsjahr nach dem Ersten Abschnitt Rechnung legen, brauchen die Erklärungen nach § 2 Abs. 2 nicht einzureichen. Konzernleitungen oder Teilkonzernleitungen, die auf den in Absatz 2 genannten Stichtag einen Konzernabschluß oder Teilkonzernabschluß und einen Konzerngeschäftsbericht oder Teilkonzerngeschäftsbericht aufstellen, brauchen die Erklärungen nach § 12 Abs. 2 nicht einzureichen.

## § 24 Geltung in Berlin

Dieses Gesetz gilt nach Maßgabe des § 13 Abs. 1 des Dritten Überleitungsgesetzes vom 4. Januar 1952 (Bundesgesetzbl. I S. 1) auch im Land Berlin.

## § 25 Inkrafttreten

Dieses Gesetz tritt am Tage nach seiner Verkündigung* in Kraft.

---

* Das Gesetz wurde am 20. 8. 1969 verkündet.

# 7. Gesetz über das Kreditwesen

**in der Fassung der Bekanntmachung vom 11. Juli 1985**

**(BGBl. I S. 1472)**

zuletzt geändert durch Gesetz vom 30. 11. 1990 (BGBl. I S. 2570)

## Inhaltsübersicht

## Erster Abschnitt. Allgemeine Vorschriften

### 1. Kreditinstitute

#### § 1 Begriffsbestimmungen

(1) [1]Kreditinstitute sind Unternehmen, die Bankgeschäfte betreiben, wenn der Umfang dieser Geschäfte einen in kaufmännischer Weise eingerichteten Geschäftsbetrieb erfordert. [2]Bankgeschäfte sind

1. die Annahme fremder Gelder als Einlagen ohne Rücksicht darauf, ob Zinsen vergütet werden (Einlagengeschäft);
2. die Gewährung von Gelddarlehen und Akzeptkrediten (Kreditgeschäft);
3. der Ankauf von Wechseln und Schecks (Diskontgeschäft);
4. die Anschaffung und die Veräußerung von Wertpapieren für andere (Effektengeschäft);
5. die Verwahrung und die Verwaltung von Wertpapieren für andere (Depotgeschäft);
6. die in § 1 des Gesetzes über Kapitalanlagegesellschaften bezeichneten Geschäfte (Investmentgeschäft);
7. die Eingehung der Verpflichtung, Darlehensforderungen vor Fälligkeit zu erwerben;

8. die Übernahme von Bürgschaften, Garantien und sonstigen Gewährleistungen für andere (Garantiegeschäft);

9. die Durchführung des bargeldlosen Zahlungsverkehrs und des Abrechnungsverkehrs (Girogeschäft).

[3]Der Bundesminister der Finanzen kann nach Anhörung der Deutschen Bundesbank durch Rechtsverordnung weitere Geschäfte als Bankgeschäfte bezeichnen, wenn dies nach der Verkehrsauffassung unter Berücksichtigung des mit diesem Gesetz verfolgten Aufsichtszweckes gerechtfertigt ist.

(2) [1]Geschäftsleiter im Sinne dieses Gesetzes sind diejenigen natürlichen Personen, die nach Gesetz, Satzung oder Gesellschaftsvertrag zur Führung der Geschäfte und zur Vertretung eines Kreditinstituts in der Rechtsform einer juristischen Person oder einer Personenhandelsgesellschaft berufen sind. [2]In Ausnahmefällen kann das Bundesaufsichtsamt für das Kreditwesen (§ 5) auch eine andere mit der Führung der Geschäfte betraute und zur Vertretung ermächtigte Person widerruflich als Geschäftsleiter bezeichnen, wenn sie zuverlässig ist und die erforderliche fachliche Eignung hat; § 33 Abs. 2 ist anzuwenden. [3]Wird das Kreditinstitut von einem Einzelkaufmann betrieben, so kann in Ausnahmefällen unter den Voraussetzungen des Satzes 2 eine von dem Inhaber mit der Führung der Geschäfte betraute und zur Vertretung ermächtigte Person widerruflich als Geschäftsleiter bezeichnet werden. [4]Beruht die Bezeichnung einer Person als Geschäftsleiter auf einem Antrag des Kreditinstituts, so ist sie auf Antrag des Kreditinstituts oder des Geschäftsleiters zu widerrufen.

## § 2  Ausnahmen

(1) Als Kreditinstitut im Sinne dieses Gesetzes gelten vorbehaltlich der Absätze 2 und 3 nicht

1. die Deutsche Bundesbank;
2. die Deutsche Bundespost;
3. die Kreditanstalt für Wiederaufbau;
4. die Sozialversicherungsträger und die Bundesanstalt für Arbeit;
5. private und öffentlich-rechtliche Versicherungsunternehmen;
6. *(gestrichen)*
7. *(gestrichen)*
8. Unternehmen des Pfandleihgewerbes, soweit sie dieses durch Hingabe von Darlehen gegen Faustpfand betreiben;
9. Unternehmen, die auf Grund des Gesetzes über Unternehmensbeteiligungsgesellschaften vom 17. Dezember 1986 (BGBl. I S. 2488) als Unternehmensbeteiligungsgesellschaften anerkannt sind.

(2) [1]Die Deutsche Bundespost unterliegt hinsichtlich des Postscheck- und Postsparverkehrs den §§ 21 und 22 sowie den aufgrund der §§ 23, 47 Abs. 1 Nr. 2 und des § 48 getroffenen Regelungen. [2]Für die Kreditanstalt für Wiederaufbau gelten § 14 und die aufgrund von § 47 Abs. 1 Nr. 2 und § 48 getroffenen Regelungen; für die Sozialversicherungsträger, für die Bundesanstalt für Arbeit, für Versicherungsunternehmen sowie für Unternehmensbeteiligungsgesellschaften gilt § 14.

(3) Für Unternehmen der in Absatz 1 Nr. 5 bis 9 bezeichneten Art gelten die Vorschriften dieses Gesetzes insoweit, als sie Bankgeschäfte betreiben, die nicht zu den ihnen eigentümlichen Geschäften gehören.

(4) [1]Das Bundesaufsichtsamt für das Kreditwesen kann im Einzelfall be-

stimmen, daß auf ein Unternehmen im Sinne des § 1 die Vorschriften der §§ 10 bis 20, 24 bis 38, 45 bis 46c und 51 Abs. 1 dieses Gesetzes sowie des § 112 Abs. 2 der Vergleichsordnung insgesamt nicht anzuwenden sind, solange das Unternehmen wegen der Art der von ihm betriebenen Geschäfte insoweit nicht der Aufsicht bedarf. [2]Die Entscheidung ist im Bundesanzeiger bekanntzumachen.

## § 2a  Rechtsform

Kreditinstitute, die eine Erlaubnis nach § 32 Abs. 1 benötigen, dürfen nicht in der Rechtsform des Einzelkaufmanns betrieben werden.

## § 3  Verbotene Geschäfte

Verboten sind
1. der Betrieb des Einlagengeschäftes, wenn der Kreis der Einleger überwiegend aus Betriebsangehörigen des Unternehmens besteht (Werksparkassen) und nicht sonstige Bankgeschäfte betrieben werden, die den Umfang dieses Einlagengeschäftes übersteigen;
2. die Annahme von Geldbeträgen, wenn der überwiegende Teil der Geldgeber einen Rechtsanspruch darauf hat, daß ihnen aus diesen Geldbeträgen Darlehen gewährt oder Gegenstände auf Kredit verschafft werden (Zwecksparunternehmen); dies gilt nicht für Bausparkassen;
3. der Betrieb des Kreditgeschäftes oder des Einlagengeschäftes, wenn es durch Vereinbarung oder geschäftliche Gepflogenheit ausgeschlossen oder erheblich erschwert ist, über den Kreditbetrag oder die Einlagen durch Barabhebung zu verfügen.

## § 4  Entscheidung des Bundesaufsichtsamtes für das Kreditwesen

[1]Das Bundesaufsichtsamt für das Kreditwesen entscheidet in Zweifelsfällen, ob ein Unternehmen den Vorschriften dieses Gesetzes unterliegt. [2]Seine Entscheidungen binden die Verwaltungsbehörden.

## 2. Bundesaufsichtsamt für das Kreditwesen

## § 5  Organisation

(1) [1]Das Bundesaufsichtsamt für das Kreditwesen (Bundesaufsichtsamt) wird als eine selbständige Bundesoberbehörde errichtet. [2]Es hat seinen Sitz in Berlin.

(2) Der Präsident des Bundesaufsichtsamtes wird auf Vorschlag der Bundesregierung durch den Bundespräsidenten ernannt; die Bundesregierung hat bei ihrem Vorschlag die Deutsche Bundesbank anzuhören.

## § 6  Aufgaben

(1) Das Bundesaufsichtsamt übt die Aufsicht über die Kreditinstitute nach den Vorschriften dieses Gesetzes aus.

(2) Das Bundesaufsichtsamt hat Mißständen im Kreditwesen entgegenzuwirken, die die Sicherheit der den Kreditinstituten anvertrauten Vermögenswerte gefährden, die ordnungsmäßige Durchführung der Bankgeschäfte beeinträchtigen oder erhebliche Nachteile für die Gesamtwirtschaft herbeiführen können.

(3) Das Bundesaufsichtsamt nimmt die ihm nach diesem Gesetz und nach anderen Gesetzen zugewiesenen Aufgaben nur im öffentlichen Interesse wahr.

### § 7 Zusammenarbeit mit der Deutschen Bundesbank

(1) ¹Das Bundesaufsichtsamt und die Deutsche Bundesbank arbeiten nach Maßgabe dieses Gesetzes zusammen. ²Die Deutsche Bundesbank und das Bundesaufsichtsamt haben einander Beobachtungen und Feststellungen mitzuteilen, die für die Erfüllung der beiderseitigen Aufgaben von Bedeutung sein können. ³Die Deutsche Bundesbank hat insoweit dem Bundesaufsichtsamt auch die Angaben zur Verfügung zu stellen, die sie aufgrund statistischer Erhebungen nach § 18 des Gesetzes über die Deutsche Bundesbank erlangt. ⁴Sie hat vor Anordnung einer solchen Erhebung das Bundesaufsichtsamt zu hören; § 18 Satz 5 des Gesetzes über die Deutsche Bundesbank gilt entsprechend.

(2) ¹Der Präsident des Bundesaufsichtsamtes, im Falle der Verhinderung sein Stellvertreter, hat das Recht, an den Beratungen des Zentralbankrates der Deutschen Bundesbank teilzunehmen, soweit bei diesen Gegenstände seines Aufgabenbereichs behandelt werden. ²Er hat kein Stimmrecht, kann aber Anträge stellen.

### § 8 Zusammenarbeit mit anderen Stellen

(1) Das Bundesaufsichtsamt kann sich bei der Durchführung seiner Aufgaben anderer Personen und Einrichtungen bedienen.

(2) Werden gegen Inhaber oder Geschäftsleiter von Kreditinstituten Steuerstrafverfahren eingeleitet, so steht § 30 der Abgabenordnung Mitteilungen an das Bundesaufsichtsamt über das Verfahren und über den zugrunde liegenden Sachverhalt nicht entgegen; das gleiche gilt, wenn sich das Verfahren gegen Personen richtet, die das Vergehen als Bedienstete von Kreditinstituten begangen haben.

(3) ¹Bei der Aufsicht über Kreditinstitute, die in einem anderen Mitgliedstaat der Europäischen Wirtschaftsgemeinschaft Bankgeschäfte betreiben, sowie bei der Aufsicht über Kreditinstitute auf zusammengefaßter Basis arbeiten das Bundesaufsichtsamt und, soweit sie im Rahmen dieses Gesetzes tätig wird, die Deutsche Bundesbank mit den zuständigen Behörden des betreffenden Mitgliedstaates zusammen. ²Mitteilungen der zuständigen Behörden eines anderen Mitgliedstaates, welche die Aufsicht auf zusammengefaßter Basis betreffen, dürfen nur zu diesem Zweck verwendet werden.

### § 9 Schweigepflicht

(1) ¹Die beim Bundesaufsichtsamt beschäftigten und die nach § 8 Abs. 1 oder § 30 Abs. 2 Satz 3 beauftragten Personen, die nach § 46 Abs. 1 Satz 2 bestellten Aufsichtspersonen sowie die im Dienst der Deutschen Bundesbank stehenden Personen, soweit sie zur Durchführung dieses Gesetzes tätig werden, dürfen die ihnen bei ihrer Tätigkeit bekanntgewordenen Tatsachen, deren Geheimhaltung im Interesse des Kreditinstituts oder eines Dritten liegt, insbesondere Geschäfts- und Betriebsgeheimnisse, nicht unbefugt offenbaren oder verwerten, auch wenn sie nicht mehr im Dienst sind oder ihre Tätigkeit beendet ist. ²Dies gilt auch für andere Personen, die durch dienstliche Berichterstattung Kenntnis von den in Satz 1 bezeichneten Tatsachen erhalten. ³Die Sätze 1 und 2 gelten nicht für die Weitergabe von Tatsachen an Bankaufsichtsbehörden in anderen Staaten oder an von diesen beauftragte Personen, wenn diese Behörden oder Personen einer den Sätzen 1 und 2 entsprechenden Schweigepflicht unterliegen.

(2) ¹Die §§ 93, 97, 105 Abs. 1, § 111 Abs. 5 in Verbindung mit § 105 Abs. 1 sowie § 116 Abs. 1 der Abgabenordnung gelten nicht für die in Absatz 1 be-

zeichneten Personen, soweit sie zur Durchführung dieses Gesetzes tätig werden. ²Dies gilt nicht, soweit die Finanzbehörden die Kenntnisse für die Durchführung eines Verfahrens wegen einer Steuerstraftat sowie eines damit zusam-
menhängenden Besteuerungsverfahrens benötigen, an deren Verfolgung ein
zwingendes öffentliches Interesse besteht, oder soweit es sich um vorsätzlich
falsche Angaben des Auskunftspflichtigen oder der für ihn tätigen Personen
handelt. ³Satz 2 ist nicht anzuwenden, soweit Tatsachen betroffen sind, die
den in Absatz 1 Satz 1 oder 2 bezeichneten Personen durch eine Bankaufsichtsbehörde eines anderen Staates oder durch von dieser Behörde beauftragte Personen mitgeteilt worden sind.

## Zweiter Abschnitt. Vorschriften für die Kreditinstitute

### 1. Eigenkapital und Liquidität

### § 10  Eigenkapitalausstattung

(1) ¹Die Kreditinstitute müssen im Interesse der Erfüllung ihrer Verpflichtungen gegenüber ihren Gläubigern, insbesondere zur Sicherheit der ihnen anvertrauten Vermögenswerte ein angemessenes haftendes Eigenkapital haben. ²Das
Bundesaufsichtsamt stellt im Einvernehmen mit der Deutschen Bundesbank
Grundsätze auf, nach denen es für den Regelfall beurteilt, ob die Anforderungen
des Satzes 1 erfüllt sind; die Spitzenverbände der Kreditinstitute sind vorher anzuhören. ³Die Grundsätze sind im Bundesanzeiger zu veröffentlichen.

(2) ¹Als haftendes Eigenkapital sind anzusehen,
1. bei Einzelkaufleuten, offenen Handelsgesellschaften und Kommanditgesellschaften das Geschäftskapital und die Rücklagen nach Abzug der Entnahmen des Inhabers oder der persönlich haftenden Gesellschafter und der diesen gewährten Kredite sowie eines Schuldenüberhanges beim freien Vermögen des Inhabers; bei offenen Handelsgesellschaften und Kommanditgesellschaften ist nur das eingezahlte Geschäftskapital zu berücksichtigen;
2. bei Aktiengesellschaften, Kommanditgesellschaften auf Aktien und Gesellschaften mit beschränkter Haftung das eingezahlte Grund- oder Stammkapital abzüglich des Betrages der eigenen Aktien oder Geschäftsanteile sowie
   die Rücklagen; bei Kommanditgesellschaften auf Aktien ferner Vermögenseinlagen der persönlich haftenden Gesellschafter, die nicht auf das Grundkapital geleistet worden sind, unter Abzug der Entnahmen der persönlich
   haftenden Gesellschafter und der diesen gewährten Kredite;
3. bei eingetragenen Genossenschaften die Geschäftsguthaben und die Rücklagen zuzüglich eines vom Bundesminister der Finanzen nach Anhörung
   der Deutschen Bundesbank durch Rechtsverordnung festzusetzenden Zu-
   schlages, welcher der Haftsummenverpflichtung der Genossen Rechnung
   trägt; Geschäftsguthaben von Genossen, die zum Schluß des Geschäftsjahres ausscheiden, und ihre Ansprüche auf Auszahlung eines Anteils an der in
   der Bilanz nach § 73 Abs. 3 des Gesetzes betreffend die Erwerbs- und Wirtschaftsgenossenschaften von eingetragenen Genossenschaften gesondert
   ausgewiesenen Ergebnisrücklage der Genossenschaft sind abzusetzen; der
   Bundesminister der Finanzen kann die Ermächtigung zum Erlaß von
   Rechtsverordnungen auf das Bundesaufsichtsamt übertragen;
4. bei öffentlich-rechtlichen Sparkassen sowie bei Sparkassen des privaten
   Rechts, die als öffentliche Sparkassen anerkannt sind, die Rücklagen;
5. bei Kreditinstituten des öffentlichen Rechts, die nicht unter Nummer 4 fallen, das eingezahlte Dotationskapital und die Rücklagen;

6. bei Kreditinstituten in einer anderen Rechtsform das eingezahlte Kapital und die Rücklagen. [2]Kredite an den Kommanditisten, den Gesellschafter einer Gesellschaft mit beschränkter Haftung, den Aktionär, den Kommanditaktionär oder an den Anteilseigner an einem Kreditinstitut des öffentlichen Rechts, dem mehr als fünfundzwanzig vom Hundert des Kapitals (Nennkapital, Summe der Kapitalanteile) des Kreditinstituts gehören oder dem mehr als fünfundzwanzig vom Hundert der Stimmrechte zustehen, sind abzuziehen, wenn sie zu nicht marktmäßigen Bedingungen gewährt werden oder soweit sie entgegen der Bankübung nicht ausreichend gesichert sind. [3]Für die Berechnung des Vomhundertsatzes nach Satz 2 gilt § 16 Abs. 2 bis 4 des Aktiengesetzes entsprechend.

(3) [1]Dem haftenden Eigenkapital ist der Reingewinn zuzurechnen, soweit seine Zuweisung zum Geschäftskapital, zu den Rücklagen oder den Geschäftsguthaben beschlossen ist; entstandene Verluste sind von dem haftenden Eigenkapital abzuziehen. [2]Als Rücklagen im Sinne des Absatzes 2 gelten nur die als Rücklagen ausgewiesenen Beträge mit Ausnahme solcher Passivposten, die aufgrund steuerlicher Vorschriften erst bei ihrer Auflösung zu versteuern sind.

(4) [1]Vermögenseinlagen stiller Gesellschafter sind dem haftenden Eigenkapital nur zuzurechnen,
1. wenn sie bis zur vollen Höhe am Verlust teilnehmen,
2. wenn sie erst nach Befriedigung der Gläubiger des Kreditinstituts zurückgefordert werden können,
3. wenn sie dem Kreditinstitut mindestens für die Dauer von fünf Jahren zur Verfügung gestellt worden sind,
4. solange der Rückzahlungsanspruch nicht in weniger als zwei Jahren fällig wird oder aufgrund des Gesellschaftsvertrages fällig werden kann und
5. wenn das Kreditinstitut bei der Begründung der stillen Gesellschaft auf die in den Sätzen 2 und 3 genannten Rechtsfolgen ausdrücklich und schriftlich hingewiesen hat.
[2]Nachträglich können die Teilnahme am Verlust nicht geändert, der Nachrang nicht beschränkt sowie die Laufzeit und die Kündigungsfrist nicht verkürzt werden. [3]Eine vorzeitige Rückzahlung ist dem Kreditinstitut ohne Rücksicht auf entgegenstehende Vereinbarungen zurückzugewähren. [4]Kredite an stille Gesellschafter, deren Vermögenseinlage mehr als fünfundzwanzig vom Hundert des haftenden Eigenkapitals beträgt, sind vom haftenden Eigenkapital abzuziehen, wenn sie zu nicht marktmäßigen Bedingungen gewährt werden oder soweit sie entgegen der Bankübung nicht ausreichend gesichert sind. [5]Für die Berechnung des Vomhundertsatzes nach Satz 4 gilt § 16 Abs. 4 des Aktiengesetzes entsprechend.

(5) [1]Kapital, das gegen Gewährung von Genußrechten eingezahlt ist, ist dem haftenden Eigenkapital nur zuzurechnen,
1. wenn es bis zur vollen Höhe am Verlust teilnimmt,
2. wenn es erst nach Befriedigung der Gläubiger des Kreditinstituts zurückgefordert werden kann,
3. wenn es dem Kreditinstitut mindestens für die Dauer von fünf Jahren zur Verfügung gestellt worden ist,
4. solange der Rückzahlungsanspruch nicht in weniger als zwei Jahren fällig wird oder aufgrund des Vertrages fällig werden kann,
5. wenn das Kreditinstitut bei Abschluß des Vertrages auf die in den Sätzen 2 und 3 genannten Rechtsfolgen ausdrücklich und schriftlich hingewiesen hat und

6. soweit das Genußrechtskapital fünfundzwanzig vom Hundert des haftenden Eigenkapitals nach den Absätzen 2 und 3 ohne einen Zuschlag nach Absatz 2 Satz 1 Nr. 3 nicht übersteigt; das Bundesaufsichtsamt kann Ausnahmen zulassen, wenn das Genußrechtskapital zum Ausgleich von Verlusten des haftenden Eigenkapitals geleistet wird. [2]Nachträglich können die Teilnahme am Verlust nicht geändert, der Nachrang nicht beschränkt sowie die Laufzeit und die Kündigungsfrist nicht verkürzt werden. [3]Eine vorzeitige Rückzahlung ist dem Kreditinstitut ohne Rücksicht auf entgegenstehende Vereinbarungen zurückzugewähren. [4]Werden Wertpapiere über die Genußrechte begeben, so ist in den Zeichnungs- und Ausgabebedingungen auf die in den Sätzen 2 und 3 genannten Rechtsfolgen hinzuweisen. [5]Ein Kreditinstitut darf in Wertpapieren verbriefte eigene Genußrechte nur erwerben, wenn es mit dem Erwerb eine Einkaufskommission ausführt.

(6) Nachgewiesenes freies Vermögen des Inhabers oder der persönlich haftenden Gesellschafter kann auf Antrag in einem vom Bundesaufsichtsamt zu bestimmenden Umfang als haftendes Eigenkapital berücksichtigt werden.

(7) [1]Maßgebend für die Bemessung des haftenden Eigenkapitals ist die letzte für den Schluß eines Geschäftsjahres festgestellte Bilanz. [2]Das Bundesaufsichtsamt kann nachgewiesene Kapitalveränderungen bereits vor Feststellung des Jahresabschlusses berücksichtigen.

(8) [1]Die Kreditinstitute haben dem Bundesaufsichtsamt und der Deutschen Bundesbank unverzüglich die Kredite anzuzeigen, die nach Absatz 2 Satz 2 oder nach Absatz 4 Satz 4 abzuziehen sind. [2]Diese Kredite sind unverzüglich erneut anzuzeigen, wenn die gestellten Sicherheiten oder die Kreditbedingungen rechtsgeschäftlich geändert werden. [3]Das Bundesaufsichtsamt kann von den Kreditinstituten alle fünf Jahre einmal eine Sammelaufstellung der nach Satz 1 anzuzeigenden Kredite einfordern.

## § 10a Eigenkapitalausstattung von Kreditinstitutsgruppen

(1) Gruppenangehörige Kreditinstitute müssen insgesamt ein angemessenes haftendes Eigenkapital haben. § 10 über die Eigenkapitalausstattung einzelner Kreditinstitute gilt entsprechend.

(2) [1]Kreditinstitute gehören einer Kreditinstitutsgruppe im Sinne dieser Vorschrift an, wenn ein Kreditinstitut (übergeordnetes Kreditinstitut) bei einem anderen Kreditinstitut (nachgeordnetes Kreditinstitut) mindestens vierzig vom Hundert der Kapitalanteile unmittelbar oder mittelbar hält (erhebliche Beteiligung) oder unmittelbar oder mittelbar beherrschenden Einfluß ausüben kann. [2]Unmittelbar und mittelbar gehaltene Kapitalanteile sowie Kapitalanteile, die einem anderen für Rechnung eines gruppenangehörigen Kreditinstituts gehören, sind zusammenzurechnen; mittelbar gehaltene Kapitalanteile bleiben bei der Ermittlung der erheblichen Beteiligung außer Betracht, wenn sie durch ein Unternehmen vermittelt werden, an dem das übergeordnete Kreditinstitut weniger als vierzig vom Hundert der Kapitalanteile unmittelbar hält; dies gilt entsprechend für mittelbar gehaltene Kapitalanteile, die durch mehr als ein Unternehmen vermittelt werden. [3]Kapitalanteilen stehen Stimmrechte gleich. [4]§ 16 Abs. 2 und 3 des Aktiengesetzes gilt entsprechend. [5]Als nachgeordnete Kreditinstitute gelten auch

1. Unternehmen, deren Gegenstand darauf gerichtet ist, Geldforderungen entgeltlich zu erwerben,
2. Unternehmen, deren Gegenstand darauf gerichtet ist, Leasingverträge abzuschließen, und

3. Unternehmen mit Sitz in einem anderen Staat, die ein § 1 entsprechendes Bankgeschäft oder ein Nummer 1 oder 2 entsprechendes Geschäft betreiben, ausgenommen Unternehmen nach § 2 Abs. 1 Nr. 5 und 8,

wenn an ihnen eine erhebliche Beteiligung besteht oder wenn auf sie ein beherrschender Einfluß ausgeübt werden kann. [6]Als nachgeordnete Kreditinstitute gelten nicht Unternehmen, die ausschließlich das Depot- oder das Investmentgeschäft betreiben.

(3) [1]Ob gruppenangehörige Kreditinstitute insgesamt ein angemessenes haftendes Eigenkapital haben, ist anhand einer quotalen Zusammenfassung des haftenden Eigenkapitals und der weiteren im Rahmen der Grundsätze nach Absatz 1 Satz 2 in Verbindung mit § 10 Abs. 1 Satz 2 maßgeblichen Posten zu beurteilen. [2]Hierfür hat das übergeordnete Kreditinstitut mit seinen maßgeblichen Posten die maßgeblichen Posten der nachgeordneten Kreditinstitute jeweils in Höhe desjenigen Anteils zusammenzufassen, der seiner Kapitalbeteiligung am nachgeordneten Kreditinstitut entspricht. [3]Von dem gemäß Satz 2 quotal zusammenzufassenden haftenden Eigenkapital sind die bei dem übergeordneten Kreditinstitut ausgewiesenen Buchwerte der Kapitalanteile, der Vermögenseinlagen stiller Gesellschafter nach § 10 Abs. 4 Satz 1 und des Genußrechtskapitals nach § 10 Abs. 5 Satz 1, die auf die gruppenangehörigen Kreditinstitute entfallen, abzuziehen; bei mittelbaren Beteiligungen sind solche Buchwerte gemäß Satz 2 quotal abzuziehen. [4]Ist der Buchwert einer Beteiligung höher als der nach Satz 2 zusammenzufassende Teil des Kapitals und der Rücklagen des nachgeordneten Kreditinstituts, so wird der Unterschiedsbetrag, wie er sich bei erstmaliger Einbeziehung der Beteiligung in die quotale Zusammenfassung ergibt, für die Dauer von längstens zehn Jahren mit einem jährlich um mindestens ein Zehntel abnehmenden Betrag nicht in den Abzug nach Satz 3 einbezogen, sondern wie eine Beteiligung an einem gruppenfremden Kreditinstitut behandelt. [5]Die nicht in die Verrechnung nach Satz 3 eingehenden sonstigen für die Berechnung der Grundsätze maßgeblichen Posten, die sich aus Rechtsverhältnissen zwischen gruppenangehörigen Kreditinstituten ergeben, sind wegzulassen. [6]Der Bundesminister der Finanzen kann im Benehmen mit der Deutschen Bundesbank durch Rechtsverordnung ergänzende Vorschriften erlassen.

(4) [1]Das übergeordnete Kreditinstitut ist für eine angemessene Eigenkapitalausstattung der Kreditinstitutsgruppe verantwortlich. [2]Es darf jedoch zur Erfüllung seiner Verpflichtungen nach Satz 1 auf nachgeordnete Kreditinstitute nur einwirken, soweit dem das allgemein geltende Gesellschaftsrecht nicht entgegensteht. [3]Das übergeordnete Kreditinstitut hat dem Bundesaufsichtsamt und der Deutschen Bundesbank monatlich die für die Überprüfung der angemessenen Eigenkapitalausstattung erforderlichen Angaben einzureichen.

(5) [1]Nachgeordnete Kreditinstitute sind verpflichtet, dem übergeordneten Kreditinstitut die für eine quotale Zusammenfassung erforderlichen Angaben zu machen. [2]Kann ein übergeordnetes Kreditinstitut für einzelne gruppenangehörige Kreditinstitute die erforderlichen Angaben nicht beschaffen, so sind die auf das gruppenangehörige Kreditinstitut entfallenden, in Absatz 3 Satz 3 genannten Buchwerte vom haftenden Eigenkapital des übergeordneten Kreditinstituts abzuziehen.

(6) [1]Die Absätze 1, 3 und 4 gelten nicht für übergeordnete Kreditinstitute, die selbst nachgeordnete Kreditinstitute sind, es sei denn, es handelt sich um wechselseitig beteiligte Kreditinstitute, um Kreditinstitute, die einem Unternehmen nach Absatz 2 Satz 5 Nr. 3 nachgeordnet sind, oder um Kreditinstitute, an denen übergeordnete Kreditinstitute weniger als fünfundsiebzig vom Hundert der Kapitalanteile halten. [2]Die Absätze 1 und 3 bis 5 gelten nicht für

nachgeordnete Kreditinstitute, die zu weniger als zehn vom Hundert ihrer Kapitalanteile in die Zusammenfassung nach Absatz 3 einzubeziehen wären.

## § 11 Liquidität

[1]Die Kreditinstitute müssen ihre Mittel so anlegen, daß jederzeit eine ausreichende Zahlungsbereitschaft gewährleistet ist. [2]Das Bundesaufsichtsamt stellt im Einvernehmen mit der Deutschen Bundesbank Grundsätze auf, nach denen es für den Regelfall beurteilt, ob die Liquidität eines Kreditinstituts ausreicht; die Spitzenverbände der Kreditinstitute sind vorher anzuhören. [3]Die Grundsätze sind im Bundesanzeiger zu veröffentlichen.

## § 12 Begrenzung an Anlagen

(1) Die Anlagen eines Kreditinstituts in Grundstücken, Gebäuden, Betriebs- und Geschäftsausstattung, Schiffen, Anteilen an Kreditinstituten und an sonstigen Unternehmen sowie in Forderungen aus Vermögenseinlagen als stiller Gesellschafter und aus Genußrechten dürfen, nach den Buchwerten berechnet, zusammen das haftende Eigenkapital nicht übersteigen.

(2) Absatz 1 gilt nicht für

1. Anteilsbesitz an sonstigen Unternehmen, wenn er zehn vom Hundert des Kapitals (Nennkapital, Zahl der Kuxe, Summe der Kapitalanteile) des Unternehmens nicht übersteigt;

2. zum Eigenhandel und zur Kurspflege bestimmte Wertpapiere bis zur Höhe von fünf vom Hundert des Kapitals eines Unternehmens, wenn sie an einer gebietsansässigen oder gebietsfremden Börse zum Handel zugelassen oder in den geregelten Freiverkehr einbezogen sind und wenn sie vom übrigen Anteilsbesitz getrennt erfaßt und verwaltet werden;

3. Anteile an Unternehmen, die das Kreditinstitut im eigenen Namen für Rechnung eines Dritten erworben hat, solange das Kreditinstitut sie nicht länger als zwei Jahre behält;

4. Grundstücke, Gebäude und Schiffe sowie Anteile an Unternehmen, die das Kreditinstitut zur Verhütung von Verlusten im Kreditgeschäft erworben hat, solange das Kreditinstitut sie nicht länger als fünf Jahre behält;

5. Betriebs- und Geschäftsausstattung der Kreditgenossenschaften, soweit sie zur Durchführung von Warengeschäften erforderlich ist.

(3) Das Bundesaufsichtsamt kann auf Antrag zulassen, daß ein Kreditinstitut vorübergehend von Absatz 1 abweicht.

(4) Absatz 1 gilt nicht für eingetragene Genossenschaften, die am 31. Dezember 1989 als gemeinnützige Wohnungsunternehmen anerkannt waren und deren Geschäftstätigkeit überwiegend auf die Vermietung von Wohnungen an ihre Mitglieder gerichtet ist,

1. sie als Bankgeschäft ausschließlich das Einlagengeschäft und dieses nur mit ihren Mitgliedern und deren Angehörigen im Sinne des § 15 der Abgabenordnung betreiben,

2. Die Einlagen 70 vom Hundert des an Mitglieder vermieteten Anlagevermögens nicht überschreiten und

3. sie einer Einrichtung zur Sicherung von Spareinlagen bei Unternehmen angehören, die am 31. Dezember 1989 als gemeinnützige Wohnungsunternehmen anerkannt waren.

## § 12 a Begründung von Unternehmensbeziehungen

(1) [1]Ein Kreditinstitut hat

1. bei dem Erwerb einer erheblichen Beteiligung im Sinne des § 10 a Abs. 2 oder bei dem Erwerb einer maßgeblichen Beteiligung im Sinne

des § 13 a Abs. 2 an einem Unternehmen nach § 10 a Abs. 2 Satz 5 Nr. 3 oder

2. bei der Begründung einer Unternehmensbeziehung, durch die über Mehrheitsbeteiligungen oder Beherrschungsverträge unmittelbar oder mittelbar beherrschender Einfluß auf ein derartiges Unternehmen ausgeübt werden kann,

sicherzustellen, daß es die für die Erfüllung der jeweiligen Pflichten nach den §§ 10 a, 13 a und 25 Abs. 2 erforderlichen Angaben erhält. [2]Satz 1 ist hinsichtlich der für die Erfüllung der Pflichten nach den §§ 10 a und 13 a erforderlichen Angaben nicht anzuwenden, wenn durch den gemäß § 10 a Abs. 5 Satz 2 vorzunehmenden Abzug der Buchwerte in einer der quotalen Zusammenfassung nach § 10 a Abs. 3 und § 13 a Abs. 3 vergleichbaren Weise dem Risiko aus der Begründung der Beteiligung oder der Unternehmensbeziehung Rechnung getragen und es dem Bundesaufsichtsamt ermöglicht wird, die Einhaltung dieser Voraussetzung zu überprüfen. [3]Das Kreditinstitut hat die Begründung einer in Satz 1 genannten Beteiligung oder Unternehmensbeziehung unverzüglich dem Bundesaufsichtsamt anzuzeigen.

(2) [1]Das Bundesaufsichtsamt kann die Fortführung der Beteiligung oder der Unternehmensbeziehung untersagen, wenn das Kreditinstitut die für die Erfüllung der Pflichten nach § 10 a, § 13 a oder § 25 Abs. 2 erforderlichen Angaben nicht erhält. [2]Die Ausnahme nach Absatz 1 Satz 2 gilt entsprechend für die Untersagungsermächtigung nach Satz 1.

## 2. Kreditgeschäft

### § 13 Großkredite

(1) [1]Kredite an einen Kreditnehmer, die insgesamt fünfzehn vom Hundert des haftenden Eigenkapitals des Kreditinstituts übersteigen (Großkredite), sind unverzüglich der Deutschen Bundesbank anzuzeigen; dies gilt nicht für Großkredite, bei denen der zugesagte oder in Anspruch genommene Betrag nicht höher ist als fünfzigtausend Deutsche Mark, es sei denn, daß der Großkredit fünfzig vom Hundert des haftenden Eigenkapitals des Kreditinstituts übersteigt. [2]Bereits angezeigte Großkredite sind erneut anzuzeigen, wenn sie um mehr als zwanzig vom Hundert des zuletzt angezeigten Betrages erhöht werden oder fünfzig vom Hundert des haftenden Eigenkapitals übersteigen. Die Deutsche Bundesbank leitet die Anzeigen mit ihrer Stellungnahme an das Bundesaufsichtsamt weiter; dieses kann auf die Weiterleitung bestimmter Anzeigen verzichten. [3]Das Bundesaufsichtsamt kann von den Kreditinstituten jährlich einmal eine Sammelaufstellung der anzeigepflichtigen Großkredite einfordern.

(2) [1]Kreditinstitute in der Rechtsform einer juristischen Person oder einer Personenhandelsgesellschaft dürfen unbeschadet der Wirksamkeit des Rechtsgeschäfts Großkredite nur aufgrund eines einstimmigen Beschlusses sämtlicher Geschäftsleiter gewähren. [2]Der Beschluß soll vor der Kreditgewährung gefaßt werden. [3]Ist dies im Einzelfall wegen der Eilbedürftigkeit des Geschäftes nicht möglich, so ist der Beschluß unverzüglich nachzuholen. [4]Der Beschluß ist aktenkundig zu machen. [5]Ist der Großkredit ohne vorherigen einstimmigen Beschluß sämtlicher Geschäftsleiter gewährt worden, so ist dem Bundesaufsichtsamt und der Deutschen Bundesbank innerhalb eines Monats anzuzeigen, ob und mit welchem Ergebnis die Beschlußfassung nachgeholt worden ist. [6]Wird ein bereits gewährter Kredit durch Verringerung des haftenden Eigenkapitals zu einem Großkredit, ist die Weitergewährung dieses Großkredits unbeschadet der Wirksamkeit des Rechtsgeschäftes nur aufgrund eines

unverzüglich nachzuholenden einstimmigen Beschlusses sämtlicher Geschäftsleiter zulässig; die Sätze 4 und 5 gelten entsprechend.

(3) Es dürfen

1. (*gestrichen*)

2. alle Großkredite zusammen das Achtfache

des haftenden Eigenkapitals des Kreditinstituts unbeschadet der Wirksamkeit des Rechtsgeschäftes nicht übersteigen. In Satz 1 Nr. 2 sind die zugesagten, aber noch nicht in Anspruch genommenen Kredite nicht zu berücksichtigen.

(4) Der einzelne Großkredit darf unbeschadet der Wirksamkeit des Rechtsgeschäftes fünfzig vom Hundert des haftenden Eigenkapitals des Kreditinstituts nicht übersteigen.

(5) Kredite, die Zentralkreditinstitute über die ihnen angeschlossenen Zentralkassen oder Girozentralen oder über die diesen angeschlossenen eingetragenen Genossenschaften oder Sparkassen an Endkreditnehmer leiten, sind in Absatz 3 und 4 bei den Zentralkreditinstituten nur in Höhe des dem einzelnen Endkreditnehmer gewährten Kredits zu berücksichtigen, wenn die Kreditforderungen an das Zentralkreditinstitut zur Sicherheit abgetreten werden.

(6) Bei der Errechnung der Großkredite sind Bürgschaften, Garantien und sonstige Gewährleistungen, mit Ausnahme der Gewährleistungen für Kredite im Sinne des § 19 Abs. 1 Satz 1 Nr. 1 bis 3 und 7, sowie Kredite aus dem Ankauf von bundesbankfähigen Wechseln nur zur Hälfte anzusetzen.

(7) Die Absätze 1 und 2 gelten auch für Zusagen von Kreditrahmenkontingenten mit der Maßgabe, daß die Anzeigen nach Absatz 1 an Stichtagen zu erstatten sind, die vom Bundesaufsichtsamt bestimmt werden.

## § 13a Großkredite von Kreditinstitutsgruppen

(1) Für von gruppenangehörigen Kreditinstituten insgesamt gewährte Kredite gilt § 13 Abs. 1, 3 bis 7 über Großkredite einzelner Kreditinstitute entsprechend.

(2) [1]Kreditinstitute gehören einer Kreditinstitutsgruppe im Sinne dieser Vorschrift an, wenn ein Kreditinstitut (übergeordnetes Kreditinstitut) bei einem anderen Kreditinstitut (nachgeordnetes Kreditinstitut) mindestens fünfzig vom Hundert der Kapitalanteile unmittelbar oder mittelbar hält (maßgebliche Beteiligung) oder unmittelbar oder mittelbar beherrschenden Einfluß ausüben kann. [2]Unmittelbar und mittelbar gehaltene Kapitalanteile sowie Kapitalanteile, die einem anderen für Rechnung eines gruppenangehörigen Kreditinstituts gehören, sind zusammenzurechnen; mittelbar gehaltene Kapitalanteile bleiben bei der Ermittlung der maßgeblichen Beteiligung außer Betracht, wenn sie durch ein Unternehmen vermittelt werden, an dem das übergeordnete Kreditinstitut weniger als fünfzig vom Hundert der Kapitalanteile unmittelbar hält; dies gilt entsprechend für mittelbar gehaltene Kapitalanteile, die durch mehr als ein Unternehmen vermittelt werden. [3]§ 10a Abs. 2 Satz 3 bis 6 über gruppenangehörige Kreditinstitute gilt entsprechend.

(3) [1]Ob gruppenangehörige Kreditinstitute insgesamt einen Großkredit gewährt haben und die Grenzen des § 13 Abs. 3 und 4 einhalten, ist anhand einer quotalen Zusammenfassung des haftenden Eigenkapitals und der Kredite an einen Kreditnehmer festzustellen, wenn für eines der gruppenangehörigen Kreditinstitute der von ihm gewährte Kredit ein Großkredit im Sinne von § 13 Abs. 1 Satz 1 ist. [2]§ 10a Abs. 3 Satz 2 bis 6 über die quotale Zusammenfassung gilt entsprechend.

(4) ¹Das übergeordnete Kreditinstitut hat die Anzeigepflichten und die Pflicht zur Einreichung von Sammelaufstellungen nach Absatz 1 in Verbindung mit § 13 Abs. 1 für die von gruppenangehörigen Kreditinstituten insgesamt gewährten Großkredite zu erfüllen. ²Es ist dafür verantwortlich, daß die gruppenangehörigen Kreditinstitute insgesamt die Grenzen des § 13 Abs. 3 und 4 einhalten. ³Es darf jedoch zur Erfüllung seiner Verpflichtungen nach Satz 2 auf nachgeordnete Kreditinstitute nur einwirken, soweit dem das allgemein geltende Gesellschaftsrecht nicht entgegensteht.

(5) § 10a Abs. 5 und 6 über die Informationspflicht, das Abzugsverfahren und über Ausnahmen von der quotalen Zusammenfassung gilt entsprechend.

## § 14 Millionenkredite

(1) ¹Die Kreditinstitute haben der Deutschen Bundesbank bis zum Fünfzehnten der Monate Januar, April, Juli und Oktober diejenigen Kreditnehmer anzuzeigen, deren Verschuldung bei ihnen zu irgendeinem Zeitpunkt während der dem Meldetermin vorhergehenden drei Kalendermonate eine Million Deusche Mark oder mehr betragen hat. ²Zugleich haben sie für ihnen nachgeordnete Unternehmen im Sinne des § 13a Abs. 2 mit Sitz in einem anderen Staat, die § 1 entsprechende Bankgeschäfte betreiben, deren Kreditnehmer im Sinne des entsprechend anzuwendenden Satzes 1 anzuzeigen. ³Satz 1 gilt bei Gemeinschaftskrediten von einer Million Deutsche Mark und mehr auch dann, wenn der Anteil des einzelnen Kreditinstituts eine Million Deutsche Mark nicht erreicht. ⁴Aus der Anzeige muß die Höhe der Verschuldung des Kreditnehmers am Ende des der Anzeige vorangegangenen Monats ersichtlich sein. ⁵§ 13 Abs. 1 Satz 3 gilt entsprechend.

(2) ¹Ergibt sich, daß einem Kreditnehmer von mehreren Kreditinstituten oder Unternehmen im Sinne des Absatzes 1 Satz 2 Kredite der in Absatz 1 bezeichneten Art gewährt worden sind, so hat die Deutsche Bundesbank die beteiligten Kreditinstitute zu benachrichtigen. ²Die Benachrichtigung darf nur Angaben über die Gesamtverschuldung des Kreditnehmers und über die Anzahl der beteiligten Kreditinstitute umfassen. ³Die Verschuldung bei den beteiligten Kreditinstituten ist in der Benachrichtigung aufzugliedern in Verbindlichkeiten aus

1. Krediten, die frühestens vier Jahre nach der Entstehung rückzahlbar sind oder einer regelmäßigen Tilgung unterliegen, die sich über mindestens vier Jahre erstreckt;
2. Krediten, die in weniger als vier Jahren nach der Entstehung rückzahlbar sind;
3. Wechselkrediten, bei denen der Kreditnehmer einen Anspruch gegen andere Wechselverpflichtete hat;
4. Bürgschaften, Garantien und sonstigen Gewährleistungen sowie aus der Haftung aus der Bestellung von Sicherheiten für fremde Verbindlichkeiten und aus Verpflichtungen, für die Erfüllung entgeltlich übertragener Geldforderungen einzustehen oder sie auf Verlangen des Erwerbers zurückzuerwerben;
5. Krediten, die in den Nummern 1 bis 4 erfaßt sind und die vom Bund, von einem Sondervermögen des Bundes, einem Land, einer Gemeinde oder einem Gemeindeverband verbürgt oder von diesen in anderer Weise gesichert sind;
6. Krediten, die in den Nummern 1 bis 4 erfaßt sind und die Voraussetzungen des § 20 Abs. 2 Nr. 1, 2 oder 5 erfüllen.

(3) ¹Gelten nach § 19 Abs. 2 mehrere Schuldner als ein Kreditnehmer, so ist in den Anzeigen nach Absatz 1 auch die Verschuldung der einzelnen Schuldner anzugeben. ²Bei der Benachrichtigung nach Absatz 2 ist die Gesamtver-

schuldung der als ein Kreditnehmer geltenden Schuldner mitzuteilen. [3]Die Verschuldung einzelner Schuldner ist nur denjenigen Kreditinstituten mitzuteilen, die selbst oder deren nachgeordnete Unternehmen im Sinne des Absatzes 1 Satz 2 diesen Schuldnern Kredite gewährt haben.

(4) Nach dem Abschluß von zwischenstaatlichen Vereinbarungen oder nach dem Inkrafttreten einer Richtlinie der Europäischen Wirtschaftsgemeinschaft über Kreditmeldungen im Sinne dieser Vorschrift ist die Deutsche Bundesbank befugt, die Anzeigen nach Absatz 1 in der nach Absatz 2 Satz 2 und 3 vorgesehenen Zusammenfassung an die in der zwischenstaatlichen Vereinbarung oder in der Richtlinie der Europäischen Wirtschaftsgemeinschaft vorgesehenen Stellen zur Benachrichtigung der beteiligten Unternehmen mit Sitz in einem anderen Staat weiterzuleiten sowie die beteiligten Kreditinstitute gemäß Absatz 2 über die Verschuldung von Kreditnehmern bei Unternehmen mit Sitz in einem anderen Staat zu benachrichtigen.

## § 15 Organkredite

(1) [1]Kredite an

1. Geschäftsleiter des Kreditinstituts,
2. nicht zu den Geschäftsleitern gehörende Gesellschafter des Kreditinstituts, wenn dieses in der Rechtsform einer Personenhandelsgesellschaft oder der Gesellschaft mit beschränkter Haftung betrieben wird, sowie an persönlich haftende Gesellschafter eines in der Rechtsform der Kommanditgesellschaft auf Aktien betriebenen Kreditinstituts, die nicht Geschäftsleiter sind,
3. Mitglieder eines zur Überwachung der Geschäftsführung bestellten Organs des Kreditinstituts, wenn die Überwachungsbefugnisse des Organs durch Gesetz geregelt sind (Aufsichtsorgan),
4. Prokuristen und zum gesamten Geschäftsbetrieb ermächtigte Handlungsbevollmächtigte des Kreditinstituts,
5. Ehegatten und minderjährige Kinder der unter Nummern 1 bis 4 genannten Personen,
6. stille Gesellschafter des Kreditinstituts,
7. Unternehmen in der Rechtsform einer juristischen Person oder einer Personenhandelsgesellschaft, wenn ein Geschäftsleiter, ein Prokurist oder ein zum gesamten Geschäftsbetrieb ermächtigter Handlungsbevollmächtigter des Kreditinstituts gesetzlicher Vertreter oder Mitglied des Aufsichtsorgans der juristischen Person oder Gesellschafter der Personenhandelsgesellschaft ist,
8. Unternehmen in der Rechtsform einer juristischen Person oder einer Personenhandelsgesellschaft, wenn ein gesetzlicher Vertreter der juristischen Person, ein Gesellschafter der Personenhandelsgesellschaft, ein Prokurist oder ein zum gesamten Geschäftsbetrieb ermächtigter Handlungsbevollmächtigter dieses Unternehmens dem Aufsichtsorgan des Kreditinstituts angehört,
9. Unternehmen, an denen das Kreditinstitut oder ein Geschäftsleiter mit mehr als zehn vom Hundert des Kapitals des Unternehmens beteiligt ist oder bei denen das Kreditinstitut oder ein Geschäftsleiter persönlich haftender Gesellschafter ist; als Beteiligung gilt jeder Besitz von Aktien, Kuxen oder Geschäftsanteilen des Unternehmens, wenn er mindestens ein Viertel des Kapitals (Nennkapital, Zahl der Kuxe, Summe der Kapitalanteile) erreicht, ohne daß es auf die Dauer des Besitzes ankommt,
10. Unternehmen, die an dem Kreditinstitut mit mehr als zehn vom Hundert des Kapitals des Kreditinstituts beteiligt sind; Nummer 9 Halbsatz 2 gilt entsprechend,

11. Unternehmen in der Rechtsform einer juristischen Person oder einer Personenhandelsgesellschaft, wenn ein gesetzlicher Vertreter der juristischen Person oder ein Gesellschafter der Personenhandelsgesellschaft an dem Kreditinstitut mit mehr als zehn vom Hundert des Kapitals beteiligt ist; Nummer 9 Halbsatz 2 gilt entsprechend,

dürfen nur aufgrund eines einstimmigen Beschlusses sämtlicher Geschäftsleiter des Kreditinstituts und nur mit ausdrücklicher Zustimmung des Aufsichtsorgans gewährt werden. [2]Der Gewährung eines Kredits steht die Gestattung von Entnahmen gleich, die über die einem Geschäftsleiter oder einem Mitglied des Aufsichtsorgans zustehenden Vergütungen hinausgehen, insbesondere auch die Gestattung der Entnahme von Vorschüssen auf Vergütungen.

(2) [1]Absatz 1 gilt entsprechend für die Gewährung von Krediten an persönlich haftende Gesellschafter, an Geschäftsführer, an Mitglieder des Vorstandes oder des Aufsichtsorgans, an Prokuristen und an zum gesamten Geschäftsbetrieb ermächtigte Handlungsbevollmächtigte eines von dem Kreditinstitut abhängigen oder es beherrschenden Unternehmens sowie an ihre Ehegatten und minderjährigen Kinder. [2]In diesen Fällen muß die ausdrückliche Zustimmung des Aufsichtsorgans des herrschenden Unternehmens erteilt sein.

(3) Die Absätze 1 und 2 gelten nicht

1. für Kredite an Prokuristen und an zum gesamten Geschäftsbetrieb ermächtigte Handlungsbevollmächtigte sowie an ihre Ehegatten und minderjährigen Kinder, wenn der Kredit ein Jahresgehalt des Prokuristen oder des Handlungsbevollmächtigten nicht übersteigt,

2. für Kredite an in Absatz 1 Satz 1 Nr. 6 bis 11 genannte Personen oder Unternehmen, wenn der Kredit weniger als eins vom Hundert des haftenden Eigenkapitals des Kreditinstituts oder weniger als hunderttausend Deutsche Mark beträgt,

3. für Kredite, die um nicht mehr als zehn vom Hundert des nach Absatz 1 Satz 1 beschlossenen Betrages erhöht werden.

(4) [1]Der Beschluß der Geschäftsleiter und der Beschluß über die Zustimmung sind vor der Gewährung des Kredits zu fassen. [2]Die Beschlüsse müssen Bestimmungen über die Verzinsung und Rückzahlung des Kredits enthalten. [3]Sie sind aktenkundig zu machen. [4]Ist die Gewährung eines Kredits nach Absatz 1 Satz 1 Nr. 6 bis 11 eilbedürftig, so genügt es, daß sämtliche Geschäftsleiter sowie das Aufsichtsorgan der Kreditgewährung unverzüglich nachträglich zustimmen; ist der Beschluß der Geschäftsleiter nicht innerhalb von zwei Monaten oder der Beschluß des Aufsichtsorgans nicht innerhalb von vier Monaten nachgeholt, so ist dies dem Bundesaufsichtsamt unverzüglich anzuzeigen. [5]Der Beschluß der Geschäftsleiter und der Beschluß über die Zustimmung zu Krediten an die in Absatz 1 Satz 1 Nr. 1 bis 5 und Absatz 2 genannten Personen können für bestimmte Kreditgeschäfte und Arten von Kreditgeschäften im voraus, jedoch nicht für länger als ein Jahr gefaßt werden.

(5) Wird entgegen den Absätzen 1, 2 oder 4 ein Kredit an eine in Absatz 1 Satz 1 Nr. 1 bis 5 oder an eine in Absatz 2 genannte Person gewährt, so ist dieser Kredit ohne Rücksicht auf entgegenstehende Vereinbarungen sofort zurückzuzahlen, wenn nicht sämtliche Geschäftsleiter sowie das Aufsichtsorgan der Kreditgewährung nachträglich zustimmen.

## § 16 Anzeigepflicht für Organkredite

[1]Ein Kredit nach § 15 Abs. 1 oder 2 ist dem Bundesaufsichtsamt und der Deutschen Bundesbank unverzüglich anzuzeigen, wenn er

1. bei natürlichen Personen zweihundertfünfzigtausend Deutsche Mark übersteigt,
2. bei Unternehmen fünf vom Hundert des haftenden Eigenkapitals des Kreditinstituts übersteigt und höher als zweihundertfünfzigtausend Deutsche Mark ist.

[2]Satz 1 gilt entsprechend für Entnahmen durch Inhaber oder persönlich haftende Gesellschafter; bei persönlich haftenden Gesellschaftern sind Kredite und Entnahmen zusammenzurechnen. [3]Das Bundesaufsichtsamt kann von den Kreditinstituten alle fünf Jahre einmal eine Sammelaufstellung der anzuzeigenden Organkredite einfordern.

## § 17 Haftungsbestimmung

(1) Wird entgegen den Vorschriften des § 15 Kredit gewährt, so haften die Geschäftsleiter, die hierbei ihre Pflichten verletzen, und die Mitglieder des Aufsichtsorgans, die trotz Kenntnis gegen eine beabsichtigte Kreditgewährung pflichtwidrig nicht einschreiten, dem Kreditinstitut als Gesamtschuldner für den entstehenden Schaden; die Geschäftsleiter und die Mitglieder des Aufsichtsorgans haben nachzuweisen, daß sie nicht schuldhaft gehandelt haben.

(2) [1]Der Ersatzanspruch des Kreditinstituts kann auch von den Gläubigern des Kreditinstituts geltend gemacht werden, soweit sie von diesem keine Befriedigung erlangen können. [2]Den Gläubigern gegenüber wird die Ersatzpflicht weder durch einen Verzicht oder Vergleich des Kreditinstituts noch, bei Kreditinstituten in der Rechtsform einer juristischen Person, dadurch aufgehoben, daß die Kreditgewährung auf einem Beschluß des obersten Organs des Kreditinstitus (Hauptversammlung, Generalversammlung, Gesellschafterversammlung) beruht.

(3) Die Ansprüche nach Absatz 1 verjähren in fünf Jahren.

## § 18 Kreditunterlagen

[1]Von Kreditnehmern, denen Kredite von insgesamt mehr als einhunderttausend Deutsche Mark gewährt werden, hat sich das Kreditinstitut die wirtschaftlichen Verhältnisse, insbesondere durch Vorlage der Jahresabschlüsse, offenlegen zu lassen. [2]Das Kreditinstitut kann hiervon absehen, wenn das Verlangen nach Offenlegung im Hinblick auf die gestellten Sicherheiten oder auf die Mitverpflichteten offensichtlich unbegründet wäre. [3]Satz 1 gilt nicht für einen Kredit aufgrund des entgeltlichen Erwerbs einer Forderung aus nicht bankmäßigen Handelsgeschäften, wenn Forderungen gegen den jeweiligen Schuldner laufend erworben werden, der Veräußerer der Forderung nicht für ihre Erfüllung einzustehen hat und die Forderung innerhalb von drei Monaten, vom Tage des Ankaufs an gerechnet, fällig ist.

## § 19 Begriff des Kredits und des Kreditnehmers

(1) [1]Als Kredite im Sinne der §§ 13 bis 18 sind anzusehen

1. Gelddarlehen aller Art, entgeltlich erworbene Geldforderungen, Akzeptkredite sowie Forderungen aus Namensschuldverschreibungen mit Ausnahme der auf den Namen lautenden Pfandbriefe und Kommunalschuldverschreibungen;
2. die Diskontierung von Wechseln und Schecks;

3. Geldforderungen aus sonstigen Handelsgeschäften eines Kreditinstituts, ausgenommen die Forderungen aus Warengeschäften der Kreditgenossenschaften, sofern diese nicht über die handelsübliche Frist hinaus gestundet werden;

4. Bürgschaften, Garantien und sonstige Gewährleistungen eines Kreditinstituts sowie die Haftung eines Kreditinstituts aus der Bestellung von Sicherheiten für fremde Verbindlichkeiten;

5. die Verpflichtung, für die Erfüllung entgeltlich übertragener Geldforderungen einzustehen oder sie auf Verlangen des Erwerbers zurückzuerwerben;

6. Beteiligungen eines Kreditinstituts an dem Unternehmen eines Kreditnehmers; als Beteiligung gilt jeder Besitz des Kreditinstituts an Aktien, Kuxen oder Geschäftsanteilen des Unternehmens, wenn er mindestens ein Viertel des Kapitals (Nennkapital, Zahl der Kuxe, Summe der Kapitalanteile) erreicht, ohne daß es auf die Dauer des Besitzes ankommt;

7. Gegenstände, über die ein Kreditinstitut als Leasinggeber Leasingverträge abgeschlossen hat, abzüglich solcher Posten, die wegen der Erfüllung oder der Veräußerung von Forderungen aus diesen Leasingverträgen gebildet werden; ein solcher Posten kann nur bis zum Buchwert des ihm zugehörigen Leasinggegenstandes abgezogen werden.

[2]Zugunsten des Kreditinstituts bestehende Sicherheiten sowie Guthaben des Kreditnehmers bei dem Kreditinstitut bleiben außer Betracht.

(2) [1]Im Sinne der §§ 10, 13 bis 18 gelten als ein Kreditnehmer

1. alle Unternehmen, die demselben Konzern angehören oder durch Verträge verbunden sind, die vorsehen, daß das eine Unternehmen verpflichtet ist, seinen ganzen Gewinn an ein anderes Unternehmen abzuführen, sowie in Mehrheitsbesitz stehende Unternehmen mit den an ihnen mit Mehrheit beteiligten Unternehmen oder Personen, ausgenommen die in § 20 Abs. 1 Nr. 1 genannten Gebietskörperschaften und Sondervermögen;

2. Personenhandelsgesellschaften und ihre persönlich haftenden Gesellschafter;

3. Personen und Unternehmen, für deren Rechnung Kredit aufgenommen wird, mit demjenigen, der den Kredit im eigenen Namen aufnimmt.

[2]Hält ein Kreditinstitut als Treuhänder die Mehrheit der Kapitalanteile an einer Kommanditgesellschaft, die ihr Vermögen ausschließlich in inländischen Grundstücken anlegt, und gewährt das Kreditinstitut dieser Gesellschaft Gelddarlehen zur Zwischenfinanzierung des Erwerbs oder der Bebauung der Grundstücke, so gilt insoweit die Gesellschaft bei der Einhaltung der Grenze des § 13 Abs. 4 nicht als ein Unternehmen im Sinne des Satzes 1 Nr. 1. [3]Bei Anwendung des § 13 gilt Satz 1 nicht für Kredite innerhalb einer Kreditinstitutsgruppe nach § 13a Abs. 2 an Unternehmen, die in die Zusammenfassung nach § 13a Abs. 3 einbezogen sind.

(3) Bei dem entgeltlichen Erwerb von Geldforderungen nach Absatz 1 Nr. 1 ist der Veräußerer der Forderung als Kreditnehmer im Sinne der §§ 13 bis 18 anzusehen, wenn er für die Erfüllung der übertragenen Forderung einzustehen oder sie auf Verlangen des Erwerbers zurückzuerwerben hat; andernfalls ist der Schuldner der Verbindlichkeit als Kreditnehmer anzusehen.

## § 20 Ausnahmen

(1) Die §§ 13 bis 18 gelten nicht für

1. Kredite, die dem Bund, einem Sondervermögen des Bundes, einem Land, einer Gemeinde oder einem Gemeindeverband gewährt werden;

2. ungesicherte Forderungen an andere Kreditinstitute aus bei diesen unterhaltenen, nur der Geldanlage dienenden Guthaben, die spätestens in drei

Monaten fällig sind; Forderungen eingetragener Genossenschaften an ihre Zentralkassen, von Sparkassen an ihre Girozentralen sowie von Zentralkassen und Girozentralen an ihre Zentralkreditinstitute können später fällig gestellt sein;
3. von anderen Kreditinstituten angekaufte Wechsel, die von einem Kreditinstitut angenommen, indossiert oder als eigene Wechsel ausgestellt sind, eine Laufzeit von höchstens drei Monaten haben und am Geldmarkt üblicherweise gehandelt werden;
4. abgeschriebene Kredite.

(2) § 13 Abs. 3 bis 5 über Großkredite, § 15 Abs. 1 Satz 1 Nr. 6 bis 11 und § 16 Satz 1 Nr. 2 über Organkredite sowie § 18 über Kreditunterlagen gelten nicht für
1. Kredite, die den Erfordernissen der §§ 11 und 12 Abs. 1 und 2 des Hypothekenbankgesetzes entsprechen;
2. Kredite mit Laufzeiten von höchstens fünfzehn Jahren gegen Bestellung von Schiffshypotheken, die den Erfordernissen des § 10 Abs. 1, 2 Satz 1 und Abs. 4 Satz 2, des § 11 Abs. 1 und 4 sowie des § 12 Abs. 1 und 2 des Schiffsbankgesetzes entsprechen;
3. Kredite, die einer juristischen Person des öffentlichen Rechts mit Sitz im Geltungsbereich dieses Gesetzes, die nicht in Absatz 1 Nr. 1 genannt ist, der Europäischen Wirtschaftsgemeinschaft, der Europäischen Gemeinschaft für Kohle und Stahl, der Europäischen Atomgemeinschaft oder der Europäischen Investitionsbank gewährt werden;
4. Kredite, soweit sie von einer in Absatz 1 Nr. 1 genannten Person gewährleistet sind;
5. Kredite, die durch eine Hypothek, Grundschuld oder Schiffshypothek gesichert sind, die Beleihungsgrenze nach Nummer 1 oder 2 übersteigen und von einer in Absatz 1 Nr. 1 genannten Person in Höhe des über dieser Grenze liegenden Betrages gewährleistet sind.

(3) [1]§ 13 Abs. 1, 2 und 7 über Großkreditanzeigen und über Großkreditbeschlüsse gilt nicht für die in Absatz 2 Nr. 3 und 4 aufgeführten Kredite. [2]§ 14 über Millionenkredite gilt nicht für die in Absatz 2 Nr. 3 aufgeführten Kredite.

## 3. Sparverkehr

### § 21 Spareinlagen

(1) Spareinlagen sind Einlagen, die durch Ausfertigung einer Urkunde, insbesondere eines Sparbuchs, als solche gekennzeichnet sind.

(2) [1]Als Spareinlagen dürfen nur Geldbeträge angenommen werden, die der Ansammlung oder Anlage von Vermögen dienen; Geldbeträge, die zur Verwendung im Geschäftsbetrieb oder für den Zahlungsverkehr bestimmt sind, erfüllen diese Voraussetzungen nicht. [2]Geldbeträge, die von vornherein befristet angenommen werden, gelten nicht als Spareinlage.

(3) [1]Geldbeträge von juristischen Personen und Personenhandelsgesellschaften dürfen nur dann als Spareinlage angenommen werden, wenn die Voraussetzungen des Absatzes 2 dargetan sind. [2]Dies gilt nicht für Geldbeträge von Einrichtungen, die gemeinnützigen, mildtätigen oder kirchlichen Zwecken dienen.

(4) [1]Urkunden über Sparkonten dürfen ohne Einlage nicht ausgegeben werden. [2]Die Urkunde ist dem Einleger auszuhändigen; sie darf nur in Ausnahmefällen bei dem Kreditinstitut hinterlegt werden. [3]Verfügungen über Sparein-

lagen dürfen nicht durch Überweisung oder Scheck und nur gegen Vorlegung der Urkunde zugelassen werden. [4]Bei voller Rückzahlung der Einlage ist die Urkunde zurückzufordern.

## § 22 Kündigung und Rückzahlung

(1) [1]Die Kündigungsfrist für Spareinlagen beträgt drei Monate (gesetzliche Kündigungsfrist). [2]Von Spareinlagen mit gesetzlicher Kündigungsfrist können ohne Kündigung bis zu zweitausend Deutsche Mark für jedes Sparkonto innerhalb von dreißig Zinstagen zurückgefordert werden.

(2) [1]Für Spareinlagen kann eine längere Kündigungsfrist als die gesetzliche vereinbart werden; sie muß mindestens sechs Monate betragen. [2]In diesem Fall ist die Kündigung frühestens sechs Monate nach der Einzahlung der Spareinlage zulässig.

(3) [1]Werden Spareinlagen ausnahmsweise vorzeitig zurückgezahlt, so ist der zurückgezahlte Betrag als Vorschuß zu verzinsen. [2]Die Sollzinsen müssen die zu vergütenden Habenzinsen um mindestens ein Viertel übersteigen. [3]Die Berechnung von Vorschußzinsen kann im Falle einer wirtschaftlichen Notlage des Berechtigten unterbleiben.

(4) Der jeweils geltende Zinssatz für Spareinlagen ist durch Aushang im Kassenraum ersichtlich zu machen.

## § 22 a Bausparereinlagen

Auf Bausparereinlagen finden die §§ 21 und 22 keine Anwendung.

## 4. Werbung der Kreditinstitute

## § 23

(1) Um Mißständen bei der Werbung der Kreditinstitute zu begegnen, kann das Bundesaufsichtsamt bestimmte Arten der Werbung untersagen.

(2) Vor allgemeinen Maßnahmen nach Absatz 1 sind die Spitzenverbände der Kreditinstitute und die Deutsche Bundespost zu hören.

## 5. Besondere Pflichten der Kreditinstitute und der Geschäftsleiter

## § 24 Anzeigen

(1) Die Kreditinstitute haben dem Bundesaufsichtsamt und der Deutschen Bundesbank anzuzeigen

1. die Bestellung eines Geschäftsleiters und die Ermächtigung einer Person zur Einzelvertretung des Kreditinstituts in dessen gesamten Geschäftsbereich unter Angabe der Tatsachen, die für die Beurteilung der Zuverlässigkeit und der fachlichen Eignung wesentlich sind,

2. das Ausscheiden eines Geschäftsleiters sowie die Entziehung der Befugnis zur Einzelvertretung des Kreditinstituts in dessen gesamten Geschäftsbereich,

3. die Übernahme und die Aufgabe einer Beteiligung an einem anderen Unternehmen sowie Veränderungen in der Höhe der Beteiligung; als Beteiligung gilt jeder Besitz des Kreditinstituts an Aktien, Kuxen oder Geschäftsanteilen des Unternehmens, wenn er zehn vom Hundert des Kapitals (Nennkapital, Zahl der Kuxe, Summe der Kapitalanteile) übersteigt; Veränderungen dieser Beteiligungen sind erst anzuzeigen, wenn sie über fünf vom Hundert des Kapitals hinausgehen,

4. die Änderung der Rechtsform, soweit nicht bereits eine Erlaubnis nach § 32 Abs. 1 erforderlich ist, und die Änderung der Firma, des Gesellschaftsvertrages oder der Satzung,

5. einen Verlust in Höhe von fünfundzwanzig vom Hundert des haftenden Eigenkapitals, Kapitalveränderungen, die in öffentliche Register eingetragen werden müssen, sowie bei Kreditinstituten in der Rechtsform einer Personenhandelsgesellschaft und bei stillen Gesellschaften die Kündigung der Gesellschaft und die Rückzahlung der Gesellschaftereinlagen,

6. die Verlegung der Niederlassung oder des Sitzes,

7. die Errichtung, die Verlegung und die Schließung einer Zweigstelle,

8. die Einstellung des Geschäftsbetriebes,

9. die Aufnahme und die Einstellung des Betreibens von Geschäften, die nicht Bankgeschäfte sind.

(2) Hat ein Kreditinstitut die Absicht, sich mit einem anderen Kreditinstitut zu vereinigen, so hat es dies dem Bundesaufsichtsamt und der Deutschen Bundesbank rechtzeitig anzuzeigen.

(3) Ein Geschäftsleiter eines Kreditinstituts hat dem Bundesaufsichtsamt und der Deutschen Bundesbank unverzüglich anzuzeigen

1. die Aufnahme und die Beendigung einer Tätigkeit als Geschäftsleiter oder als Aufsichtsrats- oder Verwaltungsratsmitglied eines anderen Kreditinstituts oder eines anderen Unternehmens und

2. die Übernahme und die Aufgabe einer Beteiligung an einem Unternehmen sowie Veränderungen in der Höhe der Beteiligung; § 19 Abs. 1 Satz 1 Nr. 6 Halbsatz 2 gilt entsprechend.

(4) ¹Der Bundesminister der Finanzen kann im Benehmen mit der Deutschen Bundesbank durch Rechtsverordnung nähere Bestimmungen über Art, Umfang und Zeitpunkt der nach diesem Gesetz vorgesehenen Anzeigen und Vorlagen von Unterlagen erlassen, soweit dies zur Erfüllung der Aufgaben des Bundesaufsichtsamtes erforderlich ist, insbesondere um einheitliche Unterlagen zur Beurteilung der von den Kreditinstituten durchgeführten Bankgeschäfte zu erhalten. ²Er kann diese Ermächtigung durch Rechtsverordnung auf das Bundesaufsichtsamt mit der Maßgabe übertragen, daß Rechtsverordnungen des Bundesaufsichtsamtes nur im Einvernehmen mit der Deutschen Bundesbank ergehen.

## § 25 Monatsausweise und weitere Angaben

(1) ¹Die Kreditinstitute haben unverzüglich nach Ablauf eines jeden Monats der Deutschen Bundesbank Monatsausweise einzureichen. ²Werden nach § 18 des Gesetzes über die Deutsche Bundesbank monatliche Bilanzstatistiken durchgeführt, so gelten die hierzu einzureichenden Meldungen auch als Monatsausweise nach Satz 1.

(2) ¹Übergeordnete Kreditinstitute im Sinne des § 13a Abs. 2 haben außerdem unverzüglich nach Ablauf eines jeden Monats der Deutschen Bundesbank quotal zusammengefaßte Monatsausweise einzureichen. ²§ 10a Abs. 3 über das Verfahren der quotalen Zusammenfassung, § 10a Abs. 5 Satz 1 über die Informationspflicht und § 10a Abs. 6 über die Ausnahmen von der quotalen Zusammenfassung gelten entsprechend.

(3) Die Deutsche Bundesbank leitet die Monatsausweise mit ihrer Stellungnahme an das Bundesaufsichtsamt weiter; dieses kann auf die Weiterleitung bestimmter Monatsausweise verzichten.

(4) ¹Der Bundesminister der Finanzen kann im Benehmen mit der Deutschen Bundesbank durch Rechtsverordnung nähere Bestimmungen über Art

und Umfang der Monatsausweise, soweit monatliche Bilanzstatistiken nach § 18 des Gesetzes über die Deutsche Bundesbank nicht durchgeführt werden, sowie über weitere Angaben erlassen, soweit dies zur Erfüllung der Aufgaben des Bundesaufsichtsamtes erforderlich ist, insbesondere um einheitliche Unterlagen zur Beurteilung der von den Kreditinstituten durchgeführten Bankgeschäfte zu erhalten. [2]Die weiteren Angaben können sich auch auf Unternehmen mit Sitz in einem anderen Staat beziehen, die nach § 13 a Abs. 2 dem Kreditinstitut nachgeordnet sind. [3]Der Bundesminister der Finanzen kann die Ermächtigung zum Erlaß von Rechtsverordnungen durch Rechtsverordnung auf das Bundesaufsichtsamt übertragen.

### 5 a. Vorlage von Rechnungslegungsunterlagen

### § 25 a  Aufstellung und Veröffentlichung von Jahresabschluß und Lagebericht*

*(1) [1]Auf Kreditinstitute, die nicht in der Rechtsform der Aktiengesellschaft, der Kommanditgesellschaft auf Aktien, der Gesellschaft mit beschränkter Haftung (Kapitalgesellschaften) oder der eingetragenen Genossenschaft betrieben werden und die keine öffentlich-rechtlichen Sparkassen sind, ist der Erste Abschnitt des Gesetzes über die Rechnungslegung von bestimmten Unternehmen und Konzernen auch dann anzuwenden, wenn das Kreditinstitut die Voraussetzungen des § 1 Abs. 3 dieses Gesetzes nicht erfüllt. [2]Auf Kapitalgesellschaften, eingetragene Genossenschaften und öffentlich-rechtliche Sparkassen dürfen die für kleine und mittelgroße Kapitalgesellschaften (§ 267 Abs. 1, 2 des Handelsgesetzbuchs) nach dem Dritten Buch des Handelsgesetzbuchs zulässigen Erleichterungen nicht angewendet werden. [3]Kleinen Kreditinstituten von nur örtlicher Bedeutung kann das Bundesaufsichtsamt auf Antrag widerruflich gestatten, daß sie ihren Jahresabschluß und Lagebericht nur in der örtlichen Presse veröffentlichen. [4]Die Sätze 1 bis 3 sind auch auf im Geltungsbereich dieses Gesetzes unterhaltene Zweigstellen von Unternehmen mit Sitz in einem anderen Staat im Sinne des § 53 Abs. 1 Satz 1 anzuwenden.*

*(2) [1]An Stelle von § 247 Abs. 1, §§ 251, 265 Abs. 5 bis 7, §§ 266, 268, 275, 277, 280 des Handelsgesetzbuchs sind auf die Jahresabschlüsse der Kreditinstitute die durch Rechtsverordnung erlassenen Formblätter und anderen Vorschriften anzuwenden. [2]Insoweit brauchen § 265 Abs. 2, § 284 Abs. 2, § 285 Nr. 1 bis 6, 8, 9 Buchstabe c, Nr. 12, § 289 Abs. 2 Nr. 3 des Handelsgesetzbuchs nicht angewendet zu werden; dies gilt auch für § 246 Abs. 2 des Handelsgesetzbuchs, soweit abweichende Vorschriften bestehen.*

*(3) § 330 des Handelsgesetzbuchs über den Erlaß von Rechtsverordnungen gilt für Kreditinstitute, auch wenn sie nicht in der Rechtsform der Kapitalgesellschaft oder der eingetragenen Genossenschaft oder als öffentlich-rechtliche Sparkasse betrieben werden.*

### § 25 b  Konzernabschluß und Konzernlagebericht*

*[1]Auf Kreditinstitute, die aufgrund gesetzlicher Vorschriften einen Konzernabschluß und einen Konzernlagebericht nach den Vorschriften des Zweiten Unterabschnitts des Zweiten Abschnitts des Dritten Buchs des Handelsgesetzbuchs aufzustellen haben, ist § 25 a Abs. 2 entsprechend anzuwenden. [2]Sie brauchen im*

---

\* Die §§ 25 a und 25 b sind durch das Bankbilanzrichtlinie-Gesetz aufgehoben worden. Zur Anwendung des Bankbilanzrichtlinie-Gesetzes s. Art. 30 und 31 EGHGB.

*Konzernabschluß die in § 26a Abs. 2 dieses Gesetzes und die in §§ 306, 313 Abs. 1, § 314 Abs. 1 Nr. 1 bis 3, 5, 6 Buchstabe c des Handelsgesetzbuchs bezeichneten Angaben nicht zu machen.*

## § 26 Vorlage von Jahresabschluß, Lagebericht und Prüfungsberichten

(1) [1]Kreditinstitute haben den Jahresabschluß in den ersten drei Monaten des Geschäftsjahrs für das vergangene Geschäftsjahr aufzustellen und den aufgestellten sowie später den festgestellten Jahresabschluß und den Lagebericht, soweit ein solcher erstattet wird, dem Bundesaufsichtsamt und der Deutschen Bundesbank jeweils unverzüglich einzureichen; der Jahresabschluß ist in einer Anlage zu erläutern. [2]Der Jahresabschluß muß mit dem Bestätigungsvermerk oder einem Vermerk über die Versagung der Bestätigung versehen sein. [3]Der Abschlußprüfer hat den Bericht über die Prüfung des Jahresabschlusses (Prüfungsbericht) unverzüglich nach Beendigung der Prüfung dem Bundesaufsichtsamt und der Deutschen Bundesbank einzureichen; bei Kreditinstituten, die einem genossenschaftlichen Prüfungsverband angehören oder durch die Prüfungsstelle eines Sparkassen- und Giroverbandes geprüft werden, ist der Prüfungsbericht nur auf Anforderung einzureichen.

(2) Hat im Zusammenhang mit einer Sicherungseinrichtung eines Verbandes der Kreditinstitute eine zusätzliche Prüfung stattgefunden, so hat der Prüfer den Bericht über diese Prüfung dem Bundesaufsichtsamt und der Deutschen Bundesbank unverzüglich einzureichen.

(3) [1]Kreditinstitute, die einen Konzernabschluß oder einen Konzernlagebericht aufstellen, haben diese Unterlagen dem Bundesaufsichtsamt und der Deutschen Bundesbank unverzüglich einzureichen. [2]Absatz 1 Satz 3 über die Einreichung von Prüfungsberichten gilt entsprechend, wenn Prüfungsberichte von Konzernabschlußprüfern erstellt werden.

(4) *(aufgehoben)*

(5) *(aufgehoben)*

## § 26a Wertansätze in der Bilanz und Erläuterung der Bewertung*

*(1) Kreditinstitute, die Kapitalgesellschaften sind, dürfen Forderungen und Wertpapiere des Umlaufvermögens mit einem niedrigeren als dem nach § 253 Abs. 1, 3, § 279 Abs. 1 Satz 1 des Handelsgesetzbuchs vorgeschriebenen oder zugelassenen Wert ansetzen, soweit dies nach vernünftiger kaufmännischer Beurteilung zur Sicherung gegen die besonderen Risiken des Geschäftszweigs der Kreditinstitute notwendig ist.*

*(2) [1]Kreditinstitute brauchen im Jahresabschluß die in § 281 Abs. 1 Satz 2, Abs. 2 des Handelsgesetzbuchs verlangten Angaben und Aufgliederungen nicht zu machen. [2]Auch brauchen die nach § 274 Abs. 1 des Handelsgesetzbuchs zurückgestellten Beträge nicht gesondert ausgewiesen zu werden. [3]Der Vorstand einer Aktiengesellschaft braucht auch die in § 176 Abs. 1 Satz 3 des Aktiengesetzes verlangten Auskünfte nicht zu geben.*

*(3) [1]§ 330 des Handelsgesetzbuchs ist mit der Maßgabe anzuwenden, daß die Verrechnung von Beträgen aus Zuschreibungen bei Forderungen oder deren Eingang nach teilweiser oder vollständiger Abschreibung oder aus Zuschreibungen bei Wertpapieren oder deren Abgang mit Abschreibungen und Wertberichtigungen auf Forderungen und Wertpapiere zugelassen werden darf. [2]Der Vorstand ei-*

---

* § 26a ist durch das Bankbilanzrichtlinie-Gesetz aufgehoben worden. Zur Anwendung des Bankbilanzrichtlinie-Gesetzes s. Art. 30 und 31 EGHGB.

ner Aktiengesellschaft, die solche Verrechnungen vorgenommen hat, braucht darüber Auskunft nicht zu erteilen.

## § 26 b  Bewertungsverstöße*

*(1) Wegen Verstoßes gegen die Bewertungsvorschriften ist der Jahresabschluß von Aktiengesellschaften und Kommanditgesellschaften auf Aktien, die Kreditinstitute sind, nur nichtig, wenn Aktivposten zu einem höheren Wert oder Passivposten mit einem niedrigeren Betrag als nach § 253 des Handelsgesetzbuchs zulässig angesetzt worden sind.*

*(2) Sonderprüfer nach den §§ 258 und 259 des Aktiengesetzes können bei Aktiengesellschaften und Kommanditgesellschaften auf Aktien, die Kreditinstitute sind, nur bestellt werden, um zu prüfen, ob*

*1. Posten, ausgenommen die in § 26 a Abs. 1 genannten Posten, nicht unwesentlich unterbewertet (§ 256 Abs. 5 Satz 3 des Aktiengesetzes) sind,*

*2. Forderungen oder Wertpapiere des Umlaufvermögens mit einem niedrigeren Wert angesetzt sind, als nach § 26 a Abs. 1 zulässig ist, oder*

*3. der Anhang die Angaben nach § 160 Abs. 1 des Aktiengesetzes nicht oder nicht vollständig enthält und der Vorstand in der Hauptversammlung die fehlenden Angaben, obwohl nach ihnen gefragt worden ist, nicht gemacht hat und die Aufnahme der Frage in die Niederschrift verlangt worden ist.*

## 6. Prüfung und Prüferbestellung

## § 27  Prüfung der Anlage

In die Prüfung des Jahresabschlusses nach § 340 k des Handelsgesetzbuchs und bei Genossenschaften nach § 53 Abs. 2 des Gesetzes betreffend die Erwerbs- und Wirtschaftsgenossenschaften ist auch die Anlage nach § 26 Abs. 1 Satz 1 einzubeziehen.**

## § 28  Bestellung des Prüfers in besonderen Fällen

(1) [1]Die Kreditinstitute haben dem Bundesaufsichtsamt den von ihnen bestellten Prüfer unverzüglich nach der Bestellung anzuzeigen. [2]Das Bundesaufsichtsamt kann innerhalb eines Monats nach Zugang der Anzeige die Bestel-

---

\* § 26 b wurde durch das Bankbilanzrichtlinie-Gesetz aufgehoben. Zur Anwendung des Bankbilanzrichtlinie-Gesetzes s. Art. 30 und 31 EGHGB.

\*\* Vor Änderung durch das Bankbilanzrichtlinie-Gesetz hatte § 27 folgenden Wortlaut:

**§ 27  Prüfung des Jahresabschlusses**

(1) [1]Der Jahresabschluß und die Anlage nach § 26 Abs. 1 Satz 1 sind, bevor der Jahresabschluß festgestellt wird, unter Einbeziehung der Buchführung und des Lageberichts durch einen Abschlußprüfer (Wirtschaftsprüfer, genossenschaftlichen Prüfungsverband, Prüfungsstelle eines Sparkassen- und Giroverbandes) zu prüfen. [2]Die Prüfung ist spätestens bis zum Ablauf von fünf Monaten nach Schluß des Geschäftsjahrs vorzunehmen. [3]Der Jahresabschluß ist nach der Prüfung unverzüglich festzustellen. [4]Die Sätze 1 bis 3 gelten nicht für Kreditinstitute in der Rechtsform der eingetragenen Genossenschaft, deren Bilanzsumme zehn Millionen Deutsche Mark nicht übersteigt.

(2) Auf die Prüfung des Jahresabschlusses von Kreditinstituten, die nicht bereits nach anderen Vorschriften der Prüfungspflicht unterliegen, sind unbeschadet der Vorschriften der §§ 28 bis 30 die Vorschriften des Dritten Unterabschnitts des Zweiten Abschnitts des Dritten Buchs des Handelsgesetzbuchs über die Prüfung sowie § 270 Abs. 1 und 3 des Aktiengesetzes über die Prüfung im Falle der Abwicklung entsprechend anzuwenden.

Zur Anwendung des Bankbilanzrichtlinie-Gesetzes s. Art. 30 und 31 EGHGB.

lung eines anderen Prüfers verlangen, wenn dies zur Erreichung des Prüfungszwecks geboten ist; Widerspruch und Anfechtungsklage hiergegen haben keine aufschiebende Wirkung.

(2) [1]Das Registergericht des Sitzes des Kreditinstituts hat auf Antrag des Bundesaufsichtsamtes einen Prüfer zu bestellen, wenn
1. die Anzeige nach Absatz 1 Satz 1 nicht unverzüglich nach Ablauf des Geschäftsjahres erstattet wird;
2. das Kreditinstitut dem Verlangen auf Bestellung eines anderen Prüfers nach Absatz 1 Satz 2 nicht unverzüglich nachkommt;
3. der gewählte Prüfer die Annahme des Prüfungsauftrages abgelehnt hat, weggefallen ist oder am rechtzeitigen Abschluß der Prüfung verhindert ist und das Kreditinstitut nicht unverzüglich einen anderen Prüfer bestellt hat. [2]Die Bestellung durch das Gericht ist endgültig. [3]§ 318 Abs. 5 des Handelsgesetzbuchs ist entsprechend anzuwenden. [4]Das Registergericht kann auf Antrag des Bundesaufsichtsamtes einen nach Satz 1 bestellten Prüfer abberufen.

(3) Die Absätze 1 und 2 gelten nicht für Kreditinstitute, die einem genossenschaftlichen Prüfungsverband angeschlossen sind oder durch die Prüfungsstelle eines Sparkassen- und Giroverbandes geprüft werden.

## § 29 Besondere Pflichten des Prüfers

(1) [1]Bei der Prüfung des Jahresabschlusses hat der Prüfer auch die wirtschaftlichen Verhältnisse des Kreditinstituts zu prüfen sowie festzustellen, ob das Kreditinstitut die Anzeigepflichten nach § 10 Abs. 8 Satz 1 und 2, § 13 Abs. 1 Satz 1 und 2, Abs. 2 Satz 5 und 6, § 13 a Abs. 4 Satz 1, § 14 Abs. 1, § 15 Abs. 4 Satz 4 Halbsatz 2, § 16 Satz 1 und 2 sowie § 24 und die Pflicht zur Einreichung von Sammelaufstellungen nach § 10 Abs. 8 Satz 3, § 13 Abs. 1 Satz 4, § 13 a Abs. 4 Satz 1 und § 16 Satz 3 sowie die Verpflichtungen nach den §§ 12 und 18 erfüllt hat. [2]Das Ergebnis ist in den Prüfungsbericht aufzunehmen.*

(2) [1]Werden dem Prüfer bei der Prüfung Tatsachen bekannt, welche die Einschränkung oder Versagung des Bestätigungsvermerks rechtfertigen, den Bestand des Kreditinstituts gefährden oder seine Entwicklung wesentlich beeinträchtigen können oder die schwerwiegende Verstöße der Geschäftsleiter gegen Gesetz, Satzung oder Gesellschaftsvertrag erkennen lassen, hat er dies unverzüglich dem Bundesaufsichtsamt und der Deutschen Bundesbank anzuzeigen. [2]Auf Verlangen des Bundesaufsichtsamtes oder der Deutschen Bundesbank hat der Prüfer ihnen den Prüfungsbericht zu erläutern und sonstige bei der Prüfung bekannt gewordene Tatsachen mitzuteilen, die gegen eine ordnungsmäßige Durchführung der Geschäfte des Kreditinstituts sprechen.

(3) [1]Der Bundesminister der Finanzen kann nach Anhörung der Deutschen Bundesbank durch Rechtsverordnung nähere Bestimmungen über den Inhalt der Prüfungsberichte erlassen, soweit dies zur Erfüllung der Aufgaben des Bundesaufsichtsamtes erforderlich ist, insbesondere um einheitliche Unterlagen zur Beurteilung der von den Kreditinstituten durchgeführten Bankge-

---

* § 29 Abs. 1 Satz 3 wurde durch das Bankbilanzrichtlinie-Gesetz aufgehoben. Er hatte folgenden Wortlaut: Bei Kreditinstituten in der Rechtsform einer eingetragenen Genossenschaft, bei denen nach § 27 Abs. 1 Satz 4 eine Prüfung des Jahresabschlusses nicht erforderlich ist, ist bei der Prüfung nach § 53 des Gesetzes betreffend die Erwerbs- und Wirtschaftsgenossenschaften vom Prüfer im Prüfungsbericht festzustellen, ob die in Satz 1 bezeichneten Anzeigepflichten, Pflichten zur Einreichung von Sammelaufstellungen und die Verpflichtungen nach den §§ 12 und 18 erfüllt worden sind.

schäfte zu erhalten. ²Er kann diese Ermächtigung durch Rechtsverordnung auf das Bundesaufsichtsamt übertragen.

## § 30 Depotprüfung

(1) ¹Bei Kreditinstituten, die das Effektengeschäft oder das Depotgeschäft betreiben, sind diese Geschäfte in der Regel einmal jährlich zu prüfen (Depotprüfung). ²Die Prüfung hat sich auch auf die Einhaltung des § 128 des Aktiengesetzes über die Mitteilung durch Kreditinstitute und des § 135 des Aktiengesetzes über die Ausübung des Stimmrechts durch Kreditinstitute zu erstrecken.

(2) ¹Der Bundesminister der Finanzen kann durch Rechtsverordnung nähere Bestimmungen über Art, Umfang und Zeitpunkt der Depotprüfung erlassen, soweit dies zur Erfüllung der Aufgaben des Bundesaufsichtsamtes erforderlich ist, insbesondere um Mißständen beim Effekten- und beim Depotgeschäft entgegenzuwirken und einheitliche Unterlagen zur Beurteilung der von den Kreditinstituten ausgeführten Effekten- und Depotgeschäfte zu erhalten. ²Er kann diese Ermächtigung durch Rechtsverordnung auf das Bundesaufsichtsamt übertragen. ³Die Depotprüfer werden vom Bundesaufsichtsamt bestellt. ⁴Dieses kann das Recht zur Bestellung der Depotprüfer in Einzelfällen auf die Deutsche Bundesbank übertragen.

## 7. Befreiungen

### § 31

(1) ¹Der Bundesminister der Finanzen kann nach Anhörung der Deutschen Bundesbank durch Rechtsverordnung
1. alle Kreditinstitute oder Arten oder Gruppen von Kreditinstituten von der Pflicht zur Anzeige bestimmter Kredite und Tatbestände nach § 10 Abs. 8 Satz 2, § 13 Abs. 1, § 14 Abs. 1, den §§ 16 und 24 Abs. 1 Nr. 1 bis 5, 7 und 9, Arten oder Gruppen von Kreditinstituten von der Pflicht zur Einreichung von Monatsausweisen nach § 25 sowie Geschäftsleiter eines Kreditinstitus von der Pflicht zur Anzeige von Beteiligungen nach § 24 Abs. 3 Nr. 2 freistellen, wenn die Angaben für die Aufsicht ohne Bedeutung sind;
2. Arten oder Gruppen von Kreditinstituten von der Einhaltung der Vorschriften der §§ 12, 13 Abs. 3 und 4 sowie des § 26 freistellen, wenn die Eigenart des Geschäftsbetriebes dies rechtfertigt.
²Der Bundesminister der Finanzen kann diese Ermächtigung auf das Bundesaufsichtsamt übertragen.

(2) ¹Das Bundesaufsichtsamt kann einzelne Kreditinstitute von Verpflichtungen nach den §§ 12, 13 Abs. 1 bis 4, § 14 Abs. 1, § 15 Abs. 1 Satz 1 Nr. 7 bis 11 und Abs. 2, den §§ 16, 24 Abs. 1 Nr. 1, 2, 4 und 5 sowie den §§ 25, 26 und 30 freistellen, wenn dies aus besonderen Gründen, insbesondere wegen der Art oder des Umfanges der betriebenen Geschäfte, angezeigt ist. ²Das Bundesaufsichtsamt kann einzelne übergeordnete Kreditinstitute im Sinne des § 10a Abs. 2 und des § 13a Abs. 2 von Verpflichtungen nach § 10a Abs. 3 und 4, § 12a Abs. 1 Satz 1, § 13a Abs. 3 und 4 hinsichtlich einzelner nachgeordneter Kreditinstitute im Sinne des § 10a Abs. 2 und des § 13a Abs. 2 freistellen, wenn und solange die Bilanzsumme des einzelnen nachgeordneten Kreditinstituts weniger als zwanzig Millionen Deutsche Mark und weniger als zwei vom Hundert der Bilanzsumme des übergeordneten Kreditinstituts ausmacht, die Einbeziehung dieses nachgeordneten Kreditinstituts für die Aufsicht auf zusammengefaßter Basis ohne Bedeutung ist und es dem Bundesaufsichtsamt ermöglicht wird, die Einhaltung dieser Voraussetzungen zu überprüfen.

# Dritter Abschnitt. Vorschriften über die Beaufsichtigung der Kreditinstitute

## 1. Zulassung zum Geschäftsbetrieb

### § 32 Erlaubnis

(1) Wer im Geltungsbereich dieses Gesetzes Bankgeschäfte in dem in § 1 Abs. 1 bezeichneten Umfang betreiben will, bedarf der schriftlichen Erlaubnis des Bundesaufsichtsamtes.

(2) Das Bundesaufsichtsamt kann die Erlaubnis unter Auflagen erteilen, die sich im Rahmen des mit diesem Gesetz verfolgten Zweckes halten müssen. Es kann die Erlaubnis auf einzelne Bankgeschäfte beschränken.

(3) Vor Erteilung der Erlaubnis zum Betreiben des Einlagengeschäftes hat das Bundesaufsichtsamt den für das Kreditinstitut in Betracht kommenden Verband zu hören.

### § 33 Versagung der Erlaubnis

(1) Die Erlaubnis darf nur versagt werden,
1. wenn die zum Geschäftsbetrieb erforderlichen Mittel, insbesondere ein ausreichendes haftendes Eigenkapital, im Geltungsbereich dieses Gesetzes nicht zur Verfügung stehen;
2. wenn Tatsachen vorliegen, aus denen sich ergibt, daß ein Antragsteller oder eine der in § 1 Abs. 2 Satz 1 bezeichneten Personen nicht zuverlässig ist;
3. wenn Tatsachen vorliegen, aus denen sich ergibt, daß der Inhaber oder eine der in § 1 Abs. 2 Satz 1 bezeichneten Personen nicht die zur Leitung des Kreditinstituts erforderliche fachliche Eignung hat und auch nicht eine andere Person nach § 1 Abs. 2 Satz 2 oder 3 als Geschäftsleiter bezeichnet wird;
4. wenn das Kreditinstitut nicht mindestens zwei Geschäftsleiter hat, die nicht nur ehrenamtlich für das Kreditinstitut tätig sind;
5. wenn dem Antrag auf Erlaubnis kein Geschäftsplan beigefügt ist, aus dem die Art der geplanten Geschäfte und der organisatorische Aufbau des Kreditinstituts hervorgehen.

(2) [1]Die fachliche Eignung der in Absatz 1 Nr. 3 genannten Peronen für die Leitung eines Kreditinstituts setzt voraus, daß sie in ausreichendem Maße theoretische und praktische Kenntnisse in Bankgeschäften sowie Leitungserfahrung haben. [2]Die fachliche Eignung für die Leitung eines Kreditinstituts ist regelmäßig anzunehmen, wenn eine dreijährige leitende Tätigkeit bei einem Kreditinstitut von vergleichbarer Größe und Geschäftsart nachgewiesen wird.

### § 34 Stellvertretung und Fortführung bei Todesfall

(1) § 45 der Gewerbeordnung findet auf Kreditinstitute keine Anwendung.

(2) [1]Nach dem Tode des Inhabers der Erlaubnis darf das Kreditinstitut ohne Erlaubnis für die Erben bis zur Dauer eines Jahres durch zwei Stellvertreter fortgeführt werden. [2]Sind diese nicht zuverlässig oder haben sie nicht die erforderliche fachliche Eignung, so kann das Bundesaufsichtsamt die Fortführung der Geschäfte untersagen. [3]Die Stellvertreter sind unverzüglich nach dem Todesfall zu bestellen; sie gelten als Geschäftsleiter. [4]Das Bundesaufsichtsamt kann die Frist nach Satz 1 aus besonderen Gründen verlängern.

## § 35 Erlöschen und Aufhebung der Erlaubnis

(1) Die Erlaubnis erlischt, wenn von ihr nicht innerhalb eines Jahres seit ihrer Erteilung Gebrauch gemacht wird.

(2) Das Bundesaufsichtsamt kann die Erlaubnis außer nach den Vorschriften des Verwaltungsverfahrensgesetzes aufheben,

1. wenn der Geschäftsbetrieb, auf den sich die Erlaubnis bezieht, ein Jahr lang nicht mehr ausgeübt worden ist;
2. wenn das Kreditinstitut in der Rechtsform des Einzelkaufmanns betrieben wird;
3. wenn ihm Tatsachen bekannt werden, die die Versagung der Erlaubnis nach
   a) § 33 Abs. 1 Nr. 2 oder 3 oder
   b) § 33 Abs. 1 Nr. 4
   rechtfertigen würden;
4. wenn Gefahr für die Erfüllung der Verpflichtungen eines Kreditinstituts gegenüber seinen Gläubigern, insbesondere für die Sicherheit der ihm anvertrauten Vermögenswerte besteht und die Gefahr nicht durch andere Maßnahmen nach diesem Gesetz abgewendet werden kann; eine Gefahr für die Sicherheit der einem Kreditinstitut anvertrauten Vermögenswerte besteht auch
   a) bei einem Verlust in Höhe der Hälfte des nach § 10 Abs. 7 maßgebenden haftenden Eigenkapitals oder
   b) bei einem Verlust in Höhe von jeweils mehr als zehn vom Hundert des nach § 10 Abs. 7 maßgebenden haftenden Eigenkapitals in mindestens drei aufeinanderfolgenden Geschäftsjahren.

(3) Absatz 2 Nr. 3 Buchstabe b gilt nicht für Kreditinstitute, die von einem Einzelkaufmann betrieben werden.

(4) § 48 Abs. 4 Satz 1 und § 49 Abs. 2 Satz 2 des Verwaltungsverfahrensgesetzes über die Jahresfrist sind nicht anzuwenden.

## § 36 Abberufung von Geschäftsleitern

(1) In den Fällen des § 35 Abs. 2 Nr. 3 Buchstabe a und Nr. 4 kann das Bundesaufsichtsamt, statt die Erlaubnis aufzuheben, die Abberufung von Geschäftsleitern verlangen, auf deren Person sich die Tatsachen beziehen oder die die Gefahr für die Erfüllung der Verpflichtungen eines Kreditinstituts gegenüber seinen Gläubigern zu verantworten haben, und bei Kreditinstituten in der Rechtsform einer juristischen Person diesen Geschäftsleitern auch die Ausübung ihrer Tätigkeit untersagen.

(2) Das Bundesaufsichtsamt kann die Abberufung eines Geschäftsleiters auch verlangen, wenn dieser vorsätzlich oder leichtfertig gegen die Bestimmungen dieses Gesetzes, die zu seiner Durchführung erlassenen Verordnungen oder gegen Anordnungen des Bundesaufsichtsamtes verstoßen hat und trotz Verwarnung durch das Bundesaufsichtsamt dieses Verhalten fortsetzt.

## § 37 Einschreiten gegen ungesetzliche Geschäfte

[1]Werden Bankgeschäfte ohne die nach § 32 erforderliche Erlaubnis oder werden nach § 3 verbotene Geschäfte betrieben, so kann das Bundesaufsichtsamt gegen die Fortführung der Geschäfte unmittelbar einschreiten. [2]Das Bundesaufsichtsamt kann seine Maßnahmen nach Satz 1 bekanntmachen.

**§ 38 Folgen der Aufhebung und des Erlöschens der Erlaubnis, Maßnahmen bei der Abwicklung**

(1) ¹Hebt das Bundesaufsichtsamt die Erlaubnis auf oder erlischt die Erlaubnis, so kann es bei juristischen Personen und Personenhandelsgesellschaften bestimmen, daß das Kreditinstitut abzuwickeln ist. ²Seine Entscheidung wirkt wie ein Auflösungsbeschluß. ³Sie ist dem Registergericht mitzuteilen und von diesem in das Handels- oder Genossenschaftsregister einzutragen.

(2) ¹Das Bundesaufsichtsamt kann für die Abwicklung eines Kreditinstituts allgemeine Weisungen erlassen. ²Das Registergericht hat auf Antrag des Bundesaufsichtsamtes Abwickler zu bestellen, wenn die sonst zur Abwicklung berufenen Personen keine Gewähr für die ordnungsmäßige Abwicklung bieten. ³Gegen die Verfügung des Registergerichts findet die sofortige Beschwerde statt.

(3) Das Bundesaufsichtsamt kann die Aufhebung oder das Erlöschen der Erlaubnis bekanntmachen.

(4) Die Absätze 1 und 2 gelten nicht für juristische Personen des öffentlichen Rechts.


## 2. Schutz der Bezeichnungen „Bank" und „Sparkasse"

### § 39 Bezeichnungen „Bank" und „Bankier"

(1) Die Bezeichnung „Bank", „Bankier" oder eine Bezeichnung, in der das Wort „Bank" oder „Bankier" enthalten ist, dürfen, soweit durch Gesetz nichts anderes bestimmt ist, in der Firma, als Zusatz zur Firma, zur Bezeichnung des Geschäftszwecks oder zu Werbezwecken nur führen
1. Kreditinstitute, die eine Erlaubnis nach § 32 besitzen;
2. andere Unternehmen, die bei Inkrafttreten dieses Gesetzes eine solche Bezeichnung nach den bisherigen Vorschriften befugt geführt haben.

(2) Die Bezeichnung „Volksbank" oder eine Bezeichnung, in der das Wort „Volksbank" enthalten ist, dürfen nur Kreditinstitute neu aufnehmen, die in der Rechtsform einer eingetragenen Genossenschaft betrieben werden und einem Prüfungsverband angehören.

(3) Das Bundesaufsichtsamt kann bei Erteilung der Erlaubnis bestimmen, daß die in Absatz 1 genannten Bezeichnungen nicht geführt werden dürfen, wenn Art oder Umfang der Geschäfte des Kreditinstituts nach der Verkehrsanschauung die Führung einer solchen Bezeichnung nicht rechtfertigen.

### § 40 Bezeichnung „Sparkasse"

(1) Die Bezeichnung „Sparkasse" oder eine Bezeichnung, in der das Wort „Sparkasse" enthalten ist, dürfen in der Firma, als Zusatz zur Firma, zur Bezeichnung des Geschäftszwecks oder zu Werbezwecken nur führen
1. öffentlich-rechtliche Sparkassen, die eine Erlaubnis nach § 32 besitzen;
2. andere Unternehmen, die bei Inkrafttreten dieses Gesetzes eine solche Bezeichnung nach den bisherigen Vorschriften befugt geführt haben.

(2) Kreditinstitute im Sinne des § 1 des Gesetzes über Bausparkassen dürfen die Bezeichnung „Bausparkasse", eingetragene Genossenschaften, die einem Prüfungsverband angehören, die Bezeichnung „Spar- und Darlehnskasse" führen.

## § 41 Ausnahmen

Die §§ 39 und 40 gelten nicht für Unternehmen, die die Worte „Bank", „Bankier" oder „Sparkasse" in einem Zusammenhang führen, der den Anschein ausschließt, daß sie Bankgeschäfte betreiben.

## § 42 Entscheidung des Bundesaufsichtsamtes

[1]Das Bundesaufsichtsamt entscheidet in Zweifelsfällen, ob ein Unternehmen zur Führung der in den §§ 39 und 4o genannten Bezeichnungen befugt ist. [2]Es hat seine Entscheidungen dem Registergericht mitzuteilen.

## § 43 Registervorschriften

(1) Soweit nach § 32 das Betreiben von Bankgeschäften einer Erlaubnis bedarf, dürfen Eintragungen in öffentliche Register nur vorgenommen werden, wenn dem Registergericht die Erlaubnis nachgewiesen ist.

(2) [1]Führt ein Unternehmen eine Firma oder einen Zusatz zur Firma, deren Gebrauch nach den §§ 39 bis 41 unzulässig ist, so hat das Registergericht die Firma oder den Zusatz zur Firma von Amts wegen zu löschen; § 142 Abs. 1 Satz 2, Abs. 2 und 3 sowie § 143 des Gesetzes über die Angelegenheiten der freiwilligen Gerichtsbarkeit gelten entsprechend. [2]Das Unternehmen ist zur Unterlassung des Gebrauchs der Firma oder des Zusatzes zur Firma durch Festsetzung von Ordnungsgeld anzuhalten; § 140 des Gesetzes über die Angelegenheiten der freiwilligen Gerichtsbarkeit gilt entsprechend.

(3) Das Bundesaufsichtsamt ist berechtigt, in Verfahren des Registergerichts, die sich auf die Eintragung oder Änderung der Rechtsverhältnisse oder der Firma von Kreditinstituten beziehen, Anträge zu stellen und die nach dem Gesetz über die Angelegenheiten der freiwilligen Gerichtsbarkeit zulässigen Rechtsmittel einzulegen.

## 3. Auskünfte und Prüfungen von Kreditinstituten

## § 44

(1) Das Bundesaufsichtsamt ist befugt

1. von den Kreditinstituten und den Mitgliedern ihrer Organe Auskünfte über alle Geschäftsangelegenheiten sowie die Vorlegung der Bücher und Schriften zu verlangen und auch ohne besonderen Anlaß Prüfungen vorzunehmen; die Bediensteten des Bundesaufsichtsamtes können hierzu die Geschäftsräume des Kreditinstituts betreten; das Grundrecht des Artikels 13 des Grundgesetzes wird insoweit eingeschränkt;

2. bei Kreditinstituten in der Rechtsform einer juristischen Person zu den Hauptversammlungen, Generalversammlungen oder Gesellschafterversammlungen sowie zu den Sitzungen der Aufsichtsorgane Vertreter zu entsenden; diese können das Wort ergreifen;

3. von Kreditinstituten in der Rechtsform einer juristischen Person die Einberufung der in Nummer 2 bezeichneten Versammlungen, die Anberaumung von Sitzungen der Verwaltungs- und Aufsichtsorgane sowie die Ankündigung von Gegenständen zur Beschlußfassung zu verlangen; in diesem Falle stehen ihm die in Nummer 2 genannten Befugnisse auch für die Sitzungen der Verwaltungsorgane zu.

(2) Das Bundesaufsichtsamt kann Auskünfte über die Geschäftsangelegenheiten und die Vorlegung der Bücher und Schriften auch von einem Unternehmen verlangen, bei dem Tatsachen die Annahme rechtfertigen, daß es Kreditinstitut ist oder nach § 3 verbotene Geschäfte betreibt.

(3) [1]Die Befugnisse nach Absatz 1 Nr. 1 stehen auch den in § 8 Abs. 1 bezeichneten Personen und Einrichtungen im Rahmen ihres Auftrages zu. [2]Die Befugnis, von den Kreditinstituten und den Mitgliedern ihrer Organe Auskünfte über alle Geschäftsangelegenheiten sowie die Vorlegung der Bücher und Schriften zu verlangen, steht auch der Deutschen Bundesbank zu, soweit sie nach diesem Gesetz tätig wird.

(4) Der zur Erteilung einer Auskunft Verpflichtete kann die Auskunft auf solche Fragen verweigern, deren Beantwortung ihn selbst oder einen der in § 383 Abs. 1 Nr. 1 bis 3 der Zivilprozeßordnung bezeichneten Angehörigen der Gefahr strafgerichtlicher Verfolgung oder eines Verfahrens nach dem Gesetz über Ordnungswidrigkeiten aussetzen würde.

## § 44 a  Grenzüberschreitende Auskünfte und Prüfungen

(1) [1]Rechtsvorschriften, welche die Übermittlung von Daten beschränken, sind nicht auf die Übermittlung von Daten zwischen einem Kreditinstitut oder einem Unternehmen, dessen Gegenstand auf den Erwerb von Geldforderungen, von Beteiligungen oder auf Kapitalanlagen gerichtet ist, und einem Unternehmen mit Sitz in einem anderen Staat anzuwenden, das mindestens fünfundzwanzig vom Hundert der Kapitalanteile an dem Kreditinstitut oder an dem Unternehmen unmittelbar oder mittelbar hält, wenn die Übermittlung der Daten erforderlich ist, um Bestimmungen der Bankaufsicht auf zusammengefaßter Basis über das Unternehmen mit Sitz in einem anderen Staat zu erfüllen. [2]Das Bundesaufsichtsamt kann einem Kreditinstitut die Übermittlung von Daten untersagen, wenn die Gegenseitigkeit nicht gewährleistet ist.

(2) [1]Auf Ersuchen einer für die Bankaufsicht über ein Unternehmen mit Sitz in einem anderen Mitgliedstaat der Europäischen Wirtschaftsgemeinschaft zuständigen Behörde hat das Bundesaufsichtsamt die Richtigkeit der von einem Kreditinstitut im Sinne des Absatzes 1 Satz 1 für die Bankaufsicht auf zusammengefaßter Basis übermittelten Daten zu überprüfen oder zu gestatten, daß die ersuchende Behörde, ein Wirtschaftsprüfer oder ein Sachverständiger diese Daten überprüft. [2]§ 5 Abs. 2 des Verwaltungsverfahrensgesetzes über die Grenzen der Amtshilfe gilt entsprechend. [3]Die Kreditinstitute im Sinne des Absatzes 1 Satz 1 haben die Prüfung zu dulden. [4]Unberührt bleibt die Einräumung von Prüfungsrechten der Bankaufsichtsbehörden durch zwischenstaatliche Vereinbarungen.

(3) Das Bundesaufsichtsamt ist befugt, bei nachgeordneten Unternehmen im Sinne des § 10 a Abs. 2 Satz 5 Nr. 3 die nach diesem Gesetz zulässigen Prüfungen durchzuführen, insbesondere die Richtigkeit der für die quotale Zusammenfassung nach § 10 a Abs. 3, § 13 a Abs. 3 und § 25 Abs. 2 übermittelten Daten zu überprüfen, soweit dies zur Erfüllung der Aufgaben des Bundesaufsichtsamtes erforderlich und nach dem Recht des anderen Staates zulässig ist.

## 4. Maßnahmen in besonderen Fällen

## § 45  Maßnahmen bei unzureichendem Eigenkapital oder unzureichender Liquidität

(1) [1]Entspricht bei einem Kreditinstitut
1. das haftende Eigenkapital nicht den Anforderungen des § 10 Abs. 1 Satz 1 oder
2. die Anlage seiner Mittel nicht den Anforderungen des § 11 Satz 1 oder § 12, so kann das Bundesaufsichsamt Entnahmen durch die Inhaber oder Gesell-

schafter, die Ausschüttung von Gewinnen und die Gewährung von Krediten (§ 19 Abs. 1) untersagen oder beschränken. [2]Im Fall des Satzes 1 Nr. 2 kann das Bundesaufsichtsamt dem Kreditinstitut ferner untersagen, verfügbare Mittel in den nach § 12 anzurechnenden Vermögenswerten anzulegen. [3]Satz 1 ist auf übergeordnete Kreditinstitute im Sinne des § 10a Abs. 2 entsprechend anzuwenden, wenn das haftende Eigenkapital der gruppenangehörigen Kreditinstitute den Anforderungen des § 10a Abs. 1 nicht entspricht.

(2) [1]Das Bundesaufsichtsamt darf die in Absatz 1 bezeichneten Anordnungen erst treffen, wenn das Kreditinstitut den Mangel nicht innerhalb einer vom Bundesaufsichtsamt zu bestimmenden Frist behoben hat. [2]Beschlüsse über die Gewinnausschüttung sind insoweit nichtig, als sie einer Anordnung nach Absatz 1 widersprechen.

### § 46 Maßnahmen bei Gefahr

(1) [1]Besteht für die Erfüllung der Verpflichtungen eines Kreditinstituts gegenüber seinen Gläubigern, insbesondere für die Sicherheit der ihm anvertrauten Vermögenswerte, so kann das Bundesaufsichtsamt zur Abwendung dieser Gefahr einstweilige Maßnahmen treffen. [2]Es kann insbesondere Anweisungen für die Geschäftsführung des Kreditinstituts erlassen, die Annahme von Einlagen und die Gewährung von Krediten (§ 19 Abs. 1) verbieten oder begrenzen, Inhabern und Geschäftsleitern die Ausübung ihrer Tätigkeit untersagen oder beschränken und Aufsichtspersonen bestellen. [3]Beschlüsse über die Gewinnausschüttung sind insoweit nichtig, als sie einer Anordnung nach Satz 1 und 2 widersprechen. [4]Bei Kreditinstituten, die in anderer Rechtsform als der eines Einzelkaufmanns betrieben werden, sind Geschäftsleiter, denen die Ausübung ihrer Tätigkeit untersagt worden ist, für die Dauer der Untersagung von der Geschäftsführung und Vertretung des Kreditinstituts ausgeschlossen. [5]Für die Ansprüche aus dem Anstellungsvertrag oder anderen Bestimmungen über die Tätigkeit des Geschäftsleiters gelten die allgemeinen Vorschriften. [6]Rechte, die einem Geschäftsleiter als Gesellschafter oder in anderer Weise eine Mitwirkung an Entscheidungen über Geschäftsführungsmaßnahmen bei dem Kreditinstitut ermöglichen, können für die Dauer der Untersagung nicht ausgeübt werden.

(2) Soweit nach anderen Rechtsvorschriften in Fällen, in denen die erforderlichen gesetzlichen Vertreter fehlen, oder bei Kreditinstituten, die von einem Einzelkaufmann betrieben werden, der Inhaber weggefallen oder verhindert ist, auf Antrag eines Beteiligten das Gericht eine vertretungsberechtigte Person bestellen kann, steht unter den Voraussetzungen des Absatzes 1 Satz 1 das Antragsrecht auch dem Bundesaufsichtsamt zu.

### § 46a Maßnahmen bei Konkursgefahr, Bestellung vertretungsbefugter Personen

(1) [1]Liegen die Voraussetzungen des § 46 Abs. 1 Satz 1 vor, so kann das Bundesaufsichtsamt zur Vermeidung des Konkurses vorübergehend
1. ein Veräußerungs- und Zahlungsverbot an das Kreditinstitut erlassen,
2. die Schließung des Kreditinstituts für den Verkehr mit der Kundschaft anordnen,
3. die Entgegennahme von Zahlungen, die nicht zur Tilgung von Schulden gegenüber dem Kreditinstitut bestimmt sind, verbieten, es sei denn, die Sicherungseinrichtung eines Verbandes der Kreditinstitute übernimmt es, die Berechtigten in vollem Umfang zu befriedigen. Die Sicherungseinrichtung

kann ihre Verpflichtungserklärung davon abhängig machen, daß eingehende Zahlungen, soweit sie nicht zur Tilgung von Schulden gegenüber dem Kreditinstitut bestimmt sind, von dem im Zeitpunkt des Erlasses des Veräußerungs- und Zahlungsverbots nach Nummer 1 vorhandenen Vermögen des Kreditinstituts zugunsten der Sicherungseinrichtung getrennt gehalten und verwaltet werden. [2]Das Kreditinstitut darf nach Erlaß des Veräußerungs- und Zahlungsverbots nach Satz 1 Nr. 1 die im Zeitpunkt des Erlasses laufenden Geschäfte abwickeln und neue Geschäfte eingehen, soweit diese zur Abwicklung erforderlich sind, wenn und soweit die Sicherungseinrichtung eines Verbandes der Kreditinstitute die zur Durchführung erforderlichen Mittel zur Verfügung stellt oder sich verpflichtet, aus diesen Geschäften insgesamt entstehende Vermögensminderungen des Kreditinstituts, soweit dies zur vollen Befriedigung sämtlicher Gläubiger erforderlich ist, diesem zu erstatten. [3]Das Bundesaufsichtsamt kann darüber hinaus Ausnahmen vom Veräußerungs- und Zahlungsverbot nach Satz 1 Nr. 1 zulassen, wenn und soweit dies für die Durchführung der Verwaltung des Kreditinstituts notwendig ist. [4]Solange Maßnahmen nach Satz 1 andauern, sind Zwangsvollstreckungen, Arreste und einstweilige Verfügungen in das Vermögen des Kreditinstituts nicht zulässig.

(2) [1]Sind bei Kreditinstituten, die in anderer Rechtsform als der eines Einzelkaufmanns betrieben werden, Maßnahmen nach Absatz 1 Satz 1 angeordnet und ist Geschäftsleitern die Ausübung ihrer Tätigkeit untersagt worden, so hat das Gericht des Sitzes des Kreditinstituts auf Antrag des Bundesaufsichtsamtes die erforderlichen geschäftsführungs- und vertretungsbefugten Personen zu bestellen, wenn zur Geschäftsführung und Vertretung des Kreditinstituts befugte Personen infolge der Untersagung nicht mehr in der erforderlichen Anzahl vorhanden sind. [2]Die Bestellung oder Abberufung von vertretungsbefugten Personen durch das Gericht, deren Vertretungsbefugnis sowie das Erlöschen ihres Amtes werden bei Kreditinstituten, die in ein öffentliches Register eingetragen sind, von Amts wegen eingetragen. [3]Die vertretungsbefugten Personen haben ihre Namensunterschriften zur Aufbewahrung beim Gericht zu zeichnen. [4]Solange die Voraussetzungen nach Satz 1 vorliegen, können die nach anderen Rechtsvorschriften hierzu berufenen Personen oder Organe ihr Recht, geschäftsführungs- und vertretungsbefugte Personen zu bestellen, nicht ausüben.

(3) [1]Die Vertretungsbefugnis einer durch das Gericht bestellten Person bestimmt sich nach der Vertretungsbefugnis des Geschäftsleiters, an dessen Stelle die Person bestellt worden ist. [2]Ihre Geschäftsführungsbefugnis ist, wenn sie nicht durch die dafür zuständigen Organe des Kreditinstituts erweitert wird, auf die Durchführung von Maßnahmen beschränkt, die zur Vermeidung des Konkurses und zum Schutz der Gläubiger erforderlich sind.

(4) [1]Die geschäftsführungs- und vertretungsbefugte Person, die durch das Gericht bestellt worden ist, hat Anspruch auf Ersatz angemessener barer Auslagen und auf Vergütung für ihre Tätigkeit. [2]Das Gericht des Sitzes des Kreditinstituts setzt auf Antrag der durch das Gericht bestellten geschäftsführungs- und vertretungsbefugten Person die Auslagen und die Vergütung fest. [3]Die weitere Beschwerde ist ausgeschlossen. [4]Aus der rechtskräftigen Entscheidung findet die Zwangsvollstreckung nach der Zivilprozeßordnung statt.

(5) Solange Maßnahmen nach Absatz 1 Satz 1 angeordnet sind, kann eine geschäftsführungs- und vertretungsbefugte Person, die durch das Gericht bestellt worden ist, nur durch das Gericht auf Antrag des Bundesaufsichtsamtes

oder des Organs des Kreditinstituts, das für den Ausschluß von Gesellschaftern von der Geschäftsführung und Vertretung oder die Abberufung geschäftsführungs- oder vertretungsbefugter Personen zuständig ist, und nur dann abberufen werden, wenn ein wichtiger Grund vorliegt.

(6) [1]Das Amt einer geschäftsführungs- und vertretungsbefugten Person, die durch das Gericht bestellt worden ist, erlischt in jedem Fall, wenn die Maßnahmen nach Absatz 1 Satz 1 und die Verfügung aufgehoben werden, mit der dem Geschäftsleiter, an dessen Stelle die Person bestellt worden ist, die Ausübung seiner Tätigkeit untersagt worden war. [2]Sind nur die Maßnahmen nach Absatz 1 Satz 1 aufgehoben worden, erlischt das Amt einer geschäftsführungs- und vertretungsbefugten Person, die durch das Gericht bestellt worden ist, sobald die nach anderen Rechtsvorschriften hierzu berufenen Personen oder Organe eine geschäftsführungs- und vertretungsbefugte Person bestellt haben und dieser Person, soweit erforderlich, eine Erlaubnis nach § 32 erteilt worden ist.

(7) Die Absätze 2 bis 6 gelten nicht für juristische Personen des öffentlichen Rechts.

## § 46 b  Konkursantrag

[1]Wird ein Kreditinstitut zahlungsunfähig oder tritt Überschuldung ein, so haben die Geschäftsleiter und bei einem in der Rechtsform des Einzelkaufmanns betriebenen Kreditinstitut der Inhaber dies dem Bundesaufsichtsamt unverzüglich anzuzeigen. [2]Soweit diese Personen nach anderen Rechtsvorschriften verpflichtet sind, bei Zahlungsunfähigkeit oder Überschuldung die Konkurseröffnung zu beantragen, tritt an die Stelle der Antragspflicht die Anzeigepflicht nach Satz 1. [3]Das Konkursverfahren über das Vermögen eines Kreditinstituts findet im Falle der Zahlungsunfähigkeit oder der Überschuldung statt. [4]Der Antrag auf Konkurseröffnung über das Vermögen des Kreditinstituts kann nur von dem Bundesaufsichtsamt gestellt werden. [5]Das Konkursgericht hat dem Antrag des Bundesaufsichtsamtes zu entsprechen; die §§ 46 und 84 der Vergleichsordnung sowie § 107 Abs. 1 der Konkursordnung bleiben unberührt. [6]Der Eröffnungsbeschluß ist unanfechtbar.

## § 46 c  Berechnung von Fristen

Die nach § 31 Nr. 2, den §§ 32, 32 a Satz 2, §§ 33 und 55 Nr. 3 sowie § 183 Abs. 2 der Konkursordnung, nach § 237 des Handelsgesetzbuches und nach § 32 b Satz 1 des Gesetzes betreffend die Gesellschaften mit beschränkter Haftung vom Tage der Konkurseröffnung sowie die nach § 75 Abs. 2 und § 107 Abs. 2 der Vergleichsordnung vom Tage der Eröffnung des Vergleichsverfahrens an zu berechnenden Fristen sind vom Tage des Erlasses einer Maßnahme nach § 46 a Abs. 1 an zu berechnen.

## § 47  Moratorium, Einstellung des Bank- und Börsenverkehrs

(1) Sind wirtschaftliche Schwierigkeiten bei Kreditinstituten zu befürchten, die schwerwiegende Gefahren für die Gesamtwirtschaft, insbesondere den geordneten Ablauf des allgemeinen Zahlungsverkehrs, erwarten lassen, so kann die Bundesregierung durch Rechtsverordnung

1. einem Kreditinstitut einen Aufschub für die Erfüllung seiner Verbindlichkeiten gewähren und anordnen, daß während der Dauer des Aufschubs Zwangsvollstreckungen, Arreste und einstweilige Verfügungen gegen das Kreditinstitut sowie das Vergleichsverfahren oder der Konkurs über das Vermögen des Kreditinstituts nicht zulässig sind;

2. anordnen, daß die Kreditinstitute für den Verkehr mit ihrer Kundschaft vor-

übergehend geschlossen bleiben und im Kundenverkehr Zahlungen und Überweisungen weder leisten noch entgegennehmen dürfen; sie kann diese Anordnung auf Arten oder Gruppen von Kreditinstituten sowie auf bestimmte Bankgeschäfte beschänken;

3. anordnen, daß die Wertpapierbörsen vorübergehend geschlossen bleiben.

(2) Vor den Maßnahmen nach Absatz 1 hat die Bundesregierung die Deutsche Bundesbank zu hören.

(3) Trifft die Bundesregierung Maßnahmen nach Absatz 1, so hat sie durch Rechtsverordnung die Rechtsfolgen zu bestimmen, die sich hierdurch für Fristen und Termine auf dem Gebiet des bürgerlichen Rechts, des Handels-, Gesellschafts-, Wechsel-, Scheck- und Verfahrensrechts ergeben.

## § 48 Wiederaufnahme des Bank- und Börsenverkehrs

(1) [1]Die Bundesregierung kann nach Anhörung der Deutschen Bundesbank für die Zeit nach einer vorübergehenden Schließung der Kreditinstitute und Wertpapierbörsen gemäß § 47 Abs. 1 Nr. 2 und 3 durch Rechtsverordnung Vorschriften für die Wiederaufnahme des Zahlungs- und Überweisungsverkehrs sowie des Börsenverkehrs erlassen. [2]Sie kann hierbei insbesondere bestimmen, daß die Auszahlung von Guthaben zeitweiligen Beschränkungen unterliegt. [3]Für Geldbeträge, die nach einer vorübergehenden Schließung der Kreditinstitute angenommen werden, dürfen solche Beschränkungen nicht angeordnet werden.

(2) Die nach Absatz 1 sowie die nach § 47 Abs. 1 erlassenen Rechtsverordnungen treten, wenn sie nicht vorher aufgehoben worden sind, drei Monate nach ihrer Verkündigung außer Kraft.

## 5. Vollziehbarkeit, Zwangsmittel, Kosten und Gebühren

### § 49 Sofortige Vollziehbarkeit

Widerspruch und Anfechtungsklage gegen Maßnahmen des Bundesaufsichtsamtes haben in den Fällen des § 12a Abs. 2, des § 35 Abs. 2 Nr. 2, 3 Buchstabe b und 4, der §§ 36, 45, 46, 46a Abs. 1 und des § 46b sowie bei einer Prüfung nach § 44 Abs. 1 Nr. 1 und § 44a Abs. 2 Satz 1 keine aufschiebende Wirkung.

### § 50 Zwangsmittel

(1) [1]Das Bundesaufsichtsamt kann die Befolgung der Verfügungen, die es innerhalb seiner gesetzlichen Befugnisse trifft, mit Zwangsmitteln nach den Bestimmungen des Verwaltungs-Vollstreckungsgesetzes durchsetzen. [2]Es kann Zwangsmittel auch gegen Kreditinstitute anwenden, die juristische Personen des öffentlichen Rechts sind.

(2) Die Höhe des Zwangsgeldes beträgt bis zu fünfzigtausend Deutsche Mark.

### § 51 Kosten und Gebühren

(1) [1]Die Kosten des Bundesaufsichtsamtes sind, soweit sie nicht durch Gebühren oder durch besondere Erstattung nach Absatz 3 gedeckt sind, dem Bund von den Kreditinstituten zu neunzig vom Hundert zu erstatten. [2]Die Kosten werden anteilig auf die einzelnen Kreditinstitute nach Maßgabe ihres Geschäftsumfanges umgelegt und vom Bundesaufsichtsamt nach den Vorschriften des Verwaltungs-Vollstreckungsgesetzes beigetrieben. [3]Das Nähere über

die Erhebung der Umlage und über die Betreibung bestimmt der Bundesminister der Finanzen durch Rechtsverordnung.

(2) [1]Das Bundesaufsichtsamt kann für Entscheidungen aufgrund der §§ 32, 34 Abs. 2 und der §§ 35 bis 37 Gebühren in Höhe von einhundert bis zehntausend Deutsche Mark festsetzen. [2]Die Höhe der Gebühr soll sich im Einzelfalle nach dem für die Entscheidung erforderlichen Arbeitsaufwand und nach dem Geschäftsumfang des betroffenen Unternehmens richten.

(3) [1]Die Kosten, die dem Bund durch die Depotprüfung (§ 30), durch eine Bekanntmachung nach § 38 Abs. 3, eine aufgrund von § 44 Abs. 1 Nr. 1 vorgenommene Prüfung oder durch die Bestellung einer Aufsichtsperson entstehen, sind von dem betroffenen Unternehmen gesondert zu erstatten und auf Verlangen des Bundesaufsichtsamtes vorzuschießen. [2]Die Kosten, die dem Bund durch eine aufgrund von § 44a Abs. 3 vorgenommene Prüfung der Richtigkeit der für die quotale Zusammenfassung nach § 10a Abs. 3, § 13a Abs. 3 und § 25 Abs. 2 übermittelten Daten entstehen, sind von dem zur quotalen Zusammenfassung verpflichteten übergeordneten Kreditinstitut gesondert zu erstatten und auf Verlangen des Bundesaufsichtsamtes vorzuschießen.

## Vierter Abschnitt. Sondervorschriften

### § 52 Sonderaufsicht

(1) Soweit Kreditinstitute einer anderen staatlichen Aufsicht unterliegen, bleibt diese neben der Aufsicht des Bundesaufsichtsamtes bestehen.

(2) (*gestrichen*)

### § 52a *(aufgehoben)*

### § 53 Zweigstellen von Unternehmen mit Sitz in einem anderen Staat

(1) Unterhält ein Unternehmen mit Sitz in einem anderen Staat eine Zweigstelle im Geltungsbereich dieses Gesetzes, die Bankgeschäfte in dem in § 1 Abs. 1 bezeichneten Umfang betreibt, so gilt die Zweigstelle als Kreditinstitut. Unterhält das Unternehmen mehrere Zweigstellen im Sinne des Satzes 1, so gelten sie als ein Kreditinstitut.

(2) Auf die in Absatz 1 bezeichneten Kreditinstitute ist dieses Gesetz mit folgender Maßgabe anzuwenden:
1. [1]Das Unternehmen hat mindestens zwei natürliche Personen mit Wohnsitz im Geltungsbereich dieses Gesetzes zu bestellen, die für den Geschäftsbereich des Kreditinstituts zur Geschäftsführung und zur Vertretung des Unternehmens befugt sind. [2]Solche Personen gelten als Geschäftsleiter. [3]Sie sind zur Eintragung in das Handelsregister anzumelden.
2. [1]Das Kreditinstitut ist verpflichtet, über die von ihm betriebenen Geschäfte und über das seinem Geschäftsbetrieb dienende Vermögen des Unternehmens gesondert Buch zu führen und gegenüber dem Bundesaufsichtsamt und der Deutschen Bundesbank Rechnung zu legen. [2]Die Vorschriften des Handelsgesetzbuches über Handelsbücher gelten insoweit entsprechend. [3]Auf der Passivseite der jährlichen Vermögensübersicht ist der Betrag des dem Kreditinstitut von dem Unternehmen zur Verfügung gestellten Betriebskapitals und der Betrag der dem Kreditinstitut zur Verstärkung der eigenen Mittel belassenen Betriebsüberschüsse gesondert auszuweisen. [4]Der Überschuß der Passivposten über die Aktivposten oder der Überschuß der Aktivposten über die Passivposten ist am Schluß der Vermögensübersicht ungeteilt und gesondert auszuweisen.

3. ¹Die nach Nummer 2 für den Schluß eines jeden Geschäftsjahres aufzustellende Vermögensübersicht mit einer Aufwands- und Ertragsrechnung und einem Anhang gilt als Jahresabschluß (§ 26). ²Für die Prüfung des Jahresabschlusses gilt § 340k* des Handelsgesetzbuchs sinngemäß mit der Maßgabe, daß der Prüfer von den Geschäftsleitern gewählt und bestellt wird. ³Mit dem Jahresabschluß des Kreditinstituts ist der Jahresabschluß des Unternehmens für das gleiche Geschäftsjahr einzureichen.

4. ¹Als haftendes Eigenkapital des Kreditinstituts gilt die Summe der Beträge, die in dem Monatsausweis nach § 25 als dem Kreditinstitut von dem Unternehmen zur Verfügung gestelltes Betriebskapital und ihm zur Verstärkung der eigenen Mittel belassene Betriebsüberschüsse ausgewiesen wird, abzüglich des Betrages eines etwaigen aktiven Verrechnungssaldos. ²Maßgebend für die Bemessung des haftenden Eigenkapitals ist der jeweils letzte Monatsausweis.

5. ¹Die Aufnahme der Geschäftstätigkeit einer jeden Zweigstelle des Unternehmens bedarf der Erlaubnis. ²Die Erlaubnis kann auch dann versagt werden, wenn die Gegenseitigkeit nicht aufgrund zwischenstaatlicher Vereinbarungen gewährleistet ist. ³Die Erlaubnis ist zu widerrufen, wenn und soweit dem Unternehmen die Erlaubnis zum Betreiben von Bankgeschäften von der für die Bankaufsicht über das Unternehmen in dem anderen Staat zuständigen Behörde entzogen worden ist.

6. Für die Anwendung des § 36 Abs. 1 gilt das Kreditinstitut als juristische Person.

(3) Für Klagen, die auf den Geschäftsbetrieb einer Zweigstelle im Sinne des Absatzes 1 Bezug haben, darf der Gerichtsstand der Niederlassung nach § 21 der Zivilprozeßordnung nicht durch Vertrag ausgeschlossen werden.

(4) Die Absätze 2 und 3 sind nicht anzuwenden, soweit zwischenstaatliche Vereinbarungen entgegenstehen, denen die gesetzgebenden Körperschaften in der Form eines Bundesgesetzes zugestimmt haben.

## § 53a Repräsentanzen von Unternehmen mit Sitz in einem anderen Staat

Die Errichtung, Verlegung und Schließung einer Repräsentanz im Geltungsbereich dieses Gesetzes durch ein Unternehmen mit Sitz in einem anderen Staat, das Bankgeschäft betreibt, sind dem Bundesaufsichtsamt und der Deutschen Bundesbank von dem Leiter der Repräsentanz unverzüglich anzuzeigen.

# Fünfter Abschnitt. Strafvorschriften, Bußgeldvorschriften

## § 54 Verbotene Geschäfte, Handeln ohne Erlaubnis

(1) Wer
1. Geschäfte betreibt, die nach § 3 verboten sind, oder
2. Bankgeschäfte ohne die nach § 32 erforderliche Erlaubnis betreibt,
wird mit Freiheitsstrafe bis zu drei Jahren oder mit Geldstrafe bestraft.

---

\* Vor Änderung durch das Bankbilanzrichtlinie-Gesetz hatte § 53 Abs. 2 Nr. 3 Satz 2 folgenden Wortlaut: Für die Prüfung des Jahresabschlusses gelten § 256 Abs. 1 Nr. 2 und 3 und § 270 Abs. 1 und 3 des Aktiengesetzes sowie die §§ 316 bis 324 des Handelsgesetzbuchs sinngemäß mit der Maßgabe, daß der Prüfer von den Geschäftsleitern gewählt und bestellt wird.
Zur Anwendung des Bankbilanzrichtlinie-Gesetzes s. Art. 30 und 31 EGHGB.

(2) Handelt der Täter fahrlässig, so ist die Strafe Freiheitsstrafe bis zu einem Jahr oder Geldstrafe.

## § 55 Verletzung der Pflicht zur Anzeige der Zahlungsunfähigkeit oder der Überschuldung

(1)Wer es als Geschäftsleiter eines Kreditinstituts oder als Inhaber eines in der Rechtsform des Einzelkaufmanns betriebenen Kreditinstituts entgegen § 46 b Satz 1 unterläßt, dem Bundesaufsichtsamt die Zahlungsunfähigkeit oder Überschuldung anzuzeigen, wird mit Freiheitsstrafe bis zu drei Jahren oder mit Geldstrafe bestraft.

(2)Handelt der Täter fahrlässig, so ist die Strafe Freiheitsstrafe bis zu einem Jahr oder Geldstrafe.

## § 56 Ordnungswidrigkeiten

(1) Ordnungswidrig handelt, wer

1. vorsätzlich oder fahrlässig entgegen § 44 Abs. 1 Nr. 1, Abs. 2 oder 3 eine Auskunft nicht, nicht rechtzeitig, nicht vollständig oder unrichtig erteilt, die Bücher oder Schriften nicht, nicht rechtzeitig oder nicht vollständig vorlegt oder die Ausübung der in § 44 Abs. 1 Nr. 1, 2 oder 3 zweiter Halbsatz und Abs. 3 Satz 1 bezeichneten Befugnisse nicht duldet,

2. vorsätzlich oder fahrlässig einer Vorschrift einer aufgrund dieses Gesetzes erlassenen Rechtsverordnung, soweit für bestimmte Tatbestände diese ausdrücklich auf diese Bußgeldvorschrift verweist, zuwiderhandelt,

3. vorsätzlich oder fahrlässig einer aufgrund des § 12a Abs. 2, des § 23 Abs. 1, des § 32 Abs. 2 Satz 1, des § 44 Abs. 1 Nr. 3 erster Halbsatz, des § 45 Abs. 1, des § 46 Abs. 1 Satz 1 oder 2 oder des § 46 a Abs. 1 Satz 1 erlassenen vollziehbaren Verfügungen zuwiderhandelt,

4. vorsätzlich oder leichtfertig der Pflicht zur Anzeige nach § 10 Abs. 8 Satz 1 oder 2, § 12a Abs. 1 Satz 3, § 13 Abs. 1 Satz 1 oder 2, Abs. 2 Satz 5 oder 6, § 13a Abs. 4 Satz 1, § 14 Abs. 1, § 15 Abs. 4 Satz 4 zweiter Halbsatz, § 16 Satz 1 oder 2, § 24 Abs. 1 oder 3, § 28 Abs. 1 Satz 1 oder § 53a nicht, nicht rechtzeitig oder nicht vollständig nachkommt oder in einer solchen Anzeige unrichtige Angaben macht; für die Anzeigepflichten nach den §§ 13 und 13a gilt dies nur insoweit, als der Großkredit fünfzig vom Hundert des haftenden Eigenkapitals nicht übersteigt,

5. vorsätzlich oder leichtfertig der Pflicht zur Einreichung von Monatsausweisen nach § 25 Abs. 1 Satz 1, auch in Verbindung mit Satz 2, oder Abs. 2 Satz 1, von Jahresabschlüssen, des Prüfungsberichts, des Konzernabschlusses oder des Prüfungsberichts der Konzernabschlußprüfer nach § 26 Abs. 1 oder 3 nicht, nicht rechtzeitig oder nicht vollständig nachkommt oder in einem Monatsausweis unrichtige Angaben macht,

6. vorsätzlich oder fahrlässig den Vorschriften des § 10 Abs. 5 Satz 5 über das Verbot des Erwerbs in Wertpapieren verbriefter eigener Genußrechte, des § 12 Abs. 1 über die Begrenzung von Anlagen, des § 12a Abs. 1 Satz 1 über die Begründung von Unternehmensbeziehungen, des § 13 Abs. 3 oder 4 oder des § 13a Abs. 4 Satz 2 über die Einhaltung der Grenzen für Großkredite oder des § 18 Satz 1 über Kreditunterlagen zuwiderhandelt,

7. den Vorschriften des § 21 Abs. 4 Satz 1 oder 3 über Spareinlagen oder des § 22 Abs. 3 Satz 1 oder 2 über Vorschußzinsen zuwiderhandelt,

8. seine Tätigkeit als Inhaber oder Geschäftsleiter eines Kreditinstituts trotz Untersagung durch das Bundesaufsichtsamt nach § 36 Abs. 1 oder § 36 Abs. 1 Satz 2 fortsetzt.

(2) Die Ordnungswidrigkeit kann mit einer Geldbuße bis zu hunderttausend Deutsche Mark geahndet werden.

## §§ 57, 58 (*aufgehoben*)

## § 59 Geldbußen gegen Kreditinstitute

§ 30 des Gesetzes über Ordnungswidrigkeiten gilt für Kreditinstitute in der Rechtsform einer juristischen Person oder Personenhandelsgesellschaft auch dann, wenn ein Geschäftsleiter, der nicht nach Gesetz, Satzung oder Gesellschaftsvertrag zur Vertretung des Kreditinstituts berufen ist, eine Straftat oder Ordnungswidrigkeit begangen hat.

## § 60 Zuständige Verwaltungsbehörde

Verwaltungsbehörde im Sinne des § 36 Abs. 1 Nr. 1 des Gesetzes über Ordnungswidrigkeiten ist das Bundesaufsichtsamt für das Kreditwesen.

# Sechster Abschnitt. Übergangs- und Schlußvorschriften

## § 61 Erlaubnis für bestehende Kreditinstitute

[1]Soweit ein Kreditinstitut bei Inkrafttreten dieses Gesetzes Bankgeschäfte in dem in § 1 Abs. 1 bezeichneten Umfang betreiben durfte, gilt die Erlaubnis nach § 32 als erteilt. [2]Die in § 35 Abs. 1 genannte Frist beginnt mit dem Inkrafttreten dieses Gesetzes zu laufen.

## § 62 Überleitungsbestimmungen

(1) [1]Die auf dem Gebiet des Kreditwesens bestehenden Rechtsvorschriften sowie die aufgrund der bisherigen Rechtsvorschriften erlassenen Anordnungen bleiben aufrechterhalten, soweit ihnen nicht Bestimmungen dieses Gesetzes entgegenstehen. [2]Rechtsvorschriften, die für die geschäftliche Betätigung bestimmter Arten von Kreditinstituten weitergehende Anforderungen stellen als dieses Gesetz, bleiben unberührt.

(2) Aufgaben und Befugnisse, die in Rechtsvorschriften des Bundes der Bankaufsichtsbehörde zugewiesen sind, gehen auf das Bundesaufsichtsamt über.

(3) Die Zuständigkeiten der Länder für die Anerkennung als verlagertes Geldinstitut nach der Fünfunddreißigsten Durchführungsverordnung zum Umstellungsgesetz, für die Bestätigung der Umstellungsrechnung und der Altbankenrechnung sowie für die Aufgaben und Befugnisse nach den Wertpapierbereinigungsgesetzen und dem Bereinigungsgesetz für deutsche Auslandsbonds bleiben unberührt.

(4) [1]Die Vorschriften der §§ 10 bis 38, 45, 46 und 51 Abs. 1 sind auf Kreditinstitute, die Geschäfte im Sinne des § 1 Abs. 1 Satz 2 Nr. 7 betreiben, hinsichtlich der Verpflichtungen nicht anzuwenden, die sich auf vor Inkrafttreten dieses Gesetzes begründete Darlehensforderungen beziehen, wenn deren Abtretung und Rückerwerb durch das Kreditinstitut von vornherein vorgesehen war. [2]Dies gilt nicht, wenn das Kreditinstitut die bei Inkrafttreten dieses Gesetzes bestehenden Vorkehrungen, die die Erfüllung seiner Verpflichtungen sichern sollen, zum Nachteil der Gläubiger wesentlich ändert.

(5) Unternehmen, die am 31. Dezember 1989 als gemeinnützige Wohnungsunternehmen anerkannt waren und die nur Geschäfte betreiben, die sie nach den am 31. Dezember 1989 geltenden Vorschriften des Wohnungsgemeinnützigkeitsgesetzes betreiben durften, unterliegen

1. für Bankgeschäfte, die zu den ihnen eigentümlichen Geschäften gehören, bis zum 31. Dezember 1994 nicht der Erlaubnispflicht nach § 32 Abs. 1 und

2. bis zum 31. Dezember 1994 nicht den Vorschriften der §§ 10, 10a, 12 bis 20, 25, 30 und 33 Abs. 2 Satz 2, soweit ihnen eine Erlaubnis nach § 32 Abs. 1 zum Betreiben von Bankgeschäften erteilt wurde.

Für Unternehmen, die am 31. Dezember 1989 als Organe der staatlichen Wohnungspolitik anerkannt waren, gilt Satz 1 Nr. 1 entsprechend, sofern sie nicht überwiegend Bankgeschäfte betreiben. Werden dem Abschlußprüfer oder dem Prüfungsverband Tatsachen bekannt, die darauf schließen lassen, daß das Unternehmen seinen bisherigen Geschäftskreis ausgedehnt hat, nicht mehr die Voraussetzungen des § 5 Abs. 1 Nr. 10 Satz 1 des Körperschaftsteuergesetzes erfüllt oder nicht ihm eigentümliche oder überwiegend Bankgeschäfte betreibt, hat er dies unverzüglich dem Bundesaufsichtsamt für das Kreditwesen und der Deutschen Bundesbank anzuzeigen.

## § 63
(Aufhebung und Änderung von Rechtsvorschriften)

## § 63 a Sondervorschriften im Verhältnis zur Deutschen Demokratischen Republik einschließlich Berlin (Ost)

(1) Bestimmungen dieses Gesetzes und der aufgrund dieses Gesetzes erlassenen Rechtsverordnungen über Kredite an den Bund, über Gewährleistungen des Bundes sowie über Geschäfte der Deutschen Bundespost im Postgiro- und Postsparverkehr finden auch Anwendung auf Kredite an den Republikhaushalt der Deutschen Demokratischen Republik, auf Gewährleistungen durch den Staatshaushalt sowie auf entsprechende Geschäfte der Deutschen Post.

(2) [1]Die §§ 21 bis 22 a über den Sparverkehr finden in der Deutschen Demokratischen Republik einschließlich Berlin (Ost) für Spareinlagen auf Spargirokonten und Sparkonten keine Anwendung, sofern diese Einlagen vor dem 1. Juli 1990 eingezahlt worden sind. [2]§ 53 über Zweigstellen mit Sitz in einem anderen Staat ist auf Zweigstellen von Kreditinstituten aus der Bundesrepublik Deutschland einschließlich Berlin (West) in der Deutschen Demokratischen Republik einschließlich Berlin (Ost) und umgekehrt nicht anzuwenden.

(3) [1]Soweit ein Kreditinstitut mit Sitz in der Deutschen Demokratischen Republik einschließlich Berlin (Ost) am 1. Juli 1990 Bankgeschäfte in dem in § 1 Abs. 1 bezeichneten Umfang betreiben durfte, gilt die Erlaubnis nach § 32 als erteilt. [2]§ 61 Satz 2 gilt entsprechend.

(4) Das Bundesaufsichtsamt kann Gruppen von Kreditinstituten oder einzelne Kreditinstitute mit Sitz in der Deutschen Demokratischen Republik einschließlich Berlin (Ost) von Verpflichtungen aufgrund dieses Gesetzes freistellen, wenn dies aus besonderen Gründen, insbesondere wegen der noch fehlenden Angleichung des Rechts der Deutschen Demokratischen Republik an das Recht der Bundesrepublik Deutschland, angezeigt ist.

(5) Das Bundesverwaltungsgericht entscheidet im ersten und letzten Rechtszug über Klagen gegen Entscheidungen des Bundesaufsichtsamtes nach diesem oder anderen Gesetzen oder wegen Untätigkeit des Bundesaufsichtsamtes, wenn der Kläger seinen Sitz oder Wohnsitz in der Deutschen Demokratischen Republik einschließlich Berlin (Ost) hat.

(6) Solange nicht einem Gericht in der Deutschen Demokratischen Republik einschließlich Berlin (Ost) die in § 28 Abs. 2, § 46 Abs. 2 und § 46a genannten

Aufgaben durch Gesetz oder Verordnung übertragen worden sind, übernimmt das Amtsgericht Charlottenburg diese Aufgaben. § 46b gilt mit der Maßgabe, daß für Kreditinstitute mit Sitz in der Deutschen Demokratischen Republik einschließlich Berlin (Ost) an die Stelle des Konkursverfahrens das Verfahren nach der Verordnung der Deutschen Demokratischen Republik über die Gesamtvollstreckung tritt und daß die Gesamtvollstreckung nur auf Antrag des Bundesaufsichtsamtes eingeleitet werden kann.

## § 64 Berlin-Klausel

Dieses Gesetz gilt nach § 13 Abs. 1 des Dritten Überleitungsgesetzes vom 4. Januar 1952 (Bundesgesetzbl. I S. 1) auch im Land Berlin. Rechtsverordnungen, die aufgrund dieses Gesetzes erlassen werden, gelten im Land Berlin nach § 14 des Dritten Überleitungsgesetzes.

## § 65 Inkrafttreten

Dieses Gesetz tritt am 1. Januar 1962 in Kraft.

# 8. Gesetz über die Beaufsichtigung der Versicherungsunternehmen (Versicherungsaufsichtsgesetz – VAG)

**in der Fassung der Bekanntmachung
vom 13. Oktober 1983 (BGBl. I S. 1261)**

zuletzt geändert durch Gesetz vom 17. 12. 1990 (BGBl. I S. 2864)

## Gesetzesübersicht

## I. Einleitende Vorschriften

### § 1 [Aufsichtspflicht; Beschränkungen]

(1) Der Aufsicht nach diesem Gesetz unterliegen Unternehmen, die den Betrieb von Versicherungsgeschäften zum Gegenstand haben und nicht Träger der Sozialversicherung sind (Versicherungsunternehmen).

(2) [1]Für Unternehmen, die ausschließlich die Rückversicherung betreiben und nicht die Rechtsform eines Versicherungsvereins auf Gegenseitigkeit haben, gelten nur die §§ 55 bis 59, 83, 84 Abs. 1 Satz 2 und 3 und Abs. 3 sowie die §§ 101 bis 103, 137, 138 und 150; § 2 gilt entsprechend. [2]Für öffentlich-rechtliche Versicherungsunternehmen des öffentlichen Dienstes oder der Kirchen, die ausschließlich die Alters-, Invaliditäts- oder Hinterbliebenenversorgung zum Gegenstand haben, gelten nur § 13 Abs. 1, die §§ 14, 54 Abs. 2 Satz 1 Buchstabe a und Satz 2, § 55 Abs. 1, 3 bis 5 Satz 1, § 55a sowie die §§ 81, 81a, 82 bis 84, 86, 88 und 89; für die nach Landesrecht errichteten und der Landesaufsicht unterliegenden Versicherungsunternehmen dieser Art kann das Landesrecht Abweichendes bestimmen. [3]Der Bundesminister der Finanzen wird

ermächtigt, durch Rechtsverordnung, die nicht der Zustimmung des Bundesrates bedarf, öffentlich-rechtliche Versicherungsunternehmen im Sinne des Satzes 2, die nicht der Landesaufsicht unterliegen, von der Aufsicht nach diesem Gesetz freizustellen, wenn nach den gesetzlichen Vorschriften über die Errichtung der Unternehmen oder den zwischen den Unternehmen und ihren Trägern bestehenden Vereinbarungen eine Beaufsichtigung zur Wahrung der Belange der Versicherten nicht erforderlich erscheint.

(3) Der Aufsicht nach diesem Gesetz unterliegen nicht

1. Personenvereinigungen, die ihren Mitgliedern, ohne daß diese einen Rechtsanspruch haben, Unterstützungen gewähren, insbesondere die Unterstützungseinrichtungen und Unterstützungsvereine der Berufsverbände;

1 a. die aufgrund der Handwerksordnung von Innungen errichteten Unterstützungskassen;

2. rechtsfähige Zusammenschlüsse von Industrie- und Handelskammern mit Verbänden der Wirtschaft, wenn diese Zusammenschlüsse den Zweck verfolgen, die Versorgungslasten, die ihren Mitgliedern aus Versorgungszusagen erwachsen, im Wege der Umlegung auszugleichen, und diese Zusammenschlüsse ihre Rechtsfähigkeit durch staatliche Verleihung erlangt haben;

3. nichtrechtsfähige Zusammenschlüsse von Gemeinden und Gemeindeverbänden, soweit sie bezwecken, durch Umlegung Schäden folgender Art aus Risiken ihrer Mitglieder und solcher zur Erfüllung öffentlicher Aufgaben betriebener Unternehmen auszugleichen, an denen ein oder mehrere kommunale Mitglieder oder – in den Fällen des Buchstabens b – sonstige Gebietskörperschaften mit mindestens 50 vom Hundert beteiligt sind:
   a) Schäden, für welche die Mitglieder oder ihre Bediensteten aufgrund gesetzlicher Haftpflichtbestimmungen von Dritten verantwortlich gemacht werden können,
   b) Schäden aus der Haltung von Kraftfahrzeugen,
   c) Leistungen aus der kommunalen Unfallfürsorge;

4. Körperschaften und Anstalten des öffentlichen Rechts, bei denen Versicherungsverhältnisse unmittelbar kraft Gesetzes entstehen oder infolge eines gesetzlichen Zwanges genommen werden müssen oder die ein auf Gesetz beruhendes Monopol besitzen;

5. Unternehmen mit örtlich eng begrenztem Wirkungsbereich, die für den Fall eines ungewissen Ereignisses gegen Pauschalentgelt Leistungen übernehmen, sofern diese nicht in einer Geldleistung, einer Kostenübernahme oder einer Haftungsfreistellung gegenüber Dritten bestehen.

## § 2 [Entscheidung über Aufsichtspflicht]

Ob ein Unternehmen nach § 1 der Aufsicht unterliegt, entscheidet die Aufsichtsbehörde; die Entscheidung bindet die Verwaltungsbehörden. Eine vor dem 1. April 1931 ergangene Entscheidung eines Gerichts oder einer Verwaltungsbehörde steht einer Entscheidung der Aufsichtsbehörde nicht entgegen.

## § 3 [Organe bei Versicherungsanstalten]

Soweit in diesem Gesetz Vorschriften für den Vorstand oder den Aufsichtsrat getroffen sind und öffentlich-rechtliche Versicherungsunternehmen Organe mit dieser Bezeichnung nicht besitzen, tritt an die Stelle des Vorstands das entsprechende Geschäftsführungsorgan und an die Stelle des Aufsichtsrats das entsprechende Überwachungsorgan.

## § 4 *(weggefallen)*

## II. Erlaubnis zum Geschäftsbetrieb

### § 5 [Voraussetzungen für die Zulassung]

(1) Versicherungsunternehmen bedürfen zum Geschäftsbetrieb der Erlaubnis der Aufsichtsbehörde.

(2) Mit dem Antrag auf Erlaubnis ist der Geschäftsplan einzureichen; er hat den Zweck und die Einrichtung des Unternehmens, den Bezirk des beabsichtigten Geschäftsbetriebs sowie namentlich auch die Verhältnisse klarzulegen, woraus sich die künftigen Verpflichtungen des Unternehmens als dauernd erfüllbar ergeben sollen.

(3) Als Bestandteil des Geschäftsplans sind insbesondere einzureichen
1. die Satzung,
1a. auf Verlangen der Aufsichtsbehörde die Formblätter und sonstigen gedruckten Unterlagen, die im Verkehr mit den Versicherten verwendet werden,
2. die allgemeinen Versicherungsbedingungen sowie die fachlichen Geschäftsunterlagen, soweit solche nach der Art der Versicherungen erforderlich sind,
3. Unternehmensverträge der in den §§ 291 und 292 des Aktiengesetzes bezeichneten Art,
4. Verträge, durch die der Vertrieb, die Bestandsverwaltung, die Leistungsbearbeitung, das Rechnungswesen, die Vermögensanlage oder die Vermögensverwaltung eines Versicherungsunternehmens im Geltungsbereich dieses Gesetzes ganz oder zu einem wesentlichen Teil einem anderen Unternehmen auf Dauer übertragen werden soll (Funktionsausgliederung),
5. Angaben über die Art der zu deckenden Risiken, soweit für diese keine allgemeinen Versicherungsbedingungen vorgelegt werden müssen.

(4) ¹Im Rahmen des Geschäftsplans ist nachzuweisen, daß Eigenmittel in Höhe des Mindestbetrages des Garantiefonds (§ 53c Abs. 2) zur Verfügung stehen. ²Ihre Zusammensetzung ist darzulegen. ³Zusätzlich sind für die ersten drei Geschäftsjahre Schätzungen vorzulegen über die Provisionsaufwendungen und die sonstigen laufenden Aufwendungen für den Versicherungsbetrieb, die voraussichtlichen Beiträge, die voraussichtlichen Aufwendungen für Versicherungsfälle und die voraussichtliche Liquiditätslage. ⁴Dabei ist darzulegen, welche finanziellen Mittel voraussichtlich zur Verfügung stehen werden, um die Verpflichtungen aus den Verträgen und die Anforderungen an die Kapitalausstattung zu erfüllen.

(5) Zusätzlich sind einzureichen
1. die Tarife, soweit sie nicht unter Absatz 3 Nr. 2 fallen,
2. Angaben über die beabsichtigte Rückversicherung,
3. eine Schätzung der für den Aufbau der Verwaltung und des Vertreternetzes erforderlichen Aufwendungen; das Unternehmen hat nachzuweisen, daß die dafür erforderlichen Mittel (Organisationsfonds) zur Verfügung stehen,
4. wenn die Erlaubnis zum Geschäftsbetrieb der in der Anlage Teil A Nr. 18 genannten Versicherungssparte beantragt wird, Angaben über die Mittel, über die das Unternehmen verfügt, um die zugesagte Beistandsleistung zu erfüllen.

(6) ¹Die Vorlage der allgemeinen Versicherungsbedingungen und der Tarife sowie der in Absatz 5 Nr. 1a genannten Unterlagen entfällt für
1. die in der Anlage Teil A Nr. 4 bis 7, 11 und 12 genannten Versicherungssparten sowie für die in der Anlage Teil A Nr. 10 Buchstabe b genannten Risiken,

2. die in der Anlage Teil A Nr. 14 und 15 genannten Versicherungssparten, wenn sie gegenüber Versicherungsnehmern verwendet werden sollen, die eine gewerbliche, bergbauliche oder freiberufliche Tätigkeit ausüben, und die Risiken damit im Zusammenhang stehen,

3. die in der Anlage Teil A Nr. 8, 9, 13 und 16 genannten Versicherungssparten, soweit sie gegenüber Versicherungsnehmern verwendet werden sollen, die mindestens zwei der folgenden Merkmale überschreiten:
   a) sechs Millionen zweihunderttausend ECU Bilanzsumme,
   b) zwölf Millionen achthunderttausend ECU Nettoumsatzerlöse,
   c) im Durchschnitt des Wirtschaftsjahres 250 Arbeitnehmer.
   [2]Gehört der Versicherungsnehmer zu einem Konzern, der nach § 290 des Handelsgesetzbuches, nach § 11 des Gesetzes über die Rechnungslegung von bestimmten Unternehmen und Konzernen vom 15. August 1969 (BGBl. I S. 1189), das zuletzt geändert worden ist durch Artikel 21 § 5 Abs. 4 des Gesetzes vom 25. Juli 1988 (BGBl. I S. 1093), oder nach dem mit den Anforderungen der Richtlinie 83/349/EWG des Rates vom 13. Juni 1983 über den konsolidierten Abschluß (ABl. EG Nr. L 193 S. 1) übereinstimmenden Recht eines anderen Mitgliedstaats der Europäischen Wirtschaftsgemeinschaft einen Konzernabschluß aufzustellen hat, so sind für die Feststellung der Unternehmensgröße die Zahlen des Konzernabschlusses maßgebend. [3]Als Gegenwert der ECU in den Währungen der Mitgliedstaaten der Europäischen Wirtschaftsgemeinschaft gilt am 31. Dezember jedes Jahres der Gegenwert des letzten Tages des vorangegangenen Monats Oktober, für den der Gegenwert der ECU in allen Gemeinschaftswährungen vorliegt.

4. Die Vorlage der Tarife für die in der Anlage Teil A Nr. 14 und 15 genannten Versicherungssparten entfällt auch dann, wenn sie gegenüber anderen als den in Satz 1 Nr. 2 genannten Personen verwendet werden sollen. [5]Abweichend von den Sätzen 1 bis 3 sind die Versicherungsbedingungen als Bestandteil des Geschäftsplans einzureichen, soweit für Versicherungsnehmer eine gesetzliche Pflicht zum Abschluß von Versicherungsverträgen besteht; dies gilt nicht bei Versicherungsverträgen über die in der Anlage Teil A Nr. 10 Buchstabe b genannten Risiken. [6]Die Vorlage der Versicherungsbedingungen entfällt für Versicherungsverträge, auf die fremdes Recht anzuwenden ist.

### § 6 [Umfang der Zulassung]

(1) Die Erlaubnis wird, wenn sich nicht aus dem Geschäftsplan etwas anderes ergibt, ohne Zeitbeschränkung und für den Geltungsbereich dieses Gesetzes erteilt.

(2) Die Erlaubnis wird für jede Versicherungssparte gesondert erteilt. Sie bezieht sich jeweils auf die ganze Sparte, es sei denn, daß das Unternehmen nach seinem Geschäftsplan nur einen Teil der Risiken dieser Versicherungssparte decken will.

(3) Die Erlaubnis kann auch für mehrere Versicherungssparten gemeinsam unter Bezeichnungen erteilt werden, die in der Anlage Teil B genannt sind.

(4) [1]Die für eine oder mehrere Sparten erteilte Erlaubnis umfaßt auch die Deckung zusätzlicher Risiken aus anderen Versicherungssparten, wenn diese Risiken im Zusammenhang mit einem Risiko einer betriebenen Versicherungssparte stehen, denselben Gegenstand betreffen und durch denselben Vertrag gedeckt werden. [2]Risiken, die unter die in der Anlage Teil A Nr. 14, 15 und 17 genannten Versicherungssparten fallen, werden nicht als zusätzliche Risiken

von der Erlaubnis zum Betrieb anderer Sparten umfaßt. [3]Risiken, die unter die in der Anlage Teil A Nr. 17 genannte Versicherungssparte fallen, werden jedoch unter den Voraussetzungen des Satzes 1 von der Erlaubnis für andere Sparten umfaßt, wenn sie sich auf Streitigkeiten oder Ansprüche beziehen, die aus dem Einsatz von Schiffen auf See entstehen oder mit deren Einsatz verbunden sind, oder wenn die Erlaubnis zum Betrieb der in der Anlage Teil A Nr. 18 Buchstabe a genannten Sparte erteilt wird.

## § 7 [Rechtsformen, Nebengeschäfte]

(1) Die Erlaubnis darf nur Aktiengesellschaften, Versicherungsvereinen auf Gegenseitigkeit sowie Körperschaften und Anstalten des öffentlichen Rechts erteilt werden.

(2) [1]Versicherungsunternehmen dürfen neben Versicherungsgeschäften nur solche Geschäfte betreiben, die hiermit in unmittelbarem Zusammenhang stehen. [2]Bei Termingeschäften und Geschäften mit Optionen und ähnlichen Finanzinstrumenten ist ein solcher Zusammenhang anzunehmen, wenn sie der Absicherung gegen Kurs- oder Zinsänderungsrisiken bei vorhandenen Vermögenswerten oder dem späteren Erwerb von Wertpapieren dienen sollen oder wenn aus vorhandenen Wertpapieren ein zusätzlicher Ertrag erzielt werden soll, ohne daß bei Erfüllung von Lieferverpflichtungen eine Unterdeckung des gebundenen Vermögens eintreten kann.

## § 8 [Versagung der Erlaubnis]

(1) Die Erlaubnis darf nur versagt werden, wenn
1. die Inhaber und Geschäftsleiter nicht ehrbar oder fachlich nicht genügend vorgebildet sind oder die für den Betrieb des Unternehmens sonst noch erforderlichen Eigenschaften und Erfahrungen nicht besitzen,
2. nach dem Geschäftsplan und den nach § 5 Abs. 4 Satz 3 und 4, Abs. 5 vorgelegten Unterlagen die Belange der Versicherten nicht ausreichend gewahrt oder die Verpflichtungen aus den Versicherungen nicht genügend als dauernd erfüllbar dargetan sind.

(1a) [1]Die Erlaubnis zum Betrieb der Lebensversicherung (Anlage Teil A Nr. 19 bis 21) und die Erlaubnis zum Betrieb anderer Versicherungssparten schließen einander aus. [2]Inwieweit die Erlaubnis zum Betrieb der Krankenversicherung und die Erlaubnis zum Betrieb anderer Versicherungssparten einander ausschließen, bestimmt sich nach Absatz 1 Nr. 2.

(2) Die Erlaubnis kann unter Auflagen erteilt werden.

## § 8a [Rechtsschutzversicherung, Schadenabwicklungsunternehmen]

(1) [1]Ein Versicherungsunternehmen, das die Rechtsschutzversicherung zusammen mit anderen Versicherungssparten betreibt, hat die Leistungsbearbeitung in der Rechtsschutzversicherung einem anderen Unternehmen mit einer in § 7 Abs. 1 genannten Rechtsform oder der Rechtsform einer sonstigen Kapitalgesellschaft (Schadenabwicklungsunternehmen) zu übertragen. [2]Die Übertragung gilt als Funktionsausgliederung.

(2) Das Schadenabwicklungsunternehmen darf außer der Rechtsschutzversicherung keine anderen Versicherungsgeschäfte betreiben und in anderen Versicherungssparten keine Leistungsbearbeitung durchführen.

(3) [1]Für die Geschäftsleiter des Schadenabwicklungsunternehmens gilt § 8 Abs. 1 Nr. 1 entsprechend. [2]Sie dürfen nicht zugleich für ein Versicherungsunternehmen tätig sein, das außer der Rechtsschutzversicherung andere Versi-

cherungsgeschäfte betreibt. Beschäftigte, die mit der Leistungsbearbeitung betraut sind, dürfen eine vergleichbare Tätigkeit nicht für ein solches Versicherungsunternehmen ausüben.

(4) [1]Die Mitglieder des Vorstands und die Beschäftigten eines unter Absatz 1 fallenden Versicherungsunternehmens dürfen dem Schadenabwicklungsunternehmen keine Weisungen für die Bearbeitung einzelner Versicherungsfälle erteilen. [2]Die Geschäftsleiter und die Beschäftigten des Schadenabwicklungsunternehmens dürfen einem solchen Versicherungsunternehmen keine Angaben machen, die zu Interessenkollisionen zum Nachteil der Versicherten führen können.

(5) Die Absätze 1 bis 4 gelten nicht für die Rechtsschutzversicherung, wenn sich diese auf Streitigkeiten oder Ansprüche bezieht, die aus dem Einsatz von Schiffen auf See entstehen oder mit diesem Einsatz verbunden sind.

## § 9 [Satzungsinhalt]

Die Satzung eines Versicherungsunternehmens soll die einzelnen Versicherungszweige, auf die sich der Geschäftsbetrieb erstreckt, und die Grundsätze für die Vermögensanlage festsetzen; sie soll auch bestimmen, ob das Versicherungsgeschäft nur unmittelbar oder zugleich auch mittelbar (durch Rückversicherung) betrieben werden soll.

## § 10 [Allgemeine Versicherungsbedingungen]

(1) Die allgemeinen Versicherungsbedingungen sollen die Bestimmungen enthalten:
1. über die Ereignisse, bei deren Eintritt der Versicherer zu einer Leistung verpflichtet ist, und über die Fälle, wo aus besonderen Gründen diese Pflicht ausgeschlossen oder aufgehoben sein soll (z. B. wegen unrichtiger Angaben im Antrag oder wegen des Eintritts von Änderungen während der Vertragsdauer);
2. über die Art, den Umfang und die Fälligkeit der Leistungen des Versicherers;
3. über die Feststellung und Leistung des Entgelts, das der Versicherte an den Versicherer zu entrichten hat, und über die Rechtsfolgen, die eintreten, wenn er damit in Verzug ist;
4. über die Dauer des Versicherungsvertrags, besonders, ob und wie er stillschweigend verlängert, ob und wie er gekündigt oder sonst ganz oder teilweise aufgehoben werden kann, und wozu der Versicherer in solchen Fällen verpflichtet ist (Löschung, Rückkauf, Umwandlung der Versicherung, Herabsetzung und dergleichen);
5. über den Verlust des Anspruchs aus dem Versicherungsvertrag, wenn Fristen versäumt werden;
6. über das Verfahren bei Streitigkeiten aus dem Versicherungsvertrag, über das zuständige Gericht und die Bestellung eines Schiedsgerichts;
7. über die Grundsätze und Maßstäbe, wonach die Versicherten an den Überschüssen teilnehmen;
8. bei Lebensversicherungen und Unfallversicherungen mit Prämienrückgewähr über die Voraussetzungen und den Umfang von Vorauszahlungen oder Darlehen auf Versicherungsscheine.

(2) Bei Versicherungsvereinen auf Gegenseitigkeit und öffentlich-rechtlichen Versicherungsunternehmen können die Bestimmungen des Absatzes 1 statt in den allgemeinen Versicherungsbedingungen in der Satzung enthalten sein.

(3) Von den allgemeinen Versicherungsbedingungen darf zuungunsten des Versicherten nur aus besonderen Gründen und nur dann abgewichen werden, wenn der Versicherungsnehmer vor dem Vertragsabschluß darauf ausdrücklich hingewiesen worden ist und sich danach schriftlich damit einverstanden erklärt hat.

## § 11 [Geschäftsplan Leben]

(1) ¹Der Geschäftsplan eines Lebensversicherungsunternehmens hat die von ihm angenommenen Staffeln (Tarife) und die Grundsätze für die Berechnung der Entgelte (Prämien) und Deckungsrücklagen (Prämienreserven) vollständig darzustellen, namentlich auch den Zinsfuß und die Höhe des Zuschlags zum Reinentgelt (Nettoprämie) anzugeben. ²Beizufügen sind die für die Berechnungen maßgebenden Wahrscheinlichkeitstafeln, besonders über die Sterblichkeit und die Invaliditäts- und Krankheitsgefahr.

(2) Für jede Versicherungsart (z. B. Versicherung auf den Lebens- oder auf den Todesfall, Versicherung einmaliger oder wiederkehrender Leistungen) sind die für die Berechnung der Entgelte und der Deckungsrücklagen maßgebenden Formeln vorzulegen und durch ein Zahlenbeispiel zu erläutern.

(3) Sollen auch Versicherungen gegen ein erhöhtes Entgelt übernommen werden, so ist im Geschäftsplan ferner anzugeben, ob und nach welchen Grundsätzen dafür eine besondere Deckungsrücklage gebildet werden soll.

## § 12 [Geschäftsplan Kranken, Unfall]

§ 11 gilt entsprechend für Kranken- oder Unfallversicherungsunternehmen, soweit sie Versicherungen nach Art der Lebensversicherung aufgrund bestimmter Wahrscheinlichkeitstafeln betreiben, besonders die Versicherung von Renten, Versicherungen mit Rückgewähr des Entgelts oder andere Versicherungen übernehmen, die eine Deckungsrücklage fordern.

## § 13 [Änderungen des Geschäftsplans]

(1) ¹Jede Änderung des Geschäftsplans darf erst in Kraft gesetzt werden, wenn sie von der Aufsichtsbehörde genehmigt worden ist. ²§ 8 gilt entsprechend.

(1a) ¹Absatz 1 gilt nicht für Verträge über Funktionsausgliederungen (§ 5 Abs. 3 Nr. 4). ²Derartige Verträge mit Versicherungsunternehmen, die der Aufsicht nach diesem Gesetz unterliegen, werden erst mit ihrer Vorlage bei der Aufsichtsbehörde wirksam. ³Derartige Verträge mit anderen Unternehmen werden erst drei Monate nach ihrer Vorlage bei der Aufsichtsbehörde wirksam, falls diese nicht aus Gründen des § 8 Abs. 1 widerspricht. ⁴Die Aufsichtsbehörde kann in begründeten Fällen die Frist bis auf sechs Monate verlängern. ⁵Die Frist endet bereits vorher, sobald die Aufsichtsbehörde die Unbedenklichkeit der Verträge feststellt. ⁶Wird lediglich das Entgelt geändert, so gelten die Sätze 2 bis 5 nicht. ⁷Änderungen des Entgelts in Verträgen mit verbundenen Unternehmen (§ 15 des Aktiengesetzes) und diesen nach § 53 d Abs. 3 gleichgestellten Unternehmen werden erst mit der Vorlage des Änderungsvertrages bei der Aufsichtsbehörde wirksam. ⁸§ 53 d bleibt unberührt.

(2) ¹Soll der Geschäftsbetrieb auf andere Versicherungssparten oder ein anderes Gebiet im Geltungsbereich dieses Gesetzes ausgedehnt werden, so sind hierfür die Nachweise gemäß § 5 Abs. 3 bis 5 vorzulegen. ²Das Unternehmen hat ferner nachzuweisen, daß es über Eigenmittel in Höhe der Solvabilitätsspanne (§ 53 c Abs. 1 Satz 1) oder des für die neue Geschäftstätigkeit vorgeschriebenen Mindestbetrages des Garantiefonds verfügt, falls dieser höher ist.

(3) Soll der Geschäftsbetrieb auf ein Gebiet außerhalb des Geltungsbereichs dieses Gesetzes ausgedehnt werden, so ist nachzuweisen, daß das Versicherungsunternehmen auch nach der beabsichtigten Ausdehnung des Geschäftsbetriebs die Vorschriften über die Kapitalausstattung im Geltungsbereich dieses Gesetzes erfüllt und im Falle der Errichtung einer Niederlassung in einem Gebiet außerhalb des Geltungsbereichs dieses Gesetzes eine dort erforderliche Erlaubnis zum Geschäftsbetrieb erhalten hat; ferner ist anzugeben, welche Versicherungszweige und -arten es zu betreiben beabsichtigt.

## § 14 [Bestandsübertragungen]

(1) [1]Jeder Vertrag, durch den der Versicherungsbestand eines Unternehmens ganz oder teilweise auf ein anderes Unternehmen übertragen werden soll, bedarf der Genehmigung der Aufsichtsbehörden, die für die beteiligten Unternehmen zuständig sind. [2]Das übernehmende Versicherungsunternehmen muß nachweisen, daß es nach der Übertragung Eigenmittel in Höhe der Solvabilitätsspanne besitzt. [3]Im übrigen gilt § 8 entsprechend. [4]Die Aufsichtsbehörde hat darauf zu achten, daß die sozialen Belange der Beschäftigten des übertragenden Unternehmens ausreichend gewahrt sind. [5]Die Rechte und Pflichten des übertragenden Unternehmens aus den Versicherungsverträgen gehen mit der Bestandsübertragung auch im Verhältnis zu den Versicherungsnehmern auf das übernehmende Unternehmen über; § 415 des Bürgerlichen Gesetzbuchs ist nicht anzuwenden.

(2) Der Bestandsübertragungsvertrag bedarf der Schriftform; § 311 des Bürgerlichen Gesetzbuchs ist nicht anzuwenden.

(3) [1]Die Genehmigung der Bestandsübertragung ist im Bundesanzeiger zu veröffentlichen. [2]Sind ausschließlich Aufsichtsbehörden der Länder beteiligt, genügt die Veröffentlichung in dem von den Ländern bestimmten Veröffentlichungsblatt.

# III. Versicherungsvereine auf Gegenseitigkeit

## § 15 [VVaG, Rechtsfähigkeit]

Ein Verein, der die Versicherung seiner Mitglieder nach dem Grundsatz der Gegenseitigkeit betreiben will, wird dadurch rechtsfähig, daß ihm die Aufsichtsbehörde erlaubt, als „Versicherungsverein auf Gegenseitigkeit" Geschäfte zu betreiben.

## § 16 [Anwendung handelsrechtlicher Vorschriften]

Die Vorschriften des Ersten Buchs, des Ersten Abschnitts des Dritten Buchs und des Vierten Buchs des Handelsgesetzbuchs über Kaufleute gelten außer den §§ 1 bis 7 entsprechend auch für Versicherungsvereine auf Gegenseitigkeit, soweit dieses Gesetz nichts anderes vorschreibt.

## § 17 [Satzung eines VVaG]

(1) Die Verfassung eines Versicherungsvereins auf Gegenseitigkeit wird durch die Satzung bestimmt, soweit sie nicht auf den folgenden Vorschriften beruht.

(2) Die Satzung muß notariell beurkundet sein.

## § 18 [Firma; Sitz]

(1) Die Satzung hat den Namen (die Firma) und den Sitz des Vereins zu bestimmen.

(2) ¹Die Firma soll den Sitz des Vereins erkennen lassen. ²Auch ist in der Firma oder in einem Zusatz auszudrücken, daß Versicherung auf Gegenseitigkeit betrieben wird.

## § 19 [Haftung des VVaG]

¹Für alle Verbindlichkeiten des Vereins haftet den Vereinsgläubigern nur das Vereinsvermögen. ²Die Mitglieder haften den Vereinsgläubigern nicht.

## § 20 [Mitgliedschaft]

¹Die Satzung soll Bestimmungen über den Beginn der Mitgliedschaft enthalten. ²Mitglied kann nur werden, wer ein Versicherungsverhältnis mit dem Verein begründet. ³Die Mitgliedschaft endigt, soweit die Satzung nichts anderes bestimmt, wenn das Versicherungsverhältnis aufhört.

## § 21 [Mitgliedsbeiträge und -leistungen]

(1) Mitgliederbeiträge und Vereinsleistungen an die Mitglieder dürfen bei gleichen Voraussetzungen nur nach gleichen Grundsätzen bemessen sein.

(2) Versicherungsgeschäfte gegen feste Entgelte, ohne daß die Versicherungsnehmer Mitglieder werden, darf der Verein nur betreiben, soweit es die Satzung ausdrücklich gestattet.

## § 22 [Gründungsstock]

(1) ¹In der Satzung ist vorzusehen, daß ein Gründungsstock gebildet wird, der die Kosten der Vereinserrichtung zu decken sowie als Gewähr- und Betriebsstock zu dienen hat. ²Die Satzung soll die Bedingungen, worunter der Gründungsstock dem Verein zur Verfügung steht, enthalten und besonders bestimmen, wie er zu tilgen ist, sowie ob und in welchem Umfang die Personen, die ihn zur Verfügung gestellt haben, berechtigt sein sollen, an der Vereinsverwaltung teilzunehmen.

(2) ¹Der Gründungsstock kann nur in gesetzlichen Zahlungsmitteln, in von der Deutschen Bundesbank bestätigten Schecks, durch Gutschrift auf ein Konto im Inland bei der Deutschen Bundesbank oder einem Kreditinstitut oder auf ein Postscheckkonto des Vereins oder des Vorstands zu seiner freien Verfügung eingezahlt werden. ²Forderungen des Vorstands aus diesen Einzahlungen gelten als Forderungen des Vereins. ³Die Satzung kann statt der Einzahlung die Hingabe eigener Wechsel gestatten.

(3) ¹Den Personen, die den Gründungsstock zur Verfügung gestellt haben, darf kein Kündigungsrecht eingeräumt werden. ²In der Satzung kann ihnen außer einer Verzinsung aus den Jahreseinnahmen eine Beteiligung an dem Überschuß nach der Jahresbilanz zugesichert werden; die Aufsichtsbehörde entscheidet nach freiem Ermessen, welchen Hundertsatz des bar eingezahlten Betrags die Zinsen und die gesamten Bezüge nicht übersteigen dürfen. ³Der Gründungsstock darf in Anteile zerlegt werden, worüber Anteilscheine ausgegeben werden können.

(4) Getilgt werden darf der Gründungsstock nur aus den Jahreseinnahmen und nur so weit, wie die Verlustrücklage des § 37 angewachsen ist; die Tilgung muß beginnen, sobald die Errichtungs- und die Einrichtungskosten des ersten Geschäftsjahres gedeckt worden sind.

## § 23 (*weggefallen*)

## § 24 [Ausgabendeckung]

(1) Die Satzung hat zu bestimmen, ob die Ausgaben gedeckt werden sollen durch einmalige oder wiederkehrende Beiträge, die im voraus erhoben werden, oder durch Beiträge, die umgelegt werden je nach Bedarf.

(2) Sind Beiträge im voraus zu erheben, so hat die Satzung ferner zu bestimmen, ob Nachschüsse vorbehalten oder ausgeschlossen sind; sollen sie ausgeschlossen sein, so ist außerdem zu bestimmen, ob die Versicherungsansprüche gekürzt werden dürfen.

(3) ¹Die Satzung kann für Nachschüsse und Umlagen einen Höchstbetrag festsetzen. ²Eine Beschränkung, daß Nachschüsse oder Umlagen nur ausgeschrieben werden dürfen, um Versicherungsansprüche der Mitglieder zu decken, ist unzulässig.

## § 25 [Beitragspflicht für Nachschüsse und Umlagen]

(1) ¹Zu den Nachschüssen oder Umlagen haben auch die im Laufe des Geschäftsjahrs ausgeschiedenen oder eingetretenen Mitglieder beizutragen. ²Ihre Beitragspflicht bemißt sich danach, wie lange sie in dem Geschäftsjahr dem Verein angehört haben.

(2) Bemißt sich der Nachschuß- oder Umlagebetrag eines Mitglieds nach dem im voraus erhobenen Beitrag oder der Versicherungssumme, so ist, wenn während des Geschäftsjahrs der Beitrag oder die Versicherungssumme herauf- oder herabgesetzt worden ist, der höhere Betrag bei der Berechnung zugrunde zu legen.

(3) Die Absätze 1 und 2 gelten nur, soweit die Satzung nichts anderes bestimmt.

## § 26 [Aufrechnungsverbot für Beiträge]

Gegen eine Forderung des Vereins aus der Beitragspflicht kann das Mitglied nicht aufrechnen.

## § 27 [Satzungsbestimmungen für Nachschüsse und Umlagen]

(1) Die Satzung soll bestimmen, unter welchen Voraussetzungen Nachschüsse oder Umlagen ausgeschrieben werden dürfen, besonders, wieweit zuvor andere Deckungsmittel (Gründungsstock, Rücklagen) verwendet werden müssen.

(2) Die Satzung soll ferner bestimmen, wie die Nachschüsse oder Umlagen ausgeschrieben und eingezogen werden.

## § 28 [Bekanntmachungen]

(1) Die Satzung hat zu bestimmen, wie die Vereinsbekanntmachungen erlassen werden.

(2) ¹Bekanntmachungen, die durch öffentliche Blätter ergehen sollen, sind, wenn sich der Geschäftsbetrieb des Vereins über ein Land hinaus erstreckt, in den Bundesanzeiger einzurücken; doch kann die Aufsichtsbehörde Ausnahmen zulassen. ²Bei Beschränkung des Geschäftsbetriebs auf ein Land kann die oberste Landesbehörde statt des Bundesanzeigers ein anderes Blatt bestimmen. ³Weitere Blätter bestimmt die Satzung.

### § 29 [Organe des VVaG]

Die Satzung hat zu bestimmen, wie ein Vorstand, ein Aufsichtsrat und eine oberste Vertretung (oberstes Organ; Versammlung von Mitgliedern oder von Vertretern der Mitglieder) zu bilden sind.

### § 30 [Handelsregister – Anmeldung]

(1) ¹Sämtliche Vorstands- und Aufsichtsratsmitglieder haben den Verein bei dem Gericht, in dessen Bezirk er seinen Sitz hat, zur Eintragung ins Handelsregister anzumelden. ²In der Anmeldung ist anzugeben, welche Vertretungsbefugnis die Vorstandsmitglieder haben.

(2) Die Aufsichtsbehörde hat jede Erlaubnis zum Geschäftsbetrieb (§ 15) dem Registergericht mitzuteilen.

### § 31 [Notwendige Unterlagen]

(1) Der Anmeldung sind beizufügen:
1. die Urkunde über die Erlaubnis zum Geschäftsbetrieb;
2. die Satzung;
3. die Urkunden über die Bestellung des Vorstandes und des Aufsichtsrats;
4. die Urkunden über die Bildung des Gründungsstocks mit einer Erklärung des Vorstands und des Aufsichtsrats, wieweit und in welcher Weise der Gründungsstock eingezahlt ist und daß der eingezahlte Betrag endgültig zur freien Verfügung des Vorstands steht.

(2) Die Vorstandsmitglieder haben ihre Namensunterschrift zur Aufbewahrung beim Gericht zu zeichnen.

(3) Die der Anmeldung beigefügten Schriftstücke werden beim Gericht in Urschrift oder in beglaubigter Abschrift aufbewahrt.

### § 32 [Eintragungen im Handelsregister]

(1) ¹Bei der Eintragung ins Handelsregister sind anzugeben die Firma und der Sitz des Vereins, die Versicherungszweige, auf die sich der Betrieb erstrekken soll, die Höhe des Gründungsstocks, der Tag, an dem der Geschäftsbetrieb erlaubt worden ist, und die Vorstandsmitglieder. ²Ferner ist einzutragen, welche Vertretungsbefugnis die Vorstandsmitglieder haben.

(2) Bestimmt die Satzung etwas über die Dauer des Vereins, so ist auch das einzutragen.

### § 33 [Bekanntmachung]

Öffentlich bekanntzumachen ist zugleich mit dem Inhalt der Eintragung:
1. ob die Ausgaben durch im voraus erhobene oder durch nachträglich umgelegte Beiträge gedeckt werden sollen und, wenn im voraus Beiträge erhoben werden sollen, ob Nachschüsse vorbehalten oder ausgeschlossen sind, ob die Beitragspflicht beschränkt ist und ob die Versicherungsansprüche gekürzt werden dürfen (§ 24);
2. was nach § 28 festgesetzt ist;
3. wie die Vereinsvertretungen (Vereinsorgane) bestellt und zusammengesetzt werden;
4. wer (Name, Stand und Wohnort) dem ersten Aufsichtsrat angehört;
5. wie die oberste Vertretung zu berufen ist.

## § 34 [Vorstand]

[1]Der Vorstand besteht aus mindestens zwei Personen. [2]Für den Vorstand gelten § 76 Abs. 1 und 3 sowie die §§ 77 bis 91, 93 und 94 des Aktiengesetzes entsprechend. [3]Was dort von den Beschlüssen der Hauptversammlung gesagt ist, gilt hier für die Beschlüsse der obersten Vertretung. [4]An die Stelle des § 93 Abs. 3 des Aktiengesetzes tritt folgende Vorschrift:
Die Vorstandsmitglieder sind namentlich zum Ersatz verpflichtet, wenn entgegen dem Gesetz
1. der Gründungsstock verzinst oder getilgt wird,
2. das Vereinsvermögen verteilt wird,
3. Zahlungen geleistet werden, nachdem die Zahlungsunfähigkeit des Vereins eingetreten ist oder sich seine Überschuldung ergeben hat; dies gilt nicht von Zahlungen, die auch nach diesem Zeitpunkt mit der Sorgfalt eines ordentlichen und gewissenhaften Geschäftsleiters vereinbar sind.
4. Kredit gewährt wird.

## § 35 [Aufsichtsrat]

(1) [1]Der Aufsichtsrat besteht aus drei Personen. [2]Die Satzung kann eine bestimmte höhere Zahl festsetzen. [3]Die Zahl muß durch drei teilbar sein. Die Höchstzahl der Aufsichtsratsmitglieder beträgt einundzwanzig.

(2) Der Aufsichtsrat setzt sich zusammen bei Vereinen, für die nach § 77 Abs. 2 des Betriebsverfassungsgesetzes § 76 des Betriebsverfassungsgesetzes gilt, aus Aufsichtsratsmitgliedern, welche die oberste Vertretung wählt, und aus Aufsichtsratsmitgliedern der Arbeitnehmer, bei den übrigen Vereinen nur aus Aufsichtsratsmitgliedern, welche die oberste Vertretung wählt.

(3) [1]Für den Aufsichtsrat gelten entsprechend § 30 Abs. 2 und 3 Satz 1 und 2 erster Halbsatz, § 96 Abs. 2, die §§ 97 bis 100, 101 Abs. 1 und 3, die §§ 102, 103 Abs. 1, 3 bis 5 sowie die §§ 104 bis 116 des Aktiengesetzes. [2]Die dort der Hauptversammlung übertragenen Aufgaben hat hier die oberste Vertretung wahrzunehmen. [3]Das Antragsrecht nach § 98 Abs. 2 Nr. 3 und § 104 Abs. 1 Satz 1 des Aktiengesetzes steht jedem Mitglied der obersten Vertretung zu. [4]An die Stelle des § 113 Abs. 3 und neben § 116 des Aktiengesetzes treten folgende Vorschriften:
1. Wird den Aufsichtsratsmitgliedern eine Gewinnbeteiligung gewährt, so berechnet sich diese nach dem Jahresüberschuß abzüglich eines Verlustvortrags und der Einstellungen in die Gewinnrücklagen; der Anteil am Überschuß, der nach § 22 Abs. 3 den Personen zugesichert ist, die den Gründungsstock zur Verfügung gestellt haben, ist abzusetzen. Entgegenstehende Festsetzungen sind nichtig.
2. Die Aufsichtsratsmitglieder sind namentlich zum Ersatz verpflichtet, wenn mit ihrem Wissen und ohne ihr Einschreiten die Handlungen des § 34 Satz 4 vorgenommen werden.

## § 35a [Schadensersatzpflicht der Organe]

§ 117 des Aktiengesetzes gilt entsprechend.

## § 36 [Anwendung aktienrechtl. Vorschriften auf die oberste Vertretung]

[1]Für die oberste Vertretung gelten entsprechend die für die Hauptversammlung gegebenen Vorschriften der §§ 118, 119 Abs. 1 Nr. 1 bis 3, 5, 7 und 8 und Abs. 2, der §§ 120, 121 Abs. 1 bis 3 und 4 Satz 1, der §§ 122, 123 Abs. 1, der §§ 124 bis 127, 129 Abs. 1 und 4, der §§ 130 bis 133, 134 Abs. 4 sowie der §§ 136, 142 bis

147, 241 bis 253 und 257 bis 261 des Aktiengesetzes. [2]§ 256 des Aktiengesetzes gilt entsprechend. [3]Ist die oberste Vertretung die Mitgliederversammlung, so gilt auch § 134 Abs. 3 des Aktiengesetzes entsprechend. [4]Genußrechte (§ 53c Abs. 3a) dürfen nur auf Grund eines Beschlusses der obersten Vertretung gewährt werden. [5]Der Beschluß bedarf einer Mehrheit von drei Vierteln der abgegebenen Stimmen. [6]Die Satzung kann eine andere Mehrheit und weitere Erfordernisse bestimmen.

## § 36a [Errichtungs- und Einrichtungskosten]

[1]Die Aufsichtsbehörde kann bei der Erlaubnis zum Geschäftsbetrieb gestatten, daß die Errichtungs- und die Einrichtungskosten des ersten Geschäftsjahrs, soweit sie weder die Hälfte des gesamten Gründungsstocks noch den bar eingezahlten Teil übersteigen, auf mehrere, höchstens jedoch auf die ersten fünf Geschäftsjahre verteilt werden und daß der jeweils verbleibende Rest als Aktivposten in die Bilanz eingestellt wird. [2]§§ 269, 282 des Handelsgesetzbuchs sind nicht anzuwenden.

## § 36b [Minderheitenrechte im VVaG]

Soweit die Vorschriften des Aktiengesetzes, die nach den §§ 34, 35a und 36 entsprechend gelten, einer Minderheit von Aktionären Rechte gewähren (§ 93 Abs. 4 Satz 3, § 117 Abs. 4, § 120 Abs. 1, §§ 122, 142 Abs. 2 und 4, §§ 147, 258 Abs. 2 Satz 3, § 260 Abs. 1 Satz 1 und Abs. 3 Satz 4 des Aktiengesetzes), hat die Satzung die erforderliche Minderheit der Mitglieder der obersten Vertretung zu bestimmen.

## § 37 [Verlustrücklagepflicht]

Die Satzung hat zu bestimmen, daß zur Deckung eines außergewöhnlichen Verlustes aus dem Geschäftsbetrieb eine Rücklage (Verlustrücklage, Reservefonds) zu bilden ist, welche Beträge jährlich zurückzulegen sind und welchen Mindestbetrag die Rücklage erreichen muß.

## § 38 [Überschußverteilung; Maßstäbe]

(1) [1]Ein sich nach der Bilanz ergebender Überschuß wird, soweit er nicht nach der Satzung der Verlustrücklage oder anderen Rücklagen zuzuführen oder zur Verteilung von Vergütungen zu verwenden oder auf das nächste Geschäftsjahr zu übertragen ist, an die in der Satzung bestimmten Mitglieder verteilt. [2]§ 53c Abs. 3a bleibt unberührt.

(2) Die Satzung hat zu bestimmen, welcher Maßstab der Verteilung zugrunde zu legen ist und ob der Überschuß nur an die am Schluß des Geschäftsjahrs vorhandenen oder auch an ausgeschiedene Mitglieder verteilt werden soll.

(3) Der Überschuß darf erst verteilt werden, nachdem die Kosten der Errichtung und ersten Einrichtung (§ 36a) getilgt sind.

## § 39 [Satzungsänderungen]

(1) Nur die oberste Vertretung kann die Satzung ändern.

(2) Sie kann das Recht zu Änderungen, die nur die Fassung betreffen, dem Aufsichtsrat übertragen.

(3) Sie kann den Aufsichtsrat ermächtigen, für den Fall, daß die Aufsichtsbehörde, bevor sie den Änderungsbeschluß genehmigt, Änderungen verlangt, dem zu entsprechen.

(4) [1]Ein Beschluß der obersten Vertretung, wonach ein Versicherungszweig

aufgegeben oder ein neuer eingeführt werden soll, bedarf einer Mehrheit von drei Vierteln der abgegebenen Stimmen; die Satzung kann noch anderes fordern. ²Zu anderen Beschlüssen nach den Absätzen 1 bis 3 bedarf es einer solchen Mehrheit nur, wenn die Satzung nichts anderes vorschreibt.

## § 40 [Eintragungspflicht vor Satzungsänderungen]

(1) ¹Die Satzungsänderung ist zur Eintragung ins Handelsregister anzumelden. ²Der Anmeldung ist die Genehmigungsurkunde beizufügen. ³Es ist ferner der vollständige Wortlaut der Satzung beizufügen; er muß mit der Bescheinigung eines Notars versehen sein, daß die geänderten Bestimmungen der Satzung mit dem Beschluß über die Satzungsänderung und die unveränderten Bestimmungen mit dem zuletzt zum Handelsregister eingereichten vollständigen Wortlaut der Satzung übereinstimmen.

(2) ¹Bei der Eintragung kann, soweit nicht die Änderung die Angaben nach § 32 betrifft, auf die dem Gericht eingereichten Urkunden über die Änderung verwiesen werden. ²Öffentlich bekanntzumachen sind alle Bestimmungen, worauf sich die in § 33 vorgeschriebenen Veröffentlichungen beziehen.

(3) Die Änderung wirkt nicht, bevor sie bei dem Gericht, in dessen Bezirk der Verein seinen Sitz hat, ins Handelsregister eingetragen worden ist.

## § 41 [Änderung der allgemeinen Versicherungsbedingungen]

(1) § 39 Abs. 1 bis 3 gilt entsprechend auch für Änderungen der nach § 10 festgesetzten allgemeinen Versicherungsbedingungen.

(2) ¹Die Satzung oder die oberste Vertretung kann den Aufsichtsrat ermächtigen, bei dringendem Bedürfnis die allgemeinen Versicherungsbedingungen mit Genehmigung der Aufsichtsbehörde vorläufig zu ändern. ²Die Änderungen sind der obersten Vertretung bei ihrem nächsten Zusammentritt vorzulegen und außer Kraft zu setzen, wenn es diese verlangt.

(3) ¹Eine Änderung der Satzung oder der allgemeinen Versicherungsbedingungen berührt ein bestehendes Versicherungsverhältnis nur, wenn der Versicherte der Änderung ausdrücklich zustimmt. ²Dies gilt nicht für solche Bestimmungen, wofür die Satzung ausdrücklich vorsieht, daß sie auch mit Wirkung für die bestehenden Versicherungsverhältnisse geändert werden können.

## § 42 [Auflösung des großen VVaG]

Der Verein wird aufgelöst:
1. durch Ablauf der in der Satzung bestimmten Zeit;
2. durch Beschluß der obersten Vertretung;
3. durch die Eröffnung des Konkursverfahrens über das Vermögen des Vereins;
4. mit der Rechtskraft des Beschlusses, durch den die Eröffnung des Konkursverfahrens mangels einer den Kosten des Verfahrens entsprechenden Konkursmasse abgelehnt wird. Gegen den ablehnenden Beschluß steht auch dem Verein die sofortige Beschwerde zu.

## § 43 [Auflösungsbeschluß]

(1) ¹Der Beschluß der obersten Vertretung, durch den der Verein aufgelöst wird (§ 42 Nr. 2), bedarf einer Mehrheit von drei Vierteln der abgegebenen Stimmen, wenn die Satzung nichts anderes bestimmt. ²Mitglieder der obersten Vertretung, die gegen die Auflösung gestimmt haben, können dem Auflösungsbeschluß zur Niederschrift widersprechen.

(2) ¹Der Beschluß bedarf der Genehmigung der Aufsichtsbehörde. ²Diese hat die Genehmigung dem Registergericht mitzuteilen.

(3) ¹Ist der Verein durch einen Beschluß der obersten Vertretung aufgelöst worden, so erlöschen die Versicherungsverhältnisse zwischen den Mitgliedern und dem Verein mit dem Zeitpunkt, den der Beschluß bestimmt, frühestens jedoch mit dem Ablauf von vier Wochen. ²Versicherungsansprüche, die bis dahin entstanden sind, können geltend gemacht werden; im übrigen können aber nur die für künftige Versicherungszeitabschnitte im voraus gezahlten Beiträge nach Abzug der aufgewandten Kosten zurückgefordert werden. ³Diese Vorschriften gelten nicht für Lebensversicherungsverhältnisse; diese bleiben unberührt, wenn die Satzung nichts anderes bestimmt.

## § 44 [Bestandsübertragung beim VVaG]

¹Verträge, durch die der Versicherungsbestand des Vereins ganz oder teilweise auf ein anderes Unternehmen übertragen werden soll, bedürfen zu ihrer Wirksamkeit der Zustimmung der obersten Vertretung. ²Der Beschluß bedarf einer Mehrheit von drei Vierteln der abgegebenen Stimmen, wenn die Satzung nichts anderes bestimmt.

## § 44 a [Verschmelzung großer VVaG]

(1) ¹Vereine können ohne Abwicklung vereinigt (verschmolzen) werden. ²Die Verschmelzung kann erfolgen
1. durch Übertragung des Vermögens eines Vereins oder mehrerer Vereine (übertragende Vereine) als Ganzes auf einen anderen Verein (übernehmender Verein), wobei die Mitglieder der übertragenden Vereine Mitglieder des übernehmenden Vereins werden (Verschmelzung durch Aufnahme);
2. durch Bildung eines neuen Vereins, auf den das Vermögen jedes der sich vereinigenden Vereine als Ganzes übergeht, wobei die Mitglieder der sich vereinigenden Vereine Mitglieder des neuen Vereins werden (Verschmelzung durch Neubildung).

(2) ¹Der Verschmelzungsvertrag wird nur wirksam, wenn die oberste Vertretung eines jeden Vereins ihm zustimmt. ²Der Beschluß der obersten Vertretung bedarf einer Mehrheit von drei Vierteln der abgegebenen Stimmen. ³Die Satzung kann eine größere Mehrheit und weitere Erfordernisse bestimmen. ⁴Die Verschmelzung bedarf der Genehmigung durch die Aufsichtsbehörde.

(3) Für die Verschmelzung durch Aufnahme gelten § 339 Abs. 2, § 340 Abs. 1, 2 Nr. 1, 2, 6 und 8, die §§ 340 a, 340 d Abs. 1, 2 Nr. 1 bis 4 und Abs. 3 bis 6, die §§ 341, 345, 346 Abs. 1 Satz 1 und 3 und Abs. 3 bis 6, die §§ 347, 348 Abs. 1 sowie die §§ 349 bis 352 a des Aktiengesetzes sinngemäß.

(4) Für die Verschmelzung durch Neubildung gelten § 339 Abs. 2, § 340 Abs. 1, 2 Nr. 1, 2, 6 und 8, die §§ 340 a, 340 d Abs. 1, 2 Nr. 1 bis 4 und Abs. 3 bis 6, die §§ 341, 345 Abs. 2 und 3, § 346 Abs. 5 und 6, § 347 Abs. 1 Satz 1 und 3 und Abs. 2, § 348 Abs. 1 sowie die §§ 349, 350, 352, 353 Abs. 1 Satz 2, Abs. 3 und 4 Satz 1 und Abs. 5 bis 9 des Aktiengesetzes sinngemäß.

## § 44 b [Übertragung großer VVaG auf eine Aktiengesellschaft]

(1) Ein Verein kann sein Vermögen als Ganzes ohne Abwicklung auf eine Aktiengesellschaft übertragen.

(2) ¹Für die Vermögensübertragung gelten, soweit sich aus den folgenden Vorschriften nichts anderes ergibt, § 339 Abs. 2, die §§ 340 bis 341, 343, 345, 346 Abs. 1, 3, 4 Satz 1 und 2 und Abs. 5 und 6, die §§ 347, 348 Abs. 1 sowie die

§§ 349 bis 352 a des Aktiengesetzes sinngemäß. [2]An die Stelle des Umtauschverhältnisses der Aktien treten Art und Höhe des Entgelts.

(3) [1]Der Beschluß der obersten Vertretung bedarf einer Mehrheit von drei Vierteln der abgegebenen Stimmen. [2]Die Satzung kann eine größere Mehrheit und weitere Erfordernisse bestimmen. [3]Sobald die Vermögensübertragung wirksam geworden ist, hat der Vorstand der Aktiengesellschaft allen Mitgliedern, die dem Verein seit mindestens drei Monaten vor dem Beschluß der obersten Vertretung über die Vermögensübertragung angehört haben, den Wortlaut des Vertrages schriftlich mitzuteilen. [4]In der Mitteilung ist auf die Möglichkeit hinzuweisen, die gerichtliche Bestimmung des angemessenen Entgelts zu verlangen.

(4) [1]Die Aktiengesellschaft, die das Vermögen eines Vereins übernimmt, ist zur Gewährung eines angemessenen Entgelts verpflichtet, wenn dies unter Berücksichtigung der Vermögens- und Ertragslage des Vereins im Zeitpunkt der Beschlußfassung der obersten Vertretung gerechtfertigt ist. [2]In dem Beschluß, durch den dem Übertragungsvertrag zugestimmt wird, ist zu bestimmen, daß bei der Verteilung des Entgelts jedes Mitglied zu berücksichtigen ist, das dem Verein seit mindestens drei Monaten vor dem Beschluß angehört hat. [3]Ferner sind in dem Beschluß die Maßstäbe festzusetzen, nach denen das Entgelt auf die Mitglieder zu verteilen ist; § 385 e Abs. 2 des Aktiengesetzes gilt sinngemäß. [4]Hat ein Mitglied oder ein Dritter nach der Satzung ein unentziehbares Recht auf den Abwicklungsüberschuß oder einen Teil davon, so bedarf der Beschluß über die Vermögensübertragung der Zustimmung des Mitglieds oder des Dritten. [5]Die Zustimmung bedarf der notariellen Beurkundung.

(5) [1]Ist das vereinbarte Entgelt nicht angemessen, so hat das Landgericht, in dessen Bezirk der Verein seinen Sitz hat, auf Antrag das angemessene Entgelt zu bestimmen. [2]Das gleiche gilt, wenn ein Entgelt entgegen Absatz 4 Satz 1 nicht vereinbart worden ist. [3]Antragsberechtigt ist jedes Mitglied, das dem Verein seit mindestens drei Monaten vor dem Beschluß der obersten Vertretung über die Vermögensübertragung angehört hat. [4]Der Antrag kann nur binnen zwei Monaten nach dem Tage gestellt werden, an dem die Eintragung der Vermögensübertragung in das Handelsregister des Sitzes der Aktiengesellschaft nach § 10 des Handelsgesetzbuchs als bekanntgemacht gilt. [5]Im übrigen gelten § 30 Satz 2 bis 4, die §§ 31, 32 Abs. 2 und 3 sowie die §§ 33 bis 37 und 39 des Umwandlungsgesetzes in der Fassung der Bekanntmachung vom 6. November 1969 (BGBl. I S. 2081), zuletzt geändert durch Artikel 4 des Gesetzes vom 25. Oktober 1982 (BGBl. I S. 1425), sinngemäß.

(6) [1]Ist für die Übertragung des Vermögens auf die Aktiengesellschaft ein Entgelt vereinbart worden, so hat der übertragende Verein einen Treuhänder für den Empfang des Entgelts zu bestellen. [2]Die Vermögensübertragung darf erst eingetragen werden, wenn der Treuhänder dem Gericht angezeigt hat, daß er im Besitz des Entgelts ist.

(7) [1]Bestimmt das Gericht nach Absatz 5 Satz 2 das Entgelt, so hat es von Amts wegen einen Treuhänder für den Empfang des Entgelts zu bestellen. [2]Das Entgelt steht zu gleichen Teilen den Mitgliedern zu, die dem Verein seit mindestens drei Monaten vor dem Beschluß der obersten Vertretung über die Vermögensübertragung angehört haben. [3]Der vom Gericht bestellte Treuhänder kann von der Aktiengesellschaft Ersatz angemessener barer Auslagen und eine Vergütung für seine Tätigkeit verlangen.

(8) [1]Übersteigt das für die Übertragung des Vermögens gewährte Entgelt die in der Schlußbilanz des Vereins angesetzten Werte der einzelnen Vermögensgegenstände, so darf der Unterschied unter die Posten des Anlagevermögens aufgenommen werden. [2]Der Betrag ist gesondert auszuweisen und in jedem folgenden Geschäftsjahr zu mindestens einem Fünftel durch Abschreibungen zu tilgen.

(9) [1]Die Vermögensübertragung bedarf der Genehmigung der Aufsichtsbehörde. [2]Die Genehmigung darf auch versagt werden, wenn die Vorschriften dieses Gesetzes über die Vermögensübertragung nicht beachtet worden sind. [3]Die Urkunden über die Genehmigung sind der Anmeldung der Vermögensübertragung zum Handelsregister beizufügen.

## § 44c [Übertragung VVaG auf öffentl. rechtl. Versicherungsunternehmen]

(1) Ein Verein kann sein Vermögen als Ganzes ohne Abwicklung auf ein öffentlich-rechtliches Versicherungsunternehmen übertragen.

(2) [1]Der Vertrag über die Vermögensübertragung wird nur wirksam, wenn die oberste Vertretung des Vereins ihm zustimmt. [2]Ob der Vertrag zu seiner Wirksamkeit auch der Zustimmung eines anderen als des zur Vertretung befugten Organs des öffentlich-rechtlichen Versicherungsunternehmens oder einer anderen Stelle und welcher Erfordernisse sie bedarf, richtet sich nach dem für das öffentlich-rechtliche Versicherungsunternehmen maßgebenden Bundes- oder Landesrecht.

(3) [1]Für die Vermögensübertragung gilt im übrigen § 44b Abs. 2 bis 9 sinngemäß. [2]Für die sinngemäße Anwendung der §§ 349, 351 bis 352a des Aktiengesetzes tritt an die Stelle des Handelsregisters des Sitzes der übernehmenden Gesellschaft das Handelsregister des Sitzes des Vereins. [3]Mit der Eintragung der Vermögensübertragung in das Handelsregister des Sitzes des Vereins erlischt dieser; sein Vermögen geht einschließlich der Verbindlichkeiten auf das öffentlich-rechtliche Versicherungsunternehmen über.

## § 45 [Anmeldung der Auflösung]

[1]Der Vorstand hat die Auflösung des Vereins zur Eintragung in das Handelsregister anzumelden. [2]Dies gilt nicht, wenn das Konkursverfahren eröffnet oder seine Eröffnung abgelehnt wird. [3]In diesen Fällen (§ 42 Nr. 3 und 4) hat das Gericht die Auflösung und ihren Grund von Amts wegen einzutragen; die Geschäftsstelle des Konkursgerichts hat dem Registergericht eine beglaubigte Abschrift des Eröffnungsbeschlusses oder eine mit der Bescheinigung der Rechtskraft versehene beglaubigte Abschrift des den Eröffnungsantrag ablehnenden Beschlusses zu übersenden.

## § 46 [Abwicklung]

(1) Nach der Auflösung des Vereins findet die Abwicklung statt, wenn nicht über sein Vermögen das Konkursverfahren eröffnet worden ist.

(2) [1]Während der Abwicklung gelten die gleichen Vorschriften wie vor der Abwicklung, soweit sich aus den folgenden Vorschriften oder aus dem Zweck der Abwicklung nichts anderes ergibt. [2]Namentlich können Nachschüsse oder Umlagen (§§ 24 bis 27) ausgeschrieben und eingezogen werden. [3]Neue Versicherungen dürfen nicht mehr übernommen, die bestehenden nicht erhöht oder verlängert werden.

### § 47 [Verfahren bei der Abwicklung]

(1) ¹Die Abwicklung besorgen die Vorstandsmitglieder als Abwickler, wenn nicht die Satzung oder ein Beschluß der obersten Vertretung andere Personen bestellt. ²Auch eine juristische Person kann Abwickler sein.

(2) ¹Aus wichtigen Gründen hat das Registergericht Abwickler zu bestellen und abzuberufen, wenn es der Aufsichtsrat oder eine in der Satzung zu bestimmende Minderheit von Mitgliedern beantragt. ²§ 146 des Reichsgesetzes über die Angelegenheiten der freiwilligen Gerichtsbarkeit gilt entsprechend. ³Abwickler, die nicht vom Gericht bestellt sind, kann die oberste Vertretung jederzeit abberufen. ⁴Für die Ansprüche aus dem Anstellungsvertrag gelten die allgemeinen Vorschriften.

(3) ¹Im übrigen gelten für die Abwicklung § 265 Abs. 4, §§ 266 bis 269, § 270 Abs. 1 und 2 Satz 1, §§ 272, 273 des Aktiengesetzes entsprechend. ²Unbeschadet des entsprechend anzuwendenden § 270 Abs. 2 Satz 3 und Abs. 3 des Aktiengesetzes gelten für die Eröffnungsbilanz, den erläuternden Bericht, den Jahresabschluß und den Lagebericht die auf die Aufstellung und Prüfung des Jahresabschlusses und des Lageberichts des Vereins anzuwendenden Vorschriften sowie die §§ 175, 176 des Aktiengesetzes und §§ 325, 328 des Handelsgesetzbuchs sinngemäß.

### § 48 [Verteilung des Vermögens]

(1) ¹Der Gründungsstock darf erst getilgt werden, wenn die Ansprüche sämtlicher anderen Gläubiger, namentlich die der Mitglieder aus Versicherungsverhältnissen befriedigt sind oder Sicherheit geleistet ist. ²Für die Tilgung dürfen keine Nachschüsse oder Umlagen erhoben werden.

(2) ¹Das nach der Berichtigung der Schulden verbleibende Vereinsvermögen wird an die Mitglieder verteilt, die zur Zeit der Auflösung vorhanden waren. ²Es wird nach demselben Maßstab verteilt, nach dem der Überschuß verteilt worden ist.

(3) Über die Verteilung des Vermögens kann die Satzung etwas anderes bestimmen; die Bestimmung anderer Anfallberechtigter kann sie der obersten Vertretung übertragen.

### § 49 [Fortsetzung nach Auflösung]

(1) ¹Ist ein Verein durch Zeitablauf oder durch Beschluß der obersten Vertretung aufgelöst worden, so kann die oberste Vertretung, solange noch nicht mit der Verteilung des Vermögens unter die Anfallberechtigten begonnen ist, die Fortsetzung des Vereins beschließen. ²Der Beschluß bedarf einer Mehrheit von drei Vierteln der abgegebenen Stimmen, wenn die Satzung nichts anderes bestimmt. ³Er bedarf der Genehmigung der Aufsichtsbehörde; diese hat die Genehmigung dem Registergericht mitzuteilen.

(2) Gleiches gilt, wenn der Verein durch die Eröffnung des Konkursverfahrens aufgelöst, das Konkursverfahren aber nach Abschluß eines Zwangsvergleichs aufgehoben oder auf Antrag des Vereins eingestellt worden ist.

(3) Die Abwickler haben die Fortsetzung des Vereins zur Eintragung in das Handelsregister anzumelden; sie haben bei der Anmeldung nachzuweisen, daß noch nicht mit der Verteilung des Vermögens des Vereins unter die Anfallberechtigten begonnen worden ist.

(4) Der Fortsetzungsbeschluß hat keine Wirkung, bevor er in das Handelsregister des Sitzes des Vereins eingetragen worden ist.

## § 50 [Konkurs; Mitgliederhaftung]

(1) Soweit Mitglieder oder ausgeschiedene Mitglieder nach dem Gesetz oder der Satzung zu Beiträgen verpflichtet sind (§§ 24 bis 26), haften sie bei Konkurs dem Verein gegenüber für seine Schulden.

(2) Mitglieder, die im letzten Jahr vor der Konkurseröffnung ausgeschieden sind, haften für die Schulden des Vereins, wie wenn sie ihm noch angehörten.

## § 51 [Gründungsstock im Konkurs]

(1) ¹Die Ansprüche auf Tilgung des Gründungsstocks stehen allen übrigen Konkursforderungen nach. ²Unter diesen werden Ansprüche aus einem Versicherungsverhältnis, die den bei Konkurseröffnung dem Verein angehörenden oder im letzten Jahr vorher ausgeschiedenen Mitgliedern zustehen, im Range nach den Ansprüchen der anderen Konkursgläubiger befriedigt.

(2) Zur Tilgung des Gründungsstocks dürfen keine Nachschüsse oder Umlagen erhoben werden.

## § 52 [Nachschußpflicht im Konkurs]

(1) ¹Die Nachschüsse oder Umlagen, die der Konkurs fordert, werden vom Konkursverwalter festgestellt und ausgeschrieben. ²Dieser hat sofort nach Niederlegung der Bilanz auf der Geschäftsstelle (§ 124 der Konkursordnung) zu berechnen, wieviel die Mitglieder zur Deckung des in der Bilanz bezeichneten Fehlbetrags nach ihrer Beitragspflicht vorzuschießen haben. ³Für diese Vorschußberechnung und für Zusatzberechnungen gelten entsprechend § 106 Abs. 2 und 3 sowie die §§ 107 bis 113 des Genossenschaftsgesetzes.

(2) ¹Alsbald nach Beginn der Schlußverteilung (§ 161 der Konkursordnung) hat der Konkursverwalter zu berechnen, welche Beiträge die Mitglieder endgültig zu leisten haben. ²Dafür und für das weitere Verfahren gelten entsprechend § 114 Abs. 2 und die §§ 115 bis 118 des Genossenschaftsgesetzes.

## § 53 [Kleinerer VVaG; anwendbare Vorschriften]

(1) ¹Für Vereine, die bestimmungsgemäß einen sachlich, örtlich oder dem Personenkreis nach eng begrenzten Wirkungskreis haben (kleinere Vereine), gelten von den Vorschriften des Abschnitts III nur die §§ 15, 17 Abs. 1, § 18 Abs. 1, die §§ 19, 20, 21 Abs. 1, die §§ 22 bis 27, 28 Abs. 1, die §§ 37, 38 Abs. 1 und 2, § 39 Abs. 1 bis 3 sowie die §§ 41 bis 44, 48 und 50 bis 52. ²Versicherungen gegen festes Entgelt, ohne daß der Versicherungsnehmer Mitglied wird, dürfen nicht übernommen werden.

(2) ²Soweit sich nach Absatz 1 nichts anderes ergibt, bewendet es für die kleineren Vereine bei den für Vereine gegebenen allgemeinen Vorschriften der §§ 24 bis 53 des Bürgerlichen Gesetzbuchs. ²In den Fällen des § 29 und des § 37 Abs. 2 des Bürgerlichen Gesetzbuchs tritt jedoch an die Stelle des Amtsgerichts die Aufsichtsbehörde.

(3) Soll nach der Satzung ein Aufsichtsrat bestellt werden, so gelten dafür entsprechend § 34 Abs. 1 und 2 Satz 1 und Abs. 6, § 36 Abs. 2 und 3 sowie die §§ 37 bis 40 des Genossenschaftsgesetzes.

(4) Ob ein Verein ein kleinerer Verein ist, entscheidet die Aufsichtsbehörde.

## § 53 a [Kleinerer Verein; Verschmelzung, Übertragung]

(1) ¹Kleinere Vereine können
1. ohne Abwicklung miteinander oder mit einem Verein, der nicht kleinerer Verein ist, verschmolzen werden,

2. ihr Vermögen als Ganzes ohne Abwicklung auf eine Aktiengesellschaft oder ein öffentlich-rechtliches Versicherungsunternehmen übertragen.
[2]Für die Verschmelzung oder Vermögensübertragung gelten, soweit sich aus den folgenden Vorschriften nichts anderes ergibt, die §§ 44a bis 44c sinngemäß. [3]Dabei treten bei kleineren Vereinen an die Stelle der Anmeldung zur Eintragung in das Handelsregister der Antrag an die Aufsichtsbehörde auf Genehmigung, an die Stelle der Eintragung in das Handelsregister und ihrer Bekanntmachung die Bekanntmachung im Bundesanzeiger nach Absatz 3.

(2) [1]Der Beschluß der obersten Vertretung eines kleineren Vereins über die Verschmelzung oder Vermögensübertragung kann nur in einer Versammlung der obersten Vertretung gefaßt werden. [2]Er muß notariell beurkundet werden.

(3) Sobald die Verschmelzung oder die Vermögensübertragung von allen beteiligten Aufsichtsbehörden genehmigt worden ist, macht die für den übernehmenden kleineren Verein zuständige Aufsichtsbehörde, bei einer Verschmelzung von Vereinen durch Neubildung eines kleineren Vereins die für den neuen Verein zuständige Aufsichtsbehörde, bei einer Vermögensübertragung auf ein öffentlich-rechtliches Versicherungsunternehmen die für den übertragenden kleineren Verein zuständige Aufsichtsbehörde die Verschmelzung oder die Vermögensübertragung und ihre Genehmigung im Bundesanzeiger sowie in den weiteren Blättern bekannt, die für die Bekanntmachungen der Amtsgerichte bestimmt sind, in deren Bezirken die beteiligten kleineren Vereine ihren Sitz haben.

### § 53 b [Kleinerer Lebensverein ohne Gründungsstock]

[1]Die Aufsichtsbehörde kann kleineren Vereinen, die die Lebensversicherung betreiben wollen, gestatten, daß die Bildung eines Gründungsstocks unterbleibt, wenn nach der Eigenart der Geschäfte oder durch besondere Einrichtungen eine andere Sicherheit gegeben ist. [2]Aus den gleichen Gründen kann sie gestatten, daß keine Verlustrücklage gebildet wird.

## IV. Geschäftsführung der Versicherungsunternehmen

### 1. Kapitalausstattung, Vermögensanlage

### § 53 c [Solvabilität]

(1) [1]Versicherungsunternehmen sind verpflichtet, zur Sicherstellung der dauernden Erfüllbarkeit der Verträge freie unbelastete Eigenmittel mindestens in Höhe einer Solvabilitätsspanne zu bilden, die sich nach dem gesamten Geschäftsumfang bemißt. [2]Ein Drittel der Solvabilitätsspanne gilt als Garantiefonds.

(2) [1]Der Bundesminister der Finanzen wird ermächtigt, zur Durchführung von Richtlinien des Rates der Europäischen Gemeinschaften auf dem Gebiet des Versicherungswesens durch Rechtsverordnung, die nicht der Zustimmung des Bundesrates bedarf, Vorschriften zu erlassen
1. über die Berechnung und Höhe der Solvabilitätsspanne,
2. über den für die einzelnen Versicherungssparten maßgebenden Mindestbetrag des Garantiefonds,
3. darüber, wie bei Lebensversicherungsunternehmen nicht in der Bilanz ausgewiesene Eigenmittel errechnet werden und in welchem Umfang sie auf die Solvabilitätsspanne und den Garantiefonds angerechnet werden dürfen.
[2]Soweit in dieser Rechtsverordnung Beträge in ECU festgesetzt werden, gilt § 5 Abs. 6 Satz 3 entsprechend.

(3) ¹Als Eigenmittel nach Absatz 1 sind insbesondere anzusehen
1. a) bei Aktiengesellschaften das Grundkapital abzüglich der Hälfte des
nicht eingezahlten Teils;
   b) bei Versicherungsvereinen auf Gegenseitigkeit der Gründungsstock abzüglich des nicht eingezahlten Teils; ist der Gründungsstock zu mindestens 25 vom Hundert eingezahlt, so ist nur die Hälfte des nicht eingezahlten Teils abzuziehen;
   c) bei öffentlich-rechtlichen Versicherungsunternehmen die dem Grundkapital bei Aktiengesellschaften entsprechenden Posten abzüglich des nicht
eingezahlten Teils; bei einer Einzahlung von mindestens 25 vom Hundert ist nur die Hälfte des nicht eingezahlten Teils abzuziehen;
2. die Kapitalrücklage und die Gewinnrücklagen;
3. der Gewinnvortrag;
3 a. Kapital, das gegen Gewährung von Genußrechten eingezahlt ist, nach
Maßgabe des Absatzes 3 a;
4. auf Antrag stille Reserven, sofern diese nicht Ausnahmecharakter tragen
und die Aufsichtsbehörden aller Mitgliedstaaten der Europäischen Wirtschaftsgemeinschaft zustimmen, in denen das Unternehmen tätig ist;
5. bei Versicherungsvereinen auf Gegenseitigkeit und nach dem Gegenseitigkeitsgrundsatz arbeitenden öffentlich-rechtlichen Versicherungsunternehmen, wenn sie nicht die Lebensversicherung betreiben, die Hälfte der nach
der Satzung in einem Geschäftsjahr zulässigen Nachschüsse, soweit diese
nicht die Hälfte der gesamten Eigenmittel übersteigen;
6. bei Lebensversicherungsunternehmen
   a) die Rückstellung für Beitragsrückerstattung, sofern sie zur Deckung von
Verlusten verwendet werden darf und soweit sie nicht auf festgelegte
Überschußanteile entfällt,
   b) auf Antrag nach Maßgabe der aufgrund des Absatzes 2 erlassenen Vorschriften und mit Zustimmung der Aufsichtsbehörde der Wert der künftigen Überschüsse und der Wert von in den Beitrag eingerechneten Abschlußkosten, soweit sie bei der Deckungsrücklage nicht berücksichtigt
worden sind.
²Von der Summe der sich nach Satz 1 Nr. 1 bis 6 ergebenden Beträge sind der
Verlustvortrag und die in der Bilanz ausgewiesenen immateriellen Werte abzusetzen, insbesondere
1. die aktivierten Kosten der Ingangsetzung (§ 36 a dieses Gesetzes, § 269 des
Handelsgesetzbuchs),
2. ein aktivierter Geschäfts- oder Firmenwert (§ 255 Abs. 4 des Handelsgesetzbuchs).

(3 a) ¹Kapital, das gegen Gewährung von Genußrechten eingezahlt ist (Absatz 3 Satz 1 Nr. 3 a), ist den Eigenmitteln nach Absatz 1 nur zuzurechnen,
1. wenn es bis zur vollen Höhe am Verlust teilnimmt,
2. wenn es erst nach Befriedigung der Gläubiger des Versicherungsunternehmens zurückgefordert werden kann,
3. wenn es dem Versicherungsunternehmen mindestens für die Dauer von fünf
Jahren zur Verfügung gestellt worden ist,
4. solange der Rückzahlungsanspruch nicht in weniger als zwei Jahren fällig
wird oder auf Grund des Vertrages fällig werden kann,
5. wenn das Versicherungsunternehmen bei Abschluß des Vertrages auf die in
den Sätzen 2 und 3 genannten Rechtsfolgen ausdrücklich und schriftlich
hingewiesen hat und
6. soweit das Genußrechtskapital 25 vom Hundert der eingezahlten Eigenmit-

tel nach Absatz 3 Nr. 1 bis 3 nicht übersteigt; die Aufsichtsbehörde kann einen höheren Vomhundertsatz zulassen, wenn das Genußrechtskapital zur Erfüllung eines Solvabilitätsplanes oder eines Finanzierungsplanes (§ 81 b) geleistet wird. [2]Nachträglich können die Teilnahme am Verlust nicht geändert, der Nachrang nicht beschränkt sowie die Laufzeit und die Kündigungsfrist nicht verkürzt werden. [3]Eine vorzeitige Rückzahlung ist dem Versicherungsunternehmen ohne Rücksicht auf entgegenstehende Vereinbarungen zurückzugewähren. [4]Werden Wertpapiere über die Genußrechte begeben, so ist in den Zeichnungs- und Ausgabebedingungen auf die in den Sätzen 2 und 3 genannten Rechtsfolgen hinzuweisen. [5]Ein Versicherungsunternehmen darf in Wertpapieren verbriefte eigene Genußrechte nicht erwerben. [6]Die Rückzahlungsverpflichtung gilt nicht als Belastung im Sinne des Absatzes 1 Satz 1.

(4) Zusammen mit dem nach § 55 Abs. 1 vorgeschriebenen Jahresabschluß und Lagebericht sind der Aufsichtsbehörde jährlich eine Berechnung der Solvabilitätsspanne vorzulegen und die Eigenmittel nachzuweisen.

## § 53 d [Leistungen verbundener Unternehmen]

(1) [1]Nimmt ein Versicherungsunternehmen Leistungen eines verbundenen Unternehmens (§ 15 des Aktiengesetzes), das nicht Versicherungsunternehmen ist, aufgrund von Dienst-, Werk-, Miet- und Pachtverträgen sowie Verträgen vergleichbarer Art in Anspruch, ist das Entgelt auf den Betrag zu begrenzen, den ein ordentlicher und gewissenhafter Geschäftsleiter unter Berücksichtigung der Belange der Versicherten auch mit einem nicht verbundenen Unternehmen vereinbaren würde. [2]Die durch diese Verträge entstehenden Aufwendungen sowie die Art ihrer Berechnung sind dem Versicherungsunternehmen jährlich mitzuteilen.

(2) Verträge nach Absatz 1 bedürfen der Schriftform.

(3) Die Absätze 1 und 2 gelten entsprechend für Verträge mit einem nicht verbundenen Unternehmen, wenn beide Vertragsparteien unmittelbar oder mittelbar im Mehrheitsbesitz (§ 16 des Aktiengesetzes) derselben Person oder Personen stehen.

## § 54 [Vermögensanlage; Grundsätze, Anzeigen]

(1) Das Vermögen eines Versicherungsunternehmens ist unter Berücksichtigung der Art der betriebenen Versicherungsgeschäfte sowie der Unternehmensstruktur so anzulegen, daß möglichst große Sicherheit und Rentabilität bei jederzeitiger Liquidität des Versicherungsunternehmens unter Wahrung angemessener Mischung und Streuung erreicht wird.

(2) [1]Der Aufsichtsbehörde sind unbeschadet der Vorschrift des § 54 d anzuzeigen

a) der Erwerb von Grundstücken und grundstücksgleichen Rechten;

b) der Erwerb von Beteiligungen, bei Beteiligungen in Aktien oder sonstigen Anteilen jedoch nur, wenn der Nennwert der Beteiligung 10 vom Hundert des Nennkapitals der fremden Gesellschaft übersteigt; dabei werden Beteiligungen mehrerer zu einem Konzern im Sinne des § 18 des Aktiengesetzes gehörender Versicherungsunternehmen und des herrschenden Unternehmens an einer Gesellschaft zusammengerechnet;

c) Anlagen eines Versicherungsunternehmens bei einem im Sinne des § 15 des Aktiengesetzes verbundenen Unternehmen sowie Anlagen einer Pensions- oder Sterbekasse bei Unternehmen, deren Arbeitnehmer bei der Kasse versichert sind.

[2]Die Anzeige ist bis zum Ende des auf den Erwerb oder die Anlage folgenden Monats vorzunehmen.

## § 54 a [Gebundene Passiva; zugelassene Anlagen]

(1) [1]Die Bestände des Deckungsstocks (§ 66) und das übrige gebundene Vermögen (gebundenes Vermögen) dürfen nur nach Maßgabe der folgenden Absätze und in Vermögenswerten angelegt werden, die im Geltungsbereich dieses Gesetzes belegen sind oder außerhalb dieses Geltungsbereichs gemäß § 5 Abs. 4 des Depotgesetzes verwahrt werden. [2]Zum übrigen gebundenen Vermögen gehören Vermögenswerte außerhalb des Deckungsstocks in Höhe der versicherungstechnischen Rückstellungen sowie der aus Versicherungsverhältnissen entstandenen Verbindlichkeiten und Rechnungsabgrenzungsposten; die Anteile der Rückversicherer bleiben außer Betracht. [3]Bei der Berechnung des übrigen gebundenen Vermögens können Beträge bis zur Höhe von 50 vom Hundert der um die Wertberichtigung geminderten, in den letzten drei Monaten fällig gewordenen Beitragsforderungen aus dem selbstabgeschlossenen Versicherungsgeschäft außer Ansatz bleiben. [4]In der Lebensversicherung ist die Rückstellung für Beitragsrückerstattung nur in Höhe der bis zum Ende des folgenden Geschäftsjahres voraussichtlich auszuschüttenden Überschußanteile dem übrigen gebundenen Vermögen zuzurechnen; bei der Berechnung des übrigen gebundenen Vermögens können mit Zustimmung der Aufsichtsbehörde Beträge bis zur Höhe der in der letzten Jahresbilanz ausgewiesenen geleisteten, rechnungsmäßig gedeckten Abschlußkosten außer Ansatz bleiben. [5]Verbindlichkeiten und Rückstellungen aus Rückversicherungsverhältnissen bleiben bei der Ermittlung des gebundenen Vermögens außer Betracht, soweit ihnen aus demselben Rückversicherungsverhältnis Forderungen gegenüberstehen.

(2) Das gebundene Vermögen kann angelegt werden

1. in Forderungen, für die eine Hypothek an einem inländischen Grundstück oder grundstücksgleichen Recht besteht, oder in Grundschulden an solchen Grundstücken oder Rechten, wenn
   a) die Hypotheken und Grundschulden den Erfordernissen entsprechen, die sich aus den §§ 11 und 12 des Hypothekenbankgesetzes, für Erbbaurechte darüber hinaus aus § 21 der Verordnung über das Erbbaurecht ergeben oder
   b) eine inländische Körperschaft oder Anstalt des öffentlichen Rechts die volle Gewährleistung übernommen hat;
2. in Forderungen, für die eine Schiffshypothek an einem im Inland registrierten Schiff oder Schiffsbauwerk besteht, wenn die Hypothek den Erfordernissen der §§ 10 bis 12 des Schiffsbankgesetzes entspricht;
3. in im Inland ausgestellten Inhaberschuldverschreibungen, in Namensschuldverschreibungen, für die kraft Gesetzes eine besondere Deckungsmasse besteht, sowie in Orderschuldverschreibungen, wenn sie Teile einer Gesamtemission sind, sowie ferner in im Ausland ausgestellten auf Deutsche Mark lautenden Schuldverschreibungen, die an einer inländischen Börse zum amtlichen Handel zugelassen sind; der Anteil der im Ausland ausgestellten Schuldverschreibungen darf 5 vom Hundert des gebundenen Vermögens nicht übersteigen;
4. in Forderungen, die in das Schuldbuch des Bundes oder eines Landes eingetragen sind, sowie in Mobilisierungs- und Liquiditätspapieren (§ 42 Abs. 1 und § 42 a Abs. 1 des Gesetzes über die Deutsche Bundesbank);
5. in voll eingezahlten, an einer inländischen Börse zum amtlichen Handel oder zum geregelten Markt zugelassenen oder in den geregelten Freiverkehr bei ei-

ner inländischen Börse einbezogenen Aktien, das übrige gebundene Vermögen darüber hinaus auch in voll eingezahlten, an einer ausländischen Börse zum amtlichen Handel zugelassenen Aktien. Aktien derselben Gesellschaft dürfen nur insoweit erworben werden, als ihr Nennbetrag zusammen mit dem Nennbetrag der bereits im gebundenen Vermögen befindlichen Aktien derselben Gesellschaft 10 vom Hundert des Grundkapitals dieser Gesellschaft nicht übersteigt. Der Anteil von Aktien ausländischer Gesellschaften darf jeweils 20 vom Hundert des gemäß Absatz 4 Satz 1 für das Deckungsstockvermögen und das übrige gebundene Vermögen zulässigen Bestandes nicht übersteigen;

5 a. in voll eingezahlten, inländischen, nicht unter Nummer 5 fallenden Aktien, Geschäftsanteilen an einer Gesellschaft mit beschränkter Haftung, Kommanditanteilen, Beteiligungen als stiller Gesellschafter im Sinne des Handelsgesetzbuchs sowie in Genußrechten. Voraussetzung ist, daß das Unternehmen dem Versicherungsunternehmen einen Jahresabschluß zur Verfügung stellt, der in entsprechender Anwendung der für Kapitalgesellschaften geltenden Vorschriften aufgestellt und geprüft ist, und sich verpflichtet, auch künftig zu jedem Bilanzstichtag einen derartigen Jahresabschluß vorzulegen. Nummer 5 Satz 2 gilt entsprechend mit der Maßgabe, daß Anlagen nach den Nummern 5 und 5 a bei demselben Unternehmen zusammenzurechnen sind. Die Bestimmungen dieser Nummer gelten nicht für Anlagen bei Unternehmen, auf die das Versicherungsunternehmen seinen Geschäftsbetrieb ganz oder teilweise im Wege der Funktionsausgliederung (§ 5 Abs. 3 Nr. 4) übertragen hat oder die in unmittelbarem Zusammenhang mit dem Betrieb von Versicherungsgeschäften stehende Tätigkeiten für das Versicherungsunternehmen ausführen;

6. in Anteilen an Wertpapier-Sondervermögen, die von einer inländischen Kapitalanlagegesellschft verwaltet werden, wenn diese Sondervermögen entsprechend den Vertragsbedingungen überwiegend voll eingezahlte und an einer inländischen Börse zum amtlichen Handel oder zum geregeltem Markt zugelassene oder in den geregelten Freiverkehr bei einer inländischen Börse einbezogene Aktien oder überwiegend im Inland ausgestellte Schuldverschreibungen im Sinne der Nummer 3 enthalten. Das übrige gebundene Vermögen kann darüber hinaus angelegt werden in Anteilen an Wertpapier-Sondervermögen, die von einer inländischen Kapitalanlagegesellschaft verwaltet werden, wenn diese Sondervermögen entsprechend den Vertragsbedingungen überwiegend in voll eingezahlten, an einer ausländischen Börse zum amtlichen Handel zugelassenen Aktien angelegt sind. Der Bestand an Anteilen gemäß den Sätzen 1 und 2 darf, soweit das Sondervermögen überwiegend in Aktien ausländischer Gesellschaften angelegt ist, zusammen mit Anlagen in Aktien ausländischer Gesellschaften jeweils 20 vom Hundert des gemäß Absatz 4 Satz 1 für das Deckungsstockvermögen und das übrige gebundene Vermögen zulässigen Bestandes nicht übersteigen;

7. in Forderungen, für die verpfändet oder zur Sicherung übertragen sind
   a) Hypotheken oder Grundschulden, die die Voraussetzungen der Nummer 1 Buchstabe a erfüllen, Schiffshypotheken im Sinne der Nummer 2,
   b) in einer anderen Vorschrift dieses Absatzes genannte, im Inland ausgestellte Wertpapiere, die von der Deutschen Bundesbank beliehen werden können, sofern die Beleihungsgrenzen des § 19 Abs. 1 Nr. 3 des Gesetzes über die Deutsche Bundesbank eingehalten sind oder
   c) Namensschuldverschreibungen, für die kraft Gesetzes eine besondere Deckungsmasse besteht;

8. in Darlehen
   a) an Bund, Länder, Gemeinden und Gemeindeverbände,
   b) an sonstige inländische Körperschaften und an Anstalten des öffentlichen Rechts,
   c) für deren Verzinsung und Rückzahlung eine der unter Buchstabe a bezeichneten Stellen die volle Gewährleistung übernommen hat,
   d) an inländische Unternehmen, sofern aufgrund der bisherigen und der zu erwartenden künftigen Entwicklung der Ertrags- und Vermögenslage des Unternehmens die vertraglich vereinbarte Verzinsung und Rückzahlung gewährleistet erscheint und die Darlehen ausreichend durch erststellige Grundpfandrechte oder mit Zustimmung der Aufsichtsbehörde durch eine Verpflichtungserklärung des Darlehensnehmers gegenüber dem Versicherungsunternehmen (Negativerklärung) vergleichbar gesichert sind,
   soweit es sich in den Fällen der Buchstaben b und d nicht um Darlehen an Kreditinstitute handelt;
9. bei der Deutschen Bundesbank oder bei geeigneten inländischen Kreditinstituten;
10. in bebauten, in Bebauung befindlichen oder zur alsbaldigen Bebauung bestimmten Grundstücken sowie in grundstücksgleichen Rechten; das Versicherungsunternehmen hat die Angemessenheit des Kaufpreises auf der Grundlage des Gutachtens eines vereidigten Sachverständigen oder in vergleichbarer Weise zu prüfen;
11. in Anteilen an Grundstücks-Sondervermögen, die von einer inländischen Kapitalanlagegesellschaft verwaltet werden und die entsprechend den Vertragsbedingungen überwiegend aus inländischen Grundstücken oder grundstücksgleichen Rechten bestehen, wenn die Sondervermögen im Zeitpunkt der Anlage die Vorschriften des § 27 Abs. 1 Nr. 3 und des § 28 KAGG erfüllen;
12. in Vorauszahlungen oder Darlehen, die ein Versicherungsunternehmen nach den allgemeinen Versicherungsbedingungen (§ 10 Nr. 8) auf die eigenen Versicherungsscheine gewährt;
13. in Anteilen an Beteiligungs-Sondervermögen, die von einer inländischen Kapitalanlagegesellschaft verwaltet werden, wenn diese Sondervermögen entsprechend den Vertragsbedingungen außer stillen Beteiligungen überwiegend voll eingezahlte und an einer inländischen Börse zum amtlichen Handel oder zum geregelten Markt zugelassene oder in den geregelten Freiverkehr bei einer inländischen Börse einbezogene Aktien enthalten. Das übrige gebundene Vermögen kann darüber hinaus angelegt werden in Anteilen an Beteiligungs-Sondervermögen, die von einer inländischen Kapitalanlagegesellschaft verwaltet werden, wenn diese Vermögen entsprechend den Vertragsbedingungen außer in stillen Beteiligungen überwiegend in voll eingezahlten, an einer ausländischen Börse zum amtlichen Handel zugelassenen Aktien angelegt sind. Der Bestand an Anteilen gemäß den Sätzen 1 und 2 darf, soweit das Sondervermögen außer in stillen Beteiligungen in Aktien ausländischer Gesellschaften angelegt ist, zusammen mit Anlagen in Aktien ausländischer Gesellschaften jeweils 20 vom Hundert des gemäß Absatz 4 Satz 1 für das Deckungsstockvermögen und das übrige gebundene Vermögen zulässigen Bestandes nicht übersteigen;
14. in Anlagen, die in den Nummern 1 bis 13 nicht genannt sind, deren Voraussetzungen nicht erfüllen oder die Begrenzungen der Absätze 2 bis 4 übersteigen, bis zur Höhe von jeweils 5 vom Hundert des Deckungsstockvermögens und des übrigen gebundenen Vermögens; die Begrenzung auf

10 vom Hundert in den Nummern 5 und 5a bleibt unberührt. Eine Anlage in Konsumentenkrediten, Betriebsmittelkrediten, beweglichen Sachen oder Ansprüchen auf bewegliche Sachen sowie in immateriellen Werten ist ausgeschlossen.

(3) ¹Das gebundene Vermögen ist nach Maßgabe der Anlage Teil C in Vermögenswerten anzulegen, die auf die gleiche Währung lauten, in der die Versicherungen erfüllt werden müssen (Kongruenzregeln). ²Dabei gelten Grundstücke und grundstücksgleiche Rechte sowie Wertpapiere, die nicht auf eine Währung lauten, als in der Währung des Landes angelegt, in dem die Grundstücke oder grundstücksgleichen Rechte belegen sind oder der Aussteller der Wertpapiere seinen Sitz hat. ³Nicht in Wertpapieren verkörperte Unternehmensanteile gelten als in der Währung des Landes angelegt, in dem das Unternehmen seinen Sitz hat.

(3 a) Beteiligt sich ein Versicherungsunternehmen vom Geltungsbereich dieses Gesetzes aus an Mitversicherungen über Risiken in einem Mitgliedstaat der Europäischen Wirtschaftsgemeinschaft, darf das gebundene Vermögen auch in demjenigen Mitgliedstaat belegen sein, von dem aus der führende Versicherer tätig wird.

(4) ¹Der Anteil der Anlagen nach Absatz 2 Nummer 5, 5a, 6 und 13 darf zusammen 30 vom Hundert des Deckungsstockvermögens und 30 vom Hundert des übrigen gebundenen Vermögens, der Anteil der Anlagen nach Absatz 2 Nr. 5a und 13 jeweils ein Viertel dieser Anteile nicht übersteigen; dabei bleiben Anteile an von einer inländischen Kapitalanlagegesellschaft verwalteten und entsprechend den Vertragsbedingungen ausschließlich aus Schuldverschreibungen bestehenden Sondervermögen außer Betracht. ²Die Aufsichtsbehörde kann diese und die in Absatz 2 Nr. 5 Satz 3 und Nr. 6 Satz 3 genannte Grenze bei neugegründeten Versicherungsunternehmen für die Dauer von höchstens drei Jahren nach Erteilung der Erlaubnis zum Geschäftsbetrieb bis auf 10 vom Hundert herabsetzen. ³Der Anteil der Anlagen nach Absatz 2 Nr. 10 und 11 zusammen darf jeweils 25 vom Hundert des Deckungsstockvermögens und des übrigen gebundenen Vermögens nicht übersteigen.

(5) Die Aufsichtsbehörde kann Versicherungsunternehmen auch Anlagen, die in den Absätzen 2 und 3 nicht genannt sind oder deren Voraussetzungen nicht erfüllen, sowie die Überschreitung der Begrenzungen der Absätze 2 bis 4 gestatten, wenn die Belange der Versicherten dadurch nicht beeinträchtigt werden.

(6) ¹In Abweichung von Absatz 1 Satz 1 und Absatz 2 dürfen 5 vom Hundert der Bestände des Deckungsstocks und 20 vom Hundert des übrigen gebundenen Vermögens außerhalb des Geltungsbereichs dieses Gesetzes belegen sein; hierbei sind die nach Absatz 2 bereits zulässigen, nicht im Geltungsbereich dieses Gesetzes belegenen Anlagen anzurechnen. ²Die Aufsichtsbehörde kann einem Versicherungsunternehmen im Einzelfall auf Antrag weitere Ausnahmen von den Regelungen dieses Gesetzes über die Belegenheit der Vermögensanlagen genehmigen, wenn die Belange der Versicherten hierdurch nicht beeinträchtigt werden.

## § 54 b [Anlagen bei fondsgebundenen Lebensversicherungen]

¹Soweit Lebensversicherungsverträge Versicherungsleistungen nach Maßgabe eines von der Aufsichtsbehörde genehmigten Geschäftsplans in Anteilen an Sondervermögen einer Kapitalanlagegesellschaft oder in für das Sondervermögen einer Kapitalanlagegesellschaft zugelassenen Werten, ausgenom-

men in Geld, vorsehen, sind die Bestände der hierfür zu bildenden selbständigen Abteilung des Deckungsstocks (Anlagestock) in den im Geschäftsplan vorgesehenen Werten anzulegen. ²§ 54a findet für die Bestände des Anlagestocks keine Anwendung.

## § 54 c [Ausländischer Bestand]

Gehören Versicherungsverhältnisse zu einem selbständigen ausländischen Bestand eines Versicherungsunternehmens, so sind für das aus diesen Versicherungsverhältnissen entstandene gebundene Vermögen, soweit das ausländische Recht nicht Abweichendes vorschreibt, die §§ 54a und 54b entsprechend anzuwenden.

## § 54 d [Berichterstattung]

¹Die Versicherungsunternehmen haben über ihre gesamten Vermögensanlagen, aufgegliedert in Neuanlagen und Bestände, in den von der Aufsichtsbehörde festzulegenden Formen und Fristen zu berichten. ²Die Pflichten nach § 66 Abs. 6 Satz 6 bleiben unberührt.

## 1 a. Rechnungslegung, Prüfung

## § 55 [Jahresabschluß und Lagebericht]

(1) ¹Der Vorstand hat den vorgeschriebenen Jahresabschluß (§§ 242, 264 des Handelsgesetzbuchs) und den Lagebericht nach den für große Kapitalgesellschaften (§ 267 Abs. 3 des Handelsgesetzbuchs) geltenden Vorschriften in den ersten vier Monaten des Geschäftsjahrs für das vergangene Geschäftsjahr aufzustellen und dem Abschlußprüfer zur Durchführung der Prüfung vorzulegen; die Frist des § 264 Abs. 1 Satz 2 des Handelsgesetzbuchs gilt nicht. ²Der Jahresabschluß und der Lagebericht sind der Aufsichtsbehörde einzureichen, und zwar spätestens einen Monat vor der Hauptversammlung oder der dieser entsprechenden Versammlung der obersten Vertretung des Versicherungsunternehmens. ³Die Vorschriften des Ersten Abschnitts des Dritten Buchs des Handelsgesetzbuchs sind auf kleinere Vereine (§ 53 Abs. 1 Satz 1) und auf andere Versicherungsunternehmen, die nicht Kaufmann sind, entsprechend anzuwenden.

(2) ¹Bei Versicherungsunternehmen, die ausschließlich die Rückversicherung zum Gegenstand haben, verlängert sich die in Absatz 1 Satz 1 erster Halbsatz genannte Frist auf zehn Monate, sofern das Geschäftsjahr mit dem Kalenderjahr übereinstimmt; die Hauptversammlung oder die Versammlung der obersten Vertretung, die den Jahresabschluß entgegennimmt oder festzustellen hat, muß abweichend von § 175 Abs. 1 Satz 2 des Aktiengesetzes spätestens vierzehn Monate nach dem Ende des vergangenen Geschäftsjahrs stattfinden. ²§ 325 Abs. 1 Satz 1 des Handelsgesetzbuchs ist mit der Maßgabe anzuwenden, daß die Frist fünfzehn Monate beträgt. ³Die Sätze 1 und 2 gelten auch für Versicherungsunternehmen, deren Beiträge aus in Rückdeckung übernommenen Versicherungen die übrigen Beiträge übersteigen.

(3) ¹Auf den Jahresabschluß und den Lagebericht von Versicherungsunternehmen, die nicht Kapitalgesellschaften sind, sind die für große Kapitalgesellschaften geltenden Vorschriften des Ersten, Vierten und Sechsten Unterabschnitts des Zweiten Abschnitts des Dritten Buchs des Handelsgesetzbuchs über den Jahresabschluß der Kapitalgesellschaft und Lagebericht sowie über die Offenlegung, Veröffentlichung und Vervielfältigung, Prüfung durch das Registergericht sowie über Straf- und Bußgeldvorschriften und Zwangsgelder

entsprechend anzuwenden. ²§ 325 des Handelsgesetzbuchs ist auf kleinere Vereine nicht anzuwenden.

(4) An Stelle von § 265 Abs. 6, 7, §§ 266, 268, 275, 277, 285 Nr. 1 Buchstabe a, §§ 288, 289 Abs. 2 Nr. 3 des Handelsgesetzbuchs sind auf den Jahresabschluß und den Lagebericht von Versicherungsunternehmen die durch Rechtsverordnung erlassenen Formblätter und anderen Vorschriften anzuwenden; § 265 Abs. 2, §§ 280, 281 Abs. 1 Satz 2, Abs. 2, § 284 Abs. 2 Nr. 4 und § 285 Nr. 3 bis 6, 12 des Handelsgesetzbuchs brauchen nicht angewendet zu werden.

(5) ¹§ 330 Abs. 1 des Handelsgesetzbuchs über den Erlaß von Rechtsverordnungen gilt auch für die in Absatz 3 bezeichneten Versicherungsunternehmen und für Niederlassungen ausländischer Versicherungsunternehmen (§ 106 Abs. 2). ²Die Ermächtigung nach § 330 Abs. 1 des Handelsgesetzbuchs ist auf kleinere Vereine (§ 53 Abs. 1 Satz 1) mit der Maßgabe anzuwenden, daß der Größe dieser Versicherungsunternehmen angemessene Vereinfachungen eingeräumt werden dürfen; sie kann für kleinere Vereine, die der Aufsicht durch das Bundesaufsichtsamt für das Versicherungswesen unterliegen, durch Rechtsverordnung, die nicht der Zustimmung des Bundesrates bedarf, ganz oder zum Teil auf das Bundesaufsichtsamt für das Versicherungswesen übertragen werden. ³Für kleinere Vereine, die der Aufsicht durch die Aufsichtsbehörden der Länder unterliegen, können die Landesregierungen im Benehmen mit dem Bundesaufsichtsamt für das Versicherungswesen durch Rechtsverordnung Vorschriften nach § 330 Abs. 1 des Handelsgesetzbuchs erlassen; sie können diese Befugnis durch Rechtsverordnung der Aufsichtsbehörde des Landes übertragen.

(6) Auf Versicherungsunternehmen, die nicht Aktiengesellschaften, Kommanditgesellschaften auf Aktien oder kleinere Vereine sind, sind § 152 Abs. 2 und 3, §§ 170 bis 176 des Aktiengesetzes entsprechend anzuwenden; § 160 des Aktiengesetzes ist entsprechend anzuwenden, soweit er sich auf Genußrechte bezieht.

(7) ¹Versicherungsunternehmen haben in dem Geschäftsjahr, das dem Berichtsjahr folgt, jedem Versicherten auf Verlangen den Jahresabschluß und den Lagebericht zu übersenden. ²Der Anhang und der Lagebericht von Versicherungsunternehmen brauchen nicht nach § 325 Abs. 2 des Handelsgesetzbuchs im Bundesanzeiger bekanntgemacht zu werden. ³Unterbleibt die Bekanntmachung des Anhangs oder des Lageberichts, so besteht die Verpflichtung nach Satz 1 gegenüber jedem.

## § 55 a [Rechnungslegung gegenüber der Aufsicht; Ermächtigungsvorschriften]

(1) ¹Der Bundesminister der Finanzen wird ermächtigt, durch Rechtsverordnung, die nicht der Zustimmung des Bundesrates bedarf, für Versicherungsunternehmen, die nicht der Aufsicht durch die Aufsichtsbehörden der Länder unterliegen, Vorschriften zu erlassen

1. über die Buchführung, den Inhalt, die Form und die Stückzahl des der Aufsichtsbehörde einzureichenden internen Berichts, bestehend aus einer für Aufsichtszwecke gegliederten Bilanz und einer nach Versicherungszweigen und Versicherungsarten gegliederten Gewinn- und Verlustrechnung sowie besonderen Erläuterungen zur Bilanz und Gewinn- und Verlustrechnung, soweit dies zur Durchführung der Aufsicht nach diesem Gesetz erforderlich ist;
2. über Fristen für die Einreichung des der Aufsichtsbehörde einzureichenden internen Berichts.

[2]Die Ermächtigung nach Satz 1 kann durch Rechtsverordnung, die nicht der Zustimmung des Bundesrates bedarf, für Versicherungsunternehmen, die der Aufsicht durch das Bundesaufsichtsamt für das Versicherungswesen unterliegen, ganz oder zum Teil auf das Bundesaufsichtsamt für das Versicherungswesen übertragen werden.

(2) Vorschriften nach Absatz 1 für Versicherungsunternehmen, die der Aufsicht durch das Bundesaufsichtsamt für das Versicherungswesen unterliegen, werden im Benehmen mit den Aufsichtsbehörden der Länder erlassen; vor dem Erlaß ist der Versicherungsbeirat zu hören.

(3) [1]Für Versicherungsunternehmen, die der Aufsicht durch die Aufsichtsbehörden der Länder unterliegen, können die Landesregierungen im Benehmen mit dem Bundesaufsichtsamt für das Versicherungswesen durch Rechtsverordnung Vorschriften nach Absatz 1 erlassen. [2]Sie können diese Befugnis durch Rechtsverordnung der Aufsichtsbehörde des Landes übertragen.

## § 56 [Besondere Bewertungsvorschriften]

(1) Auf die Bewertung der Wertpapiere eines Versicherungsunternehmens sind § 253 Abs. 1 Satz 1, Abs. 3, 5, §§ 254, 256, 279 Abs. 1 Satz 1, Abs. 2 des Handelsgesetzbuchs anzuwenden.

(2) Aufwendungen für den Abschluß von Versicherungsverträgen dürfen nicht aktiviert werden.

(3) Versicherungstechnische Rückstellungen dürfen auch insoweit gebildet werden, wie dies nach vernünftiger kaufmännischer Beurteilung notwendig ist, um die dauernde Erfüllbarkeit der Verpflichtungen aus den Versicherungen sicherzustellen.

(4) Bei Mitversicherungen gemäß § 54a Abs. 3a muß die Rückstellung für noch nicht abgewickelte Versicherungsfälle der Höhe nach anteilig zumindest derjenigen entsprechen, die der führende Versicherer nach den Vorschriften oder der Übung in dem Land bilden muß, von dem aus er tätig wird.

## § 56a [Überschußbeteiligung bei Vers.-AG]

[1]Bei Versicherungs-Aktiengesellschaften bestimmt der Vorstand mit Zustimmung des Aufsichtsrats die Beträge, die für die Überschußbeteiligung der Versicherten zurückzustellen sind. [2]Jedoch dürfen Beträge, die nicht aufgrund eines Rechtsanspruchs der Versicherten zurückzustellen sind, für die Überschußbeteiligung nur bestimmt werden, soweit aus dem verbleibenden Bilanzgewinn noch ein Gewinn in Höhe von mindestens vier vom Hundert des Grundkapitals verteilt werden kann. [3]Die für die Überschußbeteiligung der Versicherten bestimmten Beträge sind in eine Rückstellung für Beitragsrückerstattung einzustellen.

## § 56b [Konzernabschluß]

(1) [1]Auf Versicherungsunternehmen, die aufgrund gesetzlicher Vorschriften einen Konzernabschluß und einen Konzernlagebericht nach den Vorschriften des Zweiten Unterabschnitts des Zweiten Abschnitts des Dritten Buchs des Handelsgesetzbuchs aufzustellen haben, sind § 55 Abs. 4, § 56 entsprechend anzuwenden. [2]Der Vorstand eines Mutterunternehmens hat den Konzernabschluß und den Konzernlagebericht abweichend von § 290 Abs. 1 des Handelsgesetzbuchs und § 13 Abs. 1 des Gesetzes über die Rechnungslegung von bestimmten Unternehmen und Konzernen innerhalb von zwei Monaten nach Ablauf der Aufstellungsfrist für den zuletzt aufzustellenden und in den Kon-

zernabschluß einzubeziehenden Abschluß, spätestens jedoch innerhalb von zwölf Monaten nach dem Stichtag des Konzernabschlusses, für das vergangene Konzerngeschäftsjahr aufzustellen und dem Abschlußprüfer des Konzernabschlusses vorzulegen. [3]§ 299 Abs. 2 Satz 2 des Handelsgesetzbuchs ist mit der Maßgabe anzuwenden, daß der Stichtag des Jahresabschlusses eines Unternehmens nicht länger als sechs Monate vor dem Stichtag des Konzernabschlusses liegen darf.

(2) Der Konzernabschluß und der Konzernlagebericht sind abweichend von § 337 Abs. 2 des Aktiengesetzes spätestens der nächsten nach Ablauf der Aufstellungsfrist für den Konzernabschluß und Konzernlagebericht einzuberufenden Hauptversammlung, die einen Jahresabschluß des Mutterunternehmens entgegennimmt oder festzustellen hat, vorzulegen.

(3) [1]Der Vorstand eines Mutterunternehmens, das eine Aktiengesellschaft ist, hat abweichend von § 325 Abs. 3 des Handelsgesetzbuchs unverzüglich nach der Hauptversammlung, welcher der Konzernabschluß und der Konzernlagebericht vorzulegen sind, jedoch spätestens vor Ablauf des dieser Hauptversammlung folgenden Monats den Konzernabschluß mit dem Bestätigungsvermerk oder dem Vermerk über dessen Versagung und den Konzernlagebericht mit Ausnahme der Aufstellung des Anteilsbesitzes im Bundesanzeiger bekanntzumachen und die Bekanntmachung unter Beifügung der bezeichneten Unterlagen zum Handelsregister des Sitzes des Mutterunternehmens einzureichen. [2]Der Vorstand eines Versicherungsunternehmens, das nicht Aktiengesellschaft ist, hat abweichend von § 15 Abs. 1 des Gesetzes über die Rechnungslegung von bestimmten Unternehmen und Konzernen oder von § 325 Abs. 3 des Handelsgesetzbuchs unverzüglich nach der nächsten auf die Aufstellung des Konzernabschlusses und des Konzernlageberichts folgenden Feststellung eines Jahresabschlusses des Mutterunternehmens den Konzernabschluß mit dem Bestätigungsvermerk oder dem Vermerk über dessen Versagung und den Konzernlagebericht mit Ausnahme der Aufstellung des Anteilsbesitzes im Bundesanzeiger bekanntzumachen und die Bekanntmachung unter Beifügung der bezeichneten Unterlagen zum Handelsregister des Sitzes des Mutterunternehmens einzureichen.

(4) [1]§ 303 des Handelsgesetzbuchs über die Schuldenkonsolidierung, § 304 des Handelsgesetzbuchs über die Behandlung der Zwischenergebnisse und § 305 des Handelsgesetzbuchs über die Aufwands- und Ertragskonsolidierung brauchen auf den Konzernabschluß nicht angewendet zu werden, soweit die zugrunde liegenden Geschäfte zu marktüblichen Bedingungen abgeschlossen wurden und die Erträge versicherungstechnischen Rückstellungen zugeführt wurden. [2]Dies gilt jedoch nicht für Geschäfte, die die Rückversicherung betreffen.

(5) [1]§ 300 Abs. 2 des Handelsgesetzbuchs über die Vollständigkeit ist mit der Maßgabe anzuwenden, daß versicherungstechnische Rückstellungen im Konzernabschluß nicht gebildet zu werden brauchen, wenn diese nach dem für das Tochterunternehmen maßgeblichen Recht nicht gebildet werden. [2]Abweichungen von den auf den Konzernabschluß anzuwendenden Bilanzierungs- und Bewertungsmethoden sind im Konzernanhang anzugeben und zu erläutern.

(6) Auf den Konzernanhang braucht § 314 Abs. 1 Nr. 1 bis 3 und 5 des Handelsgesetzbuchs nicht angewendet zu werden.

## § 57 [Prüfungspflicht; Geltung handelsrechtlicher Vorschriften]

(1) [1]Der Jahresabschluß ist unter Einbeziehung der Buchführung und des Lageberichts durch einen Abschlußprüfer zu prüfen. [2]Hat keine Prüfung stattgefunden, so kann der Jahresabschluß nicht festgestellt werden.

(2) [1]Die Vorschriften des Dritten Unterabschnitts des Zweiten Abschnitts des Dritten Buchs des Handelsgesetzbuchs über die Prüfung sind entsprechend anzuwenden; § 58 dieses Gesetzes bleibt unberührt. [2]Im übrigen kann die Aufsichtsbehörde bestimmen, wie die Prüfung durchzuführen und wie darüber zu berichten ist und ob sie sich im Einzelfall aus besonderem Anlaß auch auf den Bericht an die Aufsichtsbehörde (§ 55 a Abs. 1 Satz 1 Nr. 1) erstrecken soll. [3]In den Fällen des § 321 Abs. 2 des Handelsgesetzbuchs hat der Abschlußprüfer die Aufsichtsbehörde unverzüglich zu unterrichten.

## § 58 [Bestimmung des Abschlußprüfers]

(1) Den Abschlußprüfer bestimmt der Aufsichtsrat; die Bestimmung soll vor dem Ablauf jedes Geschäftsjahrs erfolgen.

(2) [1]Der Vorstand hat der Aufsichtsbehörde unverzüglich den vom Aufsichtsrat bestimmten Abschlußprüfer anzuzeigen. [2]Die Aufsichtsbehörde kann, wenn sie gegen den Abschlußprüfer Bedenken hat, verlangen, daß innerhalb einer angemessenen Frist ein anderer Abschlußprüfer bestimmt wird. [3]Unterbleibt das oder hat die Aufsichtsbehörde auch gegen den neuen Abschlußprüfer Bedenken, so hat sie den Abschlußprüfer selbst zu bestimmen.

(3) Der Vorstand hat dem nach Absatz 1 oder 2 bestimmten Abschlußprüfer unverzüglich den Prüfungsauftrag zu erteilen.

## § 59 [Vorlage des Prüfungsberichts an die Aufsichtsbehörde]

[1]Der Vorstand hat eine Ausfertigung des Berichts des Abschlußprüfers mit seinen und des Aufsichtsrats Bemerkungen unverzüglich nach der Hauptversammlung oder der dieser entsprechenden Versammlung der obersten Vertretung der Aufsichtsbehörde vorzulegen. [2]Diese kann den Bericht mit dem Abschlußprüfer erörtern und, wenn nötig, Ergänzungen der Prüfung und des Berichts auf Kosten des Versicherungsunternehmens veranlassen.

## § 60 [Nichtgeltung der §§ 57 bis 59]

Die §§ 57 bis 59 gelten nicht für nach Landesrecht errichtete und der Landesaufsicht unterliegende öffentlich-rechtliche Versicherungsunternehmen, für die landesrechtliche Vorschriften zur Prüfung ihrer Jahresabschlüsse bestehen.

## §§ 61 bis 63 (*weggefallen*)

## § 64 [Prüfung kleinerer Vereine]

Die §§ 57 bis 59 gelten nicht für Versicherungsunternehmen, die als kleinere Vereine (§ 53) anerkannt sind; ob und wie solche Unternehmen zu prüfen sind, kann die Aufsichtsbehörde bestimmen.

## 2. Besondere Vorschriften über die Deckungsrücklage bei der Lebensversicherung

### § 65 [Deckungsrückstellung; Bestätigung]

(1) Die Deckungsrücklage für Lebensversicherungen ist für die laufenden Versicherungsverträge für den Schluß jedes Geschäftsjahrs, getrennt nach den einzelnen Versicherungsarten, zu berechnen und zu buchen; dabei sind die Rechnungsgrundlagen des § 11 anzuwenden.

(2) [1]Durch mindestens einen mit der Berechnung der Deckungsrücklage bei Lebens-, Kranken- oder Unfallversicherungsunternehmen (§ 12) beauftragten Sachverständigen ist, ohne daß dies die Verantwortlichkeit der Vertreter des Unternehmens berührt, unter der Bilanz zu bestätigen, daß die eingestellte Deckungsrücklage nach Absatz 1 berechnet ist. [2]Für kleinere Vereine (§ 53) gilt dies nicht.

### § 66 [Deckungsstock]

(1) [1]Der Vorstand des Unternehmens hat schon im Laufe des Geschäftsjahres Beträge in solcher Höhe dem Deckungsstock (Prämienreservefonds) zuzuführen und vorschriftsmäßig anzulegen, wie es dem voraussichtlichen Anwachsen der Deckungsrücklage (§ 65) entspricht. [2]Die Aufsichtsbehörde kann hierüber nähere Anordnung treffen.

(2) Erreichen die Bestände des Deckungsstocks nicht den der Berechnung der Deckungsrücklage entsprechenden Betrag (§ 65), so hat der Vorstand den fehlenden Betrag unverzüglich dem Deckungsstock zuzuführen.

(3) Die Aufsichtsbehörde kann anordnen, daß dem Deckungsstock über die rechnungsmäßige Deckungsrücklage hinaus Beträge zugeführt werden, wenn dies zur Wahrung der Belange der Versicherten geboten erscheint.

(3 a) [1]Unbelastete Grundstücke und grundstücksgleiche Rechte sind für den Deckungsstock mit ihrem Bilanzwert anzusetzen. [2]Ist der Bilanzwert höher als der Verkehrswert, so ist der Verkehrswert anzusetzen. [3]Die Aufsichtsbehörde kann eine angemessene Erhöhung des Wertansatzes zulassen, wenn und soweit durch Sachverständigengutachten nachgewiesen ist, daß der Verkehrswert den Bilanzwert um mindestens 100 vom Hundert überschreitet. [4]Für belastete Grundstücke und grundstücksgleiche Rechte setzt die Aufsichtsbehörde den Wert im Einzelfall fest. [5]Die angesetzten Werte sind der Aufsichtsbehörde im Rahmen der Meldungen gemäß § 54 d mitzuteilen.

(4) Die Zuführung zum Deckungsstock darf nur so weit unterbleiben, wie im Ausland zugunsten bestimmter Versicherungen eine besondere Sicherheit aus den eingenommenen Versicherungsentgelten gestellt werden muß.

(5) Der Deckungsstock (Gelder, Wertpapiere, Urkunden usw.) ist gesondert von jedem anderen Vermögen zu verwalten und am Sitz des Unternehmens aufzubewahren; die Art der Aufbewahrung ist der Aufsichtsbehörde anzuzeigen; diese kann genehmigen, daß der Deckungsstock anderswo aufbewahrt wird.

(6) [1]Die Bestände des Deckungsstocks sind einzeln in ein Verzeichnis einzutragen. [2]Die Vorschriften über den Deckungsstock gelten für alle Vermögensgegenstände, die im Verzeichnis eingetragen sind. [3]Ansprüche auf Nutzungen, die die zum Deckungsstock gehörenden Vermögensgegenstände gewähren, gehören auch ohne Eintragung in das Verzeichnis zum Deckungsstock. [4]Forderungen aus Vorauszahlungen oder Darlehen auf die eigenen Ver-

sicherungsscheine des Unternehmens, soweit sie zu den Beständen des Deckungsstocks gehören, brauchen nur in einer Gesamtsumme nachgewiesen zu werden. [5]Bei Forderungen, die durch eine Grundstücksbelastung gesichert und in Teilbeträgen zurückzuzahlen sind, ist das Verzeichnis nach näherer Bestimmung der Aufsichtsbehörde zu berichtigen; dasselbe gilt für Grundstücksbelastungen, die keine persönliche Forderung sichern. [6]Am Schluß jedes Geschäftsjahrs ist der Aufsichtsbehörde eine Abschrift der in dessen Laufe vorgenommenen Eintragungen vorzulegen; der Vorstand hat die Richtigkeit der Abschrift zu bescheinigen. [7]Die Aufsichtsbehörde hat die Abschrift aufzubewahren.

(7) [1]Mit Genehmigung der Aufsichtsbehörde können selbständige Abteilungen des Deckungsstocks gebildet werden. [2]Was für den Deckungsstock und die Ansprüche daran vorgeschrieben ist, gilt dann entsprechend für jede selbständige Abteilung.

## § 67 [Anlagepflicht für Rückversicherungsanteile]

Bei Rückversicherungen hat das rückversicherte Unternehmen die Deckungsrücklage auch für die in Rückversicherung gegebenen Summen nach den §§ 65 und 66 zu berechnen sowie selbst aufzubewahren und zu verwalten.

## §§ 68 und 69 (*weggefallen*)

## § 70 [Überwachung des Deckungsstocks]

[1]Zur Überwachung des Deckungsstocks sind ein Treuhänder und ein Stellvertreter für ihn zu bestellen. [2]Für einen kleineren Verein (§ 53) gilt dies nur, wenn es die Aufsichtsbehörde anordnet.

## § 71 [Bestellung des Treuhänders]

(1) [1]Den Treuhänder bestellt der Aufsichtsrat. [2]Hat ein kleinerer Verein (§ 53) keinen Aufsichtsrat, bestellt der Vorstand den Treuhänder.

(2) [1]Wer als Treuhänder in Aussicht genommen ist, muß vor Bestellung der Aufsichtsbehörde benannt werden. [2]Hat diese gegen die Bestellung Bedenken, kann sie verlangen, daß binnen angemessener Frist jemand anders benannt werde. [3]Unterbleibt das oder hat die Aufsichtsbehörde auch gegen die Bestellung des neu Vorgeschlagenen Bedenken, so hat sie den Treuhänder selbst zu bestellen.

(3) Absatz 2 Satz 2 und 3 gilt auch, wenn die Aufsichtsbehörde Bedenken hat, daß ein bestellter Treuhänder sein Amt weiterverwaltet.

## § 72 [Verwahrung des Deckungsstocks]

(1) Der Deckungsstock ist so sicherzustellen, daß nur mit Zustimmung des Treuhänders darüber verfügt werden kann; das Nähere bestimmt die Aufsichtsbehörde.

(2) [1]Der Treuhänder hat besonders die Bestände des Deckungsstocks unter Mitverschluß des Versicherungsunternehmens zu verwahren. [2]Er darf die Bestände nur herausgeben, soweit es dieses Gesetz gestattet; doch gelten entsprechend § 31 Abs. 2 und 3 des Hypothekenbankgesetzes.

(3) Der Treuhänder kann einer Verfügung nur schriftlich zustimmen; soll ein Gegenstand im Verzeichnis der Bestände des Deckungsstocks gelöscht werden, so genügt, daß der Treuhänder neben oder unter den Löschungsvermerk seinen Namen schreibt.

## § 73 [Bestätigung des Treuhänders]

Der Treuhänder hat, ohne daß diese Pflicht die Verantwortlichkeit der zur Vertretung des Unternehmens berufenen Stellen berührt, unter der Bilanz zu bestätigen, daß die eingestellten Deckungsrücklagen vorschriftsmäßig angelegt und aufbewahrt sind.

## § 74 [Einsichtsrechte des Treuhänders]

Der Treuhänder kann jederzeit die Bücher und Schriften des Versicherungsunternehmens einsehen, soweit sie sich auf den Deckungsstock beziehen.

## § 75 [Entscheidung in Streitfällen]

Streitigkeiten zwischen dem Treuhänder und dem Versicherungsunternehmen über seine Obliegenheiten entscheidet die Aufsichtsbehörde.

## § 76 [Stellvertretung des Treuhänders]

Die §§ 71 bis 75 gelten auch für den Stellvertreter des Treuhänders.

## § 77 [Entnahmen aus Deckungsstock]

(1) Dem Deckungsstock dürfen außer den Mitteln, die zur Vornahme und Änderung der Kapitalanlagen erforderlich sind, nur die Beträge entnommen werden, die durch Eintritt des Versicherungsfalls, durch Rückkauf oder dadurch frei werden, daß sonst ein Versicherungsverhältnis beendigt oder der Geschäftsplan geändert wird.

(2) Durch Zwangsvollstreckung oder Arrestvollziehung darf über die Bestände des Deckungsstocks nur so weit verfügt werden, wie für den Anspruch zu dessen Gunsten verfügt wird, die Zuführung zum Deckungsstock vorgeschrieben (§ 66 Abs. 1 bis 4) und tatsächlich erfolgt ist.

(3) Durch die Konkurseröffnung erlöschen die Lebensversicherungsverhältnisse; die Versicherten können den Betrag fordern, der als rechnungsmäßige Deckungsrücklage zur Zeit der Konkurseröffnung auf sie entfällt; ihre weitergehenden Ansprüche aus dem Versicherungsverhältnis werden dadurch nicht berührt.

(4) [1]Bei Befriedigung aus den Deckungsstockwerten (§ 66 Abs. 6) gehen die Forderungen auf die rechnungsmäßige Deckungsrücklage, soweit wie für sie die Zuführung zum Deckungsstock vorgeschrieben ist (§ 66 Abs. 1 bis 4), den Forderungen aller übrigen Konkursgläubiger vor. [2]Untereinander haben sie denselben Rang. [3]Für den Anspruch der Versicherten auf Befriedigung aus dem anderen Vermögen des Unternehmens gelten entsprechend die Vorschriften, die in den §§ 64, 153, 155, 156 und 168 Nr. 3 der Konkursordnung für die Absonderungsberechtigten erlassen worden sind.

## § 78 [Pflegschaft bei Konkurs]

(1) [1]Das Konkursgericht hat den Versicherten zur Wahrung ihrer Rechte nach § 77 einen Pfleger zu bestellen. [2]Für die Pflegschaft tritt an Stelle des Vormundschaftsgerichts das Konkursgericht.

(2) Der Pfleger hat den Umfang des vorhandenen Deckungsstocks festzustellen sowie die Ansprüche der Versicherten zu ermitteln und anzumelden.

(3) [1]Der Pfleger hat die Versicherten, soweit es geschehen kann, vor der Anmeldung anzuhören und sie von der Anmeldung nachher zu benachrichtigen; ihnen auf Verlangen auch sonst Auskunft über die Tatsachen zu geben, die für ihre Ansprüche erheblich sind. [2]Das Recht des einzelnen Versicherten, seine

Anspruch selbst anzumelden, bleibt unberührt. [3]Soweit die Anmeldung des Versicherten von der des Pflegers abweicht, gilt, bis die Abweichung beseitigt ist, die Anmeldung, die dem Versicherten günstiger ist.

(4) Der Konkursverwalter hat dem Pfleger die Einsicht aller Bücher und Schriften des Gemeinschuldners zu gestatten und ihm auf Verlangen den Bestand des Deckungsstocks nachzuweisen.

(5) [1]Der Pfleger kann für die Führung seines Amtes eine angemessene Vergütung verlangen. [2]Die ihm zu erstattenden Auslagen und die Vergütung fallen dem Deckungsstock zur Last.

(6) Vor Bestellung des Pflegers und vor Festsetzung der Vergütung ist die Aufsichtsbehörde zu hören.

### § 79 [Entsprechende Anwendung bei Kranken- und Unfallversicherung]

Für Krankenversicherungen der in § 12 genannten Art gelten die §§ 65 bis 78 entsprechend; für Unfallversicherungen der in § 12 genannten Art gelten die §§ 65 bis 69, 77 und 78 entsprechend.

### § 79 a [Befreiung von der Treuhandschaft]

Die §§ 70 bis 76 gelten nicht für öffentlich-rechtliche Versicherungsunternehmen.

### 3. Vorschriften über Konkursvorrechte bei der Schadenversicherung

### § 80

[1]In Versicherungszweigen, wofür nicht die besonderen Vorschriften der §§ 65 bis 79 über die Deckungsrücklage gelten, gehen bei Konkurs die Forderungen aus Versicherungsverträgen auf Rückerstattung eines auf die Zeit nach Beendigung des Versicherungsverhältnisses entfallenden Teiles des Versicherungsentgelts und auf Ersatz eines zur Zeit der Konkurseröffnung bereits eingetretenen Schadens den übrigen Konkursforderungen des § 61 Abs. 1 Nr. 6 der Konkursordnung im Range vor. [2]Dabei werden Forderungen auf Rückerstattung des Teiles eines Versicherungsentgelts im Range nach den Forderungen auf Ersatz eines Schadens, Forderungen derselben Rangordnung nach Verhältnis ihrer Beträge berichtigt.

### V. Beaufsichtigung der Versicherungsunternehmen

### 1. Aufgaben und Befugnisse der Aufsichtsbehörden

### § 81 [Aufsicht; Aufgaben]

(1) [1]Die Aufsichtsbehörde hat den ganzen Geschäftsbetrieb der Versicherungsunternehmen, besonders die Befolgung der gesetzlichen Vorschriften und die Einhaltung des Geschäftsplans zu überwachen. [2]Sie nimmt die ihr nach diesem Gesetz und nach anderen Gesetzen zugewiesenen Aufgaben nur im öffentlichen Interesse wahr.

(2) [1]Die Aufsichtsbehörde kann die Anordnungen treffen, die geeignet sind, den Geschäftsbetrieb mit den gesetzlichen Vorschriften und dem Geschäftsplan im Einklang zu erhalten oder Mißstände zu beseitigen, welche die Belange der Versicherten gefährden oder den Geschäftsbetrieb mit den guten Sitten in Widerspruch bringen. [2]Die Aufsichtsbehörde kann namentlich untersagen,

daß Darlehensgeschäfte und Versicherungsabschlüsse verbunden werden, soweit die Versicherungssumme das Darlehen übersteigt. [3]Auch kann sie allgemein oder für einzelne Versicherungszweige den Versicherungsunternehmen und Vermittlern von Versicherungsverträgen untersagen, dem Versicherungsnehmer in irgendeiner Form Sondervergütungen zu gewähren; ebenso kann sie allgemein oder für einzelne Versicherungszweige den Versicherungsunternehmen untersagen, Begünstigungsverträge abzuschließen und zu verlängern. [4]Die Anordnungen nach Satz 3 werden einen Monat nach ihrer Bekanntmachung im Bundesanzeiger wirksam; bei Versicherungsunternehmen, die der Landesaufsicht unterstehen, genügt die Bekanntmachung in dem Blatt, das für die amtlichen Bekanntmachungen der Landesregierung bestimmt ist.

(2a) [1]Bestellt die Aufsichtsbehörde aufgrund der §§ 81 oder 89 einen Sonderbeauftragten zur Wahrung der Belange der Versicherten, so kann sie diesem alle Rechte übertragen, die den Organen des Unternehmens nach Gesetz oder Satzung zustehen. [2]Die durch die Bestellung des Sonderbeauftragten entstehenden Kosten einschließlich der diesem zu gewährenden Vergütung, die die Aufsichtsbehörde festsetzt, fallen dem Versicherungsunternehmen zur Last.

(3) [1]Zur Befolgung ihrer Anordnungen kann die Aufsichtsbehörde Zwangsgeld festsetzen; dies gilt auch bei öffentlich-rechtlichen Versicherungsunternehmen. [2]Die Höhe des Zwangsgeldes beträgt bis zu fünfzigtausend Deutsche Mark.

(4) [1]Die Aufsichtsbehörde kann Anordnungen nach Absatz 2 Satz 1 auch unmittelbar gegenüber anderen Unternehmen treffen, soweit sie für ein Versicherungsunternehmen
a) Tätigkeiten wahrnehmen, die Gegenstand eines Vertrages über Funktionsausgliederungen (§ 5 Abs. 3 Nr. 4) sein können, oder
b) Leistungen aufgrund von Verträgen nach § 53 d erbringen.
[2]Die gleiche Befugnis steht der Aufsichtsbehörde gegenüber Verlagen zu, die Bezieher von ihnen verlegter Zeitungen oder Zeitschriften bei einem Versicherungsunternehmen versichert haben. [3]In den Fällen der Sätze 1 und 2 gilt Absatz 3 entsprechend.

## § 81 a [Wirkung auf Versicherungsverträge]

[1]Die Aufsichtsbehörde kann verlangen, daß ein Geschäftsplan vor Abschluß neuer Versicherungsverträge geändert wird. [2]Wenn es zur Wahrung der Belange der Versicherten notwendig erscheint, kann die Aufsichtsbehörde einen Geschäftsplan mit Wirkung für bestehende oder noch nicht abgewickelte Versicherungsverhältnisse ändern oder aufheben. [3]§ 81 Abs. 3 gilt entsprechend.

## § 81 b [Solvabilitätsplan]

(1) Sind die Eigenmittel eines Versicherungsunternehmens geringer als die Solvabilitätsspanne, so hat das Unternehmen auf Verlangen der Aufsichtsbehörde dieser einen Plan zur Wiederherstellung gesunder Finanzverhältnisse (Solvabilitätsplan) zur Genehmigung vorzulegen.

(2) [1]Sind die Eigenmittel eines Versicherungsunternehmens geringer als der Garantiefonds oder auf diesen nicht in dem erforderlichen Umfang anrechenbar, so hat das Unternehmen auf Verlangen der Aufsichtsbehörde dieser einen Plan über die kurzfristige Beschaffung der erforderlichen Eigenmittel (Finanzierungsplan) zur Genehmigung vorzulegen. [2]Außerdem kann die Aufsichtsbe-

hörde unbeschadet der nach § 81 Abs. 2 zulässigen Maßnahmen die freie Verfügung über die Vermögensgegenstände des Unternehmens einschränken oder untersagen.

(3) § 81 Abs. 3 gilt entsprechend.

(4) Absatz 2 Satz 2 gilt entsprechend, wenn ein Versicherungsunternehmen keine ausreichenden versicherungstechnischen Rückstellungen bildet, seine versicherungstechnischen Rückstellungen unzureichend bedeckt oder von der Vorschrift des § 54a Abs. 1 und 3a über die Belegenheit abweicht, ohne daß dies von der Aufsichtsbehörde zugelassen worden ist.

## § 81 c [Rückgewährquote und -plan bei Lebensversicherungen]

(1) [1]Entspricht die Rückgewährquote eines Lebensversicherungsunternehmens im Durchschnitt der letzten drei Geschäftsjahre nicht dem anhand des Durchschnitts aller Lebensversicherungsunternehmen festgelegten Rückgewährrichtsatz, so hat das Unternehmen auf Verlangen der Aufsichtsbehörde dieser einen Plan zur Sicherstellung angemessener Zuführungen zur Rückstellung für Beitragsrückerstattung (Rückgewährplan) zur Genehmigung vorzulegen. [2]Die §§ 8 und 81 Abs. 3 gelten entsprechend. [3]§ 81 Abs. 2 und § 87 bleiben unberührt.

(2) Die Rückgewährquote entspricht dem in vom Hundert ausgedrückten Verhältnis der Summe aus rechnungsmäßigen Zinsen und der Zuführung zur Rückstellung für Beitragsrückerstattung zu der Summe aus Normrisikoüberschuß und Normzinsertrag.

(3) [1]Der Bundesminister der Finanzen wird ermächtigt, durch Rechtsverordnung, die nicht der Zustimmung des Bundesrates bedarf, zur Wahrung der Belange der Versicherten unter Berücksichtigung der Marktverhältnisse die Höhe des Rückgewährrichtsatzes festzulegen und Vorschriften über die Berechnung des Normrisikoüberschusses und des Normzinsertrags zu erlassen. [2]Die Ermächtigung kann durch Rechtsverordnung, die nicht der Zustimmung des Bundesrates bedarf, auf das Bundesaufsichtsamt für das Versicherungswesen übertragen werden.

(4) Die Absätze 1 bis 3 gelten nicht für Pensions- und Sterbekassen.

## § 82 [Beteiligungen; Genehmigungspflicht]

(1) [1]Ist ein Versicherungsunternehmen an einem anderen Unternehmen, das nicht der Aufsicht unterliegt, beteiligt, und ist die Beteiligung nach ihrer Art oder ihrem Umfang geeignet, das Versicherungsunternehmen zu gefährden, so kann die Aufsichtsbehörde dem Versicherungsunternehmen die Fortsetzung der Beteiligung untersagen oder nur unter der Bedingung gestatten, daß sich das Unternehmen nach den §§ 57 bis 59 auf seine Kosten oder auf Kosten des Versicherungsunternehmens prüfen läßt. [2]Verweigert dies das Unternehmen oder ergeben sich bei der Prüfung Bedenken gegen die Beteiligung, so hat die Aufsichtsbehörde dem Versicherungsunternehmen die Fortsetzung zu untersagen.

(2) Als Beteiligung im Sinne des Absatzes 1 gilt auch, daß ein Vorstands- oder Aufsichtsratsmitglied des Versicherungsunternehmens auf die Geschäftsführung eines anderen Unternehmens maßgebenden Einfluß ausübt oder auszuüben in der Lage ist.

## § 83 [Prüfungsrechte der Aufsichtsbehörde]

(1) Die Aufsichtsbehörde kann jederzeit die Geschäftsführung und Vermögenslage eines Versicherungsunternehmens auch daraufhin prüfen, ob die veröffentlichten Jahresabschlüsse und die Lageberichte mit den Tatsachen und dem Bücherinhalt übereinstimmen und ob die vorgeschriebenen Rücklagen vorhanden und vorschriftsmäßig angelegt und verwaltet sind.

(2) [1]Die Inhaber, Geschäftsleiter, Bevollmächtigten und Agenten eines Unternehmens sowie die Makler, die für das Unternehmen tätig sind oder waren, haben in ihren Geschäftsräumen der Aufsichtsbehörde auf Verlangen alle Bücher, Belege und die Schriften vorzulegen, die für die Beurteilung des Geschäftsbetriebs und der Vermögenslage bedeutsam sind, sowie jede von ihnen geforderte Auskunft über den Geschäftsbetrieb und die Vermögenslage zu geben. [2]Dazu sind sie auch verpflichtet, wenn die Aufsichtsbehörde vermutet, daß ein Unternehmen den Betrieb von Versicherungsgeschäften zum Gegenstand hat und die Prüfung klarstellen soll, ob das Unternehmen der Aufsicht unterliegt. [3]§ 81 Abs. 3 gilt entsprechend.

(2a) Soweit Unternehmen für ein Versicherungsunternehmen
a) Tätigkeiten wahrnehmen, die Gegenstand eines Vertrages über Funktionsausgliederungen (§ 5 Abs. 3 Nr. 4) sein können, oder
b) Leistungen aufgrund von Verträgen nach § 53d erbringen,
gilt für sie Absatz 2 entsprechend.

(3) [1]Bei Versicherungsunternehmen, die einen Aufsichtsrat, eine Mitgliederversammlung oder ähnliche Stellen haben, kann die Aufsichtsbehörde Vertreter in deren Versammlungen und Sitzungen entsenden; die Vertreter sind jederzeit anzuhören. [2]Die Aufsichtsbehörde kann ferner verlangen, daß Versammlungen und Sitzungen berufen sowie Gegenstände zur Beratung und Beschlußfassung angekündigt werden; wird dem Verlangen nicht entsprochen, so kann sie die Berufung oder Ankündigung auf Kosten des Unternehmens selbst vornehmen. [3]In den Versammlungen und Sitzungen, welche die Aufsichtsbehörde berufen hat, sitzt ein Vertreter der Aufsichtsbehörde vor. [4]Als Vertreter der Aufsichtsbehörde sind Leiter und Beamte öffentlich-rechtlicher Versicherungsunternehmen ausgeschlossen.

## § 84 [Örtliche Prüfung; Prüfungszeitraum]

(1) [1]Die Aufsichtsbehörde soll die Prüfung nach § 83 Abs. 1 Satz 1 in regelmäßigen Zeitabständen vornehmen. [2]Die Aufsichtsbehörde kann zu der Prüfung Personen heranziehen, die nach § 57 Abs. 2 in Verbindung mit § 319 des Handelsgesetzbuchs zu Prüfern bestimmt werden können. [3]Sie kann die Prüfung auch so vornehmen, daß sie an einer von dem Versicherungsunternehmen nach § 57 veranlaßten Prüfung teilnimmt und selbst weitere Feststellungen trifft, die sie für nötig hält.

(2) Absatz 1 Satz 1 und 3 gilt nicht für Versicherungsunternehmen, die als kleinere Vereine (§ 53) anerkannt sind.

(3) Für Prüfer, ihre Gehilfen und die gesetzlichen Vertreter einer Prüfungsgesellschaft, die nach Absatz 1 Satz 2 herangezogen werden, gilt § 323 des Handelsgesetzbuchs sinngemäß.

## § 85 (*weggefallen*)

## § 86 [Aufsicht bei Liquidation]

Die Aufsicht hat sich auch auf die Liquidation eines Unternehmens und auf die Abwicklung der bestehenden Versicherungen zu erstrecken, wenn der Geschäftsbetrieb untersagt oder freiwillig eingestellt oder die Erlaubnis zum Geschäftsbetrieb widerrufen wird.

## § 87 [Widerruf der Erlaubnis]

(1) Die Aufsichtsbehörde kann die Erlaubnis für einzelne Versicherungssparten oder den gesamten Geschäftsbetrieb widerrufen, wenn
1. das Unternehmen die Voraussetzungen für die Erteilung der Erlaubnis nicht mehr erfüllt
2. das Unternehmen in schwerwiegender Weise Verpflichtungen verletzt, die ihm nach dem Gesetz oder dem Geschäftsplan obliegen, oder
3. sich so schwere Mißstände ergeben, daß eine Fortsetzung des Geschäftsbetriebs die Belange der Versicherten gefährdet oder der Geschäftsbetrieb den guten Sitten widerspricht.

(2) Die Aufsichtsbehörde kann die Erlaubnis für den gesamten Geschäftsbetrieb widerrufen, wenn das Unternehmen außerstande ist, innerhalb der gesetzten Frist die im Solvabilitätsplan oder im Finanzierungsplan nach § 81 b Abs. 1 oder 2 vorgesehenen Maßnahmen durchzuführen.

(3) Der Widerruf der Erlaubnis bewirkt, daß keine neuen Versicherungen mehr abgeschlossen, früher abgeschlossene nicht erhöht oder verlängert werden dürfen.

(4) [1]Wird die Erlaubnis widerrufen, so trifft die Aufsichtsbehörde alle Maßnahmen, die geeignet sind, die Belange der Versicherten zu wahren. [2]Insbesondere kann sie die freie Verfügung über die Vermögensgegenstände des Unternehmens einschränken oder untersagen sowie die Vermögensverwaltung geeigneten Personen übertragen. [3]§ 81 Abs. 3 gilt entsprechend.

(5) [1]Bei Versicherungsvereinen auf Gegenseitigkeit wirkt der Widerruf der Erlaubnis für den gesamten Geschäftsbetrieb wie ein Auflösungsbeschluß. [2]Auf Anzeige der Aufsichtsbehörde wird der Widerruf im Handelsregister eingetragen.

## § 87 a [Mißbrauch bei EG-Führungsgeschäften]

[1]Mißbraucht ein Versicherungsunternehmen die Möglichkeit nach § 111 Abs. 2, als führender Versicherer Versicherungsunternehmen aus anderen Mitgliedstaaten der Europäischen Wirtschaftsgemeinschaft an Mitversicherungen zu beteiligen, so kann die Aufsichtsbehörde gegenüber diesem Versicherungsunternehmen die zur Beseitigung des Mißbrauchs erforderlichen Anordnungen treffen. [2]In schwerwiegenden Fällen kann die Aufsichtsbehörde ferner dem Versicherungsunternehmen den Abschluß derartiger Mitversicherungen untersagen oder die in § 87 Abs. 1 bezeichneten Maßnahmen treffen. [3]§ 81 Abs. 3 und § 87 Abs. 3 bis 5 gelten entsprechend. [4]Als Mißbrauch ist es insbesondere anzusehen, wenn ein Versicherungsunternehmen die einem führenden Versicherer üblicherweise zukommenden Aufgaben nicht wahrnimmt oder an dem Vertrag Versicherungsunternehmen beteiligt, die nach § 111 Abs. 2 nicht zu einer solchen Beteiligung befugt sind.

## § 88 [Konkursanmeldung durch Aufsicht]

(1) [1]Das Konkursgericht hat auf Antrag der Aufsichtsbehörde den Konkurs über das Vermögen eines Versicherungsunternehmens zu eröffnen; doch bleibt § 107 Abs. 1 der Konkursordnung unberührt. [2]Nur die Aufsichtsbehörde

kann die Konkurseröffnung beantragen. ³Der Eröffnungsbeschluß ist unanfechtbar. ⁴Die Sätze 1 bis 3 gelten nicht für öffentlich-rechtliche Versicherungsunternehmen, über deren Vermögen ein Konkursverfahren nicht zulässig ist.

(2) ¹Sobald das Versicherungsunternehmen zahlungsunfähig wird, hat es
sein Vorstand der Aufsichtsbehörde anzuzeigen. ²Dies gilt sinngemäß, wenn
das Vermögen des Versicherungsunternehmens nicht mehr die Schulden
deckt. ³Diese Anzeigepflicht tritt an Stelle der dem Vorstand durch andere gesetzliche Vorschriften auferlegten Pflicht, bei Zahlungsunfähigkeit oder Überschuldung Konkurseröffnung zu beantragen. ⁴Bleiben bei Versicherungsvereinen auf Gegenseitigkeit und nach dem Gegenseitigkeitsgrundsatz arbeitenden
öffentlich-rechtlichen Versicherungsunternehmen, bei denen Nachschüsse
oder Umlagen zu leisten sind, ausgeschriebene Nachschüsse oder Umlagen
fünf Monate über die Fälligkeit rückständig, so hat der Vorstand zu prüfen, ob
sich, wenn die nicht bar eingegangenen Nachschüsse oder Umlagen außer Betracht bleiben, Überschuldung ergibt; ist dies der Fall, so hat er es binnen einem Monat nach Ablauf der bezeichneten Frist der Aufsichtsbehörde anzuzeigen. ⁵Die gleichen Pflichten haben die Liquidatoren.

### § 89 [Aufsichtsrechte bei Vermögensverfall]

(1) ¹Ergibt sich bei der Prüfung der Geschäftsführung und der Vermögenslage eines Unternehmens, daß dieses für die Dauer nicht mehr imstande ist,
seine Verpflichtungen zu erfüllen, die Vermeidung des Konkurses aber zum
Besten der Versicherten geboten erscheint, so kann die Aufsichtsbehörde das
hierzu Erforderliche anordnen, auch die Vertreter des Unternehmens auffor-
dern, binnen bestimmter Frist eine Änderung der Geschäftsgrundlagen oder
sonst die Beseitigung der Mängel herbeizuführen. ²Alle Arten Zahlungen, besonders Versicherungsleistungen, Gewinnverteilungen und bei Lebensversicherungen der Rückkauf oder die Beleihung des Versicherungsscheins sowie
Vorauszahlungen darauf, können zeitweilig verboten werden.

(2) ¹Unter der Voraussetzung in Absatz 1 Satz 1 kann die Aufsichtsbehörde,
wenn nötig, die Verpflichtungen eines Lebensversicherungsunternehmens aus
seinen Versicherungen dem Vermögensstand entsprechend herabsetzen. ²Dabei kann die Aufsichtsbehörde ungleichmäßig verfahren, wenn es besondere
Umstände rechtfertigen, namentlich wenn bei mehreren Gruppen von Versicherungen die Notlage des Unternehmens mehr in einer als in einer anderen
begründet ist. ³Bei der Herabsetzung werden, soweit rechnungsmäßige Dek-
kungsrücklagen der einzelnen Versicherungen bestehen, zunächst die Dek-
kungsrücklagen herabgesetzt und danach die Versicherungssummen neu fest
gestellt, sonst diese unmittelbar herabgesetzt. ⁴Die Pflicht der Versicherungsnehmer, die Versicherungsentgelte in der bisherigen Höhe weiterzuzahlen,
wird durch die Herabsetzung nicht berührt.

(3) Die Maßnahmen nach den Absätzen 1, 2 können auf eine selbständige
Abteilung des Deckungsstocks (§ 66 Abs. 7) beschränkt werden.

## 2. Verfassung und Verfahren der Aufsichtsbehörden

### § 90 [Bundesaufsichtsamt (BAV); Sitz und Leitung]

(1) (*weggefallen*)

(2) ¹Der Präsident des Bundesaufsichtsamts für das Versicherungswesen
wird auf Vorschlag der Bundesregierung vom Bundespräsidenten ernannt.
²Der Bundespräsident beruft ferner auf Vorschlag des Bundesministers der Fi

nanzen ständige Mitglieder des Bundesaufsichtsamts für das Versicherungswesen. ³Die ständigen Mitglieder werden auf Lebenszeit berufen.

(3) Die übrigen Beamten ernennt der Bundesminister der Finanzen.

(4) Die Mitglieder des Bundesaufsichtsamts dürfen nicht gleichzeitig Leiter oder Beamte öffentlich-rechtlicher Versicherungsunternehmen sein.

## § 91 [Landesbeauftragte des BAV]

(1) Um den Geschäftsverkehr des Bundesaufsichtsamts mit den seiner Aufsicht unterstehenden Versicherungsunternehmen zu erleichtern, kann der Bundesminister der Finanzen nach Bedarf im Einvernehmen mit der beteiligten Landesregierung aus den Landesbeamten besondere Beauftragte bestellen, die im Auftrag und nach näherer Anordnung des Bundesaufsichtsamts bestimmte Unternehmen unmittelbar beaufsichtigen.

(2) § 90 Abs. 4 gilt entsprechend.

## § 92 [Versicherungsbeirat beim BAV]

(1) Zur Mitwirkung bei der Aufsicht besteht beim Bundesaufsichtsamt ein Beirat aus Sachverständigen des Versicherungswesens; die Mitglieder des Beirats werden auf Vorschlag des Bundesministers der Finanzen vom Bundespräsidenten auf die Dauer von fünf Jahren berufen.

(2) Die Mitglieder des Versicherungsbeirats beraten das Bundesaufsichtsamt für das Versicherungswesen gutachtlich bei Vorbereitung wichtiger Beschlüsse und wirken mit Stimmrecht bei den Entscheidungen der Beschlußkammern mit.

(3) Sie verwalten ihr Amt als unentgeltliches Ehrenamt; für ihre Teilnahme an Sitzungen erhalten sie Tagegelder und Vergütung der Reisekosten nach festen Sätzen, die der Bundesminister der Finanzen bestimmt.

## §§ 93 bis 100 (*weggefallen*)

## § 101 [Gebühren des BAV]

(1) ¹Die Kosten des Bundesaufsichtsamts für das Versicherungswesen und des Verfahrens vor ihm sind dem Bund von den seiner Aufsicht unterstellten Versicherungsunternehmen durch Entrichtung von Gebühren nach Absatz 2 zu erstatten; zu den Kosten gehören auch die Kosten, die durch eine Heranziehung von Prüfern nach § 84 Abs. 1 Satz 2 entstanden sind. ²Zu den Kosten sind hinzuzurechnen die Gebühren, die im Vorjahr nicht eingegangen sind.

(2) ¹Der Gesamtbetrag der Gebühren soll neun Zehntel der Kosten des Absatzes 1 betragen. ²Der Satz von eins vom Tausend der gebührenpflichtigen Einnahme an Versicherungsentgelten darf nicht überschritten werden. ³Die Gebühren werden nach dem Verhältnis der Rohentgelte (Bruttoprämien, Beiträge, Vor- und Nachschüsse, Umlagen) berechnet, die einem jeden Unternehmen im letzten Geschäftsjahr aus den von ihm im Geltungsbereich dieses Gesetzes abgeschlossenen Versicherungen, jedoch nach Abzug der zurückgewährten Überschüsse oder Gewinnanteile, erwachsen sind.

(3) ¹Den Gebührensatz bestimmt jährlich das Bundesaufsichtsamt in Tausendteilen der gebührenpflichtigen Einnahme an Versicherungsentgelten. ²Dabei kann es die gebührenpflichtige Einnahme und die Gebühren nach Grundsätzen abrunden, die der Genehmigung des Bundesministers der Finanzen bedürfen. ³Der Bundesminister der Finanzen kann einen Mindestgebührenbetrag festsetzen.

(4) ¹Die Gebühren setzt das Bundesaufsichtsamt fest; es übermittelt den

Unternehmen einen Verteilungsplan und fordert sie auf, die Gebühren an die Bundeshauptkasse binnen einem Monat einzuzahlen. ²Nach Fristablauf können fällige Beträge wie öffentliche Abgaben eingezogen werden.

## § 102 [Beweisverfahren; Kostenerstattung]

Das Bundesaufsichtsamt kann bei einem Beweisverfahren, das durch unbegründete Anträge oder Beschwerden veranlaßt worden ist, sowie bei einem erfolglosen Rechtsmittel die baren Auslagen ganz oder teilweise den Antragstellern auferlegen.

## § 103 [Bekanntmachungen des BAV]

(1) Das Bundesaufsichtsamt veröffentlicht jährlich Mitteilungen über den Stand der seiner Aufsicht unterstellten Versicherungsunternehmen sowie über seine Wahrnehmungen auf dem Gebiet des Versicherungswesens.

(2) Ebenso veröffentlicht es fortlaufend seine Rechts- und Verwaltungsgrundsätze.

## § 104 (*weggefallen*)

# VI. Versicherungsunternehmen mit Sitz außerhalb des Geltungsbereichs dieses Gesetzes

## 1. Unternehmen mit Sitz außerhalb der Mitgliedstaaten der Europäischen Wirtschaftsgemeinschaft

## § 105 [Erlaubnispflicht]

(1) Versicherungsunternehmen mit Sitz außerhalb der Mitgliedstaaten der Europäischen Wirtschaftsgemeinschaft, die im Geltungsbereich dieses Gesetzes das Direktversicherungsgeschäft durch Mittelspersonen betreiben wollen, bedürfen der Erlaubnis.

(2) Für diese Unternehmen gelten die besonderen Vorschriften der §§ 106 bis 110 sowie ergänzend die übrigen Vorschriften dieses Gesetzes entsprechend.

## § 106 [Voraussetzungen für die Erlaubniserteilung]

(1) *(aufgehoben)*

(2) ¹Die Unternehmen haben im Geltungsbereich dieses Gesetzes eine Niederlassung zu errichten und dort alle die Niederlassung betreffenden Geschäftsunterlagen zur Verfügung zu halten. ²Die Vorschriften der §§ 13 und 13 b des Handelsgesetzbuches über die Zweigniederlassung sind entsprechend anzuwenden. ³Für die Geschäftstätigkeit der Niederlassung ist gesondert Rechnung zu legen. ⁴§§ 55 und 55 a gelten mit der Maßgabe, daß

1. auch die im Sitzland des Unternehmens veröffentlichte Bilanz und Gewinn- und Verlustrechnung in deutscher Sprache im Bundesanzeiger bekanntzumachen sind und zusammen mit ihrem Anhang und Lagebericht in deutscher Sprache jedem Versicherten auf Verlangen übersandt werden,

2. zum internen Bericht der im Sitzland des Unternehmens veröffentlichte Jahresabschluß und Lagebericht in der Sprache des Sitzlandes und in deutscher Sprache sowie auch der der Aufsichtsbehörde des Sitzlandes vorgelegte Bericht in der Sprache des Sitzlandes gehören.

(3) ¹Für die Niederlassung ist ein Hauptbevollmächtigter zu bestellen, der seinen Wohnsitz und ständigen Aufenthalt im Geltungsbereich dieses Gesetzes haben muß. ²Dieser hat die Pflichten zu erfüllen, die dieses Gesetz dem Vorstand eines Unternehmens mit Sitz im Geltungsbereich dieses Gesetzes auferlegt. ³Er gilt als ermächtigt, das Unternehmen Dritten gegenüber zu verpflichten, insbesondere Versicherungsverträge mit Versicherungsnehmern im Geltungsbereich dieses Gesetzes und über dort belegene Grundstücke abzuschließen sowie das Unternehmen bei Verwaltungsbehörden und vor Gerichten zu vertreten. ⁴Der Hauptbevollmächtigte ist zur Eintragung in das Handelsregister anzumelden.

(4) Soweit nach den folgenden Vorschriften Sicherheiten gestellt werden müssen, kann sich das Bundesaufsichtsamt in den Bedingungen für die Rückgabe vorbehalten, über die Sicherheiten im Interesse der Versicherten zu verfügen.

## § 106a *(aufgehoben)*

## § 106b [Antrag auf Erlaubnis]

(1) ¹Über den beim Bundesaufsichtsamt zu stellenden Antrag auf Erlaubnis entscheidet der Bundesminister der Finanzen. ²Mit dem Antrag sind einzureichen

1. der Geschäftsplan und die in § 5 Abs. 4 Satz 3 und 4 und Abs. 5 genannten Angaben und Unterlagen für die Niederlassung, soweit ihre Vorlage nicht nach § 5 Abs. 6 entfällt, einschließlich der Satzung des Unternehmens; zugleich sind die Mitglieder des zur gesetzlichen Vertretung befugten Organs und eines Aufsichtsorgans zu benennen;

2. eine Bescheinigung der zuständigen Behörde des Sitzlandes darüber,
   a) daß das Unternehmen an seinem Sitz unter seinem Namen Rechte erwerben und Verbindlichkeiten eingehen, vor Gericht klagen und verklagt werden kann,
   b) welche Versicherungssparten das Unternehmen zu betreiben befugt ist und welche Arten von Risiken es tatsächlich deckt;

3. die Bilanz sowie die Gewinn- und Verlustrechnung für jedes der drei letzten Geschäftsjahre; besteht das Unternehmen noch nicht drei Jahre, so hat es diese Unterlagen nur für die bereits abgeschlossenen Geschäftsjahre vorzulegen.

(2) ¹Die Anforderungen an die Kapitalausstattung richten sich nach § 8. ²Das Unternehmen hat sich zu verpflichten, Eigenmittel mindestens in Höhe einer Solvabilitätsspanne zu bilden, die sich nach dem Geschäftsumfang der Niederlassung bemißt. ³Diese Eigenmittel müssen bis zur Höhe des Garantiefonds im Geltungsbereich dieses Gesetzes, im übrigen im Gebiet der Mitgliedstaaten der Europäischen Wirtschaftsgemeinschaft belegen sein. ⁴Der Mindestbetrag des Garantiefonds darf 50 vom Hundert des nach § 53c Abs. 2 festgesetzten Betrages nicht unterschreiten. ⁵Das Unternehmen hat sich ferner zu verpflichten, die geforderten Sicherheiten (feste und bewegliche Kaution) zu stellen. ⁶Die feste Kaution beträgt mindestens 25 vom Hundert des nach § 53c Abs. 2 festgesetzten Mindestbetrages des Garantiefonds. ⁷Die feste Kaution wird auf die Eigenmittel angerechnet. ⁸Im Falle der Übertragung eines Versicherungsbestandes (§ 14) kann die Aufsichtsbehörde anordnen, daß die gestellten Sicherheiten für den übernommenen Bestand bestehenbleiben, wenn auch von dem übernehmenden Unternehmen Sicherheiten gefordert werden können.

(3) Soll der Geschäftsbetrieb auf andere Versicherungssparten oder ein an-

deres Gebiet im Geltungsbereich dieses Gesetzes ausgedehnt werden, so gelten die Absätze 1 und 2 entsprechend.

(4) [1]Die Erlaubnis kann erteilt werden, wenn

1. das Bundesaufsichtsamt sich nach Anhörung des Versicherungsbeirats gutachtlich äußert, daß keiner der Gründe des § 8 Abs. 1 zum Versagen der Erlaubnis vorliegt,

2. die Voraussetzungen des § 106 Abs. 2 und 3 erfüllt sind und

3. der als feste Kaution geforderte Betrag gestellt ist.

(5) Einem Unternehmen, das in einem anderen Mitgliedstaat der Europäischen Wirtschaftsgemeinschaft die Erlaubnis zum Geschäftsbetrieb erhalten oder beantragt hat, kann auf Antrag widerruflich genehmigt werden,

1. daß die Solvabilitätsspanne auf der Grundlage seiner gesamten Geschäftstätigkeit in den Mitgliedstaaten der Europäischen Wirtschaftsgemeinschaft berechnet wird,

2. daß Eigenmittel in Höhe des Garantiefonds in einem anderen Mitgliedstaat der Europäischen Wirtschaftsgemeinschaft belegen sein können, in dem das Unternehmen seine Tätigkeit ausübt,

3. daß es von der Verpflichtung befreit wird, im Geltungsbereich dieses Gesetzes eine Kaution zu stellen.

[2]Die Genehmigung erteilt im Zusammenhang mit der Erlaubnis zum Geschäftsbetrieb der Bundesminister der Finanzen, in den sonstigen Fällen das Bundesaufsichtsamt. [3]Für den Widerruf der Genehmigung ist das Bundesaufsichtsamt zuständig.

(6) (*weggefallen*)

(7) [1]Das Bundesaufsichtsamt widerruft die Erlaubnis, wenn

1. das Unternehmen im Sitzland die Erlaubnis zum Geschäftsbetrieb verliert,

2. im Falle des Absatzes 5 die Erlaubnis zum Geschäftsbetrieb in einem anderen Mitgliedstaat der Europäischen Wirtschaftsgemeinschaft widerrufen wird, weil die Eigenmittel unzureichend sind.

[2]§ 87 bleibt unberührt. [3]Der Bundesminister der Finanzen kann die Erlaubnis widerrufen, wenn dies im öffentlichen Interesse geboten erscheint.

(8) [1]Hat die für die Überwachung der Kapitalausstattung des Unternehmens für die gesamte Geschäftstätigkeit in den Mitgliedstaaten der Europäischen Wirtschaftsgemeinschaft zuständige Behörde Verfügungsbeschränkungen über Vermögensgegenstände des Unternehmens angeordnet, weil dessen Eigenmittel unzureichend sind, so trifft das Bundesaufsichtsamt auf Verlangen dieser Behörde entsprechende Maßnahmen für die im Geltungsbereich dieses Gesetzes belegenen Vermögensgegenstände. [2]§ 81 b Abs. 4 bleibt unberührt.

## § 106 c [Erlaubnisbeschränkung]

[1]Versicherungsunternehmen, welche die Lebensversicherung zugleich mit anderen Versicherungssparten betreiben, darf der Geschäftsbetrieb im Geltungsbereich dieses Gesetzes nicht für die Lebensversicherung erlaubt werden. [2]Inwieweit Entsprechendes für die Krankenversicherung gilt, richtet sich nach § 8 Abs. 1 Nr. 2.

## § 107 [Hauptbevollmächtigter]

Ausländische Versicherungsunternehmen, denen der Geschäftsbetrieb nach § 105 erlaubt worden ist, dürfen die Versicherungsverträge mit Versicherungsnehmern, die ihren gewöhnlichen Aufenthalt im Geltungsbereich dieses Gesetzes haben, sowie Versicherungsverträge über dort belegene Grundstücke nur durch Bevollmächtigte abschließen, die im Geltungsbereich dieses Gesetzes wohnen.

## § 108 (*weggefallen*)

## § 109 [Gerichtsstand]

Für Klagen, die aus dem gemäß § 105 abgeschlossenen Versicherungsgeschäft gegen das Unternehmen erhoben werden, ist das Gericht zuständig, in dessen Bezirk es seine Niederlassung (§ 106 Abs. 2) hat. [2]Dieser Gerichtsstand darf nicht durch Vertrag ausgeschlossen werden.

## § 110 [Anwendbare Vorschriften]

(1) [1]Die §§ 57 bis 59 und 64 gelten nicht; das Bundesaufsichtsamt kann jedoch, wenn die Belange der Versicherten es erfordern, anordnen, daß das Unternehmen die Rechnungslegung der Niederlassung (§ 106 Abs. 2) durch einen Abschlußprüfer prüfen lassen und ihm den Bericht unverzüglich vorlegen muß; hierfür gelten § 57 Abs. 2 Satz 2, § 58 Abs. 2 und 3 sowie § 59 Satz 2 entsprechend. [2]Die §§ 54 bis 54 b, 54 d, 65 und 66 Abs. 1 bis 3 a und Abs. 5 bis 7 sowie die §§ 67 und 70 bis 79 a gelten nur für das gemäß § 105 abgeschlossene Versicherungsgeschäft.

(2) [1]Ein Treuhänder nach den §§ 70 bis 76 wird nicht bestellt. [2]Der Deckungsstock für diese Versicherungen ist nach näherer Bestimmung des Bundesaufsichtsamts so sicherzustellen, daß nur mit seiner Genehmigung darüber verfügt werden kann.

## 2. Unternehmen mit Sitz in einem Mitgliedstaat der Europäischen Wirtschaftsgemeinschaft

### a. Niederlassung

## § 110 a [Erlaubnispflicht]

(1) [1]Unternehmen mit Sitz in einem anderen Mitgliedstaat der Europäischen Wirtschaftsgemeinschaft, die im Geltungsbereich dieses Gesetzes das Direktversicherungsgeschäft durch eine Niederlassung betreiben wollen, bedürfen der Erlaubnis. [2]Als Niederlassung ist es auch anzusehen, wenn das Versicherungsgeschäft durch eine zwar selbständige, aber ständig damit betraute Person betrieben wird, die von einer Betriebsstätte im Geltungsbereich dieses Gesetzes aus tätig wird.

(2) [1]Für diese Unternehmen gelten die besonderen Vorschriften der §§ 110 b bis 111 sowie ergänzend die übrigen Vorschriften dieses Gesetzes entsprechend. [2]Vom 1. Unterabschnitt des VI. Abschnitts gelten jedoch nur § 106 Abs. 2 Satz 2 bis 4 und Abs. 3, §§ 106 c, 109 und 110 Abs. 1 entsprechend. [3]Die entsprechende Anwendung des § 106 Abs. 2 Satz 4 gilt mit der Maßgabe, daß der der Aufsichtsbehörde des Sitzlandes vorgelegte Bericht nicht vorzulegen ist.

(3) Alle die Niederlassung betreffenden Geschäftsunterlagen sind dort zur Verfügung zu halten.

### § 110b [Voraussetzungen für die Erlaubniserteilung]

(1) Über den Antrag auf Erlaubnis entscheidet das Bundesaufsichtsamt.

(2) Mit dem Antrag sind einzureichen

1. der Geschäftsplan und die in § 5 Abs. 4 Satz 3 und 4 und Abs. 5 genannten Angaben und Unterlagen für die Niederlassung einschließlich der Satzung des Unternehmens, soweit die Vorlage nicht nach § 5 Abs. 6 entfällt; zugleich sind die Mitglieder des zur gesetzlichen Vertretung befugten Organs und eines Aufsichtsorgans zu benennen;

2. eine Bescheinigung der zuständigen Behörde des Sitzlandes darüber,
   a) welche Versicherungssparten das Unternehmen zu betreiben befugt ist und welche Arten von Risiken es tatsächlich deckt,
   b) daß das Unternehmen über Eigenmittel in Höhe der Solvabilitätsspanne und des für die betriebenen Versicherungssparten erforderlichen Mindestbetrages des Garantiefonds verfügt, falls dieser höher ist,
   c) in welcher Höhe Mittel für den Organisationsfonds vorhanden sind;

3. der Nachweis über die Eigenmittel des Unternehmens;

4. die Bilanz sowie die Gewinn- und Verlustrechnung für jedes der drei letzten Geschäftsjahre; besteht das Unternehmen noch nicht drei Jahre, so hat es diese Unterlagen nur für die bereits abgeschlossenen Geschäftsjahre vorzulegen.

(3) Soll der Geschäftsbetrieb auf andere Versicherungssparten oder ein anderes Gebiet im Geltungsbereich dieses Gesetzes ausgedehnt werden, so gilt Absatz 2 entsprechend.

(4) [1]Soweit keine Versagungsgründe nach § 8 Abs. 1 vorliegen, darf die Erlaubnis einem Unternehmen, das eine in seinem Sitzland zugelassene Rechtsform besitzt, nur versagt werden, wenn die in § 106 Abs. 2 Satz 2 bis 4 und Abs. 3 genannten Voraussetzungen nicht erfüllt sind. [2]Den bei Lloyd's vereinigten Einzelversicherern darf die Erlaubnis nur erteilt werden, wenn die Vereinigung im Namen der Einzelversicherer für den Fall der Zwangsvollstreckung nach § 110c Satz 4 darauf verzichtet, Rechte daraus herzuleiten, daß die Zwangsvollstreckung auch in Vermögenswerte von Einzelversicherern erfolgt, gegen die der Titel nicht wirkt; die Verzichtserklärung muß bis zur vollständigen Abwicklung der im Geltungsbereich dieses Gesetzes abgeschlossenen Versicherungsverträge unwiderruflich sein.

(5) [1]Die Erlaubnis wird widerrufen, wenn das Unternehmen im Sitzland die Erlaubnis zum Geschäftsbetrieb verliert; § 87 bleibt unberührt. [2]Die Geschäftstätigkeit kann vorläufig untersagt werden, bis die vorgesehene Anhörung der zuständigen Behörde des Sitzlandes abgeschlossen ist.

(6) [1]Hat die zuständige Aufsichtsbehörde des Sitzlandes Verfügungsbeschränkungen über die Vermögensgegenstände eines Unternehmens angeordnet, weil dessen Eigenmittel unzureichend sind, so gilt § 106b Abs. 8 Satz 1 entsprechend. [2]§ 81b Abs. 4 bleibt unberührt.

### § 110c [Geltendmachung von Ansprüchen]

[1]Ansprüche aus dem im Geltungsbereich dieses Gesetzes betriebenen Versicherungsgeschäft der bei Lloyd's vereinigten Einzelversicherer (§ 110b Abs. 4 Satz 2) können nur durch und gegen den Hauptbevollmächtigten gerichtlich geltend gemacht werden. [2]Ein gemäß Satz 1 erzielter Titel wirkt für und gegen die an dem Versicherungsgeschäft beteiligten Einzelversicherer. [3]§ 727 der Zivilprozeßordnung ist entsprechend anzuwenden. [4]Aus einem gegen den

Hauptbevollmächtigten erzielten Titel kann in die von ihm verwalteten, im Geltungsbereich dieses Gesetzes belegenen Vermögenswerte aller in der Vereinigung zusammengeschlossenen Einzelversicherer vollstreckt werden.

## b. Dienstleistungsverkehr

### § 110 d [Direktversicherungsgeschäft, Erlaubnispflicht]

(1) Unternehmen, die im Geltungsbereich dieses Gesetzes das Direktversicherungsgeschäft im Dienstleistungsverkehr nach Maßgabe der Absätze 2 und 3 durch Mittelspersonen betreiben wollen, bedürfen vorbehaltlich der Regelung der §§ 110 g und 111 der Erlaubnis.

(2) Dienstleistungsverkehr im Sinne dieses Gesetzes liegt vor, wenn ein Versicherungsunternehmen mit Sitz in einem Mitgliedstaat von seinem Sitz oder einer Niederlassung in einem Mitgliedstaat aus im Wege der Direktversicherung Risiken deckt, die in einem anderen Mitgliedstaat belegen sind, ohne daß das Unternehmen dort von einer Niederlassung im Sinne des § 110 a Abs. 1 Gebrauch macht.

(3) Mitgliedstaat, in dem das Risiko belegen ist, ist
1. bei der Versicherung von Risiken mit Bezug auf unbewegliche Sachen, insbesondere Bauwerke und Anlagen, und den darin befindlichen, durch den gleichen Vertrag gedeckten Sachen der Mitgliedstaat, in dem diese Gegenstände belegen sind,
2. bei der Versicherung von Risiken mit Bezug auf Fahrzeuge aller Art, die in einem Mitgliedstaat in ein amtliches oder amtlich anerkanntes Register einzutragen sind und ein Unterscheidungskennzeichen erhalten, dieser Mitgliedstaat,
3. bei der Versicherung von Reise- und Ferienrisiken in Versicherungsverträgen über eine Laufzeit von höchstens vier Monaten der Mitgliedstaat, in dem der Versicherungsnehmer die zum Abschluß des Vertrages erforderlichen Rechtshandlungen vorgenommen hat,
4. in allen anderen Fällen,
   a) wenn der Versicherungsnehmer eine natürliche Person ist, der Mitgliedstaat, in dem er seinen gewöhnlichen Aufenthalt hat,
   b) wenn der Versicherungsnehmer keine natürliche Person ist, der Mitgliedstaat, in dem sich das Unternehmen, die Betriebsstätte oder die entsprechende Einrichtung befindet, auf die sich der Vertrag bezieht.

(4) Für das in Absatz 1 bezeichnete Versicherungsgeschäft gelten entsprechend
1. von den einleitenden Vorschriften (I. Abschnitt) die §§ 1 und 2,
2. von den Vorschriften über die Erlaubnis zum Geschäftsbetrieb (II. Abschnitt) § 5 Abs. 2, 3 Nr. 2 und Abs. 6, §§ 6, 7 Abs. 2, § 8 Abs. 1 Nr. 2, soweit er sich auf den Geschäftsplan bezieht, sowie Abs. 1 a und 2, §§ 10 bis 12 und 13 Abs. 1,
3. von den Vorschriften über die Kapitalausstattung und die Vermögensanlage (Unterabschnitt 1 des IV. Abschnitts) die §§ 54 bis 54 b und 54 d,
4. von den Vorschriften über die Rechnungslegung und die Prüfung (Unterabschnitt 1 a des IV. Abschnitts) § 55 a, soweit er sich auf die Nachweisungen und Erläuterungen über die versicherungstechnischen Rückstellungen und deren Bedeckung sowie über die Gewinnbeteiligung bezieht, §§ 56 und 56 a Satz 3,
5. von den besonderen Vorschriften über die Deckungsrücklage bei der Lebensversicherung (Unterabschnitt 2 des IV. Abschnitts) die §§ 65 Abs. 1, 66

Abs. 1 bis 3 a und Abs. 5 mit der Maßgabe, daß der Deckungsstock im Geltungsbereich dieses Gesetzes aufbewahrt werden muß, § 66 Abs. 6 und 7, §§ 67, 70, 71 Abs. 2 und 3, §§ 72, 74 bis 79 a; § 65 Abs. 2 und § 73 gelten mit der Maßgabe, daß die Bestätigungen gegenüber dem Bundesaufsichtsamt abzugeben sind,

6. die Vorschriften über Konkursvorrechte bei der Schadenversicherung (Unterabschnitt 3 des IV. Abschnitts),

7. von den Vorschriften über die Aufgaben und Befugnisse der Aufsichtsbehörden (Unterabschnitt 1 des V. Abschnitts) § 81 Abs. 1, 2 und 3, §§ 81 a, 81 b Abs. 4, §§ 81 c, 83 Abs. 2, soweit er sich auf Makler bezieht, § 84 Abs. 1 Satz 2 und Abs. 3 und §§ 86, 87 Abs. 1 Nr. 1, Abs. 3 und 4,

8. von den Vorschriften über Versicherungsunternehmen mit Sitz außerhalb des Geltungsbereichs dieses Gesetzes (VI. Abschnitt) die §§ 106 c und 110 b Abs. 4 Satz 2 und Abs. 6 sowie

9. die Vorschriften des Handelsgesetzbuches, soweit sie gemäß § 55 des Versicherungsaufsichtsgesetzes auf den Ansatz und die Bewertung versicherungstechnischer Rückstellungen und der sie bedeckenden Vermögensgegenstände anzuwenden sind.

(5) Die Kraftfahrzeughaftpflichtversicherung (Anlage Teil A Nr. 10 Buchstabe a) sowie die gesetzliche Haftpflichtversicherung im Zusammenhang mit Schäden durch Kernenergie oder Arzneimittel dürfen nur nach Maßgabe der §§ 110 a bis 110 c betrieben werden.

## § 110 e [Antrag auf Erlaubnis]

(1) Über den Antrag auf Erlaubnis entscheidet das Bundesaufsichtsamt.

(2) Mit dem Antrag sind einzureichen

1. eine Bescheinigung der zuständigen Behörde des Sitzlandes darüber, daß das Unternehmen über Eigenmittel in Höhe der Solvabilitätsspanne und des für die betriebenen Versicherungssparten erforderlichen Mindestbetrages des Garantiefonds verfügt, falls dieser höher ist, und daß es außerhalb des Mitgliedstaats der Niederlassung tätig sein darf,

2. eine Bescheinigung der zuständigen Behörde des Mitgliedstaats, von dem aus das Versicherungsgeschäft im Geltungsbereich dieses Gesetzes betrieben werden soll, darüber, welche Versicherungssparten das Unternehmen zu betreiben befugt ist und daß es im Geltungsbereich dieses Gesetzes im Dienstleistungsverkehr tätig sein darf,

3. der Geschäftsplan nach Maßgabe des § 5 Abs. 3 Nr. 2, soweit die Vorlage nicht nach § 5 Abs. 6 entfällt,

4. die Tarife, soweit sie nicht zum Geschäftsplan gehören,

5. Angaben über die Art der zu deckenden Risiken, soweit für diese keine allgemeinen Versicherungsbedingungen vorgelegt werden müssen,

6. auf Verlangen der Aufsichtsbehörde die Formblätter und sonstigen gedruckten Unterlagen, die es im Verkehr mit den Versicherten verwenden will.

(3) Will das Unternehmen weitere Risiken decken, gilt Absatz 2 entsprechend.

(4) [1]Hat das Bundesaufsichtsamt innerhalb von sechs Monaten nach Vorlage der in Absatz 2 genannten Unterlagen nicht über den Antrag entschieden, gilt dieser als abgelehnt. [2]Satz 1 gilt auch im Falle des § 13 Abs. 1.

(5) Die Erlaubnis erlischt, wenn das Unternehmen im Sitzland oder in dem Mitgliedstaat, von dem aus das Versicherungsgeschäft im Geltungsbereich

dieses Gesetzes betrieben wird, die Erlaubnis zum Geschäftsbetrieb verliert; § 87 bleibt unberührt.

## § 110f [Hinweispflichten]

[1]Unternehmen, die das Versicherungsgeschäft nach Maßgabe des § 110d betreiben, haben den Versicherungsnehmer, bevor dieser eine Verpflichtung übernimmt, darüber zu unterrichten, von welchem Mitgliedstaat der Europäischen Wirtschaftsgemeinschaft aus der Vertrag abgeschlossen werden soll. [2]Werden dem Versicherungsnehmer Unterlagen zur Verfügung gestellt, muß dieser Hinweis darin enthalten sein.

## § 110g [Ausnahmen von der Erlaubnispflicht]

(1) [1]Unternehmen, welche das in § 5 Abs. 6 Satz 1 bis 3 bezeichnete Versicherungsgeschäft nach Maßgabe des § 110d betreiben, bedürfen keiner Erlaubnis. [2]Sie dürfen ihren Geschäftsbetrieb aufnehmen, sobald die in § 110e Abs. 2 Nr. 1 und 2 bezeichneten Bescheinigungen dem Bundesaufsichtsamt zugegangen sind und sie ihm mitgeteilt haben, welche Arten von Risiken sie decken wollen. [3]Soweit für Versicherungsnehmer eine gesetzliche Verpflichtung zum Abschluß von Versicherungsverträgen besteht, dürfen die Unternehmen den Geschäftsbetrieb erst aufnehmen, nachdem die allgemeinen Versicherungsbedingungen vom Bundesaufsichtsamt genehmigt worden sind. [4]Satz 3 gilt nicht für die in der Anlage Teil A Nr. 10 Buchstabe b genannten Risiken.

(2) [1]Für diese Unternehmen gelten § 81 Abs. 1, 2 und 3 und § 83 Abs. 2, soweit er sich auf Makler bezieht, entsprechend. Im Falle des Absatzes 1 Satz 3 gelten außerdem § 8 Abs. 1 Nr. 2, §§ 10, 13 Abs. 1 und § 81a, soweit er sich auf allgemeine Versicherungsbedingungen bezieht, entsprechend.

## § 110h [Einschränkung der Erlaubnis]

[1]Unternehmen, denen eine Erlaubnis nach § 110a erteilt worden ist, dürfen das Versicherungsgeschäft im Geltungsbereich dieses Gesetzes in Versicherungssparten, für die sie die Erlaubnis erhalten haben, nicht im Dienstleistungsverkehr (§ 110d Abs. 2) betreiben. [2]Satz 1 gilt nicht für das in § 5 Abs. 6 Satz 1 bis 3 bezeichnete Versicherungsgeschäft.

## § 110i [Übertragung von Versicherungsverträgen]

(1) [1]Überträgt ein Versicherungsunternehmen, das eine Erlaubnis nach den §§ 5 oder 110a erhalten hat, nach § 14 ganz oder teilweise einen Bestand an Versicherungsverträgen, die es im Dienstleistungsverkehr in einem anderen Mitgliedstaat abgeschlossen hat, auf ein Unternehmen, das in diesem Mitgliedstaat seinen Sitz hat oder eine Niederlassung unterhält, ist nur die Genehmigung der für das übertragende Unternehmen zuständigen Aufsichtsbehörde erforderlich. [2]Sie wird nur erteilt, wenn die Aufsichtsbehörde des anderen Mitgliedstaates zustimmt. [3]Der Nachweis, daß das übernehmende Unternehmen nach der Übertragung Eigenmittel in Höhe der Solvabilitätsspanne besitzt, ist durch eine Bescheinigung der Aufsichtsbehörde des Sitzes zu führen. [4]Die Sätze 1 und 2 gelten auch, wenn die Übertragung auf ein Unternehmen erfolgt, das eine Erlaubnis zum Geschäftsbetrieb nach den §§ 5 oder 110a erhalten hat und den übernommenen Versicherungsbestand im Dienstleistungsverkehr in dem anderen Mitgliedstaat fortführen darf. [5]Ist die für das übertragende Unternehmen zuständige Aufsichtsbehörde nicht zugleich Aufsichtsbehörde für das übernehmende Unternehmen, ist der Nachweis durch eine entsprechende Bescheinigung dieser Behörde zu führen.

(2) [1]Überträgt ein Versicherungsunternehmen mit Sitz oder Niederlassung in einem anderen Mitgliedstaat einen Bestand an Versicherungsverträgen, die es im Geltungsbereich dieses Gesetzes im Dienstleistungsverkehr abgeschlossen hat, auf ein Unternehmen, das eine Erlaubnis zum Geschäftsbetrieb nach den §§ 5, 105, 110a oder 110d erhalten hat, bedarf es der Genehmigung der ausländischen Aufsichtsbehörde nach Zustimmung der für das übernehmende Unternehmen im Geltungsbereich dieses Gesetzes zuständigen Aufsichtsbehörde. [2]§ 8 Abs. 1 Nr. 2, § 14 Abs. 1 Satz 5 und Abs. 3 Satz 1 gelten entsprechend. [3]Soweit die Übertragung auf ein Unternehmen erfolgt, das nach § 110g keiner Erlaubnis bedarf oder nicht diesem Gesetz unterliegt, erteilt das Bundesaufsichtsamt ohne weitere Prüfung die Zustimmung, wenn eine solche nach dem Recht des anderen Mitgliedstaats auf Grund von Richtlinien des Rates der Europäischen Gemeinschaften erforderlich ist.

(3) [1]Überträgt ein Versicherungsunternehmen, das eine Erlaubnis nach den §§ 5 oder 110a erhalten hat, ganz oder teilweise seinen Bestand an Versicherungsverträgen, die es nicht im Dienstleistungsverkehr abgeschlossen hat, auf ein Unternehmen mit Sitz oder Niederlassung in einem anderen Mitgliedstaat, das den übernommenen Versicherungsbestand im Dienstleistungsverkehr im Geltungsbereich dieses Gesetzes fortführt, bedarf es der Genehmigung der für das übertragende Unternehmen zuständigen Aufsichtsbehörde. § 8 Abs. 1 Nr. 2 und § 14 Abs. 1 Satz 4 und 5 und Abs. 3 Satz 1 gelten entsprechend. [2]Die Genehmigung darf nur erteilt werden, wenn
1. das übernehmende Unternehmen die Voraussetzungen der §§ 110d, 110g oder 111 Abs. 1 erfüllt,
2. der Nachweis, daß das übernehmende Unternehmen nach der Übertragung Eigenmittel in Höhe der Solvabilitätsspanne besitzt, durch eine Bescheinigung der Aufsichtsbehörde des Sitzes geführt ist und
3. der Mitgliedstaat des Sitzes oder der Niederlassung, von dem aus der Versicherungsbestand fortgeführt wird, zustimmt.

(4) Die Absätze 1 bis 3 gelten nicht für die Lebensversicherung.

## § 111 [Befreiungsvorschriften; Ermächtigungsvorschrift]

(1) Unternehmen, die im Dienstleistungsverkehr ausschließlich die in der Anlage Teil A Nr. 4 bis 7 und 12 genannten Versicherungssparten sowie die dort unter Nr. 10 Buchstabe b genannte Risikoart betreiben, unterliegen nicht den Vorschriften dieses Gesetzes.

(2) Den Vorschriften dieses Gesetzes unterliegen ferner Unternehmen nicht, die sich an dem in § 5 Abs. 6 Satz 1 bis 3 bezeichneten Versicherungsgeschäft im Wege der Mitversicherung beteiligen, wenn sie hierbei außer über den führenden Versicherer nicht über Sitz oder Niederlassung im Geltungsbereich dieses Gesetzes tätig sind und die Mitversicherung nicht die gesetzliche Haftpflichtversicherung im Zusammenhang mit Schäden durch Kernenergie oder Arzneimittel betrifft.

(3) Der Bundesminister der Finanzen wird ermächtigt, durch Rechtsverordnung, die nicht der Zustimmung des Bundesrates bedarf,
1. die Absätze 1 und 2 auf Versicherungsunternehmen mit Sitz außerhalb der Mitgliedstaaten der Europäischen Wirtschaftsgemeinschaft für anwendbar zu erklären, wenn die Belange der Versicherten ausreichend gewahrt sind und Interessen der Bundesrepublik Deutschland nicht entgegenstehen,
2. zu bestimmen, daß die Vorschriften über ausländische Unternehmen mit Sitz in einem Mitgliedstaat der Europäischen Wirtschaftsgemeinschaft auch

auf Unternehmen mit Sitz außerhalb der Europäischen Wirtschaftsgemeinschaft anzuwenden sind, soweit dies im Bereich des Niederlassungsrechts oder des Dienstleistungsverkehrs aufgrund von Abkommen der Europäischen Wirtschaftsgemeinschaft mit Staaten, die dieser nicht angehören, erforderlich ist.

(4) Unter den Voraussetzungen des Absatzes 3 Nr. 1 kann der Bundesminister der Finanzen entsprechende Freistellungen auch im Einzelfall durch Verwaltungsakt gewähren.

# VIa. Zusammenarbeit des Bundesaufsichtsamts für das Versicherungswesen mit den zuständigen Behörden der anderen Mitgliedstaaten der Europäischen Wirtschaftsgemeinschaft auf dem Gebiet der Direktversicherung

## § 111a [Informationsrechte anderer EG-Behörden]

Das Bundesaufsichtsamt ist berechtigt, den zuständigen Behörden der anderen Mitgliedstaaten die Auskünfte zu erteilen und die Unterlagen zu übermitteln, die zur Ausübung der Aufsicht erforderlich sind.

## § 111b [Mitwirkung bei Zulassungen in EG-Staaten]

(1) [1]Beantragt ein Unternehmen mit Sitz im Geltungsbereich dieses Gesetzes die Erlaubnis zum Geschäftsbetrieb durch eine Niederlassung in einem anderen Mitgliedstaat, so nimmt das Bundesaufsichtsamt zu dem Geschäftsplan und den sonstigen Zulassungsunterlagen Stellung, die ihm die zuständige Behörde des anderen Mitgliedstaates mit einer gutachtlichen Äußerung übersandt hat. [2]Äußert sich das Bundesaufsichtsamt nicht innerhalb von drei Monaten nach Eingang dieser Unterlagen, so gilt dies als positive Stellungnahme.

(2) [1]Im Falle des § 110b Abs. 2 übersendet das Bundesaufsichtsamt den Geschäftsplan und die in § 5 Abs. 4 Satz 3 und 4 und Abs. 5 genannten Unterlagen, soweit ihre Vorlage nicht nach § 5 Abs. 6 entfällt, mit seiner gutachtlichen Äußerung der zuständigen Behörde des Sitzlandes zur Stellungnahme. [2]Äußert sich diese Behörde nicht innerhalb von drei Monaten nach Eingang der Unterlagen, so unterstellt das Bundesaufsichtsamt eine positive Stellungnahme.

## § 111c [Informationspflichten vor Verfügungsbeschränkungen]

(1) [1]Hat das Bundesaufsichtsamt aufgrund des § 81b Abs. 2 Satz 2 die freie Verfügung über die Vermögensgegenstände eines Unternehmens eingeschränkt oder untersagt, so unterrichtet es die zuständigen Behörden der anderen Mitgliedstaaten, in denen das Unternehmen eine Niederlassung unterhält oder im Dienstleistungsverkehr tätig ist. [2]Es kann diese Behörden ersuchen, die gleichen Beschränkungen anzuordnen.

(2) Bevor das Bundesaufsichtsamt gegenüber einer Niederlassung eines Unternehmens mit Sitz in einem Mitgliedstaat aufgrund des § 81b Abs. 4 eine Verfügungsbeschränkung erläßt, unterrichtet es die zuständige Behörde des Sitzlandes.

(3) Vor der Genehmigung eines Bestandsübertragungsvertrages (§ 14) setzt sich das Bundesaufsichtsamt mit den zuständigen Behörden der beteiligten Mitgliedstaaten ins Benehmen.

(4) ¹Kommt ein Versicherungsunternehmen, das nach den §§ 110 d und 110 g im Geltungsbereich dieses Gesetzes im Dienstleistungsverkehr tätig ist, Aufforderungen oder Anordnungen des Bundesaufsichtsamtes nach § 81 Abs. 2 nicht nach, ersucht das Bundesaufsichtsamt die Aufsichtsbehörde des Mitgliedstaats, von dem aus das Versicherungsgeschäft betrieben wird, oder des Sitzlandes um Zusammenarbeit. ²Bleibt dieses Ersuchen erfolglos oder sind Versuche, Anordnungen mit Zwangsmitteln durchzusetzen oder wegen Zwangsgeld zu vollstrecken, aussichtslos oder erfolglos, kann das Bundesaufsichtsamt nach Unterrichtung der Aufsichtsbehörde der Niederlassung die Erlaubnis zum Betrieb von Versicherungsgeschäften im Dienstleistungsverkehr ganz oder teilweise widerrufen, wenn das Unternehmen in schwerwiegender Weise die Verpflichtungen verletzt, die ihm nach dem Gesetz oder dem Geschäftsplan obliegen, oder sich so schwere Mißstände ergeben, daß eine Fortsetzung des Geschäftsbetriebs die Belange der Versicherten gefährdet oder der Geschäftsbetrieb den guten Sitten widerspricht. ³Im Falle des Geschäftsbetriebs nach § 110 g tritt an die Stelle des Widerrufs der Erlaubnis die teilweise oder gänzliche Untersagung des Geschäftsbetriebs.

(5) ¹Ersucht die Aufsichtsbehörde eine anderen Mitgliedstaats, in dem ein Versicherungsunternehmen, das die Erlaubnis zum Geschäftsbetrieb nach den §§ 5 oder 110 a erhalten hat, das Versicherungsgeschäft im Dienstleistungsverkehr betreibt, um Zusammenarbeit bei der Ausübung der Aufsicht nach den ausländischen Rechtsvorschriften, so trifft das Bundesaufsichtsamt die zweckdienlichen Maßnahmen unter Anwendung der §§ 81, 81 a, 81 b Abs. 4 und des § 83 und unterrichtet davon die ersuchende Aufsichtsbehörde. ²Satz 1 gilt nicht für die Lebensversicherung.

(6) ¹Will die Aufsichtsbehörde eines anderen Mitgliedstaates in einem Verfahren nach dessen Vorschriften über die Versicherungsaufsicht einem Versicherungsunternehmen mit Sitz oder Niederlassung im Geltungsbereich dieses Gesetzes, das in dem anderen Mitgliedstaat im Dienstleistungsverkehr tätig ist, ein Schriftstück übermitteln, ist die unmittelbare Übermittlung durch die Post nach den für den Postverkehr mit diesem anderen Mitgliedstaat geltenden Vorschriften zulässig. ²Zum Nachweis der Zustellung genügt die Versendung des Schriftstücks als eingeschriebener Brief mit den besonderen Versendungsformen „eigenhändig" und „Rückschein". ³Kann eine Zustellung nicht unmittelbar durch die Post bewirkt werden oder ist dies nach Art und Inhalt des Schriftstückes nicht zweckmäßig, wird die Zustellung durch das Bundesaufsichtsamt bewirkt.

## § 111 d [Informationspflichten vor Widerruf der Zulassung]

(1) ¹Widerruft das Bundesaufsichtsamt gemäß § 87 die Erlaubnis zum Geschäftsbetrieb für ein Unternehmen, das auch in anderen Mitgliedstaaten eine Niederlassung unterhält oder im Dienstleistungsverkehr tätig ist, so unterrichtet es die zuständigen Behörden dieser Mitgliedstaaten und setzt sich mit ihnen wegen der nach § 87 Abs. 4 erforderlichen Maßnahmen ins Benehmen.

(2) ¹Vor Widerruf der Erlaubnis für ein ausländisches Unternehmen mit Sitz in einem Mitgliedstaat setzt sich das Bundesaufsichtsamt mit der zuständigen Behörde des Sitzlandes ins Benehmen. ²Wird die Geschäftstätigkeit vorläufig untersagt, so unterrichtet das Bundesaufsichtsamt unverzüglich die zuständige Behörde des Sitzlandes.

### § 111 e [Überwachungspflichten bei EG-Solvabilität]

(1) Soll einem Antrag gemäß § 106 b Abs. 5 stattgegeben werden, so bedarf es hierzu der Zustimmung der zuständigen Behörden der Mitgliedstaaten, in denen das Unternehmen zugelassen oder ein Zulassungsverfahren anhängig ist.

(2) Das Bundesaufsichtsamt überwacht die Kapitalausstattung für den gesamten Umfang der Geschäftstätigkeit im Gebiet der Mitgliedstaaten, die dem Antrag zugestimmt haben, wenn dies in dem Antrag vorgesehen ist.

(3) [1]Überwacht das Bundesaufsichtsamt die Kapitalausstattung, so unterrichtet es die zuständigen Behörden der beteiligten Mitgliedstaaten von den nach § 81 b Abs. 2 Satz 2 getroffenen Maßnahmen. [2]Es kann diese Behörden ersuchen, die gleichen Maßnahmen zu treffen.

## VII. Bausparkassen

**§§ 112–121** *(weggefallen)*

## VIII. Übergangsvorschriften

### § 122 [Weitergeltung unbefristeter Altzulassungen]

Die Versicherungsunternehmen, die am 1. Januar 1902 in einem oder in mehreren Ländern landesgesetzlich zum Geschäftsbetrieb befugt gewesen sind, bedürfen keiner Erlaubnis nach diesem Gesetz, wenn sie ihren Geschäftsbetrieb in den Grenzen fortsetzen, die sie bis zum 1. Januar 1902 eingehalten gehabt hatten oder die ihnen, wenn ihre Befugnis zum Geschäftsbetrieb auf besonderer Erlaubnis beruht hat, durch die Erlaubnis gezogen waren.

### § 123 [Weitergeltung von Deckungsstockaltanlagen]

Die am 29. Dezember 1974 nach Maßgabe der bis zu diesem Zeitpunkt geltenden gesetzlichen Vorschriften und aufsichtsbehördlichen Anordnungen sowie aufgrund von Einzelgenehmigungen der Aufsichtsbehörde erworbenen Vermögenswerte können im gebundenen Vermögen verbleiben, im Deckungsstock jedoch nur, soweit sie bereits dem Deckungsstock zugeführt und in das Deckungsstockverzeichnis eingetragen waren.

### §§ 124 bis 127 *(weggefallen)*

### § 128 [Ausnahmen bei Verlustrücklagen für Alt-VVaG]

[1]Für Vereine, die am 1. Januar 1902 die Versicherung ihrer Mitglieder nach dem Grundsatz der Gegenseitigkeit betrieben haben und rechtsfähig gewesen sind, gelten auch die Vorschriften dieses Gesetzes über die Versicherungsvereine auf Gegenseitigkeit (Abschnitt III) außer den Vorschriften über den Gründungsstock und die Verlustrücklage. [2]Sie haben jedoch bis zum 31. Dezember 1983 eine Verlustrücklage zu bilden; § 53 b bleibt unberührt.

### §§ 129 bis 133 a *(weggefallen)*

### § 133 b [Anpassung nicht mehr zugelassener Rechtsformen]

(1) Versicherungsunternehmen, deren Rechtsform nicht § 7 entspricht, haben bis zum 31. Juli 1976 eine der zugelassenen Rechtsformen anzunehmen.

(2) Einem Antrag auf Ausdehnung der Geschäftstätigkeit auf andere Versicherungssparten oder ein anderes Gebiet darf nur stattgegeben werden, wenn das Unternehmen zugleich eine § 7 entsprechende Rechtsform annimmt.

### § 133c [Anpassung unzureichender Solvabilität]

(1) [1]Versicherungsunternehmen mit Sitz im Geltungsbereich dieses Gesetzes, die am 14. September 1981 zum Betrieb der Lebensversicherung befugt sind, haben die Vorschriften über die Kapitalausstattung bis zum 14. März 1984 zu erfüllen. [2]Die Aufsichtsbehörde kann ein Unternehmen, dessen in Höhe der Solvabilitätsspanne (§ 53c Abs. 1) ohne Abzug der Rückversicherung gebildete Eigenmittel am 15. März 1984 nicht den Mindestbetrag des Garantiefonds (§ 53c Abs. 2) erreichen, von der Verpflichtung befreien, Eigenmittel in dieser Höhe vor Ablauf des Geschäftsjahrs nachzuweisen, in dem die in Höhe der Solvabilitätsspanne ohne Abzug der Rückversicherung gebildeten Eigenmittel den Mindestbetrag des Garantiefonds erreichen. [3]Die Befreiung darf nicht über den 14. März 1989 hinaus gewährt werden.

(2) Einem Antrag der in Absatz 1 genannten Unternehmen auf Ausdehnung der Geschäftstätigkeit auf andere Versicherungssparten oder ein anderes Gebiet darf nur stattgegeben werden, wenn die Vorschriften über die Kapitalausstattung erfüllt sind.

(3) Einem in Absatz 1 genannten Unternehmen, dessen Eigenmittel bis zum 14. März 1984 die vorgeschriebene Höhe nicht erreichen, kann die Aufsichtsbehörde eine zusätzliche Frist von längstens zwei Jahren gewähren, sofern das Unternehmen einen Solvabilitätsplan vorgelegt hat.

(4) [1]Die Aufsichtsbehörde kann ein Unternehmen mit Sitz im Geltungsbereich dieses Gesetzes, das am 31. Januar 1976 zum Betrieb der in der Anlage Teil A Nr. 1 bis 17 genannten Versicherungssparten befugt war und dessen Beiträge am 31. Juli 1978 das Sechsfache des Mindestbetrages des Garantiefonds nicht erreichen, von der Verpflichtung befreien, Eigenmittel in dieser Höhe vor Ablauf des Geschäftsjahrs nachzuweisen, in dem die Beiträge den sechsfachen Betrag erreichen. [2]Die Befreiung ist zu widerrufen, wenn der Rat der Europäischen Gemeinschaften beschließt, daß solche Befreiungen aufzuheben sind. [3]Die Befreiung ist zu befristen, wenn das Unternehmen seine Geschäftstätigkeit innerhalb des Geltungsbereichs dieses Gesetzes auf andere Versicherungssparten oder ein anderes Gebiet ausdehnt. [4]Eine befristete Befreiung darf nicht über den 31. Juli 1983 hinaus gewährt werden.

### § 133d *(aufgehoben)*

### § 133e [Anwendung des § 133c auf Drittland-Niederlassungen]

Für ausländische Unternehmen mit Sitz außerhalb der Mitgliedstaaten der Europäischen Wirtschaftsgemeinschaft gilt § 133c Abs. 1 Satz 1 und Abs. 2 entsprechend.

### § 133f [Anpassungsfrist für Mehrbranchenversicherngsunternehmen aus EG-Staaten]

(1) [1]Bei einer Aktiengesellschaft mit Sitz im Geltungsbereich dieses Gesetzes, der die Erlaubnis zum Betrieb der Lebensversicherung bis zum 14. März 1989 erteilt wird und an der ein Versicherungsunternehmen mit Sitz in einem Mitgliedstaat der Europäischen Wirtschaftsgemeinschaft, welches die Lebensversicherung zugleich mit anderen Versicherungssparten betreibt, zumindest mit 95 vom Hundert beteiligt ist, gilt bis zum Ende des siebenten Geschäftsjahres nach Erteilung der Erlaubnis zum Geschäftsbetrieb eine finanzielle Garantie des letztgenannten Unternehmens bis zur Höhe der Hälfte des Mindest-

betrages des Garantiefonds (§ 53 c Abs. 2) als Eigenmittel, solange die Solvabilitätsspanne (§ 53 c Abs. 1) nicht höher als der Mindestbetrag des Garantiefonds ist. [2]In diesem Fall wird nicht eingezahltes Grundkapital über die Vorschrift des § 53 c Abs. 3 Satz 1 Nr. 1 Buchstabe a hinaus auch insoweit nicht als Eigenmittel angesehen, als es zusammen mit dem Garantiebetrag die Hälfte des Mindestbetrages des Garantiefonds übersteigt. [3]Die Garantie muß bis zur vollständigen Ersetzung durch andere Eigenmittel (Absatz 3) unwiderruflich sein.

(2) [1]Absatz 1 ist nur anzuwenden, wenn das beteiligte Unternehmen mit Sitz in einem Mitgliedstaat der Europäischen Wirtschaftsgemeinschaft im Geltungsbereich dieses Gesetzes keine Niederlassung für den Betrieb anderer Versicherungssparten als der Lebensversicherung hat und sowohl über die für den Betrieb der Lebensversicherung als auch über die für den Betrieb anderer Versicherungssparten als der Lebensversicherung vorgeschriebenen Eigenmittel verfügt. [2]Hierbei dürfen Eigenmittel in Höhe der Garantie nicht berücksichtigt werden.

(3) [1]Die Aktiengesellschaft muß die Garantie schrittweise, beginnend mit dem Dritten Geschäftsjahr nach der Erteilung der Erlaubnis zum Geschäftsbetrieb, durch andere Eigenmittel ersetzen. [2]Hierfür ist gleichzeitig mit dem Antrag auf Erteilung der Erlaubnis zum Geschäftsbetrieb ein Plan vorzulegen, der der Genehmigung der Aufsichtsbehörde bedarf.

## § 133g [Vorlagepflichten bei alten Funktionsausgliederungen]

Bestehende Verträge über Funktionsausgliederungen (§ 5 Abs. 3 Nr. 4) sind der Aufsichtsbehörde vorzulegen, soweit sie bisher noch nicht vorgelegt worden sind.

# IX. Straf- und Bußgeldvorschriften

## § 134 [Falsche Angaben in bestimmten Anträgen]

Wer der Aufsichtsbehörde gegenüber falsche Angaben macht, um für ein Versicherungsunternehmen die Erlaubnis zum Geschäftsbetrieb, die Verlängerung einer Erlaubnis oder die Genehmigung zu einer Änderung des Geschäftsplans oder zu einer Übertragung eines Versicherungsbestandes (§§ 14, 110h) zu erlangen, wird mit Freiheitsstrafe bis zu drei Jahren oder mit Geldstrafe bestraft.

## §§ 135 und 136 (*weggefallen*)

## § 137 [Falsche Berichte]

(1) Wer als Prüfer oder Gehilfe eines Prüfers über das Ergebnis der Prüfung falsch berichtet oder erhebliche Umstände im Bericht verschweigt, wird mit Freiheitsstrafe bis zu drei Jahren oder mit Geldstrafe bestraft.

(2) Handelt der Täter gegen Entgelt oder in der Absicht, sich oder einen anderen zu bereichern oder einen anderen zu schädigen, so ist die Strafe Freiheitsstrafe bis zu fünf Jahren oder Geldstrafe.

## § 138 [Geheimnisbruch]

(1) Wer, abgesehen von den Fällen des § 333 des Handelsgesetzbuchs oder des § 404 des Aktiengesetzes, ein Geheimnis des Versicherungsunternehmens, namentlich ein Betriebs- oder Geschäftsgeheimnis, das ihm in seiner Eigenschaft als
1. Prüfer oder Gehilfe eines Prüfers nach § 57 Abs. 2,
2. Mitglied des Vorstands oder des Aufsichtsrats oder Liquidator
bekanntgeworden ist, unbefugt offenbart, wird mit Freiheitsstrafe bis zu einem Jahr oder mit Geldstrafe bestraft.

(2) ¹Handelt der Täter gegen Entgelt oder in der Absicht, sich oder einen anderen zu bereichern oder einen anderen zu schädigen, so ist die Strafe Freiheitsstrafe bis zu zwei Jahren oder Geldstrafe. ²Ebenso wird bestraft, wer ein Geheimnis der in Absatz 1 bezeichneten Art, namentlich ein Betriebs- oder Geschäftsgeheimnis, das ihm unter den Voraussetzungen des Absatzes 1 bekanntgeworden ist, unbefugt verwertet.

(3) ¹Die Tat wird nur auf Antrag des Versicherungsunternehmens verfolgt. ²Hat ein Mitglied des Vorstands oder ein Liquidator die Tat begangen, so ist der Aufsichtsrat, hat ein Mitglied des Aufsichtsrats die Tat begangen, so sind der Vorstand oder die Liquidatoren antragsberechtigt.

## § 139 [Falsche Bestätigungen der Sachverständigen, Treuhänder]

(1) Wer als Sachverständiger, der die Berechnung der Deckungsrücklage bei einem Lebens-, Kranken- oder Unfallversicherungsunternehmen zu prüfen hat, eine Bestätigung nach § 65 Abs. 2, auch in Verbindung mit § 110 d Abs. 4 Nr. 5, falsch abgibt, wird mit Freiheitsstrafe bis zu drei Jahren oder mit Geldstrafe bestraft.

(2) Ebenso wird bestraft, wer als Treuhänder, der zur Überwachung eines Deckungsstocks bestellt ist, oder als Stellvertreter eines solchen Treuhänders (§ 70) eine Bestätigung nach § 73, auch in Verbindung mit § 110 d Abs. 4 Nr. 5, falsch abgibt.

## § 140 [Geschäftsbetrieb ohne Zulassung]

(1) Wer im Geltungsbereich dieses Gesetzes das Versicherungsgeschäft ohne die vorgeschriebene Erlaubnis betreibt, einen Geschäftsbetrieb entgegen § 110 g Abs. 1 Satz 2 oder 3 aufnimmt oder entgegen § 111 c Abs. 4 Satz 2 und 3 fortführt, wird mit Freiheitsstrafe bis zu einem Jahr oder mit Geldstrafe bestraft.

(2) Handelt der Täter fahrlässig, so ist die Strafe Freiheitsstrafe bis zu sechs Monaten oder Geldstrafe bis zu einhundertachtzig Tagessätzen.

## § 141 [Unterlassene Anzeigepflichten nach § 88 Abs. 2]

(1) Wer als Mitglied des Vorstands, als Hauptbevollmächtigter (§ 106 Abs. 3) oder als Liquidator eines Versicherungsunternehmens entgegen § 88 Abs. 2 es unterläßt, der Aufsichtsbehörde die dort vorgeschriebene Anzeige zu machen, wird mit Freiheitsstrafe bis zu drei Jahren oder mit Geldstrafe bestraft.

(2) Handelt der Täter fahrlässig, so ist die Strafe Freiheitsstrafe bis zu einem Jahr oder Geldstrafe.

## § 142 (*weggefallen*)

### § 143 [Verschleierung von bestimmten Darstellungen]

Wer als Mitglied des Vorstands oder des Aufsichtsrats, als Hauptbevollmächtigter (§ 106 Abs. 3) oder als Liquidator eines Versicherungsvereins auf Gegenseitigkeit
1. in Darstellungen oder Übersichten über den Vermögensstand des Vereins oder in Vorträgen oder Auskünften vor der obersten Vertretung die Verhältnisse des Vereins unrichtig wiedergibt oder verschleiert oder
2. in Aufklärungen oder Nachweisen, die nach den Vorschriften dieses Gesetzes einem Prüfer des Versicherungsvereins zu geben sind, falsche Angaben macht oder die Verhältnisse des Vereins unrichtig wiedergibt oder verschleiert,

wird mit Freiheitsstrafe bis zu drei Jahren oder mit Geldstrafe bestraft, jedoch nur, wenn die Tat im Falle der Nummer 1 nicht in § 331 Nr. 1, im Falle der Nummer 2 nicht in § 331 Nr. 4 des Handelsgesetzbuchs mit Strafe bedroht ist.

### § 144 [Zuwiderhandlungen im laufenden Geschäftsbetrieb]

(1) Ordnungswidrig handelt, wer als Mitglied des Vorstands oder des Aufsichtsrats, als Hauptbevollmächtigter (§ 106 Abs. 3) oder Liquidator eines Versicherungsunternehmens
1. die Verteilung eines entgegen den Vorschriften des Gesetzes oder dem genehmigten Geschäftsplan über die Bildung von Rückstellungen und Rücklagen ermittelten Gewinns vorschlägt oder zuläßt,
2. einer Vorschrift über die Anlage der Bestände des Deckungsstocks oder über die Berechnung, Buchung, Aufbewahrung oder Verwaltung der Deckungsrücklage oder des Deckungsstocks (§§ 54a bis 54c, 65 bis 67, 77, 79, 110d Abs. 4 Nr. 3, 5) zuwiderhandelt oder eine Bescheinigung nach § 66 Abs. 6 Satz 6, auch in Verbindung mit § 110d Abs. 4 Nr. 5, nicht oder nicht richtig erteilt,
3. dem genehmigten Geschäftsplan über die Anlegung von Geldbeständen zuwiderhandelt oder
4. Geschäfte betreibt, die in dem genehmigten Geschäftsplan nicht vorgesehen sind, oder den Betrieb solcher Geschäfte zuläßt.

(2) Die Ordnungswidrigkeit kann mit einer Geldbuße bis zu hunderttausend Deutsche Mark geahndet werden.

### § 144a [Bestimmte andere Zuwiderhandlungen]

(1) Ordnungswidrig handelt, wer vorsätzlich oder fahrlässig
1. im Geltungsbereich dieses Gesetzes einen Versicherungsvertrag für ein Unternehmen abschließt, das die zum Betrieb derartiger Versicherungsgeschäfte erforderliche Erlaubnis nicht besitzt, seinen Geschäftsbetrieb entgegen § 110a Abs. 1 Satz 2 oder 3 aufgenommen hat oder entgegen § 111c Abs. 4 Satz 2 und 3 fortführt,
2. den Abschluß eines Versicherungsvertrages für ein solches Unternehmen geschäftsmäßig vermittelt oder
3. einer aufgrund des § 81 Abs. 2 Satz 3 und 4, auch in Verbindung mit § 110d Abs. 4 Nr. 7 oder § 110g Abs. 2 Satz 1, ergangenen Anordnung zuwiderhandelt.

(2) Die Ordnungswidrigkeit kann mit einer Geldbuße bis zu fünfzigtausend Deutsche Mark geahndet werden.

### § 144 b [Ahndung von Verstößen gegen § 8 a]

(1) Ordnungswidrig handelt, wer

1. entgegen § 8 a Abs. 3 Satz 2 zugleich für ein Versicherungsunternehmen tätig ist, das außer der Rechtsschutzversicherung andere Versicherungsgeschäfte betreibt,
2. entgegen § 8 a Abs. 3 Satz 3 eine der Leistungsbearbeitung vergleichbare Tätigkeit für ein in Nummer 1 bezeichnetes Versicherungsunternehmen ausübt,
3. entgegen § 8 a Abs. 4 Satz 1 Weisungen erteilt oder
4. entgegen § 8 a Abs. 4 Satz 2 Angaben macht.

(2) Die Ordnungswidrigkeit kann mit einer Geldbuße bis zu zwanzigtausend Deutsche Mark geahndet werden.

### § 145 [Geltungsbereich der §§ 141, 143, 144, 144 b]

[1]Die Strafdrohungen der §§ 141 und 143 sowie die Bußgelddrohungen der §§ 144 und 144 b gelten auch für die Mitglieder des Vorstands oder des Aufsichtsrats sowie die Liquidatoren eines Vereins, der nach § 128 als Versicherungsverein auf Gegenseitigkeit zu behandeln ist. [2]Die Bußgelddrohung des § 144 b Abs. 1 Nr. 3, Abs. 2 gilt auch für den Hauptbevollmächtigten (§ 106 Abs. 3).

### § 145 a [Zuständigkeit des BAV]

Verwaltungsbehörde im Sinne des § 36 Abs. 1 Nr. 1 des Gesetzes über Ordnungswidrigkeiten ist das Bundesaufsichtsamt für das Versicherungswesen, soweit die Aufsicht über Versicherungsunternehmen dem Bundesaufsichtsamt zusteht.

# X. Schlußvorschriften

### § 146 [NATO-Versicherer]

Der Bundesminister der Finanzen wird ermächtigt, durch Rechtsverordnung, die nicht der Zustimmung des Bundesrates bedarf, zu bestimmen, daß der Betrieb aller Versicherungsgeschäfte oder einzelner Arten von Versicherungsgeschäften mit dem in Artikel I Abs. 1 Buchstabe a bis c des Abkommens vom 19. Juni 1951 zwischen den Parteien des Nordatlantikvertrags über die Rechtsstellung ihrer Truppen (BGBl. 1961 II S. 1183, 1190) bezeichneten Personenkreis ganz oder teilweise nicht den Vorschriften dieses Gesetzes unterliegt, soweit hierdurch im Geltungsbereich dieses Gesetzes die Belange anderer Versicherter und die dauernde Erfüllbarkeit der sonstigen Versicherungsverträge nicht gefährdet werden.

### §§ 147 bis 149 (*weggefallen*)

### § 150 [Vorlage von Statistiken]

[1]Alle Unternehmen, die nach diesem Gesetz der Aufsicht unterliegen, haben dem Bundesaufsichtsamt für das Versicherungswesen die von ihm erforderten Zählnachweise über ihren Geschäftsbetrieb einzureichen. [2]Über die Art der Nachweise ist der Versicherungsbeirat zu hören.

## § 151 [Statistiken aufsichtsfreier öffentl. rechtl. Versicherungsunternehmen]

Öffentlich-rechtliche Versicherungsunternehmen, die nicht der Aufsicht nach diesem Gesetz unterliegen, haben dem Bundesaufsichtsamt für das Versicherungswesen auf Anforderung die gleichen statistischen Angaben über ihren Geschäftsbetrieb einzureichen wie Versicherungsunternehmen, die der Aufsicht nach diesem Gesetz unterliegen.

## § 152 [Abzustimmende Rechts- und Verwaltungsgrundsätze]

[1]Das Bundesaufsichtsamt und die aufsichtsführenden Landesbehörden sind verpflichtet, ihre Rechts- und Verwaltungsgrundsätze sich gegenseitig mitzuteilen. [2]Dies gilt auch für die Grundsätze, welche die Landesbehörden bei der Beaufsichtigung der öffentlich-rechtlichen Versicherungsunternehmen aufstellen.

## § 153 [Landesrechtl. Vorschriften für öffentl. rechtl. Versicherungsunternehmen]

Unberührt bleiben die landesgesetzlichen Vorschriften, die den Betrieb bestimmter Versicherungsgeschäfte öffentlich-rechtlichen Versicherungsunternehmen vorbehalten.

## § 154 [Landesrechtl. Vorschriften für Feuerversicherer]

(1) Unberührt bleiben die landesrechtlichen Vorschriften über die polizeiliche Überwachung der Feuerversicherungsverträge nach ihrem Abschluß und der Auszahlung von Brandentschädigungen.

(2) (*weggefallen*)

(3) [1]Unberührt bleiben auch Verpflichtungen, die Feuerversicherungsunternehmen am 1. Januar 1901 in einem Lande nach Landesrecht oder aufgrund von Vereinbarungen mit Landesbehörden zur Übernahme gewisser Versicherungen oblagen, wenn das Unternehmen seinen Geschäftsbetrieb in dem Lande fortgesetzt hat und fortsetzt oder ihm nach diesem Gesetz der Geschäftsbetrieb erlaubt worden ist. [2]Die Erfüllung der Verpflichtungen überwacht die Aufsichtsbehörde nach diesem Gesetz.

## § 155 [Genehmigung der allgemeinen Versicherungsbedingungen]

(1) [1]Bei Versicherungsverträgen, zu deren Abschluß eine gesetzliche Pflicht besteht, bedarf der Versicherer zur Verwendung der allgemeinen Versicherungsbedingungen der Genehmigung durch das Bundesaufsichtsamt, wenn dieses Gesetz nicht schon an anderer Stelle eine Genehmigung durch die Versicherungsaufsichtsbehörde vorsieht. [2]§ 8 Abs. 1 Nr. 2, §§ 10, 13 Abs. 1 und § 81 a, soweit er sich auf allgemeine Versicherungsbedingungen bezieht, gelten hierfür entsprechend. [3]Die Sätze 1 und 2 gelten nicht für die in der Anlage Teil A Nr. 10 Buchstabe b genannten Risiken.

(2) Absatz 1 gilt nicht, wenn durch Gesetz bestimmt ist, daß die Versicherung auch bei einem Versicherungsunternehmen genommen werden darf, das weder seinen Sitz in einem Mitgliedstaat der Europäischen Wirtschaftsgemeinschaft noch eine Niederlassung im Geltungsbereich dieses Gesetzes hat.

## § 156 [Anwendung der §§ 34 S. 1, 39 Abs. 3 bei Aktiengesellschaften]

§ 34 Satz 1 und § 39 Abs. 3 gelten entsprechend auch für Versicherungsaktiengesellschaften.

## § 156 a [Ausnahmen für bestimmte Versicherungsunternehmen]

(1) § 5 Abs. 4 sowie die §§ 53 c und 81 b Abs. 1 und 2 gelten nicht für

1. Vereine auf Gegenseitigkeit, die nicht eingetragen zu werden brauchen, wenn

   a) ihre Satzung vorsieht, daß Nachschüsse vorbehalten sind oder Versicherungsansprüche gekürzt werden dürfen, und

   b) ihre jährlichen Beiträge den durch Rechtsverordnung nach Absatz 2 festgesetzten Betrag nicht übersteigen,

   es sei denn, daß sie die Haftpflichtversicherung oder die Kredit- und Kautionsversicherung betreiben;

2. Sterbekassen, deren Leistungen die durchschnittlichen Bestattungskosten bei einem Todesfall nicht übersteigen, sowie Betriebssterbekassen und Pensionskassen.

(2) Der Bundesminister der Finanzen wird ermächtigt, zur Durchführung von Richtlinien des Rates der Europäischen Gemeinschaften auf dem Gebiet des Versicherungswesens durch Rechtsverordnung, die nicht der Zustimmung des Bundesrates bedarf, den für die Anwendung des Absatzes 1 Nr. 1 Buchstabe b maßgebenden Betrag der jährlichen Beiträge festzusetzen.

(3) Für ausländische Versicherungsunternehmen mit Sitz in einem Mitgliedstaat der Europäischen Wirtschaftsgemeinschaft, die nach dem Recht ihres Sitzlandes nicht verpflichtet sind, Kapitalanforderungen entsprechend den Richtlinien des Rates der Europäischen Gemeinschaften auf dem Gebiet des Versicherungswesens zu genügen, gelten § 14 Abs. 1 Satz 2, § 110 b Abs. 2 Nr. 2 Buchstabe b, § 110 e Abs. 2 Nr. 1, § 110 i Abs. 1 Satz 2 und 4, § 111 b Abs. 2, § 111 c Abs. 2 und 3 und § 111 d Abs. 2 nicht.

(4) Für die in den Absätzen 1 und 3 genannten Unternehmen bestimmt sich die Höhe der erforderlichen finanziellen Mittel nach § 8 Abs. 1 Nr. 2.

(5) Für öffentlich-rechtliche Krankenversorgungseinrichtungen der Deutschen Bundespost und der Deutschen Bundesbahn sowie für die Versicherungsanstalt des Bundes und der Länder, die Bundesbahn-Versicherungsanstalt – Abteilung B – und die Versorgungsanstalt der Deutschen Bundespost gilt dieses Gesetz nicht.

## § 157 [Vereinfachte Rechnungslegung bei kleineren Vereinen]

(1) Die Aufsichtsbehörde kann für die Erlaubnis zum Geschäftsbetrieb, die Geschäftsführung und die Rechnungslegung der Vereine auf Gegenseitigkeit, die nicht eingetragen zu werden brauchen, Abweichungen von den §§ 11, 12, 55, 55a, 65 und 66 gestatten.

(2) Soweit sich diese Abweichungen auf die Geschäftsführung und die Rechnungslegung beziehen, können sie besonders davon abhängig gemacht werden, daß in mehrjährigen Zeiträumen auf Kosten des Vereins der Geschäftsbetrieb und die Vermögenslage durch einen Sachverständigen geprüft und der Prüfungsbericht der Aufsichtsbehörde eingereicht wird.

## § 157a [Freistellung kleinster Vereine]

(1) [1]Die Aufsichtsbehörde kann Vereine auf Gegenseitigkeit, die nicht eingetragen zu werden brauchen, von der laufenden Aufsicht nach diesem Gesetz freistellen, wenn nach der Art der betriebenen Geschäfte und den sonstigen Umständen eine Beaufsichtigung zur Wahrung der Belange der Versicherten nicht erforderlich erscheint. [2]Diese Voraussetzungen können insbesondere bei Vereinen mit örtlich eng begrenztem Wirkungskreis, geringer Mitgliederzahl und geringem Beitragsaufkommen vorliegen.

(2) Die Freistellung nach Absatz 1 kann befristet und mit Auflagen versehen werden; sie ist zu widerrufen, wenn der Aufsichtsbehörde bekannt wird, daß die Voraussetzungen der Freistellung entfallen sind.

(3) Hat die Aufsichtsbehörde eine Freistellung nach Absatz 1 vorgenommen, so sind nicht anzuwenden die Vorschriften der §§ 13, 14, 22 Abs. 4, der §§ 37 und 53a sowie der Abschnitte IV und V mit Ausnahme der Vorschriften des § 83 Abs. 2 sowie des § 81 Abs. 3, soweit die Auflagen nach Absatz 2 oder die Rechte der Aufsichtsbehörde nach § 83 Abs. 2 durchgesetzt werden sollen.

## § 158 [Verschmelzungen vor 1983]

Die Vorschriften dieses Gesetzes über Verschmelzungen und Vermögensübertragungen in der vom 1. Januar 1983 an geltenden Fassung gelten nicht für Vorgänge, für deren Vorbereitung bereits vor diesem Tage der Verschmelzungs- oder Übergangsvertrag beurkundet oder eine oberste Vertretung oder eine Hauptversammlung einberufen worden ist.

## § 159 [Geltung der VAG für bestimmte Sonderkassen]

(1) [1]Beschlüsse der Vertreterversammlung über Einrichtungen der in § 762 Abs. 1 der Reichsversicherungsordnung bezeichneten Art sowie über deren Satzungen und Geschäftspläne bedürfen der Genehmigung der Aufsichtsbehörde; § 5 Abs. 1 bis 3 und § 8 gelten hierfür entsprechend. [2]Im übrigen gelten für diese Einrichtungen § 13 Abs. 1, die §§ 14, 54 Abs. 2 Satz 1 Buchstabe a und Satz 2, § 55 Abs. 1, 3 bis 5 Satz 1, § 55a sowie die §§ 81, 81a, 82 bis 84, 86, 88 und 89 entsprechend.

(2) *(aufgehoben)*

(3) Soweit in anderen Vorschriften bestimmt ist, daß Bestimmungen dieses Gesetzes auf Unternehmen, die nicht unter § 1 fallen, entsprechend anzuwenden sind, bleiben diese Vorschriften unberührt.

## § 160 [Übergangsregelung für Spartentrennung]

(1)–(4) *(aufgehoben)*

(5) [1]Unternehmen, die im Rahmen eines einheitlichen Vertrages Risiken decken, die den in der Anlage Teil A Nr. 1 und 19 genannten Versicherungssparten zuzuordnen sind, dürfen den Unfallversicherungsteil dieser Verträge auf ein anderes Unternehmen übertragen. [2]§ 14 gilt entsprechend.

# Anlage

## A. Einteilung der Risiken nach Versicherungssparten

1. Unfall
   a) Summenversicherung
   b) Kostenversicherung
   c) kombinierte Leistungen
   d) Personenbeförderung

2. Krankheit
   a) Tagegeld
   b) Kostenversicherung
   c) kombinierte Leistungen

3. Landfahrzeug-Kasko (ohne Schienenfahrzeuge)
   Sämtliche Schäden an:
   a) Kraftfahrzeugen
   b) Landfahrzeugen ohne eigenen Antrieb

4. Schienenfahrzeug-Kasko
   Sämtliche Schäden an Schienenfahrzeugen

5. Luftfahrzeug-Kasko
   Sämtliche Schäden an Luftfahrzeugen

6. See-, Binnensee- und Flußschiffahrts-Kasko
   Sämtliche Schäden an:
   a) Flußschiffen
   b) Binnenseeschiffen
   c) Seeschiffen

7. Transportgüter
   Sämtliche Schäden an transportierten Gütern, unabhängig von dem jeweils verwendeten Transportmittel

8. Feuer- und Elementarschäden
   Sämtliche Sachschäden (soweit sie nicht unter die Nummern 3 bis 7 fallen), die verursacht werden durch:
   a) Feuer
   b) Explosion
   c) Sturm
   d) andere Elementarschäden außer Sturm
   e) Kernenergie
   f) Bodensenkungen und Erdrutsch

9. Hagel-, Frost- und sonstige Sachschäden
   Sämtliche Sachschäden (soweit sie nicht unter die Nummern 3 bis 7 fallen), die außer durch Hagel oder Frost durch Ursachen aller Art (wie beispielsweise Diebstahl) hervorgerufen werden, soweit diese Ursachen nicht unter Nummer 8 erfaßt sind

10. Haftpflicht für Landfahrzeuge mit eigenem Antrieb
    a) Kraftfahrzeughaftpflicht
    b) Haftpflicht aus Landtransporten
    c) sonstige

11. Luftfahrzeughaftpflicht
    Haftpflicht aller Art (einschließlich derjenigen des Frachtführers), die sich aus der Verwendung von Luftfahrzeugen ergibt

12. See-, Binnensee- und Flußschiffahrtshaftpflicht
   Haftpflicht aller Art (einschließlich derjenigen des Frachtführers), die sich aus der Verwendung von Flußschiffen, Binnenseeschiffen und Seeschiffen ergibt

13. Allgemeine Haftpflicht
   Alle sonstigen Haftpflichtfälle, die nicht unter die Nummern 10 bis 12 fallen

14. Kredit
   a) allgemeine Zahlungsunfähigkeit
   b) Ausfuhrkredit
   c) Abzahlungsgeschäfte
   d) Hypothekendarlehen
   e) landwirtschaftliche Darlehen

15. Kaution

16. Verschiedene finanzielle Verluste
   a) Berufsrisiken
   b) ungenügende Einkommen (allgemein)
   c) Schlechtwetter
   d) Gewinnausfall
   e) laufende Unkosten allgemeiner Art
   f) unvorhergesehene Geschäftsunkosten
   g) Wertverluste
   h) Miet- oder Einkommensausfall
   i) indirekte kommerzielle Verluste außer den bereits erwähnten
   j) nichtkommerzielle Geldverluste
   k) sonstige finanzielle Verluste

17. Rechtsschutz

18. Beistandleistungen zugunsten von Personen, die sich in Schwierigkeiten befinden
   a) auf Reisen oder während der Abwesenheit von ihrem Wohnsitz oder ständigem Aufenthaltsort,
   b) unter anderen Bedingungen, sofern die Risiken nicht unter andere Versicherungssparten fallen.

19. Leben
   (soweit nicht unter den Nummern 20 und 21 aufgeführt)                                                   ❙

20. Heirats- und Geburtenversicherung

21. Fondsgebundene Lebensversicherung

## B. Bezeichnung der Zulassung, die gleichzeitig für mehrere Sparten erteilt wird

Umfaßt die Zulassung zugleich

a) die Nummern 1 Buchstabe d, 3, 7 und 10 Buchstabe a, so wird sie unter der Bezeichnung „Kraftfahrtversicherung" erteilt;

b) die Nummern 1 Buchstabe d, 4, 6, 7 und 12, so wird sie unter der Bezeichnung „See- und Transportversicherung" erteilt;

c) die Nummern 1 Buchstabe d, 5, 7 und 11, so wird sie unter der Bezeichnung „Luftfahrtversicherung" erteilt;

d) die Nummern 8 und 9, so wird sie unter der Bezeichnung „Feuer- und andere Sachschäden" erteilt;

e) die Nummern 10 bis 13, so wird sie unter der Bezeichnung „Haftpflicht" erteilt;

f) die Nummern 14 und 15, so wird sie unter der Bezeichnung „Kredit und Kaution" erteilt;

g) die Nummern 1, 3 bis 13 und 16, so wird sie unter der Bezeichnung „Schaden- und Unfallversicherung" erteilt.

## C. Kongruenzregeln

1. Ist die Deckung eines Versicherungsvertrages in einer bestimmten Währung ausgedrückt, so gelten die Verpflichtungen als in dieser Währung bestehend.

2. [1]Ist die Deckung eines Vertrages nicht in einer Währung ausgedrückt, so gelten die Verpflichtungen als in der Währung des Landes bestehend, in dem das Risiko belegen ist. [2]Die Währung, in der die Prämie ausgedrückt ist, kann zugrunde gelegt werden, wenn besondere Umstände dies rechtfertigen, insbesondere wenn es bereits bei Vertragsschluß wahrscheinlich ist, daß ein Schaden in dieser Währung geregelt werden wird.

3. Die Währung, die ein Versicherungsunternehmen nach seinen Erfahrungen als die wahrscheinlichste für die Erfüllung betrachtet oder mangels solcher Erfahrungen die Währung des Landes, in dem es sich niedergelassen hat, kann, sofern nicht besondere Umstände dagegen sprechen, bei folgenden Risiken zugrunde gelegt werden:

   a) bei den in der Anlage Teil A Nr. 4 bis 7, 11 bis 13 (nur Herstellerhaftpflicht) genannten Versicherungssparten,

   b) bei anderen Versicherungssparten, wenn entsprechend der Art der Risiken die Erfüllung in einer anderen Währung als derjenigen erfolgen muß, die sich aus der Anwendung der vorgenannten Regeln ergeben würde.

4. Wird einem Versicherungsunternehmen ein Schaden gemeldet und ist dieser in einer anderen als der sich aus der Anwendung der vorstehenden Regeln ergebenden Währung zu regeln, so gelten die Verpflichtungen als in dieser Währung bestehend, insbesondere in der Währung, in welcher die von dem Versicherungsunternehmen zu erbringende Leistung auf Grund einer gerichtlichen Entscheidung oder einer Vereinbarung zwischen Versicherungsunternehmen und Versicherungsnehmer bestimmt worden ist.

5. Wird ein Schaden in einer dem Versicherungsunternehmen vorher bekannten Währung festgestellt, kann die Verpflichtung als in dieser Währung bestehend angesehen werden, auch wenn sie nicht die sich aus der Anwendung der vorstehenden Regeln ergebende Währung ist.

6. [1]Das gebundene Vermögen braucht nicht in Vermögenswerten angelegt zu werden, die auf die gleiche Währung lauten, in der die Verpflichtungen bestehen, wenn

   a) es sich nicht um eine Währung eines Mitgliedstaats der Europäischen Wirtschaftsgemeinschaft handelt und sich die betreffende Währung nicht zur Anlage eignet, insbesondere weil sie Transferbeschränkungen unterliegt,

   b) das anzulegende Deckungsstockvermögen nicht mehr als fünf vom Hundert und das anzulegende übrige gebundene Vermögen nicht mehr als 20 vom Hundert der Verpflichtungen in einer bestimmten Währung betrifft oder

c) bei Anwendung der nach den Nummern 1 bis 5 geltenden Regeln in einer bestimmten Währung Vermögenswerte angelegt werden müßten, die nicht mehr als 7 vom Hundert der in anderen Währungen vorhandenen Vermögenswerte des Unternehmens ausmachen. [2]Der sich hieraus ergebende Betrag darf jedoch die nachstehenden Summen nicht überschreiten:

aa) bei griechischen Drachmen, irischen Pfund oder portugiesischen Escudos
   – bis zum 31. Dezember 1992 eine Million ECU,
   – vom 1. Januar 1993 bis zum 31. Dezember 1998 zwei Millionen ECU;

bb) bei belgischen Franken, luxemburgischen Franken oder spanischen Peseten bis zum 31. Dezember 1996 zwei Millionen ECU.

7. Soweit nach den vorstehenden Regeln das übrige gebundene Vermögen in Vermögenswerten anzulegen ist, die auf die Währung eines Mitgliedstaats der Europäischen Wirtschaftsgemeinschaft lauten, kann die Anlage bis zu 50 vom Hundert in auf ECU lautenden Vermögenswerten erfolgen, soweit dies nach vernünftiger kaufmännischer Beurteilung gerechtfertigt ist.

# 9. Gesetz über die Mitbestimmung der Arbeitnehmer (Mitbestimmungsgesetz – MitbestG)

## Vom 4. Mai 1976

### (BGBl. I S. 1153, BGBl. III 801–8)
zuletzt geändert durch Gesetz vom 26. 6. 1990 (BGBl. I S. 1206)

## Erster Teil. Geltungsbereich

### § 1 Erfaßte Unternehmen

(1) In Unternehmen, die
1. in der Rechtsform einer Aktiengesellschaft, einer Kommanditgesellschaft auf Aktien, einer Gesellschaft mit beschränkter Haftung, einer bergrechtlichen Gewerkschaft mit eigener Rechtspersönlichkeit oder einer Erwerbs- und Wirtschaftsgenossenschaft betrieben werden und
2. in der Regel mehr als 2000 Arbeitnehmer beschäftigen,
haben die Arbeitnehmer ein Mitbestimmungsrecht nach Maßgabe dieses Gesetzes.

(2) Dieses Gesetz ist nicht anzuwenden auf die Mitbestimmung in Organen von Unternehmen, in denen die Arbeitnehmer nach
1. dem Gesetz über die Mitbestimmung der Arbeitnehmer in den Aufsichtsräten und Vorständen der Unternehmen des Bergbaus und der Eisen und Stahl erzeugenden Industrie vom 21. Mai 1951 (Bundesgesetzbl. I S. 347) – Montan-Mitbestimmungsgesetz –, zuletzt geändert durch das Einführungsgesetz zum Aktiengesetz vom 6. September 1965 (Bundesgesetzbl. I S. 1185), oder
2. dem Gesetz zur Ergänzung des Gesetzes über die Mitbestimmung der Arbeitnehmer in den Aufsichtsräten und Vorständen der Unternehmen des Bergbaus und der Eisen und Stahl erzeugenden Industrie vom 7. August 1956 (Bundesgesetzbl. I S. 707) – Mitbestimmungsergänzungsgesetz –, zuletzt geändert durch das Gesetz zur Änderung des Gesetzes zur Ergänzung des Gesetzes über die Mitbestimmung der Arbeitnehmer in den Aufsichtsräten und Vorständen der Unternehmen des Bergbaus und der Eisen und Stahl erzeugenden Industrie vom 27. April 1967 (Bundesgesetzbl. I S. 505),
ein Mitbestimmungsrecht haben.

(3) Die Vertretung der Arbeitnehmer in den Aufsichtsräten von Unternehmen, in denen die Arbeitnehmer nicht nach Absatz 1 oder nach den in Absatz 2 bezeichneten Gesetzen ein Mitbestimmungsrecht haben, bestimmt sich nach den Vorschriften des Betriebsverfassungsgesetzes 1952 (Bundesgesetzbl. I S. 681), zuletzt geändert durch das Betriebsverfassungsgesetz vom 15. Januar 1972 (Bundesgesetzbl. I S. 13).

(4) [1]Dieses Gesetz ist nicht anzuwenden auf Unternehmen, die unmittelbar und überwiegend
1. politischen, koalitionspolitischen, konfessionellen, karitativen, erzieherischen, wissenschaftlichen oder künstlerischen Bestimmungen oder
2. Zwecken der Berichterstattung oder Meinungsäußerung, auf die Artikel 5 Abs. 1 Satz 2 des Grundgesetzes anzuwenden ist,
dienen. [2]Dieses Gesetz ist nicht anzuwenden auf Religionsgemeinschaften und ihre karitativen und erzieherischen Einrichtungen unbeschadet deren Rechtsform.

## § 2 Anteilseigner

Anteilseigner im Sinne dieses Gesetzes sind je nach der Rechtsform der in § 1 Abs. 1 Nr. 1 bezeichneten Unternehmen Aktionäre, Gesellschafter, Gewerken oder Genossen.

## § 3 Arbeitnehmer

(1) Arbeitnehmer im Sinne dieses Gesetzes sind Arbeiter und Angestellte. Die in § 5 Abs. 2 des Betriebsverfassungsgesetzes bezeichneten Personen sind keine Arbeitnehmer im Sinne dieses Gesetzes.

(2) Arbeiter im Sinne dieses Gesetzes sind die in § 6 Abs. 1 des Betriebsverfassungsgesetzes bezeichneten Arbeitnehmer.

(3) Angestellte im Sinne dieses Gesetzes sind
1. die in § 6 Abs. 2 des Betriebsverfassungsgesetzes bezeichneten Arbeitnehmer mit Ausnahme der in § 5 Abs. 3 des Betriebsverfassungsgesetzes bezeichneten leitenden Angestellten,
2. die in § 5 Abs. 3 des Betriebsverfassungsgesetzes bezeichneten leitenden Angestellten.

## § 4 Kommanditgesellschaft

(1) [1]Ist ein in § 1 Abs. 1 Nr. 1 bezeichnetes Unternehmen persönlich haftender Gesellschafter einer Kommanditgesellschaft und hat die Mehrheit der Kommanditisten dieser Kommanditgesellschaft, berechnet nach der Mehrheit der Anteile oder der Stimmen, die Mehrheit der Anteile oder der Stimmen in dem Unternehmen des persönlich haftenden Gesellschafters inne, so gelten für die Anwendung dieses Gesetzes auf den persönlich haftenden Gesellschafter die Arbeitnehmer der Kommanditgesellschaft als Arbeitnehmer des persönlich haftenden Gesellschafters, sofern nicht der persönlich haftende Gesellschafter einen eigenen Geschäftsbetrieb mit in der Regel mehr als 500 Arbeitnehmern hat. [2]Ist die Kommanditgesellschaft persönlich haftender Gesellschafter einer anderen Kommanditgesellschaft, so gelten auch deren Arbeitnehmer als Arbeitnehmer des in § 1 Abs. 1 Nr. 1 bezeichneten Unternehmens. [3]Dies gilt entsprechend, wenn sich die Verbindung von Kommanditgesellschaften in dieser Weise fortsetzt.

(2) Das Unternehmen kann von der Führung der Geschäfte der Kommanditgesellschaft nicht ausgeschlossen werden.

## § 5 Konzern

(1) [1]Ist ein in § 1 Abs. 1 Nr. 1 bezeichnetes Unternehmen herrschendes Unternehmen eines Konzerns (§ 18 Abs. 1 des Aktiengesetzes), so gelten für die Anwendung dieses Gesetzes auf das herrschende Unternehmen die Arbeitnehmer der Konzernunternehmen als Arbeitnehmer des herrschenden Unternehmens. [2]Dies gilt auch für die Arbeitnehmer eines in § 1 Abs. 1 Nr. 1 bezeichneten Unternehmens, das persönlich haftender Gesellschafter eines abhängigen Unternehmens (§ 18 Abs. 1 des Aktiengesetzes) in der Rechtsform einer Kommanditgesellschaft ist.

(2) [1]Ist eine Kommanditgesellschaft, bei der für die Anwendung dieses Gesetzes auf den persönlich haftenden Gesellschafter die Arbeitnehmer der Kommanditgesellschaft nach § 4 Abs. 1 als Arbeitnehmer des persönlich haftenden Gesellschafters gelten, herrschendes Unternehmen eines Konzerns (§ 18 Abs. 1 des Aktiengesetzes), so gelten für die Anwendung dieses Gesetzes auf den persönlich haftenden Gesellschafter der Kommanditgesellschaft die

Arbeitnehmer der Konzernunternehmen als Arbeitnehmer des persönlich haftenden Gesellschafters. Absatz 1 Satz 2 sowie § 4 Abs 2 sind entsprechend anzuwenden.

(3) Stehen in einem Konzern die Konzernunternehmen unter der einheitlichen Leitung eines anderen als eines in Absatz 1 oder 2 bezeichneten Unternehmens, beherrscht aber die Konzernleitung über ein in Absatz 1 oder 2 bezeichnetes Unternehmen oder über mehrere solcher Unternehmen andere Konzernunternehmen, so gelten die in Absatz 1 oder 2 bezeichneten und der Konzernleitung am nächsten stehenden Unternehmen, über die die Konzernleitung andere Konzernunternehmen beherrscht, für die Anwendung dieses Gesetzes als herrschende Unternehmen.

## Zweiter Teil. Aufsichtsrat

### Erster Abschnitt. Bildung und Zusammensetzung

## § 6 Grundsatz

(1) Bei den in § 1 Abs. 1 bezeichneten Unternehmen ist ein Aufsichtsrat zu bilden, soweit sich dies nicht schon aus anderen gesetzlichen Vorschriften ergibt.

(2) [1]Die Bildung und die Zusammensetzung des Aufsichtsrats sowie die Bestellung und die Abberufung seiner Mitglieder bestimmen sich nach den §§ 7 bis 24 dieses Gesetzes und, soweit sich dies nicht schon aus anderen gesetzlichen Vorschriften ergibt, nach § 96 Abs. 2, den §§ 97 bis 101 Abs. 1 und 3 und den §§ 102 bis 106 des Aktiengesetzes mit der Maßgabe, daß die Wählbarkeit eines Prokuristen als Aufsichtsratsmitglied der Arbeitnehmer nur ausgeschlossen ist, wenn dieser dem zur gesetzlichen Vertretung des Unternehmens befugten Organ unmittelbar unterstellt und zur Ausübung der Prokura für den gesamten Geschäftsbereich des Organs ermächtigt ist. [2]Andere gesetzliche Vorschriften und Bestimmungen der Satzung (des Gesellschaftsvertrags, des Statuts) über die Zusammensetzung des Aufsichtsrats sowie über die Bestellung und die Abberufung seiner Mitglieder bleiben unberührt, soweit Vorschriften dieses Gesetzes dem nicht entgegenstehen.

(3) [1]Auf Erwerbs- und Wirtschaftsgenossenschaften sind die §§ 100, 101 Abs. 1 und 3 und die §§ 103 und 106 des Aktiengesetzes nicht anzuwenden. [2]Auf die Aufsichtsratsmitglieder der Arbeitnehmer ist § 9 Abs. 2 des Gesetzes betreffend die Erwerbs- und Wirtschaftsgenossenschaften nicht anzuwenden.

## § 7 Zusammensetzung des Aufsichtsrats

(1) [1]Der Aufsichtsrat eines Unternehmens
1. mit in der Regel nicht mehr als 10 000 Arbeitnehmern setzt sich zusammen aus je sechs Aufsichtsratsmitgliedern der Anteilseigner und der Arbeitnehmer;
2. mit in der Regel mehr als 10 000, jedoch nicht mehr als 20 000 Arbeitnehmern setzt sich zusammen aus je acht Aufsichtsratsmitgliedern der Anteilseigner und der Arbeitnehmer;
3. mit in der Regel mehr als 20 000 Arbeitnehmern setzt sich zusammen aus je zehn Aufsichtsratsmitgliedern der Anteilseigner und der Arbeitnehmer.
[2]Bei den in Satz 1 Nr. 1 bezeichneten Unternehmen kann die Satzung (der Gesellschaftsvertrag, das Statut) bestimmen, daß Satz 1 Nr. 2 oder 3 anzuwenden ist. [3]Bei den in Satz 1 Nr. 2 bezeichneten Unternehmen kann die Satzung (der Gesellschaftsvertrag, das Statut) bestimmen, daß Satz 1 Nr. 3 anzuwenden ist.

(2) Unter den Aufsichtsratsmitgliedern der Arbeitnehmer müssen sich befinden

1. in einem Aufsichtsrat, dem sechs Aufsichtsratsmitglieder der Arbeitnehmer angehören, vier Arbeitnehmer des Unternehmens und zwei Vertreter von Gewerkschaften;
2. in einem Aufsichtsrat, dem acht Aufsichtsratsmitglieder der Arbeitnehmer angehören, sechs Arbeitnehmer des Unternehmens und zwei Vertreter von Gewerkschaften;
3. in einem Aufsichtsrat, dem zehn Aufsichtsratsmitglieder der Arbeitnehmer angehören, sieben Arbeitnehmer des Unternehmens und drei Vertreter von Gewerkschaften.

(3) Die in Absatz 2 bezeichneten Arbeitnehmer des Unternehmens müssen das 18. Lebensjahr vollendet haben, ein Jahr dem Unternehmen angehören und die weiteren Wählbarkeitsvoraussetzungen des § 8 des Betriebsverfassungsgesetzes erfüllen.

(4) Die in Absatz 2 bezeichneten Gewerkschaften müssen in dem Unternehmen selbst oder in einem anderen Unternehmen vertreten sein, dessen Arbeitnehmer nach diesem Gesetz an der Wahl von Aufsichtsratsmitgliedern des Unternehmens teilnehmen.

## Zweiter Abschnitt. Bestellung der Aufsichtsratsmitglieder

### Erster Unterabschnitt. Aufsichtsratsmitglieder der Anteilseigner

**§ 8**

(1) Die Aufsichtsratsmitglieder der Anteilseigner werden durch das nach Gesetz, Satzung, Gesellschaftsvertrag oder Statut zur Wahl von Mitgliedern des Aufsichtsrats befugte Organ (Wahlorgan) und, soweit gesetzliche Vorschriften dem nicht engegenstehen, nach Maßgabe der Satzung, des Gesellschaftsvertrags oder des Status bestellt.

(2) § 101 Abs. 2 des Aktiengesetzes bleibt unberührt.

### Zweiter Unterabschnitt. Aufsichtsratsmitglieder der Arbeitnehmer, Grundsatz

**§ 9**

(1) Die Aufsichtsratsmitglieder der Arbeitnehmer (§ 7 Abs. 2) eines Unternehmens mit in der Regel mehr als 8000 Arbeitnehmern werden durch Delegierte gewählt, sofern nicht die wahlberechtigten Arbeitnehmer die unmittelbare Wahl beschließen.

(2) Die Aufsichtsratsmitglieder der Arbeitnehmer (§ 7 Abs. 2) eines Unternehmens mit in der Regel nicht mehr als 8000 Arbeitnehmern werden in unmittelbarer Wahl gewählt, sofern nicht die wahlberechtigten Arbeitnehmer die Wahl durch Delegierte beschließen.

(3) [1]Zur Abstimmung darüber, ob die Wahl durch Delegierte oder unmittelbar erfolgen soll, bedarf es eines Antrags, der von einem Zwanzigstel der wahlberechtigten Arbeitnehmer des Unternehmens unterzeichnet sein muß. [2]Die Abstimmung ist geheim. [3]Ein Beschluß nach Absatz 1 oder 2 kann nur unter Beteiligung von mindestens der Hälfte der wahlberechtigten Arbeitnehmer und nur mit der Mehrheit der abgegebenen Stimmen gefaßt werden.

### Dritter Unterabschnitt. Wahl der Aufsichtsratsmitglieder der Arbeitnehmer durch Delegierte

### § 10 Wahl der Delegierten

(1) [1]In jedem Betrieb des Unternehmens wählen die Arbeiter (§ 3 Abs. 2) und die Angestellten (§ 3 Abs. 3) in getrennter Wahl, geheim und nach den Grundsätzen der Verhältniswahl Delegierte. [2]Auf Nebenbetriebe und Betriebsteile sind § 4 des Betriebsverfassungsgesetzes und nach § 3 Abs. 1 Nr. 3 des Betriebsverfassungsgesetzes in Tarifverträgen getroffene Regelungen über die Zuordnung von Betriebsteilen und Nebenbetrieben anzuwenden.

(2) [1]Abweichend von Absatz 1 werden die Delegierten in gemeinsamer Wahl gewählt, wenn die wahlberechtigten Arbeiter und Angestellen des Betriebs dies in getrennten, geheimen Abstimmungen beschließen. [2]Beschlüsse nach Satz 1 können jeweils nur auf Antrag eines Zwanzigstels und unter Beteiligung von mindestens der Hälfte der wahlberechtigten Gruppenangehörigen sowie nur mit der Mehrheit der abgegebenen Stimmen gefaßt werden.

(3) Wahlberechtigt für die Wahl von Delegierten sind die Arbeitnehmer des Unternehmens, die das 18. Lebensjahr vollendet haben.

(4) Zu Delegierten wählbar sind die in Absatz 3 bezeichneten Arbeitnehmer, die die weiteren Wählbarkeitsvoraussetzungen des § 8 des Betriebsverfassungsgesetzes erfüllen.

(5) [1]Wird für einen Wahlgang nur ein Wahlvorschlag gemacht, so gelten die darin aufgeführten Arbeitnehmer in der angegebenen Reihenfolge als gewählt. [2]§ 11 Abs. 2 ist anzuwenden.

### § 11 Errechnung der Zahl der Delegierten

(1) [1]In jedem Betrieb entfällt auf je 60 wahlberechtigte Arbeitnehmer ein Delegierter. [2]Ergibt die Errechnung nach Satz 1 in einem Betrieb für eine Gruppe mehr als
1. 30 Delegierte, so vermindert sich die Zahl der zu wählenden Delegierten auf die Hälfte; diese Delegierten erhalten je zwei Stimmen;
2. 90 Delegierte, so vermindert sich die Zahl der zu wählenden Delegierten auf ein Drittel; diese Delegierten erhalten je drei Stimmen;
3. 150 Delegierte, so vermindert sich die Zahl der zu wählenden Delegierten auf ein Viertel; diese Delegierten erhalten je vier Stimmen.
[3]Bei der Errechnung der Zahl der Delegierten werden Teilzahlen voll gezählt, wenn sie mindestens die Hälfte der vollen Zahl betragen.

(2) [1]Die Arbeiter und die Angestellten müssen unter den Delegierten in jedem Betrieb entsprechend ihrem zahlenmäßigen Verhältnis vertreten sein. [2]Unter den Delegierten der Angestellten müssen die in § 3 Abs. 3 Nr. 1 bezeichneten Angestellten und die leitenden Angestellten entsprechend ihrem zahlenmäßigen Verhältnis vertreten sein. [3]Sind in einem Betrieb mindestens neun Delegierte zu wählen, so entfällt auf die Arbeiter, die in § 3 Abs. 3 Nr. 1 bezeichneten Angestellten und die leitenden Angestellten mindestens je ein Delegierter; dies gilt nicht, soweit in dem Betrieb nicht mehr als fünf Arbeiter, in § 3 Abs. 3 Nr. 1 bezeichnete Angestellte oder leitende Angestellte wahlberechtigt sind. [4]Soweit auf die Arbeiter, die in § 3 Abs. 3 Nr. 1 bezeichneten Angestellten und die leitenden Angestellten lediglich nach Satz 3 Delegierte entfallen, vermehrt sich die nach Absatz 1 errechnete Zahl der Delegierten des Betriebs entsprechend.

(3) ¹Soweit nach Absatz 2 auf die Arbeiter, die in § 3 Abs. 3 Nr. 1 bezeichneten Angestellten und die leitenden Angestellten eines Betriebs nicht mindestens je ein Delegierter entfällt, gelten diese für die Wahl der Delegierten als Arbeitnehmer des Betriebs der Hauptniederlassung des Unternehmens. ²Soweit nach Absatz 2 und nach Satz 1 auf die Arbeiter, die in § 3 Abs. 3 Nr. 1 bezeichneten Angestellten und die leitenden Angestellten des Betriebs der Hauptniederlassung nicht mindestens je ein Delegierter entfällt, gelten diese für die Wahl der Delegierten als Arbeitnehmer des nach der Zahl der wahlberechtigten Arbeitnehmer größten Betriebs des Unternehmens.

(4) Entfällt auf einen Betrieb kein Delegierter, so ist Absatz 3 entsprechend anzuwenden.

(5) Die Eigenschaft eines Delegierten als Delegierter der Arbeiter oder der Angestellten bleibt bei einem Wechsel der Gruppenzugehörigkeit erhalten. ²Satz 1 ist entsprechend anzuwenden, wenn ein Delegierter der Angestellten seine Eigenschaft als in § 3 Abs. 3 Nr. 1 bezeichneter Angestellter oder leitender Angestellter wechselt.

## § 12 Wahlvorschläge für Delegierte

(1) ¹Zur Wahl der Delegierten können die wahlberechtigten Arbeitnehmer des Betriebs Wahlvorschläge machen. ²Jeder Wahlvorschlag für Delegierte
1. der Arbeiter muß von einem Zehntel oder 100 der wahlberechtigten Arbeiter,
2. der Angestellten, die auf die in § 3 Abs. 3 Nr. 1 bezeichneten Angestellten entfallen, muß von einem Zehntel oder 100 der wahlberechtigten in § 3 Abs. 3 Nr. 1 bezeichneten Angestellten,
3. der Angestellten, die auf die leitenden Angestellten entfallen, muß von einem Zehntel der 100 der wahlberechtigten leitenden Angestellten
des Betriebs unterzeichnet sein.

(2) Jeder Wahlvorschlag soll mindestens doppelt so viele Bewerber enthalten, wie in dem Wahlgang Delegierte zu wählen sind.

## § 13 Amtszeit der Delegierten

(1) ¹Die Delegierten werden für eine Zeit gewählt, die der Amtszeit der von ihnen zu wählenden Aufsichtsratsmitglieder entspricht. ²Sie nehmen die ihnen nach den Vorschriften dieses Gesetzes zustehenden Aufgaben und Befugnisse bis zur Einleitung der Neuwahl der Aufsichtsratsmitglieder der Arbeitnehmer wahr.

(2) In den Fällen des § 9 Abs. 1 endet die Amtszeit der Delegierten, wenn
1. die wahlberechtigten Arbeitnehmer nach § 9 Abs. 1 die unmittelbare Wahl beschließen;
2. das Unternehmen nicht mehr die Voraussetzungen für die Anwendung des § 9 Abs. 1 erfüllt, es sei denn, die wahlberechtigten Arbeitnehmer beschließen, daß die Amtszeit bis zu dem in Absatz 1 genannten Zeitpunkt fortdauern soll; § 9 Abs. 3 ist entsprechend anzuwenden.

(3) In den Fällen des § 9 Abs. 2 endet die Amtszeit der Delegierten, wenn die wahlberechtigten Arbeitnehmer die unmittelbare Wahl beschließen; § 9 Abs. 3 ist anzuwenden.

(4) Abweichend von Absatz 1 endet die Amtszeit der Delegierten eines Betriebs, wenn nach Eintreten aller Ersatzdelegierten des Wahlvorschlags, dem die zu ersetzenden Delegierten angehören, die Gesamtzahl der Delegierten des Betriebs unter die im Zeitpunkt ihrer Wahl vorgeschriebene Zahl der auf den Betrieb entfallenden Delegierten gesunken ist.

## § 14 Vorzeitige Beendigung der Amtszeit oder Verhinderung von Delegierten

(1) Die Amtszeit eines Delegierten endet vor dem in § 13 bezeichneten Zeitpunkt
1. durch Niederlegung des Amtes,
2. durch Beendigung der Beschäftigung des Delegierten in dem Betrieb, dessen Delegierter er ist,
3. durch Verlust der Wählbarkeit.

(2) [1]Endet die Amtszeit eines Delegierten vorzeitig oder ist er verhindert, so tritt an seine Stelle ein Ersatzdelegierter. [2]Die Ersatzdelegierten werden der Reihe nach aus den nicht gewählten Arbeitnehmern derjenigen Wahlvorschläge entnommen, denen die zu ersetzenden Delegierten angehören.

## § 15 Wahl der unternehmensangehörigen Aufsichtsratsmitglieder der Arbeitnehmer

(1) Die Delegierten wählen die Aufsichtsratsmitglieder, die nach § 7 Abs. 2 Arbeitnehmer des Unternehmens sein müssen, geheim und nach den Grundsätzen der Verhältniswahl für die Zeit, die im Gesetz oder in der Satzung (im Gesellschaftsvertrag, im Statut) für die durch das Wahlorgan der Anteilseigner zu wählenden Mitglieder des Aufsichtsrats bestimmt ist.

(2) [1]Unter den nach Absatz 1 zu wählenden Mitgliedern des Aufsichtsrats müssen sich Arbeiter und Angestellte entsprechend ihrem zahlenmäßigen Verhältnis im Unternehmen befinden. [2]Unter den Aufsichtsratsmitgliedern der Angestellten müssen sich in § 3 Abs. 3 Nr. 1 bezeichnete Angestellte und leitende Angestellte entsprechend ihrem zahlenmäßigen Verhältnis befinden. [3]Dem Aufsichtsrat müssen mindestens ein Arbeiter, ein in § 3 Abs.3 Nr. 1 bezeichneter Angestellter und ein leitender Angestellter angehören.

(3) [1]Die Aufsichtsratsmitglieder der Arbeiter werden von den Delegierten der Arbeiter, die Aufsichtsratsmitglieder der Angestellten von den Delegierten der Angestellten gewählt. [2]Abweichend von Satz 1 werden die Mitglieder des Aufsichtsrats in gemeinsamer Wahl gewählt, wenn die Delegierten der Arbeiter und die Delegierten der Angestellten dies in getrennten, geheimen Abstimmungen beschließen; § 10 Abs. 2 Satz 2 ist entsprechend anzuwenden.

(4) [1]Die Wahl erfolgt aufgrund von Wahlvorschlägen. [2]Jeder Wahlvorschlag für
1. Aufsichtsratsmitglieder der Arbeiter muß von einem Fünftel oder 100 der wahlberechtigen Arbeiter des Unternehmens unterzeichnet sein;
2. Aufsichtsratsmitglieder der Angestellten, die auf die in § 3 Abs. 3 Nr. 1 bezeichneten Angestellten entfallen, muß von einem Fünftel oder 100 der wahlberechtigten in § 3 Abs. 3 Nr. 1 bezeichneten Angestellten des Unternehmens unterzeichnet sein;
3. Aufsichtsratsmitglieder der Angestellten, die auf die leitenden Angestellten entfallen, wird aufgrund von Abstimmungsvorschlägen durch Beschluß der wahlberechtigten leitenden Angestellten aufgestellt. Jeder Abstimmungsvorschlag muß von einem Zwanzigstel oder 50 der wahlberechtigten leitenden Angestellten unterzeichnet sein. Der Beschluß wird in geheimer Abstimmung mit der Mehrheit der abgegebenen Stimmen gefaßt. Soweit diese Mehrheit nicht für die in Absatz 5 Satz 3 vorgeschriebene Anzahl von Bewerbern erreicht wird, findet eine zweite Abstimmung statt, für die neue Abstimmungsvorschläge gemacht werden können. Nach der zweiten Abstim-

mung sind so viele Bewerber, wie nach der ersten Abstimmung an der in Absatz 5 Satz 3 vorgeschriebenen Anzahl von Bewerbern fehlen, nach der Reihenfolge der auf sie entfallenden Stimmenzahlen in den Wahlvorschlag aufzunehmen. Bei den Abstimmungen hat jeder leitende Angestellte so viele Stimmen, wie durch sie für den Wahlvorschlag nach Absatz 5 Satz 3 Bewerber zu benennen sind

(5) [1]Abweichend von Absatz 1 findet Mehrheitswahl statt, soweit dem Aufsichtsrat nach Absatz 2 nur ein Arbeiter, ein in § 3 Abs. 3 Nr. 1 bezeichneter Angestellter oder ein leitender Angestellter angehören muß. [2]Außerdem findet Mehrheitswahl statt, soweit für die
1. Aufsichtsratsmitglieder der Arbeiter,
2. Aufsichtsratsmitglieder der Angestellten, die auf die in § 3 Abs. 3 Nr. 1 bezeichneten Angestellten entfallen,
3. Aufsichtsratsmitglieder der Angestellten, die auf die leitenden Angestellten entfallen,
nur ein Wahlvorschlag gemacht wird. [3]Soweit nach Satz 2 Mehrheitswahl stattfindet, muß der Wahlvorschlag doppelt so viele Bewerber enthalten, wie Aufsichtsratsmitglieder auf die Arbeiter, die in § 3 Abs. 3 Nr. 1 bezeichneten Angestellten oder die leitenden Angestellten entfallen.

## § 16 Wahl der Vertreter der Gewerkschaften in den Aufsichtsrat

(1) Die Delegierten wählen die Aufsichtsratsmitglieder, die nach § 7 Abs. 2 Vertreter von Gewerkschaften sind, in gemeinsamer Wahl, geheim und nach den Grundsätzen der Verhältniswahl für die in § 15 Abs. 1 bestimmte Zeit.

(2) [1]Die Wahl erfolgt aufgrund von Wahlvorschlägen der Gewerkschaften, die in dem Unternehmen selbst oder in einem anderen Unternehmen vertreten sind, dessen Arbeitnehmer nach diesem Gesetz an der Wahl von Aufsichtsratsmitgliedern des Unternehmens teilnehmen. [2]Wird nur ein Wahlvorschlag gemacht, so findet abweichend von Satz 1 Mehrheitswahl statt. [3]In diesem Falle muß der Wahlvorschlag mindestens doppelt so viele Bewerber enthalten, wie Vertreter von Gewerkschaften in den Aufsichtsrat zu wählen sind.

## § 17 Ersatzmitglieder

(1) [1]In jedem Wahlvorschlag kann zusammen mit jedem Bewerber für diesen ein Ersatzmitglied des Aufsichtsrats vorgeschlagen werden. [2]Für einen Bewerber, der Arbeiter ist, kann nur ein Arbeiter, für einen in § 3 Abs. 3 Nr. 1 bezeichneten Angestellten nur ein in § 3 Abs. 3 Nr. 1 bezeichneter Angestellter und für einen leitenden Angestellten nur ein leitender Angestellter als Ersatzmitglied vorgeschlagen werden. [3]Ein Bewerber kann nicht zugleich als Ersatzmitglied vorgeschlagen werden.

(2) Wird ein Bewerber als Aufsichtsratsmitglied gewählt, so ist auch das zusammen mit ihm vorgeschlagene Ersatzmitglied gewählt.

## Vierter Unterabschnitt. Unmittelbare Wahl der Aufsichtsratsmitglieder der Arbeitnehmer

## § 18

[1]Sind nach § 9 die Aufsichtsratsmitglieder der Arbeitnehmer in unmittelbarer Wahl zu wählen, so sind die Arbeitnehmer des Unternehmens, die das 18. Lebensjahr vollendet haben, wahlberechtigt. [2]Für die Wahl sind die §§ 15 bis 17 mit der Maßgabe anzuwenden, daß an die Stelle der

1. Delegierte der Arbeiter die wahlberechtigten Arbeiter,
2. Delegierte der Angestellten die wahlberechtigten Angestellten
des Unternehmens treten.

**Fünfter Unterabschnitt. Weitere Vorschriften über das Wahlverfahren sowie über die Bestellung und Abberufung von Aufsichtsratsmitgliedern**

## § 19 Bekanntmachung der Mitglieder des Aufsichtsrats

¹Das zur gesetzlichen Vertretung des Unternehmens befugte Organ hat die Namen der Mitglieder und der Ersatzmitglieder des Aufsichtsrats unverzüglich nach ihrer Bestellung durch zweiwöchigen Aushang in den Betrieben des Unternehmens bekanntzumachen und im Bundesanzeiger zu veröffentlichen. ²Nehmen an der Wahl der Aufsichtsratsmitglieder des Unternehmens auch die Arbeitnehmer eines anderen Unternehmens teil, so ist daneben das zur gesetzlichen Vertretung des anderen Unternehmens befugte Organ zu dem Aushang in seinen Betrieben verpflichtet.

## § 20 Wahlschutz und Wahlkosten

(1) Niemand darf die Wahlen nach den §§ 10, 15, 16 und 18 behindern. Insbesonder darf niemand in der Ausübung des aktiven und passiven Wahlrechts beschränkt werden.

(2) Niemand darf die Wahlen durch Zufügung oder Androhung von Nachteilen oder durch Gewährung oder Versprechen von Vorteilen beeinflussen.

(3) ¹Die Kosten der Wahlen trägt das Unternehmen. ²Versäumnis von Arbeitszeit, die zur Ausübung des Wahlrechts oder der Betätigung im Wahlvorstand erforderlich ist, berechtigt den Arbeitgeber nicht zur Minderung des Arbeitsentgelts.

## § 21 Anfechtung der Wahl von Delegierten

(1) Die Wahl der Delegierten eines Betriebs kann beim Arbeitsgericht angefochten werden, wenn gegen wesentliche Vorschriften über das Wahlrecht, die Wählbarkeit oder das Wahlverfahren verstoßen worden und eine Berichtigung nicht erfolgt ist, es sei denn, daß durch den Verstoß das Wahlergebnis nicht geändert oder beeinflußt werden konnte.

(2) ¹Zur Anfechtung berechtigt sind
1. mindestens drei wahlberechtigte Arbeitnehmer des Betriebs,
2. der Betriebsrat,
3. das zur gesetzlichen Vertretung des Unternehmens befugte Organ.
²Die Anfechtung ist nur binnen einer Frist von zwei Wochen, vom Tage der Bekanntgabe des Wahlergebnisses an gerechnet, zulässig.

## § 22 Anfechtung der Wahl von Aufsichtsratsmitgliedern der Arbeitnehmer

(1) Die Wahl eines Aufsichtsratsmitglieds oder eines Ersatzmitglieds der Arbeitnehmer kann beim Arbeitsgericht angefochten werden, wenn gegen wesentliche Vorschriften über das Wahlrecht, die Wählbarkeit oder das Wahlverfahren verstoßen worden und eine Berichtigung nicht erfolgt ist, es sei denn, daß durch den Verstoß das Wahlergebnis nicht geändert oder beeinflußt werden konnte.

(2) ¹Zur Anfechtung berechtigt sind
1. mindestens drei wahlberechtigte Arbeitnehmer des Unternehmens,

2. der Gesamtbetriebsrat des Unternehmens oder, wenn in dem Unternehmen nur ein Betriebsrat besteht, der Betriebsrat sowie, wenn das Unternehmen herrschendes Unternehmen eines Konzerns ist, der Konzernbetriebsrat, soweit ein solcher besteht,

3. der Gesamtbetriebsrat eines anderen Unternehmens, dessen Arbeitnehmer nach diesem Gesetz an der Wahl der Aufsichtsratsmitglieder des Unternehmens teilnehmen, oder, wenn in dem anderen Unternehmen nur ein Betriebsrat besteht, der Betriebsrat,

4. jede nach § 16 Abs. 2 vorschlagsberechtigte Gewerkschaft,

5. das zur gesetzlichen Vertretung des Unternehmens befugte Organ.
[2]Die Anfechtung ist nur binnen einer Frist von zwei Wochen, vom Tage der Veröffentlichung im Bundesanzeiger an gerechnet, zulässig.

## § 23 Abberufung von Aufsichtsratsmitgliedern der Arbeitnehmer

(1) [1]Ein Aufsichtsratsmitglied der Arbeitnehmer kann vor Ablauf der Amtszeit auf Antrag abberufen werden. [2]Antragsberechtigt sind für die Abberufung eines

1. Aufsichtsratsmitglieds der Arbeiter drei Viertel der wahlberechtigten Arbeiter,

2. Aufsichtsratsmitglieds der Angestellten, das auf die in § 3 Abs. 3 Nr. 1 bezeichneten Angestellten entfällt, drei Viertel der wahlberechtigten in § 3 Abs. 3 Nr. 1 bezeichneten Angestellten,

3. Aufsichtsratsmitglieds der Angestellten, das auf die leitenden Angestellten entfällt, drei Viertel der wahlberechtigten leitenden Angestellten,

4. Aufsichtsratsmitglieds, das nach § 7 Abs. 2 Vertreter einer Gewerkschaft ist, die Gewerkschaft, die das Mitglied vorgeschlagen hat.

(2) [1]Ein durch Delegierte in getrennter Wahl (§ 15 Abs. 3 Satz 1) gewähltes Aufsichtsratsmitglied wird durch Beschluß der Delegierten seiner Gruppe abberufen. [2]Ein durch Delegierte in gemeinsamer Wahl (§ 15 Abs. 3 Satz 2) gewähltes Aufsichtsratsmitglied wird durch Beschluß der Delegierten abberufen. [3]Beschlüsse nach Satz 1 und 2 werden in geheimer Abstimmung gefaßt; sie bedürfen einer Mehrheit von drei Vierteln der abgegebenen Stimmen.

(3) [1]Ein von den Arbeitnehmern einer Gruppe unmittelbar gewähltes Aufsichtsratsmitglied wird durch Beschluß der wahlberechtigten Arbeitnehmer dieser Gruppe abberufen. [2]Ein von den Arbeitnehmern in gemeinsamer Wahl unmittelbar gewähltes Ausfsichtsratsmitglied wird durch Beschluß der wahlberechtigten Arbeitnehmer abberufen. [3]Beschlüsse nach Satz 1 und 2 werden in geheimer, unmittelbarer Abstimmung gefaßt; sie bedürfen einer Mehrheit von drei Vierteln der abgegebenen Stimmen.

(4) Die Absätze 1 bis 3 sind für die Abberufung von Ersatzmitgliedern entsprechend anzuwenden.

## § 24 Verlust der Wählbarkeit und Wechsel der Gruppenzugehörigkeit unternehmensangehöriger Aufsichtsratsmitglieder

(1) Verliert ein Aufsichtsratsmitglied, das nach § 7 Abs. 2 Arbeitnehmer des Unternehmens sein muß, die Wählbarkeit, so erlischt sein Amt.

(2) [1]Der Wechsel der Gruppenzugehörigkeit eines Aufsichtsratsmitglieds der Arbeiter oder der Angestellten führt nicht zum Erlöschen seines Amtes. [2]Satz 1 ist entsprechend anzuwenden, wenn sich die Zuordnung eines Aufsichtsratsmitglieds der Angestellten zu den in § 3 Abs. 3 Nr. 1 bezeichneten Angestellten oder den leitenden Angestellten ändert.

# Dritter Abschnitt. Innere Ordnung, Rechte und Pflichten des Aufsichtsrats

## § 25 Grundsatz

(1) [1]Die innere Ordnung, die Beschlußfassung sowie die Rechte und Pflichten des Aufsichtsrats bestimmen sich nach den §§ 27 bis 29, den §§ 31 und 32 und, soweit diese Vorschriften dem nicht entgegenstehen,

1. für Aktiengesellschaften und Kommanditgesellschaften auf Aktien nach dem Aktiengesetz,
2. für Gesellschaften mit beschränkter Haftung und bergrechtliche Gewerkschaften mit eigener Rechtspersönlichkeit nach § 90 Abs. 3, 4 und 5 Satz 1 und 2, den §§ 107 bis 116, 118 Abs. 2, § 125 Abs. 3 und den §§ 171 und 268 Abs. 2 des Aktiengesetzes,
3. für Erwerbs- und Wirtschaftsgenossenschaften nach dem Gesetz betreffend die Erwerbs- und Wirtschaftsgenossenschaften.

[2]§ 4 Abs. 2 des Gesetzes über die Überführung der Anteilsrechte an der Volkswagenwerk Gesellschaft mit beschränkter Haftung in private Hand vom 21. Juli 1960 (Bundesgesetzbl. I S. 585), zuletzt geändert durch das Zweite Gesetz zur Änderung des Gesetzes über die Überführung der Anteilsrechte an der Volkswagenwerk Gesellschaft mit beschränkter Haftung in private Hand vom 31. Juli 1970 (Bundesgesetzbl. I S. 1149), bleibt unberührt.

(2) Andere gesetzliche Vorschriften und Bestimmungen der Satzung (des Gesellschaftsvertrags, des Statuts) oder der Geschäftsordnung des Aufsichtsrats über die innere Ordnung, die Beschlußfassung sowie die Rechte und Pflichten des Aufsichtsrats bleiben unberührt, soweit Absatz 1 dem nicht entgegensteht.

## § 26 Schutz von Aufsichtsratsmitgliedern vor Benachteiligung

[1]Aufsichtsratsmitglieder der Arbeitnehmer dürfen in der Ausübung ihrer Tätigkeit nicht gestört oder behindert werden. [2]Sie dürfen wegen ihrer Tätigkeit im Aufsichtsrat eines Unternehmens, dessen Arbeitnehmer sie sind oder als dessen Arbeitnehmer sie nach § 4 oder § 5 gelten, nicht benachteiligt werden. [3]Dies gilt auch für ihre berufliche Entwicklung.

## § 27 Vorsitz im Aufsichtsrat

(1) Der Aufsichtsrat wählt mit einer Mehrheit von zwei Dritteln der Mitglieder, aus denen er insgesamt zu bestehen hat, aus seiner Mitte einen Aufsichtsratsvorsitzenden und einen Stellvertreter.

(2) [1]Wird bei der Wahl des Aufsichtsratsvorsitzenden oder seines Stellvertreters die nach Absatz 1 erforderliche Mehrheit nicht erreicht, so findet für die Wahl des Aufsichtsratsvorsitzenden und seines Stellvertreters ein zweiter Wahlgang statt. [2]In diesem Wahlgang wählen die Aufsichtsratsmitglieder der Anteilseigner den Aufsichtsratsvorsitzenden und die Aufsichtsratsmitglieder der Arbeitnehmer den Stellvertreter jeweils mit der Mehrheit der abgegebenen Stimmen.

(3) Unmittelbar nach der Wahl des Aufsichtsratsvorsitzenden und seines Stellvertreters bildet der Aufsichtsrat zur Wahrnehmung der in § 31 Abs. 3 Satz 1 bezeichneten Aufgabe einen Ausschuß, dem der Aufsichtsratsvorsitzende, sein Stellvertreter sowie je ein von den Aufsichtsratsmitgliedern der Arbeitnehmer und von den Aufsichtsratsmitgliedern der Anteilseigner mit der Mehrheit der abgegebenen Stimmen gewähltes Mitglied angehören.

### § 28 Beschlußfähigkeit

[1]Der Aufsichtsrat ist nur beschlußfähig, wenn mindestens die Hälfte der Mitglieder, aus denen er insgesamt zu bestehen hat, an der Beschlußfassung teilnimmt. [2]§ 108 Abs. 2 Satz 4 des Aktiengesetzes ist anzuwenden.

### § 29 Abstimmungen

(1) Beschlüsse des Aufsichtsrats bedürfen der Mehrheit der abgegebenen Stimmen, soweit nicht in Absatz 2 und in den §§ 27, 31 und 32 etwas anderes bestimmt ist.

(2) [1]Ergibt eine Abstimmung im Aufsichtsrat Stimmengleichheit, so hat bei einer erneuten Abstimmung über denselben Gegenstand, wenn auch sie Stimmengleichheit ergibt, der Aufsichtsratsvorsitzende zwei Stimmen. [2]§ 108 Abs. 3 des Aktiengesetzes ist auch auf die Abgabe der zweiten Stimme anzuwenden. [3]Dem Stellvertreter steht die zweite Stimme nicht zu.

## Dritter Teil. Gesetzliches Vertretungsorgan

### § 30 Grundsatz

Die Zusammensetzung, die Rechte und Pflichten des zur gesetzlichen Vertretung des Unternehmens befugten Organs sowie die Bestellung seiner Mitglieder bestimmen sich nach den für die Rechtsform des Unternehmens geltenden Vorschriften, soweit sich aus den §§ 31 bis 33 nichts anderes ergibt.

### § 31 Bestellung und Widerruf

(1) [1]Die Bestellung der Mitglieder des zur gesetzlichen Vertretung des Unternehmens befugten Organs und der Widerruf der Bestellung bestimmen sich nach den §§ 84 und 85 des Aktiengesetzes, soweit sich nicht aus den Absätzen 2 bis 5 etwas anderes ergibt. [2]Dies gilt nicht für Kommanditgesellschaften auf Aktien.

(2) Der Aufsichtsrat bestellt die Mitglieder des zur gesetzlichen Vertretung des Unternehmens befugten Organs mit einer Mehrheit, die mindestens zwei Drittel der Stimmen seiner Mitglieder umfaßt.

(3) [1]Kommt eine Bestellung nach Absatz 2 nicht zustande, so hat der in § 27 Abs. 3 bezeichnete Ausschuß des Aufsichtsrats innerhalb eines Monats nach der Abstimmung, in der die in Absatz 2 vorgeschriebene Mehrheit nicht erreicht worden ist, dem Aufsichtsrat einen Vorschlag für die Bestellung zu machen; dieser Vorschlag schließt andere Vorschläge nicht aus. [2]Der Aufsichtsrat bestellt die Mitglieder des zur gesetzlichen Vertretung des Unternehmens befugten Organs mit der Mehrheit der Stimmen seiner Mitglieder.

(4) [1]Kommt eine Bestellung nach Absatz 3 nicht zustande, so hat bei einer erneuten Abstimmung der Aufsichtsratsvorsitzende zwei Stimmen; Absatz 2 Satz 2 ist anzuwenden. [2]Auf die Abgabe der zweiten Stimme ist § 108 Abs. 3 des Aktiengesetzes anzuwenden. [3]Dem Stellvertreter steht die zweite Stimme nicht zu.

(5) Die Absätze 2 bis 4 sind für den Widerruf der Bestellung eines Mitglieds des zur gesetzlichen Vertretung des Unternehmens befugten Organs entsprechend anzuwenden.

## § 32 Ausübung von Beteiligungsrechten

(1) [1]Die einem Unternehmen, in dem die Arbeitnehmer nach diesem Gesetz ein Mitbestimmungsrecht haben, aufgrund von Beteiligungen an einem anderen Unternehmen, in dem die Arbeitnehmer nach diesem Gesetz ein Mitbestimmungsrecht haben, zustehenden Rechte bei der Bestellung, dem Widerruf der Bestellung oder der Entlastung von Verwaltungsträgern sowie bei der Beschlußfassung über die Auflösung, Verschmelzung oder Umwandlung des anderen Unternehmens, den Abschluß von Unternehmensverträgen (§§ 291, 292 des Aktiengesetzes) mit dem anderen Unternehmen, über dessen Fortsetzung nach seiner Auflösung oder über die Übertragung seines Vermögens können durch das zur gesetzlichen Vertretung des Unternehmens befugte Organ nur aufgrund von Beschlüssen des Aufsichtsrats ausgeübt werden. [2]Diese Beschlüsse bedürfen nur der Mehrheit der Stimmen der Aufsichtsratsmitglieder der Anteilseigner; sie sind für das zur gesetzlichen Vertretung des Unternehmens befugte Organ verbindlich.

(2) Absatz 1 ist nicht anzuwenden, wenn die Beteiligung des Unternehmens an dem anderen Unternehmen weniger als ein Viertel beträgt.

## § 33 Arbeitsdirektor

(1) [1]Als gleichberechtigtes Mitglied des zur gesetzlichen Vertretung des Unternehmens befugten Organs wird ein Arbeitsdirektor bestellt. [2]Dies gilt nicht für Kommanditgesellschaften auf Aktien.

(2) [1]Der Arbeitsdirektor hat wie die übrigen Mitglieder des zur gesetzlichen Vertretung des Unternehmens befugten Organs seine Aufgaben im engsten Einvernehmen mit dem Gesamtorgan auszuüben. [2]Das Nähere bestimmt die Geschäftsordnung.

(3) Bei Erwerbs- und Wirtschaftsgenossenschaften ist auf den Arbeitsdirektor § 9 Abs. 2 des Gesetzes betreffend die Erwerbs- und Wirtschaftsgenossenschaften nicht anzuwenden.

# Vierter Teil. Seeschiffahrt

## § 34

(1) Die Gesamtheit der Schiffe eines Unternehmens gilt für die Anwendung dieses Gesetzes als ein Betrieb.

(2) [1]Schiffe im Sinne dieses Gesetzes sind Kauffahrteischiffe, die nach dem Flaggenrechtsgesetz die Bundesflagge führen. [2]Schiffe, die in der Regel binnen 48 Stunden nach dem Auslaufen an den Sitz eines Landbetriebs zurückkehren, gelten als Teil dieses Landbetriebs.

(3) Leitende Angestellte im Sinne des § 3 Abs. 3 Nr. 2 dieses Gesetzes sind in einem Absatz 1 bezeichneten Betrieb nur die Kapitäne.

(4) Die Arbeitnehmer eines in Absatz 1 bezeichneten Betriebs nehmen an einer Abstimmung nach § 9 nicht teil und bleiben für die Errechnung der für die Antragstellung und für die Beschlußfassung erforderlichen Zahl von Arbeitnehmern außer Betracht.

(5) [1]Werden die Aufsichtsratsmitglieder der Arbeitnehmer durch Delegierte gewählt, so werden abweichend von § 10 in einem in Absatz 1 bezeichneten Betrieb keine Delegierten gewählt. [2]Abweichend von § 15 Abs. 1 nehmen die Arbeitnehmer dieses Betriebs unmittelbar an der Wahl der Aufsichtsratsmitglieder der Arbeitnehmer teil mit der Maßgabe,

1. daß die Stimme eines dieser Arbeitnehmer als ein Sechzigstel der Stimme eines Delegierten zu zählen ist; § 11 Abs. 1 Satz 3 ist entsprechend anzuwenden;
2. daß diese Arbeitnehmer an Abstimmungen über die gemeinsame Wahl der Aufsichtsratsmitglieder der Arbeitnehmer durch die Delegierten nicht teilnehmen und für die Errechnung der für die Antragstellung und für die Beschlußfassung erforderlichen Zahlen von Delegierten der Arbeiter und Delegierten der Angestellten außer Betracht bleiben.

(6) Werden die Aufsichtsratsmitglieder der Arbeitnehmer in unmittelbarer Wahl gewählt und gehören nicht mehr als ein Zehntel der Arbeitnehmer des Unternehmens zu einem in Absatz 1 bezeichneten Betrieb, so nehmen diese Arbeitnehmer an einer Abstimmung über die gemeinsame Wahl der Aufsichtsratsmitglieder der Arbeitnehmer nicht teil und bleiben für die Errechnung der für die Antragstellung und für die Beschlußfassung erforderlichen Zahlen von Arbeitern und Angestellten außer Betracht.

## Fünfter Teil. Übergangs- und Schlußvorschriften

### § 35 Änderung von Gesetzen (*nicht abgedruckt*)

### § 36 Verweisungen

(1) Soweit in anderen Vorschriften auf Vorschriften des Betriebsverfassungsgesetzes 1952 über die Vertretung der Arbeitnehmer in den Aufsichtsräten von Unternehmen verwiesen wird, gelten diese Verweisungen für die in § 1 Abs. 1 dieses Gesetzes bezeichneten Unternehmen als Verweisungen auf dieses Gesetz.

(2) Soweit in anderen Vorschriften für das Gesetz über die Mitbestimmung der Arbeitnehmer in den Aufsichtsräten und Vorständen der Unternehmen des Bergbaus und der Eisen und Stahl erzeugenden Industrie vom 21. Mai 1951 (Bundesgesetzbl. I S. 347), zuletzt geändert durch das Einführungsgesetz zum Aktiengesetz vom 6. September 1965 (Bundesgesetzbl. I S. 1185), die Bezeichnung „Mitbestimmungsgesetz" verwendet wird, tritt an ihre Stelle die Bezeichnung „Montan-Mitbestimmungsgesetz".

### § 37 Erstmalige Anwendung des Gesetzes auf ein Unternehmen

(1) [1]Andere als die in § 97 Abs. 2 Satz 2 des Aktiengesetzes bezeichneten Bestimmungen der Satzung (des Gesellschaftsvertrags, des Statuts), die mit den Vorschriften dieses Gesetzes nicht vereinbar sind, treten mit dem in § 97 Abs. 2 Satz 2 des Aktiengesetzes bezeichneten Zeitpunkt oder, im Falle einer gerichtlichen Entscheidung, mit dem in § 98 Abs. 4 Satz 2 des Aktiengesetzes bezeichneten Zeitpunkt außer Kraft. [2]Eine Hauptversammlung (Gesellschafterversammlung, Gewerkenversammlung, Generalversammlung), die bis zu diesem Zeitpunkt stattfindet, kann an Stelle der außer Kraft tretenden Satzungsbestimmungen mit einfacher Mehrheit neue Satzungsbestimmungen beschließen.

(2) Die §§ 25 bis 29, 31 bis 33 sind erstmalig anzuwenden, wenn der Aufsichtsrat nach den Vorschriften dieses Gesetzes zusammengesetzt ist.

(3) [1]Die Bestellung eines vor dem Inkrafttreten dieses Gesetzes bestellten Mitglieds des zur gesetzlichen Vertretung befugten Organs eines Unternehmens, auf das dieses Gesetz bereits bei seinem Inkrafttreten anzuwenden ist, kann, sofern die Amtszeit dieses Mitglieds nicht aus anderen Gründen früher

endet, nach Ablauf von fünf Jahren seit dem Inkrafttreten dieses Gesetzes von dem nach diesem Gesetz gebildeten Aufsichtsrat jederzeit widerrufen werden. [2]Für den Widerruf bedarf es der Mehrheit der abgegebenen Stimmen der Aufsichtsratsmitglieder, aller Stimmen der Aufsichtsratsmitglieder der Anteilseigner oder aller Stimmen der Aufsichtsratsmitglieder der Arbeitnehmer. [3]Für die Ansprüche aus dem Anstellungsvertrag gelten die allgemeinen Vorschriften. [4]Bis zum Widerruf bleiben für diese Mitglieder Satzungsbestimmungen über die Amtszeit abweichend von Absatz 1 Satz 1 in Kraft. [5]Diese Vorschriften sind entsprechend anzuwenden, wenn dieses Gesetz auf ein Unternehmen erst nach dem Zeitpunkt des Inkrafttretens dieses Gesetzes erstmalig anzuwenden ist.

(4) Absatz 3 gilt nicht für persönlich haftende Gesellschafter einer Kommanditgesellschaft auf Aktien.

## § 38 Übergangsvorschrift*

(1) [1]In den ersten zwei Jahren nach Inkrafttreten dieses Gesetzes tritt bei dessen erstmaliger Anwendung auf ein Unternehmen an die Stelle des in § 97 Abs. 2 Satz 2 des Aktiengesetzes bezeichneten Zeitpunkts die Beendigung der zweiten Hauptversammlung (Gesellschafterversammlung, Gewerkenversammlung, Generalversammlung), die nach Inkrafttreten dieses Gesetzes einberufen wird, spätestens jedoch der Tag des Ablaufs von zwei Jahren nach Inkrafttreten dieses Gesetzes. [2]Satz 1 ist nicht anzuwenden, wenn der in § 97 Abs. 2 Satz 2 des Aktiengesetzes bezeichnete Zeitpunkt später liegt als der in Satz 1 bezeichnete Zeitpunkt. [3]Abweichend von Satz 1 kann die erste Hauptversammlung (Gesellschafterversammlung, Gewerkenversammlung, Generalversammlung), die nach Inkrafttreten dieses Gesetzes einberufen wird, einen früheren Zeitpunkt bestimmen.

(2) Wird in den ersten zwei Jahren nach Inkrafttreten dieses Gesetzes durch eine gerichtliche Entscheidung nach § 98 des Aktiengesetzes rechtskräftig festgestellt, daß der Aufsichtsrat nach den Vorschriften dieses Gesetzes zusammenzusetzen ist, so tritt an die Stelle des in § 98 Abs. 4 Satz 2, § 97 Abs. 2 Satz 2 des Aktiengesetzes bezeichneten Zeitpunkts die Beendigung der nächsten Hauptversammlung (Gesellschafterversammlung, Gewerkenversammlung, Generalversammlung), die nach Eintritt der Rechtskraft einberufen wird, wenn die Frist zwischen dem Eintritt der Rechtskraft und der Einberufung mindestens sechs Monate beträgt; beträgt diese Frist weniger als sechs Monate, so tritt an die Stelle des in § 98 Abs. 4 Satz 2, § 97 Abs. 2 Satz 2 des Aktiengesetzes bezeichneten Zeitpunkts die Beendigung der übernächsten Hauptversammlung (Gesellschafterversammlung, Gewerkenversammlung, Generalversammlung), die nach Eintritt der Rechtskraft einberufen wird, spätestens jedoch der Tag des Ablaufs von einem Jahr nach Eintritt der Rechtskraft.

(3) [1]Wird in den ersten zwei Jahren nach Inkrafttreten dieses Gesetzes ein Verfahren nach § 97 oder § 98 des Aktiengesetzes eingeleitet, damit der Aufsichtsrat nach den Vorschriften dieses Gesetzes zusammengesetzt wird, so verlängert sich die Amtszeit von Aufsichtsratsmitgliedern der Arbeitnehmer, die nach § 76 des Betriebsverfassungsgesetzes 1952 gewählt worden sind, bis zum Beginn der Amtszeit der nach Abschluß des Verfahrens neu zu wählenden

---

* Gemäß Anlage I zum Einigungsvertragsgesetz vom 23. 9. 1990 (BGBl. II S. 885, 1022) ist § 38 des Mitbestimmungsgesetzes in dem in Artikel 3 des Einigungsvertrages genannten Gebiet nicht anzuwenden.

Aufsichtsratsmitglieder der Arbeitnehmer, längstens jedoch im Falle des § 97 des Aktiengesetzes bis zu dem in Absatz 1, im Falle des § 98 des Aktiengesetzes bis zu dem in Absatz 2 bezeichneten Zeitpunkt. [2]Entscheidet das Gericht, daß der Aufsichtsrat nicht nach den Vorschriften dieses Gesetzes zusammenzusetzen ist, so erlischt das Amt spätestens mit dem in § 98 Abs. 4 Satz 2 des Aktiengesetzes bezeichneten Zeitpunkt.

## § 39 Ermächtigung zum Erlaß von Rechtsverordnungen

Die Bundesregierung wird ermächtigt, durch Rechtsverordnung Vorschriften über das Verfahren für die Wahl und die Abberufung von Aufsichtsratsmitgliedern der Arbeitnehmer zu erlassen, insbesondere über

1. die Vorbereitung der Wahl oder Abstimmung, die Bestellung der Wahlvorstände und Abstimmungsvorstände sowie die Aufstellung der Wählerlisten,
2. die Abstimmungen darüber, ob die Wahl der Aufsichtsratsmitglieder in unmittelbarer Wahl oder durch Delegierte erfolgen soll, und darüber, ob gemeinsame Wahl stattfinden soll,
3. die Frist für die Einsichtnahme in die Wählerlisten und die Erhebung von Einsprüchen,
4. die Errechnung der Zahl der Aufsichtsratsmitglieder der Arbeitnehmer sowie ihre Verteilung auf die Arbeiter, die in § 3 Abs. 3 Nr. 1 bezeichneten Angestellten, die leitenden Angestellten und die Gewerkschaftsvertreter,
5. die Errechnung der Zahl der Delegierten sowie ihre Verteilung auf die Arbeiter, die in § 3 Abs. 3 Nr. 1 bezeichneten Angestellten und die leitenden Angestellten,
6. die Wahlvorschläge und die Frist für ihre Einreichung,
7. die Ausschreibung der Wahl oder der Abstimmung und die Fristen für die Bekanntmachung des Ausschreibens,
8. die Teilnahme von Arbeitnehmern eines in § 34 Abs. 1 bezeichneten Betriebs an Wahlen und Abstimmungen,
9. die Stimmabgabe,
10. die Feststellung des Ergebnisses der Wahl oder der Abstimmung und die Fristen für seine Bekanntmachung,
11. die Aufbewahrung der Wahlakten und der Abstimmungsakten.

## § 40 Berlin-Klausel

[1]Dieses Gesetz gilt nach Maßgabe des § 13 Abs. 1 des Dritten Überleitungsgesetzes vom 4. Januar 1952 (Bundesgesetzbl. I S. 1) auch im Land Berlin. [2]Rechtsverordnungen, die aufgrund dieses Gesetzes erlassen werden, gelten im Land Berlin nach § 14 des Dritten Überleitungsgesetzes.

## § 41 Inkrafttreten

Dieses Gesetz tritt am 1. Juli 1976 in Kraft.

# 10. Umwandlungsgesetz

## In der Fassung der Bekanntmachung vom 6. November 1969

### (BGBl. I S. 2081, BGBl. III 4120–1)

zuletzt geändert durch das Bilanzrichtlinien-Gesetz vom 19. 12. 1985
(BGBl. I S. 2355)

## Inhaltsübersicht

# Erster Abschnitt. Umwandlung einer Kapitalgesellschaft oder bergrechtlichen Gewerkschaften durch Übertragung des Vermögens auf eine Personengesellschaft oder einen Gesellschafter

## § 1 [Möglichkeiten der Umwandlung]

(1) Eine Kapitalgesellschaft (Aktiengesellschaft, Kommanditgesellschaft auf Aktien, Gesellschaft mit beschränkter Haftung) oder eine bergrechtliche Gewerkschaft mit eigener oder ohne eigene Rechtspersönlichkeit kann nach den Vorschriften dieses Abschnitts in eine offene Handelsgesellschaft, in eine Kommanditgesellschaft, in eine Gesellschaft des bürgerlichen Rechts oder in der Weise umgewandelt werden, daß ihr Vermögen unter Ausschluß der Abwicklung auf einen Aktionär (Gesellschafter, Gewerken) übertragen wird.

(2) [1]Die Umwandlung in eine Personengesellschaft ist nicht zulässig, wenn an der Gesellschaft, in die die Kapitalgesellschaft oder die bergrechtliche Gewerkschaft umgewandelt wird, eine Kapitalgesellschaft als Gesellschafter beteiligt ist. [2]Die Umwandlung auf einen Aktionär (Gesellschafter, Gewerken), der eine juristische Person ist, ist nur zulässig, wenn dieser

1. nicht die Rechtsform einer Aktiengesellschaft, einer Kommanditgesellschaft auf Aktien oder einer Gesellschaft mit beschränkter Haftung mit Sitz im Inland hat und

2. entweder dieselbe Rechtsform wie das umzuwandelnde Unternehmen hat oder von einer Aktiengesellschaft oder Kommanditgesellschaft auf Aktien mit Sitz im Inland beherrscht wird.

[3]Die Umwandlung einer bergrechtlichen Gewerkschaft ohne eigene Rechtspersönlichkeit auf einen Gewerken, der eine juristische Person ist, ist ferner zulässig, wenn dieser die Rechtsform einer Aktiengesellschaft oder einer Kommanditgesellschaft auf Aktien mit Sitz im Inland hat.

## § 2 [Umwandlung bei Auflösung]

(1) Ist eine Kapitalgesellschaft oder eine bergrechtliche Gewerkschaft durch Zeitablauf oder durch Beschluß der Hauptversammlung (Gesellschafter-, Gewerkenversammlung) aufgelöst worden, so kann die Umwandlung beschlossen werden, solange noch nicht mit der Verteilung des nach der Berichtigung der Schulden verbleibenden Vermögens an die Aktionäre (Gesellschafter, Gewerken) begonnen ist.

(2) Das gleiche gilt, wenn eine Kapitalgesellschaft oder eine bergrechtliche Gewerkschaft durch die Eröffnung des Konkurses aufgelöst, der Konkurs aber nach Abschluß eines Zwangsvergleichs aufgehoben oder auf Antrag des Gemeinschuldners eingestellt worden ist.

(3) Befindet sich eine Kapitalgesellschaft oder eine bergrechtliche Gewerkschaft aus anderen Gründen in Abwicklung, so kann die Umwandlung nur beschlossen werden, wenn auch die Fortsetzung beschlossen werden könnte.

### Erster Unterabschnitt. Umwandlung von Aktiengesellschaften

## 1. Umwandlung durch Übertragung des Vermögens auf eine bestehende offene Handelsgesellschaft

### a) Umwandlung durch Übertragung auf eine offene Handelsgesellschaft als alleinige Gesellschafterin

## § 3 [Umwandlungsbeschluß]

Die Hauptversammlung einer Aktiengesellschaft kann die Übertragung des Vermögens auf eine bestehende offene Handelsgesellschaft beschließen, wenn sich alle Aktien in der Hand der offenen Handelsgesellschaft befinden; eines besonderen Veräußerungsvertrages bedarf es nicht.

## § 4 [Eintragung ins Handelsregister]

(1) [1]Der Vorstand der Aktiengesellschaft hat den Umwandlungsbeschluß zur Eintragung in das Handelsregister anzumelden. [2]Der Anmeldung sind eine Ausfertigung der Niederschrift und die der Umwandlung zugrunde gelegte Bilanz beizufügen.

(2) Das Registergericht soll den Umwandlungsbeschluß nur eintragen, wenn die der Umwandlung zugrunde gelegte Bilanz für einen höchstens sechs Monate vor der Anmeldung liegenden Zeitpunkt aufgestellt worden ist.

## § 5 [Vermögensübergang]

[1]Mit der Eintragung geht das Vermögen der Aktiengesellschaft einschließlich der Schulden auf die offene Handelsgesellschaft über. [2]Die Aktiengesellschaft ist damit aufgelöst. [3]Einer besonderen Eintragung der Auflösung bedarf es nicht.

## § 6 [Erlöschen der Firma; Firmenbezeichnung der OHG]

(1) Mit der Auflösung der Aktiengesellschaft erlischt die Firma.

(2) Führt die offene Handelsgesellschaft das von der Aktiengesellschaft betriebene Handelsgeschäft weiter, so kann sie ihre Firma einen das Nachfolgeverhältnis andeutenden Zusatz beifügen.

(3) [1]Die offene Handelsgesellschaft kann, sofern sie das von der Aktiengesellschaft betriebene Handelsgeschäft weiterführt, an Stelle ihrer Firma die Firma der Aktiengesellschaft mit oder ohne Beifügung eines das Nachfolgeverhältnis andeutenden Zusatzes nur fortführen, wenn die Aktiengesellschaft den Namen einer natürlichen Person in ihrer Firma führt; einer Einwilligung der Aktiengesellschaft bedarf es nicht. [2]Auf Antrag kann das Registergericht genehmigen, daß die offene Handelsgesellschaft bei der Bildung ihrer neuen Firma den von der Aktiengesellschaft in ihrer Firma geführten Namen der natürlichen Person verwendet und insoweit von den Vorschriften des § 19 des Handelsgesetzbuchs abweicht.

## § 7 [Sicherheitsleistung]

(1) [1]Den Gläubigern der Aktiengesellschaft, die sich binnen sechs Monaten nach der Bekanntmachung der Eintragung des Umwandlungsbeschlusses in das Handelsregister zu diesem Zwecke melden, ist Sicherheit zu leisten, soweit sie nicht Befriedigung verlangen können. [2]Die Gläubiger sind in der Bekanntmachung der Eintragung auf dieses Recht hinzuweisen.

(2) Das Recht, Sicherheitsleistung zu verlangen, steht solchen Gläubigern

nicht zu, die im Fall des Konkurses ein Recht auf vorzugsweise Befriedigung aus einer nach gesetzlicher Vorschrift zu ihrem Schutz errichteten und staatlich überwachten Deckungsmasse haben.

### § 8 [Vermögensverwaltung]

(1) Die geschäftsführenden Gesellschafter der offenen Handelsgesellschaft haben das Vermögen der Aktiengesellschaft getrennt zu verwalten.

(2) Die beiden Vermögen dürfen erst vereinigt werden, wenn sechs Monate nach der Bekanntmachung der Eintragung des Umwandlungsbeschlusses verstrichen sind, und nur unter Beachtung der nach § 7 für die Befriedigung und Sicherstellung der Gläubiger geltenden Vorschriften.

(3) Der bisherige Gerichtsstand der Aktiengesellschaft bleibt bis dahin bestehen.

(4) [1]Bis zu demselben Zeitpunkt gilt im Verhältnis der Gläubiger der Aktiengesellschaft zu der offenen Handelsgesellschaft und deren übrigen Gläubigern sowie zu den Privatgläubigern der Gesellschaft das übernommene Vermögen noch als Vermögen der Aktiengesellschaft. [2]Zahlungen aus dem übernommenen Vermögen an die Gesellschafter oder Entnahmen, die zu Lasten des Kapitalanteils oder des Reingewinns erfolgen oder eine Verteilung des Gesellschaftsvermögens enthalten, sind bis zu diesem Zeitpunkt unzulässig. [3]Hat jedoch ein persönlich haftender Gesellschafter der übernehmenden Gesellschaft während des letzten Jahres vor der Umwandlung als Mitglied des Vorstands oder des Aufsichtsrats oder als Angestellter der Aktiengesellschaft ein laufendes Entgelt bezogen, so kann der dem gewährten Entgelt gleichkommende Betrag entnommen werden, soweit er im Kalendermonat tausend Deutsche Mark nicht übersteigt; im Umwandlungsbeschluß ist anzugeben, in welcher Höhe von dem Entnahmerecht bis zu dem Zeitpunkt Gebrauch gemacht werden soll, in dem das übernommene Vermögen mit dem Vermögen der übernehmenden Gesellschaft vereinigt werden darf.

#### b) Umwandlung durch Mehrheitsbeschluß

### § 9 [Umwandlungsbeschluß]

(1) [1]Die Hauptversammlung einer Aktiengesellschaft kann die Übertragung des Vermögens auf eine bestehende offene Handelsgesellschaft beschließen, wenn sich mehr als neun Zehntel des Grundkapitals in der Hand der offenen Handelsgesellschaft befinden; der Beschluß kann mit den Stimmen der offenen Handelsgesellschaft ohne Rücksicht darauf gefaßt werden, ob andere Gesellschafter der Umwandlung widersprechen oder zustimmen. [2]Die Satzung kann bestimmen, daß sich ein größerer Teil des Grundkapitals in der Hand der offenen Handelsgesellschaft befinden muß.

(2) Die Vorschriften der §§ 3 bis 8 finden entsprechende Anwendung, soweit sich nicht aus den §§ 10 bis 14 etwas anderes ergibt.

### § 10 [Eigene Aktien]

Befinden sich eigene Aktien in der Hand der Aktiengesellschaft, so werden sie bei der Feststellung der Voraussetzungen der Umwandlung den Aktionären nach dem Verhältnis ihrer Beteiligung zugerechnet.

### § 11 [Beschlußvoraussetzungen]

Der Beschluß kann nur gefaßt werden, wenn spätestens im Zeitpunkt der Bekanntmachung der Umwandlung als Gegenstand der Tagesordnung allen Aktionären schriftlich mitgeteilt oder in den Gesellschaftsblättern bekanntgemacht worden ist

1. die Bilanz, die der Umwandlung zugrunde gelegt werden soll,
2. ein Abfindungsangebot.

## § 12 [Barabfindung]

(1) [1]Die ausscheidenden Aktionäre haben Anspruch auf angemessene Barabfindung. [2]Die Barabfindung muß die Vermögens- und Ertragslage der Gesellschaft im Zeitpunkt der Beschlußfassung ihrer Hauptversammlung über die Umwandlung berücksichtigen. [3]Sie ist von der Bekanntmachung der Eintragung der Umwandlung an mit fünf vom Hundert jährlich zu verzinsen; die Geltendmachung eines weiteren Schadens ist nicht ausgeschlossen.

(2) Der Anspruch verjährt in fünf Jahren seit der Bekanntmachung der Eintragung des Umwandlungsbeschlusses.

## § 13 [Angemessene Abfindung]

[1]Die Anfechtung des Beschlusses, daß das Vermögen auf eine bestehende offene Handelsgesellschaft übertragen wird, kann nicht auf § 243 Abs. 2 des Aktiengesetzes oder darauf gestützt werden, daß die angebotene Abfindung nicht angemessen ist. [2]Ist die angebotene Abfindung nicht angemessen, so hat das in § 30 bestimmte Gericht auf Antrag die angemessene Abfindung zu bestimmen. [3]Das gleiche gilt, wenn eine Abfindung nicht oder nicht ordnungsgemäß angeboten worden ist und eine hierauf gestützte Anfechtungsklage innerhalb der Anfechtungsfrist nicht erhoben oder zurückgenommen oder rechtskräftig abgewiesen worden ist.

## § 14 [Firma]

§ 6 Abs. 3 Satz 1 ist mit der Maßgabe anzuwenden, daß die offene Handelsgesellschaft, sofern die Aktiengesellschaft den Namen eines ausscheidenden Aktionärs in ihrer Firma führt, die Firma der Aktiengesellschaft nur fortführen darf, wenn der ausscheidende Aktionär oder dessen Erben in die Fortführung der Firma ausdrücklich willigen.

## 2. Umwandlung durch Übertragung des Vermögens auf einen Gesellschafter

## § 15 [Anzuwendende Vorschriften]

[1]Wird das Vermögen einer Aktiengesellschaft auf einen Gesellschafter übertragen, so finden, wenn sich alle Aktien der Gesellschaft in der Hand des Gesellschafters (Alleingesellschafter) befinden, die §§ 3 bis 8, wenn sich mehr als neun Zehntel des Grundkapitals in der Hand des Gesellschafters (Hauptgesellschafter) befinden, die §§ 9 bis 14 mit der Maßgabe entsprechende Anwendungen, daß an die Stelle der offenen Handelsgesellschaft und der geschäftsführenden Gesellschafter der übernehmende Gesellschafter tritt. [2]Ist der Hauptgesellschafter ein abhängiges Unternehmen und das ihn beherrschende Unternehmen eine Aktiengesellschaft oder Kommanditgesellschaft auf Aktien mit Sitz im Inland, so ist außer der Barabfindung die Gewährung von Aktien dieser Gesellschaft anzubieten. [3]Für die Abfindung nach Satz 2 gilt § 13.

(2) Ein noch nicht in das Handelsregister eingetragener Allein- oder Hauptgesellschafter ist nach den Vorschriften des Handelsgesetzbuchs in das Handelsregister einzutragen; die Vorschriften des § 6 Abs. 2 und 3 bleiben unbe-

rührt, an die Stelle des § 19 des Handelsgesetzbuchs tritt § 18 des Handelsgesetzbuchs.

## 3. Umwandlung unter gleichzeitiger Errichtung einer offenen Handelsgesellschaft

### a) Umwandlung unter Beteiligung aller bisherigen Aktionäre

### § 16 [Errichtung einer OHG]

[1]Die Hauptversammlung einer Aktiengesellschaft kann die Errichtung einer offenen Handelsgesellschaft, an der alle Aktionäre als Gesellschafter beteiligt sind, und zugleich die Übertragung des Vermögens der Aktiengesellschaft auf die offene Handelsgesellschaft beschließen. [2]Die Vorschriften der §§ 3 bis 8 finden entsprechende Anwendung; außerdem gelten die besonderen Vorschriften der §§ 17 und 18.

### § 17 [Voraussetzungen und Inhalt des Beschlusses]

(1) [1]Dem Umwandlungsbeschluß müssen alle anwesenden Aktionäre zustimmen. [2]Es bedarf zu seiner Wirksamkeit auch der Zustimmung der nicht erschienenen Aktionäre, die notariell beurkundet werden muß.

(2) In dem Beschluß sind die Firma und der Ort, wo die offene Handelsgesellschaft ihren Sitz hat, festzusetzen und die weiteren zur Durchführung der Umwandlung und der Errichtung der Gesellschaft erforderlichen Maßnahmen zu treffen.

(3) [1]Die Firma muß den Vorschriften für die Firma einer offenen Handelsgesellschaft entsprechen. [2]Die Vorschriften des § 6 Abs. 2 und 3 bleiben unberührt.

### § 18 [Anmeldung des Umwandlungsbeschlusses; Entstehung der OHG]

(1) Der Anmeldung des Umwandlungsbeschlusses ist ferner eine Ausfertigung der Zustimmungserklärung der nicht erschienenen Aktionäre sowie eine von den Anmeldenden unterschriebene Liste beizufügen, aus der die Gesellschafter der offenen Handelsgesellschaft mit Namen, Vornamen, Stand und Wohnort ersichtlich sind.

(2) Die offene Handelsgesellschaft entsteht mit der Eintragung des Umwandlungsbeschlusses; sie ist von Amts wegen in das Handelsregister einzutragen.

(3) Die Gesellschafter, welche die offene Handelsgesellschaft vertreten sollen, haben die Firma nebst ihrer Unterschrift zur Aufbewahrung bei dem Gericht zu zeichnen.

### b) Umwandlung durch Mehrheitsbeschluß

### § 19 [Voraussetzungen]

(1) Die Hauptversammlung einer Aktiengesellschaft kann die Errichtung einer offenen Handelsgesellschaft, an der nur zustimmende Aktionäre als Gesellschafter beteiligt sind, und zugleich die Übertragung des Vermögens der Aktiengesellschaft auf die offene Handelsgesellschaft beschließen.

(2) [1]Der Beschluß bedarf einer Mehrheit, die mindestens drei Viertel des bei der Beschlußfassung vertretenen Grundkapitals umfaßt. [2]Umfaßt die Mehrheit nicht zugleich neun Zehntel des gesamten Grundkapitals, so bedarf

der Beschluß zu seiner Wirksamkeit der Zustimmung nicht erschienener Aktionäre bis zur Erreichung dieser Mehrheit; die Zustimmung muß notariell beurkundet werden.

(3) Im übrigen finden die Vorschriften der §§ 3 bis 8 mit den aus den §§ 10 bis 14, 17, 18 sich ergebenden Maßgaben entsprechende Anwendung.

## 4. Umwandlung in eine Kommanditgesellschaft

### § 20 [Anzuwendende Vorschriften]

¹Auf die Umwandlung einer Aktiengesellschaft in eine Kommanditgesellschaft finden die Vorschriften der §§ 3 bis 14, 16 bis 19 entsprechende Anwendung. ²Beschließt die Hauptversammlung die Errichtung einer Kommanditgesellschaft, so muß der Umwandlungsbeschluß außer den in § 17 vorgesehenen Angaben die Bezeichnung der Kommanditisten und den Betrag der Einlage eines jeden von ihnen enthalten.

## 5. Umwandlung unter gleichzeitiger Errichtung einer Gesellschaft des bürgerlichen Rechts

### a) Umwandlung unter Beteiligung aller bisherigen Aktionäre

### § 21 [Anzuwendende Vorschriften]

(1) Genügt der Gegenstand des Unternehmens einer Aktiengesellschaft nicht den gesetzlichen Vorschriften für die Errichtung einer offenen Handelsgesellschaft (§§ 105 und 4 des Handelsgesetzbuchs), so kann die Hauptversammlung der Aktiengesellschaft die Errichtung einer Gesellschaft des bürgerlichen Rechts und zugleich die Übertragung des Vermögens der Aktiengesellschaft auf die Gesellschafter (Gesellschaftsvermögen) beschließen.

(2) Die Vorschriften der §§ 3 bis 8, 17, 18 finden entsprechende Anwendung.

### b) Umwandlung durch Mehrheitsbeschluß

### § 22 [Anzuwendende Vorschriften]

(1) Unter den Voraussetzungen des § 21 Abs. 1 kann die Hauptversammlung der Aktiengesellschaft auch die Errichtung einer Gesellschaft des bürgerlichen Rechts, an der nur zustimmende Aktionäre als Gesellschafter beteiligt sind, und zugleich die Übertragung des Vermögens der Aktiengesellschaft auf die Gesellschafter (Gesellschaftsvermögen) beschließen.

(2) Die Vorschriften der §§ 3 bis 8 finden mit den aus den §§ 10 bis 14, 17 bis 19 sich ergebenden Maßgaben entsprechende Anwendung.

## Zweiter Unterabschnitt. Umwandlung von Kommanditgesellschaften auf Aktien

### § 23 [Anzuwendende Vorschriften]

¹Auf die Umwandlung einer Kommanditgesellschaft auf Aktien finden die Vorschriften des Ersten Unterabschnitts entsprechende Anwendung. ²Der Beschluß der Hauptversammlung bedarf auch der Zustimmung der persönlich haftenden Gesellschafter, die notariell beurkundet werden muß.

## Dritter Unterabschnitt. Umwandlung von Gesellschaften mit beschränkter Haftung

### § 24 [Voraussetzungen der Umwandlung]

(1) ¹Auf die Umwandlung einer Gesellschaft mit beschränkter Haftung finden die Vorschriften des Ersten Unterabschnitts entsprechende Anwendung. ²Die Umwandlung kann nur in einer Gesellschafterversammlung beschlossen werden. ³Der Beschluß sowie eine nach den Vorschriften des Ersten Unterabschnitts erforderliche Zustimmung nicht erschienener Gesellschafter muß notariell beurkundet werden.

(2) Eine Umwandlung durch Mehrheitsbeschluß kann nur beschlossen werden, wenn spätestens zwei Wochen vor dem Tage der Gesellschafterversammlung

1. der Gegenstand ordnungsmäßig angekündigt worden ist und

2. allen Gesellschaftern schriftlich mitgeteilt oder im Bundesanzeiger und den sonst etwa bestimmten Gesellschaftsblättern bekanntgemacht worden ist

  a) die Bilanz, die der Umwandlung zugrunde gelegt werden soll,

  b) ein Abfindungsangebot.

## Vierter Unterabschnitt. Umwandlung von bergrechtlichen Gewerkschaften

### § 25 [Umwandlungsbeschluß]

(1) Auf die Umwandlung einer bergrechtlichen Gewerkschaft mit eigener oder ohne eigene Rechtspersönlichkeit finden die Vorschriften des Ersten Unterabschnitts und § 24 Abs. 2 sinngemäß Anwendung, soweit sich aus den Vorschriften der §§ 26 bis 29 nichts anderes ergibt.

(2) ¹Die Umwandlung kann nur in einer Gewerkenversammlung beschlossen werden. ²Der Beschluß sowie eine nach den Vorschriften des Ersten Unterabschnitts erforderliche Zustimmung nicht erschienener Gewerken muß notariell beurkundet werden. ³Der Beschluß bedarf zu seiner Rechtswirksamkeit der Bestätigung durch die nach dem Bergrecht für die Bestätigung der Satzung zuständige Bergbehörde.

### § 26 [Im Handelsregister eingetragene Gewerkschaften]

Ist die bergrechtliche Gewerkschaft im Handelsregister eingetragen, so tritt die Wirkung der Umwandlung mit der Eintragung des Umwandlungsbeschlusses in das Handelsregister ein.

### § 27 [Nicht eingetragene bergrechtliche Gewerkschaften]

Ist die bergrechtliche Gewerkschaft nicht im Handelsregister eingetragen, so gelten die besonderen Vorschriften der §§ 28 und 29.

### § 28 [Bergbehörde]

(1) Die Bergbehörde soll den Beschluß der Gewerkenversammlung nur nach Anhörung der Industrie- und Handelskammer und im Benehmen mit dem für den Sitz der bergrechtlichen Gewerkschaft zuständigen Registergericht bestätigen.

(2) ¹Die Bergbehörde hat die Bestätigung des Beschlusses im Bundesanzeiger und in mindestens einem anderen Blatt auf Kosten der bergrechtlichen

Gewerkschaft bekanntzumachen. [2]Die Bekanntmachung hat mindestens den Namen und Sitz der bergrechtlichen Gewerkschaft, die Art der Umwandlung (offene Handelsgesellschaft, Alleingesellschafter usw.) und den Namen, Vornamen, Stand und Wohnort der an der übernehmenden Personengesellschaft beteiligten Gewerken oder des übernehmenden Allein- oder Hauptgewerken zu enthalten. [3]In der Bekanntmachung sind die Gläubiger auf ihr Recht, Sicherheitsleistung zu verlangen (§ 7), hinzuweisen.

### § 29 [Bekanntmachung im Bundesanzeiger]

(1) Die Wirkung der Umwandlung tritt mit der Bekanntmachung der Bestätigung des Umwandlungsbeschlusses im Bundesanzeiger ein.

(2) Wird die bergrechtliche Gewerkschaft unter gleichzeitiger Errichtung einer Personengesellschaft umgewandelt, so entsteht die Personengesellschaft mit dieser Bekanntmachung.

(3) Noch nicht eingetragene Personengesellschaften oder Allein- oder Hauptgewerken sind nach den Vorschriften des Handelsgesetzbuchs in das Handelsregister einzutragen; die Vorschriften des § 6 Abs. 2 und 3 bleiben unberührt, wobei auch von § 18 des Handelsgesetzbuchs abgewichen werden kann.

### Fünfter Unterabschnitt. Gerichtliches Verfahren

### § 30 [Zuständigkeit]

[1]Ausschließlich zuständig für die Entscheidung über die Höhe der angemessenen Abfindung ist das Landgericht, in dessen Bezirk die Gesellschaft (bergrechtliche Gewerkschaft) ihren Sitz hat. [2]Ist bei dem Landgericht eine Kammer für Handelssachen gebildet, so entscheidet diese an Stelle der Zivilkammer. [3]Die Landesregierung kann die Entscheidung durch Rechtsverordnung für die Bezirke mehrerer Landgerichte einem der Landgerichte übertragen, wenn dies der Sicherung einer einheitlichen Rechtsprechung dient. [4]Die Landesregierung kann die Ermächtigung auf die Landesjustizverwaltung übertragen.

### § 31 [Anzuwendende Vorschriften]

Auf das Verfahren ist das Gesetz über die Angelegenheiten der freiwilligen Gerichtsbarkeit anzuwenden, soweit in den §§ 32 bis 37 nicht anderes bestimmt ist.

### § 32 [Antragsberechtigung]

(1) [1]Antragsberechtigt ist jeder ausscheidende Aktionär (Gesellschafter, Gewerke). [2]Der Antrag kann nur binnen zwei Monaten nach dem Tage gestellt werden, an dem die Eintragung der Umwandlung in das Handelsregister nach § 10 des Handelsgesetzbuchs als bekanntgemacht gilt.

(2) [1]Das Landgericht hat den Antrag im Bundesanzeiger bekanntzumachen. [2]Ausscheidende Aktionäre (Gesellschafter, Gewerken) können noch binnen einer Frist von zwei Monaten nach dieser Bekanntmachung eigene Anträge stellen. [3]Auf dieses Recht ist in der Bekanntmachung hinzuweisen.

(3) Das Landgericht hat die übernehmende Personengesellschaft (Hauptgesellschafter, Hauptgewerke) zu hören.

## § 33 [Gemeinsamer Vertreter]

(1) ¹Das Landgericht hat den ausscheidenden Aktionären (Gesellschaftern, Gewerken), die nicht Antragsteller nach § 32 Abs. 1 sind oder eigene Anträge nach § 32 Abs. 2 gestellt haben, zur Wahrung ihrer Rechte einen gemeinsamen Vertreter zu bestellen, der die Stellung eines gesetzlichen Vertreters hat. ²Die Bestellung kann unterbleiben, wenn die Wahrung der Rechte dieser ausscheidenden Aktionäre (Gesellschafter, Gewerken) auf andere Weise sichergestellt ist. ³Die Bestellung des gemeinsamen Vertreters hat das Landgericht im Bundesanzeiger bekanntzumachen.

(2) ¹Der Vertreter kann von der übernehmenden Personengesellschaft (Hauptgesellschafter, Hauptgewerke) den Ersatz angemessener barer Auslagen und eine Vergütung für seine Tätigkeit verlangen. ²Die Auslagen und die Vergütung setzt das Landgericht fest. ³Es kann der übernehmenden Personengesellschaft (Hauptgesellschafter, Hauptgewerke) auf Verlangen des Vertreters die Zahlung von Vorschüssen aufgeben. ⁴Aus der Festsetzung findet die Zwangsvollstreckung nach der Zivilprozeßordnung statt.

## § 34 [Entscheidung; Beschwerde]

¹Das Landgericht entscheidet durch einen mit Gründen versehenen Beschluß. ²Gegen die Entscheidung findet die sofortige Beschwerde statt. ³Die Beschwerde kann nur durch Einreichung einer von einem Rechtsanwalt unterzeichneten Beschwerdeschrift eingelegt werden. ⁴Über sie entscheidet das Oberlandesgericht. ⁵§ 28 Abs. 2 und 3 des Gesetzes über die Angelegenheiten der freiwilligen Gerichtsbarkeit gilt entsprechend. ⁶Die weitere Beschwerde ist ausgeschlossen. ⁷Die Landesregierung kann durch Rechtsverordnung die Entscheidung über die Beschwerde für die Bezirke mehrerer Oberlandesgerichte einem der Oberlandesgerichte oder dem Obersten Landesgericht übertragen, wenn dies der Sicherung einer einheitlichen Rechtsprechung dient. ⁸Die Landesregierung kann die Ermächtigung auf die Landesjustizverwaltung übertragen.

## § 35 [Wirkung der Entscheidung]

¹Die Entscheidung wird erst mit der Rechtskraft wirksam. ²Sie wirkt für und gegen alle.

## § 36 [Zustellung]

Das Landgericht hat seine Entscheidung der übernehmenden Personengesellschaft (Hauptgesellschafter, Hauptgewerke), den Antragstellern nach § 32 Abs. 1, den ausscheidenden Aktionären (Gesellschaftern, Gewerken), die eigene Anträge nach § 32 Abs. 2 gestellt haben, und, wenn ein gemeinsamer Vertreter bestellt ist, diesem zuzustellen.

## § 37 [Bekanntmachung der Entscheidung]

¹Die übernehmende Personengesellschaft (Hauptgesellschafter, Hauptgewerke) hat die rechtskräftige Entscheidung ohne Gründe im Bundesanzeiger bekanntzumachen. ²Von der Bekanntmachung kann abgesehen werden, wenn alle ausscheidenden Aktionäre (Gesellschafter, Gewerken) den Antrag nach § 32 Abs. 1 oder eigene Anträge nach § 32 Abs. 2 gestellt haben.

## Sechster Unterabschnitt. Gebühren

### § 38 [Antrag nach § 6 Abs. 3 Satz 2]

[1]Für die Entscheidung über einen Antrag nach § 6 Abs. 3 Satz 2 wird die volle Gebühr nach den Vorschriften der Kostenordnung erhoben. [2]Der Geschäftswert bestimmt sich nach *§ 24\** der Kostenordnung.

### § 39 [Kosten des gerichtlichen Verfahrens]

[1]Für die Kosten des gerichtlichen Verfahrens (§§ 30 bis 37) gilt die Kostenordnung. [2]Für das Verfahren des ersten Rechtszugs wird das Doppelte der vollen Gebühr erhoben. [3]Für den zweiten Rechtszug wird die gleiche Gebühr erhoben; dies gilt auch dann, wenn die Beschwerde Erfolg hat. [4]Wird der Antrag oder die Beschwerde zurückgenommen, bevor es zu einer Entscheidung kommt, so ermäßigt sich die Gebühr auf die Hälfte. [5]Der Geschäftswert ist von Amts wegen festzustellen. [6]Er bestimmt sich nach § 30 Abs. 1 der Kostenordnung. [7]Kostenvorschüsse werden nicht erhoben. [8]Schuldner der Kosten ist die übernehmende Personengesellschaft (Hauptgesellschafter, Hauptgewerke). [9]Die Kosten können jedoch ganz oder zum Teil einem anderen Beteiligten auferlegt werden, wenn dies der Billigkeit entspricht.

## Zweiter Abschnitt. Umwandlung einer Personenhandelsgesellschaft durch Übertragung des Vermögens auf eine Aktiengesellschaft oder Kommanditgesellschaft auf Aktien

### § 40 [Möglichkeiten der Umwandlung]

(1) Eine offene Handelsgesellschaft oder Kommanditgesellschaft (Personenhandelsgesellschaft) kann nach den Vorschriften dieses Abschnitts in eine Aktiengesellschaft oder Kommanditgesellschaft auf Aktien umgewandelt werden.

(2) Ist eine Personenhandelsgesellschaft aufgelöst worden, so kann sie nur umgewandelt werden, wenn eine Liquidation stattfindet und noch nicht mit der Verteilung des nach der Berichtigung der Verbindlichkeiten verbleibenden Vermögens unter die Gesellschafter begonnen ist.

### § 41 [Umwandlungsbeschluß]

(1) [1]Zur Umwandlung bedarf es eines Beschlusses der Gesellschafter der Personenhandelsgesellschaft (Umwandlungsbeschluß). [2]Der Umwandlungsbeschluß muß

1. die Gründung einer Aktiengesellschaft oder Kommanditgesellschaft auf Aktien, an der alle Gesellschafter beteiligt sind,

2. die Übertragung des Vermögens der Personenhandelsgesellschaft auf die Aktiengesellschaft oder Kommanditgesellschaft auf Aktien

enthalten.

(2) [1]Soweit sich aus den folgenden Vorschriften nichts anderes ergibt, finden auf die Gründung der Aktiengesellschaft der Erste und Zweite Teil des Ersten Buchs des Aktiengesetzes, auf die Gründung der Kommanditgesellschaft auf Aktien die §§ 278 bis 282 des Aktiengesetzes entsprechende Anwendung. [2]Den Gründern stehen die Gesellschafter gleich.

---

\* Jetzt § 30 der Kostenordnung vom 26. 7. 1957 (BGBl. I S. 960).

## § 42 [Form und Inhalt des Umwandlungsbeschlusses]

(1) [1]Der Umwandlungsbeschluß kann nur in einer Gesellschafterversammlung gefaßt werden und bedarf der Zustimmung aller Gesellschafter. [2]Der Beschluß und die Zustimmung der nicht erschienenen Gesellschafter müssen *gerichtlich oder** notariell beurkundet werden.

(2) [1]In dem Umwandlungsbeschluß ist die Satzung der Aktiengesellschaft oder Kommanditgesellschaft auf Aktien festzustellen. [2]Die Satzung kann auch durch weniger als fünf Personen festgestellt werden.

(3) [1]Führt die Aktiengesellschaft oder Kommanditgesellschaft auf Aktien das von der Personenhandelsgesellschaft betriebene Handelsgeschäft weiter, so kann sie die Firma der Personenhandelsgesellschaft mit oder ohne Beifügung eines das Nachfolgeverhältnis andeutenden Zusatzes fortführen oder ihrer nach § 4 Abs. 1 oder § 279 Abs. 1 des Aktiengesetzes gebildeten Firma einen das Nachfolgeverhältnis andeutenden Zusatz beifügen. [2]§ 4 Abs. 2 und § 279 Abs. 2 des Aktiengesetzes finden bei Fortführung der Firma der Personenhandelsgesellschaft entsprechende Anwendung.

## § 43 [Gründungsbericht; Eintragung in das Handelsregister]

(1) Im Gründungsbericht der Gesellschafter nach § 32 des Aktiengesetzes sind auch der Geschäftsverlauf und die Lage der Personenhandelsgesellschaft darzulegen.

(2) Die Prüfung durch einen oder mehrere Prüfer nach § 33 Abs. 2 des Aktiengesetzes hat in jedem Fall stattzufinden.

(3) [1]Der Umwandlungsbeschluß ist bei dem Gericht von allen Gesellschaftern und Mitgliedern des Vorstands und des Aufsichtsrats zur Eintragung in das Handelsregister anzumelden. [2]Außer den Urkunden nach § 37 Abs. 4 Nr. 2 bis 5 des Aktiengesetzes sind der Umwandlungsbeschluß und die Zustimmungserklärungen der nicht erschienenen Gesellschafter in Ausfertigung und die der Umwandlung zugrunde gelegte Bilanz beizufügen.

(4) Das Gericht soll sie Umwandlung nur eintragen, wenn die der Umwandlung zugrunde gelegte Bilanz für einen höchstens sechs Monate vor der Anmeldung liegenden Zeitpunkt aufgestellt worden ist.

## § 44 [Wirkungen der Eintragung]

(1) [1]Die Umwandlung wird mit der Eintragung der Aktiengesellschaft oder Kommanditgesellschaft auf Aktien in das Handelsregister wirksam. [2]Mit der Eintragung geht das Vermögen der Personenhandelsgesellschaft einschließlich der Verbindlichkeiten, unbeschadet der Fortdauer der Haftung der Gesellschafter der Personenhandelsgesellschaft, auf die Aktiengesellschaft oder Kommanditgesellschaft auf Aktien über. [3]Die Personenhandelsgesellschaft ist damit aufgelöst; ihre Firma ist erloschen. [4]Die Auflösung der Personenhandelsgesellschaft und das Erlöschen der Firma sind von Amts wegen in das Handelsregister einzutragen.

(2) Die an dem Anteil eines Gesellschafters der Personenhandelsgesellschaft bestehenden Rechte Dritter bestehen an der an die Stelle tretenden Aktie weiter.

---

* Aufgehoben durch § 56 Abs. 4 Beurkundungsgesetz vom 28. 8. 1969 (BGBl. I S. 1513).

## § 45 [Verjährung]

(1) Die Ansprüche der Gläubiger der Personenhandelsgesellschaft gegen einen Gesellschafter der Personenhandelsgesellschaft aus Verbindlichkeiten der Gesellschaft verjähren mit dem Ablauf von fünf Jahren, falls nicht nach allgemeinen Vorschriften die Verjährung schon früher eintritt.

(2) [1]Die Verjährung beginnt mit dem Ende des Tages, an dem die Auflösung der Personenhandelsgesellschaft und das Erlöschen der Firma in das Handelsregister eingetragen worden sind. [2]Wird der Anspruch des Gläubigers gegen die Gesellschaft erst nach der Eintragung fällig, so beginnt die Verjährung mit dem Zeitpunkt der Fälligkeit.

### Dritter Abschnitt. Umwandlung einer Personenhandelsgesellschaft durch Übertragung des Vermögens auf eine Gesellschaft mit beschränkter Haftung

## § 46 [Umwandlungsmöglichkeit]

[1]Eine Personenhandelsgesellschaft kann nach den Vorschriften dieses Abschnitts in eine Gesellschaft mit beschränkter Haftung umgewandelt werden. [2]§ 40 Abs. 2 gilt sinngemäß.

## § 47 [Umwandlungsbeschluß]

(1) Zur Umwandlung bedarf es eines Beschlusses der Gesellschafter der Personenhandelsgesellschaft (Umwandlungsbeschluß). [2]Der Umwandlungsbeschluß muß

1. die Gründung einer Gesellschaft mit beschränkter Haftung, an der alle Gesellschafter beteiligt sind,

2. die Übertragung des Vermögens der Personenhandelsgesellschaft auf die Gesellschaft mit beschränkter Haftung

enthalten.

(2) Soweit sich aus den folgenden Vorschriften nichts anderes ergibt, finden auf die Gründung der Gesellschaft mit beschränkter Haftung die Vorschriften des Ersten Abschnitts des Gesetzes betreffend die Gesellschaften mit beschränkter Haftung entsprechende Anwendung.

## § 48 [Form und Inhalt des Umwandlungsbeschlusses]

(1) [1]Der Umwandlungsbeschluß kann nur in einer Gesellschafterversammlung gefaßt werden und bedarf der Zustimmung aller Gesellschafter. [2]Der Beschluß und die Zustimmung der nicht erschienenen Gesellschafter müssen *gerichtlich oder** notariell beurkundet werden.

(2) Der Umwandlungsbeschluß muß den Gesellschaftsvertrag der Gesellschaft mit beschränkter Haftung enthalten.

(3) [1]Führt die Gesellschaft mit beschränkter Haftung das von der Personenhandelsgesellschaft betriebene Handelsgeschäft weiter, so kann sie die Firma der Personenhandelsgesellschaft mit oder ohne Beifügung eines das Nachfolgeverhältnis andeutenden Zusatzes fortführen oder ihrer nach § 4 Abs. 1 des Gesetzes betreffend die Gesellschaft mit beschränkter Haftung gebildeten Firma einen das Nachfolgeverhältnis andeutenden Zusatz beifügen. [2]§ 4 Abs. 2

---

\* Aufgehoben durch § 56 Abs. 4 Beurkundungsgesetz vom 28. 8. 1969 (BGBl. I S. 1513).

des Gesetzes betreffend die Gesellschaften mit beschränkter Haftung findet bei Fortführung der Firma entsprechende Anwendung.

## § 49 [Eintragung ins Handelsregister]

(1) [1]Der Umwandlungsbeschluß ist bei dem Gericht von allen Gesellschaftern und Geschäftsführern zur Eintragung in das Handelsregister anzumelden. [2]Außer den Urkunden nach § 8 Abs. 1 Nr. 2 bis 4 des Gesetzes betreffend die Gesellschaften mit beschränkter Haftung sind der Umwandlungsbeschluß und die Zustimmungserklärungen der nicht erschienenen Gesellschafter in Ausfertigung und die der Umwandlung zugrunde gelegte Bilanz beizufügen. [3]Für die Bilanz gilt § 43 Abs. 4 entsprechend.

(2) [1]Die Umwandlung wird mit der Eintragung der Gesellschaft mit beschränkter Haftung in das Handelsregister wirksam. [2]Mit der Eintragung geht das Vermögen der Personenhandelsgesellschaft einschließlich der Verbindlichkeiten, unbeschadet der Fortdauer der Haftung der Gesellschafter der Personenhandelsgesellschaft, auf die Gesellschaft mit beschränkter Haftung über. [3]Die Personenhandelsgesellschaft ist damit aufgelöst; ihre Firma ist erloschen. [4]Die Auflösung der Personenhandelsgesellschaft und das Erlöschen der Firma sind von Amts wegen in das Handelsregister einzutragen.

(3) Die an dem Anteil eines Gesellschafters der Personenhandelsgesellschaft bestehenden Rechte Dritter bestehen an dem an die Stelle tretenden Geschäftsanteil weiter.

(4) Für die Verjährung der Ansprüche der Gläubiger der Personenhandelsgesellschaft gegen einen Gesellschafter der Personenhandelsgesellschaft aus Verbindlichkeiten der Gesellschaft gilt § 45 entsprechend.

### Vierter Abschnitt. Umwandlung des Unternehmens eines Einzelkaufmanns durch Übertragung des Geschäftsvermögens auf eine Aktiengesellschaft oder Kommanditgesellschaft auf Aktien

## § 50 [Möglichkeiten der Umwandlung]

[1]Ein Einzelkaufmann kann ein von ihm betriebenes Unternehmen, dessen Firma im Handelsregister eingetragen ist, nach den Vorschriften dieses Abschnitts in eine Aktiengesellschaft oder Kommanditgesellschaft auf Aktien umwandeln. [2]Die Umwandlung ist ausgeschlossen, wenn

1. die Vermögensgegenstände, die auf die Aktiengesellschaft oder Kommanditgesellschaft auf Aktien übertragen werden sollen, das Vermögen des Einzelkaufmanns im Sinne des § 419 Abs. 1 des Bürgerlichen Gesetzbuchs sind, oder

2. die Verbindlichkeiten des Einzelkaufmanns sein Vermögen übersteigen.

## § 51 [Umwandlungserklärung]

(1) [1]Zur Umwandlung bedarf es einer Umwandlungserklärung des Einzelkaufmanns. [2]Die Umwandlungserklärung muß

1. die Gründung einer Aktiengesellschaft oder Kommanditgesellschaft auf Aktien, deren einziger Gesellschafter er ist,

2. die Übertragung des Geschäftsvermögens, das dem Betrieb des zur Umwandlung bestimmten Unternehmens dient, auf die Aktiengesellschaft oder Kommanditgesellschaft auf Aktien

enthalten.

(2) [1]Soweit sich aus den folgenden Vorschriften nichts anderes ergibt, finden auf die Gründung der Aktiengesellschaft der Erste und Zweite Teil des Ersten Buchs des Aktiengesetzes, auf die Gründung der Kommanditgesellschaft auf Aktien die §§ 278 bis 282 des Aktiengesetzes entsprechende Anwendung. [2]Den Gründern steht der Einzelkaufmann gleich.

## § 52 [Form und Inhalt der Umwandlungserklärung]

(1) Die Umwandlungserklärung muß *gerichtlich oder** notariell beurkundet werden.

(2) [1]In der Umwandlungserklärung ist die Satzung der Aktiengesellschaft oder Kommanditgesellschaft auf Aktien festzustellen. [2]Die Satzung wird nur durch den Einzelkaufmann festgestellt.

(3) § 42 Abs. 3 findet entsprechende Anwendung.

(4) Der Umwandlungserklärung ist eine von dem Einzelkaufmann unterschriebene, öffentlich beglaubigte Übersicht beizufügen über:

1. die Vermögensgegenstände, die dem Einzelkaufmann gehören und dem Betrieb des Unternehmens dienen, das umgewandelt werden soll. Der Einzelkaufmann kann in der Übersicht andere ihm gehörende Vermögensgegenstände aufführen und sie dadurch als zum Unternehmen gehörend erklären,

2. die Verbindlichkeiten des Einzelkaufmanns, die im Betrieb des Unternehmens, das umgewandelt werden soll, begründet worden sind oder mit den unter Nummer 1 aufgeführten Vermögensgegenständen in wirtschaftlichem Zusammenhang stehen.

## § 53 [Gründungsbericht; Gründungsprüfung]

(1) Im Gründungsbericht nach § 32 des Aktiengesetzes sind auch der Geschäftsverlauf und die Lage des Unternehmens darzulegen.

(2) [1]Die Prüfung durch einen oder mehrere Prüfer nach § 33 Abs. 2 des Aktiengesetzes ist in jedem Fall stattzufinden. [2]Die Prüfung durch die Mitglieder des Vorstands und des Aufsichtsrats nach § 33 Abs. 1 des Aktiengesetzes sowie die Prüfung durch einen oder mehrere Prüfer nach § 33 Abs. 2 des Aktiengesetzes haben sich auch darauf zu erstrecken, ob in der Übersicht nach § 52 Abs. 4 Nr. 2 ale Verbindlichkeiten des Einzelkaufmanns aufgeführt sind, die im Betrieb des Unternehmens, das umgewandelt werden soll, begründet worden sind oder mit den in der Übersicht nach § 52 Abs. 4 Nr. 1 aufgeführten Vermögensgegenständen in wirtschaftlichem Zusammenhang stehen. [3]Die Prüfung hat sich ferner darauf zu erstrecken, ob die in der Übersicht nach § 52 Abs. 4 Nr. 1 aufgeführten Vermögensgegenstände des Einzelkaufmanns ein Vermögen im Sinne des § 419 Abs. 1 des Bürgerlichen Gesetzbuchs sind und ob die Verbindlichkeiten des Einzelkaufmanns sein Vermögen übersteigen.

(3) [1]Zur Prüfung, ob die Verbindlichkeiten des Einzelkaufmanns sein Vermögen übersteigen, hat der Einzelkaufmann den Prüfern eine Aufstellung vorzulegen, in der sein Vermögen seinen Verbindlichkeiten gegenübergestellt ist. [2]Die Aufstellung ist zu gliedern, soweit das für die Prüfung notwendig ist. [3]§ 320 Abs. 1 Satz 2 und Abs. 2 Satz 1 des Handelsgesetzbuchs gilt sinngemäß, wenn Anlaß für die Annahme besteht, daß in der Aufstellung aufgeführte Vermögensgegenstände überbewertet oder Verbindlichkeiten nicht oder nicht vollständig aufgeführt worden sind.

---

* Aufgehoben durch § 56 Abs. 4 Beurkundungsgesetz vom 28. 8. 1969 (BGBl. I S. 1513).

## § 54 [Eintragung ins Handelsregister]

(1) ¹Die Umwandlungserklärung ist bei dem Gericht von dem Einzelkaufmann und den Mitgliedern des Vorstands und des Aufsichtsrats zur Eintragung in das Handelsregister anzumelden. ²Der Anmeldung sind beizufügen

1. die Urkunden nach § 37 Abs. 4 Nr. 2 bis 5 des Aktiengesetzes,

2. eine Ausfertigung der Umwandlungserklärung,

3. die Übersicht nach § 52 Abs. 4,

4. die der Umwandlung zugrunde gelegte Bilanz.

³Für die Bilanz gilt § 43 Abs. 4 entsprechend.

(2) Das Gericht hat die Eintragung auch abzulehnen, wenn die Gründungsprüfer erklären oder es offensichtlich ist, daß

1. die Übersicht nach § 52 Abs. 4 unvollständig ist,

2. die in der Übersicht aufgeführten Vermögensgegenstände des Einzelkaufmanns sein Vermögen im Sinne des § 419 Abs. 1 des Bürgerlichen Gesetzbuchs sind,

3. die Verbindlichkeiten des Einzelkaufmanns sein Vermögen übersteigen.

## § 55 [Wirkungen der Eintragung]

(1) ¹Die Umwandlung wird mit der Eintragung der Aktiengesellschaft oder Komanditgesellschaft auf Aktien in das Handelsregister wirksam. ²Mit der Eintragung gehen die dem Einzelkaufmann gehörenden, in der Übersicht nach § 52 Abs. 4 aufgeführten Vermögensgegenstände und die Verbindlichkeiten, die der Einzelkaufmann in der Übersicht aufgeführt hat, auf die Aktiengesellschaft oder Kommanditgesellschaft auf Aktien über. ³Die vor der Umwandlung von dem Einzelkaufmann geführte Firma ist damit erloschen. ⁴Das Erlöschen der Firma ist von Amts wegen in das Handelsregister einzutragen.

(2) ¹Durch den Übergang der Verbindlichkeiten auf die Aktiengesellschaft oder Kommanditgesellschaft auf Aktien wird der Einzelkaufmann von der Haftung für die Verbindlichkeiten nicht befreit. ²§ 418 des Bürgerlichen Gesetzbuchs findet keine Anwendung. ³Die Aktiengesellschaft oder Kommanditgesellschaft auf Aktien und der Einzelkaufmann haften für diese Verbindlichkeiten als Gesamtschuldner; im Verhältnis der Gesamtschuldner zueinander ist die Aktiengesellschaft oder Kommanditgesellschaft auf Aktien allein verpflichtet.

(3) ¹Stellt sich nachträglich heraus, daß die in der Übersicht aufgeführten Vermögensgegenstände des Einzelkaufmanns sein Vermögen im Sinne des § 419 Abs. 1 des Bürgerlichen Gesetzbuchs sind, so können die Gläubiger anderer als der in Absatz 1 Satz 2 genannten Verbindlichkeiten des Einzelkaufmanns, unbeschadet der Fortdauer seiner Haftung, ihre zur Zeit der Eintragung der Aktiengesellschaft oder Kommanditgesellschaft auf Aktien bestehenden Ansprüche auch gegen die Aktiengesellschaft oder Kommanditgesellschaft auf Aktien geltend machen, sofern sie von diesem keine Befriedigung erlangen können. ²§ 419 Abs. 2 und 3 des Bürgerlichen Gesetzbuchs gilt entsprechend.

## § 56 [Verjährung]

(1) Die Ansprüche der Gläubiger gegen den Einzelkaufmann aus den in der Übersicht nach § 52 Abs. 4 aufgeführten Verbindlichkeiten verjähren mit dem Ablauf von fünf Jahren, falls nicht nach den allgemeinen Vorschriften die Verjährung schon früher eintritt.

(2) [1]Die Verjährung beginnt mit dem Ende des Tages, an dem das Erlöschen der Firma in das Handelsregister eingetragen worden ist. [2]Wird der Anspruch des Gläubigers gegen die Gesellschaft erst nach der Eintragung fällig, so beginnt die Verjährung mit dem Zeitpunkt der Fälligkeit.

### Fünfter Abschnitt. Umwandlung des Unternehmens eines Einzelkaufmanns durch Übertragung des Geschäftsvermögens auf eine Gesellschaft mit beschränkter Haftung

### § 56a [Möglichkeiten der Umwandlung]

[1]Ein Einzelkaufmann kann ein von ihm betriebenes Unternehmen, dessen Firma im Handelsregister eingetragen ist, nach den Vorschriften dieses Abschnitts in eine Gesellschaft mit beschränkter Haftung umwandeln. [2]§ 50 Satz 2 gilt sinngemäß.

### § 56b [Umwandlungserklärung]

(1) [1]Zur Umwandlung bedarf es einer Umwandlungserklärung des Einzelkaufmanns. [2]Die Umwandlungserklärung muß

1. die Errichtung einer Gesellschaft mit beschränkter Haftung, deren einziger Gesellschafter er ist,

2. die Übertragung des Geschäftsvermögens, das dem Betrieb des zur Umwandlung bestimmten Unternehmens dient, auf die Gesellschaft mit beschränkter Haftung

enthalten.

(2) [1]Soweit sich aus den folgenden Vorschriften nichts anderes ergibt, findet auf die Errichtung der Gesellschaft mit beschränkter Haftung der Erste Abschnitt des Gesetzes betreffend die Gesellschaften mit beschränkter Haftung entsprechende Anwendung. [2]Den Gesellschaftern steht der Einzelkaufmann gleich.

### § 56c [Form und Inhalt der Umwandlungserklärung]

(1) Die Umwandlungserklärung muß notariell beurkundet werden.

(2) In der Umwandlungserklärung ist der Gesellschaftsvertrag der Gesellschaft mit beschränkter Haftung durch den Einzelkaufmann festzustellen.

(3) [1]Für die Fortführung der Firma findet § 48 Abs. 3 entsprechende Anwendung. [2]Für die Verpflichtung zur Beifügung einer Übersicht über die Vermögensgegenstände und Verbindlichkeiten gilt § 52 Abs. 4.

### § 56d [Sachgründungsbericht]

Im Sachgründungsbericht nach § 5 Abs. 4 Satz 2 des Gesetzes betreffend die Gesellschaften mit beschränkter Haftung sind auch der Geschäftsverlauf und die Lage des Unternehmens darzulegen.

### § 56e [Eintragung in das Handelsregister]

(1) [1]Die Umwandlungserklärung ist bei dem Gericht von dem Einzelkaufmann und den Geschäftsführern zur Eintragung in das Handelsregister anzumelden. [2]Der Anmeldung sind beizufügen

1. die Urkunden nach § 8 Abs. 1 Nr. 2, 4 bis 6 des Gesetzes betreffend die Gesellschaften mit beschränkter Haftung,

2. eine Ausfertigung der Umwandlungserklärung,

3. die Übersicht nach § 56c Abs. 3 Satz 2,

4. die der Übersicht zugrunde gelegte Bilanz.

[3]Für die Bilanz gilt § 43 Abs. 4 entsprechend.

(2) Das Gericht hat die Eintragung auch abzulehnen, wenn

1. die Übersicht nach § 56c Abs. 3 Satz 2 unvollständig ist,

2. die in der Übersicht aufgeführten Vermögensgegenstände des Einzelkaufmanns sein Vermögen im Sinne des § 419 Abs. 1 des Bürgerlichen Gesetzbuchs sind,

3. die Verbindlichkeiten des Kaufmanns sein Vermögen übersteigen.

## § 56f [Wirkungen der Eintragung]

(1) [1]Die Umwandlung wird mit der Eintragung der Gesellschaft mit beschränkter Haftung in das Handelsregister wirksam. [2]Mit der Eintragung gehen die dem Einzelkaufmann gehörenden, in der Übersicht nach § 56c Abs. 3 Satz 2 aufgeführten Vermögensgegenstände und die Verbindlichkeiten, die der Einzelkaufmann in der Überischt aufgeführt hat, auf die Gesellschaft mit beschränkter Haftung über. [3]Die vor der Umwandlung von dem Einzelkaufmann geführte Firma ist damit erloschen. [4]Das Erlöschen der Firma ist von Amts wegen in das Handelsregister einzutragen.

(2) § 55 Abs. 2 und 3 über die Haftung für die Verbindlichkeiten des Einzelkaufmanns und § 56 über die Verjährung der Ansprüche der Gläubiger des Einzelkaufmanns gelten entsprechend.

## Sechster Abschnitt. Umwandlung anderer Unternehmen

## § 57 [Umwandlung von Unternehmen von Gebietskörperschaften oder Gemeindeverbänden in AG]

(1) [1]Gebietskörperschaften oder Gemeindeverbände, die nicht Gebietskörperschaften sind können von ihnen betriebene Unternehmen in Aktiengesellschaften umwandeln. [2]Die Umwandlung ist nur zulässig, wenn das für die Gebietskörperschaft oder die Gemeindeverbände maßgebende Bundes- oder Landesrecht eine Umwandlung vorsieht oder zuläßt.

(2) Für die Umwandlung gelten die §§ 51, 52 Abs. 1, 2 und 4, § 53 Abs. 1 und Abs. 2 Satz 1 und 2, § 54 Abs. 1 und Abs. 2 Nr. 1 und § 55 Abs. 1 Satz 1 und 2 und Abs. 2; § 56 gilt mit der Maßgabe, daß die Verjährung mit dem Ende des Tages beginnt, an dem die Aktiengesellschaft in das Handelsregister eingetragen worden ist.

## § 58 [Umwandlung von Unternehmen von Gebietskörperschaften oder Gemeindeverbänden in GmbH]

(1) [1]Gebietskörperschaften oder Gemeindeverbände, die nicht Gebietskörperschaften sind, können von ihnen betriebene Unternehmen in Gesellschaften mit beschränkter Haftung umwandeln. [2]Die Umwandlung ist nur zulässig, wenn das für die Gebietskörperschaften oder die Gemeindeverbände maßgebende Bundes- oder Landesrecht eine Umwandlung vorsieht oder zuläßt.

(2) Für die Umwandlung gelten § 51 Abs. 1, § 52 Abs. 1, 2 und 4 und § 55 Abs. 1 Satz 1 und 2 und Abs. 2 entsprchend; § 56 gilt mit der Maßgabe, daß die Verjährung mit dem Ende des Tages beginnt, an dem die Gesellschaft mit beschränkter Haftung in das Handelsregister eingetragen worden ist.

(3) Soweit sich aus den folgenden Vorschriften nichts anderes ergibt, finden auf die Gründung der Gesellschaft mit beschränkter Haftung die Vorschriften des Ersten Abschnitts des Gesetzes betreffend die Gesellschaften mit beschränkter Haftung entsprechende Anwendung.

(4) ¹Die Umwandlungserklärung ist bei dem Gericht von allen Gesellschaftern und Geschäftsführern zur Eintragung in das Handelsregister anzumelden. ²Der Anmeldung sind beizufügen

1. die Urkunden nach § 8 Abs. 1 Nr. 2 bis 4 des Gesetzes betreffend die Gesellschaften mit beschränkter Haftung,

2. eine Ausfertigung der Umwandlungserklärung,

3. die Übersicht nach § 52 Abs. 4,

4. die der Umwandlung zugrunde gelegte Bilanz.

³Für die Bilanz gilt § 43 Abs. 4 entsprechend.

## § 59 [Körperschaften oder Anstalten des öffentlichen Rechts]

(1) Eine Körperschaft oder Anstalt des öffentlichen Rechts kann in eine Gesellschaft mit beschränkter Haftung umgewandelt werden.

(2) Die Umwandlung ist nur zulässig, wenn die Körperschaft oder Anstalt des öffentlichen Rechts rechtsfähig ist und das für sie maßgebende Bundes- oder Landesrecht eine Umwandlung vorsieht oder zuläßt.

(3) Nach dem für die Körperschaft oder Anstalt des öffentlichen Rechts maßgebenden Bundes- oder Landesrecht richtet es sich, auf welche Weise der Gesellschaftsvertrag der Gesellschaft mit beschränkter Haftung abgeschlossen wird und welche Person oder welche Personen die Geschäftsanteile erhalten.

(4) Soweit nichts anderes bestimmt ist, gelten für die Umwandlung die Vorschriften des Ersten Abschnitts des Gesetzes betreffend die Gesellschaften mit beschränkter Haftung sinngemäß.

(5) Von der Eintragung der Gesellschaft mit beschränkter Haftung ist das Handelsregister an besteht die Körperschaft oder Anstalt des öffentlichen Rechts als Gesellschaft mit beschränkter Haftung weiter.

## § 60 [Realgemeinden und ähnliche Verbände]

(1) ¹Realgemeinden und ähnliche Verbände, deren Mitglieder zu Nutzungen an land- und forstwirtschaftlichen Grundstücken, an Mühlen, Brauhäusern und ähnlichen Anlagen berechtigt sind (Aktikel 164 des Einführungsgesetzes zum Bürgerlichen Gesetzbuch), können in eine Aktiengesellschaft umgewandelt werden. ²Für die Umwandlung gelten § 40 Abs. 2, § 41 Abs. 1, § 42 Abs. 2 und 3, § 43 Abs. 2, Abs. 3 Satz 2 und Abs. 4, §§ 44 und 45 sinngemäß. ³Auf die Gründung der Aktiengesellschaft finden der Erste und Zweite Teil des Ersten Buchs des Aktiengesetzes mit Ausnahme der §§ 2, 28, 29, 32 und 46 entsprechende Anwendung. ⁴Der Umwandlungsbeschluß kann nur in einer Generalversammlung der Mitglieder gefaßt werden und muß *gerichtlich oder\** notariell beurkundet werden.

(2) ¹Der Umwandlungsbeschluß bedarf einer Mehrheit von drei Vierteln der Stimmen, die nach der Satzung in der Generalversammlung der Realgemeinde von den Mitgliedern abgegeben werden können. ²Mit der Eintragung der Aktiengesellschaft oder der Kommanditgesellschaft auf Aktien in das Handelsregister werden alle Mitglieder der Realgemeinde Aktionäre. ³Mitglie-

---

\* Aufgehoben durch § 56 Abs. 4 Beurkundungsgesetz vom 28. 8. 1969 (BGBl. I S. 1513).

der, die bei der Umwandlung durch den Untergang von Sonderrechten Vermögensnachteile erleiden, sind von der Aktiengesellschaft angemessen zu entschädigen.

(3) [1]Jedes Mitglied der Realgemeinde, das Widerspruch gegen die Umwandlung zur Niederschrift erklärt hat, kann seine Aktie der Gesellschaft zur Verfügung stellen. [2]Der Vorstand kann den Aktionären hierfür eine Ausschlußfrist von mindestens drei Monaten setzen. [3]Für das Verfahren der Fristsetzung und den Verkauf der Aktien gilt § 383 Abs. 1 Satz 3 und 4 und Abs. 2 und 3 des Aktiengesetzes sinngemäß.

(4) Die Nichtigkeit des Umwandlungsbeschlusses kann nicht mehr geltend gemacht werden, wenn die Aktiengesellschaft in das Handelsregister eingetragen worden ist.

### § 61 [Kolonialgesellschaften]

(1) [1]Kolonialgesellschaften können in eine Aktiengesellschaft umgewandelt werden. [2]Für die Umwandlung gelten §§ 40 Abs. 2, § 41 Abs. 1, § 42 Ab. 2 und 3, § 43 Abs. 2, Abs. 3 Satz 2 und Abs. 4, §§ 44 und 45 sinngemäß. [3]Auf die Gründung der Aktiengesellschaft finden die Erste und Zweite Teil des Ersten Buchs des Aktiengesetzes mit Ausnahme der §§ 2, 28, 29, 32 und 46 entsprechende Anwendung. [4]Der Umwandlungsbeschluß kann nur in einer Hauptversammlung der Gesellschaft gefaßt werden und muß *gerichtlich oder** notariell beurkundet werden.

(2) [1]Der Umwandlungsbeschluß bedarf der Mehrheit, die in der Satzung der Gesellschaft für Satzungsänderungen bestimmt ist, mindestens aber einer Mehrheit von drei Vierteln der Anteile, die in der Hauptversammlung der Gesellschaft vertreten sind. [2]Mit der Eintragung der Aktiengesellschaft in das Handelsregister werden alle Gesellschafter Aktionäre. [3]Gesellschafter, die bei der Umwandlung durch den Untergang von Sonderrechten Vermögensnachteile erleiden, sind von der Aktiengesellschaft angemessen zu entschädigen.

(3) [1]Für den Umtausch der Anteile gegen Aktien gilt § 73 des Aktiengesetzes, bei Zusammenlegung von Anteilen § 226 des Aktiengesetzes über die Kraftloserklärung von Aktien sinngemäß. [2]Einer Genehmigung des Gerichts bedarf es nicht.

(4) [1]Jeder Gesellschafter, der Widerspruch gegen die Umwandlung zur Niederschrift erklärt hat, kann seine Aktie der Aktiengesellschaft zur Verfügung stellen. [2]Der Vorstand kann den Aktionären hierfür eine Ausschlußfrist von mindestens drei Monaten setzen. [3]Für das Verfahren der Fristsetzung und den Verkauf der Aktien gilt § 383 Abs. 1 Satz 3 und 4 und Abs. 2 und 3 des Aktiengesetzes sinngemäß.

(5) Die Nichtigkeit des Umwandlungsbeschlusses kann nicht mehr geltend gemacht werden, wenn die Aktiengesellschaft in das Handelsregister eingetragen worden ist.

### § 61 a [Umwandlung von Kolonialgesellschaften in GmbH]

(1) [1]Kolonialgesellschaften können in eine Gesellschaft mit beschränkter Haftung umgewandelt werden. [2]Für die Umwandlung gelten die Vorschriften des Dritten Abschnitts (§§ 46 bis 49) mit Ausnahme des § 48 Abs. 1 sinngemäß. [3]Der Umwandlungsbeschluß kann nur in einer Hauptversammlung der Gesellschaft gefaßt werden und muß notariell beurkundet werden.

---

* Aufgehoben durch § 56 Abs. 4 Beurkundungsgesetz vom 28. 8. 1969 (BGBl. I S. 1513).

(2) ¹Der Umwandlungsbeschluß bedarf der Mehrheit, die in der Satzung der Gesellschaft für Satzungsänderungen bestimmt ist, mindestens aber einer Mehrheit von drei Vierteln der Anteile, die in der Hauptversammlung der Gesellschaft vertreten sind. ²Die Gesellschafter, die für die Umwandlung gestimmt haben, sind in der Niederschrift namentlich aufzuführen. ³Sie stehen den Gründern der Gesellschaft mit beschränkter Haftung gleich.

(3) ¹Mit der Eintragung der Gesellschaft mit beschränkter Haftung in das Handelsregister werden alle Gesellschafter der Kolonialgesellschaft Gesellschafter der Gesellschaft mit beschränkter Haftung. ²Im übrigen gelten die §§ 373 bis 375 des Aktiengesetzes sinngemäß. ³Bekanntmachungen, die nach diesen Vorschriften in den Gesellschaftsblättern zu erfolgen haben, sind auch im Bundesanzeiger zu veröffentlichen.

(4) Die Nichtigkeit des Umwandlungsbeschlusses kann nicht mehr geltend gemacht werden, wenn die Gesellschaft mit beschränkter Haftung in das Handelsregister eingetragen worden ist.

## § 62 [Wirtschaftliche Vereine]

¹§ 61 gilt sinngemäß für die Umwandlung eines wirtschaftlichen Vereins, dem die Rechtsfähigkeit vor Inkrafttreten des Bürgerlichen Gesetzbuchs verliehen ist, sofern sein Vermögen in übertragbare Anteile zerlegt ist. ²Die Umwandlung bedarf der Genehmigung der für die Genehmigung von Satzungsänderungen zuständigen Behörde.

## Siebenter Abschnitt. Umwandlung einer bergrechtlichen Gewerkschaft mit eigener Rechtspersönlichkeit in eine Gesellschaft mit beschränkter Haftung

## § 63 [Umwandlungsbeschluß]

(1) Eine bergrechtliche Gewerkschaft mit eigener Rechtspersönlichkeit kann durch Beschluß der Gewerkenversammlung in eine Gesellschaft mit beschränkter Haftung umgewandelt werden.

(2) ¹Der Beschluß bedarf einer Mehrheit von mindestens drei Vierteln aller Kuxe. ²Die Satzung kann diese Mehrheit durch eine größere ersetzen und noch andere Erfordernisse aufstellen. ³Der Beschluß muß notariell beurkundet werden. ⁴Er bedarf zu seiner Wirksamkeit der Bestätigung durch die nach dem Bergrecht für die Bestätigung der Satzung zuständige Bergbehörde.

(3) Im Beschluß ist die Firma festzusetzen; außerdem sind in ihm die weiteren zur Durchführung der Umwandlung erforderlichen Maßnahmen zu treffen.

## § 64 [Nennbetrag des Stammkapitals und der Geschäftsanteile]

(1) Der Nennbetrag des Stammkapitals darf das in der Umwandlungsbilanz ausgewiesene, nach Abzug der Schulden verbleibende Vermögen der bergrechtlichen Gewerkschaft nicht übersteigen; er muß mindestens zwanzigtausend Deutsche Mark betragen.

(2) ¹Der Nennbetrag der Geschäftsanteile kann abweichend von dem Betrag festgesetzt werden, der von dem festgesetzten Stammkapital auf einen Kux entfällt. ²Er muß mindestens fünfhundert Deutsche Mark betragen und durch hundert teilbar sein. ³Wird der Nennbetrag abweichend von dem Betrag festgesetzt, der von dem festgesetzten Stammkapital auf einen Kux entfällt, so

muß der Festsetzung jeder Gewerke zustimmen, der sich nicht dem auf seine Kuxe entfallenden Gesamtbetrag entsprechend beteiligen kann. [4]Die Zustimmung muß notariell beurkundet werden. [5]Die Zustimmung ist nicht erforderlich, soweit die abweichende Festsetzung durch Satz 2 bedingt ist.

### § 65 [Wirkung der Eintragung; Aufsichtsrat]

(1) [1]Von der Eintragung an besteht die bergrechtliche Gewerkschaft als Gesellschaft mit beschränkter Haftung weiter. [2]Die Kuxe sind zu Geschäftsanteilen geworden; die an einem Kux bestehenden Rechte Dritter bestehen an dem an die Stelle tretenden Geschäftsanteil weiter.

(2) [1]Hat die bergrechtliche Gewerkschaft einen Aufsichtsrat, so bleiben seine Mitglieder, wenn die Gesellschaft mit beschränkter Haftung nach gesetzlicher Vorschrift einen Aufsichtsrat zu bilden hat und die zahlenmäßige Zusammensetzung des Aufsichtsrats nicht geändert wird, für den Rest ihrer Wahlzeit als Mitglieder des neuen Aufsichtsrats im Amt. [2]Sieht der Gesellschaftsvertrag ohne gesetzliche Verpflichtung einen Aufsichtsrat vor, so gilt dies nur, wenn die Gewerkenversammlung nichts anderes beschließt.

(3) [1]Im übrigen gelten die §§ 371 Abs. 1, 373 bis 375 des Aktiengesetzes sinngemäß. [2]Bekanntmachungen, die nach diesen Vorschriften in den Gesellschaftsblättern zu erfolgen haben, sind auch im Bundesanzeiger zu veröffentlichen.

### Achter Abschnitt. Übergangs- und Schlußvorschriften

### § 65 a [Übergangsvorschrift]

[1]§ 1 Abs. 2 und § 15 Abs. 1 in der vom 1. Januar 1983 an geltenden Fassung sind nicht auf Umwandlungen anzuwenden, zu deren Vorbereitung bereits vor diesem Tage eine Haupt-, Gesellschafter- oder Gewerkenversammlung einberufen worden ist. [2]Diese Umwandlungen richten sich nach den bisher geltenden Vorschriften.

### § 66 [Geltung in Berlin]

Dieses Gesetz gilt nach Maßgabe des § 13 Abs. 1 des Dritten Überleitungsgesetzes vom 4. Januar 1952 (Bundesgesetzbl. I S. 1) auch im Land Berlin.

# 11. Gesetz über eine Berufsordnung der Wirtschaftsprüfer (Wirtschaftsprüferordnung)*

**In der Fassung der Bekanntmachung vom 5. November 1975**

**(BGBl. I S. 2803)**

zuletzt geändert durch Gesetz vom 23. 9. 1990 (BGBl. II S. 885)

## Inhaltsübersicht

---

\* Die WPO gilt gem. Anlage I zum Einigungsvertragsgesetz vom 23. 9. 1990 (BGBl. II S. 885, 998) in dem in Artikel 3 des Einigungsvertrages genannten Gebiet mit folgenden Maßgaben:

　a) Wirtschaftsprüfer, vereidigte Buchprüfer, Wirtschaftsprüfungsgesellschaften und Buchprüfungsgesellschaften, die nach den Vorschriften der Wirtschaftsprüferordnung bestellt oder anerkannt sind, bedürfen in dem in Artikel 3 des Vertrages genannten Gebiet keiner erneuten Bestellung oder Anerkennung.

　b) Bis zum Inkrafttreten der Rechtsverordnung nach § 134a Abs. 5 Satz 4 werden Eignungsprüfungen nach § 134a Abs. 5 in dem in Artikel 3 des Vertrages genannten Gebiet nach den bisherigen, dem § 134a Abs. 5 entsprechenden Vorschriften durchgeführt; die bei Inkrafttreten der Rechtsverordnung nach § 134a Abs. 5 Satz 4 laufenden Prüfungsverfahren werden nach den bisherigen Vorschriften zu Ende geführt.

## Erster Teil. Allgemeine Vorschriften

### § 1 Wirtschaftsprüfer und Wirtschaftsprüfungsgesellschaften

(1) [1]Wirtschaftsprüfer ist, wer als solcher öffentlich bestellt ist. [2]Die Bestellung setzt den Nachweis der persönlichen und fachlichen Eignung im Zulassungs- und Prüfungsverfahren voraus. [3]Die nach diesem Gesetz bestellten Wirtschaftsprüfer sind zugleich Wirtschaftsprüfer im Genossenschaftswesen im Sinne des Genossenschaftsgesetzes.

(2) Der Wirtschaftsprüfer übt einen freien Beruf aus. Seine Tätigkeit ist kein Gewerbe.

(3) [1]Wirtschaftsprüfungsgesellschaften bedürfen der Anerkennung. [2]Die Anerkennung setzt den Nachweis voraus, daß die Gesellschaft von Wirtschaftsprüfern verantwortlich geführt wird.

### § 2 Inhalt der Tätigkeit

(1) Wirtschaftsprüfer haben die berufliche Aufgabe, betriebswirtschaftliche Prüfungen, insbesondere solche von Jahresabschlüssen wirtschaftlicher Unternehmen, durchzuführen und Bestätigungsvermerke über die Vornahme und das Ergebnis solcher Prüfungen zu erteilen.

(2) Wirtschaftsprüfer sind befugt, ihre Auftraggeber in steuerlichen Angelegenheiten nach Maßgabe der bestehenden Vorschriften zu beraten und zu vertreten.

(3) Wirtschaftsprüfer können unter Berufung auf ihren Berufseid auf den Gebieten der wirtschaftlichen Betriebsführung als Sachverständige auftreten.

### § 3 Berufliche Niederlassung

(1) Die berufliche Niederlassung eines Wirtschaftsprüfers ist innerhalb von sechs Monaten nach der Bestellung zu begründen.

(2) [1]Wirtschaftsprüfer und Wirtschaftsprüfungsgesellschaften dürfen Zweigniederlassungen nach den Vorschriften dieses Gesetzes errichten. [2]Wirtschaftsprüfer dürfen neben ihrer Hauptniederlassung nur eine Zweigniederlassung errichten; dem steht nicht entgegen, daß der Wirtschaftsprüfer in anderen Staaten berufliche Niederlassungen errichtet oder unterhält.

### § 4 Wirtschaftsprüferkammer

(1) [1]Zur Erfüllung der beruflichen Selbstverwaltungsaufgaben wird eine Kammer der Wirtschaftsprüfer gebildet. [2]Sie führt die Bezeichnung „Wirtschaftsprüferkammer".

(2) [1]Die Wirtschaftsprüferkammer ist eine Körperschaft des öffentlichen Rechts. [2]Ihr Sitz bestimmt sich nach ihrer Satzung.

(3) Die Wirtschaftsprüferkammer kann Landesgeschäftsstellen errichten.

# Zweiter Teil. Voraussetzungen für die Berufsausübung

## Erster Abschnitt. Zulassung zur Prüfung

### § 5 Zulassungsausschuß

(1) [1]Über die Zulassung zur Prüfung entscheidet ein Zulassungsausschuß, der bei der für die Wirtschaft zuständigen obersten Landesbehörde (oberste Landesbehörde) gebildet wird. [2]Mehrere Länder können bei einer obersten Landesbehörde einen gemeinsamen Zulassungsausschuß bilden.

(2) Dem Zulassungsausschuß gehören als Mitglieder an
ein Vertreter der obersten Landesbehörde als Vorsitzer,
ein Vertreter der Wirtschaft,
zwei Wirtschaftsprüfer.

(3) Für die Zulassung von Bewerbern, die beantragt haben, besonders auf dem Gebiete des genossenschaftlichen Prüfungswesens geprüft zu werden, muß der in Absatz 2 genannte Vertreter der Wirtschaft im Genossenschaftswesen und einer der Wirtschaftsprüfer im genossenschaftlichen Prüfungswesen tätig sein.

(4) [1]Der Ausschuß ist beschlußfähig, wenn mindestens der Vorsitzer, ein Vertreter der Wirtschaft und ein Wirtschaftsprüfer anwesend sind. [2]Bei der Entscheidung über Anträge von Bewerbern, die beantragt haben, besonders auf dem Gebiete des genossenschaftlichen Prüfungswesens geprüft zu werden, müssen die in Absatz 3 genannten Mitglieder des Zulassungsausschusses anwesend sein.

(5) Auf Vorschlag des Vorsitzers beschließt der Zulassungsausschuß schriftlich, wenn kein Ausschußmitglied widerspricht.

(6) [1]Der Ausschuß entscheidet mit Stimmenmehrheit. [2]Bei Stimmengleichheit entscheidet die Stimme des Vorsitzers. [3]Ablehnungen sind zu begründen und mit Rechtsmittelbelehrung zu versehen.

(7) [1]Die Mitglieder des Zulassungsausschusses haben über die ihnen bei ihrer Tätigkeit bekanntgewordenen Tatsachen Verschwiegenheit zu bewahren. [2]Sie sind auf gewissenhafte Erfüllung ihrer Obliegenheiten durch Handschlag zu verpflichten, soweit sie nicht Beamte sind.

### § 6 Berufung der Mitglieder des Zulassungsausschusses

(1) [1]Die Mitglieder des Zulassungsausschusses werden von der obersten Landesbehörde berufen. [2]Für jedes Mitglied ist wenigstens ein Stellvertreter zu berufen. [3]Die Mitglieder und ihre Stellvertreter sind in der Regel für die Dauer von drei Jahren zu berufen. [4]Die Berufung kann aus wichtigem Grunde zurückgenommen werden.

(2) [1]Vorschläge für die Vertreter der Wirtschaft sind von der am Ort der obersten Landesbehörde bestehenden Industrie- und Handelskammer, bei gemeinsamen Zulassungsausschüssen mehrerer Länder von der von den Ländern bestimmten Industrie- und Handelskammer, für im Genossenschaftswesen tätige Vertreter von dem Freien Ausschuß der deutschen Genossenschaftsverbände im Bundesgebiet (Freier Ausschuß) zu machen. [2]Vorschläge für die Wirtschaftsprüfer sind von der Wirtschaftsprüferkammer einzureichen. [3]Die im genossenschaftlichen Prüfungswesen tätigen Wirtschaftsprüfer sind im Einvernehmen mit dem Freien Ausschuß vorzuschlagen. [4]Die oberste Landesbehörde kann verlangen, daß wiederholt Vorschläge eingereicht werden. [5]Sie ist an die Vorschläge nicht gebunden.

## § 7 Antrag auf Zulassung zur Prüfung

(1) Der Antrag auf Zulassung zur Prüfung ist an den Zulassungsausschuß zu richten, in dessen Bereich der Bewerber seine berufliche Niederlassung hat, seine berufliche Tätigkeit ausübt oder in Ermangelung einer solchen seinen Wohnsitz hat.

(2) Der Zulassungsausschuß kann zu dem Antrag auf Zulassung zur Prüfung und zu den diesem beizufügenden Unterlagen gutachtliche Äußerungen der Wirtschaftsprüferkammer einholen.

## § 8 Voraussetzungen für die Zulassung (Vorbildung)

(1) Die Zulassung setzt voraus, daß der Bewerber

1. den Abschluß des betriebswirtschaftlichen, volkswirtschaftlichen, juristischen, technischen oder landwirtschaftlichen Hochschulstudiums oder eines anderen Hochschulstudiums mit wirtschaftswissenschaftlicher Ausrichtung nachweist;

2. eine für die Ausübung des Berufes genügende praktische Ausbildung erhalten hat, insbesondere eine mindestens fünfjährige praktische Tätigkeit im Wirtschaftsleben nachweist, von der wenigstens vier Jahre als Prüfungstätigkeit abgeleistet sein müssen. Der Nachweis der Prüfungstätigkeit entfällt für Bewerber, die seit mindestens fünfzehn Jahren den Beruf als Steuerberater oder vereidigter Buchprüfer ausgeübt haben; dabei sind bis zu zehn Jahre Berufstätigkeit als Steuerbevollmächtigter anzurechnen.

(2) Auf den Nachweis des abgeschlossenen Hochschulstudiums kann verzichtet werden,

1. wenn der Bewerber sich in mindestens zehnjähriger Tätigkeit als Mitarbeiter eines Wirtschaftsprüfers, einer Wirtschaftsprüfungsgesellschaft, eines genossenschaftlichen Prüfungsverbandes oder der Prüfungsstelle eines Sparkassen- und Giroverbandes oder einer überörtlichen Prüfungseinrichtung für Körperschaften des öffentlichen Rechts bewährt hat; hat der Bewerber ein wirtschaftswissenschaftliches oder ein anderes Fachhochschulstudium mit wirtschaftswissenschaftlicher Ausrichtung, für das die Fachhochschulreife Zugangsvoraussetzung ist, oder bis zum 31. Dezember 1972 eine wirtschaftswissenschaftliche Ausbildung oder eine andere Ausbildung mit wirtschaftswissenschaftlicher Ausrichtung an einer staatlichen oder staatlich anerkannten Höheren Wirtschaftsfachschule oder einer gleichrangigen Bildungseinrichtung abgeschlossen, so sind die jeweilige Studienzeit, höchstens jedoch vier Jahre, und das Berufspraktikum auf die nach dem 1. Halbsatz erforderliche mindestens zehnjährige berufliche Tätigkeit anzurechnen; oder

2. wenn der Bewerber seit mindestens fünf Jahren den Beruf als vereidigter Buchprüfer oder Steuerberater ausübt.

(3) Das Studium gemäß Absatz 1 Nr. 1 und Absatz 2 Nr. 1, 2. Halbsatz muß der Berwerber im Geltungsbereich dieses Gesetzes oder außerhalb des Geltungsbereichs dieses Gesetzes an einer Hochschule oder Schule, deren Abschlußzeugnis gleichwertig ist, abgeschlossen haben.

## § 9 Voraussetzungen für die Zulassung (Prüfungstätigkeit)

(1) [1]Das Erfordernis der Prüfungstätigkeit ist erfüllt, wenn der Bewerber nachweislich in fremden Unternehmen materielle Buch- und Bilanzprüfungen nach betriebswirtschaftlichen Grundsätzen durchgeführt hat. [2]Als fremd gilt ein Unternehmen, dem der Bewerber weder als Leiter noch als Angestellter angehört hat.

(2) Die Prüfungstätigkeit muß in eigener Praxis oder als Mitarbeiter einer auf dem Gebiete des wirtschaftlichen Prüfungs- und Treuhandwesens tätigen Person oder Gesellschaft, in einem genossenschaftlichen Prüfungsverband, einer Prüfungsstelle eines Sparkassen- und Giroverbandes oder einer überörtlichen Prüfungseinrichtung für öffentliche Körperschaften ausgeübt worden sein.

(3) ¹Eine Tätigkeit als Revisor in größeren Unternehmen oder als Steuerberater kann bis zur Höchstdauer von zwei Jahren auf die Prüfungstätigkeit angerechnet werden. ²Dasselbe gilt für Prüfer im öffentlichen Dienst, sofern der Bewerber nachweislich selbständig Prüfungen von größeren Betrieben durchgeführt hat.

(4) ¹Von seiner gesamten Prüfungstätigkeit muß der Bewerber wenigstens während der Dauer zweier Jahre bei einem Wirtschaftsprüfer, einer Wirtschaftsprüfungsgesellschaft, einem vereidigten Buchprüfer, einer Buchprüfungsgesellschaft oder einem genossenschaftlichen Prüfungsverband, bei dem ein Wirtschaftsprüfer tätig ist, an Abschlußprüfungen teilgenommen und bei der Abfassung der Prüfungsberichte mitgewirkt haben; Tätigkeiten bei einer Person nach § 131b Abs. 2, § 131f Abs. 2 sind keine Prüfungstätigkeit nach dem ersten Halbsatz. ²Er soll während dieser Zeit an gesetzlich vorgeschriebenen Prüfungen teilgenommen und bei der Abfassung der Prüfungsberichte hierüber mitgewirkt haben.

(5) Für Bewerber, die ihre fachliche Ausbildung in der Prüfungsstelle eines Sparkassen- und Giroverbandes oder in einer überörtlichen Prüfungseinrichtung für öffentliche Körperschaften erworben haben, gilt die zweijährige Prüfungstätigkeit in einer Prüfungsstelle eines Sparkassen- und Giroverbandes oder in einer überörtlichen Prüfungseinrichtung für öffentliche Körperschaften, in denen ein Wirtschaftsprüfer tätig ist, als Prüfungstätigkeit nach Absatz 4.

(6) *Der Zulassungsausschuß kann in Härtefällen von der Vorschrift des Absatzes 4 Ausnahmen, insbesondere für vereidigte Buchprüfer und Steuerberater, zulassen. Für Bewerber, die ihre fachliche Ausbildung im genossenschaftlichen Prüfungswesen erworben haben, werden diese Ausnahmen bis zum Inkrafttreten des § 63b Abs. 5 des Genossenschaftsgesetzes gewährt.*

## § 10 Versagung der Zulassung

(1) Die Zulassung zur Prüfung ist zu versagen, wenn
1. der Bewerber infolge strafgerichtlicher Verurteilung die Fähigkeit zur Bekleidung öffentlicher Ämter nicht besitzt;
2. der Bewerber sich eines Verhaltens schuldig gemacht hat, das die Ausschließung aus dem Beruf rechtfertigen würde;
3. der Bewerber infolge eines körperlichen Gebrechens oder wegen Schwäche seiner geistigen Kräfte dauernd unfähig ist, den Beruf des Wirtschaftsprüfers ordnungsgemäß auszuüben;
4. der Bewerber sich nicht in geordneten wirtschaftlichen Verhältnissen befindet.

(2) ¹Die Zulassung zur Prüfung kann versagt werden, wenn
1. der Bewerber infolge gerichtlicher Anordnung in der Verfügung über sein Vermögen allgemein beschränkt ist;
2. der Bewerber sich so verhalten hat, daß die Besorgnis begründet ist, er werde den Berufspflichten als Wirtschaftsprüfer nicht genügen;

---

\* § 9 Abs. 6 ist mit Wirkung vom 1. Jan. 1990 entfallen. Wegen seiner Fortgeltung in Sonderfällen bis zum 1. Jan. 1996 siehe § 134a Abs. 3.

3. der Bewerber nicht Deutscher im Sinne des Artikels 116 Abs. 1 des Grundgesetzes ist und die Gegenseitigkeit nicht gewährleistet ist; dies gilt nicht für Staatsangehörige der Mitgliedstaaten der Europäischen Gemeinschaften. [2]Die Bestimmungen des Gesetzes über die Rechtsstellung heimatloser Ausländer im Bundesgebiet vom 25. April 1951 (Bundesgesetzbl. I S. 269) sowie Bestimmungen in Staatsverträgen bleiben unberührt.

## § 11 Rücknahme und Widerruf der Zulassung

[1]Werden vor vollendeter Prüfung Tatsachen im Sinne des § 10 Abs. 1 bekannt, so hat der Zulassungsausschuß nach Anhörung des Bewerbers die Zulassung zurückzunehmen oder zu widerrufen. [2]Werden Tatsachen im Sinne des § 10 Abs. 2 bekannt, so kann er nach Anhörung des Bewerbers die Zulassung zurücknehmen oder widerrufen.

## Zweiter Abschnitt. Prüfung

## § 12 Prüfungsausschuß und Gliederung der Prüfung

(1) Zugelassene Bewerber legen die Prüfung als Wirtschaftsprüfer vor dem Prüfungsausschuß ab, der bei der obersten Landesbehörde eingerichtet wird. Mehrere Länder können durch Vereinbarung bei einer obersten Landesbehörde einen gemeinsamen Prüfungsausschuß bilden.

(2) Die Prüfung gliedert sich in eine schriftliche und eine mündliche Prüfung.

(3) An alle Bewerber sind ohne Rücksicht auf ihren beruflichen Werdegang gleiche Anforderungen zu stellen.

## § 13 Verkürzte Prüfung für Steuerberater

[1]Steuerberater können die Prüfung in verkürzter Form ablegen. [2]Bei der Prüfung in verkürzter Form entfällt die schriftliche und mündliche Prüfung im Steuerrecht.

## § 13 a Verkürzte Prüfung für vereidigte Buchprüfer

[1]Vereidigte Buchprüfer, die nicht nach § 131 b Abs. 2 bestellt sind, können die Prüfung in verkürzter Form ablegen. [2]Bei der Prüfung in verkürzter Form entfällt für vereidigte Buchprüfer, die Steuerberater sind, die schriftliche und mündliche Prüfung im Steuerrecht, in Betriebswirtschaft und Volkswirtschaft, für vereidigte Buchprüfer, die Rechtsanwälte sind, im Wirtschaftsrecht und in Betriebswirtschaft und Volkswirtschaft.

## § 14 Einzelheiten des Prüfungsverfahrens

Der Bundesminister für Wirtschaft regelt durch Rechtsverordnung mit Zustimmung des Bundesrates die Einrichtung des Prüfungsausschusses bei der obersten Landesbehörde, die Zusammensetzung des Prüfungsausschusses und die Berufung seiner Mitglieder sowie die Einzelheiten der Prüfung und des Prüfungsverfahrens, insbesondere die dem Antrag auf Zulassung zur Prüfung beizufügenden Unterlagen, die Prüfungsgebiete, die schriftliche und mündliche Prüfung, Rücktritt und Ausschluß von der Prüfung, Prüfungsergebnis, Ergänzungsprüfung, Wiederholung der Prüfung und Mitteilung des Prüfungsergebnisses.

## § 14 a Zulassungsgebühr, Prüfungsgebühr

(1) [1]Für das Zulassungsverfahren hat der Bewerber eine Zulassungsgebühr von 200 Deutsche Mark an die oberste Landesbehörde zu zahlen. [2]Die Gebühr ist mit dem Antrag auf Zulassung zur Prüfung zu entrichten.

(2) ¹Für das Prüfungsverfahren hat der Bewerber vor Beginn der schriftlichen Prüfung eine Prüfungsgebühr von 750 Deutsche Mark an die oberste Landesbehörde zu zahlen. ²Bei Ergänzungsprüfungen ermäßigt sich die Prüfungsgebühr auf die Hälfte. ³Tritt der Bewerber vor Beginn der mündlichen Prüfung zurück, so ist die Prüfungsgebühr zur Hälfte zu erstatten.

## Dritter Abschnitt. Bestellung

## § 15 Bestellungsbehörde und Gebühren

(1) ¹Nach bestandener Prüfung wird der Bewerber auf Antrag durch Aushändigung einer von der obersten Landesbehörde ausgestellten Urkunde als Wirtschaftsprüfer bestellt. ²Zuständig ist die oberste Landesbehörde des Landes, in dem der Bewerber seine berufliche Niederlassung begründen oder seine berufliche Tätigkeit aufnehmen will. ³Bei beabsichtigter Niederlassung außerhalb des Geltungsbereichs dieses Gesetzes ist für die Bestellung die oberste Landesbehörde des Landes zuständig, in dem die Wirtschaftsprüferkammer ihren Sitz hat. Wird der Antrag auf Bestellung als Wirtschaftsprüfer nicht innerhalb von fünf Jahren nach bestandener Prüfung gestellt, so finden auf die Bestellung die Vorschriften des § 23 Abs. 2 bis 4 entsprechende Anwendung.

(2) Für die Bestellung werden keine Gebühren erhoben.

## § 16 Versagung der Bestellung

(1) Die Bestellung muß versagt werden,
1. wenn in der Person des Bewerbers Gründe eingetreten oder bekanntgeworden sind, aus denen seine Zulassung zur Prüfung hätte versagt, zurückgenommen oder widerrufen werden müssen;
2. solange der Bewerber, der den Beruf selbständig ausüben will, die vorläufige Deckungszusage auf den Antrag zum Abschluß einer Berufshaftpflichtversicherung nicht vorgelegt hat;
3. solange der Bewerber eine Tätigkeit ausübt, die mit dem Beruf nach § 43 Abs. 2 und 3 unvereinbar ist.

(2) Die Bestellung kann versagt werden, wenn
1. Gründe eingetreten oder bekanntgeworden sind, aus denen die Zulassung zur Prüfung hätte versagt, zurückgenommen oder widerrufen werden können;
2. der Bewerber seinen Wohnsitz nicht im Geltungsbereich dieses Gesetzes oder in einem anderen Mitgliedstaat der Europäischen Gemeinschaften hat.

(3) Die oberste Landesbehörde kann die erforderlichen Feststellungen durch den Zulassungsausschuß treffen lassen.

(4) ¹Über die Versagung der Bestellung entscheidet die oberste Landesbehörde. ²Die Wirtschaftsprüferkammer soll gehört werden. ³Die Entscheidung ist zu begründen und mit Rechtsmittelbelehrung zu versehen.

## § 17 Berufsurkunde und Berufseid

(1) ¹Bewerber haben vor Aushändigung der Urkunde den Berufseid vor der obersten Landesbehörde oder einer von ihr im Einzelfall beauftragten Stelle zu leisten. ²Die Eidesformel lautet:
„Ich schwöre bei Gott dem Allmächtigen und Allwissenden, daß ich die Pflichten eines Wirtschaftsprüfers verantwortungsbewußt und sorgfältig erfüllen, insbesondere Verschwiegenheit bewahren und Prüfungsberichte und Gutachten gewissenhaft und unparteiisch erstatten werde, so wahr mir Gott helfe."

(2) Der Eid kann auch ohne religiöse Beteuerung geleistet werden.

(3) Gestattet ein Gesetz den Mitgliedern einer Religionsgesellschaft an Stelle des Eides andere Beteuerungsformeln zu gebrauchen, so kann der Bewerber, der Mitglied einer solchen Religionsgesellschaft ist, diese Beteuerungsformel sprechen.

## § 18 Berufsbezeichnung

(1) Wirtschaftsprüfer haben im beruflichen Verkehr die Berufsbezeichnung „Wirtschaftsprüfer" zu führen.

(2) [1]Akademische Grade und Titel und Zusätze, die auf eine staatlich verliehene Graduierung hinweisen, können neben der Berufsbezeichnung geführt werden. [2]Amts- und Berufsbezeichnungen sind zusätzlich gestattet, wenn sie amtlich verliehen worden sind und es sich um Bezeichnungen für eine Tätigkeit handelt, die neben der Tätigkeit des Wirtschaftsprüfers ausgeübt werden darf (§ 43); zulässig ist auch die Bezeichnung „Fachanwalt für Steuerrecht". [3]Zusätzlich gestattet sind auch in anderen Staaten zu Recht geführte Berufsbezeichnungen für die Tätigkeit als gesetzlicher Abschlußprüfer oder für eine Tätigkeit, die neben der Tätigkeit als Wirtschaftsprüfer ausgeübt werden darf.

## § 19 Erlöschen der Bestellung

(1) Die Bestellung erlischt durch
1. Tod,
2. Verzicht,
3. rechtskräftige Ausschließung aus dem Beruf.

(2) [1]Der Verzicht ist schriftlich gegenüber der obersten Landesbehörde zu erklären. [2]Für die Zuständigkeit der obersten Landesbehörde gilt § 21 sinngemäß.

## § 20 Rücknahme und Widerruf der Bestellung

(1) Die Bestellung ist zurückzunehmen, wenn der Wirtschaftsprüfer die Zulassung zur Prüfung oder die Bestellung durch arglistige Täuschung, Drohung oder Bestechung oder durch Angaben erwirkt hat, die in wesentlicher Beziehung unrichtig oder unvollständig waren.

(2) Die Bestellung ist zu widerrufen, wenn der Wirtschaftsprüfer
1. nicht eigenverantwortlich tätig ist oder eine Tätigkeit ausübt, die mit dem Beruf nach § 43 Abs. 2 und 3 unvereinbar ist;
2. infolge strafgerichtlicher Verurteilung die Fähigkeit zur Bekleidung öffentlicher Ämter verloren hat;
3. infolge eines körperlichen Gebrechens oder wegen Schwäche seiner geistigen Kräfte dauernd unfähig ist, seinen Beruf ordnungsmäßig auszuüben;
4. nicht die vorgeschriebene Haftpflichtversicherung gegen die sich aus seiner Berufstätigkeit ergebenden Haftpflichtgefahren unterhält.

(3) Die Bestellung kann, außer nach den Vorschriften der Verwaltungsverfahrensgesetze widerrufen werden, wenn der Wirtschaftsprüfer
1. infolge gerichtlicher Anordnung in der Verfügung über sein Vermögen allgemein beschränkt ist oder wenn er in Vermögensverfall geraten ist und dadurch die Interessen der Auftraggeber oder anderer Personen gefährdet sind;
2. nicht innerhalb von sechs Monaten nach der Bestellung eine berufliche Niederlassung begründet hat.

(4) [1]In den Fällen des Absatzes 2 Nr. 1 und 4 ist von einem Widerruf abzusehen, wenn anzunehmen ist, daß der Wirtschaftsprüfer künftig eigenverant-

wortlich tätig sein, die nach § 43 Abs. 2 und 3 unvereinbare Tätigkeit dauernd aufgeben oder die vorgeschriebene Haftpflichtversicherung künftig laufend unterhalten wird. [2]Dem Wirtschaftsprüfer kann hierfür eine angemessene Frist gesetzt werden. [3]Kommt er seiner Verpflichtung innerhalb der gesetzten Frist nicht nach, so ist der Widerruf der Bestellung auszusprechen.

(5) Die Rücknahme und der Widerruf sind unzulässig, wenn in den Fällen der Absätze 1, 2 und 3 ein berufsgerichtliches Verfahren anhängig ist.

(6) Vor der Rücknahme und dem Widerruf ist der Zulassungsausschuß zu hören.

## § 21 Zuständige Behörde

[1]Über die Rücknahme und den Widerruf der Bestellung des Wirtschaftsprüfers entscheidet die oberste Landesbehörde, in deren Land seine berufliche Niederlassung besteht oder seine berufliche Tätigkeit ausgeübt wird. [2]Besitzt er mehrere berufliche Niederlassungen, so ist die oberste Landesbehörde zuständig, in deren Land die Hauptniederlassung oder beim Fehlen einer solchen die zeitlich früher begründete Niederlassung besteht. [3]Die oberste Landesbehörde kann die erforderlichen Feststellungen durch den Zulassungsausschuß treffen lassen. [4]Hat der Wirtschaftsprüfer im Geltungsbereich dieses Gesetzes keine berufliche Niederlassung, so ist die oberste Landesbehörde des Landes zuständig, in dem die Wirtschaftsprüferkammer ihren Sitz hat.

## § 22 Bekanntgabe

Die oberste Landesbehörde teilt die Bestellung, deren Erlöschen, Rücknahme oder Widerruf und die Wiederbestellung der Wirtschaftsprüferkammer mit.

## § 23 Wiederbestellung

(1) Ein ehemaliger Wirtschaftsprüfer kann wiederbestellt werden, wenn
1. die Bestellung nach § 19 Abs. 1 Nr. 2 erloschen ist;
2. im Falle des Erlöschens der Bestellung nach § 19 Abs. 1 Nr. 3 die rechtskräftige Ausschließung aus dem Beruf im Gnadenwege aufgehoben worden ist oder seit der rechtskräftigen Ausschließung mindestens acht Jahre verstrichen sind;
3. die Bestellung nach § 20 zurückgenommen oder widerrufen ist und die Gründe, die für die Rücknahme oder den Widerruf maßgeblich gewesen sind, nicht mehr bestehen.

(2) Die oberste Landesbehörde kann durch den Zulassungsausschuß feststellen lassen, ob die Voraussetzungen für eine Wiederbestellung vorhanden sind.

(3) [1]Eine erneute Prüfung ist nicht erforderlich. [2]Der Zulassungsausschuß kann im Einzelfall anordnen, daß sich der Bewerber der Prüfung oder Teilen derselben zu unterziehen hat, wenn die pflichtgemäße Ausübung des Berufes sonst nicht gewährleistet erscheint.

(4) [1]Die Wiederbestellung ist zu versagen, wenn die Voraussetzungen für die Wiederbestellung unter sinngemäßer Anwendung des § 10 nicht vorliegen. [2]Für das Antragsverfahren gilt § 7 sinngemäß.

## § 24 Gebühr für die Wiederbestellung

[1]Für das Wiederbestellungsverfahren ist eine Gebühr von 200 Deutsche Mark an die oberste Landesbehörde zu zahlen. [2]Die Gebühr ist mit dem Antrag auf Wiederbestellung zu entrichten.

**Vierter Abschnitt. Wirtschaftsprüfer im Genossenschaftswesen**

## § 25 Wirtschaftsprüfer im Genossenschaftswesen

Als Wirtschaftsprüfer ist zur Prüfung von Genossenschaften zugelassen, wer
1. nach § 1 Abs. 1 Nr. 1 der Verordnung über öffentlich bestellte Wirtschaftsprüfer im Genossenschaftswesen vom 7. Juli 1936 (Reichsgesetzbl. I S. 559)
als Wirtschaftsprüfer öffentlich bestellt ist;
2. Wirtschaftsprüfer ist und nach § 1 Abs. 1 Nr. 2 der Verordnung über öffentlich bestellte Wirtschaftsprüfer im Genossenschaftswesen vom 7. Juli 1936
(Reichsgesetzbl. I S. 559) zur Prüfung von Genossenschaften besonders ermächtigt ist;
3. nach der Wirtschaftsprüferordnung des Landes Rheinland-Pfalz vom
21. März 1950 (Gesetz- und Verordnungsblatt der Landesregierung Rheinland-Pfalz Teil I S. 91) als Wirtschaftsprüfer öffentlich bestellt und nach
§ 17 der Wirtschaftsprüferordnung des Landes Rheinland-Pfalz für die Prüfung von Genossenschaften als geeignet bezeichnet ist;
4. nach dem Gesetz über Wirtschaftsprüfer im Genossenschaftswesen vom
17. Juli 1952 (Bundesgesetzbl. I S. 385) als Wirtschaftsprüfer öffentlich bestellt oder zur Prüfung von Genossenschaften besonders ermächtigt ist;
5. nach diesem Gesetz als Wirtschaftsprüfer bestellt oder zur Prüfung von Genossenschaften besonders ermächtigt worden ist.

## § 26 Ermächtigung von Wirtschaftsprüfern

[1]Ein Wirtschaftsprüfer, der vor dem Inkrafttreten dieses Gesetzes bestellt
und nicht zur Prüfung von Genossenschaften berechtigt oder besonders ermächtigt ist, kann zur Prüfung von Genossenschaften durch die oberste Landesbehörde ermächtigt werden. [2]Die Ermächtigung setzt voraus, daß der Wirtschaftsprüfer im genossenschaftlichen Prüfungswesen ausreichend vorgebildet
und erfahren ist. [3]Der Freie Ausschuß und die Wirtschaftsprüferkammer sollen hierzu gehört werden.

### Fünfter Abschnitt. Wirtschaftsprüfungsgesellschaften

## § 27 Rechtsform

(1) Aktiengesellschaften, Kommanditgesellschaften auf Aktien, Gesellschaften mit beschränkter Haftung, Offene Handelsgesellschaften und Kommanditgesellschaften können nach Maßgabe der Vorschriften dieses Abschnittes als Wirtschaftsprüfungsgesellschaften anerkannt werden.

(2) Offene Handelsgesellschaften und Kommanditgesellschaften können
als Wirtschaftsprüfungsgesellschaften anerkannt werden, wenn sie wegen ihrer Treuhandtätigkeit als Handelsgesellschaften in das Handelsregister eingetragen worden sind.

## § 28 Voraussetzungen für die Anerkennung

(1) [1]Voraussetzung für die Anerkennung ist, daß die Mitglieder des Vorstandes,
die Geschäftsführer oder die persönlich haftenden Gesellschafter Wirtschaftsprüfer sind. [2]Mindestens ein Wirtschaftsprüfer, der Mitglied des Vorstandes, Geschäftsführer oder persönlich haftender Gesellschafter ist, muß seinen Wohnsitz
am Sitz der Gesellschaft haben; zur Vermeidung von Härten kann die Wirtschaftsprüferkammer ihm gestatten, an einem anderen Ort zu wohnen.

(2) [1]Die oberste Landesbehörde kann nach Anhörung der Wirtschaftsprü-

ferkammer genehmigen, daß vereidigte Buchprüfer und Steuerberater sowie besonders befähigte Kräfte anderer Fachrichtungen, die nicht Wirtschaftsprüfer sind, neben Wirtschaftsprüfern Vorstandsmitglieder, Geschäftsführer oder persönlich haftende Gesellschafter von Wirtschaftsprüfungsgesellschaften werden. [2]Die Genehmigung darf bei Personen anderer Fachrichtung nur versagt werden, wenn die besondere Fachkunde fehlt oder die Zuverlässigkeit nicht vorhanden ist. Die Zahl dieser Vorstandsmitglieder, Geschäftsführer oder persönlich haftenden Gesellschafter darf die Zahl der Wirtschaftsprüfer im Vorstand, unter den Geschäftsführern oder unter den persönlich haftenden Gesellschaftern nicht erreichen; hat die Gesellschaft nur zwei Vorstandsmitglieder, Geschäftsführer oder persönlich haftende Gesellschafter, so muß einer von ihnen Wirtschaftsprüfer sein.

(3) [1]Die oberste Landesbehörde kann weiterhin nach Anhörung der Wirtschaftsprüferkammer genehmigen, daß Personen, die in einem ausländischen Staat als sachverständige Prüfer ermächtigt oder bestellt sind, neben Wirtschaftsprüfern Vorstandsmitglieder, Geschäftsführer oder persönlich haftende Gesellschafter von Wirtschaftsprüfungsgesellschaften werden können, wenn die Voraussetzungen für ihre Ermächtigung oder Bestellung den Vorschriften dieses Gesetzes im wesentlichen entsprechen und wenn für Wirtschaftsprüfer, die nach diesem Gesetz als Wirtschaftsprüfer tätig sein dürfen, in dem ausländischen Staat ähnliche Vorschriften wirksam sind. In Wirtschaftsprüfungsgesellschaften darf die Zahl solcher Vorstandsmitglieder, Geschäftsführer oder persönlich haftender Gesellschafter unter gleichzeitiger Berücksichtigung von Fällen des Absatzes 2 die Zahl der Wirtschaftsprüfer im Vorstand, unter den Geschäftsführern oder unter den persönlich haftenden Gesellschaftern nicht erreichen; hat die Gesellschaft nur zwei Vorstandsmitglieder, Geschäftsführer oder persönlich haftende Gesellschafter, so muß einer von ihnen Wirtschaftsprüfer sein. [3]Diejenigen sachverständigen, in einem ausländischen Staat ermächtigten oder bestellten Prüfer, die als persönlich haftende Gesellschafter von der Geschäftsführung ausgeschlossen sind, bleiben unberücksichtigt.

(4) [1]Voraussetzung für die Anerkennung ist ferner, daß
1. Gesellschafter ausschließlich Wirtschaftsprüfer, Wirtschaftsprüfungsgesellschaften, die die Voraussetzungen dieses Absatzes erfüllen, oder in der Gesellschaft tätige vereidigte Buchprüfer, Steuerberater, Steuerbevollmächtigte, Rechtsanwälte oder Personen sind, deren Tätigkeit als Vorstandsmitglied, Geschäftsführer oder persönlich haftender Gesellschafter nach Absatz 2 oder 3 genehmigt worden ist;
2. die Anteile an der Wirtschaftsprüfungsgesellschaft nicht für Rechnung eines Dritten gehalten werden;
3. bei Kapitalgesellschaften die Mehrheit der Anteile Wirtschaftsprüfern oder Wirtschaftsprüfungsgesellschaften, die die Voraussetzungen dieses Absatzes erfüllen, gehört;
4. bei Kommanditgesellschaften die Mehrheit der im Handelsregister eingetragenen Einlagen der Kommanditisten von Wirtschaftsprüfern oder Wirtschaftsprüfungsgesellschaften, die die Voraussetzungen dieses Absatzes erfüllen, übernommen worden ist;
5. Wirtschaftsprüfern oder Wirtschaftsprüfungsgesellschaften, die die Voraussetzungen dieses Absatzes erfüllen, zusammen die Mehrheit der Stimmrechte der Aktionäre, Kommanditaktionäre, Gesellschafter einer Gesellschaft mit beschränkter Haftung oder Kommanditisten zusteht und
6. im Gesellschaftsvertrag bestimmt ist, daß zur Ausübung von Gesellschafter-

rechten nur Gesellschafter bevollmächtigt werden können, die Wirtschaftsprüfer sind. [2]Haben sich Berufsangehörige im Sinne von Satz 1 Nr. 1 zu einer Gesellschaft bürgerlichen Rechts zusammengeschlossen, deren Zweck ausschließlich das Halten
von Anteilen an einer Wirtschaftsprüfungsgesellschaft ist, so werden ihnen die Anteile an der Wirtschaftsprüfungsgesellschaft im Verhältnis ihrer Beteiligung an der
Gesellschaft bürgerlichen Rechts zugerechnet. [3]Stiftungen und eingetragene Vereine gelten als Berufsangehörige im Sinne von Satz 1 Nr. 1, wenn

a) sie ausschließlich der Altersversorgung von in der Wirtschaftsprüfungsgesellschaft tätigen Personen und deren Hinterbliebenen dienen oder ausschließlich die Berufsausbildung, Berufsfortbildung oder die Wissenschaft
fördern und

b) die zur gesetzlichen Vertretung berufenen Organe mehrheitlich aus Wirtschaftsprüfern bestehen.

(5) [1]Bei Aktiengesellschaften und Kommanditgesellschaften auf Aktien
müssen die Aktien auf Namen lauten. [2]Die Übertragung muß an die Zustimmung der Gesellschaft gebunden sein. [3]Dasselbe gilt für die Übertragung von
Geschäftsanteilen an einer Gesellschaft mit beschränkter Haftung.

(6) [1]Bei Gesellschaften mit beschränkter Haftung muß das Stammkapital
mindestens fünfzigtausend Deutsche Mark betragen. [2]Auf das Grundkapital
bei Aktiengesellschaften und Kommanditgesellschaften auf Aktien oder auf
das Stammkapital bei Gesellschaften mit beschränkter Haftung müssen mindestens fünfzigtausend Deutsche Mark eingezahlt sein.

(7) Die Anerkennung muß versagt werden, solange nicht die vorläufige
Deckungszusage auf den Antrag zum Abschluß einer Berufshaftpflichtversicherung vorliegt.

## § 29 Verfahren

(1) [1]Die Voraussetzungen für die Anerkennung werden vom Zulassungsausschuß geprüft. [2]Für den Antrag auf Anerkennung finden die Vorschriften des
§ 7 sinngemäß Anwendung.

(2) [1]Dem Antrag sind eine Ausfertigung oder eine öffentlich beglaubigte
Abschrift des Gesellschaftsvertrages oder der Satzung beizufügen. [2]Wird der
Gesellschaftsvertrag oder die Satzung geändert, so ist die Änderung der ober-
sten Landesbehörde unverzüglich anzuzeigen.

## § 30 Anerkennungsbehörde und Urkunde

(1) Zuständig für die Anerkennung als Wirtschaftsprüfungsgesellschaft ist
die oberste Landesbehörde, in deren Land die Gesellschaft ihren Sitz hat.

(2) Über die Anerkennung als Wirtschaftsprüfungsgesellschaft stellt die
oberste Landesbehörde eine Urkunde aus.

## § 31 Bezeichnung „Wirtschaftsprüfungsgesellschaft"

Die anerkannte Gesellschaft ist verpflichtet, die Bezeichnung „Wirtschaftsprüfungsgesellschaft" in die Firma aufzunehmen.

## § 32 Bestätigungsvermerke

Erteilen Wirtschaftsprüfungsgesellschaften gesetzlich vorgeschriebene Bestätigungsvermerke, so dürfen diese nur von Wirtschaftsprüfern unterzeichnet
werden.

## § 33 Erlöschen der Anerkennung

(1) Die Anerkennung erlischt durch
1. Auflösung der Gesellschaft,
2. Verzicht auf die Anerkennung.

(2) Der Verzicht ist schriftlich gegenüber der obersten Landesbehörde zu erklären.

## § 34 Rücknahme und Widerruf der Anerkennung

(1) Die Anerkennung ist zurückzunehmen oder zu widerrufen, wenn
1. für die Person eines Vorstandsmitgliedes, Geschäftsführers oder persönlich haftenden Gesellschafters nach § 20 die Bestellung zurückgenommen oder widerrufen ist, es sei denn, daß jede Vertretungs- und Geschäftsführungsbefugnis dieser Person unverzüglich widerrufen oder entzogen ist;
2. sich nach der Anerkennung ergibt, daß sie hätte versagt werden müssen, oder wenn die Voraussetzungen für die Anerkennung der Gesellschaft nachträglich fortfallen, es sei denn, daß die Gesellschaft innerhalb einer angemessenen, von der obersten Landesbehörde zu bestimmenden Frist, die bei Fortfall der in § 28 Abs. 2 Satz 3 und Abs. 3 Satz 2 genannten Voraussetzungen höchstens zwei Jahre betragen darf, den dem Gesetz entsprechenden Zustand herbeiführt; bei Fortfall der in § 28 Abs. 4 genannten Voraussetzungen wegen eines Erbfalls muß die Frist mindestens fünf Jahre betragen;
3. ein Mitglied des Vorstandes, ein Geschäftsführer oder ein persönlich haftender Gesellschafter durch rechtskräftiges berufsgerichtliches Urteil aus dem Beruf ausgeschlossen ist oder einer der in § 28 Abs. 2 Satz 1 und Abs. 3 genannten Personen die Eignung zur Vertretung und Geschäftsführung einer Wirtschaftsprüfungsgesellschaft aberkannt ist, es sei denn, daß die Wirtschaftsprüfungsgesellschaft der zuständigen obersten Landesbehörde nachweist, daß jede Vertretungs- und Geschäftsführungsbefugnis des Verurteilten unverzüglich widerrufen oder entzogen ist.

(2) Die Anerkennung kann widerrufen werden, wenn die Gesellschaft infolge gerichtlicher Anordnung in der Verfügung über ihr Vermögen allgemein beschränkt ist oder wenn sie in Vermögensverfall geraten ist und dadurch die Interessen der Auftraggeber oder anderer Personen gefährdet sind.

(3) Für die Rücknahme und den Widerruf der Anerkennung finden die Vorschriften des § 20 Abs. 6 und des § 21 sinngemäß Anwendung.

## § 35 Bekanntgabe

Die oberste Landesbehörde teilt die Anerkennung, das Erlöschen der Anerkennung, deren Rücknahme oder deren Widerruf der Wirtschaftsprüferkammer mit.

## § 36 Gebühr für die Anerkennung und die Ausnahmegenehmigungen

(1) ¹Für das Anerkennungsverfahren hat die Gesellschaft eine Gebühr von 750 Deutsche Mark an die oberste Landesbehörde zu zahlen. ²Die Gebühr ist mit dem Antrag auf Anerkennung zu entrichten.

(2) ¹Für das Verfahren auf Erteilung einer Ausnahmegenehmigung nach § 28 Abs. 2 Satz 1 und Abs. 3 ist eine Gebühr von 300 Deutsche Mark an die oberste Landesbehörde zu zahlen. ²Die Gebühr ist mit dem Antrag zu entrichten.

## Sechster Abschnitt. Berufsregister

### § 37 Registerführende Stelle

(1) Die Wirtschaftsprüferkammer führt ein Berufsregister für Wirtschaftsprüfer und Wirtschaftsprüfungsgesellschaften.

(2) Alle Eintragungen sind den beteiligten obersten Landesbehörden und den übrigen Beteiligten mitzuteilen.

(3) Das Berufsregister ist öffentlich.

### § 38 Eintragung

(1) In das Berufsregister sind einzutragen
1. Wirtschaftsprüfer, und zwar
   a) Name, Vorname, Geburtstag, Geburtsort und Veränderungen des Namens,
   b) Tag der Bestellung und die oberste Landesbehörde, die die Bestellung vorgenommen hat,
   c) Anschrift der beruflichen Niederlassung und ihre Veränderungen,
   d) Art der beruflichen Tätigkeit (selbständig in eigener Praxis, als Gesellschafter in einer Wirtschaftsprüfungsgesellschaft oder Steuerberatungsgesellschaft, im Anstellungsverhältnis bei einem Wirtschaftsprüfer, einer Wirtschaftsprüfungsgesellschaft, einer Steuerberatungsgesellschaft, einem genossenschaftlichen Prüfungsverband, einer Prüfungsstelle eines Sparkassen- und Giroverbandes, einer überörtlichen Prüfungseinrichtung für öffentlich-rechtliche Körperschaften und Anstalten oder als Leiter einer Zweigniederlassung) und ihre Veränderungen;
2. Wirtschaftsprüfungsgesellschaften, und zwar
   a) Name und Rechtsform,
   b) Tag der Anerkennung als Wirtschaftsprüfungsgesellschaft und die oberste Landesbehörde, die die Anerkennung ausgesprochen hat,
   c) Anschrift der Hauptniederlassung,
   d) Namen, Berufe und Anschriften der Gesellschafter und der Mitglieder des zur gesetzlichen Vertretung berufenen Organs einer juristischen Person und die Höhe ihrer Aktien und Stammeinlagen sowie Namen, Berufe und Anschriften der vertretungsberechtigten und der übrigen Gesellschafter einer Personengesellschaft und die Höhe der im Handelsregister eingetragenen Einlagen der Kommanditisten,
   e) Namen und Anschriften der im Namen der Gesellschaft tätigen Wirtschaftsprüfer
   sowie alle Veränderungen zu Buchstaben a, c, d und e;
3. Zweigniederlassungen von Wirtschaftsprüfern und Wirtschaftsprüfungsgesellschaften, und zwar
   a) Name,
   b) Anschrift der Zweigniederlassung,
   c) Namen und Anschriften der die Zweigniederlassung leitenden Personen sowie alle Veränderungen zu Buchstaben a bis c.

(2) Die Zulassung oder Ermächtigung zur Prüfung von Genossenschaften ist im Berufsregister zu vermerken.

### § 39 Löschung

Im Berufsregister sind zu löschen
1. Wirtschaftsprüfer, wenn die Bestellung als Wirtschaftsprüfer erloschen oder unanfechtbar zurückgenommen oder widerrufen ist;

2. Wirtschaftsprüfungsgesellschaften, wenn die Anerkennung als Wirtschaftsprüfungsgesellschaft erloschen oder unanfechtbar zurückgenommen oder widerrufen ist;
3. Zweigniederlassungen,
   a) wenn die Zweigniederlassung aufgehoben ist,
   b) wenn die Zweigniederlassung nicht mehr von einem Wirtschaftsprüfer verantwortlich geleitet wird und eine Ausnahmegenehmigung der Wirtschaftsprüferkammer nicht vorliegt.

## § 40 Eintragung und Löschung auf Antrag und von Amts wegen

(1) Die Eintragung ist zu beantragen
1. im Falle des § 38 Abs. 1 Nr. 1 von dem Wirtschaftsprüfer;
2. im Falle des § 38 Abs. 1 Nr. 2 von den Mitgliedern des zur gesetzlichen Vertretung berufenen Organs oder den vertretungsberechtigten Gesellschaftern der einzutragenden Wirtschaftsprüfungsgesellschaft; dem Antrag ist eine Liste dieser Personen beizulegen;
3. im Falle des § 38 Abs. 1 Nr. 3 von dem Wirtschaftsprüfer oder den Mitgliedern des zur gesetzlichen Vertretung berufenen Organs oder den vertretungsberechtigten Gesellschaftern der Wirtschaftsprüfungsgesellschaft.

(2) Die Löschung ist zu beantragen
1. im Falle des § 39 Nr. 2 von den Mitgliedern des zur gesetzlichen Vertretung berufenen Organs oder den vertretungsberechtigten Gesellschaftern der Wirtschaftsprüfungsgesellschaft;
2. im Falle des § 39 Nr. 3 von dem Wirtschaftsprüfer oder den Mitgliedern des zur gesetzlichen Vertretung berufenen Organs oder den vertretungsberechtigten Gesellschaftern der Wirtschaftsprüfungsgesellschaft.

(3) [1]Im Falle des § 39 Nr. 1 ist die Löschung durch die Wirtschaftsprüferkammer ohne Antrag vorzunehmen. [2]In den Fällen des § 38 Abs. 1 Nr. 1 und 2 kann die Eintragung der Bestellung oder Anerkennung, in den Fällen des § 39 Nr. 2 und 3 kann die Löschung auch ohne Antrag vorgenommen werden.

## §§ 41, 42 (*weggefallen*)

# Dritter Teil. Rechte und Pflichten der Wirtschaftsprüfer

## § 43 Allgemeine Berufspflichten

(1) [1]Der Wirtschaftsprüfer hat seinen Beruf unabhängig, gewissenhaft, verschwiegen und eigenverantwortlich auszuüben. [2]Er hat sich insbesondere bei der Erstattung von Prüfungsberichten und Gutachten unparteiisch zu verhalten.

(2) [1]Der Wirtschaftsprüfer hat sich jeder Tätigkeit zu enthalten, die mit seinem Beruf oder mit dem Ansehen des Berufs unvereinbar ist. [2]Er hat sich der besonderen Berufspflichten bewußt zu sein, die ihm aus der Befugnis erwachsen, gesetzlich vorgeschriebene Bestätigungsvermerke zu erteilen. [3]Er hat sich auch außerhalb der Berufstätigkeit des Vertrauens und der Achtung würdig zu erweisen, die der Beruf erfordert.

(3) [1]Neben seinem Beruf darf der Wirtschaftsprüfer nicht ausüben
1. eine gewerbliche Tätigkeit;
2. jede Tätigkeit aufgrund eines Anstellungsvertrages mit Ausnahme der in Absatz 4 Nr. 3 und 4 und in § 44 Abs. 1 Nr. 3 genannten Fälle oder aufgrund eines Beamtenverhältnisses oder eines nicht ehrenamtlich ausgeübten Richterverhältnisses. [2]§ 44a bleibt unberührt.

(4) Vereinbar mit dem Beruf des Wirtschaftsprüfers sind

1. alle Tätigkeiten, welche die Beratung und Wahrung fremder Interessen in wirtschaftlichen Angelegenheiten zum Gegenstand haben;
2. die Ausübung eines freien Berufes auf dem Gebiete der Technik und des Rechtswesens;
3. die Tätigkeit an wissenschaftlichen Instituten und als Lehrer an Hochschulen;
4. die treuhänderische Verwaltung; in Ausnahmefällen kann die Wirtschaftsprüferkammer eine ausschließliche Tätigkeit in einem Treuhandverhältnis für vereinbar erklären, wenn sie nur vorübergehende Zeit dauert;
5. die freie schriftstellerische und künstlerische Tätigkeit.

## § 44 Eigenverantwortliche Tätigkeit

(1) Eigenverantwortliche Wirtschaftsprüfertätigkeit üben nur aus

1. selbständige Wirtschaftsprüfer;
2. Wirtschaftsprüfer, die Vorstandsmitglieder, Geschäftsführer oder persönlich haftende Gesellschafter einer Wirtschaftsprüfungsgesellschaft sind;
3. Wirtschaftsprüfer als zeichnungsberechtigte Vertreter oder als zeichnungsberechtigte Angestellte bei Wirtschaftsprüfern, Wirtschaftsprüfungsgesellschaften, genossenschaftlichen Prüfungsverbänden, Prüfungsstellen von Sparkassen- und Giroverbänden oder überörtlichen Prüfungseinrichtungen für öffentliche Körperschaften und Anstalten, sofern nicht die Voraussetzungen des Absatzes 2 vorliegen.

(2) [1]Eine eigenverantwortliche Tätigkeit übt nicht aus, wer sich als zeichnungsberechtigter Vertreter oder als zeichnungsberechtigter Angestellter an Weisungen zu halten hat, die ihn verpflichten, Prüfungsberichte und Gutachten auch dann zu unterzeichnen, wenn ihr Inhalt sich mit seiner Überzeugung nicht deckt. [2]Weisungen, die solche Verpflichtungen enthalten, sind unzulässig. [3]Vorstandsmitglieder, Geschäftsführer und Gesellschafter einer Wirtschaftsprüfungsgesellschaft, die nicht Wirtschaftsprüfer sind, und Mitglieder des Aufsichtsrats der Wirtschaftsprüfungsgesellschaft dürfen auf die Durchführung von Abschlußprüfungen nicht in einer Weise Einfluß nehmen, die die Unabhängigkeit des verantwortlichen Wirtschaftsprüfers beeinträchtigt.

(3) Die Eigenverantwortlichkeit wird nicht schon dadurch ausgeschlossen, daß in den Fällen des Absatzes 1 Nr. 2 und 3 eine Mitzeichnung durch einen anderen Wirtschaftsprüfer oder bei genossenschaftlichen Prüfungsverbänden, Prüfungsstellen von Sparkassen- und Giroverbänden oder überörtlichen Prüfungseinrichtungen für öffentliche Körperschaften durch einen zeichnungsberechtigten Vertreter des Prüfungsverbandes, der Prüfungsstelle oder der Prüfungseinrichtung vereinbart ist.

(4) [1]Die Eigenverantwortlichkeit wird nicht berührt durch eine Berufstätigkeit außerhalb des Geltungsbereichs dieses Gesetzes in Zusammenarbeit mit ausländischen Berufsangehörigen oder Prüfungsgesellschaften, wenn die Voraussetzungen für deren Berufsausübung den Anforderungen dieses Gesetzes im wesentlichen entsprechen. [2]Der Wirtschaftsprüfer muß jedoch befugt bleiben, Aufträge von nach deutschem Recht gesetzlich vorgeschriebenen Prüfungen anzunehmen und durchzuführen.

(5) Wird ein Wirtschaftsprüfer Vorstandsmitglied, Geschäftsführer oder persönlich haftender Gesellschafter in einer Steuerberatungsgesellschaft, so muß er befugt bleiben, Aufträge auf gesetzlich vorgeschriebene Prüfungen durchzuführen.

## § 44 a Wirtschaftsprüfer im öffentlich-rechtlichen Dienst- oder Amtsverhältnis

[1]Ist ein Wirtschaftsprüfer ein öffentlich-rechtliches Dienstverhältnis als Wahlbeamter auf Zeit oder ein öffentlich-rechtliches Amtsverhältnis eingegangen, so darf er seinen Beruf als Wirtschaftsprüfer nicht ausüben, es sei denn, daß er die ihm übertragene Aufgabe ehrenamtlich wahrnimmt. [2]Die Wirtschaftsprüferkammer kann dem Wirtschaftsprüfer auf seinen Antrag einen Vertreter bestellen oder ihm gestatten, seinen Beruf selbst auszuüben, wenn die Einhaltung der allgemeinen Berufspflichten dadurch nicht gefährdet wird. [3]Die Wirtschaftsprüferkammer teilt ihre Entscheidung der obersten Landesbehörde mit.

## § 45 Prokuristen

Wirtschaftsprüfer sollen als Angestellte von Wirtschaftsprüfungsgesellschaften die Rechtsstellung von Prokuristen haben.

## § 46 Beurlaubung

(1) Wirtschaftsprüfer, die vorübergehend eine mit dem Beruf unvereinbare Tätigkeit aufnehmen wollen, können auf Antrag von der Wirtschaftsprüferkammer beurlaubt werden.

(2) [1]Sie dürfen während der Zeit ihrer Beurlaubung die Tätigkeit als Wirtschaftsprüfer nicht ausüben und die Bezeichnung „Wirtschaftsprüfer" nicht führen. [2]Die Beurlaubung wird der obersten Landesbehörde, der Industrie- und Handelskammer, in deren Bezirk der Wirtschaftsprüfer seine berufliche Niederlassung hat, und dem Freien Ausschuß mitgeteilt. [3]Sie soll zunächst höchstens für ein Jahr gewährt und jeweils höchstens um ein Jahr verlängert werden. [4]Die Gesamtzeit der Beurlaubung soll drei aufeinanderfolgende Jahre nicht überschreiten.

## § 47 Zweigniederlassungen

(1) [1]Wirtschaftsprüfer dürfen neben ihrer Niederlassung eine weitere berufliche Niederlassung nur begründen, wenn auch am Ort dieser weiteren Niederlassung ein dort ansässiger Wirtschaftsprüfer deren fachliche Leitung übernimmt. [2]Ausnahmen hiervon kann die Wirtschaftsprüferkammer zulassen.

(2) [1]Jede Zweigniederlassung einer Wirtschaftsprüfungsgesellschaft muß von wenigstens einem Wirtschaftsprüfer geleitet werden. [2]Dieser muß seinen Wohnsitz am Ort der Zweigniederlassung haben; zur Vermeidung von Härten kann die Wirtschaftsprüferkammer ihm gestatten, an einem anderen Ort zu wohnen.

## § 48 Siegel

(1) [1]Wirtschaftsprüfer und Wirtschaftsprüfungsgesellschaften sind verpflichtet, ein Siegel zu benutzen, wenn sie in ihrer Berufseigenschaft aufgrund gesetzlicher Vorschriften Erklärungen abgeben. [2]Sie können ein Siegel führen, wenn sie in ihrer Berufseigenschaft Erklärungen über Prüfungsergebnisse abgeben oder Gutachten erstatten.

(2) Der Bundesminister für Wirtschaft trifft die näheren Bestimmungen über die Gestaltung des Siegels durch Rechtsverordnung mit Zustimmung des Bundesrates.

## § 49 Versagung der Tätigkeit

Der Wirtschaftsprüfer hat seine Tätigkeit zu versagen, wenn sie für eine pflichtwidrige Handlung in Anspruch genommen werden soll oder die Besorgnis der Befangenheit bei der Durchführung eines Auftrages besteht.

## § 50 Verschwiegenheitspflicht der Gehilfen

Der Wirtschaftsprüfer hat seine Gehilfen und Mitarbeiter, soweit sie nicht bereits durch Gesetz zur Verschwiegenheit verpflichtet sind, zur Verschwiegenheit zu verpflichten.

## § 51 Mitteilung der Ablehnung eines Auftrages

[1]Der Wirtschaftsprüfer, der einen Auftrag nicht annehmen will, hat die Ablehnung unverzüglich zu erklären. [2]Er hat den Schaden zu ersetzen, der aus einer schuldhaften Verzögerung dieser Erklärung entsteht.

## § 51 a Verjährung

[1]Der Anspruch des Auftraggebers auf Schadensersatz aus dem zwischen ihm und dem Wirtschaftsprüfer bestehenden Vertragsverhältnis verjährt in fünf Jahren von dem Zeitpunkt an, in dem der Anspruch entstanden ist. [2]Besondere gesetzliche Bestimmungen bleiben unberührt.

## § 52 Kundmachung und Werbung

[1]Der Wirtschaftsprüfer ist zu berufswürdigem Verhalten bei der Kundmachung seiner Tätigkeit und bei der Auftragsübernahme verpflichtet. [2]Werbung ist ihm nicht gestattet.

## § 53 Wechsel des Auftraggebers

Der Wirtschaftsprüfer darf in einer Sache, in der er bereits tätig war, für einen anderen Auftraggeber nur tätig werden, wenn bisheriger und neuer Auftraggeber einverstanden sind.

## § 54 Berufshaftpflichtversicherung

(1) [1]Selbständige Wirtschaftsprüfer und Wirtschaftsprüfungsgesellschaften sind verpflichtet, sich gegen die aus ihrer Berufstätigkeit ergebenden Haftpflichtgefahren zu versichern. [2]Zuständige Stelle im Sinne des § 158 c Abs. 2 des Gesetzes über den Versicherungsvertrag ist die Wirtschaftsprüferkammer.

(2) Die Bundesregierung erläßt durch Rechtsverordnung mit Zustimmung des Bundesrates die näheren Vorschriften über den Abschluß und die Aufrechterhaltung der Haftpflichtversicherung sowie über die Mindesthöhe der Deckungssummen.

## § 55 Gebührenordnung

Der Bundesminister für Wirtschaft kann mit Zustimmung des Bundesrates nach Anhörung der Wirtschaftsprüferkammer und der Arbeitsgemeinschaft für das wirtschaftliche Prüfungswesen eine Gebührenordnung für gesetzlich vorgeschriebene Prüfungen erlassen.

## § 56 Anwendung der Vorschriften über die Rechte und Pflichten der Wirtschaftsprüfer auf Wirtschaftsprüfungsgesellschaften

(1) Die §§ 43, 49 bis 53 gelten sinngemäß für Wirtschaftsprüfungsgesellschaften sowie für Vorstandsmitglieder, Geschäftsführer und persönlich haftende Gesellschafter einer Wirtschaftsprüfungsgesellschaft, die nicht Wirtschaftsprüfer sind.

(2) Die Mitglieder der durch Gesetz, Satzung oder Gesellschaftsvertrag vorgesehenen Aufsichtsorgane der Gesellschaften sind zur Verschwiegenheit verpflichtet.

## Vierter Teil. Organisation des Berufs

### § 57 Aufgaben der Wirtschaftsprüferkammer

(1) Die Wirtschaftsprüferkammer hat die Aufgabe, die beruflichen Belange der Gesamtheit der Mitglieder zu wahren und die Erfüllung der beruflichen Pflichten zu überwachen.

(2) Der Wirtschaftsprüferkammer obliegt insbesondere:
1. die Mitglieder in Fragen der Berufspflichten zu beraten und zu belehren;
2. auf Antrag bei Streitigkeiten unter den Mitgliedern zu vermitteln;
3. auf Antrag bei Streitigkeiten zwischen Mitgliedern und ihren Auftraggebern zu vermitteln;
4. die Erfüllung der den Mitgliedern obliegenden Pflichten zu überwachen und das Recht der Rüge zu handhaben;
5. die allgemeine Auffassung über Fragen der Ausübung des Berufs des Wirtschaftsprüfers und des vereidigten Buchprüfers in Richtlinien nach Anhörung der Arbeitsgemeinschaft für das wirtschaftliche Prüfungswesen festzustellen;
6. in allen die Gesamtheit der Mitglieder berührenden Angelegenheiten die Auffassung der Wirtschaftsprüferkammer den zuständigen Gerichten, Behörden und Organisationen gegenüber zur Geltung zu bringen;
7. Gutachten zu erstatten, die ein Gericht oder eine Verwaltungsbehörde oder eine an der Gesetzgebung beteiligte Körperschaft des Bundes oder Landes anfordert;
8. die durch Gesetz zugewiesenen Aufgaben im Bereich der Berufsbildung wahrzunehmen;
9. die berufsständischen Mitglieder der Zulassungs- und Prüfungsausschüsse vorzuschlagen;
10. die berufliche Fortbildung der Mitglieder und Ausbildung des Berufsnachwuchses zu fördern;
11. die Vorschlagsliste der ehrenamtlichen Beisitzer bei den Berufsgerichten den Landesjustizverwaltungen und dem Bundesminister der Justiz einzureichen;
12. das Berufsregister zu führen.

### § 58 Mitgliedschaft

(1) [1]Mitglieder der Wirtschaftsprüferkammer sind die Wirtschaftsprüfer, die nach diesem Gesetz bestellt oder als solche anerkannt sind, und Mitglieder des Vorstandes, Geschäftsführer oder vertretungsberechtigte persönlich haftende Gesellschafter von Wirtschaftsprüfungsgesellschaften, die nicht Wirtschaftsprüfer sind, sowie die anerkannten Wirtschaftsprüfungsgesellschaften. [2]Für beurlaubte Wirtschaftsprüfer ruht die Mitgliedschaft während der Dauer ihrer Beurlaubung. [3]Sie bleiben der Berufsgerichtsbarkeit unterworfen.

(2) [1]Die genossenschaftlichen Prüfungsverbände, die Sparkassen- und Giroverbände für ihre Prüfungsstellen sowie die überörtlichen Prüfungseinrichtungen für öffentliche Körperschaften können die Mitgliedschaft bei der Wirtschaftsprüferkammer erwerben. [2]Die Vorschriften des § 57 Abs. 1 und 2 sind auf diese Mitglieder nicht anzuwenden.

### § 59 Organe

(1) Organe der Wirtschaftsprüferkammer sind
1. die Wirtschaftsprüferversammlung,
2. der Beirat,
3. der Vorstand.

(2) [1]Der Beirat wird von der Wirtschaftsprüferversammlung, der Vorstand vom Beirat gewählt. [2]Zum Mitglied des Beirates und des Vorstandes kann nur gewählt werden, wer persönlich Mitglied der Wirtschaftsprüferkammer ist. [3]Vorläufig bestellte Personen (§ 131 b Abs. 2, § 131 f Abs. 2) können nicht zu Mitgliedern des Beirats oder Vorstands gewählt werden. [4]Der Präsident der Wirtschaftsprüferkammer und der Vorsitzer des Beirats müssen Wirtschaftsprüfer sein.

(3) [1]Die Wahl der Beiratsmitglieder erfolgt getrennt nach Gruppen. [2]Die Gruppe der Wirtschaftsprüfer und Wirtschaftsprüfungsgesellschaften wählt entsprechend der Zahl der Mitglieder der Wirtschaftsprüferkammer, die dieser Gruppe am ersten Tag des der Einladung zur Mitgliederversammlung vorangegangenen Monats angehören, eine in der Satzung bestimmte Anzahl von Beiratsmitgliedern. [3]Die Gruppe der anderen stimmberechtigten Mitglieder wählt eine Anzahl von Beiratsmitgliedern, die sich nach der Zahl der stimmberechtigten Mitglieder der Wirtschaftsprüferkammer, die dieser Gruppe an dem in Satz 2 bezeichneten Tag angehören, bemißt. [4]Mindestens eine Zahl von einem Beiratsmitglied mehr als die Hälfte der Zahl aller Beiratsmitglieder muß jedoch von der Gruppe der Wirtschaftsprüfer und Wirtschaftsprüfungsgesellschaften gewählt werden. [5]Satz 1 bis 4 finden auf die Wahl der Vorstandsmitglieder entsprechende Anwendung; die Wahl des Präsidenten der Wirtschaftsprüferkammer erfolgt durch den gesamten Beirat.

### § 60 Satzung

[1]Die Organisation und Verwaltung der Wirtschaftsprüferkammer, insbesondere die Einrichtung von Landesgeschäftsstellen, werden in der Satzung der Wirtschaftsprüferkammer geregelt, die von der Wirtschaftsprüferversammlung beschlossen wird. [2]Die Satzung und deren Änderungen bedürfen zu ihrer Wirksamkeit der Genehmigung des Bundesministers für Wirtschaft.

### § 61 Beiträge und Gebühren

(1) [1]Die Mitglieder sind nach Maßgabe einer Beitragsordnung, die nicht der Genehmigung des Bundesministers für Wirtschaft bedarf, verpflichtet, Beiträge zu leisten. [2]Die Beitragsordnung wird vom Beirat beschlossen.

(2) [1]Die Wirtschaftsprüferkammer kann für die Inanspruchnahme von besonderen Einrichtungen oder Tätigkeiten Gebühren nach Maßgabe einer Gebührenordnung erheben. [2]Die Gebührenordnung bedarf der Genehmigung des Bundesministers für Wirtschaft.

(3) [1]Der Anspruch der Wirtschaftsprüferkammer auf Zahlung von Beiträgen und Gebühren unterliegt der Verjährung. [2]§ 20 des Verwaltungskostengesetzes ist sinngemäß anzuwenden.

### § 62 Pflicht zum Erscheinen vor der Wirtschaftsprüferkammer

[1]Persönliche Mitglieder der Wirtschaftsprüferkammer haben in Aufsichts- und Beschwerdesachen vor der Wirtschaftsprüferkammer zu erscheinen, wenn sie zur Anhörung geladen werden. [2]Auf Verlangen haben sie dem Vorstand, dem Beirat oder einem nach der Satzung zuständigen Ausschuß der Wirtschaftsprü-

ferkammer oder einem beauftragten Mitglied des Vorstandes, des Beirates oder eines Ausschusses Auskunft zu geben und ihre Handakten vorzulegen, es sei denn, daß sie dadurch ihre Verpflichtung zur Verschwiegenheit verletzen würden.

## § 63 Rügerecht des Vorstandes

(1) [1]Der Vorstand kann das Verhalten eines der Berufsgerichtsbarkeit unterliegenden Mitgliedes, durch das dieses ihm obliegende Pflichten verletzt hat, rügen, wenn die Schuld des Mitgliedes gering ist und ein Antrag auf Einleitung eines berufsgerichtlichen Verfahrens nicht erforderlich erscheint. [2]§ 67 Abs. 2 und 3, § 69a und § 83 Abs. 2 gelten entsprechend.

(2) [1]Der Vorstand darf eine Rüge nicht mehr erteilen, wenn das berufsgerichtliche Verfahren gegen den Wirtschaftsprüfer eingeleitet ist oder wenn seit der Pflichtverletzung mehr als drei Jahre vergangen sind. [2]Eine Rüge darf nicht erteilt werden, während das Verfahren auf den Antrag des Wirtschaftsprüfers nach § 87 anhängig ist.

(3) Bevor die Rüge erteilt wird, ist das Mitglied zu hören.

(4) [1]Der Bescheid des Vorstandes, durch den das Verhalten des Mitgliedes gerügt wird, ist zu begründen. [2]Er ist dem Mitglied zuzustellen. [3]Eine Abschrift des Bescheides ist der für die Einleitung berufsgerichtlicher Verfahren zuständigen Stelle mitzuteilen.

(5) [1]Gegen den Bescheid kann das Mitglied binnen eines Monats nach der Zustellung bei dem Vorstand Einspruch erheben. [2]Über den Einspruch entscheidet der Vorstand; Absatz 4 ist entsprechend anzuwenden.

## § 63a Antrag auf berufsgerichtliche Entscheidung

(1) [1]Wird der Einspruch gegen den Rügebescheid durch den Vorstand der Wirtschaftsprüferkammer zurückgewiesen, so kann das Mitglied innerhalb eines Monats nach der Zustellung die Entscheidung des Landgerichts (Kammer für Wirtschaftsprüfersachen) beantragen. [2]Zuständig ist das Landgericht am Sitz der Wirtschaftsprüferkammer.

(2) [1]Der Antrag ist bei dem Landgericht schriftlich einzureichen. [2]Auf das Verfahren sind die Vorschriften der Strafprozeßordnung über die Beschwerde sinngemäß anzuwenden. [3]Die Gegenerklärung (§ 308 Abs. 1 der Strafprozeßordnung) wird von dem Vorstand der Wirtschaftsprüferkammer abgegeben. [4]Die Staatsanwaltschaft ist an dem Verfahren nicht beteiligt. [5]Eine mündliche Verhandlung findet statt, wenn sie das Mitglied beantragt oder das Landgericht für erforderlich hält. [6]Von Zeit und Ort der mündlichen Verhandlung sind der Vorstand der Wirtschaftsprüferkammer, das Mitglied und sein Verteidiger zu benachrichtigen. [7]Art und Umfang der Beweisaufnahme bestimmt das Landgericht. [8]Es hat jedoch zur Erforschung der Wahrheit die Beweisaufnahme von Amts wegen auf alle Tatsachen und Beweismittel zu erstrecken, die für die Entscheidung von Bedeutung sind.

(3) [1]Der Rügebescheid kann nicht deshalb aufgehoben werden, weil der Vorstand der Wirtschaftsprüferkammer zu Unrecht angenommen hat, die Schuld des Mitgliedes sei gering und der Antrag auf Einleitung des berufsgerichtlichen Verfahrens nicht erforderlich. [2]Treten die Voraussetzungen unter denen nach § 69a von einer berufsgerichtlichen Ahndung abzusehen ist oder nach § 83 Abs. 2 ein berufsgerichtliches Verfahren nicht eingeleitet oder fortgesetzt werden darf, erst ein, nachdem der Vorstand die Rüge erteilt hat, so hebt das Landgericht den Rügebescheid auf. [3]Der Beschluß ist mit Gründen zu versehen. [4]Er kann nicht angefochten werden.

(4) ¹Das Landgericht, bei dem ein Antrag auf berufsgerichtliche Entscheidung eingereicht wird, leitet unverzüglich der Staatsanwaltschaft bei dem Oberlandesgericht eine Abschrift des Antrags zu. ²Der Staatsanwaltschaft ist auch eine Abschrift des Beschlusses zuzuleiten, mit dem über den Antrag entschieden wird.

(5) ¹Leitet die Staatsanwaltschaft wegen desselben Verhaltens, das der Vorstand der Wirtschaftsprüferkammer gerügt hat, ein berufsgerichtliches Verfahren gegen das Mitglied ein, bevor die Entscheidung über den Antrag auf berufsgerichtliche Entscheidung gegen den Rügebescheid ergangen ist, so wird das Verfahren über den Antrag bis zum rechtskräftigen Abschluß des berufsgerichtlichen Verfahrens ausgesetzt. ²In den Fällen des § 69 Abs. 2 stellt das Landgericht nach Beendigung der Aussetzung fest, daß die Rüge unwirksam ist.

## § 64 Pflicht der Mitglieder des Vorstandes, des Beirates und der Ausschüsse zur Verschwiegenheit

(1) ¹Die Mitglieder des Vorstandes, des Beirates und der Ausschüsse haben – auch nach dem Ausscheiden aus dem Vorstand oder dem Beirat oder dem Ausschuß – über die Angelegenheiten, die ihnen bei ihrer Tätigkeit im Vorstand oder im Beirat oder im Ausschuß über Mitglieder der Wirtschaftsprüferkammer, Bewerber oder andere Personen bekanntwerden, Verschwiegenheit gegen jedermann zu bewahren. ²Das gleiche gilt für Mitglieder, die zur Mitarbeit im Vorstand, im Beirat oder in den Ausschüssen herangezogen werden, und für Dienstangehörige der Wirtschaftsprüferkammer.

(2) In gerichtlichen Verfahren und vor Behörden dürfen die in Absatz 1 bezeichneten Personen über solche Angelegenheiten, die ihnen bei ihrer Tätigkeit im Vorstand, Beirat oder in Ausschüssen über Mitglieder der Wirtschaftsprüferkammer, Bewerber oder andere Personen bekanntgeworden sind, ohne Genehmigung nicht aussagen oder Auskunft geben.

(3) ¹Die Genehmigung erteilt der Vorstand der Wirtschaftsprüferkammer nach pflichtmäßigem Ermessen. ²Die Genehmigung soll nur versagt werden, wenn Rücksichten auf die Stellung oder die Aufgaben der Wirtschaftsprüferkammer oder berechtigte Belange der Personen, über welche die Tatsachen bekanntgeworden sind, es unabweisbar erfordern. ³§ 28 Abs. 2 des Gesetzes über das Bundesverfassungsgericht bleibt unberührt.

## § 65 Arbeitsgemeinschaft für das wirtschaftliche Prüfungswesen

(1) Zur Behandlung von Fragen des wirtschaftlichen Prüfungs- und Treuhandwesens, die gemeinsame Belange der Wirtschaft und der Berufe der Wirtschaftsprüfer und der vereidigten Buchprüfer berühren, bilden der Deutsche Industrie- und Handelstag und die Wirtschaftsprüferkammer eine nicht rechtsfähige Arbeitsgemeinschaft für das wirtschaftliche Prüfungswesen (Arbeitsgemeinschaft) mit gemeinsamer Geschäftsstelle.

(2) Die Arbeitsgemeinschaft gibt sich ihre Satzung selbst.

## § 66 Staatsaufsicht

¹Der Bundesminister für Wirtschaft führt die Aufsicht über die Wirtschaftsprüferkammer. ²Er hat darüber zu wachen, daß die Wirtschaftsprüferkammer ihre Aufgaben im Rahmen der geltenden Gesetze und Satzungen erfüllt.

## Fünfter Teil. Berufsgerichtsbarkeit

### Erster Abschnitt. Die berufsgerichtliche Ahndung von Pflichtverletzungen

### § 67 Ahndung einer Pflichtverletzung

(1) Gegen einen Wirtschaftsprüfer, der seine Pflichten schuldhaft verletzt, wird eine berufsgerichtliche Maßnahme verhängt.

(2) Ein außerhalb des Berufs liegendes Verhalten eines Wirtschaftsprüfers ist eine berufsgerichtlich zu ahndende Pflichtverletzung, wenn es nach den Umständen des Einzelfalls in besonderem Maße geeignet ist, Achtung und Vertrauen in einer für die Ausübung der Berufstätigkeit oder für das Ansehen des Berufs bedeutsamen Weise zu beeinträchtigen.

(3) Eine berufsgerichtliche Maßnahme kann nicht verhängt werden, wenn der Wirtschaftsprüfer zur Zeit der Tat der Berufsgerichtsbarkeit nicht unterstand.

### § 68 Berufsgerichtliche Maßnahmen

(1) Die berufsgerichtlichen Maßnahmen sind
1. Warnung,
2. Verweis,
3. Geldbuße bis zu zwanzigtausend Deutsche Mark,
4. Ausschließung aus dem Beruf.

(2) Die berufsgerichtlichen Maßnahmen des Verweises und der Geldbuße können nebeneinander verhängt werden.

### § 69 Rüge und berufsgerichtliche Maßnahme

(1) [1]Der Einleitung eines berufsgerichtlichen Verfahrens gegen einen Wirtschaftsprüfer steht es nicht entgegen, daß der Vorstand der Wirtschaftsprüferkammer ihm bereits wegen desselben Verhaltens eine Rüge erteilt hat (§ 63). [2]Hat das Landgericht den Rügebescheid aufgehoben (§ 63 a), weil es eine schuldhafte Pflichtverletzung nicht festgestellt hat, so kann ein berufsgerichtliches Verfahren wegen desselben Verhaltens nur aufgrund solcher Tatsachen oder Beweismittel eingeleitet werden, die dem Landgericht bei seiner Entscheidung nicht bekannt waren.

(2) [1]Die Rüge wird mit der Rechtskraft eines berufsgerichtlichen Urteils unwirksam, das wegen desselben Verhaltens gegen den Wirtschaftsprüfer ergeht und auf Freispruch oder eine berufsgerichtliche Maßnahme lautet. [2]Die Rüge wird auch unwirksam, wenn rechtskräftig die Eröffnung des Hauptverfahrens abgelehnt ist, weil eine schuldhafte Pflichtverletzung nicht festzustellen ist.

### § 69 a Anderweitige Ahndung

[1]Ist durch ein Gericht oder eine Behörde eine Strafe, eine Disziplinarmaßnahme, eine ehrengerichtliche Maßnahme, eine anderweitige berufsgerichtliche Maßnahme oder eine Ordnungsmaßnahme verhängt worden, so ist von einer berufsgerichtlichen Ahndung wegen desselben Verhaltens abzusehen, wenn nicht eine berufsgerichtliche Maßnahme zusätzlich erforderlich ist, um den Wirtschaftsprüfer zur Erfüllung seiner Pflichten anzuhalten und das Ansehen des Berufs zu wahren. [2]Der Ausschließung steht eine anderweitig verhängte Strafe oder Maßnahme nicht entgegen.

### § 70 Verjährung der Verfolgung einer Pflichtverletzung

[1]Die Verfolgung einer Pflichtverletzung, die nicht die Ausschließung aus dem Beruf gerechtfertigt hätte, verjährt in fünf Jahren. [2]§ 78 Abs. 1, § 78 a Satz 1 sowie die §§ 78 b und 78 c Abs. 1 bis 4 des Strafgesetzbuches gelten entsprechend.

### § 71 Vorschriften für Mitglieder der Wirtschaftsprüferkammer, die nicht Wirtschaftsprüfer sind

[1]Die Vorschriften des Fünften Teils – Berufsgerichtsbarkeit – gelten entsprechend für Vorstandsmitglieder, Geschäftsführer oder persönlich haftende Gesellschafter einer Wirtschaftsprüfungsgesellschaft, die nicht Wirtschaftsprüfer sind. [2]An die Stelle der Ausschließung aus dem Beruf tritt die Aberkennung der Eignung, eine Wirtschaftsprüfungsgesellschaft zu vertreten und ihre Geschäfte zu führen.

### Zweiter Abschnitt. Die Gerichte

### § 72 Kammer für Wirtschaftsprüfersachen

(1) In dem berufsgerichtlichen Verfahren entscheidet im ersten Rechtszug eine Kammer des Landgerichts (Kammer für Wirtschaftsprüfersachen), in dessen Bezirk die Wirtschaftsprüferkammer ihren Sitz hat.

(2) [1]Die Kammer für Wirtschaftsprüfersachen entscheidet außerhalb der Hauptverhandlung in der Besetzung von drei Mitgliedern mit Einschluß des Vorsitzenden. [2]In der Hauptverhandlung ist sie mit dem Vorsitzenden und zwei Wirtschaftsprüfern als Beisitzern besetzt.

### § 73 Senat für Wirtschaftsprüfersachen beim Oberlandesgericht

(1) In dem berufsgerichtlichen Verfahren entscheidet im zweiten Rechtszug ein Senat des Oberlandesgerichts (Senat für Wirtschaftsprüfersachen beim Oberlandesgericht).

(2) [1]Der Senat für Wirtschaftsprüfersachen beim Oberlandesgericht entscheidet außerhalb der Hauptverhandlung in der Besetzung von drei Mitgliedern mit Einschluß des Vorsitzenden. [2]In der Hauptverhandlung wirken außerdem als Beisitzer zwei Wirtschaftsprüfer mit.

### § 74 Senat für Wirtschaftsprüfersachen beim Bundesgerichtshof

(1) [1]In dem berufsgerichtlichen Verfahren entscheidet im dritten Rechtszug ein Senat des Bundesgerichtshofes (Senat für Wirtschaftsprüfersachen beim Bundesgerichtshof). [2]Er gilt als Strafsenat im Sinne der §§ 132 und 136 des Gerichtsverfassungsgesetzes.

(2) [1]Der Senat für Wirtschaftsprüfersachen beim Bundesgerichtshof entscheidet außerhalb der Hauptverhandlung in der Besetzung von drei Mitgliedern mit Einschluß des Vorsitzenden. [2]In der Hauptverhandlung ist der Senat mit drei Mitgliedern mit Einschluß des Vorsitzenden und mit zwei Wirtschaftsprüfern als Beisitzern besetzt.

### § 75 Wirtschaftsprüfer als Beisitzer

(1) Die Beisitzer aus den Reihen der Wirtschaftsprüfer sind ehrenamtliche Richter.

(2) [1]Die ehrenamtlichen Richter werden für die Gerichte des ersten und zweiten Rechtszuges von der Landesjustizverwaltung und für den Bundesgerichtshof

von dem Bundesminister der Justiz auf die Dauer von vier Jahren berufen. ²Sie können nach Ablauf ihrer Amtszeit wieder berufen werden.

(3) ¹Die ehrenamtlichen Richter werden den Vorschlagslisten entnommen, die der Vorstand der Wirtschaftsprüferkammer der Landesjustizverwaltung für die Gerichte des ersten und zweiten Rechtszuges und dem Bundesminister der Justiz für den Bundesgerichtshof einreicht. ²Die Landesjustizverwaltung und der Bundesminister der Justiz bestimmen, welche Zahl von Beisitzern für jedes Gericht erforderlich ist; sie haben vorher den Vorstand der Wirtschaftsprüferkammer zu hören. ³Jede Vorschlagsliste soll mindestens die doppelte Zahl der zu berufenden Wirtschaftsprüfer enthalten.

(4) Scheidet ein ehrenamtlicher Richter vorzeitig aus, so wird für den Rest seiner Amtszeit ein Nachfolger berufen.

## § 76 Voraussetzungen für die Berufung zum Beisitzer und Recht zur Ablehnung

(1) ¹Zum ehrenamtlichen Richter kann nur ein Wirtschaftsprüfer berufen werden, der in den Vorstand der Wirtschaftsprüferkammer gewählt werden kann. ²Er darf als Beisitzer nur für die Kammer für Wirtschaftsprüfersachen, den Senat für Wirtschaftsprüfersachen beim Oberlandesgericht oder den Senat für Wirtschaftsprüfersachen beim Bundesgerichtshof berufen werden.

(2) Die ehrenamtlichen Richter dürfen nicht gleichzeitig dem Vorstand oder dem Beirat der Wirtschaftsprüferkammer angehören oder bei der Wirtschaftsprüferkammer im Haupt- oder Nebenberuf tätig sein.

(3) Die Übernahme des Beisitzeramtes kann ablehnen,
1. wer das fünfundsechzigste Lebensjahr vollendet hat;
2. wer in den letzten vier Jahren Mitglied des Vorstandes der Wirtschaftsprüferkammer gewesen ist;
3. wer durch Krankheit oder Gebrechen behindert ist.

## § 77 Enthebung vom Amt des Beisitzers

(1) Ein ehrenamtlicher Richter ist auf Antrag der Justizverwaltung, die ihn berufen hat, seines Amtes zu entheben,
1. wenn nachträglich bekannt wird, daß er nicht hätte zum Beisitzer berufen werden dürfen;
2. wenn nachträglich ein Umstand eintritt, welcher der Berufung zum Beisitzer entgegensteht;
3. wenn der Wirtschaftsprüfer seine Amtspflicht als Beisitzer grob verletzt.

(2) ¹Über den Antrag der Landesjustizverwaltung entscheidet ein Zivilsenat des Oberlandesgerichts, über den Antrag des Bundesministers der Justiz ein Zivilsenat des Bundesgerichtshofes. ²Bei der Entscheidung dürfen die Mitglieder der Senate für Wirtschaftsprüfersachen nicht mitwirken.

(3) Vor der Entscheidung ist der ehrenamtliche Richter zu hören. Die Entscheidung ist endgültig.

## § 78 Stellung der ehrenamtlichen Richter und Pflicht zur Verschwiegenheit

(1) Die ehrenamtlichen Richter haben in der Sitzung, zu der sie herangezogen werden, die Stellung eines Berufsrichters.

(2) ¹Die ehrenamtlichen Richter haben über Angelegenheiten, die ihnen bei

ihrer Tätigkeit bekannt werden, Verschwiegenheit gegen jedermann zu bewahren. [2]§ 64 Abs. 2 und 3 ist entsprechend anzuwenden. [3]Die Genehmigung zur Aussage erteilt der Präsident des Gerichts.

## § 79 Reihenfolge der Teilnahme an den Sitzungen

(1) Die ehrenamtlichen Richter sind zu den einzelnen Sitzungen in der Reihenfolge einer Liste heranzuziehen, die der Vorsitzende nach Anhörung der beiden ältesten der berufenen ehrenamtlichen Richter vor Beginn des Geschäftsjahres aufstellt.

(2) Für die Entbindung eines ehrenamtlichen Richters von der Dienstleistung an bestimmten Sitzungstagen gilt § 54 des Gerichtsverfassungsgesetzes sinngemäß.

## § 80 Entschädigung der ehrenamtlichen Richter

Die ehrenamtlichen Richter erhalten eine Entschädigung nach dem Gesetz über die Entschädigung der ehrenamtlichen Richter bei den Gerichten.

### Dritter Abschnitt. Verfahrensvorschriften

### 1. Allgemeines

## § 81 Vorschriften für das Verfahren

Für das berufsgerichtliche Verfahren gelten die nachstehenden Vorschriften.

## § 82 Keine Verhaftung des Wirtschaftsprüfers

[1]Der Wirtschaftsprüfer darf zur Durchführung des berufsgerichtlichen Verfahrens weder vorläufig festgenommen noch verhaftet oder vorgeführt werden. [2]Er kann nicht zur Vorbereitung eines Gutachtens über seinen psychischen Zustand in ein psychiatrisches Krankenhaus gebracht werden.

## § 82a Verteidigung

(1) Zu Verteidigern im berufsgerichtlichen Verfahren vor dem Landgericht und vor dem Oberlandesgericht können außer den in § 138 Abs. 1 der Strafprozeßordnung genannten Personen auch Wirtschaftsprüfer gewählt werden.

(2) § 140 Abs. 1 Nr. 1 bis 3, 6 und 7 der Strafprozeßordnung ist auf die Verteidigung im berufsgerichtlichen Verfahren nicht anzuwenden.

## § 82b Akteneinsicht des Wirtschaftsprüfers

[1]Der Wirtschaftsprüfer ist befugt, die Akten, die dem Gericht vorliegen oder diesem im Falle der Einreichung einer Anschuldigungsschrift vorzulegen wären, einzusehen sowie amtlich verwahrte Beweisstücke zu besichtigen. [2]§ 147 Abs. 2, 3, 5 und 6 der Strafprozeßordnung ist insoweit entsprechend anzuwenden.

## § 83 Verhältnis des berufsgerichtlichen Verfahrens zum Straf- oder Bußgeldverfahren

(1) [1]Ist gegen einen Wirtschaftsprüfer, der einer Verletzung seiner Pflichten beschuldigt wird, wegen desselben Verhaltens die öffentliche Klage im strafgerichtlichen Verfahren erhoben, so kann gegen ihn ein berufsgerichtliches Verfahren zwar eingeleitet, es muß aber bis zur Beendigung des strafgerichtlichen Verfahrens ausgesetzt werden. [2]Ebenso muß ein bereits eingeleitetes berufsgerichtliches Verfahren ausgesetzt werden, wenn während seines Laufes

die öffentliche Klage im strafgerichtlichen Verfahren erhoben wird. [3]Das berufsgerichtliche Verfahren kann fortgesetzt werden, wenn die Sachaufklärung gesichert ist oder wenn im strafgerichtlichen Verfahren aus Gründen nicht verhandelt werden kann, die in der Person des Wirtschaftsprüfers liegen.

(2) Wird der Wirtschaftsprüfer im gerichtlichen Verfahren wegen einer Straftat oder einer Ordnungswidrigkeit freigesprochen, so kann wegen der Tatsachen, die Gegenstand der gerichtlichen Entscheidung waren, ein berufsgerichtliches Verfahren nur dann eingeleitet oder fortgesetzt werden, wenn diese Tatsachen, ohne den Tatbestand einer Strafvorschrift oder einer Bußgeldvorschrift zu erfüllen, eine Verletzung der Pflichten des Wirtschaftsprüfers enthalten.

(3) [1]Für die Entscheidung im berufsgerichtlichen Verfahren sind die tatsächlichen Feststellungen des Urteils im Strafverfahren oder Bußgeldverfahren bindend, auf denen die Entscheidung des Gerichts beruht. [2]In dem berufsgerichtlichen Verfahren kann ein Gericht jedoch die nochmalige Prüfung solcher Feststellungen beschließen, deren Richtigkeit seine Mitglieder mit Stimmenmehrheit bezweifeln; dies ist in den Gründen der berufsgerichtlichen Entscheidung zum Ausdruck zu bringen.

## § 83a Verhältnis des berufsgerichtlichen Verfahrens zu den Verfahren anderer Berufsgerichtsbarkeiten

(1) Über eine Pflichtverletzung eines Wirtschaftsprüfers, der zugleich der Disziplinar-, Ehren- oder Berufsgerichtsbarkeit eines anderen Berufs untersteht, wird im berufsgerichtlichen Verfahren nur dann entschieden, wenn die Pflichtverletzung überwiegend mit der Ausübung des Berufs des Wirtschaftsprüfers im Zusammenhang steht oder wenn wegen der Schwere der Pflichtverletzung das berufsgerichtliche Verfahren mit dem Ziel der Ausschließung aus dem Beruf eingeleitet worden ist.

(2) [1]Beabsichtigt die Staatsanwaltschaft, gegen einen solchen Wirtschaftsprüfer das berufsgerichtliche Verfahren einzuleiten, so teilt sie dies der Staatsanwaltschaft oder Behörde mit, die für die Einleitung eines Verfahrens gegen ihn als Angehörigen des anderen Berufs zuständig wäre. [2]Hat die für den anderen Beruf zuständige Staatsanwaltschaft oder Einleitungsbehörde die Absicht, gegen den Wirtschaftsprüfer ein Verfahren einzuleiten, so unterrichtet sie die Staatsanwaltschaft, die für die Einleitung des berufsgerichtlichen Verfahrens zuständig wäre (§ 84).

(3) Hat das Gericht einer Disziplinar-, Ehren- oder Berufsgerichtsbarkeit sich zuvor rechtskräftig für zuständig oder unzuständig erklärt, über die Pflichtverletzung eines Wirtschaftsprüfers, der zugleich der Disziplinar-, Ehren- oder Berufsgerichtsbarkeit eines anderen Berufs untersteht, zu entscheiden, so sind die anderen Gerichte an diese Entscheidung gebunden.

(4) Die Absätze 1 bis 3 sind auf Wirtschaftsprüfer, die in einem öffentlich-rechtlichen Dienst- oder Amtsverhältnis stehen und ihren Beruf als Wirtschaftsprüfer nicht ausüben dürfen (§ 44a), nicht anzuwenden.

## § 83b Aussetzung des berufsgerichtlichen Verfahrens

Das berufsgerichtliche Verfahren kann ausgesetzt werden, wenn in einem anderen gesetzlich geordneten Verfahren über eine Frage zu entscheiden ist, deren Beurteilung für die Entscheidung im berufsgerichtlichen Verfahren von wesentlicher Bedeutung ist.

## 2. Das Verfahren im ersten Rechtszug

### § 84 Mitwirkung der Staatsanwaltschaft

Die Staatsanwaltschaft bei dem Oberlandesgericht, bei dem der Senat für Wirtschaftsprüfersachen besteht, nimmt in den Verfahren vor der Kammer für Wirtschaftsprüfersachen die Aufgaben der Staatsanwaltschaft wahr.

### § 85 Einleitung des berufsgerichtlichen Verfahrens

Das berufsgerichtliche Verfahren wird dadurch eingeleitet, daß die Staatsanwaltschaft eine Anschuldigungsschrift bei dem Landgericht einreicht.

### § 86 Gerichtliche Entscheidung über die Einleitung des Verfahrens

(1) Gibt die Staatsanwaltschaft einem Antrag des Vorstandes der Wirtschaftsprüferkammer, gegen einen Wirtschaftsprüfer das berufsgerichtliche Verfahren einzuleiten, keine Folge oder verfügt sie die Einstellung des Verfahrens, so hat sie ihre Entschließung dem Vorstand der Wirtschaftsprüferkammer unter Angabe der Gründe mitzuteilen.

(2) [1]Der Vorstand der Wirtschaftsprüferkammer kann gegen den Bescheid der Staatsanwaltschaft binnen eines Monats nach der Bekanntmachung bei dem Oberlandesgericht die gerichtliche Entscheidung beantragen. [2]Der Antrag muß die Tatsachen, welche die Einleitung des berufsgerichtlichen Verfahrens begründen sollen, und die Beweismittel angeben.

(3) Auf das Verfahren nach Absatz 2 sind die §§ 173 bis 175 der Strafprozeßordnung entsprechend anzuwenden.

(4) § 172 der Strafprozeßordnung ist nicht anzuwenden.

### § 87 Antrag des Wirtschaftsprüfers auf Einleitung des berufsgerichtlichen Verfahrens

(1) [1]Der Wirtschaftsprüfer kann bei der Staatsanwaltschaft beantragen, das berufsgerichtliche Verfahren gegen ihn einzuleiten, damit er sich von dem Verdacht einer Pflichtverletzung reinigen kann. [2]Wegen eines Verhaltens, das der Vorstand der Wirtschaftsprüferkammer gerügt hat, kann der Wirtschaftsprüfer den Antrag nicht stellen.

(2) [1]Gibt die Staatsanwaltschaft dem Antrag des Wirtschaftsprüfers keine Folge oder verfügt sie die Einstellung des Verfahrens, so hat sie ihre Entschließung dem Wirtschaftsprüfer unter Angabe der Gründe mitzuteilen. [2]Wird in den Gründen eine schuldhafte Pflichtverletzung festgestellt, das berufsgerichtliche Verfahren aber nicht eingeleitet, oder wird offengelassen, ob eine schuldhafte Pflichtverletzung vorliegt, kann der Wirtschaftsprüfer bei dem Oberlandesgericht die gerichtliche Entscheidung beantragen. [3]Der Antrag ist binnen eines Monats nach der Bekanntmachung der Entschließung der Staatsanwaltschaft zu stellen.

(3) [1]Auf das Verfahren vor dem Oberlandesgericht ist § 173 Abs. 1 und 3 der Strafprozeßordnung entsprechend anzuwenden. [2]Das Oberlandesgericht entscheidet durch Beschluß, ob eine schuldhafte Pflichtverletzung des Wirtschaftsprüfers festzustellen ist. [3]Der Beschluß ist mit Gründen zu versehen. [4]Erachtet das Oberlandesgericht den Wirtschaftsprüfer einer berufsgerichtlich zu ahndenden Pflichtverletzung für hinreichend verdächtig, so beschließt es die Einleitung des berufsgerichtlichen Verfahrens. [5]Die Durchführung dieses Beschlusses obliegt der Staatsanwaltschaft.

(4) Erachtet das Oberlandesgericht eine schuldhafte Pflichtverletzung nicht für gegeben, so kann nur aufgrund neuer Tatsachen oder Beweismittel wegen desselben Verhaltens ein Antrag auf Einleitung des berufsgerichtlichen Verfahrens gestellt oder eine Rüge durch den Vorstand der Wirtschaftsprüferkammer erteilt werden.

## §§ 88–93 (*weggefallen*)

## § 94 Inhalt der Anschuldigungsschrift

¹In der Anschuldigungsschrift (§ 85 dieses Gesetzes sowie § 207 Abs. 3 der Strafprozeßordnung) ist die dem Wirtschaftsprüfer zur Last gelegte Pflichtverletzung unter Anführung der sie begründenden Tatsachen zu bezeichnen (Anschuldigungssatz). ²Ferner sind die Beweismittel anzugeben, wenn in der Hauptverhandlung Beweise erhoben werden sollen. ³Die Anschuldigungsschrift enthält den Antrag, das Hauptverfahren vor der Kammer für Wirtschaftsprüfersachen zu eröffnen.

## § 95 Entscheidung über die Eröffnung des Hauptverfahrens

(1) In dem Beschluß, durch den das Hauptverfahren eröffnet wird, läßt die Kammer für Wirtschaftsprüfersachen beim Landgericht die Anschuldigung zur Hauptverhandlung zu.

(2) Der Beschluß, durch den das Hauptverfahren eröffnet worden ist, kann von dem Wirtschaftsprüfer nicht angefochten werden.

(3) ¹Der Beschluß, durch den die Eröffnung des Hauptverfahrens abgelehnt wird, ist zu begründen. ²Gegen den Beschluß steht der Staatsanwaltschaft die sofortige Beschwerde zu.

## § 96 Rechtskraftwirkung eines ablehnenden Beschlusses

Ist die Eröffnung des Hauptverfahrens durch einen nicht mehr anfechtbaren Beschluß abgelehnt, so kann der Antrag auf Einleitung des berufsgerichtlichen Verfahrens nur aufgrund neuer Tatsachen oder Beweismittel und nur innerhalb von fünf Jahren, seitdem der Beschluß rechtskräftig geworden ist, erneut gestellt werden.

## § 97 Zustellung des Eröffnungsbeschlusses

¹Der Beschluß über die Eröffnung des Hauptverfahrens ist dem Wirtschaftsprüfer spätestens mit der Ladung zuzustellen. ²Entsprechendes gilt in den Fällen des § 207 Abs. 3 der Strafprozeßordnung für die nachgereichte Anschuldigungsschrift.

## § 98 Hauptverhandlung trotz Ausbleibens des Wirtschaftsprüfers

¹Die Hauptverhandlung kann gegen einen Wirtschaftsprüfer, der nicht erschienen ist, durchgeführt werden, wenn er ordnungsmäßig geladen und in der Ladung darauf hingewiesen ist, daß in seiner Abwesenheit verhandelt werden kann. ²Eine öffentliche Ladung ist nicht zulässig.

## § 99 Nichtöffentliche Hauptverhandlung

(1) ¹Die Hauptverhandlung ist nicht öffentlich. ²Auf Antrag der Staatsanwaltschaft kann, auf Antrag des Wirtschaftsprüfers muß die Öffentlichkeit hergestellt werden; in diesem Fall sind die Vorschriften des Gerichtsverfassungsgesetzes über die Öffentlichkeit sinngemäß anzuwenden.

(2) ¹Zu nichtöffentlichen Verhandlungen ist Vertretern der Landesjustizver-

waltung, dem Präsidenten des Oberlandesgerichts oder seinem Beauftragten, den Beamten der Staatsanwaltschaft bei dem Oberlandesgericht, Vertretern des Bundesministers für Wirtschaft, Vertretern der obersten Landesbehörde, Vertretern der Wirtschaftsprüferkammer und den Wirtschaftsprüfern der Zutritt gestattet. [2]Die Kammer für Wirtschaftsprüfersachen kann nach Anhörung der Beteiligten auch andere Personen als Zuhörer zulassen.

## § 100 (*weggefallen*)

### § 101 Beweisaufnahme durch einen ersuchten Richter

[1]Die Kammer für Wirtschaftsprüfersachen kann ein Amtsgericht um die Vernehmung von Zeugen oder Sachverständigen ersuchen. [2]Der Zeuge oder Sachverständige ist jedoch auf Antrag der Staatsanwaltschaft oder des Wirtschaftsprüfers in der Hauptverhandlung zu vernehmen, es sei denn, daß er voraussichtlich am Erscheinen in der Hauptverhandlung verhindert ist oder ihm das Erscheinen wegen großer Entfernung nicht zugemutet werden kann.

### § 102 Verlesen von Protokollen

(1) Die Kammer für Wirtschaftsprüfersachen beschließt nach pflichtmäßigem Ermessen, ob die Aussage eines Zeugen oder eines Sachverständigen, der bereits in dem berufsgerichtlichen oder in einem anderen gesetzlich geordneten Verfahren vernommen worden ist, zu verlesen sei.

(2) [1]Bevor der Gerichtsbeschluß ergeht, kann der Staatsanwalt oder der Wirtschaftsprüfer beantragen, den Zeugen oder Sachverständigen in der Hauptverhandlung zu vernehmen. [2]Einem solchen Antrag ist zu entsprechen, es sei denn, daß der Zeuge oder Sachverständige voraussichtlich am Erscheinen in der Hauptverhandlung verhindert ist oder ihm das Erscheinen wegen großer Entfernung nicht zugemutet werden kann. [3]Wird dem Antrag stattgegeben, so darf das Protokoll über die frühere Vernehmung nicht verlesen werden.

(3) [1]Ist ein Zeuge oder Sachverständiger durch einen ersuchten Richter vernommen worden (§ 101), so kann der Verlesung des Protokolls nicht widersprochen werden. [2]Der Staatsanwalt oder der Wirtschaftsprüfer kann jedoch der Verlesung widersprechen, wenn ein Antrag gemäß § 101 Satz 2 abgelehnt worden ist und Gründe für eine Ablehnung des Antrags jetzt nicht mehr bestehen.

### § 103 Entscheidung

(1) Die Hauptverhandlung schließt mit der auf die Beratung folgenden Verkündung des Urteils.

(2) Das Urteil lautet auf Freisprechung, Verurteilung oder Einstellung des Verfahrens.

(3) Das berufsgerichtliche Verfahren ist, abgesehen von dem Fall des § 260 Abs. 3 der Strafprozeßordnung, einzustellen,
1. wenn die Bestellung als Wirtschaftsprüfer erloschen, zurückgenommen oder widerrufen ist (§§ 19, 20);
2. wenn nach § 69 a von einer berufsgerichtlichen Ahndung abzusehen ist.

## 3. Die Rechtsmittel

### § 104 Beschwerde

Für die Verhandlung und Entscheidung über Beschwerden ist der Senat für Wirtschaftsprüfersachen beim Oberlandesgericht zuständig.

## § 105 Berufung

(1) Gegen das Urteil der Kammer für Wirtschaftsprüfersachen ist die Berufung an den Senat für Wirtschaftsprüfersachen zulässig.

(2) [1]Die Berufung muß binnen einer Woche nach Verkündung des Urteils bei der Kammer für Wirtschaftsprüfersachen schriftlich eingelegt werden. [2]Ist das Urteil nicht in Anwesenheit des Wirtschaftsprüfers verkündet worden, so beginnt für diesen die Frist mit der Zustellung.

(3) Die Berufung kann nur schriftlich gerechtfertigt werden.

(4) Auf das Verfahren sind im übrigen neben den Vorschriften der Strafprozeßordnung über die Berufung die §§ 98, 99, 101 bis 103 dieses Gesetzes sinngemäß anzuwenden.

## § 106 Mitwirkung der Staatsanwaltschaft vor dem Senat für Wirtschaftsprüfersachen

Die Aufgaben der Staatsanwaltschaft in dem Verfahren vor dem Senat für Wirtschaftsprüfersachen werden von der Staatsanwaltschaft bei dem Oberlandesgericht wahrgenommen, bei dem der Senat besteht.

## § 107 Revision

(1) Gegen ein Urteil des Senats für Wirtschaftsprüfersachen bei dem Oberlandesgericht ist die Revision an den Bundesgerichtshof zulässig,
1. wenn das Urteil auf Ausschließung aus dem Beruf lautet;
2. wenn der Senat für Wirtschaftsprüfersachen bei dem Oberlandesgericht entgegen einem Antrag der Staatsanwaltschaft nicht auf Ausschließung erkannt hat;
3. wenn der Senat für Wirtschaftsprüfersachen beim Oberlandesgericht sie in dem Urteil zugelassen hat.

(2) Der Senat für Wirtschaftsprüfersachen beim Oberlandesgericht darf die Revision nur zulassen, wenn er über Rechtsfragen oder Fragen der Berufspflichten entschieden hat, die von grundsätzlicher Bedeutung sind.

(3) [1]Die Nichtzulassung der Revision kann selbständig durch Beschwerde innerhalb eines Monats nach Zustellung des Urteils angefochten werden. [2]Die Beschwerde ist bei dem Oberlandesgericht einzulegen. [3]In der Beschwerdeschrift muß die grundsätzliche Rechtsfrage ausdrücklich bezeichnet werden.

(4) Die Beschwerde hemmt die Rechtskraft des Urteils.

(5) [1]Wird der Beschwerde nicht abgeholfen, so entscheidet der Bundesgerichtshof durch Beschluß. [2]Der Beschluß bedarf keiner Begründung, wenn die Beschwerde einstimmig verworfen oder zurückgewiesen wird. [3]Mit Ablehnung der Beschwerde durch den Bundesgerichtshof wird das Urteil rechtskräftig. [4]Wird der Beschwerde stattgegeben, so beginnt mit Zustellung des Beschwerdebescheids die Revisionsfrist.

## § 107a Einlegung der Revision und Verfahren

(1) [1]Die Revision ist binnen einer Woche bei dem Oberlandesgericht schriftlich einzulegen. [2]Die Frist beginnt mit der Verkündung des Urteils. [3]Ist das Urteil nicht in Anwesenheit des Wirtschaftsprüfers verkündet worden, so beginnt für diesen die Frist mit der Zustellung.

(2) Seitens des Wirtschaftsprüfers können die Revisionsanträge und deren Begründung nur schriftlich angebracht werden.

(3) ¹Auf das Verfahren vor dem Bundesgerichtshof sind im übrigen neben den Vorschriften der Strafprozeßordnung über die Revision § 99 und § 103 Abs. 3 dieses Gesetzes sinngemäß anzuwenden. ²In den Fällen des § 354 Abs. 2 der Strafprozeßordnung ist an den nach § 73 zuständigen Senat für Wirtschaftsprüfersachen beim Oberlandesgericht zurückzuverweisen.

## § 108 Mitwirkung der Staatsanwaltschaft vor dem Bundesgerichtshof

Die Aufgaben der Staatsanwaltschaft in den Verfahren vor dem Bundesgerichtshof werden von dem Generalbundesanwalt wahrgenommen.

## 4. Die Sicherung von Beweisen

### § 109 Anordnung der Beweissicherung

(1) ¹Wird ein berufsgerichtliches Verfahren gegen den Wirtschaftsprüfer eingestellt, weil seine Bestellung als Wirtschaftsprüfer erloschen oder zurückgenommen ist, so kann in der Entscheidung zugleich auf Antrag der Staatsanwaltschaft die Sicherung der Beweise angeordnet werden, wenn zu erwarten ist, daß auf Ausschließung aus dem Beruf erkannt worden wäre. ²Die Anordnung kann nicht angefochten werden.

(2) ¹Die Beweise werden von der Kammer für Wirtschaftsprüfersachen beim Landgericht aufgenommen. ²Die Kammer kann eines ihrer berufsrichterlichen Mitglieder mit der Beweisaufnahme beauftragen.

### § 110 Verfahren

(1) ¹Die Kammer für Wirtschaftsprüfersachen beim Landgericht hat von Amts wegen alle Beweise zu erheben, die eine Entscheidung darüber begründen können, ob das eingestellte Verfahren zur Ausschließung aus dem Beruf geführt hätte. ²Den Umfang des Verfahrens bestimmt die Kammer für Wirtschaftsprüfersachen beim Landgericht nach pflichtmäßigem Ermessen, ohne an Anträge gebunden zu sein; ihre Verfügungen können insoweit nicht angefochten werden.

(2) Zeugen sind, soweit nicht Ausnahmen vorgeschrieben oder zugelassen sind, eidlich zu vernehmen.

(3) ¹Die Staatsanwaltschaft und der frühere Wirtschaftsprüfer sind an dem Verfahren zu beteiligen. ²Ein Anspruch auf Benachrichtigung von den Terminen, die zum Zwecke der Beweisssicherung anberaumt werden, steht dem früheren Wirtschaftsprüfer nur zu, wenn er sich im Inland aufhält und seine Anschrift dem Landgericht angezeigt hat.

## 5. Das Berufsverbot

### § 111 Voraussetzung des Verbotes

(1) Sind dringende Gründe für die Annahme vorhanden, daß gegen einen Wirtschaftsprüfer auf Ausschließung aus dem Beruf erkannt werden wird, so kann gegen ihn durch Beschluß ein Berufsverbot verhängt werden.

(2) ¹Die Staatsanwaltschaft kann vor Einleitung des berufsgerichtlichen Verfahrens den Antrag auf Verhängung eines Berufsverbotes stellen. ²In dem Antrag sind die Pflichtverletzung, die dem Wirtschaftsprüfer zur Last gelegt wird, sowie die Beweismittel anzugeben.

(3) Für die Verhandlung und Entscheidung ist das Gericht zuständig, das

über die Eröffnung des Hauptverfahrens gegen den Wirtschaftsprüfer zu entscheiden hat oder vor dem das berufsgerichtliche Verfahren anhängig ist.

## § 112 Mündliche Verhandlung

(1) Der Beschluß, durch den ein Berufsverbot verhängt wird, kann nur aufgrund mündlicher Verhandlung ergehen.

(2) Auf die Besetzung des Gerichts, die Ladung und die mündliche Verhandlung sind die Vorschriften entsprechend anzuwenden, die für die Hauptverhandlung vor dem erkennenden Gericht maßgebend sind, soweit sich nicht aus den folgenden Vorschriften etwas anderes ergibt.

(3) [1]In der Ladung ist die dem Wirtschaftsprüfer zur Last gelegte Pflichtverletzung durch Anführung der sie begründenden Tatsachen zu bezeichnen, ferner sind die Beweismittel anzugeben. [2]Dies ist jedoch nicht erforderlich, wenn dem Wirtschaftsprüfer die Anschuldigungsschrift bereits mitgeteilt worden ist.

(4) Den Umfang der Beweisaufnahme bestimmt das Gericht nach pflichtmäßigem Ermessen, ohne an Anträge der Staatsanwaltschaft oder des Wirtschaftsprüfers gebunden zu sein.

## § 113 Abstimmung über das Verbot

Zur Verhängung des Berufsverbotes ist eine Mehrheit von zwei Dritteln der Stimmen erforderlich.

## § 114 Verbot im Anschluß an die Hauptverhandlung

[1]Hat das Gericht auf Ausschließung aus dem Beruf erkannt, so kann es im unmittelbaren Anschluß an die Hauptverhandlung über die Verhängung des Berufsverbotes verhandeln und entscheiden. [2]Dies gilt auch dann, wenn der Wirtschaftsprüfer zu der Hauptverhandlung nicht erschienen ist.

## § 115 Zustellung des Beschlusses

[1]Der Beschluß ist mit Gründen zu versehen. [2]Er ist dem Wirtschaftsprüfer zuzustellen.

## § 116 Wirkungen des Verbotes

(1) Der Beschluß wird mit der Verkündung wirksam.

(2) Der Wirtschaftsprüfer, gegen den ein Berufsverbot verhängt ist, darf seinen Beruf nicht ausüben.

(3) Der Wirtschaftsprüfer, gegen den ein Berufsverbot verhängt ist, darf jedoch seine eigenen Angelegenheiten, die Angelegenheiten seines Ehegatten und seiner minderjährigen Kinder wahrnehmen, soweit es sich nicht um die Erteilung von Prüfungsvermerken handelt.

(4) [1]Die Wirksamkeit von Rechtshandlungen, die der Wirtschaftsprüfer vornimmt, wird durch das Berufsverbot nicht berührt. [2]Das gleiche gilt für Rechtshandlungen, die ihm gegenüber vorgenommen werden.

## § 117 Zuwiderhandlungen gegen das Verbot

(1) Der Wirtschaftsprüfer, der einem gegen ihn ergangenen Berufsverbot wissentlich zuwiderhandelt, wird aus dem Beruf ausgeschlossen, sofern nicht wegen besonderer Umstände eine mildere berufsgerichtliche Maßnahme ausreichend erscheint.

(2) Gerichte oder Behörden sollen einen Wirtschaftsprüfer, der entgegen einem Berufsverbot vor ihnen auftritt, zurückweisen.

## § 118 Beschwerde

(1) [1]Gegen den Beschluß, durch den das Landgericht oder das Oberlandesgericht ein Berufsverbot verhängt, ist die sofortige Beschwerde zulässig. [2]Die Beschwerde hat keine aufschiebende Wirkung.

(2) Gegen den Beschluß, durch den das Landgericht oder das Oberlandesgericht es ablehnt, ein Berufsverbot zu verhängen, steht der Staatsanwaltschaft die sofortige Beschwerde zu.

(3) [1]Über die sofortige Beschwerde entscheidet, sofern der angefochtene Beschluß von dem Landgericht erlassen ist , das Oberlandesgericht und, sofern er vor dem Oberlandesgericht ergangen ist, der Bundesgerichtshof. [2]Für das Verfahren gelten neben den Vorschriften der Strafprozeßordnung über die Beschwerde § 112 Abs. 1, 2 und 4 sowie §§ 113 und 115 dieses Gesetzes entsprechend.

## § 119 Außerkrafttreten des Verbotes

Das Berufsverbot tritt außer Kraft,
1. wenn ein nicht auf Ausschließung lautendes Urteil ergeht;
2. wenn die Eröffnung des Hauptverfahrens vor der Kammer für Wirtschaftsprüfersachen abgelehnt wird.

## § 120 Aufhebung des Verbotes

(1) Das Berufsverbot wird aufgehoben, wenn sich ergibt, daß die Voraussetzungen für seine Verhängung nicht oder nicht mehr vorliegen.

(2) Über die Aufhebung entscheidet das nach § 111 Abs. 3 zuständige Gericht.

(3) [1]Beantragt der Wirtschaftsprüfer, das Verbot aufzuheben, so kann eine erneute mündliche Verhandlung angeordnet werden. [2]Der Antrag kann nicht gestellt werden, solange über eine sofortige Beschwerde des Wirtschaftsprüfers nach § 118 Abs. 1 noch nicht entschieden ist. [3]Gegen den Beschluß, durch den der Antrag abgelehnt wird, ist eine Beschwerde nicht zulässig.

## § 120a Mitteilung des Verbotes

(1) Der Beschluß, durch den ein Berufsverbot verhängt wird, ist alsbald der Bestellungsbehörde und der Wirtschaftsprüferkammer in beglaubigter Abschrift mitzuteilen.

(2) Tritt das Berufsverbot außer Kraft oder wird es aufgehoben, so gilt Absatz 1 entsprechend.

## § 121 Bestellung eines Vertreters

(1) [1]Für den Wirtschaftsprüfer, gegen den ein Berufsverbot verhängt ist, wird im Falle des Bedürfnisses von der Wirtschaftsprüferkammer ein Vertreter bestellt. [2]Vor der Bestellung ist der vom Berufsverbot betroffene Wirtschaftsprüfer zu hören; er kann einen geeigneten Vertreter vorschlagen.

(2) Der Vertreter muß Wirtschaftsprüfer sein.

(3) [1]Ein Wirtschaftsprüfer, dem die Vertretung übertragen wird, kann sie nur aus einem wichtigen Grund ablehnen. [2]Über die Ablehnung entscheidet die Wirtschaftsprüferkammer.

(4) [1]Der Vertreter führt sein Amt unter eigener Verantwortung, jedoch für Rechnung und auf Kosten des Vertretenen. [2]An Weisungen des Vertretenen ist er nicht gebunden.

(5) [1]Der Vertretene hat dem Vertreter eine angemessene Vergütung zu zahlen. [2]Auf Antrag des Vertretenen oder des Vertreters setzt der Vorstand der Wirtschaftsprüferkammer die Vergütung fest. [3]Der Vertreter ist befugt, Vorschüsse auf die vereinbarte oder festgesetzte Vergütung zu entnehmen. [4]Für die festgesetzte Vergütung haftet die Wirtschaftsprüferkammer wie ein Bürge.

## Vierter Abschnitt. Die Kosten in dem berufsgerichtlichen Verfahren und in dem Verfahren bei Anträgen auf berufsgerichtliche Entscheidung über die Rüge. Die Vollstreckung der berufsgerichtlichen Maßnahmen und der Kosten. Die Tilgung

### § 122 Gebührenfreiheit, Auslagen

Für das berufsgerichtliche Verfahren und das Verfahren bei einem Antrag auf berufsgerichtliche Entscheidung über die Rüge (§ 63 a) werden keine Gebühren, sondern nur die Auslagen nach den Vorschriften des Gerichtskostengesetzes erhoben.

### § 123 Kosten bei Anträgen auf Einleitung des berufsgerichtlichen Verfahrens

(1) Einem Wirtschaftsprüfer, der einen Antrag auf gerichtliche Entscheidung über die Entschließung der Staatsanwaltschaft (§ 87 Abs. 2) zurücknimmt, sind die durch dieses Verfahren entstandenen Kosten aufzuerlegen.

(2) Wird ein Antrag des Vorstandes der Wirtschaftsprüferkammer auf gerichtliche Entscheidung in dem Fall des § 86 Abs. 2 verworfen, so sind die durch das Verfahren über den Antrag veranlaßten Kosten der Wirtschaftsprüferkammer aufzuerlegen.

### § 124 Kostenpflicht des Verurteilten

(1) [1]Dem Wirtschaftsprüfer, der in dem berufsgerichtlichen Verfahren verurteilt wird, sind zugleich die in dem Verfahren entstandenen Kosten ganz oder teilweise aufzuerlegen. [2]Dasselbe gilt, wenn das berufsgerichtliche Verfahren wegen Erlöschens oder Zurücknahme der Bestellung eingestellt wird und nach dem Ergebnis des bisherigen Verfahrens die Verhängung einer berufsgerichtlichen Maßnahme gerechtfertigt gewesen wäre; zu den Kosten des berufsgerichtlichen Verfahrens gehören in diesem Fall auch diejenigen, die in einem anschließenden Verfahren zum Zwecke der Beweissicherung (§§ 109, 110) entstehen.

(2) [1]Dem Wirtschaftsprüfer, der in dem berufsgerichtlichen Verfahren ein Rechtsmittel zurückgenommen oder ohne Erfolg eingelegt hat, sind zugleich die durch dieses Verfahren entstandenen Kosten aufzuerlegen. [2]Hatte das Rechtsmittel teilweise Erfolg, so kann dem Wirtschaftsprüfer ein angemessener Teil dieser Kosten auferlegt werden.

(3) Für die Kosten, die durch einen Antrag auf Wiederaufnahme des durch ein rechtskräftiges Urteil abgeschlossenen Verfahrens verursacht worden sind, ist Absatz 2 entsprechend anzuwenden.

### § 124a Kostenpflicht in dem Verfahren bei Anträgen auf berufsgerichtliche Entscheidung über die Rüge

(1) [1]Wird der Antrag auf berufsgerichtliche Entscheidung über die Rüge als unbegründet zurückgewiesen, so ist § 124 Abs. 1 Satz 1 entsprechend anzu-

wenden. [2]Stellt das Landgericht fest, daß die Rüge wegen der Verhängung einer berufsgerichtlichen Maßnahme unwirksam ist (§ 63 a Abs. 5 Satz 2), oder hebt es den Rügebescheid gemäß § 63 a Abs. 3 Satz 2 auf, so kann es dem Wirtschaftsprüfer die in dem Verfahren entstandenen Kosten ganz oder teilweise auferlegen, wenn es dies für angemessen erachtet.

(2) Nimmt der Wirtschaftsprüfer den Antrag auf berufsgerichtliche Entscheidung zurück oder wird der Antrag als unzulässig verworfen, so gilt § 124 Abs. 2 Satz 1 entsprechend.

(3) Wird der Rügebescheid, den Fall des § 63 a Abs. 3 Satz 2 ausgenommen, aufgehoben oder wird die Unwirksamkeit der Rüge wegen eines Freispruchs des Wirtschaftsprüfers im berufsgerichtlichen Verfahren oder aus den Gründen des § 69 Abs. 2 Satz 2 festgestellt (§ 63 a Abs. 5 Satz 2), so sind die notwendigen Auslagen des Wirtschaftsprüfers der Wirtschaftsprüferkammer aufzuerlegen.

## § 125 Haftung der Wirtschaftsprüferkammer

Kosten, die weder dem Wirtschaftsprüfer noch einem Dritten auferlegt oder von dem Wirtschaftsprüfer nicht eingezogen werden können, fallen der Wirtschaftsprüferkammer zur Last.

## § 126 Vollstreckung der berufsgerichtlichen Maßnahmen und der Kosten

(1) [1]Die Ausschließung aus dem Beruf (§ 68 Abs. 1 Nr. 4) wird mit der Rechtskraft des Urteils wirksam. [2]Der Verurteilte wird aufgrund einer beglaubigten Abschrift der Urteilsformel, die mit der Bescheinigung der Rechtskraft versehen ist, im Berufsregister gelöscht.

(2) Warnung und Verweis (§ 68 Abs. 1 Nr. 1 und 2) gelten mit der Rechtskraft des Urteils als vollstreckt.

(3) [1]Die Vollstreckung der Geldbuße und die Beitreibung der Kosten werden nicht dadurch gehindert, daß der Wirtschaftsprüfer nach rechtskräftigem Abschluß des Verfahrens aus dem Beruf ausgeschieden ist. [2]Werden zusammen mit einer Geldbuße die Kosten des Verfahrens beigetrieben, so gelten auch für die Kosten die Vorschriften über die Vollstreckung der Geldbuße.

## § 126a Tilgung

(1) [1]Eintragungen in den über den Wirtschaftsprüfer geführten Akten über eine Warnung sind nach fünf, über einen Verweis oder eine Geldbuße nach zehn Jahren zu tilgen. [2]Die über diese berufsgerichtlichen Maßnahmen entstandenen Vorgänge sind aus den über den Wirtschaftsprüfer geführten Akten zu entfernen und zu vernichten. [3]Nach Ablauf der Frist dürfen diese Maßnahmen bei weiteren berufsgerichtlichen Maßnahmen nicht mehr berücksichtigt werden.

(2) Die Frist beginnt mit dem Tag, an dem die berufsgerichtliche Maßnahme unanfechtbar geworden ist.

(3) Die Frist endet nicht, solange gegen den Wirtschaftsprüfer ein Strafverfahren, ein ehrengerichtliches oder berufsgerichtliches Verfahren oder ein Disziplinarverfahren schwebt, eine andere berufsgerichtliche Maßnahme berücksichtigt werden darf oder ein auf Geldbuße lautendes Urteil noch nicht vollstreckt ist.

(4) Nach Ablauf der Frist gilt der Wirtschaftsprüfer als von berufsgerichtlichen Maßnahmen nicht betroffen.

(5) Die Absätze 1 bis 4 gelten für Rügen des Vorstands der Wirtschaftsprüferkammer entsprechend. Die Frist beträgt fünf Jahre.

### Fünfter Abschnitt. Anzuwendende Vorschriften

**§ 127**

Für die Berufsgerichtsbarkeit sind ergänzend das Gerichtsverfassungsgesetz, die Strafprozeßordnung und das Gerichtskostengesetz sinngemäß anzuwenden.

# Sechster Teil. Vereidigte Buchprüfer und Buchprüfungsgesellschaften

## § 128 Berufszugehörigkeit und Berufsbezeichnung

(1) [1]Vereidigter Buchprüfer ist, wer nach den Vorschriften dieses Gesetzes als solcher anerkannt oder bestellt ist; wird ein vereidigter Buchprüfer zum Wirtschaftsprüfer bestellt, so erlischt die Bestellung als vereidigter Buchprüfer. [2]Buchprüfungsgesellschaften sind die nach den Vorschriften dieses Gesetzes anerkannten Buchprüfungsgesellschaften; wird eine Buchprüfungsgesellschaft als Wirtschaftsprüfungsgesellschaft anerkannt, so erlischt die Anerkennung als Buchprüfungsgesellschaft.

(2) Vereidigte Buchprüfer haben im beruflichen Verkehr die Berufsbezeichnung „vereidigter Buchprüfer", Buchprüfungsgesellschaften die Bezeichnung „Buchprüfungsgesellschaft" zu führen.

(3) [1]Vereidigte Buchprüfer und Buchprüfungsgesellschaften sind Mitglieder der Wirtschaftsprüferkammer. [2]Im übrigen gilt § 58 Abs. 1 entsprechend.

## § 129 Inhalt der Tätigkeit

(1) [1]Vereidigte Buchprüfer haben die berufliche Aufgabe, Prüfungen auf dem Gebiete des betrieblichen Rechnungswesens, insbesondere Buch- und Bilanzprüfungen, durchzuführen. [2]Sie können über das Ergebnis ihrer Prüfungen Prüfungsvermerke erteilen. [3]Zu den Prüfungsvermerken gehören auch Bestätigungen und Feststellungen, die vereidigte Buchprüfer aufgrund gesetzlicher Vorschriften vornehmen. [4]Zu den beruflichen Aufgaben des vereidigten Buchprüfers gehört es insbesondere, die Prüfung des Jahresabschlusses von mittelgroßen Gesellschaften mit beschränkter Haftung (§ 267 Abs. 2 des Handelsgesetzbuchs) nach § 316 Abs. 1 Satz 1 des Handelsgesetzbuchs durchzuführen.

(2) Vereidigte Buchprüfer sind befugt, ihre Auftraggeber in steuerlichen Angelegenheiten nach Maßgabe der bestehenden Vorschriften zu beraten und zu vertreten.

(3) Vereidigte Buchprüfer können unter Berufung auf ihren Berufseid auf den Gebieten des betrieblichen Rechnungswesens als Sachverständige auftreten.

## § 130 Anwendung von Vorschriften des Gesetzes

(1) [1]Auf vereidigte Buchprüfer finden § 1 Abs. 2 und § 3 sowie die Bestimmungen des Sechsten Abschnitts des Zweiten Teils und des Dritten und Fünften Teils entsprechende Anwendung. [2]Im berufsgerichtlichen Verfahren gegen vereidigte Buchprüfer können vereidigte Buchprüfer und Wirtschaftsprüfer als Beisitzer berufen werden.

(2) Auf Buchprüfungsgesellschaften finden § 1 Abs. 3 und § 3 sowie die Bestimmungen des Fünften und Sechsten Abschnitts des Zweiten Teils und des Dritten Teils entsprechende Anwendung.

### § 131 Zulassung zur Prüfung

(1) [1]Die Zulassung zur Prüfung nach § 131a ist zu erteilen, wenn der Bewerber

1. im Zeitpunkt der Antragstellung Steuerberater oder Rechtsanwalt ist und mindestens fünf Jahre den Beruf eines Steuerberaters, Steuerbevollmächtigten oder Rechtsanwalts ausgeübt hat und

2. wenigstens drei Jahre Prüfungstätigkeit oder eine Tätigkeit nach § 8 Abs. 1 Nr. 2 letzter Satz nachweist; eine Tätigkeit als Revisor in größeren Unternehmen oder als Steuerberater kann bis zur Höchstdauer von einem Jahr auf die Prüfungstätigkeit angerechnet werden; § 9 Abs. 1, 2, 3 Satz 2, 4 und 5 finden entsprechende Anwendung.

[2]Die Voraussetzung des Satzes 1 Nr. 2 entfällt bei Bewerbern, die den Antrag auf Zulassung zur Prüfung bis zum Ablauf des 31. Dezember 1989 stellen. [3]Hat der Bewerber nach dem 1. Juli 1987 die Prüfung nicht bestanden oder aus einem von ihm nicht zu vertretenden Grund an der Prüfung nicht teilgenommen, so verlängert sich die in Satz 2 berechnete Frist um drei Jahre.

(2) Der Antrag auf Zulassung zur Prüfung kann frühestens am 1. Juli 1986 gestellt werden.

(3) Über die Zulassung zur Prüfung entscheidet die für die Wirtschaft zuständige oberste Landesbehörde.

(4) [1]Die §§ 7, 10 und 11 sind entsprechend anzuwenden. [2]§ 14a ist mit der Maßgabe anzuwenden, daß die Gebühr für das Prüfungsverfahren 400 Deutsche Mark beträgt.

### § 131a Prüfung

(1) [1]Die Prüfung gliedert sich in eine schriftliche und eine mündliche Prüfung. [2]Für Bewerber nach § 131 Abs. 1 Satz 2 entfällt die schriftliche Prüfung.

(2) [1]Prüfungsgebiete sind Wirtschaftliches Prüfungswesen (Pflichtprüfung des Jahresabschlusses von Gesellschaften mit beschränkter Haftung), Betriebswirtschaft, Wirtschaftsrecht unter besonderer Berücksichtigung des Rechts der Gesellschaft mit beschränkter Haftung und Berufsrecht der vereidigten Buchprüfer. [2]Die schriftliche Prüfung besteht aus einer unter Aufsicht anzufertigenden Arbeit aus den in Satz 1 bezeichneten Prüfungsgebieten.

(3) [1]Die praktische Berufsarbeit des vereidigten Buchprüfers bei gesetzlich vorgeschriebenen Abschlußprüfungen von Gesellschaften mit beschränkter Haftung ist in der Prüfung besonders zu berücksichtigen. [2]Für die Aufsichtsarbeit stehen dem Bewerber vier bis sechs Stunden zur Verfügung. [3]Die Dauer der mündlichen Prüfung soll für den einzelnen Bewerber eine Stunde nicht überschreiten. [4]Die Prüfung kann zweimal wiederholt werden.

(4) [1]Die Prüfung wird vor dem nach § 12 Abs. 1 eingerichteten Prüfungsausschuß abgelegt. [2]Der Ausschuß setzt sich zusammen aus
einem Vertreter der obersten Landesbehörde als Vorsitzendem,
einem Vertreter der Wirtschaft,
einem Wirtschaftsprüfer,

einem vereidigten Buchprüfer oder einem Wirtschaftsprüfer, der zugleich Steuerberater oder Rechtsanwalt ist.
[3]Ein Mitglied des Ausschusses muß die Befähigung zum Richteramt haben.

## § 131 b Bestellung. Vorläufige Bestellung

(1) Auf die Bestellung der Personen, die die Prüfung nach § 131 a bestanden haben, findet der Dritte Abschnitt des Zweiten Teils entsprechende Anwendung.

(2) [1]Auf Antrag wird ein nach § 131 zur Prüfung zugelassener Bewerber, der die Voraussetzungen des § 131 Abs. 1 Satz 2 erfüllt, sofern er nachweist, daß ihn eine prüfungspflichtige Kapitalgesellschaft mit der Prüfung nach § 316 Abs. 1 des Handelsgesetzbuches für das laufende oder abgelaufene Geschäftsjahr beauftragt wird, vorläufig bestellt. [2]Für die Bestellung hat der Antragsteller eine Gebühr von 200 Deutsche Mark an die oberste Landesbehörde zu zahlen. [3]Die Bestellung erlischt, wenn der Bewerber die Prüfung nach § 131 a nicht bestanden hat und sie nicht mehr wiederholen kann, unabhängig davon spätestens am 31. Dezember 1990; zur Vermeidung von unbilligen Härten kann die oberste Landesbehörde die Frist verlängern. [4]Die §§ 128 bis 130 Abs. 1 und der Dritte Abschnitt des Zweiten Teils finden entsprechende Anwendung. [5]Vorläufig bestellte Personen dürfen im beruflichen Verkehr nur den Zusatz „Zur Abschlußprüfung nach § 319 Abs. 1 Satz 2 des Handelsgesetzbuchs vorläufig berechtigt" verwenden. [6]Sie sind in der Wirtschaftsprüferversammlung nicht stimmberechtigt, können aber mit beratender Stimme an der Wirtschaftsprüferversammlung teilnehmen.

# Siebenter Teil. Erleichterte Bestellung von vereidigten Buchprüfern, Steuerberatern und Rechtsanwälten zu Wirtschaftsprüfern

## § 131 c Zulassung zur Prüfung

(1) Vereidigte Buchprüfer, Steuerberater und Rechtsanwälte können abweichend von den Vorschriften des Ersten und Zweiten Abschnitts des Zweiten Teils als Wirtschaftsprüfer bestellt werden, wenn sie die in § 131 e vorgesehene Prüfung bestanden haben.

(2) [1]Die Zulassung zur Prüfung ist zu erteilen, wenn der Bewerber
1. im Zeitpunkt der Antragstellung seit fünf Jahren den Beruf eines vereidigten Buchprüfers, eines Steuerberaters, eines Steuerbevollmächtigten oder eines Rechtsanwalts hauptberuflich und selbständig in eigener Praxis ausgeübt hat und im Zeitpunkt der Antragstellung hauptberuflich und selbständig in eigener Praxis als vereidigter Buchprüfer, Steuerberater oder Rechtsanwalt tätig ist,
2. spätestens am 1. Januar 1987 seit zwei Jahren und im Zeitpunkt der Antragstellung mindestens für eine Gesellschaft mit beschränkter Haftung in erheblichem Umfang selbständig in eigener Praxis geschäftsmäßig Hilfe in Steuersachen geleistet oder Prüfungen auf dem Gebiet des betrieblichen Rechnungswesens durchgeführt hat, sofern diese Gesellschaft spätestens zu dem der Antragstellung vorausgehenden Abschlußstichtag mindestens zwei der drei Größenmerkmale des § 267 Abs. 1 des Handelsgesetzbuchs überschreitet oder zu erwarten ist, daß sie diese spätestens für das Geschäftsjahr 1987 voraussichtlich überschreiten wird.

[2]Übt ein Bewerber seinen Beruf gemeinsam mit einer oder mehreren anderen Personen aus (Sozietät), so wird er nur zugelassen, wenn er bei den in Nummer 2 aufgeführten Tätigkeiten maßgeblich mitgewirkt hat.

(3) [1]Der selbständigen Berufsausübung in eigener Praxis steht die Tätigkeit eines Bewerbers, der im Zeitpunkt der Antragstellung vereidigter Buchprüfer, Steuerberater oder Rechtsanwalt ist, als Mitglied des Vorstands, als Geschäftsführer oder als persönlich haftender Gesellschafter einer Buchprüfungsgesellschaft oder Steuerberatungsgesellschaft gleich. [2]Dabei ist für die Anwendung des Absatzes 2 Satz 1 Nr. 2 die Tätigkeit der Gesellschaft zugrunde zu legen. [3]In den Fällen des Satzes 1 werden jedoch nur solche Bewerber zugelassen, die bei den in Absatz 2 Satz 1 Nr. 2 aufgeführten Tätigkeiten maßgeblich mitgewirkt haben.

(4) [1]Der Antrag auf Zulassung zur Prüfung kann frühestens am 1. Juli 1986 und nur bis zum Ablauf des 31. Dezember 1989 gestellt werden. [2]§ 131 Abs. 1 Satz 3 ist entsprechend anzuwenden.

(5) [1]Über die Zulassung zur Prüfung und über die in § 131 e Abs. 6 vorgesehene Befreiung von der schriftlichen Prüfung entscheidet die für Wirtschaft zuständige oberste Landesbehörde, über den in § 131 e Abs. 5 vorgesehenen Ersatz der schriftlichen Prüfung durch die Vorlage von Prüfungsberichten der Prüfungsausschuß nach § 131 e Abs. 4. [2]Die in Absatz 2 Satz 1 Nr. 2 genannte Voraussetzung ist durch schriftliche, an Eides Statt abzugebende Versicherungen des Bewerbers und durch schriftliche Versicherungen des Unternehmens, für das der Bewerber tätig geworden ist, glaubhaft zu machen.

(6) [1]Die §§ 7, 10 und 11 sind entsprechend anzuwenden. [2]§ 14a ist mit der Maßgabe anzuwenden, daß die Gebühr für das Prüfungsverfahren 400 Deutsche Mark beträgt.

## § 131 d  Rechtsverordnung*

[1]Der Bundesminister für Wirtschaft wird ermächtigt, durch Rechtsverordnung im Einvernehmen mit dem Bundesminister der Justiz und dem Bundesminister der Finanzen und mit Zustimmung des Bundesrates für die Prüfungen nach den §§ 131 a, 131 e Bestimmungen zu erlassen über die Berufung der Mitglieder des Prüfungsausschusses sowie über die Einzelheiten der Prüfung und des Prüfungsverfahrens, insbesondere über die in § 14 bezeichneten Angelegenheiten.

## § 131 e  Prüfung

(1) Die Prüfung gliedert sich in eine schriftliche und eine mündliche Prüfung.

(2) [1]Prüfungsgebiete sind Wirtschaftliches Prüfungswesen (Pflichtprüfung des Jahresabschlusses und des Konzernabschlusses), Betriebswirtschaft, Wirtschaftsrecht unter besonderer Berücksichtigung des Rechts der Gesellschaft mit beschränkter Haftung und das Berufsrecht der Wirtschaftsprüfer. [2]Die praktische Berufsarbeit des Wirtschaftsprüfers bei gesetzlich vorgeschriebenen Abschlußprüfungen ist besonders zu berücksichtigen.

(3) [1]Die schriftliche Prüfung besteht aus einer unter Aufsicht anzufertigenden Arbeit aus dem Gebiet des Wirtschaftlichen Prüfungswesens. [2]Für die Aufsichtsarbeit stehen dem Bewerber vier bis sechs Stunden zur Verfügung.

---

* Die Verordnung zur Durchführung von Artikel 6 des Bilanzrichtlinien-Gesetzes ist unter Nr. 11b abgedruckt.

[3]Die Dauer der mündlichen Prüfung soll für den einzelnen Bewerber eine Stunde nicht überschreiten. [4]Die Prüfung kann zweimal wiederholt werden.

(4) [1]Die Prüfung wird vor dem nach § 12 Abs. 1 eingerichteten Prüfungsausschuß abgelegt. [2]Der Ausschuß setzt sich zusammen aus

einem Vertreter der obersten Landesbehörde als Vorsitzendem,

einem Vertreter der Wirtschaft,

einem Wirtschaftsprüfer,

einem nach § 131 f Abs. 1 bestellten Wirtschaftsprüfer oder einem Steuerberater oder Rechtsanwalt, der zugleich Wirtschaftsprüfer ist. [3]Ein Mitglied des Ausschusses muß die Befähigung zum Richteramt haben.

(5) [1]Auf Antrag eines zugelassenen Bewerbers wird die schriftliche Prüfung durch die Vorlage von Prüfungsberichten ersetzt, durch die der Bewerber nachweist, daß er vor dem 31. Dezember 1986 in mindestens fünf Fällen bei wenigstens drei verschiedenen Gesellschaften mit beschränkter Haftung, die die in § 131 c Abs. 2 Satz 1 Nr. 2 bezeichneten Voraussetzungen spätestens im Zeitpunkt der Antragstellung erfüllen, selbständig in eigener Praxis oder aufgrund einer Tätigkeit nach § 131 c Abs. 3 den Jahresabschluß entsprechend den Grundsätzen der §§ 162, 166 und 167 des Aktiengesetzes in der vor dem 31. Dezember 1985 geltenden Fassung gegen Entgelt geprüft hat. [2]Die Prüfungsberichte sind mit der Erklärung des Bewerbers vorzulegen, daß er diese selbständig angefertigt hat. [3]Außerdem sind Zustimmungserklärungen des Auftraggebers und, wenn dieser nicht das Unternehmen ist, auf das sich der Prüfungsbericht bezieht, des geprüften Unternehmens der obersten Landesbehörde vorzulegen. [4]Der Bewerber kann die Kennzeichnung des geprüften Gegenstandes in den Berichten beseitigen. [5]Der Prüfungsausschuß kann die Vorlage weiterer Unterlagen verlangen.

(6) Auf Antrag wird die schriftliche Prüfung erlassen, wenn der Bewerber im Zeitpunkt der Antragstellung das 55. Lebensjahr vollendet hat und im Zeitpunkt der Antragstellung seit mindestens zehn Jahren hauptberuflich den Beruf eines vereidigten Buchprüfers, eines Steuerberaters, eines Steuerbevollmächtigten oder eines Rechtsanwalts ausübt.

## § 131 f Bestellung von vereidigten Buchprüfern, Steuerberatern und Rechtsanwälten als Wirtschaftsprüfer

(1) Auf die Bestellung der Personen, die die Prüfung nach § 131 e bestanden haben, als Wirtschaftsprüfer findet der Dritte Abschnitt des Zweiten Teils Anwendung.

(2) [1]Auf Antrag wird ein nach § 131 c zur Prüfung zugelassener Bewerber, der nachweist, daß ihn eine prüfungspflichtige Kapitalgesellschaft (§ 267 Abs. 2, 3 des Handelsgesetzbuchs) mit der Prüfung nach § 316 Abs. 1 des Handelsgesetzbuchs für das laufende oder abgelaufene Geschäftsjahr beauftragen wird, vorläufig bestellt. [2]Auf vorläufig bestellte Personen finden § 1 Abs. 2, §§ 2, 3 und § 131 b Abs. 2 Satz 2, 3 und 6 sowie die Bestimmungen des Dritten und Sechsten Abschnitts des Zweiten Teils sowie des Dritten, Vierten und Fünften Teils entsprechende Anwendung. [3]Vorläufig bestellte Personen dürfen im beruflichen Verkehr nur den Zusatz „Zur Abschlußprüfung nach § 319 Abs. 1 Satz 1 des Handelsgesetzbuchs vorläufig berechtigt" verwenden.

## Achter Teil. Eignungsprüfung als Wirtschaftsprüfer oder vereidigter Buchprüfer

### § 131 g Zulassung zur Eignungsprüfung als Wirtschaftsprüfer

(1) Ein Staatsangehöriger eines Mitgliedstaats der Europäischen Gemeinschaften, der in einem Mitgliedstaat außerhalb des Geltungsbereichs dieses Gesetzes ein Diplom erlangt hat, aus dem hervorgeht, daß der Inhaber über die beruflichen Voraussetzungen verfügt, die für die unmittelbare Zulassung zur Pflichtprüfung von Jahresabschlüssen und anderer Rechnungsunterlagen im Sinne des Artikels 1 Absatz 1 der Achten Richtlinie des Rates vom 10. April 1984 auf Grund von Artikel 54 Abs. 3 Buchstabe g des Vertrages über die Zulassung der mit der Pflichtprüfung der Rechnungsunterlagen beauftragten Personen (84/253/EWG) – ABl. EG Nr. L 126 (1984) S. 20 – in diesem Mitgliedstaat erforderlich sind, kann abweichend von den Vorschriften des Ersten und Zweiten Abschnitts des Zweiten Teils als Wirtschaftsprüfer bestellt werden, wenn er eine Eignungsprüfung als Wirtschaftsprüfer abgelegt hat.

(2) [1]Diplome im Sinne des Absatzes 1 sind Diplome, Prüfungszeugnisse oder sonstige Befähigungsnachweise im Sinne des Artikels 1 Buchstabe a der Richtlinie des Rates vom 21. Dezember 1988 über eine allgemeine Regelung zur Anerkennung der Hochschuldiplome, die eine mindestens dreijährige Berufsausbildung abschließen (89/48/EWG) – ABl. EG Nr. L 19 (1989) S. 16. –. [2]Ein Diplom auf Grund einer Ausbildung, die nicht überwiegend in den Europäischen Gemeinschaften stattgefunden hat, berechtigt zur Ablegung der Eignungsprüfung, wenn der Inhaber tatsächlich und rechtmäßig mindestens drei Jahre Berufserfahrung als gesetzlicher Abschlußprüfer hat und dies von dem Mitgliedstaat bescheinigt wird, der das Diplom ausgestellt oder anerkannt hat.

(3) [1]Über die Zulassung zur Eignungsprüfung entscheidet die für die Wirtschaft zuständige oberste Landesbehörde. [2]Der Antrag auf Zulassung ist an die oberste Landesbehörde zu richten, in deren Bereich der Bewerber seine berufliche Niederlassung begründen oder seine berufliche Tätigkeit aufnehmen will. [3]Steht noch nicht fest, wo der Bewerber seine berufliche Tätigkeit ausüben will, kann er den Antrag auf Zulassung an eine oberste Landesbehörde seiner Wahl richten. [4]Mehrere Länder können durch Vereinbarung die Zuständigkeit einer obersten Landesbehörde begründen. [5]Die Zuständigkeit kann durch Vereinbarung auf die Zulassung zur Eignungsprüfung von Bewerbern aus einzelnen Herkunftsmitgliedstaaten beschränkt werden. [6]§ 7 Abs. 2 und die §§ 13 und 13 a finden entsprechende Anwendung. [7]§ 14 a ist mit der Maßgabe anzuwenden, daß die Gebühr für das Prüfungsverfahren 500 Deutsche Mark beträgt.

### § 131 h Eignungsprüfung als Wirtschaftsprüfer

(1) [1]Zugelassene Bewerber legen die Eignungsprüfung vor dem Prüfungsausschuß ab, der bei der obersten Landesbehörde eingerichtet wird. [2]§ 12 Abs. 1 Satz 2 ist entsprechend anzuwenden; die Zuständigkeit kann auf die Eignungsprüfung von Bewerbern aus einzelnen Herkunftsmitgliedstaaten beschränkt werden.

(2) [1]Die Eignungsprüfung ist eine ausschließlich die beruflichen Kenntnisse des Bewerbers betreffende Prüfung, mit der seine Fähigkeit, den Beruf eines Wirtschaftsprüfers in der Bundesrepublik Deutschland auszuüben, beurteilt werden soll. [2]Die Eignungsprüfung muß dem Umstand Rechnung tragen, daß der Bewerber in einem Mitgliedstaat der Europäischen Gemeinschaften

über die beruflichen Voraussetzungen verfügt, die für die Zulassung zur Pflichtprüfung von Jahresabschlüssen und anderer Rechnungsunterlagen in diesem Mitgliedstaat erforderlich sind.

(3) ¹Die Prüfung gliedert sich in eine schriftliche und eine mündliche Prüfung. ²Sie wird in deutscher Sprache abgelegt. ³Prüfungsgebiete sind durch Rechtsverordnung näher zu bestimmende Bereiche des Wirtschaftlichen Prüfungswesens (rechtliche Vorschriften), des Wirtschaftsrechts, des Steuerrechts und das Berufsrecht der Wirtschaftsprüfer.

## § 131 i  Zulassung zur Eignungsprüfung als vereidigter Buchprüfer

¹Ein Bewerber, der die Voraussetzungen des § 131 g Abs. 1 und 2 erfüllt, kann abweichend von den §§ 131 und 131 a als vereidigter Buchprüfer bestellt werden, wenn er die Eignungsprüfung als vereidigter Buchprüfer bestanden hat. ²§ 131 g Abs. 3 ist entsprechend anzuwenden.

## § 131 j  Eignungsprüfung als vereidigter Buchprüfer

¹Für die Eignungsprüfung als vereidigter Buchprüfer gilt § 131 h Abs. 1 und 2 und Abs. 3 Satz 1 und 2 entsprechend. ²Prüfungsgebiete sind durch Rechtsverordnung näher zu bestimmende Bereiche des Wirtschaftlichen Prüfungswesens (rechtliche Vorschriften über die Pflichtprüfung des Jahresabschlusses von Gesellschaften mit beschränkter Haftung), des Wirtschaftsrechts unter besonderer Berücksichtigung des Rechts der Gesellschaft mit beschränkter Haftung, des Steuerrechts und das Berufsrecht der vereidigten Buchprüfer. ³Ist der Bewerber als Steuerberater bestellt oder als Rechtsanwalt zugelassen, so entfällt auf Antrag die Prüfung im Steuerrecht.

## § 131 k  Bestellung

¹Auf die Bestellung der Personen, die die Prüfung nach § 131 h bestanden haben, als Wirtschaftsprüfer und auf die Bestellung der Personen, die die Prüfung nach § 131 j bestanden haben, als vereidigter Buchprüfer findet der Dritte Abschnitt des Zweiten Teils entsprechende Anwendung. ²§ 16 Abs. 1 und 2 findet mit der Maßgabe entsprechende Anwendung, daß die Bestellung auch dann versagt werden muß, wenn einer der Gründe des § 10 Abs. 1 vorliegt, und daß die Bestellung auch dann versagt werden kann, wenn einer der Gründe des § 10 Abs. 2 Nr. 1 oder 2 vorliegt.

## § 131 l  Rechtsverordnung

Der Bundesminister für Wirtschaft wird ermächtigt, durch Rechtsverordnung mit Zustimmung des Bundesrates für die Prüfungen nach den §§ 131 h, 131 j Bestimmungen zu erlassen über die Zusammensetzung des Prüfungsausschusses und die Berufung seiner Mitglieder, die Einzelheiten der Prüfung und des Prüfungsverfahrens, insbesondere über die in § 14 bezeichneten Angelegenheiten, den Erlaß von Prüfungsleistungen, sowie die Zulassung zur Eignungsprüfung von Bewerbern, die die Voraussetzung des Artikels 3 Buchstabe b der Richtlinie erfüllen.

## § 131 m  Bescheinigungen des Heimat- oder Herkunftsmitgliedstaats

Soweit es für die Entscheidung über die Bestellung als Wirtschaftsprüfer oder vereidigter Buchprüfer der Vorlage oder Anforderung von
1. Bescheinigungen oder Urkunden darüber, daß keine schwerwiegenden beruflichen Verfehlungen, Straftaten oder sonstige, die Eignung des Bewerbers für den Beruf des Wirtschaftsprüfers oder vereidigten Buchprüfers in Frage stellende Umstände bekannt sind,

2. Bescheinigungen oder Urkunden darüber, daß sich der Bewerber nicht im Konkurs befindet,
3. Bescheinigungen über die körperliche oder geistige Gesundheit,
4. Führungszeugnissen

des Heimat- oder Herkunftsmitgliedstaats bedarf, genügt eine Bescheinigung oder Urkunde im Sinne des Artikels 6 der Richtlinie des Rates vom 21. Dezember 1988 (§ 131g Abs. 2 Satz 1).

# Neunter Teil. Bußgeldvorschriften

## § 132  Verbot verwechselungsfähiger Berufsbezeichnungen

(1) Die Führung der Berufsbezeichnung „Buchprüfer", „Bücherrevisor" oder „Wirtschaftstreuhänder" ist untersagt.

(2) [1]Ordnungswidrig handelt, wer eine der in Absatz 1 genannten Berufsbezeichnungen führt. [2]Die Ordnungswidrigkeit kann mit einer Geldbuße geahndet werden.

## § 133  Schutz der Bezeichnung „Wirtschaftsprüfungsgesellschaft" und „Buchprüfungsgesellschaft"

(1) Ordnungswidrig handelt, wer als Vorstandsmitglied, Geschäftsführer, persönlich haftender Gesellschafter oder Prokurist die Bezeichnung „Wirtschaftsprüfungsgesellschaft" oder „Buchprüfungsgesellschaft" für eine Gesellschaft gebraucht, die nicht als solche anerkannt ist.

(2) Die Ordnungswidrigkeit kann mit einer Geldbuße bis zu zehntausend Deutsche Mark geahndet werden.

# Zehnter Teil. Übergangs- und Schlußvorschriften

## § 134  Fortgelten früherer Bestellungen und Anerkennungen

(1) [1]Wirtschaftsprüfer und Wirtschaftsprüfer im Genossenschaftswesen, die im Geltungsbereich dieses Gesetzes nach den bisher geltenden Vorschriften bestellt oder anerkannt, insbesondere zur Prüfung von Genossenschaften berechtigt sind, sind Wirtschaftsprüfer im Sinne dieses Gesetzes. [2]Vereidigte Buchprüfer (Bücherrevisoren), die nach den entsprechenden Vorschriften bestellt sind, sind vereidigte Buchprüfer im Sinne dieses Gesetzes. [3]Als vereidigte Buchprüfer werden auch anerkannt die im Saarland nach dem 8. Mai 1945 von der Industrie- und Handelskammer bestellten Buchprüfer und Buchsachverständigen.

(2) Bestellungen von Wirtschaftsprüfern und vereidigten Buchprüfern (Bücherrevisoren), die in Deutschland außerhalb des Geltungsbereiches dieses Gesetzes vorgenommen worden sind, können anerkannt werden, wenn hierbei die vor dem 8. Mai 1945 geltenden Bestimmungen über die Zulassung, die Prüfung sowie die Bestellung oder andere Bestimmungen angewandt worden sind, die in ihrem wesentlichen Inhalt den vor dem 8. Mai 1945 geltenden Bestimmungen oder den Vorschriften dieses Gesetzes entsprechen.

(3) [1]Die Absätze 1 und 2 gelten sinngemäß für die Anerkennung von Wirtschaftsprüfungsgesellschaften und Buchprüfungsgesellschaften. [2]Haben Wirtschaftsprüfungsgesellschaften, die den Voraussetzungen des § 28 Abs. 2, 3, 5 und 6 nicht entsprechen, bis zum Ablauf des dritten Jahres nach Inkrafttreten dieses Gesetzes die Maßnahmen nicht getroffen, die die Übereinstimmung mit

den Anforderungen dieses Gesetzes (§ 28 Abs. 2, 3, 5 und 6) herstellen, so muß die oberste Landesbehörde die Anerkennung zurücknehmen. [3]§ 34 Abs. 2 findet sinngemäß Anwendung. [4]Die oberste Landesbehörde kann die Frist verlängern, wenn die Zurücknahme der Anerkennung eine unbillige Härte bedeuten würde, jedoch nicht über den Ablauf des achten Jahres nach Inkrafttreten dieses Gesetzes hinaus. [5]Bis zur Durchführung der in § 28 Abs. 5 genannten Maßnahmen sind Aktiengesellschaften und Kommanditgesellschaften auf Aktien von der Verpflichtung zur Einreichung einer Liste der Gesellschafter nach § 41 Abs. 2 befreit, soweit ihnen die Inhaber der Aktien nicht bekannt sind.

(4) [1]Die Entscheidung über die Anerkennung der Bestellung von Wirtschaftsprüfern und vereidigten Buchprüfern im Sinne des Absatzes 2 trifft die nach § 15 zuständige oberste Landesbehörde nach Anhörung des Zulassungsausschusses. [2]Das gleiche gilt, wenn Zweifel darüber bestehen, ob die Voraussetzungen des Absatzes 1 gegeben sind.

### § 134a Übergangsregelung

(1) [1]Wirtschaftsprüfer und vereidigte Buchprüfer, die am 31. Dezember 1989 bestellt sind, behalten ihre Bestellung, auch wenn sie die Voraussetzungen der am 1. Januar 1990 in Kraft tretenden Vorschriften des Artikels 6 des Bilanzrichtlinien-Gesetzes vom 19. 12. 1985 (BGBl. I S. 2355) nicht erfüllen. [2]Entsprechendes gilt für Wirtschaftsprüfungsgesellschaften und Buchprüfungsgesellschaften, die am 31. Dezember 1989 anerkannt sind. [3]Die Anerkennung einer Wirtschaftsprüfungsgesellschaft und einer Buchprüfungsgesellschaft ist jedoch zu widerrufen, wenn sie nach dem 31. Dezember 1994 die Voraussetzungen des § 28 Abs. 2 und 3 in der ab 1. Januar 1990 geltenden Fassung nicht erfüllt.

(2) [1]Wirtschaftsprüfungsgesellschaften und Buchprüfungsgesellschaften, die im Zeitpunkt des Inkrafttretens des Artikels 6 Nr. 6 Buchstabe b des Bilanzrichtlinien-Gesetzes anerkannt sind, bleiben anerkannt. [2]Die Anerkennung einer solchen Wirtschaftsprüfungsgesellschaft oder Buchprüfungsgesellschaft ist von der obersten Landesbehörde zu widerrufen, wenn nach dem 31. Dezember 1987 bei der Wirtschaftsprüfungsgesellschaft oder Buchprüfungsgesellschaft der Bestand der Gesellschafter oder das Verhältnis ihrer Beteiligungen oder Stimmrechte durch Rechtsgeschäft oder aufgrund Erbfalls verändert und dabei § 28 Abs. 4 nicht beachtet wird. [3]§ 34 Abs. 1 Nr. 2 ist entsprechend anzuwenden.

(3) § 9 Abs. 6 Satz 1 gilt für Bewerber, die am 1. Januar 1990 den Beruf eines vereidigten Buchprüfers oder Steuerberaters ausüben, § 9 Abs. 6 Satz 2 gilt für Bewerber, die am 1. Januar 1990 sich in der praktischen Ausbildung zum Wirtschaftsprüfer befinden, jeweils bis zum 1. Januar 1996 in der Fassung der Bekanntmachung vom 5. November 1975 (BGBl. I S. 2803).

(4) Für Bewerber, die deutsche Staatsangehörige oder Angehörige eines Mitgliedstaates der Europäischen Gemeinschaften sind und am 31. Dezember 1989 ihren Wohnsitz oder ständigen Aufenthalt in dem in Artikel 3 des Einigungsvertrages genannten Gebiet hatten und die den Antrag auf Zulassung zur Prüfung bis zum 31. Dezember 1996 stellen, gelten die §§ 8 und 131 mit der Maßgabe, daß
1. auf den Nachweis des abgeschlossenen Hochschulstudiums nach § 8 Abs. 2 Nr. 1 auch dann verzichtet werden kann, wenn der Bewerber sich in mindestens zehnjähriger Tätigkeit als Mitarbeiter einer auf dem Gebiet des wirt-

schaftlichen Prüfungswesens tätigen Person, eines Prüfungsverbandes oder einer sonstigen Prüfungseinrichtung bewährt hat,

2. nach § 131 Abs. 1 Satz 1 Nr. 1 ausreicht, wenn der Bewerber im Zeitpunkt der Antragstellung Steuerberater oder Rechtsanwalt ist und mindestens zwei Jahre den Beruf eines Steuerberaters, Steuerbevollmächtigten oder Rechtsanwalts ausgeübt hat.

(5) ¹Abweichend von den Vorschriften des Ersten und Zweiten Abschnitts des Zweiten Teils können Bewerber als Wirtschaftsprüfer nach diesem Gesetz bestellt werden, die nach einem postgradualen Studium vor dem Tage des Wirksamwerdens des Beitritts in dem in Artikel 3 des Einigungsvertrages genannten Gebiet die Berechtigung erworben haben, die Berufsbezeichnung „Wirtschaftsprüfer" zu führen, wenn sie die in Satz 3 vorgesehene Eignungsprüfung oder eine dieser entsprechende Prüfung in dem in Artikel 3 des Einigungsvertrages genannten Gebiet bestanden haben. ²§ 7 Abs. 2, §§ 10, 11, 12 Abs. 1 und § 131g Abs. 3 Satz 1 bis 4 sind entsprechend anzuwenden; § 14a ist mit der Maßgabe anzuwenden, daß die Gebühr für das Prüfungsverfahren 400 Deutsche Mark beträgt. ³Die Prüfung wird schriftlich und mündlich abgenommen und ist eine ausschließlich die beruflichen Kenntnisse des Bewerbers betreffende Prüfung, mit der seine Fähigkeit, den Beruf eines Wirtschaftsprüfer auszuüben, beurteilt werden soll. ⁴Der Bundesminister für Wirtschaft wird ermächtigt, durch Rechtsverordnung mit Zustimmung des Bundesrates Bestimmungen zu erlassen über die Zusammensetzung des Prüfungsausschusses und die Berufung seiner Mitglieder sowie die Einzelheiten der Prüfung und des Prüfungsverfahrens, insbesondere über die in § 14 bezeichneten Angelegenheiten. ⁵Auf die Bestellung der Personen, die die Prüfung nach Satz 3 bestanden haben, findet der Dritte Abschnitt des Zweiten Teils Anwendung.

## § 135 Behandlung schwebender Anträge und Verfahren

(1) Anträge auf Zulassung zur Prüfung als Wirtschaftsprüfer, über die von den Zulassungs- oder Vorprüfungsausschüssen am Tage des Inkrafttretens dieses Gesetzes noch nicht entschieden ist, sind nach den Vorschriften dieses Gesetzes zu behandeln.

(2) ¹Vor dem Inkrafttreten dieses Gesetzes ergangene Entscheidungen der Zulassungs- und Vorprüfungsausschüsse über die Zulassung zur Prüfung als Wirtschaftsprüfer oder vereidigter Buchprüfer (Bücherrevisor) bleiben in Kraft. ²Die Prüfung wird nach dem vor Inkrafttreten dieses Gesetzes geltenden Recht durchgeführt. ³Die Vorgänge sind nach Abschluß der Prüfung der obersten Landesbehörde zuzuleiten.

(3) ¹Hat der Bewerber vor dem Inkrafttreten dieses Gesetzes die Prüfung abgelegt, eine Bestellung aber noch nicht erhalten, so muß die Bestellung innerhalb eines Jahres nach dem Inkrafttreten dieses Gesetzes bei der obersten Landesbehörde beantragt werden. ²In Härtefällen kann die oberste Landesbehörde Ausnahmen gewähren.

(4) Der Absatz 1 gilt sinngemäß für die Verfahren bei der Anerkennung von Wirtschaftsprüfungsgesellschaften und Buchprüfungsgesellschaften.

(5) Ehrengerichtsverfahren und Disziplinarverfahren, die bei dem Inkrafttreten dieses Gesetzes noch nicht abgeschlossen sind, werden nach dem bisherigen Recht weitergeführt.

## § 136 Einberufung der ersten Wirtschaftsprüferversammlung

(1) ¹Die erste Wirtschaftsprüferversammlung tritt spätestens am sechzigsten Tage nach dem Inkrafttreten dieses Gesetzes zusammen. ²Sie wird durch den Bundesminister für Wirtschaft mittels öffentlicher Bekanntmachung im Bundesanzeiger einberufen. ³Ein Beauftragter des Bundesministers für Wirtschaft führt bis zur Wahl des Vorsitzers des Vorstandes der Wirtschaftsprüferkammer den Vorsitz der Wirtschaftsprüferversammlung. ⁴Stimmberechtigt sind alle Personen, die Wirtschaftsprüfer oder vereidigte Buchprüfer im Sinne dieses Gesetzes sind.

(2) Die erste Wirtschaftsprüferversammlung hat den Beirat der Wirtschaftsprüferkammer zu wählen.

## § 137 Regelung der Ausbildung des Berufsnachwuchses

¹Der Bundesminister für Wirtschaft wird ermächtigt, mit Zustimmung des Bundesrates durch Rechtsverordnung Vorschriften über die Regelung der Ausbildung des Berufsnachwuchses zu erlassen. ²Dabei kann vorgeschrieben werden, daß Wirtschaftsprüfer, Wirtschaftsprüfungsgesellschaften, genossenschaftliche Prüfungsverbände, Sparkassen- und Giroverbände und überörtliche Prüfungseinrichtungen für öffentliche Körperschaften, Bewerber zu Ausbildungszwecken beschäftigen.

## § 138 Auflösung bisheriger Berufskammern

¹Die bei Inkrafttreten dieses Gesetzes bestehenden und durch Gesetz, Verordnung oder Anordnung geschaffenen Berufskammern der Wirtschaftsprüfer und der vereidigten Buchprüfer sowie die Hauptstelle für das wirtschaftliche Prüfungs- und Treuhandwesen sind aufgelöst. ²Die Vorschriften des Bürgerlichen Gesetzbuchs über die Auflösung von Vereinen finden sinngemäß Anwendung. ³Das Vermögen ist, soweit Landesgesetze nicht etwas anderes bestimmen, anteilig und nach Maßgabe der in den letzten drei Jahren von den Wirtschaftsprüfern und den vereidigten Buchprüfern gezahlten Mitgliedsbeiträge auf die Wirtschaftsprüferkammer, bei der Hauptstelle für das wirtschaftliche Prüfungs- und Treuhandwesen anteilig auf den Deutschen Industrie- und Handelstag und die Wirtschaftsprüferkammer zu übertragen.

## § 139 Aufhebung gesetzlicher Bestimmungen

Zum Zeitpunkt des Inkrafttretens dieses Gesetzes treten, soweit sie das Berufsrecht der Wirtschaftsprüfer und vereidigten Buchprüfer (Bücherrevisoren) betreffen, folgende Vorschriften außer Kraft:
1. in den Ländern Nordrhein-Westfalen, Niedersachsen, Schleswig-Holstein und Hamburg:
   die Verordnung über eine Berufsordnung für die Angehörigen des wirtschaftlichen Prüfungs- und Treuhandwesens vom 20. Dezember 1946 mit den Anlagen
   I Prüfungs- und Bestellungsordnung für Wirtschaftsprüfer und vereidigte Buchprüfer,
   II Ehrengerichts-Ordnung,
   III Mustersatzung der Landeskammern für das wirtschaftliche Prüfungs- und Treuhandwesen,
   IV Satzung der Hauptkammer für das wirtschaftliche Prüfungs- und Treuhandwesen,
   V Satzung der Hauptstelle für das wirtschaftliche Prüfungs- und Treuhandwesen

sowie

die Ausführungsbestimmungen zur Prüfungs- und Bestellungsordnung für Wirtschaftsprüfer und vereidigte Buchprüfer des Zentralamts für Wirtschaft in der britischen Zone vom 20. Dezember 1946
(verkündet
für Nordrhein-Westfalen im Amtlichen Anzeiger, Beiblatt zum Gesetz- und Verordnungsblatt für das Land Nordrhein-Westfalen, 1947 S. 16,
für Niedersachsen im Amtsblatt für Niedersachsen – Staatsanzeiger – 1947 S. 44,
für Schleswig-Holstein im Amtsblatt für Schleswig-Holstein 1947 S. 148,
für die Hansestadt Hamburg im Amtlichen Anzeiger, Beiblatt zum Hamburgischen Gesetz- und Verordnungsblatt, 1947 S. 109)
sowie
die Erste Anordnung zur Änderung und Durchführung der Verordnung über eine Berufsordnung für die Angehörigen des wirtschaftlichen Prüfungs- und Treuhandwesens vom 15. März 1948 (Verordnungsblatt für die britische Zone S. 74) sowie
der Runderlaß der Verwaltung für Wirtschaft über Muster für die äußere Gestaltung der Siegel und Stempel für Wirtschaftsprüfer, vereidigte Buchprüfer sowie Wirtschaftsprüfungsgesellschaften und Buchprüfungsgesellschaften vom 21. April 1948 (Mitteilungsblatt der Verwaltung für Wirtschaft des Vereinigten Wirtschaftsgebietes Teil A S. 158) sowie die Bekanntgabe des Bundesministers für Wirtschaft betr. Vereidigung von Wirtschaftsprüfern und Buchprüfern (Britische Zone) vom 20. Oktober 1950 – II 7 – 16200/50 – (Ministerialblatt des Bundesministers für Wirtschaft S. 234);

2. im Land Bayern:

das Gesetz Nr. 105 über Wirtschaftsprüfer, Bücherrevisoren und Steuerberater vom 9. März 1948 (Bayerisches Gesetz- und Verordnungsblatt S. 45) sowie

die Verordnung zur Durchführung des Gesetzes Nr. 105 über Wirtschaftsprüfer, Bücherrevisoren und Steuerberater vom 15. Dezember 1948 (Bayerisches Gesetz- und Verordnungsblatt 1949 S. 4) nebst Anlage sowie

die Zweite Verordnung zur Durchführung des Gesetzes Nr. 105 über Wirtschaftsprüfer, Bücherrevisoren und Steuerberater vom 15. Juni 1949 (Bayerisches Gesetz- und Verordnungsblatt S. 272);

3. im ehemaligen Land Württemberg-Baden:

das Gesetz Nr. 911 über Wirtschaftsprüfer, Bücherrevisoren und Steuerberater vom 17. Dezember 1947 (Regierungsblatt der Regierung Württemberg-Baden 1948 S. 9) sowie

die Verordnung Nr. 937, Erste Verordnung des Wirtschaftsministeriums und des Finanzministeriums zur Durchführung des Gesetzes über Wirtschaftsprüfer, Bücherrevisoren und Steuerberater vom 8. November 1948 (Regierungsblatt der Regierung Württemberg-Baden 1949 S. 7) sowie

die Verordnung Nr. 938, Zweite Verordnung des Wirtschaftsministeriums und des Finanzministeriums zur Durchführung des Gesetzes über Wirtschaftsprüfer, Bücherrevisoren und Steuerberater vom 8. November 1948 (Regierungsblatt der Regierung Württemberg-Baden 1949 S. 16) sowie

die Richtlinien des Wirtschaftsministeriums und des Finanzministeriums über die Kundmachung und den Auftragsschutz der Wirtschaftsprüfer, Bücherrevisoren und Steuerberater vom 2. Februar 1949 (Staatsanzeiger für Württemberg-Baden Nr. 13 vom 19. März 1949) sowie die Richtlinien des Wirtschaftsministeriums und des Finanzministeriums über die äußere Gestaltung des Berufssiegels der Wirtschaftsprüfer (Wirtschaftsprüfungsgesellschaften), Bücherrevisoren und Steuerberater (Steuerberatungsgesellschaften) vom 8. November 1949 (Staatsanzeiger für Württemberg-Baden Nr. 48 vom 19. November 1949);

4. im Land Hessen:
das Gesetz über Wirtschaftsprüfer, Bücherrevisoren und Steuerberater vom 13. Dezember 1947 (Gesetz- und Verordnungsblatt für das Land Hessen 1948 S. 8) sowie
die Erste Durchführungsverordnung zum Gesetz über Wirtschaftsprüfer, Bücherrevisoren und Steuerberater vom 3. Mai 1950 (Gesetz- und Verordnungsblatt für das Land Hessen S. 73) in Verbindung mit der Bekanntmachung der Hessischen Landesregierung vom 30. September 1950 (Gesetz- und Verordnungsblatt für das Land Hessen S. 185) sowie
die Zweite Durchführungsverordnung zum Gesetz über Wirtschaftsprüfer, Bücherrevisoren und Steuerberater vom 3. Mai 1950 (Gesetz- und Verordnungsblatt für das Land Hessen S. 84) sowie
die Richtlinien über die Kundmachung und den Auftragsschutz der Wirtschaftsprüfer, Bücherrevisoren und Steuerberater vom 8. September 1953 (Staatsanzeiger für das Land Hessen S. 874);

5. im Land Bremen:
das Gesetz über Wirtschaftsprüfer, Bücherrevisoren und Steuerberater vom 26. Februar 1948 (Gesetzblatt der Freien Hansestadt Bremen S. 29) sowie
die Erste Durchführungsverordnung zum Gesetz über Wirtschaftsprüfer, Bücherrevisoren und Steuerberater vom 4. Dezember 1948 (Gesetzblatt der Freien Hansestadt Bremen S. 238) sowie
die Zweite Durchführungsverordnung zum Gesetz über Wirtschaftsprüfer, Bücherrevisoren und Steuerberater vom 4. Dezember 1948 (Gesetzblatt der Freien Hansestadt Bremen S. 246) sowie
die Richtlinien über die Kundmachung und den Auftragsschutz der Wirtschaftsprüfer, vereidigten Buchprüfer (Bücherrevisoren) und Steuerberater vom 8. November 1951 (Gesetzblatt der Freien Hansestadt Bremen S. 99);

6. im ehemaligen Land Baden:
die Anordnung über die Bildung der Kammer der Wirtschafts- und Steuersachverständigen im Gebiet von Baden (Französische Zone) vom 15. Januar 1946 und die Satzung der Kammer der Wirtschafts- und Steuersachverständigen im Gebiet von Baden (Französische Zone) vom 15. Januar 1946 (Amtsblatt der Militärregierung Baden – Französisches Besatzungsgebiet – vom 23. Januar 1946 S. 6) sowie
die aufgrund dieser Bestimmungen erlassenen Vorschriften über Errichtung und Verfahren der Zulassungs- und Prüfungsstelle sowie
die Ehrengerichtsordnung der Kammer der Wirtschafts- und Steuersachverständigen im Gebiet von Baden (Französische Zone) vom 30. Januar 1946;

7. im ehemaligen Land Württemberg-Hohenzollern:
die Rechtsanordnung über die Bildung der Kammer der Wirtschafts- und Steuersachverständigen vom 8. März 1946 (Amtsblatt des Staatssekretariats für das französisch besetzte Gebiet Württembergs und Hohenzollerns S. 19) sowie
die Satzung der Kammer der Wirtschafts- und Steuersachverständigen im französisch besetzten Gebiet von Württemberg und Hohenzollern vom 8. März 1946 (Amtsblatt des Staatssekretariats für das französisch besetzte Gebiet Württembergs und Hohenzollerns S. 20) sowie

die aufgrund dieser Bestimmungen erlassenen Vorschriften über die Zulassung und über die Prüfung sowie die Ehrengerichtsordnung der Kammer der Wirtschafts- und Steuersachverständigen vom 11. Juli 1953 (Hinweise im Staatsanzeiger für Baden-Württemberg vom 5. September 1953 S. 1);

8. im Land Rheinland-Pfalz:

der Erlaß des Oberpräsidenten von Rheinland-Hessen-Nassau betr. Heranziehung von Wirtschaftsprüfern, Treuhandgesellschaften, Steuerberatern usw. vom 21. August 1946 (Amtsblatt für das Oberpräsidium von Rheinland-Hessen-Nassau und für die Regierungen in Koblenz und Montabaur S. 143) sowie

der Präsidialerlaß des Oberpräsidenten von Rheinland-Hessen-Nassau betr. Errichtung einer Kammer der Wirtschafts- und Steuersachverständigen für Rheinland-Hessen-Nassau vom 20. September 1946 und die Durchführungsbestimmungen zum Präsidialerlaß vom 20. September 1946 (Amtsblatt für das Oberpräsidium von Rheinland-Hessen-Nassau und für die Regierungen in Koblenz und Montabaur S. 193) sowie

die Wirtschaftsprüferordnung (WPO) vom 21. März 1950 (Gesetz- und Verordnungsblatt der Landesregierung Rheinland-Pfalz Teil I S. 91) sowie

der Runderlaß des Ministers für Inneres und Wirtschaft – Hpt.-Abt. Wirtschaft und Verkehr – vom 18. April 1951 (Ministerialblatt der Landesregierung von Rheinland-Pfalz Spalte 287) sowie

die Landesverordnung über den Widerruf der Bestellung von Wirtschaftsprüfern (WP-Widerrufsverfahren) vom 11. April 1953 (Gesetz- und Verordnungsblatt der Landesregierung Rheinland-Pfalz S. 56) sowie

die Buchprüferordnung (BPO) für Rheinland-Pfalz (genehmigt durch Erlaß des Ministers für Wirtschaft und Verkehr vom 23. November 1949 – Aktenzeichen ZA R 10/08 – 2371/49 –) sowie

die erste Änderung der Buchprüferordnung (BPO) für Rheinland-Pfalz (genehmigt durch Erlaß des Ministeriums für Wirtschaft und Verkehr Rheinland-Pfalz vom 18. Oktober 1952 – ZA I 14/03 – 470/52);

9. im bayerischen Kreis Lindau:

die Rechtsanordnung über Wirtschaftsprüfer, Bücherrevisoren und Steuerberater vom 16. August 1948 (Amtsblatt des ehemaligen bayerischen Kreises Lindau Nr. 62 vom 17. August 1948);

10. im Land Berlin:

die Bekanntmachung betr. Zulassung und Prüfung der Angehörigen der wirtschafts- und steuerberatenden Berufe durch die Abteilung für Wirtschaft und die Finanzabteilung des Magistrats von Groß-Berlin vom 30. Juni 1947 (Verordnungsblatt für Groß-Berlin S. 231);

11. die folgenden Vorschriften, soweit sie im Geltungsbereich dieses Gesetzes noch Geltung besitzen:

a) die Bestimmungen in Abschnitt II A und B sowie die Abschnitte III bis V der Anlage zur Ersten Verordnung zur Durchführung der aktienrechtlichen Vorschriften der Verordnung des Reichspräsidenten über Aktienrecht, Bankenaufsicht und über eine Steueramnestie vom 15. Dezember 1931 (Reichsgesetzbl. I S. 761)

b) die Verordnung zur Sicherstellung der Durchführung kriegsnotwendiger Aufgaben auf dem Gebiet des wirtschaftlichen Prüfungs- und Treuhandwesens vom 14. August 1942 (Reichsgesetzbl. I S. 521)

c) die Verordnung über den Zusammenschluß auf dem Gebiet des wirtschaftlichen Prüfungs- und Treuhandwesens vom 23. März 1943 (Reichsgesetzbl. I S. 157)

d) die Anordnung über die Reichskammer der Wirtschaftstreuhänder vom 30. März 1943 (Ministerialblatt des Reichswirtschaftsministeriums S. 352)

e) der Erlaß des Reichswirtschaftsministers vom 30. März 1943 – Bekanntmachung der Satzung der Reichskammer der Wirtschaftstreuhänder – (Ministerialblatt des Reichswirtschaftsministeriums S. 354)

f) die Erste Anordnung über Berufslenkung im wirtschaftlichen Prüfungs- und Treuhandwesen vom 15. Juni 1943 (Ministerialblatt des Reichswirtschaftsministeriums S. 556)

g) die Anordnung über die Hauptstelle für das Wirtschaftstreuhandwesen vom 15. Juni 1943 (Ministerialblatt des Reichswirtschaftsministeriums S. 558)

h) die Satzung der Hauptstelle für das Wirtschaftstreuhandwesen vom 15. Juni 1943 (Ministerialblatt des Reichswirtschaftsministeriums S. 558)

i) die Bestimmungen der Hauptstelle für die öffentlich bestellten Wirtschaftsprüfer

k) die Bestimmungen der Reichskammer der Wirtschaftstreuhänder über die Kundmachung und den Auftragsschutz (genehmigt durch Erlaß des Reichswirtschaftsministers vom 29. Januar 1944 IV Kred. 23766/43–)

l) der Erlaß des Reichswirtschaftsministers über die Versicherungspflicht der Wirtschaftsprüfer vom 19. August 1941 – IV Kred. 34925/41 –

m) der Erlaß des Reichswirtschaftsministers über die Versicherungspflicht der vereidigten Buchprüfer vom 11. März 1940 – IV Kred. 31381/40 –

n) der Erlaß des Reichs- und Preußischen Wirtschaftsministers vom 9. November 1937 – IV 43347/37 –, betreffend Wirtschaftstreuhänder und vereidigte Bücherrevisoren mit der Anlage „Bestimmungen über die Verleihung der berufsständischen Bezeichnung ‚Wirtschaftstreuhänder NSRB‘ und die öffentliche Bestellung und Vereidigung als Bücherrevisor" (Ministerialblatt für Wirtschaft S. 250) sowie die dazu ergangenen Richtlinien und Ergänzungen;

12. das Gesetz über Wirtschaftsprüfer im Genossenschaftswesen vom 17. Juli 1952 (Bundesgesetzbl. I S. 385).

## § 140 Land Berlin, Freie und Hansestadt Hamburg

(1) Dieses Gesetz gilt nach Maßgabe des § 13 Abs. 1 des Dritten Überleitungsgesetzes vom 4. Januar 1952 (Bundesgesetzbl. I S. 1) auch im Land Berlin. Rechtsverordnungen, die aufgrund der in diesem Gesetz enthaltenen Ermächtigungen erlassen werden, gelten im Land Berlin nach § 14 des Dritten Überleitungsgesetzes.

(2) Der Senat der Freien und Hansestadt Hamburg wird ermächtigt, die Vorschriften dieses Gesetzes über die Zuständigkeit der Behörden dem besonderen Verwaltungsaufbau in Hamburg anzupassen.

## § 141 Inkrafttreten*

(1) Dieses Gesetz tritt am ersten Kalendertage des vierten auf seine Verkündigung folgenden Kalendermonats in Kraft.

(2) Die §§ 14, 48, 54, 131 Abs. 4 treten am Tage der Verkündigung in Kraft.

---

* § 141 betrifft das Inkrafttreten des Gesetzes in der ursprünglichen Fassung.

# 11 a. Prüfungsordnung für Wirtschaftsprüfer
## vom 31. Juli 1962 (BGBl. I S. 529)

in der Fassung der Verordnung zur Durchführung von Artikel 6 des Bilanz-richtlinien-Gesetzes (DV Art. 6 BiRiLiG) vom 16. Juni 1986 (BGBl. I S. 904) zuletzt geändert durch Verordnung vom 1. 3. 1988 (BGBl. I S. 202)

## § 1
### *(aufgehoben)*

## § 2
### Antrag auf Zulassung zur Prüfung

(1) Der Antrag auf Zulassung zur Prüfung ist an den Zulassungsausschuß zu richten, in dessen Bereich der Bewerber seine berufliche Niederlassung hat, seine berufliche Tätigkeit ausübt oder in Ermangelung einer beruflichen Tätigkeit seinen Wohnsitz hat.

(2) Dem Antrag auf Zulassung zur Prüfung sind beizufügen

1. ein lückenloser Lebenslauf mit genauen Angaben über den beruflichen Werdegang;
2. Zeugnisse über Hochschulprüfungen, andere einschlägige Prüfungen und die berufliche Tätigkeit, insbesondere mit Angaben über Art und Umfang der Prüfungstätigkeit, in Urschrift oder beglaubigter Abschrift; Angaben über Art und Umfang der Prüfungstätigkeit sind nicht erforderlich, wenn der Nachweis der Prüfungstätigkeit nach § 8 Abs. 1 Nr. 2 letzter Satz der Wirtschaftsprüferordnung entfällt;
3. eine Erklärung darüber, ob und bei welcher Stelle bereits früher ein Antrag auf Zulassung zur Prüfung eingereicht wurde;
4. Unterlagen, aus denen sich die Staatsangehörigkeit des Bewerbers ergibt;
5. falls der Nachweis der Prüfungstätigkeit nicht nach § 8 Abs. 1 Nr. 2 letzter Satz der Wirtschaftsprüferordnung entfällt, wenigstens zwei Prüfungsberichte oder Gutachten mit der Erklärung des Bewerbers, daß er diese selbständig oder im wesentlichen selbständig angefertigt hat, und Zustimmungserklärungen des Auftraggebers und des Auftragnehmers zur Vorlage der Berichte oder Gutachten; der Bewerber kann die Kennzeichnung des geprüften oder begutachteten Gegenstandes in den Berichten oder Gutachten beseitigen. Ist der Auftraggeber nicht das Unternehmen, auf das sich der Prüfungsbericht oder das Gutachten bezieht, so ist außerdem dessen Zustimmungserklärung beizufügen. Bei Prüfungsberichten genossenschaftlicher Prüfungsverbände sind Zustimmungserklärungen des Prüfungsverbandes und des geprüften Unternehmens beizufügen. Werden Prüfungsberichte oder Gutachten ohne Kennzeichnung des geprüften oder begutachteten Gegenstandes vorgelegt, so genügt es, wenn der Auftragnehmer erklärt, daß ihm gegenüber die Zustimmung des Auftraggebers erteilt worden ist. Auf Antrag kann der Zulassungsausschuß aus wichtigem Grunde auf die Vorlage der Berichte oder Gutachten verzichten;
6. eine Erklärung über die Einkommens- und Vermögensverhältnisse des Bewerbers, die erkennen läßt, ob er sich in geordneten wirtschaftlichen Verhältnissen befindet;

7. eine Erklärung darüber, ob gegen den Bewerber eine berufsgerichtliche oder ehrengerichtliche Maßnahme verhängt worden ist und ob gegen ihn ein berufsgerichtliches oder ehrengerichtliches Verfahren, ein gerichtliches Strafverfahren oder ein Ermittlungsverfahren anhängig ist;
8. gegebenenfalls die Erklärung, daß der Bewerber auf dem Gebiet des genossenschaftlichen Prüfungswesens besonders geprüft werden will;
9. falls der Bewerber Steuerberater oder vereidigter Buchprüfer ist, eine Erklärung darüber, ob er die Prüfung in verkürzter Form (§§ 13, 13a der Wirtschaftsprüferordnung) ablegen will.

# § 3
## Prüfungsausschuß

(1) Zugelassene Bewerber legen die Prüfung als Wirtschaftsprüfer vor dem Prüfungsausschuß ab, der bei der für die Wirtschaft zuständigen obersten Landesbehörde (oberste Landesbehörde) eingerichtet wird.

(2) Dem Prüfungsausschuß gehören als Mitglieder an

ein Vertreter der obersten Landesbehörde als Vorsitzender,

ein Hochschullehrer der Betriebswirtschaftslehre,

ein Mitglied mit der Befähigung zum Richteramt,

ein Vertreter der Finanzverwaltung,

ein Vertreter der Wirtschaft,

drei Wirtschaftsprüfer, von denen einer im genossenschaftlichen Prüfungswesen erfahren sein muß.

An der verkürzten Prüfung (§ 7), bei der die Prüfung im Steuerrecht entfällt, nimmt ein Vertreter der Finanzverwaltung, an der verkürzten Prüfung, bei der die Prüfung in Betriebswirtschaft und Volkswirtschaft entfällt, nimmt ein Hochschullehrer der Betriebswirtschaftslehre und an der verkürzten Prüfung, bei der die Prüfung im Wirtschaftsrecht entfällt, nimmt ein zusätzliches Mitglied mit der Befähigung zum Richteramt nicht teil; ein Mitglied des Ausschusses muß die Befähigung zum Richteramt haben.

(3) Werden Bewerber auf Antrag auf dem Gebiet des genossenschaftlichen Prüfungswesens besonders geprüft, so muß einer der Wirtschaftsprüfer (Absatz 2) im genossenschaftlichen Prüfungswesen tätig sein.

(4) Der Ausschuß entscheidet mit Stimmenmehrheit. Bei Stimmengleichheit entscheidet die Stimme des Vorsitzenden.

(5) Die Mitglieder des Prüfungsausschusses haben über die ihnen bei ihrer Tätigkeit bekannt gewordenen Tatsachen Verschwiegenheit zu bewahren. Sie sind auf gewissenhafte Erfüllung ihrer Obliegenheiten durch Handschlag zu verpflichten, soweit sie nicht Beamte sind.

(6) Die Mitglieder des Prüfungsausschusses sind in ihrer Prüfungstätigkeit unabhängig.

(7) Der Vorsitzende führt die Aufsicht über den Geschäftsbetrieb des Prüfungsausschusses, bestimmt die Aufgaben für die schriftlichen Arbeiten, entscheidet, welches Mitglied des Prüfungsausschusses an einer Prüfung teilnehmen soll, trifft alle Entscheidungen außerhalb der mündlichen Prüfung und stellt die Bescheinigung über das Prüfungsergebnis aus. Zur Bewertung der Aufsichtsarbeiten kann der Vorsitzende auch Mitglieder des Prüfungsausschusses bestimmen, die nicht an der mündlichen Prüfung teilnehmen.

## § 4
### Berufung der Mitglieder des Prüfungsausschusses

(1) Die Mitglieder des Prüfungsausschusses werden von der obersten Landesbehörde in der Regel für die Dauer von drei Jahren berufen. Für jeden Sitz im Prüfungausschuß sind mindestens zwei Personen zu berufen. Die Berufung kann aus wichtigem Grund zurückgenommen werden.

(2) Die Vertreter der Finanzverwaltung sind von der obersten Landesbehörde für Finanzen vorzuschlagen.

(3) Vorschläge sind ferner auf Anforderung einzureichen
1. für die Vertreter der Wirtschaft von der am Ort der obersten Landesbehörde bestehenden Industrie- und Handelskammer,
2. für die Wirtschaftsprüfer von der Wirtschaftsprüferkammer.

(4) Die im Genossenschaftswesen erfahrenen oder tätigen Wirtschaftsprüfer sind im Einvernehmen mit dem Freien Ausschuß der deutschen Genossenschaftsverbände vorzuschlagen.

(5) Die oberste Landesbehörde kann verlangen, daß wiederholt Vorschläge eingereicht werden. Sie ist an die nach Absatz 3 eingereichten Vorschläge nicht gebunden.

## § 5
### Prüfungsgebiete

Prüfungsgebiete sind

A. Wirtschaftliches Prüfungswesen

1. Rechnungslegung
   a) Buchführung, Jahresabschluß und Lagebericht,
   b) Konzernabschluß und Konzernlagebericht,
   c) Bericht über die Beziehungen zu verbundenen Unternehmen,
   d) Grundzüge der Sonderrechnungslegungsvorschriften für bestimmte Unternehmensformen,
   einschließlich der rechtlichen Vorschriften;
2. Abschlußprüfungen
   a) Prüfung des Jahresabschlusses und des Lageberichts von Kapitalgesellschaften und von Unternehmen, die unter das Gesetz über die Rechnungslegung von bestimmten Unternehmen und Konzernen fallen, einschließlich des Konzernabschlusses:
   rechtliche Vorschriften, Prüfungsauftrag, Prüfungsgrundsätze, Prüfungstechnik, Prüfungsbericht und Bestätigungsvermerk,
   b) Besonderheiten bei der Prüfung von Genossenschaften, Kreditinstituten, Versicherungsunternehmen, Eigenbetrieben und von sonstigen der Pflichtprüfung unterliegenden Unternehmen;
3. Sonstige Prüfungen, insbesondere gesetzlich vorgeschriebene Prüfungen und Sonderprüfungen, Kreditwürdigkeitsprüfungen, Unterschlagungsprüfungen.

B. Betriebswirtschaft, Volkswirtschaft

1. Betriebswirtschaft
   a) Allgemeine Betriebswirtschaftslehre,
   b) Rechnungswesen, insbesondere Kostenrechnung, kurzfristige Erfolgsrechnung, Investitionsrechnung und Grundzüge der Statistik,

   c) Unternehmensorganisation, insbesondere Organisationsstruktur, Organisation des Rechnungswesens, Datenverarbeitung, interne Kontrolle,

   d) Finanzierung und Zahlungsverkehr,

   e) Bewertung von Unternehmen und von Unternehmensanteilen;

2. Volkswirtschaft

   a) Grundzüge der Volkswirtschaftslehre und Volkswirtschaftspolitik,

   b) Grundzüge der Finanzwissenschaft.

C. Wirtschaftsrecht

1. Grundzüge des Bürgerlichen Rechts unter besonderer Berücksichtigung des Rechts der Schuldverhältnisse und des Sachenrechts;

2. Handelsrecht unter besonderer Berücksichtigung des Rechts der Personenhandelsgesellschaften;

3. Recht der Kapitalgesellschaften und der Unternehmensverbindungen;

4. Genossenschaftsrecht;

5. Wechsel- und Scheckrecht;

6. Grundzüge des Wettbewerbsrechts;

7. Konkurs- und Vergleichsrecht;

8. Grundzüge des Zivilprozeßrechts einschließlich des Rechts der Zwangsvollstreckung;

9. Recht der treuhänderischen Tätigkeit;

10. Grundzüge des Arbeitsrechts, des Privatversicherungsrechts, des Sozialversicherungsrechts und des Rechts der Preisbildung bei öffentlichen Aufträgen;

11. Recht der Eigenbetriebe;

12. Berufsrecht der Wirtschaftsprüfer.

D. Steuerrecht

1. Abgabenordnung und Nebengesetze, Finanzgerichtsordnung;

2. Recht der Steuerarten, insbesondere

   a) Einkommen- und Körperschaftsteuer,

   b) Bewertungsgesetz, Vermögensteuer, Erbschaftsteuer, Gewerbesteuer, Grundsteuer,

   c) Umsatzsteuer, Kapitalverkehrsteuer, Grunderwerbsteuer;

3. Grundzüge des Außensteuerrechts.

# § 6
## Gliederung der Prüfung

Die Prüfung gliedert sich in eine schriftliche und eine mündliche Prüfung. Die schriftliche Prüfung besteht aus sieben unter Aufsicht anzufertigenden Arbeiten (Aufsichtsarbeiten).

# § 7
## Verkürzte Prüfung

Steuerberater und vereidigte Buchprüfer können die Prüfung in verkürzter Form (§§ 13, 13 a der Wirtschaftsprüferordnung) ablegen, wenn sie ihrem Zulassungsantrag eine entsprechende Erklärung beigefügt haben.

## § 8
### Schriftliche Prüfung

(1) Die Aufgaben für die Aufsichtsarbeiten sind dem Arbeitsgebiet des Wirtschaftsprüfers zu entnehmen.

(2) Für jede Aufsichtsarbeit stehen dem Bewerber vier bis sechs Stunden zur Verfügung. Körperbehinderten Bewerbern kann die Frist um eine Stunde verlängert werden. Es sind zu bearbeiten

1. zwei Aufgaben aus dem Gebiet des Wirtschaftlichen Prüfungswesens (§ 5 Buchstabe A),
2. zwei Aufgaben aus dem Gebiet der Betriebswirtschaft und Volkswirtschaft (§ 5 Buchstabe B),
3. eine Aufgabe aus dem Gebiet des Wirtschaftsrechts (§ 5 Buchstabe C),
4. zwei Aufgaben aus dem Gebiet des Steuerrechts (§ 5 Buchstabe D), und zwar jeweils eine Aufgabe an je einem Tag.

Für Bewerber, die beantragt haben, auf dem Gebiet des genossenschaftlichen Prüfungswesens besonders geprüft zu werden, ist eine der beiden Aufsichtsarbeiten aus dem Gebiet des Wirtschaftlichen Prüfungswesens dem Gebiet des genossenschaftlichen Prüfungswesens zu entnehmen. Bei je einer der beiden Aufgaben nach den Nummern 1 und 2 können zwei Themen zur Wahl gestellt werden.

## § 9
### Aufsichtsarbeiten

(1) Die Aufsicht bei den Aufsichtsarbeiten führt ein Angehöriger der obersten Landesbehörde. Über die Anfertigung der Aufsichtsarbeiten hat er eine Niederschrift anzufertigen, in der die teilnehmenden Bewerber, Zeitpunkt des Beginns und der Abgabe der Arbeiten, etwaige Ordnungsverstöße sowie alle sonstigen wesentlichen Vorkommnisse aufzunehmen sind.

(2) Über die bei den Aufsichtsarbeiten zugelassenen Hilfsmittel, insbesondere Gesetzestexte, entscheidet der Vorsitzende des Prüfungsausschusses.

## § 10
### Prüfungsnoten

(1) Für die Bewertung der einzelnen Prüfungsleistungen werden sechs Notenstufen gebildet. Es bedeuten

| | | |
|---|---|---|
| Note 1 | sehr gut | eine hervorragende Leistung, |
| Note 2 | gut | eine erheblich über dem Durchschnitt liegende Leistung, |
| Note 3 | befriedigend | eine Leistung, die in jeder Hinsicht durchschnittlichen Anforderungen gerecht wird, |
| Note 4 | ausreichend | eine Leistung, die abgesehen von einzelnen Mängeln durchschnittlichen Anforderungen entspricht, |
| Note 5 | mangelhaft | eine an erheblichen Mängeln leidende, im ganzen nicht mehr brauchbare Leistung, |
| Note 6 | ungenügend | eine völlig unbrauchbare Leistung. |

Die Bewertung mit halben Zwischennoten ist zulässig.

(2) Bei der Ermittlung von Gesamtnoten bedeuten

Note 1             = sehr gut
Note 1,01 bis 2,00 = gut
Note 2,01 bis 3,00 = befriedigend
Note 3,01 bis 4,00 = ausreichend
Note 4,01 bis 5,00 = mangelhaft
Note 5,01 bis 6,00 = ungenügend

Gesamtnoten errechnen sich aus der Summe der einzelnen Noten geteilt durch deren Zahl.

## § 11
### Bewertung der Aufsichtsarbeiten

(1) Jede Aufsichtsarbeit ist von zwei nach § 4 Abs. 1 berufenen Mitgliedern des Prüfungsausschusses, die nicht an der mündlichen Prüfung teilnehmen müssen, selbständig zu bewerten. Die bei der mündlichen Prüfung mitwirkenden Mitglieder des Prüfungsausschusses haben das Recht, die Arbeit einzusehen.

(2) Weichen die Bewertungen einer Arbeit um nicht mehr als eine Notenstufe voneinander ab, so gilt der Durchschnitt der Bewertungen. Bei größeren Abweichungen gilt dasselbe, wenn die beiden die Arbeit bewertenden Prüfer sich nicht einigen.

## § 12
### Ergebnis der schriftlichen Prüfung
### Ausschluß von der mündlichen Prüfung

(1) Für die schriftliche Prüfung wird eine Gesamtnote gebildet.

(2) Wer in der schriftlichen Prüfung die Gesamtnote ungenügend erhalten hat, ist von der mündlichen Prüfung ausgeschlossen. Er hat die Prüfung nicht bestanden.

(3) Absatz 2 gilt entsprechend, wenn die Aufsichtsarbeiten aus dem Gebiet des Wirtschaftlichen Prüfungswesens und eine weitere Aufsichtsarbeit mit ungenügend bewertet sind.

## § 13
### Vorberatung des Prüfungsausschusses

Vor Beginn der mündlichen Prüfung findet eine Vorberatung des Prüfungsausschusses statt, zu der sämtliche Prüfungsunterlagen vorliegen. In ihr sollen die Ansichten über die Persönlichkeit der Bewerber und die schriftlichen Prüfungsleistungen unter den Mitgliedern des Prüfungsausschusses ausgetauscht werden.

## § 14
### Mündliche Prüfung

(1) Die mündliche Prüfung beginnt mit einem kurzen Vortrag des Bewerbers über einen Gegenstand aus der Berufsarbeit des Wirtschaftsprüfers, für den ihm der Prüfungsausschuß eine halbe Stunde vor Beginn der Prüfung drei Themen zur Wahl stellt; die Dauer des Vortrags soll zehn Minuten nicht über-

schreiten. Im Anschluß daran sind aus den in § 5 genannten Prüfungsgebieten Fragen zu stellen, die mit der praktischen Berufsarbeit des Wirtschaftsprüfers zusammenhängen. Bei Bewerbern, die beantragt haben, auf dem Gebiet des genossenschaftlichen Prüfungswesens besonders geprüft zu werden, ist dieses Gebiet besonders zu berücksichtigen.

(2) Die Dauer der Prüfung soll für den einzelnen Bewerber zwei Stunden nicht überschreiten. Für vereidigte Buchprüfer, die die Prüfung in verkürzter Form ablegen (§ 13 a der Wirtschaftsprüferordnung), soll die Prüfung für den einzelnen Bewerber eine Stunde nicht überschreiten.

(3) Die mündliche Prüfung ist nicht öffentlich. Vertreter der obersten Landesbehörden haben das Recht, bei der mündlichen Prüfung zuzuhören. Der Vorsitzende kann für technische Hilfeleistungen einen Angehörigen der obersten Landesbehörde zuziehen.

(4) Zugelassenen Bewerbern sowie Personen, die mindestens vier Jahre im wirtschaftlichen Prüfungswesen tätig sind und ein berechtigtes Interesse glaubhaft machen, kann auf Antrag gestattet werden, einmal bei der mündlichen Prüfung zuzuhören.

## § 15
### Bewertung der mündlichen Prüfung

(1) In der mündlichen Prüfung werden der Vortrag und folgende Gebiete gesondert bewertet:
1. Wirtschaftliches Prüfungswesen;
2. Betriebswirtschaft und Volkswirtschaft;
3. Wirtschaftsrecht;
4. Steuerrecht.

(2) Bei Bewerbern, die beantragt haben, auf dem Gebiet des genossenschaftlichen Prüfungswesens besonders geprüft zu werden, ist für die Leistung auf diesem Gebiet eine besondere Note festzusetzen.

(3) Die Noten werden auf Vorschlag der jeweils Prüfenden vom Prüfungsausschuß festgesetzt.

(4) Für die mündliche Prüfung wird eine Gesamtnote gebildet.

## § 16
### Prüfungsgesamtnote

Aus der Gesamtnote der schriftlichen Prüfung und der Gesamtnote der mündlichen Prüfung ist eine Prüfungsgesamtnote zu bilden. Sie errechnet sich, indem die Gesamtnote der schriftlichen Prüfung mit 6, die Gesamtnote der mündlichen Prüfung mit 4 vervielfältigt und sodann die Summe durch 10 geteilt wird.

## § 17
### Prüfungsergebnis

(1) Der Prüfungsausschuß entscheidet im Anschluß an die mündliche Prüfung, ob die Prüfung bestanden, nicht bestanden oder ob und in welchem Umfang eine Ergänzungsprüfung abzulegen ist. Die Prüfung ist bestanden, wenn die Prüfungsgesamtnote des Bewerbers mindestens ausreichend ist; § 18 bleibt unberührt.

(2) Die Entscheidung des Prüfungsausschusses ist dem Bewerber im Anschluß an die mündliche Prüfung bekanntzugeben.

## § 18
### Ergänzungsprüfung

(1) Hat der Bewerber eine Prüfungsgesamtnote von mindestens ausreichend erzielt, aber auf einem oder mehreren Prüfungsgebieten eine unter entsprechender Anwendung des § 16 Satz 2 mit geringer als ausreichend bewertete Leistung erbracht, so ist eine Ergänzungsprüfung auf diesen Gebieten abzulegen.

(2) Hat der Bewerber eine Prüfungsgesamtnote von mindestens ausreichend nicht erzielt, aber nur auf einem Prüfungsgebiet bei sonst ausreichenden Leistungen eine unter entsprechender Anwendung des § 16 Satz 2 mit geringer als ausreichend bewertete Leistung erbracht, so ist eine Ergänzungsprüfung auf diesem Gebiet abzulegen.

(3) Hat der Bewerber beantragt, auf dem Gebiet des genossenschaftlichen Prüfungswesens besonders geprüft zu werden, so gilt dieses Gebiet als besonderes Prüfungsgebiet im Sinne der Absätze 1 und 2; die Prüfungsleistung ist aus dem Ergebnis der Aufsichtsarbeit gemäß § 8 Abs. 2 Satz 4 und der mündlichen Prüfung gemäß § 15 Abs. 2 zu ermitteln.

(4) Der Vortrag (§ 14 Abs. 1 Satz 1) ist bei der Ermittlung des Ergebnisses der mündlichen Prüfung auf den einzelnen Prüfungsgebieten unter entsprechender Anwendung des § 15 Abs. 4 dem Prüfungsgebiet zuzurechnen, dem er entnommen ist.

(5) Der Bewerber kann sich nur innerhalb eines Jahres nach dem Tage der Mitteilung des Prüfungsergebnisses zur Ablegung der Ergänzungsprüfung melden; über Ausnahmen entscheidet der Prüfungsausschuß.

(6) Der Bewerber hat auf jedem Gebiet, auf dem er eine Ergänzungsprüfung abzulegen hat, eine mindestens mit ausreichend zu bewertende Leistung zu erbringen; andernfalls hat er die gesamte Prüfung nicht bestanden.

## § 19
### Niederschrift des Prüfungsausschusses

(1) Über den Hergang der mündlichen Prüfung ist eine Niederschrift aufzunehmen, in der festgestellt werden
1. die Besetzung des Prüfungsausschusses;
2. die Bewertung der schriftlichen Arbeiten und die Gesamtnote der schriftlichen Prüfung;
3. die Einzelergebnisse und die Gesamtnote der mündlichen Prüfung;
4. die Prüfungsgesamtnote;
5. die Entscheidung des Prüfungsausschusses über das Ergebnis der Prüfung.

(2) Die Niederschrift ist vom Vorsitzenden des Prüfungsausschusses zu unterschreiben.

## § 20
### Rücktritt von der Prüfung

(1) Der Bewerber kann während der Prüfung zurücktreten. Als Rücktritt gilt es, wenn der Bewerber zu einer der Aufsichtsarbeiten oder der mündlichen

Prüfung nicht erscheint oder sich nicht innerhalb der Frist des § 18 Abs. 5 zur Ablegung der Ergänzungsprüfung meldet. Im Falle des Rücktritts ist die gesamte Prüfung zu wiederholen.

(2) Als Rücktritt gilt es nicht, wenn sich der Bewerber der Prüfung oder Teilen derselben aus triftigem Grunde nicht unterzogen hat; der Grund muß dem Vorsitzenden des Prüfungsausschusses unverzüglich mitgeteilt werden. Der Vorsitzende des Prüfungsausschusses entscheidet, ob ein Grund als triftig anzusehen ist. Von einem Bewerber, der sich mit Krankheit entschuldigt, kann die Vorlage eines amtsärztlichen Zeugnisses verlangt werden.

(3) Im Falle des Absatzes 2 ist der Bewerber zu einem späteren Prüfungstermin zur Ablegung der noch nicht erledigten Teile der Prüfung neu zu laden.

## § 21
### Wiederholung der Prüfung

(1) Ist der Bewerber von der Prüfung zurückgetreten oder hat er sie nicht bestanden, so kann er sie zweimal wiederholen. Ein Bewerber darf nicht mehr als dreimal zu der Prüfung zugelassen werden.

(2) Für die Wiederholung der Prüfung ist eine neue Zulassung erforderlich. Der Bewerber soll nicht für einen früheren Zeitpunkt als ein halbes Jahr nach dem Rücktritt und ein Jahr nach dem Nichtbestehen der Prüfung zugelassen werden.

(3) Dem Antrag auf erneute Zulassung sind die in § 2 Abs. 2 Nr. 1, 3, 6, 7, 8 und 9 genannten Unterlagen und Erklärungen beizufügen.

## § 22
### Mitteilung des Prüfungsergebnisses

(1) Die oberste Landesbehörde teilt die Entscheidung des Prüfungsausschusses dem Bewerber mit.

(2) Ist ein Bewerber auf Antrag auf dem Gebiet des genossenschaftlichen Prüfungswesens besonders geprüft worden, so ist dies bei mindestens ausreichenden Leistungen auf diesem Gebiet in der Mitteilung zu vermerken.

(3) Die Ablegung der Prüfung berechtigt nicht zur Führung einer Bezeichnung, die auf das Bestehen der Prüfung Bezug nimmt.

## § 23
### Täuschungsversuch; Ordnungsverstöße

(1) Unternimmt es ein Bewerber, das Ergebnis einer schriftlichen Arbeit durch Täuschung oder Benutzung nicht zugelassener Hilfsmittel zu beeinflussen, so kann der Prüfungsausschuß die Arbeit mit ungenügend bewerten oder in schweren Fällen den Bewerber von der Prüfung ausschließen. Satz 1 gilt entsprechend für die mündliche Prüfung.

(2) Der Bewerber kann auch bei sonstigen erheblichen Verstößen gegen die Ordnung von der Prüfung ausgeschlossen werden.

(3) Im Falle des Ausschlusses gilt die Prüfung als nicht bestanden.

(4) Wird nachträglich festgestellt, daß die Voraussetzungen des Absatzes 1 vorlagen, so kann der Prüfungsausschuß die ergangene Prüfungsentscheidung widerrufen und aussprechen, daß die Prüfung nicht bestanden ist. Der Wider-

ruf ist ausgeschlossen, wenn seit der Beendigung der Prüfung mehr als drei Jahre vergangen sind.

## § 24

*(aufgehoben)*

## § 25

### Geltung in Berlin

Diese Verordnung gilt nach § 14 des Dritten Überleitungsgesetzes vom 4. Januar 1952 (Bundesgesetzbl. I S. 1) in Verbindung mit § 140 der Wirtschaftsprüferordnung auch im Land Berlin.

## § 26

### Inkrafttreten

Diese Verordnung tritt einen Monat nach dem Tage ihrer Verkündung in Kraft.

# 11 b. Verordnung zur Durchführung von Artikel 6 des Bilanzrichtlinien-Gesetzes (DV Art. 6 BiRiLiG)

vom 16. Juni 1986 (BGBl. I S. 904)

## Erster Abschnitt

## Prüfungsordnung für die Prüfung als Wirtschaftsprüfer nach § 131 e der Wirtschaftsprüferordnung

### (Erleichterter Zugang)

### § 1
### Antrag auf Zulassung zur Prüfung

(1) Der Antrag auf Zulassung zur Prüfung als Wirtschaftsprüfer nach den Vorschriften des Siebenten Teils der Wirtschaftsprüferordnung ist an die für die Wirtschaft zuständige oberste Landesbehörde (oberste Landesbehörde) zu richten, in deren Bereich der Bewerber seine berufliche Niederlassung hat oder seine berufliche Tätigkeit ausübt.

(2) Dem Antrag auf Zulassung zur Prüfung sind beizufügen

1. ein lückenloser Lebenslauf mit genauen Angaben über den beruflichen Werdegang;

2. eine Erklärung des Bewerbers darüber, ob und bei welcher Stelle bereits früher ein Antrag auf Zulassung zur Prüfung eingereicht wurde;

3. Unterlagen, aus denen sich die Staatsangehörigkeit des Bewerbers ergibt;

4. eine Erklärung über die Einkommens- und Vermögensverhältnisse des Bewerbers, die erkennen läßt, ob er sich in geordneten wirtschaftlichen Verhältnissen befindet;

5. eine Erklärung des Bewerbers, ob gegen ihn eine berufsgerichtliche oder ehrengerichtliche Maßnahme verhängt worden ist und ob gegen ihn ein berufsgerichtliches oder ehrengerichtliches Verfahren, ein gerichtliches Strafverfahren oder ein Ermittlungsverfahren anhängig ist;

6. ein Nachweis der Bestellung als vereidigter Buchprüfer oder als Steuerberater oder der Zulassung zur Rechtsanwaltschaft;

7. eine Erklärung des Bewerbers, ob und seit wann er den Beruf eines vereidigten Buchprüfers, eines Steuerberaters, eines Steuerbevollmächtigten oder eines Rechtsanwalts hauptberuflich und selbständig in eigener Praxis oder als Mitglied des Vorstands, als Geschäftsführer oder als persönlich haftender Gesellschafter einer Buchprüfungsgesellschaft oder Steuerberatungsgesellschaft ausübt;

8. eine Erklärung der zuständigen Wirtschaftsprüferkammer, Steuerberaterkammer oder Rechtsanwaltskammer darüber, ob Tatsachen bekannt sind, die Zweifel an den Angaben des Bewerbers nach Nummer 7 begründen;

9. eine Versicherung mindestens einer Gesellschaft mit beschränkter Haftung, daß

   a) die Gesellschaft die in § 131 c Abs. 2 Satz 1 Nr. 2 der Wirtschaftsprüferordnung genannten Voraussetzungen erfüllt;

   b) der Bewerber oder die Buchprüfungsgesellschaft oder Steuerberatungsgesellschaft, für die er tätig geworden ist, die in § 131 c Abs. 2 Satz 1

Nr. 2 der Wirtschaftsprüferordnung genannten Voraussetzungen erfüllt; in der Erklärung müssen die Tätigkeiten des Bewerbers für die Gesellschaft mit beschränkter Haftung nach Art und Umfang näher bezeichnet sein;

10. eine an Eides Statt abzugebende Versicherung des Bewerbers,

    a) daß und in welchem Zeitraum er für die Gesellschaft, deren Erklärung nach Nummer 9 beigefügt ist, die in der Erklärung nach Nummer 9 bezeichneten Tätigkeiten selbständig in eigener Praxis oder als Mitglied des Vorstands, als Geschäftsführer oder als persönlich haftender Gesellschafter einer Buchprüfungsgesellschaft oder Steuerberatungsgesellschaft durchgeführt hat;

    b) gegebenenfalls, ob neben ihm im Rahmen einer Sozietät noch eine andere Person oder für eine Buchprüfungsgesellschaft oder Steuerberatungsgesellschaft ein anderes Mitglied des Vorstands, ein anderer Geschäftsführer oder ein anderer persönlich haftender Gesellschafter tätig geworden ist und ob er selbst maßgeblich bei den in der Erklärung nach Nummer 9 bezeichneten Tätigkeiten mitgewirkt hat;

11. gegebenenfalls ein Antrag auf die Ersetzung der schriftlichen Prüfung durch die Vorlage von Prüfungsberichten nach § 131 e Abs. 5 der Wirtschaftsprüferordnung;

12. gegebenenfalls ein Antrag auf Erlaß der schriftlichen Prüfung nach § 131 e Abs. 6 der Wirtschaftsprüferordnung.

(3) Die oberste Landesbehörde kann weitere Unterlagen verlangen, soweit dies erforderlich ist, um das Vorliegen der Zulassungsvoraussetzungen des § 131 c der Wirtschaftsprüferordnung festzustellen.

### § 2
**Prüfungsausschuß**

§ 3 Abs. 1 und 4 bis 7 und § 4 Abs. 1 und 5 der Prüfungsordnung für Wirtschaftsprüfer in der im Bundesgesetzblatt Teil III, Gliederungsnummer 702 – 1 – 1, veröffentlichten bereinigten Fassung, zuletzt geändert durch den Dritten Abschnitt dieser Verordnung, finden entsprechende Anwendung. § 4 Abs. 1 der Prüfungsordnung für Wirtschaftsprüfer findet mit der Maßgabe Anwendung, daß

1. für die Vertreter der Wirtschaft von der am Ort der obersten Landesbehörde bestehenden Industrie- und Handelskammer,

2. für die Wirtschaftsprüfer von der Wirtschaftsprüferkammer,

3. für die nach § 131 f Abs. 1 der Wirtschaftsprüferordnung bestellten Wirtschaftsprüfer und die Steuerberater oder Rechtsanwälte, die zugleich Wirtschaftsprüfer sein müssen, von der Wirtschaftsprüferkammer und von den im Bereich der obersten Landesbehörde bestehenden Steuerberaterkammern und Rechtsanwaltskammern

Vorschläge einzureichen sind.

### § 3
**Prüfungsgebiete**

Prüfungsgebiete sind

A. Wirtschaftliches Prüfungswesen

1. Rechnungslegung

    a) Buchführung, Jahresabschluß und Lagebericht,

b) Konzernabschluß und Konzernlagebericht,
einschließlich der rechtlichen Vorschriften;
2. Pflichtprüfung des Jahresabschlusses und des Lageberichts von Kapitalgesellschaften einschließlich des Konzernabschlusses und des Konzernlageberichts: rechtliche Vorschriften, Prüfungsauftrag, Prüfungsgrundsätze, Prüfungstechnik, Prüfungsbericht und Bestätigungsvermerk.

B. Betriebswirtschaft

1. Allgemeine Betriebswirtschaftslehre, soweit sie für die praktische Berufsarbeit des Wirtschaftsprüfers bei Abschlußprüfungen oder als Sachverständiger auf den Gebieten der wirtschaftlichen Betriebsführung (§ 2 Abs. 3 der Wirtschaftsprüferordnung) von Bedeutung ist, unter besonderer Berücksichtigung der Beurteilung und Analyse von Jahresabschlüssen;
2. Rechnungswesen, insbesondere Kostenrechnung, kurzfristige Erfolgsrechnung und Grundzüge der betrieblichen Statistik;
3. interne Kontrolle, Anwendung der Datenverarbeitung;
4. Grundzüge der Unternehmensfinanzierung und des Zahlungsverkehrs.

C. Wirtschaftsrecht

1. Grundzüge des Bürgerlichen Rechts, soweit es für die praktische Berufsarbeit des Wirtschaftsprüfers von Bedeutung ist, mit Ausnahme des Familienrechts und des Erbrechts;
2. Grundzüge des Handelsrechts;
3. Recht der Kapitalgesellschaften unter besonderer Berücksichtigung des Rechts der Gesellschaft mit beschränkter Haftung und Recht der Unternehmensverbindungen;
4. Grundzüge des Konkurs- und Vergleichsrechts, des Arbeitsrechts, des Sozialversicherungsrechts und des Wechsel- und Scheckrechts;
5. Berufsrecht der Wirtschaftsprüfer.

Die praktische Berufsarbeit des Wirtschaftsprüfers bei gesetzlich vorgeschriebenen Abschlußprüfungen ist in der Prüfung besonders zu berücksichtigen.

# § 4
## Prüfungsverfahren; Bewertung der Prüfungsleistungen

(1) § 8 Abs. 2 Satz 2, die §§ 9 bis 11, § 13, § 14 Abs. 1 Satz 1, Abs. 3 und 4, § 15 Abs. 3 und 4, § 17 Abs. 2, § 19, § 20, § 21 Abs. 1 und 2 Satz 1, § 22 Abs. 1 und 3 und § 23 der Prüfungsordnung für Wirtschaftsprüfer finden entsprechende Anwendung.

(2) In der mündlichen Prüfung sind aus den in § 3 genannten Prüfungsgebieten Fragen zu stellen, die mit der praktischen Berufsarbeit des Wirtschaftsprüfers zusammenhängen. Der Vortrag, dessen Dauer zehn Minuten nicht überschreiten soll, und folgende Prüfungsgebiete werden gesondert bewertet:
1. Wirtschaftliches Prüfungswesen;
2. Betriebswirtschaft;
3. Wirtschaftsrecht.

(3) Der Prüfungsausschuß entscheidet im Anschluß an die mündliche Prüfung, ob die Prüfung bestanden oder nicht bestanden ist. Die Prüfung ist bestanden, wenn die Prüfungsgesamtnote (Summe der Note für die schriftliche Prüfung und der Gesamtnote für die mündliche Prüfung geteilt durch zwei) mindestens ausreichend ist; wird der Bewerber nur mündlich geprüft, muß die Gesamtnote der mündlichen Prüfung mindestens ausreichend sein.

(4) Dem Antrag auf Zulassung zur Wiederholungsprüfung sind die in § 1 Abs. 2 Nr. 1, 2, 4 bis 8, 11 und 12 genannten Unterlagen und Erklärungen beizufügen.

## Zweiter Abschnitt

## Prüfungsordnung für vereidigte Buchprüfer

### § 5
### Antrag auf Zulassung zur Prüfung

(1) Der Antrag auf Zulassung zur Prüfung als vereidigter Buchprüfer ist an die für die Wirtschaft zuständige oberste Landesbehörde (oberste Landesbehörde) zu richten, in deren Bereich der Bewerber seine berufliche Niederlassung hat, seine berufliche Tätigkeit ausübt oder in Ermangelung einer beruflichen Tätigkeit seinen Wohnsitz hat.

(2) Dem Antrag auf Zulassung zur Prüfung sind beizufügen

1. ein lückenloser Lebenslauf mit genauen Angaben über den beruflichen Werdegang;
2. eine Erklärung des Bewerbers darüber, ob und bei welcher Stelle bereits früher ein Antrag auf Zulassung zur Prüfung eingereicht wurde;
3. Unterlagen, aus denen sich die Staatsangehörigkeit des Bewerbers ergibt;
4. eine Erklärung über die Einkommens- und Vermögensverhältnisse des Bewerbers, die erkennen läßt, ob er sich in geordneten wirtschaftlichen Verhältnissen befindet;
5. eine Erklärung des Bewerbers, ob gegen ihn eine berufsgerichtliche oder ehrengerichtliche Maßnahme verhängt worden und ob gegen ihn ein berufsgerichtliches oder ehrengerichtliches Verfahren, ein gerichtliches Strafverfahren oder ein Ermittlungsverfahren anhängig ist;
6. ein Nachweis der Bestellung als Steuerberater oder der Zulassung zur Rechtsanwaltschaft;
7. eine Erklärung des Bewerbers, in welchem Zeitraum er den Beruf eines Steuerberaters, eines Steuerbevollmächtigten oder eines Rechtsanwalts ausgeübt hat;
8. ein Nachweis der Voraussetzungen des § 131 Abs. 1 Satz 1 Nr. 2 der Wirtschaftsprüferordnung;
9. wenigstens zwei Prüfungsberichte oder Gutachten mit der Erklärung des Bewerbers, daß er diese selbständig oder im wesentlichen selbständig angefertigt hat, und Zustimmungserklärungen des Auftraggebers und des Auftragnehmers zur Vorlage der Berichte oder Gutachten; der Bewerber kann die Kennzeichnung des geprüften oder begutachteten Gegenstandes in den Berichten oder Gutachten beseitigen. Ist der Auftraggeber nicht das Unternehmen, auf das sich der Prüfungsbericht oder das Gutachten bezieht, so ist außerdem dessen Zustimmungserklärung beizufügen. Bei Prüfungsberichten genossenschaftlicher Prüfungsverbände sind Zustimmungserklärungen des Prüfungsverbandes und des geprüften Unternehmens beizufügen. Werden Prüfungsberichte oder Gutachten ohne Kennzeichnung des geprüften oder begutachteten Gegenstandes vorgelegt, so genügt es, wenn der Auftragnehmer erklärt, daß ihm gegenüber die Zustimmung des Auftraggebers erteilt worden ist. Auf Antrag kann die oberste Landesbehörde aus wichtigem Grunde auf die Vorlage der Berichte oder Gutachten verzichten.

Die Vorlage der in Satz 1 Nr. 9 genannten Unterlagen entfällt, wenn der Bewerber die Voraussetzungen des § 8 Abs. 1 Nr. 2 letzter Satz der Wirtschaftsprüferordnung erfüllt. Satz 1 Nr. 8 und 9 finden keine Anwendung, wenn der Bewerber die Voraussetzungen des § 131 Abs. 1 Satz 2 der Wirtschaftsprüferordnung erfüllt.

# § 6
## Prüfungsausschuß

§ 3 Abs. 1 und 4 bis 7 und § 4 Abs. 1 und 5 der Prüfungsordnung für Wirtschaftsprüfer finden entsprechende Anwendung. § 4 Abs. 3 der Prüfungsordnung für Wirtschaftsprüfer findet mit der Maßgabe Anwendung, daß
1. für die Vertreter der Wirtschaft von der am Ort der obersten Landesbehörde bestehenden Industrie- und Handelskammer,
2. für die Wirtschaftsprüfer von der Wirtschaftsprüferkammer,
3. für die vereidigten Buchprüfer und die Wirtschaftsprüfer, die zugleich Steuerberater oder Rechtsanwälte sein müssen, von der Wirtschaftsprüferkammer und von den im Bereich der obersten Landesbehörde bestehenden Steuerberaterkammern und Rechtsanwaltskammern
Vorschläge einzureichen sind.

# § 7
## Prüfungsgebiete

Prüfungsgebiete sind
A. Wirtschaftliches Prüfungswesen
1. Rechnungslegung: Buchführung, Jahresabschluß und Lagebericht einschließlich der rechtlichen Vorschriften;
2. Pflichtprüfung des Jahresabschlusses und des Lageberichts von Gesellschaften mit beschränkter Haftung: rechtliche Vorschriften, Prüfungsauftrag, Prüfungsgrundsätze, Prüfungstechnik, Prüfungsbericht und Bestätigungsvermerk.

B. Betriebswirtschaft
1. Allgemeine Betriebswirtschaftslehre, soweit sie für die praktische Berufsarbeit des vereidigten Buchprüfers bei Abschlußprüfungen oder als Sachverständiger auf den Gebieten des betrieblichen Rechnungswesens (§ 129 Abs. 3 der Wirtschaftsprüferordnung) von Bedeutung ist, unter besonderer Berücksichtigung der Beurteilung und Analyse von Jahresabschlüssen;
2. Rechnungswesen, insbesondere Kostenrechnung, kurzfristige Erfolgsrechnung und Grundzüge der betrieblichen Statistik;
3. interne Kontrolle, Anwendung der Datenverarbeitung;
4. Grundzüge der Unternehmensfinanzierung und des Zahlungsverkehrs.
C. Wirtschaftsrecht
1. Grundzüge des Bürgerlichen Rechts, soweit es für die praktische Berufsarbeit des vereidigten Buchprüfers von Bedeutung ist, mit Ausnahme des Familienrechts und des Erbrechts;
2. Grundzüge des Handelsrechts;
3. Recht der Gesellschaft mit beschränkter Haftung;
4. Grundzüge des Konkurs- und Vergleichsrechts, des Arbeitsrechts, des Sozialversicherungsrechts und des Wechsel- und Scheckrechts;

5. Berufsrecht der vereidigten Buchprüfer.

Die praktische Berufsarbeit des vereidigten Buchprüfers bei gesetzlich vorgeschriebenen Abschlußprüfungen von Gesellschaften mit beschränkter Haftung ist in der Prüfung besonders zu berücksichtigen.

## § 8
### Prüfungsverfahren; Bewertung der Prüfungsleistungen

(1) § 8 Abs. 2 Satz 2, die §§ 9 bis 11, § 13, § 14 Abs. 1 Satz 1, Abs. 3 und 4, § 15 Abs. 3 und 4, § 17 Abs. 2, § 19, § 20, § 21 Abs. 1 und 2 Satz 1, § 22 Abs. 1 und 3 und § 23 der Prüfungsordnung für Wirtschaftsprüfer finden entsprechende Anwendung.

(2) In der mündlichen Prüfung sind aus den in § 7 genannten Prüfungsgebieten Fragen zu stellen, die mit der praktischen Berufsarbeit des vereidigten Buchprüfers zusammenhängen. Der Vortrag, dessen Dauer zehn Minuten nicht überschreiten soll, und folgende Prüfungsgebiete werden gesondert bewertet:
1. Wirtschaftliches Prüfungswesen;
2. Betriebswirtschaft;
3. Wirtschaftsrecht.

(3) Der Prüfungsausschuß entscheidet im Anschluß an die mündliche Prüfung, ob die Prüfung bestanden oder nicht bestanden ist. Die Prüfung ist bestanden, wenn die Prüfungsgesamtnote (Summe der Note für die schriftliche Prüfung und der Gesamtnote für die mündliche Prüfung geteilt durch zwei) mindestens ausreichend ist; wird der Bewerber nur mündlich geprüft, muß die Gesamtnote der mündlichen Prüfung mindestens ausreichend sein.

(4) Dem Antrag auf Zulassung zur Wiederholungsprüfung sind die in § 5 Abs. 2 Nr. 1, 2 und 4 bis 7 genannten Unterlagen und Erklärungen beizufügen.

## Dritter Abschnitt
### Änderung von Verordnungen

## § 9
### Änderung der Prüfungsordnung für Wirtschaftsprüfer
*(Die Änderungen wurden in die Prüfungsordnung für Wirtschaftsprüfer vom 31. Juli 1962 [Nr. 11 a] eingearbeitet.)*

## § 10
### Änderung der Verordnung über die Gestaltung des Siegels der Wirtschaftsprüfer, vereidigten Buchprüfer, Wirtschaftsprüfungsgesellschaften und Buchprüfungsgesellschaften.
*(Vom Abdruck wurde abgesehen)*

# 12. Steuerberatungsgesetz (StBerG)

**In der Fassung vom 4. November 1975**
**(BGBl. I S. 2735, BGBl. III 610–10)**
zuletzt geändert durch Gesetz vom 13. 12. 1990 (BGBl. I S. 2756)

## Inhaltsübersicht

# Erster Teil. Vorschriften über die Hilfeleistung in Steuersachen

## Erster Abschnitt. Ausübung der Hilfe in Steuersachen

### Erster Unterabschnitt. Anwendungsbereich

#### § 1 Anwendungsbereich

(1) Dieses Gesetz ist anzuwenden auf die Hilfeleistung

1. in Angelegenheiten, die durch Bundesrecht oder Recht der Europäischen Gemeinschaften geregelte Steuern und Vergütungen betreffen, soweit diese durch Bundesfinanzbehörden oder durch Landesfinanzbehörden verwaltet werden,
2. in Angelegenheiten, die die Realsteuern oder die Grunderwerbsteuer betreffen,
3. in Angelegenheiten, die durch Landesrecht oder aufgrund einer landesrechtlichen Ermächtigung geregelte Steuern betreffen,
4. in Monopolsachen,
5. in sonstigen von Bundesfinanzbehörden oder Landesfinanzbehörden verwalteten Angelegenheiten, soweit für diese durch Bundesgesetz oder Landesgesetz der Finanzrechtsweg eröffnet ist.

(2) Die Hilfeleistung in Steuersachen umfaßt auch

1. die Hilfeleistung in Steuerstrafsachen und in Bußgeldsachen wegen einer Steuerordnungswidrigkeit,
2. die Hilfeleistung bei der Führung von Büchern und Aufzeichnungen sowie bei der Aufstellung von Abschlüssen, die für die Besteuerung von Bedeutung sind,
3. die Hilfeleistung bei der Einziehung von Steuererstattungs- oder Vergütungsansprüchen.

(3) Die Vorschriften der einzelnen Verfahrensordnungen über die Zulassung von Bevollmächtigten und Beiständen bleiben unberührt.

### Zweiter Unterabschnitt. Befugnis

#### § 2 Geschäftsmäßige Hilfeleistung

¹Die Hilfeleistung in Steuersachen darf geschäftsmäßig nur von Personen und Vereinigungen ausgeübt werden, die hierzu befugt sind. ²Dies gilt ohne Unterschied für hauptberufliche, nebenberufliche, entgeltliche oder unentgeltliche Tätigkeit.

#### § 3 Befugnis zu unbeschränkter Hilfeleistung in Steuersachen

(1) Zur geschäftsmäßigen Hilfeleistung in Steuersachen sind befugt:

1. Steuerberater, Steuerbevollmächtigte und Steuerberatungsgesellschaften,
2. Rechtsanwälte, Wirtschaftsprüfer, Wirtschaftsprüfungsgesellschaften, vereidigte Buchprüfer und Buchprüfungsgesellschaften.

(2) Steuerberater und Steuerbevollmächtigte, die vor dem 1. Januar 1991 in dem in Artikel 3 des Einigungsvertrages genannten Gebiet bestellt worden sind, sowie Steuerberatungsgesellschaften, die vor dem 1. Januar 1991 in diesem Gebiet anerkannt worden sind, werden den nach diesem Gesetz bestellten Steuerberatern, Steuerbevollmächtigten und anerkannten Steuerberatungsgesellschaften vorbehaltlich der Regelung in § 40a gleichgestellt.

## § 4 Befugnis zu beschränkter Hilfeleistung in Steuersachen

Zur geschäftsmäßigen Hilfeleistung in Steuersachen sind ferner befugt:

1. Notare im Rahmen ihrer Befugnisse nach der Bundesnotarordnung,
2. Patentanwälte im Rahmen ihrer Befugnisse nach der Patentanwaltsordnung,
3. Behörden und Körperschaften des öffentlichen Rechts sowie die überörtlichen Prüfungseinrichtungen für Körperschaften und Anstalten des öffentlichen Rechts im Rahmen ihrer Zuständigkeit,
4. Verwahrer und Verwalter fremden oder zu treuen Händen oder zu Sicherungszwecken übereigneten Vermögens, soweit sie hinsichtlich dieses Vermögens Hilfe in Steuersachen leisten,
5. Unternehmer, die ein Handelsgewerbe betreiben, soweit sie in unmittelbarem Zusammenhang mit einem Geschäft, das zu ihrem Handelsgewerbe gehört, ihren Kunden Hilfe in Steuersachen leisten,
6. genossenschaftliche Prüfungs- und Spitzenverbände und genossenschaftliche Treuhandstellen, soweit sie im Rahmen ihres Aufgabenbereichs den Mitgliedern der Prüfungs- und Spitzenverbände Hilfe in Steuersachen leisten,
7. als Berufsvertretung oder auf ähnlicher Grundlage gebildete Vereinigungen, soweit sie im Rahmen ihres Aufgabenbereichs ihren Mitgliedern Hilfe in Steuersachen leisten; § 95 des Bundesvertriebenengesetzes bleibt unberührt,
8. als Berufsvertretung oder auf ähnlicher Grundlage gebildete Vereine von Land- und Forstwirten, zu deren satzungsmäßiger Aufgabe die Hilfeleistung für land- und forstwirtschaftliche Betriebe im Sinne des Bewertungsgesetzes gehört, soweit sie diese Hilfe durch Personen leisten, die berechtigt sind, die Bezeichnung „Landwirtschaftliche Buchstelle" zu führen, und die Hilfe nicht die Ermittlung der Einkünfte aus selbständiger Arbeit oder aus Gewerbebetrieb betrifft, es sei denn, daß es sich hierbei um Nebeneinkünfte handelt, die üblicherweise bei Landwirten vorkommen,
9. a) Speditionsunternehmen, soweit sie Hilfe in Eingangsabgabensachen leisten,
   b) sonstige gewerbliche Unternehmen, soweit sie im Zusammenhang mit der Zollbehandlung Hilfe in Eingangsabgabensachen leisten,
10. Arbeitgeber, soweit sie für ihre Arbeitnehmer Hilfe in Lohnsteuersachen leisten,
11. Lohnsteuerhilfevereine, soweit sie für ihre Mitglieder Hilfe bei Einkünften aus nichtselbständiger Arbeit und bei sonstigen Lohnsteuersachen leisten. Im Veranlagungsverfahren darf Hilfe nur geleistet werden, wenn in dem Einkommen ausschließlich enthalten sind
    a) Einkünfte aus nichtselbständiger Arbeit oder
    b) sonstige Einkünfte aus wiederkehrenden Bezügen (§ 22 Nr. 1 Einkommensteuergesetz)
       oder neben solchen Einkünften noch
    c) Einkünfte aus Kapitalvermögen, wenn die Einnahmen in dieser Einkunftsart 2000 Deutsche Mark, im Falle der Zusammenveranlagung von Ehegatten 4000 Deutsche Mark, nicht übersteigen, oder
    d) Einkünfte aus Vermietung und Verpachtung eines selbstgenutzten Einfamilienhauses, einer selbstgenutzten Eigentumswohnung oder eines teilweise als eigene Wohnung genutzten Zweifamilienhauses des Mitglieds.
    Soweit die Hilfe zulässig ist, berechtigt sie auch zur Hilfe bei Anträgen zur Freistellung oder Anrechnung von Körperschaftsteuer und Kapitalertragsteuer."

12. Inländische Kreditinstitute, Kapitalgesellschaften, von Kapitalgesellschaften bestellte Treuhänder oder Erwerbs- und Wirtschaftsgenossenschaften, soweit sie in Vertretung der Gläubiger von Kapitalerträgen Sammelanträge auf Vergütung von Körperschaftsteuer oder auf Erstattung von Kapitalertragsteuer nach den Vorschriften des Einkommensteuergesetzes stellen,
13. öffentlich bestellte versicherungsmathematische Sachverständige, soweit sie in unmittelbarem Zusammenhang mit der Berechnung von Pensionsrückstellungen, versicherungstechnischen Rückstellungen und Zuführungen zu Pensions- und Unterstützungskassen ihren Auftraggebern Hilfe in Steuersachen leisten."

### Dritter Unterabschnitt. Verbot und Untersagung

### § 5* Verbot der unbefugten Hilfeleistung in Steuersachen

(1) ¹Andere als die in den §§ 3 und 4 bezeichneten Personen und Vereinigungen dürfen nicht geschäftsmäßig Hilfe in Steuersachen leisten, insbesondere nicht geschäftsmäßig Rat in Steuersachen erteilen. ²Die in § 4 bezeichneten Personen und Vereinigungen dürfen nur im Rahmen ihrer Befugnis geschäftsmäßig Hilfe in Steuersachen leisten.

(2) Werden der Finanzbehörde Tatsachen bekannt, die den Verdacht begründen, daß eine Person oder Vereinigung entgegen Absatz 1 geschäftsmäßig Hilfe in Steuersachen leistet, so kann sie diese Tatsachen der für das Bußgeldverfahren zuständigen Stelle mitteilen.

### § 6 Ausnahmen vom Verbot der unbefugten Hilfeleistung in Steuersachen

Das Verbot des § 5 gilt nicht für
1. die Erstattung wissenschaftlich begründeter Gutachten,
2. die unentgeltliche Hilfeleistung in Steuersachen für Angehörige im Sinne des § 15 der Abgabenordnung,
3. die Durchführung mechanischer Arbeitsgänge bei der Führung von Büchern und Aufzeichnungen, die für die Besteuerung von Bedeutung sind; hierzu gehören nicht das Kontieren von Belegen und das Erteilen von Buchungsanweisungen,
4. das Buchen laufender Geschäftsvorfälle, die laufende Lohnabrechnung und das Fertigen der Lohnsteuer-Anmeldungen, soweit diese Tätigkeiten verantwortlich durch Personen erbracht werden, die nach Bestehen der Abschlußprüfung im steuer- und wirtschaftsberatenden oder einem kaufmännischen Ausbildungsberuf oder nach Erwerb einer gleichwertigen Vorbildung mindestens drei Jahre auf dem Gebiet des Buchhaltungswesens hauptberuflich tätig gewesen sind.

---

* Gemäß Beschluß des BVerfG vom 18. 6. 1980 – 1 BvR 697/77 – ist § 5 Satz 1 i. V. m. § 1 Abs. 2 Nr. 2, §§ 2 bis 4, § 6 Nr. 3 des Steuerberatungsgesetzes mit Art. 12 Abs. 1 des Grundgesetzes unvereinbar, soweit das geschäftsmäßige Kontieren von Belegen Personen untersagt wird, die eine kaufmännische Gehilfenprüfung bestanden haben (BGBl. I 1980, S. 2036).
Gemäß Beschluß des BVerfG vom 27. 1. 1982 – 1 BvR 807/80 – ist § 5 Satz 1 i.V.m. § 1 Abs. 2 Nr. 2, §§ 2 bis 4 des Steuerberatungsgesetzes mit Art. 12 Abs. 1 des Grundgesetzes unvereinbar, soweit die geschäftsmäßige Erledigung der laufenden Lohnbuchhaltung (Lohnbuchhaltung mit Ausnahme des Einrichtens der Lohnkonten und der Abschlußarbeiten nach §§ 41 b, 42 b des EStG) Personen untersagt wird, die eine kaufmännische Gehilfenprüfung bestanden haben (BGBl. I 1982, S. 545).

## § 7 Untersagung der Hilfeleistung in Steuersachen

(1) Das Finanzamt kann die Hilfeleistung in Steuersachen untersagen,

1. wenn die Tätigkeit durch eine Person oder Vereinigung ausgeübt wird, die nicht unter § 3 oder § 4 fällt,

2. wenn eine Tätigkeit nach den §§ 4 und 6 oder eine Tätigkeit als Arbeitnehmer zur Umgehung des Verbots nach § 5 mißbraucht wird.

(2) ¹Die für die Finanzverwaltung zuständige oberste Landesbehörde kann den in § 4 Nr. 7 bezeichneten Vereinigungen im Einvernehmen mit den fachlich beteiligten obersten Landesbehörden die Hilfeleistung in Steuersachen ganz oder teilweise untersagen, wenn eine sachgemäße Tätigkeit nicht gewährleistet ist. ²Dies gilt nicht, wenn eine der in § 3 aufgeführten Personen die Hilfeleistung in Steuersachen leitet.

(3) Örtlich zuständig ist die Finanzbehörde, in deren Bezirk die Person oder Vereinigung, deren Tätigkeit untersagt werden soll, ihre Geschäftsleitung hat, hilfsweise in deren Bezirk die Tätigkeit vorwiegend ausgeübt wird.

## Unterabschnitt. Sonstige Vorschriften

## § 8* Verbot der Werbung

(1) ¹Das unaufgeforderte Anbieten der eigenen Dienste oder Dienste Dritter zur geschäftsmäßigen Hilfeleistung in Steuersachen ist untersagt. ²Dies gilt nicht für die Durchführung mechanischer Arbeitsgänge bei der Buchführung (§ 6 Nr. 3, 1. Halbsatz) und für die in § 6 Nr. 4 genannten Tätigkeiten; § 57 Abs. 1 bleibt unberührt.

(2) ¹Die in § 4 Nr. 3, 7 und 11 bezeichneten Körperschaften und Vereinigungen dürfen im Rahmen des sachlich Gebotenen auf ihre Befugnis zur Hilfeleistung in Steuersachen hinweisen. ²Der Bundesminister der Finanzen wird ermächtigt, durch Rechtsverordnung mit Zustimmung des Bundesrates Art und Inhalt der zulässigen Hinweise näher zu bestimmen.

## § 9 Verbot der Vereinbarung eines Erfolgshonorars

Eine Vereinbarung, durch die als Entgelt für eine Hilfeleistung in Steuersachen ein Teil der zu erzielenden Steuerermäßigung, Steuerersparnis oder Steuervergütung ausbedungen wird, ist nichtig.

## § 10 Mitteilungen über Pflichtverletzungen

(1) Werden der Finanzbehörde Tatsachen bekannt, die den Verdacht begründen, daß eine der in § 3 oder § 4 Nr. 1 und 2 genannten Personen eine Berufspflicht verletzt hat, so kann sie diese Tatsachen, soweit sie für die Ermittlung des Sachverhalts von Bedeutung sind, der zuständigen Berufskammer oder den für das ehrengerichtliche oder berufsgerichtliche Verfahren oder das Disziplinarverfahren zuständigen Stellen mitteilen.

(2) ¹Gerichte und Behörden dürfen Informationen über natürliche und juristische Personen, die

---

* Gemäß Beschluß des BVerfG vom 27. 1. 1982 – 1 BvR 807/80 – ist § 8 des Steuerberatungsgesetzes mit Art. 12 Abs. 1 i. V. m. Art. 3 Abs. 1 des Grundgesetzes unvereinbar, soweit Personen, die eine kaufmännische Gehilfenprüfung abgelegt haben, untersagt wird, das geschäftsmäßige Kontieren von Belegen oder die geschäftsmäßige Erledigung der laufenden Lohnbuchhaltung unaufgefordert anzubieten (BGBl. I 1982, S. 545).

1. für die Rücknahme oder für den Widerruf der Bestellung als Steuerberater oder Steuerbevollmächtigter,
2. für die Rücknahme oder für den Widerruf der Anerkennung als Steuerberatungsgesellschaft oder als Lohnsteuerhilfeverein oder
3. zur Einleitung eines Verfahrens zur berufsgerichtlichen Ahndung von Pflichtverletzungen

erforderlich sind, der für die Entscheidung zuständigen Stelle übermitteln, soweit hierdurch schutzwürdige Belange des Betroffenen nicht beeinträchtigt werden oder das öffentliche Interesse das Geheimhaltungsinteresse der Beteiligten überwiegt. [2]Die Übermittlung unterbleibt, wenn besondere gesetzliche Verwendungsregelungen entgegenstehen; dies gilt nicht für das Steuergeheimnis nach § 30 der Abgabenordnung.

## § 11 Prozeßagenten

Prozeßagenten, denen vor dem Inkrafttreten dieser Vorschrift das mündliche Verhandeln vor Gericht aufgrund des § 157 Abs. 3 der Zivilprozeßordnung gestattet worden ist, sind weiterhin zur geschäftsmäßigen Hilfeleistung in Steuersachen befugt.

## § 12 Hilfeleistung bei der Erfüllung von Buchführungspflichten

(1) Personen, die vor dem 1. November 1961 aufgrund einer besonderen Erlaubnis der Finanzbehörden oder nach landesrechtlichen Vorschriften berufsmäßige Hilfe bei der Erfüllung der Buchführungspflichten außerhalb der geschäftsmäßigen Hilfeleistung in Steuersachen leisten durften, sind hierzu weiterhin befugt.

(2) Stundenbuchhalter im Sinne von § 3 der Anordnung vom 7. Februar 1990 über die Zulassung zur Ausübung der selbständigen Tätigkeit als Helfer in Steuersachen und die Registrierung von Stundenbuchhaltern (GBl. I Nr. 12 S. 92) sind im Bezirk ihres Finanzamtes weiterhin zur geschäftsmäßigen Hilfe in Steuersachen befugt, soweit sie bei der Führung von Büchern und Aufzeichnungen, die für die Besteuerung von Bedeutung sind, Hilfe in Steuersachen leisten (beschränkte Hilfeleistung).

## § 12a Hilfeleistung im Abgabenrecht fremder Staaten

[1]Steuerberater, Steuerbevollmächtigte und Steuerberatungsgesellschaften sind in Angelegenheiten, die das Abgabenrecht fremder Staaten betreffen, zur geschäftsmäßigen Hilfe in Steuersachen befugt. [2]Die entsprechenden Befugnisse Dritter auf Grund anderer Rechtsvorschriften bleiben unberührt."

### Zweiter Abschnitt. Lohnsteuerhilfevereine

### Erster Unterabschnitt. Aufgaben

## § 13 Zweck und Tätigkeitsbereich

(1) Lohnsteuerhilfevereine sind Selbsthilfeeinrichtungen von Arbeitnehmern zur Hilfeleistung in Lohnsteuersachen für ihre Mitglieder.

(2) Als Hilfeleistung in Lohnsteuersachen gilt auch die Hilfeleistung in Einkommensteuersachen nach § 4 Nr. 11 Satz 2.

(3) Lohnsteuerhilfevereine bedürfen für ihre Tätigkeit der Anerkennung.

## Zweiter Unterabschnitt. Anerkennung

## § 14 Voraussetzungen für die Anerkennung, Aufnahme der Tätigkeit

(1) [1]Ein rechtsfähiger Verein kann als Lohnsteuerhilfeverein anerkannt werden, wenn nach der Satzung
1. seine Aufgabe ausschließlich die Hilfeleistung in Lohnsteuersachen für seine Mitglieder ist;
2. der Sitz und die Geschäftsleitung des Vereins sich in demselben Oberfinanzbezirk befinden;
3. der Name des Vereins keinen Bestandteil mit besonderem Werbecharakter enthält;
4. eine sachgemäße Ausübung der Hilfeleistung in Lohnsteuersachen sichergestellt ist;
5. für die Hilfeleistung in Lohnsteuersachen neben dem Mitgliedsbeitrag kein besonderes Entgelt erhoben wird;
6. die Anwendung der Vorschriften des § 27 Abs. 1 und 3 sowie der §§ 32 und 33 des Bürgerlichen Gesetzbuches nicht ausgeschlossen ist;
7. Verträge des Vereins mit Mitgliedern des Vorstands der Zustimmung oder Genehmigung der Mitgliederversammlung bedürfen;
8. innerhalb von drei Monaten nach Bekanntgabe des wesentlichen Inhalts der Prüfungsfeststellungen an die Mitglieder (§ 22 Abs. 7 Nr. 2) eine Mitgliederversammlung stattfinden muß, in der insbesondere eine Aussprache über das Ergebnis der Geschäftsprüfung durchzuführen und über die Entlastung des Vorstands wegen seiner Geschäftsführung während des geprüften Geschäftsjahres zu befinden ist.
[2]An die Stelle der Mitgliederversammlung kann eine Vertreterversammlung treten, sofern durch sie eine ausreichende Wahrnehmung der Interessen der Mitglieder gewährleistet ist. [3]Die Vorschriften über Mitgliederversammlungen gelten für Vertreterversammlungen sinngemäß.

(2) Die Anerkennung darf nur ausgesprochen werden, wenn das Bestehen einer Versicherung gegen die sich aus der Hilfeleistung in Lohnsteuersachen ergebenden Haftpflichtgefahren (§ 25 Abs. 2) nachgewiesen wird.

(3) Die Hilfeleistung in Lohnsteuersachen darf erst nach der Anerkennung als Lohnsteuerhilfeverein aufgenommen werden.

## § 15 Anerkennungsbehörde, Satzung

(1) Für die Entscheidung über den Antrag auf Anerkennung als Lohnsteuerhilfeverein ist die Oberfinanzdirektion zuständig, in deren Bezirk der Verein seinen Sitz hat.

(2) Dem Antrag auf Anerkennung als Lohnsteuerhilfeverein ist eine öffentlich beglaubigte Abschrift der Satzung beizufügen.

(3) Der Lohnsteuerhilfeverein hat jede Satzungsänderung der für den Sitz des Vereins zuständigen Oberfinanzdirektion innerhalb eines Monats nach der Beschlußfassung anzuzeigen.

## § 16 Gebühren für die Anerkennung

[1]Für die Entscheidung über den Antrag auf Anerkennung als Lohnsteuerhilfeverein hat der Verein eine Gebühr von sechshundert Deutsche Mark an die Oberfinanzdirektion zu zahlen. [2]Die Gebühr ist bei Stellung des Antrags zu entrichten.

## § 17 Urkunde

Über die Anerkennung als Lohnsteuerhilfeverein stellt die Oberfinanzdirektion eine Urkunde aus.

## § 18 Bezeichnung „Lohnsteuerhilfeverein"

Der Verein ist verpflichtet, die Bezeichnung „Lohnsteuerhilfeverein" in den Namen des Vereins aufzunehmen.

## § 19 Erlöschen der Anerkennung

(1) Die Anerkennung erlischt durch
1. Auflösung des Vereins;
2. Verzicht auf die Anerkennung;
3. Verlust der Rechtsfähigkeit.

(2) Der Verzicht ist schriftlich gegenüber der Oberfinanzdirektion zu erklären.

## § 20 Rücknahme und Widerruf der Anerkennung

(1) Die Oberfinanzdirektion hat die Anerkennung zurückzunehmen, wenn sich nach der Anerkennung ergibt, daß sie hätte versagt werden müssen.

(2) Die Oberfinanzdirektion hat die Anerkennung zu widerrufen,
1. wenn die Voraussetzungen für die Anerkennung als Lohnsteuerhilfeverein nachträglich fortfallen, es sei denn, daß der Verein innerhalb einer angemessenen, von der Oberfinanzdirektion zu bestimmenden Frist den dem Gesetz entsprechenden Zustand herbeiführt;
2. wenn die tatsächliche Geschäftsführung des Lohnsteuerhilfevereins nicht mit den in § 14 bezeichneten Anforderungen an die Satzung übereinstimmt;
3. wenn eine sachgemäße Ausübung der Hilfeleistung in Lohnsteuersachen oder eine ordnungsgemäße Geschäftsführung nicht gewährleistet ist.

(3) Vor der Rücknahme oder dem Widerruf ist der Lohnsteuerhilfeverein zu hören.

### Dritter Unterabschnitt. Pflichten

## § 21 Aufzeichnungspflicht

(1) [1]Der Lohnsteuerhilfeverein hat sämtliche Einnahmen und Ausgaben fortlaufend und vollständig aufzuzeichnen. [2]Die Aufzeichnungen sind unverzüglich und in deutscher Sprache vorzunehmen.

(2) Für einzelne Mitglieder des Lohnsteuerhilfevereins empfangene Beträge sind vom Vereinsvermögen getrennt zu erfassen und gesondert zu verwalten.

(3) Der Lohnsteuerhilfeverein hat bei Beginn seiner Tätigkeit und am Ende eines jeden Geschäftsjahres aufgrund einer für diesen Zeitpunkt vorgenommenen Bestandsaufnahme seine Vermögenswerte und Schulden aufzuzeichnen und in einer Vermögensübersicht zusammenzustellen.

(4) [1]Die Belege und sonstigen Unterlagen sind geordnet zu sammeln und sechs Jahre aufzubewahren. [2]Die Aufzeichnungen der Einnahmen und Ausgaben und die Vermögensübersichten sind zehn Jahre aufzubewahren. [3]Im übrigen gelten für die Aufbewahrung der Belege, sonstigen Unterlagen, Aufzeichnungen und Vermögensübersichten die Vorschriften des Handelsgesetzbuches über die Aufbewahrung von Bilanzen, Inventaren, Belegen und sonstigen Unterlagen entsprechend.

(5) Sonstige Vorschriften über Aufzeichnungs- und Buchführungspflichten bleiben unberührt.

## § 22 Geschäftsprüfung

(1) Der Lohnsteuerhilfeverein hat die Vollständigkeit und Richtigkeit der Aufzeichnungen und der Vermögensübersicht (§ 21 Abs. 1 bis 3) sowie die Übereinstimmung der tatsächlichen Geschäftsführung mit den satzungsmäßigen Aufgaben des Lohnsteuerhilfevereins jährlich innerhalb von sechs Monaten nach Beendigung des Geschäftsjahres durch einen oder mehrere Geschäftsprüfer prüfen zu lassen.

(2) Zu Geschäftsprüfern können nur bestellt werden
1. Personen und Gesellschaften, die nach § 3 zu unbeschränkter Hilfeleistung in Steuersachen befugt sind,
2. Prüfungsverbände, zu deren satzungsmäßigem Zweck die regelmäßige oder außerordentliche Prüfung der Mitglieder gehört, wenn mindestens ein gesetzlicher Vertreter des Verbandes Steuerberater, Steuerbevollmächtigter, Rechtsanwalt, Wirtschaftsprüfer oder vereidigter Buchprüfer ist.

(3) Als Geschäftsprüfer dürfen keine Personen tätig sein, bei denen die Besorgnis der Befangenheit besteht, insbesondere weil sie Vorstandsmitglied, besonderer Vertreter oder Angestellter des zu prüfenden Lohnsteuerhilfevereins sind.

(4) ¹Den Geschäftsprüfern ist Einsicht in die Bücher und Aufzeichnungen sowie den Schriftwechsel des Vereins zu gewähren und eine Untersuchung des Kassenbestandes und der Bestände an sonstigen Vermögenswerten zu gestatten. ²Ihnen sind alle Aufklärungen und Nachweise zu geben, die für die Durchführung einer sorgfältigen Prüfung notwendig sind.

(5) ¹Die Geschäftsprüfer sind zu gewissenhafter und unparteiischer Prüfung und zur Verschwiegenheit verpflichtet. ²Sie dürfen Geschäftsgeheimnisse, die sie bei der Wahrnehmung ihrer Obliegenheiten erfahren haben, nicht unbefugt verwerten. ³Wer seine Obliegenheiten vorsätzlich oder grob fahrlässig verletzt, haftet dem Lohnsteuerhilfeverein für den daraus entstehenden Schaden. ⁴Mehrere Personen haften als Gesamtschuldner.

(6) Die Geschäftsprüfer haben über das Ergebnis der Prüfung dem Vorstand des Lohnsteuerhilfevereins unverzüglich schriftlich zu berichten.

(7) Der Lohnsteuerhilfeverein hat
1. innerhalb eines Monats nach Erhalt des Prüfungsberichts spätestens jedoch neun Monate nach Beendigung des Geschäftsjahres eine Abschrift hiervon der zuständigen Oberfinanzdirektion zuzuleiten;
2. innerhalb von sechs Monaten nach Erhalt des Prüfungsberichts den wesentlichen Inhalt der Prüfungsfeststellungen den Mitgliedern schriftlich bekanntzugeben.

## § 23 Ausübung der Hilfeleistung in Lohnsteuersachen, Beratungsstellen

(1) ¹Die Hilfeleistung in Lohnsteuersachen darf nur durch Personen ausgeübt werden, die einer Beratungsstelle angehören. ²Für jede Beratungsstelle ist ein Leiter zu bestellen. ³Er darf gleichzeitig nur eine weitere Beratungsstelle leiten.

(2) ¹Der Lohnsteuerhilfeverein muß in dem Oberfinanzbezirk, in dem er seinen Sitz hat, mindestens eine Beratungsstelle unterhalten. ²Die Unterhaltung von Beratungsstellen in auswärtigen Oberfinanzbezirken ist zulässig.

(3) ¹Der Lohnsteuerhilfeverein darf zum Leiter einer Beratungsstelle nur Personen bestellen, die

1. zu dem in § 3 bezeichneten Personenkreis gehören oder
2. nach Bestehen der Gehilfenprüfung im steuer- und wirtschaftsberatenden Beruf oder einer gleichwertigen Prüfung ihren Beruf auf dem Gebiet der von den Bundes- oder Landesfinanzbehörden verwalteten Steuern mindestens drei Jahre hauptberuflich ausgeübt haben oder
3. mindestens drei Jahre auf den für die Beratungsbefugnis nach § 4 Nr. 11 einschlägigen Gebieten des Einkommensteuerrechts hauptberuflich tätig gewesen sind; auf die mindestens dreijährige Tätigkeit können Ausbildungszeiten nicht angerechnet werden.

[2]Personen, die vor dem 3. Oktober 1990 Bürger der Deutschen Demokratischen Republik waren und in diesem Gebiet zum Leiter einer Beratungsstelle bestellt werden, müssen diese Voraussetzungen vom 1. Januar 1995 an erfüllen. [3]Zum Leiter einer Beratungsstelle darf nicht bestellt werden, wer sich so verhalten hat, daß die Besorgnis begründet ist, er werde die Pflichten des Lohnsteuerhilfevereins nicht erfüllen.

(4) Der Lohnsteuerhilfeverein hat der für den Sitz der Beratungsstelle zuständigen Oberfinanzdirektion mitzuteilen
1. die Eröffnung oder Schließung einer Beratungsstelle;
2. die Bestellung oder Abberufung des Leiters einer Beratungsstelle;
3. die Personen, deren sich der Verein bei der Hilfeleistung in Lohnsteuersachen bedient.

(5) Der Mitteilung über die Bestellung des Leiters einer Beratungsstelle ist ein Nachweis darüber beizufügen, daß die Voraussetzungen des Absatzes 3 Satz 1 erfüllt sind.

(6) Eine Beratungsstelle darf ihre Tätigkeit nur ausüben, wenn sie und der Beratungsstellenleiter bei der zuständigen Aufsichtsbehörde (§ 27 Abs. 2) im Verzeichnis der Lohnsteuerhilfevereine eingetragen sind.

### § 24 Abwicklung der schwebenden Lohnsteuerangelegenheiten

(1) Ist die Anerkennung als Lohnsteuerhilfeverein erloschen, zurückgenommen oder widerrufen worden, so kann die Oberfinanzdirektion auf Antrag erlauben, daß der Verein einen Beauftragten zur Abwicklung der schwebenden Lohnsteuerangelegenheiten bestellt.

(2) Zum Beauftragten darf nur bestellt werden, wer die in § 23 Abs. 3 bezeichneten Voraussetzungen erfüllt.

(3) Die Erlaubnis nach Absatz 1 darf längstens für die Dauer von sechs Monaten erteilt werden; sie kann jederzeit widerrufen werden.

### § 25 Haftungsausschluß, Haftpflichtversicherung

(1) Bei der Hilfeleistung in Lohnsteuersachen für die Mitglieder kann die Haftung des Vereins für das Verschulden seiner Organe und Angestellten nicht ausgeschlossen werden.

(2) [1]Die Lohnsteuerhilfevereine müssen gegen die sich aus der Hilfeleistung in Lohnsteuersachen ergebenden Haftpflichtgefahren angemessen versichert sein. [2]Zuständige Stelle im Sinne des § 158c Abs. 2 des Gesetzes über den Versicherungsvertrag ist die Oberfinanzdirektion.

(3) § 68 gilt entsprechend.

### § 26 Pflichten der Lohnsteuerhilfevereine

(1) Die Hilfeleistung in Lohnsteuersachen ist sachgemäß, gewissenhaft, verschwiegen und unter Verzicht auf Werbung (§ 8) auszuüben.

(2) Die Ausübung einer anderen wirtschaftlichen Tätigkeit in Verbindung mit der Hilfeleistung in Lohnsteuersachen ist nicht zulässig.

(3) Alle Personen, deren sich der Verein bei der Hilfeleistung in Lohnsteuersachen bedient, sind zur Einhaltung der in den Absätzen 1 und 2 bezeichneten Pflichten anzuhalten.

(4) [1]Die Handakten über die Hilfeleistung in Lohnsteuersachen sind auf die Dauer von sieben Jahren nach Abschluß der Tätigkeit des Vereins in der Lohnsteuersache des Mitgliedes aufzubewahren. [2]§ 66 ist sinngemäß anzuwenden.

### Vierter Unterabschnitt. Aufsicht

### § 27 Aufsichtsbehörde

(1) Die Oberfinanzdirektion (Aufsichtsbehörde) führt die Aufsicht über die Lohnsteuerhilfevereine, die ihren Sitz im Oberfinanzbezirk haben.

(2) [1]Der Aufsicht durch die Oberfinanzdirektion unterliegen auch alle im Oberfinanzbezirk bestehenden Beratungsstellen. [2]Die im Wege der Aufsicht getroffenen Feststellungen sind der für den Sitz des Lohnsteuerhilfevereins zuständigen Oberfinanzdirektion mitzuteilen.

(3) Die Finanzbehörden teilen der zuständigen Aufsichtsbehörde die ihnen bekannten Tatsachen mit, die den Verdacht begründen, daß ein Lohnsteuerhilfeverein gegen Vorschriften dieses Gesetzes verstoßen hat.

### § 28 Pflicht zum Erscheinen vor der Aufsichtsbehörde, Befugnisse der Aufsichtsbehörde

(1) Die Mitglieder des Vorstandes eines Lohnsteuerhilfevereins und die Personen, deren sich der Verein bei der Hilfeleistung in Lohnsteuersachen bedient, haben auf Verlangen vor der Aufsichtsbehörde zu erscheinen, Auskunft zu geben sowie Handakten und Geschäftsunterlagen vorzulegen.

(2) Die von der Oberfinanzdirektion mit der Aufsicht betrauten Amtsträger sind berechtigt, die Geschäftsräume der Lohnsteuerhilfevereine und der in Absatz 1 bezeichneten Personen während der Geschäfts- und Arbeitszeiten zu betreten, um Prüfungen vorzunehmen oder sonst Feststellungen zu treffen, die zur Ausübung der Aufsicht für erforderlich gehalten werden.

(3) Ist für eine Beratungsstelle ein Leiter nicht vorhanden oder erfüllt die zum Leiter bestellte Person nicht die in § 23 Abs. 3 bezeichneten Voraussetzungen oder ist in einer Beratungsstelle die Einhaltung der in § 26 bezeichneten Pflichten nicht gewährleistet, so kann die Aufsichtsbehörde die Schließung dieser Beratungsstelle anordnen.

### § 29 Teilnahme der Aufsichtsbehörde an Mitgliederversammlungen

(1) Von bevorstehenden Mitgliederversammlungen ist die Aufsichtsbehörde spätestens zwei Wochen vorher zu unterrichten.

(2) Die Aufsichtsbehörde ist berechtigt, zur Teilnahme an der Mitgliederversammlung Vertreter zu entsenden.

## § 30 Verzeichnis der Lohnsteuerhilfevereine

(1) Die Oberfinanzdirektionen führen ein Verzeichnis über
1. die Lohnsteuerhilfevereine, die im Oberfinanzbezirk ihren Sitz haben;
2. die im Oberfinanzbezirk bestehenden Beratungsstellen.

(2) Das Verzeichnis ist öffentlich.

### Fünfter Unterabschnitt. Verordnungsermächtigung

## § 31 Durchführungsbestimmungen zu den Vorschriften über die Lohnsteuerhilfevereine

Der Bundesminister der Finanzen wird ermächtigt, durch Rechtsverordnung mit Zustimmung des Bundesrates Bestimmungen zu erlassen
1. über das Verfahren bei der Anerkennung als Lohnsteuerhilfeverein,
2. über Einrichtung und Führung des Verzeichnisses nach § 30 Abs. 1 sowie über die sich auf die Eintragung beziehenden Meldepflichten der Lohnsteuerhilfevereine;
3. über die Verfahren bei der Eröffnung und Schließung von Beratungsstellen und bei der Bestellung von Beratungsstellenleitern.

# Zweiter Teil. Steuerberaterordnung

## Erster Abschnitt. Allgemeine Vorschriften

## § 32 Steuerberater, Steuerbevollmächtigte und Steuerberatungsgesellschaften

(1) Steuerberater und Steuerbevollmächtigte leisten geschäftsmäßig Hilfe in Steuersachen nach den Vorschriften dieses Gesetzes.

(2) Steuerberater und Steuerbevollmächtigte üben einen freien Beruf aus. Ihre Tätigkeit ist kein Gewerbe.

(3) [1]Steuerberatungsgesellschaften bedürfen der Anerkennung. [2]Die Anerkennung setzt den Nachweis voraus, daß die Gesellschaft von Steuerberatern verantwortlich geführt wird.

### § 33 Inhalt der Tätigkeit

[1]Steuerberater und Steuerbevollmächtigte haben die Aufgabe, im Rahmen ihres Auftrags ihre Auftraggeber in Steuersachen zu beraten, sie zu vertreten und ihnen bei der Bearbeitung ihrer Steuerangelegenheiten und bei der Erfüllung ihrer steuerlichen Pflichten Hilfe zu leisten. [2]Dazu gehören auch die Hilfeleistung in Steuerstrafsachen und in Bußgeldsachen wegen einer Steuerordnungswidrigkeit sowie die Hilfeleistung bei der Erfüllung von Buchführungspflichten, die aufgrund von Steuergesetzen bestehen, insbesondere die Aufstellung von Steuerbilanzen und deren steuerrechtliche Beurteilung.

### § 34 Berufliche Niederlassung, auswärtige Beratungsstellen

(1) [1]Berufliche Niederlassung ist die Beratungsstelle, von der aus der Steuerberater oder Steuerbevollmächtigte seinen Beruf überwiegend ausübt. [2]Als berufliche Niederlassung eines ausschließlich nach § 58 angestellten Steuerberaters oder Steuerbevollmächtigten gilt seine regelmäßige, bei mehreren Anstellungsverhältnissen seine zuerst begründete Arbeitsstätte.

(2) [1]Auswärtige Beratungsstellen können unterhalten werden, soweit dadurch die Erfüllung der Berufspflichten nicht beeinträchtigt wird. [2]Leiter der

auswärtigen Beratungsstelle muß ein Steuerberater oder Steuerbevollmächtigter sein, der seine berufliche Niederlassung am Ort der Beratungsstelle oder in deren Nahbereich hat. [3]Satz 2 gilt nicht, wenn die auswärtige Beratungsstelle in einem anderen Mitgliedstaat der Europäischen Gemeinschaften liegt. [4]Leiter einer auswärtigen Beratungsstelle auf dem in Artikel 3 des Einigungsvertrages genannten Gebiet können bis 31. Dezember 1993 auch Steuerberater oder Steuerbevollmächtigte sein, die ihre berufliche Niederlassung nicht am Ort der Beratungsstelle oder in deren Nahbereich haben.

## Zweiter Abschnitt. Voraussetzungen für die Berufsausübung

### Erster Unterabschnitt. Persönliche Voraussetzungen

## § 35 Prüfung, Befreiung von der Prüfung, Wiederholung der Prüfung

(1) Als Steuerberater darf nur bestellt werden, wer die Prüfung als Steuerberater bestanden hat oder von dieser Prüfung befreit worden ist.

(2) Die Prüfung als Steuerberater kann zweimal wiederholt werden.

## § 36 Vorbildungsvoraussetzung für die Prüfung

(1) Die Zulassung zur Steuerberaterprüfung setzt voraus, daß der Bewerber
1. ein wirtschaftswissenschaftliches oder anderes Universitätsstudium mit wirtschaftswissenschaftlicher Fachrichtung mit einer Regelstudienzeit von jeweils mindestens acht Semestern oder ein rechtswissenschaftliches Studium abgeschlossen hat und danach hauptberuflich drei Jahre auf dem Gebiet der von den Bundes- oder Landesfinanzbehörden verwalteten Steuern praktisch tätig gewesen ist oder
2. ein wirtschaftswissenschaftliches oder anderes Fachhochschulstudium mit wirtschaftswissenschaftlicher Fachrichtung oder ein vergleichbares Studium an einer Universität abgeschlossen hat und danach hauptberuflich vier Jahre auf dem Gebiet der von den Bundes- oder Landesfinanzbehörden verwalteten Steuern praktisch tätig gewesen ist.

(2) Ein Bewerber ist zur Steuerberaterprüfung auch zuzulassen, wenn er
1. eine Abschlußprüfung im steuer- und wirtschaftsberatenden oder einem kaufmännischen Ausbildungsberuf bestanden hat oder eine andere gleichwertige Vorbildung besitzt und nach Abschluß der Ausbildung hauptberuflich zehn Jahre auf dem Gebiet der von den Bundes- oder Landesfinanzbehörden verwalteten Steuern tätig gewesen ist oder
2. der Finanzverwaltung als Beamter oder Angestellter des gehobenen Dienstes angehört oder angehört hat und bei ihr mindestens sieben Jahre auf dem Gebiet der von den Bundes- oder Landesfinanzbehörden verwalteten Steuern als Sachbearbeiter oder in mindestens gleichwertiger Stellung tätig gewesen ist.

(3) [1]Hat ein Bewerber, der Staatsangehöriger eines Mitgliedstaats der Europäischen Gemeinschaften ist, ein Diplom, das in einem anderen Mitgliedstaat der Europäischen Gemeinschaften zur selbständigen Hilfe in Steuersachen berechtigt, ist er zur Eignungsprüfung im Sinne des Artikels 4 Abs. 1 Buchstabe b in Verbindung mit Artikel 1 Buchstabe g der EWG-Richtlinie vom 21. Dezember 1988 (ABl. EG 1989 Nr. L 19 S. 16) zuzulassen. [2]Mit der erfolgreich abgelegten Eignungsprüfung werden dieselben Rechte erworben wie durch die erfolgreich abgelegte Steuerberaterprüfung.

(4) [1]Als Diplom im Sinne von Absatz 3 gelten alle Befähigungsnachweise,

die in einem Mitgliedstaat von der zuständigen Stelle ausgestellt sind, sofern aus ihnen hervorgeht, daß der Bewerber ein mindestens dreijähriges Hochschulstudium oder eine gleichwertige Ausbildung im Sinne von Artikel 1 Buchstabe a der in Absatz 3 genannten Richtlinie abgeschlossen hat, und sofern von der zuständigen Stelle des Mitgliedstaates bestätigt wird, daß er damit in diesem Mitgliedstaat zur Hilfe in Steuersachen berechtigt ist. [2]Bewerber aus Mitgliedstaaten, in denen der Beruf des Steuerberaters nicht reglementiert ist, müssen ein mindestens dreijähriges Studium, das auf die Ausübung dieses Berufs vorbereitet, und eine zweijährige vollzeitliche Berufstätigkeit jeweils nach Maßgabe des Artikels 3 Buchstabe b der EWG-Richtlinie vom 21. Dezember 1988 (ABl. EG 1989 Nr. L 19 S. 16) nachweisen.

## § 37 Weitere Voraussetzungen für die Prüfung

(1) Die Zulassung zur Prüfung setzt ferner voraus, daß der Bewerber
1. seinen Wohnsitz im Geltungsbereich dieses Gesetzes oder in einem anderen Mitgliedstaat der Europäischen Gemeinschaften hat und
2. in geordneten wirtschaftlichen Verhältnissen lebt.

(2) Die Zulassung zur Prüfung ist wegen Fehlens der persönlichen Eignung zu versagen, wenn der Bewerber
1. infolge strafgerichtlicher Verurteilung die Fähigkeit zur Bekleidung öffentlicher Ämter nicht besitzt;
2. infolge eines körperlichen Gebrechens oder wegen Schwäche seiner geistigen Kräfte dauernd unfähig ist, den Beruf des Steuerberaters ordnungsgemäß auszuüben.

(3) Die Zulassung zur Prüfung kann versagt werden,
1. wenn der Bewerber sich so verhalten hat, daß die Besorgnis begründet ist, er werde den Berufspflichten als Steuerberater nicht genügen;
2. wenn der Bewerber nicht Deutscher im Sinne des Artikels 116 Abs. 1 des Grundgesetzes oder Angehöriger eines anderen Mitgliedstaates der Europäischen Gemeinschaften ist; die Vorschriften des Gesetzes über die Rechtsstellung heimatloser Ausländer vom 25. April 1951 (Bundesgesetzbl. I S. 269) sowie Vorschriften in Staatsverträgen bleiben unberührt.

## § 37 a Inhalt der Steuerberaterprüfung

(1) Mit der Prüfung hat der Bewerber darzutun, daß er in der Lage ist, den Beruf eines Steuerberaters ordnungsgemäß auszuüben.

(2) [1]Die Prüfung gliedert sich in einen schriftlichen Teil aus drei Aufsichtsarbeiten und eine mündliche Prüfung. [2]Sie ist vor einem Prüfungsausschuß abzulegen, der bei der für die Finanzverwaltung zuständigen obersten Landesbehörde zu bilden ist. [3]Bei Bedarf können mehrere Prüfungsausschüsse gebildet werden.

(3) Prüfungsgebiete der Steuerberaterprüfung sind
1. Steuerliches Verfahrensrecht,
2. Ertragsteuern,
3. Besitzsteuern,
4. Verbrauch- und Verkehrsteuern,
5. Grundzüge des Bürgerlichen Rechts und des Wirtschaftsrechts,
6. Betriebswirtschaft und Rechnungswesen,
7. Volkswirtschaft,
8. Berufsrecht.

### § 37 b Prüfung in Sonderfällen

(1) [1]Wirtschaftsprüfer und vereidigte Buchprüfer können auf Antrag die Steuerberaterprüfung in verkürzter Form ablegen. [2]Dabei entfallen die in § 37 a Abs. 3 Nr. 5 und 6 genannten Prüfungsgebiete.

(2) [1]Bewerber mit den in § 36 Abs. 3 genannten Voraussetzungen sollen mit der Eignungsprüfung ihre Befähigung nachweisen, den Beruf eines Steuerberaters auch im Geltungsbereich des Grundgesetzes ordnungsgemäß auszuüben. [2]Die Eignungsprüfung umfaßt die zur Berufsausübung notwendigen Rechtskenntnisse auf den in § 37 a Abs. 3 genannten Gebieten. [3]Die Prüfung in einem der genannten Prüfungsgebiete entfällt, wenn der Bewerber durch Diplome oder gleichwertige Prüfungszeugnisse einer staatlichen oder staatlich anerkannten Universität oder einer Hochschule oder einer anderen Ausbildungseinrichtung mit gleichwertigem Niveau nachweist, daß er einen wesentlichen Teil der in dem entfallenden Prüfungsgebiet geforderten Kenntnisse erlangt hat; die Entscheidung hierüber trifft der Zulassungsausschuß.

(3) Die Prüfung in verkürzter Form und die Eignungsprüfung gliedern sich in einen schriftlichen Teil aus zwei Aufsichtsarbeiten und eine mündliche Prüfung.

(4) Für die Prüfung in verkürzter Form und für die Eignungsprüfung gelten die Vorschriften für die Steuerberaterprüfung, soweit nicht Besonderes bestimmt ist.

### § 37 c Örtliche Zuständigkeit für die Prüfung

(1) [1]Die örtliche Zuständigkeit der Prüfungsausschüsse richtet sich nach dem Ort, an dem der Bewerber im Zeitpunkt der Antragstellung hauptberuflich tätig ist. [2]Hat er keine hauptberufliche Tätigkeit, richtet sich die Zuständigkeit nach dem Wohnsitz. [3]Bei mehrfachem Wohnsitz ist der Wohnsitz maßgebend, an dem sich der Bewerber vorwiegend aufhält.

(2) Befindet sich der Ort der hauptberuflichen Tätigkeit oder der statt dessen maßgebliche Wohnsitz nicht im Geltungsbereich des Gesetzes, so sind zuständig
1. für Bewerber aus Italien der Prüfungsausschuß im Freistaat Bayern,
2. für Bewerber aus Griechenland der Prüfungsausschuß im Land Baden-Württemberg,
3. für Bewerber aus Spanien und Portugal der Prüfungsausschuß im Land Hessen,
4. für Bewerber aus dem Vereinigten Königreich und Irland der Prüfungsausschuß im Land Niedersachsen,
5. für Bewerber aus Belgien und den Niederlanden der Prüfungsausschuß im Land Nordrhein-Westfalen,
6. für Bewerber aus Frankreich der Prüfungsausschuß im Land Rheinland-Pfalz,
7. für Bewerber aus Luxemburg der Prüfungsausschuß im Saarland,
8. für Bewerber aus Dänemark der Prüfungsausschuß im Land Schleswig-Holstein,
9. für sonstige Bewerber der für den Ort der beabsichtigten beruflichen Niederlassung zuständige Prüfungsausschuß.

(3) Die in den Absätzen 1 und 2 geregelten Zuständigkeiten gelten entsprechend für das Zulassungsverfahren und die Befreiung von der Prüfung.

### § 37 d Angaben des Bewerbers

[1]Die Erhebung der für die Entscheidung über die Prüfungszulassung erforderlichen Informationen erfolgt über die gemäß § 158 Nr. 1 Buchstabe a eingeführten Vordrucke. [2]Nachweise sind nach Maßgabe der Bestimmungen des amtlichen Vordrucks zu erbringen. [3]Der Bewerber hat diese Unterlagen seinem Antrag auf Zulassung zur Prüfung beizufügen.

### § 38 Voraussetzungen für die Befreiung von der Prüfung

(1) Von der Steuerberaterprüfung sind zu befreien

1. Professoren, die an einer deutschen Hochschule mindestens zehn Jahre auf dem Gebiet der von den Bundes- oder Landesfinanzbehörden verwalteten Steuern gelehrt haben;

2. ehemalige Finanzrichter, die mindestens zehn Jahre auf dem Gebiet der von den Bundes- oder Landesfinanzbehörden verwalteten Steuern tätig gewesen sind;

3. ehemalige Beamte und Angestellte des höheren Dienstes
   a) der Finanzverwaltung, die mindestens zehn Jahre auf dem Gebiet der von den Bundes- oder Landesfinanzbehörden verwalteten Steuern als Sachgebietsleiter oder mindestens in gleichwertiger Stellung tätig gewesen sind,
   b) der gesetzgebenden Körperschaften des Bundes und der Länder sowie der obersten Rechnungsprüfungsbehörden und der anderen obersten Behörden des Bundes und der Länder, die mindestens zehn Jahre überwiegend auf dem Gebiet der von den Bundes- und Landesfinanzbehörden verwalteten Steuern als Sachgebietsleiter oder mindestens in gleichwertiger Stellung tätig gewesen sind; die Angestellten der Fraktionen des Deutschen Bundestages gelten als Bedienstete der gesetzgebenden Körperschaften im Sinne dieser Vorschrift;

4. ehemalige Beamte und Angestellte des gehobenen Dienstes
   a) der Finanzverwaltung, die mindestens fünfzehn Jahre auf dem Gebiet der von den Bundes- oder Landesfinanzbehörden verwalteten Steuern als Sachbearbeiter oder mindestens in gleichwertiger Stellung tätig gewesen sind,
   b) der gesetzgebenden Körperschaften des Bundes und der Länder, der Finanzgerichte sowie der obersten Rechnungsprüfungsbehörden und der anderen obersten Behörden des Bundes und der Länder, die mindestens fünfzehn Jahre überwiegend auf dem Gebiet der von den Bundes- und Landesfinanzbehörden verwalteten Steuern als Sachbearbeiter oder mindestens in gleichwertiger Stellung tätig gewesen sind; die Angestellten der Fraktionen des Deutschen Bundestages gelten als Bedienstete der gesetzgebenden Körperschaften im Sinne dieser Vorschrift.

(2) [1]Die Vorschriften der §§ 37, 37 d für die Zulassung zur Prüfung gelten auch für die Befreiung von der Prüfung. [2]Personen, die unter Absatz 1 Nr. 2 bis 4 fallen, sowie Professoren an staatlichen verwaltungsinternen Fachhochschulen mit Ausbildungsgängen für den öffentlichen Dienst können erst nach dem Ausscheiden aus dem öffentlichen Dienst oder dem Dienstverhältnis als Angestellter einer Fraktion des Deutschen Bundestages von der Prüfung befreit werden.

## § 39 Gebühren für Zulassung, Prüfung und verbindliche Auskunft

(1) [1]Für die Entscheidung über den Antrag auf Zulassung zur Prüfung oder auf Befreiung von der Prüfung sowie für die Erteilung einer verbindlichen Auskunft über die Erfüllung einzelner Voraussetzungen für die Zulassung zur Prüfung oder die Befreiung von der Prüfung hat der Bewerber eine Gebühr von zweihundert Deutsche Mark an die zuständige Behörde zu zahlen. [2]Die Gebühr ist bei Stellung des Antrags zu entrichten.

(2) [1]Für die Prüfung hat der Bewerber bis zu einem von der zuständigen Behörde zu bestimmenden Zeitpunkt eine Gebühr von siebenhundertfünfzig Deutsche Mark an die zuständige Behörde zu zahlen. [2]Zahlt der Bewerber die Gebühr nicht rechtzeitig, so gilt dies als Verzicht auf die Zulassung zur Prüfung. [3]Tritt der Bewerber bis zu dem von der zuständigen Behörde zu bestimmenden Zeitpunkt von der Prüfung zurück, so wird die Gebühr nicht erhoben. [4]Tritt der Bewerber bis zum Ende der Bearbeitungszeit für die letzte Aufsichtsarbeit zurück, so ist die Gebühr zur Hälfte zu erstatten.

### Zweiter Unterabschnitt. Bestellung

## § 40 Bestellende Behörde, Bestellungsverfahren

(1) [1]Nach bestandener Prüfung wird der Bewerber auf Antrag durch die für die Finanzverwaltung zuständige oberste Landesbehörde als Steuerberater bestellt. [2]Die örtliche Zuständigkeit der bestellenden Behörde richtet sich nach der beabsichtigten beruflichen Niederlassung des Bewerbers. [3]Bei beabsichtigter beruflicher Niederlassung in einem anderen Mitgliedstaat der Europäischen Gemeinschaften ist für die Bestellung die Behörde zuständig, vor deren Prüfungsausschuß der Bewerber die Prüfung als Steuerberater abgelegt hat.

(2) Vor der Bestellung kann die bestellende Behörde prüfen, ob die persönlichen Voraussetzungen für die Zulassung zur Prüfung (§ 37) noch gegeben sind.

(3) Die Bestellung ist zu versagen,
1. wenn Tatsachen bekanntgeworden sind, bei deren Kenntnis die Zulassung des Bewerbers zur Prüfung hätte versagt, zurückgenommen oder widerrufen werden müssen;
2. solange der Bewerber eine Tätigkeit ausübt, die mit dem Beruf unvereinbar ist (§ 57 Abs. 4);
3. solange nicht die vorläufige Deckungszusage auf den Antrag zum Abschluß einer Berufshaftpflichtversicherung vorliegt.

(4) Die Bestellung kann versagt werden, wenn Tatsachen bekanntgeworden sind, bei deren Kenntnis die Zulassung des Bewerbers zur Prüfung hätte versagt, zurückgenommen oder widerrufen werden können.

(5) Vor der Versagung der Bestellung ist der Bewerber zu hören. Wird die Bestellung versagt, so ist ein schriftlicher Bescheid zu erteilen.

(6) Die Absätze 1 bis 5 gelten sinngemäß für die Bestellung von Bewerbern nach Befreiung von der Prüfung.

## § 40a Vorläufige Bestellung

Als vorläufig bestellt gelten Steuerberater und Steuerbevollmächtigte, die nach dem 6. Februar 1990 und vor dem 1. Januar 1991 bestellt worden sind. Steuerbevollmächtigte haben mit der vorläufigen Bestellung das Recht zur uneingeschränkten Hilfe in Steuersachen für das Gebiet des Bezirks, in dem sie bestellt worden sind. Über die endgültige Bestellung entscheidet die zuständige oberste Landesbehörde im Benehmen mit der zuständigen Steuerberaterkammer nach dem 31. Dezember 1994. Die endgültige Bestellung darf nicht versagt werden, wenn der Berufsangehörige an einem Übergangsseminar erfolgreich teilgenommen hat. § 157 und die dazu ergangenen Ausführungsvorschriften sind entsprechend anzuwenden.

## § 41 Berufsurkunde

(1) Der Bewerber wird durch Aushändigung einer Urkunde als Steuerberater bestellt.

(2) Vor der Aushändigung der Urkunde haben Steuerberater vor der für die Finanzverwaltung zuständigen obersten Landesbehörde die Versicherung abzugeben, daß sie die Pflichten eines Steuerberaters gewissenhaft erfüllen werden.

## § 42 Steuerbevollmächtigter

Steuerbevollmächtigter ist, wer nach den Vorschriften dieses Gesetzes als solcher bestellt ist.

## § 43 Berufsbezeichnung

(1) ¹Die Berufsbezeichnung lautet „Steuerberater" oder „Steuerbevollmächtigter". ²Frauen können die Berufsbezeichnung „Steuerberaterin" oder „Steuerbevollmächtigte" wählen. ³Die Berufsangehörigen haben im beruflichen Verkehr die Berufsbezeichnung zu führen.

(2) ¹Die Führung weiterer Berufsbezeichnungen ist nur gestattet, wenn sie amtlich verliehen worden sind. ²Andere Zusätze und der Hinweis auf eine ehemalige Beamteneigenschaft sind im beruflichen Verkehr unzulässig.

(3) Zusätze, die auf einen akademischen Grad oder eine staatlich verliehene Graduierung hinweisen, sind erlaubt.

(4) ¹Die Bezeichnung „Steuerberater", „Steuerbevollmächtigter" oder „Steuerberatungsgesellschaft" darf nur führen, wer nach diesem Gesetz dazu berechtigt ist. ²Es ist unzulässig, zum Hinweis auf eine steuerberatende Tätigkeit andere Bezeichnungen zu verwenden. ³Satz 2 findet auf Rechtsanwälte keine Anwendung.

## § 44 Bezeichnung „Landwirtschaftliche Buchstelle"

(1) ¹Steuerberatern und Steuerbevollmächtigten, die eine besondere Sachkunde auf dem Gebiet der Hilfeleistung in Steuersachen für land- und forstwirtschaftliche Betriebe im Sinne des Bewertungsgesetzes nachweisen, kann auf Antrag die Berechtigung verliehen werden, als Zusatz zur Berufsbezeichnung die Bezeichnung „Landwirtschaftliche Buchstelle" zu führen. ²Die Verleihung erfolgt durch die für die Finanzverwaltung zuständige oberste Behörde des Landes, in dem der Antragsteller seine berufliche Niederlassung hat.

(2) ¹Die besondere Sachkunde im Sinne des Absatzes 1 Satz 1 ist durch eine vor einem Sachkunde-Ausschuß abzulegende mündliche Prüfung nachzuweisen. ²Der Sachkunde-Ausschuß besteht aus einem Vertreter der Finanzverwaltung als Vorsitzendem, einem Vertreter der für die Landwirtschaft zuständigen obersten Landesbehörde oder einem von dieser Behörde zu benennenden Vertreter der Landwirtschaftskammer und einem Vertreter der für den Antragsteller zuständigen Berufskammer. ³Personen, die ihre Sachkunde im Sinne des Absatzes 1 Satz 1 durch eine einschlägige Ausbildung nachweisen und mindestens drei Jahre buchführende land- und forstwirtschaftliche Betriebe steuer-

lich beraten haben, können auf Antrag von der mündlichen Prüfung befreit werden. [4]Über den Antrag auf Befreiung entscheidet die für die Finanzverwaltung zuständige oberste Landesbehörde im Benehmen mit der für die Landwirtschaft zuständigen obersten Landesbehörde und der für die berufliche Niederlassung des Antragstellers zuständigen Berufskammer.

(3) Steuerberatungsgesellschaften sind befugt, die Bezeichnung „Landwirtschaftliche Buchstelle" als Zusatz zur Firma zu führen, wenn mindestens ein gesetzlicher Vertreter berechtigt ist, diese Bezeichnung als Zusatz zur Berufsbezeichnung zu führen.

(4) Vereine im Sinne des § 4 Nr. 8 sind befugt, als Zusatz zum Namen des Vereins die Bezeichnung „Landwirtschaftliche Buchstelle" zu führen.

(5) Körperschaften des öffentlichen Rechts (§ 4 Nr. 3) und Personenvereinigungen im Sinne des § 4 Nr. 7, die eine Buchstelle für land- und forstwirtschaftliche Betriebe unterhalten, dürfen für diese Buchstelle die Bezeichnung „Landwirtschaftliche Buchstelle" benutzen, wenn der Leiter der Buchstelle berechtigt ist, diese Bezeichnung als Zusatz zur Berufsbezeichnung zu führen.

(6) Steuerberater und Steuerbevollmächtigte, die bei Inkrafttreten der Absätze 1 bis 4 befugt gewesen sind, die Bezeichnung „Landwirtschaftliche Buchstelle" zu führen, dürfen diese Bezeichnung als Zusatz zur Berufsbezeichnung weiter führen, wenn sie die Befugnis innerhalb von sechs Monaten nach Inkrafttreten der Absätze 1 bis 4 der bestellenden Behörde nachweisen.

(7) Die Befugnis zur Führung der Bezeichnung „Landwirtschaftliche Buchstelle" erlischt mit dem Erlöschen, der Rücknahme oder dem Widerruf der Bestellung als Steuerberater oder Steuerbevollmächtigter.

(8) Die Befugnis zur Führung der Bezeichnung „Landwirtschaftliche Buchstelle" ist in das Berufsregister einzutragen.

(9) [1]Für die Entscheidung über den Antrag auf Verleihung der Bezeichnung „Landwirtschaftliche Buchstelle" ist eine Gebühr von dreihundert Deutsche Mark an die für die Finanzverwaltung zuständige oberste Landesbehörde zu zahlen. [2]Die Gebühr ist bei Stellung des Antrags zu entrichten.

## § 45 Erlöschen der Bestellung

(1) Die Bestellung als Steuerberater oder Steuerbevollmächtigter erlischt durch
1. Tod,
2. Verzicht gegenüber der nach § 46 Abs. 4 Satz 1 bis 4 zuständigen Behörde,
3. rechtskräftige Ausschließung aus dem Beruf.

(2) Die Bestellung als Steuerbevollmächtigter erlischt ferner durch die Bestellung als Steuerberater.

## § 46 Rücknahme und Widerruf der Bestellung

(1) Die Bestellung ist zurückzunehmen, wenn der Steuerberater oder Steuerbevollmächtigte die Zulassung zur Prüfung, die Befreiung von der Prüfung oder die Bestellung durch arglistige Täuschung, Drohung oder Bestechung oder durch Angaben erwirkt hat, die in wesentlicher Beziehung unrichtig oder unvollständig waren.

(2) Die Bestellung ist zu widerrufen, wenn der Steuerberater oder Steuerbevollmächtigte
1. seinen Wohnsitz in ein Gebiet außerhalb der Deutschen Demokratischen Republik einschließlich Berlin (Ost) und eines Mitgliedstaates der Europäischen Gemeinschaft verlegt;

2. eine Tätigkeit als Arbeitnehmer ausübt, die mit seinem Beruf nicht vereinbar ist (§ 57 Abs. 4 Nr. 2);

3. infolge strafgerichtlicher Verurteilung die Fähigkeit zur Bekleidung öffentlicher Ämter verloren hat;

4. nicht die vorgeschriebene Haftpflichtversicherung gegen die Haftpflichtgefahren aus seiner Berufstätigkeit unterhält;

5. infolge gerichtlicher Anordnung in der Verfügung über sein Vermögen beschränkt wird;

6. in Vermögensverfall geraten ist, es sei denn, daß dadurch die Interessen der Auftraggeber nicht gefährdet sind; ein Vermögensverfall wird vermutet, wenn der Steuerberater oder Steuerbevollmächtigte in das vom Konkursgericht oder vom Vollstreckungsgericht zu führende Verzeichnis (§ 107 Abs. 2 der Konkursordnung, § 915 der Zivilprozeßordnung) eingetragen ist;

7. seine berufliche Niederlassung in das Ausland verlegt.

(3) Die Bestellung kann widerrufen werden, wenn der Steuerberater oder Steuerbevollmächtigte

1. nicht innerhalb von sechs Monaten nach der Bestellung eine berufliche Niederlassung begründet hat oder

2. infolge eines körperlichen Gebrechens oder wegen Schwäche seiner geistigen Kräfte dauernd unfähig ist, seinen Beruf ordnungsgemäß auszuüben.

(4) [1]Die Bestellung als Steuerberater wird durch die für die Finanzverwaltung zuständige oberste Landesbehörde, die Bestellung als Steuerbevollmächtigter durch die Oberfinanzdirektion zurückgenommen oder widerrufen. [2]Die örtliche Zuständigkeit richtet sich nach der beruflichen Niederlassung, in den Fällen des Absatzes 3 Nr. 1 nach der beabsichtigten beruflichen Niederlassung des Steuerberaters oder Steuerbevollmächtigten. [3]§ 40 Abs. 1 Satz 3 gilt entsprechend. [4]Bei beruflicher Niederlassung in einem anderen Mitgliedstaat der Europäischen Gemeinschaften richtet sich die örtliche Zuständigkeit nach der letzten beruflichen Niederlassung im Geltungsbereich dieses Gesetzes; ist eine solche nicht vorhanden, so ist die Behörde zuständig, die den Steuerberater oder Steuerbevollmächtigten bestellt hat. [5]Vor der Rücknahme oder dem Widerruf sind der Betroffene und die Berufskammer zu hören.

## § 47 Erlöschen der Befugnis zur Führung der Berufsbezeichnung

(1) [1]Mit dem Erlöschen, der Rücknahme oder dem Widerruf der Bestellung erlischt die Befugnis, die Berufsbezeichnung „Steuerberater" oder „Steuerbevollmächtigter" zu führen. [2]Die Bezeichnung darf auch nicht mit einem Zusatz, der auf die frühere Berechtigung hinweist, geführt werden.

(2) [1]Die nach § 46 Abs. 4 Satz 1 bis 4 zuständige Behörde kann nach Anhörung der Berufskammer einem Steuerberater oder Steuerbevollmächtigten, der wegen hohen Alters oder wegen körperlicher Leiden auf die Rechte aus der Bestellung verzichtet, auf Antrag die Erlaubnis erteilen, sich weiterhin Steuerberater oder Steuerbevollmächtigter zu nennen. [2]Für die Entscheidung über den Antrag auf Erteilung einer Erlaubnis nach Satz 1 ist eine Gebühr von einhundert Deutsche Mark an die nach § 46 Abs. 4 Satz 1 bis 4 zuständige Behörde zu zahlen. [3]Die Gebühr ist bei Stellung des Antrags zu entrichten.

(3) [1]Die nach § 46 Abs. 4 Satz 1 zuständige Behörde kann eine Erlaubnis, die sie nach Absatz 2 Satz 1 erteilt hat, zurücknehmen oder widerrufen, wenn nachträglich Umstände bekanntwerden oder eintreten, die bei einem Steuerberater oder Steuerbevollmächtigten das Erlöschen, die Rücknahme oder den Widerruf der Bestellung nach sich ziehen würden. [2]Vor der Rücknahme oder

dem Widerruf der Erlaubnis sind der Betroffene und die Berufskammer zu hören.

## § 48 Wiederbestellung

(1) Ehemalige Steuerberater und Steuerbevollmächtigte können wiederbestellt werden,

1. wenn die Bestellung nach § 45 Abs. 1 Nr. 2 erloschen ist;
2. wenn im Falle des Erlöschens der Bestellung nach § 45 Abs. 1 Nr. 3 die rechtskräftige Ausschließung aus dem Beruf im Gnadenwege aufgehoben worden ist oder seit der rechtskräftigen Ausschließung mindestens acht Jahre verstrichen sind;
3. wenn die Bestellung nach § 46 zurückgenommen oder widerrufen ist und die Gründe, die für die Rücknahme oder den Widerruf maßgeblich gewesen sind, nicht mehr bestehen.

(2) Die Vorschriften des § 40 gelten vorbehaltlich des Absatzes 3 entsprechend für die Wiederbestellung.

(3) [1]Für die Entscheidung über den Antrag auf Wiederbestellung hat der Bewerber eine Gebühr von zweihundert Deutsche Mark an die bestellende Behörde zu zahlen. [2]Die Gebühr ist mit dem Antrag auf Wiederbestellung zu entrichten.

## Dritter Unterabschnitt. Steuerberatungsgesellschaft

## § 49 Rechtsform der Gesellschaft, Anerkennungsbehörde, Gesellschaftsvertrag

(1) Aktiengesellschaften, Kommanditgesellschaften auf Aktien, Gesellschaften mit beschränkter Haftung, Offene Handelsgesellschaften und Kommanditgesellschaften können nach Maßgabe dieses Gesetzes als Steuerberatungsgesellschaften anerkannt werden.

(2) Offene Handelsgesellschaften und Kommanditgesellschaften können als Steuerberatungsgesellschaften anerkannt werden, wenn sie wegen ihrer Treuhandtätigkeit als Handelsgesellschaften in das Handelsregister eingetragen worden sind.

(3) Für die Entscheidung über den Antrag auf Anerkennung als Steuerberatungsgesellschaft ist die für die Finanzverwaltung zuständige oberste Behörde des Landes zuständig, in dem die Gesellschaft ihren Sitz hat.

(4) [1]Dem Antrag auf Anerkennung als Steuerberatungsgesellschaft ist eine Ausfertigung oder eine öffentlich beglaubigte Abschrift des Gesellschaftsvertrags oder der Satzung beizufügen. [2]Jede Änderung des Gesellschaftsvertrages oder der Satzung oder in der Person der Vertretungsberechtigten ist der für die Finanzverwaltung zuständigen obersten Landesbehörde unverzüglich anzuzeigen. [3]Der Änderungsanzeige ist eine beglaubigte Abschrift der jeweiligen Urkunde beizufügen. [4]Wird die Änderung im Handelsregister eingetragen, ist eine beglaubigte Abschrift der Eintragung nachzureichen.

## § 50 Voraussetzungen für die Anerkennung

(1) [1]Voraussetzung für die Anerkennung ist, daß die Mitglieder des Vorstandes, die Geschäftsführer oder die persönlich haftenden Gesellschafter Steuerberater sind. [2]Mindestens ein Steuerberater, der Mitglied des Vorstandes, Geschäftsführer oder persönlich haftender Gesellschafter ist, muß seine ▮

berufliche Niederlassung am Sitz der Gesellschaft oder in dessen Nahbereich haben.

(2) Neben Steuerberatern können auch Rechtsanwälte, Wirtschaftsprüfer, vereidigte Buchprüfer und Steuerbevollmächtigte Mitglieder des Vorstandes, Geschäftsführer oder persönlich haftende Gesellschafter von Steuerberatungsgesellschaften sein.

(3) ¹Die für die Finanzverwaltung zuständige oberste Landesbehörde kann nach Anhörung der Berufskammer genehmigen, daß besonders befähigte Personen mit einer anderen Ausbildung als in einer der in § 36 genannten Fachrichtungen neben Steuerberatern Vorstandsmitglieder, Geschäftsführer oder persönlich haftende Gesellschafter von Steuerberatungsgesellschaften werden. ²Die Genehmigung darf nur versagt werden, wenn die besondere Fachkunde fehlt oder die persönliche Zuverlässigkeit nicht vorhanden ist.

(4) Die Zahl der unter Absatz 2 und 3 fallenden Vorstandsmitglieder, Geschäftsführer und persönlich haftenden Gesellschafter darf die Zahl der Steuerberater im Vorstand, unter den Geschäftsführern oder unter den persönlich haftenden Gesellschaftern nicht übersteigen.

(5) ¹Bei Aktiengesellschaften oder Kommanditgesellschaften auf Aktien müssen die Aktien auf Namen lauten. ²Die Übertragung muß an die Zustimmung der Gesellschaft gebunden sein. ³Dasselbe gilt für die Übertragung von Geschäftsanteilen an einer Gesellschaft mit beschränkter Haftung.

(6) Die Anerkennung darf nicht erteilt werden, solange nicht die vorläufige Deckungszusage auf den Antrag zum Abschluß einer Berufhaftpflichtversicherung vorliegt.

## § 50 a  Kapitalbindung

(1) Voraussetzung für die Anerkennung ist ferner, daß

1. die Gesellschafter ausschließlich Steuerberater, Rechtsanwälte, Wirtschaftsprüfer, vereidigte Buchprüfer, Steuerbevollmächtigte oder in der Gesellschaft tätige Personen sind, deren Tätigkeit als Vorstandsmitglied, Geschäftsführer oder persönlich haftender Gesellschafter nach § 50 Abs. 3 genehmigt worden ist;

2. Anteile an der Steuerberatungsgesellschaft nicht für Rechnung eines Dritten gehalten werden;

3. bei Kapitalgesellschaften die Anteile Personen im Sinne von Nummer 1 gehören;

4. bei Kommanditgesellschaften die im Handelsregister eingetragenen Einlagen von Personen im Sinne von Nummer 1 übernommen worden sind;

5. Steuerberatern, Rechtsanwälten, Wirtschaftsprüfern, vereidigten Buchprüfern oder Steuerbevollmächtigten zusammen die Mehrheit der Stimmrechte der Aktionäre, Kommanditaktionäre, Gesellschafter einer Gesellschaft mit beschränkter Haftung oder Kommanditisten zusteht und

6. im Gesellschaftsvertrag bestimmt ist, daß zur Ausübung von Gesellschafterrechten nur Gesellschafter bevollmächtigt werden können, die Steuerberater, Rechtsanwälte, Wirtschaftsprüfer, vereidigte Buchprüfer oder Steuerbevollmächtigte sind.

(2) ¹Haben sich Personen im Sinne von Absatz 1 Nr. 1 zu einer Gesellschaft bürgerlichen Rechts zusammengeschlossen, deren Zweck ausschließlich das Halten von Anteilen an einer Steuerberatungsgesellschaft ist, so werden ihnen die Anteile an der Steuerberatungsgesellschaft im Verhältnis ihrer Beteiligung an der Gesellschaft bürgerlichen Rechts zugerechnet. ²Stiftungen und einge-

tragene Vereine gelten als Berufsangehörige im Sinne von Absatz 1 Nr. 1, wenn sie ausschließlich der Altersversorgung in der Steuerberatungsgesellschaft tätiger Personen und ihrer Hinterbliebenen dienen und die zur gesetzlichen Vertretung berufenen Organe der Regelung in § 50 Abs. 4 entsprechen.

## § 51 Gebühren für die Anerkennung

(1) Für die Entscheidung über den Antrag auf Anerkennung als Steuerberatungsgesellschaft hat die Gesellschaft eine Gebühr von siebenhundertfünfzig Deutsche Mark an die für die Finanzverwaltung zuständige(n) oberste Landesbehörde zu zahlen.

(2) Für die Entscheidung über einen Antrag auf Ausnahmegenehmigung nach § 50 Abs. 3 hat die Gesellschaft eine Gebühr von dreihundert Deutsche Mark an die für die Finanzverwaltung zuständige(n) oberste Landesbehörde zu zahlen.

(3) Die Gebühr nach Absatz 1 oder Absatz 2 ist jeweils bei Stellung des Antrags zu entrichten.

## § 52 Urkunde

Über die Anerkennung als Steuerberatungsgesellschaft stellt die für die Finanzverwaltung zuständige(n) oberste Landesbehörde eine Urkunde aus.

## § 53 Bezeichnung „Steuerberatungsgesellschaft"

Die Gesellschaft ist verpflichtet, die Bezeichnung „Steuerberatungsgesellschaft" in die Firma aufzunehmen.

## § 54 Erlöschen der Anerkennung

(1) Die Anerkennung erlischt durch
1. Auflösung der Gesellschaft,
2. Verzicht auf die Anerkennung.

(2) Der Verzicht ist schriftlich gegenüber der für die Finanzverwaltung zuständige(n) obersten Landesbehörde zu erklären.

## § 55 Rücknahme und Widerruf der Anerkennung

(1) Die für die Finanzverwaltung zuständige(n) oberste Landesbehörde hat die Anerkennung zurückzunehmen, wenn sich nach der Anerkennung ergibt, daß sie hätte versagt werden müssen.

(2) Die für die Finanzverwaltung zuständige oberste Landesbehörde hat die Anerkennung zu widerrufen, wenn die Voraussetzungen für die Anerkennung der Gesellschaft nachträglich fortfallen, es sei denn, daß die Gesellschaft innerhalb einer angemessenen, von der für die Finanzverwaltung zuständigen obersten Landesbehörde zu bestimmenden Frist den dem Gesetz entsprechenden Zustand herbeiführt; bei Fortfall der in § 50a genannten Voraussetzungen wegen eines Erbfalls muß die Frist mindestens fünf Jahre betragen.

(3) Vor der Rücknahme oder dem Widerruf sind die Steuerberatungsgesellschaft und die Berufskammer zu hören.

## Vierter Unterabschnitt. Gesellschaft bürgerlichen Rechts

## § 55a Gesellschaft bürgerlichen Rechts

[1]Steuerberater und Steuerbevollmächtigte dürfen ihren Beruf in einer Gesellschaft bürgerlichen Rechts ausüben. [2]§ 50 Abs. 2 gilt entsprechend. Die

Gründung einer solchen Gesellschaft und Veränderungen in den Gesellschaftsverhältnissen sind der zuständigen Berufskammer anzuzeigen.

## Fünfter Unterabschnitt. Europäische Wirtschaftsgemeinschaft

### § 56 Verlegung der beruflichen Niederlassung

[1]§ 46 Abs. 2 Nr. 1 und Nr. 7 ist nicht anzuwenden, wenn der Steuerberater oder Steuerbevollmächtigte seine berufliche Niederlassung in einen anderen Staat verlegt und einen Zustellungsbevollmächtigten mit Wohnsitz im Geltungsbereich des Gesetzes benannt hat. [2]Name und Anschrift sowie jede Änderung in der Person oder der Anschrift des Zustellungsbevollmächtigten sind der Berufskammer und der zuständigen Behörde unverzüglich mitzuteilen. [3]Der Steuerberater oder Steuerbevollmächtigte bleibt Mitglied der Berufskammer, der er bisher angehört hat.

## Dritter Abschnitt. Rechte und Pflichten

### § 57 Allgemeine Berufspflichten

(1) Steuerberater und Steuerbevollmächtigte haben ihren Beruf unabhängig, eigenverantwortlich, gewissenhaft, verschwiegen und unter Verzicht auf berufswidrige Werbung auszuüben.

(2) [1]Steuerberater und Steuerbevollmächtigte haben sich jeder Tätigkeit zu enthalten, die mit ihrem Beruf oder mit dem Ansehen des Berufs nicht vereinbar ist. [2]Sie haben sich auch außerhalb der Berufstätigkeit des Vertrauens und der Achtung würdig zu erweisen, die ihr Beruf erfordert.

(3) Mit dem Beruf eines Steuerberaters oder eines Steuerbevollmächtigten sind insbesondere vereinbar
1. die Tätigkeit als Wirtschaftsprüfer oder vereidigter Buchprüfer;
2. eine freiberufliche Tätigkeit, die die Wahrnehmung fremder Interessen einschließlich der Beratung zum Gegenstand hat;
3. eine wirtschaftsberatende, gutachtliche oder treuhänderische Tätigkeit sowie die Erteilung von Bescheinigungen über die Beachtung steuerrechtlicher Vorschriften in Vermögensübersichten und Erfolgsrechnungen;
4. die Tätigkeit eines Lehrers an wissenschaftlichen Hochschulen und Instituten sowie Fachhochschulen; dies gilt nicht für Lehrer an staatlichen verwaltungsinternen Fachhochschulen mit Ausbildungsgängen für den öffentlichen Dienst;
5. eine freie schriftstellerische Tätigkeit sowie eine freie Vortrags- und Lehrtätigkeit.

(4) Als Tätigkeiten, die mit dem Beruf des Steuerberaters und des Steuerbevollmächtigten nicht vereinbar sind, gelten insbesondere
1. eine gewerbliche Tätigkeit;
2. eine Tätigkeit als Arbeitnehmer mit Ausnahme der Fälle des Absatzes 3 Nr. 4 sowie der §§ 58 und 59.

### § 58 Tätigkeit als Angestellter

(1) Steuerberater und Steuerbevollmächtigte dürfen ihren Beruf als Angestellter eines anderen Steuerberaters, Steuerbevollmächtigten oder einer Steuerberatungsgesellschaft ausüben.

(2) Steuerberater und Steuerbevollmächtigte dürfen ferner tätig werden
1. als Angestellte von Rechtsanwälten, Wirtschaftsprüfern, vereidigten Buchprüfern, Wirtschaftsprüfungsgesellschaften oder Buchprüfungsgesellschaften,

2. als Leiter oder als Angestellte von genossenschaftlichen Prüfungsverbänden, genossenschaftlichen Treuhandstellen oder überörtlichen Prüfungseinrichtungen für Körperschaften und Anstalten des öffentlichen Rechts,
3. als Leiter von Buchstellen oder von Beratungsstellen der Lohnsteuerhilfevereine,
4. als Angestellte von Buchstellen oder von Beratungsstellen der Lohnsteuerhilfevereine, wenn die Buchstelle oder die Beratungsstelle von einem Steuerberater oder Steuerbevollmächtigten geleitet wird;
5. als Angestellte von Genossenschaften oder anderen Personenvereinigungen,
   a) deren Mitglieder ausschließlich Personen und Gesellschaften im Sinne des § 3 sind und
   b) deren Zweck ausschließlich der Betrieb von Einrichtungen zur Unterstützung der Mitglieder bei der Ausübung ihres Berufes ist
6. als Angestellte von Steuerberaterkammern §§ 73, 85.

## § 59 Steuerberater oder Steuerbevollmächtigte im öffentlich-rechtlichen Dienst- oder Amtsverhältnis

[1]Ist ein Steuerberater oder Steuerbevollmächtigter ein öffentlich-rechtliches Dienstverhältnis als Wahlbeamter auf Zeit oder ein öffentlich-rechtliches Amtsverhältnis eingegangen, so darf er seinen Beruf als Steuerberater oder Steuerbevollmächtigter nicht ausüben, es sei denn, daß er die ihm übertragene Aufgabe ehrenamtlich wahrnimmt. [2]Die zuständige Berufskammer kann dem Steuerberater oder Steuerbevollmächtigten auf seinen Antrag einen Vertreter bestellen oder ihm gestatten, seinen Beruf selbst auszuüben, wenn die Einhaltung der allgemeinen Berufspflichten dadurch nicht gefährdet wird.

## § 60 Eigenverantwortlichkeit

(1) Eigenverantwortliche Tätigkeit nach § 57 Abs. 1 üben nur aus
1. selbständige Steuerberater oder Steuerbevollmächtigte,
2. zeichnungsberechtigte Vertreter eines Steuerberaters, eines Steuerbevollmächtigten oder einer Steuerberatungsgesellschaft,
3. Angestellte, die nach § 58 mit dem Recht der Zeichnung Hilfe in Steuersachen leisten.

(2) Eine eigenverantwortliche Tätigkeit in den Fällen des Absatzes 1 Nr. 2 und 3 übt nicht aus, wer sich als zeichnungsberechtigter Vertreter oder als Angestellter an Weisungen zu halten hat, durch die ihm die Freiheit zu pflichtmäßigem Handeln (§ 57) genommen wird.

## § 61 Ehemalige Angehörige der Finanzverwaltung

Ehemalige Beamte und Angestellte der Finanzverwaltung dürfen während eines Zeitraumes von drei Jahren nach dem Ausscheiden aus dem öffentlichen Dienst nicht für Auftraggeber tätig werden, mit deren Steuerangelegenheiten sie innerhalb der letzten drei Jahre vor dem Ausscheiden materiell befaßt waren.

## § 62 Verschwiegenheitspflicht der Gehilfen

Steuerberater und Steuerbevollmächtigte haben ihre Gehilfen, die nicht selbst Steuerberater oder Steuerbevollmächtigte sind, zur Verschwiegenheit zu verpflichten.

## § 63 Mitteilung der Ablehnung eines Auftrags

[1]Steuerberater und Steuerbevollmächtigte, die in ihrem Beruf in Anspruch genommen werden und den Auftrag nicht annehmen wollen, haben die Ableh-

nung unverzüglich zu erklären. ²Sie haben den Schaden zu ersetzen, der aus einer schuldhaften Verzögerung dieser Erklärung entsteht.

## § 64 Gebührenordnung

¹Steuerberater und Steuerbevollmächtigte sind an eine Gebührenordnung gebunden, die der Bundesminister der Finanzen durch Rechtsverordnung mit Zustimmung des Bundesrates erläßt. ²Der Bundesminister der Finanzen hat vorher die Bundessteuerberaterkammer zu hören. ³Die Höhe der Gebühren darf den Rahmen des Angemessenen nicht übersteigen und hat sich nach
1. Zeitaufwand,
2. Wert des Objekts und
3. Art der Aufgabe
zu richten.

## § 65 Pflicht zur Übernahme einer Prozeßvertretung

¹Steuerberater haben im Verfahren vor den Gerichten der Finanzgerichtsbarkeit die Vertretung eines Beteiligten zu übernehmen, wenn sie diesem zur vorläufig unentgeltlichen Wahrnehmung der Rechte aufgrund des § 142 der Finanzgerichtsordnung beigeordnet sind. ²Der Steuerberater kann beantragen, die Beiordnung aufzuheben, wenn hierfür wichtige Gründe vorliegen.

## § 66 Handakten

(1) ¹Der Steuerberater oder Steurbevollmächtigte hat die Handakten auf die Dauer von sieben Jahren nach Beendigung des Auftrages aufzubewahren. ²Diese Verpflichtung erlischt jedoch schon vor Beendigung dieses Zeitraums, wenn der Steuerberater oder Steuerbevollmächtigte den Auftraggeber aufgefordert hat, die Handakten in Empfang zu nehmen, und der Auftraggeber dieser Aufforderung binnen sechs Monaten, nachdem er sie erhalten hat, nicht nachgekommen ist.

(2) ¹Zu den Handakten im Sinne dieser Vorschrift gehören alle Schriftstücke, die der Steuerberater oder Steuerbevollmächtigte aus Anlaß seiner beruflichen Tätigkeit von dem Auftraggeber oder für ihn erhalten hat. ²Dies gilt jedoch nicht für den Briefwechsel zwischen dem Steuerberater oder Steuerbevollmächtigten und seinem Auftraggeber und für die Schriftstücke, die dieser bereits in Urschrift oder Abschrift erhalten hat sowie für die zu internen Zwecken gefertigten Arbeitspapiere.

(3) Die in anderen Gesetzen getroffenen Regelungen über die Pflicht zur Aufbewahrung von Geschäftsunterlagen bleiben unberührt.

## § 67 Berufshaftpflichtversicherung

¹Selbständige Steuerberater und Steuerbevollmächtigte müssen gegen die aus ihrer Berufstätigkeit sich ergebenden Haftpflichtgefahren angemessen versichert sein. ²Zuständige Stelle im Sinne des § 158 c Abs. 2 des Gesetzes über den Versicherungsvertrag ist die Berufskammer.

## § 68 Verjährung von Ersatzansprüchen

Der Anspruch des Auftraggebers auf Schadenersatz aus dem zwischen ihm und dem Steuerberater oder Steuerbevollmächtigten bestehenden Vertragsverhältnis verjährt in drei Jahren von dem Zeitpunkt an, in dem der Anspruch entstanden ist.

## § 69 Bestellung eines allgemeinen Vertreters

(1) Im Falle vorübergehender Berufsunfähigkeit oder Verhinderung eines Steuerberaters oder Steuerbevollmächtigten kann die zuständige Berufskammer auf Antrag des Betroffenen einen anderen Steuerberater oder Steuerbevollmächtigten als Vertreter bestellen.

(2) [1]Der Vertreter führt sein Amt unter eigener Verantwortung, jedoch für Rechnung und auf Kosten des Vertretenen. [2]Er hat Anspruch auf eine angemessene Vergütung.

(3) [1]Der Vertreter wird für einen bestimmten Zeitraum, längstens jedoch für die Dauer von zwei Jahren bestellt. [2]Die Bestellung kann jederzeit widerrufen werden.

## § 70 Bestellung eines Praxisabwicklers

(1) [1]Ist ein Steuerberater oder Steuerbevollmächtigter gestorben, so kann die zuständige Berufskammer einen Steuerberater oder Steuerbevollmächtigten zum Abwickler der Praxis bestellen. [2]Der Abwickler ist in der Regel nicht länger als für die Dauer eines Jahres zu bestellen.

(2) [1]Dem Abwickler obliegt es, die schwebenden Angelegenheiten abzuwickeln. [2]Er führt die laufenden Aufträge fort. [3]Zur Annahme neuer Aufträge ist er nicht berechtigt.

(3) [1]Der Abwickler führt sein Amt unter eigener Verantwortung, jedoch für Rechnung und auf Kosten der Erben des verstorbenen Steuerberaters oder Steuerbevollmächtigten. [2]Er hat Anspruch auf eine angemessene Vergütung.

(4) Die Bestellung kann jederzeit widerrufen werden.

(5) Ein Abwickler kann auch für die Praxis eines früheren Steuerberaters oder Steuerbevollmächtigten bestellt werden, dessen Bestellung nach § 45 Abs. 1 Nr. 2 oder 3 erloschen oder nach § 46 zurückgenommen oder widerrufen ist.

## § 71 Bestellung eines Praxistreuhänders

(1) [1]Soll die Praxis eines verstorbenen Steuerberaters oder Steuerbevollmächtigten auf eine bestimmte Person übertragen werden, die im Zeitpunkt des Todes des verstorbenen Berufsangehörigen noch nicht zur Hilfeleistung in Steuersachen befugt ist, so kann auf Antrag der Erben die zuständige Berufskammer für einen Zeitraum bis zu drei Jahren einen Steuerberater oder Steuerbevollmächtigten zum Treuhänder bestellen. [2]In Ausnahmefällen kann der Zeitraum um ein weiteres Jahr verlängert werden.

(2) [1]Der Treuhänder führt sein Amt unter eigener Verantwortung jedoch für Rechnung und auf Kosten der Erben des verstorbenen Steuerberaters oder Steuerbevollmächtigten. [2]Er hat Anspruch auf eine angemessene Vergütung.

(3) Die Bestellung kann jederzeit widerrufen werden.

(4) Ein Treuhänder kann unter der Voraussetzung des Absatzes 1 auch für die Praxis eines früheren Steuerberaters oder Steuerbevollmächtigten eingesetzt werden, dessen Bestellung wegen dauernder Berufsunfähigkeit widerrufen ist (§ 46 Abs. 3 Nr. 2).

## § 72 Steuerberatungsgesellschaften

(1) Die §§ 34, 57, 62, 63, 64, 66, 67 und 68 gelten sinngemäß für Steuerberatungsgesellschaften sowie für Vorstandsmitglieder, Geschäftsführer und persönlich haftende Gesellschafter einer Steuerberatungsgesellschaft, die nicht Steuerberater sind.

(2) Die Gesellschafter sowie die Mitglieder der durch Gesetz, Satzung oder Gesellschaftsvertrag vorgesehenen Aufsichtsorgane der Gesellschaften sind zur Verschwiegenheit verpflichtet.

## Vierter Abschnitt. Organisation des Berufs

### § 73 Berufskammer

(1) [1]Die Steuerberater und Steuerbevollmächtigten, die in einem Oberfinanzbezirk ihre berufliche Niederlassung haben, bilden eine Berufskammer. [2]Die Berufskammer führt die Bezeichnung „Steuerberaterkammer".

(2) Die Kammer hat ihren Sitz am Ort der Oberfinanzdirektion. Sie ist eine Körperschaft des öffentlichen Rechts.

### § 74 Mitgliedschaft

(1) [1]Mitglieder der Berufskammer sind außer Steuerberatern und Steuerbevollmächtigten die Steuerberatungsgesellschaften, die ihren Sitz im Oberfinanzbezirk haben. [2]Steuerberater und Steuerbevollmächtigte, die im Geltungsbereich dieses Gesetzes keine berufliche Niederlassung begründet haben, sind Mitglieder der Berufskammer, in deren Bereich sie bestellt worden sind. [3]§ 56 Satz 3 bleibt unberührt.

(2) Mitglieder der Berufskammer sind außerdem, soweit sie nicht Steuerberater oder Steuerbevollmächtigte sind, die Mitglieder des Vorstandes, Geschäftsführer oder persönlich haftende Gesellschafter einer Steuerberatungsgesellschaft, die ihren Sitz im Oberfinanzbezirk hat.

### § 75 Gemeinsame Berufskammer

(1) [1]Die Berufskammern können sich durch einen übereinstimmenden Beschluß der beteiligten Kammern für den Bereich mehrerer Oberfinanzbezirke oder mehrerer Länder zu einer gemeinsamen Berufskammer zusammenschließen. [2]Die einzelnen für den Oberfinanzbezirk gebildeten Kammern werden damit aufgelöst.

(2) Ein Zusammenschluß für mehrere Länder ist nur zulässig, wenn eine Vereinbarung der beteiligten Länder vorliegt.

### § 76 Aufgaben der Berufskammer

(1) Die Berufskammer hat die Aufgabe, die beruflichen Belange der Gesamtheit der Mitglieder zu wahren und die Erfüllung der beruflichen Pflichten zu überwachen.

(2) Der Berufskammer obliegt insbesondere,
1. die Mitglieder der Kammer in Fragen der Berufspflichten (§ 57) zu beraten und zu belehren;
2. auf Antrag bei Streitigkeiten unter den Mitgliedern der Kammer zu vermitteln;
3. auf Antrag bei Streitigkeiten zwischen Mitgliedern der Kammer und ihren Auftraggebern zu vermitteln;
4. die Erfüllung der den Mitgliedern obliegenden Pflichten (§ 57) zu überwachen und das Recht der Rüge (§ 81) zu handhaben;
5. die Vorschlagslisten der ehrenamtlichen Beisitzer bei den Berufsgerichten den Landesjustizverwaltungen einzureichen (§ 99 Abs. 3);
6. Fürsorgeeinrichtungen für Steuerberater und Steuerbevollmächtigte sowie deren Hinterbliebene zu schaffen;

7. Gutachten zu erstatten, die ein Gericht, eine Landesfinanzbehörde oder eine andere Verwaltungsbehörde des Landes anfordert;

8. die durch Gesetz zugewiesenen Aufgaben im Bereich der Berufsbildung wahrzunehmen;

9. die berufsständischen Mitglieder der Zulassungs- und Prüfungsausschüsse für die steuerberatenden Berufe vorzuschlagen.

(3) Die Kammer kann die in Absatz 2 Nr. 1 bis 3 bezeichneten Aufgaben einzelnen Mitgliedern des Vorstandes übertragen.

(4) Die Berufskammer hat ferner die Aufgabe, das Berufsregister zu führen.

(5) Die Berufskammer ist berechtigt, die Ausbildung des Berufsnachwuchses zu fördern.

## § 77 Vorstand

[1]Der Vorstand der Berufskammer wird von den Mitgliedern gewählt. [2]Zum Mitglied des Vorstandes kann nur gewählt werden, wer persönliches Mitglied der Kammer ist.

## § 78 Satzung

[1]Jede Berufskammer gibt sich ihre Satzung selbst. [2]Die Satzung bedarf der Genehmigung der Aufsichtsbehörde.

## § 79 Beiträge und Gebühren

(1) [1]Die Mitglieder sind verpflichtet, Beiträge nach Maßgabe einer Beitragsordnung zu leisten. [2]Die Beitragsordnung bedarf der Genehmigung durch die Aufsichtsbehörde. [3]Die Höhe der Beiträge bestimmt die Mitgliederversammlung.

(2) [1]Die Berufskammer kann für die Inanspruchnahme von besonderen Einrichtungen oder Tätigkeiten Gebühren nach Maßgabe einer Gebührenordnung erheben. [2]Die Gebührenordnung bedarf der Genehmigung der Aufsichtsbehörde.

(3) [1]Der Anspruch der Berufskammer auf Zahlung von Beiträgen und Gebühren unterliegt der Verjährung. [2]§ 20 des Verwaltungskostengesetzes ist sinngemäß anzuwenden.

## § 80 Pflicht zum Erscheinen vor der Berufskammer

[1]Persönliche Mitglieder der Berufskammer haben in Aufsichts- und Beschwerdesachen vor der Berufskammer zu erscheinen, wenn sie zur Anhörung geladen werden. [2]Auf Verlangen haben sie dem Vorstand oder dem durch die Satzung bestimmten Organ der Berufskammer oder einem beauftragten Mitglied des Vorstandes oder des Organs Auskunft zu geben und ihre Handakten vorzulegen, es sei denn, daß sie dadurch ihre Verpflichtung zur Verschwiegenheit verletzen würden.

## § 81 Rügerecht des Vorstandes

(1) [1]Der Vorstand kann das Verhalten eines Mitglieds der Berufskammer, durch das dieses ihm obliegende Pflichten verletzt hat, rügen, wenn die Schuld des Mitglieds gering ist und ein Antrag auf Einleitung eines berufsgerichtlichen Verfahrens nicht erforderlich erscheint. [2]§ 89 Abs. 2 und 3, §§ 92 und 109 Abs. 2 gelten entsprechend.

(2) [1]Der Vorstand darf eine Rüge nicht mehr erteilen, wenn das berufsgerichtliche Verfahren gegen das Mitglied der Berufskammer eingeleitet ist oder wenn seit der Pflichtverletzung mehr als drei Jahre vergangen sind. [2]Eine Rü-

ge darf nicht erteilt werden, während das Verfahren auf den Antrag des Steuerberaters oder Steuerbevollmächtigten nach § 116 anhängig ist.

(3) Bevor die Rüge erteilt wird, ist das Mitglied zu hören.

(4) [1]Der Bescheid des Vorstandes, durch den das Verhalten des Mitglieds gerügt wird, ist zu begründen. [2]Er ist dem Mitglied zuzustellen. [3]Eine Abschrift des Bescheides ist der Staatsanwaltschaft bei dem für den Sitz der Berufskammer zuständigen Oberlandesgericht mitzuteilen, bei dem der Senat für Steuerberater- und Steuerbevollmächtigtensachen besteht (§ 96).

(5) [1]Gegen den Bescheid kann das Mitglied binnen eines Monats nach der Zustellung bei dem Vorstand Einspruch erheben. [2]Über den Einspruch entscheidet der Vorstand; Absatz 4 ist entsprechend anzuwenden.

## § 82 Antrag auf berufsgerichtliche Entscheidung

(1) [1]Wird der Einspruch gegen den Rügebescheid durch den Vorstand der Berufskammer zurückgewiesen, so kann das Mitglied der Berufskammer innerhalb eines Monats nach der Zustellung die Entscheidung des Landgerichts (Kammer für Steuerberater- und Steuerbevollmächtigtensachen) beantragen. [2]Zuständig ist das Landgericht, in dessen Bezirk die Berufskammer, deren Vorstand die Rüge erteilt hat, ihren Sitz hat.

(2) [1]Der Antrag ist bei dem Landgericht schriftlich einzureichen. [2]Auf das Verfahren sind die Vorschriften der Strafprozeßordnung über die Beschwerde sinngemäß anzuwenden. [3]Die Gegenerklärung (§ 308 Abs. 1 der Strafprozeßordnung) wird von dem Vorstand der Berufskammer abgegeben. [4]Die Staatsanwaltschaft ist an dem Verfahren nicht beteiligt. [5]Eine mündliche Verhandlung findet statt, wenn das Mitglied der Berufskammer beantragt oder das Landgericht für erforderlich hält. [6]Von Zeit und Ort der mündlichen Verhandlung sind der Vorstand der Berufskammer, das Mitglied der Berufskammer und sein Verteidiger zu benachrichtigen. [7]Art und Umfang der Beweisaufnahme bestimmt das Landgericht. [8]Es hat jedoch zur Erforschung der Wahrheit die Beweisaufnahme von Amts wegen auf alle Tatsachen und Beweismittel zu erstrecken, die für die Entscheidung von Bedeutung sind.

(3) [1]Der Rügebescheid kann nicht deshalb aufgehoben werden, weil der Vorstand der Berufskammer zu Unrecht angenommen hat, daß die Schuld des Mitgliedes der Berufskammer sei gering und der Antrag auf Einleitung des berufsgerichtlichen Verfahrens nicht erforderlich. [2]Treten die Voraussetzungen, unter denen nach § 92 von einer berufsgerichtlichen Ahndung abzusehen ist oder nach § 109 Abs. 2 ein berufsgerichtliches Verfahren nicht eingeleitet oder fortgesetzt werden darf, erst ein, nachdem der Vorstand die Rüge erteilt hat, so hebt das Landgericht den Rügebescheid auf. [3]Der Beschluß ist mit Gründen zu versehen. [4]Er kann nicht angefochten werden.

(4) [1]Das Landgericht, bei dem ein Antrag auf berufsgerichtliche Entscheidung eingelegt wird, teilt unverzüglich der Staatsanwaltschaft bei dem Oberlandesgericht eine Abschrift des Antrags mit. [2]Der Staatsanwaltschaft ist auch eine Abschrift des Beschlusses mitzuteilen, mit dem über den Antrag entschieden wird.

(5) [1]Leitet die Staatsanwaltschaft wegen desselben Verhaltens, das der Vorstand der Berufskammer gerügt hat, ein berufsgerichtliches Verfahren gegen das Mitglied der Berufskammer ein, bevor die Entscheidung über den Antrag auf berufsgerichtliche Entscheidung gegen den Rügebescheid ergangen ist, so wird das Verfahren über den Antrag bis zum rechtskräftigen Abschluß des be-

rufsgerichtlichen Verfahrens ausgesetzt. ²In den Fällen des § 91 Abs. 2 stellt das Landgericht nach Beendigung der Aussetzung fest, daß die Rüge unwirksam ist.

## § 83 Pflicht der Vorstandsmitglieder zur Verschwiegenheit

(1) ¹Die Mitglieder des Vorstandes haben – auch nach dem Ausscheiden aus dem Vorstand – über die Angelegenheiten, die ihnen bei ihrer Tätigkeit im Vorstand über Mitglieder der Berufskammer, Bewerber und andere Personen bekannt werden, Verschwiegenheit gegen jedermann zu bewahren. ²Das gleiche gilt für Mitglieder, die zur Mitarbeit im Vorstand oder in den durch die Satzung bestimmten Organen herangezogen werden, und für Angestelllte der Kammer.

(2) ¹In Verfahren vor Gerichten oder Behörden dürfen die in Absatz 1 bezeichneten Personen über solche Angelegenheiten, die ihnen bei ihrer Tätigkeit im Vorstand oder in den durch die Satzung bestimmten Organen über Mitglieder der Kammer, Bewerber und andere Personen bekanntgeworden sind, nur aussagen oder Auskunft geben, wenn eine Aussage- oder Auskunftspflicht besteht und von der Verpflichtung zur Verschwiegenheit nach Absatz 3 entbunden worden ist. ²Sonstige Geheimhaltungspflichten und Zeugnisverweigerungsrechte bleiben unberührt.

(3) ¹Die Genehmigung erteilt der Vorstand der Kammer nach pflichtmäßigem Ermessen. ²Die Genehmigung soll nur versagt werden, wenn Rücksichten auf die Stellung oder die Aufgaben der Kammer oder berechtigte Belange der Personen, über welche die Tatsachen bekanntgeworden sind, es unabweisbar fordern. ³§ 28 Abs. 2 des Gesetzes über das Bundesverfassungsgericht bleibt unberührt.

## § 84 Arbeitsgemeinschaft

(1) ¹Mehrere Berufskammern können sich zu einer nicht rechtsfähigen Arbeitsgemeinschaft zusammenschließen, wenn die Satzungen der Kammern dies vorsehen. ²Der Arbeitsgemeinschaft können jedoch nicht Aufsichtsbefugnisse oder andere Aufgaben übertragen werden, für die gesetzlich die Zuständigkeit der einzelnen Berufskammern begründet ist.

(2) ¹Die in § 83 bezeichneten Personen verstoßen nicht gegen ihre Pflicht zur Verschwiegenheit, wenn sie der Arbeitsgemeinschaft Angelegenheiten mitteilen, die zum Aufgabengebiet der Arbeitsgemeinschaften gehören. ²§ 83 Abs. 1 gilt sinngemäß für die Personen, die für die Arbeitsgemeinschaft tätig werden.

## § 85 Bundeskammer

(1) Die Berufskammern bilden eine Bundeskammer. Diese führt die Bezeichnung „Bundessteuerberaterkammer".

(2) ¹Die Bundessteuerberaterkammer ist eine Körperschaft des öffentlichen Rechts. ²Ihr Sitz bestimmt sich nach ihrer Satzung.

(3) ¹Der Vorstand der Bundessteuerberaterkammer wird von den Berufskammern gewählt. ²Im übrigen gibt sich die Bundessteuerberaterkammer ihre Satzung selbst. ³Die Satzung bedarf der Genehmigung der Aufsichtsbehörde.

(4) Die Vorschrift des § 83 ist sinngemäß anzuwenden.

## § 86 Aufgaben der Bundessteuerberaterkammer

(1) Die Bundessteuerberaterkammer hat die ihr durch Gesetz zugewiesenen Aufgaben zu erfüllen.

(2) Der Bundessteuerberaterkammer obliegt insbesondere,

1. in Fragen, welche die Gesamtheit der Berufskammern angehen, die Auffassung der einzelnen Kammern zu ermitteln und im Wege gemeinschaftlicher Aussprache die Auffassung der Mehrheit festzustellen;
2. die allgemeine Auffassung über Fragen der Ausübung des Steuerberaterberufs in Richtlinien festzustellen;
3. Richtlinien für die Fürsorgeeinrichtungen der Berufskammern (§ 76 Abs. 2 Nr. 6) aufzustellen;
4. in allen die Gesamtheit der Berufskammern berührenden Angelegenheiten die Auffassung der Bundessteuerberaterkammer den zuständigen Gerichten und Behörden gegenüber zur Geltung zu bringen;
5. die Gesamtheit der Berufskammern gegenüber Behörden und Organisationen zu vertreten;
6. Gutachten zu erstatten, die eine an der Gesetzgebung beteiligte Behörde oder Körperschaft des Bundes oder ein Bundesgericht anfordert;
7. die berufliche Fortbildung in den steuerberatenden Berufen zu fördern.

### § 87 Beiträge zur Bundessteuerberaterkammer

[1]Die Bundessteuerberaterkammer erhebt von den Steuerberaterkammern Beiträge nach Maßgabe einer Beitragsordnung. [2]Die Beitragsordnung bedarf der Genehmigung durch die Aufsichtsbehörde. [3]Die Höhe der Beiträge wird von der Mitgliederversammlung festgesetzt.

### § 88 Staatsaufsicht

(1) Die für die Finanzverwaltung zuständige oberste Landesbehörde führt die Aufsicht über die Berufskammern, die den Sitz im Lande haben.

(2) Der Bundesminister der Finanzen führt die Aufsicht über die Bundessteuerberaterkammer.

(3) Die Aufsicht beschränkt sich darauf, daß Gesetz und Satzung beachtet, insbesondere die ⁄den Kammern übertragenen Aufgaben erfüllt werden.

### Fünfter Abschnitt. Berufsgerichtsbarkeit

### Erster Unterabschnitt. Die berufsgerichtliche Ahndung von Pflichtverletzungen

### § 89 Ahndung einer Pflichtverletzung

(1) Gegen einen Steuerberater oder Steuerbevollmächtigten, der seine Pflichten schuldhaft verletzt, wird eine berufsgerichtliche Maßnahme verhängt.

(2) Ein außerhalb des Berufs liegendes Verhalten eines Steuerberaters oder Steuerbevollmächtigten ist eine berufsgerichtlich zu ahndende Pflichtverletzung, wenn es nach den Umständen des Einzelfalls in besonderem Maße geeignet ist, Achtung und Vertrauen in einer für die Ausübung der Berufstätigkeit oder für das Ansehen des Berufs bedeutsamen Weise zu beeinträchtigen.

(3) Eine berufsgerichtliche Maßnahme kann nicht verhängt werden, wenn der Steuerberater oder Steuerbevollmächtigte zur Zeit der Tat der Berufsgerichtsbarkeit nicht unterstand.

### § 90 Berufsgerichtliche Maßnahmen

(1) Die berufsgerichtlichen Maßnahmen sind
1. Warnung,
2. Verweis,

3. Geldbuße bis zu zwanzigtausend Deutsche Mark,
4. Ausschließung aus dem Beruf.

(2) Die berufsgerichtlichen Maßnahmen des Verweises und der Geldbuße können nebeneinander verhängt werden.

## § 91 Rüge und berufsgerichtliche Maßnahme

(1) [1]Der Einleitung eines berufsgerichtlichen Verfahrens gegen einen Steuerberater oder Steuerbevollmächtigten steht es nicht entgegen, daß der Vorstand der Berufskammer ihm bereits wegen desselben Verhaltens eine Rüge erteilt hat (§ 81). [2]Hat das Landgericht den Rügebescheid aufgehoben (§ 82), weil es eine schuldhafte Pflichtverletzung nicht festgestellt hat, so kann ein berufsgerichtliches Verfahren wegen desselben Verhaltens nur aufgrund solcher Tatsachen oder Beweismittel eingeleitet werden, die dem Landgericht bei seiner Entscheidung nicht bekannt waren.

(2) [1]Die Rüge wird mit der Rechtskraft eines berufsgerichtlichen Urteils unwirksam, das wegen desselben Verhaltens gegen den Steuerberater oder Steuerbevollmächtigten ergeht und auf Freispruch oder eine berufsgerichtliche Maßnahme lautet. [2]Die Rüge wird auch unwirksam, wenn rechtskräftig die Eröffnung des Hauptverfahrens abgelehnt ist, weil eine schuldhafte Pflichtverletzung nicht festzustellen ist.

## § 92 Anderweitige Ahndung

[1]Ist durch ein Gericht oder eine Behörde eine Strafe, eine Disziplinarmaßnahme, eine ehrengerichtliche Maßnahme, eine anderweitige berufsgerichtliche Maßnahme oder eine Ordnungsmaßnahme verhängt worden, so ist von einer berufsgerichtlichen Ahndung wegen desselben Verhaltens abzusehen, wenn nicht eine berufsgerichtliche Maßnahme zusätzlich erforderlich ist, um den Steuerberater oder Steuerbevollmächtigten zur Erfüllung seiner Pflichten anzuhalten und das Ansehen des Berufs zu wahren. [2]Der Ausschließung steht eine anderweitig verhängte Strafe oder Maßnahme nicht entgegen.

## § 93 Verjährung der Verfolgung einer Pflichtverletzung

[1]Die Verfolgung einer Pflichtverletzung, die nicht die Ausschließung aus dem Beruf rechtfertigt, verjährt in fünf Jahren. [2]§ 78 Abs. 1, § 78 a Satz 1 sowie die §§ 78 b und 78 c Abs. 1 bis 4 des Strafgesetzbuches gelten entsprechend.

## § 94 Vorschriften für Mitglieder der Berufskammer, die nicht Steuerberater oder Steuerbevollmächtigte sind

(1) Die Vorschriften des Fünften Abschnitts (Berufsgerichtsbarkeit) gelten entsprechend für Personen, die der Berufskammer nach § 74 Abs. 2 angehören.

(2) An die Stelle der Ausschließung aus dem Beruf tritt bei den in § 74 Abs. 2 genannten Personen die Aberkennung der Eignung, Steuerberatungsgesellschaften zu vertreten und deren Geschäfte zu führen.

(3) Soweit im berufsgerichtlichen Verfahren die Mitwirkung ehrenamtlicher Richter vorgesehen ist, entscheiden die Berufsgerichte in der gleichen Besetzung wie in Steuerberatersachen.

## Zweiter Unterabschnitt. Die Gerichte

### § 95 Kammer für Steuerberater- und Steuerbevollmächtigtensachen beim Landgericht

(1) In dem berufsgerichtlichen Verfahren entscheidet im ersten Rechtszug eine Kammer des Landgerichts (Kammer für Steuerberater- und Steuerbevollmächtigtensachen), das für den Sitz der Berufskammer zuständig ist.

(2) ¹Bestehen in einem Land mehrere Berufskammern, so kann die Landesregierung durch Rechtsverordnung die Steuerberater- und Steuerbevollmächtigtensachen einem oder einigen der Landgerichte zuweisen, wenn eine solche Zusammenfassung der Rechtspflege in Steuerberater- und Steuerbevollmächtigtensachen, insbesondere der Sicherung einer einheitlichen Rechtsprechung, dienlich ist. ²Die Vorstände der beteiligten Berufskammern sind vorher zu hören.

(3) Durch Vereinbarung der beteiligten Länder können die Aufgaben, für die nach diesem Gesetz das Landgericht eines Landes zuständig ist, einem Landgericht des anderen Landes übertragen werden.

(4) ¹Die Kammer für Steuerberater- und Steuerbevollmächtigtensachen entscheidet außerhalb der Hauptverhandlung in der Besetzung von drei Mitgliedern des Landgerichts mit Einschluß des Vorsitzenden. ²In der Hauptverhandlung ist sie mit dem Vorsitzenden und zwei Steuerberatern oder Steuerbevollmächtigten als Beisitzern besetzt.

### § 96 Senat für Steuerberater- und Steuerbevollmächtigtensachen beim Oberlandesgericht

(1) In dem berufsgerichtlichen Verfahren entscheidet im zweiten Rechtszug ein Senat des Oberlandesgerichts (Senat für Steuerberater- und Steuerbevollmächtigtensachen beim Oberlandesgericht).

(2) ¹§ 95 Abs. 2 und 3 findet entsprechende Anwendung. ²Die Steuerberater- und Steuerbevollmächtigtensachen können auch dem obersten Landesgericht zugewiesen oder übertragen werden.

(3) ¹Der Senat für Steuerberater- und Steuerbevollmächtigtensachen entscheidet außerhalb der Hauptverhandlung in der Besetzung von drei Mitgliedern des Oberlandesgerichts mit Einschluß des Vorsitzenden. ²In der Hauptverhandlung wirken außerdem als Beisitzer zwei Steuerberater oder Steuerbevollmächtigte mit.

### § 97 Senat für Steuerberater- und Steuerbevollmächtigtensachen beim Bundesgerichtshof

(1) In dem berufsgerichtlichen Verfahren entscheidet im dritten Rechtszug ein Senat des Bundesgerichtshofs (Senat für Steuerberater- und Steuerbevollmächtigtensachen beim Bundesgerichtshof).

(2) ¹Der Senat für Steuerberater- und Steuerbevollmächtigtensachen entscheidet außerhalb der Hauptverhandlung in der Besetzung von drei Mitgliedern des Bundesgerichtshofs mit Einschluß des Vorsitzenden. ²In der Hauptverhandlung ist der Senat mit drei Mitgliedern mit Einschluß des Vorsitzenden und mit zwei Steuerberatern oder Steuerbevollmächtigten als Beisitzern besetzt.

### § 98 *(gestrichen)*

## § 99 Steuerberater oder Steuerbevollmächtigte als Beisitzer

(1) Die Beisitzer aus den Reihen der Steuerberater oder Steuerbevollmächtigten sind ehrenamtliche Richter.

(2) ¹Die ehrenamtlichen Richter werden für die Gerichte des ersten und zweiten Rechtszugs von der Landesjustizverwaltung auf die Dauer von vier Jahren berufen. ²Sie können nach Ablauf ihrer Amtszeit wiederberufen werden.

(3) ¹Die ehrenamtlichen Richter werden den Vorschlagslisten entnommen, die die Vorstände der Berufskammern der Landesjustizverwaltung einreichen. ²Die Landesjustizverwaltung bestimmt, welche Zahl von ehrenamtlichen Richtern für jedes Gericht erforderlich ist; sie hat vorher die Vorstände der Berufskammern zu hören. ³Jede Vorschlagsliste soll mindestens die doppelte Zahl der zu berufenden Steuerberater oder Steuerbevollmächtigten enthalten.

(4) Scheidet ein ehrenamtlicher Richter vorzeitig aus, so wird für den Rest seiner Amtszeit ein Nachfolger berufen.

(5) Die Absätze 1 bis 4 finden auf die ehrenamtlichen Richter des Senats für Steuerberater- und Steuerbevollmächtigtensachen beim Bundesgerichtshof mit der Maßgabe Anwendung, daß an Stelle der Berufskammern die Bundessteuerberaterkammer und an Stelle der Landesjustizverwaltung der Bundesminister der Justiz treten.

## § 100 Voraussetzungen für die Berufung zum Beisitzer und Recht zur Ablehnung

(1) ¹Zum ehrenamtlichen Richter kann nur ein Steuerberater oder Steuerbevollmächtigter berufen werden, der in den Vorstand der Berufskammer gewählt werden kann (§ 77). ²Er darf als Beisitzer nur für die Kammer für Steuerberater- und Steuerbevollmächtigtensachen beim Landgericht oder den Senat für Steuerberater- und Steuerbevollmächtigtensachen beim Oberlandesgericht oder den Senat für Steuerberater- und Steuerbevollmächtigtensachen beim Bundesgerichtshof berufen werden.

(2) Die ehrenamtlichen Richter dürfen nicht gleichzeitig dem Vorstand der Berufskammer angehören oder bei ihr im Haupt- oder Nebenberuf tätig sein.

(3) Die Übernahme des Beisitzeramtes kann ablehnen,
1. wer das 65. Lebensjahr vollendet hat;
2. wer in den letzten vier Jahren Mitglied des Vorstandes gewesen ist;
3. wer durch Krankheit oder Gebrechen behindert ist.

## § 101 Enthebung vom Amt des Beisitzers

(1) Ein Steuerberater oder Steuerbevollmächtigter ist in den Fällen der §§ 95 und 96 auf Antrag der Landesjustizverwaltung, im Falle des § 97 auf Antrag des Bundesministers der Justiz seines Amtes als Beisitzer zu entheben,
1. wenn nachträglich bekannt wird, daß er nicht hätte zum Beisitzer berufen werden dürfen;
2. wenn nachträglich ein Umstand eintritt, welcher der Berufung zum Beisitzer entgegensteht;
3. wenn der Steuerberater oder Steuerbevollmächtigte seine Amtspflicht als Beisitzer grob verletzt.

(2) ¹Über den Antrag entscheidet in den Fällen der §§ 95 und 96 ein Zivilsenat des Oberlandesgerichts, im Falle des § 97 ein Zivilsenat des Bundesgerichtshofs. ²Bei der Entscheidung dürfen die Mitglieder der Senate für Steuerberater- und Steuerbevollmächtigtensachen nicht mitwirken.

(3) Vor der Entscheidung ist der Steuerberater oder Steuerbevollmächtigte zu hören.

## § 102 Stellung der ehrenamtlichen Richter und Pflicht zur Verschwiegenheit

(1) Die Steuerberater oder Steuerbevollmächtigten haben in der Sitzung, zu der sie als ehrenamtliche Richter herangezogen werden, die Stellung eines Berufsrichters.

(2) ¹Die Steuerberater und Steuerbevollmächtigten haben über Angelegenheiten , die ihnen bei ihrer Tätigkeit als ehrenamtliche Richter bekanntwerden, Verschwiegenheit gegen jedermann zu bewahren. ²§ 83 Abs. 2 und 3 ist entsprechend anzuwenden. ³Die Genehmigung zur Aussage erteilt der Präsident des Gerichts.

## § 103 Reihenfolge der Teilnahme an den Sitzungen

Die ehrenamtlichen Richter sind zu den einzelnen Sitzungen in der Reihenfolge einer Liste heranzuziehen, die der Präsident des Gerichts nach Anhörung der beiden ältesten ehrenamtlichen Richter vor Beginn des Geschäftsjahres aufstellt.

## § 104 Entschädigung der ehrenamtlichen Richter

Die ehrenamtlichen Richter erhalten eine Entschädigung nach dem Gesetz über die Entschädigung der ehrenamtlichen Richter.

### Dritter Unterabschnitt. Verfahrensvorschriften

### 1. Allgemeines

## § 105 Vorschriften für das Verfahren

Für das berufsgerichtliche Verfahren gelten die nachstehenden Vorschriften.

## § 106 Keine Verhaftung des Steuerberaters oder Steuerbevollmächtigten

¹Der Steuerberater oder Steuerbevollmächtigte darf zur Durchführung des berufsgerichtlichen Verfahrens weder vorläufig festgenommen noch verhaftet oder vorgeführt werden. ²Er kann nicht zur Vorbereitung eines Gutachtens über seinen psychischen Zustand in ein psychiatrisches Krankenhaus gebracht werden.

## § 107 Verteidigung

(1) Zu Verteidigern im berufsgerichtlichen Verfahren vor dem Landgericht und vor dem Oberlandesgericht können außer den in § 138 Abs. 1 der Strafprozeßordnung genannten Personen auch Steuerberater oder Steuerbevollmächtigte gewählt werden.

(2) § 140 Abs. 1 Nr. 1 bis 3, 6 und 7 der Strafprozeßordnung ist auf die Verteidigung im berufsgerichtlichen Verfahren nicht anzuwenden.

## § 108 Akteneinsicht des Steuerberaters oder Steuerbevollmächtigten

¹Der Steuerberater oder Steuerbevollmächtigte ist befugt, die Akten, die dem Gericht vorliegen oder diesem im Falle der Einreichung einer Anschuldigungsschrift vorzulegen wären, einzusehen sowie amtlich verwahrte Beweisstücke zu besichtigen. ²§ 147 Abs. 2, 3, 5 und 6 der Strafprozeßordnung ist insoweit entsprechend anzuwenden.

### § 109 Verhältnis des berufsgerichtlichen Verfahrens zum Straf- oder Bußgeldverfahren

(1) [1]Ist gegen einen Steuerberater oder Steuerbevollmächtigten, der einer Verletzung seiner Pflichten beschuldigt wird, wegen desselben Verhaltens die öffentliche Klage im strafgerichtlichen Verfahren erhoben, so kann gegen ihn ein berufsgerichtliches Verfahren zwar eingeleitet, es muß aber bis zur Beendigung des strafgerichtlichen Verfahrens ausgesetzt werden. [2]Ebenso muß ein bereits eingeleitetes berufsgerichtliches Verfahren ausgesetzt werden, wenn während seines Laufes die öffentliche Klage im strafgerichtlichen Verfahren erhoben wird. [3]Das berufsgerichtliche Verfahren kann fortgesetzt werden, wenn die Sachaufklärung gesichert ist oder wenn im strafgerichtlichen Verfahren aus Gründen nicht verhandelt werden kann, die in der Person des Steuerberaters oder Steuerbevollmächtigten liegen.

(2) Wird der Steuerberater oder Steuerbevollmächtigte im gerichtlichen Verfahren wegen einer Straftat oder einer Ordnungswidrigkeit freigesprochen, so kann wegen der Tatsachen, die Gegenstand der gerichtlichen Entscheidung waren, ein berufsgerichtliches Verfahren nur dann eingeleitet oder fortgesetzt werden, wenn diese Tatsachen, ohne den Tatbestand einer Strafvorschrift oder einer Bußgeldvorschrift zu erfüllen, eine Verletzung der Pflichten des Steuerberaters oder Steuerbevollmächtigten enthalten.

(3) [1]Für die Entscheidung im berufsgerichtlichen Verfahren sind die tatsächlichen Feststellungen des Urteils im Strafverfahren oder Bußgeldverfahren bindend, auf denen die Entscheidung des Gerichts beruht. [2]In dem berufsgerichtlichen Verfahren kann ein Gericht jedoch die nochmalige Prüfung solcher Feststellungen beschließen, deren Richtigkeit seine Mitglieder mit Stimmenmehrheit bezweifeln; dies ist in den Gründen der berufsgerichtlichen Entscheidung zum Ausdruck zu bringen.

### § 110 Verhältnis des berufsgerichtlichen Verfahrens zu den Verfahren anderer Berufsgerichtsbarkeiten

(1) Über eine Pflichtverletzung eines Steuerberaters oder Steuerbevollmächtigten, der zugleich der Disziplinar-, Ehren- oder Berufsgerichtsbarkeit eines anderen Berufs untersteht, wird im berufsgerichtlichen Verfahren nur dann entschieden, wenn die Pflichtverletzung überwiegend mit der Ausübung des Berufs als Steuerberater oder Steuerbevollmächtigter im Zusammenhang steht oder wenn wegen der Schwere der Pflichtverletzung das berufsgerichtliche Verfahren mit dem Ziel der Ausschließung aus dem Beruf eingeleitet worden ist.

(2) [1]Beabsichtigt die Staatsanwaltschaft, gegen einen solchen Steuerberater oder Steuerbevollmächtigten das berufsgerichtliche Verfahren einzuleiten, so teilt sie dies der Staatsanwaltschaft oder Behörde mit, die für die Einleitung eines Verfahrens gegen ihn als Angehörigen des anderen Berufs zuständig wäre. [2]Hat die für den anderen Beruf zuständige Staatsanwaltschaft oder Einleitungsbehörde die Absicht, gegen den Steuerberater oder Steuerbevollmächtigten ein Verfahren einzuleiten, so unterrichtet sie die Staatsanwaltschaft, die für die Einleitung des berufsgerichtlichen Verfahrens zuständig wäre (§ 113).

(3) Hat das Gericht einer Disziplinar-, Ehren- oder Berufsgerichtsbarkeit sich zuvor rechtskräftig für zuständig oder unzuständig erklärt, über die Pflichtverletzung eines Steuerberaters oder Steuerbevollmächtigten, der zugleich der Disziplinar-, Ehren- oder Berufsgerichtsbarkeit eines anderen Berufs untersteht, zu entscheiden, so sind die anderen Gerichte an diese Entscheidung gebunden.

(4) Die Absätze 1 bis 3 sind auf Steuerberater oder Steuerbevollmächtigte, die in einem öffentlich-rechtlichen Dienst- oder Amtsverhältnis stehen und ihren Beruf als Steuerberater oder Steuerbevollmächtigter nicht ausüben dürfen (§ 59), nicht anzuwenden.

### § 111 Aussetzung des berufsgerichtlichen Verfahrens

Das berufsgerichtliche Verfahren kann ausgesetzt werden, wenn in einem anderen gesetzlich geordneten Verfahren über eine Frage zu entscheiden ist, deren Beurteilung für die Entscheidung im berufsgerichtlichen Verfahren von wesentlicher Bedeutung ist.

## 2. Das Verfahren im ersten Rechtszug

### § 112 Örtliche Zuständigkeit

Die örtliche Zuständigkeit des Landgerichts bestimmt sich nach dem Sitz der Berufskammer, welcher der Steuerberater oder Steuerbevollmächtigte zur Zeit der Einleitung des Verfahrens angehört.

### § 113 Mitwirkung der Staatsanwaltschaft

Die Staatsanwaltschaft bei dem Oberlandesgericht, bei dem der Senat für Steuerberater- und Steuerbevollmächtigtensachen besteht, nimmt in den Verfahren vor der Kammer für Steuerberater- und Steuerbevollmächtigtensachen die Aufgaben der Staatsanwaltschaft wahr.

### § 114 Einleitung des berufsgerichtlichen Verfahrens

Das berufsgerichtliche Verfahren wird dadurch eingeleitet, daß die Staatsanwaltschaft eine Anschuldigungsschrift bei dem Landgericht einreicht.

### § 115 Gerichtliche Entscheidung über die Einleitung des Verfahrens

(1) Gibt die Staatsanwaltschaft einem Antrag des Vorstandes der Berufskammer, gegen einen Steuerberater oder Steuerbevollmächtigten das berufsgerichtliche Verfahren einzuleiten, keine Folge oder verfügt sie die Einstellung des Verfahrens, so hat sie ihre Entschließung dem Vorstand der Berufskammer unter Angabe der Gründe mitzuteilen.

(2) ¹Der Vorstand der Berufskammer kann gegen den Bescheid der Staatsanwaltschaft binnen eines Monats nach der Bekanntmachung bei dem Oberlandesgericht die gerichtliche Entscheidung beantragen. ²Der Antrag muß die Tatsachen, welche die Einleitung des berufsgerichtlichen Verfahrens begründen sollen, und die Beweismittel angeben.

(3) Auf das Verfahren nach Absatz 2 sind die §§ 173 bis 175 der Strafprozeßordnung entsprechend anzuwenden.

(4) § 172 der Strafprozeßordnung ist nicht anzuwenden.

### § 116 Antrag des Steuerberaters oder Steuerbevollmächtigten auf Einleitung des berufsgerichtlichen Verfahrens

(1) ¹Der Steuerberater oder Steuerbevollmächtigte kann bei der Staatsanwaltschaft beantragen, das berufsgerichtliche Verfahren gegen ihn einzuleiten, damit er sich von dem Verdacht einer Pflichtverletzung reinigen kann. ²Wegen eines Verhaltens, das der Vorstand der Berufskammer gerügt hat (§ 81), kann der Steuerberater oder Steuerbevollmächtigte den Antrag nicht stellen.

(2) ¹Gibt die Staatsanwaltschaft dem Antrag des Steuerberaters oder

Steuerbevollmächtigten keine Folge oder verfügt sie die Einstellung des Verfahrens, so hat sie ihre Entschließung dem Antragsteller unter Angabe der Gründe mitzuteilen. [2]Wird in den Gründen eine schuldhafte Pflichtverletzung festgestellt, das berufsgerichtliche Verfahren aber nicht eingeleitet, oder wird offengelassen, ob eine schuldhafte Pflichtverletzung vorliegt, kann der Steuerberater oder Steuerbevollmächtigte bei dem Oberlandesgericht die gerichtliche Entscheidung beantragen. [3]Der Antrag ist binnen eines Monats nach der Bekanntmachung der Entschließung der Staatsanwaltschaft zu stellen.

(3) [1]Auf das Verfahren vor dem Senat für Steuerberater- und Steuerbevollmächtigtensachen beim Oberlandesgericht ist § 173 Abs. 1 und 3 der Strafprozeßordnung entsprechend anzuwenden. [2]Das Oberlandesgericht entscheidet durch Beschluß, ob eine schuldhafte Pflichtverletzung des Steuerberaters oder Steuerbevollmächtigten festzustellen ist. [3]Der Beschluß ist mit Gründen zu versehen. [4]Erachtet das Oberlandesgericht den Steuerberater oder Steuerbevollmächtigten einer berufsgerichtlich zu ahndenden Pflichtverletzung für hinreichend verdächtig, so beschließt es die Einleitung des berufsgerichtlichen Verfahrens. [5]Die Durchführung dieses Beschlusses obliegt der Staatsanwaltschaft.

(4) Erachtet das Oberlandesgericht eine schuldhafte Pflichtverletzung nicht für gegeben, so kann nur aufgrund neuer Tatsachen oder Beweismittel wegen desselben Verhaltens ein Antrag auf Einleitung des berufsgerichtlichen Verfahrens gestellt oder eine Rüge durch den Vorstand der Berufskammer erteilt werden.

## § 117 Inhalt der Anschuldigungsschrift

[1]In der Anschuldigungsschrift (§ 114 dieses Gesetzes sowie § 207 Abs. 3 der Strafprozeßordnung) ist die dem Steuerberater oder Steuerbevollmächtigten zur Last gelegte Pflichtverletzung unter Anführung der sie begründenden Tatsache zu bezeichnen (Anschuldigungssatz). [2]Ferner sind die Beweismittel anzugeben, wenn in der Hauptverhandlung Beweise erhoben werden sollen. [3]Die Anschuldigungsschrift enthält den Antrag, das Hauptverfahren vor der Kammer für Steuerberater- und Steuerbevollmächtigtensachen beim Landgericht zu eröffnen.

## § 118 Entscheidung über die Eröffnung des Hauptverfahrens

(1) In dem Beschluß, durch den das Hauptverfahren eröffnet wird, läßt die Kammer für Steuerberater- und Steuerbevollmächtigtensachen beim Landgericht die Anschuldigung zur Hauptverhandlung zu.

(2) Der Beschluß, durch den das Hauptverfahren eröffnet worden ist, kann von dem Steuerberater oder Steuerbevollmächtigten nicht angefochten werden.

(3) [1]Der Beschluß, durch den die Eröffnung des Hauptverfahrens abgelehnt wird, ist zu begründen. [2]Gegen den Beschluß steht der Staatsanwaltschaft die sofortige Beschwerde zu.

## § 119 Rechtskraftwirkung eines ablehnenden Beschlusses

Ist die Eröffnung des Hauptverfahrens durch einen nicht mehr anfechtbaren Beschluß abgelehnt, so kann der Antrag auf Einleitung des berufsgerichtlichen Verfahrens nur aufgrund neuer Tatsachen oder Beweismittel und nur innerhalb von fünf Jahren, seitdem der Beschluß rechtskräftig geworden ist, erneut gestellt werden.

## § 120 Zustellung des Eröffnungsbeschlusses

[1]Der Beschluß über die Eröffnung des Hauptverfahrens ist dem Steuerberater oder Steuerbevollmächtigten spätestens mit der Ladung zuzustellen. [2]Entsprechendes gilt in den Fällen des § 207 Abs. 3 der Strafprozeßordnung für die nachgereichte Anschuldigungsschrift.

## § 121 Hauptverhandlung trotz Ausbleibens des Steuerberaters oder Steuerbevollmächtigten

[1]Die Hauptverhandlung kann gegen einen Steuerberater oder Steuerbevollmächtigten, der nicht erschienen ist, durchgeführt werden, wenn er ordnungsmäßig geladen und in der Ladung darauf hingewiesen ist, daß in seiner Abwesenheit verhandelt werden kann. [2]Eine öffentliche Ladung ist nicht zulässig.

## § 122 Nichtöffentliche Hauptverhandlung

(1) [1]Die Hauptverhandlung ist nicht öffentlich. [2]Auf Antrag der Staatsanwaltschaft kann, auf Antrag des Steuerberaters oder Steuerbevollmächtigten muß die Öffentlichkeit hergestellt werden; in diesem Fall sind die Vorschriften des Gerichtsverfassungsgesetzes über die Öffentlichkeit sinngemäß anzuwenden.

(2) [1]Zu nichtöffentlichen Verhandlungen ist Vertretern der Landesjustizverwaltung, dem Präsidenten des Oberlandesgerichts oder seinem Beauftragten und den Beamten der Staatsanwaltschaft bei dem Oberlandesgericht der Zutritt gestattet. [2]Der Zutritt ist ferner Vertretern des Bundesministers der Finanzen, Vertretern der für die Finanzverwaltung zuständigen obersten Landesbehörde und Vertretern der Berufskammer gestattet. [3]Steuerberater und Steuerbevollmächtigte sind als Zuhörer zugelassen. [4]Die Kammer für Steuerberater- und Steuerbevollmächtigtensachen beim Landgericht kann nach Anhörung der Beteiligten auch andere Personen als Zuhörer zulassen.

## § 123 Beweisaufnahme durch einen ersuchten Richter

[1]Die Kammer für Steuerberater- und Steuerbevollmächtigtensachen beim Landgericht kann ein Amtsgericht um die Vernehmung von Zeugen oder Sachverständigen ersuchen. [2]Der Zeuge oder Sachverständige ist jedoch auf Antrag der Staatsanwaltschaft oder des Steuerberaters oder Steuerbevollmächtigten in der Hauptverhandlung zu vernehmen, es sei denn, daß er voraussichtlich am Erscheinen in der Hauptverhandlung verhindert ist oder ihm das Erscheinen wegen großer Entfernung nicht zugemutet werden kann.

## § 124 Verlesen von Protokollen

(1) Die Kammer für Steuerberater- und Steuerbevollmächtigtensachen beim Landgericht beschließt nach pflichtmäßigem Ermessen, ob die Aussage eines Zeugen oder eines Sachverständigen, der bereits in dem berufsgerichtlichen oder in einem anderen gesetzlich geordneten Verfahren vernommen worden ist, zu verlesen sei.

(2) [1]Bevor der Gerichtsbeschluß ergeht, kann der Staatsanwalt oder der Steuerberater oder Steuerbevollmächtigte beantragen, den Zeugen oder Sachverständigen in der Hauptverhandlung zu vernehmen. [2]Einem solchen Antrag ist zu entsprechen, es sei denn, daß der Zeuge oder Sachverständige voraussichtlich am Erscheinen in der Hauptverhandlung verhindert ist oder ihm das Erscheinen wegen großer Entfernung nicht zugemutet werden kann. [3]Wird dem Antrag stattgegeben, so darf das Protokoll über die frühere Vernehmung nicht verlesen werden.

(3) ¹Ist ein Zeuge oder Sachverständiger durch einen ersuchten Richter vernommen worden (§ 123), so kann der Verlesung des Protokolls nicht widersprochen werden. ²Der Staatsanwalt oder der Steuerberater oder Steuerbevollmächtigte kann jedoch der Verlesung widersprechen, wenn ein Antrag gemäß § 123 Satz 2 abgelehnt worden ist und Gründe für die Ablehnung des Antrags jetzt nicht mehr bestehen.

## § 125 Entscheidung

(1) Die Hauptverhandlung schließt mit der auf die Beratung folgenden Verkündung des Urteils.

(2) Das Urteil lautet auf Freisprechung, Verurteilung oder Einstellung des Verfahrens.

(3) Das berufsgerichtliche Verfahren ist, abgesehen von dem Fall des § 260 Abs. 3 der Strafprozeßordnung, einzustellen
1. wenn die Bestellung nach § 45 Abs. 1 erloschen oder nach § 46 zurückgenommen oder widerrufen ist;
2. wenn nach § 92 von einer berufsgerichtlichen Ahndung abzusehen ist.

## 3. Rechtsmittel

## § 126 Beschwerde

Für die Verhandlungen und Entscheidungen über Beschwerden ist der Senat für Steuerberater- und Steuerbevollmächtigtensachen beim Oberlandesgericht zuständig.

## § 127 Berufung

(1) Gegen das Urteil der Kammer für Steuerberater- und Steuerbevollmächtigtensachen beim Landgericht ist die Berufung an den Senat für Steuerberater- und Steuerbevollmächtigtensachen beim Oberlandesgericht zulässig.

(2) ¹Die Berufung muß binnen einer Woche nach Verkündung des Urteils bei der Kammer für Steuerberater- und Steuerbevollmächtigtensachen beim Landgericht schriftlich eingelegt werden. ²Ist das Urteil nicht in Anwesenheit des Steuerberaters oder Steuerbevollmächtigten verkündet worden, so beginnt für diesen die Frist mit der Zustellung.

(3) Die Berufung kann nur schriftlich gerechtfertigt werden.

(4) Auf das Verfahren sind im übrigen neben den Vorschriften der Strafprozeßordnung über die Berufung die §§ 121 bis 125 dieses Gesetzes sinngemäß anzuwenden.

## § 128 Mitwirkung der Staatsanwaltschaft im zweiten Rechtszug

Die Aufgaben der Staatsanwaltschaft im zweiten Rechtszug werden von der Staatsanwaltschaft bei dem Oberlandesgericht wahrgenommen, bei dem der Senat für Steuerberater- und Steuerbevollmächtigtensachen besteht.

## § 129 Revision

(1) Gegen das Urteil des Senats für Steuerberater- und Steuerbevollmächtigtensachen beim Oberlandesgericht ist die Revision an den Bundesgerichtshof zulässig,
1. wenn das Urteil auf Ausschließung aus dem Beruf lautet;
2. wenn der Senat für Steuerberater- und Steuerbevollmächtigtensachen beim Oberlandesgericht entgegen einem Antrag der Staatsanwaltschaft nicht auf Ausschließung erkannt hat;

3. wenn der Senat für Steuerberater- und Steuerbevollmächtigtensachen beim Oberlandesgericht sie in dem Urteil zugelassen hat.

(2) Der Senat für Steuerberater- und Steuerbevollmächtigtensachen beim Oberlandesgericht darf die Revision nur zulassen, wenn er über Rechtsfragen oder Fragen der Berufspflichten entschieden hat, die von grundsätzlicher Bedeutung sind.

(3) [1]Die Nichtzulassung der Revision kann selbständig durch Beschwerde innerhalb eines Monats nach Zustellung des Urteils angefochten werden. [2]Die Beschwerde ist bei dem Oberlandesgericht einzulegen. [3]In der Beschwerdeschrift muß die grundsätzliche Rechtsfrage ausdrücklich bezeichnet werden.

(4) Die Beschwerde hemmt die Rechtskraft des Urteils.

(5) [1]Wird der Beschwerde nicht abgeholfen, so entscheidet der Bundesgerichtshof durch Beschluß. [2]Der Beschluß bedarf keiner Begründung, wenn die Beschwerde einstimmig verworfen oder zurückgewiesen wird. [3]Mit Ablehnung der Beschwerde durch den Bundesgerichtshof wird das Urteil rechtskräftig. [4]Wird der Beschwerde stattgegeben, so beginnt mit Zustellung des Beschwerdebescheides die Revisionsfrist.

## § 130 Einlegung der Revision und Verfahren

(1) [1]Die Revision ist binnen einer Woche bei dem Oberlandesgericht schriftlich einzulegen. [2]Die Frist beginnt mit der Verkündung des Urteils. [3]Ist das Urteil nicht in Anwesenheit des Steuerberaters oder Steuerbevollmächtigten verkündet worden, so beginnt für diesen die Frist mit der Zustellung.

(2) Seitens des Steuerberaters oder Steuerbevollmächtigten können die Revisionsanträge und deren Begründung nur schriftlich angebracht werden.

(3) [1]Auf das Verfahren vor dem Bundesgerichtshof sind im übrigen neben den Vorschriften der Strafprozeßordnung über die Revision die §§ 122 und 125 Abs. 3 dieses Gesetzes sinngemäß anzuwenden. [2]In den Fällen des § 354 Abs. 2 der Strafprozeßordnung kann die Sache auch an das Oberlandesgericht eines anderen Landes zurückverwiesen werden.

## § 131 Mitwirkung der Staatsanwaltschaft vor dem Bundesgerichtshof

Die Aufgaben der Staatsanwaltschaft in den Verfahren vor dem Bundesgerichtshof werden von dem Generalbundesanwalt wahrgenommen.

## 4. Die Sicherung von Beweisen

## § 132 Anordnung der Beweissicherung

(1) [1]Wird ein berufsgerichtliches Verfahren gegen den Steuerberater oder Steuerbevollmächtigten eingestellt, weil seine Bestellung erloschen, zurückgenommen oder widerrufen ist, so kann in der Entscheidung zugleich auf Antrag der Staatsanwaltschaft die Sicherung der Beweise angeordnet werden, wenn zu erwarten ist, daß auf Ausschließung aus dem Beruf erkannt worden wäre. [2]Die Anordnung kann nicht angefochten werden.

(2) [1]Die Beweise werden von der Kammer für Steuerberater- und Steuerbevollmächtigtensachen beim Landgericht aufgenommen. [2]Die Kammer für Steuerberater- und Steuerbevollmächtigtensachen kann eines ihrer berufsrichterlichen Mitglieder mit der Beweisaufnahme beauftragen.

### § 133 Verfahren

(1) ¹Die Kammer für Steuerberater- und Steuerbevollmächtigtensachen beim Landgericht hat von Amts wegen alle Beweise zu erheben, die eine Entscheidung darüber begründen können, ob das eingestellte Verfahren zur Ausschließung aus dem Beruf geführt hätte. ²Den Umfang des Verfahrens bestimmt die Kammer für Steuerberater- und Steuerbevollmächtigtensachen nach pflichtmäßigem Ermessen, ohne an Anträge gebunden zu sein; ihre Verfügungen können insoweit nicht angefochten werden.

(2) Zeugen sind, soweit nicht Ausnahmen vorgeschrieben oder zugelassen sind, eidlich zu vernehmen.

(3) ¹Die Staatsanwaltschaft und der frühere Steuerberater oder Steuerbevollmächtigte sind an dem Verfahren zu beteiligen. ²Ein Anspruch auf Benachrichtigung von den Terminen, die zum Zwecke der Beweissicherung anberaumt werden, steht dem früheren Steuerberater oder Steuerbevollmächtigten nur zu, wenn er sich im Inland aufhält und seine Anschrift dem Landgericht angezeigt hat.

## 5. Das Berufs- und Vertretungsverbot

### § 134 Voraussetzung des Verbots

(1) Sind dringende Gründe für die Annahme vorhanden, daß gegen einen Steuerberater oder einen Steuerbevollmächtigten auf Ausschließung aus dem Beruf erkannt werden wird, so kann gegen ihn durch Beschluß ein Berufs- oder Vertretungsverbot verhängt werden.

(2) ¹Die Staatsanwaltschaft kann vor Einleitung des berufsgerichtlichen Verfahrens den Antrag auf Verhängung eines Berufs- oder Vertretungsverbots stellen. ²In dem Antrag sind die Pflichtverletzung, die dem Steuerberater oder Steuerbevollmächtigten zur Last gelegt wird, sowie die Beweismittel anzugeben.

(3) Für die Verhandlung und Entscheidung ist das Gericht zuständig, das über die Eröffnung des Hauptverfahrens gegen den Steuerberater oder Steuerbevollmächtigten zu entscheiden hat oder vor dem das berufsgerichtliche Verfahren anhängig ist.

### § 135 Mündliche Verhandlung

(1) Der Beschluß, durch den ein Berufs- oder Vertretungsverbot verhängt wird, kann nur aufgrund mündlicher Verhandlung ergehen.

(2) Auf die Besetzung des Gerichts, die Ladung und die mündliche Verhandlung sind die Vorschriften entsprechend anzuwenden, die für die Hauptverhandlung vor dem erkennenden Gericht maßgebend sind, soweit sich nicht aus den folgenden Vorschriften etwas anderes ergibt.

(3) ¹In der Ladung ist die dem Steuerberater oder Steuerbevollmächtigten zur Last gelegte Pflichtverletzung durch Anführung der sie begründenden Tatsachen zu bezeichnen; ferner sind die Beweismittel anzugeben. ²Dies ist jedoch nicht erforderlich, wenn dem Steuerberater oder Steuerbevollmächtigten die Anschuldigungsschrift bereits mitgeteilt worden ist.

(4) Den Umfang der Beweisaufnahme bestimmt das Gericht nach pflichtmäßigem Ermessen, ohne an Anträge der Staatsanwaltschaft oder des Steuerberaters oder Steuerbevollmächtigten gebunden zu sein.

### § 136 Abstimmung über das Verbot

Zur Verhängung des Berufs- oder Vertretungsverbots ist eine Mehrheit von zwei Dritteln der Stimmen erforderlich.

### § 137 Verbot im Anschluß an die Hauptverhandlung

[1]Hat das Gericht auf die Ausschließung aus dem Beruf erkannt, so kann es im unmittelbaren Anschluß an die Hauptverhandlung über die Verhängung des Berufs- oder Vertretungsverbots verhandeln und entscheiden. [2]Dies gilt auch dann, wenn der Steuerberater oder Steuerbevollmächtigte zu der Hauptverhandlung nicht erschienen ist.

### § 138 Zustellung des Beschlusses

Der Beschluß ist mit Gründen zu versehen. Er ist dem Steuerberater oder Steuerbevollmächtigten zuzustellen.

### § 139 Wirkungen des Verbots

(1) Der Beschluß wird mit der Verkündung wirksam.

(2) Der Steuerberater oder Steuerbevollmächtigte, gegen den ein Berufsverbot verhängt ist, darf seinen Beruf nicht ausüben.

(3) Der Steuerberater oder Steuerbevollmächtigte, gegen den ein Vertretungsverbot verhängt ist, darf nicht vor Gerichten oder Behörden in Person auftreten, Vollmachten oder Untervollmachten erteilen und mit Gerichten, Behörden, Steuerberatern oder Steuerbevollmächtigten oder anderen Vertretern in Steuersachen schriftlich verkehren.

(4) Der Steuerberater oder Steuerbevollmächtigte, gegen den ein Berufs- oder Vertretungsverbot verhängt ist, darf jedoch seine eigenen Angelegenheiten und die Angelegenheiten seiner Angehörigen im Sinne des § 15 der Abgabenordnung wahrnehmen.

(5) [1]Die Wirksamkeit von Rechtshandlungen des Steuerberaters oder Steuerbevollmächtigten wird durch das Berufs- oder Vertretungsverbot nicht berührt. [2]Das gleiche gilt für Rechtshandlungen, die ihm gegenüber vorgenommen werden.

### § 140 Zuwiderhandlungen gegen das Verbot

(1) Der Steuerberater oder Steuerbevollmächtigte, der einem gegen ihn ergangenen Berufs- oder Vertretungsverbot wissentlich zuwiderhandelt, wird aus dem Beruf ausgeschlossen, sofern nicht wegen besonderer Umstände eine mildere berufsgerichtliche Maßnahme ausreichend erscheint.

(2) Gerichte oder Behörden sollen einen Steuerberater oder Steuerbevollmächtigten, der entgegen einem Berufs- oder Vertretungsverbot vor ihnen auftritt, zurückweisen.

### § 141 Beschwerde

(1) [1]Gegen den Beschluß, durch den das Landgericht oder das Oberlandesgericht ein Berufs- oder Vertretungsverbot verhängt, ist die sofortige Beschwerde zulässig. [2]Die Beschwerde hat keine aufschiebende Wirkung.

(2) Gegen den Beschluß, durch den das Landgericht oder das Oberlandesgericht es ablehnt, ein Berufs- oder Vertretungsverbot zu verhängen, steht der Staatsanwaltschaft die sofortige Beschwerde zu.

(3) [1]Über die sofortige Beschwerde entscheidet, sofern der angefochtene

Beschluß von dem Landgericht erlassen ist, das Oberlandesgericht und, sofern er von dem Oberlandesgericht erlassen ist, der Bundesgerichtshof. [2]Für das Verfahren gelten neben den Vorschriften der Strafprozeßordnung über die Beschwerde § 135 Abs. 1, 2 und 4 sowie die §§ 136 und 138 dieses Gesetzes entsprechend.

## § 142 Außerkrafttreten des Verbots

Das Berufs- oder Vertretungsverbot tritt außer Kraft,
1. wenn ein nicht auf Ausschließung lautendes Urteil ergeht;
2. wenn die Eröffnung des Hauptverfahrens vor der Kammer für Steuerberater- und Steuerbevollmächtigtensachen abgelehnt wird.

## § 143 Aufhebung des Verbots

(1) Das Berufs- oder Vertretungsverbot wird aufgehoben, wenn sich ergibt, daß die Voraussetzungen für seine Verhängung nicht oder nicht mehr vorliegen.

(2) Über die Aufhebung entscheidet das nach § 134 Abs. 3 zuständige Gericht.

(3) [1]Beantragt der Steuerberater oder Steuerbevollmächtigte, das Verbot aufzuheben, so kann eine erneute mündliche Verhandlung angeordnet werden. [2]Der Antrag kann nicht gestellt werden, solange über eine sofortige Beschwerde des Beschuldigten nach § 141 Abs. 1 noch nicht entschieden ist. [3]Gegen den Beschluß, durch den der Antrag abgelehnt wird, ist eine Beschwerde nicht zulässig.

## § 144 Mitteilung des Verbots

(1) Der Beschluß, durch den ein Berufs- oder Vertretungsverbot verhängt wird, ist alsbald der bestellenden Behörde und dem Präsidenten der Berufskammer in beglaubigter Abschrift mitzuteilen.

(2) Tritt das Berufs- oder Vertretungsverbot außer Kraft oder wird es aufgehoben oder abgeändert, so ist Absatz 1 entsprechend anzuwenden.

## § 145 Bestellung eines Vertreters

(1) [1]Für den Steuerberater oder Steuerbevollmächtigten, gegen den ein Berufs- oder Vertretungsverbot verhängt ist, wird im Fall des Bedürfnisses von der zuständigen Berufskammer ein Vertreter bestellt. [2]Der Steuerberater oder Steuerbevollmächtigte ist vor der Bestellung zu hören; er kann einen geeigneten Vertreter vorschlagen.

(2) Der Vertreter muß Steuerberater oder Steuerbevollmächtigter sein.

(3) Ein Steuerberater oder Steuerbevollmächtigter, dem die Vertretung übertragen wird, kann sie nur aus einem wichtigen Grund ablehnen.

(4) [1]Der Vertreter führt sein Amt unter eigener Verantwortung, jedoch für Rechnung und auf Kosten des Vertretenen. [2]An Weisungen des Vertretenen ist er nicht gebunden.

(5) [1]Der Vertretene hat dem Vertreter eine angemessene Vergütung zu zahlen. [2]Auf Antrag des Vertretenen oder des Vertreters setzt der Vorstand der Berufskammer die Vergütung fest. [3]Der Vertreter ist befugt, Vorschüsse auf die vereinbarte oder festgesetzte Vergütung zu entnehmen. [4]Für die festgesetzte Vergütung haftet die Berufskammer wie ein Bürge.

**Vierter Unterabschnitt. Die Kosten in dem berufsgerichtlichen Verfahren und in dem Verfahren bei Anträgen auf berufsgerichtliche Entscheidung über die Rüge. Die Vollstreckung der berufsgerichtlichen Maßnahmen und der Kosten. Die Tilgung**

### § 146 Gebührenfreiheit, Auslagen

Für das berufsgerichtliche Verfahren und das Verfahren bei einem Antrag auf berufsgerichtliche Entscheidung über die Rüge (§ 82) werden keine Gebühren, sondern nur die Auslagen nach den Vorschriften des Gerichtskostengesetzes erhoben.

### § 147 Kosten bei Anträgen auf Einleitung des berufsgerichtlichen Verfahrens

(1) Einem Steuerberater oder Steuerbevollmächtigten, der einen Antrag auf gerichtliche Entscheidung über die Entschließung der Staatsanwaltschaft (§ 116 Abs. 2) zurücknimmt, sind die durch dieses Verfahren entstandenen Kosten aufzuerlegen.

(2) Wird ein Antrag des Vorstandes der Berufskammer auf gerichtliche Entscheidung in dem Fall des § 115 Abs. 2 verworfen, so sind die durch das Verfahren über den Antrag veranlaßten Kosten der Berufskammer aufzuerlegen.

### § 148 Kostenpflicht des Verurteilten

(1) [1]Dem Steuerberater oder Steuerbevollmächtigten, der in dem berufsgerichtlichen Verfahren verurteilt wird, sind zugleich die in dem Verfahren entstandenen Kosten ganz oder teilweise aufzuerlegen. [2]Dasselbe gilt, wenn das berufsgerichtliche Verfahren wegen Erlöschens oder Zurücknahme der Bestellung eingestellt wird und nach dem Ergebnis des bisherigen Verfahrens die Verhängung einer berufsgerichtlichen Maßnahme gerechtfertigt gewesen wäre; zu den Kosten des berufsgerichtlichen Verfahrens gehören in diesem Fall auch diejenigen, die in einem anschließenden Verfahren zum Zwecke der Beweissicherung (§§ 132 und 133) entstehen.

(2) [1]Dem Steuerberater oder Steuerbevollmächtigten, der in dem berufsgerichtlichen Verfahren ein Rechtsmittel zurückgenommen oder ohne Erfolg eingelegt hat, sind zugleich die durch dieses Verfahren entstandenen Kosten aufzuerlegen. [2]Hatte das Rechtsmittel teilweise Erfolg, so kann dem Steuerberater oder Steuerbevollmächtigten ein angemessener Teil dieser Kosten auferlegt werden.

(3) Für die Kosten, die durch einen Antrag auf Wiederaufnahme des durch ein rechtskräftiges Urteil abgeschlossenen Verfahrens verursacht worden sind, ist Absatz 2 entsprechend anzuwenden.

### § 149 Kostenpflicht in dem Verfahren bei Anträgen auf berufsgerichtliche Entscheidung über die Rüge

(1) [1]Wird der Antrag auf berufsgerichtliche Entscheidung über die Rüge als unbegründet zurückgewiesen, so ist § 148 Abs. 1 Satz 1 entsprechend anzuwenden. [2]Stellt das Landgericht fest, daß die Rüge wegen der Verhängung einer berufsgerichtlichen Maßnahme unwirksam ist (§ 82 Abs. 5 Satz 2), oder hebt es den Rügebescheid gemäß § 82 Abs. 3 Satz 2 auf, so kann es dem Steuerberater oder Steuerbevollmächtigten die in dem Verfahren entstandenen Kosten ganz oder teilweise auferlegen, wenn es dies für angemessen erachtet.

(2) Nimmt der Steuerberater oder Steuerbevollmächtigte den Antrag auf berufsgerichtliche Entscheidung zurück oder wird der Antrag als unzulässig verworfen, so gilt § 148 Abs. 2 Satz 1 entsprechend.

(3) Wird der Rügebescheid, den Fall des § 82 Abs. 3 Satz 2 ausgenommen, aufgehoben oder wird die Unwirksamkeit der Rüge wegen eines Freispruchs des Steuerberaters oder Steuerbevollmächtigten im berufsgerichtlichen Verfahren oder aus den Gründen des § 91 Abs. 2 Satz 2 festgestellt (§ 82 Abs. 5 Satz 2), so sind die notwendigen Auslagen des Steuerberaters oder Steuerbevollmächtigten der Berufskammer aufzuerlegen.

## § 150 Haftung der Berufskammer

Kosten, die weder dem Steuerberater oder Steuerbevollmächtigten noch einem Dritten auferlegt oder von dem Steuerberater oder Steuerbevollmächtigten nicht eingezogen werden können, fallen der Berufskammer zur Last, welcher der Steuerberater oder Steuerbevollmächtigte angehört.

## § 151 Vollstreckung der berufsgerichtlichen Maßnahmen und der Kosten

(1) [1]Die Ausschließung aus dem Beruf (§ 90 Abs. 1 Nr. 4) wird mit der Rechtskraft des Urteils wirksam. [2]Der Verurteilte wird aufgrund einer beglaubigten Abschrift der Urteilsformel, die mit der Bescheinigung der Rechtskraft versehen ist, im Berufsregister der Steuerberater oder Steuerbevollmächtigten gelöscht.

(2) Warnung und Verweis (§ 90 Abs. 1 Nr. 1 und 2) gelten mit der Rechtskraft des Urteils als vollstreckt.

(3) [1]Die Vollstreckung der Geldbuße und die Beitreibung der Kosten werden nicht dadurch gehindert, daß der Steuerberater oder Steuerbevollmächtigte nach rechtskräftigem Abschluß des Verfahrens aus dem Beruf ausgeschieden ist. [2]Werden zusammen mit einer Geldbuße die Kosten beigetrieben, so gelten auch für die Kosten die Vorschriften über die Vollstreckung der Geldbuße.

## § 152 Tilgung

(1) [1]Eintragungen in den über den Steuerberater oder Steuerbevollmächtigten geführten Akten über eine Warnung sind nach fünf, über einen Verweis oder eine Geldbuße nach zehn Jahren zu tilgen. [2]Die über diese berufsgerichtlichen Maßnahmen entstandenen Vorgänge sind aus den über den Steuerberater oder Steuerbevollmächtigten geführten Akten zu entfernen und zu vernichten. [3]Nach Ablauf der Frist dürfen diese Maßnahmen bei weiteren berufsgerichtlichen Maßnahmen nicht mehr berücksichtigt werden.

(2) Die Frist beginnt mit dem Tage, an dem die berufsgerichtliche Maßnahme unanfechtbar geworden ist.

(3) Die Frist endet nicht, solange gegen den Steuerberater oder Steuerbevollmächtigten ein Strafverfahren, ein ehrengerichtliches oder berufsgerichtliches Verfahren oder ein Disziplinarverfahren schwebt, eine andere berufsgerichtliche Maßnahme berücksichtigt werden darf oder ein auf Geldbuße lautendes Urteil noch nicht vollstreckt worden ist.

(4) Nach Ablauf der Frist gilt der Steuerberater oder Steuerbevollmächtigte als von berufsgerichtlichen Maßnahmen nicht betroffen.

(5) Die Absätze 1 bis 4 gelten für Rügen des Vorstandes der Berufskammer entsprechend. Die Frist beträgt fünf Jahre.

> **Fünfter Unterabschnitt. Für die Berufsgerichtsbarkeit anzuwendende Vorschriften; Berufsgerichtsbarkeit in dem in Artikel 3 des Einigungsvertrages genannten Gebiet**

### § 153

(1) Für die Berufsgerichtsbarkeit sind ergänzend das Gerichtsverfassungsgesetz, die Strafprozeßordnung und das Gerichtskostengesetz sinngemäß anzuwenden.

(2) In dem in Artikel 3 des Einigungsvertrages genannten Gebiet gelten die Vorschriften bezüglich der Berufsgerichtsbarkeit mit der Maßgabe, daß an die Stelle des Landgerichts das Kreisgericht und an die Stelle des Oberlandesgerichts das Bezirksgericht tritt. Die Kammer für Steuerberater- und Steuerbevollmächtigtensachen des Kreisgerichts entscheidet außerhalb der Hauptverhandlung durch den Vorsitzenden.

## Sechster Abschnitt. Übergangsvorschriften, Zusammenführung der Berufe

### § 154 Vor dem Inkrafttreten des Gesetzes zugelassene Steuerberater und Helfer in Steuersachen

(1) Wer beim Inkrafttreten dieses Gesetzes in seinem Geltungsbereich als Steuerberater oder Helfer in Steuersachen öffentlich bestellt oder endgültig zugelassen ist, ist Steuerberater oder Steuerbevollmächtigter, ohne nochmals bestellt zu werden.

(2) [1]Die in Absatz 1 bezeichneten Personen haben innerhalb von sechs Monaten nach dem Inkrafttreten dieses Gesetzes ihre Eintragung in das für den Bezirk ihrer beruflichen Niederlassung geführte Berufsregister zu beantragen. [2]Sie haben dabei das Vorliegen der Voraussetzung des Absatzes 1 nachzuweisen. [3]Vor der Eintragung haben Steuerberater und Steuerbevollmächtigte die Versicherung nach § 41 Abs. 2 abzugeben.

(3) [1]Wird der Antrag nicht rechtzeitig gestellt oder der Nachweis nach Absatz 2 Satz 2 nicht rechtzeitig geführt oder weigert sich der Antragsteller, die Versicherung nach § 41 Abs. 2 abzugeben, so erlischt die Eigenschaft als Steuerberater oder Steuerbevollmächtigter. [2]In Fällen unbilliger Härte kann die bestellende Behörde eine Verlängerung der Antrags- und Nachweisungsfrist gewähren. [3]Dies gilt auch dann, wenn ein Antrag nicht gestellt worden ist, weil am 1. November 1961 ein öffentlich-rechtliches Dienst- oder Amtsverhältnis (§ 59) bestanden hat.

### § 155 Bestehende Gesellschaften

(1) Steuerberatungsgesellschaften, die beim Inkrafttreten dieses Gesetzes in seinem Geltungsbereich zugelassen oder anerkannt sind und den Voraussetzungen des § 50 Abs. 1 entsprechen, dürfen weiter tätig werden.

(2) [1]Steuerberatungsgesellschaften, die beim Inkrafttreten dieses Gesetzes in seinem Geltungsbereich zugelassen oder anerkannt sind und den Voraussetzungen des § 50 Abs. 1 nicht entsprechen, dürfen bis zum Ablauf des Kalenderjahres, das auf das Inkrafttreten dieses Gesetzes folgt, weiter tätig werden. [2]Sie dürfen, wenn sie gleichzeitig Wirtschaftsprüfungsgesellschaften oder Buchprüfungsgesellschaften sind, nach diesem Zeitpunkt weiter tätig werden, wenn mindestens die Hälfte der Vorstandsmitglieder, Geschäftsführer oder persönlich haf-

tenden Gesellschafter Steuerberater sind. ³In besonderen Fällen kann die für die Finanzverwaltung zuständige oberste Landesbehörde Befreiung von dieser Voraussetzung bewilligen.

(3) ¹Die in den Absätzen 1 und 2 genannten Gesellschaften haben innerhalb von drei Monaten nach dem Inkrafttreten dieses Gesetzes ihre Eintragung in das Berufsregister zu beantragen und dabei das Vorliegen der Voraussetzungen der Absätze 1 oder 2 Satz 1 nachzuweisen. ²Wird der Antrag nicht rechtzeitig gestellt oder die Zulassung oder Anerkennung als Steuerberatungsgesellschaft nicht rechtzeitig nachgewiesen, so dürfen sie nicht weiter tätig werden. ³Weist eine unter Absatz 1 fallende Gesellschaft nicht rechtzeitig nach, daß sie den Voraussetzungen des § 50 Abs. 1 entspricht, so ist sie wie eine unter Absatz 2 Satz 1 fallende Gesellschaft zu behandeln. ⁴In Fällen unbilliger Härte kann die für die Finanzverwaltung zuständige oberste Landesbehörde eine Verlängerung der Antrags- oder Nachweisungsfrist gewähren.

(4) ¹Steuerberatungsgesellschaften, die am 16. Juni 1989 anerkannt sind, bleiben anerkannt. ²Das gilt auch, wenn die Gesellschaft zur Übernahme der Mandanten einer Einrichtung gemäß § 4 Nr. 3, 7 und 8 gegründet wurde oder später die Mandanten einer solchen Einrichtung übernommen hat. ³Als anerkannt gelten auch Steuerberatungsgesellschaften, bei denen die für die Finanzverwaltung zuständige oberste Landesbehörde zu diesem Zeitpunkt bereits festgestellt hat, daß bis auf die Eintragung in das Handelsregister alle Voraussetzungen für die Anerkennung vorliegen. ⁴Verändert sich nach dem 31. Dezember 1990 der Bestand der Gesellschafter oder das Verhältnis ihrer Beteiligungen oder Stimmrechte durch Rechtsgeschäft oder Erbfall und geht der Anteil oder das Stimmrecht nicht auf einen Gesellschafter über, der die Voraussetzungen des § 50a Abs. 1 Nr. 1 oder Abs. 2 Satz 2 erfüllt, so hat die für die Finanzverwaltung zuständige oberste Landesbehörde nach § 55 Abs. 2 und 3 zu verfahren. ⁵Sie kann vom Widerruf der Anerkennung absehen, wenn Anteile von einer Körperschaft des öffentlichen Rechts im Zusammenhang mit der Übertragung von Aufgaben auf eine andere Körperschaft des öffentlichen Rechts übergehen.

## § 156 Bestellung als Steuerbevollmächtigter

(1) Als Steuerbevollmächtigter darf nur bestellt werden, wer die Prüfung als Steuerbevollmächtigter bestanden hat oder von der Prüfung befreit worden ist. § 35 Abs. 2 ist sinngemäß anzuwenden.

(2) Ein Bewerber ist zur Prüfung als Steuerbevollmächtigter zuzulassen, wenn er

1. das Zeugnis der mittleren Reife besitzt oder nach zweijährigem Besuch einer staatlich anerkannten Handelsschule oder einer gleichwertigen Anstalt eine Abschlußprüfung bestanden oder sich auf andere Weise entsprechende Kenntnisse erworben hat,

2. eine ordnungsmäßige Lehrzeit im steuerberatenden, wirtschaftsberatenden oder kaufmännischen Beruf mit Ablegung der Gehilfenprüfung abgeschlossen oder eine als geeignet anerkannte Verwaltungsakademie oder gleichwertige Lehranstalt vier Semester besucht hat und

3. nach Erfüllung der Voraussetzung zu Nummer 2 vier Jahre auf dem Gebiet des Steuerwesens hauptberuflich tätig gewesen ist.

(3) ¹Die Vorschriften über die Gebühren für Zulassung und Prüfung (§ 39) sind sinngemäß anzuwenden. ²Die Gebühr für die Prüfung als Steuerbevollmächtigter beträgt dreihundertfünfzig Deutsche Mark.

(4) ¹Die Vorschriften der §§ 37, 40 und 41 sind bei der Bestellung als Steuerbevollmächtigter sinngemäß anzuwenden. ²Zuständige Behörde für die Bestellung (§ 40) und für die Entgegennahme der Versicherung nach § 41 Abs. 2 ist die Oberfinanzdirektion.

(5) ¹Der Antrag auf Zulassung zur Prüfung als Steuerbevollmächtigter kann bis zum Ablauf des achten Jahres nach Inkrafttreten der Absätze 1 bis 4 gestellt werden. ²Hat der Bewerber nach dem 1. Januar 1979 die Prüfung als Steuerbevollmächtigter nicht bestanden oder aus einem von ihm nicht zu vertretenden Grund an der Prüfung nicht teilgenommen, so verlängert sich die in Satz 1 bezeichnete Frist um drei Jahre. ³Ist die Erfüllung der Vorbildungsvoraussetzung des Absatzes 2 Nr. 3 durch die Ableistung des Grundwehrdienstes, Ersatzdienstes oder Entwicklungsdienstes unterbrochen worden, so verlängert sich die in Satz 1 bezeichnete Frist um die Dauer des abgeleisteten Grundwehrdienstes, Ersatzdienstes oder Entwicklungsdienstes; Satz 2 ist entsprechend anzuwenden.

## § 157 Bestellung von Steuerbevollmächtigten zu Steuerberatern

(1) ¹Ein Steuerbevollmächtigter wird zum Steuerberater bestellt, wenn er
1. seinen Beruf als Steuerbevollmächtigter sechs Jahre hauptberuflich ausgeübt hat,
2. nach Erfüllung der Voraussetzung zu Nummer 1 an einem von der zuständigen Berufskammer durchgeführten Seminar erfolgreich teilgenommen hat.
²Für Steuerbevollmächtigte, die ein rechtswissenschaftliches, wirtschaftswissenschaftliches oder anderes wissenschaftliches Hochschulstudium mit wirtschaftswissenschaftlicher Fachrichtung abgeschlossen haben, verkürzt sich der in Satz 1 Nr. 1 bezeichnete Zeitraum auf drei Jahre.

(2) ¹Das Seminar umfaßt fünfzig Stunden und erstreckt sich auf die Gebiete
1. Bilanzierungsvorschriften für Kapitalgesellschaften,
2. Besteuerung der Kapitalgesellschaften,
3. Finanzgerichtsordnung.
²An einem Seminar sollen nicht mehr als fünfundzwanzig Steuerbevollmächtigte teilnehmen.

(3) Das Seminar gilt als besondere Einrichtung der Berufskammern im Sinne des § 79 Abs. 2.

(4) ¹Die erfolgreiche Teilnahme am Seminar ist durch eine vor einem Seminarausschuß abzulegende mündliche Prüfung nachzuweisen. ²An dieser Prüfung sollen mindestens drei, höchstens jedoch sechs Bewerber teilnehmen. ³Die Prüfungsdauer soll bei drei Bewerbern nicht mehr als sechzig Minuten und bei sechs Bewerbern nicht mehr als einhundertzwanzig Minuten betragen. ⁴§ 35 Abs. 2 ist sinngemäß anzuwenden.

(5) ¹Dem Seminarausschuß gehören an
1. zwei von der Finanzverwaltung zu bestimmende Beamte oder Ruhestandsbeamte, davon ein Beamter des höheren Dienstes als Vorsitzender,
2. ein Steuerberater,
3. ein nach Absatz 1 bestellter Steuerberater.
²Für jeden Oberfinanzbezirk ist mindestens ein Seminarausschuß zu bilden.
³Die in Satz 1 Nr. 1 bezeichneten Mitglieder des Seminarausschusses sollen am vorangegangenen Seminar als Lehrkräfte tätig gewesen sein.

(6) ¹Für die Teilnahme an der mündlichen Prüfung hat der Antragsteller an die für die Finanzverwaltung zuständige oberste Landesbehörde bis zu einem von dieser zu bestimmenden Zeitpunkt eine Gebühr von dreihundert Deutsche Mark zu zahlen.

(7) Der Bundesminister der Finanzen wird ermächtigt, nach Anhörung der Bundeskammer durch Rechtsverordnung mit Zustimmung des Bundesrates Bestimmungen zu erlassen
1. über Einzelheiten des Seminarstoffs,
2. über das Verfahren bei der Durchführung des Seminars und der mündlichen Prüfung,
3. über das Verfahren bei der Berufung der Mitglieder des Seminarausschusses.

(8) [1]Die Bestellung nach Absatz 1 ist nur bis zum Ablauf des 31. Dezember 1989 möglich. [2]In den Fällen des § 156 Abs. 5 Satz 2 verlängert sich die in Satz 1 bezeichnete Frist um drei Jahre. [3]§ 156 Abs. 5 Satz 3 ist sinngemäß anzuwenden.

(9) Die Bestellung nach Absatz 1 ist für Steuerbevollmächtigte, die bis zum 31. Dezember 1990 in dem in Artikel 3 des Einigungsvertrages genannten Gebiet bestellt worden sind, bis zum Ablauf des 31. Dezember 1997 möglich.

## § 157 a Übergangsvorschriften aus Anlaß des Vierten Gesetzes zur Änderung des Steuerberatungsgesetzes

(1) [1]Gesellschaften und Personenvereinigungen, die nach § 4 Nr. 8 in der am 15. Juni 1989 geltenden Fassung zur geschäftsmäßigen Hilfeleistung in Steuersachen befugt waren, behalten diese Befugnis, soweit diese Hilfe durch gesetzliche Vertreter oder leitende Angestellte geleistet wird, die unter § 3 fallen und die Hilfe nicht die Ermittlung der Einkünfte aus selbständiger Arbeit oder aus Gewerbebetrieb betrifft, es sei denn, daß es sich hierbei um Nebeneinkünfte handelt, die üblicherweise bei Landwirten vorkommen. [2]Die Befugnis zur geschäftsmäßigen Hilfeleistung in Steuersachen erlischt, wenn sie nicht nach dem 16. Juni 1999 durch Personen geleistet wird, die berechtigt sind, die Bezeichnung „Landwirtschaftliche Buchstelle" zu führen. [3]Die für die Finanzverwaltung zuständige oberste Landesbehörde kann die Frist um bis zu zwei Jahre verlängern, wenn dies nach Lage des einzelnen Falles angemessen ist.

(2) Vereinigungen im Sinne des Absatzes 1, die am 16. Juni 1989 befugt sind, die Bezeichnung „Landwirtschaftliche Buchstelle" zu führen, dürfen diese Bezeichnung als Zusatz zum Namen der Vereinigung weiter führen, wenn mindestens ein leitender Angestellter berechtigt ist, diese Bezeichnung als Zusatz zur Berufsbezeichnung zu führen.

(3) Die in § 36 Abs. 1 Nr. 2 und Abs. 2 Nr. 1 bestimmte Reihenfolge der Vorbildungsvoraussetzungen gilt nicht für Tätigkeiten, die vor dem 16. Juni 1989 ausgeübt worden sind.

## Siebenter Abschnitt. Verordnungsermächtigung

## § 158 Durchführungsbestimmungen zu den Vorschriften über Steuerberater, Steuerbevollmächtigte und Steuerberatungsgesellschaften

Die Bundesregierung wird ermächtigt, nach Anhören der Bundessteuerberaterkammer mit Zustimmung des Bundesrates durch Rechtsverordnung Bestimmungen zu erlassen
1. über
a) das Verfahren bei der Zulassung zur Prüfung und bei der Befreiung von der Prüfung, insbesondere über die Einführung von Vordrucken zur Erhebung der gemäß §§ 36, 37, 37 d und 38 erforderlichen Angaben und Nachweise,

b) die Durchführung der Prüfung, insbesondere die Prüfungsgebiete, die schriftliche und mündliche Prüfung,

c) das Verfahren bei der Wiederholung der Prüfung,

d) die Zusammensetzung des Zulassungs- und Prüfungsausschusses,

e) die Rücknahme und den Widerruf der Zulassung zur Prüfung;

2. über die Bestellung;

3. über das Verfahren bei der Anerkennung als Steuerberatungsgesellschaft;

4. über die mündliche Prüfung im Sinne des § 44, insbesondere über die Prüfungsgebiete, die Befreiung von der Prüfung und das Verfahren bei der Erteilung der Bezeichnung „Landwirtschaftliche Buchstelle";

5. über Einrichtung und Führung des Berufsregisters sowie über Meldepflichten;

6. über den Abschluß und die Aufrechterhaltung der Haftpflichtversicherung sowie über die Mindesthöhe der Deckungssummen.

# Dritter Teil. Zwangsmittel, Ordnungswidrigkeiten

## Erster Abschnitt.
## Vollstreckung wegen Handlungen und Unterlasssungen

### § 159 Zwangsmittel

Die Anwendung von Zwangsmitteln richtet sich nach der Abgabenordnung.

## Zweiter Abschnitt. Ordnungswidrigkeiten

### § 160 Unbefugte Hilfeleistung in Steuersachen

(1) Ordnungswidrig handelt, wer

1. entgegen § 5 Abs. 1 oder entgegen einer vollziehbaren Untersagung nach § 7 geschäftsmäßig Hilfe in Steuersachen leistet oder

2. entgegen § 8 unaufgefordert seine Dienste oder die Dienste Dritter zur geschäftsmäßigen Hilfeleistung in Steuersachen anbietet.

(2) Die Ordnungswidrigkeit kann mit einer Geldbuße bis zu zehntausend Deutsche Mark geahndet werden.

### § 161 Schutz der Bezeichnungen „Steuerberatungsgesellschaft", „Lohnsteuerhilfeverein" und „Landwirtschaftliche Buchstelle"

(1) Ordnungswidrig handelt, wer unbefugt die Bezeichnung „Steuerberatungsgesellschaft", „Lohnsteuerhilfeverein", „Landwirtschaftliche Buchstelle" oder eine einer solchen zum Verwechseln ähnliche Bezeichnung benutzt.

(2) Die Ordnungswidrigkeit kann mit einer Geldbuße bis zu zehntausend Deutsche Mark geahndet werden.

### § 162 Verletzung der den Lohnsteuerhilfevereinen obliegenden Pflichten

(1) Ordnungswidrig handelt, wer

1. entgegen § 15 Abs. 3 eine Satzungsänderung der zuständigen Oberfinanzdirektion nicht oder nicht rechtzeitig anzeigt,

2. entgegen § 22 Abs. 1 die jährliche Geschäftsprüfung nicht oder nicht rechtzeitig durchführen läßt,

3. entgegen § 22 Abs. 7 Nr. 1 die Abschrift des Berichts über die Geschäftsprüfung der zuständigen Oberfinanzdirektion nicht oder nicht rechtzeitig zuleitet,

4. entgegen § 22 Abs. 7 Nr. 2 den Mitgliedern des Lohnsteuerhilfevereins den wesentlichen Inhalt der Prüfungsfeststellungen nicht oder nicht rechtzeitig bekanntgibt,

5. entgegen § 23 Abs. 3 Satz 1 zur Leitung einer Beratungsstelle eine Person bestellt, die nicht die dort bezeichneten Voraussetzungen erfüllt,

6. entgegen § 23 Abs. 4 der zuständigen Oberfinanzdirektion die Eröffnung oder Schließung einer Beratungsstelle, die Bestellung oder Abberufung des Leiters einer Beratungsstelle oder die Personen, deren sich der Verein bei der Hilfeleistung in Lohnsteuersachen bedient, nicht mitteilt oder

7. entgegen § 29 Abs. 1 die Aufsichtsbehörde nicht oder nicht rechtzeitig von Mitgliederversammlungen oder Vertreterversammlungen unterrichtet.

(2) Die Ordnungswidrigkeit nach Absatz 1 Nr. 2 bis 5 kann mit einer Geldbuße bis zu zehntausend Deutsche Mark, die Ordnungswidrigkeit nach Absatz 1 Nr. 1, 6 und 7 mit einer Geldbuße bis zu zweitausend Deutsche Mark geahndet werden.

## § 163 Pflichtverletzung von Personen, deren sich der Verein bei der Hilfeleistung in Lohnsteuersachen bedient

(1) Ordnungswidrig handelt, wer entgegen § 26 Abs. 2 in Verbindung mit der Hilfeleistung in Lohnsteuersachen eine andere wirtschaftliche Tätigkeit ausübt.

(2) Die Ordnungswidrigkeit kann mit einer Geldbuße bis zu fünfzigtausend Deutsche Mark geahndet werden.

## § 164 Verfahren

[1]Verwaltungsbehörde im Sinne des § 36 Abs. 1 Nr. 1 des Gesetzes über Ordnungswidrigkeiten ist das Finanzamt, § 387 Abs. 2 der Abgabenordnung ist entsprechend anzuwenden. [2]Im übrigen gelten für das Bußgeldverfahren § 410 Abs. 1 Nr. 1, 2, 6 bis 11 und Abs. 2 sowie § 412 der Abgabenordnung entsprechend.

# Vierter Teil. Schlußvorschriften

## § 164a Verwaltungsverfahren

(1) Die Durchführung des Verwaltungsverfahrens in öffentlich-rechtlichen und berufsrechtlichen Angelegenheiten, die durch den Ersten Teil, den Zweiten und Sechsten Abschnitt des Zweiten Teils und den Ersten Abschnitt des Dritten Teils dieses Gesetzes geregelt werden, richtet sich nach der Abgabenordnung.

(2) [1]Im Falle der Rücknahme oder des Widerrufs der Anerkennung als Lohnsteuerhilfeverein (§ 20), der Anordnung der Schließung einer Beratungsstelle (§ 28 Abs. 3), der Bestellung als Steuerberater oder Steuerbevollmächtigter (§ 46) oder der Anerkennung als Steuerberatungsgesellschaft (§ 55) gelten § 361 Abs. 4 der Abgabenordnung und § 69 Abs. 4 der Finanzgerichtsordnung entsprechend. [2]Daneben kann die Ausübung der Hilfeleistung in Steuersachen mit sofortiger Wirkung untersagt werden, wenn es das öffentliche Interesse erfordert.

## § 165 Ermächtigung

Der Bundesminister der Finanzen wird ermächtigt, den Wortlaut dieses Gesetzes und der zu diesem Gesetz erlassenen Durchführungsverordnungen in der jeweils geltenden Fassung mit neuem Datum und in neuer Paragraphenfolge bekanntzumachen und dabei Unstimmigkeiten des Wortlauts zu beseitigen.

## § 166 Aufhebung gesetzlicher Vorschriften

(1) Mit dem Inkrafttreten dieses Gesetzes werden aufgehoben
1. die Verordnung zur Durchführung des § 107 der Reichsabgabenordnung vom 18. Februar 1937 (Reichsgesetzbl. I S. 245),
die Verordnung zur Durchführung des § 107a der Reichsabgabenordnung vom 11. Januar 1936 (Reichsgesetzbl. I S. 11),
die Verordnung über die Reichskammer der Steuerberater vom 12. Juni 1943 (Deutscher Reichsanzeiger Nr. 150 vom 1. Juli 1943, Reichsgesetzbl. I S. 374),
die Zweite Verordnung über die Reichskammer der Steuerberater vom 8. Juli 1943 (Deutscher Reichsanzeiger Nr. 158 vom 10. Juli 1943, Reichsgesetzbl. I S. 385);
2. soweit sie das Berufsrecht der Steuerberater betreffen,
   a) das bayerische Gesetz Nr. 105 über Wirtschaftsprüfer, Bücherrevisoren und Steuerberater vom 9. März 1948 (Bayerisches Gesetz- und Verordnungsblatt S. 45),
   die Verordnung zur Durchführung des Gesetzes Nr. 105 über Wirtschaftsprüfer, Bücherrevisoren und Steuerberater vom 15. Dezember 1948 (Bayerisches Gesetz- und Verordnungsblatt 1949 S. 4) sowie
   die Zweite Verordnung zur Durchführung des Gesetzes Nr. 105 über Wirtschaftsprüfer, Bücherrevisoren und Steuerberater vom 15. Juni 1949 (Bayerisches Gesetz- und Verordnungsblatt S. 272),
   die Rechtsanordnung über Wirtschaftsprüfer, Bücherrevisoren und Steuerberater vom 16. August 1948 (Amtsblatt des ehemaligen bayerischen Kreises Lindau Nr. 62 vom 17. August 1948),
   b) das württembergisch-badische Gesetz Nr. 911 über Wirtschaftsprüfer, Bücherrevisoren und Steuerberater vom 17. Dezember 1947 (Regierungsblatt der Regierung Württemberg-Baden 1948 S. 9),
   die Verordnung Nr. 937, Erste Verordnung zur Durchführung des Gesetzes über Wirtschaftsprüfer, Bücherrevisoren und Steuerberater vom 8. November 1948 (Regierungsblatt der Regierung Württemberg-Baden 1949 S. 7) sowie
   die Verordnung Nr. 938, Zweite Verordnung zur Durchführung des Gesetzes über Wirtschaftsprüfer, Bücherrevisoren und Steuerberater vom 8. November 1948 (Regierungsblatt der Regierung Württemberg-Baden 1949 S. 16),
   c) das hessische Gesetz über Wirtschaftsprüfer, Bücherrevisoren und Steuerberater vom 13. Dezember 1947 (Gesetz- und Verordnungsblatt für das Land Hessen 1948 S. 8),
   die Erste Durchführungsverordnung zum Gesetz über Wirtschaftsprüfer, Bücherrevisoren und Steuerberater vom 3. Mai 1950 (Gesetz- und Verordnungsblatt für das Land Hessen S. 73) sowie
   die Zweite Durchführungsverordnung zum Gesetz über Wirtschafsprüfer, Bücherrevisoren und Steuerberater vom 3. Mai 1950 (Gesetz- und Verordnungsblatt für das Land Hessen S. 84),
   d) das bremische Gesetz über Wirtschaftsprüfer, Bücherrevisoren und Steuerberater vom 26. Februar 1948 (Gesetzblatt der Freien Hansestadt Bremen S. 29), die Erste Durchführungsverordnung zum Gesetz über Wirtschaftsprüfer, Bücherrevisoren und Steuerberater vom 4. Dezember 1948 (Gesetzblatt der Freien Hansestadt Bremen S. 238) sowie

die Zweite Durchführungsverordnung zum Gesetz über Wirtschaftsprüfer, Bücherrevisoren und Steuerberater vom 4. Dezember 1948 (Gesetzblatt der Freien Hansestadt Bremen S. 246),

e) die rheinland-pfälzischen Richtlinien für die Zulassung von Steuerberatern vom 31. März 1953 (Ministerialblatt der Landesregierung von Rheinland-Pfalz S. 219);

3. die bayerischen Richtlinien für die Zulassung von Helfern in Steuersachen vom 16. September 1957 (Finanzministerialblatt S. 990);

4. die württembergisch-badische Verordnung Nr. 536, Verordnung zur Durchführung des § 107a der Reichsabgabenordnung (AO) vom 16. März 1949 (Regierungsblatt der Regierung Württemberg-Baden S. 201);

5. soweit sie das Berufsrecht der Steuersachverständigen (Steuerberater und Helfer in Steuersachen) betreffen,

a) die Anordnung über die Bildung der Kammer der Wirtschafts- und Steuersachverständigen im Gebiet von Baden (französische Zone) vom 15. Januar 1946 (Amtsblatt der Militärregierung Baden S. 6),

b) die Rechtsanordnung über die Bildung der Kammer der Wirtschafts- und Steuersachverständigen im Land Württemberg-Hohenzollern vom 8. März 1946 (Amtsblatt des Staatssekretariats für die französische Besatzungszone Württemberg-Hohenzollern S. 19),

c) der Präsidialerlaß des Oberpräsidenten von Rheinland-Hessen-Nassau betr. Errichtung einer Kammer der Wirtschafts- und Steuersachverständigen für Rheinland-Hessen-Nassau vom 20. September 1946 (Amtsblatt S. 193);

6. der Erlaß der Leitstelle der Finanzverwaltung für die Britische Zone über die Reichskammer der Steuerberater vom 24. September 1947 (Steuer- und Zollblatt der Leitstelle der Finanzverwaltung für die Britische Zone S. 407),

die Verordnung des Präsidenten der Leitstelle der Finanzverwaltung für die Britische Zone über die Hauptkammer der Steuerberater und Helfer in Steuersachen vom 31. März 1948 (Steuer- und Zollblatt der Leitstelle der Finanzverwaltung für die Britische Zone S. 90),

der Erlaß der Gemeinsamen Steuer- und Zollabteilung der Finanzminister der Länder Niedersachsen, Nordrhein-Westfalen und Schleswig-Holstein und des Finanzsenators der Hansestadt Hamburg über die Zulassung als Helfer in Steuersachen vom 7. März 1949 (Steuer- und Zollblatt der Gemeinsamen Steuer- und Zollabteilung S. 97);

7. die Bekanntmachung betr. Zulassung und Prüfung der Angehörigen der wirtschafts- und steuerberatenden Berufe durch die Abteilung für Wirtschaft und die Finanzabteilung des Magistrats von Groß-Berlin vom 30. Juni 1947 (Verordnungsblatt für Groß-Berlin S. 231);

8. das Gesetz Nr. 551 über die Errichtung der Kammer der Steuerberater und Helfer in Steuersachen für das Saarland sowie deren Ehren- und Berufsgerichtsbarkeit vom 20. Dezember 1956 (Amtsblatt des Saarlandes S. 1661), die Verordnung über die Zulassung von Steuerberatern und Helfern in Steuersachen vom 30. Juli 1949 (Amtsblatt des Saarlandes S. 779) in der Fassung der Verordnung zur Änderung der Verordnung über die Zulassung von Steuerberatern und Helfern in Steuersachen vom 30. Juli 1949 (Amtsblatt des Saarlandes S. 779) vom 31. Mai 1951 (Amtsblatt des Saarlandes S. 923).

(2) ¹Die Landesregierungen werden ermächtigt, durch Rechtsverordnung die Abwicklung der Organisationen, denen durch dieses Gesetz die Rechtsgrundlage entzogen wird, zu regeln. ²Das Versorgungswerk der Kammer der

Steuerberater und Helfer in Steuersachen für das Saarland bleibt aufrechterhalten. [3]Die Regierung des Saarlandes wird ermächtigt, durch Rechtsverordnung die erforderlichen Vorschriften über die Beibehaltung des Versorgungswerkes, insbesondere in der Form einer Körperschaft des öffentlichen Rechts, über die Mitgliedschaft der Steuerberater und Steuerbevollmächtigten, über die Satzung und über die Dienstaufsicht zu erlassen.

### § 167 Land Berlin, Freie und Hansestadt Hamburg

(1) [1]Dieses Gesetz gilt nach Maßgabe des § 13 Abs. 1 des Dritten Überleitungsgesetzes vom 4. Januar 1952 (Bundesgesetzbl. I S. 1) auch im Land Berlin. [2]Rechtsverordnungen, die aufgrund der in diesem Gesetz enthaltenen Ermächtigungen erlassen werden, gelten im Land Berlin nach § 14 des Dritten Überleitungsgesetzes.

(2) Der Senat der Freien und Hansestadt Hamburg wird ermächtigt, die Vorschriften dieses Gesetzes über die Zuständigkeit der Behörden dem besonderen Verwaltungsaufbau in Hamburg anzupassen.

### § 168 Inkrafttreten des Gesetzes

(1) Dieses Gesetz tritt mit Ausnahme des § 166 Abs. 2 am ersten Kalendertage des dritten Kalendermonats nach seiner Verkündung* in Kraft.

(2) § 166 Abs. 2 tritt am Tage nach der Verkündung des Gesetzes in Kraft.

---

* Das Gesetz wurde am 23. 8. 1961 verkündet.

# Anhang

## Auszug aus dem Aktiengesetzt vor Änderung durch das Bilanzrichtlinien-Gesetz

### Erstes Buch. Aktiengesellschaft

### Fünfter Teil. Rechnungslegung. Gewinnverwendung

#### Erster Abschnitt. Aufstellung des Jahresabschlusses und des Geschäftsberichts

### § 148 Aufstellung durch den Vorstand

*Der Vorstand hat in den ersten drei Monaten des Geschäftsjahrs für das vergangene Geschäftsjahr die Jahresbilanz und die Gewinn- und Verlustrechnung (Jahresabschluß) sowie den Geschäftsbericht aufzustellen und den Abschlußprüfern vorzulegen.*

### § 149 Inhalt des Jahresabschlusses

*(1) Der Jahresabschluß hat den Grundsätzen ordnungsmäßiger Buchführung zu entsprechen. Er ist klar und übersichtlich aufzustellen und muß im Rahmen der Bewertungsvorschriften einen möglichst sicheren Einblick in die Vermögens- und Ertragslage der Gesellschaft geben.*

*(2) Soweit in den folgenden Vorschriften nichts anderes bestimmt ist, sind die Vorschriften des Vierten Abschnitts des Ersten Buchs des Handelsgesetzbuchs über Handelsbücher anzuwenden.*

### § 150 Gesetzliche Rücklage

*(1) Es ist eine gesetzliche Rücklage zu bilden.*

*(2) In diese sind außer den Beträgen, deren Einstellung in die gesetzliche Rücklage für den Fall der Kapitalherabsetzung nach den §§ 232, 237 Abs. 5 oder nach anderen Vorschriften vorgeschrieben ist, einzustellen*

*1. der zwanzigste Teil des um einen Verlustvortrag aus dem Vorjahr geminderten Jahresüberschusses, bis die Rücklage den zehnten oder den in der Satzung bestimmten höheren Teil des Grundkapitals erreicht;*

*2. der Betrag, der bei der Ausgabe von Aktien einschließlich von Bezugsaktien über den Nennbetrag der Aktien hinaus erzielt wird;*

*3. der Betrag, der bei der Ausgabe von Wandelschuldverschreibungen über ihren Rückzahlungsbetrag hinaus erzielt wird;*

*4. der Betrag von Zuzahlungen, die Aktionäre gegen Gewährung eines Vorzugs für ihre Aktien leisten.*

*(3) Übersteigt die gesetzliche Rücklage nicht den zehnten oder den in der Satzung bestimmten höheren Teil des Grundkapitals, so darf sie nur verwandt werden*

*1. zum Ausgleich eines Jahresfehlbetrags, soweit er nicht durch einen Gewinnvortrag aus dem Vorjahr gedeckt ist und nicht durch Auflösung freier Rücklagen ausgeglichen werden kann;*

*2. zum Ausgleich eines Verlustvortrags aus dem Vorjahr, soweit er nicht durch einen Jahresüberschuß gedeckt ist und nicht durch Auflösung freier Rücklagen ausgeglichen werden kann.*

*(4) Übersteigt die gesetzliche Rücklage den zehnten oder den in der Satzung bestimmten höheren Teil des Grundkapitals, so darf der übersteigende Betrag verwandt werden*

1. *zum Ausgleich eines Jahresfehlbetrags, soweit er nicht durch einen Gewinnvortrag aus dem Vorjahr gedeckt ist;*
2. *zum Ausgleich eines Verlustvortrags aus dem Vorjahr, soweit er nicht durch einen Jahresüberschuß gedeckt ist;*
3. *zur Kapitalerhöhung aus Gesellschaftsmitteln nach §§ 207 bis 220.*

*Die Verwendung nach Nummern 1 und 2 ist nicht zulässig, wenn gleichzeitig freie Rücklagen zur Gewinnausschüttung aufgelöst werden.*


### § 150 a  Rücklage für eigene Aktien

*(1) In eine Rücklage für eigene Aktien ist ein Betrag einzustellen, der dem nach § 155 auf der Aktivseite der Bilanz für die eigenen Aktien anzusetzenden Betrag entspricht. Die Rücklage darf nur aufgelöst werden, soweit die eigenen Aktien ausgegeben, veräußert oder eingezogen werden oder soweit nach § 155 auf der Aktivseite ein niedrigerer Betrag angesetzt wird.*

*(2) Die Rücklage nach Absatz 1 ist auch für Aktien eines herrschenden oder eines mit Mehrheit beteiligten Unternehmens zu bilden.*


### § 151  Gliederung der Jahresbilanz

*(1) In der Jahresbilanz sind, wenn der Geschäftszweig keine abweichende Gliederung bedingt, die gleichwertig sein muß, unbeschadet einer weiteren Gliederung folgende Posten gesondert auszuweisen:*

*Auf der Aktivseite:*

*I. Ausstehende Einlagen auf das Grundkapital; davon eingefordert:*

*II. Anlagevermögen:*

   *A. Sachanlagen und immaterielle Anlagewerte:*
   1. *Grundstücke und grundstücksgleiche Rechte mit Geschäfts-, Fabrik- und anderen Bauten;*
   2. *Grundstücke und grundstücksgleiche Rechte mit Wohnbauten;*
   3. *Grundstücke und grundstücksgleiche Rechte ohne Bauten;*
   4. *Bauten auf fremden Grundstücken, die nicht zu Nummer 1 oder 2 gehören;*
   5. *Maschinen und maschinelle Anlagen;*
   6. *Betriebs- und Geschäftsausstattung;*
   7. *Anlagen im Bau und Anzahlungen auf Anlagen;*
   8. *Konzessionen, gewerbliche Schutzrechte und ähnliche Rechte sowie Lizenzen an solchen Rechten.*

   *B. Finanzanlagen:*
   1. *Beteiligungen;*
   2. *Wertpapiere des Anlagevermögens, die nicht zu Nummer 1 gehören;*
   3. *Ausleihungen mit einer Laufzeit von mindestens vier Jahren;*
      *davon durch Grundpfandrechte gesichert:*

*III. Umlaufvermögen:*

    *A. Vorräte:*
        *1. Roh-, Hilfs- und Betriebsstoffe;*
        *2. unfertige Erzeugnisse;*
        *3. fertige Erzeugnisse, Waren.*

    *B. Andere Gegenstände des Umlaufvermögens:*
        *1. geleistete Anzahlungen, soweit sie nicht zu II A Nr. 7 gehören;*
        *2. Forderungen aus Lieferungen und Leistungen;*
          *davon mit einer Restlaufzeit von mehr als einem Jahr:*
        *3. Wechsel;*
          *davon bundesbankfähig:*
        *4. Schecks;*
        *5. Kassenbestand, Bundesbank- und Postscheckguthaben;*
        *6. Guthaben bei Kreditinstituten;*
        *7. Wertpapiere, die nicht zu Nummer 3, 4, 8 oder 9 oder zu II B gehören;*
        *8. eigene Aktien unter Angabe ihres Nennbetrags;*
        *9. Anteile an einer herrschenden oder an der Gesellschaft mit Mehrheit be-*
          *teiligten Kapitalgesellschaft oder bergrechtlichen Gewerkschaft unter*
          *Angabe ihres Nennbetrags, bei Kuxen ihrer Zahl;*
       *10. Forderungen an verbundene Unternehmen;*
       *11. Forderungen aus Krediten, die*
          *a) unter § 89,*
          *b) unter § 115*
          *fallen;*
       *12. sonstige Vermögensgegenstände.*

*IV. Rechnungsabgrenzungsposten*

*V. Bilanzverlust*

*Auf der Passivseite:*

    *I. Grundkapital*

  *II. Offene Rücklagen:*
        *1. gesetzliche Rücklage;*
        *2. Rücklage für eigene Aktien;*
        *3. andere Rücklagen (freie Rücklagen).*

*III. Wertberichtigungen*

*IV. Rückstellungen:*
        *1. Pensionsrückstellungen;*
        *2. andere Rückstellungen.*

 *V. Verbindlichkeiten mit einer Laufzeit von mindestens vier Jahren:*
        *1. Anleihen;*
          *davon durch Grundpfandrechte gesichert:*
        *2. Verbindlichkeiten gegenüber Kreditinstituten;*
          *davon durch Grundpfandrechte gesichert:*
        *3. sonstige Verbindlichkeiten;*
          *davon durch Grundpfandrechte gesichert:*
        *Von Nummern 1 bis 3 sind vor Ablauf von vier Jahren fällig:*

*VI. Andere Verbindlichkeiten:*
   1. *Verbindlichkeiten aus Lieferungen und Leistungen;*
   2. *Verbindlichkeiten aus der Annahme gezogener Wechsel und der Ausstellung eigener Wechsel;*
   3. *Verbindlichkeiten gegenüber Kreditinstituten, soweit sie nicht zu V gehören;*
   4. *erhaltene Anzahlungen;*
   5. *Verbindlichkeiten gegenüber verbundenen Unternehmen;*
   6. *sonstige Verbindlichkeiten.*

*VII. Rechnungsabgrenzungsposten*

*VIII. Bilanzgewinn*

*(2) Sind unter einen Posten fallende Gegenstände bei einer Gesellschaft nicht vorhanden, so braucht der Posten nicht aufgeführt zu werden.*

*(3) Fällt ein Gegenstand unter mehrere Posten, so ist bei dem Posten, unter dem er ausgewiesen wird, die Mitzugehörigkeit zu den anderen Posten zu vermerken, wenn dies zur Aufstellung einer klaren und übersichtlichen Jahresbilanz nötig ist. Forderungen und Verbindlichkeiten gegenüber verbundenen Unternehmen sind in der Regel als solche auszuweisen; werden sie unter anderen Posten ausgewiesen, so muß diese Eigenschaft vermerkt werden. Eigene Aktien und Anteile an einer herrschenden oder mit Mehrheit beteiligten Kapitalgesellschaft oder bergrechtlichen Gewerkschaft dürfen nicht unter anderen Posten aufgeführt werden.*

*(4) Abschreibungen, Wertberichtigungen, Rückstellungen und Einstellungen in Sonderposten mit Rücklageanteil sind bereits in der Jahresbilanz vorzunehmen. Gleiches gilt für Entnahmen aus offenen Rücklagen sowie für Einstellungen in offene Rücklagen, die nach Gesetz oder Satzung vorzunehmen sind oder die Vorstand und Aufsichtsrat auf Grund des § 58 Abs. 2 vornehmen. Der Überschuß der Aktivposten über die Passivposten (Bilanzgewinn) oder der Überschuß der Passivposten über die Aktivposten (Bilanzverlust) ist am Schluß der Jahresbilanz ungeteilt und gesondert auszuweisen.*

*(5) In der Jahresbilanz sind, sofern sie nicht auf der Passivseite auszuweisen sind, in voller Höhe gesondert zu vermerken*
   1. *Verbindlichkeiten aus der Begebung und Übertragung von Wechseln;*
   2. *Verbindlichkeiten aus Bürgschaften, Wechsel- und Scheckbürgschaften;*
   3. *Verbindlichkeiten aus Gewährleistungsverträgen;*
   4. *Haftung aus der Bestellung von Sicherheiten für fremde Verbindlichkeiten.*
   *Sie sind auch dann zu vermerken, wenn ihnen gleichwertige Rückgriffsforderungen gegenüberstehen. Besteht die Verbindlichkeit oder die Haftung gegenüber verbundenen Unternehmen, so ist dies bei den einzelnen Vermerken unter Angabe des Betrags anzugeben.*

## § 152 Vorschriften zu einzelnen Posten der Jahresbilanz

*(1) Beim Anlagevermögen sind nur die Gegenstände auszuweisen, die am Abschlußstichtag bestimmt sind, dauernd dem Geschäftsbetrieb der Gesellschaft zu dienen. Die Zugänge und Abgänge, die Zuschreibungen, die für das Geschäftsjahr gemachten Abschreibungen sowie die Umbuchungen sind bei den einzelnen Posten des Anlagevermögens gesondert aufzuführen.*

*(2) Als Beteiligung gelten im Zweifel Anteile an einer Kapitalgesellschaft, deren Nennbeträge insgesamt den vierten Teil des Nennkapitals dieser Gesellschaft erreichen, sowie Kuxe einer bergrechtlichen Gewerkschaft, deren Zahl insgesamt den vierten Teil der Kuxe dieser Gewerkschaft erreicht.*

*(3) Beim Grundkapital sind die Gesamtnennbeträge der Aktien jeder Gattung gesondert anzugeben. Bedingtes Kapital ist mit dem Nennbetrag zu vermerken. Bestehen Mehrstimmrechtsaktien, so sind beim Grundkapital die Gesamtstimmenzahl der Mehrstimmrechtsaktien und die der übrigen Aktien zu vermerken.*

*(4) Bei den offenen Rücklagen sind gesondert aufzuführen*
*1. die Beträge, die die Hauptversammlung aus dem Bilanzgewinn des Vorjahrs eingestellt hat,*
*2. die Beträge, die aus dem Jahresüberschuß des Geschäftsjahrs eingestellt werden,*
*3. die Beträge, die für das Geschäftsjahr entnommen werden.*

*(5) Werden auf der Passivseite Posten ausgewiesen, die auf Grund steuerlicher Vorschriften erst bei ihrer Auflösung zu versteuern sind, so sind diese Posten gesondert von den offenen Rücklagen unter Angabe der Vorschriften, nach denen sie gebildet sind, auf der Passivseite unter „II a Sonderposten mit Rücklageanteil" auszuweisen.*

*(6) Wertberichtigungen dürfen nur zu Sachanlagen, zu Beteiligungen und zu Wertpapieren des Anlagevermögens sowie als Pauschalwertberichtigung wegen des allgemeinen Kreditrisikos zu Forderungen vorgenommen werden. Die auf die einzelnen Posten entfallenden Wertberichtigungen sind in einer Absatz 1 Satz 2 entsprechenden Gliederung gesondert, die Pauschalwertberichtigung ist als „Pauschalwertberichtigung zu Forderungen" auszuweisen.*

*(7) Rückstellungen dürfen für ungewisse Verbindlichkeiten und für drohende Verluste aus schwebenden Geschäften gebildet werden. Ferner dürfen Rückstellungen gebildet werden für*
*1. im Geschäftsjahr unterlassene Aufwendungen für Instandhaltung oder Abraumbeseitigung, die im folgenden Geschäftsjahr nachgeholt werden;*
*2. Gewährleistungen, die ohne rechtliche Verpflichtung erbracht werden;*
*diese Rückstellungen sind unter näherer Bezeichnung ihres Zwecks gesondert auszuweisen. Für andere Zwecke dürfen keine Rückstellungen gebildet werden. Unter dem Posten „Pensionsrückstellungen" sind die Rückstellungen für laufende Pensionen und die für Anwartschaften auf Pensionen auszuweisen.*

*(8) Forderungen dürfen nicht mit Verbindlichkeiten, nicht abgerechnete Leistungen nicht mit Anzahlungen, Grundstücksrechte nicht mit Grundstückslasten verrechnet werden. Rücklagen, Wertberichtigungen und Rückstellungen dürfen nicht als Verbindlichkeiten aufgeführt werden.*

*(9) Als Rechnungsabgrenzungsposten dürfen nur ausgewiesen werden*
*1. auf der Aktivseite Ausgaben vor dem Abschlußstichtag, soweit sie Aufwand für eine bestimmte Zeit nach diesem Tag darstellen;*
*2. auf der Passivseite Einnahmen vor dem Abschlußstichtag, soweit sie Ertrag für eine bestimmte Zeit nach diesem Tag darstellen.*

## § 153 Wertansätze der Gegenstände des Anlagevermögens

*(1) Gegenstände des Anlagevermögens sind zu den Anschaffungs- oder Herstellungskosten vermindert um Abschreibungen oder Wertberichtigungen nach § 154 anzusetzen. Zugänge sind mit den Anschaffungs- oder Herstellungskosten aufzuführen.*

*(2) Bei der Berechnung der Herstellungskosten dürfen in angemessenem Umfang Abnutzungen und sonstige Wertminderungen sowie angemessene Teile der Betriebs- und Verwaltungskosten eingerechnet werden, die auf den Zeitraum der Herstellung entfallen; Vertriebskosten gelten nicht als Betriebs- und Verwaltungskosten.*

*(3) Für immaterielle Anlagewerte darf ein Aktivposten nur angesetzt werden, wenn sie entgeltlich erworben wurden.*

*(4) Die Aufwendungen für die Gründung und Kapitalbeschaffung (§§ 182 bis 221) dürfen nicht als Aktivposten eingesetzt werden. Die Kosten der Ingangsetzung des Geschäftsbetriebs der Gesellschaft dürfen unter die Posten des Anlagevermögens aufgenommen werden. Der Betrag ist gesondert auszuweisen und in jedem folgenden Geschäftsjahr zu mindestens einem Fünftel durch Abschreibungen zu tilgen.*

*(5) Für den Geschäfts- oder Firmenwert darf kein Aktivposten eingesetzt werden. Übersteigt jedoch die für die Übernahme eines Unternehmens bewirkte Gegenleistung die Werte der einzelnen Vermögensgegenstände des Unternehmens im Zeitpunkt der Übernahme, so darf der Unterschied unter die Posten des Anlagevermögens aufgenommen werden. Der Betrag ist gesondert auszuweisen und in jedem folgenden Geschäftsjahr zu mindestens einem Fünftel durch Abschreibung zu tilgen.*

## § 154 Abschreibungen. Wertberichtigungen

*(1) Bei den Gegenständen des Anlagevermögens, deren Nutzung zeitlich begrenzt ist, sind die Anschaffungs- oder Herstellungskosten um planmäßige Abschreibungen oder Wertberichtigungen zu vermindern. Der Plan muß die Anschaffungs- oder Herstellungskosten nach einer den Grundsätzen ordnungsmäßiger Buchführung entsprechenden Abschreibungsmethode auf die Geschäftsjahre verteilen, in denen der Gegenstand voraussichtlich genutzt werden kann.*

*(2) Ohne Rücksicht darauf, ob ihre Nutzung zeitlich begrenzt ist, können bei Gegenständen des Anlagevermögens außerplanmäßige Abschreibungen oder Wertberichtigungen vorgenommen werden, um die Gegenstände*
*1. mit dem niedrigeren Wert, der ihnen am Abschlußstichtag beizulegen ist, oder*
*2. mit dem niedrigeren Wert, der für Zwecke der Steuern vom Einkommen und vom Ertrag für zulässig gehalten wird,*
*anzusetzen; sie sind vorzunehmen bei einer voraussichtlich dauernden Wertminderung. Der niedrigere Wertansatz darf beibehalten werden, auch wenn die Gründe der außerplanmäßigen Abschreibung oder Wertberichtigung nicht mehr bestehen.*

## § 155 Wertansätze der Gegenstände des Umlaufvermögens

*(1) Die Gegenstände des Umlaufvermögens sind zu den Anschaffungs- oder Herstellungskosten anzusetzen, soweit nicht ein niedrigerer Wertansatz nach Absatz 2 geboten oder nach den Absätzen 3 und 4 zulässig ist. Für die Berechnung der Herstellungskosten gilt § 153 Abs. 2. Soweit es den Grundsätzen ordnungsmäßiger Buchführung entspricht, kann für den Wertansatz gleichartiger Gegenstände des Vorratsver-*

*mögens unterstellt werden, daß die zuerst oder daß die zuletzt angeschafften oder hergestellten Gegenstände zuerst oder in einer sonstigen bestimmten Folge verbraucht oder veräußert worden sind.*

*(2) Sind die Anschaffungs- oder Herstellungskosten höher als der Wert, der sich aus dem Börsen- oder Marktpreis am Abschlußstichtag ergibt, so ist dieser Wert anzusetzen. Ist ein Börsen- oder Marktpreis nicht festzustellen und übersteigen die Anschaffungs- oder Herstellungskosten den Wert, der den Gegenständen am Abschlußstichtag beizulegen ist, so ist dieser Wert anzusetzen.*

*(3) Die Gegenstände des Umlaufvermögens dürfen mit einem niedrigeren Wert als dem Wert nach Absatz 1 oder Absatz 2 angesetzt werden, soweit der niedrigere Wertansatz*

*1. bei vernünftiger kaufmännischer Beurteilung notwendig ist, um zu verhindern, daß in der nächsten Zukunft der Wertansatz dieser Gegenstände auf Grund von Wertschwankungen geändert werden muß oder*

*2. für Zwecke der Steuern vom Einkommen und vom Ertrag für zulässig gehalten wird.*

*(4) Ein niedrigerer Wertansatz nach den Absätzen 2 oder 3 darf beibehalten werden, auch wenn seine Gründe nicht mehr bestehen.*

## § 156 Ansätze von Passivposten

*(1) Das Grundkapital ist zum Nennbetrag anzusetzen.*

*(2) Verbindlichkeiten sind zu ihrem Rückzahlungsbetrag, Rentenverpflichtungen zu ihrem Barwert anzusetzen.*

*(3) Ist der Rückzahlungsbetrag von Verbindlichkeiten oder Anleihen höher als der Ausgabebetrag, so darf der Unterschied unter die Rechnungsabgrenzungsposten der Aktivseite aufgenommen werden. Der Betrag ist gesondert auszuweisen und durch planmäßige jährliche Abschreibungen, die auf die gesamte Laufzeit verteilt werden dürfen, zu tilgen.*

*(4) Rückstellungen sind nur in Höhe des Betrags anzusetzen, der nach vernünftiger kaufmännischer Beurteilung notwendig ist.*

## § 157 Gliederung der Gewinn- und Verlustrechnung

*(1) In der Gewinn- und Verlustrechnung sind, wenn der Geschäftszweig keine abweichende Gliederung bedingt, die gleichwertig sein muß, unbeschadet einer weiteren Gliederung folgende Posten in Staffelform gesondert auszuweisen:*

| | |
|---|---|
| 1. Umsatzerlöse | — |
| 2. Erhöhung oder Verminderung des Bestands an fertigen und unfertigen Erzeugnissen | ═ — |
| 3. andere aktivierte Eigenleistungen | ═ |
| 4. Gesamtleistung | — |
| 5. Aufwendungen für Roh-, Hilfs- und Betriebsstoffe sowie für bezogene Waren | ═ |
| 6. Rohertrag/Rohaufwand | — |
| 7. Erträge aus Gewinngemeinschaften, Gewinnabführungs- und Teilgewinnabführungsverträgen | — |

8. *Erträge aus Beteiligungen* ___

9. *Erträge aus den anderen Finanzanlagen* ___

10. *sonstige Zinsen und ähnliche Erträge* ___

11. *Erträge aus dem Abgang von Gegenständen des Anlagevermögens und aus Zuschreibungen zu Gegenständen des Anlagevermögens* ___

12. *Erträge aus der Herabsetzung der Pauschalwertberichtigung zu Forderungen* ___

13. *Erträge aus der Auflösung von Rückstellungen* ___

14. *sonstige Erträge*
    *davon außerordentliche* ___

15. *Erträge aus Verlustübernahme* ══ ══

16. *Löhne und Gehälter* ___

17. *soziale Abgaben* ___

18. *Aufwendungen für Altersversorgung und Unterstützung* ___

19. *Abschreibungen und Wertberichtigungen auf Sachanlagen und immaterielle Anlagewerte* ___

20. *Abschreibungen und Wertberichtigungen auf Finanzanlagen mit Ausnahme des Betrags, der in die Pauschalwertberichtigung zu Forderungen eingestellt ist* ___

21. *Verluste aus Wertminderungen oder dem Abgang von Gegenständen des Umlaufvermögens außer Vorräten (§ 151 Abs. 1 Aktivseite III B) und Einstellung in die Pauschalwertberichtigung zu Forderungen* ___

22. *Verluste aus dem Abgang von Gegenständen des Anlagevermögens* ___

23. *Zinsen und ähnliche Aufwendungen* ___

24. *Steuern*
    a) *vom Einkommen, vom Ertrag und vom Vermögen* ___
    b) *sonstige* ══ ___

25. *Aufwendungen aus Verlustübernahme* ___

26. *sonstige Aufwendungen* ___

27. *auf Grund einer Gewinngemeinschaft, eines Gewinnabführungs- und eines Teilgewinnabführungsvertrags abgeführte Gewinne* ══ ══

28. *Jahresüberschuß/Jahresfehlbetrag* ___

29. *Gewinnvortrag/Verlustvortrag aus dem Vorjahr* ══

30. *Entnahmen aus offenen Rücklagen*
    a) *aus der gesetzlichen Rücklage* ___
    b) *aus der Rücklage für eigene Aktien* ___
    c) *aus freien Rücklagen* ══ ══

*31. Einstellungen aus dem Jahresüberschuß in offene Rücklagen*

    *a) in die gesetzliche Rücklage*                  ———

    *b) in die Rücklage für eigene Aktien*          ———

    *c) in freie Rücklagen*                      ═══ ═══

*32. Bilanzgewinn/Bilanzverlust*                     ═══

*(2) Sind unter einen Posten fallende Aufwendungen oder Erträge bei einer Gesellschaft nicht angefallen, so braucht der Posten nicht ausgewiesen zu werden.*

*(3) Werden Aufwendungen oder Erträge unter einem anderen Posten ausgewiesen als gleichartige Aufwendungen oder Erträge in der Gewinn- und Verlustrechnung für das vorausgegangene Geschäftsjahr, so ist dies unter Angabe des auf sie entfallenden Betrags in der Gewinn- und Verlustrechnung zu vermerken.*

*(4) Sind am Abschlußstichtag keine Aktien der Gesellschaft an einer deutschen Börse zum amtlichen Handel zugelassen oder in den geregelten Freiverkehr einbezogen und ist auch nicht die Zulassung von Aktien zum amtlichen Handel an einer deutschen Börse beantragt, so brauchen die Posten unter Absatz 1 Nr. 1 bis 5 nicht gesondert ausgewiesen zu werden, wenn*

*1. die Bilanzsumme drei Millionen Deutsche Mark nicht übersteigt oder*

*2. die Gesellschaft eine Familiengesellschaft ist und die Bilanzsumme zehn Millionen Deutsche Mark nicht übersteigt; als Familiengesellschaften gelten solche Aktiengesellschaften, deren Aktionäre eine einzelne natürliche Person ist oder deren Aktionäre natürliche Personen sind, die untereinander im Sinne von § 15 Abs. 1 Nr. 2 bis 8, Abs. 2 der Abgabenordnung verwandt oder verschwägert sind.*

    *Macht eine Familiengesellschaft von der Befugnis nach Satz 1 Gebrauch, so kann jeder Aktionär verlangen, daß ihm in der Hauptversammlung über den Jahresabschluß die Gewinn- und Verlustrechnung in der Form vorgelegt wird, die sie ohne Anwendung des Satzes 1 hätte.*

### § 158 Vorschriften zu einzelnen Posten der Gewinn- und Verlustrechnung

*(1) Bei Unternehmen, deren Geschäftszweig in der Erzeugung oder Fertigung von Gegenständen oder im Vertrieb von Waren besteht, sind als Umsatzerlöse nur die Erlöse aus der Erzeugung, Fertigung oder Lieferung dieser Gegenstände oder Waren auszuweisen.*

*(2) Die Umsatzerlöse sind nach Abzug von Preisnachlässen und zurückgewährten Entgelten auszuweisen; andere Beträge dürfen nicht abgesetzt werden.*

*(3) Von dem Ertrag aus einem Gewinnabführungs- oder Teilgewinnabführungsvertrag ist ein vertraglich zu leistender Ausgleich für außenstehende Gesellschafter abzusetzen; übersteigt dieser den Ertrag, so ist der übersteigende Betrag unter den Aufwendungen aus Verlustübernahme (§ 157 Abs. 1 Nr. 25) auszuweisen. Andere Beträge dürfen nicht abgesetzt werden.*

*(4) Als Steuern sind die Beträge auszuweisen, die die Gesellschaft als Steuerschuldner zu entrichten hat.*

*(5) Einstellungen in die gesetzliche Rücklage nach § 150 Abs. 2 Nr. 2 bis 4 oder § 237 Abs. 5 sind nicht als Beträge auszuweisen, die nach Gesetz oder Satzung aus dem Jahresüberschuß in die gesetzliche Rücklage einzustellen sind.*

*(6) Erträge aus der Auflösung von Sonderposten mit Rücklageanteil (§ 152 Abs. 5) sind in einem zwischen den Posten Nummer 13 und Nummer 14, Einstellungen in Sonderposten mit Rücklageanteil in einem zwischen den Posten Nummer 25 und Nummer 26 einzufügenden Posten gesondert auszuweisen.*

## § 159 Vermerk der Pensionszahlungen

*Im Jahresabschluß sind der Betrag der im Geschäftsjahr geleisteten Pensionszahlungen einschließlich der Zahlungen an rechtlich selbständige Versorgungskassen und in Vom-Hundert-Sätzen dieses Betrags die in jedem der folgenden fünf Geschäftsjahre voraussichtlich zu leistenden Zahlungen zu vermerken.*

## § 160 Inhalt des Geschäftsberichts

*(1) Im Geschäftsbericht sind der Geschäftsverlauf und die Lage der Gesellschaft darzulegen. Zu berichten ist auch über Vorgänge von besonderer Bedeutung, die nach dem Schluß des Geschäftsjahrs eingetreten sind.*

*(2) Im Geschäftsjahr ist ferner der Jahresabschluß zu erläutern. Dabei sind die Bewertungs- und Abschreibungsmethoden so vollständig anzugeben, wie es zur Vermittlung eines möglichst sicheren Einblicks in die Vermögens- und Ertragslage der Gesellschaft erforderlich ist; auf die Angabe dieser Methoden im Geschäftsbericht für ein früheres Geschäftsjahr, das nicht weiter zurückliegt als das dritte vorausgegangene Geschäftsjahr, kann Bezug genommen werden. In jedem Geschäftsbericht sind zu den einzelnen Posten des Anlagevermögens die Abschreibungen und Wertberichtigungen anzugeben, die auf Zugänge des Geschäftsjahrs gemacht worden sind. In jedem Geschäftsbericht sind ferner Abweichungen des Jahresabschlusses von dem letzten Jahresabschluß, die die Vergleichbarkeit mit dem letzten Jahresabschluß beeinträchtigen, namentlich wesentliche Änderungen der Bewertungs- und Abschreibungsmethoden einschließlich der Vornahme außerplanmäßiger Abschreibungen oder Wertberichtigungen zu erörtern; dabei brauchen Einzelheiten nicht angegeben zu werden. Wird infolge von Änderungen der Bewertungs- und Abschreibungsmethoden einschließlich der Vornahme außerplanmäßiger Abschreibungen oder Wertberichtigungen ein Jahresüberschuß oder Jahresfehlbetrag ausgewiesen, der um mehr als zehn vom Hundert unter oder über dem Betrag liegt, der ohne die Änderung auszuweisen wäre, so ist der Unterschiedsbetrag anzugeben, wenn er einhalb vom Hundert des Grundkapitals übersteigt.*

*(3) In jedem Geschäftsbericht sind Angaben zu machen über*

1. *Bestand und Zugang an Aktien, die ein Aktionär für Rechnung der Gesellschaft oder eines abhängigen oder eines im Mehrheitsbesitz der Gesellschaft stehenden Unternehmens oder ein abhängiges oder im Mehrheitsbesitz der Gesellschaft stehendes Unternehmen als Gründer oder Zeichner oder in Ausübung eines bei einer bedingten Kapitalerhöhung eingeräumten Umtausch- oder Bezugsrechts übernommen hat; sind solche Aktien im Geschäftsjahr verwertet worden, so ist auch über die Verwertung unter Angabe des Erlöses und die Verwendung des Erlöses zu berichten;*

2. *Bestand an eigenen Aktien der Gesellschaft, die sie, ein abhängiges oder im Mehrheitsbesitz der Gesellschaft stehendes Unternehmen oder ein anderer für Rechnung der Gesellschaft oder eines abhängigen oder eines im Mehrheitsbesitz der Gesellschaft stehenden Unternehmens erworben oder als Pfand genommen hat; dabei sind die Zahl und der Nennbetrag dieser Aktien sowie deren Anteil am Grund-*

*kapital, für erworbene Aktien ferner der Zeitpunkt des Erwerbs und die Gründe für den Erwerb anzugeben. Sind solche Aktien im Geschäftsjahr erworben oder veräußert worden, so ist auch über den Erwerb oder die Veräußerung unter Angabe der Zahl und des Nennbetrags dieser Aktien, des Anteils am Grundkapital und des Erwerbs- oder Veräußerungspreises sowie über die Verwendung des Erlöses zu berichten;*

3. *das Bestehen einer wechselseitigen Beteiligung unter Angabe des Unternehmens;*

4. *Aktien, die bei bedingter Kapitalerhöhung im Geschäftsjahr bezogen worden sind;*

5. *das genehmigte Kapital;*

6. *Genußrechte, Rechte aus Besserungsscheinen und ähnliche Rechte unter Angabe der im Geschäftsjahr neu entstandenen;*

7. *aus der Jahresbilanz nicht ersichtliche Haftungsverhältnisse einschließlich der Bestellung von Sicherheiten für eigene Verbindlichkeiten;*

8. *die Gesamtbezüge (Gehälter, Gewinnbeteiligungen, Aufwandsentschädigungen, Versicherungsentgelte, Provisionen und Nebenleistungen jeder Art) der Mitglieder des Vorstands, des Aufsichtsrats und eines Beirats oder einer ähnlichen Einrichtung jeweils gesondert unter Bezeichnung der einzelnen Einrichtungen. In die Gesamtbezüge sind auch Bezüge einzurechnen, die nicht ausgezahlt, sondern in Ansprüche anderer Art umgewandelt oder zur Erhöhung anderer Ansprüche verwandt werden. Außer den Bezügen für das Geschäftsjahr sind die weiteren Bezüge anzugeben, die im Geschäftsjahr gewährt, bisher aber in keinem Geschäftsbericht angegeben worden sind. Erhalten Mitglieder des Vorstands der Gesellschaft von verbundenen Unternehmen für ihre Tätigkeit für die Gesellschaft oder für ihre Tätigkeit als gesetzliche Vertreter oder Angestellte der verbundenen Unternehmen Bezüge, so sind diese Bezüge gesondert anzugeben;*

9. *die Gesamtbezüge (Abfindungen, Ruhegehälter, Hinterbliebenenbezüge und Leistungen verwandter Art) der früheren Mitglieder des Vorstands und ihrer Hinterbliebenen. Nummer 8 Satz 2 und 3 gilt sinngemäß. Erhalten frühere Mitglieder des Vorstands der Gesellschaft oder ihre Hinterbliebenen auch von verbundenen Unternehmen Abfindungen oder Ruhegehälter, so sind diese Bezüge gesondert anzugeben;*

10. *die rechtlichen und geschäftlichen Beziehungen zu verbundenen Unternehmen mit Sitz im Inland, ferner über geschäftliche Vorgänge bei diesen Unternehmen, die auf die Lage der Gesellschaft von erheblichem Einfluß sein können;*

11. *das Bestehen einer Beteiligung an der Gesellschaft, die ihr nach § 20 Abs. 1 oder 4 mitgeteilt worden ist; dabei ist anzugeben, wem die Beteiligung gehört und ob sie den vierten Teil aller Aktien der Gesellschaft übersteigt oder eine Mehrheitsbeteiligung (§ 16 Abs. 1) ist.*

*(4) Der Bericht hat den Grundsätzen einer gewissenhaften und getreuen Rechenschaft zu entsprechen. Die Berichterstattung hat insoweit zu unterbleiben, wie es für das Wohl der Bundesrepublik Deutschland oder eines ihrer Länder erforderlich ist. Bei der Berichterstattung nach Absatz 3 Nr. 7 und 10 brauchen Einzelheiten insoweit nicht angegeben zu werden, als nach vernünftiger kaufmännischer Beurteilung damit gerechnet werden muß, daß durch die Angaben der Gesellschaft oder einem verbundenen Unternehmen erhebliche Nachteile entstehen. Werden auf Grund von Satz 3 Angaben nicht gemacht, so ist im Geschäftsbericht unter Anführung der Nummer, nach der sie erforderlich sind, anzugeben, daß für Angaben nach dieser Nummer von der Schutzklausel nach Satz 3 Gebrauch gemacht worden ist.*

*(5) Im Geschäftsbericht sind alle Mitglieder des Vorstands und des Aufsichtsrats, auch die im Geschäftsjahr oder nachher ausgeschiedenen, mit dem Familiennamen und mindestens einem ausgeschriebenen Vornamen anzugeben. Der Vorsitzende des Aufsichtsrats, seine Stellvertreter und ein etwaiger Vorsitzender des Vorstands sind als solche zu bezeichnen.*

## § 161 Formblätter für den Jahresabschluß

*(1) Der Bundesminister der Justiz wird ermächtigt, im Einvernehmen mit dem Bundesminister für Wirtschaft und den sonst für den Geschäftszweig der Gesellschaft zuständigen Bundesministern durch Rechtsverordnung Formblätter vorzuschreiben oder andere Vorschriften für die Gliederung des Jahresabschlusses zu erlassen, wenn der Geschäftszweig eine von § 151 Abs. 1, 2 und 5, §§ 152, 157 Abs. 1 und 2, § 158 abweichende Gliederung des Jahresabschlusses bedingt. Die Rechtsverordnung bedarf nicht der Zustimmung des Bundesrates.*

*(2) Hat eine Gesellschaft mehrere Geschäftszweige und bedingen diese die Gliederung des Jahresabschlusses nach verschiedenen Gliederungsvorschriften, so hat die Gesellschaft den Jahresabschluß nach der für einen ihrer Geschäftszweige vorgeschriebenen Gliederung aufzustellen und nach der für ihre anderen Geschäftszweige vorgeschriebenen Gliederung zu ergänzen.*

### Zweiter Abschnitt. Prüfung des Jahresabschlusses

### Erster Unterabschnitt. Prüfung durch Abschlußprüfer

## § 162 Gegenstand und Umfang der Prüfung

*(1) Der Jahresabschluß ist unter Einbeziehung der Buchführung und des Geschäftsberichts durch einen oder mehrere sachverständige Prüfer (Abschlußprüfer) zu prüfen. Hat keine Prüfung stattgefunden, so kann der Jahresabschluß nicht festgestellt werden.*

*(2) Die Prüfung des Jahresabschlusses hat sich darauf zu erstrecken, ob die Bestimmungen des Gesetzes und der Satzung über den Jahresabschluß beachtet sind. Der Geschäftsbericht ist darauf zu prüfen, ob § 160 Abs. 2 bis 5 beachtet ist und ob die sonstigen Angaben im Geschäftsbericht nicht eine falsche Vorstellung von der Lage der Gesellschaft erwecken.*

*(3) Ändert der Vorstand den Jahresabschluß oder den Geschäftsbericht, nachdem ihm der Prüfungsbericht (§ 166) vorgelegt worden ist, so haben die Abschlußprüfer den Jahresabschluß und den Geschäftsbericht erneut zu prüfen, soweit es die Änderung fordert. Absatz 1 Satz 2 gilt entsprechend. Ein bereits erteilter Bestätigungsvermerk ist unwirksam.*

## § 163 Bestellung der Abschlußprüfer

*(1) Die Abschlußprüfer werden von der Hauptversammlung gewählt. Sie sollen jeweils vor Ablauf des Geschäftsjahrs gewählt werden, auf das sich ihre Prüfungstätigkeit erstreckt. Der Vorstand hat den gewählten Prüfern unverzüglich den Prüfungsauftrag zu erteilen.*

*(2) Auf Antrag des Vorstands, des Aufsichtsrats oder von Aktionären, deren Anteile zusammen den zehnten Teil des Grundkapitals oder den Nennbetrag von zwei Millionen Deutsche Mark erreichen, hat das Gericht nach Anhörung der Beteiligten und des gewählten Prüfers einen anderen Abschlußprüfer zu bestellen, wenn dies aus einem in der Person des gewählten Prüfers liegenden Grund geboten erscheint, insbesondere wenn Besorgnis der Befangenheit besteht. Der Antrag ist binnen zwei Wochen seit dem Tage der Hauptversammlung zu stellen. Ihn kann nur stellen, wer gegen die Auswahl der Abschlußprüfer Widerspruch zur Niederschrift erklärt hat. Stellen Aktionäre den Antrag, so haben sie glaubhaft zu machen, daß sie seit mindestens drei Monaten vor dem Tage der Hauptversammlung Inhaber der Aktien sind. Zur Glaubhaftmachung genügt eine eidesstattliche Versicherung vor einem Notar. Gegen die Entscheidung ist die sofortige Beschwerde zulässig.*

*(3) Hat die Hauptversammlung bis zum Ablauf des Geschäftsjahrs keine Abschlußprüfer gewählt, so hat auf Antrag des Vorstands, des Aufsichtsrats oder eines Aktionärs das Gericht die Abschlußprüfer zu bestellen. Gleiches gilt, wenn ein gewählter Prüfer die Annahme des Prüfungsauftrags abgelehnt hat, weggefallen ist oder am rechtzeitigen Abschluß der Prüfung verhindert ist und die Hauptversammlung keinen anderen Prüfer gewählt hat. Der Vorstand ist verpflichtet, den Antrag zu stellen. Gegen die Entscheidung des Gerichts findet die sofortige Beschwerde statt; die Bestellung der Abschlußprüfer ist unanfechtbar.*

*(4) Die vom Gericht bestellten Abschlußprüfer haben Anspruch auf Ersatz angemessener barer Auslagen und auf Vergütung für ihre Tätigkeit. Die Auslagen und die Vergütung setzt das Gericht fest. Gegen die Entscheidung ist die sofortige Beschwerde zulässig. Die weitere Beschwerde ist ausgeschlossen. Aus der rechtskräftigen Entscheidung findet die Zwangsvollstreckung nach der Zivilprozeßordnung statt.*

*(5) Die Wahl zum Abschlußprüfer kann die Hauptversammlung bis zur Vorlegung des Prüfungsberichts an den Vorstand widerrufen; vor dem Widerruf ist dem Abschlußprüfer Gelegenheit zur Stellungnahme vor der Hauptversammlung zu geben. Dies gilt auch für die von den Gründern bestellten Abschlußprüfer; wird deren Wahl widerrufen, so werden die Abschlußprüfer für das erste Voll- oder Rumpfgeschäftsjahr von der Hauptversammlung gewählt. Hat das Gericht den Prüfer bestellt, so kann es auf Antrag des Vorstands die Bestellung widerrufen. Gegen die Entscheidung ist die sofortige Beschwerde zulässig. Der abberufene Abschlußprüfer hat über das Ergebnis seiner bisherigen Prüfung zu berichten. Für den Bericht gilt § 166. Der Vorstand hat den Bericht unverzüglich dem Aufsichtsrat vorzulegen. Jedes Aufsichtsratsmitglied hat das Recht, von dem Bericht Kenntnis zu nehmen. Der Bericht ist auch jedem Aufsichtsratsmitglied auf Verlangen auszuhändigen, soweit der Aufsichtsrat nichts anderes beschlossen hat.*

## § 164  Auswahl der Abschlußprüfer

*(1) Nur Wirtschaftsprüfer und Wirtschaftsprüfungsgesellschaften können Abschlußprüfer sein.*

*(2) Ein Wirtschaftsprüfer kann nicht Abschlußprüfer sein, wenn er*
1. *Mitglied des Vorstands oder des Aufsichtsrats oder Angestellter der zu prüfenden Gesellschaft ist oder in den letzten drei Jahren vor seiner Bestellung war;*
2. *gesetzlicher Vertreter oder Mitglied des Aufsichtsrats einer juristischen Person, Gesellschafter einer Personengesellschaft oder Inhaber eines Unternehmens ist, sofern die juristische Person, die Personengesellschaft oder das Einzelunternehmen mit der zu prüfenden Gesellschaft verbunden ist;*

3. *Angestellter eines Unternehmens ist, das mit der zu prüfenden Gesellschaft verbunden ist.*

*(3) Eine Wirtschaftsprüfungsgesellschaft kann nicht Abschlußprüfer sein,*
1. *wenn sie oder ein mit ihr verbundenes Unternehmen mit der zu prüfenden Gesellschaft verbunden ist;*
2. *wenn bei Wirtschaftsprüfungsgesellschaften, die juristische Personen sind, ein gesetzlicher Vertreter, bei anderen Wirtschaftsprüfungsgesellschaften ein Gesellschafter nach Absatz 2 nicht Abschlußprüfer sein könnte;*
3. *wenn ein Aufsichtsratsmitglied der Wirtschaftsprüfungsgesellschaft nach Absatz 2 Nr. 1 nicht Abschlußprüfer sein könnte.*

## § 165 Auskunftsrecht

*(1) Der Vorstand hat den Abschlußprüfern zu gestatten, die Bücher und Schriften der Gesellschaft sowie die Vermögensgegenstände, namentlich die Gesellschaftskasse und die Bestände an Wertpapieren und Waren, zu prüfen.*

*(2) Die Abschlußprüfer können vom Vorstand alle Aufklärungen und Nachweise verlangen, welche für eine sorgfältige Prüfung notwendig sind.*

*(3) Soweit es die Vorbereitung der Abschlußprüfung fordert, haben die Prüfer diese Rechte auch schon vor Aufstellung des Jahresabschlusses.*

*(4) Soweit es für eine sorgfältige Prüfung notwendig ist, haben die Abschlußprüfer die Rechte nach den Absätzen 2 und 3 auch gegenüber einem Konzernunternehmen sowie gegenüber einem abhängigen oder herrschenden Unternehmen.*

## § 166 Prüfungsbericht

*(1) Die Abschlußprüfer haben über das Ergebnis der Prüfung schriftlich zu berichten. Im Bericht ist besonders festzustellen, ob die Buchführung, der Jahresabschluß und der Geschäftsbericht, soweit er den Jahresabschluß erläutert, den gesetzlichen Vorschriften entsprechen und ob der Vorstand die verlangten Aufklärungen und Nachweise erbracht hat. Die Posten des Jahresabschlusses sind aufzugliedern und ausreichend zu erläutern.*

*(2) Stellen die Abschlußprüfer bei Wahrnehmung ihrer Aufgaben Tatsachen fest, die den Bestand des Unternehmens gefährden oder seine Entwicklung wesentlich beeinträchtigen können oder die schwerwiegende Verstöße des Vorstands gegen Gesetz oder Satzung erkennen lassen, so haben sie auch darüber zu berichten.*

*(3) Die Abschlußprüfer haben den Bericht zu unterzeichnen und dem Vorstand vorzulegen.*

## § 167 Bestätigungsvermerk

*(1) Sind nach dem abschließenden Ergebnis der Prüfung keine Einwendungen zu erheben, so haben die Abschlußprüfer dies durch folgenden Vermerk zum Jahresabschluß zu bestätigen:*
*Die Buchführung, der Jahresabschluß und der Geschäftsbericht entsprechen nach meiner (unserer) pflichtmäßigen Prüfung Gesetz und Satzung.*

*(2) Sind Einwendungen zu erheben, so haben die Abschlußprüfer die Bestätigung einzuschränken oder zu versagen.*

*(3) Die Abschlußprüfer haben den Bestätigungsvermerk mit Angabe von Ort und Tag zu unterzeichnen. Der Bestätigungsvermerk ist auch in den Prüfungsbericht aufzunehmen.*

### § 168 Verantwortlichkeit der Abschlußprüfer

*(1) Die Abschlußprüfer, ihre Gehilfen und die bei der Prüfung Mitwirkenden gesetzlichen Vertreter einer Prüfungsgesellschaft sind zur gewissenhaften und unparteiischen Prüfung und zur Verschwiegenheit verpflichtet. Sie dürfen nicht unbefugt Geschäfts- und Betriebsgeheimnisse verwerten, die sie bei ihrer Tätigkeit erfahren haben. Wer vorsätzlich oder fahrlässig seine Pflichten verletzt, ist der Gesellschaft und, wenn ein Konzernunternehmen oder ein herrschendes oder abhängiges Unternehmen geschädigt worden ist, auch diesem zum Ersatz des daraus entstehenden Schadens verpflichtet. Mehrere Personen haften als Gesamtschuldner.*

*(2) Die Ersatzpflicht von Personen, die fahrlässig gehandelt haben, beschränkt sich auf fünfhunderttausend Deutsche Mark für eine Prüfung. Dies gilt auch, wenn an der Prüfung mehrere Personen beteiligt gewesen oder mehrere zum Ersatz verpflichtende Handlungen begangen worden sind, und ohne Rücksicht darauf, ob andere Beteiligte vorsätzlich gehandelt haben.*

*(3) Die Verpflichtung zur Verschwiegenheit besteht, wenn eine Prüfungsgesellschaft Abschlußprüfer ist, auch gegenüber dem Aufsichtsrat und den Mitgliedern des Aufsichtsrats der Prüfungsgesellschaft.*

*(4) Die Ersatzpflicht nach diesen Vorschriften kann durch Vertrag weder ausgeschlossen noch beschränkt werden.*

*(5) Die Ansprüche aus diesen Vorschriften verjähren in fünf Jahren.*

### § 169 Meinungsverschiedenheiten zwischen Gesellschaft und Abschlußprüfern

*(1) Bei Meinungsverschiedenheiten zwischen den Abschlußprüfern und der Gesellschaft über die Auslegung der Bestimmungen über den Jahresabschluß und den Geschäftsbericht entscheidet auf Antrag eines Abschlußprüfers oder des Vorstands das nach § 132 Abs. 1 zuständige Gericht.*

*(2) § 99 Abs. 1, Abs. 3 Satz 1, 2, 4 bis 9 und Abs. 5 Satz 1 gilt sinngemäß. Die sofortige Beschwerde findet nur statt, wenn das Landgericht sie in der Entscheidung für zulässig erklärt. Es soll sie nur zulassen, wenn dadurch die Klärung einer Rechtsfrage von grundsätzlicher Bedeutung zu erwarten ist.*

*(3) Für die Kosten des Verfahrens gilt die Kostenordnung. Für das Verfahren des ersten Rechtszugs wird das Doppelte der vollen Gebühr erhoben. Für den zweiten Rechtszug wird die gleiche Gebühr erhoben; dies gilt auch dann, wenn die Beschwerde Erfolg hat. Wird der Antrag oder die Beschwerde zurückgenommen, bevor es zu einer Entscheidung kommt, so ermäßigt sich die Gebühr auf die Hälfte. Der Geschäftswert ist von Amts wegen festzusetzen. Er bestimmt sich nach § 30 Abs. 2 der Kostenordnung. Der Abschlußprüfer ist zur Leistung eines Kostenvorschusses nicht verpflichtet. Schuldner der Kosten ist die Gesellschaft. Die Kosten können jedoch ganz oder zum Teil dem Abschlußprüfer auferlegt werden, wenn dies der Billigkeit entspricht.*

## Zweiter Unterabschnitt. Prüfung durch den Aufsichtsrat

### § 170 Vorlage an den Aufsichtsrat

*(1) Unverzüglich nach Eingang des Prüfungsberichts der Abschlußprüfer hat der Vorstand den Jahresabschluß, den Geschäftsbericht und den Prüfungsbericht dem Aufsichtsrat vorzulegen.*

*(2) Zugleich hat der Vorstand dem Aufsichtsrat den Vorschlag vorzulegen, den er der Hauptversammlung für die Verwendung des Bilanzgewinns machen will. Der Vorschlag ist, sofern er keine abweichende Gliederung bedingt, wie folgt zu gliedern:*

*1. Verteilung an die Aktionäre*  _____

*2. Einstellung in offene Rücklagen*  _____

*3. Gewinnvortrag*  _____

*4. zusätzlicher Aufwand bei Beschlußfassung nach dem Vorschlag des Vorstands*  _____

*5. Bilanzgewinn*  _____

*(3) Jedes Aufsichtsratsmitglied hat das Recht, von den Vorlagen Kenntnis zu nehmen. Die Vorlagen sind auch jedem Aufsichtsratsmitglied auf Verlangen auszuhändigen, soweit der Aufsichtsrat nichts anderes beschlossen hat.*

### § 171 Prüfung durch den Aufsichtsrat

*(1) Der Aufsichtsrat hat den Jahresabschluß, den Geschäftsbericht und den Vorschlag für die Verwendung des Bilanzgewinns zu prüfen. Auf Verlangen des Aufsichtsrats haben die Abschlußprüfer an seinen Verhandlungen über diese Vorlagen teilzunehmen.*

*(2) Der Aufsichtsrat hat über das Ergebnis der Prüfung schriftlich an die Hauptversammlung zu berichten. In dem Bericht hat der Aufsichtsrat auch mitzuteilen, in welcher Art und in welchem Umfang er die Geschäftsführung der Gesellschaft während des Geschäftsjahrs geprüft hat. Er hat ferner zu dem Ergebnis der Prüfung des Jahresabschlusses durch die Abschlußprüfer Stellung zu nehmen. Am Schluß des Berichts hat der Aufsichtsrat zu erklären, ob nach dem abschließenden Ergebnis seiner Prüfung Einwendungen zu erheben sind und ob er den vom Vorstand aufgestellten Jahresabschluß billigt.*

*(3) Der Aufsichtsrat hat seinen Bericht innerhalb eines Monats, nachdem ihm die Vorlagen zugegangen sind, dem Vorstand zuzuleiten. Wird der Bericht dem Vorstand nicht innerhalb der Frist zugeleitet, hat der Vorstand dem Aufsichtsrat unverzüglich eine weitere Frist von nicht mehr als einem Monat zu setzen. Wird der Bericht dem Vorstand nicht vor Ablauf der weiteren Frist zugeleitet, gilt der Jahresabschluß als vom Aufsichtsrat nicht gebilligt.*

## Dritter Abschnitt. Feststellung des Jahresabschlusses. Gewinnverwendung

### Erster Unterabschnitt. Feststellung des Jahresabschlusses

### § 172 Feststellung durch Vorstand und Aufsichtsrat

*Billigt der Aufsichtsrat den Jahresabschluß, so ist dieser festgestellt, sofern nicht Vorstand und Aufsichtsrat beschließen, die Feststellung des Jahresabschlusses der Hauptversammlung zu überlassen. Die Beschlüsse des Vorstands und des Aufsichtsrats sind in den Bericht des Aufsichtsrats an die Hauptversammlung aufzunehmen.*

## § 173 Feststellung durch die Hauptversammlung

*(1) Haben Vorstand und Aufsichtsrat beschlossen, die Feststellung des Jahresabschlusses der Hauptversammlung zu überlassen, oder hat der Aufsichtsrat den Jahresabschluß nicht gebilligt, so stellt die Hauptversammlung den Jahresabschluß fest.*

*(2) Auf den Jahresabschluß sind §§ 149 bis 159, 161 anzuwenden. Die Hauptversammlung darf bei der Feststellung des Jahresabschlusses nur die Beträge in offene Rücklagen einstellen, die nach Gesetz oder Satzung in offene Rücklagen einzustellen sind.*

*(3) Ändert die Hauptversammlung den vom Vorstand aufgestellten Jahresabschluß, so haben die Abschlußprüfer ihn erneut zu prüfen, soweit es die Änderung fordert. Ein bereits erteilter Bestätigungsvermerk ist unwirksam. Vor der erneuten Prüfung gefaßte Beschlüsse der Hauptversammlung über die Feststellung des Jahresabschlusses und die Gewinnverwendung werden erst wirksam, wenn auf Grund der erneuten Prüfung ein hinsichtlich der Änderungen uneingeschränkter Bestätigungsvermerk erteilt worden ist. Sie werden nichtig, wenn nicht binnen zwei Wochen seit der Beschlußfassung ein hinsichtlich der Änderungen uneingeschränkter Bestätigungsvermerk erteilt wird.*

### Zweiter Unterabschnitt. Gewinnverwendung

## § 174

*(1) Die Hauptversammlung beschließt über die Verwendung des Bilanzgewinns. Sie ist hierbei an den festgestellten Jahresabschluß gebunden.*

*(2) In dem Beschluß ist die Verwendung des Bilanzgewinns im einzelnen darzulegen, namentlich sind anzugeben*

*1. der Bilanzgewinn;*
*2. der an die Aktionäre auszuschüttende Betrag;*
*3. die in offene Rücklagen einzustellenden Beträge;*
*4. ein Gewinnvortrag;*
*5. der zusätzliche Aufwand auf Grund des Beschlusses.*
*(3) Der Beschluß führt nicht zu einer Änderung des festgestellten Jahresabschlusses.*

### Dritter Unterabschnitt. Ordentliche Hauptversammlung

## § 175 Einberufung

*(1) Unverzüglich nach Eingang des Berichts des Aufsichtsrats hat der Vorstand die Hauptversammlung zur Entgegennahme des festgestellten Jahresabschlusses und zur Beschlußfassung über die Verwendung eines Bilanzgewinns einzuberufen. Die Hauptversammlung hat in den ersten acht Monaten des Geschäftsjahrs stattzufinden.*

*(2) Der Jahresabschluß, der Geschäftsbericht, der Bericht des Aufsichtsrats und der Vorschlag des Vorstands für die Verwendung des Bilanzgewinns sind von der Einberufung an in dem Geschäftsraum der Gesellschaft zur Einsicht der Aktionäre auszulegen. Auf Verlangen ist jedem Aktionär unverzüglich eine Abschrift der Vorlagen zu erteilen.*

*(3) Hat die Hauptversammlung den Jahresabschluß festzustellen, so gelten für die Einberufung der Hauptversammlung zur Feststellung des Jahresabschlusses und für die Auslegung der Vorlagen und die Erteilung von Abschriften die Absätze 1 und 2 sinngemäß. Die Verhandlungen über die Feststellung des Jahresabschlusses und über die Verwendung des Bilanzgewinns sollen verbunden werden.*

*(4) Mit der Einberufung der Hauptversammlung zur Entgegennahme des festgestellten Jahresabschlusses oder, wenn die Hauptversammlung den Jahresabschluß festzustellen hat, der Hauptversammlung zur Feststellung des Jahresabschlusses sind Vorstand und Aufsichtsrat an die in dem Bericht des Aufsichtsrats enthaltenen Erklärungen über den Jahresabschluß (§§ 172, 173 Abs. 1) gebunden.*

## § 176 Vorlagen. Anwesenheit der Abschlußprüfer

*(1) Der Vorstand hat der Hauptversammlung die in § 175 Abs. 2 angegebenen Vorlagen vorzulegen. Zu Beginn der Verhandlung soll der Vorstand seine Vorlagen, der Vorsitzende des Aufsichtsrats den Bericht des Aufsichtsrats erläutern. Der Vorstand soll dabei auch zu einem ausgewiesenen Bilanzverlust Stellung nehmen.*

*(2) Die Abschlußprüfer haben an den Verhandlungen über die Feststellung des Jahresabschlusses teilzunehmen. Sie sind nicht verpflichtet, einem Aktionär Auskunft zu erteilen.*

## Vierter Abschnitt. Bekanntmachung des Jahresabschlusses

## § 177 Einreichung des Jahresabschlusses und des Geschäftsberichts zum Handelsregister. Bekanntmachung des Jahresabschlusses

*(1) Der Vorstand hat unverzüglich nach der Hauptversammlung über den Jahresabschluß den festgestellten Jahresabschluß mit Bestätigungsvermerk und den Geschäftsbericht nebst dem Bericht des Aufsichtsrats (§ 171 Abs. 2) zum Handelsregister des Sitzes der Gesellschaft einzureichen. Der dem eingereichten Jahresabschluß beigefügte Bestätigungsvermerk muß von den Abschlußprüfern unterschrieben sein. Haben die Abschlußprüfer die Bestätigung des Jahresabschlusses versagt, so muß dies auf dem eingereichten Jahresabschluß vermerkt, der Vermerk von den Abschlußprüfern unterschrieben sein.*

*(2) Der Vorstand hat unverzüglich nach der Hauptversammlung über den Jahresabschluß den festgestellten Jahresabschluß in den Gesellschaftsblättern bekanntzumachen und die Bekanntmachung zum Handelsregister des Sitzes der Gesellschaft einzureichen.*

*(3) Das Gericht hat zu prüfen, ob der eingereichte Jahresabschluß dem Absatz 1 entspricht, ob er bekanntgemacht worden ist und ob die Bekanntmachung dem § 178 Abs. 1 entspricht. Es hat ferner zu prüfen, ob der Jahresabschluß offensichtlich nichtig ist. Im übrigen braucht es nicht zu prüfen, ob der Jahresabschluß und der Geschäftsbericht den Bestimmungen des Gesetzes und der Satzung entsprechen.*

## § 178 Form und Inhalt der Bekanntmachung des Jahresabschlusses und des Geschäftsberichts

*(1) Bei allen Veröffentlichungen und Vervielfältigungen des Jahresabschlusses, die durch das Gesetz oder die Satzung vorgeschrieben sind, sind die folgenden Vorschriften einzuhalten:*

1. *Der Jahresabschluß ist vollständig und richtig mit dem vollen Wortlaut des Bestäti-*
   *gungsvermerks wiederzugeben; haben die Abschlußprüfer die Bestätigung versagt,*
   *so ist hierauf in einem besonderen Vermerk zum Jahresabschluß hinzuweisen;*
2. *die in der Bilanz und in der Gewinn- und Verlustrechnung ausgewiesenen Posten*
   *müssen in der Weise untereinandergesetzt werden, daß jeder Posten mit dem dazu-*
   *gehörigen, in Ziffern ausgedrückten Betrag eine besondere Zeile erhält;*
3. *der Beschluß der Hauptversammlung über die Verwendung des Bilanzgewinns mit*
   *den Angaben nach § 174 Abs. 2 ist mitzuteilen;*
4. *alle im Zeitpunkt der Veröffentlichung oder Vervielfältigung im Amt befindlichen*
   *Mitglieder des Vorstands und des Aufsichtsrats sind mit dem Familiennamen und*
   *mindestens einem ausgeschriebenen Vornamen anzugeben; die Vorsitzenden des*
   *Vorstands und des Aufsichtsrats sind als solche zu bezeichnen.*

*(2) Wird der Jahresabschluß in Veröffentlichungen und Vervielfältigungen, die*
*nicht durch das Gesetz oder die Satzung vorgeschrieben sind, nicht vollständig wieder-*
*gegeben, so ist in einer Überschrift zum Jahresabschluß ausdrücklich darauf hinzu-*
*weisen, daß es sich nicht um den vollständigen Jahresabschluß handelt. Der Bestäti-*
*gungsvermerk darf nicht beigefügt werden. Es ist jedoch anzugeben, ob die Abschluß-*
*prüfer den vollständigen Jahresabschluß bestätigt haben oder ob sie die Bestätigung*
*eingeschränkt oder versagt haben. Ferner ist anzugeben, in welcher Nummer des Bun-*
*desanzeigers der vollständige Jahresabschluß bekanntgemacht worden ist.*

*(3) Absatz 1 Nr. 1 und Absatz 2 Satz 1 bis 3 gelten sinngemäß für Veröffentlichun-*
*gen und Vervielfältigungen des Geschäftsberichts.*

# Drittes Buch. Verbundene Unternehmen

## Fünfter Teil. Rechnungslegung im Konzern

### § 329 Aufstellung von Konzernabschlüssen und Konzerngeschäftsberichten

*(1) Stehen in einem Konzern die Konzernunternehmen unter der einheitlichen Leitung einer Aktiengesellschaft oder Kommanditgesellschaft auf Aktien mit Sitz im Inland (Obergesellschaft), so hat der Vorstand der Obergesellschaft auf den Stichtag des Jahresabschlusses der Obergesellschaft eine Konzernbilanz und eine Konzern-Gewinn- und Verlustrechnung (Konzernabschluß) sowie einen Konzerngeschäftsbericht aufzustellen. Weichen die Stichtage der Jahresabschlüsse der in den Konzernabschluß einbezogenen Unternehmen voneinander ab, so kann der Konzernabschluß auch auf einen der anderen Stichtage aufgestellt werden, wenn dies der Klarheit und der Übersichtlichkeit des Konzernabschlusses dient. Der Konzernabschluß und der Konzerngeschäftsbericht sind in den ersten fünf Monaten nach dem Stichtag des Konzernabschlusses aufzustellen.*

*(2) In den Konzernabschluß ist jedes Konzernunternehmen mit Sitz im Inland einzubeziehen, dessen Anteile zu mehr als der Hälfte Konzernunternehmen gehören. Von der Einbeziehung kann abgesehen werden, wenn die Darstellung der Vermögens- und Ertragslage des Konzerns wegen der geringen Bedeutung des Konzernunternehmens dadurch nicht beeinträchtigt wird. Von ihr ist abzusehen, wenn sie den Aussagewert des Konzernabschlusses beeinträchtigen würde. Andere Konzernunternehmen können in den Konzernabschluß einbezogen werden; sie müssen einbezogen werden, wenn sie ihren Sitz im Inland haben und wenn ihr Einbeziehung zu einer anderen Beurteilung der Vermögens- oder Ertragslage des Konzerns führt.*

### § 330 Aufstellung von Teilkonzernabschlüssen und Teilkonzerngeschäftsberichten

*(1) Stehen in einem Konzern die Konzernunternehmen unter der einheitlichen Leistung eines Unternehmens mit Sitz (Hauptniederlassung) im Inland, das nicht nach § 329 oder nach dem Gesetz über die Rechnungslegung von bestimmten Unternehmen und Konzernen einen Konzernabschluß aufzustellen hat beherrscht aber die Konzernleitung über eine oder mehrere zum Konzern gehörende Aktiengesellschaften oder Kommanditgesellschaften auf Aktien mit Sitz im Inland andere Konzernunternehmen, so haben die Vorstände der Aktiengesellschaften oder Kommanditgesellschaften auf Aktien mit Sitz im Inland, die der Konzernleitung am nächsten stehen, je einen Teilkonzernabschluß und einen Teilkonzerngeschäftsbericht aufzustellen; dies gilt nicht, wenn diese Aktiengesellschaften oder Kommanditgesellschaften auf Aktien in einen Teilkonzernabschluß nach dem Gesetz über die Rechnungslegung von bestimmten Unternehmen und Konzernen einzubeziehen sind. Für den Teilkonzernabschluß und den Teilkonzerngeschäftsbericht gelten §§ 329, 331 bis 338 sinngemäß. Die Aufstellung von Teilkonzernabschlüssen und Teilkonzerngeschäftsberichten kann unterbleiben, wenn die Konzernleitung so Rechnung legt, wie eine Obergesellschaft nach §§ 329, 331 bis 338 Rechnung zu legen hat.*

*(2) Absatz 1 Satz 1 und 2 gilt entsprechend, wenn die Konzernleitung ihren Sitz (Hauptniederlassung) im Ausland hat. Die Aufstellung von Teilkonzernabschlüssen und Teilkonzerngeschäftsberichten kann unterbleiben, wenn die Konzernleitung einen Konzernabschluß im Bundesanzeiger bekanntmacht, der nach*

*den Grundsätzen der §§ 331 bis 333 aufgestellt und von Wirtschaftsprüfern ge-*
*prüft worden ist.*

## § 331 Konzernbilanz

*(1) In der Konzernbilanz sind die auf den Stichtag des Konzernabschlusses*
*aufgestellten Bilanzen der Obergesellschaft und der übrigen einbezogenen Unter-*
*nehmen nach folgenden Grundsätzen zusammenzufassen:*

1. *An die Stelle der Anteile an den übrigen einbezogenen Unternehmen treten die*
   *Vermögensgegenstände und Verbindlichkeiten, die Sonderposten mit Rückla-*
   *geanteil, Rückstellungen, Wertberichtigungen und Rechnungsabgrenzungspo-*
   *sten aus den Bilanzen dieser Unternehmen, und zwar, soweit nicht nach Ab-*
   *satz 2 ein niedrigerer Wert einzusetzen ist, mit den in diesen Bilanzen einge-*
   *setzten Werden;*

2. *für Anteile konzernfremder Gesellschafter an den übrigen einbezogenen Unter-*
   *nehmen ist in Höhe ihres Anteils an Kapital, der offenen Rücklagen, Gewinn*
   *und Verlust ein „Ausgleichsposten für Anteile in Fremdbesitz" gesondert aus-*
   *zuweisen; der auf Gewinn und der auf Verlust entfallende Betrag ist gesondert*
   *anzugeben;*

3. *sind die Wertansätze der Anteile an den übrigen einbezogenen Unternehmen*
   *höher oder niedriger als der auf die Anteile entfallende Betrag des Kapitals*
   *und der offenen Rücklagen der Unternehmen, so ist der Unterschiedsbetrag*
   *gesondert auszuweisen;*

4. *Forderungen und Verbindlichkeiten zwischen den in den Konzernabschluß ein-*
   *bezogenen Unternehmen sind wegzulassen.*

*(2) Am Stichtag des Konzernabschlusses bei einem einbezogenen Unterneh-*
*men vorhandene Vermögensgegenstände, die ganz oder teilweise Lieferungen*
*oder Leistungen anderer einbezogener Unternehmen darstellen, dürfen, wenn sie*

1. *ohne oder nach Bearbeitung oder Verarbeitung zur Weiterveräußerung be-*
   *stimmt sind oder*

2. *außerhalb des üblichen Lieferungs- und Leistungsverkehrs erworben wurden,*

*in der Konzernbilanz höchsten zu dem Wert angesetzt werden, zu dem sie, wenn*
*die einbezogenen Unternehmen auch rechtlich ein einziges Unternehmen bilden*
*würden, in der auf den gleichen Stichtag aufgestellten Jahresbilanz dieses Unter-*
*nehmens höchstens angesetzt werden dürften.*

*(3) Die in den Konzernabschluß einbezogenen Unternehmen sollen denselben*
*Abschlußstichtag haben. Weicht der Stichtag des Jahresabschlusses eines einbe-*
*zogenen Unternehmens von dem Stichtag des Konzernabschlusses ab, so ist ein*
*Abschluß zugrunde zu legen, der auf den Stichtag des Konzernabschlusses für*
*den Zeitraum aufgestellt, ist auf den sich der Konzernabschluß erstreckt. Der*
*Abschluß bedarf, wenn ein Aufsichtsrat vorgesehen ist, seiner Billigung.*

*(4) Auf die Konzernbilanz sind, soweit ihre Eigenart keine Abweichung be-*
*dingt, §§ 149, 151 Abs. 1 bis 3,5, § 152 Abs. 1, Abs. 2,3,5,7 bis 9 anzuwenden.*
*Die Vorräte können in einem Posten ausgewiesen werden.*

## § 332 Konzern-Gewinn- und Verlustrechnung

*(1) In der Konzern- Gewinn- und Verlustrechnung sind die auf den Stichtag*
*des Konzernabschlusses aufgestellten Gewinn- und Verlustrechnungen der Ober-*
*gesellschaft und der übrigen einbezogenen Unternehmen nach folgenden Grund-*
*sätzen zusammenzufassen:*

1. *Bei den Umsatzerlösen sind die Erlöse aus Lieferungen und Leistungen zwischen den in den Konzernabschluß einbezogenen Unternehmen (Innenumsatzerlöse) getrennt von den Außenumsatzerlösen auszuweisen, wenn sie nicht mit den auf sie entfallenden Aufwendungen der Empfänger der Lieferungen und Leistungen verrechnet oder als Bestandsänderungen oder als andere aktivierte Eigenleistungen ausgewiesen werden;*

2. *andere Erträge aus Leistungen zwischen den in den Konzernabschluß einbezogenen Unternehmen sind mit den auf sie entfallenden Aufwendungen der Empfänger der Leistungen zu verrechnen.*

*(2) § 331 Abs. 3 Satz 2 und 3 gilt sinngemäß.*

*(3) Auf die Konzern-Gewinn- und Verlustrechnung sind, soweit ihre Eigenart keine Abweichung bedingt, §§ 149, 157 Abs. 1 und 2, § 158 Abs. 1 bis 4 anzuwenden. Die Entnahmen aus offenen Rücklagen und die Einstellungen in offene Rücklagen können je in einem Posten ausgewiesen werden. Der konzernfremden Gesellschaften zustehende Gewinn und der auf sie entfallende Verlust sind vor dem Posten „Konzerngewinn/Konzernverlust" gesondert auszuweisen.*

## § 333 Konzern- Gewinn- und Verlustrechnung in vereinfachter Form

*(1) Für die Konzern- Gewinn- und Verlustrechnung kann eine vereinfachte Form verwandt werden, wenn die Erträge aus Lieferungen und Leistungen zwischen den in den Konzernabschluß einbezogenen Unternehmen mit den auf sie entfallenden Aufwendungen der Empfänger der Lieferungen und Leistungen verrechnet oder als Bestandsänderungen oder als andere aktivierte Eigenleistungen ausgewiesen werden.*

*(2) Bei Verwendung der vereinfachten Form sind, wenn der wirtschaftliche Zweck des Konzerns keine abweichende Gliederung bedingt, die gleichwertig sein muß, unbeschadet einer weiteren Gliederung folgende Posten in Staffelform gesondert auszuweisen:*

1. *Außenumsatzerlöse* .........
2. *nicht gesondert auszuweisende Aufwendungen nach Verrechnung mit Bestandsänderungen und Eigenleistungen* ......... .........
3. *Erträge aus Beteiligungen an nicht in den Konzernabschluß einbezogenen Unternehmen* .........
4. *Erträge aus den anderen Finanzanlagen* .........
5. *sonstige Zinsen und ähnliche Erträge* .........
6. *Erträge aus Zuschreibungen* .........
7. *Erträge aus der Auflösung von Rückstellungen* .........
8. *sonstige Erträge* .........

9. *Abschreibungen und Wertberichtigungen auf Sachanlagen und immaterielle Anlagewerte* .........
10. *Abschreibungen und Wertberichtigungen auf Finanzanlagen* .........
11. *Zinsen und ähnliche Aufwendungen* .........
12. *Steuern*
    *a) vom Einkommen, vom Ertrag und vom Vermögen* .........
    *b) sonstige* ......... .........
13. *Aufwendungen aus der Übernahme des Verlustes eines nicht in den Konzernabschluß einbezogenen Unternehmens* ......... .........

14. *Jahresüberschuß/Jahresfehlbetrag* ..........

15. *Gewinnvortrag/Verlustvortrag aus dem Vorjahr* ........

..........

16. *Entnahmen aus offenen Rücklagen* ........

..........

17. *Einstellungen in offene Rücklagen* ........

18. *konzernfremde Gesellschaftern zustehender Gewinn* ..........

19. *auf konzernfremde Gesellschafter entfallender Verlust* ......... ........

20. *Konzerngewinn/Konzernverlust* ========

*(3) In einem Teilkonzernabschluß sind Gewinne, die auf Grund eines Gewinnabführungs- und eines Teilgewinnabführungsvertrags an nicht in den Teilkonzernabschluß einbezogene Unternehmen abzuführen sind, vor dem Posten „Jahresüberschuß/Jahresfehlbetrag", und Verluste, die von einem nicht in den Konzernabschluß einbezogenen Unternehmen zu übernehmen sind, nach dem Posten „sonstige Erträge" gesondert auszuweisen.*

*(4) § 331 Abs. 3 Satz 2 und 3 gilt sinngemäß. „§ 157 Abs. 2, § 158 Abs. 1 bis 4 ist anzuwenden.*

## § 334 Konzerngeschäftsbericht

*(1) Im Konzerngeschäftsbericht sind die zum Konzern gehörenden Unternehmen mit Sitz im Inland einzeln aufzuführen. Die in den Konzernabschluß einbezogenen Unternehmen mit Sitz im Inland sind zu bezeichnen. Die Einbeziehung von Unternehmen mit Sitz im Ausland ist anzugeben. Werden Unternehmen mit Sitz im Inland, deren Anteile zu mehr als die Hälfte Konzernunternehmen gehören, nicht in den Konzernabschluß einbezogen, so ist dies näher zu begründen. Dem Konzerngeschäftsbericht sind auf den Stichtag des Konzernabschlusses aufgestellte Abschlüsse dieser Unternehmen beizufügen, sofern sie Aktiengesellschaften oder Kommanditgesellschaften auf Aktien sind.*

*(2) Im Konzerngeschäftsbericht sind der Geschäftsverlauf und die Lage des Konzerns und der in den Konzernabschluß einbezogenen Unternehmen darzulegen. Zu berichten ist auch über Vorgänge von besonderer Bedeutung, die nach dem Stichtag des Konzernabschlusses eingetreten sind. Sind bei Konzernunternehmen, die nicht in den Konzernabschluß einbezogen sind, größere Verluste entstanden oder zu erwarten, so ist dies anzugeben.*

*(3) Im Konzerngeschäftsbericht ist ferner der Konzernabschluß zu erläutern. Dabei sind auch wesentliche Abweichungen von dem letzten Konzernabschluß zu erörtern. In jedem Konzerngeschäftsbericht sind Angaben zu machen über*

1. *die Ursachen und den bilanzmäßigen Charakter eines nach § 331 Abs. 1 Nr. 3 ausgewiesenen Unterschiedsbetrags;*

2. *aus dem Konzernabschluß nicht ersichtliche Haftungsverhältnisse einschließlich der Bestellung von Sicherheiten für Verbindlichkeiten der in den Konzernabschluß einbezogenen Unternehmen;*

3. *die rechtlichen und geschäftlichen Beziehungen zu Unternehmen mit Sitz im Inland, die nicht zum Konzern gehören, aber mit einem Konzernunternehmen verbunden sind, ferner über geschäftliche Vorgänge bei diesen Unternehmen, die auf die Lage des Konzerns von erheblichen Einfluß sein können.*

*(4) Der Bericht hat den Grundsätzen einer gewissenhaften und getreuen Rechenschaft zu entsprechen. Die Berichterstattung hat insoweit zu unterbleiben,*

*wie es für das Wohl der Bundesrepublik Deutschland oder eines ihrer Länder erforderlich ist. Bei der Berichterstatung nach Absatz 3 Nr. 2 und 3 brauchen Einzelheiten insoweit nicht angegeben zu werden, als nach vernünftiger kaufmännischer Beurteilung damit gerechnet werden muß, daß durch die Angaben der Gesellschaft oder einem verbundenen Unternehmen erhebliche Nachteile entstehen.* ⁴*Werden auf Grund von Satz 3 Angaben nicht gemacht, so ist im Geschäftsbericht unter Anführung der Nummer, nach der sie erforderlich sind, anzugeben, daß für Angaben nach dieser Nummer von der Schutzklausel nach Satz 3 Gebrauch gemacht worden ist.*

## § 335 Einreichung von Unterlagen

*(1) Alle Konzernunternehmen haben der Obergesellschaft ihre Jahresabschlüsse, Geschäftsberichte und, wenn eine Prüfung des Jahresabschlusses stattgefunden hat, ihre Prüfungsberichte sowie, wenn der Stichtag des Jahresabschlusses von dem Stichtag des Konzernabschlusses abweicht, einen auf den Stichtag des Konzernabschlusses aufgestellten Abschluß unverzüglich einzureichen.*

*(2) Der Vorstand der Obergesellschaft kann von jedem Konzernunternehmen alle Aufklärungen und Nachweise verlangen, welche die Aufstellung des Konzernabschlusses und des Konzerngeschäftsberichts fordert.*

## § 336 Prüfung des Konzernabschlusses.

*(1) ¹Der Konzernabschluß ist unter Einbeziehung des Konzerngeschäftsberichts durch einen oder mehrere sachverständige Prüfer (Konzernabschlußprüfer) zu prüfen. Als Konzernabschlußprüfer gelten, wenn keine anderen Prüfer bestellt werden, die Prüfer als bestellt, die für die Prüfung des Jahresabschlusses der Obergesellschaft bestellt worden sind, auf dessen Stichtag der Konzernabschluß aufgestellt wird. Weicht der Stichtag des Konzernabschlusses von dem Stichtag des Jahresabschlusses der Obergesellschaft ab, so gelten, wenn keine anderen Prüfer bestellt werden, die Prüfer als bestellt, die für die Prüfung des nächsten auf den Stichtag des Konzernabschlusses folgenden Jahresabschlusses der Obergesellschaft bestellt worden sind. Für die Bestellung der anderen Prüfer gelten §§ 163, 164.*

*(2) Die Prüfung des Konzernabschlusses hat sich darauf zu erstrecken, ob die Vorschriften über den Konzernabschluß beachtet sind. Der Konzerngeschäftsbericht ist darauf zu prüfen, ob § 334 Abs. 1,3 und 4 beachtet ist und ob die sonstigen Angaben im Bericht nicht eine falsche Vorstellung von der Lage des Konzerns und der Konzernunternehmen erwecken. § 169 gilt sinngemäß.*

*(3) Die Konzernabschlußprüfer haben auch die dem Konzernabschluß zugrunde gelegten Abschlüsse der in den Konzernabschluß einbezogenen Unternehmen darauf zu prüfen, ob sie den Grundsätzen ordnungsmäßiger Buchführung entsprechen. Dies gilt nicht für Abschlüsse, die nach §§ 162 bis 168 oder nach anderen gesetzlichen Vorschriften oder ohne gesetzliche Verpflichtung nach den Grundsätzen der §§ 162, 164 bis 167 geprüft worden sind.*

*(4) ¹Der Vorstand der Obergesellschaft hat den Konzernabschlußprüfern den Konzernabschluß und den Konzerngeschäftsbericht, die Jahresabschlüsse, Geschäftsberichte und Prüfungsberichte aller Konzernunternehmen sowie die ihm nach § 335 Abs. 1 eingerichten Abschlüsse vorzulegen. Die Konzernabschlußprüfer haben die Rechte nach § 165 bei allen Konzernunternehmen, die Rechte nach § 165 Abs. 2 bis 4 auch gegenüber den Abschlußprüfern der Konzernunternehmen.*

*(5) Die Konzernabschlußprüfer haben über das Ergebnis der Prüfung schrift-lich zu berichten und den Bericht zu unterzeichnen. Der Bericht ist dem Vorstand der Obergesellschaft vorzulegen.*

*(6) Sind nach dem abschließenden Ergebnis der Prüfung keine Einwendungen zu erheben, so haben die Konzernabschlußprüfer dies durch folgenden Vermerk zum Konzernabschluß zu bestätigen:*

*Der Konzernabschluß und der Konzerngeschäftsbericht entsprechen nach mei-ner (unserer) pflichtmäßigen Prüfung den gesetzlichen Vorschriften.*

*Sind Einwendungen zu erheben, so haben die Konzernabschlußprüfer die Bestä-tigung einzuschränken oder zu versagen. Die Konzernabschlußprüferhaben den Bestätigungsvermerk mit Angabe von Ort und Tag zu unterzeichnen. Der Bestä-tigungsvermerk ist auch in den Prüfungsbericht aufzunehmen.*

*(7) Ändert der Vorstand der Obergesellschaft den Konzernabschluß oder den Konzerngeschäftsbericht, nachdem ihm der Prüfungsbericht vorgelegt worden ist, so haben die Konzernabschlußprüfer den Konzernabschluß und den Konzernge-schäftsbericht erneut zu prüfen, soweit es die Änderung fordert. Ein bereits erteil-ter Bestätigungsvermerk ist unwirksam.*

*(8) § 168 über die Verantwortlichkeit der Abschlußprüfer gilt sinngemäß.*

## § 338 Bekanntmachung des Konzernabschlusses

*(1) ¹Der Vorstand der Obergesellschaft hat unverzüglich nach der Hauptver-sammlung über den Jahresabschluß (§ 337 Abs. 2) den Konzernabschluß mit Be-stätigungsvermerk und den Konzerngeschäftsbericht zum Handelsregister des Sitzes der Obergesellschaft einzureichen. Der dem eingereichten Konzernab-schluß beigefügte Bestätigungsvermerk muß von den Konzernabschlußprüfern unterschrieben sein. Haben die Konzernabschlußprüfer die Bestätigung des Kon-zernabschlusses versagt, so muß dies auf dem eingereichten Konzernabschuß ver-merkt, der Vermerk von den Konzernabschlußprüfern unterschrieben sein.*

*(2) Der Vorstand der Obergesellschaft hat den Konzernabschluß zusammen mit dem Jahresabschluß in den Gesellschaftsblättern der Obergesellschaft be-kanntzumachen und die Bekanntmachung zum Handelsregister des Sitzes der Obergesellschaft einzureichen.*

*(3) Das Gericht hat zu prüfen, ob der eingereichte Konzernabschluß dem Ab-satz 1 entspricht, ob er nach Absatz 2 bekanntgemacht worden ist und ob die Be-kanntmachung dem Absatz 4 entspricht. ²Ob der Konzernabschluß und der Kon-zerngeschäftsbericht den gesetzlichen Vorschriften entsprechen, braucht es nicht zu prüfen.*

*(4) Für die Veröffentlichungen und Vervielfältigungen des Konzernabschlusses und des Konzerngeschäftsberichts gilt § 178 Abs. 1 und 2, Abs. 2 und 3 sinnge-mäß.*

# D-Markbilanzgesetz (DMBilG)

(BGBl. II 1990 S. 885, 1169)

## Abschnitt 1
## Inventar. Eröffnungsbilanz. Anhang

### Unterabschnitt 1
### Inventar. Eröffnungsbilanz

#### § 1
#### Pflicht zur Aufstellung

(1) [1]Unternehmen mit Hauptniederlassung (Sitz) in der Deutschen Demokratischen Republik am 1. Juli 1990, die als Kaufleute nach § 238 des Handelsgesetzbuchs verpflichtet sind, Bücher zu führen, haben ein Inventar und eine Eröffnungsbilanz in Deutscher Mark für den 1. Juli 1990 sowie einen Anhang nach § 19 aufzustellen, der mit der Eröffnungsbilanz eine Einheit bildet. [2]Unternehmen, die ihre Eröffnungsbilanz nicht nach § 37 offenlegen müssen, brauchen einen Anhang nicht aufzustellen.

(2) Als Unternehmen, die nach Absatz 1 zur Führung von Büchern verpflichtet sind, gelten auch
1. volkseigene Kombinate, Betriebe, selbständige Einrichtungen und wirtschaftsleitende Organe, zwischenbetriebliche Einrichtungen und sonstige im Register der volkseigenen Wirtschaft eingetragene Wirtschaftseinheiten sowie volkseigene Güter,
2. Aktiengesellschaften im Aufbau, Gesellschaften mit beschränkter Haftung im Aufbau,
3. Genossenschaften jeder Art einschließlich kooperativer Einrichtungen,
4. Betriebe mit oder ohne eigene Rechtspersönlichkeit des Staates, der Länder, Kreise, Städte und Gemeinden, die ein Handelsgewerbe im Sinne des § 1 des Handelsgesetzbuchs betreiben, soweit sie nicht zu den in § 4 des Handelsgesetzbuchs bezeichneten Gewerbetreibenden gehören,
5. Anstalten, Stiftungen und Vereine, die ein Handelsgewerbe im Sinne des § 1 des Handelsgesetzbuchs betreiben, soweit sie nicht zu den in § 4 des Handelsgesetzbuchs bezeichneten Gewerbetreibenden gehören,
6. die Deutsche Post,
7. die Deutsche Reichsbahn,
8. Zweigniederlassungen und Betriebsstätten von Unternehmen nach Absatz 1 mit Hauptniederlassung außerhalb der Deutschen Demokratischen Republik.

(3) Absatz 1 ist auch auf die Treuhandanstalt und auf in Absatz 1 und 2 bezeichnete Unternehmen anzuwenden, die sich in Abwicklung befinden oder über deren Vermögen das Gesamtvollstreckungsverfahren eingeleitet worden ist.

(4) Führt ein zur Rechnungslegung verpflichtetes Unternehmen den Geschäftsbetrieb eines in Absatz 1 bis 3 bezeichneten Unternehmens im eigenen oder fremden Namen, aber für fremde Rechnung, so hat es auch dessen Pflichten nach diesem Gesetz zu erfüllen; die Vorschriften dieses Gesetzes sind entsprechend anzuwenden.

(5) Zur Rechnungslegung verpflichtete Unternehmen, die innerhalb der Aufstellungsfrist nach § 4 Abs. 1 Satz 1 für die Eröffnungsbilanz entstehen

oder in eine private Rechtsform umgewandelt werden, können für die Zwecke dieses Gesetzes als zum 1. Juli 1990 gegründet angesehen werden.

## § 2
### Inventar

¹Auf das Inventar zum 1. Juli 1990 ist § 240 des Handelsgesetzbuchs entsprechend anzuwenden. ²In das Inventar sind auch solche Vermögensgegenstände aufzunehmen, die dem Unternehmen nach dem 30. Juni 1990 innerhalb der Aufstellungsfrist nach § 4 Abs. 1 Satz 1 für die Eröffnungsbilanz aus ehemals volkseigenem Vermögen unentgeltlich übertragen werden.

## § 3
### Inventur

(1) ¹Für die Aufstellung des Inventars braucht eine Inventur zur mengenmäßigen Erfassung der Vermögensgegenstände und Schulden nicht durchgeführt zu werden, wenn bei der Inventur zum 30. Juni 1990 die Vermögensgegenstände und Schulden vollständig aufgenommen und die in Absatz 2 bis 6 enthaltenen Grundsätze beachtet worden sind. ²Die erst nach dem 30. Juni 1990 erworbenen Vermögensgegenstände und Schulden, die nach § 2 Satz 2 oder nach § 4 Abs. 3 in das Inventar aufzunehmen sind, sind in die Inventur einzubeziehen oder gesondert aufzunehmen. ³War der Prüfer bei prüfungspflichtigen Unternehmen (§ 33 Abs. 1) bei der Inventur nicht anwesend, kann auf eine neue Inventur nur verzichtet werden, wenn der Prüfer die Ordnungsmäßigkeit der Inventur zum 30. Juni 1990 anerkennt.

(2) ¹Die Vermögensgegenstände sind grundsätzlich körperlich zu erfassen. ²§ 241 des Handelsgesetzbuchs darf angewandt werden, Absatz 3 Nr. 1 mit der Maßgabe, daß das Inventar in den ersten vier Monaten des Geschäftsjahrs aufgestellt werden kann. ³Die körperliche Bestandsaufnahme kann bei den Vermögensgegenständen des Anlagevermögens unterbleiben, wenn diese in einer den Grundsätzen ordnungsmäßiger Buchführung entsprechenden Weise verzeichnet sind und in den letzten zwölf Monaten eine körperliche Aufnahme stattgefunden hat.

(3) Bei Grundstücken und Gebäuden sind alle gesetzlichen oder vertraglichen Einschränkungen zu erfassen, die sich auf deren Nutzung, Verfügbarkeit oder Verwertung beziehen; es sind außerdem alle bekannten Sachverhalte festzuhalten, aus denen sich finanzielle Verpflichtungen ergeben können.

(4) ¹Forderungen und Verbindlichkeiten sind in besonderen Listen zu erfassen und in einer den Grundsätzen ordnungsmäßiger Buchführung entsprechenden Art und Weise nachzuweisen. ²Forderungen und Verbindlichkeiten gegenüber dem Staat, der Treuhandanstalt, Gesellschaftern und Tochterunternehmen (§ 21 Abs. 1 Satz 1) sind gesondert zu erfassen; der Rechtsgrund ist jeweils anzugeben. ³Bei Verbindlichkeiten gegenüber Geldinstituten und Außenhandelsbetrieben ist der Grund für die Kreditgewährung anzugeben.

(5) In besonderen Listen sind alle Sachverhalte zu erfassen, die zu einer Rückstellung nach § 249 Abs. 1 Satz 1 des Handelsgesetzbuchs für ungewisse Verbindlichkeiten oder für drohende Verluste aus schwebenden Geschäften führen können oder für die Rückstellungen nach § 249 Abs. 1 Satz 2 des Handelsgesetzbuchs zu bilden sind.

(6) In besonderen Listen sind alle Haftungsverhältnisse, die nach § 251 des Handelsgesetzbuchs zu vermerken sind, und alle sonstigen finanziellen Ver-

pflichtungen zu erfassen, über die nach § 19 Abs. 3 Nr. 6 im Anhang zu berichten ist, soweit sie nicht nach Absatz 2 bis 5 berücksichtigt sind.

### § 4
### Aufstellung der Eröffnungsbilanz

(1) ¹Die Eröffnungsbilanz und der Anhang sind in den ersten vier Monaten des Geschäftsjahrs aufzustellen. ²Unternehmen, die in der Eröffnungsbilanz eine Bilanzsumme von höchstens drei Millionen neunhunderttausend Deutsche Mark nach Abzug eines Fehlbetrags nach § 268 Abs. 3 des Handelsgesetzbuchs ausweisen oder die am 1. Juli 1990 höchstens fünfzig Arbeitnehmer beschäftigen, dürfen die Eröffnungsbilanz und den Anhang in den ersten sechs Monaten des Geschäftsjahrs aufstellen, wenn dies einem ordnungsgemäßen Geschäftsgang entspricht.

(2) ¹Die Eröffnungsbilanz und der Anhang haben unter Beachtung der Grundsätze ordnungsmäßiger Buchführung ein den tatsächlichen Verhältnissen entsprechendes Bild der Vermögenslage im Sinne des § 264 Abs. 2 Satz 1 des Handelsgesetzbuchs zu vermitteln. ²Führen besondere Umstände dazu, daß die Eröffnungsbilanz ein den tatsächlichen Verhältnissen entsprechendes Bild nicht vermittelt, so sind im Anhang zusätzliche Angaben zu machen, sofern ein solcher aufzustellen ist. ³Es sind nur solche Grundsätze ordnungsmäßiger Buchführung anzuwenden, die in der Bundesrepublik Deutschland entstanden sind oder die zu diesem Gesetz entstehen werden.

(3) Übertragen Unternehmen zum Zwecke der Neustrukturierung oder Privatisierung innerhalb der Aufstellungsfrist für die Eröffnungsbilanz nach Absatz 1 Satz 1 Vermögensgegenstände oder Schulden auf andere Unternehmen, so können die sich daraus ergebenden Änderungen in den Eröffnungsbilanzen und Inventaren der betroffenen Unternehmen, jedoch nur übereinstimmend, berücksichtigt werden.

### § 5
### Anzuwendende Vorschriften

(1) ¹Auf die Eröffnungsbilanz sind die §§ 243 bis 261 des Handelsgesetzbuchs mit Ausnahme von § 243 Abs. 3, § 247 Abs. 3, §§ 252, 253 Abs. 1 Satz 1, Abs. 4, § 255 Abs. 3, § 256 Satz 1 entsprechend anzuwenden, soweit sie sich auf die Bilanz beziehen und dieses Gesetz keine abweichenden Regelungen enthält; Angaben über verbundene Unternehmen brauchen nicht gemacht zu werden. ²Unternehmen, die nicht Einzelkaufmann oder Personenhandelsgesellschaft sind, haben außerdem § 265 Abs. 3 bis 8, §§ 266, 268 Abs. 3 bis 7, §§ 270 bis 272, Genossenschaften die §§ 336, 337 des Handelsgesetzbuchs anzuwenden, soweit dieses Gesetz abweichende Regelungen nicht enthält oder geschäftszweigbezogene Vorschriften über Form und Inhalt der Bilanz nicht zu beachten sind.

(2) Werden in der Eröffnungsbilanz die Größenmerkmale des § 267 Abs. 1 oder 2 des Handelsgesetzbuchs bezüglich der Bilanzsumme oder der Arbeitnehmerzahl nicht überschritten, dürfen kleine Unternehmen die Erleichterungen des § 266 Abs. 1 Satz 3 des Handelsgesetzbuchs und mittelgroße Unternehmen die Erleichterungen des § 327 Nr. 1 des Handelsgesetzbuchs bereits bei der Aufstellung der Eröffnungsbilanz in Anspruch nehmen.

## Unterabschnitt 2
## Bilanzansatz- und Bewertungsvorschriften

### § 6
### Allgemeine Anforderungen

(1) Bei der Bewertung der in der Eröffnungsbilanz ausgewiesenen Vermögensgegenstände und Schulden gilt insbesondere folgendes:

1. Bei der Bewertung ist von der Fortführung der Unternehmenstätigkeit auszugehen, sofern dem nicht tatsächliche oder rechtliche Gegebenheiten entgegenstehen.
2. Die Vermögensgegenstände und Schulden sind zum Stichtag der Eröffnungsbilanz einzeln zu bewerten.
3. Es ist vorsichtig zu bewerten, namentlich sind alle vorhersehbaren Risiken und Verluste, die bis zum Stichtag der Eröffnungsbilanz entstanden sind, zu berücksichtigen, selbst wenn diese erst zwischen dem Stichtag und dem Tag der Aufstellung der Eröffnungsbilanz bekannt geworden sind; Gewinne sind nur zu berücksichtigen, wenn sie am Stichtag realisiert sind.

(2) Die auf die in der Eröffnungsbilanz ausgewiesenen Vermögensgegenstände und Schulden angewandten Ansatz- und Bewertungsmethoden sind für die folgenden Bilanzen verbindlich, soweit nicht abgewichen werden muß oder eine Abweichung nach § 252 Abs. 2 des Handelsgesetzbuchs zulässig ist; für die erstmalige Abweichung in einem nachfolgenden Abschluß von einem in der Eröffnungsbilanz ausgeübten Wahlrecht bedarf es eines begründeten Ausnahmefalls nicht.

### § 7
### Neubewertung

(1) [1]Vermögensgegenstände und Schulden sind neu zu bewerten. [2]Vermögensgegenstände sind mit ihren Wiederbeschaffungs- oder Wiederherstellungskosten anzusetzen (Neuwert); sie dürfen jedoch höchstens mit dem Wert angesetzt werden, der ihnen beizulegen ist (Zeitwert). [3]Wesentliche Werterhöhungen, die innerhalb von vier Monaten nach dem Bilanzstichtag eintreten, sind zu berücksichtigen. [4]Die bisherige Nutzung der Vermögensgegenstände und ihr Zurückbleiben hinter dem technischen Fortschritt sind bei der Ermittlung des Zeitwerts durch einen Wertabschlag zu berücksichtigen. [5]Die in der Eröffnungsbilanz angesetzten Werte gelten für die Folgezeit als Anschaffungs- oder Herstellungskosten, soweit Berichtigungen nach § 36 nicht vorzunehmen sind.

(2) [1]Auf die Ermittlung der Wiederbeschaffungskosten ist § 255 Abs. 1 des Handelsgesetzbuchs über die Anschaffungskosten entsprechend anzuwenden. [2]Dabei ist von den Preisverhältnissen im gesamten Währungsgebiet der Deutschen Mark auszugehen.

(3) [1]Auf die Ermittlung der Wiederherstellungskosten ist § 255 Abs. 2 des Handelsgesetzbuchs über die Herstellungskosten entsprechend anzuwenden mit der Maßgabe anzuwenden, daß die in dessen Satz 3 bezeichneten Aufwendungen einzurechnen sind; Zinsen für Fremdkapital dürfen nicht angesetzt werden. [2]Der Berechnung der Aufwendungen für den Verbrauch von Gütern und für bezogene Leistungen sind deren Wiederbeschaffungskosten gemäß Absatz 2 und der Berechnung von Aufwendungen für eigene Leistungen die Lohn- und Gehaltsverhältnisse in der Deutschen Demokratischen Republik zugrunde zu le-

gen. [3]Erhöhungen der Personalkosten innerhalb der ersten vier Monate nach dem Stichtag der Eröffnungsbilanz dürfen berücksichtigt werden.

(4) [1]Bei abnutzbaren Vermögensgegenständen ist der Wertabschlag für die bisherige Nutzung in entsprechender Anwendung des § 253 Abs. 2 Satz 1 und 2 des Handelsgesetzbuchs zu bemessen. [2]Bei der Festlegung der Nutzungsdauer abnutzbarer Vermögensgegenstände sind die Zeiten zugrunde zu legen, die für die steuerliche Gewinnermittlung ab 1. Juli 1990 anzusetzen sind. [3]Bei abnutzbaren Vermögensgegenständen, deren tatsächliche Nutzung die Nutzungsdauer nach Satz 2 nach vernünftiger kaufmännischer Beurteilung voraussichtlich überschreitet, darf der Wert unter Berücksichtigung der längeren Nutzungsdauer angesetzt werden.

(5) [1]Vermögensgegenstände, die im Unternehmen nicht mehr verwendet werden, sind mit dem zu erwartenden Verkaufserlös nach Abzug der noch anfallenden Kosten anzusetzen (Veräußerungswert). [2]Vermögensgegenstände, die noch genutzt werden, aber vor dem 1. Juli 1990 bereits vollständig abgeschrieben worden sind, dürfen höchstens mit ihrem Veräußerungswert angesetzt werden.

# § 8
## Immaterielle Vermögensgegenstände

(1) [1]Das Bilanzierungsverbot des § 248 Abs. 2 des Handelsgesetzbuchs für selbst geschaffene immaterielle Vermögensgegenstände des Anlagevermögens gilt nicht, wenn die Vermögensgegenstände im Wege der Umwandlung vor dem 1. Juli 1990 erworben worden sind. [2]Ein unentgeltlich erworbener Geschäfts-oder Firmenwert darf nicht angesetzt werden; § 31 Abs. 1 Nr. 1 bleibt unberührt.

(2) Entgeltlich erworbene immaterielle Vermögensgegenstände des Anlagevermögens, die technisch oder wirtschaftlich überholt sind, dürfen höchstens mit ihrem Veräußerungswert angesetzt werden.

(3) [1]Statt der Summe der aus der Einzelbewertung der entgeltlich erworbenen immateriellen Vermögensgegenstände sich ergebenden Beträge kann der Betrag angesetzt werden, den ein Käufer bei Fortführung des Unternehmens im Rahmen des Gesamtkaufpreises für die entgeltlich erworbenen immateriellen Vermögensgegenstände insgesamt zu zahlen bereit wäre. [2]Der Betrag ist, soweit es sich um abnutzbare Vermögensgegenstände handelt, in entsprechender Anwendung des § 255 Abs. 4 des Handelsgesetzbuchs abzuschreiben.

# § 9
## Grund und Boden

(1) [1]Grund und Boden ist mit seinem Verkehrswert anzusetzen. [2]Dabei darf die Preisentwicklung im gesamten Währungsgebiet der Deutschen Mark bis zur Feststellung der Eröffnungsbilanz berücksichtigt werden. [3]Bis zur Bildung von selbständigen und unabhängigen Gutachterausschüssen für die Ermittlung der Grundstückswerte und für sonstige Wertermittlungen können für die Ermittlung des Verkehrswerts die vom Ministerium für Wirtschaft empfohlenen Richtwerte herangezogen werden.

(2) [1]Bestehen Nutzungs-, Verfügungs- oder Verwertungsbeschränkungen, die den Verkehrswert nach allgemeiner Verkehrsauffassung wesentlich beeinträchtigen, so sind diese wertmindernd zu berücksichtigen. [2]Dies gilt auch für künftige Rekultivierungs- und Entsorgungsverpflichtungen, soweit sie den Eigentümer betreffen.

(3) ¹Ein unentgeltlich auf mindestens zehn Jahre unentziehbar eingeräumtes grundstücksgleiches Recht darf mit dem Barwert der üblichen Nutzungsentschädigung angesetzt werden, wenn der dazu gehörende Grund und Boden wie Anlagevermögen genutzt wird. ²Der angesetzte Betrag ist in der Bilanz oder im Anhang gesondert anzugeben.

# § 10
## Bauten und andere Anlagen

(1) ¹Gebäude und andere Bauten, technische und andere Anlagen, Maschinen, Betriebs- und Geschäftsausstattung sind mit ihren Wiederherstellungskosten (§ 7 Abs. 3) oder mit ihren Wiederbeschaffungskosten (§ 7 Abs. 2) unter Berücksichtigung des Wertabschlags für zwischenzeitliche Nutzung (§ 7 Abs. 4), höchstens jedoch mit ihrem Zeitwert (§ 7 Abs. 1 Satz 1) anzusetzen. ²Unterlassene Instandhaltungen und Großreparaturen zur Erhaltung der Bausubstanz sind bei der Ermittlung des Zeitwerts wertmindernd zu berücksichtigen.

(2) Als Zeitwert der in Absatz 1 bezeichneten Vermögensgegenstände kann auch ihr Verkehrswert angesetzt werden.

# § 11
## Finanzanlagen

(1) ¹Beteiligungen an einem anderen Unternehmen nach § 1 sind in der Eröffnungsbilanz mit dem Betrag anzusetzen, der dem ausgewiesenen anteiligen Eigenkapital in der Eröffnungsbilanz dieses Unternehmens entspricht. ²Steht dem anderen Unternehmen eine Ausgleichsforderung oder eine Forderung auf Einzahlung von Eigenkapital gegen das beteiligte Unternehmen zu, so sind diese unter den Verbindlichkeiten gegenüber verbundenen Unternehmen gesondert auszuweisen. ³Andere Beteiligungen sind mit ihrem Verkehrswert anzusetzen. ⁴Satz 3 darf auch auf Beteiligungen nach Satz 1 angewandt werden.

(2) Aktien und andere Wertpapiere, die an einer Börse zum amtlichen Handel oder zum geregelten Markt zugelassen oder in den Freiverkehr einbezogen sind, sind mit ihrem Kurswert am Stichtag der Eröffnungsbilanz anzusetzen.

(3) Ausleihungen, die vor dem 1. Juli 1990 begründet wurden, sind mit der Wirkung auf Deutsche Mark umzustellen, daß für zwei Mark der Deutschen Demokratischen Republik eine Deutsche Mark anzusetzen ist.

# § 12
## Vorräte

(1) Roh-, Hilfs- und Betriebsstoffe sind mit ihren Wiederbeschaffungs- oder Wiederherstellungskosten anzusetzen.

(2) ¹Unfertige Erzeugnisse und Leistungen sowie fertige Erzeugnisse sind mit ihren Wiederherstellungskosten anzusetzen. ²Bei fertigen Erzeugnissen darf, wenn dies einer vereinfachten Ermittlung der Wiederherstellungskosten dient, der Betrag angesetzt werden, der sich ergibt, wenn von den zu erwartenden Erlösen die Vertriebskosten und der zu erwartende Gewinn abgesetzt werden. ³Dieses Verfahren darf auch auf unfertige Erzeugnisse und Leistungen angewandt werden, wenn die bis zur Fertigstellung zusätzlich anfallenden Kosten, die ebenfalls abzusetzen sind, zuverlässig berechnet werden können.

(3) ¹Waren, die ohne Be- oder Verarbeitung zur Weiterveräußerung bestimmt sind, sind mit den Wiederbeschaffungskosten anzusetzen. ²Absatz 2 Satz 2 darf entsprechend angewandt werden.

(4) ¹Vorräte nach Absatz 1 bis 3 sind jedoch höchstens mit ihrem Zeitwert (§ 7 Abs. 1 Satz 1) anzusetzen. ²§ 7 Abs. 5 Satz 1 bleibt unberührt.

## § 13
### Forderungen

(1) Auf Mark der Deutschen Demokratischen Republik lautende Forderungen, die vor dem 1. Juli 1990 begründet wurden, werden, soweit Absatz 2 nichts anderes bestimmt, mit der Wirkung auf Deutsche Mark umgerechnet, daß für zwei Mark der Deutschen Demokratischen Republik eine Deutsche Mark anzusetzen ist.

(2) Abweichend von Absatz 1 werden Mieten und Pachten sowie sonstige regelmäßig wiederkehrende Zahlungen, die nach dem 30. Juni 1990 fällig werden, mit der Wirkung auf Deutsche Mark umgerechnet, daß für eine Mark der Deutschen Demokratischen Republik eine Deutsche Mark anzusetzen ist.

(3) ¹Der Grundsatz der Einzelbewertung ist zu beachten. ²Minderverzinsliche oder unverzinsliche Forderungen sowie zweifelhafte Forderungen sind mit dem niedrigeren beizulegenden Wert anzusetzen; eingeräumte Sicherheiten sind zu berücksichtigen. ³Pauschalwertberichtigungen wegen des allgemeinen Kreditrisikos sind vom Gesamtbetrag der Forderungen abzusetzen.

(4) Forderungen, die Verbindlichkeiten nach § 16 Abs. 3 und 4 entsprechen, dürfen nicht angesetzt werden.

(5) Ausstehende Einlagen sind, auch wenn sie nicht eingefordert sind, wie Forderungen zu bewerten, jedoch nicht abzuzinsen.

## § 14
### Kassenbestand, Schecks, Guthaben bei Geldinstituten

(1) Zahlungsmittel in Mark der Deutschen Demokratischen Republik sind nur anzusetzen, soweit sie weiterhin gesetzliche Zahlungsmittel sind.

(2) Schecks sind wie Forderungen zu behandeln.

(3) Guthaben bei Geldinstituten in Mark der Deutschen Demokratischen Republik sind mit dem Betrag anzusetzen, den das Geldinstitut in Deutscher Mark gutbringen muß.

## § 15
### Rechnungsabgrenzungsposten

Aktive und passive Rechnungsabgrenzungsposten nach § 250 des Handelsgesetzbuchs sind im Verhältnis von zwei Mark der Deutschen Demokratischen Republik zu einer Deutschen Mark umzurechnen, soweit nicht ein anderes Umstellungsverhältnis vorgeschrieben ist.

## § 16
### Verbindlichkeiten

(1) Auf Mark der Deutschen Demokratischen Republik lautende Verbindlichkeiten, die vor dem 1. Juli 1990 begründet wurden, werden, soweit Absatz 2 nichts anderes bestimmt, mit der Wirkung auf Deutsche Mark umgerechnet, daß für zwei Mark der Deutschen Demokratischen Republik eine Deutsche Mark anzusetzen ist.

(2) Abweichend von Absatz 1 werden folgende auf Mark der Deutschen Demokratischen Republik lautende Verbindlichkeiten mit der Wirkung auf Deutsche Mark umgerechnet, daß für eine Mark der Deutschen Demokratischen Republik eine Deutsche Mark anzusetzen ist:

1. Löhne und Gehälter in Höhe der nach dem 1. Mai 1990 geltenden Tarifverträge sowie Stipendien, die nach dem 30. Juni 1990 fällig werden;
2. Renten, die nach dem 30. Juni 1990 fällig werden, soweit sich aus Artikel 20 des Vertrages über die Schaffung einer Währungs-, Wirtschafts- und Sozialunion zwischen der Bundesrepublik Deutschland und der Deutschen Demokratischen Republik nichts anderes ergibt;
3. Mieten und Pachten sowie sonstige regelmäßig wiederkehrende Zahlungen, die nach dem 30. Juni 1990 fällig werden, mit Ausnahme wiederkehrender Zahlungen aus und in Lebensversicherungen und privaten Rentenversicherungen.

(3) [1]Verbindlichkeiten sind in die Eröffnungsbilanz nicht aufzunehmen, wenn eine schriftliche Erklärung des Gläubigers vorliegt, daß er

1. Zahlung nur verlangen wird, soweit die Erfüllung aus dem Jahresüberschuß möglich ist, und
2. im Falle der Auflösung, Zahlungsunfähigkeit oder Überschuldung des Unternehmens hinter alle Gläubiger zurücktritt, die eine solche Erklärung nicht abgegeben haben.

[2]Der Gesamtbetrag solcher Verbindlichkeiten ist im Anhang unter den sonstigen finanziellen Verpflichtungen gesondert anzugeben, soweit sie nicht auf Grund einer Vereinbarung mit dem Unternehmen als nachrangiges Kapital ausgewiesen werden.

(4) Verbindlichkeiten, die innerhalb der Aufstellungsfrist nach § 4 Abs. 1 Satz 1 für die Eröffnungsbilanz erlassen werden, sind nicht zu bilanzieren.

# § 17
## Rückstellungen

(1) Ungewisse Verbindlichkeiten, die vor dem 1. Juli 1990 in Mark der Deutschen Demokratischen Republik begründet wurden, sind wie Verbindlichkeiten in Deutsche Mark umzurechnen und als Rückstellungen auszuweisen.

(2) [1]Rückstellungen für drohende Verluste aus schwebenden Geschäften nach § 249 Abs. 1 Satz 1 des Handelsgesetzbuchs sind in der Eröffnungsbilanz neu zu bilden. [2]Sie sind insbesondere einzustellen, wenn zu erwarten ist, daß ein Absatz- oder Beschaffungsgeschäft nach Erfüllung zu einem Aufwand führt, der die Gegenleistung übersteigt, oder zu einer Abschreibung auf den gelieferten Gegenstand führt.

(3) Rückstellungen, die nicht nach Absatz 1 umzurechnen sind, sind in Höhe des Betrags in Deutscher Mark anzusetzen, der nach vernünftiger kaufmännischer Beurteilung notwendig ist, um die Verpflichtung zu erfüllen.

(4) [1]Werden Rückstellungen wegen der erstmaligen Anwendung des § 249 Abs. 1 Satz 1 des Handelsgesetzbuchs in der Eröffnungsbilanz gebildet, so ist in Höhe des Betrags dieser Rückstellungen, soweit er nicht durch eine Ausgleichsforderung nach § 24 Abs. 1 Satz 1 ausgeglichen wird, auf der Aktivseite ein Sonderverlustkonto aus Rückstellungsbildung gesondert auszuweisen. [2]Der aktivierte Betrag ist in den Folgejahren jeweils in Höhe der Aufwendungen abzuschreiben, die zur Erfüllung der zurückgestellten Verpflichtungen

entstehen. [3]Soweit die Aktivierung des Sonderverlustkontos zu einer Rücklage führt, darf diese nur zum Ausgleich von Verlusten verwendet werden.

(5) [1]§ 249 Abs. 1 Satz 2 Nr. 1 des Handelsgesetzbuchs braucht nicht angewandt zu werden. [2]§ 249 des Handelsgesetzbuchs bleibt im übrigen unberührt. [3]Wird ein Wertabschlag nach § 9 Abs. 2 oder § 10 Abs. 1 Satz 2 vorgenommen, so ist eine eventuelle Rückstellung nur in Höhe des den Wertabschlag übersteigenden Betrags zu bilden. [4]§ 16 Abs. 3 und 4 ist entsprechend anzuwenden.

## § 18
### Währungsumrechnung

[1]Auf ausländische Währung lautende Vermögensgegenstände, Schulden und Rechnungsabgrenzungsposten sowie am Bilanzstichtag nicht abgewickelte Kassa-Geschäfte sind mit dem Kassa-Kurs am Bilanzstichtag in Deutsche Mark umzurechnen. [2]Nicht abgewickelte Termingeschäfte sind zum Terminkurs am Bilanzstichtag umzurechnen. [3]Forderungen und Lieferansprüche sind mit dem Geldkurs, Verbindlichkeiten und Lieferverpflichtungen mit dem Briefkurs umzurechnen.

## Unterabschnitt 3
### Anhang. Vergleichende Darstellung

## § 19
### Anhang

(1) [1]Im Anhang sind die auf die Posten der Eröffnungsbilanz angewandten Bilanzierungs- und Bewertungsmethoden, insbesondere die bei der Neubewertung angewandten, anzugeben und so zu erläutern, daß ein sachverständiger Dritter die Wertansätze beurteilen kann; insbesondere sind bei Schätzungen die Vergleichsmaßstäbe darzustellen. [2]Bei der Ausübung von Wahlrechten sind wesentliche Auswirkungen auf die Vermögenslage gesondert darzustellen. [3]Außerdem sind diejenigen Angaben aufzunehmen, die zu den einzelnen Posten der Eröffnungsbilanz vorgeschrieben oder die im Anhang zu machen sind, weil sie in Ausübung eines Wahlrechts nicht in die Eröffnungsbilanz aufgenommen wurden.

(2) [1]Im Anhang sind die Maßnahmen zu beschreiben, die für die Zeit nach dem 30. Juni 1990 getroffen oder geplant worden sind, um das Unternehmen an die veränderten Bedingungen anzupassen. [2]Dazu gehören insbesondere Änderungen des Unternehmenszwecks, Aufgabe oder Neuaufnahme von Produkten, Stillegungen, die Aufspaltung oder der Zusammenschluß mit anderen Unternehmen. [3]Die voraussichtlichen Kosten der Umstrukturierung sind anzugeben.

(3) Im Anhang sind ferner anzugeben:

1. zu den in der Bilanz ausgewiesenen Verbindlichkeiten
   a) der Gesamtbetrag der Verbindlichkeiten mit einer Restlaufzeit von mehr als fünf Jahren,
   b) der Gesamtbetrag der Verbindlichkeiten, die durch Pfandrechte oder ähnliche Rechte gesichert sind, unter Angabe von Art und Form der Sicherheiten;
2. die Aufgliederung der in Nummer 1 verlangten Angaben für jeden Posten der Verbindlichkeiten nach dem vorgeschriebenen Gliederungsschema, sofern sich diese Angaben nicht aus der Bilanz ergeben;

3. zu dem in der Eröffnungsbilanz ausgewiesenen Grund und Boden sowie zu den Gebäuden und anderen Bauten sind alle gesetzlichen oder vertraglichen Einschränkungen zu vermerken, die sich auf deren Nutzung, Verfügbarkeit oder Verwertung beziehen. Es sind außerdem alle Sachverhalte anzugeben, aus denen sich künftige finanzielle Verpflichtungen ergeben können, insbesondere für Großreparaturen, Rekultivierungs- oder Entsorgungsaufwendungen;

4. zu den in der Eröffnungsbilanz ausgewiesenen technischen Anlagen und Maschinen, anderen Anlagen sowie der Betriebs- und Geschäftsausstattung sind deren Zustand (durchschnittliche Abnutzung, technischer Stand) und deren zukünftige Einsatzmöglichkeiten zu beschreiben; der voraussichtliche Investitionsbedarf in den nächsten vier Jahren ist, soweit vorhersehbar, anzugeben;

5. Ansprüche, die sich gegen das Unternehmen ergeben können, weil die früheren Eigentümer des Unternehmens, von Unternehmensteilen, Betrieben oder von Vermögensgegenständen enteignet worden sind;

6. der Gesamtbetrag der sonstigen finanziellen Verpflichtungen, die nicht in der Bilanz erscheinen und die auch nicht nach § 251 des Handelsgesetzbuchs oder auf Grund anderer Vorschriften dieses Gesetzes anzugeben sind, sofern diese Angaben für die Beurteilung der Finanzlage von Bedeutung sind; davon sind Verpflichtungen gegenüber Gesellschaftern gesondert anzugeben;

7. die Zahl der beschäftigten Arbeitnehmer;

8. alle Mitglieder des Geschäftsführungsorgans und eines Aufsichtsrats, auch wenn sie nur vorläufig bestellt sind, mit dem Familiennamen und mindestens einem ausgeschriebenen Vornamen. Der Vorsitzende eines Aufsichtsrats, seine Stellvertreter und ein etwaiger Vorsitzender des Geschäftsführungsorgans sind als solche zu bezeichnen;

9. Name und Sitz anderer Unternehmen, von denen das Unternehmen oder eine für seine Rechnung handelnde Person mindestens den fünften Teil der Anteile besitzt; außerdem sind die Höhe des Anteils am Kapital und das in der Eröffnungsbilanz ausgewiesene Eigenkapital oder ein nicht durch Eigenkapital gedeckter Fehlbetrag dieser Unternehmen anzugeben; auf die Berechnung der Anteile ist § 16 Abs. 2 und 4 des Aktiengesetzes entsprechend anzuwenden;

10. Rückstellungen, die in der Bilanz unter dem Posten „sonstige Rückstellungen" nicht gesondert ausgewiesen werden, sind zu erläutern, wenn sie einen nicht unerheblichen Umfang haben. Aufwandsrückstellungen sind stets gesondert anzugeben und zu erläutern;

11. Name und Sitz des unmittelbaren Mutterunternehmens sowie der Ort der Offenlegung der von diesem Mutterunternehmen aufgestellten Konzerneröffnungsbilanz.

(4) Die in Absatz 2 und 3 verlangten Angaben und Erläuterungen können unterbleiben, soweit sie

1. für die Darstellung der Vermögenslage des Unternehmens nach § 264 Abs. 2 des Handelsgesetzbuchs von untergeordneter Bedeutung sind oder

2. in den Fällen des Absatzes 2, 3 Nr. 4 und 9 nach vernünftiger kaufmännischer Beurteilung geeignet sind, dem Unternehmen einen erheblichen Nachteil zuzufügen.

## § 20
### Vergleichende Darstellung

(1) ¹Dem Anhang ist eine vergleichende Darstellung als Anlage beizufügen, aus der sich ergibt, in welchem Umfang die Posten der Schlußbilanz zum 30. Juni 1990 im Vergleich mit den Posten der D-Markeröffnungsbilanz zum 1. Juli 1990 sich verändert haben. ²Die sich aus der Neubewertung der Vermögensgegenstände und der Schulden ergebenden Differenzen gegenüber der Schlußbilanz sind in einem gesonderten Nachweis unter der Bezeichnung Neubewertungsdifferenzen, gegliedert nach den Posten der D-Markeröffnungsbilanz, darzustellen. ³Die Neubewertungsdifferenzen sind durch Einzelnachweise zu dokumentieren.

(2) Die Zuordnung der Posten der Schlußbilanz zum 30. Juni 1990 zu den Posten der D-Markeröffnungsbilanz sowie der gesonderte Nachweis gemäß Absatz 1 sind auf der Grundlage der vom Statistischen Amt der Deutschen Demokratischen Republik herausgegebenen Formblätter vorzunehmen, soweit für Geldinstitute und Außenhandelsbetriebe keine abweichenden Regelungen gemäß Anlage I Artikel 8 § 5 des Vertrages über die Schaffung einer Währungs-, Wirtschafts- und Sozialunion zwischen der Bundesrepublik Deutschland und der Deutschen Demokratischen Republik vom 18. Mai 1990 erlassen worden sind.

## Abschnitt 2
### Konzerneröffnungsbilanz. Gesamteröffnungsbilanz

## § 21
### Pflicht zur Aufstellung

(1) ¹Zur Aufstellung einer Eröffnungsbilanz verpflichtete Unternehmen, die die Mehrheit der Anteile an einem anderen Unternehmen (Tochterunternehmen) besitzen (Mutterunternehmen), haben in den ersten fünf Monaten des Geschäftsjahrs für den 1. Juli 1990 eine Konzerneröffnungsbilanz in Deutscher Mark sowie einen Anhang gemäß § 22 aufzustellen, der mit der Konzerneröffnungsbilanz eine Einheit bildet. ²Ein Mutterunternehmen ist von der Pflicht zur Aufstellung der Konzerneröffnungsbilanz und des Anhangs befreit, wenn am Stichtag die Bilanzsummen in den Eröffnungsbilanzen des Mutterunternehmens und der einzubeziehenden Tochterunternehmen nach Abzug von in den Eröffnungsbilanzen auf der Aktivseite ausgewiesenen Fehlbeträgen insgesamt fünfzig Millionen Deutsche Mark nicht überschreiten oder die Konzernunternehmen insgesamt nicht mehr als fünfhundert Arbeitnehmer beschäftigen.

(2) ¹Die Konzerneröffnungsbilanz und der Anhang sind klar und übersichtlich aufzustellen. ²Sie haben unter Beachtung der Grundsätze ordnungsmäßiger Buchführung ein den tatsächlichen Verhältnissen entsprechendes Bild der Vermögenslage des Konzerns im Sinne des § 297 Abs. 2 Satz 2 des Handelsgesetzbuchs zu vermitteln. ³Führen besondere Umstände dazu, daß die Konzerneröffnungsbilanz ein den tatsächlichen Verhältnissen entsprechendes Bild im Sinne des Satzes 2 nicht vermittelt, so sind im Konzernanhang zusätzliche Angaben zu machen.

(3) ¹In die Konzerneröffnungsbilanz sind das Mutterunternehmen und alle Tochterunternehmen ohne Rücksicht auf den Sitz der Tochterunternehmen einzubeziehen, sofern die Einbeziehung nicht nach den §§ 295, 296 des Handelsgesetzbuchs unterbleibt. ²Ändert sich die Zusammensetzung des Konzerns innerhalb der Aufstellungsfrist, so sind diese Änderungen so zu behandeln, als wären sie bereits zum 1. Juli 1990 eingetreten. ³Dies gilt auch für Unternehmen, die innerhalb der Aufstellungsfrist nach dem 1. Juli 1990 gegründet werden.

(4) ¹Auf die Konzerneröffnungsbilanz sind die §§ 5 bis 19 dieses Gesetzes sowie die §§ 295 bis 298, 300, 301, 303, 304, 307, 308, 310 bis 312 des Handelsgesetzbuchs und die für die Rechtsform und den Geschäftszweig der in die Konzerneröffnungsbilanz einbezogenen Unternehmen mit Sitz im Geltungsbereich dieses Gesetzes geltenden Vorschriften mit Ausnahme des § 296 Abs. 1 Nr. 3 des Handelsgesetzbuchs entsprechend anzuwenden, soweit sie sich auf die Bilanz großer Kapitalgesellschaften beziehen und die Konzerneröffnungsbilanz wegen ihrer Eigenart keine Abweichungen bedingt. ²Bei der Anwendung des § 308 des Handelsgesetzbuchs kann unterstellt werden, daß die Eröffnungsbilanzen von Tochter- und Mutterunternehmen mit Sitz im Geltungsbereich dieses Gesetzes einheitlich bewertet sind.

(5) ¹Die Treuhandanstalt und die von ihr gegründeten Treuhand-Aktiengesellschaften stellen anstatt einer Konzerneröffnungsbilanz eine Gesamteröffnungsbilanz in vereinfachter Form und anstatt eines Konzernanhangs einen Gesamtanhang auf. ²Sie fassen jeweils die Gesamt- oder Konzerneröffnungsbilanzen ihrer Tochtergesellschaften zusammen. ³Bei der Kapitalkonsolidierung nach § 301 des Handelsgesetzbuchs kann unterstellt werden, daß ein nach Verrechnung auf der Aktivseite entstehender Unterschiedsbetrag Geschäfts- oder Firmenwert oder ein auf der Passivseite entstehender Unterschiedsbetrag Eigenkapital ist, soweit er im letzteren Fall nicht auf unterlassene Rückstellungen zurückzuführen ist. ⁴§ 303 des Handelsgesetzbuchs über die Schuldenkonsolidierung braucht nur auf Geschäfte zwischen den Mutterunternehmen und ihren jeweiligen Tochterunternehmen angewandt zu werden. ⁵Auch brauchen Zwischenergebnisse nach § 304 des Handelsgesetzbuchs nur herausgerechnet zu werden, wenn sie auf Lieferungen und Leistungen zwischen den aufstellenden Mutterunternehmen und ihren jeweiligen Tochterunternehmen beruhen. ⁶Im übrigen sind auf die Aufstellung, Prüfung, Feststellung und Offenlegung die nach diesem Gesetz für die Konzerneröffnungsbilanz und den Konzernanhang geltenden Vorschriften entsprechend anzuwenden. ⁷§ 295 des Handelsgesetzbuchs ist nicht anzuwenden.

## § 22
### Konzernanhang

(1) ¹Auf den Konzernanhang ist § 19 entsprechend anzuwenden. ²Aus den Anhängen der Tochterunternehmen sind jedoch nur diejenigen Angaben zusammenfassend zu übernehmen, die für die Beurteilung des Konzerns von wesentlicher Bedeutung sind.

(2) ¹Im Konzernanhang sind außerdem die nach § 313 Abs. 2 des Handelsgesetzbuchs verlangten Angaben zu machen. ²§ 313 Abs. 3 des Handelsgesetzbuchs ist anzuwenden.

## § 23
### Vorlage- und Auskunftspflichten

(1) [1]Jedes Mutterunternehmen kann von seinen Tochterunternehmen alle Aufklärungen und Nachweise verlangen, welche die Aufstellung der Konzerneröffnungsbilanz und des Konzernanhangs erfordert. [2]Dies gilt auch für Auskünfte, die sich auf andere, dem Mutterunternehmen durch Gesetz übertragene Aufgaben beziehen.

(2) [1]Die Tochterunternehmen haben jedem Mutterunternehmen ihre Eröffnungsbilanz einschließlich Anhang und, wenn sie gleichzeitig Mutterunternehmen sind, ihre Konzerneröffnungsbilanz einschließlich Konzernanhang unverzüglich nach deren Aufstellung und die Prüfungsberichte unverzüglich nach deren Eingang einzureichen. [2]Werden die einzureichenden Unterlagen nachträglich geändert, so sind die geänderten Fassungen unverzüglich nach der Änderung einzureichen. [3]Werden die Unterlagen vor ihrer Feststellung eingereicht, ist die Feststellung mitzuteilen, sobald dies erfolgt ist.

## Abschnitt 3
## Kapitalausstattung

### Unterabschnitt 4
### Vermögensausgleich und Eigenkapitalsicherung von bisher volkseigenen Unternehmen

## § 24
### Ausgleichsforderungen

(1) [1]Unternehmen, die als bisher volkseigenes Vermögen der Treuhandanstalt oder einem ihrer Tochterunternehmen zur Privatisierung oder aus diesem Grunde dem Staat, den Gemeinden, Städten, Kreisen, Ländern oder anderen Vermögensträgern unentgeltlich übertragen wurden, und die nicht Geldinstitute, Außenhandelsbetriebe oder Versicherungsunternehmen sind, erhalten, wenn sich bei der Aufstellung der Eröffnungsbilanz ergibt, daß sie einen nicht durch Eigenkapital gedeckten Fehlbetrag ausweisen müßten, beginnend mit dem 1. Juli 1990 eine gesondert auszuweisende verzinsliche Forderung (Ausgleichsforderung) in Höhe des Fehlbetrags, wenn der Schuldner die Ausgleichsforderung nicht innerhalb der Feststellungsfrist für die Eröffnungsbilanz ablehnt. [2]Er hat sie abzulehnen, wenn das Unternehmen nicht sanierungsfähig ist.

(2) [1]Die Ausgleichsforderung mindert sich in Höhe des Betrags, um den der Fehlbetrag durch Ausnutzung von Bewertungswahlrechten ausgeglichen werden kann. [2]§ 36 bleibt unberührt. [3]Die Ausgleichsforderung ist so zu verzinsen, daß eine Abwertung wegen Minderverzinsung nach § 13 Abs. 3 Satz 2 nicht notwendig wird.

(3) [1]Die Ausgleichsforderung richtet sich gegen das Unternehmen, dem zur Privatisierung und Reorganisation des volkseigenen Vermögens die Anteilsrechte an dem berechtigten Unternehmen unentgeltlich übertragen worden sind. [2]Sind Unternehmen als ehemals volkseigenes Vermögen dem Staat, den Ländern, Kreisen, Städten, Gemeinden oder anderen Vermögensträgern durch Gesetz übertragen worden, richtet sich die Ausgleichsforderung gegen diese

Stellen. [3]Werden der Treuhandanstalt zustehende Anteilsrechte unentgeltlich auf Tochterunternehmen übertragen, so sind diese Schuldner der Ausgleichsforderung. [4]Diese können ihrerseits Ausgleichsforderungen nach Absatz 1 gegen die Treuhandanstalt geltend machen, wenn sie ein unmittelbares Tochterunternehmen der Treuhandanstalt sind.

(4) [1]Das Unternehmen hat den Schuldner der Ausgleichsforderung zu unterrichten, sobald sich bei der Aufstellung der Eröffnungsbilanz eine solche abzeichnet. [2]Dem Schuldner stehen die Rechte nach § 23 ab 1. Juli 1990 zu. [3]Die Treuhandanstalt unterrichtet unverzüglich den Minister der Finanzen und den Bundesminister der Finanzen über Ausgleichsforderungen, die gegen die Treuhandanstalt gerichtet sind.

(5) [1]Mutterunternehmen, die Schuldner einer Ausgleichsforderung nach Absatz 1 sind, stellen in Höhe ihrer Verbindlichkeit aus dieser Ausgleichsforderung auf der Aktivseite ihrer Eröffnungsbilanz ein Beteiligungsentwertungskonto ein. [2]Der aktivierte Betrag ist in den Folgejahren jeweils in Höhe der Tilgung der Ausgleichsforderung abzuschreiben. [3]Soweit die Aktivierung des Beteiligungsentwertungskontos zu einer Rücklage führt, darf diese nur zum Ausgleich von Verlusten verwendet werden.

# § 25
## Ausgleichsverbindlichkeiten

(1) [1]Ergibt sich bei der Aufstellung der Eröffnungsbilanz von in § 24 Abs. 1 Satz 1 bezeichneten Unternehmen, daß ein höheres Eigenkapital auszuweisen wäre, als es dem für das Sachanlagevermögen auszuweisenden Betrag, vermindert um den für den zum 1. Juli 1990 übergegangenen Grund und Boden auszuweisenden Betrag, entspricht, so werden sie in Höhe des übersteigenden Betrags mit einer gesondert auszuweisenden Ausgleichsverbindlichkeit belastet. [2]Das für die Rechtsform des Unternehmens oder seine Tätigkeit gesetzlich vorgeschriebene Mindestkapital darf jedoch nicht unterschritten werden. [3]§ 36 bleibt unberührt.

(2) [1]Gläubiger der Verbindlichkeit ist diejenige Person, die bei Entstehen einer Ausgleichsforderung nach § 24 Abs. 3 Schuldner der Ausgleichsforderung wäre. [2]Auf die Verzinsung der Ausgleichsverbindlichkeit ist § 24 Abs. 2 Satz 3 entsprechend anzuwenden.

(3) [1]Das Unternehmen hat den Gläubiger der Ausgleichsverbindlichkeit zu unterrichten, sobald sich bei der Aufstellung der Eröffnungsbilanz eine solche abzeichnet. [2]Dem Gläubiger stehen die Rechte nach § 23 ab 1. Juli 1990 zu.

(4) [1]Mutterunternehmen, die Gläubiger einer Ausgleichsverbindlichkeit nach Absatz 1 sind, stellen in Höhe dieses Betrags auf der Aktivseite ihrer Eröffnungsbilanz eine entsprechende Forderung ein. [2]Beträge, die dem Mutterunternehmen zur Tilgung der Ausgleichsverbindlichkeit des Tochterunternehmens zufließen, werden mit dieser Forderung jeweils verrechnet.

(5) Sind Beteiligungen oder Grund und Boden auf ein Unternehmen mit Wirkung zum 1. Juli 1990 unentgeltlich übergegangen, so sind sie an die Treuhandanstalt zu übertragen, wenn eine in der Eröffnungsbilanz festgestellte Überschuldung nicht beseitigt oder innerhalb der Feststellungsfrist nach § 35 Abs. 1 Satz 3 das Gesamtvollstreckungverfahren eingeleitet oder das Unternehmen aufgelöst wird.

## § 26

### Eigenkapitalsicherung

(1) Unternehmen im Sinne des § 24 Abs. 1 Satz 1 haben als Eigenkapital den Betrag auszuweisen, um den der Gesamtbetrag der auf der Aktivseite der Eröffnungsbilanz ausgewiesenen Vermögensgegenstände einschließlich der nach diesem Gesetz einzustellenden Sonderposten und der Rechnungsabgrenzungsposten höher ist als der Gesamtbetrag der auf der Passivseite ausgewiesenen Schulden und der Rechnungsabgrenzung.

(2) [1]Ist dem Unternehmen nach dem für seine Rechtsform maßgeblichen Recht die Bildung eines gezeichneten Kapitals vorgeschrieben, so ist dieses in der in der Satzung oder im Gesellschaftsvertrag vorgesehenen Höhe, zumindest aber in Höhe des gesetzlich vorgeschriebenen Mindestkapitals neu festzusetzen. [2]§ 27 Abs. 2 Satz 2 und 3, Abs. 3 und 7 ist anzuwenden.

(3) [1]Reicht das nach Absatz 1 ermittelte Eigenkapital zur Bildung des gezeichneten Kapitals nicht aus, so ist der Fehlbetrag als Ausstehende Einlage auf der Aktivseite vor dem Anlagevermögen gesondert auszuweisen. [2]Für die Einzahlung des Kapitals gelten die für die Rechtsform des Unternehmens maßgeblichen Vorschriften. [3]Ist die Mindesteinzahlung nicht vollständig bewirkt, gilt der Fehlbetrag als eingefordert. [4]Die Forderung entfällt, wenn der Anteilseigner die Auflösung des Unternehmens innerhalb der Feststellungsfrist für die Eröffnungsbilanz beschließt oder die Einleitung des Gesamtvollstreckungsverfahrens verlangt. [5]§ 24 Abs. 4 Satz 3 ist entsprechend anzuwenden. [6]§ 19 Abs. 4 des Gesetzes betreffend die Gesellschaften mit beschränkter Haftung ist nicht anzuwenden.

(4) [1]Hat der Anteilseigner nach Überführung des Unternehmens in eine private Rechtsform seine Einlage bis zum 30. Juni 1990 geleistet, so kann in den Fällen des Absatzes 3 ein Fehlbetrag dadurch ausgeglichen werden, daß auf der Aktivseite der Eröffnungsbilanz an Stelle der Ausstehenden Einlage in entsprechender Anwendung des § 28 Abs. 1 und 2 unter den dortigen Voraussetzungen ein Kapitalentwertungskonto ausgewiesen wird. [2]§ 30 ist anzuwenden.

## Unterabschnitt 5

### Neufestsetzung der Kapitalverhältnisse privater Unternehmen

## § 27

### Neufestsetzung

(1) [1]Dieser Unterabschnitt ist auf Unternehmen anzuwenden, die bis zum 30. Juni 1990 in einer Rechtsform des privaten Rechts entstanden oder zur Eintragung in das Handelsregister angemeldet, aber noch nicht eingetragen worden sind und keine Unternehmen im Sinne des § 24 Abs. 1 Satz 1 sind. [2]Als Eigenkapital ist der in § 26 Abs. 1 bezeichnete Betrag auszuweisen.

(2) [1]Aktiengesellschaften und Kommanditgesellschaften auf Aktien haben ihr Grundkapital, Gesellschaften mit beschränkter Haftung ihr Stammkapital in der in der Satzung oder im Gesellschaftsvertrag vorgesehenen Höhe, zumindest aber in Höhe des gesetzlich vorgeschriebenen Mindestkapitals neu festzusetzen. [2]Das gezeichnete Kapital kann mit einem höheren Betrag festgesetzt werden, wenn sich bei der Aufstellung der Eröffnungsbilanz nach Abzug der Rücklage nach § 31 ein höheres Eigenkapital ergibt. [3]Der übersteigende Be-

trag ist bei Aktiengesellschaften und Kommanditgesellschaften auf Aktien der gesetzlichen Rücklage, bei Gesellschaften mit beschränkter Haftung einer Sonderrücklage zuzuweisen, die nur zum Ausgleich von Verlusten verwendet werden darf.

(3) Die Gesellschafter dürfen auf Grund der Neufestsetzung keine Zahlungen erhalten und von der Verpflichtung zur Leistung von Einlagen nicht befreit werden; § 57 Abs. 1 Satz 1, § 62 des Aktiengesetzes, § 30 Abs. 1, § 31 des Gesetzes betreffend die Gesellschaften mit beschränkter Haftung sind auf die in der Eröffnungsbilanz gebildeten Rücklagen entsprechend anzuwenden.

(4) ¹Offene Handelsgesellschaften und Kommanditgesellschaften haben die Kapitaleinlagen ihrer Gesellschafter, soweit solche im Gesellschaftsvertrag vereinbart sind, und Kommanditgesellschaften zusätzlich die Hafteinlagen ihrer Kommanditisten in entsprechender Anwendung des Absatzes 2 und 3 neu festzusetzen. ²Das Entnahmerecht der Gesellschafter nach § 122 des Handelsgesetzbuchs darf nicht dazu führen, daß das in der Eröffnungsbilanz ausgewiesene Eigenkapital niedriger wird als die Summe der auf der Aktivseite ausgewiesenen Beträge nach § 31. ³Persönlich haftende Gesellschafter haben zuviel entnommene Beträge zurückzuerstatten. ⁴Führen Zahlungen an Kommanditisten zu einer solchen Minderung des Eigenkapitals, gelten diese als Rückzahlung der Einlage nach § 172 Abs. 4 des Handelsgesetzbuchs.

(5) Genossenschaften haben die Geschäftsguthaben, die Geschäftsanteile und die Haftsummen neu festzusetzen; Absatz 3 ist entsprechend anzuwenden.

(6) Bei der Neufestsetzung können die Anteile auf die folgenden Beträge gestellt werden:
1. Aktien auf einen Nennbetrag von fünfzig Deutsche Mark oder auf höhere Nennbeträge, die auf volle hundert Deutsche Mark lauten,
2. die Geschäftsanteile an Gesellschaften mit beschränkter Haftung auf fünfhundert Deutsche Mark oder jeden höheren Betrag der durch hundert teilbar ist, und zwar unabhängig von der Zahl der Gesellschafter,
3. die Geschäftsanteile bei Genossenschaften auf fünfzig Deutsche Mark oder auf jeden höheren auf volle fünfzig Deutsche Mark lautenden Betrag.

(7) In der Eröffnungsbilanz sind das gezeichnete Kapital und die Rücklagen in der Höhe auszuweisen, wie sie nach der Neufestsetzung bestehen sollen.

## § 28
### Vorläufige Neufestsetzung

(1) An Stelle einer endgültigen Neufestsetzung nach § 27 kann von Unternehmen, die nicht Geldinstitute oder Außenhandelsbetriebe sind, die Neufestsetzung vorläufig in der Weise durchgeführt werden, daß das in der Schlußbilanz in Mark der Deutschen Demokratischen Republik ausgewiesene gezeichnete Kapital (Grundkapital, Stammkapital, Einlagen, Genußrechtskapital, Geschäftsguthaben) mit dem gleichen Betrag in Deutscher Mark in die Eröffnungsbilanz übernommen und der Unterschied, um den der Betrag des gezeichneten Kapitals das bei der Aufstellung der Eröffnungsbilanz ermittelte Eigenkapital übersteigt, als Kapitalentwertungskonto auf der Aktivseite der Eröffnungsbilanz eingestellt wird.

(2) [1]Der Betrag, der als Kapitalentwertungskonto ausgewiesen wird, darf nicht höher sein als neun Zehntel des gezeichneten Kapitals. [2]Eine Kapitalrücklage darf nicht beibehalten werden. [3]Eine Gewinnrücklage darf beibehalten werden, soweit diese nach § 31 gebildet worden ist und nach vernünftiger kaufmännischer Beurteilung erwartet werden kann, daß das Unternehmen das Kapitalentwertungskonto aus künftigen Jahresüberschüssen tilgen kann. [4]Das Unternehmen ist verpflichtet, das Kapitalentwertungskonto innerhalb von fünf Geschäftsjahren nach dem Stichtag der Eröffnungsbilanz auszugleichen. [5]Zur Tilgung sind Werterhöhungen auf Grund der Berichtigung von Wertansätzen nach § 36 sowie die Jahresüberschüsse zu verwenden. [6]Eine anderweitige Verwendung ist unzulässig, solange das Kapitalentwertungskonto besteht.

## § 29
### Gesellschaftsrechtliche Beziehungen

(1) Das Verhältnis der mit den Anteilen verbundenen Rechte zueinander wird durch die Neufestsetzung nicht berührt.

(2) [1]Vertragliche Beziehungen des Unternehmens zu Dritten, die von der Gewinnausschüttung des Unternehmens, dem Nennbetrag oder dem Wert ihrer Anteile oder ihres gezeichneten Kapitals oder in sonstiger Weise von den bisherigen Kapital- oder Gewinnverhältnissen abhängen, bestimmen sich nach den durch die Neufestsetzung eingetretenen neuen Kapital- oder Gewinnverhältnissen. [2]Dritte brauchen eine durch die Neufestsetzung eintretende Kürzung ihrer Rechte nach Satz 1 nicht gegen sich gelten zu lassen, soweit sie darauf beruht, daß in der Eröffnungsbilanz das gezeichnete Kapital zu den Rücklagen in einem durch §§ 27, 28 nicht bedingten ungünstigeren Verhältnis steht, als dies in der Schlußbilanz der Fall ist.

(3) Wird während des Bestehens eines Kapitalentwertungskontos eine Kapitalerhöhung beschlossen, so ist jedem Anteilseigner auf sein Verlangen ein seinem Anteil an dem bisherigen gezeichneten Kapital entsprechender Teil der neuen Anteile zuzuteilen, es sei denn, daß ein Dritter die Anteile übernommen und sich verpflichtet hat, sie den Anteilseignern zum Bezug anzubieten.

## § 30
### Auflösung von Kapitalentwertungskonten

(1) Wird ein Kapitalentwertungskonto nicht innerhalb der in § 28 Abs. 2 Satz 4 bestimmten Frist ausgeglichen, so hat das für Kapitalmaßnahmen zuständige Organ des Unternehmens spätestens bei der Beschlußfassung über die Verwendung des Ergebnisses aus dem Jahresabschluß des fünften Geschäftsjahrs nach dem Stichtag der Eröffnungsbilanz die Maßnahmen zu beschließen, die erforderlich sind, um das Kapitalentwertungskonto auf andere Weise als durch Tilgung, insbesondere durch Ermäßigung des gezeichneten Kapitals, auszugleichen.

(2) [1]Die Maßnahmen gemäß Absatz 1 sind unverzüglich durchzuführen. [2]Ihre Durchführung gilt als endgültige Neufestsetzung. [3]Auf die Ermäßigung des gezeichneten Kapitals sind die für die Rechtsform des Unternehmens maßgeblichen Vorschriften, von Aktiengesellschaften und Kommanditgesellschaften auf Aktien die §§ 229 bis 236 des Aktiengesetzes über die vereinfachte Kapitalherabsetzung anzuwenden.

## Unterabschnitt 6
### Vorläufige Gewinnrücklage

### § 31
### Vorläufige Gewinnrücklage

(1) [1]Unternehmen dürfen, wenn sie nicht Geldinstitute oder Außenhandelsbetriebe sind, folgende Maßnahmen treffen, um eine Gewinnrücklage bilden zu können:

1. Die nicht entgeltlich erworbenen immateriellen Vermögensgegenstände des Anlagevermögens dürfen mit dem Betrag angesetzt werden, den ein Erwerber des Unternehmens bei dessen Fortführung im Rahmen des Gesamtkaufpreises für diese Vermögensgegenstände ansetzen würde; dabei darf auch ein Geschäfts- oder Firmenwert berücksichtigt werden.
2. Die Aufwendungen für die Ingangsetzung und Erweiterung des Geschäftsbetriebs nach § 269 Satz 1 des Handelsgesetzbuchs dürfen aktiviert werden. Dazu gehören alle Maßnahmen, die nach dem 1. März 1990 ergriffen wurden und geeignet sind, die Wettbewerbsfähigkeit des Unternehmens herzustellen.
3. Zuschüsse, Beihilfen und andere Vermögensvorteile, die ohne Rückzahlungsverpflichtung von Dritten für Investitionen gewährt werden, dürfen aktiviert werden, sofern der Auftrag für die Investition bis zum Ablauf der Aufstellungsfrist für die Eröffnungsbilanz verbindlich erteilt worden ist.

[2]In Höhe der nach Satz 1 Nr. 1 bis 3 aktivierten Beträge ist auf der Passivseite eine Gewinnrücklage zu bilden, die bis zur Tilgung der aktivierten Beträge als vorläufige zu bezeichnen ist.

(2) [1]Der nach Absatz 1 Nr. 1 angesetzte Betrag ist planmäßig innerhalb der Zeit abzuschreiben, die der durchschnittlichen Restnutzungsdauer der nach § 7 neu bewerteten entgeltlich erworbenen immateriellen Vermögensgegenstände des Unternehmens entspricht. [2]Fehlen Vergleichszahlen oder sind die Verhältnisse nicht vergleichbar, so ist der Betrag in jedem folgenden Geschäftsjahr zu mindestens einem Viertel durch Abschreibungen zu tilgen.

(3) Für die Ingangsetzung und Erweiterung des Geschäftsbetriebs nach Absatz 1 Nr. 2 ausgewiesene Beträge sind in jedem folgenden Geschäftsjahr zu mindestens einem Viertel durch Abschreibung zu tilgen.

(4) [1]Die nach Absatz 1 Nr. 3 aktivierten Beträge sind in den Folgejahren erfolgsneutral umzubuchen, sobald deren Bilanzierungsfähigkeit eingetreten ist. [2]Entfällt der Anspruch nach Absatz 1 Nr. 3 nachträglich, so ist der hierfür angesetzte Betrag unmittelbar mit den Rücklagen zu verrechnen.

(5) Von Absatz 1 Nr. 1 und 2 darf nur insoweit Gebrauch gemacht werden, als nach vernünftiger kaufmännischer Beurteilung angenommen werden kann, daß das Unternehmen in der Lage sein wird, die sich hieraus ergebenden Aufwendungen und eine Gewinnausschüttung in Höhe der Zinserträge aus einer Ausgleichsforderung nach § 24 aus den laufenden Erträgen ohne Beeinträchtigung des in der Eröffnungsbilanz ausgewiesenen Eigenkapitals zu decken.

(6) [1]Werden Beträge nach Absatz 1 Nr. 1 oder 2 aktiviert, so dürfen bis zu deren Tilgung durch Abschreibung Gewinne nur ausgeschüttet werden, wenn die nach der Ausschüttung verbleibenden jederzeit auflösbaren Gewinnrücklagen zuzüglich eines Gewinnvortrags und abzüglich eines Verlustvortrags dem angesetzten Betrag mindestens entsprechen. [2]Entstehende Verluste sind in Höhe der Abschreibungen nach Absatz 2 und 3 mit der Gewinnrücklage zu verrechnen. [3]§ 36 bleibt unberührt.

(7) Beträge nach Absatz 1 sind bei der Berechnung von Ausgleichsforderungen und Ausgleichsverbindlichkeiten nach den §§ 24, 25, der Ausstehenden Einlage nach § 26 Abs. 3 und des Kapitalentwertungskontos nach § 26 Abs. 4, § 28 Abs. 1 nicht zu berücksichtigen.

(8) Nach Absatz 1 aktivierte Beträge und die in Höhe dieser Beträge gebildete Gewinnrücklage sind gesondert unter entsprechender Bezeichnung auszuweisen und im Anhang zu erläutern.

# Abschnitt 4
# Festsetzung und Anpassung von Leistungen in Deutscher Mark

## § 32
### Festsetzung und Anpassung von Leistungen in Deutscher Mark

(1) ¹Verweisen Verträge, die erst nach dem 30. Juni 1990 zu erfüllen sind, auf Preise, die bisher nach staatlichen Preisvorschriften festgesetzt wurden, aber einer Preisbindung nicht mehr unterliegen, so ist der Preis, wenn eine Preisfestsetzung bis zum 30. Juni 1990 nicht stattgefunden hat, von dem Gläubiger durch Erklärung gegenüber dem zur Zahlung Verpflichteten zu bestimmen. ²Die getroffene Bestimmung ist für den anderen Teil jedoch nur verbindlich, wenn sie der Billigkeit entspricht. ³Entspricht sie nicht der Billigkeit, wird die Bestimmung durch Urteil getroffen; das gleiche gilt, wenn die Bestimmung verzögert wird.

(2) ¹Führt die Umrechnung von vor dem 1. Juli 1990 begründeten Forderungen und Verbindlichkeiten aus schwebenden Verträgen, insbesondere aus Dauerschuldverhältnissen dazu, daß das ursprüngliche Gleichgewicht von Leistung und Gegenleistung erheblich verschoben wird und droht dadurch einem Vertragspartner oder beiden Vertragspartnern ein nicht zumutbarer Nachteil, so kann jeder Vertragspartner verlangen, daß der andere Vertragspartner seine Leistung nach billigem Ermessen neu festsetzt. ²Die getroffene Bestimmung ist für den benachteiligten Vertragspartner nur verbindlich, wenn sie der Billigkeit entspricht. ³Entspricht sie nicht der Billigkeit, so wird die Bestimmung durch Urteil getroffen; das gleiche gilt, wenn die Bestimmung verzögert wird.

(3) Erfolgt in den Fällen des Absatzes 1 und 2 die Neubestimmung nach billigem Ermessen innerhalb der Aufstellungsfrist für die Eröffnungsbilanz, so ist eine Rückstellung nach § 17 Abs. 2 nur zu bilden, wenn zu erwarten ist, daß auch das neu festgesetzte Entgelt zu einem Verlust führen wird.

# Abschnitt 5
# Verfahren

## Unterabschnitt 7
## Prüfung

## § 33
### Prüfung

(1) ¹Die Eröffnungsbilanz und der Anhang, jedoch ohne die vergleichende Darstellung nach § 20, sind durch einen Prüfer zu prüfen. ²Hat keine Prüfung stattgefunden, so kann die Eröffnungsbilanz nicht festgestellt werden. ³Kapi-

talgesellschaften und Genossenschaften, deren Bilanzsumme in der Eröffnungsbilanz drei Millionen neunhunderttausend Deutsche Mark nach Abzug eines Fehlbetrags nach § 268 Abs. 3 des Handelsgesetzbuchs nicht übersteigt oder die am Stichtag nicht mehr als fünfzig Arbeitnehmer beschäftigen, brauchen die Eröffnungsbilanz und den Anhang nicht prüfen zu lassen, soweit sie nicht Geldinstitute oder Außenhandelsbetriebe sind. ⁴Einzelkaufleute und Personenhandelsgesellschaften brauchen die Eröffnungsbilanz nicht prüfen zu lassen, soweit sie nicht Geldinstitute sind.

(2) ¹Ist das Unternehmen in der Zeit vom 1. März 1990 bis zum Ablauf der Aufstellungsfrist für die Eröffnungsbilanz gegründet oder durch Gesetz oder auf Grund eines Beschlusses in eine private Rechtsform umgewandelt worden, so kann in die Prüfung der Eröffnungsbilanz auch die Prüfung der Gründung oder Umwandlung einbezogen werden. ²Dies gilt auch für die Prüfung von Sacheinlagen.

(3) ¹Die Konzerneröffnungsbilanz und der Konzernanhang sind durch einen Prüfer zu prüfen. ²Hat keine Prüfung stattgefunden, so kann die Konzerneröffnungsbilanz nicht festgestellt werden.

(4) ¹Werden die geprüften Unterlagen nach Vorlage des Prüfungsberichts geändert, so hat der Prüfer diese Unterlagen erneut zu prüfen, soweit es die Änderung erfordert. ²Über das Ergebnis der Prüfung ist zu berichten; der Bestätigungsvermerk ist entsprechend zu ergänzen.

(5) ¹§ 317 des Handelsgesetzbuchs über Gegenstand und Umfang der Prüfung ist mit der Maßgabe anzuwenden, daß auch das Inventar in die Prüfung einzubeziehen ist. ²Bei Geldinstituten und Außenhandelsbetrieben ist außerdem die vergleichende Darstellung nach § 20 zu prüfen.

# § 34
## Durchführung der Prüfung

(1) ¹Prüfer können nach der Wirtschaftsprüferordnung der Bundesrepublik Deutschland bestellte und vereidigte Wirtschaftsprüfer und anerkannte Wirtschaftsprüfungsgesellschaften sein. ²Gesellschaften mit beschränkter Haftung, deren Bilanzsumme in der Eröffnungsbilanz fünfzehn Millionen fünfhunderttausend Deutsche Mark nach Abzug eines Fehlbetrags nach § 268 Abs. 3 des Handelsgesetzbuchs nicht übersteigt oder die am Stichtag der Eröffnungsbilanz nicht mehr als zweihundertfünfzig Arbeitnehmer beschäftigen, können ihre Eröffnungsbilanz auch von nach der Wirtschaftsprüferordnung der Bundesrepublik Deutschland bestellten vereidigten Buchprüfern oder anerkannten Buchprüfungsgesellschaften prüfen lassen.

(2) ¹Ist das Unternehmen eine Genossenschaft, so dürfen die nach § 33 vorgeschriebenen Prüfungen abweichend von § 319 Abs. 1 Satz 1 des Handelsgesetzbuchs nur von einem Prüfungsverband durchgeführt werden, dem das Prüfungsrecht nach § 63 des Gesetzes betreffend die Erwerbs- und Wirtschaftsgenossenschaften verliehen worden ist. ²Der Prüfungsverband ist jedoch nur prüfungsberechtigt, sofern mehr als die Hälfte der Mitglieder seines Vorstands Wirtschaftsprüfer nach Absatz 1 Satz 1 ist. ³Hat der Prüfungsverband nur zwei Vorstandsmitglieder, so muß einer von ihnen Wirtschaftsprüfer nach Absatz 1 Satz 1 sein. ⁴Hat der Verband, dem die Genossenschaft als Mitglied angehört, eine Vereinbarung über die Durchführung von Prüfungen mit einem Prüfungsverband in der Bundesrepublik Deutschland abgeschlossen, so ist dieser zuständig. ⁵§ 55 Abs. 3 des Gesetzes betreffend die Erwerbs- und Wirtschaftsgenossenschaften bleibt unberührt.

(3) ¹Ist das Unternehmen eine Sparkasse, so dürfen die nach § 33 vorgeschriebenen Prüfungen abweichend von § 319 Abs. 1 Satz 1 des Handelsgesetzbuchs nur von der Prüfungsstelle eines Sparkassen- und Giroverbands durchgeführt werden. ²Die Prüfung darf von der Prüfungsstelle jedoch nur durchgeführt werden, wenn der Leiter der Prüfungsstelle die Voraussetzungen des § 319 des Handelsgesetzbuchs erfüllt. ³Außerdem muß sichergestellt sein, daß der Prüfer die Prüfung unabhängig von den Weisungen der Organe des Sparkassen- und Giroverbands durchführen kann.

(4) ¹Auf die Bestellung des Prüfers in den Fällen des Absatzes 1 ist § 318 des Handelsgesetzbuchs mit der Maßgabe anzuwenden, daß das geschäftsführende Organ des Unternehmens den Prüfer vorläufig bestellen kann, insbesondere um seine Anwesenheit bei der Inventur zu erreichen. ²Die Bestätigung der nach § 318 des Handelsgesetzbuchs zur Wahl des Prüfers berufenen Personen ist unverzüglich nachzuholen.

(5) Auf die Prüfung sind die §§ 317, 318, 319 Abs. 2, 3, §§ 320 bis 323 des Handelsgesetzbuchs entsprechend anzuwenden.

## Unterabschnitt 8
### Feststellung und Berichtigung

### § 35
#### Feststellung

(1) ¹Die Eröffnungsbilanz und der Anhang sowie die Konzerneröffnungsbilanz und der Konzernanhang bedürfen der Feststellung. ²Die für die Aufstellung dieser Unterlagen geltenden Vorschriften sind auch bei der Feststellung anzuwenden. ³Die Feststellung ist bei Einzelunternehmen vom Inhaber, bei anderen Unternehmen von den Anteilseignern oder dem sonst zuständigen Organ in der für Beschlußfassungen nach der Rechtsform des Unternehmens vorgeschriebenen Form unverzüglich nach Vorlage der Unterlagen herbeizuführen; die Eröffnungsbilanz und der Anhang sind spätestens vor Ablauf des achten Monats und von kleinen Unternehmen nach § 4 Abs. 1 Satz 2 spätestens vor Ablauf des elften Monats nach dem Bilanzstichtag, die Konzerneröffnungsbilanz und der Konzernanhang spätestens vor Ablauf des achten Monats nach dem Bilanzstichtag festzustellen. ⁴Das Geschäftsführungsorgan hat zu diesem Zweck die festzustellenden Unterlagen unverzüglich nach ihrer Aufstellung und den Prüfungsbericht unverzüglich nach seiner Vorlage dem zur Feststellung berufenen Organ vorzulegen. ⁵Hat das Unternehmen einen Aufsichtsrat, so hat der Aufsichtsrat die Unterlagen in entsprechender Anwendung des § 171 des Aktiengesetzes zu prüfen und über das Ergebnis der Prüfung schriftlich zu berichten.

(2) ¹Die in Absatz 1 Satz 1 bezeichneten Unterlagen können nicht festgestellt werden, wenn der Bestätigungsvermerk versagt worden ist. ²Die Eröffnungsbilanz oder die Konzerneröffnungsbilanz ist nichtig, wenn sie bei bestehender Prüfungspflicht nicht in der vorgeschriebenen Form geprüft oder nicht festgestellt worden ist. ³Werden die Unterlagen nach Prüfung geändert, so wird ein Beschluß über die Feststellung erst wirksam, wenn auf Grund der erneuten Prüfung ein hinsichtlich der Änderungen uneingeschränkter Bestätigungsvermerk erteilt worden ist.

(3) Das Geschäftsführungsorgan hat dem Feststellungsorgan sogleich mit den festzustellenden Unterlagen einen Bericht vorzulegen, in dem die Vorschläge zur Neufestsetzung der Kapitalverhältnisse und die wesentlichen Umstände darzulegen sind, die für die Bewertung der Vermögensgegenstände und für die Vorschläge zur Neufestsetzung maßgebend gewesen sind, soweit sich diese Erläuterungen nicht aus dem Anhang oder dem Konzernanhang ergeben.

# § 36
## Berichtigung von Wertansätzen

(1) [1]Ergibt sich bei der Aufstellung späterer Jahresabschlüsse, daß Vermögensgegenstände oder Sonderposten in der Eröffnungsbilanz nicht oder mit einem zu niedrigen Wert oder Schulden oder Sonderposten zu Unrecht oder mit einem zu hohen Wert angesetzt worden sind, so ist in der späteren Bilanz der unterlassene Ansatz nachzuholen oder der Wertansatz zu berichtigen, wenn es sich um einen wesentlichen Betrag handelt. [2]Der Gewinn ist in Gewinnrücklagen, bei Aktiengesellschaften vorweg in die gesetzliche Rücklage bis zu deren vorgeschriebener Höhe, einzustellen, soweit er nicht mit einem Verlust aus einer Verminderung des Sonderverlustkontos aus Rückstellungsbildung nach § 17 Abs. 4 oder der Ausgleichsforderung nach § 24 Abs. 1 oder des Beteiligungsentwertungskontos nach § 24 Abs. 5 oder der Ausstehenden Einlage nach § 26 Abs. 3 oder des Kapitalentwertungskontos nach § 26 Abs. 4, § 28 Abs. 1 oder einem Verlust aus der Erhöhung der Ausgleichsverbindlichkeiten nach § 25 Abs. 1 zu verrechnen ist.

(2) [1]Ergibt sich bei der Aufstellung späterer Jahresabschlüsse, daß Vermögensgegenstände oder Sonderposten in der Eröffnungsbilanz zu Unrecht oder mit einem zu hohen Wert oder Schulden oder Sonderposten nicht oder mit einem zu geringen Wert angesetzt worden sind, so ist in der späteren Bilanz der Wertansatz zu berichtigen oder der unterlassene Ansatz nachzuholen, wenn es sich um einen wesentlichen Betrag handelt. [2]Der Verlust ist offen mit dem Eigenkapital, vorweg mit dem Jahresergebnis und den Gewinnrücklagen, zu verrechnen, soweit er nicht mit dem Gewinn aus einer Erhöhung des Sonderverlustkontos aus Rückstellungsbildung nach § 17 Abs. 4 oder der Ausgleichsforderung nach § 24 Abs. 1 oder des Beteiligungsentwertungskontos nach § 24 Abs. 5 oder der Ausstehenden Einlage nach § 26 Abs. 3 oder des Kapitalentwertungskontos nach § 26 Abs. 4, § 28 Abs. 1 oder dem Gewinn aus einer Verminderung der Ausgleichsverbindlichkeit nach § 25 Abs. 1 zu verrechnen ist.

(3) [1]Absatz 1 und 2 ist auch anzuwenden, wenn ein für die Eröffnungsbilanz eingeräumtes Wahlrecht nachträglich mit Wirkung für diese abweichend ausgeübt wird. [2]Gewinne nach Absatz 1 können mit Verlusten nach Absatz 2 nur innerhalb des Eigenkapitals verrechnet werden.

(4) [1]In den Fällen des Absatzes 1 bis 3 gilt die Eröffnungsbilanz als geändert. [2]Absatz 1 bis 3 ist letztmals auf Jahresabschlüsse für Geschäftsjahre anzuwenden, die im Jahre 1994 enden. [3]Forderungen und Verbindlichkeiten nach den §§ 24, 25 und 26 Abs. 3 können nicht mehr geändert werden, soweit sie im Zeitpunkt der Berichtigung getilgt oder auf eine dritte Person übergegangen sind oder Sicherungsrechte dritter Personen dadurch beeinträchtigt werden.

(5) Absatz 1 bis 4 ist auf die Konzerneröffnungsbilanz entsprechend anzuwenden.

## Unterabschnitt 9
## Offenlegung

### § 37
### Offenlegung

(1) [1]Unternehmen haben die Eröffnungsbilanz und den Anhang sowie die Konzerneröffnungsbilanz und den Konzernanhang offenzulegen, wenn sie nach ihrer Rechtsform oder wegen ihres Geschäftszweigs zur Offenlegung ihrer Jahresabschlüsse verpflichtet sind oder wenn sie in ihrer Eröffnungsbilanz oder in ihrer Konzerneröffnungsbilanz eine Bilanzsumme von mehr als einhundertfünfundzwanzig Millionen Deutsche Mark ausweisen und am Bilanzstichtag mehr als fünftausend Arbeitnehmer beschäftigen. [2]Die §§ 325, 326, 328 und 339 des Handelsgesetzbuchs sind entsprechend anzuwenden; auf die Bestimmung der Größenmerkmale ist § 5 Abs. 2 anzuwenden. [3]Die vergleichende Darstellung nach § 20 braucht nicht offengelegt zu werden. [4]§ 4 des Gesetzes über die Inkraftsetzung von Rechtsvorschriften der Bundesrepublik Deutschland in der Deutschen Demokratischen Republik vom 21. Juni 1990 (GBl. I Nr. 34 S. 357) ist nicht anzuwenden.

(2) Das Registergericht prüft bei der Einreichung der Unterlagen, ob die Unterlagen vollzählig sind und, sofern vorgeschrieben, fristgerecht bekanntgemacht worden sind.

(3) Ist die Prüfung der Gründung, Umwandlung oder von Sacheinlagen in die Prüfung der Eröffnungsbilanz einbezogen worden, so kann das Gericht unterstellen, daß die Wertansätze für Vermögensgegenstände in der Eröffnungsbilanz deren tatsächlichem Wert entsprechen, wenn die Eröffnungsbilanz und der Anhang einen uneingeschränkten Bestätigungsvermerk erhalten haben.

(4) Unternehmen, die nach den bis zum 30. Juni 1990 gültigen Rechtsvorschriften gegenüber dem Statistischen Amt der Deutschen Demokratischen Republik berichtspflichtig waren, sowie neu gebildete Kapitalgesellschaften haben die D-Markeröffnungsbilanz und die vergleichende Darstellung nach § 20 unverzüglich nach ihrer Feststellung der örtlich zuständigen Dienststelle des Statistischen Amtes der Deutschen Demokratischen Republik in zweifacher Ausfertigung einzureichen.

## Abschnitt 6
## Geschäftszweigbezogene Vorschriften

## Unterabschnitt 10
## Vorschriften für Geldinstitute und Außenhandelsbetriebe

### § 38
### Anwendungsbereich

(1) [1]Geldinstitute und Außenhandelsbetriebe haben die Vorschriften dieses Gesetzes zu beachten, soweit in diesem Unterabschnitt nichts anderes bestimmt ist. [2]Sie dürfen die in diesem Gesetz größenabhängig zugelassenen Erleichterungen nicht in Anspruch nehmen. [3]§ 19 Abs. 3 Nr. 1 Buchstabe a dieses Gesetzes und die §§ 25a bis 26b des Gesetzes über das Kreditwesen sind auf Geldinstitute nicht anzuwenden.

(2) Geldinstitute sind Unternehmen, die vor dem 1. Juli 1990 im Währungsgebiet der Mark der Deutschen Demokratischen Republik befugt Bankgeschäfte gemäß § 1 Abs. 1 des Gesetzes über das Kreditwesen betrieben haben; die Befugnis kann auf Gesetz, Verordnung, behördlicher Anordnung oder behördlicher Erlaubnis beruhen.

(3) [1]Außenhandelsbetriebe sind Unternehmen, die vor dem 1. Juli 1990 im Währungsgebiet der Mark der Deutschen Demokratischen Republik im Auftrag staatlicher Stellen im Rahmen des Außenhandels- und Valutamonopols Geschäfte mit Unternehmen oder Ländern außerhalb des Währungsgebiets der Mark der Deutschen Demokratischen Republik betrieben haben. [2]Dazu rechnen auch Unternehmen, die den Geschäftsbetrieb von Außenhandelsbetrieben ganz oder teilweise zum Zwecke der Abwicklung übernommen haben, hinsichtlich des abzuwickelnden Vermögens.

## § 39
### Eröffnungsbilanz

(1) Geldinstitute haben abweichend von § 247 Abs. 1, §§ 251, 265 Abs. 5 bis 7, §§ 266 bis 268 des Handelsgesetzbuchs und unbeschadet einer weiteren Gliederung die Eröffnungsbilanz gemäß der Verordnung über Formblätter für die Gliederung des Jahresabschlusses von Kreditinstituten in der Fassung der Bekanntmachung vom 14. September 1987 (BGBl. I S. 2169) aufzustellen, und zwar

1. Geldinstitute, die Kapitalgesellschaft sind, nach dem Muster 1 dieser Verordnung für die Bilanz,
2. Geldinstitute, die eingetragene Genossenschaft sind, nach dem Muster 2 dieser Verordnung für die Bilanz,
3. Geldinstitute, die Sparkasse sind, und andere Geldinstitute des öffentlichen Rechts nach Mustern, die durch Änderung dieser Verordnung festgelegt werden.

(2) Geldinstitute haben in der Eröffnungsbilanz Pauschalwertberichtigungen nach § 13 Abs. 3 auf Forderungen aus Bankgeschäften in Höhe von 1 vom Hundert und auf Eventualforderungen des Bankgeschäfts aus Bürgschaften und sonstigen Gewährleistungen in Höhe von 0,5 vom Hundert vom Gesamtbetrag der Forderungen an Kunden abzusetzen, soweit diese sich nicht gegen eine Gebietskörperschaft, eine Körperschaft des öffentlichen Rechts, eine Anstalt oder ein Geldinstitut im Währungsgebiet der Deutschen Mark richten oder von ihnen verbürgt sind.

(3) Die Beibehaltung der Pauschalwertberichtigung in künftigen Bilanzen richtet sich nach den allgemeinen Bewertungsgrundsätzen.

(4) [1]Abweichend von § 16 Abs. 1 sind die nachstehend bezeichneten auf Mark der Deutschen Demokratischen Republik lautenden Verbindlichkeiten der Geldinstitute, die vor dem 1. Juli 1990 begründet wurden, mit der Wirkung auf Deutsche Mark umzurechnen, daß für eine Mark der Deutschen Demokratischen Republik eine Deutsche Mark anzusetzen ist:
Verbindlichkeiten gegenüber natürlichen Personen mit Wohnsitz in der Deutschen Demokratischen Republik,
– die nach dem 1. Juli 1976 geboren sind, bis zu zweitausend Mark,
– die zwischen dem 2. Juli 1931 und dem 1. Juli 1976 geboren sind, bis zu viertausend Mark,
– die vor dem 2. Juli 1931 geboren sind, bis zu sechstausend Mark,
sofern sie einen entsprechenden Antrag gestellt haben. [2]Ferner sind die nach

dem 31. Dezember 1989 begründeten Verbindlichkeiten gegenüber natürlichen oder juristischen Personen oder Stellen, deren Wohnsitz sich außerhalb der Deutschen Demokratischen Republik befindet, in der Weise umzustellen, daß für drei Mark der Deutschen Demokratischen Republik eine Deutsche Mark gutgeschrieben wird, sofern diese Personen oder Stellen einen entsprechenden Antrag gestellt haben.

## § 40
### Ausgleichsforderungen

(1) Geldinstituten und Außenhandelsbetrieben wird, soweit ihre Vermögenswerte in Anwendung der Bewertungsvorschriften des Unterabschnitts 2 dieses Gesetzes zur Deckung der aus der Einführung der Währung der Deutschen Mark und der Währungsumstellung in der Deutschen Demokratischen Republik hervorgehenden Verbindlichkeiten einschließlich der Rückstellungen nicht ausreichen, beginnend mit dem 1. Juli 1990 eine verzinsliche Forderung gegen den Ausgleichsfonds Währungsumstellung zugeteilt.

(2) Für Geldintitute ist die Forderung in der Höhe anzusetzen, daß die Vermögenswerte ausreichen, um die in Absatz 1 genannten Schulden zu decken und ein Eigenkapital in der Höhe auszuweisen, daß es mindestens 4 vom Hundert der Bilanzsumme und die Auslastung des gemäß § 10 des Gesetzes über das Kreditwesen vom Bundesaufsichtsamt für das Kreditwesen erlassenen Grundsatzes I in der Fassung der Bekanntmachung vom 19. Dezember 1985 (Bundesanzeiger Nr. 239 vom 24. Dezember 1985 S. 15302) höchstens das Dreizehnfache beträgt.

(3) Für Außenhandelsbetriebe ist die Ausgleichsforderung in der Höhe anzusetzen, daß die Vermögenswerte ausreichen, um die in Absatz 1 bezeichneten Schulden zu decken.

(4) [1]§ 36 ist mit der Maßgabe entsprechend anzuwenden, daß es nicht auf die Wesentlichkeit ankommt. [2]§ 36 Abs. 4 Satz 3 ist nicht anzuwenden.

## § 41
### Ausgleichsverbindlichkeiten

(1) Geldinstitute und Außenhandelsbetriebe haben in ihre Eröffnungsbilanz zum 1. Juli 1990 Verbindlichkeiten gegenüber dem Ausgleichsfonds Währungsumstellung (Ausgleichsverbindlichkeiten) in der Höhe einzustellen, in der bei Geldinstituten das Eigenkapital die in § 40 Abs. 2 genannten Grenzen und bei Außenhandelsbetrieben die Vermögenswerte die Schulden übersteigen.

(2) § 40 Abs. 4 ist entsprechend anzuwenden.

## § 42
### Vergleichende Darstellung

Geldinstitute haben in der vergleichenden Darstellung nach § 20 außerdem anzugeben,

1. für welche Forderungen über zehntausend Deutsche Mark sie zum Stichtag 1. Juli 1990 Einzelwertberichtigungen gebildet oder Abschreibungen vorgenommen haben; die abgesetzten Beträge sind anzugeben und zu begründen;
2. die Anzahl der Konten, auf denen Guthaben in Mark der Deutschen Demokratischen Republik
   a) bis zu zweitausend Deutsche Mark im Verhältnis eins zu eins,

b) bis zu viertausend Deutsche Mark im Verhältnis eins zu eins,
c) bis zu sechstausend Deutsche Mark im Verhältnis eins zu eins,
gutgeschrieben wurden;
3. den Gesamtbetrag der Guthaben in Mark der Deutschen Demokratischen Republik, für die ein Umstellungsantrag noch gestellt werden kann.

## § 43
### Prüfung

(1) Geldinstitute und Außenhandelsbetriebe in der Rechtsform einer Kapitalgesellschaft oder des öffentlichen Rechts können abweichend von § 34 Abs. 1 nur von einem Wirtschaftsprüfer oder einer Wirtschaftsprüfungsgesellschaft geprüft werden, soweit sie nicht Sparkassen sind.

(2) Die Prüfung erstreckt sich auch auf die Frage, ob bei der nachträglichen Umstellung von Kontoguthaben natürlicher Personen die Voraussetzung gemäß Artikel 5 Abs. 7 der Anlage I zum Vertrag über die Schaffung einer Währungs-, Wirtschafts- und Sozialunion zwischen der Bundesrepublik Deutschland und der Deutschen Demokratischen Republik für die Wiedereinsetzung in den vorigen Stand vorlagen.

## Unterabschnitt 11
### Vorschriften für Versicherungsunternehmen

## § 44
### Anwendungsbereich

(1) [1]Versicherungsunternehmen haben die Vorschriften dieses Gesetzes zu beachten, soweit in diesem Unterabschnitt nichts anderes bestimmt ist. [2]Sie dürfen die in diesem Gesetz größenabhängig zugelassenen Erleichterungen nicht in Anspruch nehmen. [3]Die §§ 55, 56 Abs. 1 des Versicherungsaufsichtsgesetzes sind nicht anzuwenden.

(2) [1]Versicherungsunternehmen sind Unternehmen, die den Betrieb von Versicherungsgeschäften zum Gegenstand haben und nicht Träger der Sozialversicherung sind. [2]Dazu gehören auch Unternehmen, die nicht der Versicherungsaufsicht unterliegen oder keine eigene Rechtspersönlichkeit haben. [3]Die Vorschriften über Versicherungsunternehmen sind auch auf Unternehmen anzuwenden, die keine Erlaubnis zum Geschäftsbetrieb als Versicherungsunternehmen haben oder die sich in Abwicklung befinden.

## § 45
### Eröffnungsbilanz

(1) Versicherungsunternehmen haben abweichend von § 265 Abs. 6, 7, §§ 266 bis 268 des Handelsgesetzbuchs und unbeschadet einer weiteren Gliederung die Eröffnungsbilanz gemäß der Verordnung über die Rechnungslegung von Versicherungsunternehmen vom 11. Juli 1973, zuletzt geändert durch Verordnung vom 23. Dezember 1986 (BGBl. 1987 I S. 2), aufzustellen.

(2) [1]Versicherungsunternehmen haben die Rückstellungen gemäß § 56 Abs. 3 des Versicherungsaufsichtsgesetzes zu bilden. [2]§ 56 Abs. 4 des Versicherungsaufsichtsgesetzes ist anzuwenden. [3]§ 17 Abs. 4 ist auch auf versicherungstechnische Rückstellungen mit Ausnahme der Beitragsüberträge anzuwenden.

(3) Versicherungsunternehmen haben im Anhang zusätzlich die in § 12 Nr. 3 der Verordnung über die Rechnungslegung von Versicherungsunternehmen vom 11. Juli 1973 vorgeschriebenen Angaben zu machen.

## § 46
### Prüfung. Einreichung

(1) Versicherungsunternehmen können abweichend von § 34 Abs. 1 nur von einem Wirtschaftsprüfer oder einer Wirtschaftsprüfungsgesellschaft geprüft werden.

(2) [1]Die D-Markeröffnungsbilanz, der Anhang sowie die vergleichende Darstellung nach § 20 sind spätestens vor Ablauf des siebenten Monats nach dem Bilanzstichtag, die Konzerneröffnungsbilanz und der Konzernanhang spätestens vor Ablauf des elften Monats dem Bundesaufsichtsamt für das Versicherungswesen in zweifacher Ausfertigung einzureichen. [2]Der Bericht des Prüfers über die Prüfung nach § 33 Abs. 1 Satz 1 ist spätestens vor Ablauf des achten Monats nach dem Bilanzstichtag, der Bericht über die Prüfung nach § 33 Abs. 3 Satz 1 spätestens vor Ablauf des zwölften Monats dem Bundesaufsichtsamt für das Versicherungswesen in zweifacher Ausfertigung einzureichen.

# Abschnitt 7
# Straf- und Ordnungsstrafvorschriften. Zwangsgelder

## § 47
### Strafvorschriften

(1) [1]Die Strafvorschriften der §§ 331 bis 333 des Handelsgesetzbuchs sind auf die Eröffnungsbilanz, den Anhang, die Konzerneröffnungsbilanz, den Konzernanhang, und die nach diesem Gesetz zu bestellenden Prüfer entsprechend anzuwenden. [2]Satz 1 gilt auch für nicht in der Rechtsform einer Kapitalgesellschaft betriebene Unternehmen.

(2) § 331 des Handelsgesetzbuchs ist darüber hinaus auch anzuwenden auf die Verletzung von Pflichten durch den Geschäftsleiter (§ 1 Abs. 2 Satz 1 des Gesetzes über das Kreditwesen) eines nicht in der Rechtsform einer Kapitalgesellschaft betriebenen Geldinstituts, durch den Inhaber eines in der Rechtsform des Einzelkaufmanns betriebenen Geldinstituts oder durch den Geschäftsleiter im Sinne des § 53 Abs. 2 Nr. 1 des Gesetzes über das Kreditwesen.

## § 48
### Ordnungsstrafvorschriften

(1) Ordnungswidrig handelt, wer als Mitglied des vertretungsberechtigten Organs oder des Aufsichtsrats eines Unternehmens oder als Geschäftsleiter im Sinne des § 1 Abs. 2 Satz 1 oder des § 53 Abs. 2 Nr. 1 des Gesetzes über das Kreditwesen oder als Inhaber eines in der Rechtsform des Einzelkaufmanns betriebenen Unternehmens
1. bei der Aufstellung oder Feststellung der Eröffnungsbilanz oder des Anhangs einer Vorschrift
  a) des § 4 Abs. 2 Satz 1 oder 2 oder des § 5 Abs. 1 Satz 1 in Verbindung mit § 243 Abs. 1 oder 2, §§ 244, 245, 246, 247 Abs. 1 oder 2, §§ 248, 249 Abs. 1

Satz 1 oder Abs. 3, § 250 Abs. 1 Satz 1 oder Abs. 2 oder § 251 des Handelsgesetzbuchs über Form oder Inhalt,

b) des § 5 Abs. 1 Satz 1 in Verbindung mit § 253 Abs. 1 Satz 2, Abs. 2 Satz 1, 2 oder 3 oder Abs. 3 Satz 1 oder 2, § 255 Abs. 1 oder 2 Satz 1, 2 oder 6 des Handelsgesetzbuchs oder der §§ 6 bis 18 über die Bewertung,

c) des § 5 Abs. 1 Satz 2 in Verbindung mit § 265 Abs. 3 bis 8, §§ 266, 268 Abs. 3 bis 7 oder § 272 des Handelsgesetzbuchs oder des § 39 Abs. 1 oder 2 oder des § 45 über die Gliederung oder

d) des § 19 Abs. 1 bis 3, der §§ 20 oder 22 über die im Anhang zu machenden Angaben,

2. bei der Aufstellung der Konzerneröffnungsbilanz oder des Konzernanhangs einer Vorschrift

a) des § 21 Abs. 3 über den Konsolidierungskreis,

b) des § 21 Abs. 4 Satz 1 in Verbindung mit den §§ 5 bis 19 oder § 297 Abs. 2 oder 3 oder § 298 Abs. 1 des Handelsgesetzbuchs, dieser in Verbindung mit § 243 Abs. 1 oder 2, §§ 244, 245, 246, 247 Abs. 1 oder 2, §§ 248, 249 Abs. 1 Satz 1 oder Abs. 3, § 250 Abs. 1 Satz 1 oder Abs. 2 oder § 251 des Handelsgesetzbuchs, über Form oder Inhalt,

c) des § 21 Abs. 4 Satz 1 in Verbindung mit § 300 des Handelsgesetzbuchs über die Konsolidierungsgrundsätze oder das Vollständigkeitsgebot,

d) des § 21 Abs. 4 Satz 1 in Verbindung mit § 311 Abs. 1 Satz 1 des Handelsgesetzbuchs, dieser in Verbindung mit § 312 des Handelsgesetzbuchs, über die Behandlung assoziierter Unternehmen, oder

e) des § 22 über die im Konzernanhang zu machenden Angaben oder

3. bei der Offenlegung, Veröffentlichung oder Vervielfältigung einer Vorschrift des § 37 Abs. 1 Satz 1 in Verbindung mit § 328 des Handelsgesetzbuchs über Form oder Inhalt

zuwiderhandelt.

(2) Ordnungswidrig handelt auch, wer zu einer Eröffnungsbilanz oder einem Anhang oder einer Konzerneröffnungsbilanz oder einem Konzernanhang, die auf Grund gesetzlicher Vorschriften zu prüfen sind, einen Vermerk nach § 322 des Handelsgesetzbuchs erteilt, obwohl nach § 34 Abs. 5 in Verbindung mit § 319 Abs. 2 des Handelsgesetzbuchs er oder nach § 34 Abs. 5 in Verbindung mit § 319 Abs. 3 des Handelsgesetzbuchs die Wirtschaftsprüfungsgesellschaft oder Buchprüfungsgesellschaft, für die er tätig wird, nicht Prüfer sein darf.

(3) Die Ordnungswidrigkeit kann mit einer Ordnungsstrafe bis zu fünfzigtausend Deutsche Mark geahndet werden.

# § 49

## Festsetzung von Zwangsgeld

[1]Mitglieder des vertretungsberechtigten Organs, bei Einzelunternehmen der Inhaber, die

1. § 1 Abs. 1 über die Pflicht zur Aufstellung einer Eröffnungsbilanz und eines Anhangs,

2. § 21 Abs. 1 über die Pflicht zur Aufstellung einer Konzerneröffnungsbilanz und eines Anhangs,

3. § 34 Abs. 4 dieses Gesetzes in Verbindung mit § 318 Abs. 1 Satz 4 des Handelsgesetzbuchs über die Pflicht zur unverzüglichen Erteilung des Prüfungsauftrags,

4. § 34 Abs. 4 dieses Gesetzes in Verbindung mit § 318 Abs. 4 Satz 3 des Han-

delsgesetzbuchs über die Pflicht, den Antrag auf gerichtliche Bestellung des Prüfers zu stellen,

5. § 34 Abs. 5 dieses Gesetzes in Verbindung mit § 320 des Handelsgesetzbuchs über die Pflichten gegenüber dem Prüfer oder

6. § 37 dieses Gesetzes in Verbindung mit § 325 des Handelsgesetzbuchs über die Pflicht zur Offenlegung der Eröffnungsbilanz oder des Anhangs oder der Konzerneröffnungsbilanz oder des Konzernanhangs

nicht befolgen, sind hierzu vom Registergericht durch Festsetzung von Zwangsgeld anzuhalten; § 335 Satz 2 bis 8 des Handelsgesetzbuchs ist anzuwenden. [2]Für die Festsetzung des Zwangsgelds gelten die §§ 132 bis 139 des Gesetzes über die Angelegenheiten der freiwilligen Gerichtsbarkeit.

# Abschnitt 8
## Steuern. Gebühren

### § 50
#### Steuerliche Eröffnungsbilanz und Folgewirkungen

(1) Steuerpflichtige, die Rechtsträger eines Unternehmens nach § 1 sind, haben die Vorschriften dieses Gesetzes auch für die steuerrechtliche Gewinnermittlung zu befolgen.

(2) [1]Zum 1. Juli 1990 ist eine steuerliche Eröffnungsbilanz aufzustellen, die, abgesehen von den folgenden Abweichungen, der handelsrechtlichen Eröffnungsbilanz ensprechen muß. [2]Ein nach § 9 Abs. 3 oder § 31 Abs. 1 gebildeter Aktivposten ist nicht anzusetzen. [3]§ 11 Abs. 1 Satz 1 ist mit der Maßgabe anzuwenden, daß der Beteiligungsbuchwert dem ausgewiesenen anteiligen Eigenkapital in der steuerlichen Eröffnungsbilanz des Unternehmens entspricht, an dem die Beteiligung besteht. [4]§ 5 Abs. 2, 3 und 5 des Einkommensteuergesetzes ist anzuwenden. [5]Rückstellungen nach § 5 Abs. 4 des Einkommensteuergesetzes und Rückstellungen nach § 249 Abs. 1 Satz 2 Nr. 1, Satz 3 und Abs. 2 des Handelsgesetzbuchs dürfen nicht gebildet werden.

(3) [1]Die Berichtigung von Ansätzen nach § 36 führt zu einer Berichtigung der steuerlichen Eröffnungsbilanz und etwaiger Folgebilanzen. [2]Sind bereits Steuerbescheide erlassen worden, so sind sie zu ändern, soweit die Berichtigung von Bilanz- oder Wertansätzen zu einem geänderten Gewinn oder Verlust führt oder sich auf die Feststellung von Einheitswerten auswirkt.

(4) Beträge, die zum Ausgleich eines Kapitalentwertungskontos nach § 26 Abs. 4 oder § 28 Abs. 1 verwendet werden, dürfen bei der steuerrechtlichen Gewinnermittlung nicht abgezogen werden.

(5) Auf Steuerpflichtige, die freiwillig Bücher führen und regelmäßig Abschlüsse machen, ist Absatz 1 bis 4 entsprechend anzuwenden.

### § 51
#### Umstellungsbedingte Vermögensänderungen

(1) [1]Die aus der Eröffnungsbilanz und der Neufestsetzung nach § 26 Abs. 2 bis 4, §§ 27, 28, 30 sich ergebenden zahlenmäßigen Veränderungen im Vermögen der in § 50 Abs. 1 oder 5 bezeichneten Steuerpflichtigen sowie deren Gesellschafter oder Mitglieder wirken sich auf die Steuern vom Einkommen und Ertrag nicht aus. [2]Dies gilt insbesondere für die Bildung von Rücklagen oder die Auflösung bisheriger Unterbewertungen, wenn die Erträge auf der Neube-

wertung von Vermögensgegenständen und Schulden beruhen, die spätestens am 1. Juli 1990 Betriebsvermögen gewesen sind oder auf das Unternehmen mit Wirkung vom 1. Juli 1990 übertragen worden sind, oder auf dem Erlaß von Schulden beruhen.

(2) Die aus der Neufestsetzung sich ergebenden zahlenmäßigen Veränderungen im Vermögen der in § 1 bezeichneten Gesellschaften und deren Gesellschafter und im Vermögen der in § 1 bezeichneten Genossenschaften und deren Genossen unterliegen nicht den Steuern vom Kapitalverkehr.

## § 52
### Steuerliche Ausgangswerte in anderen Fällen

(1) [1]Bei Steuerpflichtigen, die ihren Gewinn nach § 4 Abs. 3 des Einkommensteuergesetzes ermitteln, gelten als Anschaffungs- oder Herstellungskosten der Wirtschaftsgüter, die spätestens am 1. Juli 1990 Anlagevermögen gewesen sind oder auf den Steuerpflichtigen mit Wirkung vom 1. Juli 1990 übertragen worden sind, die Werte, die sich in entsprechender Anwendung der §§ 7 bis 11 und 18 ergeben. [2]Wirtschaftsgüter nach Satz 1 sind unter Angabe ihres Werts zum 1. Juli 1990 in ein besonderes Verzeichnis (Anlageverzeichnis) aufzunehmen. [3]Ergibt sich bis zum 31. Dezember 1994 einschließlich, daß sie zum 1. Juli 1990 nicht angesetzt werden durften oder zu Unrecht nicht oder wesentlich zu hoch oder zu niedrig angesetzt worden sind, so ist das Anlageverzeichnis insoweit zu berichtigen; sind bereits Steuerbescheide erlassen worden, so sind sie zu ändern, soweit die Berichtigung zu einem geänderten Gewinn oder Verlust führt.

(2) Absatz 1 Satz 1 ist auf Steuerpflichtige mit Einkünften aus nichtselbständiger Arbeit, Kapitalvermögen, Vermietung und Verpachtung oder mit anderen Einkünften nach §§ 17 und 22 des Einkommensteuergesetzes entsprechend anzuwenden.

## § 53
### Wirtschaftsjahre 1990 und steuerliche Schlußbilanz

[1]Bei Steuerpflichtigen mit Einkünften nach § 2 Abs. 3 Nr. 1 bis 3 des Einkommensteuergesetzes sind Wirtschaftsjahre im Kalenderjahr 1990 die Zeiträume vom 1. Januar bis zum 30. Juni und vom 1. Juli bis zum 31. Dezember. [2]In der steuerlichen Schlußbilanz zum 31. Dezember können Rückstellungen nach § 5 Abs. 4 des Einkommensteuergesetzes nicht und Pensionsrückstellungen nur unter den Voraussetzungen des § 54 gebildet werden.

## § 54
### Pensionsrückstellungen

(1) Für eine Pensionsverpflichtung darf eine Rückstellung (Pensionsrückstellung) nur gebildet werden, wenn
1. der Pensionsberechtigte einen Rechtsanspruch auf einmalige oder laufende Pensionsleistungen hat,
2. die Pensionszusage keinen Vorbehalt enthält, daß die Pensionsanwartschaft oder die Pensionsleistung gemindert oder entzogen werden kann, oder ein solcher Vorbehalt sich nur auf Tatbestände erstreckt, bei deren Vorliegen nach allgemeinen Rechtsgrundsätzen unter Beachtung billigen Ermessens eine Minderung oder ein Entzug der Pensionsanwartschaft oder der Pensionsleistung zulässig ist, und

3. die Pensionszusage schriftlich erteilt ist.

(2) Eine Pensionsrückstellung darf nur gebildet werden

1. vor Eintritt des Versorgungsfalls für das Wirtschaftsjahr, in dem die Pensionszusage erteilt wird, frühestens jedoch für das Wirtschaftsjahr, bis zu dessen Mitte der Pensionsberechtigte das 30. Lebensjahr vollendet,

2. nach Eintritt des Versorgungsfalls für das Wirtschaftsjahr, in dem der Versorgungsfall eintritt.

(3) [1]Eine Pensionsrückstellung darf höchstens mit dem Teilwert der Pensionsverpflichtung angesetzt werden. [2]Als Teilwert einer Pensionsverpflichtung gilt

1. vor Beendigung des Dienstverhältnisses des Pensionsberechtigten der Barwert der künftigen Pensionsleistungen am Schluß des Wirtschaftsjahrs abzüglich des sich auf denselben Zeitpunkt ergebenden Barwerts betragsmäßig gleichbleibender Jahresbeträge. Die Jahresbeträge sind so zu bemessen, daß am Beginn des Wirtschaftsjahrs, in dem das Dienstverhältnis begonnen hat, ihr Barwert gleich dem Barwert der künftigen Pensionsleistungen ist; die künftigen Pensionsleistungen sind dabei mit dem Betrag anzusetzen, der sich nach den Verhältnissen am Bilanzstichtag ergibt. Es sind die Jahresbeträge zugrunde zu legen, die vom Beginn des Wirtschaftsjahrs, in dem das Dienstverhältnis begonnen hat, bis zu dem in der Pensionszusage vorgesehenen Zeitpunkt des Eintritts des Versorgungsfalls rechnungsmäßig aufzubringen sind. Erhöhungen oder Verminderungen der Pensionsleistungen nach dem Schluß des Wirtschaftsjahrs, die hinsichtlich des Zeitpunkts ihres Wirksamwerdens oder ihres Umfangs ungewiß sind, sind bei der Berechnung des Barwerts der künftigen Pensionsleistungen und der Jahresbeträge erst zu berücksichtigen, wenn sie eingetreten sind. Wird die Pensionszusage erst nach dem Beginn des Dienstverhältnisses erteilt, so ist die Zwischenzeit für die Berechnung der Jahresbeträge nur insoweit als Wartezeit zu behandeln, als sie in der Pensionszusage als solche bestimmt ist. Hat das Dienstverhältnis schon vor der Vollendung des 30. Lebensjahrs des Pensionsberechtigten bestanden, so gilt es als zu Beginn des Wirtschaftsjahrs begonnen, bis zu dessen Mitte der Pensionsberechtigte das 30. Lebensjahr vollendet;

2. nach Beendigung des Dienstverhältnisses des Pensionsberechtigten unter Aufrechterhaltung seiner Pensionsanwartschaft oder nach Eintritt des Versorgungsfalls der Barwert der künftigen Pensionsleistungen am Schluß des Wirtschaftsjahrs; Nummer 1 Satz 4 gilt sinngemäß.

[3]Bei der Berechnung des Teilwerts der Pensionsverpflichtung sind ein Rechnungszinsfuß von sechs vom Hundert und die anerkannten Regeln der Versicherungsmathematik anzuwenden.

(4) [1]Eine Pensionsrückstellung darf höchstens um den Unterschied zwischen dem Teilwert der Pensionsverpflichtung am Schluß des am 31. Dezember 1990 endenden Wirtschaftsjahrs (Erstjahr) und dem Beginn dieses Wirtschaftsjahrs erhöht werden. [2]Darf in dem Erstjahr mit der Bildung einer Pensionsrückstellung begonnen werden, darf die Rückstellung bis zur Höhe des Teilwerts der Pensionsverpflichtung am Schluß des Wirtschaftsjahrs gebildet werden; diese Rückstellung kann auf das Erstjahr und die beiden folgenden Wirtschaftsjahre gleichmäßig verteilt werden. [3]Endet das Dienstverhältnis des Pensionsberechtigten unter Aufrechterhaltung seiner Pensionsanwartschaft am Schluß des Erstjahrs oder tritt der Versorgungsfall in diesem Wirtschaftsjahr ein, darf die Pensionsrückstellung stets bis zur Höhe des Teilwerts der

Pensionsverpflichtung gebildet werden; die für dieses Wirtschaftsjahr zulässige Erhöhung der Pensionsrückstellung kann auf das Erstjahr und die beiden folgenden Wirtschaftsjahre gleichmäßig verteilt werden.

(5) Absatz 3 und 4 ist entsprechend anzuwenden, wenn der Pensionsberechtigte zu dem Pensionsverpflichteten in einem anderen Rechtsverhältnis als einem Dienstverhältnis steht.

# § 55
## Einlagen

Werden einem Betrieb innerhalb von drei Jahren nach dem 30. Juni 1990 Wirtschaftsgüter als Einlage zugeführt, die vor dem 1. Juli 1990 angeschafft oder hergestellt worden sind, so gilt der Betrag, den der Steuerpflichtige in einer Eröffnungsbilanz zum 1. Juli 1990 hätte ansetzen können, als Anschaffungs- oder Herstellungskosten.

# § 56
## Gebühren

(1) [1]Gerichtsgebühren und notarielle Beurkundungsgebühren, die anläßlich der Feststellung der Eröffnungsbilanz und der Neufestsetzung der Kapitalverhältnisse nach diesem Gesetz entstehen, ermäßigen sich um fünfzig vom Hundert. [2]Übersteigt die nach Satz 1 zu berechnende Gebühr für die Beurkundung von Versammlungsbeschlüssen zweitausend Deutsche Mark, so ermäßigt sich der zweitausend Deutsche Mark übersteigende Betrag um weitere fünfundzwanzig vom Hundert. [3]Fließen die Gebühren dem Notar selbst zu, ermäßigen sich die Gebühren entsprechend § 144 Abs. 1 des Gesetzes über die Kosten in Angelegenheiten der Freiwilligen Gerichtsbarkeit (Kostenordnung) der Bundesrepublik Deutschland in der im Bundesgesetzblatt Teil III, Gliederungsnummer 361-1, veröffentlichten bereinigten Fassung, zuletzt geändert durch Artikel 5 des Gesetzes vom 5. April 1990 (BGBl. I S. 701).

(2) [1]Die Ermäßigung gilt auch für die Gebühren, die bei einer Umwandlung von Gesellschaften entstehen, sofern die Umwandlung nicht später als die Neufestsetzung beschlossen wird und nach der Eröffnungsbilanz das Nennkapital einhunderttausend Deutsche Mark nicht erreicht oder das übertragene Eigenkapital der Aktiengesellschaft oder der Kommanditgesellschaft auf Aktien einhunderttausend Deutsche Mark oder das übertragene Eigenkapital der Gesellschaft mit beschränkter Haftung fünfzigtausend Deutsche Mark nicht erreicht. [2]Die Ermäßigung erstreckt sich nicht auf die Gebühren, die anläßlich des Ausgleichs eines Kapitalentwertungskontos entstehen.

(3) Wird ein Beschluß, für dessen Beurkundung die Gebühren nach Absatz 1 zu ermäßigen sind, zugleich mit anderen nicht unter Absatz 1 fallenden Beschlüssen beurkundet, angemeldet oder eingetragen und ist dafür eine einheitliche Gebühr zu erheben, so ermäßigt sich nur der Teilbetrag der Gesamtgebühr, der die Gebühr, die für das nicht unter Absatz 1 fallende Geschäft bei gesonderter Vornahme zu erheben wäre, übersteigt.

(4) Die Ermäßigung erstreckt sich nicht auf die Zusatzgebühr für Beurkundungen außerhalb der Gerichtsstelle und für fremdsprachliche Erklärungen;

die Gebühr für die Beurkundung außerhalb der Gerichtsstelle darf jedoch den Betrag der für das Geschäft selbst zu erhebenden (ermäßigten) Gebühr nicht übersteigen.

(5) Die Bestimmungen über die Mindestgebühr bleiben unberührt.

# Abschnitt 9
## Sonstige Vorschriften

### § 57
#### Auflösung

(1) [1]Aktiengesellschaften, Kommanditgesellschaften auf Aktien und Gesellschaften mit beschränkter Haftung, die ihre Kapitalverhältnisse bis zum 31. Dezember 1991 nicht nach diesem Gesetz neu festgesetzt haben, sind mit dem Ablauf dieses Tages aufgelöst. [2]Wird die Frist zur Feststellung der Eröffnungsbilanz im Einzelfall über den 31. Dezember 1991 hinaus verlängert, so tritt für die Gesellschaft an Stelle des 31. Dezember 1991 der drei Monate nach Ablauf der verlängerten Frist liegende Tag. [3]Ist der Beschluß über die Neufestsetzung vor dem 31. Dezember 1991 angefochten worden, so tritt an die Stelle des 31. Dezember 1991 der sechs Monate nach dem Tag der Rechtskraft der Entscheidung liegende Tag.

(2) Aktiengesellschaften, Kommanditgesellschaften auf Aktien und Gesellschaften mit beschränkter Haftung, deren Grundkapital nach der Neufestsetzung auf weniger als die nach der Rechtsform zulässigen Mindestbeträge lautet und die eine Erhöhung des Nennkapitals beschlossen haben, sind außerdem mit Ablauf des 31. Dezember 1991 aufgelöst, wenn die Erhöhung des Nennkapitals auf den zulässigen Mindestnennbetrag bis zu diesem Zeitpunkt nicht wirksam geworden ist.

(3) Aktiengesellschaften, Kommanditgesellschaften auf Aktien und Gesellschaften mit beschränkter Haftung, die von der Befugnis, ein Kapitalentwertungskonto zu bilden, Gebrauch gemacht haben, sind mit Ablauf des 31. Dezember 1997 aufgelöst, wenn die Durchführung des Ausgleichs nicht bis zu diesem Zeitpunkt in das Handelsregister eingetragen worden ist.

(4) Absatz 1 Satz 1 ist entsprechend auf Erwerbs- und Wirtschaftsgenossenschaften anzuwenden, wenn die notwendigen Änderungen des Statuts nicht bis zum 31. Dezember 1991 in das Genossenschaftsregister eingetragen worden sind.

### § 58
#### Geschäftsjahr

(1) [1]Die Unternehmen haben ihr Geschäftsjahr neu festzusetzen. [2]Das erste Geschäftsjahr kann abweichend von § 240 Abs. 2 Satz 2 des Handelsgesetzbuchs bis zu achtzehn Monate, bei Geldinstituten und Versicherungsunternehmen bis zu zwölf Monate umfassen.

(2) [1]Unternehmen, die von Absatz 1 Gebrauch machen, müssen für den 31. Dezember 1990 einen Jahresabschluß nach den für sie maßgeblichen Vorschriften des Handelsrechts aufstellen. [2]Eines Anhangs bedarf es nicht. [3]Der Jahresabschluß braucht weder geprüft noch offengelegt zu werden.

# Abschnitt 10
## Schlußvorschriften

### § 59
### Ermächtigung

Der Minister der Finanzen wird ermächtigt, im Einvernehmen mit dem Minister für Wirtschaft und dem Statistischen Amt der Deutschen Demokratischen Republik durch Rechtsverordnung Vorschriften zur Ausführung dieses Gesetzes über Form und Inhalt der nach den §§ 1, 20, 21, 39 und 45 aufzustellenden Unterlagen, die Kapitalausstattung der Unternehmen sowie über die Durchführung der Prüfung, die Feststellung und Offenlegung dieser Unterlagen und des dabei einzuhaltenden Verfahrens zu erlassen, soweit diese Vorschriften erforderlich sind, um die Durchführung der Währungsumstellung im Sinne des Vertrages über die Schaffung einer Währungs-, Wirtschafts- und Sozialunion und der Zielsetzung dieses Gesetzes zu gewährleisten.

### § 60
### Anwendung

Dieses Gesetz ist mit Wirkung vom 1. Juli 1990 anzuwenden, die Bestimmungen des Abschnitts 7 jedoch erst vom Inkrafttreten des Vertrages an.

# Stichwortverzeichnis

**Ausleihungen**
– Bewertung von – ehemaliger DDR-Unternehmen 710
**Ausscheiden**
– Auflösung nach – des Genossen 371
– des Genossen 370
**Ausschließlichkeit**
– der Firma 16
**Ausschließungsklage** 43
**Auszahlungsanspruch**
– Verjährung des – 371
**Außenhandelsbetriebe**
– Vorschriften für – nach dem DMBilG 727

**B**

**Bank**
– Schutz der Bezeichnung – 437
**Bank- und Börsenverkehr**
– Einstellung und Wiederaufnahme des – 442
**Bankbilanzrichtlinie-Gesetz**
– Übergangsvorschriften zum – 139
**Bankier**
– Schutz der Bezeichnung – 437
**Bankrisiken**
– allgemeine – 106
**Barabfindung**
– ausscheidender Aktionäre bei Umwandlung 537
**Bareinlagen**
– Höhe der – bei Anmeldung der AG 154
**Bauspareinlagen** 428
**Bausparkassenvertreter** 31
**Beförderungsfrist**
– beim Frachtgeschäft 128
**Beförderungszwang**
– auf Eisenbahnen des öffentlichen Verkehrs 133
**Befriedigungsrecht** 117
**Begleitpapiere** 128
**Beherrschungsvertrag** 245
– Leitungsmacht und Verantwortlichkeit bei – 252
– Sicherung außenstehender Aktionäre bei – 249
– Verantwortlichkeit bei Fehlen eines – 253

**Beirat**
– als Organ der Wirtschaftsprüferkammer 574
**Beisitzer**
– Steuerberater und Steuerbevollmächtigte als – bei Gericht 657
– Wirtschaftsprüfer als – bei Gericht 578
**Beiträge**
– zur Bundessteuerberaterkammer 654
**Beitragserstattung**
– an ausgeschiedene Genossen 389
**Beitragspflicht**
– ausgeschiedener Genossen 388
– eines VVaG 460
**Beitritt**
– zur Genossenschaft 350
**Bekanntmachungsblätter**
– Bezeichnung der – 11
**Beratungsstellen**
– der Lohnsteuerhilfevereine 631
– der Steuerberater 634
**Bergbehörde**
– Bestätigung der Umwandlung durch die – 540
**Bergrechtliche Gewerkschaft**
– Umwandlung einer – 540, 553
– – in eine AG 281
– – in eine KGaA 288
– Verschmelzung von – 272
– – mit einer GmbH 342
– Zahl der Kuxe bei – 147
**Berichterstattungspflicht**
– des Vorstands 175
– über Vermögensanlagen 477
– Verletzung der – 99, 291, 406
**Berichtigung**
– der Eröffnungsbilanz 726
**Berufsausübung**
– Voraussetzung für die – 557
**Berufsbezeichnungen**
– Verbot verwechslungsfähiger – 598
– zulässige – 640
**Berufseid**
– der Wirtschaftsprüfer 561
**Berufsgerichtliche Entscheidung**
– Antrag auf – 575, 652
**Berufsgerichtliche Maßnahmen** 654
**Berufsgerichtliches Verfahren**
– gegen Steuerberater 658
– gegen Wirtschaftsprüfer 580

Notizen

Notizen

Notizen

Notizen

Notizen

Notizen

Notizen

Notizen

Notizen

Notizen

Notizen

Notizen

Notizen

Notizen